Karl Ernst Nipkow

Bildung als Lebensbegleitung und Erneuerung

Kirchliche Bildungsverantwortung in Gemeinde, Schule und Gesellschaft

Gütersloher Verlagshaus Gerd Mohn

Die Deutsche Bibliothek - CIP-Einheitsaufnahme

Nipkow, Karl Ernst:
Bildung als Lebensbegleitung und Erneuerung : kirchliche
Bildungsverantwortung in Gemeinde, Schule und Gesellschaft /
Karl Ernst Nipkow. - 2., durchges. Aufl. - Gütersloh :
Gütersloher Verl.-Haus Mohn, 1992
ISBN 3-579-01751-9

ISBN 3-579-01751-9
2., durchgesehene Auflage 1992

Umschlagentwurf: Dieter Rehder, Kelmis/Belgien
Gesamtherstellung: Weserdruckerei Rolf Oesselmann GmbH, Stolzenau
Printed in Germany

Inhalt

Teil II: Bildung und Lebensbegleitung

Vorwort

Der Plan zu diesem Buch entstand im Spätherbst 1986. Im November des Jahres hatte die Synode der Evangelischen Kirche in Deutschland beschlossen, auf ihrer übernächsten Tagung Ende 1988 das Thema »Glauben heute« zu behandeln. Man war sich bewußt, daß dieses Thema auch wichtige pädagogische Probleme und Bildungsaufgaben einschloß. Die katholische Kirche hatte sie kurz zuvor 1985 unter der Perspektive der »Weitergabe des Glaubens an die nächste Generation« auf der Synode der Diözese Rottenburg-Stuttgart erörtert. Während der zweijährigen Vorbereitung der EKD-Synode wurde jedoch deutlich, daß man die pädagogischen Dimensionen des Glaubensthemas nur kurz würde berühren können. Von Synodalpapieren und von den Aussprachen über sie können grundsätzlich nur allgemeine Impulse erwartet werden.

Das Verhältnis von Glaube und Bildung wird seit Jahrzehnten vernachlässigt. Es fehlt eine umfassende wissenschaftliche Bearbeitung dieser grundlegenden Relation. Bereits vor 30 Jahren hatte die damalige Direktorin des Comenius-Instituts, Ingeborg Röbbelen, eine Einladung an mich, als hauptamtlicher Mitarbeiter in das Institut einzutreten, mit der Aufforderung verbunden, den Zusammenhang von Glaube und Bildung genauer zu untersuchen. Auf dem Wege von damals bis heute bin ich jedoch bislang nur Teilaspekten nachgegangen, wie z.B. dem Verhältnis von »Bildung und Überlieferung«, »Bildung und Entfremdung« sowie »Bildung - Glaube - Aufklärung«. Dem Interesse an der Kategorie der Bildung stand außerdem die Entwicklung in der Erziehungswissenschaft entgegen. In den 60er und 70er Jahren verlor der Bildungsbegriff seine Funktion als pädagogische Leitkategorie zugunsten der Kategorien der »Sozialisation« und des »Lernens«. Auch in der Religionspädagogik wurde er nur noch vereinzelt ausdrücklich thematisiert, so in Studien zum Verhältnis von »Religion - Bildung - Sozialisation« in dem gleichnamigen Buch von Reiner Preul aus dem Jahre 1980 oder im Zusammenhang einer Untersuchung zum Religionslehrer bei Godwin Lämmermann 1985.

Statt zu einer hauptamtlichen kam es für mich seit Mitte der 60er Jahre zu einer ehrenamtlichen Tätigkeit im Vorstand des Comenius-Instituts. Das Institut nennt sich eine »Evangelische Arbeitsstätte für Erziehungswissenschaft«. Es macht damit unmißverständlich deutlich, daß die Bildungsverantwortung der Kirche viel weiter reicht, als daß sie in Begriffen wie »Religionspädagogik« oder »Gemeindepädagogik« aufgeht. Die Erinnerung an Johann Amos Comenius steht für eine evangelische Bildungslehre, deren Gegenstände nicht auf die religiöse Erziehung beschränkt sind, sondern auch die pädagogische Verantwortung für die allgemeine Erziehung und Bildung mit umfassen.

In einer offenen, pluralen Gesellschaft kann freilich diese Verantwortung von den Kirchen nur als Mitverantwortung wahrgenommen werden. Diese Mitverantwortung muß den Charakter einer unaufdringlichen Teilnahme am allgemeinen öffentlichen Bildungsdiskurs annehmen. Die Evangelische Kirche in Deutschland hat in ihrer jüngeren Geschichte in diesem Sinne dreimal zu allgemeinen Fragen der Schule, der Bildungsplanung und der Erziehungskrise Stellung bezogen, auf ihren Synoden in Berlin-Weißensee 1958, in Frankfurt/M. 1971 und in Bethel 1978. Mit dem Namen ihrer Kammer für »Bildung und Erziehung« und mit den Bezeichnungen der Vorläuferinstitutionen, dem »Bildungspolitischen Ausschuß« aus den 70er und der »Schulkammer« aus den 60er Jahren, gibt die EKD ebenfalls seit langem zu verstehen, daß sie sich über den Religionsunterricht hinaus die Schule im ganzen und über die ortsgemeindlichen pädagogischen Verantwortlichkeiten hinaus die gesamtgesellschaftlichen pädagogischen Probleme des politischen Gemeinwesens angelegen sein lassen möchte.

Im Sinne der Sachverhalte, die sich für mich nicht zuletzt in den eben genannten Arbeitszusammenhängen stellten, verdankt sich das Thema dieses Buches daher zusammen mit dem Thema des Glaubens auch dem Thema des Lebens, zumal unter der bedrängenden Frage nach den Perspektiven für die Zukunft. Schon die Betheler Synode hatte vor über zehn Jahren im Blick auf die Zukunft das Erziehungsproblem mit dem Lebensproblem verbunden und die Doppelfrage aufgeworfen: »Leben und Erziehen - wozu?« So geht es denn im folgenden um beides, um die Grundrelationen von Bildung und Glaube und von Bildung und Leben.

Die in diesem Verständnis zu entwickelnde Theorie, die die pädagogischen Verantwortungsbereiche in Gemeinde und Schule, Kirche und Gesellschaft einschließt, sei eine »Theorie kirchlicher Bildungsverantwortung« genannt. Sie ist all jenen zugedacht, die ihr besonderes, begrenztes religionspädagogisches Arbeitsfeld in Verbindung mit anderen Arbeitsfeldern sehen und aus einem größeren Zusammenhang heraus begreifen möchten. Die jeweils speziellen Aufgaben sollen in allgemeineren Horizonten ihren historisch-systematischen Ort finden.

In besonderer Weise ist diese Veröffentlichung sodann in Dankbarkeit jenen Weggefährten zugeeignet, die zum Teil über mehrere Jahrzehnte hinweg im Comenius-Institut, in der EKD und in den Landeskirchen, nicht zuletzt in der württembergischen Landeskirche, in ähnlicher Weise an der Entwicklung eines größeren Rahmens interessiert sind.

Die Überschrift des ersten Teils erinnert an den Namen der Programmeinheit III des Ökumenischen Rates der Kirchen, die seit langem »Bildung und Erneuerung« (»Education and Renewal«) heißt. Die Mitarbeit in Kommissionen der Abteilung hat mir die Verbindung von Bildung und Erneuerung in ökumenischer Perspektive nahegebracht.

Ich möchte schließlich jenen danken, die wie vor allem Friedrich Schweitzer das Manuskript auf dem Wege seiner Abfassung im Gespräch durch wertvollen Rat begleitet haben. Zu danken habe ich auch Heidrun Schmid, die in gewohnter Sorgfalt die Abschrift besorgte, ferner Heike Boell und Bernd Krupka, die umsichtig bei der Durchsicht des Textes halfen. Das Gütersloher Verlagshaus war gern bereit, auch diese Veröffentlichung verlegerisch zu betreuen. Ich bin dem Verlag hierfür dankbar verbunden, besonders Dr. Manfred Baumotte für die Begleitung des Manuskripts während der Drucklegung. Der Verlag ermutigte mich, wegen der Zusammengehörigkeit der beiden Teile das Ganze in einem Band vorzulegen.

Tübingen, im Juli 1989 *Karl Ernst Nipkow*

Einleitung

Die folgende Darstellung ist ein Versuch, relativ stark verselbständigte Aufgabenfelder aufeinander zu beziehen. In den Ortsgemeinden sind der kirchliche Kindergarten und der Kindergottesdienst den Kindern zugewandt. An Jugendliche richten sich Angebote der kirchlichen Jugend- und Konfirmandenarbeit. Was weiß man auf diesem gemeindepädagogischen Feld voneinander, ein Feld, das noch dazu mit dem Kindergarten, der zum öffentlichen Elementarbereich gehört, und mit der kirchlichen Jugendarbeit, die sich zusammen mit anderen Formen von Jugendarbeit vor generelle Jugendprobleme gestellt sieht, zugleich über die Gemeinde hinausreicht und an allgemeinen pädagogischen Aufgaben teilhat, am Verhältnis zur jungen Generation überhaupt? Die erste Integrationsproblematik stellt sich somit bereits innerhalb der *Gemeinde,* um sofort die Grenzen der Gemeinde zum Raum einer allgemeinen pädagogischen Mitverantwortung in der Gesellschaft hin zu überschreiten.

Man kann religiöse Erziehungs- und Bildungsaufgaben in den genannten gemeindenahen Bereichen zur Religionspädagogik zählen. Seit langem befürworte ich ein möglichst weit gefaßtes Verständnis von Religionspädagogik. In diesem Sinne sollte schon vor Jahren die Beschreibung von »pädagogischen Grundaufgaben« der Kirche erstens dazu dienen, spezielle, den Religionsunterricht betreffende religionspädagogische Konzeptionen auf ein Grundgefüge zurückzuführen. Ein solches Gefüge kann zweitens auch zwischen dem schulischen Religionsunterricht und den gemeindebezogenen Praxisfeldern Brücken schlagen, zwischen Gemeinde und Schule. Die gemeindebezogenen Teilaufgaben werden heute weithin unter dem Begriff der Gemeindepädagogik zusammengefaßt. Man will auf diese Weise mit Recht ihren relativ eigenständigen Charakter betonen. Wenn allerdings aus der neuen Begriffsbildung folgt, daß fortan unter dem Begriff der Religionspädagogik nur die Fragen des schulischen Religionsunterrichts behandelt werden, handelt man sich eine Trennung ein, die nicht gut ist.

In vielen Hinsichten sind die übergreifenden gemeinsamen Herausforderungen für die pädagogischen Aufgaben in den Gemeinden einerseits und für den Religionsunterricht an den Schulen andererseits größer als die Unterschiede. Wir haben es im ganzen mit denselben Kindern und Jugendlichen zu tun. Die neuzeitlichen Entwicklungen, die schon lange die religiöse Situation bestimmen, durchdringen alle Räume: Gemeinde und Schule, Kirche und Gesellschaft. Es gibt zwar Unterschiede in dem Ausmaß, in welchem die religionspädagogische Arbeit jeweils den gesellschaftlichen Herausforderungen ausgesetzt ist bzw. sich absichtlich aussetzt. Schon innerhalb ein und desselben Praxisfeldes kann sich etwa die Form der offenen Jugendarbeit von Formen der Gemeindejugendarbeit erheblich unterscheiden. Vergleichbare Unterschiede können die Bildungsarbeit mit Erwachsenen in der Gemeinde und die Erwachsenenbildung in kirchlicher Trägerschaft im öffentlichen (»vierten«) Bildungsbereich bestimmen. Die Unterschiede umschließen jeweils besondere Schwierigkeiten und besondere Chancen. Aber wieweit rechtfertigen sie den Zerfall in Spezial-»Theorien«, die erstens den Namen einer »Theorie« in der Regel kaum verdienen, sondern eher »Konzepte« darstellen, und die zweitens übersehen, wie sehr sich in allen Bereichen die Gesamteinflüsse der Gesellschaft auswirken und übergreifende Problemlagen schaffen? Dieses Buch setzt darum die Bemühungen fort, nicht nur innerhalb der gemeindepädagogischen Praxisfelder, sondern vor allem auch zwischen ihnen und dem Religionsunterricht an der *Schule* eine die Bereiche verbindende Diskussion weiterzuführen - das zweite Zuordnungsmotiv.

Das dritte Motiv für eine Zusammenschau ist das gewichtigste; es betrifft die pädagogische Mitverantwortung der Kirchen für die Ziele und Wege von Erziehung und Bildung in unserer *Gesellschaft* allgemein. Die pädagogische Verantwortung der christlichen Kirche hört nicht dort auf, wo die religiöse Erziehung endet. Anders formuliert: Die Kirche erfüllt nicht nur dann ihre Rolle im Bildungssystem, wenn und sofern sie ihre pädagogische und bildungspolitische Mitwirkung an die Verkündigung des Evangeliums zurückbindet, sondern auch dann, wenn und sofern sie vorbehaltlos dem Wohl der Menschen dient.

Das ist dann der Fall, wenn sie zunächst überhaupt für die Förderung der Familie und für die Voraussetzungen für eine für das Kind entsprechend förderliche gute Erziehung eintritt (Kap. 5). Aus dem gleichen Grund behandeln wir die sozialpädagogischen und allgemeinpädagogischen Aufgaben des Kindergartens, in deren Zeichen kirchliche und kommunale Kindergärten gemeinsam dem Kind, seiner Entwicklung und kindlichen Lebenserfüllung dienen wollen, vor den religionspädagogischen Aufgaben (Kap. 6). Auch die kirchliche Jugendarbeit ist schon dann bei ihrem Proprium, wenn sie einfach mit dafür sorgt, daß Jugendliche in ihrer Lebenslage gefördert werden (Kap. 8). Besonders prägnant wird hinsichtlich des Schulwesens deutlich, daß sich die pädagogische Mitverantwortung nicht auf ein Fach, den Religionsunterricht, beschränken darf, wie auch die Aufgaben des Religionsunterrichts selbst nicht zu eng gefaßt werden dürfen. Wir müssen vielmehr schon für den Religionsunterricht fragen, was er zur Lebensorientierung der Schüler überhaupt beiträgt und wie dieses Fach - auf dem Wege über seinen Beitrag zur allgemeinen Bildung der jungen Generation - zur Vernunftfähigkeit der Gesellschaft im ganzen etwas beisteuern kann (Kap. 10). Unsere hier entwickelte Theorie betrifft nicht nur die Religionslehrer, sondern auch christlich verantwortungsbewußt unterrichtende und erziehende Lehrer in anderen Unterrichtsfächern, ferner jene, die in Schulpolitik und -verwaltung Verantwortung mittragen. Im Kapitel über die Schulen in kirchlicher Trägerschaft wird dementsprechend mit Nachdruck die These vertreten, daß die in diesem weiten Sinne ansetzende evangelische Bildungsverantwortung alles daran geben muß, daß staatliche Schulen einschließlich sogenannter christlicher Gemeinschaftsschulen wie kirchlich getragene Schulen »gute Schulen« sind (Kap. 11). Schließlich zeigt auch die Eingliederung der Erwachsenenbildung in evangelischer Trägerschaft in das öffentliche System der Erwachsenenbildung und Weiterbildung, daß die Grundfrage gemeinsam geteilt wird: Was ist und wie gelingt überhaupt eine gute Bildungsarbeit, die, persönlich und gesellschaftlich gesehen, für erwachsene Menschen als Menschen förderlich ist (Kap. 12)?

Erziehung ist ein »weltlich Ding« (Martin Luther). Sie dient der Einführung ins Menschliche. Daß es auf dieser Erde menschlich zugehe, in der Bewahrung von »Friede, Recht und Leben«, war für den Reformator in seiner an die Ratsherrn gerichteten Schulschrift von 1524 der Inbegriff der pädagogischen Verantwortung im »weltlichen Regiment« aus evangelischer Sicht. Für das Handeln in den weltlichen Ordnungen sollte auf die menschliche Vernunft zurückgegriffen werden, für die Schule hieß und heißt das: auf die pädagogische und im weitesten Sinne politische Vernunft. »Suchet der Stadt Bestes!« (Jer 29,7) - diese Aufforderung macht sich evangelische Bildungsverantwortung in umfassender Weise zu eigen. Es wird somit verständlich, warum im Untertitel drei Perspektiven zusammengebunden werden: *»Gemeinde, Schule und Gesellschaft«*.

Weil für ein so angesetztes Vorhaben die beiden Begriffe »Religionspädagogik« und »Gemeindepädagogik«, für sich genommen wie auch zusammengenommen, zu eng sind, spreche ich theoretisch von der Notwendigkeit einer *»Theorie kirchlicher Bildungsverantwortung«* bzw. einer *»Theorie evangelischer Bildungsverantwortung«*.

Der Begriff der *»Bildungsverantwortung«* ist weiter als Begriffe, die uns nur auf »Religion« oder gar nur auf »Gemeinde« verweisen. Der Begriff der »Bildung« schließt demgegenüber zwar durchaus auch die religiösen Bildungsprozesse ein bis hin zu den Aufgaben, die die Wege zum christlichen Glauben meinen; solange der Bildungsbegriff ohne einschränkende Bestimmungen (wie »religiöse Bildung« o.ä.) verwendet wird, reicht er jedoch über jene Prozesse unseren Absichten gemäß hinaus.

Bei der Rede von *»kirchlicher«* bzw. *»evangelischer«* Bildungsverantwortung sollen sich die beiden Termini wechselseitig interpretieren und vor Mißverständnissen schützen. Wenn im folgenden von »Kirche« die Rede ist, ist nicht nur eine amtskirchliche Bildungsverantwortung gemeint. Die christliche Kirche geht zu keiner Zeit in ihren amtskirchlich-institutionellen Formen auf. Der Begriff der »evangelischen Bildungsverantwortung« ist in diesem Sinne offener. Von einem anderen Blickpunkt aus gesehen, ist er dagegen bestimmter, nämlich im Sinne einer Beschränkung des Gegenstandes: Unser Versuch einer Theorie und Praxis kirchlicher Bildungsverantwortung denkt von reformatorischen Voraussetzungen aus. Ein besonderes Interesse geht dahin, die drei bedeutendsten Klassiker evangelischen Erziehungs- und Bildungsdenkens zu würdigen: Luther, Comenius und Schleiermacher.

Bei der Ausgestaltung eines Ansatzes, der auf der einen Seite einen geschichtlich bestimmten Ausgangspunkt und Standort einnehmen möchte, eben den der protestantischen Tradition, wird allerdings auf der anderen Seite immer wieder deutlich werden, daß wir längst von Voraussetzungen auszugehen haben, die alle christlichen Kirchen gemeinsam betreffen, und daß ferner immer mehr auch gemeinsame Aufgaben in *ökumenischem* Geist verfolgt werden müssen.

Eine in diesem erweiterten Denkrahmen angelegte Theorie will zwar zur Integration beitragen, aber sie ist nicht integralistisch. Sie zielt nicht auf ein geschlossenes christliches pädagogisches System. Die Kategorie des »Integralismus« ist eine im Katholizismus gebräuchliche Kategorie; was sie meint, wird jedoch längst auch auf katholischer Seite zurückgewiesen, zumindest in der gegenwärtigen katholischen Religionspädagogik in der Bundesrepublik. Frühere Bezeichnungen wie die einer *»katholischen Pädagogik«* bzw. *»evangelischen Pädagogik«* haben ein integralistisches Gefälle. Jene vergangene Programmatik soll um keinen Preis wieder restauriert werden. Die Frage lautet anders; sie steht zum Vorhaben einer »evangelischen Pädagogik« in einem gebrochenen Verhältnis.

Auf der einen Seite soll in der Tat versucht werden, erstens die gemeindenahen pädagogischen Aufgaben, zweitens die religionspädagogischen Aufgaben in der Schule und drittens darüber hinaus die Mitverantwortung der Kirche für den allgemeinen Weg des Bildungssystems vom Elementarbereich über das allgemeinbildende und berufliche Schulwesen bis zum vierten Bildungsbereich der Erwachsenenbildung zusammenhängend zu erörtern. Wie gesagt, sollen die Gemeindepädagogik und die (schulische) Religionspädagogik in dem schon immer von uns vertretenen weiten Verständnis von Religionspädagogik zusammengeführt werden, um zugleich in eine evangelische Bildungslehre überführt zu werden, die auch die Diskussion zur allgemeinen Bildung, beruflichen Bildung, Weiterbildung und Erwachsenenbildung mit umfaßt. Auf der anderen Seite werden wir uns gegen eine christliche Vorzeichenpädagogik wenden, wie sie vor Jahrzehnten (1950) schon Oskar Hammelsbeck, einer der letzten Verfasser einer »Evangelischen Lehre von der Erziehung« (nicht nur Lehre vom Religionsunterricht), gebrandmarkt hat. Der Versuch einer integralistischen christlichen Überformung ist aus evangelischer Sicht weder theologisch rechtens noch in unserer Gesellschaft faktisch möglich. Entsprechend kann auf der Ebene der Zusammenarbeit der Disziplinen und ihrer theoretischen Verschränkung zwischen Theologie und Pädagogik nur ein Verhältnis wechselseitiger Offenheit und Respektierung der jeweiligen Eigenständigkeit gelten (so schon Helmuth Kittels »Evangelische Religionspädagogik«, 1970). Darum wird der Begriff der »evangelischen Pädagogik« in den weiteren Ausführungen nicht verwendet. Wir halten nur die Herausforderung fest, die er mißverständlich signalisiert.

Was nun soll diesem gewählten Weg seine integrierende Leistungsfähigkeit verschaffen und gleichzeitig die integralistischen Versuchungen abwehren? Es sind *drei theoretische Entscheidungen,* die Aufbau und Durchführung des Ganzen bestimmen.

Erstens tritt eine *zusammenhängende Behandlung der wichtigsten Handlungsfelder* an die Stelle von Einzelbehandlungen, wie sie üblich sind. Wir versuchen, die sogenannten gemeindepädagogischen Aufgaben wie auch die des Religionsunterrichts zusammen durchzugehen. Über sie hinaus werden wir in gebührendem Maße auch die Fragen der kirchlichen Schulen und der kirchlichen Erwachsenenbildung erörtern. Gerade die schulische Gesamtverantwortung darf nicht ortlos und theorielos werden; das Thema »Kirchliche Schulen« fällt bislang durch beide Raster hindurch, durch das der Religionspädagogik und das der Gemeindepädagogik. Diese erste Entscheidung prägt den Aufbau des zweiten Teils, der acht Handlungsfelder in entsprechend vielen Kapiteln umschließt.

Die noch wichtigere Entscheidung betrifft den ersten Teil, den Grundlagenteil. In ihm werden nach einem eröffnenden Kapitel (Kap. 1) in den drei folgenden Kapiteln *drei Voraussetzungshorizonte* ausgemessen, die sich mehr oder weniger auf alle Praxisfelder auswirken. Sie werden verständlich machen, was oben mit den übergreifenden Herausforderungen gemeint ist. Statt von Horizonten kann man auch von Blickwinkeln oder Kreisen sprechen, die sich erweitern. Der Begriff der kirchlichen Bildungsverantwortung wird erstens auf das Voraussetzungs- und Aufgabenfeld der Gemeinde bezogen - der *kirchlich-gemeindliche Ansatz* (Kap. 2); sodann auf jene Wandlungen in religiöser Hinsicht, die durch die neuzeitliche Entwicklung besonders seit der Aufklärung verständlich gemacht werden können - der *Ansatz beim neuzeitlichen Christentum* (Kap. 3). Schließlich geht der äußerste Kreis auch noch hierüber hinaus; kirchliche Bildungsverantwortung steht der Frage gegenüber, wie sie sich im allgemeinen öffentlichen Bildungsdiskurs verstehen soll - der *Ansatz bei gesellschaftlichen Herausforderungen* (Kap. 4).

Die drei Voraussetzungshorizonte sind nicht zeitlich gemeint, sondern eher im Sinne von Bedeutungsschichten oder eben Voraussetzungskreisen. Wenn der zweite Ansatz beim neuzeitlichen Christentum festgemacht und wegen seiner Verbindung mit dem Projekt der »Moderne« hier und da abgekürzt auch als »moderner Ansatz« apostrophiert wird oder wenn die kritische Problematisierung ebendieser »Moderne« thematisiert werden muß und hierbei von einem »postmodernen Ansatz« die Rede ist, so darf daraus für den »kirchlich-gemeindlichen Ansatz« nicht gefolgert werden, er habe es mit einem vormodernen Denken zu tun. So einfach ist es nicht. Wenn wir mit dem kirchlich-gemeindlichen Bereich beginnen, so hat dies im buchstäblichen Sinne vielmehr eine grundlegende Bedeutung. Die christlichen Kirchen dürfte man nur dann in ihrem pädagogischen Denken als »vormodern« bezeichnen, wenn sie die neuen geschichtlichen Verantwortungshorizonte vernachlässigen oder gar verleugnen würden. Die Kirchen haben statt dessen ihre Sendung unter diesen Bedingungen in Gegenwart und Zukunft gerade zu bewähren.

Dietrich Rössler hat in seinem »Grundriß der Praktischen Theologie« (1986) gezeigt, daß ein Nachdenken über Voraussetzungen und Aufgaben in drei Kreisen auch für die Praktische Theologie insgesamt notwendig ist. Das Christentum findet sich heute in dreifacher Gestalt vor, als kirchliches Christentum, als persönlich-privates Christentum und als gesellschaftliches Christentum. Die Verantwortlichkeiten der Praktischen Theologie lassen sich nicht mehr nur auf das Leben der Christen in der Lebenswelt der Ortsgemeinde beziehen.

Die dritte Maßgabe für den zu entfaltenden Entwurf ist die Wahl des *Bildungsbegriffs* als pädagogische Leitkategorie. Ich wähle absichtlich die Kategorie der Bildung, nicht die der Erziehung (vgl. Kap. 1). Wer von Bildung spricht, läßt sich nicht nur auf ein reiches geschichtliches Erbe ein, sondern vor allem auch auf einen kritischen Begriff. Mit ihm bezieht ein pädagogischer Entwurf Position. Er wird Anwalt für die Kinder, Jugendlichen und Erwachsenen als individuelle und selbständige Personen, die in Freiheit und Selbstverantwortung ihren Weg finden sollen. Es ist eine Grundüberzeugung für unseren Aufriß, daß das evangelische Glaubensverständnis und ein im genannten Sinne subjektorientiertes Bildungsverständnis im Lichte unserer eigenen evangelischen Bildungstradition zusammengehören. Dies begründet, warum immer wieder nach den reformatorischen Grundlagen und ihrer Wirkungsgeschichte gefragt werden muß, wie sie an den bedeutenden Repräsentanten des Protestantismus abgelesen werden kann.

Die wegweisenden Gedanken der eigenen Bildungstradition geben auch für die Zukunft Orientierung. Der Gang der Untersuchung legt die Bildungsaufgaben nach zwei Richtungen hin aus, nach ihrem Beitrag zur *Erneuerung* und nach ihrem Sinn als *Lebensbegleitung*. Kirche und Gesellschaft, so meinen viele, müssen sich erneuern. Was diese Anfrage einschließt, soll im ersten Teil aufgenommen werden. Dabei wird zum erstenmal auch versucht werden, die gemeindepädagogisch-religionspädagogischen Fragestellungen mit den Ansätzen zum sog. Gemeindeaufbau kritisch-konstruktiv zu verbinden.

Von Erneuerung zu reden ist nicht ungefährlich. Der Erneuerungswille und besonders der Wille zum Aufbau von Gemeinde kann theoretisch und praktisch einen gewalttätigen Zug annehmen. Den Gründen und Motiven für diese Absichten müssen wir uns jedoch stellen; die Probleme sind dringlich; das wird niemand bestreiten können. Der zweite Teil setzt jedoch nicht nur diese Linie der Erneuerung fort, sondern er orientiert sich vor allem programmatisch am Gedanken der

Lebensbegleitung, damit letztlich am individuellen Lebenslauf und Glaubensweg jedes einzelnen. Die überindividuellen Aufgaben sind auf die individuelle Lebenslinie zu beziehen. Der Begriff der Bildung umfaßt beide Seiten, die gleichsam objektive wie die subjektive. In besonderer Weise ist er aber geeignet, davor zu warnen, daß überindividuelle Institutionen wie Staat, Kirche, Gesellschaft ihre Interessen am einzelnen Menschen vorbei durchsetzen wollen. Ein Buch über Bildung will ein pädagogisches Buch sein. Das pädagogische Gewissen wird auch der Verantwortung für den Glauben zugute kommen, so wie umgekehrt das Licht des Glaubens die pädagogische Vernunft erhellen kann.

Teil I

Bildung und Erneuerung

Erstes Kapitel:

Bildungsverantwortung und Bildungsbegriff

Die Bildungsverantwortung der Kirche ist im Sinne der Reformation eine unteilbare Verantwortung in beiden Regimenten Gottes, im geistlichen und weltlichen. Sie betrifft Heil und Wohl, Glauben und Leben. In dieser Untersuchung geht es besonders um Glauben und Leben im Horizont der Zukunft mit dem Interesse an kirchlicher und gesellschaftlicher Erneuerung.

Fragt man zunächst nach dem pädagogischen Beitrag der Christen in der Gesellschaft, ist der umfassendste Gesichtskreis für alle die Sorge um das Leben. Das elementare Thema des Lebens ist zum Schlüsselthema geworden. Dreifach ist das Leben betroffen, als Überleben: Leben überhaupt haben dürfen; als Leben in der Achtung der natürlichen Lebensgrundlagen: Lebensbedingungen bewahren; und als sinnerfülltes Leben: Lebenssinn gewinnen. Christen nehmen an dieser dreifachen allgemeinen Sorge teil. Zugleich sieht sich die Kirche einer besonderen Aufgabe gegenüber; ihr unmittelbarer Auftrag ist es, die christliche Glaubensbotschaft zu erschließen, vor allem für die nächste Generation. Diese Aufgabe steht nicht unverbunden neben der ersten, sondern ist ihre Mitte. Der Bezug auf Glaube und Bildung ist der innere Kreis für das Verhältnis von Leben und Bildung; denn dem Evangelium verdankt der Mensch ein neues Leben vor Gott und mit Gott.

In unserer Darstellung soll der pädagogische Anteil der Verantwortung für Glaube und Leben unter zentraler Verwendung des Bildungsbegriffs entfaltet werden. Die Wahl dieses Leitbegriffs ist nicht selbstverständlich, sondern zu begründen. Andere pädagogische Grundkategorien sind Erziehung und Unterricht sowie in der jüngeren Diskussion Sozialisation und Lernen. Sie alle behalten ihr Recht. Wenn man sie von »Bildung« löst, verlieren sie jedoch zweierlei, zum einen den Anschluß an den Reichtum der alteuropäischen Überlieferung seit der Antike, zum anderen den Anschluß an den kritischen und subjektiven Sinn von Bildung im neuzeitlich-aufklärerischen Denkerbe seit Ende des 18., Anfang des 19. Jahrhunderts, der Zeit der klassischen deutschen Bildungsphilosophie. Christliches Erziehungs- und Bildungsdenken hat in Distanz und Nähe an der Traditionsgeschichte des Bildungsverständnisses teilgenommen. An einer wichtigen Stelle beginnt sogar im christlichen Erfahrungsraum eine neue Entwicklung: Der deutsche Begriff »Bildung« ist eine sprachliche Neuschöpfung der Mystik. Um offenzulegen, was mit Bildung gemeint ist, nähern wir uns von den zwei Kontexten her, mit denen der Gedankengang eröffnet worden ist, von pädagogischen Traditionen in Verbindung mit gesellschaftlichen Interessen (1.)

sowie von theologischen Ursprüngen in Verbindung mit kirchlichen Entwicklungen (2.). Jeweils geht die Skizzierung der gegenwärtigen Lage dem historischen Rückgriff voraus.

1. Bildung zwischen gesellschaftlichen Interessen und geschichtlichem Anspruch - Pädagogische Annäherungen

Wenn man heute den Bildungsbegriff verwendet, wird er vielfach verkürzt. Darüber hinaus wird er im ganzen durch den Ruf nach Erziehung überlagert und dadurch verdrängt - zwei bedenkliche Entwicklungen. Beide Male schieben sich bestimmte gesellschaftliche Interessen in den Vordergrund. Das gesellschaftliche Interesse an der Effizienz des Bildungswesens auf der Folie wissenschaftlich-technologischer Entwicklungen und ökonomisch orientierter Bedarfsplanung steht in Versuchung, Bildung einseitig zu instrumentalisieren. Das gesellschaftliche Interesse an der Integration des einzelnen in das gesellschaftliche Ganze hat von vornherein eine größere innere Nähe zum Erziehungsbegriff; von dieser Seite aus besteht die Gefahr, daß Bildung grundsätzlich relativiert wird. Beide Absichten passen zueinander.

»Allgemeinbildung im Computerzeitalter« - Ein Bonner Kolloquium

Am 5. Juni 1986 fand auf Einladung des Bundesministers für Bildung und Wissenschaft in Bonn ein Kolloquium mit Vertretern aus Wissenschaft, Politik, Schule, Hochschule, Wirtschaft und Verwaltung zum Thema »Allgemeinbildung im Computerzeitalter« statt. Die beiden Referate hielten der damalige bayerische Kultusminister Hans Maier und der Bonner Erziehungswissenschaftler Erich E. Geißler[1]. Die von Maier einerseits, Geißler andererseits gesetzten Akzente sind bezeichnend. Die gewählten Ausgangspunkte und leitenden Interessen bestimmen die Ergebnisse.

»Allgemeinbildung, jahrelang verpönt, erlebt heute eine Renaissance.« So lautet Maiers erste These[2]. Auf welchem Hintergrund wird diese These entfaltet?

1. *H. Maier:* Allgemeinbildung in der arbeitsteiligen Industriegesellschaft, in: Allgemeinbildung im Computerzeitalter. Überlegungen zu einem zeitgemäßen Bildungsverständnis (Schriftenreihe: Grundlagen und Perspektiven für Bildung und Wissenschaft 15), hg. vom Bundesminister für Bildung und Wissenschaft, Bonn 1986, S. 17-33. - *E.E. Geißler:* Allgemeinbildung: Grundausstattung des mündigen Bürgers, a.a.O., S. 34-44.
2. A.a.O., S. 25 (im Original kursiv).

Die vorausgehende Analyse von »Entwicklungstrends der Industriegesellschaft« in Teil I (S. 17ff.) und besonders der sich anschließende Teil II unter der Überschrift »Paradigmenwechsel: Neue Schlüssel - und Leittechnologien; Mikroelektronik und Biotechnik« (19ff.) konzentrieren die Beschreibung unserer gesellschaftlichen Lage auf den technologischen Bereich, auf die sog. »neuen Technologien« (19). Noch spezieller fällt sodann das Augenmerk auf die »Hochtechnologie-Branchen« (ebd.).

Sie zielen »auf Anwendungen im Konvergenzbereich unterschiedlicher wissenschaftlicher Disziplinen: wie Physik, Mathematik, Informatik, Optik, Ingenieurwissenschaften, Organische Chemie, Molekularbiologie und Genetik. Die Wortkombinationen Optoelektronik, Mechatronik, die Abkürzung CCC für Computer, Communication und Componenten symbolisieren das Zusammenwirken verschiedener Disziplinen.

Allein schon diese *technologische Synergetik* zwingt zu einem systemtheoretischen, interdisziplinären Denken« (19f.).

Der den analytischen Teil abschließende kurze Abschnitt III faßt noch einmal zusammen; es geht um Überlegungen »Zum Bildungsbegriff in der hochtechnologisierten Welt« (24f.). Diese von den Naturwissenschaften und Technologien bestimmte Welt hat für Maier mit den Worten Karl Jaspers' den Charakter des »Unumgänglichen« (24). Der abschließende Abschnitt IV über »Allgemeinbildung oder Spezialbildung?« soll auf die geschilderte Lage eine Antwort geben (25ff.). Als eine Stätte der Bildung soll die Schule konstruktiv reagieren.

Bevor nachzusehen sein wird, wie Hans Maiers Antworten ausfallen, ist kurz anzuhalten. Könnte es sein, daß wir zu ganz anderen pädagogischen Folgerungen für die Schule kommen würden, wenn wir unsere Gesellschaft nicht nur als die »hochtechnologisierte« in den Blick nehmen, entsprechend auch unser Zeitalter nicht lediglich als *»Computerzeitalter«* bzw. *»Informationszeitalter«* (17) etikettieren?

Was ist unser Zeitalter darüber hinaus? Ein Jahrhundert des fürchterlichsten Einsatzes von Massenvernichtungsmitteln in sog. Weltkriegen, ein Jahrhundert mit dem dunkelsten Kapitel unserer deutschen Geschichte, ein Kapitel voller Verblendung, Schuld und Sünde, ein Zeitalter der Ungerechtigkeit in Gestalt der Bereicherung der einen auf Kosten der anderen im sog. Nord-Süd-Gefälle, eine Epoche zunehmender Zerstörung der natürlichen Lebensgrundlagen, die zum erstenmal innerhalb der Geschichte der Spezies Mensch den Evolutionsprozeß selbst, zumindest die ökologische Gesamtsituation berührt: »Diese Weltgesellschaft läuft Gefahr, daß bei mißglückten evolutionären Lernprozessen die Evolution selbst, und nicht nur eine Kultur, irreversibel zerstört wird.«[3]

3. *A.K. Treml:* Leben im Oikos der einen Welt - Problementfaltung aus sozialwissenschaftlicher Sicht, in: *K. Goßmann (Hg.):* Lernen für die Zukunft. Ansätze zu

Hans Maier ist für diese Sachverhalte nicht blind. Er registriert die »neue Zivilisationskritik« (17), erwähnt die »Risiken und Gefahren der Technik«; Tschernobyl wird kurz genannt; es lag schließlich bei Abfassung des Vortrags erst wenige Wochen zurück. Die *»Techniknebenfolgen«* dürften nicht unterschätzt (18), Aspekte wie die der »Umwelt- und Sozialverträglichkeit« müßten beachtet werden (17). Aber darüber verliert der Vortrag insgesamt nur wenige Zeilen; schon bald ist der Vortragende bei seinem Hauptinteresse. »Die Zukunft des technischen Fortschritts wird nicht nur von neuen Entwicklungen, sondern zunehmend davon abhängig sein, ob es gelingt, die neuen Techniken in allen ihren Chancen und Problemen den Menschen so begreiflich zu machen, daß sie sie in der Breite mittragen (Akzeptanz)« (18). Das Bildungssystem soll genau hierbei helfen, bei der *Sicherung von Akzeptanz,* ähnlich wie die gewöhnlich primär mit Bildung assoziierten Geisteswissenschaften neuerdings als Akzeptanzwissenschaften apostrophiert werden. Entsprechend fügen sich zu diesem analytischen Auftakt und diesem Interesse die pädagogischen Antworten.

Die wichtigste steht am Schluß; sie bildet die Pointe und prägt sich ein. Zur Allgemeinbildung gehört eine *»informationstechnische Bildung«* (33); von ihr hatte in ihrer Begrüßungsrede schon die Bundesministerin für Bildung und Wissenschaft, Dorothee Wilms, gesprochen (15). Informationstechnische Bildung paßt fugenlos zum Auftakt, zur Deutung der gesellschaftlichen Lage als »Computerzeitalter«. Ist das aber alles? Nicht ganz. Hans Maier fragt auch nach den Zwecken: »Die Technik selbst darf nicht Selbstzweck, sondern muß stets Mittel zu Zwecken sein« (24). Er meint jedoch, daß »gerade über die Zwecke, über die *tragenden Grundwerte* unserer Kultur ... kein übergreifender Konsens« mehr bestehe (ebd.). Darum tut er sich mit den folgenden Ausführungen über die Allgemeinbildung schwer; sie ist nämlich ohne »Wertmaßstäbe und Handlungsnormen« (25) nicht zu denken. So ist denn auch der Teil über die Allgemeinbildung inhaltlich mager; der gespannt wartende Leser wird enttäuscht.

»Allgemeinbildung und Fachbildung« sollen nicht »jeweils für sich isoliert betrachtet« werden (26); angesichts der Wissensexplosion sei »Mut zur Lücke« notwendig (ebd.); allgemeingebildet sei mit Max Müller der zu nennen, »der ein 'Verhältnis zum Ganzen'« hat (27); Allgemeinbildung sei »jene innere Gestalt, zu der ein Mensch gelangt, wenn er seine schöpferischen Kräfte in Auseinandersetzung mit Kultur und Natur entfaltet« (28); Allgemeinbildung heiße ferner »Weltorientierung« in dem Sinne, daß in die Fülle der Eindrücke, Erkenntnisse usw. »Ordnung« gebracht werde (ebd.); sie heiße ein Eindringen »in die Tiefe« (29); »multum non multa« (28), »intensives Ausschnittwissen« neben »breiten Zonen des Nichtwissens« (31). Im übrigen schließe sie nicht etwa Veränderun-

einem neuen Bildungsverständnis der gymnasialen Oberstufe, Comenius-Institut, Münster 1985, S. 165.

gen des herkömmlichen curricularen Kanons der Schule ein: Der *»Bildungskanon«* wird umschrieben, indem die bekannten Aufgabenfelder, das »sprachlich-literarisch-künstlerische Aufgabenfeld«, das »gesellschaftswissenschaftliche« und das »mathematisch-naturwissenschaftlich-technische« aufgezählt werden (30; Zitate im Original zum Teil kursiv).

Alle diese Aussagen beschreiben den Bildungsbegriff nur formal; denn die Kategorien des »Ganzen«, der »Orientierung«, der »Ordnung«, des »Ausschnitts«, des »Multum« sind inhaltlich unbestimmt. Wenn es konkreter wird, erschöpft sich die Renaissance der Allgemeinbildung in einer ganz bestimmten Ergänzung, nämlich der der informationstechnischen Bildung auf Grund einer ganz bestimmten gesellschaftlichen Entwicklung. Alles übrige soll beim alten bleiben: »*Schule ... lebt von dem, was immer gilt*«, heißt es (29). Eine bestimmte gesellschaftsanalytische Spur führt zu einer einspurigen passenden Antwort. Das ist, systemtheoretisch gesehen, korrekt funktional gedacht; denn wollte man eine andere gesellschaftliche Deutungslinie auszeichnen, z.B. die angedeutete der geschichtlichen Erschütterungen in unserem Zeitalter, um daraus einen anderen Schwerpunkt für die allgemeine Bildung abzuleiten, etwa eine neue Bedeutung und ein verändertes Aussehen des Geschichtsunterrichts, könnte dieser Schwerpunkt eine dysfunktionale Dynamik entbinden, die dem auf »Akzeptanz« der neuen technologischen Entwicklung abzielenden Schwerpunkt entgegenwirken könnte. Funktional passend zum Stichwort »Akzeptanz« ist jedoch alles, was in der Schule *erzieherisch* getan werden kann, damit die Schüler und späteren Bürger das »Unumgängliche« bejahen und mittragen. Diesen Part hatte in Bonn das Korreferat von Erich E. Geißler übernommen.

»'Bildung' sollte man aus sachlichen Gründen immer durch die zugeordnete 'Erziehung' ergänzen«, so Geißler einleitend (35). Warum ergeht seit Mitte der 70er Jahre verstärkt der Ruf nach Erziehung, nach »Mut zur Erziehung«, nach »Werterziehung«[4]? Warum erlebt die Diskussion zur Erziehung eine noch größere Blüte als die über die neue Allgemeinbildung? Erziehung ist ein gesellschaftlich bequemer, Bildung ein möglicherweise gesellschaftlich unbequemer Begriff. Wer Bildung im Sinne der alteuropäischen Tradition, erst recht der Bildungsphilosophie der Aufklärung und Goethezeit meint, läßt sich auf eine nicht nur tief gegründete, sondern auch kritische Lebensverfassung ein, die sperrig werden kann. Gerade dies will Geißler nicht. Er sieht angesichts der von den Menschen aufgeworfenen »Existenzfragen«, die »heutzutage alle im Futurum

4. Mit der Formel »Mut zur Erziehung« sei an das Bonner Forum zu diesem Thema vom Januar 1978 erinnert. Vgl. hierzu v. Vf.: Der Ruf nach ethischer Erziehung in der Schule. Rückfragen an eine neue Programmatik und alternative Ausgangspunkte, in: ders.: Moralerziehung. Pädagogische und theologische Antworten, Gütersloh 1981, S 9ff.

gestellt werden« - will wohl sagen, die die gegenwärtigen Gegebenheiten durch den Blick auf die Zukunft zu sehr herausfordern -, »die Ordnungspolitik des Staates in Gefahr« (34). Bildung hat diese Gefahr nicht noch zu fördern, darum muß ihr Erziehung an die Seite gegeben werden. Erziehung und Bildung haben »Ordnungsvorgaben« (39) zu beachten.

»Bildung und Erziehung, so betrachtet, sind ... Vorgänge, die sich nicht in dem erschöpfen können, was man, unter falscher Berufung auf Humboldt, als zweckfreie Persönlichkeitsbildung ansah nach der Art großbürgerlicher Kulturattitüden, die ja in einer erschrekkenden Weise in der Vorstellungswelt neo-feudalistischer Linksintellektueller wiederkehren« (36).

Bildung im Sinne autonomer kritischer Bildung wird aus dieser Perspektive suspekt werden müssen; daran läßt auch die unmittelbare Fortsetzung keinen Zweifel. Hier reiht Geißler aneinander, was er statt dessen als Merkmale allgemeiner Bildung, die eine »Grundausstattung des mündigen Bürgers« ausmachen soll (34), ansieht:

»Solides Wissen, gediegene Urteilsfähigkeit, ein Wille, der an vorausgehende Einsicht gebunden ist, und eine Handlungsfähigkeit, die sich nicht von momentanen Launen determinieren läßt: sie alle brauchen ein Moment der Selbstüberwindung, der Zucht im guten Sinne, der Selbstdisziplin«; erforderlich ist die »Hingabe an eine sachliche Aufgabe«, die Bereitschaft, »Leistungsanforderungen« zu akzeptieren, notwendig sind »Qualitäten der Ausdauer, der Sachlichkeit, des Fleißes, der Genauigkeit«, ferner in diesem Sinne eine »auf Gemeinwohl ausgerichtete staatsbürgerliche Erziehung« (36).

Die allermeisten der aufgeführten Handlungsbereitschaften sind Sekundärtugenden mit auffälliger Nähe zum Bereich der Arbeits- und Leistungstugenden. Eine solche »Erziehung«, ausgegeben als Teil von »Allgemeinbildung«, paßt zu einem Konzept, das hinsichtlich der Bildungs- und Erziehungsziele in einer an sich sehr vielfältig herausgeforderten Gesellschaft und Schule nur eine ganz bestimmte Herausforderung aufnimmt, wie sie die Ausführungen Hans Maiers beschreiben: neue Allgemeinbildung als *erziehungspolitisch gestützte Modernisierung* menschlicher Fähigkeiten im Bereich von »Problemlösungs- und Systemdenken« sowie von »Schlüsselqualifikationen« (H. Maier, 32) mit der funktionalen Ergänzung des Stoffkanons durch »informationstechnische Bildung«.

Nach der kritischen Einschätzung von Prof. Dr. Friedhelm Püttmann, Vorsitzender der Unterkommission »Berufliche Bildung« bei der Kultusministerkonferenz (KMK), sind »wirtschaftliche Leistungsfähigkeit und soziale Stabilität« zur Zeit die obersten Leitlinien unserer Gesellschaftspolitik und entsprechend unserer Bildungspolitik, denen nach Püttmann wichtige andere Perspektiven pädagogisch zum Opfer zu fallen drohen[5]. Das Bonner Symposion vom Juni 1986 über »Allgemeinbildung im Computerzeitalter« belegt mit den beiden Referaten von Hans Maier und Erich E. Geißler dies Doppelinteresse. Dieses Interesse ist verständlich, aber nicht ausreichend, um die Schule mit jenem Begriff von Bildung rechtmäßig in Verbindung zu bringen, der seine Grundlage in der größeren Fülle der Geschichte des europäischen Bildungsverständnisses hat. Was wir erkennen können, wenn wir bildungsgeschichtlich zurückfragen und nicht nur technologischen Entwicklungen folgen, ist mehr als das, dessen wir bis jetzt ansichtig geworden sind. Das Allgemeine der allgemeinen *Bildung* hat mehr Substanz, als die formalen Kategorien des Ganzen, der Ordnung, des Systemdenkens und andere zu erkennen geben. Ebenso müßten die neuen Akzente der allgemeinen Bildung für die Zukunft noch andere Sachverhalte einschließen als nur eine informationstechnische Zusatzbildung. Ferner werden in geschichtlicher Perspektive auch noch ganz andere Seiten von *Erziehung* im Sinne ethischer Erziehung sichtbar. Arbeits- und Leistungsbereitschaft sind notwendig; sie werden dem aber nicht gerecht, was bereits frühere Generationen als erzieherische Verantwortung erkannt haben und was erst recht für die Zukunft erforderlich ist.

Beides, ein Bildungsdenken, das sich lediglich technologischen Entwicklungen und wirtschaftlichem Bedarf anpaßt, wie ein Erziehungsdenken, das die ethischen Aufgaben unterbietet, muß grundsätzlich korrigiert werden. Zwar kann man kein staatliches Bildungssystem weltfremd an technologischen Entwicklungen vorbei entwerfen. Keine Erziehung kann es sich leisten, die Notwendigkeiten einfacher Sittlichkeit und elementarer Handlungsbereitschaften geringzuachten[6]. In der beschriebenen Verkürzung wird beides zusammengenommen jedoch problematisch. Unter der Hand gewinnt der Erziehungsbegriff das Übergewicht. Anstatt daß Erziehung sich an einem kritischen Bildungsbegriff orientiert, soll Bildung, damit sie nicht den Charakter einer zu umfassenden und zu kritischen Aufklärung gewinnt, durch Erziehung domestiziert werden. Erziehung ohne kritische Bildung aber oder in Verbindung mit domestizierter Bildung wird tendenziell zur Sozialisation, dient vornehmlich der gesellschaftlichen Eingliederung, der »Sozialmachung« und »Sozialwerdung«[7] - eine wichtige, aber keineswegs ausreichende Perspektive, wenn unsere Gesellschaft auf Vernunft- und Zukunftsfähigkeit Wert legen sollte.

5. So anläßlich der Sitzung der Kammer der Evangelischen Kirche in Deutschland für Bildung und Erziehung am 1.10.1988.
6. Der Begriff der »einfachen Sittlichkeit« ist von *O.F. Bollnow* geprägt und entfaltet worden. Zur Einschätzung der Bedeutung elementarer ethischer Grundhaltungen besonders angesichts des »gefährdeten Zusammenlebens in Institutionen« vgl. das dritte Kapitel in meinem Buch: Grundfragen der Religionspädagogik, Bd. III, 2. Aufl., Gütersloh 1988, bes. S. 140ff.
7. So eine frühe Umschreibung von »Sozialisierung« durch *H. Fend:* Sozialisierung

Sozialisation steht als Begriff für den umfassend zu denkenden gesellschaftlichen Eingliederungsvorgang, der heute durch Erziehungsanstrengungen unterstützt werden soll. Zugleich soll eine neue Allgemeinbildung im Bereich der kognitiven Fähigkeiten die Effizienz des gesellschaftlichen Gesamtsystems in technologisch-ökonomischer Hinsicht steigern. Beide Bestrebungen hängen miteinander zusammen. Eingespannt zwischen einer so verstandenen Sozialisation, Erziehung und Allgemeinbildung, bleibt der Bedeutungsgehalt von »Bildung« verschüttet. Er wird entweder verdrängt oder überlagert. In der klassischen Tradition deutscher Bildungstheorie um die Wende zum 19. Jahrhundert ist die gesellschaftliche Verzweckung des einzelnen als das große Problem der Moderne empfunden worden. Ausdruck dieses Problembewußtseins wurde die Entwicklung des gesellschafts- und schulkritischen Bildungsbegriffs im Namen der Bildung des »Menschen» - und gerade dadurch auch des »Bürgers». Da die neue Erziehungs- und Allgemeinbildungsprogrammatik unserer Tage nicht aus einer analogen zivilisationskritischen Auseinandersetzung erwachsen ist wie in der Zeit von Rousseau über Pestalozzi bis zu Schiller und W. von Humboldt, sondern im Gegenteil die gesellschaftlichen Gegebenheiten nicht angetastet wissen will, erinnert sie sich auch nicht mehr oder nur in widersprüchlicher Weise an die ursprünglichen Impulse der klassischen Bildungsphilosophie. Man kann ferner auch nicht beobachten, daß das alteuropäische Bildungsdenken eine größere Rolle spielt. Was aber zeigt sich, wenn wir gerade nicht geschichtsvergessen über Bildung in Gegenwart und Zukunft nachdenken wollen, sondern zusammenfassend jene älteren wie jüngeren Traditionszusammenhänge befragen?[8]

a) Bildung und Politik. Abendländisch-europäische Bildung war an ihrem griechischen Ursprung in der vorklassischen und klassischen Periode Griechenlands keineswegs lebensabgehoben und ein bloß theoretisches oder, wie dann im Hellenismus, ein vorwiegend literarisch-ästhetisches und privates Phänomen. Wohl haben die Griechen als erste im Abendland bewußt geredet und bewußt gedacht und so in Sprache und Gedanken die Wirklichkeit des Geistes entdeckt[9]. Rhetorik und Philosophie, rhetorisch-literarische und philosophisch-wissen-

und Erziehung. Eine Einführung in die Sozialisierungsforschung, Weinheim/Berlin/Basel 1969.

8. Das Folgende in Aufnahme und Fortschreibung meines bildungsgeschichtlichen Exkurses aus Bd. I meiner »Grundfragen der Religionspädagogik«, 4. Aufl., Gütersloh 1990, S. 81ff.
9. *B. Snell:* Die Entdeckung des Geistes. Studien zur Entstehung des europäischen Denkens bei den Griechen, 3. Aufl., Hamburg 1955.

schaftliche Studien werden die beiden Säulen der griechischen Bildung und Grundbestandteile des Lehrplans[10], aber zunächst nicht als Attribute schöngeistiger, individueller, privater Kultur als Selbstzweck. Sie waren für den Bürger Athens auf das Mitreden und Mitentscheiden in der Polis bezogen. Die 'ganzheitliche' Bildung (Paideia) des Griechen bedeutete die *Integration der persönlichen und der öffentlichen gemeinsamen Kultur*[11]. Ermöglicht war diese Verbindung durch die überschaubaren, noch wenig differenzierten, eine amateurhafte politische Beteiligung aller erlaubenden Verhältnisse von Stadtstaaten, die das weltgeschichtliche Glück hatten, in einer geschichtlichen Stunde sich heranbilden zu können, als kein übermächtiger Druck von großen, zentral regierten Reichen bestimmend war[12]. Bildung bewirkt Freiheit im Sinne geistiger Überlegenheit und Distanz; sie bedarf aber offensichtlich selbst ebenso freier Lebensbedingungen.

Der im weiten Sinne *politische,* d.h. die *Gesamtheit der gesellschaftlichen Lebensverhältnisse umfassende Bezug von Bildung,* einschließlich der 'Staatsgeschäfte', ist schon bald im Hellenismus verlorengegangen. Er hat sich jedoch in der Neuzeit in den Anfängen der gesellschafts- und herrschaftskritischen bürgerlichen Aufklärung erneuert (Mirabeau, Condorcet, Lepeletier, Rousseau, der »politische Pestalozzi« u.a.), wenngleich er auch bald utilitaristisch verkürzt wurde (Philanthropen). Der 'ganzheitliche' Charakter von Bildung, der nicht nur die gleichmäßige Entfaltung aller »Kräfte« des einzelnen umfaßt, sondern sich umfassend auf »Welt« bezieht (W. von Humboldt), ist im Blick auf den ökonomisch-politischen Bereich im engeren Sinne von Karl Marx herausgearbeitet worden[13]. In der gegenwärtigen Pädagogik kann der Zusammenhang von *Bildung und Gesellschaft,* damit auch der Zusammenhang von *Bildung und Herr-*

10. Vgl. *J. Dolch:* Lehrplan des Abendlandes, 2. Aufl., Ratingen 1965.
11. Es sei daran erinnert, daß zu dieser »Ganzheitlichkeit« besonders in der Adelskultur der frühen Welt auch »der Kult des Körpers« gehörte. Vgl. *H.-I. Marrou:* Geschichte der Erziehung im klassischen Altertum, hg. von *R. Harder,* Freiburg/München 1957, S. 72, 171ff. Marrous Hauptthese in seinem umfassenden Werk ist die, daß über die Jahrhunderte von Homers Zeiten bis zur Spätantike, d.h. bis zu den ersten vier nachchristlichen Jahrhunderten, die Entwicklung »vom adligen Krieger zum Schreiber« führte, von der mehr körperlich-ästhetischen, weltmännisch-ethischen Kultur zu einer mehr literarisch-geistigen, philosophisch-wissenschaftlichen.
12. *H.D.F. Kitto:* Die Griechen. Von der Wirklichkeit eines geschichtlichen Vorbildes, Stuttgart 1957 (Frankfurt/M. 1960).
13. Zu W. v. Humboldt und zu K. Marx sowie zur gegenwärtigen Diskussion vgl. *O. Hansmann:* »Bildung durch Wissenschaft« im Spiegel bildungsphilosophischer Reflexion und didaktischer Modelle. Eine problemgeschichtliche Untersuchung, Frankfurt/M. 1985.

schaft[14], nicht mehr ausgeklammert werden. Die Reflexion auf Bildung und Erziehung erfährt »nach Auschwitz« (Th.W. Adorno) eine weitere radikale Zuspitzung[15]. Bildung schließt notwendig die selbstkritische Aufklärung der Gesellschaft über sich selbst ein, einschließlich ihrer *schuldhaften* geschichtlichen Verstrickungen. Statt nur von Werten muß in einer geschichtsbewußten Bildung auch von Schuld die Rede sein.

b) Bildung und Utopie. Von Anfang an hat Bildung in ihrer Geschichte ferner ein *utopisches Potential* mit sich geführt, erwachsen aus griechischen und christlichen Wurzeln. Im Gegensatz zu den Sophisten ist für *Platon* nicht der Mensch in seiner Subjektivität das Maß aller Dinge, sondern die überindividuelle rationale Ordnung des Seins. In Wissenschaft (Philosophie), Pädagogik und Politik geht es um die Erinnerung und Verwirklichung der als kosmische und politisch-ethische Ordnung sich äußernden Wahrheit des objektiven Logos. Sie ist verborgen und gleichwohl wißbar, da der erkennende Mensch, der subjektive Logos, an ihr immer schon teilhat. Bildung erhält so einen zunächst *weltimmanent* verstandenen *transzendenten* Sinn: Die Idee der »gerechten« staatlichen Ordnung und die korrespondierende Idee der »gerechten« Ordnung der Seele übersteigen prinzipiell alle ihre Erscheinungsformen und weisen utopisch über das Gegebene hinaus. Der Staat, den Platon in der »Politeia« beschreibt, »ist auf Erden nicht zu finden« (592a).

Die *christliche* Botschaft besagt, daß das gesuchte gerechte und gute Leben im Zusammenhang der Ansage der *Gottesherrschaft* durch die Gerechtigkeit und Liebe des geschichtlich in Jesus Christus sich offenbarenden Gottes gegenwärtig geworden ist, in der Spannung von »schon jetzt« und »noch nicht«. Der biblisch-christliche Glaube schaut auf »einen neuen Himmel und eine neue Erde» (Jes 65,17; Offb 21,1), auf die Schalom-Wirklichkeit als Verheißung für alle Menschen. Die sich hierdurch vollziehende Dynamisierung und Vergeschichtlichung der Wahrheitssuche mit ihrem Überschuß an *eschatologischem Hoffnungsglauben* lebt heute in den christlichen Kirchen und in den säkularisierten Heilsutopien marxistischer Prägung weiter.

14. Vgl. u.a. *P.-M. Roeder:* Bildung und Bildungsbegriff: Sozialwissenschaftliche Ansätze der Kritik, in: *D. Goldschmidt u.a. (Hg.):* Erziehungswissenschaft als Gesellschaftswissenschaft, 2. Aufl., Heidelberg 1973, S. 45ff. Zur Herrschaftsproblematik vgl. noch pointierter *H.-J. Heydorn:* Über den Widerspruch von Bildung und Herrschaft, Frankfurt/M. 1979, vgl. auch *ders.:* Zur bürgerlichen Bildung. Anspruch und Wirklichkeit (Bildungstheoretische Schriften, Bd. 1), Frankfurt/M. 1980.
15. *Th.W. Adorno:* Erziehung nach Auschwitz (1966), in: *ders.:* Erziehung zur Mündigkeit, hg. von *G. Kadelbach,* Frankfurt/M. 1971, S. 88ff.; ferner: *F. Schweitzer:* Forgetting about Auschwitz? Remembrance as a Difficult Task of Moral Education, in: Journal of Moral Education 18 (1989), 3, S. 163-173.

Auf eigene Weise ist auch bereits die *bürgerliche Bildungsphilosophie* des 18. Jahrhunderts von dieser Hoffnung auf eine humanere menschliche Zukunft bestimmt. Sie gründet sich in einer Deutung der Geschichte der Menschheit als einer Geschichte der »wachsenden wahren Aufklärung der Völker«, charakterisiert durch das »Wachstum wahrer Humanität« (J.G. Herder). Schulpolitisch gesehen, spiegelt sich die utopische Kraft des Bildungsgedankens Ende des 18., Anfang des 19. Jahrhunderts darin, daß Bildung nie bloß Schulung und Zurichtung für die Wirklichkeit, wie sie *ist,* sein sollte, sondern immer auch Bildung für eine Lebenswirklichkeit, wie sie sein *könnte.* Daß dieses utopische Moment unter dem Begriff der Ausbildung des »Ideals« oder des »Idealischen« später zu einer ästhetischen Absonderung von der Wirklichkeit geführt hat, die noch heute den Bildungsbegriff belastet, ist bekannt. Aber diese Absonderung ist nicht notwendig und gehört schon gar nicht zu den ursprünglichen Intentionen (s.o.).

c) Bildung und Subjektivität. Erst die Reflexionsphilosphie der Neuzeit hat auf der Grundlage der ihrer selbst mächtig werdenden, sich emanzipierenden bürgerlichen Gruppen das dritte Moment von Bildung entfaltet. Die Frage nach dem wahren, guten und gerechten Leben, die Leitfrage jeder »Praktischen Philosophie« (und damit auch jeder Theorie der Wert- bzw. ethischen Erziehung), kann nicht ohne Rücksicht auf das *Subjekt* beantwortet werden, das auf seine *persönliche Mündigkeit und sittliche Selbstverantwortung* angesprochen werden muß.

Es ist das die Außenwelt auf sich zurückwendende und seine eigene innere Natur hierbei erschließende Individuum, es ist der reflektierende und fühlende, zugleich seine Umwelt selbsttätig gestaltende und handelnde Mensch, der durch den Prozeß der Bildung hervorgebracht werden soll, genauer: sich selbst hervorbringt (Fichte). Bildung muß fortan als *reflexiver* Prozeß angesehen werden; sie schließt selbstverantwortliches Denken und Handeln ein.

Entsprechend sah Kant in ethischer Hinsicht die Würde der Person in der *freien* sittlichen Entscheidung gegründet. Bildung ohne Freigabe zum Gebrauch der eigenen sittlichen Vernunft verletzt die Würde der Person. Diese Maxime muß schon in der Erziehung unmündiger Kinder und heranwachsender Jugendlicher prinzipiell beachtet werden. Ethische bzw. moralische Erziehung hat zwar verschiedene Seiten, kann jedoch in Sozialisierung nicht aufgehen. Sie ist in ihrem Kern alles andere als eine Einführung in eine gegebene Ordnung mit dem Zwecke der Anpassung und Eingliederung.

d) Bildung und Überlieferung. Man muß sich vor Augen halten, daß der neuzeitliche Reflexions- und Freiheitsstandpunkt in Philosophie und Pädagogik die Erschütterung der Autorität der tradierten Weltbilder und moralischen Verhaltensmuster zum Hintergrund und zugleich zur Folge hat. Seit der Aufklärung und zumal seit der »Entstehung des Historismus« (Friedrich Meinecke) ändert sich daher das Verständnis von Bildung und Überlieferung, ohne daß die Dimension der Überlieferung als solche preisgegeben werden könnte. Wir berühren das vierte Merkmal von Bildung[16].

Von Anfang an hat sich der Bildungsprozeß im Medium der Tradition vollzogen. Man kennt die Rolle der mündlich erzählten Schöpfungsmythen und ätiologischen Legenden in den Erziehungsformen aller archaischen Völker; bekannt ist die Bedeutung Homers für die klassische griechische Bildung, die Rolle der Bibel für die jüdische und christliche Erziehung, überhaupt die Bedeutung religiöser und nationaler Traditionen bis in die Gegenwart. Tradition begründete, bekräftigte, orientierte und überhöhte die eigenen Lebensideale. Heute sind für ein kritisches historisches Bewußtsein die Bezüge zur Vergangenheit weder eindeutig noch selbstverständlich gültig. Durch eigene Anstrengungen in Gestalt von *Interpretation und Deutung* muß das Verständnis für das Überlieferte immer wieder neu hergestellt und die Relevanz der Überlieferungsinhalte neu erfahren werden. Auch unter dieser Perspektive ist es dem geschichtlich bewußt lebenden Menschen unmöglich geworden, sich einfach auf »Vorgegebenheiten« (Bonner Forum »Mut zur Erziehung«, 1978) behaften zu lassen. Die Frage spitzt sich heute besonders zu.

Ist es dem Menschen möglich, *aus der Geschichte zu lernen?* Ist der moderne Mensch dieses Jahrhunderts imstande, aus der Ungeheuerlichkeit der gegenseitigen Vernichtung von Kulturvölkern in zwei Weltkriegen Folgerungen zu ziehen? Zu diesen zurückliegenden Erfahrungen treten immer bedrängender die vorausliegenden. Wir werden gewahr, daß der 'Fortschritt' die Menschheit an die Schwelle kollektiver Selbstzerstörung durch nukleare Kriege und ökologische Katastrophen geführt hat.

Der seiner selbst mächtig gewordene Mensch (s.o. c) ist alles andere als wirklich Herr seiner selbst. Der Mensch hat die Freiheit Gottes zu seiner eigenen Freiheit gemacht. Diese »Befreiung« ist zweischneidig; sie »lastet ihm gleichzeitig die Verantwortung für Fehlschläge auf. Gott ist jetzt kein Lückenbüßer mehr. Der Mensch ist nicht der Freigelassene der Natur, sondern der Alleingelassene der Natur.«[17] In das Verständnis von Bildung gehört darum auch das klare Bewußtsein von der *Zweideutigkeit der menschlichen Freiheit und des zivilisatorischen Fortschritts,* d.h. des unsere Industriegesellschaften beherrschenden öko-

16. Zu den zwei Seiten des Umgangs mit Überlieferung, einmal im Sinne der Aneignung von Tradition durch das Subjekt, zum anderen im Sinne des Herausgefordert- und Gefragtseins des Subjekts durch die Tradition, vgl. meinen Aufsatz: Bildung und Überlieferung, in: ZfPäd 11 (1965), 4, S. 307-330 (wiederabgedruckt in: Schule und Religionsunterricht im Wandel, Heidelberg/Düsseldorf 1971, S. 27-50).
17. *A.K. Treml:* Selbstverständnis und Verhängnis der modernen Wissenschaft in Umberto Ecos Roman, in: Universitas 41 (1986), 6, S. 1306-1319, hier S. 1319.

nomisch-technologischen Wachstums- und Fortschrittsglaubens und seiner Folgen. Es genügt nicht, in dieser Lage lediglich darauf aus zu sein, daß die heranwachsende Generation die gesellschaftlichen »Vorgegebenheiten« anerkennt und zu ihrer Fortschreibung beiträgt.

e) Bildung und Verständigung. Aus den bisher ermittelten Merkmalen von Bildung ist zu ersehen, daß Bildung in individueller Hinsicht (c) mit der Frage nach der gemeinsamen öffentlichen politisch-ethischen Kultur (a) in den Dimensionen der Zeit (b und d) verbunden ist. Damit aber ist der Mensch mit seinesgleichen verbunden und auf das Gespräch mit seinesgleichen angewiesen. Bildung ist nicht nur individuelle Gestaltung und Gestalt; Bildung heißt: *Leben im Gespräch.*

Auch bei diesem letzten Merkmal haben wir in unserer Zeit vieles dazulernen müssen. Die Rede vom individuellen und sozialen Moment der Bildung (heute würde man auch vom kommunikativen Moment sprechen) ist noch viel zu blaß, um zu verdeutlichen, worum es geht. Der Gedanke des Beitrags der Bildungs- und Erziehungsbemühungen zu einer *Sprachgemeinschaft als Verständigungsgemeinschaft* verweist heute über alle regionalen, nationalen und kontinentalen Grenzen hinweg auf das Schicksal der Bewohner dieser Erde insgesamt.

Die gestellte Aufgabe spitzt sich zu einer *Friedenserziehung neuen Ausmaßes* zu. Mehr noch: Die »kommunikative Ethik«, um deren Charakter es an dieser Stelle geht, darf sich nicht mehr nur anthropozentrisch verstehen. Sie muß alle Lebewesen sowie alles Organische und Anorganische auf dieser Erde einschließlich der sie umhüllenden, beschützenden Atmosphäre als *»Schöpfungsgemeinschaft«* (J. Moltmann) ansehen[18].

2. Bildung und Lebenserneuerung im Glauben - Theologische Annäherungen

Haben die Kirchen in ihrer gegenwärtigen Lage im Vergleich zum Staat ein klareres Bewußtsein vom eben angedeuteten vollen Umfang der Bildungsaufgaben? Es scheint langsam zu wachsen; ausreichend ausgebildet ist es nicht. Auch die Kirchen müssen sich an ihre eigenen pädagogischen Traditionen erst erinnern lassen. Ferner muß ihnen wohl erst das ganze Ausmaß der Schwierigkeiten gegenwärtig werden, die biblische Überlieferung für die kommenden Generationen zu erschließen.

In gewisser Analogie zum Staat stehen die Kirchen als soziale Gefüge außerdem vor der ähnlichen Versuchung, das Bildungsproblem zugunsten erziehungs-

18. *J. Moltmann:* Gott in der Schöpfung. Ökologische Schöpfungslehre, München 1985.

politischer Überlegungen zu verkürzen. Zum einem drängt der Staat sie dazu, indem er von ihnen erhofft, daß sie seine Erziehungsanstrengungen unterstützen: »christliche Werte« als eine Grundlage der »Werterziehung«; bei anderen pädagogischen Aufgaben sind die Kirchen kaum gefragt. Ferner können sie selbst so von ihren eigenen Bestandssorgen gefangengenommen sein, daß sie auch aus innerkirchlichen Gründen das sperrige Bildungsproblem den für Stabilisierungsabsichten funktionaleren Erziehungsvorstellungen unterordnen.

»Wie stabil ist die Kirche?« fragt man auf evangelischer Seite seit 1974. Wenn, dann richtet sich die Hauptsorge auf die binnenkirchlichen pädagogischen Aufgaben. Mit Recht wenden in letzter Zeit Synoden einzelner Landeskirchen dem Konfirmandenunterricht, der kirchlichen Jugendarbeit und dem Religionsunterricht neue Aufmerksamkeit zu, insgesamt der »Weitergabe des Glaubens«[19]. Hierbei ist die Tendenz zu beobachten, auch schulisch und gesellschaftlich exponierte Institutionen wie den Religionsunterricht wieder stärker auf kirchliche Zielsetzungen hin zu orientieren.

Die in der Kirche selbst wartenden Aufgaben sind von größtem Gewicht. Diese Untersuchung trägt ihnen mit der Konzentration auf das Verhältnis von Glaube und Bildung nachdrücklich Rechnung. Aber dahinter darf die pädagogische Anwaltschaft der Kirche für alle Kinder und Jugendlichen und damit die Mitverantwortung für den Weg des Bildungssystems im ganzen nicht zurückstehen. Der Staat braucht innerhalb des gesellschaftlichen Kräftespiels in den Kirchen einen unabhängig urteilenden Partner, der imstande ist, für menschliche Bildung im vollen und freiheitlichen Sinn des Wortes einzutreten. Dies fällt den Kirchen allerdings nicht leicht. Schon zur ersten, innerkirchlichen Seite hin ist die Lage nicht einfach.

19. Vgl. zuletzt die Hauptvorlage 1989 »Wenn eure Kinder euch fragen ... Glauben weitergeben in Familie, Schule und Gemeinde« für die Synodaltagung der Ev. Kirche von Westfalen. Es sei hier nicht weiter dem Bedenken nachgegangen, warum die Wendung von der »Weitergabe des Glaubens«, die der Synodaltagung der Diözese Rottenburg-Stuttgart 1985 entlehnt ist, verdinglicht aufgefaßt und damit mißverstanden werden kann. Die Ev. Kirche im Rheinland hat 1986 das Thema »Lehren und Lernen als Aufgabe der Kirche in Konfirmandenarbeit und Religionsunterricht« behandelt. Die Ev.-lutherische Kirche in Bayern stellte 1986 ihre Synodaltagung über den Religionsunterricht unter die Formel »Vom erzieherischen Auftrag der Kirche« und eröffnete die Beratung mit einem Grundsatzreferat von Johannes Hanselmann unter der Überschrift »Gemeinsam glauben, leben, lernen«. Im Jahre 1988 erörterte auch die Ev. Kirche in Hessen-Nassau den Religionsunterricht, während sich die württembergische Landeskirche der kirchlichen Jugendarbeit zuwandte.

Zur historischen Ausweitung und Verschärfung der innerkirchlichen pädagogischen Anforderungen

Solange in früheren Jahrhunderten die umgebende Lebenswelt in Familie, Gemeinde, Stand und Beruf jung und alt in relativer Selbstverständlichkeit gemeinsam in das Christsein einführte, konnte die Kirche ihre pädagogischen Aufgaben auf den kirchlichen Unterricht in Form eines Katechismusunterrichts beschränken und auch den schulischen Religionsunterricht funktional begrenzen.

Anfang des 19. Jahrhunderts hat Schleiermacher beim Begriff Religionsunterricht vor allem den kirchlichen Unterricht vor Augen, den Konfirmandenunterricht. Der schulische Religionsunterricht ist noch vergleichsweise wenig ausgebaut. Er könnte für Schleiermacher entweder »ganz erspart werden«, so seine Meinung 1826[20], oder an den Gymnasien »in der Form einer allgemeinen historischen Darstellung der christlichen Lehre und Kirche« als Teil der Bildungsaufgabe der öffentlichen Schule angesehen werden, bei dem »die Einsicht die Hauptsache sein muß und die Belebung der Gesinnung die Nebensache«[21]. Die ist nämlich Sache von Familie und Gemeinde und erwächst aus dem gelebten religiösen Leben. Religionsunterricht an den Schulen ist für Schleiermacher neben den Schulandachten lediglich »ein Supplement«, eine Ergänzung[22].

Heute ist die erziehungswirksame »Koalition« zwischen Kirche und Familie weithin zerbrochen[23]. Auch in anderen Bereichen wie Freizeit, Arbeit, Wirtschaft und Politik werden christlicher Glaube und christliches Leben nicht als allgemein verpflichtende Lebenssicht angesehen. Dies hat zur Folge, daß nun die berufsmäßigen Religionslehrer und anderen professionell ausgebildeten christlichen Erzieher das übernehmen sollen, was Familie und Umwelt nicht mehr leisten. Sie sollen über die religiöse Wissensvermittlung und Urteilsbildung hinaus, auf die noch Schleiermacher die Unterrichtsformen im großen ganzen beschränkte, die religiösen Grunderfahrungen selbst ermöglichen, Schleiermachers religiöse

20. Schleiermachers Pädagogische Schriften, Bd. 1: Die Vorlesungen aus dem Jahre 1826, hg. von *E. Weniger* unter Mitwirkung von *Th. Schulze*, Düsseldorf/München 1957, S. 339.
21. Erster Entwurf Schleiermachers zum Religionsunterricht (aus den Jahren seiner Tätigkeit in der Sektion des öffentlichen Unterrichts, 1810-1814), in: Schleiermachers Pädagogische Schriften, Bd. 2, Pädagogische Abhandlungen und Zeugnisse, hg. von *E. Weniger*, a.a.O., S. 144.
22. A.a.O., Bd. 1, S. 339.
23. Ausführlich und gründlich hierzu *N. Mette:* Voraussetzungen christlicher Elementarerziehung. Vorbereitende Studien zu einer Religionspädagogik des Kleinkindalters, Düsseldorf 1983, S. 35.

»Gesinnungsbildung«. So besteht die Gefahr, die Religionspädagogen zu überfordern.

Das Problem ist nicht neu. Wahrscheinlich war nie auf die Eltern allein vollständig Verlaß. Erziehungswissenschaftlich formuliert: Es wäre historisch ungenau, die Übernahme der Funktionen von Einrichtungen der sog. »primären religiösen Sozialisation« (Familie) durch Institutionen »sekundärer religiöser Sozialisation« (schulischer Religionsunterricht u.a.) erst für unsere Zeit anzusetzen. Luther forderte 1524 die Errichtung von Schulen mit christlichem Unterricht, weil schon seinerzeit seiner Meinung nach die Eltern versagten[24]. Gleichwohl ist heute die *neue Dimension des Problems* nicht zu übersehen.

Das organisierte kirchliche Bildungssystem ist seit dem 19. Jahrhundert erstens durch neue religionspädagogische Institutionen *erweitert* worden (Kindergottesdienst, christliche Jugendarbeit), und schon diese Erweiterungen haben die mißlingende religiöse Sozialisation in Kindheit und Jugendalter zum Anlaß. Zweitens sollen die heute flächendeckend vorhandenen religionspädagogischen Einrichtungen nicht mehr nur flankierend helfen, sondern *Grundlagen legen* und die Substanz selbst sichern, die anderswo verloren ist. Die Glaubensüberlieferung ist mehr denn je zuvor breit, systematisch und absichtlich zu erschließen. Drittens ist erst in den letzten beiden Jahrhunderten diese Erschließungsaufgabe als solche immer stärker *theoretisch* bewußt geworden; die Entstehung der Disziplin der Religionspädagogik verdankt sich zu einem Teil diesem Vorgang.

Deutlich ist auch, daß man nicht nur die junge Generation vor Augen haben darf. »Erstverkündigung«, »Erstkatechese« und »Erstevangelisation«, um mehr im katholischen Raum gebrauchte Begriffe zu verwenden, werden immer stärker zu Aufgaben gegenüber den *Erwachsenen*[25]. Das sich an die alte Vorstellung

24. *M. Luther* fragt: Was, »wenn die elltern aber solchs nicht thun?« (BoA, Bd. 2, 447, 33ff., An die Ratsherrn ... 1524), und er zählt folgende Gründe auf, die ziemlich zeitunabhängig klingen.
Erstens sind manche Eltern nicht pflichtbewußt (»nicht so frum vnd redlich«, 447, 37f.); sie versäumen die christliche Erziehung, obwohl sie es könnten. Zweitens ist die größte Zahl der Eltern »leyder vngeschickt« (448,8), sprich unfähig; sie weiß nicht, wie man Kinder erziehen und lehren soll. Schließlich: Wenn auch die Eltern fähig und bereit wären, haben sie wegen anderer Geschäfte und das tägliche Haushalten »widder zeyt noch raum dazu« (448, 13f.).

25. Vgl. statt aller *G. Bitter:* Die zweite Bekehrung - Notwendige Erneuerung der Erwachsenenkatechese, in: *E. Feifel / W. Kasper (Hg.):* Tradierungskrise des Glaubens, München 1987, S. 212-221. Nach Bitter »ist eine bloße Re-Evangelisierung unzureichend, da die Voraussetzungen heute, tatsächlich 'Hörer des Wortes' zu werden, schon weithin verschüttet sind; darum ist die Erwachsenenkatechese auf eine Erst-Evangelisation anzulegen«, a.a.O., S. 215.

vom Gesamtkatechumenat anlehnende *Denkmodell eines gestuften kontinuierlichen Aufbaus,* der auf in der Kindheit zu legenden Grundlagen aufruht, ist allein nicht mehr tragfähig. Es ist durch das *Modell eines je neuen Anfangs zu jedem Lebenszeitpunkt und an jedem Ort* zu ergänzen, ein Modell diskontinuierlicher Vermittlung.

Nachdem anläßlich der Synodaltagung der Evangelischen Kirche in Hessen und Nassau im November 1988 in einer Arbeitsgruppe zum Thema »Der Religionsunterricht im Gesamtkatechumenat« noch weitere Institutionen genannt worden waren, von der Familien- und Elternarbeit über den Kindergottesdienst und den Kindergarten bis zur kirchlichen Erwachsenenbildung, fragte jemand: »Wo soll man denn anfangen?« »Überall«, gab ein anderer schnell zurück, und er hatte den Punkt getroffen. An keiner Stelle ist das, was wir tun, weniger wichtig als an einer anderen. Man sollte entsprechend den »schwarzen Peter« nicht zwischen den einzelnen religionspädagogischen Institutionen hin und her schieben.

Die evangelischen Landeskirchen versuchen auf die veränderte historische Lage zu antworten, aber es fehlt ein ausreichendes Bewußtsein vom Zusammenhang der Probleme und Aufgaben, und zwar sowohl innerhalb der einzelnen Gemeinde als auch zwischen Gemeinde und Schule (vgl. ausführlich Kap. 2). Außerdem fällt es uns allen schwer, die Wandlungen in der religiösen Situation wahrzunehmen, die über Ortsgemeinde und verfaßte Kirche hinausweisen. Diese Wandlungen aber sind eher Ausdruck eines freien *(Selbst-)Bildungs*verhaltens, als daß sie durch neue kirchliche *Erziehungs*autorität aufgefangen werden könnten (Kap. 3). So werden wir schon aus innerkirchlicher Perspektive auf die Rekonstruktion einer kirchlichen *Bildungstheorie* gedrängt, obwohl die geschichtlichen Hypotheken hierfür nicht günstig sind, auch nicht im Außenverhältnis der Kirche zur Gesellschaft.

Zur ambivalenten pädagogischen Rolle der evangelischen Kirche in der allgemeinen Erziehungsgeschichte

Gegen Mitte der 70er Jahre begann in der Bundesrepublik die *Grundwertediskussion.* Politiker aller Parteien haben hierbei die Kirchen auf ihre »tragende Funktion« in der Vermittlung und Verlebendigung der »Grundwerte und sittlichen Grundhaltungen« angesprochen (Helmut Schmidt), sie als »Garanten der Moralität« (Werner Maihöfer) bezeichnet und als die »großen Ordnungsmächte, die in einer säkularisierten Welt die Frage nach einer die Gesellschaft übersteigenden Wirklichkeit, nach einer letzten Sinngebung der menschlichen Existenz offenhalten« (Helmut Kohl)[26].

26. Zit. n. *K. Lehmann:* Grundwerte in Staat und Gesellschaft, in: *O. Kimminich (Hg.):*

Seit Anfang der 80er Jahre ist zusätzlich die Diskussion über die *»christliche Gemeinschaftsschule«* aufgelebt, und zwar bezeichnenderweise ebenfalls auf Grund staatlicher Erwartungen. Die Kirchen sind in Baden-Württemberg ausdrücklich aufgefordert worden, dazu beizutragen, jenen Formeln in Landesverfassung und Schulgesetz Geltung zu verschaffen, die eine Erziehung »in der Ehrfurcht vor Gott« (Art. 12,1 LV) bzw. »in Verantwortung vor Gott« (Schulgesetz § 1,2) verlangen[27]. Warum werden die Kirchen mit Erziehung zusammengebracht, nicht mit den Erwartungen an Bildung, etwa gar kritischer Bildung? Sie haben zu dieser einseitigen Inanspruchnahme in ihrer Geschichte selbst beigetragen. Selbst in der evangelischen Kirche ist das Verhältnis zum Bildungsbegriff historisch ambivalent. Erst in den letzten Jahren zeichnen sich Veränderungen ab.

Auf evangelischer Seite hat zwar schon die Reformationszeit gezeigt, daß sich der christliche Glaube sehr wohl in selbständiger, kritischer Aneignung mit der *Bildungs*reform einer Zeit verbinden kann. Die Würdigung des Humanismus in den Schulschriften Martin Luthers und die bedeutsame bildungsgeschichtliche Rolle Philipp Melanchthons beweisen es deutlich[28]. Aus dem Fundus des 17. Jahrhunderts ist ferner bis heute das von evangelisch-reformierten und neuplatonischen Denkweisen geprägte pansophische System einer christlichen Paideia in Gestalt der Pampaedia des Johann Amos Comenius noch nicht ausgeschöpft. Als nächstes ist Friedrich Schleiermachers welt-, wissenschafts- und bildungsoffenes Glaubensverständnis zu nennen. Seine Impulse wirken bis heute nach. Anfang unseres Jahrhunderts haben viele evangelische Religionspädagogen das Bildungsverständnis der reformpädagogischen Bewegung aufgenommen; sie haben bewußt Religion und (individuelle) Bildung, nicht nur Religion und Erziehung miteinander verbunden. Unsere Untersuchung wird vor allem diese in der Reformation beginnende Entwicklungslinie zu beachten haben.

Zugleich ist jedoch auch ein anderes geschichtsmächtiges Bündnis durch die Jahrhunderte zu verfolgen; es betraf die Sorge um die Sicherung des sozialen Gefüges der Kirche, ein typisches Sozialisationsinteresse, sprachlich ausge-

Was sind Grundwerte? Zum Problem ihrer Inhalte und ihrer Begründung, Düsseldorf 1977, S. 18.

27. Aus evangelischer Sicht vgl. die instruktive Stellungnahme von *O. Basse:* Erziehung in Verantwortung vor Gott, in: Lehren und Lernen 8 (1982), 9, S. 27-34, ferner *ders.:* Kirche und Schule, in: *S. Krichbaum/U. Hübner/J. Schneider (Hg.):* Eltern - Schule - Beruf, Bd. 1, Villingen 1988, S. 103-126.
28. Vgl. zur Einführung *E. Lichtenstein:* Luther und die Humanität. Die Spaltung des Humanismus, in: *ders.:* Bildungsgeschichtliche Perspektiven. Glaube und Bildung - Bildung als geschichtliche Begegnung, Ratingen 1962, S. 52-65; *G. Müller:* Philipp Melanchthon zwischen Pädagogik und Theologie, in: *ders.:* Zwischen Reformation und Gegenwart II. Vorträge und Aufsätze, Hannover 1988, S. 99-108

drückt in den Begriffen *»disciplina«, »Zucht«, »Erziehung«*[29]. Vom Spätmittelalter an verband sich dieses verständliche Interesse mit dem allgemeinen Zivilisierungsprozeß, den Norbert Elias in faszinierenden Analysen beschrieben hat[30]. Bei Philippe Ariès wird darauf verwiesen, welche bedeutenden Anteile an diesem »Erziehungs«-Prozeß, der nun als Prägung der inneren Natur des Menschen verstanden und durch Selbstzwang (Selbsterziehung) erfolgen sollte, Reformation und Gegenreformation hatten[31]. Die Analysen von Ariès betreffen vornehmlich die Entwicklung in Frankreich. In den deutschen erziehungs- und schulgeschichtlichen Quellen ist jedoch genauso das gemeinsame Interesse der Kirche, der Öffentlichkeit und - zunehmend - des Staates an Erziehung in sozialisatorischer Absicht abzulesen.

Die allgemeine sittliche Ordnung und das persönliche moralische Verhalten sollten besonders in Zeiten gesellschaftlicher Krisen erneuert werden. Nach dem Dreißigjährigen Krieg verstand sich der Pietismus nicht nur als religiöse, sondern auch als sittliche Erneuerungsbewegung. Er hatte zugleich aber auch weltoffene Züge (A.H. Francke). Anders die restaurative christliche Bewegung nach der Aufklärung. Im 19. Jahrhundert ist besonders die christlich-nationale Schulpolitik der »Stiehlschen Regulative« von 1854 ein exemplarischer Fall der entschiedenen Abwehr von revolutionär erscheinenden, weil demokratischen »Bildungsideen«, die das »Subjekt« zu befreien trachteten, zugunsten der Erziehung »in *christlicher, vaterländischer Gesinnung,* und in *häuslicher Tugend*«[32].

Man könnte dies alles als vergangen abtun, wenn nicht noch allzu bedrückend aus unserem Jahrhundert die Weimarer Zeit und die in ihr mit vorbereitete Zeit des NS-Staates in Erinnerung stünden. Die Weimarer Republik wurde von evangelischen Schulpolitikern wie Otto Dibelius geradezu als katastrophale Krise empfunden. Wohlgemerkt: Nicht der Erste Weltkrieg wurde als zur Buße veranlassendes Ereignis angesehen, sondern es wurde gegen den neuen Staat protestiert, »weil er als parlamentarischer Staat die Autorität nicht mehr besitzt, die dazu nötig ist, wenn ein Staat diktatorisch (sic!) über die heranwachsende Jugend verfügen will«. Daher solle wenigstens in der Kirche wahre »Erziehung« verwirklicht werden. *»Denn Erziehung ist nur möglich auf der Grundlage einer bestimmten, geschlossenen Lebensgesinnung.«*[33]

29. Vgl. v. Vf.: Art.: Erziehung, in: Theol. Realenzykl. (TRE), Bd. X, 1/2, Berlin/New York 1982, S. 232-254, bes. S. 237ff.
30. *N. Elias:* Über den Prozeß der Zivilisation. Soziogenetische und psychogenetische Untersuchungen, 2 Bde., 8. Aufl., Frankfurt/M. 1981.
31. *Ph. Ariès:* Geschichte der Kindheit, 3. Aufl., München 1976.
32. Aus dem 1. Regulativ betr. den Seminarunterricht vom 1.10.1854, abgedruckt in: *G. Giese (Hg.):* Quellen zur deutschen Schulgeschichte seit 1800, Göttingen/Berlin/Frankfurt 1961, S. 147.
33. *O. Dibelius:* Die evangelische Erziehungsschule. Ideal und Praxis, Hamburg o.J.

Die evangelische Schulpolitik jener Zeit ist völlig außerstande, den Sinn von Demokratie als Lebensform zu begreifen. Unter dem beherrschenden Einfluß deutschnationalen Denkens wird der neue Parlamentarismus als wesensfremde westlich-aufklärerische Entwicklung abgelehnt. Man setzt auf »Erziehung« und »Gemeinschaft« im Sinne bergender sozialer Ordnung, die möglichst religiös verwurzelt sein soll und die in der Lage ist, der Nation ihr nationales Bewußtsein wiederzugeben. Die Erziehung wird nicht auf die Grundlage eines liberalen Rechtsstaates und einer parlamentarischen Demokratie gestellt, sondern an einer lutherischen Staatsethik orientiert, die den parlamentarisch-demokratischen Pluralismus 'überwinden' soll.

Um 1930 erreicht diese Strömung in der evangelischen Kirche und in der Gesellschaft im ganzen ihren Höhepunkt. Der Sehnsucht nach der Kraft von »Erziehung« entspricht die Absage an die »pädagogische Idee« individueller »Bildung«, eine Absage, die leidenschaftliche Formen annimmt. 1932 werden bei Wilhelm Koepp »pädagogische Idee« und »Bildung« in Kapiteln über den »Teufelskreis der Pädagogik« und »die Vernichtung der pädagogischen Idee am Evangelium« abgeurteilt. Alle folgenden fünf Kapitel handeln sodann bezeichnenderweise nur noch vom Verhältnis des Evangeliums zur »Erziehung«[34].

Es hat lange gedauert, bis evangelische Pädagogen wie Oskar Hammelsbeck die sich fortsetzende Herrschaft der Rede von »Erziehung« wenigstens teilweise durch (eigenwillige) Reflexionen über das Verhältnis von Glaube und Bildung aufzubrechen suchten. Einerseits bejahte auch Hammelsbeck wie alle anderen evangelischen Pädagogen die Führungsrolle der »Erziehung zu festen Zielen und Aufgaben«. Anderseits hat Hammelsbeck »scharf gesehen, daß das Denken des Pädagogen eine verhängnisvolle Wendung nimmt, wenn der Bildungsbegriff

(1920 oder 1921), S. 22, 23.- Dibelius steht mit seiner Auffassung nicht allein. Wegen der »Notwendigkeit einer *organischen Erziehung«* hat in jenen Jahren auch der führende Religionspädagoge *O. Eberhard* eine »glaubens- und gesinnungseinige« evangelische Bekenntnisschule vertreten (u.a. in: Evangelische Lebenskunde auf wertpädagogischer Grundlage, Stuttgart 1928, S. 224), wobei er *P. de Lagarde* zitiert: »die Religion soll ihnen (den Schülern) eine *undiskutierbare Macht* sein; denn nur, wenn sie als solche erscheint, *erzieht* sie ... wir müssen soviel wie möglich *Geschlossenheit* hervorrufen, Heimaten, die man nicht vergißt« (S. 225).

34. *W. Koepp:* Die Erziehung unter dem Evangelium, Tübingen 1932. Am ausführlichsten und gründlichsten ist *Reiner Preul* der »theologischen Bildungskritik« von seiten der evangelischen Theologen und Pädagogen um 1930 mit der Folge einer entsprechenden Überhöhung des Erziehungsbegriffs nachgegangen (Religion - Bildung - Sozialisation. Studien zur Grundlegung einer religionspädagogischen Bildungstheorie, Gütersloh 1980). Seine eigenen Bemühungen um eine »religionspädagogische *Bildungs*theorie« sind als bewußte, theologisch begründete Korrektur an der Dominanz evangelischen *Erziehungs*denkens zu lesen.

dem Erziehungsbegriff untergeordnet oder gar ganz zum Verschwinden gebracht« wird[35].

In seiner Schrift »Glaube und Bildung« aus dem Jahre 1940[36] deutet Hammelsbeck die Situation dahin, daß die Erziehung der Bildung »den Rang streitig gemacht« habe. Mit Herman Nohl interpretiert er diese »Wende« als »ein Umschlagen der Sokratischen Form der Pädagogik in die Platonische ... Die Erziehung zu festen Zielen und Aufgaben geht in Führung. Die Bildung wird Teil und Unterbegriff der Erziehung ... Wir bejahen diesen Umbruch wie die Bildungskrise selbst als eine geschichtliche Notwendigkeit. Wir geben aber nicht unsere Verantwortung preis gegenüber dem unverlierbaren Anspruch der Bildung.«

Reiner Preul zitiert diesen Passus mit dem Kommentar, daß die von Oskar Hammelsbeck in den folgenden Sätzen hieraus gezogene Konsequenz »im evangelischen Lager einzigartig« gewesen sei:

»Woher könnte das erzieherische Tun einen verantwortlichen Maßstab nehmen, wenn nicht von einem erneuerten griechischen Bildungsbegriff? Er allein bietet den Erziehern die Gewähr, daß ihr Erziehen um der Menschenwürde derer willen geschehen darf, die erzogen werden sollen. Diesen Maßstab verwerfen zugunsten eines Prinzips von Erziehung, die nur auferlegen soll statt zu erschließen, würde einen totalen Ausbruch aus der abendländischen Geistesgeschichte bedeuten.«[37]

Für das 19. Jahrhundert überrascht es nicht, daß die in der Pädagogik und Religionspädagogik von Friedrich Diesterweg vertretenen aufklärerisch-liberalen und demokratischen Gedanken auf schwere Widerstände von seiten eines

35. *R. Preul,* a.a.O., S. 78.
36. *O. Hammelsbeck:* Glaube und Bildung, München 1940, S. 10 (ThEx, H. 74).
37. *O. Hammelsbeck,* a.a.O., S. 11, zit. n. *R. Preul,* a.a.O., S. 79. - Mit dem griechischen »Bildungsbegriff« hebt Hammelsbeck auf Sokrates und den sokratischen Dialog im Unterschied zur Erziehung in Platons »Staat« ab, die zum Teil zwanghafte Züge annimmt. Zu Recht wächst die Aufmerksamkeit auf das Lebenswerk O. Hammelsbecks, und zwar gerade auch hinsichtlich seines die Religionspädagogik i.e.S. überschreitenden Beitrags. Zum Verhältnis von Bildung und Glaube bei Hammelsbeck vgl. auch *G. Lämmermann:* Religion in der Schule als Beruf. Der Religionslehrer zwischen institutioneller Erziehung und Persönlichkeitsbildung, München 1985, S. 321ff. Zu den Verbindungen zwischen Hammelsbeck und der geisteswissenschaftlichen Pädagogik s. *R.P. Crimmann:* Erich Weniger und Oskar Hammelsbeck. Eine Untersuchung ihrer pädagogischen und theologischen Anschauungen unter besonderer Berücksichtigung des Normenproblems, Weinheim/Weinheim, Basel 1986. Zuletzt s. auch *B. Albers:* Lehrerbild und Lehrerbildung. Eine historisch-systematische Untersuchung zum Werk Oskar Hammelsbecks, Aachen 1988 (Rph 19).

restaurativen ordnungspolitischen und ordnungspädagogischen Denkens in Kirche und Staat gestoßen sind[38]. Aber auch im 20. Jahrhundert bleibt der Weg, wie angedeutet, beschwerlich und im ganzen verwickelt, ein Weg von nach wie vor zäh beharrenden Ordnungsbedürfnissen über mühsam ans Licht drängende Freiheitsinteressen zu elementaren Lebenssorgen in unseren Tagen.

Schritte auf einem »dritten Weg«

Warum kann der zukünftige Weg weder ein ordnungstheologisch-ordnungspädagogisches Denk- und Handlungsmodell noch ein liberalistisch-idealistisches wiederherstellen dürfen? Unsere Untersuchung verfolgt als Ganzes die Absicht, einen »dritten Weg« zu begründen[39]. Die beiden Wege bisher sind nicht zukunftsfähig. Sie haben außerdem zu fragwürdigen Bündnissen mit jeweils bestimmten pädagogischen Strömungen geführt.

Im soeben beschriebenen ersten Fall fanden auf dem Höhepunkt nationaler und kirchlicher Gemeinschaftsideologie am Vorabend des nationalsozialistischen Regimes bezeichnenderweise jene Erziehungswissenschaftler bei den evangelischen Pädagogen Gehör, die wie Ernst Krieck mit der prägenden Kraft der sozialen Ordnungen alles Gewicht auf die »funktionale« Erziehung legten, auf Erziehung als »Urfunktion der Gemeinschaft«[40]. In dieser Sicht sind die überindividuellen Gemeinschaftsordnungen als das »Beziehungsganze« dem Subjekt und jeder subjektiven, kritisch-reflexiven Bildung strikt vorgeordnet, eine Sicht, die sich bruchlos mit den Auffassungen des neuen Luthertums von der Bedeutung der göttlichen Erhaltungsordnungen zusammenfügen ließ:

»Die Vorgegebenheit des Beziehungsganzen wird nun konkret in der *Vorgegebenheit von Beziehungsordnungen für alle Erziehungen.* Diese Ordnungen für Beziehungen unter den

38. Vgl. ausführlich hierzu die gründliche Untersuchung von *H.F. Rupp:* Religion und ihre Didaktik bei F.A.W. Diesterweg, Weinheim u.a. 1987.
39. Vgl. bereits hierzu v. *Vf.:* Der dritte Weg - Elemente evangelischen Erziehungsdenkens, in: Beiheft des Korrespondenzblatts Ev. Schulen und Heime. Zum 60. Geburtstag von Karl Heinz Potthast, Bethel 1984, S. 2-5. Vgl. ferner meine historisch-systematische Studie: Evangelisches Erziehungsverständnis und evangelische Schulen, Sonderheft des Korrespondenzblatts Ev. Schulen und Heime, Bethel 1985, ferner: Bildung - Glaube - Aufklärung. Zur Bedeutung von Luther und Comenius für die Bildungsaufgaben der Gegenwart, Konstanz 1986, bes. S. 6ff. (KThR 2).
40. Vgl. die Aufnahme E. Kriecks bei *W. Koepp:* Die Erziehung unter dem Evangelium, a.a. O. (Anm. 34), S. 2f.

Menschen sind da und wollen uns ihnen gemäß werden und sein lassen. Sie sind die Vor-Geordnetheit des Daseins. Wer erzogen wird, der wird eingeordnet.«[41]

Das ordnungspädagogische Denken überhöhte in dem Maße in genauer Umkehrung die vorgegebenen Ordnungen (sie werden geradezu zu agierenden Subjekten, indem *sie* uns ihnen gemäß werden lassen *wollen*), wie in der Epoche des religionspädagogischen Liberalismus zuvor der einzelne Mensch religiös überhöht worden war.

Richard Kabisch stellte sich vor, daß »reines Menschentum nach den möglichst vollkommenen Formen seiner göttlichen Bestimmung« das Ziel der sittlich-religiösen Persönlichkeitsbildung sein solle. Hierfür nimmt er einseitig bestimmte Züge der Bildungsphilosophie des deutschen Idealismus in Anspruch[42].

Die Bildungssynoden der Evangelischen Kirche in Deutschland 1958 in Berlin-Weißensee, 1971 in Frankfurt/M. und 1978 in Bethel können vielleicht zu einem späteren geschichtlichen Zeitpunkt als Schritte auf einem Weg jenseits jener fatalen Alternative gedeutet werden. In ihrem »Wort zur Schulfrage« von 1958 hat die EKD in einem ersten Schritt das ordnungspolitische Denkmodell zu verabschieden gesucht, und zwar zuerst in der Kirche selbst, dann grundsätzlich (man beachte die Reihenfolge):

»Erziehung kann nur in Freiheit und Wahrhaftigkeit geschehen. Deshalb erklärt die Synode der Evangelischen Kirche in Deutschland, daß über Schule und Lehrer keinerlei kirchliche Bevormundung ausgeübt werden darf. Die sittliche und wissenschaftliche Verantwortung der Erzieher für alle Lehrinhalte und das gesamte Schulleben duldet keine weltanschauliche Bevormundung, gleich welcher Art.«[43]

Im Namen »der Freiheit, zu der allein Christus befreit« (20), hat sich die Synode zugleich zu einem freiheitlichen Ansatz bekannt, ohne in das liberalistische Mißverständnis zurückzufallen. Mit Verspätung begann sich die Barmer Theologische Erklärung endlich auch schul- und erziehungspolitisch auszuwirken. Die Freiheit im Glauben und die pädagogische Freiheit wurden füreinander gleich-

41. A.a.O., S. 9.
42. *R. Kabisch:* Wie lehren wir Religion? Versuch einer Methodik des evangelischen Religionsunterrichts für alle Schulen auf psychologischer Grundlage, Göttingen 1910, S. 4.
43. Das Schulwort ist zuerst veröffentlicht in: *A. Flitner:* Die Kirche vor den Aufgaben der Erziehung, 2. Aufl., Heidelberg 1959, S. 19-21, hier S. 19 (= Bildung und Erziehung, hg. vom *Kirchenamt der EKD*, Gütersloh 1987, S. 37-39, hier S. 37; Die Denkschriften der EKD, Bd. 4/1).

nisfähig. Die Freiheit, zu der allein Christus befreit (Barmen II), sollte sich zeichenhaft auch schulisch ausdrücken.

»Die Kirche ist zu einem freien Dienst an einer freien Schule bereit« (20). Das »hinsichtlich der Freiheit, Wissenschaftlichkeit und Weltoffenheit« Gesagte gilt hierbei »in besonderem Maße« für die eigenen Schulen in kirchlicher Trägerschaft (21). Dem Konfessionalismus wird eine Absage erteilt.

Man übersehe jedoch nicht, daß zu diesem Zeitpunkt solchen Äußerungen innerkirchlich noch aufs heftigste widersprochen worden ist. Erst im Jahre 1971 war man auf der Bildungssynode in Frankfurt/M. mit größerer innerer Freiheit für eine ebenso umfassende wie freiheitliche Wahrnehmung der pädagogischen Mitverantwortung der Kirche in der Gesellschaft offen. Die neue Grundrichtung hatte sich gefestigt; die Berührungsängste vor emanzipatorischen und demokratischen Bildungsvorstellungen waren gewichen[44]. Allerdings hatte man zu sehr noch zeitbedingt den überkommenen vertikalen Grundkonflikt zwischen Ordnungsbedürfnissen und Freiheitsinteressen vor Augen.

Im Laufe der 70er Jahre stellte sich heraus, daß dieser vertikale Konflikt nicht mehr die wichtigste Kontroverse ausmacht. Die Sorgen um das Leben in der Zukunft relativierten den Streit, der immer noch um Ordnung und Freiheit, Restauration und Befreiung, Herrschaft und Emanzipation meinte kreisen zu müssen. Auf dem Aulendorfer Erziehertag wurde 1976 statt dessen die Frage aufgeworfen: »Leben und Erziehen - wozu?«[45] Wer so fragt - Leistung wozu?, Wachstum wozu? und schließlich: Leben wozu? -, kann weder zufrieden sein, wenn er die gegebene Lage ordnungsbewußt hinnehmen und bloß ihre Fortschreibung unterstützen soll, noch wenn er zu Kritik, Protest und Emanzipation aufgerufen wird, ohne erkennen zu können, wohin er aufbrechen und worin das zu lebende Leben seine Sinnerfüllung finden soll. Emanzipation ohne Gehalt bleibt auf halbem Wege stehen.

Die Synode der EKD Ende 1978 in Bethel mußte darum grundsätzlicher ansetzen. Zu beunruhigend zeichnete sich ab, daß die *Bildungs*probleme auf die *Lebens*probleme verwiesen; die Frage nach dem Lebenssinn liegt der Frage nach dem Bildungssinn voraus und ist ihr eigentliches Fundament. Statt vorwiegend in

44. Die Synodalvorträge und -entschließungen sind veröffentlicht in: *Kirchenkanzlei der EKD (Hg.):* Die evangelische Kirche und die Bildungsplanung, Gütersloh/Heidelberg 1972 (Wiederabdruck der Entschließungen auch in: Denkschriften, 4/1, S. 64ff.).
45. Vgl. v. Vf.: Leben und Erziehen - wozu? Lebens- und Erziehungsziele in christlicher Verantwortung, in: ZfRelPäd 32 (1977), 2, S. 34-40. Die Themenformulierung geht auf den damaligen Bildungsreferenten der württembergischen Landeskirche *O. Basse* zurück.

der Kategorie des »Ziels« war von der Kategorie des »Grundes« her zu denken. Bethel bediente sich des Themas von Aulendorf und stellte die Synodaltagung ebenfalls unter die Frage: »Leben und Erziehen - wozu?«[46] Hierbei ist das Einführungsreferat bewußt den »Weg zu einem neuen *Bildungs*verständnis« gegangen; plädiert wurde für eine »neue menschlich förderliche, ganzheitliche, allgemeine Bildung«[47]. Sie hat für Christen ihre Grundlage in der im Glauben gegründeten »Lebenszuversicht« (35).

Der »dritte Weg« ist ein Weg, der die »unselige Polarisierung«, den Streit zwischen »Emanzipation oder Affirmation«[48], die »Sackgassen linker oder rechter Schlagwörter«[49], hinter sich läßt. Eine Sackgasse ist diese Polarisierung, weil sie die tiefergreifende Herausforderung verstellt. Beide, die emanzipatorische Pädagogik, die Ende der 60er, Anfang der 70er Jahre ihren Höhepunkt erreicht hatte, und die noch heute andauernde neokonservative Reaktion auf sie unter der Selbstbezeichnung der Bildungspolitik der »Tendenzwende« seit 1973/74[50], sind immer noch auf den *'vertikalen'* Herrschafts- und Autoritätskonflikt zwischen 'oben' und 'unten' fixiert und damit zugleich, sich wechselseitig bestätigend, aufeinander (Herrschaftsparadigma). Sie passen nicht zu einem *'horizontalen'* Konflikt konkurrierender Wertprioritäten, der durch die Suche nach einer notwendigen neuen alternativen Lebensform 'neben' der bloßen Fortschreibung der dominierenden linearen Fortschrittsidee bestimmt ist (Paradigma der »Lebensweise«)[51].

Die Veröffentlichungen der Bildungskammer der EKD seit der Betheler Synode haben die neuen Grundlinien ausgezogen und entfaltet. Für die innerkirchlichen pädagogischen Aufgaben versuchten die »gemeindepädagogischen Empfehlungen« den »Zusammenhang von Leben, Glauben und Lernen« einzuschärfen[52]. Für die kirchliche Erwachsenen-

46. *Kirchenkanzlei der EKD (Hg.):* Leben und Erziehen - wozu? Gütersloh 1979 (Wiederabdruck der Entschließungen auch in: Denkschriften 4/1, S. 170ff.).
47. Siehe den Einführungsvortrag des Vf.: Leben und Erziehen - wozu? in der in Anm. 46 angegebenen Dokumentation, S. 21 und 43.
48. *K.H. Potthast:* Das Miteinander in der Schule. Vorschläge für eine christliche Erziehung, Gütersloh 1981, S. 89 (GTB 754).
49. A.a.O., S. 55.
50. Vgl. zum Auftakt *H. Maier:* Wiedergewinnung des Erzieherischen. Plädoyer für eine neue Bildungspolitik, forum E 26 (1973), S. 1ff., sowie *W. Hahn:* Die bildungspolitische Wende zum Jahreswechsel 1975, in: Lehren und Lernen 1 (1975), 1, S. 3ff.
51. Zur Hypothese eines »Paradigmenwechsels« vom »Herrschaftsparadigma« über das »Verteilungsparadigma« zum neuen »Paradigma der Lebensweise« s. auch die politologischen Analysen von *J. Raschke:* Politik und Wertwandel in den westlichen Demokratien, Beilage der Zs Das Parlament 1980, 36, S. 23-45.
52. *Kirchenkanzlei der EKD (Hg.):* Zusammenhang von Leben, Glauben und Lernen. Gemeindepädagogische Empfehlungen, vorgelegt von der Kammer der EKD für

bildung ist zum erstenmal wieder der Bildungsbegriff ausdrücklich als Leitbegriff aufgenommen und durchbuchstabiert worden, und zwar nun mit der doppelten Zuspitzung auf »Bildung als (kritische) Reflexion« und, eingedenk des Lebensparadigmas, auf »Bildung als Lebensform«[53]. Eine dritte Veröffentlichung zum »ökumenischen Lernen« zeigt den fortan nicht mehr hintergehbaren ökumenischen Erfahrungs- und Verantwortungshorizont der Kirche auf, von dem wir hoffen, daß er sich auch auf das gesellschaftliche Bildungsverständnis auswirken möge[54]. Eine vierte in Vorbereitung befindliche Studie der Bildungskammer widmet sich schließlich bezeichnenderweise dem Thema der »Bildung im Wandel der Arbeitsgesellschaft«.

Auch dieser Teil der eröffnenden Skizze zur bildungspolitischen Lage in der evangelischen Kirche und zu einigen ihrer geschichtlichen Entwicklungsstränge hat auf die leitenden Begriffe geachtet. Liegt es so sehr an Begriffen? Hinter ihnen verbirgt sich die Sache, und zu Klarheit in der Sache ist die Kirche nicht erst auf Grund der Art und Weise verpflichtet, wie der Staat sie hierbei für seine Erziehungsinteressen in Anspruch nimmt, sondern um ihrer selbst und ihrer Sendung willen. Mit »Bildung« thematisiert sie allerdings seit der ersten EKD-Mitgliedschaftsuntersuchung von 1974 auch das Stichwort *»Bildungsdilemma«*[55].

Bildung ist notwendig und unbequem; sie birgt *Chancen* und *Risiken.* Zu ihren Merkmalen gehören zum einen individuelle Selbständigkeit und geschichtsbewußte Aufklärung, und dieser aufklärend-kritische Charakter kann manche Kirchenmitglieder überfordern. Zum anderen trifft die Kirche auf ein nachchristliches Bewußtsein, das durch vieles in der Geschichte von Kirche und Christentum irritiert worden ist, nicht zuletzt durch Bildungsfeindlichkeit in der Theorie und pädagogische Unfreiheit in der Praxis christlicher Erziehung; auf dieser Seite wünscht man sich eine denk- und bildungsoffene Kirche. Zusätzlich werden heute der Bildung gesellschaftliche und kirchliche Erwartungen entgegengebracht, die mit Zukunftsaufgaben zusammenhängen. Über Allgemeinbildung ist eine neue Diskussion entbrannt (s.o.). In der Kirche geraten die Bildungsaufgaben außerdem in den Sog der Glaubensproblematik. Auch das gehörte in dies Einleitungskapitel. Beides sind tiefreichende Herausforderungen. Der Umgang mit Bildung berührt die gesellschaftliche wie die kirchliche Zukunftsfähigkeit.

Bildung und Erziehung, Gütersloh 1982, 2. Aufl., 1983 (= Denkschriften 4/1, S. 211ff.).

53. *Kirchenamt der EKD (Hg.):* Erwachsenenbildung als Aufgabe der evangelischen Kirche - Grundsätze, Gütersloh 1983, 2. Aufl., 1984, S. 20f., s. auch S. 21f. (= Denkschriften 4/1, S. 264ff.).
54. *Kirchenamt der EKD (Hg.):* Ökumenisches Lernen. Grundlagen und Impulse. Eine Arbeitshilfe, Gütersloh 1985.
55. *H. Hild (Hg.):* Wie stabil ist die Kirche? Bestand und Erneuerung, Ergebnisse einer Umfrage, Gelnhausen/Berlin 1974, S. 242ff.

Das Vertrauen in Begriff, Sache und Geist menschlicher Bildung muß neu zurückgewonnen werden.

Was trägt hierzu der Blick auf das Neue Testament bei? Was erkennt man, wenn man Bildung von der Lebenserneuerung im Glauben her betrachtet? Was zeigt die Vergegenwärtigung der sprachgeschichtlichen Entstehung des Begriffs der Bildung in der deutschen Mystik? Was erbringt die pointierte theologische Behandlung des Bildungsproblems durch Karl Barth? Wie kann hierdurch ein vom christlichen Glauben angeleitetes Bildungsverständnis präzisiert, inhaltlich gefüllt und zugleich an seine Grenze geführt werden? Analog zum geschichtlichen Rückblick auf Grundmerkmale europäischen Bildungsverständnisses allgemein, als vertiefendem zweiten Schritt im ersten Abschnitt, seien zum Abschluß dieses zweiten Abschnitts geschichtliche Ursprünge und Stationen eines christlichen Bildungsverständnisses im besonderen vergegenwärtigt.

Biblische Grundlagen

Seit den Anfängen christlicher Gemeinden gehören *Unterricht* und *Erziehung* zum Weg der Kirche durch die Zeiten: Unterricht als »Aufzucht in den Worten des Glaubens und der guten Lehre« (1 Tim 4,6) und Erziehung als Lebensweisung zum Handeln aus Glauben (Eph 6,1-4; Hebr 6,1.2).

Der Paulus des 2. Timotheusbriefes erinnert Timotheus daran, »von Kind auf«, genauer, vom Mutterschoße an (brephos=neugeborenes Kind), Gottes Wort in den »Heiligen Schriften«, der Bibel des Volkes Israel, kennengelernt zu haben. Sie hat ihn »unterwiesen«, sie hatte und hat die Kraft, wörtlich, ihn »weise zu machen, durch den Glauben an Jesus Christus das Heil zu empfangen« (2 Tim 3,15).

Indem der biblisch begründete Unterricht in Form der *»Lehre«* auf die weise machende Einsicht in die Heilsbedeutung des Glaubens zielt, dient er zugleich dem *Leben:* der »Aufdeckung der Wahrheit« über das Leben, der »Zurechtbringung« auf den Weg gelingenden Lebens und der »Erziehung (paideia) in der Gerechtigkeit« (2 Tim 3,16). Gerechtigkeit ist der Inbegriff dessen, was nach Gottes Willen das Leben der Menschen bestimmen und erfüllen soll (Mt 6,33).

»Paideia« kann statt mit »Erziehung« auch mit *»Bildung«* übersetzt werden. So ist es in der Bildungstheorie üblich, und so zeigt sich auch deutlicher die Verbindung zur Umwelt der Bibel. »Paideia« - »Bildung« - ist in der Antike und auch in der griechischen Bibel, der »Septuaginta«, ein umfassender Begriff. Er umgreift alles, was zur rechten Lebenserkenntnis und Lebenserfüllung pädagogisch vorbereitet werden muß: Urteilsfähigkeit, Sprachkraft und Weisheit ebenso

wie Haltung, Verhalten und Lebenskunst[56]. Zusammengefaßt: Bildung ist *Reflexion* und *Lebensform.* Wenn wir Paideia mit Bildung übersetzen, sind die auf Haltung und Handeln bezogenen Erziehungsaufgaben eingeschlossen, ohne daß eine sich isolierende Erziehungsprogrammatik den kritisch-reflexiven Sinn von Bildung preisgibt, was wir als Gefahr in den vorausgegangenen Abschnitten erkannt haben. Gleichzeitig ist aber auch von vornherein ein Wortgebrauch abgewehrt, der unter Bildung bloß viel Wissen versteht.

Ein intellektualistisch verengter Wortgebrauch wird vom Alten und Neuen Testament nicht gedeckt. Im Alten Testament wird im übrigen die wahre Bildung von Gottes Offenbarung und seinen Geboten her erwartet[57]. Im Neuen Testament ist Bildung pointiert *»paideia kyriou«,* »Erziehung des Herrn« (Eph 6,4)[58]. In diesem Sinne, so heißt es abschließend im zweiten Timotheusbrief, »soll der Gottesmensch (in uns) voll ausgebildet werden[59], so daß er in jeder Hinsicht fähig wird, Gutes zu tun« (2 Tim 3,17; Übers. nach U. Wilckens).

Ebenso ursprünglich wie Lehren, Erziehen, Bilden schließt die Überlieferung des Glaubens von Generation zu Generation die Glauben weckende und das Christsein an *Vorbildern* orientierende *Teilhabe am gelebten Glauben anderer* ein. Kein Geringerer als Paulus selbst versteht sich als Vorbild.

»Folgt meinem Beispiel, wie ich dem Beispiel Christi!« (1 Kor 10,33). Oder der Paulus des Timotheusbriefes zu Timotheus gewandt: »Du aber bist mir gefolgt in der Lehre, im Leben, im Streben, im Glauben, in der Langmut, in der Liebe, in der Geduld, in der Verfolgung, in den Leiden, die mir widerfahren sind ...« (2 Tim 3,10.11).

Nicht nur erwachsene Christen sollen vom Leben anderer Christen angesteckt werden. Auch dieser Prozeß beginnt »von Kind auf«, ist ein *Generationenverhältnis.* Die oben eingeführte Dimension des Lernens zwischen den Generationen kann ebenfalls von der Bibel her gestützt werden. Paulus erinnert sich und Timotheus an den »unverfälschten Glauben«, »wie er zuvor in deiner Großmutter Lois und deiner Mutter Eunike zu Hause war« (2 Tim 1,5; Übers. nach U. Wilckens). Anders formuliert und verallgemeinert: Jemand wird dadurch gebildet, d.h. angeregt, geformt, gestaltet, daß er in einem lebenslangen Prozeß *in Lebenszusammenhänge eintaucht.*

56. Zur pädagogischen Entdeckung der Kategorie der Lebenskunst s. *W. Kurz:* Lebenskunst - eine vergessene Dimension der Schule, in: Lehren und Lernen 8 (1982), 9, S. 43-65.
57. Vgl. *D. Fürst:* Art. Erziehung, in: Theol. Begriffslexikon z. Neuen Testament (TBLNT) I, 6. Aufl., Wuppertal 1971, S. 292-295.
58. *W. Jentsch:* Urchristliches Erziehungsdenken. Die Paideia Kyriu im Rahmen der hellenistisch-jüdischen Umwelt, Gütersloh 1951.
59. Als Übersetzung von griech. artios = von der rechten Beschaffenheit oder in rechtem Zustand, recht, gehörig, fehlerfrei, vollkommen.

Das epochale Dokument hierfür aus der neueren Bildungsgeschichte sind Goethes »Wilhelm Meisters Lehr- und Wanderjahre«. Die Lebenswelt des Elternhauses und des Theaters, neue Freundeskreise und neue Umgebungen, die geprägte Lebensform des Pietismus wie die der Gesellschaft vom Turm, Kunst und Natur, Wissenschaft und Handwerk - sie alle wirken bildend auf Wilhelm ein. Für unser modernes Bildungsverständnis, das auf ein selbständiges Weltverhältnis und kritische Selbstreflexivität gerichtet ist, darf es allerdings nicht bei einseitig von außen prägenden gesellschaftlichen Einflüssen bleiben. Zu Bildung gehört Auseinandersetzung und Chance zur Ausbildung von Individualität und Identität. Auch hierfür ist Wilhelm Meisters Weg charakteristisch. Seine Lebensgeschichte ist eine Lebensgeschichte in wachsenden Lebenskreisen im Sinne immer klarerer Selbsterkenntnis und Selbstfindung: Bildung als *individueller lebensgeschichtlicher Weg,* im Falle Wilhelms freilich ein typisch bürgerlicher. Die Aufmerksamkeit auf den eigenen Lebenslauf war zuvor in pietistischen Kreisen zur Aufgabe gemacht worden und hatte zu religiösen Autobiographien geführt[60]. Auch zu dieser Lebenslaufseite, die in der gegenwärtigen Religionspädagogik neu entdeckt wird[61], gibt es mithin alte theologische Zugänge.

Bildung zwischen Entfremdung von Gott und Gottebenbildlichkeit - Das Erbe der Mystik

»Bildung« kann ein *Ergebnis,* das Gebildetsein, bezeichnen. Wie alle deutschen Wörter mit der Endung *-ung* meint jedoch das Wort als Nomen actionis zunächst einen *Vorgang*[62] und nicht gleich eine pädagogische Zielvorstellung[63]. Bildung ist erst recht kein Besitz. Seit dem 19. Jahrhundert ist allerdings im gesellschaftlichen Bewußtsein besonders »Allgemeinbildung« fast nur noch in dieser verdinglichten Weise mißverstanden worden. Als Glied des Bildungsbürgertums hatte man Bildung zu haben, wie man Besitz hatte. Wir müssen den Begriff auch aus dieser Engführung befreien und jener Ironie wehren, die dazu geführt hat, daß ein

60. Vgl. *D. Rössler:* Grundriß der Praktischen Theologie, Berlin/New York 1986, S. 164.
61. Vgl. v. Vf.: Lebensgeschichte und religiöse Lebenslinie. Zur Bedeutung der Dimension des Lebenslaufs in der Praktischen Theologie und Religionspädagogik, in: *P. Biehl u.a. (Hg.):* Jahrbuch der Religionspädagogik (JRP), Bd. 3: 1986, Neukirchen-Vluyn 1987, S. 3-35.
62. *J. Dolch:* Grundbegriffe der pädagogischen Fachsprache, 6. Aufl., München 1965, S. 37f.
63. *H. Schröer:* Grundlagen evangelischer Erziehungslehre, in: JRP, Bd. 2: 1985, Neukirchen-Vluyn 1986, S. 3-40, hier S. 23.

dynamischer Vorgang wie Bildung, der Entfremdung überwinden sollte, als verdinglichte, verschulte Bildung neue Entfremdung geschaffen hat[64]. Seit Ende des 19. Jahrhunderts (Nietzsche) reißen die Anklagen gegen die Schule nicht ab.

Am Anfang des Jahrhunderts war die Gefahr der Selbstentfremdung in dieser Formulierung zuerst sporadisch bei Humboldt formuliert worden[65]. Das Problem der Entfremdung ist sodann ausführlich von Hegel und Marx behandelt worden[66]. Dieser bildungs- und gesellschaftstheoretischen Erörterung des Entfremdungsproblems mit Bezug auf Bildung und ihre Gefährdung war jedoch lange zuvor historisch gesehen ein theologisches Verständnis von Entfremdung in der Mystik vorausgegangen.

»Bildung« hatte bei Meister Eckhart den tiefen Sinn, aus der Fremde der Entfremdung von Gott, der Sünde der Entfernung von Gott, in die Heimat bei Gott, in die innigste Nähe zu ihm zurückzuführen. Bildung ist bei Eckhart ein Weg, auf dem Gott sich in die Seele des Menschen hineinbildet (înbildet), indem der Sohn Gottes in der Seele wiedergeboren wird. Die erste Geburt ist der sinnfällige Ausdruck der Trennung des Menschen von Gott. Sie kann in Christus durch eine zweite Geburt (Wiedergeburt) aufgehoben werden - ein Ereignis, das auch sprachlich nach neuen Worten drängt. Die von Eckhart geprägten Begriffe »'entbilden' und 'în-bilden' können noch als rein psychologische Termini aufgefaßt werden. 'Überbilden' ist der eigentlich mystische Vorgang«[67].

Mit »überformen« bzw. »Überbildung« übersetzte Eckhart die berühmte klassische Stelle in 2 Kor 3,18. In ihr wird davon gesprochen, daß wir in das »Bild« (der »Herrlichkeit des

64. Vgl. v. Vf.: Bildung und Entfremdung. Überlegungen zur Rekonstruktion der Bildungstheorie, ZfPäd., Beiheft 14, S. 205-229.
65. Wenn der Mensch in der Welt tätig wird, kommt es darauf an, »daß er in dieser Entfremdung nicht sich selbst verliere, sondern vielmehr von allem, was er außer sich vornimmt, immer das erhellende Licht und die wohlthätige Wärme in sein Innres zurückstrale«. *W. v. Humboldt:* Werke I, hg. von *A. Flitner* und *K. Giel,* Darmstadt 1960, S. 237.
66. Zur Entwicklung von Rousseau bis Marx vgl. den Überblick in meiner Abhandlung (Anm. 64), S. 215-223; zu Marx s. ausführlich: *J. Israel:* Der Begriff Entfremdung. Makrosoziologische Untersuchung von Marx bis zur Soziologie der Gegenwart, Reinbek bei Hamburg 1972.
67. *I. Schaarschmidt:* Der Bedeutungwandel der Begriffe 'Bildung' und 'bilden' in der Literaturepoche von Gottsched bis Herder (1931), in: Beiträge zur Geschichte des Bildungsbegriffs von Franz Rauhut und Ilse Schaarschmidt, eingel. u.m. einem Anhang versehen von *W. Klafki,* Weinheim 1965, S. 30. *Meister Eckehart:* Deutsche Predigten und Traktate, hg. und übersetzt von *J. Quint,* Zürich 1979, S. 143, 412ff.
Vgl.: *E. Lichtenstein:* Zur Entwicklung des Bildungsbegriffs von Meister Eckhart bis Hegel, Heidelberg 1966, *H. Schröer,* a.a.O. (Anm. 63), S. 23ff.

Herrn«) »hineinverwandelt werden von einer Herrlichkeit zur anderen, so wie es vom Herrn, dem Geist (gegeben wird)« (Übers. nach U. Wilckens). Im lateinischen Text war zu lesen: In eandem imaginem transformamur.

Der mit dem Gedanken der *Gottebenbildlichkeit,* der Imago-Dei-Vorstellung, verbundene Bildbegriff und die Rede von der *forma,* der Form oder Gestalt (Bildung hieß lateinisch *formatio),* gaben den Anstoß für die neuen Wortprägungen zur Wortfamilie um »Bildung«[68]. Es geht um die Bestimmung des Menschen. »Gott schuf den Menschen zu seinem Bild, zum Bilde Gottes schuf er ihn; und er schuf ihn als Mann und Weib« (Gen 1,27). Die Gottebenbildlichkeit, die durch mich selbst und das, was mein Leben selbstherrlich sichern soll, zerstört ist, kann nun wiedergewonnen werden, weil sie in Christus wiedergewonnen ist. Wenn aber Gott mir vertraut werden, wenn ich ihn hören, in mir sein Sprechen vernehmen soll, muß alles das, was zwischen mir und ihm liegt, weggeräumt werden. Dies ist der Vorgang der *»Entbildung«*[69] oder *»Entfremdung«* als *Erfüllung der Bildung:*

»Sol ich nû daz sprechen gotes in mir vernemen, sô muoz ich alse gar entfremdet sîn von allem dem, daz mîn ist ...«[70]

Durch den Glauben wird der Mensch neu. Glauben ist nicht ein Fürwahrhalten bestimmter Sätze, eine Sache des Kopfes, gar nur bestimmter Meinungen, sondern die Kraft von Erfahrungen, die die Person im ganzen verändern. Diese Veränderung ist eine Verwandlung, die nach Röm 12,2 auch als Gestaltwandel,

68. Vgl. *E. Jüngel/U. Dalferth:* Person und Gottebenbildlichkeit als Grundkategorien christlicher Anthropologie, in: Christlicher Glaube in moderner Gesellschaft, hg. von *F. Böckle u.a.,* Bd. 24, Freiburg u.a. 1981, S. 57-99, hier S. 85, 95f., ferner *W. Pannenberg:* Gottebenbildlichkeit und Bildung des Menschen, in: Theol. Pract. 12 (1977), S. 259-273.
69. Warum »Entbildung« »höchstes Ziel und letztes Ende aller Bildung« ist, hat jüngst *G. Stachel* in einer aufschlußreichen und feinsinnigen Interpretation Eckharts anhand ausgewählter Quellen aufgezeigt (Das »nicht« als Ziel der Entbildung, in: *R. Preul u.a. [Hg.]:* Bildung - Glaube - Aufklärung. Zur Wiedergewinnung des Bildungsbegriffs in Pädagogik und Theologie, Gütersloh 1989, S. 61-73, hier S. 61). »Entbildung« will »Bildung nicht ersetzen, sondern sie postuliert ein Ende oder Ziel aller Bildung als deren letzten Sinn« (ebd.). »Ende« meint darum »Fülle«: »Das 'nicht' der Entbildung ist ja die Chiffre für die Fülle, die *dem* alsbald geschenkt wird, der zur vollen Armut oder Leere gelangt ist, nämlich der 'nicht will, nicht weiß und nicht hat'« (S. 65), so Eckhart in einer seiner letzten Predigten. Anders gefaßt: Wenn Jesus in der Seele reden soll, »sô muoz si alleine sîn und muoz selber swîgen« (zit. n. *Stachel,* S. 69).
70. Meister Eckhart, zit. n. *E. Ritz:* Art. Entfremdung, in: HWP, hg. von *J. Ritter,* Bd. II, Basel/Stuttgart 1972, Sp. 509-525, hier 512.

als »Metamorphose« des eigenen Lebens ausgedrückt werden kann. Hierbei ist die innere Verwandlung wie bei Meister Eckhart nicht ohne Folgen für ein neues, anderes Verhältnis zur »Gestalt«, zum »Schema«, der »Welt«.

»Lebt nicht in gleicher Gestalt mit (der Gestalt) dieser Welt (dieses Äons), sondern vollzieht den Gestalt-Wandel durch Erneuerung des Sinnes ...«[71]

Der Begriff der Bildung hat somit von seinem sprachlichen Ursprung in der deutschen Sprache her eine Bedeutungsfülle, die nochmals über das hinausreicht, was wir bereits bei unseren pädagogischen Annäherungen entdeckt haben. Der *Wiedergeburt im Glauben* entspricht *Bildung als Erneuerung.* Dieser Begriffssinn macht von allem, was bisher als Bedeutungshof des Wortes sichtbar geworden ist, aus theologischer Perspektive die Mitte aus.

Bildung, so schließen wir die zu der pädagogischen Erhellung komplementäre theologische Annäherung ab, ist noch etwas ganz anderes als (selbst-)kritische Reflexion, Lebensform und lebensgeschichtlicher Weg. Bildung als Reflexion bezieht sich auf denkenden Glauben, Bildung als Lebensform auf gelebten Glauben, Bildung als lebensgeschichtlicher Weg auf biographisch entstehenden und sich wandelnden Glauben - alles Vollzüge, für die mehr oder weniger wir selbst Verantwortung tragen. Bildung als Reflex der Lebenserneuerung im Glauben bezieht sich nicht primär auf unser Tun, sondern spiegelt Gottes Tun an uns, und das ist unverfügbar[72].

Grenze und Unentbehrlichkeit des Bildungsbegriffs

Der Bildungsbegriff stößt mit dem letzten Gedankengang an seine theologische Grenze. Er hebt sich, strenggenommen, pädagogisch auf. Oder in Anlehnung an *Karl Barths* Versuch der Verhältnisbestimmung von *»Evangelium und Bil-*

71. Röm 12,2 nach einem Übersetzungsvorschlag von *R. Strunk,* in: *ders.:* Vertrauen. Grundzüge einer Theologie des Gemeindeaufbaus, Stuttgart 1985, S. 113. Auch *Stachel* weist zurück (a.a.O., S. 70), »daß mystische Erfahrung zur Vernachlässigung der Nächstenliebe und der sozialen Verpflichtung führt. Die Erfahrung ist ja die Erfahrung der Liebe selbst und verleiht einen Frieden, aus dem die volle Verfügbarkeit für den Nächsten erwächst.«
72. Auch Meister Eckhart versteht nach Stachel die von ihm umschriebene Gotteserfahrung einerseits als »Geschenk«, und er warnt davor, es als etwas zu verstehen, was »man sich verdienen könne oder worauf man einen Anspruch habe«. Andererseits meint Eckhart, daß die Armut, die Leere, das Zunichtewerden als Vorgang der »Entbildung« etwas sei, das Gott »zwingen« könne, »sich selber in das Leere hineinzubegeben« (*G. Stachel,* a.a.O., S. 65). Diesen Gedanken kann man auf reformatorischer Grundlage nicht mitvollziehen.

dung«: Die streng *theologische* Rede von Bildung als Neuschöpfung (Neubildung) des Menschen in und durch Christus als dem durch Gott »gebildeten« Menschen und die *pädagogisch* beschreibbaren, »in Selbstbescheidung und Sachlichkeit vom Menschen unternommenen Bildungsversuche« treten ganz auseinander, um erst auf der Grundlage dieser Unterscheidung wieder zusammenzugehen[73].

Barth gründet seine Aussagen christologisch auf die in Christus wiederhergestellte Gottebenbildlichkeit und greift ebenfalls wie die Mystik auf 2 Kor 3,18 zurück. Diese erneuerte Gottebenbildlichkeit ist schon jetzt »Wirklichkeit«, nur ihre endgültige »Offenbarung« steht noch aus (S. 22); darum leben Christen im Glauben, nicht im Schauen (ebd.). Gleichwohl ist die eine wahre Bildung des Menschen nun vorgezeichnet, weil sie durch Gott in Christus vollzogen ist, nämlich

»... in dem unbegreiflich barmherzigen Herabsteigen Gottes aus der Höhe, in welchem er sich selbst zum Menschen bildet - und in dem unbegreiflich gewaltigen Heraufsteigen Gottes aus der Tiefe, in welchem er unsere Gestalt, die Knechtsgestalt des Menschen, zu seinem eigenen Bilde macht. In diesem doppelten Sinne ist Jesus Christus laut des Evangeliums 'das Bild des unsichtbaren Gottes' (Kol. 1,15 vgl. 1 Kor. 4,4, Hebr. 1,3) und so *der* gebildete, weil nach Gott gebildete und durch Gott gebildete, Mensch« (11).

Aus diesem Ansatz folgert Barth keine konkreten weltlichen Bildungsziele, sondern ermutigt zu *grenzbewußten* menschlichen Bildungsbemühungen nach dem Maßstab der *»humanitas Christi«* (16) »in voller Freiheit« (20). Eine ähnliche Grenze haben auf ihre Weise auch Pädagogen gesehen - eine bemerkenswerte Konvergenz, unbeschadet des unüberbrückbaren Unterschiedes:

Erich Weniger hat Bildung in den »Vorhof dieses Lebens« verwiesen, »sie bereitet die Entscheidungen des Lebens nur vor«[74]. Otto F. Bollnow hat der Bildung ebenfalls abgesprochen, das letzte Ziel der Erziehung zu sein, »weil sie gegenüber der Unbedingtheit des existentiellen Einsatzes wie auch gegenüber der schöpferischen Leistung des Lebens etwas Abgeleitetes sei«[75]. Außerdem: »Alles Bildungsdenken ist ... eine Form des pädagogischen Subjektivismus.«[76] Dagegen stellt Bollnow die »Härte der Begegnung« (121) mit dem »Unbedingtheitsanspruch« (120) einer 'ganz anderen' Wirklichkeit. Der Einfluß von Exi-

73. *K. Barth:* Evangelium und Bildung, 2. Aufl., Zollikon/Zürich 1947, S. 10 und S. 18.
74. *E. Weniger:* Bildung und Persönlichkeit (1948), in: *ders.:* Die Eigenständigkeit der Erziehung in Theorie und Praxis, 3. Aufl., Weinheim 1964, S. 138.
75. So zusammmenfassend zu Bollnow *J. Dolch:* Grundbegriffe der pädagogischen Fachsprache, 6. Aufl., München 1965, S. 37.
76. *O.F. Bollnow:* Existenzphilosophie und Pädagogik. Versuch über unstetige Formen der Erziehung, Stuttgart 1959, S. 120.

stenzphilosophie, Existenztheologie und dialektischer Theologie ist unverkennbar, die Grenze von Bildung deutlich, aber auch ihr bleibendes Recht. Denn nach Bollnow ist »der normale Gang des Unterrichts doch in erster Linie durch den Bildungsprozeß bestimmt« (124). Bildung in bezug zur Lebenserneuerung im Glauben gibt als religionspädagogische Rede nur in dieser Proportionalität Sinn. Ohne von Erneuerung zu sprechen, würden wir eine theologisch zu verantwortende Bildungstheorie verkürzen, ohne gleichzeitige Selbstbegrenzung sie heillos überfordern.

Josef Dolchs Beobachtung Mitte der 60er Jahre, der Bildungsbegriff sei »daran, seine zeitweise beherrschende Stellung zu verlieren«, ja, geradezu aufzugeben[77], hat sich in den folgenden zwei Jahrzehnten bewahrheitet. Mehrere »theoretische Äquivalente« sollten in der Lage sein, die Funktion des Bildungsbegriffs besser zu erfüllen. Ihre kritische Überprüfung zeigt jedoch auch ihre Grenze[78]. Der Bildungsbegriff ist daher unentbehrlich. Dies sei nochmals abschließend durch einen zusammenfassenden Vergleich präzisiert.

»Lehren«, »erziehen« (»Erziehung«), «unterrichten«, «schulen« sind wie auch Bildung in der Bedeutung von »bilden« transitive Verben, die von außen kommende Einwirkungen auf Menschen auf den Begriff bringen und es zulassen, daß das eigene Mitdenken und Mithandeln außer acht bleibt. »Bildung« dagegen bezieht sich, weil reflexiv verwendbar (»sich bilden«, »Selbstbildung«), auch auf das individuelle innere Leben des einzelnen selbst, die freie Selbstverantwortung der Person.

Der Begriff der »Sozialisation« hatte und hat die Funktion, gesellschaftliche Bedingungen und Einflüsse zu benennen; das ist seine Stärke, aber auch seine Grenze. Es bedurfte darum großer Anstrengungen, in die zunächst gänzlich von Umwelt und Gesellschaft her denkende Sozialisationstheorie das Subjekt wiederaufzunehmen.

»Selbstbestimmung«, »Mündigkeit«, »Freiheit« und »Identität« werden von uns als Interpretamente zur inhaltlichen Beschreibung von »Bildung« festgehalten. Wenn sie absolut gesetzt werden, fallen freilich andere Seiten ganz weg. Den Grenzen des Begriffs der »Identität« und den Problemen seiner Rezeption in der Pädagogik ist Friedrich Schweitzer gründlich nachgegangen[79]. Seitdem muß man bezweifeln, ob Religionspädagogen gut beraten sind, diesen Begriff einseitig zum Leitbegriff zu erheben.

»Lernen« ist ein weiter und offener Begriff. Er kann schwerlich ersetzt werden. Sein Vorteil ist, daß er zwingt, von unserem Tun auf das zu schauen, was sich tatsächlich im Kind oder Jugendlichen, im Schüler oder Konfirmanden abspielt. Lerntheorien versuchen dies näher zu erhellen. Die Schwäche des Lernbegriffs ist seine normative Unbestimmt-

77. *J. Dolch,* a.a.O. (Anm. 75), S. 37.
78. Vgl. ausführlicher hierzu *O. Hansmann:* Kritik der sogenannten 'theoretischen Äquivalente' von 'Bildung', in: *O. Hansmann/W. Marotzki (Hg.):* Diskurs Bildungstheorie I: Systematische Markierungen, Weinheim 1988, S. 21-54.
79. *F. Schweitzer:* Identität statt Bildung? Zum Wandel pädagogischer Leitbegriffe, in: *O. Hansmann/W. Marotzki,* a.a.O., S. 55-73.

heit. Er läßt sich auf alles und jedes beziehen, auf Gutes und Böses. Der abendländische Bildungsbegriff war dagegen von Anfang an auf ein ideales 'Bild' als bestimmendes Maß gerichtet.

3. Zusammenfassung und Vorblick

Wer von Bildungsverantwortung spricht, muß sein Bildungsverständnis darlegen. Wenn so zugleich der Bildungsbegriff selbst wieder ernst genommen wird, soll dieser verdrängte oder nur noch oberflächlich gebrauchte pädagogische Schlüsselbegriff früherer Epochen nicht seinerseits erziehungswissenschaftliche Grundbegriffe wie Lehren und Lernen, Erziehung und Unterricht, Entwicklung und Sozialisation, Qualifikation und Kompetenz verdrängen. Wir brauchen alle, um die Erziehungswirklichkeit angemessen zu beschreiben. Entsprechend den besonderen Sachverhalten wird darum der Bildungsbegriff in den folgenden Kapiteln auch wieder zurücktreten oder mit anderen Kategorien verbunden werden, wenn etwa durch die Rede von der »pädagogischen Kultur« oder vom »gemeinsamen Lernen« zwischen den Generationen und Gruppen bestimmte Aufgaben treffender umrissen werden können. Die Hauptfunktion des Bildungsbegriffs ist jeweils regulativer Natur. Er reguliert unsere Aufmerksamkeit, indem er uns warnt, unverzichtbare Denk- und Handlungszusammenhänge zu vergessen.

Die Bildungsverantwortung der Kirche ist nach zwei Richtungen hin zu entfalten: als mit anderen geteilte pädagogische Mitverantwortung im öffentlichen Bildungssystem und als ungeteilte Verantwortung bei der Erschließung der Glaubensüberlieferung im Generationenzusammenhang. Wie einleitend begründet worden ist, hat darum diese Untersuchung nicht nur die traditionellen Gegenstände der Religionspädagogik einschließlich der Gemeindepädagogik zum Gegenstand, sondern auch Erziehung und Bildung im ganzen. Dies spiegelt sich bereits im Aufbau des ersten Kapitels. Sein erster Abschnitt war der Erziehungs-und Bildungsprogrammatik auf dem Hintergrund gegenwärtiger gesamtgesellschaftlicher Problem- und Interessenlagen gewidmet, sein zweiter analog den pädagogischen Herausforderungen an die Kirche. Die unerläßliche begriffliche und inhaltliche Vorklärung wurde damit nicht abstrakt vorgenommen, sondern unter Bezug auf die Schwierigkeiten, auf die man gefaßt sein muß, wenn pointiert der Bildungsbegriff zum Leitbegriff werden soll:

Zum einen wird er unter dem ordnungspolitischen Interesse an gesellschaftlicher Integration von Bestrebungen nach (Wert-)Erziehung überlagert. Zum anderen wird er unter dem Gesichtspunkt der Anpassung des Bildungs- und Ausbildungssystems an technologische Entwicklungen und ökonomische Bedürfnisse in seinem möglichen Bedeutungsgehalt verkürzt. Hinter den Dimensionen, die eine geschichtliche Rückbesinnung zum Vorschein bringt, bleibt diese Bildungspolitik weit zurück.

Für die Kirche stellt sich zunächst eine brisante innerkirchliche Aufgabe: Wie soll die Glaubensbotschaft in einer Zeit erschlossen werden, in der religiöse Plausibilitäten entweder ganz erlöschen oder immer stärker außerhalb der Kirchen gesucht werden? Was Familie und Ortsgemeinde als Lebenszusammenhänge nicht mehr leisten, soll nun in systematischer Form in eigens hierfür bestehenden religionspädagogischen Institutionen verwirklicht werden. Sie sollen Funktionen übernehmen, die sie früher nicht hatten. Es ist verständlich, daß aus diesen Gründen auch die Kirche wie so häufig in früherer Zeit versucht sein könnte, ähnlich wie der Staat zu denken. Wo die Sorge um die eigene Stabilität überwiegt, wird auch die Kirche wie eine soziale Institution handeln und Kategorien religiöser Erziehung und Sozialisation vorziehen statt der Perspektive selbständiger, kritischer Bildung, zumal mit letzterer das umstrittene Erbe des modernen liberalen Protestantismus seit zweihundert Jahren geschichtlich ins Haus steht (s. hierzu ausführlich Kap. 3).

Unsere Untersuchung möchte in dieser Lage die verschiedenen geschichtlichen Traditionen des allgemeinen und speziell des evangelischen Erziehungs- und Bildungsdenkens nicht in unangemessene Polarisierungen auseinanderfallen lassen, zumal nicht in bereits veraltete. Im Blick auf den Lebenshorizont der Zukunft wird nämlich nicht nur der neokonservativ-ordnungspädagogische Ansatz in der staatlichen wie kirchlichen Bildungspolitik obsolet; auch ein inhaltlich unbestimmter liberalistischer und individualistischer Ansatz bleibt weit hinter der Aufgabe zurück. Diese besteht darin, die Kategorie der Freiheit mit der der Schöpfungsgemeinschaft zusammenzubinden, Freiheit im weitesten Sinne kommunikativ zu buchstabieren und Kirche wie Gesellschaft unter die selbstkritische Frage ihrer substantiellen Erneuerung zu stellen.

Der Gedankengang des ersten Kapitels führte von außen nach innen, von den gesellschaftlichen Kontroversen um die angemessenen pädagogischen Antworten zur innerkirchlichen Entwicklung und ihrem theologischen Mittelpunkt, zu Bildung als Reflex der Lebenserneuerung aus Glauben. Die folgende Entfaltung sei demgegenüber in drei sich erweiternden Kreisen umgekehrt von innen nach außen vorgenommen. Diese drei Kreise stellen drei sich erweiternde Voraussetzungshorizonte und - in eins damit - Aufgabenhorizonte dar:

- Worin bestehen die pädagogischen Aufgaben der Kirche auf dem Weg ihrer Sendung in die Zukunft, wenn erstens im Horizont der Voraussetzungen der Gemeinde gefragt wird (Kap. 2)? Dieser »kirchlich-gemeindliche Ansatz« ist der älteste und bleibt die Grundlage. Das Christentum ist heute allerdings nicht nur kirchlich-gemeindlich verfaßt.
- Was bedeutet daher zweitens die Bildungsverantwortung der Kirche unter den Voraussetzungen eines nachaufklärerischen modernen Christentums in einer

Situation individualisierter religiöser Selbstbestimmung (Kap. 3)? Dieser »Ansatz beim neuzeitlichen Christentum« kann abgekürzt auch als »moderner Ansatz« bezeichnet werden; nur muß ausgeschlossen bleiben, den kirchlich-gemeindlichen Ansatz dann als vormodern anzusehen. Der Ansatz, den die Kirche bei der Gemeinde nehmen muß, gilt über die Zeiten hinweg. Die Kirche denkt nur dann vormodern, wenn sie den neuzeitlichen religiösen Wandel, der sie in ein weiter gefaßtes Umfeld und an noch andere Folgen ihrer eigenen Geschichte verweist, nicht zur Kenntnis nimmt. Das weiteste Umfeld stellen die allgemeinen gesellschaftlichen Veränderungen dar.

- Wie ist daher drittens der pädagogische Beitrag der Kirche zum allgemeinen öffentlichen Bildungsdiskurs zu bestimmen, noch dazu in einer Situation, in der das Projekt der »Moderne« durch sog. »postmoderne« Tendenzen problematisiert wird (Kap. 4)? Dieser dritte »Ansatz bei gesellschaftlichen Herausforderungen« könnte unter dem letzten Gesichtspunkt auch als »postmoderner Ansatz« apostrophiert werden, solange man hierbei nicht annimmt, wir wollten postmoderne Tendenzen naiv übernehmen.

Zweites Kapitel:

Bildungsverantwortung und Gemeinde - der kirchlich-gemeindliche Ansatz

1. Missionarische Herausforderung der Volkskirche

Was bedeutet es für Religionspädagogik, Gemeindepädagogik und kirchliche Erwachsenenbildung, wenn Theorie und Praxis kirchlicher Bildungsverantwortung unter die Perspektive kirchlicher Erneuerung gerückt werden? Diese Frage ist lange nicht gestellt, dem Gedanken kirchlicher Erneuerung bislang kaum gefolgt worden. Hinter uns liegen zwar Jahre der Bildungsreform und über »30 Jahre religionspädagogische Reform«[1], aber nicht Jahre des Aufbruchs im Namen eines Aufbruchs der Kirche. Es waren eher Jahre des Auszugs aus kirchlich verengt empfundenen Aufgabenbeschreibungen (»Evangelische Unterweisung« als »Kirche in der Schule«), Jahre der Wiederentdeckung der gesellschaftlichen Bedingungen und Problemlagen (»thematisch-problemorientierter Religionsunterricht«), der Hinwendung zu den Schülern und Jugendlichen (»schülerorientierter« und »sozialisationsbegleitender« Religionsunterricht), insgesamt auch Jahre der Reform unter dem ständigen Einfluß der Entwicklungen in der Theologie (historisch-kritische Exegese, »neue Hermeneutik«, »Theorie des Christentums«, »politische Theologie«, »narrative Theologie« u.a.). Vielfältig ist ferner das Verhältnis von Theologie und Pädagogik innerhalb der Religionspädagogik thematisiert worden. Aber wo blieb der Blick auf Kirche und Gemeinden? Noch dazu auf die Aufgabe ihrer Erneuerung? Hatte die Kirche sich selbst ebenfalls zuwenig hierum gekümmert?

Hat die Volkskirche noch eine Zukunft?

Inzwischen sind Unruhe und Bewegung in das wohleingerichtete Haus der Kirche eingedrungen. Kirchenmitgliedschaftsuntersuchungen der EKD werfen auf Grund von Zahlen sorgenvolle Fragen auf: »Wie stabil ist die Kirche?« (1974), »Was wird aus der Kirche?« (1984)[2]. Eine Untersuchung der »Struktur-

1. So der Untertitel der Festschrift für H.-B. Kaufmann: Glaube im Dialog. 30 Jahre religionspädagogische Reform, hg. von *K. Goßmann*, Gütersloh 1987.
2. *H. Hild (Hg.)*: Wie stabil ist die Kirche? Bestand und Erneuerung. Ergebnisse einer Umfrage, Gelnhausen/Berlin 1974. *J. Hanselmann u.a. (Hg.)*: Was wird aus der

bedingungen der Kirche auf längere Sicht« aus dem EKD-Kirchenamt rechnet hoch und meldet einen dramatischen Rückgang der Kirchenmitgliedschaft, unter günstigen Bedingungen nach dem einen Modell auf »gut die Hälfte« im Jahre 2030, verglichen mit dem Bestand von 1980; auf »knapp die Hälfte« nach einem anderen Modell; nach einem dritten wäre ein 'Bremseffekt' zu erwarten; aber auch hier landet man bei einer Schrumpfung auf »50 Prozent des Bestandes von 1980«[3].

»Volkskirche - Kirche der Zukunft?«[4] - seit den 70er Jahren ist die *Volkskirche* ins Gerede gekommen. Sie wird theologisch als Institution der Freiheit verteidigt[5]. Sie wird zum Thema auf Synoden gemacht (EKD-Synode 1975 Freiburg), da »unsere Kirche zum Problem geworden« sei[6]. Man gelangt aber zu keinem klaren Ergebnis, nur zu einem Aufruf an die Gemeinden, »an dem Thema 'Volkskirche' mitzuarbeiten«[7]. Man komme darum nicht voran, heißt es, weil es »z.Z. keine allgemein formulierte und akzeptierte evangelische Ekklesiologie, d.h. Lehre von der Kirche gibt, die schon die Fülle der gegenwärtigen Erfahrungen im Blick auf die Thematik Volkskirche in sich aufgenommen und verarbeitet hätte«[8]. Da deduktives Denken, die »Ableitung eines Kirchenverständnisses von einem 'Auftrag' der Kirche oder sonstigen ekklesiologischen Aussagen«, ein »problematisches Unterfangen« ist, gehen andere »induktiv« vor, von Erfahrungen, vom Gegebenen, im Zeichen einer Hermeneutik der geschichtlich gewordenen kirchlichen Wirklichkeit - kein schlechter Weg; er erstrebt Aufklärung über das Mögliche[9].

Vielen greift dieser Weg jedoch viel zu kurz. Von ihnen wird Kirche als Volkskirche nur als Beschreibung einer historisch gewordenen Gestalt der christlichen Kirche gerade noch akzeptiert, nicht mehr. »Schon als *analytischer*, die gegenwärtige Situation von Kirche beschreibender Begriff ist 'Volkskirche' nur

Kirche? Ergebnisse der zweiten EKD-Umfrage über Kirchenmitgliedschaft, Gütersloh 1984.

3. *Kirchenamt der EKD:* Studien- und Planungsgruppe, Strukturbedingungen der Kirche auf längere Sicht, Hannover 1985, S. 6.
4. So der Titel einer Studie des Theol. Ausschusses der VELKD, hg. von *W. Lohff und L. Mohaupt,* Hamburg 1977.
5. Vgl. hierzu bes. auch die kirchentheoretischen Schriften *T. Rendtorffs.*
6. *H.-G. Jung* in Freiburg, vgl. *R. Schloz (Bearb.):* Thema: Volkskirche. Ein Arbeitsbuch für die Gemeinde, Gelnhausen/Berlin 1978, S. 208.
7. So im »Wort der Synode der EKD an die Gemeinden«, in: *R. Schloz:* Thema: Volkskirche, a.a.O., S. 272.
8. *K. Dienst* im Schlußbericht des Tagungsausschusses für Schrift und Verkündigung, in: *R. Schloz,* a.a.O., S. 266.
9. *W. Lück:* Die Volkskirche. Kirchenverständnis als Norm kirchlichen Handelns, Stuttgart u.a. 1980, S. 12.

noch bedingt leistungsfähig ...« Eindeutig aber wird er als theologischer *»Programmbegriff* kirchlichen Handelns« abgelehnt: »Es ist höchste Zeit, der 'Volkskirche' als ekklesiologischem Programm für die Zukunft der Kirche den Abschied zu geben.«[10] »Die gegenwärtige Volkskirche ist Institution im Übergang zu einer 'nachvolkskirchlichen' Situation.«[11] »Wenn nicht alles trügt«, so heißt es aus einem anderen Mund, »befinden wir uns gegenwärtig in einer Übergangssituation von der Zugehörigkeits- zur Entscheidungskirche.«[12]

Programmbegriffe zur Kirche von morgen

Die theologischen Alternativen zur Volkskirche brechen vor allem von den Flügeln ein. Die EKD-Studie »Christsein gestalten« bringt sie auf ein einfaches Gegenüber[13]. Sie identifiziert gesellschaftspolitisch und -diakonisch an der Sozialgestalt der Kirche orientierte »Nachfolgegruppen« und »Basisgruppen« einerseits, auf persönliche Bekehrung zielende, politisch abstinente »evangelistisch-missionarische« Vorstöße andererseits oder abgekürzt: *»gemeinschaftsorientierte* Ansätze« dort, *»bekehrungsorientierte* Ansätze« hier. Diese Gegenüberstellung mag idealtypisch eine gewisse Berechtigung haben, ist aber ungenau.

Der Herner Ansatz evangelistisch-missionarischen Gemeindeaufbaus von Fritz und Christian A. Schwarz sieht zugleich ein klares politisches Mandat vor sich[14]. Manfred Seitz bindet bei seiner Definition von »Evangelisation« »verbindliche Christusnachfolge« und »verbindliche Christusgemeinschaft« stets so eng zusammen[15], betont so stark unter dem

10. *R. Weth:* Die Zukunft der Volkskirche und die Kirche der Zukunft, in: *ders. (Hg.):* Diskussion zur 'Theologie des Gemeindeaufbaus', Neukirchen-Vluyn 1986, S. 134-159, hier S. 145 (der letzte Satz im Original hervorgehoben).
11. A.a.O., S. 141 (im Original hervorgehoben).
12. *M. Seitz:* Erneuerung der Gemeinde. Gemeindaufbau und Spiritualität, Göttingen 1985, S. 35.
13. Christsein gestalten. Eine Studie zum Weg der Kirche, hg. vom *Kirchenamt der EKD* im Auftrag des Rates der EKD, Gütersloh 1986, S. 63ff., 67ff.
14. Zum Gesamtprogramm vgl. *F. Schwarz:* Überschaubare Gemeinde, Bd. 1: Grundlegendes, Herne 1979; *F. Schwarz/R. Sudbrack:* Überschaubare Gemeinde, Bd. 2: Die Praxis, Gladbeck o.J.; *F. Schwarz/Ch.A. Schwarz:* Überschaubare Gemeinde, Bd. 3: Programm des neuen Lebensstils, Gladbeck o.J.; *F. Schwarz/Ch.A. Schwarz:* Theologie des Gemeindeaufbaus. Ein Versuch, Neukirchen-Vluyn 1984. Zum politischen Horizont christlicher Gemeinschaft vgl. Theologie des Gemeindeaufbaus, S. 136ff., ferner *F. Schwarz/Ch.A. Schwarz:* Die Friedenslüge. Plädoyer für Wahrhaftigkeit, Gladbeck 1982. Inzwischen s. auch nach Abschluß dieses Kapitels *Ch.A. Schwarz:* Praxis des missionarischen Gemeindeaufbaus, Neukirchen-Vluyn 1987.
15. *M. Seitz,* a.a.O. (Anm. 12), S. 32, 43, 44 u.ö.

Stichwort »Spiritualität« (S. 57ff.) die Gemeinschaft des gelebten Glaubens in der »Gemeinschaft der Heiligen« (S. 66), daß sein Ansatz auch »gemeinschaftsorientiert« genannt werden könnte.

Christliche *Gemeinschaft* wird im Grunde überall angestrebt. Sie ist ein erstes übergreifendes Merkmal. Es gibt allerdings unterschiedliche Auffassungen von Gemeinschaft.

Mit der erwünschten christlichen Gemeinschaft und durch sie wird auch die *Sichtbarkeit* und damit die größere *Eindeutigkeit* der Kirche erhofft - ein zweites Merkmal. Gemeinsam kann man sich hierbei auf die dritte Barmer These berufen, um sie jedoch unterschiedlich auszulegen.

Geht es bei der »Gemeinde von Brüdern« um die communio sanctorum, die in dieser Welt als Kirche ein corpus permixtum darstellt, weil sie immer auch eine »communio peccatorum« ist[16]? Dann sind die Bestimmungen des Augsburger Bekenntnisses, wonach allein Evangeliumspredigt und Sakramentsfeier das Wesen der Kirche ausmachen, ausreichend (satis est; CA VII). Folgerichtig ist dann auch das Drängen nach einer darüber hinausgehenden sichtbaren Gestalt der Kirche, gar mit einer klar erkennbaren Unterscheidung von Glaubenden und Nichtglaubenden, abzuwehren. Oder wird die dritte Barmer These nur dann »konsequent« für die gegenwärtige Situation der Kirche ausgelegt, wenn »das *Ereignis von Wort und Sakrament«* als *nicht »erschöpfend«* genommen[17] und »- durchaus im Gefälle von CA VII - die *Sozialgestalt der Kirche als 'Gemeinde von Brüdern'*, also die konkrete, sichtbare und identifizierbare Personengemeinschaft von Schwestern und Brüdern«, konstitutiv mit Wort und Sakrament zusammengebunden wird[18]?

Genauso schwer läßt sich in das obengenannte Schema der EKD-Studie die Unterscheidung danach eintragen, ob der Gemeindeaufbau vom *Gottesdienst* und der gottesdienstlichen Gemeinde vor Ort her erwartet wird - ein dritter Zugang (Gemeindeaufbau als »ganzheitlicher Gottesdienst«[19] bzw. »gottesdienstlicher Gemeindeaufbau«[20], »vom Gottesdienst zum Gemeindeaufbau und zurück«[21]) - oder ob von neuen gemeindlichen Sozialformen her gedacht wird,

16. *Ch. Möller:* Lehre vom Gemeindeaufbau, Bd. 1: Konzepte - Programme - Wege, Göttingen 1987, S. 199.
17. *R. Weth,* a.a.O. (Anm. 10), S. 146.
18. *R. Weth,* a.a.O., S. 147, wogegen *Ch. Möller* - als Mißverständnis von CA VII - Bedenken erhebt, a.a.O., S. 199, Anm. 9.
19. Siehe den Abschnitt »Gemeindeaufbau als ganzheitlicher Gottesdienst« in: *Ch. Möller,* Gemeindeaufbau jenseits der Alternative von Volkskirche oder Ekklesia, in: *R. Weth,* Diskussion ..., a.a.O. (Anm. 10), S. 35-60, hier S. 47ff.
20. *Ch. Möller,* Lehre vom Gemeindeaufbau, a.a.O., (Anm. 16), S. 218.
21. A.a.O., S. 135ff.

vorzüglich vom Modell der »kleinen Gemeinden«, die, soziologisch gesprochen, aus *»Gruppen«* erwachsen oder als Gruppe bereits Gemeinde darstellen[22]. An dieser Stelle hat man heute die verschiedensten Konkretionen mit den unterschiedlichsten Bezeichnungen vor Augen.

In der basiskirchlichen Bewegung spricht man von »christlichen Basisgruppen« und »Basisgemeinden« als den verheißungsvollen neuen Formen einer »Kirche von unten«, besonders im katholischen Bereich[23]. Unter dem starken Einfluß der Wege, die katholische Christen in Lateinamerika gehen, und unter dem Einfluß eigener Erfahrungen schließen sich auch manche evangelische Theologen an, wobei sie zwischen »Basisgemeinden« und »Nachfolgegruppen im eigentlichen Sinn des Wortes« (Leben in kleinen Kommunitäten, Leben mit den Armen, Leben auf der Wanderschaft wie die Wanderprediger zur Zeit Jesu) unterscheiden[24]. Daneben müssen »kommunitäre Lebensgemeinschaften« (»Kommunitäten«), ferner christliche »Projektgruppen« für Frieden, Gerechtigkeit und die Bewahrung der Schöpfung sowie »Frauengruppen« und »ökumenische Arbeitskreise« vor Augen gerückt werden. Das Prinzip der 'Gruppen-' bzw. 'Zellbildung' (Zusammenschluß »zu einer Zelle verbindlichen Glaubens«, M. Seitz[25]) ist schließlich auch für die evangelistisch-missionarische Seite charakteristisch. Hier wird auf die »auf der ganzen Welt wachsende Hauskreisbewegung« abgehoben[26], auf das urchristliche Vorbild der »Hauskirche«. Der Ansatz bei einer »Gruppe« - das vierte Stichwort - ist demnach ebenfalls übergreifender Natur.

Die neuen Entwürfe und Experimente einer »Kirche als Bewegung«, die die zweite EKD-Umfrage der »Kirche als Institution« gegenüberstellt[27], holen auf beiden Flügeln weit aus. Auch die *ökumenische Dimension* des Denkens und Handelns - eine fünfte Perspektive der Erneuerung - trennt nicht etwa die einen von den anderen. Nicht nur die, denen neben der Umkehr des einzelnen besonders an der Erneuerung der Strukturen gelegen ist, sondern auch jene, für die die Erneuerung des geistlichen Lebens des einzelnen und der kleinen Schar im Vordergrund steht, rücken das Glaubens- und Kirchenthema in eine weltweite Schau. Dabei wird nicht nur die Volkskirche hierzulande, sondern auch die westliche Form der christlichen Kirche überhaupt als eine im Vergehen begriffene Institution im Übergang beurteilt.

22. *R. Strunk:* Vertrauen. Grundzüge einer Theologie des Gemeindeaufbaus, Stuttgart 1985, S. 106ff.
23. *H. Frankemölle (Hg.):* Kirche von unten. Alternative Gemeinden, München/Mainz 1981.
24. *U. Duchrow:* Was können wir von den Basisgemeinden in Brasilien lernen? In: Pastoraltheologie (PTh) 75 (1986), 3, S. 229-268, hier S. 239.
25. Erneuerung der Gemeinde, a.a.O. (Anm. 12), S. 66 u.ö.
26. *M. Seitz,* a.a.O., S. 44
27. *J. Hanselmann u.a. (Hg.):* Was wird aus der Kirche?, A.a.O. (Anm. 2), S. 23.

»Vermutlich wird einmal als das kirchengeschichtliche Ereignis unserer Zeit das Heraufkommen der Dritten Kirche angesehen. Ihre Schwerpunkte werden da liegen, wo sich in Zukunft auch die Probleme der Welt zusammenballen. Dezentralisiert und vielgestaltig ihrer äußeren Erscheinung nach werden die Menchen, die zu ihnen gehören, Gottes Wort als eine neue und ursprüngliche Botschaft vernehmen und in südlicher Spontaneität darauf Antwort geben. Gehört die westliche Form des Christentums der Geschichte an?«[28]

Schließlich ist sechstens auch der Begriff *»Mission«*, der seit je Ausdruck der unbegrenzten Sendung der Kirche an alle war, nicht mehr eindeutig nur einem Flügel - und überhaupt nur den Flügeln - zuzuordnen. Neben den mehr *evangelistisch* geprägten Ansätzen missionarischen Gemeindeaufbaus stehen jene, die Mission nicht auf Wortverkündigung und Evangelisation beschränkt sehen wollen. Dem Prozeß folgend, der in der Ökumene seit der 3. Vollversammlung des Ökumenischen Rates der Kirchen in Neu-Delhi (1961) eingeleitet worden ist, blicken sie auf die »missionarische Struktur der Gemeinde« im ganzen[29], auf das Gesamtzeugnis in Wortverkündigung und gesellschaftlich relevantem Dienst. *»Mission als Strukturprinzip«* (H.J. Margull[30]) will berücksichtigen, daß die Gemeinde nicht nur mit ihrer Verkündigung predigt, sondern auch mit ihren Strukturen, »und diese können sich geradezu gegenmissionarisch auswirken«[31].

Inzwischen ist der Begriff »Mission« auch von der 'Mitte', von Theoretikern der Volkskirche, besetzt worden, zum erstenmal programmatisch mit der Ausrufung des »Missionarischen Jahres 1980«[32]. Dann hat die VELKD den Begriff in ihrem Konzept einer »missionarischen Doppelstrategie« aufgegriffen[33]. Schließlich ist die EKD mit ihrer Studie »Christsein gestalten« und der Forderung »missionarischer Kompetenz« bei Pfarrern und kirchlichen Mitarbeitern gefolgt[34]. Ob nun über missionarischen Gemeindeaufbau mehr »in der Volkskir-

28. *M. Seitz,* a.a.O., S. 29.
29. Vgl. *W. Ratzmann:* Missionarische Gemeinde. Ökumenische Impulse für Strukturreformen, Berlin 1980, bes. S. 145ff.
30. *H.J. Margull:* Mission als Strukturprinzip. Ein Arbeitsbuch zur Frage missionarischer Gemeinden, Genf 1965.
31. *W. Krusche:* Die Kirche für andere. Der Ertrag der ökumenischen Diskussion über die Frage nach Strukturen missionarischer Gemeinden, in: *ders.:* Schritte und Markierungen, Göttingen 1971, S. 133, zit. n. *R. Strunk,* a.a.O., S. 105.
32. Christ aktuell. Missionarisches Jahr 1980 - und was nun? Rückblick und Ausblick, Stuttgart 1981.
33. *Lutherisches Kirchenamt der VELKD (Hg.):* Zur Entwicklung der Kirchenmitgliedschaft. Aspekte einer missionarischen Doppelstrategie (Texte aus der VELKD, 21), Hannover, 1983.
34. Vgl.: Christsein gestalten (Anm. 13) und zuvor schon in: Strukturbedingungen ... (Anm. 3).

che«[35] oder in stärkster Spannung zu ihr nachgedacht wird, »Mission« wird zum Schlüsselbegriff.

Fehlwege kirchlicher Erneuerungsbewegungen

Haben, zusammengefaßt, pragmatische Bestandsinteressen oder hat das theologische Auftragsbewußtsein das Kirchenthema hervorgebracht? Wir gehen dieser Frage nicht im einzelnen nach - eine unfruchtbare Motivforschung, die zudem leicht zu Heuchelei verführt. Wo man, wie wir sehen, nach christlicher Gemeinschaft auf die Suche geht, die sichtbare Gestalt der Kirche ersehnt, sich neue Kräfte vom Gottesdienst erhofft, gleichwohl neue Formen von Gemeinde neben der sonntäglichen Versammlung entdeckt und zeichenhaft christliches Handeln über bürgerlich-christliches Wohlverhalten hinaus wagt, wo nach Ökumene und Diakonie, Mission und Evangelisation als unveräußerlichen Aufgaben der Kirche neu gefragt wird, steht jedenfalls mehr als bloß die Erhöhung der Zahl der sonntäglichen Kirchgänger an.

Dennoch sichert auch diese Feststellung nicht vor Fehlwegen, zunächst nicht vor einer zentralen *theologischen Gefahr* von Gemeindeaufbau und Gemeindepädagogik insgesamt, gleichgültig welcher Herkunft. Der Wille zur Erneuerung als dem bei allen Differenzen gemeinsamen Nenner zumal auf den auf eine besondere Eindeutigkeit und Sichtbarkeit drängenden »Flügeln« hat stets die schlechterdings wichtigste theologische Selbstunterscheidung noch vor sich: die *Unterscheidung* zwischen den *Sozialgestalten der Kirche* in Gemeinden, Gruppen, 'Kirchentümern' und dem *Grund der Kirche im Evangelium.* Am Evangelium und am Glauben, den Gott durch sein Verheißungswort geben will, hat sich das gesamte Handeln der Kirche, auch das pädagogische, theologisch auszurichten; sonst verfehlt der Erneuerungswille seine theologische Sache. Darum hat die EKD-Synode 1988 denn auch allen Versuchen widerstehen müssen, unter der Hand erneut das (Volks-)Kirchenthema zum geheimen Mittelpunkt werden zu lassen; sie hat den Glauben thematisiert (»Glauben heute«). Das Glaubensthema ist dem Kirchenthema strikt vorgeordnet, sonst wird der Glaube mit seinen empirischen Ausdrucksformen verwechselt.

35. *Th. Sorg:* Christus vertrauen - Gemeinde erneuern. Beiträge zum missionarischen Gemeindeaufbau in der Volkskirche, Stuttgart 1987; vgl. zuletzt auch den Theologenkongreß vom 23.-26.2.1987 in Stuttgart unter dem Motto »Das Haus der lebendigen Steine - Gemeinde bauen in der Volkskirche« (unter dem Titel s. auch die Veröffentlichung der Beiträge, hg. von *E. Adomeit/Th. Sorg,* Neukirchen-Vluyn 1987).

Eine »kirchlich-gemeindliche« Sicht läuft ferner die *Gefahr einer empirischen Verengung*. Erneuerungs-»Bewegungen« sind davor zu warnen, unter dem Begriff des Gemeindeaufbaus zu schnell zu suggerieren, sie könnten entweder bereits von Gemeinde als Wirklichkeit ausgehen oder geschichtlich unbekümmert auf sie zugehen, mit der Folge, daß sie sich dadurch nur in einem *geschlossenen Kreis* »bewegen«. Unser Weg wird statt dessen die geschichtliche Entwicklung verfolgen, die seit 200 Jahren zu einem nachaufklärerischen Christentum geführt hat, zu einer Situation der christlichen Kirchen unter »modernen« Bedingungen (3. Kap.). Zu den modernen Voraussetzungen gehören auch die über die Differenzierungen des neuzeitlichen Christentums noch hinausgehenden Wandlungen der religiösen Situation insgesamt. Es zeigen sich neue religiöse Aufbrüche und Suchbewegungen, die sich nicht mehr an die alten Grenzziehungen halten (»neue synkretistische Religiosität«, »New Age«). Das hat Folgen für das Ausmaß und besonders für den Charakter der kirchlichen Bildungsverantwortung.

Seit ihren Anfängen ist die neuzeitliche Religionspädagogik für den gerade genannten geschichtlichen Prozeß sensibel gewesen; zum Teil verdankt sie sich ihm. Wir meinen, daß sie sich heute zwar durch die Konfrontation mit dem Thema der kirchlichen Erneuerung an ihre theologische Mitte erinnern lassen sollte. Dies heißt jedoch nicht, die Bildungsfrage auf den Umkreis von Gemeindeaufbau zu beschränken und an die Stelle der Religionspädagogik eine Gemeindepädagogik als übergeordnete Instanz einzusetzen. Alle diese Größen müssen vielmehr in ein *neues Verhältnis zueinander* gebracht werden, einschließlich des unaufgebbaren Grundansatzes der früheren Katechetik, deren Erbe heute die Gemeindepädagogik anzutreten versucht. Der Begriff der Katechetik erinnert an die Aufgabe eines Unterrichts der Kirche über ihr eigenes theologisches Selbstverständnis. Dieser Unterricht ist eine notwendige Aufgabe, damit nicht zuletzt jene eben berührten theologischen Selbstunterscheidungen klar vor Augen bleiben. In einer übergreifenden Theorie evangelischer Bildungsverantwortung fällt der Perspektive der neuzeitlichen Religionspädagogik der Part zu, die tatsächlichen Voraussetzungen des Unterrichts realistisch vor Augen zu führen; kaum jemand erfährt sie zur Seite der jungen Generation hin schärfer als die Religionslehrerschaft an öffentlichen Schulen.

Es ist somit eine doppelte Vergessenheit zu überwinden, nicht nur die Kirchenvergessenheit der Religionspädagogik, sondern genauso die von Ausnahmen abgesehen eklatante Vergeßlichkeit so mancher Gemeindeexperten und Kirchenreformer hinsichtlich des den Religionspädagogen sich aufdrängenden Zusammenbruchs der Voraussetzungen religiöser Sozialisation. Beide Seiten, Gemeindeaufbau einerseits und Religionspädagogik andererseits, setzen wir hierbei der Bildungsfrage im Sinne eines kritischen Bildungsbegriffs aus. Beabsichtigt ist ein Beitrag zu einem gemeinsamen Problem- und Auftragsbewußtsein, das sich bisher nur schwer und erst in Ansätzen herausbilden konnte.

2. Zur Notwendigkeit eines gemeinsamen Problem- und Aufgabenbewußtseins

In modernen Gesellschaften und ihren Teilsystemen, zu denen das Bildungssystem gehört, ist die Arbeitsteilung weit fortgeschritten, gleichzeitig die Verwissenschaftlichung des Nachdenkens über die verschiedenen Handlungsfelder. Für jeden Bereich gibt es wissenschaftliche Experten. Die Erziehungswissenschaft ist im Zuge dieser Spezialisierung in viele Unterdisziplinen zerfallen, vom Nebeneinander und Gegeneinander verschiedenster Positionen ganz zu schweigen, die noch von einer anderen Seite her den Lehrern die Orientierung erschweren. In Theologie und Kirche steht es nicht viel besser.

Unzusammenhängende und kirchenvergessene Religionspädagogik

Auch für Pfarrer und kirchliche Mitarbeiter ist es nicht leicht, einen Überblick zu gewinnen und Zusammenhänge zu erkennen; für Religionspädagogen in Schule und Gemeinde gilt dasselbe. Sie alle nehmen irgendwie an der Bildungsverantwortung der Kirche teil, haben aber kein gemeinsames Problem- und Aufgabenbewußtsein entwickelt. Selbst in denjenigen Landeskirchen, in denen Pfarrer in Personalunion Konfirmandenunterricht und Religionsunterricht erteilen, ist die Lage nicht anders. Innerhalb der Ortsgemeinde ist es oft ähnlich. Weiß man als Pfarrer wirklich, welche religionspädagogischen Aufgaben in der Kindheit anstehen, wie sie beschaffen sind und was hierzu die Eltern, die Erzieherinnen im Kindergarten, die Helfer im Kindergottesdienst und die Mitarbeiter in der Jugendarbeit leisten oder leisten sollten? Umgekehrt haben viele Religionslehrer weder eine Ahnung davon, worum es im Konfirmandenunterricht oder darüber hinaus gar im Kindergottesdienst, Kindergarten und der evangelischen Jugendarbeit geht, noch fühlen sie sich veranlaßt, darüber nachzudenken. Zusätzlich haben kirchliche Werke und Verbände (Kindergottesdienstverband, Jugendwerke, Einrichtungen kirchlicher Erwachsenenbildung u.a.) die Kehrseite, daß sie einerseits unentbehrlich sind, andererseits den Eindruck erwecken, die Gemeinden selbst hätten nicht viel mit dem zu tun, was sie als Werke zu verantworten haben.

Die Literaturproduktion der religionspädagogischen Zunft trägt ebenfalls wenig zur Abhilfe bei. Manche Einführungs- und Überblicksdarstellungen oder Kompendien haben von vornherein ihren 'Sitz im Leben' in Ausbildungsstätten für Religionslehrer und beziehen sich deshalb nur auf den schulischen Religionsunterricht. Wenn sie ihre Leser, die künftigen oder schon aktiven Religionslehrer, nur auf die Schule fixieren, ist dies zwar in gewisser Weise aus pragmatischen Gründen verständlich, dennoch für unsere Fragestellung problematisch[36].

Die Ausdifferenzierung ist keineswegs nur der neuesten historischen Entwicklung anzulasten, dort zeigen sich eher wieder Integrationsbemühungen. Bereits namhafte Vertreter der älteren Religionspädagogik und Katechetik haben wie z.B. Helmuth Kittel und Kurt Frör zu dem Gefälle beigetragen, beim Wort Religionspädagogik fast nur an den Religionsunterricht zu denken[37]. Der Hauptgrund: Krise und Wandel in der Religionspädagogik sind seit Ende der 50er Jahre im schulischen Religionsunterricht besonders dramatisch sichtbar geworden. Außerdem verdient schon von ihrer rein quantitativen Ausdehnung her diese Einrichtung besondere Aufmerksamkeit.

Ein weiterer Grund ist grundsätzlicher Natur. Die neuere religionspädagogische Theorie spiegelt den Sachverhalt wider, daß es mit D. Rössler längst nicht mehr nur »kirchliches Christentum« gibt, sondern daneben bzw. in unterschiedlichsten Verschränkungen »gesellschaftliches« und »persönliches Christentum«[38]. Bereits Ende des vorigen Jahrhunderts wurde die neue Lage in der *Aufspaltung zwischen Religionspädagogik und Katechetik* sinnfällig: Nur noch der Konfirmandenunterricht wurde unter dem Abschnitt Katechetik in den einschlägigen Darstellungen der Praktischen Theologie behandelt, nicht mehr der kirchlich emanzipierte Religionsunterricht.

Wie tiefgreifend die Auswirkungen der neueren Christentumsgeschichte sind, drückt sich auch in der Kirchenferne wichtiger Disziplinen der evangelischen Theologie wie der Exegese aus. Martin Stallmann und Hans Stock bedenken auf den Linien R. Bultmanns

36. Religionslehrer werden zum »Religionspädagogischen Kompendium« greifen (hg. von *G. Adam/R. Lachmann*, Göttingen 1984, 2. Aufl., 1986), Gemeindepädagogen zum »Gemeindepädagogischen Kompendium« *(G. Adam/R. Lachmann*, Göttingen 1987) - beides sehr verdienstvolle Werke; aber werden die Lesergruppen jeweils auch das andere Werk zur Kenntnis nehmen?
37. *H. Kittels* fast 500 Seiten umfassendes Lehrbuch »Evangelische Religionspädagogik« (Berlin 1970) behandelt die »Bereiche innerkirchlicher Erziehung und Bildung« erst im letzten Paragraphen (§ 23). *K. Frörs* »Grundriß der Religionspädagogik« (1975, 2., durchgesehene und ergänzte Auflage, mit einem Vorwort von *D. Blaufuß*, Konstanz 1983) stellt ebenfalls den Religionsunterricht beherrschend in den Vordergrund. - Das von katholischen Religionspädagogen *(E. Feifel, G. Stachel)* und evangelischen *(R. Leuenberger, K. Wegenast)* gemeinschaftlich herausgegebene dreibändige »Handbuch der Religionspädagogik« (Gütersloh, Zürich u.a. 1973ff.) würdigt die innerkirchlichen Handlungsfelder in einem eigenen Band (Bd. III).
38. Vgl. *D. Rössler:* Grundriß der Praktischen Theologie, Berlin/New York 1986, S. 79ff.

(so Stallmann) bzw. E. Käsemanns und G. Bornkamms (so Stock) die Religionspädagogik zwar von Glaube und Bibel her, aber nicht mehr von Kirche und Gemeinde[39]. Auch das ist nicht neu. Im Sprung über Kirche und Dogma hinweg zurück zum historischen Jesus sind vor ihnen um die Jahrhundertwende schon Otto Baumgarten und andere einen ähnlichen Weg gegangen, den damals die Ritschl-Schule und liberale Theologie, z.B. Wilhelm Herrmann mit seiner Orientierung am »inneren Leben Jesu«, gewiesen hatten[40].

Rückblickend wirkt die Erneuerung der Theologie als »kirchliche Dogmatik« durch Karl Barth fast wie eine kirchengeschichtliche Episode. Entsprechend erscheint der Versuch Martin Rangs und anderer, Konfirmanden- und Religionsunterricht wieder gemeinsam von der Taufe her zu begründen, wie ein Zwischenspiel[41]. Das neueste, eine differenzierte Übersicht beanspruchende religionspädagogische Handbuch auf evangelischer Seite beschreibt ziemlich exakt, wie sich Religionspädagogik heute versteht: Ihr Gegenstand ist das weite Feld *»religiöser Erziehung« überhaupt,* das nach Rösslers Modell vornehmlich auf die »Gesellschaft« und den »einzelnen« bezogen ist[42].

Wie kann es gelingen, das Gegenstandsfeld der Religionspädagogik in der gewonnenen Weite zu belassen, allein schon um den Umfang der Bildungsverantwortung der Kirche sichtbar zu machen, und zugleich ernst zu nehmen, daß es

39. *M. Stallmann* thematisiert bezeichnenderweise »Christentum und Schule« (Stuttgart 1958) und »Die biblische Geschichte im Unterricht« (Göttingen 1963). *Hans Stock* nimmt seinen Ansatz unmittelbar bei der Bibel, nicht bei der Kirche (vgl. Studien zur Auslegung der synoptischen Evangelien im Unterricht, Gütersloh 1959; Evangelientexte in elementarer Auslegung, Göttingen 1981). Dazwischen steht sein Versuch zum: Religionsunterricht in der »Kritischen Schule«, Gütersloh 1968.
40. *O. Baumgarten:* Neue Bahnen. Der Unterricht in der christlichen Religion im Geist der modernen Theologie, Tübingen/Leipzig 1903; *W. Herrmann:* Der Verkehr des Christen mit Gott, Stuttgart/Berlin 1886, 4. Aufl., 1903.
41. *M. Rang:* Handbuch für den biblischen Unterricht. Theoretische Grundlegung und praktische Handreichung für die christliche Unterweisung der evangelischen Jugend, 2 Bde. (1939), 3. Aufl., 1948: »Es gibt nur *einen* Religionsunterricht, der seine Begründung in der Taufe hat« (I, S. 100), unabhängig also vom Ort, wo er stattfindet.
42. In dem perspektivenreichen und neue Gebiete (z.B. pädagogische Diakonie) mitberücksichtigenden Handbuch von *W. Böcker/H.-G. Heimbrock/E. Kerkhoff (Hg.):* Handbuch Religiöser Erziehung, 2 Bde, Düsseldorf 1987, taucht »Kirche« im Teil »Lernbedingungen« unter dem Abschnitt *»Gesellschaft«* auf, eingegrenzt auf das Verhältnis von Kirche und Schule, d.h. das Umfeld des Religionsunterrichts (so auch die konsequente Abfassung dieses Artikels durch *K. Wegenast),* ferner indirekt nur noch einmal im Teil über »Handlungsfelder und Problemfelder« im Abschnitt »Lebensbegleitung« (Thema: Der *einzelne)* bei einzelnen Praxisfeldern (Gottesdienst, Sakramentenpastoral, Konfirmandenunterricht, kirchliche Schülerarbeit).

sich um eine *unteilbare* Bildungsverantwortung der *Kirche* handelt? Neben der Rede von Religionspädagogik auch von Gemeindepädagogik zu sprechen, wie es seit Mitte der 70er Jahre geschehen ist, war und bleibt vielleicht aus pragmatischen Verständigungszwecken ein richtiger Schritt, ist aber grundsätzlich nicht unproblematisch. Die Religionspädagogik könnte hierdurch wieder einseitig der Schule zugeordnet und ein unverbundenes Nebeneinander theoretisch verfestigt werden. Außerdem besagt das Wort Gemeindepädagogik noch nicht, ob man tatsächlich die Kirchen- und Gemeindeaufbauproblematik ernsthaft berücksichtigt.

Veröffentlichungen wie die »Empfehlungen zur Gemeindepädagogik« (Untertitel), die die Kammer der EKD für Bildung und Erziehung 1982 vorgelegt hat[43], sind bemerkenswert, weil sie bereits intensiv auf »Gemeinde«, »Gemeindeaufbau« und »Gemeindeentwicklung« Bezug nehmen; allerdings lassen sie dann wieder den Religionsunterricht unberücksichtigt. Mein eigener Versuch, »Grundfragen der Religionspädagogik« ausdrücklich von allen drei Größen, von der Gesellschaft (Bd. I), der Kirche (Bd. II) und vom einzelnen (Bd. III) her theologisch und pädagogisch anzugehen, mit dem »pädagogischen Handeln der Kirche« in der Mitte[44], kann auch nur als ein erster Schritt in die erstrebte Richtung einer übergreifenden Theoriebildung angesehen werden; darum dies Buch als Weiterführung.

Das Nebeneinander, das auf Grund von Spezialisierung und auf Grund der ihr folgenden professionellen Profilierung der einzelnen Tätigkeitsfelder entstanden ist, muß von innen überwunden werden, auf dem Wege über *verbindende Schlüsselprobleme*. Die Schlüsselfragen für die Zukunft der Kirche, durch die ein gemeinsames Problem- und Aufgabenbewußtsein gewonnen werden könnte, lauten: Wie kann sich die Kirche auf unsere Zeit einlassen und gleichzeitig authentisch Kirche bleiben? Wie kann sie ganz nahe bei den Menschen heute sein und zugleich nahe bei Gott und seinen Verheißungen? Wissenschaftlich gesprochen: Woher gewinnt die Praktische Theologie und mit ihr die Religionspädago-

43. Zusammenhang von Leben, Glauben und Lernen, Gütersloh 1982, 2. Aufl., 1983. - Einen weiteren beachtlichen Schritt zur Integration von Gemeindepädagogik und Gemeindeaufbau stellt auch die Schrift: Forum Gemeindepädagogik. Eine Zwischenbilanz, dar, im Auftrag des Comenius-Instituts hg. von *E. Goßmann/H.B. Kaufmann,* Münster 1987 (zusammen mit der vom CI hg. Reihe: Gemeindepädagogik).
Zu Motiven, Entwicklung und Problemen der Gemeindepädagogik s. auch *K. Goßmann:* Evangelische Gemeindepädagogik, in JRP 4 (1987), Neukirchen-Vluyn 1988, S. 137-154.
44. Vgl. v. Vf., Grundfragen der Religionspädagogik, 3 Bde., Gütersloh 1975 (Bd. I u. II, 4. Aufl., 1990), 1982 (Bd. III, 2.Aufl., 1988).

gik gleichzeitig Weite und Tiefe? Die Weite, um den größtmöglichen Horizont zeitgenössischer religiöser und säkularer Fragen auszumessen, und die Tiefe, sich zugleich klar im Dienst der Kirche zu wissen? Wie kann man die beiden großen Traditionsströme des Protestantismus, die moderne liberale Theologie, einsetzend mit Friedrich Schleiermacher, und die dialektische Theologie einschließlich der Renaissance des reformatorischen Erbes und der Einsichten und Erfahrungen der Bekennenden Kirche (Karl Barth, Dietrich Bonhoeffer, Barmen) - zusammen mit dem festzuhaltenden flankierenden Erbe des pietistischen Traditionsstroms - gemeinsam fruchtbar machen?

Bildungsvergessener Gemeindeaufbau - Wechselseitige Herausforderungen

Weil diese Schlüsselfragen beide Seiten angehen, müssen wir im gleichen Atemzug den Blick umwenden und nun die Diskussion zum Gemeindeaufbau befragen: Ist man sich in ihr mit der gleichen Klarheit, mit der man das Kirchesein der Kirche und die Aufgaben von Verkündigung, Mission und Evangelisation vor Augen hat, auch der pädagogischen Aufgaben bewußt? Eine kirchenvergessene Religionspädagogik trifft auf einen weithin bildungsvergessenen Gemeindeaufbau, wenngleich mit bemerkenswerten Ausnahmen.

Bezeichnenderweise nehmen jene *Gemeindeaufbaukonzeptionen,* die *von volkskirchlichen Voraussetzungen* ausgehen, auf das pädagogische Aufgabenfeld im ganzen noch Rücksicht. Ihr Ansatz legt dies nahe. Am stärksten hebt die Ausarbeitung der Vereinigten Evangelisch-Lutherischen Kirche Deutschlands (VELKD) von 1983 »Zur Entwicklung der Kirchenmitgliedschaft. Aspekte einer missionarischen Doppelstrategie«, »die *grundlegende Bedeutung der religiösen Sozialisation für die Stabilität der Kirchenmitgliedschaft«* hervor[45]. Man schließt sich Umfragen an, die auf »das Erfordernis einer Stärkung der religiösen Sozialisation hinauslaufen« (ebd., im Original kursiv). Hierbei wird zu Recht mit der *»religiösen Nachsozialisation im Erwachsenenbereich«* (S. 17) ein neuer Schwerpunkt gesetzt. Die einseitige Formulierung der pädagogischen Aufgaben ausschließlich auf dem Wege über den Sozialisationsbegriff, über Vorstellungen einer 'nachfassend erfassenden' »Nachsozialisation«, läßt zwar gegenläufige Vorstellungen über Glaubensbildung als Bildungsprozeß nicht zu. Wenn man vom Bildungsbegriff her denkt, darf man Erwachsene nur begleiten, nicht sozialisieren wollen. Aber immerhin wird sonst grundsätzlich die lehrbare und lernbare Seite beim Gemeindeaufbau gesehen.

45. Vgl. a.a.O. (Anm. 33), S. 16. Vgl. ferner die EKD-Studie: Christsein gestalten, a.a.O. (Anm. 13), S. 93ff.

Die Doppelstrategie unterscheidet zwischen verdichtenden und öffnenden Formen der Arbeit. Die *verdichtenden* dienen der *Sammlung* zum Glauben. Sie wollen zur »Gestaltwerdung des Glaubens im persönlichen Leben«, zur »Einbindung in die Gemeinschaft des Glaubens« und zur »Befähigung zum Aussprechen des Glaubens« beitragen (S. 34). Die verdichtende Arbeit beruht hierbei »auf der Erfahrung, daß sich 'Lernen des Glaubens' in einer Gemeinschaft vollzieht, in der Vertrauen geschenkt und zum Vertrauen eingeladen wird« (30). Die Lehrbarkeit bestimmter Inhalte scheint ferner dort vorausgesetzt zu werden, wo im Zeichen des »Laienzeugnisses für Firmlinge« Firmvorbereitungskurse für 8-10jährige durch Gruppenkatecheten in Frankreich vorgestellt werden (34f.), ferner Konfirmandenunterricht durch Konfirmandeneltern aus der Bundesrepublik (38f.) sowie eine ganze Reihe inländischer und ausländischer Versuche mit Bibel- und Glaubenskursen für Erwachsene (36ff.).

Bei den *öffnenden* Formen der Arbeit - Gemeindeaufbau als *Sendung* - geht es um die »Fermentwirkung des Evangeliums in der Gesellschaft«, um »Arbeitsformen mit niedriger Eingangsschwelle« und um »öffentlichkeitsbezogene Kommunikationsformen« (41). Hier sucht die Arbeitsweise »bewußt das Gespräch mit der zeitgenössischen Kultur und Bildung, zu der auch ein kritischer Beitrag zu leisten ist« (30). Unter den Beispielen nimmt die Öffentlichkeitsarbeit von Citykirchen einen großen Raum ein. Die Bildungsfunktion des Religionsunterrichts wird leider nicht erwähnt, der Bildungsbegriff nicht expliziert; er wird so gebraucht, wie man von »Bildungs«- und Kulturveranstaltungen einer Stadt zu sprechen pflegt (vgl. 42f.).

Insgesamt zielen beide, die verdichtenden und die öffnenden Arbeitsformen, mehr »auf die Welt der Erwachsenen« (S. 29). Man will »die in ihrer Wirkung schwächer werdende 'christliche Erziehung' oder die religiöse Sozialisation in der Volkskirche ergänzen und stärken« (ebd.). Die Doppelstrategie »kann aber die *volkskirchliche 'Grundevangelisation'* (Kindertaufe, Religionsunterricht, Konfirmandenunterricht, Gottesdienst usw.) nicht ersetzen, sie will diese vielmehr *durch flankierende Maßnahmen fördern«* (ebd.).

Dies ist eine klare Grundaussage zur Rolle des kirchlichen Bildungssystems. Wie erwähnt, sind sich auch die Synodaltagungen verschiedener Landeskirchen der letzten Jahre der Bedeutung der Bildungseinrichtungen in Gemeinde, Schule und Erwachsenenbildung bewußt geblieben. Anders sieht es an den *'Flügeln' der Gemeindeaufbaudiskussion* aus. Beim evangelistisch-missionarischen wie beim strukturell-missionarischen Ansatz rücken beidemal mit den volkskirchlichen Bedingungen und Möglichkeiten im ganzen auch die gewohnten pädagogischen Gelegenheiten der Kirche in den Hintergrund. In den Entwürfen von F. und Ch.A. Schwarz, M. Herbst, M. Seitz einerseits, R. Strunk und Ch. Bäumler andererseits schrumpft die Behandlung der pädagogischen Aufgaben, falls man sie überhaupt streift, auf ihre Erwähnung in wenigen Sätzen zusammen. Chr. Möllers »Lehre vom Gemeindeaufbau« widmet nur der sog. Gemeindepädagogik einen kleineren Abschnitt, nicht den religionspädagogischen Aufgaben im ganzen. Die Aufspaltung in Religionspädagogik und Gemeindepädagogik zeigt ihre Folgen. In dieser Literatur zum Gemeindeaufbau kommt die Bildungsfrage weder in ihrer institutionellen Breite in den Blick, noch wird sie in ihrer grundsätzlichen Bedeutung thematisiert.

Wir wollen statt dessen im folgenden beide großen Theorie- und Praxisfelder, das der Religionspädagogik und das des Gemeindeaufbaus, unter *übergreifenden Fragestellungen* zusammen behandeln. Der beschrittene Weg geht von innen nach außen und wieder nach innen zurück, wobei nacheinander grundlegende systematische Aspekte abgehandelt werden. Der Weg beginnt mit den verantwortlichen *Personen* und ihren persönlichen Vergewisserungsproblemen (Kap. 2.3). Dann beleuchten wir den *zwischenmenschlich-sozialen Raum,* in welchem das Leben- und Glaubenlernen gemeinsam mit den anderen geschieht (Kap. 2.4). Die beiden nächsten Abschnitte betreffen das, was traditionellerweise als *Glaubenslehre* thematisiert wird (Kap. 2.5 und 2.6). Hier setzen wir unsere Überlegungen der kognitiven Kritik am Glauben aus. Es folgt ein Abschnitt über den *Lebensbezug* des Glaubens; zur dogmatischen tritt die ethische Problematik, zu den dogmatischen Zweifeln die ethische Glaubwürdigkeitskritik (Kap. 2.7). Der abschließende Abschnitt versammelt sich um die Bedeutung des *Gottesdienstes* als Mitte des Glaubensweges (Kap. 2.8).

Wenn wir diese Kategorien verwenden, gehen wir insgesamt von einem »kirchlich-gemeindlichen Ansatz« aus. Wir lassen uns auch selbst auf unser eigenes Einverständnis im Glauben ansprechen (Hermeneutik des schon vorhandenen Einverständnisses). Wir werden jedoch schon bald bei jenen, denen unsere Arbeit in Kindheit, Jugendzeit und Erwachsenenleben gilt, auf Erfahrungen stoßen, die zu »öffnenden« Formen der Arbeit veranlassen (s.o.). Noch aber gehen wir auf die modernen Bedingungen von Religion in unserer Zeit, auf den »modernen Ansatz«, nicht eigens und grundsätzlich ein (s. Kap. 3), geschweige auf »postmoderne« Herausforderungen (Kap. 4); das zweite Kapitel bleibt im engeren Kreis jener kirchlichen Bildungsverantwortung, die sich auf Kirche als Gemeinde richtet.

3. Glaube und berufliches Vermögen - Persönliche Vergewisserung zwischen Gelingen und Scheitern

Ein Religionslehrer stellt fest: »In der Schule arbeiten wir wie auf einer Insel. Die Gemeinde nimmt uns nicht zur Kenntnis. Was wir im Religionsunterricht erarbeiten, hat keinerlei Resonanz in der Jungschararbeit oder im Kindergottesdienst ... Wir leisten es uns, so zu arbeiten, als hätten wir kein gemeinsames Ziel ...«[46]. Für manche ist es erstens

46. Zit. n. *E. Goßmann:* Wenn Kinder und Heranwachsende leben und glauben lernen

sehr belastend, daß Arbeitsbereiche in der Kirche völlig getrennt voneinander existieren (s.o.).

Dabei sind die Aufgaben gewachsen, und sie beziehen zweitens immer mehr die eigene Person ein. Die Kinder sollen nicht nur etwas wissen, sondern religiös 'betroffen' werden! »Ausstrahlungs- und Überzeugungskraft« sind gefragt, »Christlichkeit« und »Eindeutigkeit« der Einstellung werden verlangt[47], nicht zuletzt Bereitschaft, »missionarisch« zu wirken. Erwartungen dieser Art mehren sich. Kirchliche Instanzen übersehen dabei leicht, daß viele selbst noch suchen. Eine kirchliche Mitarbeiterin: Ich brauche Gelegenheit, »offen über Probleme mit der Kirche zu sprechen«, auch über Zweifel am Glauben. »Ich brauche eigentlich eine Möglichkeit, wo ich sagen kann, was mir gelingt und woran ich in meiner Arbeit scheitere ...« (S. 107).

Es ist folgenreich, wo das Nachdenken über kirchliche und gesellschaftliche Bildungsverantwortung einsetzt. Der Begriff *»Verantwortung«* belastet. Er sieht den Menschen als Träger seines Lebensentwurfs, als einklagbaren und anklagbaren Garanten für die Erfüllung gelingenden Lebens. Das »Prinzip Verantwortung« ist ein Leitwort unserer Zeit geworden, Inbegriff der »Ethik für die technologische Zivilisation« (Hans Jonas), schicksalsträchtige Vokabel in einer »Risikogesellschaft« (Ulrich Beck). Verantwortungsübernahme ist unausweichlich; dennoch sollte die Kirche in ihrer Mitverantwortung gerade nicht mit diesem Begriff *beginnen,* sondern die Belastung und die Belastbarkeit derer vor Augen haben, die die Verantwortung konkret im pädagogischen Alltag tragen müssen.

Die Erzieher können, und sie können zugleich nicht

Auf der Synode der EKD in Bethel ist 1978 der Blick umgewendet worden, vom Ziel zum Grund. An die Stelle der Hetze nach Zielerfüllung hat Gelassenheit zu treten. Der Sinn des Lebens und der Sinn von Erziehung und Bildung müssen für den Glauben nicht erst noch definiert werden. Am Anfang allen Nachdenkens hat das Evangelium seine Kraft zu erweisen, nicht das Gesetz. Überforderungen dürfen zurückgewiesen werden. Zugegeben: Hiermit ist anscheinend nur eine Grundhaltung benannt, nicht schon ein pädagogischer Plan, nicht ein religionspädagogisches Konzept. Aber diese Grundhaltung ist gleichwohl in jeder praktischen Situation lebens- und manchmal überlebenswichtig.

Ivar Asheim hat herausgearbeitet, daß das tiefste Wort Martin Luthers in Erziehungs- und Bildungsfragen aus der Mitte der *Rechtfertigungsbotschaft* hervorgeht. Es betrifft nicht Lehrstoffe, Methoden und Institutionen, sondern das

sollen ... Gemeinde, Schule und kirchliche Werke tun doch ihr Bestes?, in: *dies./ H.B. Kaufmann (Hg.),* Forum Gemeindepädagogik, a.a.O. (Anm. 43), S. 105.

47. *E. Goßmann,* a.a.O., S. 105.

»*Problem des Erfolgs*«, »die *Erziehung als Bürde und Anfechtung*«[48]. Es ist nur bedingt richtig, daß wir es schon könnten, wenn wir nur wollten.

»Die Erzieher *können*, und sie *können zugleich nicht*.«[49] »Gute Erziehungsregeln aufzustellen kann die Vernunft schon, aber sie vermag nicht das zu zeigen, was das *Gelingen* einer nach diesen Regeln durchgeführten Erziehung zutiefst bedingt. Der Ausgang bleibt ihr grundsätzlich rätselhaft« (S. 94).

Plötzlich erscheint der Mensch nicht mehr als der souveräne Könner, »der zum Herrschen über eine seinem freien, verantwortlichen Gestalten unterworfene Welt bestimmt und berufen ist«, sondern wir stehen vor ihm »als dem vor der übrigen Schöpfung Verletzbaren, immer Gefährdeten, der Angefochtenheit bis zur Verzweiflung Ausgesetzten. Dieses sind jene beiden Grundaspekte des Lutherschen Menschenbildes, die gerade in ihrer Gegensätzlichkeit die Tiefe seiner Realistik offenbaren« (S. 94f.).

Mutuum colloquium et consolatio fratrum

Mit den Augen der Reformatoren entdecken wir als wichtigsten Aspekt unseres Themas den Menschen vor Gott. Besonders gründlich hat in unserem Jahrhundert Helmuth Kittel an Luther angeknüpft und bezeichnenderweise sein schönstes Buch dem »Erzieher als Christ« gewidmet, der *personalen Dimension im evangelischen Erziehungs- und Bildungsdenken*. Für die Epoche der »Evangelischen Unterweisung« ist die Aufmerksamkeit auf die Personen charakteristisch. Sie kann zu einer 'personalistischen' Verengung führen, muß es aber nicht. Es ist aufschlußreich, daß zur Zeit nicht nur in der religionspädagogischen, sondern auch in der allgemeinen erziehungswissenschaftlichen Diskussion, besonders im Bereich der Schulpädagogik, die Frage nach dem Lehrer als Person neues Gewicht gewinnt.

»Besteht eine Notwendigkeit, wieder neu die Rede auf die 'Lehrerpersönlichkeit' zu bringen? Es könnte sein, daß Lehrerfortbildung nicht so sehr als planvoll-absichtliche Einwirkung auf Lehrer im Beruf als Zweck-Mittel-orientiertes Handeln zu sehen ist, sondern als 'Bildung' der Lehrer. Das würde bedeuten, daß nicht die Professionalität im engeren Sinn, also Fähigkeiten, Kenntnisse und Werthaltungen, sondern der Zusammen-

48. *I. Asheim:* Glaube und Erziehung bei Luther. Ein Beitrag zur Geschichte des Verhältnisses von Theologie und Pädagogik, Heidelberg 1961, S.88 (PF 17). - In der gegenwärtigen Diskussion hat *H.B. Kaufmann* das Problem des Scheiterns in seinen jüngeren Schriften thematisiert.
49. *I. Asheim*, a.a.O., S. 91.

hang dieser Bedingungen mit Lebensmustern darüber entscheidet, ob Lernen erfolgreich ist. Das Verhältnis des Erwachsenen zu seiner Lebensform steht möglicherweise zur Diskussion ...«[50]

Die bisher in der erziehungswissenchaftlichen Diskussion vorherrschenden Kategorien der »Qualifikation« und »Kompetenz« reichen nicht aus. Die Einsicht beginnt sich Bahn zu brechen, wieviel daran hängt, ob die Menschen, die es ausrichten müssen, Kraft und Vertrauen haben. Vergewisserungsprobleme und persönliche Glaubensfragen sprengen die Tagesordnung. Auf religions- und gemeindepädagogischen Kursen wird das persönliche Gespräch wichtig, bis hin zur Seelsorge an den Seelsorgern selbst. Kirchliche Lehrerfortbildungseinrichtungen revidieren in diesem Sinne ihre Programme. In der oben zitierten analogen Anfrage wird aus erziehungswissenschaftlicher Sicht überraschend der Begriff der »Bildung« für unseren Sachverhalt wieder eingeführt, ähnlich wie in dieser Untersuchung. Er ist in der Tat dort angemessen, wo er auf »das Verhältnis des Erwachsenen zu seiner Lebensform« verweist, auf *»Bildung als Lebensform«* (vgl. Kap. 1).

In den Konzepten zum Gemeindeaufbau von Fritz und Christian A. Schwarz und Manfred Seitz wird an dieser Stelle richtig gesehen, wieviel an der inneren *Zurüstung des Mitarbeiterkreises* einschließlich der Presbyter und Pfarrer selbst liegt und warum die »seelsorgerliche Aufgabe am Anfang« zu stehen hat[51]. Die eigenen Glaubensprobleme brennen auf der Seele, nur man sagt es nicht, keiner fragt danach, und darum hilft auch keiner.

»Es ist doch seltsam, daß mich in diesen vielen Jahren nie ein Pfarrer nach meinem persönlichen Glauben gefragt hat. Immer hat man so getan, als ob sich der bei einem Presbyter von selbst versteht. Wenn die wüßten!«[52]

Ohne »Gemeinschaft im Hören und Beten, Feiern und Arbeiten« fehlt dem Gemeindeaufbau nach Fritz Schwarz eine seiner inneren Grundlagen[53]. Dies gilt ebenso für die Religions- und Gemeindepädagogik.

Die Rückfrage darf jedoch erlaubt sein, ob die Intensität des Gebetslebens und der spirituellen Gemeinschaft, die zuweilen an dieser Stelle vor Augen geführt

50. *D. Fischer:* Lehrerfortbildung unter dem Anspruch christlicher Verantwortung (Ms.), S. 17, mit Verweis auf *K. Mollenhauer:* Umwege, Weinheim u.a. 1986, S. 9. Zur Wiederentdeckung von Personalität und Bildung in der Erwachsenenbildung *(H. Siebert, H. Tietjens)* siehe noch unten Kap. 12.
51. *F. Schwarz/R. Sudbrack,* Überschaubare Gemeinde, Bd. 2, a.a.O. (Anm. 14), S. 45ff., Zit. S. 52; vgl. auch S. 24ff., 57ff.
52. *F. Schwarz,* Überschaubare Gemeinde, Bd. 1, a.a.O. (Anm. 14), S. 48.
53. *F. Schwarz/Ch.A. Schwarz,* Theologie des Gemeindeaufbaus, a.a.O. (Anm. 14), S. 128ff.

wird[54], manche Religionslehrer und kirchliche Mitarbeiter nicht in neuer Weise geistlich überfordert, so daß das, was als Hilfe gedacht ist, als ein gesetzliche Züge annehmender Druck empfunden werden könnte. Die angemessenen theologischen Kategorien, in denen die Aufgabe zunächst zu fassen ist, sind die des wechselseitigen *»Gesprächs«* und des *»Trostes«*, das »mutuum colloquium« und die »consolatio fratrum« aus den Schmalkaldischen Artikeln[55].

Der Trost hat freilich seine eigene Dialektik. Wenn Gott als der Schöpfer trotz unserer Gottlosigkeit seiner Schöpfung treu bleibt, dann ist das zwar tröstlich zu hören. Wenn aber Mißerfolg und Scheitern, Glaubenslosigkeit und Gleichgültigkeit auch »irgendwie von ihm *gewollt«* sein sollten[56], wie kann man sich dann mit Gott gegen Gott trösten, angesichts dieses Widerspruchs? Nach Luther enthüllt die Rede vom Wachstum des Glaubens in »Stufen« oder »Graden« an dieser Stelle ihren eigentlichen Sinn. Das ist die dritte Stufe, die »höchste«, wenn in der ganzen Rätselhaftigkeit der Welt und Gottes selbst das Vertrauen zu ihm im Verlaß auf seine Führung und Verheißung nicht verlorengeht[57].

Theologie und Pädagogik sind für die Religionspädagogik je auf ihre Weise zu gleichermaßen wichtigen Größen für die innere Orientierung und das äußere Handeln geworden. Mit dem soeben umrissenen Anfangsproblem, der Situation zwischen Erfolg, Scheitern und Anfechtung, ist allerdings ein Punkt bezeichnet, »wo der Erzieher nach Luthers Auffassung nicht bloß gelegentlich, sondern *immer und grundsätzlich* von der Theologie abhängig bleibt«[58].

54. *M. Seitz:* Das geistliche Leben des Mitarbeiters (1980), in: *ders.*, Erneuerung der Gemeinde, a.a.O. (Anm. 12), S. 68-82.
55. BoA 4, 314. - Unter dem Titel: Gemeinde leben. Zusammenarbeit pädagogischer und theologischer Mitarbeiter (Gütersloh, 2. Aufl. 1987) - wobei mit den »theologischen *Mitarbeitern«* die Pfarrer(innen) in der Ortsgemeinde gemeint sind! - haben *K. Foitzik* und *E. Goßmann* an Fallbeispielen aufgezeigt, welche zum Teil massiven Kommunikationsbarrieren (Ängste, Verständnisschwierigkeiten, unterschiedliche Erwartungen, Unterstellungen) in den Gemeinden zwischen Theologen, kirchlichen Gemeinderäten und kirchlichen Mitarbeitern bestehen (Teil 1). Sie zeigen aber auch viele konkrete Wege auf, wie sich die verantwortlichen Mitarbeiter und Theologen wechselseitig helfen können (Teil 2).
56. *I. Asheim*, a.a.O. (Anm. 48), S. 96.
57. Vgl. *M. Luther*s Beschreibung der drei Stufen der Anfechtung und Bewährung des Glaubens in seinem Sermon von den guten Werken (1520), dazu v. Vf., Erwachsenwerden ohne Gott? Gotteserfahrung im Lebenslauf, 3. Aufl., 1990, S. 104ff.
58. *I. Asheim*, a.a.O., S. 108.

4. Glaube und Vertrauen - Pädagogische Kultur als Kultur des Vertrauens

Schulkultur und pädagogische Kultur

Unabhängig voneinander haben Pädagogen begonnen, den Begriff der »pädagogischen Kultur« zu gebrauchen[59]. Helmut Fend und Peter Fauser wenden ihn auf die *Schule* an. Hier rückt er in die Nähe des Begriffs *»Schulkultur«* und in die Nachbarschaft zu dem, was seit langem »Schulleben« heißt. Es wäre jedoch falsch, pädagogische Kultur mit Schulleben gleichzusetzen, da erstere ausdrücklich auch den Unterricht einschließen soll, um ihn freilich sogleich zu relativieren; denn: »Schule ist mehr und anderes als bloßer Fachunterricht.«[60] Gemeinsam ist den neuen Überlegungen der Blick auf die Ausgestaltung der Schule als eine Lernumwelt, die als Ganzes von Bedeutung ist.

Bei dem Versuch, dieses Ganze begrifflich zu umschreiben, kann einmal an das *gemeinschaftliche Handeln* gedacht werden: »pädagogische Kultur« als »pädagogische Handlungseinheit«[61]. Freilich wird dann sofort bewußt, wie wenig die Schule als Institution einem auf Veränderung zielenden Handeln zugänglich ist. Trägt der »einheitliche« Zusammenhang, trägt das »Ganze« nicht Züge der Entfremdung, entfremdeten Lernens und verzerrter Kommunikation?

Wir sehen die Schule einem Antagonismus zwischen der Aufgabe der Förderung einerseits und der Aufgabe der Auslese (Selektion) und sozialen Zuteilung (Allokation) andererseits ausgesetzt und betrachten diesen Gegensatz als einen objektiven Widerspruch, der der modernen Schule als Institution auf Grund der unterschiedlichen gesellschaftlichen Erwartungen konstitutiv innewohnt. Er führt beim Lehrer zu einem *zentralen Rollenkonflikt*. Der Konflikt ist nicht einfach der, daß die Gesellschaft dies will und der Lehrer etwas anderes. Er trägt nicht den Charakter eines einfachen Gegensatzes. Es ist auch nicht so, daß die Lehrenden darum unsicher sind, weil sie hinter dem zurückbleiben, was man von ihnen erwartet; der Konflikt ist nicht der zwischen Ideal und Wirklichkeit oder Theorie und Praxis. Der Widerspruch ist ein notwendiger Widerspruch in den gesellschaftlichen Erwartungen selbst und darum ein Antagonismus. Beides, der pädago-

59. *H. Fend:* »Gute Schulen - schlechte Schulen«. Die einzelne Schule als pädagogische Handlungseinheit, in: Die Deutsche Schule 78 (1986), 3, S. 275-293. *P. Fauser:* Nachdenken über pädagogische Kultur (1987), inzwischen in: Die Deutsche Schule 81 (1989), 1, S. 5-25; vgl. v. Vf., Der Beitrag der Kirchen zum Erziehungsauftrag in der gegenwärtigen bildungspolitischen Situation, in: Theol. Pract. 21 (1986), 2, S. 98ff. (= Lehren und Lernen, 12 [1986], 6, S. 1ff.).
60. *P. Fauser,* a.a.O., S. 5.
61. *P. Fauser,* a.a.O., S. 7; *H. Fend* charakterisiert Schulen als »gemeinschaftliche Problemlösungszusammenhänge«, S. 275, zit. n. *P. Fauser,* S. 8.

gische Auftrag - Förderung jedes einzelnen Kindes, Chancengleichheit, schülergerechtes Unterrichten - und die funktionsgerechte Selektion und Allokation, werden als öffentlicher gesellschaftlicher Anspruch gleichzeitig der Schule zur Bewältigung aufgegeben[62].

Wenn dies die verfestigten institutionellen Rahmenbedingungen sind, kann mit Fauser die Lösung des Entfremdungsproblems weder darin gesehen werden, die Bedeutung und Existenz von modernen Institutionen zu leugnen, noch darin, in romantische Ganzheits- und Natürlichkeitsvorstellungen auszuweichen und zu voraufklärerischen Konzepten zurückzukehren. Das Problem verweist vielmehr unter der Leitfrage nach dem Spielraum pädagogischer Freiheit in Schule und Recht auf *schulpolitische* sowie *schulrechtliche* Implikationen[63] und führt ferner auf die Frage, ob dem Staat die Monopolstellung im Bildungssystem so selbstverständlich zusteht, wie es den Anschein hat (vgl. unten Kap. 11).

Man muß auf diese widerständigen Tatsachen aufmerksam machen, um nicht dem schönen Schein des Begriffs der Kultur zu erliegen. Dennoch ist der Begriff in seiner pädagogischen Anwendung sinnvoll und notwendig, als analytisch-beschreibender wie als normativer. In beschreibender Hinsicht lenkt er den Blick auf Sachverhalte, die eine Bedingung von Schule als möglicher »pädagogischer Handlungseinheit« ausmachen, auf den menschlichen *Umgang* miteinander und auf Ausmaß und Charakter eingeräumter *Partizipation* (besonders der Schüler, aber auch der Eltern). Die »Schulkultur« oder »pädagogische Kultur« einer Schule gehört zu den wesentlichen Beschreibungsfaktoren einer schlechten bzw. »guten Schule«[64]. Der normative Sinn liegt darin, daß man dort, wo man analog zu politischer Kultur pädagogische Kultur anstrebt, sich nicht mit pädagogischer Unkultur abfinden will. Zusammengenommen unterstellt »pädagogische Kultur« als »Schulkultur«, daß sich der pädagogische Charakter einer pädagogischen Institution als Anwaltschaft für Kinder und Jugendliche, die sich in der Schule wohlfühlen und sinnvoll lernen sollen, maßgeblich auch in der *»Gestalt«* bzw. im »Geist« oder »Stil« der Schule im ganzen ausdrücken sollte[65].

62. Vgl. hierzu ausführlich v. Vf., Rollenkonflikte und Identitätskrisen des Lehrers in der Schule von heute, in: Die Dt. Schule 70 (1978) 1, S. 3-17 (= in: *R. Biermann* [Hg.]: Interaktion - Unterricht - Schule, Darmstadt 1985, S. 296-324, WdF 534).
63. *P. Fauser:* Pädagogische Freiheit in Schule und Recht, Weinheim/Basel 1986.
64. Neben seinen in den Anm. 59 und 65 genannten Arbeiten s. auch *H. Fend:* Gute Schulen - schlechte Schulen, in: »Gute Schule« - Was ist das?, Loccumer Protokolle 17/1986, Rehburg/Loccum 1987, S. 17-50; ferner *F. Bohnsack,* Strukturen einer »guten« Schule heute, ebd., S. 51-113 (vgl. ausführlicher unten Kap. 11).
65. Wissenschaftlich untersucht worden ist dies Gestaltganze u.a. unter den Fragen nach der »pädagogischen Atmosphäre« (so schon von *O.F. Bollnow:* Die pädagogische Atmosphäre, Heidelberg 1964) und dem Schul- oder auch Familienklima, dazu *H. Fend:* Schulklima, Weinheim u.a. 1977. Zur Rede vom »Geist« des Hauses, der

»Gestalt« - »Schulgestalt« - meint mehr als die Summe der Teile eines Ganzen, und doch trägt vieles einzelne zu der besonderen Kultur einer Schule bei. Der »Gestalt«-Gedanke schlägt im übrigen eine unmittelbare Brücke zwischen »pädagogischer Kultur« und »Bildung«. Bildung bezieht sich auf die Gestaltung des individuellen Lebens, pädagogische Kultur auf die zu einer gemeinschaftlichen Gestalt geronnenen Bildungs- und Lebensprozesse.

Eine (kirchliche) Bildungstheorie ist nicht auf die Schule beschränkt. Darum genügt der Begriff der »Schulkultur« nicht. Die Rede von *»pädagogischer Kultur«* erlaubt die Übertragung auf andere pädagogische Praxisbereiche wie Kindergärten, Heime, Ausbildungsstätten, im kirchlichen Raum auch auf die Gemeinde im ganzen.

Der Begriff der »Kultur« wird ferner darum eingeführt, weil nur so Phänomene wie *»interkulturelles Lernen«* auf den Begriff gebracht werden können. Der pädagogisch-kulturelle Stil hängt vom allgemeinen kulturellen Lebensstil eines Volkes bzw. einer Gesellschaft mit ab. Staat und Kirche müssen sich schon jetzt und erst recht in Zukunft einer *»Erziehung zur Kulturbegegnung«* stellen, die besonders im Verhältnis zwischen Deutschen und Türken, Christen und Muslime ein Prüfstein für unsere pädagogischen Grundüberzeugungen ist[66].

Um einen weiteren schönen Schein des Begriffs der »pädagogischen Kultur« wie überhaupt der Kategorie »Kultur« von Anbeginn an abzuwehren, ist schließlich wichtig, diesen Ansatz mit dem der ökologischen Sozialisationsforschung zu verbinden, d.h., zu fragen, wie die *»soziale Umweltzerstörung«* die menschliche Kultur berührt. U. Bronfenbrenner faßt unter dieser Formel jene Lebensbedingungen in der Umwelt der Kinder und Jugendlichen in den Blick, die nicht lebensverträglich sind. Bildungsverantwortung darf nicht individualistisch verengt ausgelegt werden. Sie umschließt die ökologisch zu interpretierende gesellschafts- und bildungspolitische Verantwortung für lebensverträgliche Institutio-

Familie usw. vgl. Pestalozzi, Schleiermacher, Wichern u.a. (s. im ganzen noch unten Kap. 11).

66. Vgl. hierzu *J. Lähnemann (Hg.):* Kulturbegegnung in Schule und Studium, Hamburg 1983; *ders.:* Erziehung zur Kulturbegegnung. Modelle für das Zusammenleben von Menschen verschiedenen Glaubens, Schwerpunkt Christentum - Islam, Hamburg 1986, ferner *H. Dobers/W. Erl/A.Th. Koury/M. Fassi-Fihri (Hg.):* Education and Value Systems, Mainz 1987. - In meinem Beitrag zu diesem Symposionsband, der auf das Islamisch-Christliche Kolloquium der Konrad-Adenauer-Stiftung 1985 in Marokko zurückgeht, habe ich den Begriff der »pädagogischen Kultur« (»educational culture«) in dem weiten Sinn verstanden, wie es die Frage der Begegnung zwischen Kulturen erfordert (Educational Goals, Institutions, Practices in a Christian Context, S. 38ff.).

nen und eine lebbare Umwelt, wobei sich die ökologische Perspektive auf die natürlichen und die sozialen Lebensbedingungen bezieht; man kann sie nicht voneinander trennen.

Christengemeinde als Modell für eine Kultur des Vertrauens (R. Strunk)

Von einem kirchlichen Standort vorgetragene Überlegungen zu pädagogischen Institutionen als pädagogischen Lebenswelten, in denen Leben gefördert, aber auch beschädigt werden kann, unterscheiden sich zunächst nicht von allgemeinpädagogischen Einsichten der säkularen Erziehungswissenschaft. Kann gleichwohl aus christlicher Sicht eine eigene, theologisch begründete Interpretation vertiefend eingetragen werden? Kann insbesondere für Religionspädagogik (einschließlich Gemeindepädagogik) einerseits und Gemeindeaufbau andererseits ein gemeinsamer übergreifender Leitgedanke theologisch zwingend - und zugleich mit pädagogischen Überzeugungen parallelisierbar - entdeckt werden, der das, was »pädagogische Kultur« sein sollte, inhaltlich näher bestimmt? Wir stoßen auf das für alle menschlichen Beziehungen im politischen wie im zwischenmenschlichen Bereich schlechthin fundamentale Erfordernis von *Vertrauen*. Menschliches Vertrauen ist nicht etwas spezifisch oder gar ausschließlich Christliches, sondern ein allgemeines, anthropologisches Phänomen. Aber der christliche Glaube ist Erfahrung von Vertrauen eigener Art. Reiner Strunk spricht von der Christengemeinde als »Modell« für eine *»Kultur des Vertrauens«*[67], weil sie drei Voraussetzungen erfülle:

»*Erstens* ist ihre *Botschaft* bzw. ihre eigene Substanz nichts anderes als Wirklichkeit von Vertrauen. *Zweitens* ist ihre *Lebensgemeinschaft* geprägt von Formen und Strukturen des Vertrauens. Und *drittens* besteht ihre *Mission* darin, Grenzen des Mißtrauens und der Verfeindung zu überschreiten und Vertrauen zu bilden« (ebd.).

Wenn Strunk nicht einfach nur von Vertrauen, sondern von Kultur des Vertrauens spricht, wenn er nicht bei einer individuellen Gestalt von Glauben stehenbleibt, sondern ihm selbstverständlich an Kirche als einer *»neuen Sozialgestalt«* gelegen ist, hat dies dieselben Gründe wie die, die auch wir teilen und soeben angeführt haben:

»Vertrauen kann nicht nur Privatsache sein ... 'Kultur' des Vertrauens meint eine umfassendere Wirklichkeit: nicht Persönliches allein, sondern Persönliches und Öffentliches; Gestaltung des Lebens in seinen verschiedenen Dimensionen. Eine Kultur ist keine

67. *R. Strunk,* Vertrauen, Grundzüge einer Theologie des Gemeindeaufbaus, a.a.O. (Anm. 22), S. 19.

Randerscheinung. Sie ist maßgebende und allgemein prägende Gestalt. Eine 'Kultur des Vertrauens' - wenn sie denn überhaupt denkbar sein soll - muß deshalb das Leben des einzelnen Menschen betreffen wie das Leben in der Gesellschaft und das Leben in der Ökumene der Menschen, Religionen und Gesellschaften. Mit diesem weltweiten Horizont von Vertrauensbildung wird man freilich nicht einsetzen können. Aber man darf ihn auch nicht ausblenden.«[68]

Strunk stößt zur Begründung auf einen Sachverhalt vor, den er eindrucksvoll biblisch belegt und der zugleich pädagogisch überaus bedeutsam ist. Daß keine nennenswerten Anschlußstellen zu den religions- und gemeindepädagogischen Aufgaben aufgezeigt werden, teilt seine »Theologie des Gemeindeaufbaus« mit anderen Konzeptionen zur Gemeindeentwicklung. Strunks Betrachtungen zeichnen sich jedoch dadurch aus, daß sie dichter als andere an das Pädagogische heranrücken.

Wenn Gottvertrauen verlorengeht oder gar nicht erst vorhanden ist, ist es theologisch leicht gesagt, man dürfe und solle »trotz allem« seine Zuversicht auf Gott setzen. So schlossen wir den vorigen Abschnitt. Aber wie kann man das? Diese Frage blieb ungestellt und offen. Die Hoffnung und Bitte, daß der Heilige Geist Vertrauen wirken möge, bleibt eine richtige theologische Antwort. Daneben ist nun allerdings ebenfalls richtig, nämlich pädagogisch richtig, daß menschliche Erfahrungen benennbar sind, die menschliches Vertrauen stiften und zum Gottvertrauen auf den Weg helfen. Strunk geht auf das zurück, was am *Menschen Jesus von Nazareth* abzulesen ist: »Wenn es überhaupt eine christliche 'Kultur des Vertrauens' geben kann, muß sie ihren Ursprung im Vertrauen Jesu haben« (S. 24).

In Übertragung auf den pädagogischen Bereich heißt das: Wenn Kinder und Jugendliche lernen sollen, Gott zu vertrauen, um dadurch Lebenszuversicht zu gewinnen, gelingt es wahrscheinlich eher, wenn sie ihren Eltern, Erziehern, Lehrern das diese erfüllende eigene Vertrauen abspüren können, die ihr Vertrauen ihrerseits auf analoge Weise anderen abgespürt haben, eine Kette des Vertrauens, die zurückreicht und immer wieder auf den zurückgeht, dessen Verhältnis zu Gott durch und durch Vertrauen ist. Wir wissen, daß Jesus Gott so vertraute, daß er ihn mit dem in der aramäischen Kindersprache üblichen Wort »Abba« angeredet hat. Jesus aber konnte so vertrauen, weil er erfuhr, wie Gott ihm vertraute.

»Jesus vertraut diesem Gott - und Gott vertraut diesem Jesus. Jesus wird damit selber zur 'Inkarnation des Vertrauens'. Er ist nicht nur vertrauens*würdig* und vertrauens*fähig*, sondern er besitzt, beides transzendierend, Vertrauens*mächtigkeit*. Er wird zum Ursprung und zur Quelle von Vertrauensbildung in der Welt.«[69] Und indem durch Jesus Gott

68. A.a.O., S. 19f. Zur Ausrichtung des Gemeindeaufbaus auf »eine neue Sozialgestalt menschlicher Beziehungen und Verhältnisse« s. S. 67f. u.ö.
69. *R. Strunk*, a.a.O. (Anm. 22), S. 27.

handelt, gilt: »Der vertrauensfähige Gott schafft Bedingungen für Vertrauensfähigkeit unter den Menschen« (S. 23).

Es gibt Lebensläufe, die sich wie ein »Staffellauf ... von Vertrauen zu Vertrauen« lesen lassen[70]. Jeder weiß, daß es auch ganz anders sein kann, daß von frühauf Kinder in einer »Anti-Kultur des Mißtrauens« aufwachsen müssen[71]. Es ist schwierig, wissenchaftlich genau zu sagen, was das eine oder das andere tatsächlich zur Erweckung oder Verhinderung des christlichen Glaubens im Menschen beiträgt. Zum Glauben finden später auch manche, die in ihrer Kindheit nicht Geborgenheit erfahren haben. Wir dürfen darum die Aussagen über die Bedeutung von Vertrauenserfahrungen nicht überfordern. Es wäre jedoch noch leichtfertiger, im Umkehrschluß »Vertrauensbildung« - man beachte den Anklang an den Bildungsbegriff - pädagogisch abzuwerten.

Denkfallen der natürlichen Theologie? - Pädagogisches Handeln in Entsprechung zu Gottes Handeln

Stürzen wir in die Denkfallen der natürlichen Theologie im Sinne einer Verwechslung von Gottes Möglichkeit und menschlichen Möglichkeiten, wenn wir zwischen dem in Jesus und durch Jesus Vertrauen stiftenden Gott und dem Vertrauen erweckenden Verhalten von Eltern und Pädagogen eine theologisch-pädagogische Entsprechung sehen? Der theologische Irrweg einer Verwechslung kann ebenso leicht den Schritt ablenken wie der pädagogische einer romantisierend-verklärenden Rede vom »Urvertrauen«, wo Erik H. Erikson selbst übrigens nur von »basic trust«, von »Grundvertrauen«, spricht. Beide Irrwege lassen sich vermeiden.

In Erinnerung daran, daß es nach Karl Barths Lehre von der ontologischen Verbundenheit Gottes mit den Menschen wohl eine Gottlosigkeit des Menschen, aber keine Menschenlosigkeit Gottes gibt, darf mit Eberhard Jüngel der Satz »Gott ist Liebe« (1 Joh 4,8.16) umgekehrt werden:

»Wo immer genau eben das geschieht, was *Liebe* genannt zu werden verdient, da ist Gott selbst. Doch daß da, wo Liebe geschieht, Gott selbst *ist,* das kann man nur *erkennen,* indem man an die sich in Jesus Christus definierende Identität von Gott und Liebe *glaubt.*

Weil Gott in jedem Ereignis wahrer Liebe verborgen anwesend ist, weil also in jedem

70. *J. Lusseyran:* Das wiedergefundene Licht, 7. Aufl., Stuttgart 1975, S. 8.
71. *R. Strunk,* a.a.O., S. 42. In Abschnitt IV geht Strunk den »Verhinderungen des Vertrauens« nach und behandelt ausführlich psychologische, gesellschaftlich-politische und religiöse Faktoren.

Ereignis menschlicher Liebe der *unbedingt Verläßliche* anwesend ist, gibt es ein wohlbegründetes *Grund-Vertrauen* in dieser Welt, das ohne die Erfahrung von Liebe nicht möglich wäre. Insofern ist die *Identität* von Gott und Liebe der Grund von *Vertrauen* überhaupt, während die *Offenbarung* der Identität von Gott und Liebe der Grund des *Glaubens als wahren Gottvertrauens* ist.«[72]

Die Kirche soll helfen, zu erkennen, daß Gott der Grund aller Liebe und allen Vertrauens ist. Es ist von großer entlastender Tragweite, in dieser Glaubenserkenntnis beschlossen zu wissen, daß Gott auch dann am Werk ist, wenn Menschen ihn (noch) nicht erkennen und wenn sein Name (noch) nicht genannt und für seine Gaben (noch) nicht gelobt wird.

Gott wagt sich an den Menschen, ohne zu wissen, ob ihm dessen Glaube als Antwort entgegenkommt. Damit setzt er *»Vertrauensbildung«* frei, gibt sich aber auch selbst preis, zeigt seine eigene *»Verwundbarkeit«*. »Denn Gottes Vertrauen zum Menschen kann enttäuscht werden. Und enttäuschtes Vertrauen hinterläßt Wunden und Schmerz.«[73] An dieser doppelgesichtigen Erfahrung hat auch »pädagogische Kultur« als Kultur des Vertrauens teil, in mehrfacher Hinsicht.

Als erstes ist jedes erzieherische Verhältnis überhaupt auf Vertrauen angewiesen. Besonders braucht der »pädagogische Bezug« (Herman Nohl) zwischen Kindern und fremden Erziehern Liebe und Vertrauen. In der Schule steht jedoch der Lehrer in dem oben skizzierten Rollenkonflikt; das Verhältnis zu den Schülern wird daher immer wieder empfindlich auf die Probe gestellt, wenn die Lehrer sie zugleich fördern sollen und beurteilen müssen, bis hin zu versetzungserheblichen Beurteilungen selbst im Religionsunterricht[74]. Tiefe Verwundungen bleiben nicht aus. Sodann ist Vertrauensbildung ein Leitthema für die pädagogischen und religionspädagogischen Aufgaben in der Kindheit. Wo nicht Vertrauen und Verläßlichkeit in den Beziehungen den Anfang bilden, wird der weitere Weg schwierig; enttäuschtes Vertrauen kann das ganze Leben überschatten[75]. Für die »kritischen Jahre« der Adoleszenz hat Sharon Parks in fast wörtlicher Übereinstimmung mit dem gerade Gesagten nachweisen können, daß der Glaube der

72. *E. Jüngel:* Gelegentliche Thesen zum Problem der natürlichen Theologie, in: *ders.:* Entsprechungen. Gott - Wahrheit - Mensch, München 1980, S. 200f. Zu *K. Barth* vgl. KD IV, 3, S. 133.
73. *R. Strunk,* a.a.O. (Anm. 22), S. 23.
74. In meiner einschlägigen Untersuchung hierzu (Religionsunterricht in der Leistungsschule, Gütersloh 1979) bin ich dem verzweigten Problem näher nachgegangen. Hier werden bis ins einzelne Wege erörtert, die um der Schüler willen die Kehrseite der Leistungsmessung pädagogisch abfangen könnten (vgl. noch Kap. 10).
75. *H.-J. Fraas:* Religiöse Erziehung und Sozialisation im Kindesalter, 3. Aufl., Göttingen 1978, S. 107ff.; *F. Schweitzer:* Lebensgeschichte und Religion. Religiöse Entwicklung und Erziehung im Kindes- und Jugendalter, München 1987, 2. Aufl. 1991, S. 13ff., S. 60ff.

jungen Erwachsenen von der Spannung zwischen »Verheißung« und »Verwundbarkeit« (»promise« und »vulnerability«) geprägt ist[76]. Junge Leute könnten daher in Gottes eigener Verwundbarkeit ihre eigene Lebenserfahrung wiederfinden, befreit davon, sie als Schicksal hinnehmen zu müssen.

5. »Glauben Ohne Tödliche Thesen« - Krise des Verständnisses und der Interpretation der Glaubensinhalte

»Woran ich denke beim Wort 'Gott'?

An die Dritte Welt. Die Ungerechtigkeit. An die Angst, nicht an ihn zu glauben. Erfindung der Menschheit. Alle Sorgen und Hoffnungen zu einem Gott zusammenfügen. Irgend ein Fluchtweg. Notausgang. An seine ungerechte Strafe, die er uns auferlegt hat.

Sein seltsamer Weg zum Frieden.

Glauben Ohne Tödliche Thesen.

Gott statt Religion. War Gott ein Rassist?

Einmal im Traum ihn sprechen hören.

Wissen wie's wirklich war.

Trotz allem ist Gott eine schöne Einbildung, an dem (sic) man sich hält.

Die Angst, nicht an ihn zu glauben! (letzter Satz in übergroßer Schrift).«

Dieser Text eines etwa 18jährigen Malerlehrlings stammt aus einer Erhebung in Württemberg, in der 1236 Jugendliche im Alter von 16-20 Jahren, teils auch noch älter, aus 70 ausgewählten Klassen an den verschiedensten beruflichen Schulen aufgefordert waren, sich über ihr Gottesverhältnis und Gottesbild anonym zu äußern. Robert Schuster vom Pädagogisch-Theologischen Zentrum der württembergischen Landeskirche in Stuttgart-Birkach hat 1984 die Textsammlung unkommentiert herausgegeben[77]. Ich habe an anderen Stellen eine ausführliche Auswertung vorgenommen und veröffentlicht[78]. Die Befunde, die hierbei in den Weg der Gotteserfahrung von der Kindheit bis zum Erwachsenenalter eingezeichnet worden sind, geben zu denken.

76. *Sh. Parks:* The Critical Years. The Young Adult Search for a Faith to Live By, San Francisco / Harper & Row 1986, S. 73. - Zur Lage der Kinder und Jugendlichen s. ausführlicher die betreffenden Kapitel im zweiten Teil.
77. *R. Schuster (Hg.):* Was sie glauben. Texte von Jugendlichen, Stuttgart 1984, Zitat S. 131.
78. Erwachsenwerden ohne Gott? a.a.O. (Anm. 57), S. 49-52; zur Zusammenfassung der Ergebnisse mit methodologischer und theoretischer Kommentierung s. auch meinen Aufsatz: Die Gottesfrage bei Jugendlichen. Auswertung einer empirischen Umfrage, in: *U. Nembach (Hg.):* Jugend und Religion in Europa, Frankfurt/M. u.a. 1987, S. 233-259.

Jugendliche vor der Gottesfrage als existentieller und gedanklicher Provokation

Erwachsen werden ohne Gott? Viele Jugendliche meinen, ohne Gott ihr Leben führen zu können. Sie verabschieden ihn lapidar, ihre Texte sind kurz: »Gott ist ein Aberglaube«, »Ich halte nichts davon«, »Für mich ist Gott nur Tradition«. Solche Äußerungen kennzeichnen jedoch nicht das Gesamtbild. Nicht wenige junge Menschen möchten immer noch mit Gott erwachsen werden, aber es fällt ihnen sehr schwer. Manche suchen ihn in stiller Verzweiflung, so der Autor unseres erschütternden Textes.

Es ging in der Untersuchung nicht um Zahlenverhältnisse, und es darf in der Kirche auch nicht primär darum gehen. Werden die jungen Leute wieder stärker religiös? Die Phänomene sind schwer greifbar, und manches, was in den Medien darüber steht, ist verführerisch und lenkt von dem ab, was wesentlich ist. Die Reichweite kirchen- und religionssoziologischer Analysen ist begrenzt; sie betreffen meist religiöse Meinungen und Verhaltensformen und erreichen nicht das Problem, *wie man heute glauben kann.* Diese Frage schmilzt für die Jugendlichen auf die Gottesproblematik als den für sie übriggebliebenen widerständigen Kern zusammen, der sich nicht so schnell abtun läßt. Vieles andere darum herum ist längst unwichtig geworden. Dieses andere ist für den Achtzehnjährigen »Religion« und erschwert ihm den Zugang zu Gott. Darum »Gott statt Religion«. Man will sich ihn nicht verstellen lassen, schon gar nicht noch zusätzlich durch religiöse Institutionen; die alltäglichen Erfahrungen machen das Glaubenkönnen schon schwierig genug.

Bei der systematischen Auswertung ließen sich mehrere kritische Komplexe besonders identifizieren. Sie sind Krisen- und Bewährungsfelder christlichen Glaubens zugleich. Wenn auf ihnen Antworten gefunden werden, ist der Grund gelegt, wenn nicht, droht der Glaube zusammenzubrechen, zumal wenn in allen Richtungen gleichzeitig die Zweifel überhandnehmen. Es handelt sich letztlich nur um ganz wenige Fragen. Man sollte sie aber nicht letzte, sondern erste Fragen nennen; denn es sind »elementare« Fragen, die im Sinne der doppelten Bedeutung von lat. »elementum« (1. Grundbestandteil, Grundstoff, 2. Anfänge, Anfangsgründe) die Grundlage für alles weitere und darum immer wieder auch den Anfang bilden.

Wir gehen hier nur auf die Untersuchungsergebnisse ein, die exemplarisch am oben zitierten Text abgelesen werden können und dazu verhelfen, den nächsten Punkt in diesem systematischen Grundgedankengang über Glauben heute und die hierbei anstehenden pädagogischen Herausforderungen zu Gesicht zu bekommen (s. im übrigen noch das Kapitel 8 über Jugendliche und Jugendarbeit).

Die wohl wichtigste inhaltliche Erwartung richtet sich an Gott als Liebe, als Helfer und Garant des Guten. In verschiedenen Facetten zeigt sich das Theodizeeproblem als die erste und wahrscheinlich größte Schwierigkeit in der Gottesbeziehung überhaupt. Die meisten jungen Leute belastet nicht das Leid in der Welt im ganzen, sondern das unerklärliche Leiden und Sterben, etwa der frühe Tod von Altersgenossen in ihrer nächsten Umgebung. Der Achtzehnjährige oben ist auch von dem betroffen, was darüber hinaus in der Welt passiert. Der Sinn der Rede von Gott wird für ihn massiv durch die »Ungerechtigkeit« gegenüber der »Dritten Welt«, durch Gottes »seltsamen Weg zum Frieden« und durch den »Rassismus« (»war Gott ein Rassist?«) in Frage gestellt. Doch dies ist alles nur der Hintergrund.

Vor ihm bricht eine viel subtilere, viel peinigendere Frage auf. Es ist der Gedanke, daß es sich bei der Rede von »Gott« um eine »Erfindung der Menschheit« handeln könnte, um den menschlichen Projektionsversuch, »alle Sorgen und Hoffnungen zu einem Gott zusammen(zu)fügen«, um sich so einen »Fluchtweg«, einen »Notausgang« zu schaffen. Dieser schlimmste Zweifel erzeugt die tiefste Angst, die Angst, überhaupt nicht mehr an ihn glauben zu können. Der Gedanke, Gott sei nur eine »Erfindung«, eine »Einbildung«, hat mit »tödlicher« Kälte Herz und Verstand erfaßt. Dennoch hält dieser junge Mensch in der unerträglichen Schwebe zwischen Verzweiflung und Hoffnung an jener Einbildung fest, weil sie »schön« ist, weil sie Halt gibt. Die Plausibilität Gottes hängt hierbei - das ist zu beachten - nicht nur an der fragwürdig gewordenen Möglichkeit unmittelbarer Gottes*erfahrung* (»Einmal im Traum ihn sprechen hören«), sondern auch daran, zu *»wissen* wie's wirklich war«, an für den Gottesglauben relevanter Gottes*erkenntnis,* »wissen wie's wirklich *war«,* damals am Anfang der Schöpfung und dann, als Gott Mensch geworden sein soll, so können wir vermuten.

Viele andere Aussagen von Jugendlichen bestätigen es: Die Frage nach Gott wird einerseits im engsten Zusammenhang mit der Frage nach einer Antwort auf die Grundprobleme des Lebens akut (Ungerechtigkeit, Leiden, Sterben, Tod, Zukunftsperspektive). Gottesgewißheit hängt andererseits zentral daran, mit der Rede von Gott auch gedanklich ins reine zu kommen: Gott - eine ungeheuerliche *gedankliche Provokation.*

»Glauben Ohne Tödliche Thesen« - dieser lapidare Wunsch, sprachlich unerbittlich gefügt, genau in der Mitte des Textes, klagt indirekt auch die Kirchen an. Gleich der nächste Satz lautet: »Gott statt Religion«, sprich institutionalisierte Religion, Kirche. Sie ist nicht mehr hilfreich. Sie wäre es, wenn ihre Verkündigung nicht nur appellativ beschwörend sein, sondern dem *Verständnis* aufhelfen würde.

Tradierungskrise oder Krise des Tradierten?

Wenn schon von »Krise« gesprochen werden sollte, so muß die mit ihr gemeinte Erkundung der Krisenursachen, das wird jetzt deutlich, präziser sein und tief genug ansetzen. Sind nur die *Wege der Tradierung* oder auch die *Inhalte des Tradierten* selbst von der Krise erfaßt? Sowenig man einerseits hinsichtlich eines gelingenden oder mißlingenden Überlieferungsprozesses Inhalt und Form auseinanderreißen darf, so würde man sich andererseits den Blick auf verhängnisvolle Weise verstellen, wollte man die Aufgaben der Kirche für die Zukunft primär an einer Veränderung der Formen, Methoden, Strategien und Kommunikationsstrukturen festmachen. »Glauben Ohne Tödliche Thesen« ist ein Satz, der schneidend scharf ausspricht, daß der Glaube selbst in seinen Inhalten fraglich geworden ist.

Die identifizierbaren Entscheidungs- und Bewährungsfelder zeigen, daß es nicht nur um Glaubenkönnen als Vertrauenkönnen geht, sondern um Glaubenkönnen als Verstehenkönnen, um verstandenen Glauben. Eine »Kultur des Vertrauens« ist darum nur eine notwendige, keine hinreichende Bedingung für weiterhelfende Antworten. Kommunikationstheoretisch formuliert, ist zwar die Verständigung über die »Inhalte« von dem zwischenmenschlichen Geschehen auf der Ebene der »Beziehungen« abhängig[79], aber das Kriterium der Übereinstimmung zwischen dem, was einem auf der Inhaltsebene gesagt und auf der Beziehungsebene zugleich zu fühlen gegeben wird - um ein Merkmal dieser Abhängigkeit zu nennen -, bleibt gegenüber den Inhalten selbst neutral. Stimmt denn die Sache selbst? Das wird zum Problem für junge und alte Glaubenskritiker.

Man will im *Glaubensakt* als Vertrauensvollzug möglichst auch die *Glaubensinhalte* wissend durchdringen. Der Glaube sucht mit Recht an gewißmachenden Inhalten Halt. Er dringt, soweit das möglich ist, auf *Glaubenserkenntnis*. Es geht um Klarheit über die Erfahrung Gottes als Liebe (»lieber Gott«?), um die Wahrheit über das Theodizeeproblem (»Warum gerade ich?«), um das Verhältnis von Schöpfung und Evolution (»Was war am Anfang?«), um die Überwindung des Todes (»Was kommt danach?«) und in allem um die Existenz Gottes selbst (»Gibt es Gott?«).

79. Vgl. die grundlegende Unterscheidung zwischen Inhalts- und Beziehungsaspekten bei *P. Watzlawick/J.H. Beavin/D.D. Jackson:* Menschliche Kommunikation. Formen, Störungen, Paradoxien, 4. Aufl., Bern u.a. 1974, S. 53ff.

Gott vertrauen und verstehen können

Unterschätzen wir zunächst nicht die unersetzbare Bedeutung von Vertrauensbildung, die Rolle der Kommunikation auf der Beziehungsebene. Von der Bedeutung einer pädagogischen Kultur als Kultur des Vertrauens ist nichts zurückzunehmen. Ohne *Vertrauen* zu schöpfen, werden sich Menschen aller Altersphasen schwerlich *getrauen,* sich überhaupt auf ein Gespräch über religiöse Fragen einzulassen. Es fehlt sonst das gute, nämlich angstfreie Klima, sich selbst mit seinen Einsichten vorzuwagen. Es mangelt an Mut, weil man fürchtet, verletzt oder entlarvt zu werden. Im Vertrauen dagegen trägt man einander und öffnet sich füreinander.

In Religionsklassen mit Religionslehrern oder -lehrerinnen, die als »aufgeschlossene Erwachsene« »Offenheit für die moderne Welt« und »Verständnis für die Probleme der Schüler« zeigen sowie die »Fähigkeit zur Führung einer guten Diskussion«, indem sie nicht mit frommen Worten an den Problemen der Schüler vorbeireden, sondern in der Lage sind, diese aufzunehmen und »ein offenes Gesprächsklima« zu schaffen, steigt nachweislich die Beliebtheit des konkret erfahrenen Religionsunterrichts, und es wird erfolgreicher gelernt[80].

Kern einer gelingenden pädagogischen Beziehung ist die Bereitschaft und Fähigkeit, den Schülern innerlich so zur Seite treten zu können, daß man ihnen nahe ist, ohne sie zu überwältigen. Nun können sie sich ihrerseits anvertrauen. »Kultur des Vertrauens« meint nicht Distanzlosigkeit, in welcher Form auch immer, von der äußeren Anbiederung bis zu der Zumutung, sich ideologisch anzupassen; sie schafft vielmehr Freiheit zur Verbundenheit ohne Selbstverlust. In dieser neuen Verbundenheit wird allerdings Distanz reduziert, die Distanz zu Gott, zu Menschen, von denen man sozial getrennt lebt, und zu Feinden; es kommt zu einer metaphysisch-religiösen, sozialen und politischen »Distanzreduzierung«[81]. Unmißverständlich sei damit nochmals unterstrichen, daß in der Gemeindearbeit und in der kirchlichen sowie schulischen Bildungsarbeit immer wieder bei befreiend-verbindenden Vertrauenserfahrungen anzufangen ist. Mehr noch: Sie tragen ihren Sinn in sich selbst, und sie müssen auch alles weitere pädagogische Handeln ständig umgeben. Sie ersetzen jedoch nicht die erforderliche gedankliche Rechenschaftsabgabe angesichts gedanklicher Glaubenszweifel.

80. *N. Havers:* Der Religionsunterricht - Analyse eines unbeliebten Fachs. Eine empirische Untersuchung, München 1972, S. 184ff. - Zur grundsätzlichen Bedeutung der menschlichen Beziehungen, noch vor den pädagogischen, vgl. inzwischen *G. Martin:* Menschsein in Beziehungen gestalten: Eine Skizze, in: *R. Preul u.a. (Hg.):* Bildung - Glaube - Aufklärung. Zur Wiedergewinnung des Bildungsbegriffs in Pädagogik und Theologie, Gütersloh 1989, S. 220-229.
81. *R. Strunk,* a.a.O. (Anm. 22), S. 30.

Man möchte Gott *vertrauen* und ihn *verstehen*. Sind aber nicht gerade die eben gestellten Fragen, die so tiefe Spuren des Zweifels und der Verzweiflung in der Seele hinterlassen können, in gewisser Hinsicht unbeantwortbare Fragen? Sagt nicht die Kirche, daß man Gott vertrauen möge, obwohl man ihn nicht versteht, ja, daß man ihm ebendarum vertrauen möge, weil man ihn doch nie ganz verstehen kann? Gilt nicht daher der Satz, daß man erst dann anfängt zu verstehen, wenn man bereits glaubt?

Es bleibt in der Tat so, daß mit dem Vertrauen das Glauben und damit auch das Verstehen beginnt. Dem isolierten reinen Erkennenwollen erschließt sich Gott nicht. Er ist kein Gegenstand objektiver Erkenntnis. Man kann weder aus irgendwelchen Weltzuständen, Geschichtsphänomenen und Naturereignissen Gott schlüssig folgern noch aus sogenannten Heilstatsachen wie der Kreuzigung ableiten, daß Jesus von Nazareth der Messias, der Christus, der Sohn Gottes ist. Der Osterglaube entsteht, weil Jesus einigen Frauen und den Uraposteln auf Grund einer ganz neuen, im buchstäblichen Sinne wunderbaren Erfahrung als Auferstandener erscheint, als einer, der aus dem Tode herausgenommen und zu Gott erhöht worden ist. Dieser Vorgang ist ebenfalls nicht wie ein objektiv für alle einfach wahrnehmbarer Gegenstand vorzuführen; er weist vielmehr auf den Zirkel zurück: Nur im Geschenk des Glaubens und mit dem Glauben zusammen bildet sich, bis heute, Verstehen (vgl. unten Kap. 3,4).

Trotz der Einschränkung hinsichtlich der Verstehbarkeit Gottes gilt jedoch, daß der Gott der Bibel verstehbar sein will. Aus jüdischer Sicht bemerkt Hans Jonas: »Der deus absconditus, der verborgene Gott (nicht zu reden vom absurden Gott), ist eine zutiefst unjüdische Vorstellung.«[82] Gott hat sich »kundgetan«: »Ein gänzlich verborgener, unverständlicher Gott ist ein unannehmbarer Begriff nach jüdischer Norm« (ebd.). Auch aus der Sicht des christlichen Glaubens will Gott verstehbar sein, was nicht heißt, daß er damit der »Weisheit der Weisen« und dem »Verstand der Verständigen« einfach zur Hand ist (1 Kor 1,19). Der Inhalt der Kreuzespredigt ist vielmehr den »Juden ein Ärgernis und den Griechen eine Torheit« (1 Kor 1,23). Was aber heißt dann: Gott verstehen? Was heißt, zusammengefaßt, gedankliche Rechenschaftsabgabe?

Sie darf nicht falsch aufgefaßt werden. Auf der einen Seite hat sie nichts mit Beweisführungen zu tun, nichts mit von jedermann zwingend einsehbaren Tatbeständen. Wollte man einem anderen Menschen so kommen, müßte er eine für den Glaubenszeugen *unbedingt* gültige Glaubenswahrheit als eine *allgemeingültige* empirische Wahrheit oder Vernunftwahrheit übernehmen, was sie doch nicht ist. Wer hier das eine mit dem anderen verwechselt, schadet beidem.

82. *H. Jonas:* Der Gottesbegriff nach Auschwitz, in: Reflexionen finsterer Zeit, hg. von *O. Hofius,* Tübingen 1984, S. 63-86, hier S. 80.

Ebenso aber ist auf der anderen Seite Glaube nicht pures Vertrauen; denn Glaube ist als Vertrauen *auf* Gott stets auch Glaube *an* Gott und hat insofern Gott zum 'Gegenstand'. Glaube als Vertrauen spricht Gott in der zweiten Person an: »Du«. Dabei gewinnt Glaube zugleich Einsicht und kann über Gott in der dritten Person sprechen: »Er«. Was mithin gedanklich geklärt werden muß und kann - und das ist darum eine uns theologisch und religionspädagogisch aufgetragene *und* erfüllbare Aufgabe -, betrifft die Frage, warum die Kirche über Gott in den Inhalten des Glaubensbekenntnisses so spricht, wie sie es tut, und nicht in anderer Weise. Hierbei ist ständig klarzustellen, daß die Interpretation der Glaubensinhalte nichts nützt, wenn nicht gleichzeitig Glaube als Vertrauen gewagt wird - und dazu muß Gott selbst helfen. Das ist der Sinn der Rede von der Gabe des Heiligen Geistes.

Die Fragen der Jugendlichen wie überhaupt der Zeitgenossen sind eine Aufforderung an die Kirche, immer wieder zu verdeutlichen, warum und wie grundsätzlich Vertrauen und Verstehen, Glauben und Denken zusammengehören und wie nicht. Um zu präzisieren, seien drei Perspektiven voneinander unterschieden. Diese Unterscheidung läßt auch genauer erkennen, worauf sinnvoll der Begriff der »Krise« angewendet werden kann. Die erste Perspektive ist die *von Gott selbst her;* sie blickt auf die den Glauben begründende Wahrheit der Offenbarung als ein Ereignis, das Gott bewirkt, eine Gabe, die Gott gibt (1). Die zweite Perspektive richtet sich *auf den einzelnen Menschen,* der die Offenbarungswahrheit an sich selbst erfährt (2). In der dritten Perspektive schauen wir *von der Kirche her* auf die Art und Weise, wie die Kirche die Glaubenserfahrung ihrer Glieder gemeinsam in Glaubensbekenntnissen und kirchlichen Lehrstücken formuliert hat (3). Was ist nun 'in der Krise', und was können wir Menschen mit verantworten, auch pädagogisch?

Auf Gottes eigenes souveränes Handeln ist der Begriff der »Krise« nicht anzuwenden (1). Dagegen kann man von einer Krise sprechen, sofern bei immer mehr Menschen persönliche Glaubenserfahrungen ausbleiben (2). Auf jeden Fall ist eine Krise hinsichtlich des Verständnisses der von der Kirche überlieferten Glaubensaussagen vorhanden (3). Wenn man so unterscheidet, läßt sich von einer »Weitergabe des Glaubens« in keiner der drei genannten Hinsichten mehr unkommentiert reden: Schon gar nicht darf unsere Aufgabe mit Gottes freiem Handeln verwechselt werden (1). Auch über die persönliche Glaubenserfahrung verfügen wir nicht; aber man kann helfen, sie anzubahnen (2). Über die erfahrungsbezogenen Wege der neuen Religionspädagogik wird noch viel zu reden sein. Ohne Einschränkung steht jedoch die Aufgabe der Interpretation der kirchlich überlieferten Glaubensaussagen an (3). Bei einer Wiederholung von unausgelegten Sätzen kann man es am allerwenigsten belassen. Die Auslegungsarbeit ist vielmehr immens: im akademischen theologischen Unterricht, im Religionsunterricht, im Konfirmandenunterricht, in der kirchlichen Erwachsenenbildung und wo immer sonst. Hierbei sollten auch ungewohnte Denkwege nicht gescheut werden. Angesichts radikaler Herausforderungen sind ferner die Wege christlicher und jüdischer Auslegung der Bibel aufeinander zu beziehen.

Welche Wege jüdische Denker gehen, die nach Auschwitz mit dem Paradox »perversester Art« ringen müssen, daß Gott ausgerechnet das Volk Israel, sein Volk, im Holocaust verlassen zu haben scheint - »die gräßlichste Umkehrung der Erwählung in den Fluch«[83] -, zeigt in ergreifender Weise der schon erwähnte Hans Jonas. Er wagt den Gedanken, daß Gott nicht als allmächtig angesehen werden kann und darf, weil nur so der Gott der Bibel in seiner »Güte« verstehbar bleibt. Daß Gott das Gute will, ist für Jonas mit dem biblischen Gottesbegriff untrennbar verbunden; es ist für den Glauben unaufgebbar. Wenn aber gleichzeitg »Gott auf gewisse Weise und in gewissem Grade verstehbar sein soll (und hieran müssen wir festhalten), dann muß sein Gutsein vereinbar sein mit der Existenz des Übels, und das ist es nur, wenn er nicht *all*-mächtig ist. Nur dann können wir aufrechterhalten, daß er verstehbar und gut ist und es dennoch Übel in der Welt gibt« (S. 80f.).

Gott kann im übrigen auch schon darum für Jonas nicht als allmächtig gedacht werden, weil er bereits im Augenblick, als er die Schöpfung aus sich entließ, seine Macht begrenzte, sich selbst riskierte und für alles Geschaffene und sich fortan Entwickelnde, einschließlich der Menschheit, Spielräume der Freiheit zuließ, der Freiheit zum Guten und zum Bösen (83f.).

Die getroffenen Unterscheidungen und die vorläufige Umschreibung der Aufgaben sollen herausstellen, was allein Gegenstand menschlicher Verantwortung sein kann, aber auch dann sein muß. Um nochmals die drei Perspektiven zu berühren: Es gibt im Gemeindeaufbau zuweilen eine Begeisterung, als verfüge man gleichsam unmittelbar über die Offenbarung Gottes selbst (1). Es gibt in der Religions- und Gemeindepädagogik eine wachsende Überschätzung der Verfügbarkeit über religiöse Erfahrung mit der Tendenz, hierunter auch die christliche Glaubenserfahrung zu fassen (2). Es gibt hier wie dort zugleich eine Unterschätzung der Verständigungsaufgaben über den Glauben und eine Scheu vor gedanklicher theologischer Anstrengung (3). In einer Atmosphäre religiöser Überanstrengungen, wie »neue Religiosität« und Esoterik sie heutzutage fördern, geraten die in Geduld anzugehenden Aufgaben des Unterrichts aus dem Blick. Sie dürfen sich jedoch ebensowenig verselbständigen. Religionspädagogische Hilfen dienen der Reflexion und der Erfahrung, der Erfahrung und der Reflexion (vgl. noch ausführlich Kap. 5), weil eben beides zugleich herausfordert: Gott vertrauen und verstehen können.

83. A.a.O. (Anm. 82), S. 66.

6. Verstandener Glaube - Missionarischer Gemeindeaufbau und Glaubensunterricht

Von der gewonnenen Problemstellung aus erweisen sich die vorliegenden Entwürfe zum Gemeindeaufbau als wenig hilfreich. Die Gründe liegen darin, daß das Thema »Glaubenkönnen unter den Bedingungen unserer Zeit« entweder gar nicht oder nur mit einer seltsamen Schnelligkeit und Leichtigkeit abgehandelt wird. Man setzt sich nicht nennenswert mit dem auseinander, was das Ringen zwischen Glaube und Unglaube im Kern ausmacht. Hierzu müßte einerseits die dogmatische Gedankenebene betreten und die Frage nach den Glaubensinhalten im Kontext der obigen Unterscheidungen aufgeworfen werden. Andererseits wäre in Zeitanalysen den Schwierigkeiten nachzugehen, die Glauben heute erschweren. Wie werden die Menschen durch die Gewalt der gesellschaftlichen Strukturen und Prozesse geprägt? Wie sind Schicksal und Chancen moderner Subjektivität im Sinne freier Selbstbestimmung zu beurteilen? Was besagen Phänomene religiösen Wandels? Was ist von der neuen Religiosität zu halten (vgl. hierzu Kap. 3 und 4)? In den Entwürfen zum Gemeindeaufbau wird auf diese Fragen kaum eingegangen.

Wir diskutieren zunächst Konzepte, die Mission eher als Strukturprinzip der Gemeindewirklichkeit im ganzen verstehen (R. Strunk, Ch. Bäumler), sodann evangelistisch-missionarisch orientierte Entwürfe (M. Seitz, F. Schwarz / Ch.A. Schwarz). Bei allen Unterschieden ähneln sie sich darin, daß sie die Aufmerksamkeit von der Grundfrage nach »Glauben heute«, d.h., ob und wie man angesichts von Glaubenszweifeln glauben oder aus der Indifferenz gegenüber dem christlichen Glauben heraushelfen kann, zum einen auf den ethischen Ausdruck des Glaubens im Leben verlagern und zum anderen die dogmatische Komplexität zum Teil bewußt reduzieren. Wir sprechen im ersten Fall, abgekürzt, von »ethischer Problemverlagerung«, im zweiten Fall von »dogmatischer Problemreduktion«.

Ethische Problemverlagerung - Lebensgestalt der Gemeinde (R. Strunk) und Gemeinde der Befreiten (Ch. Bäumler)

Bei *Reiner Strunks* Modell des Gemeindeaufbaus ist die Ausklammerung der Glaubensproblematik eine Folge der Verlagerung des theologischen Schwerpunkts auf die *Lebensgestalt der Gemeinde*. Das Begriffsfeld um den Begriff »Gestalt« wird zum bestimmenden Bezugsfeld aller Ausführungen.

Mit Gemeindeaufbau als Gestaltwerdung bzw. »Gestalt-Wandel« im Sinne der »Vertrauensbildung« - in Auseinandersetzung mit der »Gestalt« und dem »Schema« dieser Welt

(Röm 12,2) - werden »die Gestaltung der Christengemeinde«, »die *Gestalt-Struktur* der Christengemeinde« und das »*Gestalt-Material* des Vertrauens« zu den wichtigsten Aspekten[84]. Strunk knüpft hierbei an D. Bonhoeffers »Gestalt-Begriff« (S. 111ff.) und dessen Sicht der Kirche an. Die Kirche soll der »Gestalt Christi« im Sinne der »Gleichgestaltung« nachfolgen (116). Wir können in Aufnahme des Bildungsbegriffs auch sagen, sie soll ihm nachgebildet bzw. eingebildet werden (vgl. oben Kap. 1,2). Die »Gestaltwerdung Christi« zielt damit auf die »Herstellung einer bestimmten christlichen Lebensform« (115). Sie ist nicht individualistisch verengt zu verstehen, sondern geht auf die »Sozial-Gestalt der Christengemeinde« zu (117f.).

Mit beiden Richtungen der Gestaltwerdung geraten wir vornehmlich in den Bereich »christlicher Ethik« (117). Dies wird auch deutlich, wenn Strunk am Schluß seines Buches das *»Gestalt-Material des Vertrauens«*, also die inhaltliche Seite, näher beschreibt. Es handelt sich nicht um Glaubensinhalte im Sinne der kirchlichen Glaubenslehre (Glaubensbekenntnis), sondern um »Bruderliebe und Achtung der Person«, »Begeisterung und Dienst«, »Praxis der Solidarität« und »Friedensdienst« (132ff.).

Als *Quelle der Kraft* für die Umwandlung von einzelnen Menschen wie der Kirche im ganzen vergegenwärtigt Strunk »die von Jesus ausgehende Kraft für eine Neugestaltung des Lebens in der messianischen Zeit« (S. 31). Jesus ist der maßgebliche *»Gestalt-Typus«*. Als Motivations- und Vergewisserungsgrund wird auf den *irdischen Jesus* zurückgegangen. An späterer Stelle wird mit Paulus zwar auch das »Grunddatum des Evangeliums«, das Kerygma von Jesus Christus, werden »Tod und Auferstehung Christi« einbezogen, als Markierung (»was dort markiert wird«, heißt es) für die neue Gestalt eines Lebens, die der alten »'Welt-Gestalt'« in ihrer »Todes-Gestalt« gegenübertritt: »Leben also mit der Qualität einer Auferstehung aus dem Tode. Eine neue Kraft und eine neue Gestalt des Lebens« (S. 114). Mit der Redeweise vom neuen Leben als Leben »mit der Qualität einer Auferstehung aus dem Tode« gleitet jedoch die Auslegung, ohne sich aufzuhalten, ohne die Glaubenszweifel und -schwierigkeiten an diesem Zentrum schlechthin zu thematisieren, in unbestimmter Schwebe zwischen einem nur metaphorischen und einem darüber hinausgehenden Verständnis von der Auferstehung der Toten, auf den einen Punkt wieder zu: Jesus als »Kraft« und »Gestalt« des Lebens.

Bezeichnenderweise hat das Buch neben dem Motto »Vertrauen wagen!« noch ein zweites, die Aussage Bonhoeffers: »Die gegenwartsnahe Wahrheit der Kirche zeigt sich darin, daß sie die Bergpredigt und die Paränesen des Paulus predigt und tut« (Ges. Schriften IV, 252). Nicht nur in Strunks, auch in allen anderen repräsentativen Entwürfen zur Theologie des Gemeindeaufbaus werden bevorzugt jene Traditionsstücke des Alten und Neuen Testaments in Anspruch genommen, durch die die oben identifizierten schwerwiegenden Problemberei-

84. *R. Strunk,* Vertrauen, a.a.O. (Anm. 22), S. 109ff., S. 113, 118.

che des Glaubens in gewisser Weise als gegenstandslos erscheinen. Statt dessen lassen Verheißungen und Weisungen wie die der Bergpredigt, die in einer »Gemeinschaft von Schwestern und Brüdern« als »Kirche für andere« zur Lebensexistenz in Gerechtigkeit und Frieden, in Nächstenliebe und Feindesliebe ermächtigen - dies die Perspektiven der Theologie, für die Strunk beispielhaft zu nennen ist -, das Christentum als etwas aufleuchten, was jeden menschlich, weil ethisch, anspricht. Es kann auf diese Weise jedem als bedeutsam und plausibel erscheinen, ohne daß er sich anscheinend über Evolution und Schöpfung, Tod und Auferstehung, Theodizeefrage und Atheismus Gedanken zu machen braucht. Diese Theologie denkt bereits jenseits der Entmythologisierungsdiskussion, steht jenseits der Religionskritik, als wäre beides ein für allemal eine Sache der Vergangenheit. Für unsere Schüler ist es das nicht; jeder heranwachsende Jugendliche hat diese Fragen immer wieder neu vor sich, darum ist über sie theologischer Unterricht notwendig. Von dem aber ist in der Literatur zum Gemeindeaufbau so gut wie gar nicht die Rede.

In theologischer Nachbarschaft zu Strunk steht auch *Christof Bäumlers* Versuch einer zeitgültigen Gemeindetheorie[85]. Wie schon ihr Titel »Kommunikative Gemeindepraxis« besagt, will Bäumlers Gemeindetheologie ebenfalls nicht die Krise des Tradierten, sondern die Krise der Tradierungswege behandeln. Neue »Strukturen« der »Kommunikation« werden beschrieben. Als Grundlage wird auf die »Gleichnisse Jesu als kommunikative Sprachhandlungen und die kommunikative Gemeindepraxis als Gleichnis der Gottesgerechtigkeit« zurückgegangen - ein tragfähiger und schöner Ausgangspunkt[86]. Zusammen mit der paulinischen Charismenlehre, der Lehre Luthers vom allgemeinen Priestertum der Gläubigen und wiederum dem christologisch-ekklesiologischen Kirchenbild Bonhoeffers (»Christus als Gemeinde existierend«) wird an diesem Ausgangspunkt alles ausgerichtet. Im weiteren Verlauf wird von der Gemeinde Jesu Christi als *»Gemeinde der Befreiten«* her gedacht, ohne allerdings zuvor zu fragen, wie Menschen heute *durch Glauben* und *im Glauben* befreit werden können. Im ganzen ähnlich wie bei Strunk ist daher viel von der aus dem Glauben hervorgehenden Lebensgestalt, aber wenig von der zuvor sich stellenden Frage nach dem Glauben selbst die Rede.

Bäumlers Untersuchung ist von dem Problem der »Kommunikation« und ihren »Spielregeln« (»Offenheit«, »Herrschaftsfreiheit«, »Partizipation«, »Solidarität«) bestimmt (S.

85. *Ch. Bäumler:* Kommunikative Gemeindepraxis. Eine Untersuchung ihrer Bedingungen und Möglichkeiten, München 1984 (auch wenn Bäumler nicht von »Gemeindeaufbau« spricht, geht es ihm um Erneuerung), ferner *Ch. Bäumler/N. Mette:* Christliche Gemeindepraxis, in: *dies. (Hg.):* Gemeindepraxis in Grundbegriffen. Ökumenische Orientierungen und Perspektiven, München/Düsseldorf 1987, S. 9ff.
86. Kommunikative Gemeindepraxis, a.a.O., S. 24ff., Zitat S. 24.

44), mit Watzlawick wiederum Fragen der »Beziehungsebene«. Bäumler läßt sich nicht von der inhaltlichen existentiellen Frage leiten, wie man heute überhaupt glauben kann, eine Frage, die stets auch Probleme der »Inhaltsebene« einschließt. Folglich nehmen jene thologischen Konstrukte eine beherrschende Rolle ein, die die Prozesse in der Gemeinde betreffen (»Gemeinde als Prozeß«); dazu gehören unter anderem Fragen der Entscheidungsfindung (»Verfahren« oder »Diskurs«?). Das »Was« des zu »Kommunizierenden« tritt zurück oder wird so umschrieben, als könnten Denkschwierigkeiten relativ schnell beiseite geschoben werden.

Glaubensorientierung ist aber auch gar nicht die Hauptabsicht. Von der Gemeindepraxis, wie sie sein sollte, verspricht sich Bäumler einen Beitrag zur *»Rekonstruktion der Lebenswelt«* in ihrer »Selbständigkeit« gegenüber ihren »Störungen«[87]. Die Kirche wird als Gemeinde der Befreiten zu einem befreienden, sinnstiftenden *Dienst an der Gesellschaft* aufgerufen, und zwar im konkreten Alltag. Wir werden im nächsten Abschnitt ebenfalls diese Seite noch zustimmend erörtern. Zum glaubwürdigen Gesamtzeugnis der Kirche gehört mit Recht beides: die individuell ausgerichtete lebensbegleitende Identitätshilfe und das Eintreten für die Veränderung überindividueller gesellschaftlicher Strukturen, damit sie dem menschlichen Leben besser dienen. Mit der Entwicklung eines »thematisch-problemorientierten« und eines »gesellschaftskritisch-ideologiekritischen« Religionsunterrichts sowie mit vielen anderen Ansätzen, die die »Lebenswelt« und den »Lebensalltag« der Schüler einbeziehen, hat die Religionspädagogik schon seit langem die Seite ernst zu nehmen versucht, die auch Bäumlers Konzept bestimmt: das Interesse an der persönlichen Freiheit und Mündigkeit des einzelnen und an der Humanisierung des gesellschaftlichen Lebens als Ganzes[88]. Das alles ändert jedoch nichts daran, daß sich unter dem Gesichtspunkt der »Rekonstruktion der Lebenswelt« der Schwerpunkt vom Glauben selbst und seiner Problematik auf die *ethischen Folgen* von Glauben als Geschenk der Freiheit verlagert.

Diese Verlagerung versteht Bäumler auch nicht so, daß nun etwa auf dem Wege über die Lebensprobleme der Menschen ihre Glaubensprobleme zum Thema gemacht werden sollen. Inbegriff des »Evangeliums« wird die »Durchsetzung der Gottesgerechtigkeit« in der Welt, die sich im »Auftreten und im Geschick Jesu vollzieht«. »Glaube« ist das Vertrauen in diese sich durchsetzende Gottesgerechtigkeit, ist Vertrauen »gegen den Augenschein, weil der Mensch in

87. Kommunikative Gemeindepraxis, a.a.O., S. 51f. passim.
88. »Erziehung zu Befreiung und Gemeinschaft« - unter dieser Formel stand die Arbeit der Sektion IV der 5. Vollversammlung des ÖRK 1975 in Nairobi auf der Grundlage des Mottos »Christus befreit und eint«. Sie war und bleibt auch für meine eigene Arbeit eine zentrale Perspektive (Grundfragen Bd. I und II).

der Welt Ungerechtigkeit erlebt, Leiden und Tod erfährt« (S. 17). An dieser Stelle kommen in der Rede von Jesu »Geschick in Kreuz und Auferweckung« (ebd.) kurz die Grundinhalte des Glaubens und der Glaube selbst zur Sprache. Sonst ist von ihnen nicht die Rede.

Dogmatische Problemreduktion - Spirituelle Lebensgemeinschaft (M. Seitz) und das einfache Evangelium (F. und Ch.A. Schwarz)

Von einem anderen leitenden Interesse gehen Manfred Seitz und Michael Herbst sowie Fritz Schwarz und Christian A. Schwarz auf die Erneuerung der Kirche zu. Für sie soll Gemeindeaufbau evangelistisch-missionarisch sein, nicht missionarisch im Sinne von Mission als Strukturprinzip der Gemeinde wie bei Strunk und Bäumler, für die sich die Gemeinde als Ganzes in der Nachfolge Jesu missionarisch gestalten und auf andere ausstrahlen soll. Verblüffend ist jedoch, wie sich auch hier das Gesamtbild in dem Sinne ähnelt, daß Gemeinschaft und christliche Lebenspraxis wichtig werden.

Bei Manfred Seitz kreisen die Ausführungen um die *spirituell erneuerte Lebensgestalt* des einzelnen wie der christlichen Gemeinschaft, um ihre »missionarische Existenz«, um »Christsein heute« als »gelebter Glaube zwischen überlieferter Form und neuer Gestalt«, um »das geistliche Leben des Mitarbeiters«, kurz, auch hier um den Ausdruck des Glaubens im Leben, vorzüglich in christlicher Gemeinschaft[89].

Fritz Schwarz legt das Hauptgewicht auf die neue *wahre »Gestalt« der Kirche,* die er als »Ekklesia« der vorfindlichen »Kirche« gegenüberstellt und ebenfalls als »Gemeinschaft« versteht. Sie wird unter der Formel der »Ganzheitlichkeit christlicher Gemeinschaft« eindrucksvoll beschrieben, als »Gemeinschaft von Brüdern und Freunden«, als »Gemeinschaft im Hören und Beten, Feiern und Arbeiten«, auch als »politisch« verantwortliche Gemeinschaft, in allem als Gemeinschaft im Horizont der »Wirklichkeit des neuen Lebens«, nicht mehr in »Geistvergessenheit«, sondern die »Gaben des Geistes« für das Wirken an den Menschen sammelnd und einsetzend[90].

Schärfer als bei Strunk und Bäumler ist sodann bei Seitz zwar von der Aufgabe der »Evangelisation« dieser wahren Kirche und Gemeinde an den »Fernstehenden« die Rede, wird zwischen Glaube und Unglaube, Glaubenden und Nichtglaubenden unterschieden. Jetzt wird auch der Glaube selbst zum Thema.

89. So einige charakteristische Titel aus der Aufsatzsammlung von *M. Seitz:* Erneuerung der Gemeinde. Gemeindeaufbau und Spiritualität, Göttingen 1985.
90. *F. Schwarz/Ch.A. Schwarz,* Theologie des Gemeindeaufbaus, a.a.O. (Anm. 14), s. bereits Kapitelüberschriften, vgl. auch *Ch.A. Schwarz:* Praxis des Gemeindeaufbaus, Neukirchen-Vluyn 1987.

»Es geht im missionarischen Gemeindeaufbau darum, solche Gemeindeglieder, die sich schon zum Leben der Gemeinde halten, entweder im Glauben zu vergewissern oder allererst zum Glauben zu führen, um dann auch ihre besonderen Charismen für die Mitarbeit zu entdecken.«[91]

Aber wird über diese Proklamation der Aufgabe hinaus die inhaltliche, substantielle Glaubensproblematik als solche angegangen? Seitz erkennt deutlich »das Hauptproblem« dort, »wo sich Praxis des Glaubens und gesellschaftliche Realität, wo sich leben als Christ und leben als moderner Mensch verbinden«[92]. »Die gewaltige Zahl der fernstehenden Getauften wird zum bedrückenden Problem« (S. 49). Aber nach solchen Aussagen wird schnell über die möglichen Gründe hinweggegangen. Die Krise des Glaubens kommt als Krise des Verständnisses und der Interpretation der Glaubensinhalte nicht zum Vorschein.

An einer Stelle verweist Seitz darauf, daß man sich nur in eine »Berufsschulklasse« begeben müsse, »um den Stellenwert der Kirchen in unserer Gesellschaft zu begreifen«. »Dort können wir erfahren, daß die jungen Leute mit Kirche eigentlich überhaupt nichts mehr anfangen können, trotz ihres zum Teil genossenen Religionsunterrichts die einfachsten Sachverhalte des Glaubens nicht mehr kennen ...« (S. 31). Über diese Bemerkung hinaus wird jedoch nicht versucht, dem Charakter der Glaubensnot und dem Gewicht, das hierbei der Gottesfrage zukommt, nachzugehen.

Wir stoßen damit auf eine zweite Form des Umgangs mit unserem Problem: Es ist neben der Verlagerung des Schwerpunkts auf Gemeinschaft, Leben und Handeln die *dogmatische Problemreduktion.* Gesucht wird »das einfache Evangelium« (Schwarz/Schwarz); angestrebt wird eine Vereinfachung des breiten Feldes dogmatischer Glaubensfragen und existentieller gedanklicher Zweifel durch eine Konzentration, die dem Adressaten auf der Inhaltsebene nur wenige Fixpunkte zur Übernahme im Glauben zumutet, einige »Kurzformeln« (Schwarz/Schwarz), und die ihm auf der Beziehungsebene signalisiert: »So ist es, und so einfach ist es! Bibellesen, Beten, sich Bekehren, Beichten, Bezeugen!«[93]

Für Seitz meint die Formel: »So einfach ist es!« mit etwas anderen Worten: »Leben aus Gottes Wort, im Dank dafür anderen begegnen, aufmerksam mit Gott gehen! Das ist alles!

91. *M. Seitz/M. Herbst/F. Becker:* Missionarischer Gemeindeaufbau in der Volkskirche, in: *R. Weth (Hg.):* Diskussion zur »Theologie des Gemeindeaufbaus«, Neukirchen-Vluyn 1986, S. 81-112, S. 94. - Nach Abschluß dieses Kapitels ist die umfangreiche und gründliche Dissertation von *M. Herbst* erschienen, die seine Position näher entfaltet (Missionarischer Gemeindeaufbau in der Volkskirche, Stuttgart 1987).
92. Erneuerung der Gemeinde, S. 59.
93. *M. Seitz,* a.a.O., S. 57, mit dem Verweis auf »Gruppen«, die sich von »so kompliziert« gewordenen Theologien entschlossen abwenden.

Mehr nicht!« Unmittelbar zuvor zitiert Seitz aus Micha 6,8 den Satz: »Es ist dir gesagt, Mensch, was gut ist und was der Herr von dir fordert« (S. 64).

Das Leben im Glaubensgehorsam unter Gottes Gebot erscheint als das Einfache und Klare. Für alle anderen Fragen und Probleme - daß Gott überhaupt ist, daß er der Schöpfer ist, die Welt seine Schöpfung und wie dies mit den Naturwissenschaften zu verbinden ist - vielleicht heute etwas einleuchtender als noch vor Jahren? -, ferner daß und wie Gott in der Geschichte, in Jesus von Nazareth, das Heil der Welt gestiftet und den Tod überwunden haben soll - für diese Probleme ist kein Raum. Von ihnen aber sind Jugendliche und Erwachsene heute bewegt. Um hier Antworten zu finden, strecken sich immer mehr religiös Suchende nach den Spekulationen im Zeichen des New Age aus, spekulieren über Reinkarnation, statt daß die Auferstehung ihnen etwas zu sagen hätte. Die Vereinfachung bei Seitz setzt dagegen die Überwindung dieser Denkbarrieren, das Problem vereinfachend, »einfach« voraus.

Man kann dies häufig beobachten. Eine Bereitschaft zu glauben oder gar ein Einverständnis *im* Glauben wird schon vorausgesetzt, obwohl doch die von Seitz so bezeichneten »Fernstehenden« und das bei ihnen *nicht* gegebene Einverständnis den Ausgangspunkt abgeben müßten, die Ratlosigkeit *vor* dem Glauben, die Frage nach Wegen *zum* Glauben und, wenn schon *im* Glauben, dann das Ringen und Zweifeln im Glauben: die Schwere der *Anfechtung*. Von den Formen der Anfechtungen in unserer Zeit wünschte man in den Entwürfen zum Gemeindeaufbau ebenfalls mehr zu lesen. Dazu müßten sie freilich die Krisenfelder des Glaubens genauer herausfinden und benennen - die für den Glauben »tödlichen« Thesen.

Statt dessen soll vor allem die Hineinnahme in eine geistliche, spirituelle Gemeinschaft die gedanklichen Schwierigkeiten überwinden helfen. Soll die kritische Auseinandersetzung vermieden werden? Die Antwort auf die Glaubenssituation unserer Zeit wird jedenfalls vornehmlich in der *Halt gebenden Gemeinschaft* gesucht. Dogmatisch gesehen, so scheint es, wird damit gleichzeitig ein möglichst konfliktfreier Lebensraum angestrebt, der gedankliche Harmonie vermittelt. Religionssoziologisch formuliert: Die dogmatischen Eintrittsschwellen werden niedrig angesetzt, während gleichzeitig für die möglicherweise aufkommenden kognitiven Zweifel auf den emotionalen Halt in kleinen, überschaubaren, gruppenförmigen Gemeinschaftsformen vertraut wird.

Bei Fritz Schwarz und Christian A. Schwarz spielt in diesem Zusammenhang besonders die Gestalt Jesu eine Rolle, wobei es für den Herner Ansatz ganz auf die *persönliche Beziehung zu Jesus* ankommt. Das *»einfache Evangelium«* ist für sie die Zusammenfassung der »elementaren Dinge des christlichen Glaubens« in einer »Kurzformel«.

Im Mittelpunkt der Kurzformel bei F. Schwarz und Ch.A. Schwarz steht »Jesus«, der durch sein Leben, Sterben und seine Auferstehung »die letzte, verbindliche Liebeserklärung Gottes an uns Menschen« ist. Jetzt gilt nur eins. Der »Mensch ist Sünder«; er kann die Vergebung der Sünden nicht durch eigenes Tun verdienen, sondern hat sie als Geschenk anzunehmen. Wer das tut, dem wird damit »Jesus konkurrenzlos wichtig in seinem Leben«, »der ist Christ geworden« und wird sich mit denen zur Gemeinde zusammenschließen, denen Jesus ebenfalls konkurrenzlos wichtig ist. Zusammengefaßt gilt: »Gott liebt mich. Gott liebt die Gemeinde. Gott liebt die Welt.«[94]

Die dogmatische Vereinfachung versammelt alles, was einzig wichtig ist und bleibt, um Sünde und Vergebung und um die konkurrenzlos wichtige Beziehung zu Jesus als dem Vermittler zwischen dem sündigen Menschen und dem vergebenden Gott. Hierdurch wird der Adressat *erstens* nur auf einen *einzigen Sachverhalt,* eine einzige, alles entscheidende Wahrheit gestellt, die Annahme der Liebe Gottes, durch die er sich selbst als angenommen erfahren darf. Die Folge ist, daß ein so angesprochener Mensch von heute sich die Kirche und ihre Lehre als etwas ganz Überschaubares und Einfaches vorstellen darf; er wird nicht mit einem unüberschaubaren Vielfachen konfrontiert. Von Anfang an wird so *kognitive Komplexität reduziert.*

Der Satz, daß man geliebt wird, ist *zweitens* ein Satz, den jeder versteht. Glaubenserkenntnis braucht sich nur auf diesen Satz zu beziehen und zu stützen. Er meint einen Sachverhalt, der verständlich ist, weil er eine jedem Menschen *naheliegende Erfahrung* umschließt: Schuld, Vergebung, Annahme. Alle irgendwie in weltanschaulich-metaphysische Zweifel führenden theologischen Aussagen über andere, an sich grundlegende Sachverhalte des christlichen Glaubensbekenntnisses (man braucht nur die drei Artikel des Apostolikums durchzugehen) werden beiseite gelassen. Auch hier treffen wir auf eine Theologie jenseits der Entmythologisierungsdiskussion, jenseits des Ringens um »Glauben und Verstehen«, als sei dies alles längst gewichtslos geworden.

Mit den objektiven Aussagen des Bekenntnisses werden zugleich die hinter ihnen verborgenen subjektiven Fragen der Menschen vernachlässigt. Mit den elementaren Fragen nach dem Anfang und Ende der Welt, mit »Schöpfung«, »Gericht« und »Vollendung« geht dieser Ansatz ebensowenig um wie mit dem Verständnis des Verhältnisses zwischen Gott und Jesus von Nazareth, wie sie die neutestamentlichen Hoheitstitel spiegeln (Sohn Gottes u.a.). Jeder Religionslehrer weiß, wie sich unsere Schüler bereits mit den im Neuen Testament berichteten Wundern schwertun und welche große Aufgabe hier ein guter Religionsunterricht hat. Die Religionspädagogik muß die Aufgabe einer reflektierten Glaubens-

94. *F. Schwarz/R. Sudbrack*, Überschaubare Gemeinde, Bd. 2, a.a.O. (Anm. 14), S. 71, vgl. *F. Schwarz/Ch.A. Schwarz*, Theologie des Gemeindeaufbaus, a.a.O., S. 114ff.

bildung in den Vordergrund rücken. Sie darf nicht übersprungen werden. Im Zeichen des einfachen, auf Schuld, Vergebung und Liebe abhebenden Evangeliums wird dagegen der Mensch auf seine Gefühls- und Gewissenslage angesprochen und *von gedanklichen Anstrengungen entlastet.*

Diesem Ansatz entspricht *drittens* der große Nachdruck auf die gefühlsmäßige Begeisterung, mit der die Beziehung zu Jesus beschrieben wird: Jesus wird »konkurrenzlos wichtig«. Die Beziehung zu ihm ist ganz »persönlich«; sie ist überwältigend[95]. Christlicher Glaube erfüllt sich in einer *persönlichen Beziehungserfahrung.* Mit einer gedanklichen Rechenschaftsabgabe über den Sinn der Rede von »Auferstehung« soll und braucht sich der einzelne nicht zu beschweren; Vorstellungen, wie sie in den neutestamentlichen Texten überliefert werden (leeres Grab u.a.), werden ausdrücklich beiseite geschoben. Statt dessen ist nur noch die Rede von Jesus und vom »kleinen Sprung in seine Arme«[96]. Ein einziger Willens-, Gefühls- und Entscheidungsakt, der noch dazu als »klein« beschrieben wird und darum als schnell zu erfüllen erscheint, löst alle Probleme auf: »Ist Jesus auferstanden - wer wollte daran zweifeln, der den kleinen Sprung in seine Arme gewagt hat? -, dann gibt es auch keine hoffnungslosen Situationen mehr« (ebd.).

In der »Theologie des Gemeindeaufbaus« gehen die Autoren *viertens* noch einen Schritt weiter, wenn sie in gewisser Hinsicht geradezu *warnen, über Glauben nachzudenken.* Sie fassen das in die Worte, daß man nicht den Glauben zum »Gegenstand theologischer Reflexion« machen solle. Wenn dies geschehe, so sei nur zu verständlich, wenn Menschen »intellektuelle Schwierigkeiten ins Feld führen, wenn sie ihre Zweifel betonen, wenn sie sich moralisch überfordert fühlen«[97]. »Soll es zum Glauben kommen, dann muß man sich radikal davon loszumachen versuchen, den Glauben als Gegenstand zu betrachten« (S. 111). Da menschliches Denken immer auch zu Aussagen in der 3. Person führt und daher als ein Nachdenken über den Glauben in diesem Sinne den Glauben zum Gegenstand haben muß, könnte der letzte zitierte Satz geradezu auf ein Denkverbot hinauslaufen.

Der *fünfte* Punkt betrifft die Frage der angemessenen theologischen Denkstruktur. *Paradoxe Denkformen* werden ausdrücklich als trügerisch, gefährlich und »unlogisch« *abgewehrt,* oft mit unverhüllter Polemik[98]. Statt dessen bewegt

95. Vgl. die Reihung der Aussagen: »Ohne Jesus ist die Kirche wie eine Tankstelle ohne Benzin. Ohne Jesus ist die Kirche wie eine Schule ohne Lehrer ... Ohne Jesus ist die Kirche wie eine Hochzeit ohne Brautpaar« usw. (Überschaubare Gemeinde, Bd. 2, S. 70).
96. A.a.O., S. 82.
97. Theologie des Gemeindeaufbaus, a.a.O., S. 110.
98. In der »Theologie des Gemeindeaufbaus« (a.a.O., S. 49 u. 72) gegen den Versuch, die geglaubte Kirche und die empirische Kirche im Verhältnis einer »paradoxen

sich die »Theologie des Gemeindeaufbaus« des Herner Modells in den logischen Formen der Gegenüberstellung zweier einfacher Größen mit der Tendenz zum sich ausschließenden Gegensatz zwischen ihnen. Statt auf ein komplementäres, dialektisches oder paradoxales treffen wir auf ein dualistisches Denken. Eine dialektisch-paradoxale Denkform liegt vor, wo Leib und Blut Jesu Christi »in, mit und unter« Brot und Wein im Herrenmahl gegenwärtig gedacht werden. Dieselbe Denkstruktur ist anzutreffen, wo die Kirche Jesu Christi »in, mit und unter« der vorfindlichen Kirche geglaubt wird. Fritz und Christian A. Schwarz lehnen solche Vorstellungsformen vehement ab. Nie kann für sie die vorfindliche (Volks-)Kirche zur wahren »Ekklesia« werden[99].

Stimmt der Vorwurf von Schwarz, daß paradoxe Aussagen in der wissenschaftlichen Theologie nur bestehende Verhältnisse rechtfertigen sollen? Spiegelt nicht eher der angefochtene Ruf: »Ich glaube, Herr, hilf meinem Unglauben«, die wahre Lage des Glaubens? Mit ihrer anscheinend eindeutigen Gegenüberstellung von Glaubenden und Nichtglaubenden gehen auch hier die Herner Autoren andere Wege. Eine zweistellige Logik (Logik im dualen System) in Form alternativer Denkfiguren ist zweifellos gedanklich weniger irritierend. Paradoxales, dialektisches oder komplementäres Denken ist voller Spannung. Was muß hier der Maßstab sein? Zwei Dinge geben zu denken.

Glaubensverständnis und Denkformen

In den letzten Jahren sind zum einen *entwicklungspsychologische* Untersuchungen vorgelegt worden, die das alte Thema des »Wachstums des Glaubens« aufnehmen und *»Stufen der Glaubensentwicklung«* beschreiben. Zunächst sind diese Untersuchungen nur als Deskriptionen vorzufindender Glaubensstrukturen zu verstehen. Wieweit die Beschreibungen der höheren Stufen auch einen normativen Anspruch behaupten können, ist umstritten. Am Ende der Untersuchung wird die Frage nach dem 'erwachsenen' Glauben im Spiegel der genannten Theorien im Kapitel über die Erwachsenenbildung ausführlich erörtert werden. Schon jetzt sei jedoch darauf aufmerksam gemacht, daß auf »reiferen« Stufen, wie es scheint, *»komplementäre«* und *»dialektische«* Denkformen an die Stelle

Identität« zu verstehen (S. 72); analog auf S. 205 zu Aussagen über Jesus »als wahrer Mensch und wahrer Gott«.

99. Theologie ..., a.a.O., S. 139ff., S. 146ff. Besonders an dieser undialektischen Gegenüberstellung von Volkskirche und wahrer Ekklesia hat sich die kritische Diskussion mit den Autoren entzündet, vgl. u.a. *A. Haarbeck:* Theologie des Gemeindeaufbaus. Eine kritische Auseinandersetzung mit F. u. Ch.A. Schwarz, in: *R. Weth,* Diskussion ..., a.a.O. (Anm. 10), S. 18-34.

einfacher Gegenüberstellungen im Sinne eines Entweder-Oder treten, wobei m.E. zwischen dialektisch-paradoxalen und dialektisch-versöhnenden Formen unterschieden werden kann[100].

J.W. Fowler bezeichnet die Stufe 5 seiner sechs Stufen umfassenden Theorie der Glaubensentwicklung als die des »verbindenden Glaubens« (»conjunctive faith«). In Vorentwürfen seiner Theorie hat er auch die Bezeichnungen »polar-dialektisch« oder »paradoxal-dialektisch« gewählt. Gemeint ist ein Glaube, der sich widerstreitender religiöser Erfahrungen und Auslegungen ausgesetzt sieht, sich aber weigert, Dissonanzen, Spannungen und Konflikte auf ein einfaches Schema zu reduzieren oder in sich zusammenfallen zu lassen. Gesucht wird eine übergreifende Verbindung: eben »verbindender Glaube« (Manual, S. 153ff.). Bei Fowler läuft darum die Glaubensentwicklung auf eine *Dialektik der Versöhnung* hinaus; Stufe 6 (»universalisierender Glaube«) schließt die »Überwindung der Paradoxien« der Stufe 5 ein (Manual, S. 177).

Zu einem in gewisser Hinsicht vergleichbaren Ergebnis führen *theologiegeschichtliche* Beobachtungen. Es ist nicht schwer, bei Paulus, Luther und Kierkegaard ebenfalls dialektische Denk- und Aussagestrukturen des Glaubens zu entdecken. Im Unterschied zu Fowler, der im Gefälle seiner Beschreibungen bezeichnenderweise auch auf die »coincidentia oppositorum« des Nikolaus von Kues verweisen kann, bleibt es dagegen bei den genannten großen christlichen Theologen eher bei einer *Dialektik des Paradoxen*.

Luther hat die existentielle Dialektik des Glaubens befreiend-paradox erfahren und darum paradoxal umschrieben; der Christ erfährt sich in einer tiefen Spannung gleichzeitig als Gerechtfertigter und als Sünder (simul iustus et peccator). Luther hat darüber hinaus von

100. Zur Einführung in die Diskussion vgl. *F. Schweitzer*, Lebensgeschichte und Religion, a.a.O. (Anm. 75); die Hauptvertreter der Stufentheorien sind *J.W. Fowler:* Stages of Faith. The Psychology of Human Development and the Quest for Meaning, San Francisco u.a.: Harper & Row 1981, und *F. Oser (F. Oser/P. Gmünder:* Der Mensch. Stufen seiner Entwicklung. Ein strukturgenetischer Ansatz, Zürich u.a. 1984, 2. Aufl., Gütersloh 1988). Zur Gegenüberstellung einer »Dialektik des Paradoxen« und einer »Dialektik der Versöhnung« vgl. v. Vf.: Stufentheorien der Glaubensentwicklung als eine Herausforderung für Religionspädagogik und Praktische Theologie, in: *K.E. Nipkow/F. Schweitzer/J.W. Fowler (Hg.):* Glaubensentwicklung und Erziehung, 2. Aufl. Gütersloh 1989, S. 270-289, hier S. 289; vgl. ferner v. Vf.: Religiöse Denkformen in Glaubenskrisen und kirchlichen Konflikten. Zur Bedeutung postformaler dialektisch-paradoxaler und komplementärer Denkstrukturen, in: Religionspädagogische Beiträge 21/1988, S. 95-114, bes. S. 112ff. Zur detaillierten Charakteristik der Stufen in Fowlers Konzept s. *J.W. Fowler/D. Jarvis/R.M. Moseley:* Manual for Faith Development Research, Atlanta 1986 (Center for Faith Development, Candler School of Theology, Emory University).

drei »Graden« des Glaubens gesprochen. Sie können nicht ohne weiteres, sondern nur unter einer spezifischen begrenzten Hinsicht als Entwicklungsstufen im Sinne Fowlers oder Osers aufgefaßt werden. So sind sie denn zunächst auch gar nicht in der zeitlichen Dimension von Lebenslauf und Glaubensgeschichte gleichsam 'nach vorn' hin gedachte Stufen, sondern sie reichen 'in die Tiefe' der Glaubensanfechtung und -bewährung (zu den Unterschieden und Übereinstimmungen vgl. ausführlicher Kap. 12). Weil in diesem Sinne für Luther die »höchste Stufe« des Glaubens die der höchsten Anfechtung ist, kann auch er jedoch die Situation vor Gott nur als paradoxe Situation erfassen und entsprechend sprachlich umschreiben[101]. In der jüngeren Theologiegeschichte hat dann ausdrücklich *Sören Kierkegaard* das Wagnis des Glaubens als »paradox« bezeichnet (»Furcht und Zittern«).

Im »Sermon von den guten Werken« bemerkt Luther, daß »nur wenige Menschen« in jenen Zustand größter Gottesferne hineingeraten, der zugleich in wunderbarer Weise die höchste Form von Glauben als Gottvertrauen gegen jeden Augenschein in sich schließen kann. Weil sich niemand diese Anfechtungssituationen wünschen wird, vielmehr das Dunkel der Anfechtung zu fürchten ist, darf diese auch nicht in eine pädagogische Zielvorstellung umgemünzt werden. Ebenso aber ist zu beachten, daß der Gläubige durch Glaubenskonflikte und -anfechtungen hindurch oft zu einer tieferen und klareren Glaubenserkenntnis findet. Kognitiv-strukturelle Entwicklungstheorien zur religiösen Entwicklung bestätigen dies auf ihre Weise. Auseinandersetzungen, die in existentielle Tiefen reichen, können die religiösen Denkformen »tiefenstrukturell« aufrühren und verändern (Fritz Oser). Strukturelle Entwicklung geht von Erschütterungen des Gleichgewichts aus.

In der »Theologie des Gemeindeaufbaus« des Herner Modells treten Konflikte und Anfechtungen zurück. Es gibt nur wenige Stellen in seinen Schriften, in denen Fritz Schwarz dem »einfachen Evangelium« den »komplizierten Glauben« gegenüberstellt. Hier wird dann zugegeben: »Unser Glaube ist kompliziert, weil wir auch mit dem Glauben nicht aufhören, mit unseren Komplikationen, mit unseren konkreten Fragen und Problemen vor unserem Herrn zu stehen.«[102]

Wenn man dies aber zugibt, muß man auch Verständnis dafür haben, warum Theologen bis heute so oft paradox formulieren. Je tiefer sie in die Schwierigkeiten *und* in die Geheimnisse des Glaubens dringen - beides hängt miteinander zusammen -, desto mehr scheinen sie dazu genötigt zu sein. Es ist richtig, daß die sich wechselseitig stützende, sich im gemeinsamen Gebet vergewissernde Gemeinschaft wesentlich dazu beiträgt, daß der in die Krise geratene

101. Vgl. den schon erwähnten Sermon von den guten Werken (1520), s.o. S. 80.
102. Überschaubare Gemeinde, Bd. 1, S. 40.

Glaube durchgestanden wird. Es ist jedoch zugleich erforderlich, zusammen mit dem Weg der Vertrauen schaffenden, tragenden Gemeinschaft gedankliche theologische Hilfen zu entwickeln, und zwar nicht erst für den seelsorgerlichen Krisenfall. Damit stoßen wir auf die Bedeutung von Lehre und Unterricht und den Stellenwert theologischer Reflexion für jeden, der von Glaubensfragen bewegt wird und nach Antworten sucht.

Bildung statt Schulung - Zur katechetischen Verantwortung der Kirche

Die Ausführungen zum Problem des Glaubensverständnisses und zum Charakter theologischer Denkformen haben weitreichende Folgen für die Bewertung des *Unterrichts der Kirche.* Je kritischer sich Entwürfe zum Gemeindeaufbau gegen die Volkskirche wenden, desto blasser werden ihre Aussagen über die traditionellen Grundfunktionen der Kirche in »Verkündigung, Unterricht und Seelsorge«. Man erkennt zwar immer wieder beiläufig an, daß es ohne sie nicht gehe, weil hier »Voraussetzungen« geschaffen würden. Worin diese Voraussetzungen bestehen, wird aber nicht ausgeführt. Konzepte zum Gemeindeaufbau können gewiß nicht gleichzeitig eine entfaltete kirchliche Bildungslehre einschließen. Aber sie sollten die grundsätzlich mitzubedenkenden Anschlußstellen für die Bildungsverantwortung der Kirche benennen. Gemeindeaufbau und Gemeindepädagogik lassen sich nicht an der Schärfe der Glaubenszweifel vorbei entwickeln. Eine Kirche, die nicht argumentations- und sprachfähig ist, enttäuscht. Außerdem wird man der Sache des Evangeliums nicht gerecht.

In der Vergangenheit lag die Aufgabe des hier gemeinten Unterrichts über die Glaubenslehre bei der *katechetischen Unterweisung.* Ihr klassischer Weg war der Unterricht über den Katechismus (Luthers Kleiner Katechismus, Heidelberger Katechismus). Die Reformatoren haben auch die Predigt in den Dienst der Einführung in das rechte Glaubenswissen und Glaubensverständnis gestellt. Jede Predigt hatte in evangelischer Sicht an einer doppelten Aufgabe teil; sie zielte auf Glaubensgewißheit durch die Predigt des Evangeliums im Zuspruch der Vergebung und auf Glaubenserkenntnis durch die besonnene Auslegung des Sinns des Evangeliums. Jede evangelische Predigt war somit auch ein Bildungsinstrument; erst recht galt dies für die reiche Gattung der Katechismuspredigten.

Mit dem Zerfall und schließlich der Selbstauflösung der *Katechetik,* ein Prozeß, den Christoph Bizer jüngst umfassend und präzise dargestellt hat[103], ist

103. *Ch. Bizer:* Art.: Katechetik, in: TRE, Bd. XVII/5, Berlin/New York 1989, S. 686-710; zum Katechismus vgl. die entsprechenden Artikel von *H. J. Fraas:* Katechismus I. Protestantische Kirchen, I/1 Historisch (bis 1945), in TRE, XVII/5, S. 710-

der wissenschaftlich-disziplinäre Rückhalt für die Sache verlorengegangen; sie selbst darf als solche nicht aufgegeben werden. Mit den Begriffen des Katechismusunterrichts und der Katechetik, ganz zu schweigen von dem Verfahren des »Katechisierens«, haben sich jedoch so viele Erinnerungen an eine unpädagogische Unterrichtspraxis verbunden, daß Katechismusunterricht und Katechetik so, wie sie waren, historisch vergangen sind und nicht wieder erneuert werden können.

Die *Gemeindepädagogik* tritt in gewisser Weise heute das Erbe der Katechetik an, hebt aber hierbei ähnlich wie die behandelten Konzepte des Gemeindeaufbaus vor allem auf den Erfahrungs-, Lebens-, Gemeinschafts- und Handlungsbezug des Glaubenlernens ab (vgl. dazu unseren nächsten Abschnitt 7). Der Zugang wird primär aus pädagogischer Perspektive im Sinne eines weiten Lernbegriffs gewählt: Glauben lernen in Lebens- und Erfahrungszusammenhängen; zustimmen durch Einstimmen.

Eine unter dieser pädagogischen Perspektive gelungene Verbindung von christlichen Lehrinhalten, Originaldokumenten aus der Lebenswelt der Jugendlichen (Tagebuchaufzeichnungen, Briefe usw.) und theologisch-meditativen Betrachtungen der Verfasser findet sich in dem neueren »Jugendkatechismus« von F. Gutsche und H.B. Kaufmann[104]. Auf den an Lebensthemen orientierten »Einstieg« folgt im »Brennpunkt« der Versuch, am klassischen Hauptstück des Vaterunsers die Beziehung zu Gott durchzubuchstabieren, um sodann vom Vaterunser aus - das heißt vom Beten zu Gott aus als »Mitte des Glaubens und Schlüssel zum Leben« - zu den anderen traditionellen Hauptstücken (Glaubensbekenntnis, Taufe, Abendmahl, Zehn Gebote) Verständniswege zu eröffnen. Auf die theologische Brisanz der Verständigungsaufgabe hinsichtlich der zentralen Glaubensschwierigkeiten (Theodizeefrage, Weltanfang und Weltende, Schöpfung und Evolution, Weiterleben nach dem Tode und Auferstehung, Religionskritik und Atheismus) wird nicht eingegangen (vgl. den Abschnitt über das Glaubensbekenntnis, S. 142-154).

722; *W. Grünberg:* Art.: Katechismus I. Protestantische Kirchen, I/2. Gegenwart, ebd., S. 723-728; zur Katechismuspredigt s. den gleichnamigen Artikel von *W. Jetter,* in: TRE, ebd., S. 744-786, ferner *ders.:* »Der Erleuchtete Catechismus =Prediger«. Erinnerung an ein abgegangenes evangelisches Bildungsinstrument, in: *R. Preul u.a. (Hg.):* Bildung - Glaube - Aufklärung. Zur Wiedergewinnung des Bildungsbegriffs in Pädagogik und Theologie, Gütersloh 1989, S. 74-100.

104. *F. Gutsche/H.B. Kaufmann:* Durchblicken. Nicht nur ein Jugendkatechismus, Wuppertal/Zürich 1988. - Das Ringen um unser Problem spiegelt sich auch in den beachtlichen Versuchen der evangelischen wie der römisch-katholischen Kirche, die Glaubenslehre in neuen Erwachsenenkatechismen zeitgemäß zu erchließen (s.u.a. den Evangelischen Erwachsenenkatechismus, 1975ff.). In dieselbe Perspektive gehören auch die Bemühungen um sog. »Kurzformeln« des Glaubens.

Man darf einzelne Versuche dieser Art nicht überfordern. Es geht um das grundsätzliche Problem. Dies liegt erstens *theologisch* darin, daß und wie auf allen Ebenen, besonders im Konfirmandenunterricht (Kap. 9), im Religionsunterricht (Kap. 10) und in der theologischen Erwachsenenbildung in den Gemeinden sowie im Rahmen der Möglichkeiten innerhalb der öffentlichen Erwachsenenbildung (Kap. 12), *die Kirche sich selbst im Unterricht darstellt.* Dies ist nicht affirmativ in *Selbstbestätigungen* möglich, sondern verlangt kritische theologische *Selbstunterscheidungen.* Sie betreffen Differenz und Zusammenhang von Auftrag und empirischen Gestalten der Kirche, darin eingeschlossen Differenz und Zusammenhang von Gesetz und Evangelium, Differenz und Zusammenhang von Gottes Offenbarung und menschlicher Erfahrung, Differenz und Zusammenhang von Bibel und Verkündigung als Wort Gottes und der geschichtlichen Bedingtheit der biblischen Texte, der Bekenntnisformulierungen, der Predigt, des Unterrichts.

Die neue katechetische Aufgabe kann zweitens *philosophisch* nicht am *Prinzip der freien Wahrheitsprüfung* vorbeigehen. »Ihren wissenschaftlichen Charakter verdankt die Katechetik ursprünglich der Rückbindung an eine kritische Philosophie«, nämlich an die Kants, wie Bizer in seinem Katechetikartikel aufzeigt (S. 703, ausführlich S. 691ff.). »Das legt sie darauf fest, sich unter allgemeinen Postulaten der Vernunft nachvollziehbar zu halten. Ihr Verständnis von Unterricht entfaltet sich nach zwei Seiten« (703):

> Der Unterricht hat seine Inhalte zum einen in »vernunftgeleiteten Verfahren« zu erschließen, in Verfahren, die »transparent zu halten« sind und den zu Unterrichtenden »zu wachsender Mündigkeit, speziell zu kirchlicher (und darin eingeschlossen: religiöser) Selbständigkeit« zu verhelfen haben (ebd.).
>
> »Zum anderen: In ihren unterrichtlichen Verfahren muß die Katechetik ihren kirchlichen Inhalten gerecht werden. Gerade in ihrer Widersprüchlichkeit stehen die geschichtlichen Konzeptionen der Katechetik in Aufklärung und kirchlicher Restauration in unaufhebbarer Spannung zueinander. Geschichtlich überholte Unterrichtskonzeptionen, die den Lernenden nicht von ihren eigenen Voraussetzungen aus einen Zuwachs an Freiheit gewähren, muß die Katechetik abstreifen, um sich neuen pädagogischen Entwicklungen zu stellen. Und zugleich gilt: Ein Unterricht, dessen Verfahren nicht die Kirche an ihre Inhaltlichkeit entfaltet, ist katechetisch verfehlt« (ebd.).

Auf den *bildungstheoretischen* Ansatz unserer Theorie kirchlicher Bildungverantwortung gewendet, bedeutet dies drittens: Bildung als ein Prozeß, der das Recht der Sache *und* das Moment der Selbstbildung als Kategorie des Subjekts umfaßt, ist mit Schulung nicht vereinbar. Wo *Schulung* betrieben wird, geht es darum, festliegende außerpädagogische Ziele mit den wirksamsten pädagogischen Mitteln zu erreichen; die Pädagogik wird zur Methodenlehre. Wer an Schulungskursen teilnimmt, weiß und bejaht das; die Ziele selbst werden weder vom Veranstalter noch von den Teilnehmern problematisiert. Gleiches gilt bei Schulungskursen für die Grundlagen: Wie die zugrundeliegenden Motive der Teilnehmer sind auch die Grundlagen der zu vermittelnden Erkenntnisse eindeutig. Darum braucht auch keine Grundlagendiskussion stattzufinden; sie würde nur stören und aufhalten. Dies ist das *technologische Lehr- und Lernmodell* von Schulungskursen, in denen es sich wie in der Wirtschaft um ein ausgesprochen instrumentell gedachtes Programm handelt.

In den Bereichen von Politik, Religion und Weltanschauung stehen Gesinnungen auf dem Spiel. Schulung hat hier maßgeblich dazu beizutragen, nicht nur die Mittel zur Überzeugung anderer effektiver zu machen; sie muß auch die Gesinnungsgrundlagen der zuzurüstenden eigenen Mitglieder immer wieder befestigen. Schulung wird zur *Gesinnungsschulung* und ist hierin durch Abgrenzung gegen konkurrierende andere Gesinnungs- und Überzeugungsgemeinschaften und durch Selbstbestätigung der eigenen Überzeugungen charakterisiert. Die eigenen Grundlagen werden jetzt zwar thematisiert, aber wiederum nicht problematisiert. Einwände, Rückfragen, Zweifel, die an die Stabilität der Grundlagen rühren könnten, werden allenfalls dosiert und als zu erwartendes Argument der anderen Seite eingeführt mit der erklärten Absicht, herauszufinden, wie man sie abweisen kann.

Bildendes Lehren und Lernen ist dies alles nicht. Zu einem Bildungsprozeß gehört gerade das, was Schulung zu vermeiden sucht. Bildung als Kategorie des kritischen Subjekts besagt, daß der einzelne nicht nur innerhalb eines festgefügten, vorgesetzten Rahmens und auf der Grundlage einer nichtdiskutierbaren Sache mündig werden soll, sondern daß er sich auch gegen den vorgegebenen Rahmen und die Sache selbst wenden darf. Die Lehre muß diese Möglichkeit der Distanzierung sogar ihrerseits mit ermöglichen, muß sich selbst relativieren, nicht nur bildungstheoretisch gesehen, sondern auch theologisch, denn nur »einer ist euer Lehrer: Christus« (Mt 23,10; ausführlicher hierzu im Anschluß an Augustins »Über den Lehrer« im Kapitel über den Konfirmandenunterricht, Kap. 9).

Mit anderen Worten: Lehren und Lernen werden dann bildend, wenn sie *Selbstreflexivität* zulassen, Reflexivität des Selbst auf sich selbst *(Selbstreflexivität des Subjekts)* und Reflexivität gleichsam auch des vorgegebenen Rahmens und der Sache auf sich selbst *(als Selbstreflexivität der Instanz, die den Wahrheitsanspruch der Sache vertritt).* Zu der Aufgabe, die darin besteht, daß die Kirche sich selbst unterrichtet, indem sie sich anderen darstellt, tritt damit auch die Aufgabe, daß sie sich selbst unterrichtet, indem sie sich belehrt. Von Gott muß sie sich darin belehren lassen, sich nie einfach als selbstgesetzt zu verstehen und ihre kirchlichen Ausdrucksformen und Lebensäußerungen bloß zu verteidigen. Damit der Unterschied zwischen Gott und Kirche gewahrt bleibt, muß sie sich im Namen Gottes von sich selbst unterscheiden. Nur in einem Raum, in dem diese selbstkritischen Unterscheidungen frei erfolgen, wird auch der einzelne frei, auf Gott zu hören, anstatt zu meinen, er müsse sich in bestimmte Kirchentümer oder christliche Gruppenauffassungen einordnen. Nur so wird er wirklich »unterrichteter Christ«; wir können auch sagen: ein »gebildeter Christ«, nämlich ein urteilsfähiger Christ.

Der missionarische Gemeindeaufbau als Hintergrund dieses Abschnitts wird von Gruppen und Bewegungen getragen, die mit tiefem Ernst und großem persönlichem Engagement die Kirche erneuern und dem Glauben dienen möchten. Gleichwohl waren Rückfragen aufzuwerfen. Zum einen darf die Bedeutung des Unterrichts angesichts der Glaubensprobleme nicht vernachlässigt werden. Sodann ist, wenn denn schon pädagogische Folgerungen gezogen werden, kritisch davor zu warnen, das eigene pädagogische Konzept nur auf sich selbst als eine besonders geprägte christliche Gesinnungs- oder Überzeugungsgemeinschaft zuzupassen, um so Bildung mit Schulung zu verwechseln. Man berücksichtigt dann nur eine hermeneutische Grundsituation, die des schon vorhandenen Einverständnisses im Glauben. Jede in die Breite der säkularisierten Gesellschaft hinein entworfene kirchliche Bildungsarbeit hat primär eine zweite hermeneutische Grundsituation ernst zu nehmen, die des noch nicht vorhandenen und erst zu suchenden Einverständnisses. Die *Hermeneutik des schon vorhandenen Einverständnisses im Glauben* und die *Hermeneutik des erst zu suchenden Einverständnisses* sind nicht gegeneinander auszuspielen, sondern zu unterscheiden und sofort auch wieder aufeinander zu beziehen (vgl. hierzu ausführlicher am Beispiel der evangelischen Jugendarbeit Kap. 8). Allerdings steht eben eins wohl jetzt schon fest: Nur durch Schulung im geschlossenen Kreis angelernte Formeln halten der Auseinandersetzung über Glauben und Unglauben in unserer Zeit vermutlich nicht stand. Ideell und sozial geschlossene Formen von Lehre und Unterricht erschweren es, zu einer Auseinandersetzung Mut zu fassen. Die Praxis von Bildung braucht eine entsprechende Praxis ermutigender, freier, offener Kommunikation (Ch. Bäumler), und zwar gerade auch dann, wenn Gleichgesinnte versammelt sind.

7. Ganzheitlich leben und glaubwürdig handeln - Volkskirchlich-sozialethischer Gemeindeaufbau und diakonischer Bildungsbegriff

»Erwachsenenkatechese (muß) von vorneherein ein *doppeltes Ziel* haben: Das Evangelium gilt es, vor der Vernunft unserer Tage und in den Erfahrungen des gegenwärtigen Lebens als Evangelium zu erweisen und zwar in Gruppen von Gleichgesinnten (oder besser: Gleichgewillten).«[105]

Wir haben Wege des Gemeindeaufbaus kritisiert, die auf Kosten der Glaubensverständigung einseitig Leben und Handeln betonen. Wir müssen jetzt die große grundsätzliche Bedeutung des christlichen Lebenszeugnisses hervorheben. Zu den für den Glauben »tödlichen Thesen« gehört eben auch die Verzweiflung über Christen, die nicht nach ihrem Glauben leben, und über eine Kirche, die nicht ihren Worten gemäß handelt. Wie erklärt sich die heute so auffällige Akzentuierung des Lebensbezugs des Glaubens? Welche konkreten Bedingungsfaktoren sind für Gemeindeaufbau und kirchliche Bildungsverantwortung an Lebensweltanalysen abzulesen? Welche Folgerungen ergeben sich theologisch und pädagogisch? Bevor diesen Fragen nachgegangen werden soll, sei das grundsätzlich gegebene theologische Problem umrissen.

Glauben und leben - Grundbestimmungen

Für die Predigt Jesu gehören die Ankündigung der Herrschaft Gottes, die Zueignung der Liebe Gottes an die, die glauben, und der Ruf zur Umkehr unauflöslich zusammen. Der Glaube erweist sich in der *Nachfolge*. Für Paulus ist das Leben in Christus Jesus ein Leben in einem neuen Geist. »Wenn wir im Geist leben, so laßt uns auch im Geist wandeln« (Gal 5,25). Dieser Satz steht im Kontext konkreter Verhaltensgebote (5,19ff.). Wie immer diese im einzelnen im Neuen Testament und in der Geschichte der Kirche formuliert worden sind, im Zeichen des Lebens in Christus muß das Gute neu definiert werden, und die erste Frucht des Geistes ist die »Liebe« (Gal 5,22).

Im Reformationszeitalter wurde für die Schweizer Reformation (Zwingli, Calvin) das sichtbare christliche Lebenszeugnis zu einem Wesensmerkmal der Kirche, das zum Dienst am Wort in Predigt und Sakrament hinzugehörte. Der »linke Flügel« der Reformation (Thomas Müntzer) konnte sich auf seine Weise

105. *G. Bitter:* Die zweite Bekehrung. Notwendige Erneuerung der Erwachsenenkatechese, in: *E. Feifel / W. Kasper (Hg.):* Tradierungskrise des Glaubens, München 1987, S. 212-221, hier S. 214.

keine Gottesgerechtigkeit ohne irdische Gerechtigkeit als ihr Abbild vorstellen. Der Pietismus legt ebenfalls bis heute größten Nachdruck auf die Heiligung des ganzen Lebens. Unter den Impulsen reformierten Denkens (Karl Barth) und im Anschluß an die Barmer Theologische Erklärung ist der unbedingte und umfassende Anspruch Gottes auf alle Bereiche unseres Lebens zur geläufigen Formel geworden. Wir pflegen vom »Zuspruch und Anspruch« in einer fest gefügten Wendung zu sprechen. Auf Grund des Herrschaftswechsels nimmt unter dem neuen Herrn Jesus Christus der befreiende Zuspruch des Evangeliums sofort den Charakter eines fordernden Anspruchs an:

»Wie Jesus Christus Gottes Zuspruch der Vergebung aller unserer Sünden ist, so und mit gleichem Ernst ist er auch Gottes kräftiger Anspruch auf unser ganzes Leben; durch ihn widerfährt uns frohe Befreiung aus den gottlosen Bindungen dieser Welt zu freiem, dankbarem Dienst an seiner Schöpfung« (Barmen II).

Luther hatte das Verhältnis von Glauben und Leben wie Paulus (Röm 13,10) in der Formel von Glaube und Liebe zusammengefaßt und zur Bewährung des Christseins nicht in besonderen religiösen Konventikeln wie im Mittelalter, sondern zum vernünftigen Gottesdienst (Röm 12,1) im Alltag der Welt in den von Gott eingesetzten Ordnungen (Röm 13,1-7) aufgefordert. Die konkreten Ausdrucksweisen der christlichen Liebe wurden damit durch das angeleitet, was in jenen Ordnungen als gut und geboten erschien. Dies konnte einerseits so verstanden werden, daß man auch im weltlichen Regiment Gott als den, der letztlich im Regiment sitzt, ernst nahm, um im Konfliktfall Widerstand gegen das zu leisten, was Gottes Willen widersprach. Es konnte andererseits aber auch so angepaßt und abgeflacht verstanden werden, daß die christliche Nächstenliebe mit bürgerlichem Wohlverhalten identisch wurde. In staatlicher Sicht gilt das Christentum bis heute als Garant und Hort von »Werten«, die dazu da sind, die staatlich-gesellschaftlichen Zwecke sichern zu helfen (vgl. oben Kap. 1, ferner unten Kap. 10 über den Religionsunterricht). Damit ist im Protestantismus ein struktureller Konflikt eingebaut, der nicht zu falschen theologischen Alternativen führen darf.

Ebenso wie die Nachfolge Jesu dieselbe Entschiedenheit und Parteilichkeit einschließt, die an Jesus selbst klar abzulesen und in den Seligpreisungen unvergleichlich ausgedrückt ist (Mt 5,3-10), kann an den Seligpreisungen auch erkannt werden, daß das in ihnen verheißene Gute - vom Trost im Leid über die soziale Gerechtigkeit bis hin zum Frieden der Gotteskinder auch in der Verfolgung - von Gott her gegeben wird und von ihm zu erwarten ist, der dadurch zugleich das menschliche Handeln umfängt, ermächtigt und erfüllt.

Umgekehrt formuliert: Sosehr jene theologische Sichtweise recht hat, die die Kirche durch Gottes Wort und Geist begründet sieht und nicht durch christliche Willensanstrengungen und Aktionen in Gestalt von »Gruppen von Gleichgesinnten« oder »Gleichgewillten«, so wahr bleibt auch, daß zu allen Zeiten Gott über der Bibel entdecken läßt, was wirklich sein Wille ist, so daß Gott selbst Menschen zu einem 'gleichen Willen' in der Nachfolge zusammenschließt.

Pädagogisch gesehen wird dieser Abschnitt einen neuen anderen Aufgabenhorizont eröffnen mit *anderen Lernweisen:*

- glauben können als Vertrauen fassen auf Grund der Wohltat dienender (diakonischer) Hilfe und Zuwendung zu Kindern, jugendlichen Erwachsenen, vom Kindergarten bis zur Erwachsenenbildung;
- glauben lernen durch Handeln in Projekten, wiederum mit Menschen jeden Alters, primär in der Gemeinde, aber auch unter verengten Rahmenbedingungen der Schule, vor allem aber in gesellschaftsbezogenen Initiativen und Netzwerken;
- sich des Glaubens vergewissern durch Gemeinschaft.

Von einem engeren Begriff von Lehren und Lernen (Lehre, Unterricht, katechetische Tradition) entfernen wir uns; wir stoßen jetzt allenthalben auf Lernen in *informeller* Weise: durch Erfahrungsaustausch im kleinen Kreis, in einer Gruppe, in Bewegungen, durch Mitplanen und Mitmachen bei Vorhaben. Religionspädagogik, Gemeindepädagogik, evangelische Bildungsarbeit antworten seit langem auf diese die gewohnten Unterrichtsgeleise sprengenden Lernmöglichkeiten und suchen Anschluß an sie. Wie hierbei die Kirche die eigenen »neuen christlichen Laienbewegungen« und die »neuen sozialen Bewegungen« ernst nimmt - beide gehen zum Teil ineinander über -, wird ein besonderer Prüfstein ihres Verhältnisses zu sich selbst und zur Bildungsfrage in Kirche und Gesellschaft werden (vgl. unten Kap. 12). Wir entfernen uns von »Unterricht«, aber wir verlassen ihn nicht; informelles Lernen und das genaue Sich-unterrichten-Lassen sind aneinander gebunden; denn gerade eben hat sich auch jene unerläßliche Aufgabe theologischer Selbstunterscheidung wieder als ständig begleitende Aufgabe aufgedrängt.

Der umfassende Lebensbezug des Glaubens - wiederentdeckt in der Bibel

Der Zusammenhang von Glauben und Leben wird heute *erstens* in der *Bibel* selbst wiederentdeckt, und zwar als *individuell* persönliche und umfassende *universale* Beziehung. Die biblischen Aussagen sprechen mit neuer Unmittelbarkeit an. Sie vermögen dies, weil die Gefährdungen des Lebens so elementar gespürt werden, daß man dankbar die Verheißungen Gottes über seine Gegenwart in Schöpfung und Geschichte ergreift: »Unsere Zeit in Gottes Händen« (Kirchentagslosung 1989). Zugleich wird neu verstanden, was die Bibel *»Um-*

kehr« nennt: »Kehrt um und glaubt an das Evangelium!« (Mk 1,15; Jahreslosung 1988). Gerade zusammengenommen sind beide Losungen vielsagend. Es wird begriffen, daß zwischen dem, was Menschen ausbeuterisch einander und der Natur antun, und ihrer Situation vor Gott ein schuldhafter Zusammenhang besteht. Diese kollektive Sünde ist wie die sie überwindende universale Verheißung von Gottes endzeitlichem Schalom Thema der prophetischen Verkündigung im Alten Testament. Die prophetische Botschaft des Alten Testaments wird darum heute besonders stark aufgegriffen. Entsprechend wird im Neuen Testament die in Jesus angebrochene Gottesherrschaft mit neuer Aufmerksamkeit auf die Aussagen bezogen, die von Christi Herrschaft über die kollektiven »Mächte und Gewalten« sprechen (Kol 1,16) - verbreitet so in Dokumenten des Ökumenischen Rates der Kirchen. Insgesamt verlangen vor allem immer mehr junge Menschen auf Kirchen- und Katholikentagen, in Initiativen und Nachfolgegruppen auch von der Amtskirche ein Lebenszeugnis im Handeln, in welchem sie die Verheißungen der Bibel wiederfinden und mit dem sie sich in ihren Erwartungen und ihrem christlichen Selbstverständnis identifizieren können[106].

Die neue Wirklichkeit christlicher Existenz ist nach dem biblischen Glaubenszeugnis nicht nur ein neues »Selbstverständnis« (R. Bultmann), sondern eine »Neuschöpfung« (2 Kor 5,17). Die eschatologisch zu verstehende 'Ganzheitlichkeit' dieser Verwandlung darf nicht mit dem anthropologischen Begriff menschlicher Ganzheitlichkeit verwechselt werden. Dennoch sind die menschlichen Vorstellungen in gewisser Hinsicht für die eschatologischen Erwartungen gleichnisfähig. Das Verlangen nach einem *ganzheitlichen Leben* ist jedenfalls ein *zweites* Motiv dafür, daß es für viele Menschen auf den überzeugenden Lebensbezug des Glaubens ankommt. Unter dem Einfluß von Arbeitsteilung und Rollenzwang wird es für die Seele schwierig, ganz zu werden. Der von Religionssoziologen diagnostizierten »Heimatlosigkeit« des Menschen in der modernen Gesellschaft[107] korrespondiert der Wunsch nach neuer Geborgenheit. Immer noch sehen Menschen die Religion als mögliche Erfüllerin dieses Wunsches an,

106. Die Untersuchungen zu den Kirchentagen in Hannover (1983) und Düsseldorf (1985) zeigen übereinstimmend die Integration mehrerer Teilnahmemotive: Es geht um Selbstfindung »eben gerade auf der Basis biblischer Botschaft, überzeugender Elemente christlichen Glaubens und in Bezug auf die heutzutage wichtigen gesellschaftlichen Fragen« (*A. Feige / I. Lukatis / W. Lukatis:* Kirchentag zwischen Kirche und Welt, Berlin 1987, S. 161). Entsprechend erwartet man, daß »in der Kirche Glaube und gesellschaftlich-politisches Handeln nicht dauernd voneinander getrennt« werden. Oder noch genauer: »Kirchentagsbesucher wünschen sich zwar keine 'politische Kirche', wohl aber eine, in der Glauben und Handeln eine Einheit bildet« (S. 86).

107. *P. L. Berger / B. Berger / H. Kellner:* Das Unbehagen in der Modernität, Frankfurt/M. / New York 1975, S. 168.

auch wenn die Kirchen als Verwalter der Religion sie enttäuschen. Über die individuelle Ganzheit hinaus wird im übrigen auch hier wie oben nach dem Ganzen im Sinne des Weltzusammenhangs gefragt - eine charakteristische Frage gegenwärtiger New-Age-Stimmung. Die Betrachtung oszilliert dabei zwischen christlichen und fernöstlichen Perspektiven.

»Der Wunsch, ganz zu sein und nicht zerstückelt zu leben, ist als ein ursprüngliches Bedürfnis der Menschen anzusehen; es ist der Wunsch wachsender Liebe, immer größere Einheiten zusammenzubinden. Der individuelle Wunsch, selber ein Ganzes zu sein, verbindet sich mit dem Wunsch, das Ganze zu erfahren, seiner ansichtig zu werden, das Tao zu erkennen. Daß Gott sei 'alles in allem' ist die christliche Formulierung dieser Sehnsucht. Nicht nur mein Leben soll erfüllt, ohne Verstümmelung meiner Möglichkeiten sein, sondern alles Leben und das Leben aller.«[108]

Drittens verschiebt sich unter der Last kognitiver Glaubenszweifel der Ort der persönlichen religiösen Vergewisserung. Statt sie im Hören des Wortes oder auf Grund gedanklicher theologischer Klärung zu erwarten, wird *Vergewisserung durch unmittelbare religiöse Erfahrung* gesucht. Wo sie nicht unmittelbar im eigenen Gefühl erreichbar ist, soll sie wenigstens am *Leben* und *Handeln* religiöser Menschen abgelesen werden können. Der Wunsch ist verständlich, weil der Weg gedanklicher Vergewisserung, wie wir im vorigen Abschnitt gesehen haben, an menschliche Grenzen stößt. Problematisch ist, wenn daraus eine Flucht vor vernünftiger Prüfung und theologischer Unterscheidung wird.

Die Bedeutung des Lebensbezuges spiegelt sich *viertens* in dem Ausmaß, in welchem Menschen heute grundsätzlich *Religion vom Lebenskontext her wahrnehmen:*

»Der primäre Lebenskontext stellt den Bezugsrahmen dar, von dem her sie (Kirchen und Christentum, Verf.) erlebt werden. Glaube und Kirche werden in der beschriebenen Weise in der eigenen Lebenswelt 'untergebracht' und gelebt. Die Kirchenbeziehung wird vom primären Lebenskontext her und auf ihn hin geordnet, nicht umgekehrt die eigene Lebenswelt von der Kirche her und auf sie hin geformt.«[109]

108. *D. Sölle:* Die Hinreise. Zur religiösen Erfahrung, 3. Aufl., Stuttgart 1976, S. 178f.
109. *Kirchenamt der EKD (Hg.):* Christsein gestalten, a.a.O. (Anm. 13), S. 28.

Was ist es, was die Menschen wirklich brauchen und was das Evangelium wirklich gibt?

Es gibt keine Theorie des Gemeindeaufbaus, die nicht Leben und Handeln, Gemeinschaft und Erfahrung im Blick hat (vgl. bereits R. Strunks »Kultur des Vertrauens«, Ch. Bäumlers Betonung der »kommunikativen« Gemeindestrukturen, die spirituelle »Gemeinschaft« bei M. Seitz und die »Ganzheitlichkeit christlicher Gemeinschaft« bei F. und Ch.A. Schwarz). Der grundsätzlichen Verwurzelung von Religion im alltäglichen Lebenskontext tragen jedoch besonders »anknüpfungsorientierte« Ansätze zum *volkskirchlichen Gemeindeaufbau* und zu *sozialethischer Gemeindearbeit* wissenschaftlich Rechnung. Sie versuchen dies dadurch, daß sie das Konstrukt der *»Lebenswelt«* zugrunde legen, das aus der Phänomenologie und verstehenden Soziologie stammt (Alfred Schütz), oder den benachbarten Begriff der *»Alltagswelt«* verwenden (so etwa bei M. Schibilsky).

Prägnant faßt die VELKD-Studie zur missionarischen Doppelstrategie in Worte, worauf es hierbei theologisch ankommt. Es geht darum, *»sensibel dafür zu werden, was die Menschen wirklich brauchen und was das Evangelium wirklich gibt«*[110]. Was aber ist das, was sie wirklich brauchen und was das Evangelium wirklich gibt? Vielfach bleibt beides vage, der Hinweis auf die »Lebenswelt« wie auf das »Evangelium«. Was das Evangelium angeht, gerät über den vielen Situationen des Menschen leicht seine Grundsituation vor Gott aus den Augen. Hinsichtlich der Lebenswelt besteht die Gefahr, daß das, was die Menschen »*wesentlich* bestimmt«, nicht gesehen wird, das »Besetztsein« des eigenen Lebens durch »machtvolle Festlegungen von Erwartungen der Menschen« oder durch »Zerstörungen von Erwartungen, die die Entscheidungsspielräume der einzelnen und Gemeinschaften einengen und erodieren«[111]. Wenn man dem *»Besetztsein«* des Lebens[112], dem »dichte(n) Geflecht von Zuschreibungen,

110. *Lutherisches Kirchenamt der VELKD (Hg.):* Zur Entwicklung von Kirchenmitgliedschaft. Aspekte einer missionarischen Doppelstrategie, Hannover 1983, S. 6.
111. *M. Welker:* Kirche ohne Kurs? Aus Anlaß der EKD-Studie »Christsein gestalten«, Neukirchen-Vluyn 1987, S. 70f. - Welker hält der Studie vor, sie überschätze auf Grund einer unzureichenden gesellschaftlichen Analyse die freie Entscheidung der einzelnen und unterschätze »das Leben und Leiden der 'freien Individuen' unter 'Mächten und Gewalten'« (S. 28), die er an zwei Beispielen veranschaulicht, der »Zerstörung natürlicher und kultureller Umwelten« (S. 29ff.) und an den Gefahren der »massenmediale(n) Realitätsunterstellung« (S. 35): Es ist »keineswegs das frei entscheidende und jede Zumutung abwehrende Individuum, sondern das mitgerissene, mitgezogene, verwirrte und verängstigte Individuum, das hier zu erkennen, zu benennen und anzusprechen wäre« (S. 39, im Original kursiv).
112. *M. Welker,* a.a.O., S. 71 (Hervorhebung von mir).

von Erwartungszwängen und Ängsten« (S. 72), als Konturen der Lebenswelt und Mitbedingungen der Glaubenslage der einzelnen anschaulich näherkommen und hierbei besonders künftige Entwicklungen berücksichtigen will, rücken zwei Herausforderungen in den Vordergrund, erstens die der Kirche im industriellen Ballungsgebiet (Kirche und Arbeiterschaft), hier besonders Kirche im »sozialen Brennpunkt« an den Rändern oder in den Citys der Großstädte, zweitens die der Kirche angesichts des technologischen Wandels in der Arbeitsgesellschaft und der Entstehung einer »Neuen Mittelschicht«.

Gemeindearbeit in industriellen Ballungsgebieten und sozialen Brennpunkten - Glaube in der Stadt - postindustrielle Arbeitsgesellschaft

Zur Gemeindearbeit im industriellen Ballungsgebiet hat *Michael Schibilsky* eine eindrucksvolle Studie vorgelegt, die von der eigenen praktischen Erfahrung als Gemeindepfarrer im Ruhrgebiet (Bottrop) geprägt ist[113].

»*Kirchliche Arbeit im Industriegebiet ist zwangsläufig Zukunftsarbeit.* Ich behaupte nicht: Im Industriegebiet arbeitet die Avantgarde der Kirche. Sondern: Im Industriegebiet ist Kirche verpflichtet, avantgardistisch zu werden. Sie hat hier schon jetzt Aufgaben in den Blick zu nehmen und zu lösen, die in anderen Gebieten der Kirche in wenigen Jahrzehnten oder schon in den kommenden Jahren mit Bestimmtheit anstehen werden: Anonymisierung, Bewältigung von Ballungsräumen, Spezialisierungen, massenhafte Arbeitslosigkeit, Konzentration von Umweltbelastungen, Zunahme nervlicher Beanspruchungen in der Arbeit, aber auch im Wohnbereich, Zerstörungen innerhalb der Natur, Beeinträchtigungen der Gesundheit, Zunahme von Resignationserscheinungen, Ansätze zu sozialer Apathie und Gestaltungsunfähigkeit.«[114]

113. *M. Schibilsky:* Alltagswelt und Sonntagskirche. Sozialethisch orientierte Gemeindearbeit im Industriegebiet, München/Mainz 1983; vgl. auch *ders.:* Evangelische Kirche im Ruhrgebiet. Erfahrungstheologische Gesichtspunkte und religionssoziologische Aspekte, in: *H. Frankemölle (Hg.):* Kirche von unten. Alternative Gemeinden, München/Mainz 1981, S. 140-174.
114. Alltagswelt und Sonntagskirche, a.a.O., S. 190. - *G. Kiefel* beschreibt die »Unheilsstrukturen«, wie er sie beim Aufbau einer City-Stations-Gemeinde in Berlin täglich erfährt, genauso: »Anonymität; Vermassung; Einsamkeit; Isolation; Armut; Sucht; Bewertung des Menschen nach den Maßstäben der Leistungsgesellschaft; soziales Scheitern; Arbeitslosigkeit; unvergebene und festgeschriebene Schuld; Angst; Kontaktstörungen; Aberglauben; Entwurzelung, auch von einer hilfreichen christlichen Tradition; Ingroup-Bildungen mit Ausschließung derer, die nicht zu der entsprechenden Gruppe gehören; (klein)bürgerliche Verengung der Kirchengemeinden und

Die Probleme können nicht von heute auf morgen ungeschehen gemacht oder gelöst werden. »Es geht vielmehr um kleine Modelle, erprobte Ansätze, den Verletzungen und Bedrohungen des Lebens entgegenzuarbeiten. Hier ist Kirche wie keine andere Institution gefragt: Sie allein kann sich einseitig auf die Seite des Menschen stellen - und muß es auch.«[115]

Die Situation sozialer Benachteiligung und rapider Verschlechterung der Lebensqualität kann sich so zuspitzen, wie sie an anderer Stelle *Horst Albrecht* für seine Hamburger Vorortgroßsiedlung in Hamburg-Wilhelmsburg in beklemmender Weise unter dem Stichwort *»Kirche im sozialen Brennpunkt«* geschildert hat[116]. Er beschreibt Symptome, die auf eine Entwicklung zurückgehen, die in anderen europäischen Ländern, mit denen allerdings die Bundesrepublik nicht einfach zu vergleichen ist, zu noch breiter ausgedehnter »neuer Armut« mit extremer sozialer Verschlechterung der Lebensverhältnisse geführt hat, insgesamt zu einer Polarisierung bzw. Zweiteilung der Gesellschaft in Arbeitnehmer und Arbeitslose mit allen daraus erwachsenden Folgen. Der »Bericht der Kommission des Erzbischofs von Canterbury zur Untersuchung der Urban Priority Areas« (d.h. »städtischen Prioritätsbereichen«) unter der Überschrift *»Glaube in der Stadt« (»Faith in the City«)* unterscheidet zwischen der kirchlichen Arbeit im »bequemen Großbritannien« und im verelendeten England. Die Beschreibungsindikatoren für die Verhältnisse sind im englischen Bericht, in der Analyse Schibilskys und in der punktuellen Schilderung Albrechts nahezu dieselben, trotz der insgesamt großen Unterschiede zwischen der westdeutschen und britischen Situation[117].

Ähnlich fällt in allen drei Fällen auch die Beurteilung des *Verhältnisses der Menschen zur Kirche* aus. Die »große Mehrheit, der ihre Taufe offenbar wenig gilt, dazu die absolute Mehrheit der kirchlich gar nicht Registrierten - wohin gehören sie?« fragt Albrecht[118]. Die Kirche ist für die meisten irrelevant. Selbst

Stadtmissionsgemeinden; Hilflosigkeit bzw. Unfähigkeit zu glauben«; Offene Gemeinde. Die City-Stations-Gemeinde der Berliner Stadtmission unterwegs zwischen Tradition und Erneuerung, in: Pastoraltheologie (PTh) 75 (1986), S. 70-82, hier S. 72.

115. *M. Schibilsky,* Alltagswelt und Sonntagskirche, a.a.O. (Anm. 113), S. 190.
116. *H. Albrecht:* Kirche im sozialen Brennpunkt, in: PTh 75 (1986), 6, S. 248-268; ferner *ders.:* Gemeindeaufbau in der Großstadt. Erfahrungen und Orientierungen, in: Theol. Pract. 23 (1988), S. 1, S. 18-33.
117. Die gekürzte Fassung des Berichts »Faith in the City«, London 1987, ist unter der Überschrift »Glaube in der Stadt. Ein Aufruf zum Handeln an Kirche und Volk« im Materialdienst der Ökumenischen Zentrale erschienen (Nr. 6/7/8, 1987). Zu unserer Situation vgl. zuletzt auch *M. Schibilsky:* Neue Armut und Gemeinde, in: Pastoraltheologie (PTh) 78 (1989), 1, S. 2-18.
118. Kirche im sozialen Brennpunkt, a.a.O. (Anm. 116), S. 255.

bei der Beerdigung, dem größten Monopol der Kirche, sinkt die Inanspruchnahme kirchlicher Amtshandlungen in drastischer Weise weit unter die allgemein in Großstädten bereits zu beobachtenden Zahlen (S. 254). Wie sollten auch Menschen, »die so viele Bindungen verloren oder nie besessen haben ..., ausgerechnet an der Bindung an die Kirche festhalten?« (ebd.). Gleichwohl entsteht in dieser Situation ein »unersättliche(r) Bedarf an Zuwendung« (S. 263). Wenn überhaupt, findet die Kirche den Zugang zu den Menschen zunächst nur durch einfache menschliche Hilfe und unaufdringliche Solidarität. Von den »Inhalten« der »Verkündigung« und den Lehren des Glaubens sind wir in dieser Situation am weitesten entfernt. Inhalte werden »beliebig«, »austauschbar«, in vielen Fällen ganz »belanglos« (»Uns ist alles recht ...«). »Dagegen gibt es ein sehr feines Gespür dafür, ob eine Amtshandlung routinemäßig oder persönlich mit eigener wirklicher Anteilnahme und tatsächlichem Interesse an den betroffenen Menschen durchgeführt wird.«[119]

Kirche ist in der Verkörperung eines menschlichen Gegenübers gefragt, nicht als Instanz der »Welterklärung, Sinndeutung, Weltauslegung - das geschieht längst nicht mehr in der Sonntagspredigt, sondern in der Tagesschau: schneller, anschaulicher, eindrücklicher, professioneller, aber auch anonymer«[120]. Oder anders formuliert: Das Heil wird nicht als objektives Gut, von Gott geschenkt und der Kirche vermittelt, in der Hochsprache der kirchlichen Verkündigung erwartet, sondern als Ausstrahlungskraft eines Menschen, der das, was die kirchlichen Verkündigungsinhalte bedeuten mögen (für die meisten etwas sehr Fremdes), in seiner Person verbürgt und in seinem Verhalten zu spüren gibt.

Das Verhalten wird um so glaubwürdiger, als es mit einer wirksamen Parteinahme für die Verbesserung der gesellschaftlichen Lebensstrukturen einhergeht: Nächstenliebe als Spiegel der Liebe Gottes nicht nur beschränkt auf Wohltätigkeit und persönlichen Zuspruch für den einzelnen, sondern christliches Lebenszeugnis als soziales und politisches Handeln zur Korrektur *»struktureller Ungerechtigkeiten«*[121].

Der englische Bericht über *»Glaube in der Stadt«* bezieht darum in das »Handeln an Kirche und Volk« neben den traditionellen Handlungsformen in Predigt, Seelsorge und herkömmlicher Diakonie auch Überlegungen über folgende Sachverhalte mit ein: politische Entscheidungen der Regierung im Blick auf die Stadt, öffentliche Steuerpolitik;

119. *M. Schibilsky,* Alltagswelt und Sonntagskirche, a.a.O., S. 50.
120. A.a.O., S. 51. - Für Welker ist in der massenmedialen Aufmerksamkeitssteuerung »das Beklagenswerte ... vor allem die mangelnde verbindende Kraft und der mangelhafte Realitätsbezug einer 'nachgeschichtlich' und 'nachnaturrechtlich' integrierten, 'von heute auf morgen' lebenden Öffentlichkeit« (a.a.O., Anm. 111, S. 38).
121. Glaube in der Stadt, a.a.O. (Anm. 117), S. 7.

Entwicklungsprogramme für Städte; Arbeitsplatzsituation; Arbeitslosigkeit, Armut; Wohnungssituation und Wohnungsbaupolitik; Gesundheitswesen, soziale Fürsorge- und Gemeinwesenarbeit; Jugendarbeit; Fragen der Kriminalität und Kriminalisierung, damit Fragen von Recht und Ordnung. Alles wird gleichzeitig auf die Folgen für die Kirche selbst bedacht und mündet in zum Teil weitreichende Vorschläge zur Reform von Ausbildung und Fortbildung derjenigen in der Kirche, die als Theologen, Pädagogen oder Sozialarbeiter den Dienst zu erfüllen haben.

Die strukturelle Arbeitslosigkeit wird als größte Herausforderung betrachtet. Die Grundannahme der gegenwärtigen britischen Wirtschaftspolitik, »daß Wohlstand wiederhergestellt werden kann, wenn den einzelnen die Freiheit gegeben wird, ihr eigenes wirtschaftliches Heil zu suchen«, wird demgegenüber skeptisch beurteilt; denn »das Argument, daß Wohlstand 'nach unten durchsickern' wird, wird von den Tatsachen nicht bestätigt« (S. 25). Man achtet zugleich darauf, daß der theologische Auftrag nicht mit einem wirtschafts*politischen* Konzept verwechselt wird. Die Herausforderung ist eine Sache christlicher *Ethik*: »Die Kirche kann zwar die Arbeitslosigkeit nicht beheben, aber sie hat die Pflicht, die Wirtschaftsphilosophien ethisch in Frage zu stellen« (ebd.). Als Antwort wird nicht etwa der schon bestehende Individualismus verstärkt, indem einseitig auf die illusionäre freie Entscheidung des einzelnen und seine freie Entfaltung abgehoben wird - damit auf eine in westlichen Gesellschaften verbreitete Überhöhung des Subjekts, die nur zu leicht auf Kosten anderer geht -, sondern auf »gemeinsame Verpflichtungen« (ebd.). Klar wird erkannt, daß viele Menschen in unseren Gesellschaften »keine oder nur eine aufgezwungene Wahl haben« und daß »die größten Lasten wirtschaftlicher Veränderungen ... von denen getragen (werden), die am wenigsten dazu in der Lage sind« (ebd.).

Die Folgerungen für die Theologie werden nur kurz erwähnt, im Sinne einer Vermutung:

»Womöglich werden wir in den UPA's (Urban Priority Areas) das Entstehen einer Theologie erleben, die eine authentische Grundlage für eine christliche Kritik an der zeitgenössischen Gesellschaft abgibt, die einsetzt am täglichen Leben der dortigen Menschen. Sie würde z.B. das dramatische Geschehen der Passion und der Kreuzigung stärker betonen als irgendeine intellektuelle Formulierung der Versöhnungslehre. Sie würde die Kraft des Evangeliums ernst nehmen, Menschen zu verändern, nicht nur in ihrem persönlichen Glauben und Moralvorstellungen, sondern auch in ihren sozialen Beziehungen« (S. 9).

Die herangezogenen Analysen und Berichte haben ihre deutliche Grenze darin, daß sie vor allem auf die in die gesellschaftliche Marginalisierung abgedrängten Unterschichten in ihrer Lebenssituation und in ihrem Verhältnis zur Kirche eingehen und damit soziologisch die traditionellen industriegesellschaftlichen

Zustände zugrunde legen; sie berücksichtigen noch nicht die Wandlungsprozesse in Richtung auf eine *postindustrielle Gesellschaft.* Dieses Defizit teilen sie allerdings mit allen auch sonst in der Bundesrepublik erschienenen und von uns bereits behandelten Entwürfen zum Gemeindeaufbau. Die neuen Definitionen hinsichtlich veränderter Arbeitnehmerprofile (Umgang oder kein Umgang mit »Neuer Technologie«) werden mit den diesen Profilen einwohnenden »neuen Trennungslinien« in ihrem Gewicht noch nicht erkannt[122].

Die politologische Wahl- und Wählerverhaltensforschung bezieht zur Zeit präziser folgende Veränderungen im Wandel der Arbeitsgesellschaft aufeinander: erstens die Veränderungen im Arbeitsbereich selbst, z.B. im gesellschaftlichen Produktionssektor durch *»Neue Technologie«* sowie durch Verschiebungen zur Dienstleistungsgesellschaft, zweitens die damit zusammenhängende Entstehung einer *»Neuen Mittelschicht«* (soziale Aufsteiger, mobile, anpassungsbereite, den Modernisierungsprozeß bejahende, für ihn geschulte, höhergebildete Arbeitnehmer, im ganzen weder kirchlich noch gesellschaftlich gebunden), drittens die Anhänger einer *»Neuen Politik«*-Dimension mit neuen Wertprioritäten für Themen wie Ökologie, Abrüstung, Verzicht auf Kernenergie u.a., Prioritäten, die sich auch in dem obenerwähnten Engagement von christlichen Gruppen und Gemeinden spiegeln.

Einigkeit besteht darin, daß sich die langfristigen Strukturveränderungen vor allem in den Großstädten und Dienstleistungsmetropolen ankündigen und, im Produktionssektor, in sogenannten Schrittmacherindustrien. *Die zukünftige Kultur wird eine modernisierte städtische Kultur sein.* Der landwirtschaftliche Produktionssektor wird dem umfassenden Rationalisierungsprozeß ebenfalls noch mehr folgen müssen als schon bisher.

Insgesamt muß ferner die enge Verbindung zwischen den Veränderungen in den Lebensbedingungen (Produktionsformen, Reproduktionsbereich), den Bewußtseinsformationen (neue Wertprioritäten, Wertwandel, gelockerte Traditionsbindungen) und dem Verhalten (politisches, religiös-kirchliches usw.) beachtet werden. Dabei zeigt sich schon jetzt eine deutliche gesellschaftliche »Polarisierung«, die vor allem unter parteipolitischen Interessen erforscht worden ist[123]. Sie wird bei einer Volkskirche mit einer (noch) relativ breiten Übereinstimmung zwischen Kirchenmitgliedschaft und Gesellschaftszugehörigkeit vermutlich auch auf die Kirchen durchschlagen.

122. *U. Feist / H. Krieger:* Alte und neue Scheidelinien des politischen Verhaltens, in: Aus Politik und Zeitgeschichte, Beilage zu: Das Parlament, B 12/1987, S. 33ff.
123. Vgl. *R.J. Dalton:* Wertwandel oder Wertwende. Die Neue Politik und Parteienpolarisierung, in: *H.-D. Klingemann / M. Kaase (Hg.):* Wahlen und politischer Prozeß. Analyse aus Anlaß der Bundestagswahl 1983, Opladen 1986.

Beides, die Situation einer durch von außen herangetragene Zertrennungen bedrohten Kirche (gesellschaftliche Polarisierung) und die Situation von Individuen, die durch innere Zertrennungen gefährdet sind (Verlust ganzheitlichen Lebens), wird durch die Selbstentwicklung der Gesellschaft und ihren unaufhaltsamen *Modernisierungsprozeß* hervorgerufen. Dieser Prozeß entbindet heute immer mehr *Zweifel an seiner Rationalität.* Er erscheint als ein linearer Vorgang - und doch ohne Ziel, weil politische Steuerung die Modernisierungsvorgänge lediglich fortschreibt und Korrekturen im ganzen lediglich kosmetischer Natur sind. Die Politiker verfügen nicht über eine Gesamtdeutung des Sinns menschlicher Geschichte. Das ist verständlich. Aber sie scheuen sich auch, aus dem, was man immerhin erkennen kann, entschieden genug Konsequenzen zu ziehen. Michael Welker faßt beide Aspekte in systemtheoretischer Sicht so zusammen:

»Da diese Gesellschaft nicht mehr gesteuert wird durch einen gemeinsamen metaphysischen oder moralischen Code, da ihr die Regeln eines multiperspektivisch abgestimmten, konzertanten Reagierens ihrer Teilsysteme auf die die gesamte Gesellschaft bedrohenden Umweltentwicklungen verborgen sind, fehlt es derzeit an Möglichkeiten, die von der Gesellschaft ausgelösten komplexen Entwicklungen gezielt zu beeinflussen oder zurückzunehmen.«[124]

In dieser Lage kann man einerseits nicht mehr ungebrochen fortschrittsgläubig von der »Moderne« sprechen. Andererseits helfen aber auch nicht »postmoderne« romantische Verliebtheiten in den Begriff des Lebens; und geradezu fatal wäre eine pauschale »postmoderne« Verhöhnung der Vernunft. Wir wollen der Beschreibung des Ansatzes bei der »Moderne« (Kap. 3) und »Postmoderne« (Kap. 4) nicht vorgreifen. Der gemeindebezogene »kirchliche Ansatz« in diesem Kapitel kann sich aber schon jetzt nicht der Zweideutigkeit der Situation der »modernen« Gesellschaft verschließen, wie es in der Diskussion zu Gemeindeaufbau, Gemeindepädagogik und Religionspädagogik weitgehend der Fall ist. Man erspart sich gesellschaftstheoretische Analysen, die es erlauben würden, das Ausmaß der Herrschaft des »Gesetzes« über den Menschen - theologisch gesprochen - zu erkennen. Statt dessen droht eine Überschätzung der individuellen Entscheidungsfreiheit. Da auch unsere Darstellung aufgrund der zentralen Rolle, die in ihr der Bildungsbegriff spielt, in Gefahr ist, den Brennpunkt einseitig beim individuellen einzelnen zu nehmen, muß schon an dieser Stelle der Gedankengang auf den überindividuellen Prozeß aufmerksam machen, ein Prozeß zuneh-

124. *M. Welker,* a.a.O. (Anm. 111), S. 35.

mender kollektiver »Selbstgefährdung menschlicher Gesellschaften«[125], der letztlich wohl nur aus evolutionstheoretischer Sicht in seinen tatsächlichen Dimensionen erfaßt werden kann[126].

Wir werden allerdings in unserem Gedankengang nun auch nicht umgekehrt in den Fehler verfallen, den einzelnen als Subjekt, das auf seine Freiheit und eigene Entscheidung angesprochen werden darf, systemtheoretisch oder evolutionstheoretisch zu überspringen. Darum ist im nächsten Kapitel zunächst dem unverlierbaren Recht eines »modernen Ansatzes« beim einzelnen nachzugehen. Jeder lebt sein eigenes individuelles Leben, und es wird ihm nur ein einziges Mal geschenkt.

Das theologische Urteil ist berührt, weil der Gesamtprozeß, sofern er nur verwaltet und fortgeschrieben wird, ohne Antwort auf die Frage nach seinen Opfern ist, weil für deren Leid nur nach Linderung Ausschau gehalten wird ohne Bereitschaft und, wie es scheint, auch ohne Möglichkeit zur Umkehr. Über die täglich anstehenden Einzelaufgaben in Gemeindeaufbau, Gemeindepädagogik und Religionspädagogik hinaus stehen wir vor einer Perspektivlosigkeit und metaphysischen Trostlosigkeit der Gesamtentwicklung. Der Wunsch, zu »glauben ohne tödliche Thesen«, hat seinen Ursprung zum einen dort, wo spekulative Grenzfragen das *Denken* lähmen (s. oben). Er hat seine Veranlassung zum anderen auch dort, wo sinnlos und zukunftslos erscheinendes Leben das *Handeln* lähmt, darum muß die Kirche *»den Glauben in das Leben ziehen«* (Gerta Scharffenorth). Sie kann Gott in den spekulativen letzten Grenzfragen nur verstehbar machen, wenn sie ihn und keinen anderen als das Geheimnis und Heil des Lebens im unspekulativen Alltag aufzuspüren lehrt. Sie kann die bezeichnende Hoffnungs- und Trostlosigkeit eines evolutionären Entwicklungsprozesses nur aufbrechen, wenn sie nicht nur das Heil für den einzelnen, sondern Sinn und Heil für die menschliche Geschichte und den Kosmos im ganzen aussagt und diese Verkündigung zeichenhaft lebt. Indem Christen Gott in ihrem Leben bezeugen, machen sie ihn für den Glauben verständlich. Glaube und Leben gehören - in der Tat - unauflöslich zusammen, allerdings nicht nur in privat-persönlicher Perspektive, sondern in universaler.

Gemeindeaufbau und kirchliche Bildungsverantwortung treffen an dieser Stelle der Verschränkung von Gottesproblematik und Lebensproblematik auf ihre stärkste Erprobung. Genau an dieser Stelle der Verschränkung hat Kirche etwas zu sagen und etwas zu tun. Was Menschen *»wirklich brauchen«*, ist eine Antwort, die ihnen genau hier, angesichts der peinigenden Rätselhaftigkeit und Sinnlosigkeit einer um sich selbst kreisenden, in sich gefangenen modernen Entwicklung mit ihren Opfern und noch unabsehbaren Spätfolgen hilft. Daß Gott

125. *M. Welker*, a.a.O., S. 30 (im Original kursiv).
126. S. hierzu noch unten Kapitel 4.

mein persönliches Heil ist und mich in seinen Händen hält, muß darum heute mehr denn je dadurch glaubhaft bezeugt werden, daß Gott gegen den Augenschein den ganzen geschichtlichen Prozeß in seinen Händen hält. Das ist es, was das Bekenntnis der Kirche durch die Rede von Gott dem Schöpfer, dem Erlöser und dem Vollender zu verstehen geben will; das ist es, was das Evangelium *»wirklich gibt«*.

Zur individuellen und gesellschaftlichen Seite diakonisch orientierter Gemeinde- und Bildungsarbeit

Im Raum evangelischer Schulen in kirchlicher Trägerschaft, zu denen auch viele diakonische Einrichtungen gehören, ist unter bildungstheoretischem Aspekt die Formel vom *»diakonischen Bildungsbegriff«* geprägt worden[127]. Wir verwenden sie, um nach beiden Hinsichten, im Blick auf den Dienst am einzelnen Menschen und im Blick auf das Ganze - das Ganze in wachsenden Kreisen (Nachbarschaft, Gemeinde, Stadtteil, Stadt und Land, Gesellschaft und natürliche Umwelt insgesamt, 'moderne' Entwicklung) - unsere pädagogische Verantwortung hinsichtlich des Zusammenhangs von Glauben und Leben zusammenzufassen.

Es bleibt unerläßlich, daß sich in der ersten Hinsicht Gemeindeaufbau unter volkskirchlicher Perspektive am Lebenszyklus des einzelnen orientiert[128] und daß auch die Religionspädagogik in einer ihrer Grundaufgaben von der »lebensbegleitenden, erfahrungsnahen Identitätshilfe« spricht[129]. Ein Rückzug auf eine überschaubare Nahbereichsethik und die »subjektive Verortung von Glaube und Kirche« wird nur bei einer Verabsolutierung dieser Sicht als eine unzureichende Gesamtantwort zu beurteilen sein[130].

127. *K.H. Potthast:* Bildung, in: Bericht '82 der Hans-Ehrenberg-Schule in Bielefeld-Sennestadt, 1982, S. 17.
128. *E. Lange:* Bildung als Problem und als Funktion der Kirche, in: *J. Matthes:* Erneuerung der Kirche. Stabilität als Chance, Gelnhausen/Berlin 1975, S. 214: »... die Kirche sollte den Lebenszyklus als eine religiöse Aufgabe, als *eine* zusammenhängende religiöse Aufgabe ernstnehmen und zu verstehen versuchen ..., als eine pädagogische Aufgabe allerhöchster Dringlichkeit, d.h. als eine religiöse Aufgabe im Medium von Bildungsvorgängen«, im ganzen s. S. 211ff. (auch in: *E. Lange:* Sprachschule für die Freiheit, München/Gelnhausen 1980, S. 187ff., 189ff.); ebenso *J. Matthes:* Volkskirchliche Amtshandlungen, Lebenszyklus und Lebensgeschichte, in: *ders.:* Erneuerung der Kirche. Stabilität als Chance, Gelnhausen/Berlin 1975, S. 83-112; ferner: Christsein gestalten, a.a.O., S. 90ff.
129. S. meine Grundfragen der Religionspädagogik, Bd. II, S. 101ff.
130. Gegen die Vorhaltungen *Welkers* (S. 40f.) gegenüber der Studie »Christsein gestalten« (dort S. 24).

Um diese Verengung zu verhindern, darf in zweiter Hinsicht die *sozialethische* Seite von Gemeindeaufbau und kirchlicher Bildungsverantwortung gerade heute nicht verkürzt werden. Vieles wird zur Zeit abgewiesen, was nach Politisierung aussieht. Mit ideologisch bornierter Politisierung aber hat eine Gemeindearbeit, die »strukturelle Ungerechtigkeiten« kritisiert (Bericht über »Glaube in der Stadt«), nichts zu tun. Beim Versuch einer rekonstruierenden Neubestimmung der pädagogischen Grundaufgaben der Kirche, wie sie jüngst H. Schröer versucht hat, darf darum die von Schröer mit Recht verstärkt geforderte Lehraufgabe (vgl. hierzu unsere eigene Akzentuierung im vorausgegangenen Abschnitt und noch unten Kap. 9) nicht auf Kosten der sozialethischen Grundaufgabe erfolgen, der »gesellschaftsdiakonischen politischen Verantwortung«[131].

Wenn heute mehr als je zuvor in der Kirchengeschichte theologisch auf die Bewahrung der Schöpfung abgehoben wird und entsprechend theologische Schöpfungslehren *'ökologisch'* genannt werden[132], ist der Horizont des Dienstes, auf den Gemeindeaufbau und kirchliche Pädagogik »diakonisch« zu beziehen sind, noch weiter gefaßt. Der ökumenische Weltkonvent wird sich 1990 neben den Themen der sozialen Gerechtigkeit und des Friedens der Bewahrung der Schöpfung zuwenden. Die drei Themen stehen in einem Zusammenhang mitein-

131. *H. Schröer* versucht (Grundlagen evangelischer Erziehungslehre, JRP 2, 1986, S. 37ff.), mein Gefüge von vier pädagogischen Grundaufgaben (Grundfragen II, Kap. 2; III, Kap. 2) mit neuer Akzentuierung konstruktiv fortzuschreiben. »Religionspädagogik kann als Theorie für die Bearbeitung dieser vier Grundaufgaben aufgefaßt werden« (Schröer S. 37). Hierbei wird von Schröer »das Verhältnis von Lehre und Kirche, das Verständnis lehrender und lernender Kirche als *erste* aktuelle Grundaufgabe« gefordert (S. 38). Meine erste Grundaufgabe, die volkskirchlich ansetzt und das Verhältnis von Glaube und Leben betrifft (»lebensbegleitende, erfahrungsnahe Identitätshilfe«), wird bei Schröer zur zweiten. Als dritte bleibt hier wie dort die Erschließung der »biblischen Verheißungstradition« (Schröer S. 38f.) bzw. das »elementare Gespräch mit der Bibel« (Grundfragen III, S. 185ff.), in Schröers Sicht allerdings eher im Zeichen der »Symboldidaktik« und damit »kunsttheologisch« gewendet in Richtung einer »poetischen Didaktik« (S. 39), bei mir unter der Perspektive des »Wagnisses kritischer Religiosität«, wobei sich zugleich die Kirche im Gegenüber zur Bibel »selbstkritisch« gefragt sehen muß (Bd. II, S. 160ff.). Als vierte Grundaufgabe sieht auch Schröer das »ökumenische Lernen« (S. 39). Ich teile das aktuelle und grundsätzliche Interesse Schröers an der Frage nach der kirchlichen »Lehre«, das bisher bei mir zurückgetreten ist, wegen der oben beschriebenen Krise der Glaubens*inhalte*. Wenn man vergleichend zusammenfaßt, läuft das Ergebnis allerdings darauf hinaus, daß bei Schröer die von mir unter der Perspektive der »gesellschaftsdiakonisch politischen Verantwortung« entfaltete (sozial)ethische Grundaufgabe wegfällt.

132. *J. Moltmann:* Gott in der Schöpfung. Ökologische Schöpfungslehre, München 1985.

ander, und dieser Zusammenhang will von frühauf gelernt werden. Der Lernweg beginnt mit ersten vorsichtigen Sensibilisierungen der Kinder; er setzt sich fort, wenn wir Jugendliche zu gesammelter Aufmerksamkeit auf das Leben, seine Gesetze und Ordnungen anleiten und sie zum Handeln zur Erhaltung unserer Lebensgrundlagen ermutigen; er endet mit der Verantwortungsbildung im Erwachsenenalter (vgl. unten 2. Teil).

Die kirchliche Erwachsenenbildung ist dabei, ihren eigenen Grundbegriff, den der Bildung, einerseits als individuelle kritische Selbstbildung und Selbstfindung in seinem subjekttheoretischen Bedeutungsgehalt wiederzugewinnen, andererseits neben dieser Konzentration auf das Subjekt *ökumenisch* auszuweiten[133]. Damit erscheint die gesellschaftliche Seite einer diakonisch orientierten Gemeinde- und Bildungsarbeit, zusammengefaßt, unter drei zu integrierenden Gesichtspunkten, unter sozialen, ökologischen und ökumenischen. Dies entspricht dem Zusammenhang der Sachverhalte heute in der »Einen Welt«, in der eine *gemeinsame* Umkehr notwendig ist. Frühere Konzepte der Erwachsenenbildung hoben einseitig auf »Teilnehmerorientierung« ab, auf Mitbestimmung und Mitentscheidung. Angesichts des in Frage gestellten Lebenshorizonts der Zukunft reicht der Gedanke der Selbstorganisation der Lernprozesse nicht mehr aus. Für Gottfried Bitter ist darum die neue Leitperspektive kirchlicher Erwachsenenbildung eine »Erwachsenenkatechese als umkehrorientierte und selbstorganisierende Lebens- und Glaubensbegleitung«[134].

Der Blick auf Glaube und Leben muß schließlich auch das bereits beschädigte Leben sehen. In die Diskussion zum Gemeindeaufbau ist dieser Sinn der diakonischen Dimension von Rudolf Weth eingetragen worden. Für den von ihm umschriebenen »missionarisch-diakonischen Gemeindeaufbau« sind Glaube, Gemeinschaft und Dienst kennzeichnend[135]. »Diakonie« meint hierbei einen sehr naheliegenden Aspekt, der uns ein nicht preiszugebendes altes Moment des Begriffs menschlicher Bildung bewußtmacht, die sozialpädagogische Wurzel des Bildungsdenkens bei Pestalozzi, die in späteren schöngeistigen Fassungen von »Bildung« weithin vergessen worden ist. Auf diese Wurzel aber verweist uns nachdrücklich die *»anstaltliche« und »gemeindliche« Diakonie* im engeren Sinne des Wortes[136]. Dieselbe Beziehung auf das beschädigte Leben und das Leben

133. Zuletzt *G. Orth:* Erwachsenenbildung zwischen Parteilichkeit und Verständigung. Zur Theorie theologischer Erwachsenenbildung, Göttingen 1990. Zur kirchlichen Erwachsenenbildung siehe ausführlich noch Kapitel 12.
134. *G. Bitter*, Die zweite Bekehrung, a.a.O. (Anm. 105), S. 216.
135. *R. Weth:* Die Zukunft der Volkskirche und die Kirche der Zukunft, in: *ders. (Hg.),* Diskussion ..., a.a.O. (Anm. 10), S. 149, 152.
136. *R. Weth*, ebd., S. 155; vgl. auch *H.-G. Heimbrock:* Diakonie als Element des Gemeindeaufbaus, in: Theol. Pract. 22 (1987), 4, S. 318-332.

mit geringer geistiger Kraft hat Hans-Günter Heimbrock im Blick, wenn er in der Religionspädagogik von *»pädagogischer Diakonie«* spricht[137]. Am hinfälligen Leben geht besonders auf, was allein das Leben trägt und was das Evangelium »wirklich gibt«.

8. Glauben stärken - gottesdienstlicher Gemeindeaufbau und die Frage nach der Mitte

Neue Wege zum Gottesdienst als Mitte - Diakonie und Liturgie

Seit 1975 ist der Gottesdienstbesuch laut EKD-Statistik (Oktober 1987) nahezu konstant geblieben. In den 60er Jahren und zuvor lag er erheblich höher. Der sonntägliche Gemeindegottesdienst ist nur noch die Versammlung einer Minderheit. Obwohl die Predigt für die evangelische Kirche zentral ist, hat sie ihre Breitenwirkung verloren. Nach der Befragung junger Erwachsener durch Andreas Feige wird der Gottesdienst in seiner Normalform übereinstimmend »als etwas Fremdes, Nicht-Persönliches und Nicht-Gemeinschaftliches empfunden«[138]. Der den Alltag transzendierende Charakter gottesdienstlicher Feier wird keineswegs als solcher abgelehnt; »die durchschnittlich erfahrenen *Formen* sind es vielmehr, die für das Gros junger Erwachsener die durchaus erwarteten Transzendierungsleistungen nicht mehr vollbringen«[139]. Von diesem »Vermittlungsdefizit« ist auch die Predigt betroffen. »Denn sie ist es, die die Teilnahme in der Sicht der Jungen Erwachsenen eigentlich erst sinnvoll macht, wenn sich schon - vor allem zu dieser Tageszeit - durch Liturgie und fehlenden emotionalen Konsens 'von selbst' keine Gemeinschaft zwischen den 15jährigen Konfirmanden und den 60jährigen Frauen herstellt.«[140]

Während somit in der Regel Erwachsene und besonders Jugendliche zum normalen sonntäglichen Gemeindegottesdienst ein gebrochenes Verhältnis haben, wird heute ausgerechnet in ausgesprochen schwierigen Gemeindesituationen der Gottesdienst neu entdeckt, und es gehen mehr Menschen als früher zum

137. *H.-G. Heimbrock:* Pädagogische Diakonie, in: *W. Böcker u.a. (Hg.):* Handbuch Religiöser Erziehung, Bd. II, Düsseldorf, S. 428-438.
138. *A. Feige:* Erfahrungen mit Kirche, Hannover 1982, S. 44.
139. *V. Drehsen:* Das öffentliche Schweigen christlicher Rede. Die Grenzen des Gottesdienstes und die theologische Vorbildung des Pfarrers, in: *A. Feige,* a.a.O., S. 318-346, hier S. 341, Anm. 11.
140. *A. Feige,* a.a.O., S. 9f.

Abendmahl. Auf den Kirchentagen werden am klarsten die drei Merkmale deutlich, die den Widerspruch vermutlich erklären können.

Der evangelische Gottesdienst lebt erstens dort wieder auf, wo Kirche als ein Stück *Gemeinschaft* erfahren wird, und zwar in der Zusammengehörigkeit der in den vorausgegangenen Abschnitten erhellten Dimensionen: Gemeinschaft in der Atmosphäre des Vertrauens, Gemeinschaft im gemeinsamen Nachdenken über den Glauben und Gemeinschaft ganzheitlichen Erlebens und Kommunizierens.

Zweitens ist zu beobachten, daß besonders junge Menschen den Gottesdienst dann bejahen, wenn er den Charakter der *Feier* hat und sich Freude ausbreitet. Hierzu trägt vor allem eine jugendgemäße musikalische Gestalt bei.

Der Gottesdienst gewinnt drittens dort eine neue Leuchtkraft, wo die gottesdienstliche Feier in Lob, Dank und Bitte auf die *Alltagswelt* bezogen ist und wo vom Gottesdienst Kräfte der Versöhnung und Befreiung ausgehen[141]. Wo Glaube im wirkungslosen Handeln an Grenzen stößt und schwach wird, will man ihn stärken, wo Glaube im aufzehrenden Dienst oberflächlich zu werden droht, will man ihn vertiefen. Damit knüpfen wir in einem spannungsreichen Bogen an den vorausgegangenen Abschnitt an: Die sich in der Gesellschaftsdiakonie am entschlossensten zentrifugal der Außenwelt und in der anstaltlichen Diakonie hingebungsvoll dem Leiden aussetzende Kirche wird am stärksten auf ihre gottesdienstliche Mitte zurückgeworfen, die handelnde Kirche auf die Kirche als Sein, die sich verausgabende auf die empfangende, die redende auf die hörende Kirche.

Gemeindeaufbau »muß Aufbau der Gemeinde *von ihrer Mitte* her bedeuten«, betont Horst Albrecht für seine Gemeinde »im sozialen Brennpunkt« in Hamburg[142].

Für M. Schibilsky bildet in seiner Bottroper Industriegemeinde erst beides zusammen, der »Bereich der herkömmlichen und der Gesellschaftsdiakonie« und »der *Gottesdienst*«, den »Mittelpunkt« der gemeindlichen Aufgaben[143].

Beim Aufbau einer »offenen Gemeinde als Stätte der Begegnung von Welt und Evangelium« in der Großstadt Berlin in Form einer »City-Stations-Gemeinde der Berliner Stadtmission« gesteht G. Kiefel, daß er wie viele Christen lange Zeit an der Unterfunktion

141. Der Hamburger Bischof *P. Krusche* beobachtet: »Es sind offenbar nicht so sehr die zahlreichen kirchlichen Aktivitäten, vor allem diakonischer Art, die zur Humanisierung der Stadt beitragen und so Möglichkeiten der Umkehr erschließen. Es ist die sichtbare, greifbare - weil durch Christen praktizierte - *Ausstrahlung der Versöhnung,* die exemplarisch und darum ansteckend wirkt« (Kirche in der Stadt. Theologische Aspekte, in: *M. Göpfert / Ch. Modehn [Hg.]:* Kirche in der Stadt. Erfahrungen, Experimente, Modelle in europäischen Großstädten, Stuttgart u.a., 1981, S. 138f.), vgl. *H. Albrecht,* Kirche im sozialen Brennpunkt, a.a.O. (Anm. 116), S. 259.
142. A.a.O., S. 259.
143. *M. Schibilsky,* Alltagswelt und Sonntagskirche, a.a.O. (Anm. 113), S. 163.

des Gottesdienstes gelitten und an der Bedeutung des Gottesdienstes als Mitte des Gemeindelebens gezweifelt habe. »Heute erlebe ich den Gottesdienst wirklich als die Mitte von allem, was wir leben und tun.«[144] Dabei kommen keineswegs nur kirchlich Verbundene, sondern etwa zur Hälfte Gäste, darunter viele Menschen, die aus der Kirche ausgetreten sind oder jedenfalls den Kontakt zu einer Kirchengemeinde verloren haben. Kiefel formuliert sodann genau jenen Zusammenhang von Diakonie und Liturgie, der oben als letzter Grund für die Wiederentdeckung der gottesdienstlichen Dimension angeführt worden ist: »Es gibt einen - immer wieder gestörten und bedrohten, aber doch grundsätzlich gewollten und bejahten - Zusammenhang zwischen sozialem Engagement und Spiritualität, Gottesdienst im Alltag und Gottesdienst in der Liturgie, Weltlichkeit und Frömmigkeit unserer Gemeinde« (S. 75).

Für die Bedeutung dieses Zusammenhanges sprechen auch die Erfahrungen zahlloser Christen in der ökumenischen Bewegung, wo besonders seit der 5. Vollversammlung des Ökumenischen Rates der Kirchen 1975 in Nairobi deutlicher als früher »im gemeinsamen Gottesdienst die Mitte« für den »Dienst in der Welt« erkannt und die Ergebnisse der Vollversammlung in der Formel »Weltverantwortung *und* Spiritualität« zusammengefaßt worden sind.

Alle diese Elemente bedürfen freilich einer historisch-systematischen Überprüfung.

Grundbestimmungen des Gottesdienstes

Die angedeutete Entwicklung bringt Gesichtspunkte ins Spiel, die erst dann ihr Recht erkennen lassen, wenn sie in das angemessene Verhältnis zueinander gerückt werden. Nach reformatorischer Auffassung ist der Gottesdienst eine *Versammlung der Christen unter dem Wort der Predigt,* und auch das Abendmahl ist streng vom Wort her zu verstehen. In dieser nüchternen Grundbestimmung waren sich Luther und die Schweizer Reformatoren einig. Ziel des Gottesdienstes ist es, den Glauben zu begründen und zu stärken. In unserem Jahrhundert hat die Wort-Gottes-Theologie die Mittelpunktstellung der Verkündigung des Wortes erneuert. Wie die vorausgehenden Beobachtungen zeigen, tritt heute für viele diese Perspektive zurück. Oder anders akzentuiert: Aus der klassischen Definition der Kirche in Art. 7 der Confessio Augustana, wonach die christliche Kirche »die Versammlung aller Gläubigen ist, bei denen das Evangelium rein gepredigt und die Sakramente recht verwaltet werden«, wird heute das Moment der Versammlung besonders hervorgehoben, indem diese als *Gemeinschaft* mit einer entsprechenden Gemeinschaftserfahrung erwartet wird.

144. *G. Kiefel,* Offene Gemeinde, a.a.O. (Anm. 114), S. 73.

Unverkennbar zeigen sich ferner die wellenförmig fortgesetzten, sich hierbei modifizierenden und immer wieder andere Impulse aufnehmenden Auswirkungen der liturgischen Erneuerungsströmungen. Sie weisen historisch auf die Gottesdienstauffassung Schleiermachers zurück. In breiter Front haben sie heute zum Verständnis des *Gottesdienstes als Fest und Feier* geführt. Aus dieser Perspektive wird zugleich verständlich, warum evangelische Christen die Abendmahlsfeier neu entdecken. Man sucht erstens eine ganzheitlichere Erfahrung als nur im Hören des Wortes, und man möchte zweitens einer unmittelbar spürbaren eigenen objektiven religiösen Wirklichkeit innewerden[145].

Das dritte Phänomen ist die *Verbindung des Gottesdienstes am Sonntag mit dem Gottesdienst im Alltag.* In der Dialektik von Hinreise und Rückreise (D. Sölle) wird der Gottesdienst als kraftspendendes Refugium aufgesucht, um ihn zugleich oft so zu verstehen, daß anschließend aus ihm unmittelbare Handlungsimpulse oder gar -aufträge hervorgehen sollen. Diese Sichtweise kann sich darauf berufen, daß besonders die reformierte Theologie die Konsequenzen für das Leben betont hat, weil es eben grundsätzlich und überall immer nur um das eine geht, um Glauben und Leben vor Gott unter der Herrschaft Jesu Christi. Diese Auffassung duldet keine räumlichen oder ideellen Unterscheidungen mehr.

Wenn man die obigen Bestimmungsmomente zusammenhält, kann deutlich werden, wovor gewarnt werden muß: Jede Vereinseitigung nach der einen oder der anderen Seite wird der Sachgemäßheit des Gottesdienstes schaden. Ritualisiertes, trockenes Predigen und die Unbeweglichkeit hinsichtlich der einmal überkommenen liturgischen Abläufe kann der verfolgten Absicht, das Hören des Wortes zu fördern, lähmend entgegenwirken. Überzogene Gemeinschaftserwartungen verwechseln die christliche Kirche mit einer Gesinnungs- oder Überzeugungsgemeinschaft, die die Freiheit des einzelnen, sein Verhältnis zur Kirche selbständig bestimmen zu dürfen, empfindlich einschränken kann. Ein gewolltes Streben nach einer Feier kann leicht Feier und künstliche Feierlichkeit miteinander verwechseln. Gottesdienst zu sehr nur als seelisches Refugium oder als Ausgangsbasis für ein bestimmtes handelndes Engagement zu verstehen bedeutet, ihn psychologisch oder politisch zu instrumentalisieren.

Wenn man die Gefahren vermeidet, kann umgekehrt der Gottesdienst in seine mögliche Fülle hineinwachsen. Er entspricht als freudiges Fest des Glaubens dem Evangelium als Froher Botschaft. Er entspricht im Doppeltakt des Gottesdienstes am Sonntag und im Alltag dem einen übergreifenden Gottesdienst im Leben. Er behält durch die Mittelpunktstellung der Zusage und Zueignung des Wortes Gottes in Predigt und Sakrament seine wahre evangelische Identität. In dem so verstandenen Gottesdienst erkennen und erfahren die Christen, daß jeweils vor

145. Vgl. *D. Rössler*, Grundriß der Praktischen Theologie, a.a.O. (Anm. 38), S. 395.

allen weiteren und inmitten aller weiteren Überlegungen über den Weg der Kirche, seien es Gemeindeaufbaukonzeptionen oder gemeindepädagogische Programme, seien es Aktionen oder neue Formen von gemeindlicher Organisation, Gott selbst verläßlicher und stärker ist als alles, was wir tun können. Durch dieses Vertrauen auf seine Verheißungen wird der Gottesdienst zur Mitte, durch nichts sonst.

Gemeindeaufbau vom Gottesdienst aus und zu ihm zurück (Ch. Möller)

In systematischer Form hat *Christian Möller* dargestellt, was für ihn Gemeindeaufbau vom Gottesdienst aus und zu ihm wieder zurück bedeutet. Die Frage nach der »geistlichen« bzw. »integrierenden Mitte« durchzieht sein ganzes Buch[146]. Möllers Antwort ist, daß nicht unser Tun, sondern Gottes Tun Anfang und Ende allen Gemeindeaufbaus sei. Mit dieser Grundlegung werden die Erfahrungen der Bekennenden Kirche (S. 214, 232), Grundüberzeugungen der Berneuchener Bewegung sowie der kirchlichen Arbeit Alpirsbachs (S. 171ff., 207f.) und verwandte Überlegungen anderer einzelner Theologen aus der kirchlichen Praxis aufgenommen. Wie rundet sich durch den Blick auf den Gottesdienst der Horizont der gemeinsamen Verantwortung von Gemeindeaufbau und kirchlicher Bildungsarbeit? Was bedeutet dieser Blick auf die liturgische Mitte praktisch-pädagogisch?

»'*Ich* will meine Gemeinde bauen' (Mt 16,18)« - nach Möller muß erstens der »homo faber« in uns vernichtet werden, »der Gemeinde nach seinen Plänen bauen will«. *Gottes schaffende Tat* ist die Grundlage (S. 255).

Damit bildet in der Theologie des Gemeindeaufbaus wie in der Religionspädagogik nicht menschlicher Mangel den Ausgangspunkt, sondern *Gottes Fülle.* Gottes Liebe definiert Gemeindeaufbau im »Kraftfeld« seiner Liebe. »Dieser Weg hat immer schon angefangen. Er kommt aus einer Fülle und führt in eine Fülle. Auf diesem Weg wird eine Gemeinde nicht auf ihren Mangel hin angesehen, sondern auf ihren Reichtum, der glaubend 'vorausgesetzt' wird« (S. 260). In der pädagogisch-diakonischen Bildungsarbeit wird dieser Ausgangspunkt nirgendwo so deutlich wie im Umgang mit Behinderten, sofern in der Sonderpädagogik der »Kompetenzansatz«, nicht der »Defizitansatz« zu gelten hat - die

146. *Ch. Möller,* Lehre vom Gemeindeaufbau, Bd. 1, a.a.O. (Anm. 16), S. 55, 57, 62, 66 passim; vgl. ferner ähnlich *K.-H. Bieritz:* Abendmahl und Gemeindeaufbau, in: PTh 75 (1986), 1, S. 16-34.

Hinsicht auf das, was einem behinderten Menschen trotz allem als Gabe gegeben ist -, ein für alles pädagogische Handeln exemplarischer Ansatz[147].

Gleichzeitig bleibt schließlich gerade auf diese Weise schärfer als sonst die *»Gebrochenheit menschlichen Tuns«* bewußt[148].

Infolge der Konzentration auf den Gottesdienst treten bei Möller andere Aspekte des Gemeindeaufbaus zurück. Nur einer dieser Aspekte sei wegen seiner grundsätzlichen Bedeutung näher beleuchtet. Es ist zwar theologisch richtig, auf Gottes schöpferisches Voraussein zu setzen und davor zu warnen, daß sich die Gemeinde nur noch aus ihrer Tätigkeit versteht. Es ist richtig, auf das sich selbst Gehör verschaffende Wort Gottes zu hoffen, auf das Handeln des Heiligen Geistes an den Menschen in Wort und Sakrament. Aber das alles setzt voraus, daß sich die Zeitgenossen zum Hören des Wortes und zur Feier des Herrenmahls überhaupt versammeln. Der Ansatz bei Gottesdienst und Abendmahl hat zunächst seine Bedeutung für die, die schon im Einverständnis des Glaubens leben. Für Gemeindeaufbau, Gemeindepädagogik und Religionspädagogik ist jedoch in unserer Zeit grundsätzlich von zwei hermeneutischen Grundmodellen des Verstehens auszugehen, von einer Hermeneutik des schon gegebenen Einverständnisses im Glauben und einer Hermeneutik des erst zu suchenden Einverständnisses auf dem Weg zum Glauben. Wir werden im zweiten Teil genauer hierauf zurückkommen.

Für die im zweiten Grundmodell vorausgesetzte Situation helfen Beobachtungen, Erfahrungen und Versuche weiter, die den Ansatz des »gottesdienstlichen Gemeindeaufbaus« mit lebensweltlich-sozialethisch orientierter Gemeindearbeit verschränken. Wir kehren damit zu den schon oben aufgenommenen Erfahrungsberichten noch einmal zurück. Zugleich sei genauer veranschaulicht, was der Zusammenhang von Diakonie und Liturgie für die Einladung jener Menschen zum Glauben bedeutet, die der kirchlichen Sprach- und Formwelt ganz entfremdet sind. Für sie muß sie sich in dem Sinne verändern, daß der Gottesdienst als Text Gottes konsequent aus der Perspektive des Kontextes ihrer Lebenswelt heraus wieder verständlich werden kann - angebahnt durch Vertrauensbildung; sie ist immer wieder der erste Schritt.

147. Vgl. meinen Aufsatz: Das Evangelium als Grund und Hilfe an Schulen für Behinderte, in: *Comenius-Institut (Hg.):* Evangelium und Behinderte, Münster 1978, S. 65ff., bes. S. 80ff. (Institutsveröffentlichung).

148. *Ch. Möller,* a.a.O., S. 356.

»*Warum machen Sie das hier?*« - *Gottes Text im Kontext der Lebenswelt*

Im Berliner Modell *Gerhard Kiefels* wird zum täglichen Abendgebet »an der Theke und den Tischen im Restaurant« eingeladen, ohne Zwang zur Teilnahme[149]. »Die Seelsorge entwickelt sich meist aus dem Erleben und der Begegnung im Restaurant. Hier wie bei unserer gesamten Arbeit hat sich unser Bemühen um eine *niedrige Kontaktschwelle* bewährt« (ebd.). Die »Theke«, das »Restaurant«, das sind in diesem Falle genau jene *Räume der Vertrauensbildung, Offenheit und Einladung,* die mit der Formel vom lebensweltlichen Kontext gemeint sind. Der enge Zusammenhang von Text und Kontext ist auch räumlich erfahrbar.

»Wir haben das Essen und Trinken im Restaurant, die Kleiderkammer im Keller, die Dusche für den Obdachlosen und die Waschmaschine für die schmutzige Wäsche. Es gibt den Ruheraum mit sechs Betten und den Meditationsraum mit Bibeln und anderen Schriften für den, der lesen, lernen und verstehen möchte, was das Evangelium uns zusagt« (ebd.).

Diese förmlich mit den bloßen Händen anzupackende Verkörperung einladender christlicher Existenz provoziert dazu, daß mancher mit der Frage beginnt: »Warum machen Sie das hier?« (ebd.). Auf diesem Wege finden auch Fernstehende zum Gottesdienst.

Dasselbe Modell ist bei *Michael Schibilsky* anzutreffen, der mit seinem Bericht zeigt, wie wichtig es ist, mutig bestimmte *Veränderungen der Gottesdienstform* anzupacken. Die Elemente, die hierbei eine Rolle spielen, entsprechen den eingangs genannten Bedingungsmerkmalen: der Bedeutung der Gemeinschaftserfahrung, dem Charakter des Gottesdienstes als Feier und seinem Lebensbezug. Schritte zur Veränderung sind in einer Volkskirche nie konfliktlos. So ziehen denn auch die Mitglieder der Kerngemeinde in Schibilskys Parochie den »wohlgeordneten und vertrauten Gottesdienstablauf« des selbstverständlich weiterbestehenden traditionellen Gottesdienstes den neuen Formen vor[150]. Die Richtung der Veränderung faßt Schibilsky im Stichwort *»erfahrungsbezogene Gottesdienstgestaltung«* zusammen (S. 163, Hervorhebung von mir).

»Der Gottesdienst beginnt dort wieder lebendig zu werden, wo er selbst eine bisher unbekannte und ungewohnte Erfahrungsqualität beinhaltet.« Damit ist alles andere als eine Anpassung des Evangeliums an die Alltagserfahrungen und -bedürfnisse gemeint. »Die in solchen Gottesdiensten aktualisierten Erfahrungen stehen dabei häufig genug in deutlicher Diskrepanz zu Alltagserfahrungen. Mehr noch: Gerade diese Diskrepanz relativiert die Alltagserfahrungen, in denen gemeinsames Feiern, Erfahrung von Gemeinschaft

149. *G. Kiefel,* a.a.O., S. 74.
150. *M. Schibilsky,* Alltagswelt und Sonntagskirche, a.a.O., S. 165.

und Zusammengehörigkeit, von Vertrauen und Geborgenheit in der Regel keinen Platz haben« (S. 163f.).

Was bedeuten Lebens- und Erfahrungsnähe im einzelnen? Eine erste Voraussetzung ist eine *verständliche Sprache,* die die Hörer, in diesem Falle Industriearbeiter und ihre Familien, verstehen. Eine zweite ist die, daß der Pfarrer tatsächlich die *Lebenswirklichkeit* aufgreift und »sich nicht hinter Stereotypen oder dogmatischen Richtigkeiten versteckt« (S. 164). Eine weitere ist die besonders gründliche Vorbereitung für die Ansprachen bei *Amtshandlungen* und deren Vollzug. Schließlich finden neben »Familiengottesdiensten« besonders »meditative Nachtgottesdienste gerade bei Jugendlichen und jüngeren Erwachsenen große Resonanz. Auch hier stehen erfahrungsbezogene Gestaltungselemente im Vordergrund (etwa Osternachtgottesdienst)« (S. 165). Bisher nur an das Wort gewöhnte, aber auch durch viele Worte abgeschreckte, enttäuschte, nicht abgeholte evangelische Kirchenmitglieder entdecken langsam die Kraft der Sprache von *Symbolen und symbolischen Handlungen.* Gemeindeaufbau und Religionspädagogik stoßen gemeinsam in vielfältiger Weise auf das Problem der rechten Sprache.

Wenn Gottesdienst den beschriebenen Charakter annimmt, wird die Doppelbewegung zwischen Alltag und Gottesdienst und zurück verständlich. Wenn von den Kontakten im Alltag her der einladende 'Zug' zum Gottesdienst hin erfolgt, kann dieser in einer umgekehrten Bewegung die Teilnehmer mit neuer Kraft in den Alltag - buchstäblich 'entspannt', entkrampft, befreit - wieder entlassen. So erst werden die »Wege vom Gottesdienst zum Gemeindeaufbau und zurück« (Ch. Möller) praktisch, ohne daß damit Gottes Handeln durch unser Mittun verdrängt wird. Die enge Verbindung von Alltag - Gottesdienst - Alltag macht im übrigen auch darauf aufmerksam, daß mit dem Gottesdienst nicht nur der sonntägliche Gemeindegottesdienst gemeint sein kann. Auch die (tägliche) Morgen- und Abendandacht oder der spontane Abschluß mit Gebet und Wortverkündigung nach einem Gruppentreffen oder einem Projekt sowie überhaupt Gottesdienste in Personalgemeinden, Gruppen, Diensten und Werken unserer Kirche sind eingeschlossen[151].

Der gottesdienstliche Ansatz zum Gemeindeaufbau wirft die drei selbstkritischen Fragen auf, ob der Gottesdienst in gemeinde- und religionspädagogischen Institutionen vergessen worden ist, wie er möglicherweise verfehlt und mißbraucht wird und wie er wieder sinnvoll seinen Platz erhalten kann: *Liturgie als Mitte der Katechese*[152]. Für den Kindergottesdienst wird man nicht lange suchen

151. Inzwischen hat *Ch. Möller* konkretisierend seinen Ansatz entfaltet: Gottesdienst und Gemeindeaufbau. Ein Werkstattbericht, Göttingen 1988.

152. Vgl. Grundfragen III, S. 255, im Anschluß an *K. Meyer zu Uptrup.*

müssen. Hier ist er nicht vergessen worden. Während der Konfirmandenzeit werden Jugendliche vom Pfarrer und der Kerngemeinde 'angehalten', den Gottesdienst mit einer Regelmäßigkeit zu besuchen, um die man sich gegenüber den erwachsenen Gemeindegliedern sonst nicht schert. Hier kann seine Verwendung an Mißbrauch grenzen, wenn man versäumt, den Gottesdienst auch für die Konfirmanden und mit ihnen zusammen sensibel und einladend zu gestalten. In manchen Religionsunterrichtsstunden verkümmert der liturgische Rahmen zum routinemäßig und zusammenhanglos dem Unterricht vorgespannten Eröffnungsgebet oder -lied, soweit nicht dieser Rahmen seit Jahrzehnten ersatzlos gefallen ist. Anderswo werden Schul- und Schülergottesdienste neu belebt und stoßen auf Resonanz. In der Jugendarbeit und kirchlichen Erwachsenenbildung ist die Wiederentdeckung meditativer Formen nicht mehr zu übersehen.

An Ort und Stelle wird unser Sachverhalt genauer weiterzuverfolgen sein (s. bes. Kap. 8). Dabei halten wir schon jetzt fest, daß das Thema »Gottesdienst« nicht nur den sonntäglichen Gemeindegottesdienst meint, daß ferner jenen Kindern und Jugendlichen, für die durch ihr Elternhaus der Gottesdienstbesuch nicht zur guten Gewohnheit geworden ist, am allerwenigsten eine gottesdienstliche Feier einfach aufgedrungen werden kann. Kurz: Gottesdienst ist zwar in theologischer Hinsicht die Mitte, aber damit in pädagogischer Sicht noch nicht der Hauptweg zum Glauben.

9. Zusammenfassung und Vorblick

Das obige umfangreichste Kapitel des ersten Teils hat in grundlegender Weise versucht, nacheinander die Aspekte des Verhältnisses von Glaube und Bildung zu entfalten. Wir haben die pädagogischen Seiten bei der Entstehung des Glaubens mit dem inneren Beziehungsreichtum des Bildungsbegriffs verbunden. Wer von Glaube und Bildung spricht anstatt von Glaubenserziehung, Schulung oder christlicher Sozialisation, erinnert nicht zuletzt an den Menschen als unvertretbare einzelne Person: Gott will jeden als freies Gegenüber ansprechen.

Das Geschenk des christlichen Glaubens liegt nicht in menschlicher Hand. Gleichwohl gibt es Wege, die zum Glauben hinführen und die wir in den Grenzen unseres menschlichen Vermögens und Unvermögens zu verantworten haben; Glaube bildet sich in beschreibbaren Zusammenhängen. Wir fassen vier zusammen:

a) Da Glaube eine den Menschen als Ganzes ergreifende Vertrauenserfahrung im Verhältnis zu Gott ist und damit, psychologisch-anthropologisch gesprochen, eine grundlegende emotionale Dimension aufweist, kann Glaube zum einen durch Vertrauensbildung angebahnt werden. Sie hat für das, was Glauben ausmacht, Gleichnischarakter; man kann an ihr Glauben als Vertrauensakt verdeutlichen. Wo der Geist des Vertrauens herrscht, eine Kultur des Vertrauens sich gebildet hat, öffnen sich ferner Menschen füreinander und damit auch für das, was andere einem sagen und zeigen möchten.

b) Glaube als Vertrauen ist zum anderen auch auf Verstehen aus, und wenn Luther in seiner Erklärung zum 1. Gebot im Großen Katechismus sagt, »das, worauf du dich verläßt, das ist eigentlich dein Gott«, dann kann der Gegenstand des Vertrauens, kann mein 'Gott', auch alles mögliche sein, aber nicht der biblische Gott. Wird aber von diesem biblischen Gott in der christlichen Kirche mit Bezug auf den gekreuzigten und auferstandenen Jesus von Nazareth geredet, wird Glaube als Glaubensbekenntnis im Credo bezeugt, stellen sich schwerwiegende Rückfragen ein. Heute den christlichen Glauben nur als Vertrauen zu umschreiben und von Gott und Christus, Kreuz und Auferstehung, Schöpfung, Erlösung und Wiederkunft nur formelhaft zu sprechen genügt nicht. Bereits die erste Aussage, die ein Kind gewöhnlich hört, die vom »lieben Gott«, wird für unzählige Heranwachsende fragwürdig. Zu den Wegen zum Glauben kann daher gehören, sich den »tödlichen Thesen« aussetzen zu müssen, auf Grund derer der christliche Glaube in den Herzen der (jungen) Menschen stirbt oder gar nicht erst aufkommt. Pädagogische Glaubenshilfe ist darum immer auch ein überaus wichtiger Vorgang der Verständigung. Sie geschieht unter der Voraussetzung und in den Grenzen der Verstehbarkeit Gottes, und sie beruht auf dem Umstand, daß die Glaubenslehre der Kirche interpretationsbedürftig und interpretationsfähig ist. Diese gedankliche theologische Arbeit - die kognitive Dimension - schließt kritische Bildungsbemühungen in sich, wie elementarisiert sie auch sein mögen. Kritische Aufklärung ist für viele eine Hilfe, für manche freilich ein Risiko.

c) Die pädagogischen Hilfen zum Glauben zielen drittens auf Vergewisserung im gemeinsamen Leben und Handeln. Der Glaube hat eine soziale Dimension und ist für Christen nicht ohne Gemeinde und Gemeinschaft zu denken. Er ist heute ferner mit dem starken Interesse an Konsequenzen im Handeln verbunden. Die Kirche wird zu Überschaubarkeit und Erfahrungsnähe, Ganzheitlichkeit und neuer Entschiedenheit im Handeln gedrängt. Dabei erweitern sich die Erwartungen; sie gehen aus dem zwischenmenschlichen Nahbereich in den Raum eines ökumenisch und ökologisch, sozial und politisch angeleiteten Engagements für das umsorgte Ganze über. Wenn überhaupt, scheint sich für viele junge Menschen ihr Glaube nur noch über die hier möglichen Identifikationen zu ergeben, während für sie Fragen der Glaubenslehre nahezu völlig irrelevant geworden sind.

d) Glaube bildet sich schließlich unter dem Hören des Wortes und in der Teilnahme am Sakrament. Die Wiederentdeckung der Bibel in bezug auf die eigenen Lebensprobleme ist ein Zeichen der Hoffnung. Auch der Gottesdienst wird dort neu geschätzt, wo er Feier ist und anspricht; vielleicht hat auch das

Abendmahl im Protestantismus eine Zukunft. Evangelische Christen suchen jedenfalls nach den kirchengeschichtlich ungewohnten Formen der Meditation, der Einkehr, des Fastens, der kommunitären Gemeinschaft - die spirituelle Dimension der Entstehung des Glaubens.

Faßt man alles unter pädagogischem Blickwinkel zusammen, sind am Weg zum Glauben viele Faktoren beteiligt, eine 'Faktorenkomplexion'. Es ist wissenschaftlich gänzlich unmöglich, eine Dimension gegen die andere auszuspielen. Man darf aber auch nicht die Dimensionen nur addieren. Vielmehr deutet alles darauf hin, sie als einen notwendigen Erfahrungs- und Lernzusammenhang zu begreifen, »einen unlösbaren Zusammenhang von Inhalt und Beziehung, von Erkenntnis und Liebe, von Glaube und Handeln (Gehorchen) ... Wo das leibhaftig wird, können wir die Botschaft anschauen und verstehen«[153].

Diesen Charakter eines Zusammenhangs kann man auch an der biblischen Überlieferung ablesen, am 'Modell Jesu'. Wer Jesus begegnete und ihm nachfolgte, wurde hierzu veranlaßt, weil er das »Evangelium« (Mk 1,1.14) in folgender Weise gleichzeitig erfuhr: in der Bedeutung des Inhalts der Worte Jesu, als befreiende und neu verpflichtende Kraft der Beziehung zu seiner Person, als Beglaubigung der gewonnenen Erkenntnis in der Liebe der neuen Gemeinschaft bzw. - man kann es auch umgekehrt sehen - als neue Erkenntnis auf Grund der Liebe - und als die überwältigend beredte Sprache von Jesu Verhalten und Handeln. Wort, Person und Situation sind nicht voneinander zu trennen.

Das aber heißt: Man muß danach trachten, immer wieder diesen Zusammenhang im ganzen zu 'wiederholen'. Trotz der festgestellten krisenhaften Herausforderungen hinsichtlich des Verständnisses und der Interpretation der Glaubensinhalte (s. oben 5. und 6.) kann darum Glaube wohl kaum von einer isolierten Glaubenslehre erhofft werden. Der Katechismusunterricht trug (als intentionale Glaubenserziehung) nur so lange die Glaubensüberlieferung, als er selbst vom gelebten Glauben im Alltag von Familie, Gemeinde und Gesellschaft (als funktionaler Glaubenserziehung) getragen wurde. Heute sind diese Voraussetzungen nicht mehr gegeben, und es ist nur zu verständlich, daß sich zumal die gemeindepädagogische Fragestellung in breiter Front neu auf den »Zusammenhang von Leben, Glauben und Lernen« richtet[154]. Darum hat auch in unserer Darstellung die Aufgabe der Interpretation der Glaubensinhalte (2.6) sofort in der Entfaltung des Lebensbezugs des Glaubens ihre Fortsetzung gefunden (2.7) und ist der

153. *H.-B. Kaufmann:* Zum Verhältnis pädagogischen und theologischen Denkens, in: *E. Goßmann / H.-B. Kaufmann (Hg.):* Forum Gemeindepädagogik. Eine Zwischenbilanz, Münster 1987, S. 26.

154. *Kirchenamt der EKD (Hg.):* Zusammenhang von Leben, Glauben und Lernen. Gemeindepädagogische Empfehlungen, Gütersloh 1982.

Gottesdienst mit dem menschlichen Alltag verbunden worden (2.8). Auf Grund dieses Zusammenhangs können formulierte Glaubensinhalte und -bekenntnisse auch nicht am Anfang des Weges zum Glauben stehen. Wir haben vielmehr auf solche Erfahrungen als Anfänge verwiesen, die wie die des Vertrauens den Charakter einer grundlegenden Einladung haben, sich auf den Zusammenhang überhaupt einzulassen. Im übrigen müssen wir besonders im Erwachsenenalter für jeden einzelnen individuelle Schwerpunkte des Zugangs annehmen.

Ganz entsprechend zielte das Interesse auch darauf, in Abwehr von Einseitigkeiten und Ausblendungen die jeweiligen Stärken der verschiedenen Ansätze zum Gemeindeaufbau und zur Erneuerung der Kirche zusammenzufügen und sie mit der im ganzen sehr wenig berücksichtigten pädagogischen Aufgabenseite zu verbinden. Umgekehrt war es die erklärte Absicht, die gesamte Religionspädagogik, nicht nur ihren gemeindepädagogischen Zweig, im Spiegel der Gemeindeaufbaudiskussion der missionarischen Herausforderung der Volkskirche auszusetzen und damit sowohl dem Grundimpuls der Erneuerung wie den Bedingungen einer zunehmend nachchristlichen Situation.

Neben der Scheu, sich auf die pädagogische Seite und damit auf Kirche als Lerngemeinschaft einzulassen, teilt die Gemeindeaufbaudiskussion die Scheu vor einer Analyse der Situation des Christentums unserer Zeit. Zum pädagogischen Defizit gesellt sich das zeitanalytische Defizit. Statt dessen orientiert man sich an binnenkirchlichen und in gesellschaftlicher Hinsicht eher individualethischen Kategorien. Wir haben mit diesem Kapitel zunächst ebenfalls den kirchlich-gemeindlichen Standort eingenommen und im Rahmen eines »kirchlich-gemeindlichen Ansatzes« gedacht. Für ihn ist es charakteristisch, daß man von der Krise im eigenen Haus ausgeht, etwa der Krise der Volkskirche, und im Grunde relativ schnell wieder auf die Erneuerung des eigenen Hauses zurückkommt. Schon bei diesem Ansatz bricht freilich - sieht man nur hin - die Zeitsituation immer wieder eruptiv und schonungslos durch und sprengt den vertrauten Kategorienrahmen. Wir haben uns dies bewußt dort verdeutlicht, wo in industriellen Ballungsgebieten, an sozialen Brennpunkten in Großstädten und im Spiegel technologischer Innovationen (»Neue Technologie«), stratifikatorischer Entwicklungen (»Neue Mittelschicht«) und neuer Wertprioritäten (»Neue Politik«) gesellschaftliche Umwälzungen sichtbar werden, die nach einer gesellschaftlichen Erneuerung verlangen, von den globalen Problemen, die wir gestreift haben, ganz zu schweigen. Diesen Weg einer weiter ausgreifenden Bedingungsanalyse müssen wir in den folgenden Kapiteln fortsetzen, im Doppelschritt vom »modernen Ansatz« zum »postmodernen Ansatz«.

Erst die Merkmale des neuzeitlichen Menschen-, Bildungs- und Glaubensverständnisses im nachaufklärerischen Protestantismus (Kap. 3) machen verständlich, welche Rolle die Kategorien subjektiver Freiheit und Selbstbestimmung spielen und damit die Phänomene religiöser Individualisierung und Pluralisierung, die den kirchlichen Denk- und Handlungsansatz längst hintergründig geschichtlich mitbestimmen. Mit der gegenwärtigen Kritik an den Merkmalen der Moderne wiederum - der Kritik an Freiheit, Individualismus, Wachstum, Fortschritt - gerät freilich gleichzeitig auch dieser Ansatz ins Zwielicht (Kap. 4). Was ist von alledem zu halten?

Schon oben ist begründet worden, warum die individuelle Freiheit nicht überschätzt, die »Besetztheit« des Menschen nicht übersehen, die Schwierigkeit, glauben zu können, nicht nur dem einzelnen modernen Menschen zur Last gelegt werden darf; überindividuelle geschichtlich-gesellschaftliche Vorgänge sind zu bedenken. Das heißt aber umgekehrt nicht, daß das Subjekt »postmodern« zu verabschieden wäre. Heute versuchen religiöse Suchbewegungen gleichzeitig die traditionellen kirchlichen Antworten und die Moderne im Zeichen der Postmoderne, sei es regressiv rückwärts gewandt oder progressiv-utopisch nach vorn gewandt, auf der Suche nach einem ganz »neuen Zeitalter« hinter sich zu lassen, in welchem der einzelne in ein umfassendes Ganzes aufgehen soll. Die New-Age-Formeln erinnern mit Recht heute an das Ganze; wir selbst haben ebenfalls schon in diesen Kapiteln die theologische und pädagogische Verantwortung nicht nur nach ihrer individuellen, sondern auch nach ihrer allgemeinen sozialen, ökologischen und ökumenischen Seite angedeutet. Kirchliche Bildungsverantwortung muß von Kirche und Gemeinde (Kap. 2), vom einzelnen (Kap. 3) und von der Gesellschaft, damit von der Frage nach dem gemeinsamen Wohl (Kap. 4) ausgehen, aber nicht das eine durch das andere überholen wollen.

Drittes Kapitel:

Bildungsverantwortung im religiösen Wandel - der Ansatz beim neuzeitlichen Christentum

1. Freiheit zur Religion und Ambivalenz neuer Religiosität

Persönliche Freiheit und soziale Geborgenheit als Grundspannung des modernen Lebensgefühls

Im Jahre 1979 veröffentlichte der katholische Religionssoziologe Gerhard Schmidtchen ein Buch unter dem Titel »Was den Deutschen heilig ist«[1]. Er verdeutlicht das Wort »heilig« an folgendem Beispiel.

»Wenn jemand heute eine Verpflichtung absagen muß, weil er sich nicht wohlfühlt, ohne mit einem massiven ärztlichen Attest aufwarten zu können, wird diese Entschuldigung weniger gern akzeptiert, als wenn jemand darauf hinweist, er habe in dieser Zeit Ferien und könne deshalb keinen Termin wahrnehmen. Hier spürt man etwas von der Existenz jener sozial geschützten Bereiche, deren Verletzung nahezu nicht mehr möglich ist« (S. 64).

Wo liegen die Schutzbereiche unserer Zeit? Was ist den Menschen in einer westlichen Gesellschaft wie der Bundesrepublik »heilig«? Durch die Auswertung empirischer Daten entdeckte Schmidtchen auf dem Wege über eine Faktorenanalyse vier Faktoren bzw. Teilbereiche, von denen je zwei miteinander zusammenhängen und gleichsam zwei »Superstrukturen« bilden: »Bewegungsfreiheit und Geborgenheit« (S. 66).

Unter »Bewegungsfreiheit« werden die Faktoren 2 (»freiheitliche Struktur«) und 3 (»Schutz der persönlichen Bewegungsfreiheit«) zusammengefaßt, unter »Geborgenheit« die Faktoren 1 (»religiöse Rituale und Symbole«) und 4 (»Verankerung im sozialen Kosmos«). Zu den Faktoren 2 und 3 wird ausgeführt:

»Der universellste Schutzbereich scheint der der persönlichen Bewegungs- und Entscheidungsfreiheit zu sein, man möchte Kinder erziehen können, wie man es für richtig hält, in einer freiheitlichen Staatsform leben ...« usw. »Ein zweiter Schutzbereich, den die Menschen als heilig, als absolut verteidigungswürdig empfinden, ist der auch zeitliche Schutz der Privatsphäre gegenüber den Ansprüchen der Organisation: der sonntägliche Ruhetag, regelmäßiger Urlaub, ein eigenes Auto fahren zu können, abends ungestört

1. *G. Schmidtchen:* Was den Deutschen heilig ist. Religiöse und politische Strömungen in der Bundesrepublik Deutschland, München 1979.

fernzusehen, pünktlicher Arbeitsschluß sind hier die wesentlichen Konkretionen ... Freiheit in ihrer ganz konkreten Form« (S. 64).

Die beiden Schutzbereiche der ersten Superstruktur, die man auch unter dem Begriff der *freien Selbstbestimmung* zusammenfassen kann, dominieren überdeutlich über jene als heilig betrachteten Werte und Beziehungen, die eine enge Bindung an die christliche Religion ausdrücken und die unter der Überschrift »Religiöse Rituale und Symbole« an der Stellungnahme der Befragten zum Vaterunser, zum Kirchgang, zum Kruzifix, zum Neuen Testament und zu anderen Elementen abgelesen werden konnten (S. 65) und oben den ersten Faktor ausmachen. Zusammen mit dem vierten Faktor bildet der erste den anderen »heiligen« Bereich im Sinn einer Superstruktur, den Schmidtchen mit *»Geborgenheit«* überschreibt. Er zeigt, daß dem Freiheitsbedürfnis ein Bedürfnis nach »Verankerung im sozialen Kosmos« gegenübersteht (ebd.).

Abzulesen ist dies Bedürfnis an der sehr großen Zustimmung, die bei Faktor 4 »das Weihnachtsfest in der Familie« erhält, und an dem Interesse, »daß wir in der Familie, in der Verwandtschaft zusammenhalten«. Pflichtbewußtsein und Getauftsein, Heimatliebe und Deutscher sein spielen in diesem Bereich schutzwürdiger Werte ebenfalls eine Rolle (ebd.). Vom Christentum bleiben jetzt (nur) noch die Komponenten wichtig, die wie das Weihnachtsfest und die Taufe zu dem fundamentalen Wunsch beitragen, »so etwas wie eine soziale Heimat herzustellen« (S. 66).

Im ganzen fällt auf, daß Angebote von Kirche und Christentum (soweit nach ihnen gefragt worden ist, hier liegt eine methodologisch bedingte Grenze der Untersuchung), wenn sie schon überhaupt als »heilig« erachtet und gewichtet werden, nur an einem Pol erscheinen, auf seiten des Geborgenheits- und Ordnungsbedürfnisses, nicht auf seiten von Freiheit und Selbstbestimmung. Es soll und kann hier nicht die Frage verfolgt werden, ob es sich bei Bewegungsfreiheit und Geborgenheitssuche, wie es Schmidtchen anzunehmen scheint, um zeitenthobene »Grundbedürfnisse der Menschen« handelt (S. 66). Wohl aber handelt es sich um eine Grundspannung des *modernen* Lebensgefühls; das Selbstverwirklichungs- und Freiheitsinteresse ist in der beschriebenen Form eher ein spätes aufklärerisches Produkt, ein Ergebnis der westlichen Kulturgeschichte der Neuzeit. In diesem kulturellen Kontext wird es durch Beobachtungen auf dem uns unmittelbar interessierenden Gebiet in aufschlußreicher Weise bestätigt. Aus Freiheit für die eigene Person in Familie, Erziehung, Freizeit und Meinungsbildung folgt, falls überhaupt ein Bedarf besteht, der freie Umgang auch mit Religion.

Neue Religiosität als Absage an die Moderne und als ihr Ausdruck

Es gibt heute in der westlichen Welt wieder mehr Menschen, die, wenn man sie danach fragte, was für sie heilig sei, religiöse oder spirituelle Werte angeben würden. Schon seit den frühen 70er Jahren dokumentieren Programmschriften und wissenschaftliche Untersuchungen aus den USA und anschließend aus Westeuropa mit ihren schillernden Titeln eine »neue Religiosität«, die Sehnsucht nach dem »unverbrauchten Gott«, die Entstehung »neuer Religionen« oder »neuer religiöser Bewegungen«; »Religion im Untergrund« und in »religiösen Randgruppen«, in »Jugendreligionen« und »Jugendsekten«; »neues religiöses Bewußtsein« und »Ökospiritualität« bis hin zur Proklamation eines »neuen Zeitalters« (»New Age«)[2]. Anfang der 70er Jahre war diese Thematik in der Bundesrepublik nur Insidern bekannt - vom öffentlichen Streit um die mißverständlich so bezeichneten »Jugendreligionen« abgesehen -; heute hat die New-Age-Spiritualität »bereits weite Kreise der westlichen Gesellschaft erfaßt«[3], und sie hat »über die Alternativszene hinaus längst auch die 'etablierten' Kreise« erreicht (S. 55).

Religionssoziologen und -psychologen bemühen sich seit langem, die Phänomene zu erklären. Im Unterschied zu jenen, die die neue Religiosität nur als postmoderne *Reaktion auf die Moderne* interpretieren (sie dürfte danach erst im nächsten Kapitel behandelt werden), sei hier darauf aufmerksam gemacht, daß sie zugleich ein *Ausdruck der »Moderne«* ist - eine dialektische Deutung. *Selbstbestimmung und Selbstaufhebung des einzelnen verbinden sich.* Man will endgültig zu seinem wahren Selbst finden und empfindet zugleich das Ich mit seiner Freiheit als Bürde. Man leidet an der Moderne. Sie wird immer komplizierter, und so sucht man das Einfache. Die Alltags- und Weltprobleme belasten, daher strebt man nach Harmonie. Der gedankenlos-schrankenlose 'Fortschritt' läßt die Frage nach dem Lebenssinn unbeantwortet. Jene, die sich damit nicht zufrieden-

2. Zur Diskussions- und Forschungslage und zum Spektrum Anfang der 80er Jahre im Kontext des gesellschaftlichen Wandels und der Situation der Jugendlichen vgl. v. Vf.: Neue Religiosität, gesellschaftlicher Wandel und die Situation der Jugendlichen, in: ZfPäd 27 (1981), 3, S. 379-402; ferner zuletzt: Volkskirche und neue Religiosität, in: *P. Fiedler u.a. (Hg.):* Studientexte Funkkolleg Religion, Gütersloh u.a. 1985, S. 407-426.
   Zur New-Age-Spiritualität, die keineswegs neu ist, sondern schon Anfang der 70er Jahre in Beschwörungen einer globalen Zeitenwende und Gegenkultur *(T. Roszak)* sowie in psychoreligiösen Bewegungen (»human potential movement«) identifiziert werden konnte, vgl. neuerdings einführend *H.-J. Ruppert:* New Age. Endzeit oder Wendezeit?, Wiesbaden 1985; ferner, ebenfalls zugleich in kritischer Auseinandersetzung, *Ch. Schorsch:* Die New-Age-Bewegung. Utopie und Mythos der Neuen Zeit, Gütersloh, 3. Aufl., 1989.
3. *H.-J. Ruppert,* a.a.O., S. 16.

geben können, verlangen nach einer umfassenden Auskunft. Auf dem ideologisch-religiösen Markt der Angebote versammeln sich freilich immer vielfältigere Auskünfte; sie verwirren. Darum gewinnen jene Strömungen eine hohe Anziehungskraft, die mit der Botschaft auftreten, ganz klare und eindeutige Lösungen zu haben. Für neue religiöse und quasireligiöse Bewegungen synkretistischer wie christlicher Prägung ist es nachweislich charakteristisch, daß sie einen sicheren, kürzeren, schnelleren oder klareren Weg zur Rettung anbieten[4].

Zunächst stellt sich uns das Ganze als eine kritische Reaktion auf die Moderne dar. Die freie Art, in der man sich beliebig hier oder dort umsieht und schnelle Wechsel vornimmt, von politischen zu Psychogruppen, von diesen zu religiösen, innerhalb dieser von der einen Esoterik zur anderen[5], verrät jedoch, daß diese Absetzbewegung von der Moderne zugleich von ihr 'lebt'. Drei Grundhaltungen sind hierfür bezeichnend: die Inanspruchnahme subjektiver Freiheit (Religionsfreiheit, Toleranz); die Beanspruchung und zugleich Transformation von Wissenschaft und die Fortsetzung des Fortschrittsglaubens mit anderen Mitteln und auf 'höherer' Ebene.

In der Sehnsucht nach Bindung nehmen sich immer mehr Menschen *Freiheit zur Religion,* um die Aufklärung und ihre Folgen hinter sich zu lassen; sie tun dies unter dem rechtlichen Schutz eben der *Religionsfreiheit,* die sich gerade der religionspolitischen Aufklärung verdankt. Die Freigabe des Subjekts in der Neuzeit hat es möglich gemacht, daß man die darin beschlossene Freiheit formal beansprucht und gleichzeitig inhaltlich wieder zurückgeben kann. In der fortschreitenden Differenzierung hin zu immer neuen Varianten religiöser Selbstverwirklichung äußert sich ein 'autonomes Ich', das im Vollzug dieser Autonomie die eigene intellektuelle und psychische Selbständigkeit aufgibt. Man sehnt sich nach Identität und individueller Ganzheit, um das »kleine Selbst« zugleich im »großen Selbst« aufgehen zu lassen, das hierbei mit dem überindividuellen kosmischen Ganzen verschmilzt[6]. Auf das beobachtete zweiseitige Bedürfnis nach Bewegungs-

4. *B. Wilson:* The New Religions: Some Preliminary Considerations, in: *E. Barker (Hg.):* New Religious Movements: A Perspective for Understanding Society, New York/Toronto, The Edwin Mellen Press, 1982, S. 16-31. Von dem vierfachen »Stufen-Pfad«, der im popularisierenden Handbuch des New Age von *M. Ferguson:* Die sanfte Verschwörung. Persönliche und gesellschaftliche Transformation im Zeitalter des Wassermanns, Basel 1982, vorgestellt wird, bemerkt *Ruppert,* daß er »im Vergleich zu den esoterischen oder östlichen Einweihungswegen durch seine Anspruchslosigkeit verblüfft« (a.a.O., S. 64).
5. *J. Bopp* spricht von »Kippbewegung« (Der linke Psychodrom, in: Kursbuch 55, »Sekten«, Berlin 1979, S. 77); *J.T. Richardson* und *M. Stewart* reden von »seriellen Alternativen« (Conversion Process Models and the Jesus Movement, in: Am. Behavioral Scientist 20 [1977], 6, S. 819-838, hier S. 827).
6. *M. Ferguson,* a.a.O. (Anm. 4), S. 114. Die »Transpersonale Psychologie«, eine der vielen Teilerscheinungen auf der Suche nach einem erweiterten Bewußtsein, will

freiheit und Geborgenheit fällt damit ein aufschlußreiches Licht: Freiheit schlägt in Abhängigkeit um. Die Betroffenen werden freilich sagen, Freiheit erfülle sich gerade in dieser Abhängigkeit.

Die Beanspruchung des *Wissenschaftsglaubens* unserer Zeit vollzieht sich auf skurrile Art in Organisationen wie der »Scientology Church« (man beachte bereits den Namen). Sie zeigt sich in der betont wissenschaftlichen Abstützung geoffenbarter Heilswahrheiten etwa in der Vereinigungskirche[7]. Sie reicht schließlich bis zur umfassenden wissenschaftstheoretischen Begründung der neuen Spiritualität als eines neuen wissenschaftlichen Paradigmas, das eine neue Epoche, eine »Wendezeit« einläuten soll[8].

Während man einerseits den Sackgassen des modernen Fortschritts zu entkommen sucht, wird mit dem Ausrufen des »Zeitalters der Erleuchtung« (Transzendentale Meditation) gleichzeitig der *Fortschrittsgedanke* selbst festgehalten, nur eben jetzt auf einen Zustand wahrer wissenschaftlicher Erkenntnis, einer neuen Art von Gnosis bezogen[9].

In mehrfacher Weise ist mithin die Moderne Basis und zugleich Sprungbrett, um sie auf dem Weg in die »Postmoderne« zu verlassen und in die Ganzheitserfahrung einer kosmologischen Religiosität einzugehen. In ihr soll mit der modernen »Entwicklung« letztlich auch die *Geschichte stillgestellt* werden. Für den modernen Menschen der westlichen Kultur ist es kennzeichnend, daß er Geschichte machen will. Das begleitende abendländische Ethos besagt, daß er sein Handeln auch geschichtsbewußt ethisch zu verantworten habe. Nach allgemeiner Auffassung hat dabei gerade das lineare jüdisch-christliche Zeitverständnis den Menschen aus der archaisch-zyklischen Zeit befreit. Nun möchten viele in den zyklischen Kreislauf zurücksinken; Natur soll sein, wo Geschichte war (oder wenn schon Geschichte, dann Evolutionsgeschichte, Naturgeschichte). Reinkarnationsvorstellungen gewinnen an Boden. Das menschliche Geschichtemachen

schon mit ihrem Namen betont die »Humanistische Psychologie« übertreffen, indem sie ihren Mittelpunkt mehr im Kosmos als im Einzelmenschen und seinen Bedürfnissen sieht, darum »transpersonal« (vgl. *H.-J. Ruppert,* a.a.O., S. 57f.).

7. »Das Prinzip«, die dem Leiter der Vereinigungskirche S.M. Mun geoffenbarte Heilswahrheit, »führt ... zur Vereinigung der inneren Wahrheiten, nach denen die Religion stets suchte und der äußeren Wahrheiten, die die Wissenschaft erforscht« (*Chung Hwan Kwak:* Das Prinzip in Grundzügen. Stufe 4, hg. von der Vereinigungskirche e.V., Frankfurt/M. 1981, S. 19).
8. *F. Capra:* Wendezeit. Bausteine für ein neues Weltbild, 2. Aufl., Bern u.a. 1983.
9. Der Begründer der Transzendentalen Meditation, seine Heiligkeit *Maharishi Mahesh Yogi,* versteht sich seit 1976 auch als Begründer der »Weltregierung des Zeitalters der Erleuchtung« und hat für das Jahr 1983 allen Regierungen angeboten, ihre Probleme zu lösen, »ungeachtet des Ausmasses und der Natur des Problems - ob politisch, ökonomisch, sozial oder religiös, und unabhängig von dem jeweiligen System - sei es Kapitalismus, Kommunismus, Sozialismus, Demokratie oder Diktatur«. Abdruck einer entsprechenden Anzeige in *K.E. Nipkow:* Volkskirche und neue Religiosität, in: *P. Fiedler, u.a.,* a.a.O. (Anm. 2), S. 412.

droht die Natur zu zerstören, hat sie bereits zutiefst beschädigt, und das Christentum soll mit schuld daran sein. Es ist sehr gut verständlich, warum diese Gedanken eine große Anziehungskraft ausüben. Einige Merkmale der neuen Bewegungen haben außerdem eine auffällige Affinität zur Struktur der Adoleszenz und zu besonderen Problemen der Jugendlichen heute[10].

Formen des Christentums

Für Religionssoziologen sind die neuen Phänomene faszinierend; von Theologen werden sie meistens links liegengelassen; man schenkt ihnen wenig Beachtung. In den Konzepten zum Gemeindeaufbau werden sie in keinem Abschnitt näher gewürdigt; einige Entwürfe müßten sich denn auch selbst hinterfragen, da sie mit ihrer einfachen Heilslehre, der Tendenz zu Gemeinschaftsreligiosität und dem Appell an ganzheitliche Hingabe auffällige strukturelle Parallelen zur »neuen Religiosität« zeigen (zu den angegebenen Stichworten s. oben Kap. 2). Die Amtskirchen verlassen sich auf einige Spezialisten, die wie die Experten für Weltanschauungsfragen eine wichtige Beobachterrolle spielen. Im übrigen wären die Kirchen gut beraten, wenn sie sich nicht nur mit der Abwehr der synkretistischen Strömungen unter den neuen Bewegungen beschäftigten. Sie versäumen sonst die Chance, die »kirchliche Selbstwahrnehmung« durch eine »Steigerung der eigenen Differenzierungsfähigkeit« selbstkritisch zu verfeinern[11]. Dazu ge-

10. Durch einen Vergleich von Befunden der Jugendforschung zu sog. Sinnlosigkeitserfahrungen mit religionssoziologischen Befunden zu neuen religiösen Bewegungen habe ich an anderer Stelle folgende Sachverhalte miteinander in Beziehung gesetzt: Jugend als Zeit religiöser Ansprechbarkeit und den Umstand, daß in den neuen religiösen Bewegungen vorwiegend junge Leute anzutreffen sind; die Selbstwertkrise im Jugendalter und die Stützung des Selbstwertgefühls durch eine liebende Gemeinschaft und charismatische religiöse Führung; mangelnde Zukunftsperspektiven und neue Zukunftshoffnung durch religiöse Geschichtsdeutung bei gleichzeitiger Verheißung erfüllter Gegenwart; Suche nach klaren, eindeutigen Antworten und der Umstand kognitiv vereinfachter Heilslehren; lebensgeschichtliche Umbruchsituation und biographische Re-integration durch religiöse Wiedergeburt (und zum Teil neue Namen, etwa in der Neo-Sannyas-Bewegung). Vgl. *K.E. Nipkow:* Sinnlosigkeit und »neue Religiosität« im Erleben der Jugendlichen als pädagogische Herausforderung, in: *F. Bohnsack (Hg.):* Sinnlosigkeit und Sinnperspektive. Die Bedeutung gewandelter Lebens- und Sinnstrukturen für die Schulkrise, Frankfurt/M. 1984, S. 90-115, S. 100ff.; s. auch zusammengefaßt in: *P. Fiedler u.a. (Hg.),* Studientexte Funkkolleg Religion, a.a.O. (Anm. 2), S. 419ff.
11. *R. Schieder:* Einige Fragen zur Civil-Religion-Debatte, in: epd Dokumentation 47/1987, S. 12-16, hier S. 15.

hört bereits die grundlegende Wahrnehmung der verschiedenen Formen, in die sich die christliche Religion in der Gegenwart entfaltet hat und in denen sie sich weiterhin wandelt, verwandelt und vermischt - ein Prozeß, den die Religionssoziologie bekanntlich mit den Begriffen der Individualisierung und Pluralisierung einzufangen versucht.

Auch die Betonung der gemeindlichen Form des Christentums durch die von der dialektischen Theologie und den Erfahrungen der Bekennenden Kirche geprägte Theologie der Nachkriegszeit hat den modernen religiösen *Individualisierungsprozeß,* der die Lebenspraxis seit der Aufklärung bestimmt, nicht aufhalten können. Der Schutz der Privatsphäre und der Rang des Leitbildes individueller Selbstbestimmung haben diesen Prozeß eher noch beschleunigt. Mit einer binnenkirchlichen Gemeindeorientierung tragen die Kirchen diesen Tatsachen zuwenig Rechnung. Sie erkennen nur widerstrebend an, daß neben der Kirche als »Leib Jesu Christi«, die in »lebendigen Gemeinden« aufgesucht wird und christentumstheoretisch als *»kirchliches Christentum«* beschrieben werden kann - dies die erste Form -, ein mit der Institution der Kirche nur noch lose verbundenes *»persönlich-privates Christentum«* entstanden ist - eine zweite Form[12].

Im Zwischenbereich zwischen kerngemeindlicher Verbundenheit und der hier üblichen Gemeindearbeit einerseits und extrem individualisierter Privatreligion andererseits entfaltet sich ferner eine nicht mehr überschaubare Vielfalt von christlichen Gruppen, Initiativen, Gemeinschaften: Kirche nicht mehr als 'große Gesellschaft', sondern als 'kleine Gesellschaft'. Die New-Age-Religiosität zeigt im Bereich der spirituellen Alternativszene analoge Strukturen der Gruppenreligiosität, allerdings mit dem Streben, weltweit ein »Netzwerk« zu schaffen[13]. Bildet sich auch im Christentum (wieder) ein *»gruppenförmiges Christentum«* als eine dritte Form heraus? Aufgesucht wird jedenfalls ein soziales Gebilde, das überschaubar ist, menschliche Nähe verkörpert und zwischen dem einzelnen und den Großorganisationen (Staat, Bürokratie, hier: großkirchliche Institutionen) vermittelt. Leitmodell ist hierfür die *Familie.* In auffälliger Weise breitet sich auch als Bezeichnung für die Kirche die Wendung »familia dei«, »Familie Gottes« aus, besonders im Sprachgebrauch mancher Kreise der Ökumenischen Bewegung, die hierbei Erfahrungen aus den amerikanischen Freikirchen sowie Vorbilder aus der Dritten Welt vor Augen haben[14].

12. Vgl. *P.L. Berger:* Der Zwang zur Häresie in der pluralistischen Gesellschaft, Frankfurt/M. 1980; *H.M. Müller:* Das private Christentum. Für und wider eine protestantische Glaubensform, in: Ev. Komm. 20 (1987), 3, S. 696-699.
13. »Netzwerke bilden die Srategie, mit der kleine Gruppen eine ganze Gesellschaft transformieren können« (*M. Ferguson,* a.a.O., S. 249, zit. n. *Ruppert,* a.a.O., Anm. 2, S. 41).
14. In extremer Ideologisierung greift die Vereinigungskirche (»Munsekte«), die wir im

Sozialphilosophen wie Walther Ch. Zimmerli[15] kommen in einer Analyse der alternativen (religiösen) Szene zu dem Schluß, daß sich der »neue Humanismus« (S. 24), der als »ein *neues einheitliches Gesamtbild vom Menschen*« angestrebt wird (23), nur in »einer familial strukturierten Kernzelle« werde realisieren lassen (24). »Der Protest und die Orientierung am Alternativen richten sich ... auf eine Refamilialisierung des menschlichen Zusammenlebens« (21). Entsprechend prognostiziert und fordert Zimmerli, daß auch die christliche Religion »in die familiale Struktur« eingehen müsse: »Sie wird zur Familienreligion werden ... Die Gemeinde, auch ursprünglich irdische Realisierung einer geburtsunabhängigen göttlichen Großfamilie, wird sich reduzieren müssen auf die Einheit der familialen Struktur. In ihr wird sie, wenn überhaupt, eine Zukunft und eine echte Aufgabe haben« (24).

Die urchristlichen Gemeinden begannen als Hausgemeinden, d.h., sie haben die Struktur einer Gruppe oder einer Familie. Darauf weisen auch Exegeten hin und raten der Amtskirche, die Lebendigkeit der neuen Hausgemeinden als Einladung zu verstehen[16]. Kirchliche Erneuerungsbewegungen haben in der Kirchengeschichte fast stets, soziologisch gesehen, einen ähnlichen Charakter gehabt (vgl. in der evangelischen Kirche Pietismus und Erweckungsbewegung). Gleichwohl ist auch das Phänomen der »Gruppe« oder gruppenförmigen »Gemeinschaft« wie alle bisher beschriebenen Erscheinungen zweideutig. So kraft- und verhei-

übrigen der monistischen Tendenz der New-Age-Strömungen gegenüberstellen, auf die Familie zurück. Der Gründer, der Koreaner San Myun Mun, seine Frau und ihre Kinder verkörpern als Familie die heilsvermittelnde Offenbarungsinstanz. Der Kult der Verheiratung der neuen Mitglieder durch Mun auf Massenhochzeiten ist folgerichtig das neue zentrale Sakrament.

15. *W.Ch. Zimmerli:* Orientierung am Alternativen? Vom Sinn der Sinnfrage, in: *W. Hornstein u.a.:* Jugend ohne Orientierung? Zur Sinnkrise der gegenwärtigen Gesellschaft, 2. Aufl., Weinheim/Basel 1983, S. 9-29.

16. Nach *Peter Stuhlmacher* sind die von Paulus behandelten »Glaubens- und Lebensfragen ... in den Missions- und Basisgemeinden der Gegenwart ebenso wie in den Kommunitäten unmittelbar akut und keineswegs überholt; überholt scheinen sie nur in unseren Großgemeinden, die mit den urchristlichen nicht mehr strukturidentisch sind. Überblickt man das kirchliche Leben, dann läßt sich meines Erachtens schon jetzt erkennen, daß sich unsere Kirche (wenn sie überhaupt kann und darf) nur von diesen Basisgemeinden, Hauskreisen und Kommunitäten her erneuern kann. Die großkirchliche Organisation und Apparatur ist dazu viel zu unbeweglich. ... Wo immer wir können, müssen wir kirchliche Arbeit auf die Ebene der Hausgemeinden zurückführen, müssen diese Kleingemeinden so stark und frei wie möglich machen und von dieser Basis her unsere volksmissionarischen Aufgaben bedenken« (Bibelarbeit über Römer 12,1-8, in: *E. Adomeit / Th. Sorg [Hg.]:* Das Haus der lebendigen Steine. Gemeinde bauen in der Volkskirche, Neukirchen-Vluyn 1987, S. 35-49, hier S. 42f.).

ßungsvoll Erneuerung durch kleine Gruppen sein kann, so verengt kann die weitere Entwicklung verlaufen. Wo bleibt der Wahrheitsanspruch der Universalität der christlichen Botschaft, wenn in einer religiösen Gruppierung ein Weg vertreten wird, der dem theologischen Namen nach zwar universal sein soll, in der Praxis aber ausgrenzend wirkt, weil er andere viel zu schnell ausschließt? Man könnte von einer »strukturellen Selbstverhinderung« der Verwirklichung des eigenen Anspruchs sprechen. Wo äußert sich noch ernsthaft der Wille zur Einheit der christlichen Kirche, wenn Freude an der Geborgenheit in der Gemeinschaft und Abgeschlossenheit der Gruppe die Oberhand gewinnen und Hausgemeinden, Gemeinschaften, Initiativen nicht gleichzeitig ökumenisch denken und die Einheit der Kirche erbitten und anstreben? Wir wollen für alle folgenden Ausführungen festhalten, daß die Erneuerung der Kirche in Sammlung und Sendung, in »verdichtenden« und »öffnenden« Formen, ohne die Lebendigkeit und das Engagement von Gruppen, Kreisen, Gemeinschaften, Hausgemeinden und Initiativen kaum vorzustellen ist. Zum Prüfstein wird jedoch, ob noch an die eine Kirche Jesu Christi geglaubt und die ökumenische Gemeinschaft aller Christen - zugleich in dienender Offenheit für alle Menschen - gesucht wird. So nur wird unser Handeln für die universale Zuwendung Gottes gleichnisfähig bleiben.

Religion stirbt nicht ab. Dafür sorgen nicht nur die individualistischen und synkretistischen Suchbewegungen, wie sie für unsere Epoche als einer kulturellen Spätzeit charakteristisch sind. Neben dem religiösen Individualismus ist nach wie vor auch ein öffentliches Interesse an einer »Gesellschaftsreligion« (M.E. Marty) vorhanden. Der 1967 von Robert R. Bellah konstruierte Begriff der *civil religion* hat sich sofort als sehr aufschlußreich erwiesen. Eine »Theorie der Zivilreligion« ist eine Theorie des gesamtgesellschaftlich wirksamen und oft unverhüllt hierfür vom Staat oder von gesellschaftlichen Gruppen in Anspruch genommenen *»gesellschaftlichen Christentums«*. Dieser vierten Form ist in letzter Zeit als einem weltweiten Phänomen wieder größere Aufmerksamkeit zugewendet worden[17]. Von den Konzeptionen zum Gemeindeaufbau und zur Gemeindepädagogik wird freilich auch dieser gesellschaftsbezogene Bedingungsrahmen in der Regel nicht berücksichtigt. Nur wenn man Gemeindeaufbau und Gemeindepädagogik mit ideologie-, gesellschafts- und religionskritischen Fragestellungen verbindet und in eine Theorie kirchlicher Bildungsverantwortung

17. Vgl. bes. das seit 1981 projektierte, inzwischen abgeschlossene Studienprogramm »Kirche und Civil Religion« des Luth. Weltbundes. Die Abschlußkonsultation ist dokumentiert in epd Dokumentation, 47/1987; vgl. auch epd Dokumentation zur Konsultation »Civil Religion in Deutschland« (18/1987 u. 35/1987); s. ferner: *R. Schieder:* Civil Religion. Die religiöse Dimension der politischen Kultur, Gütersloh 1987.

einbettet, die einen kritischen Bildungsbegriff zugrunde legt, schafft man Voraussetzungen, um die genannten Formen des Christentums entdecken und behandeln zu können[18].

Theorie religiösen Verfalls oder religiösen Wandels?

Vor einer theologischen Beurteilung der neuen religiösen Strömungen ist als nächstes selbst dort, wo Menschen die christliche Glaubensüberlieferung entstellend in Anspruch nehmen, zu fragen, was sie veranlaßt, religiöse Antworten nicht mehr in den Kirchen zu suchen. Selbst wenn Anhänger einer Jugendreligion ihr aus eigenem Antrieb enttäuscht den Rücken kehren, ist das zugrundeliegende Problem damit nicht gegenstandslos geworden; denn »kann durch die erfahrene Enttäuschung die Sehnsucht als dementiert gelten, die sie (die jungen Menschen, Verf.) in diese Bewegungen führte?«[19]

In allen vier Formen, im kirchlichen, persönlich-privaten, gruppenförmigen und gesellschaftlichen Christentum, nicht nur in ihrer kirchlich-gemeindlichen Verfassung traditioneller Art, trifft die Kirche auf die selbstkritisch zu stellende Frage nach sich selbst, nach ihrem Auftrag und nach ihrem Versagen, nach ihrer Identität und nach ihrer Kraft zur Unterscheidung zwischen ihrem theologischen Selbstverständnis und ihren Wirkungen. Sie muß sich in allen ihren neuzeitlichen geschichtlichen Folgen wahrnehmen lernen, um im sensiblen Durchgang durch diese Formen ihre Sache theologisch zu vertreten und ihre Bildungsverantwortung zu erfüllen, in dialektischer Auseinandersetzung immer auch mit sich selbst, nicht bloß in undialektischer Abwehr des jeweils Ungewohnten. Die *religiöse* Zeitdiagnose gehört zur *theologischen* Selbstverständigung konstitutiv hinzu. Wie ist sie theologisch auszurichten?

Wenn sich neue religiöse Formen in Aufnahme, Anverwandlung und Abstoßung von Elementen des *nachwirkenden* Christentums ausbilden, diese Entwick-

18. Wir gehen grundsätzlich mit *D. Rössler:* Grundriß der Praktischen Theologie, Berlin/New York 1986, S. 58, 79ff., mit dem »kirchlichen«, »privaten« und »gesellschaftlichen« Christentum von einer »dreifachen Gestalt des Christentums in der Neuzeit« aus. Die hier zusätzlich beschriebene gruppenförmige Erscheinungsform will darüber hinaus lediglich jenen intermediären sozialen Gebilden gerecht werden, die deswegen heute lebenswichtig sind, weil das Leben des vereinzelten Individuums im abstrakten Gegenüber zu anonymen Großorganisationen in Staat und Gesellschaft immer schwerer fällt; vgl. aus soziologischer und pädagogischer Sicht auch *J.S. Coleman:* Die asymmetrische Gesellschaft, Weinheim/Basel 1986 (am.: The Asymmetric Society, Syracuse 1982).
19. So fragt mit Recht *A. Pfeiffer:* Neue religiöse Bewegungen (I), in: Theol. Pract. 15 (1980), 1, S. 83-94, hier S. 93f.

lungen daher in gewisser Weise *nachchristlich* zu verstehen sind, machen es sich *Säkularisierungstheorien als Verfallstheorien* zu einfach. Sie diagnostizieren nur »Entkirchlichung«, »Verweltlichung«, »Tradierungskrise«, »Unglaube«, »Säkularismus«, kurz: Verfall von Religion. Im Kapitel über die theologischen Entwürfe zum Gemeindeaufbau sind wir diesen Deutungen immer wieder offen oder latent begegnet. Die theologischen und religionspädagogischen Antworten können dann tendenziell nur auf Eindämmung, Widerstand und Ablehnung hinauslaufen. Besser werden den tatsächlichen Vorgängen *Theorien des religiösen Wandels* gerecht, analog zu Theorien des »sozialen Wandels« und »Wertewandels«. Statt vom Verfall der Religion gehen sie von der Hypothese des Wandels von Religion aus. Was sind ihre Vorteile?

Sie erlauben zunächst eine unbefangenere Beschreibung der Phänomene. Sie nehmen ferner die Menschen in ihren subjektiven Überzeugungen ernst. Über die Wahrheitsfrage ist damit freilich nicht vorentschieden. Vor allem zwingen sie uns Theologen und Religionspädagogen, im vermeintlich Fremden uns selbst wiederzuerkennen, im anscheinend Neuen das Alte, in den Perversionen synkretistischer Neureligionen die Versionen der eigenen Religion. Dabei taucht genau jenes zweifache Bedürfnis wieder auf, mit dem wir begannen: das Streben nach Freiheit und individueller Selbstbestimmung, das menschliche Freiheit mißversteht, und das nach Geborgenheit und überindividueller Ordnung, das die Abhängigkeit von Gott mißversteht.

Monistisch-entgrenzende und dualistisch-abgrenzende Religion

Die neuen religiösen Organisationen, Bewegungen und Gruppen sprechen zum Teil beide Bedürfnisse zugleich an, zum Teil schwerpunktmäßig mehr das eine oder das andere. Entsprechend kann man in aller Vorsicht *zwei Grundtypen* voneinander unterscheiden, den einer monistisch-entgrenzenden, liberalistischen und den einer dualistisch-abgrenzenden, restaurativen Religionsform. Im einen Fall treffen wir auf die schon oben charakterisierte ganzheitliche Schau von Welt, Natur, Kosmos und die Einladung an den einzelnen, sich loszulassen, um mit dem Ganzen und seinen immanent-transzendenten Energieströmen harmonisch zusammenzuschwingen[20]. Im anderen Fall ist das Weltbild von tiefsten Gegensätzen bestimmt, die nicht versöhnt werden können und dazu auffordern, sich auf die eine oder andere Seite in einem antagonistischen, nicht ausgleichbaren Streit

20. Der monistische Ansatz, der den Einzelmenschen wie das Ganze der Welt und ihre Entwicklung am Göttlichen Anteil haben läßt, kann in sich gleichwohl von einem relativen Dualismus ausgehen, sofern in neugnostischer Anschauung das niedere Selbst durch das höhere Selbst überwunden werden muß.

zu schlagen, der auch in einem selbst empfunden wird und zur Selbstdisziplinierung nicht zuletzt im moralischen Verhalten aufruft. Ein Beispiel für eine dualistisch-antagonistische Struktur auf allen Ebenen ist die Vereinigungskirche von S.M. Mun mit ihrer Vorstellung eines apokalyptisch gedeuteten Kampfes zwischen Gott und Satan sowie den schroffen Gegenüberstellungen von Gläubigen und Ungläubigen, Gut und Böse, Antikommunismus und Kommunismus usw.

Es ist einseitig, die Situation nur von jenen religiösen Bewegungen bestimmt zu sehen, die noch mehr religiöse Freizügigkeit versprechen. Man muß auch die weltweit auftretenden Reaktionen auf die moderne Freiheit beachten. Zum Gesamtbild gehören die religiösen Organisationen, die sich mit aller Macht jeder liberalistischen Entgrenzung des Lebensgefühls und jeder Versöhnung der Religionen entgegenstemmen. Viel spricht für die interessante Theorie Barbara Hargroves, daß auf die vielbeschworene Sinnkrise unserer Zeit nach zwei Grundrichtungen hin reagiert wird. Wir wenden damit die religionssoziologische Betrachtung der Religionen in eine religionspsychologische der Religiosität des einzelnen. Die hierbei auftretenden restaurativen Reaktionen sind auch in den historischen Religionen zu beobachten. In Christentum, Islam und Judentum gibt es mächtige und zur Zeit noch weiter erstarkende Gegenbewegungen gegen die westliche wissenschaftlich-technologische Zivilisation mit ihrem Liberalismus. Wahrscheinlich erleiden und verarbeiten die Menschen die Gesamtlage in gegenläufiger Weise. Dabei kommen die beiden erwähnten Grundtypen von Religion den zwei persönlichen Verarbeitungsweisen so oder so entgegen. Die eigene Bedürfnissituation und die religiösen Angebote bedingen sich wechselseitig; man fühlt sich in der Gruppe verstanden und wohl, zu der man paßt; und man trägt zur Ausbildung eben der jeweiligen Religionsform bei, der man zugehört, damit sie zu einem paßt.

B. Hargrove nimmt an, daß für den von ihr so bezeichneten »liberalen Persönlichkeitstyp« die Erfahrung der *»Entfremdung«* (alienation) zum Wunsch nach Befreiung aus immer noch zu vielen Zwängen führt und das Lebensgefühl bestimmt. Dieser Erwartung entspricht die Anziehungskraft des *»transformativen Typus«* unter den religiösen Angeboten[21]. Der *»konservative Persönlichkeitstypus«* leidet umgekehrt an dem moralischen und geistigen Pluralismus unserer Zeit, am Mangel an Ordnung, am Fehlen klarer Gesetze, eines gültigen Nomos, kurz: an der Erfahrung der *»Anomie«* (anomie). Seine Wünsche richten sich im politischen Feld auf die Stärkung ordnungsstaatlich orientierter Parteien und im Felde der Religion auf einen *»integrativen Typus«*, der über das fest integrierte staatliche Gefüge hinaus auch ein festes Gefüge ewig gültiger heiliger Wahrheiten garan-

21. *B. Hargrove:* Integrative and Transformative Religions, in: *J. Needleman / G. Baker (Hg.):* Understanding the New Religions, New York 1978, S. 257-266. »Transformation« ist ein Leitbegriff der New Age-Auffassungen (vgl. den Untertitel des Buches von M. Ferguson, s.o., Anm. 4).

ticrt. Bcidcmal scheint das Ich seelisch überfordert zu sein, selbständig den Weg eines persönlichen Glaubens zu finden. Ein solcher persönlicher Weg würde Verantwortung und Gemeinschaftsverpflichtungen nicht aus-, sondern einschließen, aber insgesamt etwas ganz anderes sein als die fatale Freisetzung des Menschen im ersten Fall oder die fatale Eingliederung von Menschen im zweiten Fall.

Die Kirche gerät mithin unter einen entgegengesetzten Erwartungsdruck. Von beiden Seiten kommt hierbei ihr Verhältnis zu den neuzeitlich-aufklärerischen Werten der subjektiven Freiheit, Selbstbestimmung und Individualität ins Gerede. Darf sie ihr Verhältnis zu ihnen so verstehen, wie es die liberalistischen Erwartungen zumuten? Darf sie sich ihr Verhältnis zu ihnen so ausreden lassen, wie es die restaurative Seite verlangt? Inmitten dieser Grundspannung steht das Verhältnis der Kirche zu kritischer Persönlichkeitsbildung auf dem Spiel. Damit kommt an einer neuralgischen Schlüsselstelle nochmals die Frage auf uns zu, wie Glaube und Bildung aufeinander bezogen werden sollen. Im Kategorienrahmen des vorigen Kapitels konnte dieses Problem unter den geläufigen Kategorien von Gemeindeaufbau und -pädagogik weder historisch noch systematisch in der notwendigen Prägnanz sichtbar werden.

2. Protestantischer Bildungsbegriff - Von Luther zu Schleiermacher

Persönliche Religion und Bildung - Der 'moderne Ansatz'

»Das protestantische System ist generell gekennzeichnet durch einen institutionellen Minimalismus ... Dort wo es keine zentrale Verwaltung und autoritative, mit Sanktionen verbundene Definition von Wahrheiten gibt, ist der einzelne auf die Suche geschickt, zur Respektlosigkeit vor Autoritäten bewogen, nur auf internalisierte Normen, auf innere Evidenzgefühle verwiesen. Diesem offenen konfessionellen System entsprechen zugeordnete Erziehungs- und Sozialisationspraktiken: Betonung des Autonomie- und Gewissenstrainings, Betonung des Wortes und der Kommunikation im religiösen Bereich, Abwertung der Handlung, Betonung von Innenvorgängen, Freisetzung religiöser Gefühle gegenüber der Natur, der Welt, der Gesellschaft, Ermutigung von Forschungsdrang und Experimentierlust ... Das Autonomietraining der Protestanten mißlingt in vielen Fällen. So finden sie ihre Verwirklichung in der Hingabe an die Zeitströmungen. Waren früher einmal die Protestanten Exponenten der Leistungsgesellschaft, so sympathisieren sie heute eher mit Kulturidealen des Leistungsabbaus. Die Protestanten sind die Trendmacher ...«[22]

22. *G. Schmidtchen,* a.a.O. (Anm. 1), S. 23.

Wir springen mit den obigen Sätzen erneut in einen anderen, uns noch näherliegenden Bereich, in den des Christentums in einer bestimmten konfessionellen Prägung: *Protestantismus.* Wie ähnlich bleiben sich jedoch die Stichworte: Freisetzung des »einzelnen«, religiöse »Suche« außerhalb der Institutionen (»institutioneller Minimalismus«), und wieder sofort auch die Kehrseite: mögliches »Mißlingen« der »Autonomie«, »Hingabe« (Verfallensein?) an »Zeitströmungen« (Umschlag in Abhängigkeit?)! Ein drittes Mal stoßen wir auf die Zweideutigkeit von Emanzipation und Selbstbestimmung, nun als Signatur und Psychogramm, das evangelische Christen charakterisieren soll. Was hat das mit Bildung zu tun? Sehr viel.

Wer immer heute den Bildungsbegriff rekonstruieren, von Bildungsverantwortung in präzisem Begriffsgebrauch sprechen und den Umkreis kirchlicher Bildungsverantwortung nicht auf die Gemeinde i.e.S. und ihren Aufbau beschränken möchte, trifft auf den nachaufklärerischen Protestantismus und die Art und Weise, wie in ihm die theologische Frage, was Christsein sei, und die pädagogische Frage, was zeitgemäße (christliche) Erziehung sei, *gleichzeitig,* als zwei Seiten eines Konzepts, neu beantwortet worden sind, durch ein Plädoyer für *»persönliche Religion«* und *»persönliche Bildung«.*

Wir müssen uns in die Zeit der Aufklärung zurückversetzen. Spätestens hier beginnt der »Ansatz beim neuzeitlichen Christentum«. In emphatischer traditions-, gesellschafts- und kirchenkritisch gemünzter Rede wird plötzlich von »Bildung« gesprochen, verstanden als Bildung des »Menschen«. Das Interesse richtet sich jedoch in Deutschland keineswegs nur auf die *Überwindung* überlebter *»kirchlicher«* Bevormundung, sondern in der Regel zugleich auf eine neue *Anverwandlung* der überkommenen *»christlichen«* Religion. Dies gilt auch für die Pädagogik. Die kirchliche Emanzipation des pädagogischen Bewußtseins ist im liberalen Bürgertum von der Aufklärung an noch lange Zeit bis in unser Jahrhundert hinein bei nicht wenigen Pädagogen ein Ringen mit der Frage geblieben, ob und wie selbstverantwortliche, auf Mündigkeit gerichtete Welt- und Selbsterfahrung mit der christlichen Glaubensüberlieferung doch noch weiterhin verbunden werden könnte[23].

Die *Frage der Vereinbarkeit* spitzte sich, innerlich vorbereitet durch den Pietismus, seit der Aufklärung auf die Einschätzung besonders der dogmatischen

23. Auf dem ersten vom Comenius-Institut im Dezember 1986 in Tübingen veranstalteten Generationengespräch zwischen Pädagogengenerationen in diesem Jahrhundert wurde deutlich, daß die Vertreter der älteren und ältesten Generation wie *Wilhelm Flitner* und *Otto F. Bollnow* ihre Pädagogik in gewisser Weise noch im Gespräch mit den zeitgenössischen theologischen Strömungen entwickelt haben, vgl. *H.B. Kaufmann (Hg.):* Kontinuität und Traditionsbrüche in der Pädagogik, Münster 1987; vgl. auch *W. Flitner:* Erinnerungen 1889-1945, Paderborn u.a. 1986.

Gestalt des Christentums zu. Als ihren Sachwalter verstand sich die institutionalisierte Kirche. Waren bereits im Pietismus persönliche Glaubenserfahrung und die durch die Orthodoxie vertretene Reinheit der Lehre spannungsvoll aneinandergeraten, so gingen aufklärerische Christen noch einen Schritt weiter. Bald konnten manche gebildete Zeitgenossen des Jahrhunderts zwar noch »Religion« mit »Bildung« zusammenbringen, aber nicht mehr »Offenbarung« und »Bildung« oder »Kirche« und »Bildung«. In beispielhafter Form kann das Problem an Friedrich Schleiermacher abgelesen werden[24].

Die Verbindung von Glaube und Bildung, Kirche und Wissenschaft als historische Aufgabe - Friedrich Schleiermacher

Bezeichnenderweise verfaßt der junge Schleiermacher 1799 Reden über die *»Religion«*, nicht über den christlichen Glauben, und richtet diese »an die Gebildeten unter ihren Verächtern«[25]. Er versucht mithin, jene zunächst noch kleine Gruppe gebildeter Intellektueller in bewußt apologetischer Absicht (erste Rede: »Apologie«) wenigstens für ein liberales, fundamentalanthropologisch in der menschlichen Selbsterfahrung begründbares Verständnis von »Religion« zu gewinnen (s. die zweite Rede: »Über das Wesen der Religion«). Hierbei setzt er in der dritten Rede (»Über die Bildung zur Religion«) alles daran, das Freiheits- und Selbständigkeitsbedürfnis der Vertreter der neuen Bildungsschicht nicht zu verletzen, indem er nachweist, daß Zwang von außen auch mit dem Wesen der Religion selbst völlig unverträglich, folglich »Unterricht in ihr« (103), im Sinne des »Lehrens und absichtlichen Bildens« (104), »ein abgeschmacktes und sinnleeres Wort« sei (103). Religion ist etwas Individuelles und für andere letztlich unverfügbar: »frei ist ... Religion, sobald sie lebt und geht ihres eignen Weges« (104). Erst nach diesen drei Kapiteln, deren Argumentationen dem modernen Zeitgenossen allein auf Grund seiner eigenen Erfahrung einleuchten sollen, geht Schleiermacher auf die Kirche (vierte Rede) und auf das Christentum ein,

24. S. zu den folgenden Ausführungen auch meinen Aufsatz: Zur Rekonstruktion der Bildungstheorie in Religion und Kirche, in: *O. Hansmann / W. Marotzki (Hg.)*: Diskurs Bildungstheorie I: Systematische Markierungen, Weinheim 1988, S. 441-463. Besonders darf ich auf den Abschnitt zur »realgeschichtlichen Dialektik evangelischen Bildungsdenkens« verweisen, der auf den Unterschied zwischen der hermeneutisch erhobenen Bildungsidee und der gesellschaftspolitisch bedingten Bildungspraxis abhebt (S. 455ff.).
25. Über die Religion. Reden an die Gebildeten unter ihren Verächtern, hg. von *R. Otto*, 6. Aufl., Göttingen 1967.

allerdings - wiederum aufschlußreich genug - im Zusammenhang der Beschreibung auch anderer Religionen (fünfte Rede: »Über die Religionen«).

Schleiermacher ist bei dieser frühen Schrift nicht stehengeblieben. Als Verfasser einer christlichen Glaubenslehre[26] und einer wissenschaftstheoretischen Bestimmung der Theologie als »positiver Wissenschaft«, die ihren Gegenstand im geschichtlich gewordenen »Christentum« in bestimmter kirchlicher Gestalt vorfindet[27] und daher dieser religiösen Wirklichkeit hermeneutisch und kritisch-konstruktiv zu dienen hat, hat er der folgenden Epoche eine sehr viel schwierigere Aufgabe mit auf den Weg gegeben. Trotz der sich abzeichnenden und zum Teil bereits eingetretenen Trennungen zwischen Wissenschaft und Glaube, persönlicher Freiheit und kirchlicher Autorität, Bildung und Religion, war er davon überzeugt, daß der christliche Glaube auch in seiner *kirchlichen Gestalt* mit Wissenschaft, Freiheit und Bildung verbunden werden könne. Schleiermacher hat damit die historische Aufgabe formuliert und zu lösen versucht, den christlichen Glauben ohne Substanzverlust unter modernen, nachaufklärerischen Bedingungen zu denken und zu leben. Eine Form, diese Bedingungen auszudrücken, war der neue Begriff freiheitlicher, persönlicher »Bildung«, verschwistert mit dem Begriff von »Wissenschaft« als vorurteilsloser Wahrheitssuche.

»Soll der Knoten der Geschichte so auseinander gehn; das Christentum mit der Barbarei, und die Wissenschaft mit dem Unglauben? Viele freilich werden es so machen; die Anstalten dazu werden schon stark genug getroffen, und der Boden hebt sich schon unter unsern Füßen, wo diese düstern Larven auskriechen wollen, von enggeschlossenen religiösen Kreisen, welche alle Forschung außerhalb jener Umschanzungen eines alten Buchstaben für satanisch erklären.«[28]

Gegen einen solchen engen restaurativen Geist sucht Schleiermacher besonders seit 1813, dem Beginn langjähriger Auseinandersetzungen mit der kirchlich-politischen Reaktion, nicht nur auf der Ebene akademisch ausgebildeter Theologen »religiöses Interesse und wissenschaftlichen Geist«[29] bzw. »kirchliches Interesse und wissenschaftlichen Geist«[30] miteinander zu verbinden, sondern er klagt eine analoge Verknüpfung auch für den christlichen Laien ein. Im Blick auf die Erneuerung der Kirche setzt er seine Hoffnungen auf gebildete Laien, die sich durch »große Geistesüberlegenheit« und besonders durch »geschichtliche Bil-

26. Der christliche Glaube, 1821/22, Studienausgabe, 2 Bde., hg. von *H. Peiter*, Berlin/New York 1984.
27. Kurze Darstellung des Theologischen Studiums zum Behuf einleitender Vorlesungen (1810), Kritische Ausgabe, hg. von *H. Scholz*, Darmstadt 1977 (vgl. § 1).
28. 2. Sendschreiben an Lücke (1829), SW, 1. Abt., Bd. 2, S. 614.
29. Kurze Darstellung, a.a.O., § 9.
30. Kurze Darstellung, § 12, § 258.

dung« auszeichnen[31]. Y. Spiegel charakterisiert diesen Ansatz als ein im »idealistischen Gesellschaftskonzept« notwendig angelegtes Programm einer Leitung des Volkes und Reform der Kirche von oben[32]. Wenn man die pädagogischen Abschnitte der »Praktischen Theologie« hinzuzieht[33], wird demgegenüber deutlich, daß Schleiermacher seine Absichten bis in die Praxis des kirchlichen Religionsunterrichts und damit in die Breite der christlichen Laienbildung hinein ernst genommen sehen möchte. Zum Schlüsselbegriff wird ihm der Begriff der *»Selbständigkeit«* in Sachen des religiösen Urteils. Wie persönliche Selbständigkeit ein untrügliches Kennzeichen der theologischen Bildung des Unterrichtenden ist, so gibt sie auch grundsätzlich die Perspektive für die pädagogische Förderung jedes einzelnen künftigen Gliedes der kirchlichen Gemeinde ab.

Theologische Unterschiede zwischen Luther und Schleiermacher

Schleiermacher will das ursprüngliche Wesen des Christentums zum Maßstab nehmen. Er findet es durch die Reformation des 16. Jahrhunderts wieder freigelegt. Darum ist in seinen Augen sein »christlicher« Weg gleichzeitig ein entschieden »protestantischer« und umgekehrt. Was waren es für Grundsätze, auf die sich Schleiermacher berufen konnte? Bevor der nächste Abschnitt ihnen nachgeht, sind Warnungen vorauszuschicken.

Zwischen Luther und Schleiermacher sind zunächst tiefreichende Unterschiede auszumachen. Luther darf nicht vorschnell für die Entwicklung des modernen evangelischen Christentums, den sog. (Neu-)Protestantismus, beansprucht werden. Einer seiner neueren Biographen sieht ihn ganz zwischen den Zeiten und insgesamt noch stark mittelalterlich geprägt, ein »Mensch zwischen Tod und Teufel«[34], umgetrieben und zu Tode erschrocken darüber, daß in der Kirche der Antichrist am Werk sein könnte, denn das Evangelium wird überall inmitten der spätmittelalterlichen Kirche selbst verfälscht. Wie kann der Christ in dieser

31. Die christliche Sitte, SW, 1. Abt., Bd. 12, S. 199.
32. *Y. Spiegel:* Theologie der bürgerlichen Gesellschaft. Sozialphilosophie und Glaubenslehre bei Friedrich Schleiermacher, München 1968, S. 163.
33. Praktische Theologie, SW, 1. Abt., Bd. 13, hg. *von J. Frerichs,* Berlin 1850, S. 347ff.
34. *H.A. Oberman:* Luther: Mensch zwischen Gott und Teufel, Berlin 1982; s. auch *D. Rössler:* Luther und der moderne Mensch, in: *H. Braun / A. Hahn (Hg.):* Kultur im Zeitalter der Sozialwissenschaften, Berlin 1984, S. 213-227. Rössler betont, daß Luther »Bürger zweier Welten« war (S. 214); mit Luthers Auffassung vom Glauben als »Sache persönlicher Selbstverantwortung« eines jeden einzelnen habe jedoch bereits »die Entstehungsgeschichte des neuzeitlichen Menschen begonnen« (S. 217).

Situation noch gewiß werden? Nicht durch Spekulationen von Menschen, sondern nur durch die »sichere Selbstaussage Gottes«[35]. Sie muß am Ursprung, in der Heiligen Schrift aufgesucht werden, unter dem einzigen Interesse, ob sie Christus und seine Wahrheit aufzeigt - nichts sonst.

Schleiermacher ist demgegenüber alles andere als von einem in Endzeitvorstellungen hineinreichenden Machtkampf zwischen Christus und seinem Widersacher existentiell erschüttert. Er wird vielmehr von dem gegenläufig akzentuierenden theologiegeschichtlichen Verständnis angeleitet, wonach die Sache längst entschieden ist, nämlich in Gottes Menschwerdung durch Christi Kommen. In Christi Person und in seinem Gottesbewußtsein hat sich Gott so mit seiner Schöpfung verbunden, daß es jetzt nur noch darum gehen kann, diese Wahrheit als evolutionären, im modernen Begriff der Entwicklung gedachten Prozeß ans Licht und zur vollen Durchsetzung zu bringen. Wer hiervon ergriffen ist, wem sich diese Einigung und Versöhnung Gottes mit seiner Welt im und durch das »Urbild« Jesu Christi auf dem geschichtlichen Wege durch die Person Jesu und seitdem durch seine Kirche »mitgeteilt« hat, steht nun selbst in diesem von Schleiermacher grundsätzlich optimistisch erfahrenen Versöhnungsprozeß.

Das Lebensgefühl zwischen Luther und Schleiermacher ist grundverschieden. Im Zusammenhang des jeweils anderen Welt- und Geschichtsbildes wird auch der *Vergewisserungsgrund für den Glauben* unterschiedlich herausgearbeitet. Für Luther liegt er in dem die Wirklichkeit neuschaffenden *Wort*. Wie schon an entsprechenden alltäglichen Sprachhandlungen (sog. performativen Sprechakten) abgelesen werden kann, etwa im von außen kommenden befreienden Zuspruch, einem menschlichen Wort der Vergebung, das augenblicklich ein neues Verhältnis schafft, ereignet sich auch Gottes Vergebungswort als eine die Wirklichkeit von außen treffende und verwandelnde Kraft. Es hat seinen Grund außerhalb von uns (extra nos) und erreicht uns im mündlichen Wort des Evangeliums (viva vox evangelii)[36].

Für Schleiermacher liegt der Vergewisserungsgrund in der untrüglichen eigenen inneren *Erfahrung*. Die Verlagerung des Schwerpunkts in das Innere des Subjektes hängt ebenso wie Schleiermachers Uminterpretation der kirchlichen dogmatischen Lehren (dazu noch unten) mit der neuen geschichtlichen Aufgabe zusammen, wie er sie sieht. Luther ist darauf bedacht, daß Gottes Heilsbotschaft für den Menschen, das Evangelium, rein zum Zuge kommt. Schleiermacher ist darauf aus, daß der Mensch seiner Zeit sie auch versteht. Darum liegt ihm an dem Ort, wo Gottes Wahrheit vom Menschen *erfaßt* wird (er sagt '*aufgefaßt*'), »giebt

35. *H.A. Oberman*, a.a.O., S. 126.
36. Zur Einführung vgl. *O. Bayer:* Was ist das: Theologie? Eine Skizze, Stuttgart 1973, Kap. 2: Performatives Wort als Sache der Theologie; vgl. vom Verf.: Grundfragen der Religionspädagogik, Bd. II, 3. Aufl., 1984, S. 97ff.

es doch Offenbarung nur in Verbindung mit ihrer Auffassung«[37]. Gerade an dieser Stelle geht Schleiermacher darum auch folgerichtig auf den Punkt zu, auf den sich seine Zeitgenossen in ihrem neuen Lebensgefühl beriefen: das menschliche *»Selbstbewußtsein«.* Dieser in streng philosophischer Weise gebrauchte Begriff (nicht in dem Sinne also, daß jemand 'selbstbewußt' auftrete o.ä.), wird mit dem Akt des Glaubens zusammengedacht. Das *menschliche* Selbstbewußtsein ist »der *Sitz der Frömmigkeit«*[38]. Glaube ist *»christliches* Selbstbewußtsein« (so eine durchgehende Umschreibung); das »Christliche« und das »Selbst«, die Wahrheit, die wir selbst nicht sind, und das Selbst, das diese Wahrheit gleichwohl an sich selbst erfährt, werden - wortwörtlich - 'zusammengesprochen'.

Glaube und Bildung auf reformatorischen Grundlagen

Ohne die Unterschiede zwischen Luther und Schleiermacher nachträglich wieder vernachlässigen zu wollen, ist zu fragen, ob nicht der jüngere protestantische Kirchenvater den älteren in dieser Betonung der persönlichen Erfahrung der Glaubenswahrheit theologisch rechtmäßig fortsetzt. Wo verbinden sich Reformation und nachaufklärerischer Protestantismus, und wie werden im Namen dieses modernen Protestantismus Bildung und Glaube aufgefaßt?

Gemeinsam ist die Sprengkraft des evangelischen *Kirchenverständnisses:* »Luthers Kirche ist *Kirche des Wortes* - des gelesenen und gesprochenen, gepredigten und gesungenen und gehörten Wortes ... Und diese Wortkirche ist gebaut auf Schrift und Buch«[39], und zwar in dem Sinne, daß sich Gottes »sichere Selbstaussage« (s.o.) im Medium der auszulegenden biblischen Aussagen kritisch gegen jede andere Autorität richten muß, die einen Anspruch auf das Seelenheil erheben sollte. Hier hat neben der Traditions-, Kirchen- und Papstkritik auch der »institutionelle Minimalismus« moderner Protestanten seine Grundlage, vorausgesetzt, er kann sich biblisch rechtfertigen!

Kirche ist in evangelischer Sicht ferner *»Kirche des allgemeinen Priestertums;* der Laie ist gleichberechtigtes Glied der Kirche - das Gewissen des Laien ist nicht durch einen, alles einzelne implizierenden Glauben an die Kirche gebunden, sondern an ein Wissen von Wort und Lehre« (ebd.), welches grundsätzlich (faktisch mag es anders aussehen) von jedem einzelnen persönlich zu erwerben

37. Der christliche Glaube, Bd. 1, § 19, S. 75.
38. A.a.O., § 8, S. 26.
39. *Th. Nipperdey:* Luther und die Bildung der Deutschen, in: *H. Löwe / C.-J. Roepke (Hg.):* Luther und die Folgen. Beiträge zur sozialgeschichtlichen Bedeutung der lutherischen Reformation, München 1983, S. 13-27, hier S. 15 (Hervorhebung durch mich).

ist. In der römisch-katholischen Kirche wird der Christ durch die Teilnahme an der Opferfeier der Gnadenmittel der Kirche teilhaftig. »Nach Auffassung des Thomas von Aquin genügt es zur Erlangung des Heils, daß jemand die Feste der Kirche einigermaßen mitfeiern kann.«[40] In evangelischer Sicht soll das Wort, in welchem sich Gott zusagt, mit eigenen Ohren gehört und verstanden werden. Heilsvermittlung und Glaubensakt, zu dem konstitutiv auch selbständige Glaubenserkenntnis gehört (damit auch persönliches Glaubenswissen), sind untrennbar.

Das allgemeine Priestertum schließt in sich, daß fortan nicht mehr durch eine als Weihe verstandene Ordination die so geweihten Priester in einen ordo versetzt werden, der sie aus dem Kirchenvolk heraushebt, sondern »die Taufe, Evangelium und Glauben, die machen allein geistlich und das Christenvolk ... demnach so werden wir allesamt durch die Taufe zum Priester geweiht«[41]. Wie das Wort des Heils, von Gott her gesehen, jedem gleichermaßen zugeeignet wird, ohne geistliche Abstufungen zuzulassen, so ist komplementär, vom Menschen her gesehen, jeder, der auf Gottes Wort vertraut, durch dieses Wort im Heil und damit sein eigener Priester (allerdings nicht damit schon in das »Amt« berufen, das das Evangelium »öffentlich lehren« soll)[42].

Wenn Schleiermacher vom »unmittelbare(n) Verhältnis« spricht, »in dem jeder Christ zu dem *göttlichen Wort* stehen soll«[43], knüpft er drittens auch hinsichtlich der Form der *theologischen Wahrheitsprüfung auf der Grundlage von Wort und Schrift* genau und rechtens an die Reformation an. Es handelt sich um ein Ziel, das schon Luther ausdrücklich für die Unterweisung der Jugend und nicht nur für Höherzubildende gesetzt hatte.

»Allermeist aber geschieht's um der Einfältigen und des jungen Volks willen, welches soll und muß täglich in der Schrift und Gottes Wort geübt und erzogen werden, daß sie der

40. *Thomas von Aquin:* de veritate, q. 14 a 11, zit. n. Erzbischof *Joh. J. Degenhardt:* Tradierungskrise des Glaubens, in: *E. Feifel / W. Kasper (Hg.):* Tradierungskrise des Glaubens, München 1987, S. 20, der diese Bemerkung im Zusammenhang der Aussage macht, daß »sub specie salutis die Frage des Glaubenswissens sicher nicht im Vordergrund« (ebd.) steht.
41. *M. Luther,* WA 6, 407, 20f.; 407, 24 (An den Adel 1520, mit Hinweis auf 1 Petr 2,9, Offb 5,10; sprachlich geglättet).
42. Vgl. zum Amt des öffentlichen Predigtdienstes CA XIV; vgl. zum allgemeinen Priestertum: »das kann niemand leugnen, daß ein jeglicher Christ Gottes Wort hat und von Gott gelehrt und gesalbet ist zum Priester« (*Luther,* WA 11, 411, 33f., Daß eine christliche Versammlung oder Gemeine Recht oder Macht hat, alle Lehre zu urteilen und Lehrer zu berufen, 1523; sprachlich geglättet).
43. Praktische Theologie, a.a.O., S. 387; vgl. auch die Bemerkung, es sei »das Charakteristische unserer Kirche daß sie jeden Christen in ein unmittelbares Verhältniß mit der Schrift stellt« (ebd.).

Schrift gewöhnt, geschickt, geläufig und kundig drinnen werden, ihren Glauben zu vertreten und andere mit der Zeit zu lehren und das Reich Christi helfen zu mehren.«[44]

Schleiermacher folgt dieser Aufgabenstellung: »Die christliche Jugend muß daher in den Stand gesezt werden die Schrift selbst zu gebrauchen.«[45] *Selbständigkeit im Umgang mit der Bibel,* dem Ursprungsdokument der christlichen Religion, ist das Grunderfordernis. Auf dieser Grundlage hat sich in einer geschichtlich bewegten Zeit die christliche Verantwortung als Ganzes zu bewähren. Das zweite Erfordernis ist darum nach Schleiermacher das im ersten bereits enthaltene eines wachen *Zeitbewußtseins.* Das pädagogische Bemühen im kirchlichen Religionsunterricht ist darauf zu richten,

»daß nach der Aufnahme in die Gemeine die christliche Jugend soll selbständig sein im religiösen Leben, daß sie für sich selbst verantwortlich sein und im Stande sein muß, sich das Maaß ihrer Handlungen zu sezen, sich die Norm zu geben; sie muß reif sein, um überall ein christliches Urtheil zu fällen über Recht und Unrecht in ihrem eigenen Gebiet. Es muß eine Klarheit sein in der Seele über die Principien des christlichen Lebens und eine Uebung in der richtigen Subsumtion des einzelnen unter die Principien.«[46]

»Die Kirche ist nach unserer Ansicht in Bewegung; der Laie muß die Kraft haben, mit eigener Ueberzeugung sich diesen Bewegungen hinzugeben und auf sie einzuwirken; jeder Laie muß sich selbst dabei berathen können und seine eigene persönliche Selbständigkeit behaupten, sobald der eigentliche Grund davon nicht auf wissenschaftlichem Gebiet liegt ... d.h. er muß die bewegten Parteien beurtheilen können und ihre Principe erkennen, ob es ein christliches ist oder nicht ...« (a.a.O., S. 395f.).

Nur kurz sei auch auf Schleiermachers *didaktisch-methodische Folgerungen* im einzelnen hingewiesen, auf die selbsttätige Mitwirkung der Jugendlichen im Unterricht (»Je mehr die Jugend die Vorstellung selber entwickeln hilft, desto vollkommener wird der Unterricht sein«, S. 366), auf die herausragende Bedeutung, die Schleiermacher der »ursprünglich lebendigen« Gesprächsform im Unterschied zur »prüfende(n)« (S. 365), dem »dialogischen Verfahren« (S. 370 u.ö.) beimißt. Alles schließt sich stimmig zusammen: Die Selbstverständigung des Christen über den Glauben wird nach dem Modell des in dieser Epoche zum pädagogischen Leitbild werdenden Bildungsbegriffs als Prozeß aufgefaßt, als recht zu verstehender *Selbstbildungsprozeß,* der nicht als Hybris menschlicher Selbstmächtigkeit mißverstanden werden darf: Im Unterrichtsgespräch geht es um die Anleitung zu einem »religiösen Gedankenerzeugungsprozeß« (S. 380),

44. WA 19, S. 73, 18ff., Vorrede zur Deutschen Messe, 1526.
45. Praktische Theologie, a.a.O., S. 388.
46. Praktische Theologie, a.a.O., S. 395.

der sich letztlich im je individuellen Menschen vollziehen muß und der einem von keinem anderen abgenommen werden kann. Mit der Vorstellung eines Prozesses ist im übrigen nicht nur hinsichtlich des Menschen als Person, sondern auch hinsichtlich des Glaubens als Ereignis jede Verdinglichung abgewehrt.

Für die theologische Ausbildung - und sinngemäß auch für jede (religions-)pädagogische - laufen die Konsequenzen auf eine *»allgemeine Bildung«* im Wissen um das Prinzipielle hinaus[47], wobei jeder Theologe die leitenden theologischen Prinzipien letztlich »ganz für sich selbst produzieren« muß (ebd., § 67). Dieses Modell ist das Gegenteil von Schulung (vgl. schon oben S. 110ff.).

Offenbarung als Erfahrung - Systematisch-theologische und religionspädagogisch-bildungstheoretische Aspekte

Christlicher Glaube, rekonstruiert in einer Theorie christlichen Selbstbewußtseins, und Bildung, verstanden als Selbstbildung, seien nicht mit einer Ideologie menschlicher Selbstverwirklichung zu verwechseln, sagten wir. Besteht nicht doch die Gefahr, daß bei dieser 'neuzeitlich-modernen' Rekonstruktion die wichtigste theologische Einsicht der Reformation preisgegeben wird, nämlich daß der Mensch sein Heil als Geschenk empfängt? In ebenso scharfsinniger wie komplizierter Argumentation hat der systematische Theologe *Eilert Herms* den Begriff des »Selbstbewußtseins« im Sinne der »nachkantianischen Theorie des Selbstbewußtseins«, d.h.: eben vor allem im Schleiermacherschen Sinn, so auf den Begriff der »Offenbarung« bezogen[48], daß jene Gefahr in gewisser Weise vermieden und zugleich die Rede von Offenbarung zunächst bereits *strukturell* vom erkenntnistheoretischen Standpunkt der Moderne aus verstanden und bejaht werden kann.

Die Brücke schlägt der schon mehrfach gebrauchte, im Vergleich zum Begriff des »unmittelbaren Selbstbewußtseins« uns heute zugänglichere Begriff der *»Erfahrung«* (zu seiner Bedeutung für Schleiermachers Glaubenslehre im einzelnen siehe auch noch unten 3.). Zum einen darf nach Herms im Anschluß an I.T. Ramsey auch religiöse *»Offenbarung«* als eine *»Erschließungserfahrung«* verstanden werden[49]. Wie der Begriff der »Erschließung« bereits sprachlich andeutet, ist der Mensch hierbei einer, der etwas entdeckt und in gewisser Weise

47. Kurze Darstellung, a.a.O., § 336.
48. *E. Herms*, Art. Erfahrung. Philosophisch, in: TRE, 10, 1/2, Berlin/New York 1982, S. 89-109, hier S. 97.
49. Hierzu ausführlich *E. Herms:* Offenbarung, in: *P. Fiedler u.a. (Hg.):* Studientexte Funkkolleg Religion, Weinheim u.a. 1985, S. 258-275, bes. S. 259ff.

empfängt. Zum anderen läßt sich auch der Begriff des *»Selbstbewußtseins«* (Schleiermacher verwendet ihn zur Umschreibung von »Glauben«) zumindest einem seiner formalen Grundmerkmale nach mit einem für das Ereignis religiöser Offenbarung charakteristischen, ebenfalls formalen Merkmal verbinden, dem der menschlichen Passivität. Nach Schleiermacher ist nämlich grundsätzlich von der »*Passivität* der Konstitution des Selbstbewußtseins« auszugehen, als die »*Konstituiertheit* von Selbstbewußtsein *vor* jeder selbstbewußten Tätigkeit«[50]. Oder einfacher gesagt: Vor allem besonderen konkreten eigenen Tätigwerden ist uns Menschen unmittelbar gewiß, daß uns unser Dasein gegeben ist, daß wir durch etwas anderes bestimmt sind, ja, daß wir in diesem Wissen - letztlich einem Gefühl, in welchem wir uns unserer selbst »als schlechthin abhängig« bewußt sind - »uns abhängig fühlen von Gott«[51]. Dieser Sachverhalt liegt für Schleiermacher über die »christliche Frömmigkeit« hinaus allen »Glaubensweisen« als »Gemeinsames« zugrunde (§ 6 und 7). Ist somit zumindest dem strukturellen Merkmal der Abhängigkeit nach der 'moderne' religionsphilosophische Ansatz Schleiermachers für die reformatorische Rechtfertigungslehre anschlußfähig, so ist diese selbst in ihrem Inhalt damit noch nicht einbezogen. Wie auch der *Inhalt* der Rechtfertigungserfahrung berücksichtigt wird, sei im folgenden angedeutet.

Die aus dem Ansatz Schleiermachers zu entfaltenden Folgeüberlegungen betreffen erstens noch einmal den *Erkenntnisvorgang,* sodann das *Vergewisserungsproblem,* schließlich die *Wahrheitsfrage.* Wenn man diese Folgerungen richtig durchdenkt, kann man einsehen, daß Freiheit, selbständige Prüfung und Selbstverantwortung auch inhaltlich mit der christlichen Glaubenserfahrung vereinbar sind. Mit dem Thema menschlicher Freiheit und Selbstbestimmung aber eröffneten wir das Kapitel, um einen zentralen Bedingungskomplex für jedes kirchliche Handeln einschließlich kirchlicher Bildungsverantwortung sichtbar zu machen.

Der zur Rede stehende Ansatz berücksichtigt mit seinem *Erkenntnisbegriff,* daß es erstens durchaus rechtens ist, wenn Menschen heute das nicht gelten lassen können, wovon sie nicht wirklich selbst überzeugt sind; sie wollen nicht nur etwas erzwungen nachsprechen. In der Tat gilt - ohne einer falschen Äquivokation zu verfallen -, daß das, was mich *von mir selbst* befreit (im Sinne des einzig von Gott gewirkten Heils), *von mir selbst* erkannt und ergriffen werden muß[52]. Damit ist christlicher Glaube als Wissen, daß Gott mich durch sein Evangelium neu schafft und 'bildet', zugleich als meine persönliche Erfahrung beschreibbar - einschließlich aller bildungstheoretischen und pädagogischen Implikatio-

50. *E. Herms,* Art.: Erfahrung, a.a.O. (Anm. 48), S. 97.
51. Der christliche Glaube, Bd. 1, § 9, S. 31. Der Begriff »Gefühl« darf nicht psychologisierend und damit verkürzt verstanden werden; gemeint ist das ganzheitliche Innewerden einer ontologisch verstandenen Verfassung des Menschen.
52. S. hierzu schon meine: Grundfragen, Bd. II, S. 100.

nen. In diesem Sinne steht übrigens das hier Gesagte auch nicht gegen Luthers Worttheologie, weil auch *Gottes* Sprachhandeln *an* mir *von* mir, in *meinem* Hören, wahrgenommen wird.

Analog ist zweitens das *Gewißheitsproblem* zu sehen. Wenn wir in Anlehnung an Schleiermacher und Herms den Begriff der eigenen »inneren Erfahrung« verwenden, ist mit der erfahrenen Glaubensgewißheit jene »Evidenz« gemeint, mit der ich mich mit der im biblischen Christuszeugnis behaupteten Wahrheit in »Übereinstimmung« befinde, weil sie sich an meiner »eigenen«, mir »selber evidenten Lebenswirklichkeit« bewahrheitet[53]: 'Ja, so bin ich, vor Gott ein Sünder und vor den Menschen schuldig.' Ich *werde* überführt; zugleich gilt: *Ich* werde überführt.

Schließlich ist auch der *Wahrheit* des christlichen Offenbarungszeugnisses nicht Abbruch getan, wenn, wie es vor Herms schon Eberhard Jüngel und Gerhard Ebeling bahnbrechend aufgewiesen haben, Glaube zwar als »*neue* Erfahrung« herausgestellt werden muß, aber eben doch auch wiederum als menschliche »*Erfahrung*« umschrieben werden kann, nämlich als »eine Erfahrung, die wir mit der Erfahrung machen und machen müssen«[54]:

»Der als Gotteserfahrung sich ereignende Glaube besteht auf jeden Fall darin, daß wir mit unseren alltäglichen Erfahrungen eine neue Erfahrung machen, die zwar aus unseren alltäglichen Erfahrungen nicht einfach entspringt (wie sollte sie sonst eine Erfahrung *mit* der Erfahrung sein?), die aber *an* unseren alltäglichen Erfahrungen sich als das ausweisen muß, was sie ist. Daß dabei unsere alltäglichen Erfahrungen zugleich in eine fundamentale Krise geraten können, die ihre Alltäglichkeit aufgrund des besonderen Ereignisses der Gotteserfahrung aufbricht, widerspricht dem Wesen der Erfahrung keineswegs.«[55] Oder wie Jüngel mit Gerhard Ebeling formuliert: »Wer sagen will, was 'Gott' heißt, muß nach Ebeling 'an einen Ort allgemeiner menschlicher Erfahrung' verweisen, weil uns nur dort 'der Sinn des Wortes »Gott« verifizierbar ist'.«[56]

Von Schleiermacher bis zur Gegenwart spannt sich ein großer Bogen. Selbst Theologen, die wie Jüngel entscheidende Anstöße der Theologie Karl Barths verdanken, weisen den hier anstehenden Aspekt nicht zurück. Für unsere These der Vereinbarkeit des »modernen Ansatzes« im protestantischen Denken mit der Reformation finden wir mithin starke Stützen. Selbst wenn gemäß der reformatorischen Rechtfertigungslehre der christliche Glaube als Geschenk des frei am

53. Vgl. *E. Herms,* Art.: Erfahrung. Systematisch-theologisch, a.a.O. (Anm. 48), S. 128-136, hier S. 132.
54. *E. Jüngel:* Unterwegs zur Sache. Theologische Bemerkungen, München 1972, S. 8; dazu *E. Herms,* Art.: Erfahrung. Systematisch-theologisch, a.a.O., S. 132.
55. *E. Jüngel:* Das Dilemma der natürlichen Theologie und die Wahrheit ihres Problems (1975), in: *ders.:* Entsprechungen. Gott - Wahrheit - Mensch. Theologische Erörterungen, München 1980, S. 158-177, hier S. 176.
56. *E. Jüngel*: Gott - als Wort in unserer Sprache (1969), in: Unterwegs zur Sache, a.a.O., S. 80-104, hier S. 83; zum Zitat im Zitat vgl. *G. Ebeling:* Gott und Wort, Tübingen 1966, S. 54.

Menschen handelnden Gottes erfahren wird, ist diese Erfahrung zugleich so beschaffen, daß sie, weil sie auf die menschliche Lebenswirklichkeit bezogen ist und in ihr gehört und vernommen wird, diese Wirklichkeit voll umschließt und sich in ihr erschließt. Ohne diesen »Kontext« ist »Gottes Text« für uns nicht zu explizieren (vgl. oben S. 135). Die Folgen dieser konstruktiven Rückgewinnung des alten Problems der »natürlichen Theologie«[57] auf evangelischer Seite für die Neubestimmung des Verhältnisses von Glaube und Bildung liegen auf der Hand.

Sie spiegeln sich längst auch in der neueren Religionspädagogik: Zunächst treffen wir sie in der sog. modernen Theologie und liberalen Religionspädagogik Anfang unseres Jahrhunderts an. In der Reformepoche der letzten 30 Jahre bemerken wir sie dort, wo existentialhermeneutisch mit Rudolf Bultmann und seinen Schülern mit dem Ziel, Glaube und Verstehen zusammenzubringen, auf die *Existenzerfahrung der Menschen allgemein* im Rahmen der Auslegung der biblischen Texte Bezug genommen worden ist.

Bei der Entwicklung des »thematisch-problemorientierten Religionsunterrichts« nach dem »Kontextmodell« wurde sodann konkreter der *Kontext der Lebenserfahrungen der Schüler im besonderen* zu berücksichtigen versucht. Die betont emanzipatorisch orientierten Konzepte stehen mit der gesellschafts-, kirchen-, institutions- und ideologiekritischen Kraft des aufklärerisch-protestantischen Ansatzes ebenfalls in direkter oder indirekter Verbindung.

Schließlich stoßen wir heute auf die anhaltende Diskussion ausdrücklich *erfahrungshermeneutischer* didaktischer Zusammenhänge (zu diesen Konzepten mit einem emphatischen Gebrauch des Erfahrungsbegriffs vgl. die Symboldidaktik, die Elementarisierungsdiskussion und auf katholischer Seite die sog. Korrelationsdidaktik)[58]. Nur ist eben bisher selten der geschichtliche Ausgangspunkt und der von dorther sichtbare gemeinsame Grundnenner aller dieser 'Konzeptionen' bewußtgemacht worden[59].

57. Vgl. hierzu *P. Biehl:* Natürliche Theologie als religionspädagogisches Problem, in: *R. Lachmann (Hg.):* Religionsunterricht als religionspädagogische Herausforderung (Festschrift für H. Angermeyer), Aachen 1982, S. 101-118 (Rph 9). S. auch bereits Kap. 2, S. 86f.
58. Nach Abschluß dieses Kapitels erschien hierzu die umfassende Untersuchung von *W.H. Ritter:* Glaube und Erfahrung im religionspädagogischen Kontext, Göttingen 1989.
59. Zur Bedeutung der hier entwickelten Denkfigur bereits für die evangelische Religionspädagogik in den 60er Jahren am Beispiel H.B. Kaufmanns vgl. *K.E. Nipkow:* Religionspädagogik und Religionsdidaktik im Spannungsfeld theologischer und erziehungswissenschaftlicher Entwicklungslinien, in: *K. Goßmann (Hg.):* Glaube im Dialog. 30 Jahre religionspädagogische Reform (Festschrift für H.B. Kaufmann), Gütersloh 1987, S. 51-62, bes. S. 59ff. Zum Einfluß auf meine eigenen Schriften zu dieser Zeit vgl. in meinem Sammelband: Schule und Religionsunterricht im Wandel. Ausgewählte Studien zur Pädagogik und Religionspädagogik, Heidelberg/Düsseldorf 1971, S. 270f. u.ö.

Mit Bezug auf den Bildungsbegriff hat am deutlichsten *Reiner Preul* die hier angesprochene Linie auf seine Weise erörtert. Auch er betont, daß sich die Erkenntnis der christlichen Wahrheit als ein »*Prozeß*« darstelle, »als ein thematisch bestimmter Erfahrungs- und Reflexionsprozeß, der mit dem gesamten Bildungsprozeß - ebenfalls als Erfahrungs- und Reflexionsprozeß verstanden - eng verflochten ist«[60]. So wie Herms erkenntnistheoretisch zeigen kann, daß es theologisch legitim ist, Glaube vom Erfahrungsbegriff her zu bestimmen, kann Preul bildungstheoretisch folgern, daß *Glaube und Erfahrung* einen *Bildungszusammenhang und -vorgang* darstellen.

Hierbei ist die überaus wichtige Pointe des Gedankengangs, daß eine (Religions-)Pädagogik, die nicht als Erziehungslehre, sondern als Bildungstheorie konzipiert ist, jede pädagogische Allmachts- und Machbarkeitsphantasie abwehrt. Wenn Bildung wie auch in unserer Darstellung als ein persönlicher, auf Reflexivität und Selbständigkeit bezogener individueller Bildungsprozeß verstanden wird, sind die Wege zur Bildung allgemein wie zum Glauben im besonderen »*prinzipiell* nicht methodisierbar«. Völlig zu Recht betont Preul, daß dies für beides gilt, »für das im Glauben ergriffene Selbstverständnis ebenso wie für jedes rein humane Selbstverständnis«, denn beidemal steht die innere Freiheit auf dem Spiel. »Beides ist nicht *lehrbar* im Sinne methodisch sicherer Vermittlung, wohl aber - so sei pointiert behauptet - im Rahmen des Bildungsprozesses *lernbar*« (S. 94).

3. Zur Selbstgefährdung des protestantischen Bildungsverständnisses

Protestantisches Religions- und Bildungsverständnis als Ursache religiöser Auflösung?

Wir haben versucht, reformatorisches und aufklärerisch-protestantisches Erbe miteinander zu verbinden (2.). Den Ausgangspunkt bildeten Wertprioritäten heute und die entsprechenden Auswirkungen des Bedürfnisses nach freier Selbstbestimmung im religiösen Bereich (1.). In beiden Abschnitten war ebenso bereits zu erkennen, wie zweideutig dies Freiheitsinteresse ist. Untergründig durch das gegenläufige Bedürfnis nach »Verankerung im sozialen Kosmos« gefördert, zeigen besonders bestimmte Formen »neuer Religiosität« eine erschreckende

60. *R. Preul:* Religion - Bildung - Sozialisation. Beiträge zur Grundlegung einer religionspädagogischen Bildungstheorie, Gütersloh 1980, S. 84.

Kehrseite: Freiheit kippt in *Abhängigkeit* um; der Sinn wahrer Freiheit und Bindung wird diskreditiert.

Das moderne Autonomiebewußtsein kann ferner zur *Verabschiedung jeder religiösen Orientierung überhaupt* führen. Man übersehe nicht über den Phänomenen neuer Religiosität, die im ganzen Ausnahmen darstellen, den breiten Trend zu einer Restreligiosität, der die Regel zu sein scheint.

»Im Trend liegt eine Art von *Minimalreligion*, die nur noch eine 'höhere Macht' oder ein 'letztes Ordnungsprinzip' kennt, die man nur vage erahnt. Diese Religiosität hat 'Restrisiken' (Kaufmann) zu bewältigen, ist aber kein integraler Bestandteil der alltäglichen Sinnkonstitution. 'Das Leben hat nur dann einen Sinn, wenn man ihm selbst einen gibt' ist eine Allbus-Aussage, die sich der umfassendsten Zustimmung erfreut.«[61]

Die eingangs zitierten Äußerungen Schmidtchens lassen im Protestantismus eine der Hauptursachen für religiösen Pluralismus und schließlich religiöse Auflösung vermuten. Um so genauer muß er sich in geschichtlicher Rückbesinnung prüfen.

Mit dem Verhältnis von nachaufklärerischem Protestantismus und Bildung ist besonders der freiheitliche und kritische Begriffssinn von Bildung herausgearbeitet worden. Er sollte für evangelische Bildungsverantwortung einerseits unverzichtbar sein. Mit dem unbedingten Respekt vor persönlicher Freiheit, individueller religiöser Entwicklung und unvoreingenommener Wahrheitssuche als seiner Signatur kann sich das protestantische Bildungsverständnis im Umfeld des ökumenischen Christentums ausweisen und seinen besonderen Beitrag leisten. Diese Züge stellen jedoch andererseits weder das Ganze des evangelischen Erbes dar, wie die obige Erinnerung an Luthers Gotteserfahrung und der Hinweis auf die Rechtfertigungslehre sofort haben deutlich werden lassen, noch sind sie unumstritten. Der protestantische Bildungsbegriff muß sich vielmehr erstens vor gesellschaftlichem Mißbrauch schützen und sich zweitens seiner großen innerkirchlichen Sprengkraft bewußt sein.

61. *R. Döbert:* Oser/Gmünders Stadium 3 der religiösen Entwicklung im gesellschaftlichen Kontext: ein circulus vitiosus, in: *K.E. Nipkow / F. Schweitzer / J.W. Fowler (Hg.):* Glaubensentwicklung und Erziehung, 2. Aufl. Gütersloh 1989, S. 144-162, hier S. 156. Die Restrisiko-Hypothese übernimmt Döbert von *F.X. Kaufmann:* Nutzen und Vergeblichkeit empirischer Forschung in der Religionssoziologie, in: *H. May (Hg.):* Religion und gesellschaftlicher Wandel, Loccumer Protokolle 84 (1984), S. 184, wobei die Berechtigung dieser Hypothese im Monopol gesehen wird, das Religion nach wie vor bei der Bewältigung des Todes hat. Die Allbus-Aussage ist zitiert nach *C. Seyfarth:* Religionssoziologische Aspekte der Wertwandelsproblematik, in: *H. May,* a.a.O. Belege zum Charakter von Restreligiosität auch in meiner Auswertung der von *R. Schuster:* Was sie glauben. Texte von Jugendlichen, Stuttgart 1984, gesammelten Aussagen von Jugendlichen aus dem berufsbildenden Schulwesen; vgl. v. Vf.: Erwachsenwerden ohne Gott?, 3. Aufl., München 1990.

Unter dem ersten Gesichtspunkt läßt sich nicht übersehen, daß die im Gefolge des beschriebenen Bildungsverständnisses stehenden Leitbegriffe wie Freiheit, Individualität und Selbständigkeit relativ formale Kategorien sind. Inhaltlich bleiben gewichtige gesellschaftliche Lebensfragen ebenso offen wie Glaubensfragen. Folglich kann im religionspolitischen Macht- und Weltanschauungskampf der liberale Standpunkt schnell überrollt werden. Die *Instrumentalisierung* religiöser Bildung für nationale, imperiale, antisozialistisch-bürgerliche, völkische und andere Interessen im 19. und 20. Jahrhundert ist bekannt. Die inhaltliche Seite des gesellschaftlichen Bildungsdiskurses muß daher im abschließenden Kapitel des ersten Teils eigens thematisiert und auch besonders für den Religionsunterricht (Kap. 10) und die kirchliche Erwachsenenbildung weiterverfolgt werden (Kap. 12). Das liberale moderne Paradigma hat hier gleichsam seine offene gesellschaftliche Flanke.

Umgekehrt können unter dem zweiten Gesichtspunkt die Merkmale dieses Paradigmas wie persönliche Autonomie, Kritikfähigkeit, Abwehr von Denkhemmungen gesellschaftlich unbequeme Tugenden sein. Auf jeden Fall aber stellen sie für ein traditionsgeleitetes kirchliches und gemeindliches Bewußtsein ein hohes herausforderndes *Risiko* dar.

Modernes Autonomiebewußtsein als religiöse Entwicklungssackgasse auf dem Hintergrund der Stufentheorie Fritz Osers

Wie tragfähig ist darum der Weg, den Schleiermacher gegangen ist und den nach ihm moderne evangelische Theologie in mancherlei Spielarten bis heute geht, wenn man ihre theologischen Postulate und die gesellschaftlich-volkskirchlichen Realitäten gegeneinanderhält? Aus religionssoziologischer Sicht hat Rainer Döbert erhebliche Zweifel, ob die Integration von christlichem Gottesglauben und menschlicher Autonomie im Sinne einer höheren Einheit als »Standardlösung« des Plausibilitätskonflikts für den durchschnittlichen Zeitgenossen angesehen werden darf. Da Döbert diese Frage nicht mit Bezug auf Schleiermacher erörtert, sondern in Auseinandersetzung mit der Stufentheorie zur Entwicklung des religiösen Urteils des Schweizer Religionspsychologen Fritz Oser, sei kurz vorgestellt, wie dieser die Stufenentwicklung versteht.

Der Weg der Entwicklung des religiösen Urteils, der von F. Oser und P. Gmünder in fünf Stufen, ursprünglich sogar in sechs, entfaltet worden ist, stellt sich im Grunde als ein Dreischritt dar. Er beginnt mit der religiösen Abhängigkeit des Kindes, führt zu religiöser Autonomie und endet mit einer Reintegration des religiösen Abhängigkeitsbewußtseins in das Autonomiebewußtsein im Sinne einer neuen notwendigen höheren Verbindung.

Auf der Stufe 1 mit der »Perspektive des Deus ex machina« ist Gott eine Macht, von der die Menschen unmittelbar abhängig sind, im Guten wie im Bösen. »Der Wille des Ultimaten muß immer getan werden, sonst zerbricht die Beziehung.«[62]

Auf Stufe 2, »Do ut des-Perspektive«, kann der Wille des letztgültigen Seins (Gott) »durch Gebete, religiöse Opfergaben, das Befolgen religiöser Regeln usw. beeinflußt werden« (ebd.). Damit ist ein erster Schritt in Richtung Autonomie gewagt (S. 53). »Das Leben wird berechenbarer, weil die Handlungen des Ultimaten von uns abzuhängen scheinen, von unseren Handlungen, und nicht von seinen beliebigen Entscheidungen. Gottes Handlungen und unsere Handlungen werden als aufeinander bezogen betrachtet. Abhängigkeit ist gegenseitig« (ebd.).

Auf Stufe 3, »Deismus-Perspektive«, fühlt sich der Mensch in seinem Lebensbereich frei und selbstverantwortlich. Das »Ultimate (Gott) ist davon getrennt. Es hat (vielleicht) seinen eigenen Tätigkeitsbereich ... Transzendentes ist außerhalb der Freiheit des Individuums, stellt aber dort eine fundamentale Ordnung von Welt und Leben dar« (52).

Auf Stufe 4, der »Perspektive der Korrelation und des Heilsplans«, empfindet das Individuum, daß jedes eigene Tun »einen unerklärten Anteil« enthält, »der nur durch Bezug auf das Ultimate (Gott) Sinn erhält« (54). Gott wird in das Leben »auf eine neue Art und Weise« integriert (ebd.). »Das Ultimate wird zum metaphysischen *a priori* der Freiheit des Menschen in einem Leben in Abhängigkeit, der Begegnung. Die beherrschende Vorstellung richtet sich auf einen unsichtbaren Plan für alles, eine Art von universalem 'Es ist schon recht, wie es ist'. Letztendlich leben wir in einer von Gott gegebenen Sicherheit. Abhängigkeit ist rekonstruierte menschliche Begrenzung und zugleich auszuschöpfende Möglichkeit« (ebd.).

Auf Stufe 5 - »Perspektive religiöser Autonomie durch unbedingte Intersubjektivität« - »herrscht Komplementarität in bezug auf alle Dimensionen. Es gibt nichts Profanes ohne Heiliges; es gibt nichts Heiliges ohne Profanes. Es gibt keine Hoffnung ohne Absurdität, keine Absurdität ohne Hoffnung. Das menschliche Handeln wird für das Göttliche transparent, und die Vorstellung einer von Gott gegebenen Sicherheit (göttlicher Plan) ist nicht mehr notwendig. Der Mensch nimmt am Göttlichen teil und trägt so zur Sichtbarwerdung des Göttlichen bei. Das Göttliche ist universal durch die universale Verbundenheit der Menschen. Die in der christlichen Glaubensauffassung auf Christus allein bezogene Menschwerdung Gottes wird auf dieser Stufe generalisiert ('Gott wurde Mensch' wird zu einer universalen Chiffre einer gelebten Stufe-5-Beziehung). Leiden und Tod sind ein Teil dieser integrativen menschlichen Solidarität« (54).

Mit folgenden Worten faßt Fritz Oser die religiöse Entwicklung inhaltlich zusammen; er ist sich hierbei des Gewinns wie auch des Verlusts durchaus bewußt:

62. Die Beschreibung der Stufen folgt der jüngsten Darstellung durch *Oser:* Genese und Logik der Entwicklung des religiösen Bewußtseins: Eine Entgegnung auf Kritiken, in: *K.E. Nipkow u.a. (Hg.):* Glaubensentwicklung und Erziehung, a.a.O. (Anm. 61), S. 48-88, bes. S. 52ff., Zitat S. 52; die Überschriften für die Stufenperspektiven sind entnommen aus *F. Oser / P. Gmünder:* Der Mensch. Stufen seiner religiösen Entwicklung. Ein strukturgenetischer Ansatz, Zürich/Köln 1984, S. 89ff.

»Die von Stufe zu Stufe wachsende *integrative Beziehung* und das gleichzeitig wachsende *autonome Handeln,* verbunden mit der Erfahrung einer *je tieferen Bindung,* das ist die *Entwicklungslogik* der Stufen von Religiosität« (54). »Der *Gewinn* ist der Zuwachs an Kenntnis und Wissen um das vom Göttlichen vermittelte Leben. Der *Verlust* betrifft unvermeidbares Abschiednehmen von den Sicherheiten mächtiger religiöser Systeme, von organisierter Religion, letztlich selbst von Offenbarungen, die Mittel werden und von außerhalb des Menschen stammen, hin zu einer in Freiheit gebundenen tiefen Religiosität und Spiritualität. Auf Stufe 5 integrieren sich Offenbarung und persönliche menschliche Erfahrung; es gibt keine andere Lebensordnung, keine andere Sicherheit als Glauben« (55).

Die letzten Sätze erinnern unmittelbar an die umschriebene Sichtweise Schleiermachers, wie wir auch nochmals weiter unten sehen werden. Es ist daher sachgemäß, das mit Schleiermacher identifizierte Grundproblem mit Hilfe von Oser zu spiegeln und weiter zu diskutieren. Ich habe bereits an anderer Stelle die Frage aufgeworfen, ob die im Anschluß an Karl Rahner, Helmut Peukert und Wolfhart Pannenberg von Oser beschriebene höhere Integration auf Stufe 5 eine entwicklungslogisch zwingend zu folgernde Stufe ist, die keine Alternative kennt. Geschieht nicht die Vermittlung zwischen der Autonomie des Menschen und dem Unbedingten bei Oser in einer spezifischen neuzeitlichen Denkfigur, nämlich im Sinne eines transzendentalphilosophischen bzw. transzendentaltheologischen Denkmodells: Gott bzw. die Gottesidee als Grenzbegriff des Denkens im Sinne der unendlichen Bedingung unserer endlichen Möglichkeiten[63]?

Es ist offensichtlich notwendig, noch nach anderen Formen reifen (christlichen) Glaubens Ausschau zu halten, was auch Oser selbst an anderen Stellen betont (wodurch allerdings die behauptete eindeutige »Entwicklungslogik« ins Wanken geraten könnte). Hier stellen wir diese Frage noch zurück. Deutlich ist jedenfalls, daß wir auch bei Oser wie bei Schleiermacher den Versuch einer höheren Verbindung von menschlicher Autonomie und Gottesbewußtsein vor uns haben, die eine Rückfrage wie die Döberts geradezu entbinden muß.

Wie bei Schleiermacher im Augenblick der religiösen Erfahrung Heiliges und Profanes, Abhängigkeitsgefühl und Freiheitsbewußtsein nicht getrennt sind, weil

63. Ab Stufe 4 soll »zwischen der Entscheidungsautonomie des Subjekts und einem angenommenen Unbedingten« wie folgt vermittelt werden: »Als transzendental vorgestellt wird das Unbedingte in das Subjekt in dem Sinne verlegt, daß es Bedingung der Möglichkeit für alles Entscheiden und Handeln wird«, *F. Oser / P. Gmünder,* a.a.O., S. 97; s. hierzu die kritischen Rückfragen in meinem Abschnitt »Gott als Grenzbegriff des Denkens und der den Menschen anredenden Gotterfahrung«, in meiner Abhandlung: Lebensgeschichte und religiöse Lebenslinie. Zur Bedeutung der Dimension des Lebenslaufs in der Praktischen Theologie und Religionspädagogik, in: Jahrbuch der Religionspädagogik (JRP), hg. von *P. Biehl u.a.,* Bd. 3: 1986, Neukirchen-Vluyn 1987, S. 26f., 31ff.

alles Endliche zu einem Gleichnis des Unendlichen wird (vgl. die Reden), erscheinen auch bei Oser menschliche Freiheit und Gottesglaube als voll vereinbar. Ist aber diese versöhnende Denkfigur, die den auf einer höheren Stufe wiedergewonnenen Gottesglauben spiegeln soll, der normalerweise heute zu erwartende Weg? Die naheliegende *»Standardlösung«*, so hält Döbert dagegen, wenn »die eigene Freiheit ... mit der Existenz eines 'Ultimaten' koexistieren können« soll, besteht in einer *»klaren Differenzierung und Demarkation der Sphären des Heiligen und Profanen«*[64].

Die Trennung der Sphären und Zuständigkeiten fand historisch, im gesellschaftlichen Evolutionsprozeß, in der Epoche der europäischen Aufklärung statt. Für die individuelle Entwicklungsgeschichte wird sie in der Stufentheorie Fritz Osers als Stufe 3 theoretisch konzipiert und empirisch zu belegen versucht, wobei Oser sie bezeichnenderweise, wie erwähnt, Deismus-Stufe nennt[65]. Nach Döbert bildet sie den Entwicklungsschritt für die *Mehrheit.* Es ist der Schritt heraus aus dem Kinderglauben - dem Glauben an den »Deus ex machina«, der alles kann und immer hilft (vgl. oben Osers Stufe 1), und dem Glauben an einen Gott, den man nach seinen eigenen Wünschen beeinflussen kann (vgl. oben die »Do ut des-Perspektive« der Stufe 2) - in die persönliche Selbständigkeit und den praktischen religiösen Agnostizismus der Stufe 3. Dieser Entwicklungsschritt aber, so schließt Döbert, ist bei den meisten Menschen heute der Endpunkt der religiösen Entwicklung, eine *»Entwicklungssackgasse«*[66]. Gott wird außerhalb des Alltags 'irgendwie' ganz am Anfang oder abgehoben 'irgendwie' ganz in der Ferne als 'höhere Macht' vielleicht noch vermutet. Das Leben selbst geht seinen eigenen Gang.

Döberts religionssoziologisch begründete Skepsis setzt gesellschaftliche Einflüsse höher an als Entwicklungshoffnungen. Ein Stufe-3-Denken im Sinne der Trennung der Sphären und Zuständigkeiten zwischen Gott und Mensch hat einen starken Anhalt am täglichen Augenschein. An die dichotomische Struktur dieses Denkens könnte nicht zuletzt auch die »moderne Theologie« angepaßt werden. Wir treiben damit die kritischen Rückfragen noch einen weiteren Schritt voran.

64. *R. Döbert,* a.a.O. (Anm. 61), S. 157.
65. Vgl. *F. Oser / P. Gmünder,* a.a.O., S. 94ff.
66. *R. Döbert,* a.a.O., S. 156ff. Nach Oser sollen sich auf Stufe 3 auch Anhänger von Jugendsekten finden, vgl. *Oser,* Genese und Logik, a.a.O. (Anm. 62), S. 54. Die Diskussion über Stufe 3 ist u.a. wegen dieser inneren Widersprüchlichkeit noch offen.

Das theologische Bildungsdilemma der Kirche und der versperrte Rückweg

Neben den gesellschaftlichen Trends, die heute religiöse Traditionen untergraben oder ersetzen, kann nämlich auch die »*moderne Theologie* von einem gestandenen Stadium-3-Denker vermutlich z.T. leicht so umgedeutet werden, daß sie die eigenen Denkmuster verstärkt. Theologien der Befreiung, Gott als 'Bedingung der Möglichkeit' der Freiheit des Menschen, all das mag ja auf eine Integration des Sakralen und Profanen abzielen. Wie leicht läßt es sich jedoch auch so mißverstehen, daß das eigene dichotome Denken weiter untermauert wird!« (Döbert, a.a.O., S. 160f.).

Solche Sätze sind schonungslos. Die Mißverständlichkeit reicht tief in die moderne Theologie selbst hinein, die sich gerade als Sachwalterin der christlichen Wahrheit versteht. Betrifft das Problem aber nur Befreiungstheologien oder transzendentaltheologische Ansätze? Liegt das Wagnis nicht grundsätzlich im Weg wissenschaftlicher theologischer Selbstaufklärung beschlossen? Das *Bildungsdilemma* der Kirche, das *Risiko von Glaube und Bildung,* gründet in der Tat in einem *theologischen Dilemma,* im *Risiko von Glauben und Denken;* und in beiden Hinsichten gibt es keinen Weg zurück.

Das »traditional-selbstverständliche Kirchenverhältnis ist, auf die objektiven gesellschaftlichen Bedingungen gesehen, nicht mehr abgesichert. Es gibt keine gesellschaftliche, in den Funktionen, Strukturen und Beziehungen des sozialen Lebens verankerte Notwendigkeit mehr, zur Kirche zu gehören. Es gibt Alternativen, Optionen, Äquivalente.«[67]

Folglich muß die Glaubensüberlieferung eigens und systematisch an die Menschen herangetragen werden, möglichst missionarisch eben, in einer nachchristlichen Situation; in diesen Stichworten wird die neue Lage richtig erkannt (s. oben Kap. 2). Aber wie soll hierbei Glauben gelehrt und gelernt werden, etwa in Form *»traditionalen Lernens«*?

»Traditionaler« Bindung als dem Grundmuster (Paradigma) früherer Zeiten entsprach das »traditionale« Lernen. »Traditional« ist die »Eigenschaft eines sozialen Handelns bzw. eines sozialen Verhältnisses, das auf dem unbefragten Glauben der Akteure an die Gültigkeit oder Heiligkeit von Überlieferungen beruht«[68]. Für traditionales Verhalten charakte-

67. *E. Lange:* Bildung als Problem und als Funktion der Kirche, in: *ders.:* Sprachschule für die Freiheit, München/Gelnhausen 1980, S. 170.
68. Art.: »traditional«, in: Lexikon zur Soziologie, hg. von *W. Fuchs u.a.,* Opladen 1973; vgl. *A. Kuphal:* Abschied von der Kirche. Traditionsabbruch in der Volkskirche, Gelnhausen u.a. 1979, S. 160.

ristisch sind die Gewohnheit und die Selbstverständlichkeit, und zwar als Merkmale des sozialen Systems (z.B. der Kirche) im ganzen.

Kirchliche Bildungsverantwortung für die Zukunft kann hierauf nicht setzen. Es vertrüge sich auch nicht mit dem reformatorischen Prinzip, wonach Mitgliedschaft in der Kirche *»verstandene, bejahte, persönlich übernommene«* Mitgliedschaft sein sollte[69] - und dieses Prinzip bleibt von Luther über Schleiermacher bis heute gültig (s. oben 160ff.). Wenn aber das gilt, ist Kirche *»auf just dasselbe Instrument angewiesen, durch das sie anscheinend in Bedrängnis gerät: auf Bildung«* (ebd.). Geht sie hierauf nicht ein, wird der »Faktor Bildung ..., wie man vermuten muß, weiter *gegen* ihre Bestände wirken ...«[70]. Darum müssen Herausforderung und Risiko angenommen werden. Die Kirche muß sich auf Bildungsprozesse einlassen. Sie kann beim Thema Glauben heute an Kirche als Lerngemeinschaft nicht vorbeigehen. Der Weg ist konstruktiv durch das moderne Bewußtsein hindurch zu suchen, sowohl in Kirche und Theologie im ganzen als auch in der religiösen Lebenslinie des einzelnen Menschen im besonderen.

4. Glaubensentwicklung zwischen »erster Kindheit«, Entmythologisierung und »zweiter Kindheit« - Risiko und Herausforderung im Spiegel Schleiermachers

Von Gott sprechen zwischen Religionskritik, Atheismus und »New Age«

Abschnitt 3 sollte den Gedankengang noch etwas anhalten. Der protestantische Bildungsbegriff wurde auf den Prüfstand gestellt. Aufklärung über den nachaufklärerischen Protestantismus wurde erforderlich. Wer ihm naiv folgt, übersieht die Sackgassen und Dilemmata. Um das zuletzt zugespitzte Problem theologisch und pädagogisch zu entfalten, kann weiterhin Schleiermacher als das große historische Beispiel herangezogen werden, als klassischer Anfang des Paradig-

69. Vgl. *H. Hild (Hg.):* Wie stabil ist die Kirche? Bestand und Erneuerung. Ergebnisse einer Umfrage, Gelnhausen/Berlin 1974, S. 248; dort kirchensoziologisch umformuliert (im Original hervorgehoben).
70. *E. Lange,* a.a.O., S. 175. Bei Lange wie in der EKD-Mitgliedschaftsuntersuchung steht beim Begriff Bildung ausdrücklich die hier verhandelte geschichtliche Umbruchepoche vor Augen, jene Bildungstradition, die »jedenfalls formal eine aufklärerische Tradition, eine Tradition der Frage, des Zweifels, der Kritik« ist (*H. Hild,* a.a.O., S. 247).

mas moderner Theologie und Religionspädagogik, nun auch in ihrem Risikocharakter, der Schleiermacher nicht fremd war. Im Kapitel über Gemeindeaufbau beobachteten wir eine chronische Zurückhaltung gegenüber den kritischen Fragen, die heute an die christliche *Glaubenslehre* herangetragen werden. Diese Zurückhaltung führt in den Diskussionen um die Erneuerung von Kirche und Gemeinden auch zur Ausklammerung oder fragwürdigen Vereinfachung der Aufgabe des *Glaubensunterrichts*. Beidem kann mit Schleiermacher begegnet werden, besonders wenn wir auf seine eigene Glaubenslehre (Der christliche Glaube, 1821/22) einen Blick werfen.

An Schleiermacher ist schon vor zweihundert Jahren unsere seitdem grundsätzlich nicht veränderte Problemlage zu erkennen sowie der Mut, sie als Herausforderung anzunehmen. Bereits er sieht sich zu seiner Zeit in der europäischen, besonders der französischen Aufklärung dem *Atheismus* und der *Religionskritik* ausgesetzt. Schleiermacher scheint zu spüren, welche radikalen Ausmaße beide annehmen können. Das Problem wird in jener Epoche unter dem Begriff des Anthropomorphismus behandelt[71]. Die atheistisch gemünzte Anthropomorphismuskritik will mit der anthropomorphen und mythologischen christlichen Redeweise das Christentum selbst treffen. Schleiermacher erkennt, daß es folglich nicht nur um die historische Aufgabe einer neuen Klärung der Glaubens- und Zeitgemäßheit der dogmatischen *Vorstellungen* geht, sondern in eins damit um glaubens- und zeitgemäße religiöse *Sprache*. Wie sollen wir angemessen von Gott sprechen?

Als verantwortlicher Pädagoge behandelt Schleiermacher diese Frage zugleich auch in *lebens-* und *glaubensgeschichtlicher* Sicht, als Aufgabe persönlicher Glaubensbildung in den Lebensaltern. Wie muß man zu Kindern von Gott sprechen? Wie sollen Erwachsene, die sich weiterentwickelt haben, ihren Glauben formulieren? Welche dritte Möglichkeit ließe sich finden, wenn einerseits Anthropomorphismus, die vermenschlichende Rede von Gott und seinen Offenbarungen, unvermeidlich ist und andererseits ein kruder Anthropomorphismus und eine »leere Mythologie« überwunden werden müssen? Wir gewinnen mit diesen Fragen, denen Schleiermacher unter anderem in der Schrift »Die Weihnachtsfeier« von 1806 nachgeht, unmittelbaren Anschluß an die oben bereits mit Osers Stufentheorie eingeführte gegenwärtige Diskussion über das wiederentdeckte Thema des »Wachstums des Glaubens« bzw. der »Stufen des Glaubens«[72]. Auch diese neuere lebensphasen- und lebenslaufbezogene Betrach-

71. Vgl. die umfassende Darstellung des Problems durch *F. Christ:* Menschlich von Gott reden. Das Problem des Anthropomorphismus bei Schleiermacher, Zürich/Köln/Gütersloh 1982.

72. Zur Einführung s. *F. Schweitzer:* Lebensgeschichte und Religion. Religiöse Entwicklung und Erziehung im Kindes- und Jugendalter, München 1987; s. ferner Bd.

tungsweise reicht mithin viel weiter zurück, als wir gewöhnlich annehmen[73]. Die Spannungen zwischen Anthropomorphismus und Anthropomorphismuskritik, zwischen Mythologie und Entmythologisierung sind hierbei seit jenen Anfängen nicht akademischer theologischer Natur. Sie entscheiden nach wie vor in zahllosen Lebensläufen über den eigenen christlichen Glauben. Sie stehen im Zentrum des Verhältnisses von Glaube und Bildung.

Zusätzlich verschärfen sich die Spannungen durch die heute mit neuer, bisher unbekannter Wucht sich aufdrängende *Vorstellungs- und Sprachwelt der New-Age-Religiosität.* In ihr wird Gott als das göttliche Prinzip wesentlich nur noch in vergeistigten und spiritualisierten Kategorien begriffen: Gott als Geist, das Göttliche als Energie, eins in das andere schließlich übergehend. Geschichtlichkeit und Leiblichkeit der Offenbarungen des biblischen Gottes werden zugunsten einer neuen Gnosis preisgegeben. Nimmt man Schleiermachers »Reden über die Religion« von 1799 zur Hand, hat man auch diese Diskussionslage schon voll vor sich: die Annahme von Stufen der Bildung in der Religionsgeschichte[74] und die Annäherung an eine Stufe, in der das Universum in einer pantheistisch-monistischen Sicht so angeschaut wird, daß die besondere Art und Weise, wie man sich »Gott« hierbei vorstellt, eine zweitrangige Frage wird, eine, die der »Richtung der Phantasie« jedes einzelnen frei überlassen bleiben soll (a.a.O., S. 97; s. auch S. 96).

»Nun laßt uns höher steigen, dahin, wo alles Streitende sich wieder vereinigt, wo das Universum sich als Totalität, als Einheit in der Vielheit, als System darstellt und so erst seinen Namen verdient; sollte nicht der, der es so anschaut als Eins und Alles, auch ohne die Idee eines Gottes, mehr Religion haben, als der gebildetste Polytheist?« (S. 96). »In der Religion also steht die Idee von Gott nicht so hoch, als Ihr meint, auch gab es unter wahrhaft religiösen Menschen nie Eiferer, Enthusiasten oder Schwärmer für das Dasein Gottes; mit großer Gelassenheit haben sie das, was man Atheismus nennt, neben

III meiner Grundfragen (1982) sowie meinen Aufsatz in der Festschrift für W. Jetter: Wachstum des Glaubens - Stufen des Glaubens. Zu James W. Fowlers Konzept der Strukturstufen des Glaubens auf reformatorischem Hintergrund, in: *H.M. Müller / D. Rössler (Hg.):* Reformation und Praktische Theologie, Göttingen 1983, S. 161ff.; den gegenwärtigen Stand markieren das Themaheft »Wachsen im Glauben« der Religionspädagogischen Beiträge 1988, H. 21, hg. von *H.A. Zwergel,* sowie der schon oben genannte Band *K.E. Nipkow u.a.,* Glaubensentwicklung und Erziehung, a.a.O. (Anm. 61).

73. *F. Schweitzer:* Die Religion des Kindes - Perspektiven aus der Geschichte der Religionspädagogik, in: *K.E. Nipkow / F. Schweitzer / J.W. Fowler,* a.a.O., S. 253-269.
74. Vgl. Reden über die Religion, a.a.O., S. 96 (»Auf einer andern Stufe der Bildung stellt sich das Universum dar als eine Vielheit ohne Einheit ...«).

sich gesehen, und es hat immer etwas gegeben, was ihnen irreligiöser schien als dieses« (97).

Modernes protestantisches Denken zwischen Atheismus und religiösem Wandel schon vor fast zweihundert Jahren: Der Kreis des Kapitels beginnt sich zu schließen[75].

Glaubenssprache als Sprache der inneren Erfahrung unter Freigabe der religiösen Vorstellungswelt

An einer bedeutsamen Stelle, am Ende der Einleitung zum ersten Teil seiner Glaubenslehre, vor ihrer materialen Ausführung, faßt Schleiermacher seine erkenntnistheoretische und hermeneutische Grundposition in einer Maxime zusammen, die erkennen läßt, was es heißt, sich dem skizzierten protestantischen Weg, dem »Ansatz beim neuzeitlichen Christentum«, anzuvertrauen:

»Ueberall aber müssen wir uns, wenn unsere Darstellung rein bleiben soll, davor hüten, nichts von Gott oder der Welt auszusagen, was nicht unmittelbar als Inhalt unseres Selbstbewußtseins kann nachgewiesen werden.«[76]

Dieser Satz beruht auf einer Einsicht, die nach Schleiermacher jedem einleuchten *muß:* Die sichere Selbstmitteilung Gottes kann sich nur im »unmittelbaren Selbstbewußtsein« des Menschen als wahr erweisen. Anders formuliert: Sie wird nur als *eigene »innere Erfahrung«* gewiß (vgl. schon oben Kap. 3.2). Für Schleiermacher ist einzig so auch »das Entstehen der christlichen Gemeinschaft in ihrem ersten Keimen während der Verkündigung Christi selbst« zu erklären, der alte und immer wieder neue Anfang des persönlichen Glaubensweges.

Nur die konnten Christus folgen und in die Gemeinschaft mit ihm eintreten, »welche der erlösenden Kraft Christi bei sich gewiß wurden (Joh. 1,45.46. 6,68.69. Matth. 16,15-18.) ...« Dieser Weg blieb derselbe von den ersten Gemeinden bis heute: »Nur der aber wurde gläubig, und trat in die Gemeinschaft, in dem die innere Erfahrung hervorgerufen ward (Ap.Gesch. 2,37.), in wem aber nicht, der nicht. So auch jezt hat jeder nur in dem Maaß und deshalb Antheil an der christlichen Gemeinschaft, als er diese eigenthümliche Gestaltung des frommen Selbstbewußtseins (...) als seine eigene fühlt.«[77]

75. Der Begriff »System« ist ein Schlüsselbegriff der neuen New Age-Spiritualität. Man vgl. im übrigen die obige Passage mit den Beschreibungen der Stufe 5 bei *Oser,* s.o. S. 170.
76. Der christliche Glaube, I, a.a.O., § 42, S. 133.
77. A.a.O., I, § 21, S. 82.

Wenn dem so ist, muß auf alle anderen vermeintlich sicheren Beweismittel für die Wahrheit der biblischen Botschaft verzichtet werden, weil sie nichts nützen, solange man nicht innerlich überführt ist.

»Wir verzichten also hier auf jeden andern Beweis für die Nothwendigkeit und Wahrheit des Christenthums als den jeder in sich selbst trägt, indem er sich bewußt ist, daß seine eigne Frömmigkeit keine andere Gestalt annehmen kann als diese, und indem er sich in deren geschichtlichem und innerm Zusammenhang befriedigt fühlt: und das ist der Beweis des Glaubens.«[78]

»Unmittelbares Selbstbewußtsein«, »innere Erfahrung« und »Glaube« bilden eine Gleichung: »... auf dem Selbstbewußtsein zu beruhen« und »Glaubenssache zu sein« ist für Schleiermacher ein und dasselbe[79]; »... indem sie die unmittelbare Gewißheit, den Glauben voraussezt«, fragt die Dogmatik »nicht darnach, ob irgendwo oder nirgend hierüber etwas erwiesen und erweisbar sei oder nicht«[80].

Wird dem aber zugestimmt, so heißt das, daß die christliche Glaubenserkenntnis, obwohl sie »nicht durch die Vernunft hervorgebracht oder aufgenöthigt werden kann, ... doch vernunftmäßig dargestellt werden soll«[81], da »das übervernünftige im Christenthum nicht widervernünftig« ist (ebd.)[82]. Dies wiederum hat zur Folge, daß Schleiermacher - und nach ihm die 'moderne' protestantische Theologie und Religionspädagogik, die ihm in diesem Sinne gefolgt ist - das nicht als *Grundlage* des Glaubens erkennen kann, was seinerseits des *Glaubens* als Grundlage bedarf. Darum können etwa »Wunder« und »Weissagungen« den Glauben »nicht hervorbringen«, »wenn nicht der Glaube an die Offenbarung schon zum Grunde liegt«[83]. Etwas anderes ist es - und das bleibt bis heute eine unerläßliche hermeneutische Aufgabe -, die Berichte von Wundern als Ausdruck der Glaubenserfahrung zu würdigen.

» ... Nur das unmittelbar gewisse kann das sein, woraus alles andere seine Gewißheit ableitet.«[84] Wenn das gilt, müssen auch alle sog. *Gottesbeweise* hinfällig werden (ebd.), ferner solche menschlichen *metaphysischen Spekulationen,* etwa zur »Frage nach dem

78. A.a.O., I, § 18, S. 68.
79. A.a.O., I, § 21, S. 83.
80. A.a.O., I, § 38, S. 128.
81. A.a.O., I, § 20, S. 81.
82. Vgl. *E. Jüngel:* Es geht nicht darum, die »*neue* Erfahrung« des christlichen Glaubens »als ein argumentum ad absurdum gegenüber menschlicher Welt- und Selbsterfahrung zu behaupten« (Entsprechungen ..., a.a.O., S. 176).
83. Der christliche Glaube, I, a.a.O., § 21, S. 87.
84. A.a.O., I, § 38, S. 127.

Entstehen der Welt«, die nicht »unmittelbar« mit der Glaubensgewißheit zusammenhängen[85].

Das volle Ausmaß der Folgen dieses Ansatzes, der sich im übrigen mit dem Ursprung des christlichen Glaubens in der Person Christi und folglich mit dem Grundsinn der Heiligen Schrift selbst durchaus in Übereinstimmung weiß (vgl. oben), wird deutlich, wenn in seiner Konsequenz dasselbe Kriterium auch auf theologisch so bedeutsame Formeln und Begriffe wie die Rede von der übernatürlichen Empfängnis, der Auferstehung, der Himmelfahrt, der Wiederkunft und dem Endgericht angewendet wird, auf die Rede von sogenannten *Heilstatsachen*.

Auch diese Sachverhalte können nicht so als »Thatsachen« angesehen werden, daß aus ihnen »das Sein Gottes in ihm (in der Person Christi, Verf.) könne eingesehen und nachgewiesen werden«[86]. Was mit diesen Begriffen über Christus ausgesagt wird, wird »jenseit seiner unmittelbaren Wirksamkeit liegend faktisch von ihm ausgesagt« und kann darum »nur im uneigentlichen Sinn Lehre heißen«[87]. Es gewinnt seine Kraft, Menschen auf den Glauben hin anzusprechen, erst dann, wenn hierbei dieselbe »unmittelbare Wirksamkeit« von Zeuge zu Zeuge, von Person zu Person wirksam wird, wie sie schon zu Anfang durch Jesus selbst Menschen zu ihm und zu Gott (was dasselbe ist) zu überführen vermochte[88].

Der Schleiermacher der Glaubenslehre läßt keinen Zweifel daran, daß der Mensch, als Mensch der *»Sünde«*, nur durch Gott und seine *»Gnade«* in Christus erlöst werden kann; »nicht durch uns selbst« geschieht es[89]. Er stellt ebenfalls heraus, daß der Vorgang, wie jemand Christ wird und Christ bleibt, mit *»Kirche«* zu tun hat, da Jesus Christus der »Stifter« der Kirche als eines *»Gesammtleben[s]«* ist[90]. Pädagogisch folgt hieraus, daß Glaube nur in diesem von der Kraft des Glaubens bereits durchdrungenen Lebenszusammenhang entstehen kann, der für das Kind in der christlichen *Familie* beginnt und von ihrem religiösen »Geist« ausgeht[91].

85. A.a.O., I, § 47, S. 139. Die Unterscheidung zwischen Gottesglauben, der im Wort der Verheißung gründet, und philosophischer Spekulation, die auf metaphysische Weise das empirisch Wahrnehmbare übersteigen möchte, um dadurch Gott (zusätzlich) zu sichern, ist schon eine der Durchbruchserfahrungen der Reformation, bei *Luther* auf der Grundlage des mittelalterlichen Nominalismus und im Rückgriff auf *Augustin*.
86. A.a.O., II, § 120, S. 64.
87. A.a.O., I, § 33, S. 117.
88. Vgl. I, § 21, S. 82.
89. A.a.O., II, § 121, S. 68 (»Sünde« und »Gnade« im Original nicht kursiv).
90. A.a.O., II, § 114, S. 19ff.
91. Pädagogische Schriften, unter Mitwirkung von *Th. Schulze* hg. von *E. Weniger*, 1.

Fassen wir bis hierhin zusammen, zeigt sich zweierlei: Einerseits geht Schleiermacher noch ganz vom kirchlichen Ansatz bzw. Paradigma und seiner Zirkelstruktur des 'aus Glauben zum Glauben' aus, von einer *Hermeneutik (Verstehenslehre) des schon vorhandenen Einverständnisses* im Glauben in der kirchlichen Gemeinschaft (Glaube wird »vorausgesezt«). Andererseits interpretiert Schleiermacher die überkommene Glaubenslehre in einer Weise um, als sei allein das moderne Paradigma angemessen, eine *Hermeneutik des noch nicht gegebenen Einverständnisses* auf dem Wege zu einem Glauben, der, von traditionellen dogmatischen Ansprüchen und kirchlichen Verpflichtungen entlastet, sich allererst noch bilden soll und sich frei und individuell ausprägen darf. Viele Kirchenmitglieder muß das zweite Moment, das freie, kritische Glaubensbewußtsein, irritieren, bis heute. Für Schleiermacher war es in das tragende Glaubensleben der christlichen Gemeinschaft eingebettet. Was aber, wenn dies zerfallen sollte? Dann konnte der weitere Weg nicht nur in eine protestantische Vereinzelung führen, sondern auch zu ganz ungebundenen Formen neuer Glaubensauslegung. Zwar hatte Schleiermacher den entsprechend an Anklängen an Pantheismus und Monismus (Spinozismus) reichen Standpunkt der »Reden« verlassen, um kirchenbezogene Theologie zu treiben. Dafür aber war jetzt der nach wie vor festgehaltene Grundansatz in seine kirchliche Glaubenslehre selbst hineingetragen worden.

Glaubenssprache aller Lebensalter in vielerlei Gestalt

Im Hinblick auf die einzelnen Glieder der Kirche, auf Kinder, Jugendliche, Erwachsene, und hier wiederum Erwachsene verschiedenster Lebenskreise und -schicksale, wird deutlich, daß unser Problem eine pädagogische und seelsorgerliche Seite hat. Wie sollen Heranwachsende eingeführt, wie Erwachsene begleitet werden? Was ist für sie eine sinnvolle Herausforderung, was eine Überforderung?

Der Endpunkt des Schleiermacherschen Weges der Glaubensentfaltung, den wir gleichsam in Gestalt einer christlichen Dogmatik für Erwachsene (Theologen gar) vor uns haben, umschreibt eine spannungsvolle Weise des Glaubens. Das Bild zeigt einen Christen, der zutiefst gewiß an Jesus Christus als »Erlöser« glauben kann, während ihm gleichzeitig freigegeben ist, in welchen Vorstellun-

Bd.: Die Vorlesungen aus dem Jahre 1826, Düsseldorf/München 1957, S. 338. In idealischer und poetischer Weise wird die Wirkung eines solchen religiösen Geistes in der religiösen Gesamtstimmung fühlbar, wie sie in Schleiermachers Dichtung »Die Weihnachtsfeier« (1806) dargestellt wird (Kleine Schriften und Predigten, Bd. 1, hg. von *H. Gerdes* / *E. Hirsch*, Berlin 1970).

gen sich sein Glaube ausdrückt. Kirchliche Gemeinschaft und christliche Vielstimmigkeit, *Einheit* und *Pluralität* sollen zusammengehen, ohne daß ein belastender Widerspruch erfahren wird. Im Gegenteil: Diese protestantische Dialektik will gerade entlasten. Sie ist darauf aus, kirchliches und modernes Bewußtsein so zu verbinden, daß die christliche Glaubensüberlieferung auch heute noch gehört und verstanden werden kann.

Es ist Schleiermachers geschichtliches Verdienst, daß er das moderne Paradigma noch entschieden in das kirchliche einbettet. Diese Rückbindung ist unerläßlich, weil nur im Erfahrungs- und Interpretationsraum des *christlichen* »Gesammtlebens« der Gemeinde, auf dem Boden der der Kirche anvertrauten und in *bestimmter* geschichtlicher Weise überlieferten Glaubenstradition (so Schleiermachers geschichtsbewußter Standort), das unverwechselbare »Wesen« des Christentums von anderen Religionen unterschieden werden kann[92]. Zusammen mit der weit sich öffnenden religionsphilosophischen Rahmung seiner Theologie verfolgt darum Schleiermacher den Zweck einer um so klarer hervortretenden theologischen Selbstvergewisserung. In religionspädagogischer Sicht bedeutet freilich auch dies wieder, daß die Gemeindeglieder ebenfalls wenigstens ein Stück weit mitgehen können und in der Lage sein sollten, sich für andere Glaubensweisen zu öffnen, um gleichzeitig ihren eigenen Glauben deutlicher zu identifizieren. Hinsichtlich der christlichen Kirchen untereinander fassen wir heute diese Aufgabe unter dem Begriff des *»ökumenischen Lernens«*; im Verhältnis zu anderen lebenden Religionen sprechen wir vom »interreligiösen Dialog«.

Innerprotestantische Pluralität, ökumenisch-christliche Pluralität und gar interreligiöse Pluralität gelten zu lassen, beginnend mit dem Verständnis für verschiedene christliche dogmatische Vorstellungsweisen, und gleichzeitig an dieser Pluralität nicht irre zu werden, sondern hierbei den eigenen Glaubensstandort nur noch tiefer zu durchdringen - diese Perspektive setzt viel voraus. Sie verlangt ein gemeinsames Glaubenlernen in der Vielstimmigkeit der Kirche und im Wechsel der Generationen. Sie mutet ferner ein Glaubenlernen im eigenen Lebenslauf zu, in der Mehrsprachigkeit der eigenen Lebensalter; denn man braucht zum Glaubenkönnen Zeit: Lebenszeit als Lernzeit im Glauben.

In der 1806 veröffentlichten Schrift *»Die Weihnachtsfeier«* zeigt Schleiermacher, daß der Weg zum Glauben ein gemeinsamer und ein individuell-lebensgeschichtlicher Weg ist. Eine Runde von befreundeten Paaren feiert das Weihnachtsfest und tauscht sich gemeinsam über seinen Sinn aus. Unterschiedlichste, auch kontroverse Ansichten werden geäußert, und doch geht die Gemeinschaft darüber nicht verloren - Glaubenlernen als *gemeinsamer Weg*. Die kleine Sofie und die Geburt des göttlichen Kindes geben den Anlaß, nicht nur vom Erwachse-

92. Vgl. Kurze Darstellung, a.a.O., § 32, S. 13.

nenstandpunkt aus über »buchstäblich«-wörtliches und symbolisches Verstehen[93], über das »Mythische« des Christentums[94] und über die »kritisch« zu prüfenden »historischen Spuren«[95] ins Gespräch zu kommen, sondern auch über den lebenszeitlichen Weg nachzudenken, den Menschen in diesen Spannen durchlaufen - Glaubenlernen als *individueller Weg*. Über beiden Perspektiven steht der Gedanke, daß die Glaubenssprache *aller beteiligten Personen* - die in gewisser Weise kirchliche Gruppierungen vertreten - und *aller Lebensalter* geachtet und in ihrer Eigentümlichkeit gewürdigt werde.

Für Schleiermacher hat die *Kindheit* ihre eigenen Glaubensvoraussetzungen und ihre eigene erfüllte Glaubensweise. Zu den Voraussetzungen gehört unter anderem die »Sehnsucht junger Gemüter nach dem Wunderbaren und Übernatürlichen«, der er »mit großer Andacht« zusehen könne, so hatte Schleiermacher schon in der 3. Rede seiner »Reden über die Religion« bemerkt[96].
»Eine geheime unverstandene Ahndung treibt sie über den Reichtum dieser Welt hinaus; daher ist ihnen jede Spur einer andern sehr willkommen; daher ergötzen sie sich an Dichtungen von überirdischen Wesen ...«[97] »Freilich ist es eine Täuschung, das Unendliche grade außerhalb des Endlichen, das Entgegengesetzte außerhalb dessen zu suchen, dem es entgegengesetzt wird; aber ist sie nicht höchstnatürlich bei denen, welche das Endliche selbst noch nicht kennen?« (S. 107).

Schleiermacher beklagt darum in den »Reden«, daß den Kindern unter dem Joch aufklärerischer Vorurteile »alles Übernatürliche und Wunderbare« verboten werde; »die Phantasie soll nicht mit leeren Bildern angefüllt werden« (ebd.). Dabei ist für Schleiermacher die lebendige schöpferische *Phantasie* von großer Bedeutung. Während nämlich die Vernunft in allen Menschen dieselbe ist, ist die Phantasie der Inbegriff der ganz persönlichen, individuellen Art und Weise, wie ein Mensch sich seine Anschauung der Welt und auch der religiösen Erfahrung in ihr bildhaft vorstellt[98]. Folglich sollte man auf die allgemeinen Äußerungen, die für jede Kindheit charakteristisch sind, wie auf die je individuellen Äußerungen

93. Die Weihnachtsfeier, a.a.O. (Anm. 91), S. 243f. *F. Christ* geht in seiner Untersuchung auf die »Weihnachtsfeier« nicht ein, wohl aber auf Stellen in den »Reden« und anderswo, die wir im folgenden ebenfalls einbeziehen.
94. A.a.O., S. 243, S. 264.
95. A.a.O., S. 269.
96. A.a.O., S. 106.
97. A.a.O., S. 106f.
98. *F. Christ*, a.a.O. (Anm. 71), S. 107. Zum anthropologischen Verhältnis zwischen dem aufnehmenden »Sinn«, der hierbei empfangenen »Anschauung« und der dieser Anschauung spontan entsprechenden »Phantasie« vgl. den gesamten Abschnitt, ebd., S. 102-108.

auch schon »bei den werdenden Menschen« »warten« und »lauschen« - im Respekt vor der »Heiligkeit des kindlichen Alters«[99].

Anthropomorphe Sprache und mythologische Vorstellungen sind nicht nur im Kindesalter, sondern in gewisser Weise grundsätzlich unvermeidlich. Im Gespräch mit dem Hofprediger F.S.G. Sack bleibt Schleiermacher dabei, »daß ohne einen gewissen Anthropomorphismus nichts in der Religion in Worte gefaßt werden kann«[100], oder, wie es in einer Predigt vom 2.11.1800 heißt: »Wir können nicht anders als menschlicherweise von Gott denken und reden.«[101] Unbeschadet dieses grundsätzlich anthropologisch gültigen - lebenslang gültig bleibenden - Sachverhalts und trotz der »Heiligkeit des kindlichen Alters« gibt es für Schleiermacher *Entwicklung* in der eigenen Religiosität, ja, muß es sie geben; das Leben treibt sie selbst hervor, weil der Erwachsene in Gegensätze hineingerät, die das Kind noch nicht kennt, in die Gegensätze des Bewußtseins.

In der Kindheit treten diese zentralen »Gegensätze«, die das Bewußtsein des Erwachsenen zerreißen, noch nicht auf. Um sie zu versöhnen, muß nach Schleiermacher der Mensch von ihnen erlöst und der Erlöser wie in der Weihnachtsgeschichte als Kind vorgestellt werden, in einem Bild, das die Gegensätze noch nicht bzw. nicht mehr kennt, wie es in der »Weihnachtsfeier« heißt, der wir uns jetzt wieder zuwenden.

»Das Leben und die Freude der ursprünglichen Natur, wo jene Gegensäze gar nicht vorkommen, zwischen der Erscheinung und dem Wesen, der Zeit und der Ewigkeit, ist nicht die unsrige. Und dachten wir uns dieses in Einem, so dachten wir uns eben diesen als Erlöser, und er mußte uns anfangen als ein göttliches Kind. Wir selbst fangen dagegen im Zwiespalt an, und gelangen erst zur Uebereinstimmung durch die Erlösung, die eben nichts anders ist, als die Aufhebung jener Gegensäze, und eben deshalb nur von dem ausgehen kann, für den sie nicht erst durften aufgehoben werden.«[102]

Zwiespalt entsteht auch durch die historische Kritik der Bibel. Leonhardt verficht in der Gesprächsrunde das Recht, sie »sachwalterisch« vorbringen zu dürfen: Anstatt daß christliche Bräuche geschichtliche Tatsachen spiegeln, wird »durch solche Gebräuche bisweilen die Geschichte selbst erst gemacht ...«[103]. Die vermeintlich historisch sicheren biblischen Aussagen sind trügerisch. Man braucht nicht Schleiermachers Ausführungen über das »Mythische« und die »Mythen«

99. Reden, a.a.O., S. 117.
100. Aus Schleiermachers Leben. In Briefen III, hg. von *W. Dilthey*, Berlin 1861, 1863 (Nachdruck 1974), S. 283, zit. n. *F. Christ*, a.a.O., S. 83.
101. SW II/1, S. 97, zit. n. *F. Christ*, a.a.O., S. 115.
102. Die Weihnachtsfeier, a.a.O. (Anm. 91), S. 269.
103. A.a.O., S. 266. Leonhardt ist von Schleiermacher am stärksten die Rolle des kritischen Aufklärers zugeschrieben worden.

aus der Glaubenslehre gelesen zu haben[104], um zu wissen, daß solcher Kritik nicht ausgewichen werden soll, und so tut es auch jener Kreis der Freunde und Freundinnen nicht; sie nehmen Leonhardt ernst. Aber sie bleiben bei seinem Standpunkt der *Entmythologisierung* nicht stehen[105].

Das Thema einer zu erwartenden *»zweiten Kindheit«* wird angeschlagen. Sie kann sich zu der »ersten« zwar »wie ein widriger Zwerg zu einem schönen lieblichen Kinde« verhalten, mit anderen Worten, sie kann kindisch mißglükken[106]. Aber sie muß es nicht.

»Müssen denn die ersten kindlichen Gegenstände der Freude verloren gehen, damit ich die höheren gewinne? Sollte es nicht eine Art geben, diese zu gewinnen, ohne jene fahren zu lassen? Fängt denn das Leben mit einer reinen Täuschung an, in der gar keine Wahrheit ist, nichts Bleibendes?« (S. 251).

Eben nicht: Was in der Kindheit aufleuchtet, ist wahre Erfahrung und bleibt wahr für das ganze weitere Leben. Nicht Preisgabe der Kindheit steht darum an, sondern ein Weitergehen mit einer neuen Anverwandlung des nur dem Kinde möglichen Glaubens.

Und so wird denn kurz darauf von den *»Verwandlungen«* von Erfahrungen, die durch den Lebenslauf bedingt sind, auch ausdrücklich gesprochen (S. 252), von der veränderten Art der Weihnachtsfreude, die ein Spiegel allgemeinerer Veränderungen ist. Genauer ist sodann andeutungsweise von einem Prozeß die Rede, bei dem »stufenweise« (S. 253) eine in der Kindheit gehegte »dunkle geheimnißvolle Ahndung ... allmählig klarer hervorgetreten ist«, als etwas, »was uns aber immer noch am liebsten unter derselben Gestalt vor Augen tritt und das gewohnte Symbol nicht will fahren lassen« (S. 252), wie es bezeichnenderweise von einer der Frauen vorgetragen wird[107].

104. Der christliche Glaube, a.a.O., I, § 33, S. 118 u.a.
105. Die Problematik dieses Standpunkts - Stufe 3 nach *Oser* als Entwicklungssackgasse und Endpunkt - ist oben behandelt worden. *Fowler* (Stages of Faith, 1981) ordnet das entmythologisierende Urteil der Stufe 4, dem individuierend-reflektierenden Glauben, zu.
106. Die Weihnachtsfeier, a.a.O., S. 250.
107. Schleiermacher geht wie viele seiner Zeitgenossen auf Unterschiede zwischen Frauen und Männern ein, an dieser Stelle auch hinsichtlich ihrer Glaubensentwicklung. Bei Frauen, so wird in der »Weihnachtsfeier« gesagt, halte sich der vereinigt-vereinigende Glaube, wie er für die Kindheit charakteristisch ist, kontinuierlicher durch, im Unterschied zu den konfliktreicheren Bewußtseinslagen der männlichen Entwicklung.
Carol Gilligan hat neuerdings aufgewiesen (Die andere Stimme. Lebenskonflikte und Moral der Frau, München/Zürich 1984), daß in der Entwicklungspsychologie

Diese Wendung im Gespräch bedeutet nichts anderes, als daß eine in der Kindheit erworbene *vorkritische* religiöse Beziehung vor einer mehr oder weniger *kritischen* Bewußtwerdung (»klarer« hervortretendes Wissen) in der Jugendzeit und im Erwachsenenalter keineswegs zurückzuscheuen braucht, daß es aber darauf ankommt, wenn Glauben erhalten bleiben oder sich weiterentwikkeln soll, daß in einem gleichsam *nachkritischen* Stadium die frühe, dem Kinde eigene Ganzheitlichkeit und Sicherheit der Erfahrung als späte Erfüllung neu geschenkt wird, ohne eine kindische Regression zu sein (»widriger Zwerg«). Man kann »das gewohnte Symbol« dann zwar nicht mehr *als* ein Kind, aber wieder *wie* ein Kind festhalten. Es wird eine innere Glaubensfreiheit und Leichtigkeit der Vorstellung erreicht, die es ermöglicht, »das gewohnte Symbol« nicht »fahrenlassen« zu müssen (s. oben S. 251). Man kann sich der Weihnachtsgeschichte als Evangelium anvertrauen und gleichzeitig wissen, daß sie eine Legende ist.

Paul Ricoeur hat in unseren Tagen dies die *»zweite (reflektierte) Naivität«* genannt[108]. Sie erscheint vielen Religionspädagogen als eine neue Entdeckung[109]. Wie wir sehen, ist sie das nicht. Sie ist auch keineswegs theologisch das letzte Wort[110]; wir werden hierauf zurückkommen. Aber damit verliert sie nicht ihren Sinn. Sie ist notwendig durch das moderne kritische Bewußtsein provoziert, und sie will *hierauf* differenziert antworten. Sie gehört somit in den Bedingungshorizont dieses Kapitels und findet an ihm zugleich ihre Grenze. Sie ist nur im Durchgang durch kritische Glaubensreflexion zu erwarten; das ist ihre Definition und ihr Wesen (sie ist ja mit der ersten Naivität keineswegs mehr identisch). Deshalb wird durch sie der protestantische Bildungsbegriff des nachaufklärerischen »modernen« Ansatzes auch nicht wieder rückgängig gemacht, wohl aber

die Theoriebildung sich eher an Entwicklungsverläufen männlicher Jugendlicher orientiert, wenn Merkmale wie Ablösung, Individuation, Emanzipation als Merkmale der Adoleszenz hervorgehoben werden, auf Kosten anderer, die deutlicher an der in der Forschung vernachlässigten weiblichen Entwicklung abgelesen werden können. Hierzu zählt die Bedeutung von Zusammengehörigkeit, Sorge für den anderen, Mitleid, Liebe.

108. Vgl. *P. Ricoeur:* Symbol des Bösen. Phänomenologie der Schuld, Freiburg 1971, S. 27, 399f., 405; *ders.:* Hermeneutik und Psychoanalyse, München 1974, S. 175f.; *ders.:* Die lebendige Metapher, München 1986, S. 249ff.

109. Vgl. mit Bezug auf Ricoeur *J.W. Fowler,* Stages of Faith, a.a.O., S. 187f.; *R. Englert*: Glaubensgeschichte und Bildungsprozeß. Versuch einer religionspädagogischen Kairologie, München 1985, S. 600ff.; *A. Binz:* Den Glauben zum Tragen bringen, in: Wachsen im Glauben, Rel. Päd. Beiträge 21/1988, S. 10.

110. Zur theologischen Kritik und Relativierung dieses Ziels aus der Sicht Luthers, Comenius und Hamanns, vgl. meine Studie: Erwachsenwerden ohne Gott?, a.a.O., S. 103ff.

aufgrund der Rückkehr auf höherer Ebene zu dem, was ihm vorausliegt, in mehrfachem Sinne 'aufgehoben'[111].

Im erwachsen gewordenen Glauben ist der Mensch frei geworden, insbesondere frei im Sinne einer »Freiheit zur Sprache«, zur Sprache des Glaubens auch in anthropomorpher Weise: »Anthropomorphe Rede von Gott erscheint insofern als ein Akt menschlicher Freiheit«[112]; sie bezeugt *Freiheit als (wieder)gewonnene Ganzheit*. Der vom Glauben ergriffene Mensch kann gar nicht anders, als in der gleichsam menschlichsten Weise seinen Glauben auszudrücken. Zu dieser Ausdrucksweise gehört auch die sinnlich-metaphorische und sinnlich-symbolische Rede. »Vermenschlichen bedeutet nicht, Gott sinnlich wahrnehmbar machen wie einen Gegenstand des objektiven Bewußtseins, sondern Gott in den Prozeß der menschlichen *Individuation* hineinziehen.«[113] Darum gilt zusammenfassend: »Die *Zumutung des Anthropomorphismus* ... mutet vielmehr dem Menschen zu, nicht nur ein wissender und sittlicher, sondern auch ein frommer und so erst *ein ganzer Mensch zu werden.*«[114]

111. »Ja bei der Genauigkeit, mit welcher uns die kleinen schönen Momente des Lebens in der Erinnerung bleiben, könnte man stufenweise dies Hervortreten des Höheren nachweisen« (Weihnachtsfeier, a.a.O., S. 252f.).
112. *F. Christ*, a.a.O., S. 199, (im Original kursiv).
113. *F. Christ*, a.a.O., S. 211.
114. *F. Christ*, a.a.O., S. 207. - Zuvor hatte bereits *E. Jüngel* anhand der Gleichnisse Jesu gezeigt (Gott als Geheimnis der Welt, 5. Aufl., Tübingen 1986), daß sich von ihnen her die Möglichkeit biete, »die Alternative eines sogenannten dogmatischen (nämlich naiven) Anthropomorphismus und eines sogenannten symbolischen Anthropomorphismus zu überwinden« (S. 405). Im ersten Fall wird die »*Unterschiedenheit* von Gott und Mensch vernichtet«, denn der »wie ein - in seine Höchstform gesteigerter - Mensch gedachte Gott läßt sich vom Menschen gerade nicht konkret unterscheiden«. Die Folge darf aber nun auch nicht sein, daß »im Gegenzug zu der unangemessenen Vermenschlichung Gottes im 'dogmatischen' Anthropomorphismus eine erst recht unangemessene Entmenschlichung Gottes in einer nicht weniger 'dogmatischen' Anthropomorphismuskritik gefordert wird. Damit droht Gott aber überhaupt nicht mehr vom Menschen unterschieden werden zu können. Er entschwindet in die Ferne des Unsagbaren und verliert eben dadurch erst recht seine *konkrete* Unterschiedenheit vom Menschen« (ebd.). Der naive Anthropomorphismus ist für den Glauben des Kindes charakteristisch, die dogmatische Anthropomorphismuskritik für das entmythologisierende religiöse Denken des kritischen (Durchgangs-)Stadiums. Die Metakritik des Dogmatismus jenes Stadiums mit der neuen Möglichkeit, im Gleichnis zu sprechen, zu denken und zu glauben, scheint in dieselbe Richtung zu weisen, die wir oben mit Schleiermacher und Ricoeur angedeutet haben und die die Freiheit zu einer neuen Form anthropomorpher Rede einschließt. Nimmt man den damit gewonnenen neuen ganzheitlichen Standpunkt ein, muß auch das Verhältnis des Erwachsenen zu religiösen Ritualen neu interpre-

Im Sinne der von uns entfalteten lebenslaufbezogenen Deutung läßt sich diese Einsicht auch so formulieren: Der Mensch wird frei, als ganzer Mensch in der inneren Bewahrung der Glaubenssprache aller seiner Lebensalter zu leben und zu glauben. F. Christ schließt seine Untersuchung mit einer frühen Äußerung Schleiermachers: »Liebenswürdig ist, wer liebt, d.h. wer überall im Endlichen das Unendliche findet. Groß, wer das Endliche um des Unendlichen willen wegwirft. Vollendet, wer beides vereinigt.«[115]

Schon ein Kind ist »liebenswürdig«, sofern es fähig ist, überall »im Endlichen das Unendliche«, das Wunderbar-Geheimnisvolle im Alltäglichen aufzuspüren und sich vorzustellen. Aber der heranwachsende Mensch kann bei seinen kindlichen Vorstellungen in der Regel nicht verweilen, obwohl er es oft möchte, und er muß mutig, »groß«, sein, um sich von bestimmten Vorstellungen zu trennen. Dieses Stadium kann zu einem Entwicklungsstillstand führen. Schleiermacher hofft, daß dies nicht geschieht, daß vielmehr in einem Prozeß der weiteren Klärung und Reinigung des Glaubensverständnisses und im Abstreifen dessen, was 'kindisch' ist, der Glaube als 'kindliches' Vertrauen bewahrt bleibt, so daß sich kindlicher Glaube und erwachsene Glaubensreflexion »vereinigt« finden. Der Prozeß der Klärung »bleibt bezogen auf die *kindliche* Empfänglichkeit des frommen Gefühls. Der Erwachsene sieht sich hierin in keiner grundsätzlich anderen Lage als das Kind.«[116]

5. Zusammenfassung und Vorblick

In diesem Kapitel wurde an Friedrich Schleiermacher als theologischem und bildungsphilosophischem Klassiker des nachaufklärerischen Protestantismus eine seit ihm bestehende historische Aufgabe erläutert. Bei der Erörterung seiner Auffassungen konnten die allgemeineren geschichtlichen Bedingungen erkannt werden, denen sich die theologische und pädagogische Verantwortung der Kirche seitdem ausgesetzt sieht. Überraschend ist sichtbar geworden, daß die gegenwärtige Situation zwischen Religionskritik, Atheismus und religiösem Wandel,

tiert werden. Rituelles Verhalten kann nicht nur als Kennzeichen früherer religiöser Entwicklungsstufen beurteilt werden. Vgl. *H.-G. Heimbrock:* Religiöse Entwicklung und die rituelle Dimension, in: *K.E. Nipkow u.a. (Hg.):* Glaubensentwicklung und Erziehung, a.a.O. (Anm. 61), S. 193-207.

115. Vgl. Denkmale der inneren Entwicklung Schleiermachers, Anhang zu: *W. Dilthey:* Leben Schleiermachers, Erster Band, Berlin 1870, S. 95, Nr. 48 (Wissenschaftliche Tagebücher, Vermißte Gedanken und Einfälle, begonnen September 1796), zit. n. *F. Christ,* a.a.O., S. 225.

116. *F. Christ,* a.a.O., S. 230.

die von den üblichen Gemeindeaufbaukategorien nicht erfaßt wird (und wohl auch aus theologischen Gründen nicht erfaßt werden kann), im Kern spätestens bereits seit der Aufklärungsepoche gegeben ist. Als Theologe, der sich zugleich nicht anders als ein kritisch reflektierender Zeitgenosse verhalten kann, möchte Schleiermacher ein glaubensgemäßes und ein zeitgemäßes Reden von Gott neu ermöglichen. Darum läßt er sich einerseits sehr gewagt auf neue religiöse Wege ein, wie die erwähnten Ausführungen in den »Reden« oder andere in der »Weihnachtsfeier«[117] zeigen. Andererseits versammelt sich das spätere theologische Lebenswerk Schleiermachers immer stärker um die Aufgabe, gerade innerhalb des weit geöffneten religionsphilosophischen Ausgangsrahmens um so genauer spezifisch christlich, und zwar spezifisch evangelisch, vom Glauben zu handeln und zu sprechen.

Wo lassen sich bei diesem kühnen Versuch eines theologischen Spagates verläßliche Kriterien gewinnen, um auf der einen Seite gegenüber der Religionskritik die »Vernunft der Religion«[118] für aufklärerisch-moderne Ohren zu Gehör zu bringen sowie gegenüber dem Atheismus den Sinn der Rede von Gott zu verteidigen, und auf der anderen Seite gleichzeitig mit der kirchlichen Denktradition zusammen die bleibende Gültigkeit des mit den christlichen Dogmen Gemeinten nicht nur zu behaupten, sondern auch einleuchtend zu begründen, damit christlicher Glaube als christlicher identifiziert und von alten und neuen New-Age-Synkretismen unterschieden werden kann?

Schleiermacher gründet alles auf zwei Angelpunkte christlichen Glaubens, den historischen in der Person Christi und den je neuen in der Gegenwart, in der die historische Ursprungserfahrung des Glaubens immer wieder für Menschen unmittelbar gewiß wird. Diese Unmittelbarkeit der Gewißheit macht ihre Unwiderlegbarkeit aus; sie wird im übrigen nicht privatistisch-isoliert gesucht, sondern in christlicher Gemeinschaft erfahren. Die überkommenen kirchlichen Glaubenslehren legen diese Glaubenserfahrung aus und fassen sie in eine bestimmte, aber damit nicht schlechthin zur Herrschaft befugte (dogmatische) Sprache. Vielmehr haben die in Glaubenssätze dieser Art gefaßten Glaubensvorstellungen der persönlichen und der gemeinsamen Verständigung über die unmittelbare Glaubenserfahrung zu dienen. Beweisen können sie diese nicht; es gilt nur der »Beweis des Glaubens« selbst. Wenn man wissenschaftliche evangelische Theologie so versteht, gewinnt sie Freiheit von sich selbst und zu sich selbst. Wir haben diese Freiheit in eins mit der darin gesetzten Grenze am Umgang mit den Sprachformen des Glaubens ablesen können, besonders den anthropomorphen und mythologischen, den symbolischen und metaphorischen. Ohne sie ist die religiöse Rede von Gott nicht möglich; aber auch mit ihnen vermag sie Gott

117. Vgl. etwa die Deutung des Weihnachtsfestes gegen Ende der Schrift durch Eduard.
118. *D. Rössler:* Die Vernunft der Religion, München 1976.

nur gleichnishaft zu umschreiben; sie will daher, strenggenommen, eigentlich Unmögliches.

Dennoch sind Christen zu solchem Sprechen ermächtigt, weil sich, in der Redeweise der Theologie unserer Tage gesagt, in dem Menschen Jesus von Nazareth und seinem Sprechen von Gott Gott selbst 'zur Sprache gebracht hat'. Darum kann jeder menschliche Satz, der sich im biblischen Zeugnis und seitdem in der Kirchengeschichte der Erfahrung des Glaubens verdankt, als Wort Gottes gelesen oder gehört werden. In dem so entstandenen und geschichtlich sich fortsetzenden Erfahrungs-, Sprach- und Auslegungsraum christlichen Glaubens kann - und muß dann auch - um die wahre Identität dieses christlichen Glaubens gestritten werden. Hier mögen wir heute in vielen inhaltlichen Fragen von Schleiermacher abweichen, ohne daß darum sein Grundmodell der Verbindung des »kirchlich-gemeindlichen« und »neuzeitlich-modernen Ansatzes« bedeutungslos wird, will es doch die prinzipiellen Konstitutionsbedingungen dieses Ringens um die rechte glaubens- und zeitgemäße Verkündigung klären, die der jeweiligen Verkündigung selbst vorausliegen.

Freiheit zum christlichen Denken und Freiheit zu eigener Glaubenssprache bedeuten pädagogisch die Freiheit zu einem ebenso in sich spannungsreichen wie grundlagenbewußten evangelischen Bildungsverständnis. Nach ihm ist der allgemeine wie der religiöse Bildungsprozeß ein Prozeß in der Zeit. Er braucht Zeit, und er darf sich Zeit nehmen. Er ist ein individueller Glaubensweg und in seiner persönlichen Unverwechselbarkeit zu achten, ohne daß darüber die überindividuellen sozialen und politischen Seiten von Erziehung und Bildung aus den Augen verloren werden dürfen[119]. Förderung von Selbständigkeit, Kritikfähigkeit und Gedankenfreiheit sind Kriterien einer Religionspädagogik, die sich diesem Bildungsverständnis verpflichtet weiß. Grundlagen aus dem Reformationszeitalter werden fortgeschrieben; die Aufklärung wird ernst genommen, und doch wird zugleich die Einsprachigkeit eines aufklärerischen Rationalismus (die auch die Einsprachigkeit jeder Theologie ist, die sich auf eine Formulierungsweise, welche auch immer, dogmatisch festlegt) zugunsten der Mehrsprachigkeit des christlichen Glaubens überwunden. Aus der Freiheit des Glaubens erwächst Vielstimmigkeit nicht nur zwischen den erwachsenen Gliedern der Kirche untereinander, sondern zuvor auch in der Lebensgeschichte jedes einzelnen Heranwachsenden in der Folge der Lebensalter nacheinander: Buchstäblich-wörtliches Verstehen und symbolisches haben je ihre eigene Zeit, begriffliche Unterscheidungsstrenge und bildhaft-mythologische Undeutlichkeit je ihre eigene Deutlichkeit. Sie haben im Leben eines Christenmenschen aber auch ihre Gleichzei-

119. Zu diesen Bezügen vgl. bereits oben Kap. 1 u. 2 sowie unten Kap. 4, ferner im Teil II besonders die Kapitel 8,10 und 12.

tigkeit, wenn neben der Sprache kritischer Reflexion eine zweite Kindheit im Umgang mit den gewohnten Symbolen möglich wird.

Die religiöse Entwicklung kann, muß aber nicht so verlaufen. Es liegt kein Mittel in menschlicher Hand, das Entwicklungssackgassen, Stillstand, sich ausbreitende religiöse Indifferenz verhindern könnte. Ebensowenig freilich kann man sicher sein, daß ein Verzicht auf neue moderne theologische Auslegungswege und auf den Geist freimütiger offener Glaubensbegleitung, kurz, daß umgekehrt »traditionales« Lernen zukunftsfähiger ist. Es führt in einer Bildungs-, Lern- und Informationsgesellschaft höchstwahrscheinlich in subkulturelle Sackgassen eigener Art, wie bereits einige Formen neuer Religiosität zeigen. Das in diesem Kapitel dargestellte Verhältnis von Glaube und Bildung grenzt sich daher scharf von jenen Formen neuer Religiosität ab, die unfrei machen und im Grunde unaufgeklärt bleiben wollen.

Das zweite und das dritte Kapitel haben, zusammengefaßt und mit Luther gesprochen, das Bildungsproblem der Kirche im *»geistlichen Regiment Gottes«* zu entfalten versucht. Die leitende Frage war: Wie müssen die in unserer Verantwortung liegenden pädagogischen Aufgaben und Wege bestimmt werden, die dazu verhelfen sollen, daß Menschen zum *Glauben* kommen und im Glauben bleiben? Zwei Voraussetzungshorizonte mußten hierfür aufeinander bezogen werden: Bedingungen in Volkskirche und Gemeinde (Kap. 2) und Bedingungen, die für die moderne Christentumsgeschichte und für gegenwärtige religiöse Wandlungsprozesse charakteristisch sind (Kap. 3). Wie sich zeigt, reichen diese Bedingungen bereits geschichtlich weit zurück. Die Kirche wird sie auch in Zukunft so lange zu beachten haben, wie der einzelne in seiner persönlichen Freiheit und Verantwortung noch zählt.

Im folgenden Kapitel berücksichtigen wir, daß die Kirche pädagogische Verantwortung auch im *»weltlichen Regiment Gottes«* wahrzunehmen hat. Damit erweitert sich zugleich noch einmal der abzuschreitende Umkreis der Bedingungen; er umfaßt nun auch die Gesellschaft und ihre öffentlichen Bildungsaufgaben. Die Leitfrage wird sein: Wie kann die Kirche heranwachsenden und erwachsenen Menschen pädagogisch helfen zu *leben*? Wie können Christen aus ihrem Glauben zeigen, was verantwortliches Leben im Horizont der Zukunft ist?

Viertes Kapitel:

Bildungsverantwortung im öffentlichen Bildungsdiskurs - der Ansatz bei gesellschaftlichen Herausforderungen

1. Kirchliche Bildungsverantwortung für das öffentliche Bildungssystem

Vom Elementarbereich zur Erwachsenenbildung

Die Kirchen haben mit Erziehungs- und Bildungsfragen nicht nur aus innerkirchlicher Perspektive zu tun. Kirchlich getragene Kindergärten sind Teil des öffentlichen Bildungssystems im Elementarbereich. Religionsunterricht findet von der Primarstufe bis zur Sekundarstufe II an staatlichen Schulen statt. Für allgemeinbildende wie berufliche Schulen treten die Kirchen am auffälligsten dort ein, wo sie eigene Schulen und Ausbildungsstätten in freier Trägerschaft unterhalten und diese unbeschadet ihres nichtstaatlichen Charakters zum öffentlichen Bildungssystem gehören. In Stadt, Land und Bund sind auf allen Ebenen Einrichtungen kirchlicher Jugendarbeit als gewichtige Partner mit anderen Verbänden kooperativ zusammengeschlossen. Im tertiären Bildungsbereich treffen wir auf theologische Fakultäten an staatlichen Universitäten. Viele Einrichtungen evangelischer und katholischer Erwachsenenbildung sind ebenfalls in das öffentlich geförderte und durch staatliche Rahmengesetze abgesteckte Gesamtfeld einbezogen. Die staatlichen Mittel zur finanziellen Förderung aller dieser Institutionen gehen jedes Jahr in viele Millionen. Der Staat erkennt als Vertreter des Gemeinwesens damit an, daß die Kirchen zu Erziehung und Bildung in der Gesellschaft einen unersetzlichen Beitrag leisten. Wie immer jene Einrichtungen in je eigener Weise auch zur Glaubenserziehung beitragen mögen, so selbstverständlich gestalten sie in der Bundesrepublik ebenfalls den Weg von Erziehung und Unterricht, Allgemeinbildung und beruflicher Bildung im ganzen mit.

Zwischen staatlich-gesellschaftlichen Erwartungen und kirchlichem Auftrag

In evangelischer Sicht beruht die Bildungsverantwortung der Kirche als Bildungs*mit*verantwortung für das Gemeinwesen auf klaren theologischen Grundlagen, die inhaltlich noch zu entfalten sein werden (3.). Sie müssen eine nicht einfache *doppelte Funktion* erfüllen, nämlich sich nach außen und innen richten und öffentlich wie innerkirchlich plausibel sein.

Unter den gegenwärtigen Bedingungen heißt das in der ersten Hinsicht: Die Kirchen dürfen in ihrem sie verpflichtenden Verhältnis zum Staat nicht den freien Geist der Verfassung mißbrauchen, dem sie ihren eigenen Spielraum formal verdanken. Zur Zeit ist dies kein Problem. Ebenfalls darf erwartet werden, daß das, was sie inhaltlich zu Bildungsfragen vorbringen und im Rahmen des allgemeinen Bildungssystems tun, möglichst allgemein einleuchtet.

In zweiter Hinsicht muß sich die pädagogische Mitverantwortung der Kirche zugleich innerkirchlich rechtfertigen. Maßstäbe sind der Auftrag der Kirche und ihre daran hängende christliche Identität. Angesichts der allgemeinen staatlich-gesellschaftlichen Erwartungen, die sich noch dazu geschichtlich verändern, kann die Kirche dazu neigen, sich jeweils diesen Erwartungen über das notwendige Maß hinaus anzupassen, um ihre Mitsprache- und Mitwirkungsrechte im öffentlichen Bildungssystem nicht zu gefährden und möglichst viele Menschen anzusprechen. Sie muß dann im innerkirchlichen Disput des Vorwurfs gewärtig sein, ihren Auftrag verraten zu haben. Genauso kann jedoch auch der umgekehrte Fall eintreten. Wenn Treue zum Auftrag und Verpflichtung gegenüber der eigenen Identität es der Kirche (oder bestimmten Lehrerkollegien bzw. einzelnen Religionslehrern) gebieten, bestimmte Themen unterrichtlich zu behandeln, denen sonst nicht dieselbe Priorität eingeräumt wird, ja, die als Störung der herrschenden Bildungs- und Schulpolitik angesehen werden, hat der gesellschaftliche und womöglich innerkirchliche Konflikt die gegenläufige Ursache.

Ein dritter Fall ist nicht weniger prekär. Der Staat vertritt theoretisch Prinzipien, die er praktisch unterläuft: Die Anpassungszwänge im Schulsystem können Leistungsstreß, Schulangst, psychische Schäden und Familienkonflikte in einem Ausmaß verursachen, das die beschworene individuelle Förderung der Persönlichkeit des Kindes untergräbt. Dann können sich die Kirchen aufgefordert sehen, stellvertretend Anwalt pädagogischer Grundsätze zu sein, die sie um des Staates willen gegen ihn, nämlich um des pädagogischen Wohls im staatlichen Gemeinwesen willen gegen staatliche Schulpolitik einklagen[1].

1. Die Schulschrift Luthers »An die Ratsherrn ...« (1524) ist ähnlich wie seine zweite Schulschrift (Eine Predigt, daß man Kinder zu Schulen halten solle, 1530) genau in diesem Sinne eine *»religiös-ethische Ermahnungsschrift«: »Der weltlichen Obrigkeit* wird hier ihre Verantwortung für die pädagogischen Fragen auferlegt« (*I. Asheim:* Glaube und Erziehung bei Luther, Heidelberg 1961, S. 21). Luther setzt voraus, daß es nicht an pädagogischer Vernunft und Einsicht, wohl aber an Willen fehlen könnte (S. 22f.). Die Kirche ist nicht im Besitz exklusiver pädagogischer Erkenntnis. Sie erinnert an die, die schon der pädagogischen Vernunft gegenwärtig sein sollte.

Zum Problem der pädagogisch-theologischen Begründung

Was wir nach drei Hinsichten umschrieben haben, ist nichts anderes als das in der Religionspädagogik bekannte und hier vieldiskutierte *Begründungsproblem*. In den zurückliegenden 30 Jahren hat die Religionspädagogik beider Konfessionen eingesehen, daß der schulische Religionsunterricht von der Kirche und von der Schule her begründet werden muß, theologisch und pädagogisch. In diesem Buch und besonders in diesem Kapitel steht allerdings das doppelseitige Begründungsmodell über den Religionsunterricht hinaus für die bildungspolitische Mitverantwortung der Kirche in allen einschlägigen Bereichen an.

Den zwei Seiten entsprechen zwei Leitfragen, die in Spannung zueinander geraten können, aber nicht müssen. Die erste Frage zielt auf die gesellschaftlichen Interessen und Rahmenbedingungen, wie sie vor allem die staatliche Bildungspolitik verkörpert; die andere betrifft den kirchlichen Auftrag bzw. in einer Theorie evangelischer Bildungsverantwortung das besondere Proprium evangelischen Erziehungs- und Bildungsdenkens. Wie verhält sich das eine zum anderen?

Spannung entsteht, wenn staatliche und kirchliche Bildungspolitik, wie einleitend angedeutet, erheblich differieren. Statt Spannung kann sich freilich auch Harmonie ergeben; in der deutschen Schulgeschichte war dies die Regel - ein nicht unverdächtiger Umstand. Für die einseitige Auflösung der Dialektik von Anpassung und Widerstand, Angleichung und Eigenständigkeit in Richtung kirchlicher Anpassung war dabei geschichtlich gesehen nicht einfach allein der gesellschaftliche Erwartungs- und staatliche Anpassungsdruck ausschlaggebend. Auch die Kirche selbst hat sich sehr lange als konservative bis reaktionäre Hüterin staatlicher Restauration verstanden und verhalten. Hierauf ist für die evangelische Seite schon im ersten Kapitel hingewiesen worden.

Die Kirche hat dem freiheitlichen Geist der Neuzeit nicht nur theologisch, sondern auch pädagogisch erbitterten Widerstand geleistet. Man sah sich besonders im Gefolge des Staatsverständnisses des Luthertums schulpolitisch als staatstragende Kraft - bis zu dem Zeitpunkt ironischerweise, als sich in der Weimarer Zeit der Staat seinerseits anschickte, eine parlamentarische Demokratie und Republik zu werden. Jetzt rückte evangelische Schulpolitik von *diesem* Staat ab (s. oben S. 43f.).

Zum Staat des Grundgesetzes hat die evangelische Kirche nach dem Ende des letzten Weltkrieges ein konstruktives Verhältnis gefunden. Unsere freiheitliche Demokratie wird als Angebot und Aufgabe voll angenommen[2]. Schon vor geraumer Zeit ist auch der Religionsunterricht im Geist der Grundrechte als Freiheits-

2. Vgl. die Denkschrift der EKD, Evangelische Kirche und freiheitliche Demokratie. Der Staat des Grundgesetzes als Angebot und Aufgabe, Gütersloh 1985.

rechte (Art. 4 GG) kirchenoffiziell interpretiert worden. Die Berücksichtigung der weltanschaulichen Gemeinschaften (Art. 7,3 GG) ist »nicht im Sinne eines Privilegs der Kirchen« aufzufassen, sondern dient, vom Recht auf Religionsfreiheit in Art. 4 GG her gesehen, »der Sicherung der Grundrechtsausübung durch den einzelnen«[3]. Diese Auffassung ist glücklicherweise bis heute nicht zurückgenommen worden. Sie ist zur Zeit auch nicht das Problem.

Schwankende Urteile und unterschiedliche Bereitschaft treffen wir jedoch in kirchlichen Kreisen an, wenn es um eine viel elementarere Frage geht. Soll sich die Kirche über das gerade notwendige Mindestmaß hinaus, das durch die Mitwirkung am Religionsunterricht und die Trägerschaft bei kirchlichen Kindergärten sowie hier und da noch gegeben ist, auch am allgemeinen Bildungsdiskurs über den Weg der Schule, ja des Bildungssystems im ganzen engagiert beteiligen? Sollte sie sich nicht heute auf die Verkündigung des Evangeliums konzentrieren, die »Weitergabe des Glaubens« betreiben und alle Kräfte auf die Mission an den Fernstehenden versammeln? Hat sich nicht ohnehin die Diskussion um Bildung und Bildungsreform erschöpft?

Die Reformation hat dies anders gesehen. Auf sie könnte man sich nicht berufen. Ihr ging es zwar mit größtem Ernst um die Predigt des Evangeliums, aber mit großem leidenschaftlichem Nachdruck auch um den Gottesdienst in der Welt. Beides gehört bis heute für evangelisches Verständnis zusammen. Nicht in einem besonderen geistlichen Stand der Vollkommenheit - in einer religiösen Sonderwelt, modern formuliert -, sondern in der ganzen Breite der in den Ständen den Menschen gesetzten Verantwortlichkeiten - nach unserem Sprachgebrauch der Breite der Gesellschaft - soll sich erweisen, daß Christen in geschöpflich gegebener Solidarität mit allen Menschen mit dafür sorgen, daß Gottes Wille im täglichen Leben geschieht, ein Wille, der das Leben fördern und erhalten möchte. Wer sich als evangelischer Christ um den Glauben der Menschen kümmert, muß sich zugleich um ihr Leben kümmern. Auf ihre Weise sieht die katholische Kirche das genauso. Eins ist nicht ohne das andere. In der Fähigkeit, beides unterscheiden zu können, zeigt sich, daß der Glaube weiß, was allein vor Gott rechtfertigt und den Grund der Freiheit ausmacht, (»Ein Christenmensch ist ein freier Herr über alle Dinge und niemand untertan«). In der Bereitschaft, beides miteinander zu verbinden, äußert sich dankbar die Berufung zur Mitverantwortung in der Welt als Ausdruck der gewonnenen Freiheit (»Ein Christenmensch ist ein dienstbarer Knecht aller Dinge und jedermann untertan«). Das Pathos für die Welt spiegelt Gottes eigenes Pathos zur Welt, sein Ja zur Welt. »Die Sonne bleibt

3. Zu verfassungsrechtlichen Fragen des Religionsunterrichts. Stellungnahme der Kommission I der EKD, in: *Kirchenamt der EKD (Hg.):* Bildung und Erziehung, (Denkschriften, Bd. 4/1), Gütersloh 1987, S. 57 und 58 (GTB 417).

gut, obwohl die ganze Welt dieselbige mißbraucht, einer um zu rauben, einer um zu morden, einer um dies, der andere um das Übel anzurichten.«[4]

Bildungsverantwortung in Kirche und Gesellschaft, jeweils für Glaube und Leben, sind aber nicht nur darum eins, weil das Lebenszeugnis der Christen zur Glaubwürdigkeit der Glaubensverkündigung beiträgt, sondern weil das menschenwürdige Leben auch als solches seinen eigenen Wert vor Gott hat. Anders gefaßt: Gerade weil es in diesem den Grundlagenteil abschließenden Kapitel um die Bildungsverantwortung der Kirche in der Gesellschaft geht, ist sie zugleich noch einmal zentral als Kirche gefragt, nämlich nach ihrem wahren Verhältnis zur *Welt*.

Mit diesen Sätzen ist auch schon die zweite Leitfrage des Begründungsproblems grundsätzlich beantwortet. Die evangelische Kirche hat als Kirche des Wortes ihr *Proprium* in der öffentlichen und persönlichen mündlichen Bekanntmachung des Evangeliums *zusammen* mit der darin eingeschlossenen Freigabe und Verpflichtung zu einer mit allen geteilten weltlichen Verantwortung. In diesem Sinne muß sich evangelische Bildungsverantwortung zu jeder Zeit der allgemeinen Lage stellen. Wir erörtern in den nächsten Abschnitten diese Seite im Blick auf jene Phänomene und Herausforderungen, die heute über das Projekt der »Moderne« hinausführen sollen.

2. Auf dem Weg zur Postmoderne?

Alfred K. Treml bemerkt zu Recht, daß es »verfrüht ist, vom Zuendegehen der Moderne und dem Aufkommen einer ‘Postmoderne’ zu sprechen«[5]. Ob wir tatsächlich Zeugen eines gesellschaftlichen Wandels sind, der epochalen Charakter hat, kann man, wenn überhaupt, »erst post festum, also nachträglich, sagen« (ebd.). Gleichwohl verwenden wir den Begriff und sprechen vom »Ansatz bei gesellschaftlichen Herausforderungen« und hierbei vom »postmodernen Ansatz« im Sinne einer Frage nach jenen sich jetzt schon abzeichnenden Veränderungen, die die bislang als unbestritten herrschenden »modernen« Selbstverständlichkeiten problematisieren. Das Wort »postmodern« wird mithin in seiner Relation zu »modern« angegangen, nicht in losgelöster ungeschichtlicher Zukunftsspekulation[6]. Als weitere Einschränkung grenzen wir die Frage pädagogisch ein und

4. Eine Predigt, ... (1530), BoA 4, 171, 14-16 (= WA 30, II, 572, 17-573, 1-2, Schreibweise dem heutigen Sprachgebrauch angeglichen).
5. *A.K. Treml:* Einführung in die Allgemeine Pädagogik, Stuttgart u.a. 1987, S. 151.
6. Nachdem *A. Wellmer:* Zur Dialektik von Moderne und Postmoderne. Vernunftkritik nach Adorno, Frankfurt/M. 1985, feststellt, daß der Begriff der Postmoderne »zu einem der schillerndsten Begriffe« des letzten Jahrzehnts geworden ist (S. 48),

kommentieren sie unter bildungstheoretischem Interesse, wobei zugleich auf das zu achten ist, was besondere theologische Aufmerksamkeit verlangt.

Informationsgesellschaft oder aufgeklärte Gesellschaft?

Für den »Verdacht ..., daß die Epoche der Moderne zu Ende geht und wir Zeugen der Geburt einer neuen Phase der sozio-kulturellen Evolution sind«, spricht unter anderem »die Erfindung und hemmungslose Verbreitung eines neuen technischen Informationsmediums, der binären Informationstechnologie. Von der Sprache in der segmentären Gesellschaft über die (handgeschriebene) Schrift in stratifikatorischen Hochkulturen über den Buchdruck in der Moderne bis schließlich hin zum Computer sehen wir eine formale Logik am Werke: Informationsprozesse lösen sich zunehmend von konkreten Menschen und konkreten Handlungen ab und werden räumlich und zeitlich abstrakt und damit beliebig fungibel« (Treml, S. 151).

Bildungs- und Schulpolitiker reagieren hierauf mit Überlegungen zur Einführung einer »informationstechnischen Grundbildung für alle« bzw. »informationstechnischen Bildung« (s. Kap. 1). Sie lassen es bei diesem punktuellen Bildungsreformvorschlag bewenden, ohne die Hintergründigkeit des Vorgangs genügend auszuleuchten. Der »post«moderne Charakter der Entwicklung liegt in der Entmachtung des steuernden Menschen durch die relative Verselbständigung des die menschlichen Denkprozesse und Handlungsprobleme steuernden Automaten.

In den Anfangszeiten der neuzeitlichen Wissenschaft, so bemerkt der Wiener Wissenschaftstheoretiker Erhard Oeser ironisch, »saßen starke Gehirne an schwachen Apparaten, heute sitzen schwache Gehirne an starken Apparaten«[7]. Wie es gefährlich wäre, wenn man ein Bildungsverständnis, das zukunftsfähig sein will, ohne Rücksicht auf den *Wandel in der Informationstechnologie* entwickeln würde, wäre es ebenso fatal, informationstechnische Zusatzausbildung kontext- und zusammenhanglos dem Fächerkanon der Schule lediglich hinzuzu-

behandelt auch er »Moderne« und »Postmoderne« nicht als zwei »wohldefinierte Gegenstände«, sondern unter »einer Perspektive, in der die Begriffe des Modernen und Postmodernen in eine bestimmte Relation zueinander treten ...« (S. 49). Auf Grund seiner unklaren Konturen kann man lediglich sagen, daß der Begriff »Postmoderne« »das definitive Ende eines historischen Projekts anzudeuten scheint: des Projekts der Moderne, des Projekts der europäischen Aufklärung, oder schließlich auch des Projekts der griechisch-abendländischen Zivilisation« (S. 48); auf seinem Grunde liegt die Erfahrung »vom Tode der Vernunft« (ebd.).

7. *E. Oeser:* Evolution und Involution der Wissenschaft, in: *R.J. Riedl/F. Kreuzer (Hg.):* Evolution und Menschenbild, Hamburg 1983, S. 145-163, hier S. 152.

fügen. Vor allem aber wäre es fragwürdig, wollte man überhaupt die Gesellschaft der Zukunft einseitig über die Rede von der *»Informationsgesellschaft«* auf den Begriff bringen.

»Die zukünftige Gesellschaft wird sicherlich eine 'informierte' Gesellschaft sein müssen, aber es wäre schlecht, wenn sie sich selbst über den Begriff der Information definieren würde. Es würde eine sehr oberflächliche Gesellschaft werden. Im Gegensatz dazu sollte, auch wenn das ein bißchen altmodisch klingt, die zukünftige Gesellschaft wohl immer noch eine 'wissende', aufgeklärte Gesellschaft sein.«[8]

Der Begriff der Aufklärung erscheint bereits »altmodisch«, aber immerhin wird er festgehalten; das moderne Paradigma behält sein Recht, sofern mit Jürgen Mittelstraß eine sorgfältige *Unterscheidung zwischen Wissen und Information* getroffen werden muß:

»Was man gegenüber Informationen dieser Art braucht, ist Vertrauen. Man muß sich darauf verlassen können, daß das, was man nachliest oder was man in diesem Sinne schlicht vermittelt bekommt, kein Unsinn ist. Wissen kann man auf diese Basis nicht bauen. Wissen setzt stets eine Wissensbildungskompetenz und eine Wissensverarbeitungskompetenz voraus« (a.a.O., S. 55).

Mit dem letzten Satz wird präzise der *kritisch-reflexive, prozessuale Bildungsbegriff* geltend gemacht, der in der im vorigen Kapitel behandelten Epoche in das protestantische Bildungsverständnis eingegangen ist. Schleiermacher sprach fast wortgleich vom »Gedankenerzeugungsprozeß« (s. oben S. 162) und meinte ebenfalls damit Bildung als konstruktiv-rekonstruktiven Erkenntnisprozeß. Einfacher gesagt: Nach wie vor kommt es darauf an, daß die Schüler über Informationen und Eindrücke selbständig nachdenken. In diesem Sinne ist das Subjekt nicht preiszugeben, dürfen sich die Informationsvorgänge nicht »von konkreten Menschen und konkreten Handlungen« ablösen und »beliebig fungibel« werden (s. oben). In dieser Hinsicht ist in der Pädagogik der postmodernen Entwicklung der alte moderne Standpunkt nach wie vor beharrlich entgegenzuhalten. Mehr noch: Wissenserwerb ist im Unterschied zu Informationsvermittlung und -übernahme nicht nur überhaupt als Reflexionsprozeß, sondern um der persönlichen *Selbstbildung* willen pointiert als *Selbstreflexionsprozeß* zu verstehen. Wiederum einfacher gesagt: Wissen sollte möglichst persönlich etwas bedeuten. Dies kann es nur, wenn es Anschluß an persönliche Erfahrungen gewinnt - Schleiermacher band Glaubensbildung konsequent an »*innere* Erfahrung« (s. oben S. 177).

8. *J. Mittelstraß:* Diskussionsvotum, in: *BMBW (Hg.):* Allgemeinbildung im Computerzeitalter, Bonn 1986, S. 55f.

Ganzheitlich-ökologisches Weltbild

Man kann die zunehmende Relativierung des einzelnen Menschen, seiner konkreten Erfahrungen und Handlungen in einer Informationsgesellschaft, die sich anschickt, für ihn zu denken und ihm alles abzunehmen, zweifach interpretieren. Die sich vollendende Herrschaft der binären, zweistelligen formalen Logik des Computers sollte vielleicht weniger als Zeichen der Postmoderne, sondern besser als Aufgipfelung des rationalistischen Grundcharakters der 'alten', d.h. der bislang modernen Wissenschaft gedeutet werden. Demgegenüber wäre von einem »Paradigmenwechsel« im Sinne des »Übergangs zur Postmoderne« erst dort zu sprechen (und wird heute auch erst davon gesprochen), wo das moderne Paradigma oder Weltbild, »das jetzt als veraltet angesehen werden muß ... und das in der Aufklärung im 17. und 18. Jahrhundert« entstand, durch ein *»ganzheitlich-ökologisches Weltbild«* abgelöst wird[9]. In diesem neuen Weltbild herrscht nicht mehr allein die formale zweiwertige Logik. Die führende Rolle erhält nach F. Capra ein Denken in Komplementarität und in »Netzwerken« (S. 520), in ineinanderschwingenden selbsttranszendierenden Systemen (S. 521). Gegenüber »selbstbehauptenden« Denkformen werden »integrierende Denkformen« geltend gemacht (S. 519). Statt des immer noch herrschenden rationalen Elements im Denken soll es »Verlagerungen zum Intuitiven hin geben; vom Analytischen zum Synthetischen, vom Linearen zum Nichtlinearen« (520). In der Tat drängen sich in immer mehr Wissenschaftszweigen neue Grundvorstellungen auf, die das Ganze vor den Teilen, die ganzheitliche Gestalt vor der Zerlegung in Aspekte, das Prozeßdenken vor dem Strukturdenken betonen.

In der neuesten Diskussion zur kognitiv-strukturellen Entwicklungspsychologie der Piaget-Schule wird man in auffälliger Parallele ebenfalls auf möglicherweise als »postformal« zu charakterisierende Denkstrukturen aufmerksam, vor allem »dialektischer« Natur. Sie könnten eine Ausweitung, vielleicht sogar eine qualitative Transformation jenes formal-abstrakten Denkens verkörpern, auf dessen genetische Erforschung sich Piaget selbst beschränkte[10].

Was signalisiert diese Entwicklung dem Pädagogen, der über Bildung vom Kindergarten bis zur Erwachsenenbildung nachdenkt? Soweit Vertreter eines neuen Wahrnehmungs- und Denkstils es bei den zitierten Umschreibungen belassen, sollte man auf sie aufmerksam hören. Der Verlust der Kraft, Phänome-

9. *F. Capra,* in: Für ein neues Weltbild. Gespräch mit Fritjof Capra, in: Ev. Komm. 20 (1987), 9, S. 519. Vgl. auch *ders.:* Wendezeit. Bausteine für ein neues Weltbild, Bern 1983.
10. *M.L. Commons/F.A. Richards/Ch. Armon (Hg.):* Beyond Formal Operations. Late Adolescent and Adult Cognitive Development, New York u.a.: Praeger, 1984.

ne in ihrem ganzheitlichen Gestaltcharakter wahrzunehmen, liegt auf der Hand. Die Bedeutung der Intuition, der ästhetischen Wahrnehmung, der Phantasie (auch übrigens gerade für den religiösen Bereich[11]) bedarf kaum einer Begründung. Wir werden hierauf im zweiten Teil besonders am Beispiel des Kindergartens und der kirchlichen Schulen näher eingehen. Die Förderung von Zusammenhangwissen anstelle zusammenhanglosen Wissens wird ebenfalls von schon jedem durchschnittlichen Bildungspolitiker beschworen. Hieraus sind im zweiten Teil besonders für alle Formen von Unterricht Konsequenzen zu ziehen. Wenn dies 'postmodern' gegenüber 'modern' sein soll, läßt man es sich gern gefallen. Aber dann trug freilich auch schon Schleiermachers Bildungs- und Religionsphilosophie postmoderne Züge. Die Abkehr vom Rationalismus eines mechanistischen aufklärerischen Wissenschafts-, Menschen- und Weltverständnisses einschließlich der Überwindung einer rationalistisch verengten Religionsauffassung (an der das zusätzliche Stockwerk des Supranaturalismus ja nichts änderte) setzt eben schon an der Schwelle zum 19. Jahrhundert in der Romantik ein: Schleiermacher modern und postmodern zugleich.

Natur statt Geschichte? - Eine neue religiös-spirituelle Perspektive

Der zitierte Sprachgebrauch des neuen Paradigmas verrät allerdings noch etwas anderes; ein drittes Moment kommt zum Vorschein. Im Blick auf den *ökologischen* Charakter des »ganzheitlich-ökologischen« Weltbildes wird von Capra wertend zwischen einer »seichten« und einer »tiefen Ökologie« unterschieden[12].

»Die seichte Ökologie denkt anthropozentrisch: Der Mensch wird theoretisch und philosophisch aus der Natur herausgenommen, über oder neben die Natur gestellt, Werte sind auf den Menschen bezogen, und die Natur hat im wesentlichen einen Nutzwert.

Die tiefe Ökologie stellt den Menschen nicht über die Natur oder außerhalb ihrer; sie trennt überhaupt nicht aus diesem lebendigen Netzwerk heraus und sieht das menschliche Leben als eine besondere Faser dieses ganzen lebenden Gewebes an« (ebd.). »Deutlich« betont zwar Capra, »daß es große Unterschiede zwischen dem Menschen und einer Pflanze gibt. Dieser Unterschied liegt in der Bewußtheit, dem Selbstbewußtsein, der

11. S. hierzu zuletzt *G. Bittner:* Wider die religiösen Kopfgeburten, in: *K.E. Nipkow/F. Schweitzer/J.W. Fowler (Hg.):* Glaubensentwicklung und Erziehung, 2. Aufl. Gütersloh 1989, S. 181-192, ferner die umfassende Würdigung des Verhältnisses von ästhetischer und religiöser Erfahrung mit weitreichenden Konsequenzen durch *P. Biehl:* Religionspädagogik und Ästhetik, in: *P. Biehl u.a. (Hg.):* Jahrbuch der Religionspädagogik, Bd. 5: 1988, Neukirchen-Vluyn 1989. Vgl. im übrigen bereits unsere Ausführungen zur Rolle der »Phantasie« bei Schleiermacher (Kap. 3).
12. *F. Capra*, Für ein neues Weltbild, a.a.O. (Anm. 9), S. 519.

Sprache, dem Denken in Symbolen und Begriffen, eben in allem, was zum Bewußtsein gehört« (S. 521).

Dennoch wird der Mensch jetzt entscheidend relativiert, woran auch der Zusatz über seine relative Sonderstellung nichts ändert. Er wird *'naturalisiert'*, indem er ganz auf der Folie seines Zusammenhangs mit der Natur interpretiert wird, Natur verstanden als lebendiges Ganzes, das Menschliches und Nichtmenschliches, Pflanzen, Tiere und menschliche Lebewesen umschließt. Diese Schau übt auf uns heute eine große Faszination aus; denn wir fühlen uns an der Natur schuldig und sind es auch. Viele möchten ihr dadurch Recht widerfahren lassen, daß sie sich danach sehnen, in sie geradezu wieder 'einzugehen'.

Eine christlich orientierte Bildungstheorie hat Grund, von Gott her die nichtmenschliche und die menschliche Natur als eine *Schöpfungsgemeinschaft* zu begreifen und entsprechend zu achten.

Die ersten starken Impulse zu einem Umdenken gingen hierbei schon vor anderthalb Jahrzehnten von der 5. Vollversammlung des Ökumenischen Rates der Kirchen 1975 in Nairobi aus. Von einem Nichttheologen, dem australischen Biologen Charles Birch, mußten wir uns als Teilnehmer sagen lassen, daß wir alle von einem »technokratischen Naturverständnis« beherrscht werden, für das die menschliche Schöpfung nur einen instrumentellen Nutzwert hat. Demgegenüber gelte es, so Birch, die fundamentale Einheit der menschlichen und nichtmenschlichen Welt wiederzuentdecken und ein »sakramental« zu nennendes Naturverständnis zu entwickeln, das die »Interdependenz aller Wesen« und den »Eigenwert der Geschöpfe« ernst nehme[13].

Inzwischen ist die Diskussion so weit fortgeschritten, daß eine theologisch begründete »ökologische Schöpfungslehre« wie die Jürgen Moltmanns Grundeinsichten des neuen »ganzheitlich-ökologischen Weltbildes« teilen und Veröffentlichungen wie die Capras positiv rezipieren kann:

Mit dem Konzept einer ökologischen Schöpfungslehre »lösen wir die theologische Schöpfungslehre aus dem Zeitalter der Subjektivität und der *mechanistischen Weltbeherrschung* heraus und führen sie auf jenen Weg, auf dem die Zukunft einer *ökologischen Weltgemeinschaft* zu suchen ist«[14].

Dem Gedanken, daß ein mechanistisches Denken durch ein Denken in Beziehungen, ein Herrschaftsmodell durch ein partizipatorisches Modell abzulösen ist, kann theologisch zugestimmt werden. An die Stelle Gottes als Schöpfer, der dem

13. Bericht aus Nairobi 1975, hg. von *H. Müller/W. Müller-Römheld,* Frankfurt/M. 1976, S. 149.
14. *J. Moltmann:* Gott in der Schöpfung. Ökologische Schöpfungslehre, München 1985, S. 26, zu Capra ebd.

Menschen Freiheit zuspricht, tritt jedoch bei Capra das verselbständigt gedachte, *sich selbst evolutionär entwickelnde Gesamtsystem des Universums*. In seinem Zusammenhang ist jedes lebende einzelne System »selbsttranszendierend, weil es kreativ ist und eine individuelle wie auch evolutionäre Entwicklung durchmacht«[15]. Für diese Selbstaktivität im Rahmen der Evolution der Natur wird 'Gott' zu einer unnötigen Hypothese, es sei denn, er wird mit eben der Evolution selbst identifiziert.

Was verändert sich entsprechend hierzu hinsichtlich der Auffassung des Menschen? Es ist auffällig, daß das Systemdenken zwar das binäre logische Denken der neuen Informationstechnologie überwindet, beide Ansätze aber den *einzelnen konkreten Menschen in seiner lebensgeschichtlichen Individualität und Freiheit* tendenziell aufopfern. Anders gesagt: An der entdeckten Nahtstelle geht eine bestimmte richtige Teileinsicht in ökologische Wirkungszusammenhänge unseres Lebens, die mit Recht zu einer neuen ethischen Verantwortung gegenüber der Natur führen muß, in eine Weltanschauung über, die zu Vorbehalten veranlaßt. Zusätzlich gewinnt sie religiöse Züge mit ausdrücklich zugegebenen Verbindungen zur New-Age-Religiosität (S. 521ff.).

In einem das Menschliche 'naturalisierenden' evolutionstheoretischen Denken kann auch nur schwer Verständnis für die »Erfahrungen von radikalen Brüchen« aufkommen sowie für das, was die religiöse Tradition das »*Böse*« nennt.

Hierauf angesprochen, antwortet Capra mit dem Buddhismus, »wo dieses Phänomen auch als Krankheit betrachtet wird«; d.h., »Trennungen«, so formuliert Capra die Erfahrungen von radikalen Brüchen und das Böse bezeichnenderweise um, führen »zu gewissen Frustrationen, zu Handlungen, die unharmonisch sind. Das wird aber im Buddhismus, und das finde ich besonders schön, nicht als böse bezeichnet, sondern als ungeschickt oder unsachgemäß. Der Buddhismus lehrt, daß man solche Trennungen durch spirituelle Disziplin, Meditation und Vertiefung, überwinden kann« (S. 522).

Es ist zu fragen, ob sich nicht besonders an dieser Stelle der tiefste theologische und anthropologische Gegensatz auftut, weil sichtbar wird, was mit der Preisgabe des geschichtlich lebenden Menschen als Person gemeint ist. Weil auf dem Hintergrund der Vorstellung eines harmonisch schwingenden Universums allenfalls »unharmonisch« zu nennende Auffälligkeiten wahrgenommen werden, können »Freiheit« und »Schuld«, »Verantwortung« und »Böses« schon rein sprachlich nicht mehr recht benannt werden. Dem als *Teil* der Natur betrachteten Menschen steht eben nichts mehr *gegenüber*, vor dem er sich zu verantworten hätte.

15. *F. Capra*, Für ein neues Weltbild, a.a.O., S. 521.

Aber man braucht nicht erst theologisch zu argumentieren: Kein die *Geschichte* noch ernst nehmendes humanitätsphilosophisch verpflichtetes Menschen- und Bildungsverständnis kann zulassen, daß menschliche Geschichte in Naturgeschichte aufgelöst wird. Darum muß der Mensch angesichts seiner Stellung in der *Mitte* unserer Welt (nicht über ihr als Herrscher!) voll verantwortlich für sie im Maße seiner menschlichen Möglichkeiten behaftet werden. In diesem Verständnis ist am Sinn des Begriffs »anthropozentrisch« festzuhalten. So gesehen bleibt ein Bildungsverständnis für morgen, das zukunftsfähig sein will, mit der Verantwortung für politisch-ethisches Handeln verbunden. Natur statt Geschichte? Diese postmoderne Wendung ist theologisch und pädagogisch gefährlich. Aber sie paßt zum apolitischen Charakter der meisten Strömungen der neuen Ökospiritualität und Naturreligiosität.

Kritik des Fortschrittsglaubens und das Thema des Lebens

Ein viertes Phänomen unter den postmodernen Tendenzen ist die breite *Kritik am modernen Fortschrittsglauben und Fortschrittsoptimismus*, an der Mentalität des »Immer-weiter-so«. Radikale Kulturkritik hat es schon früher in diesem Jahrhundert gegeben. Die Lage ist heute darum anders, weil die übliche Dialektik von Vorteilen und Nachteilen, die bei der zivilisatorischen Entwicklung entstanden ist (und die dann Zivilisationskritik an den Kehrseiten des Fortschritts als seine Begleiterscheinungen hervorgebracht hat), mit Treml eine besondere »Grenze« erreicht hat, einen »Schwellenwert«, an dem »der Gewinn den Verlust nicht mehr legitimieren kann und jeder weitere Sieg das Ende bedeuten kann«[16].

»Die moderne Wissenschaft ist nicht nur eine Sammlung von Problemlösungen, sondern in erster Linie wohl von Problemen; Problemen, die sich inzwischen zu Überlebensproblemen der Gattung Mensch ausgewachsen haben und die Menschheit in eine evolutionäre Sackgasse geführt haben« (a.a.O., S. 1318).

Folglich bezeichnen unter diesem Gesichtspunkt nicht mehr die modernen Begriffe der »Freiheit« und »Emanzipation«, die ja in einem wirtschaftsliberalistischen Sinne seit dem 19. Jahrhundert mit zum Motor und Rechtfertigungsgrund der ungehemmten ökonomischen, wissenschaftlichen und technologischen Entwicklung der Neuzeit geworden sind, das epochale Thema der Zukunft und

16. *A.K. Treml*: Der Name der Rose. Selbstverständnis und Verhängnis der modernen Wissenschaft in Umberto Ecos Roman, in: Universitas 41 (1986), 12, S. 1319.

bereits unserer Tage, sondern zum Schlüsselthema wird das Thema des *Lebens* als Frage nach dem »Überleben« und nach dem »guten Leben«[17].

In Erinnerung an das schon im ersten Kapitel Gesagte darf kurz wiederholt werden[18], daß damit auch der vertikale Konflikt zwischen einer emanzipatorisch-kritischen und einer neokonservativen Pädagogik relativiert werden muß. Sein Gegenstand ist der Gegensatz von Herrschaft 'von oben' und Widerstand 'von unten' bzw., in den weniger dramatischen Formen hierzulande, die Spannung zwischen der Bewahrung der gesellschaftlich gegebenen Machtverhältnisse einerseits und ihrer Veränderung unter dem Gesichtspunkt der Partizipation andererseits - ein *Herrschafts- bzw. Ordnungskonflikt.* Für ganze unterdrückte Regionen wie in Lateinamerika, Mittelamerika, Südafrika und andere ist im Kampf um soziale Gerechtigkeit auch heute noch dies der Grundkonflikt.

Im Zeitalter zunehmender Zerstörung unserer natürlichen Lebensgrundlagen auch in der südlichen Hemisphäre wird jedoch dieser Konflikt von der elementaren Frage überlagert, warum denn für Ordnung und Stabilität oder für Emanzipation und Partizipation eingetreten werden soll, wenn das Leben selbst und damit das Substrat ausgelöscht werden kann, auf das sich beide Optionen beziehen. Die Alternativen zwischen »Freiheit« und »Abhängigkeit«, »Autonomie« und »Heteronomie« oder - in der neuen religiösen Szene - zwischen »Entgrenzung« und »Abgrenzung», »liberalistischer Religiosität« und »Ordnungsreligiosität« kreisen um relativ formale Kriterien, deren Klärung zwar notwendig, aber die nicht hinreichend sind. Die Zukunftsfähigkeit der Gesellschaft entscheidet sich an inhaltlichen Prioritäten. Darum lehnen sich auch Anhänger der »neuen sozialen Bewegungen« nicht mehr 'von unten nach oben' gegen die staatlichen Ordnungshüter auf, sondern lassen diese mit ihren Institutionen an der Seite stehen, um alternative Lebensformen 'daneben' zu erproben. Hierdurch entstehen *Wertkonflikte* auf einer gleichsam horizontalen Ebene. Es geht um veränderte Lebensorientierung im ganzen.

»Fortschritt«, so zitiert Treml J. Mittelstraß, »ist Veränderung durch menschliches Handeln, das nach Zielsetzungen erfolgt und dessen Maßstab das Bessermachen ist«[19], und er fährt fort: »Daß im Zuge dieses Emanzipationsprozesses

17. *A.K. Treml*, Einführung in die Allgemeine Pädagogik, a.a.O., S. 155; vgl. auch den Ausgangspunkt unseres Gedankenganges, Kap. 1, S. 25.
18. Vgl. oben im Rahmen der skizzierten historischen Entwicklung S. 49f. Wie sehr der Begriff des Lebens Schlüsselbegriff auch kirchlicher Großversammlungen ist, zeigen die Leitthemen aus den letzten Jahren: »Umkehr zum Leben« (DEKT 1983), »Jesus Christus - das Leben der Welt« (6. Vollversammlung des ÖRK, Vancouver 1983); »Jesus Christus - die Quelle des Lebens« (Gemeindetag Essen 1984), »Dem Leben vertrauen, weil Gott es mit uns lebt« (Katholikentag München 1984) u.a.
19. *J. Mittelstraß:* Neuzeit und Aufklärung. Studien zur Entstehung der neuzeitlichen

der Maßstab des Bessermachens selbst verloren ging, war offenbar damals nicht vorauszusehen« (ebd.). Von jener Voraussetzungsfrage waren auch Schleiermacher und seine Zeitgenossen noch nicht berührt. Schleiermachers Pädagogik setzte vielmehr die geschichtliche Entwicklung als kulturelle Höherentwicklung voraus. Solange man dessen gewiß ist, kann und muß man für freie pädagogische Entfaltungs- und Entwicklungsmöglichkeiten eintreten. Wenn dagegen jene Voraussetzung brüchig wird, entstehen die für heute so bezeichnenden Wozu-Fragen: Leistung wozu? Erziehen wozu? Leben wozu? (vgl. EKD-Synode Bethel 1978). Die gegenwärtige Bildungsdiskussion in der Bundesrepublik ist ziemlich unsicher, wie diese Fragen beantwortet werden sollen.

Dies liegt nicht zuletzt, zusammengefaßt, auch daran, daß die verschiedenen Einflüsse die gesellschaftliche Entwicklung in unterschiedliche Richtung drängen. Neue Technologien im sogenannten »Computerzeitalter« treiben den Modernisierungsprozeß auf eigene Weise noch weiter voran. Das ganzheitlich-ökologische Weltbild eines »New Age« will demgegenüber Natur statt Geschichte, zyklisches Denken statt lineares als neue religiös-spirituelle Perspektive zur Geltung bringen. Das Ringen um gesellschaftliche und pädagogische Prioritäten geht alle gesellschaftlichen Gruppen an, auch die Kirchen. Kann eine Theorie evangelischer Bildungsverantwortung aus ihrem Denkerbe in dieser unübersichtlichen Situation eigene Orientierungen beitragen, die allgemein plausibel sind?

3. Frieden, Recht und Leben - Luthers Verantwortungshorizont für die Welt

Die reformatorische Theologie lutherischer Prägung beantwortet die Frage nach der formalen Begründung kirchlicher Mitverantwortung im öffentlichen Bildungssystem (s. oben 1.) mit der Zwei-Regimenten-Lehre. Diese weist zugleich darin ein, wie aus der Sorge für das allgemeine Wohl *grundsätzlich* die entsprechenden pädagogischen Folgerungen zu ziehen sind und darüber hinaus aus theologischer Verantwortung auch *thematische Prioritäten* gesetzt werden können. Nach beiden Hinsichten, formal wie inhaltlich, bewährt Luthers Ansatz bis heute seine Orientierungskraft[19a].

Wissenschaft und Philosophie, Berlin/New York 1970, S. 343, zitiert nach *A.K. Treml,* Der Name der Rose, a.a.O., (Anm. 16), S. 1318.

19a. Vgl. inzwischen auch die Einführung in: Religionspädagogik. Texte zur evangelischen Erziehungs- und Bildungsverantwortung seit der Reformation. Bd. 1: Von Luther bis Schleiermacher, hg. und eingeführt von *K.E. Nipkow* und *F. Schweitzer,* München 1991, S. 21-29.

Freilegung des Evangeliums und Freigabe der Welt - Die Zwei-Regimenten-Lehre in Luthers Schulschriften

Die klassischen Dokumente sind die beiden Schulschriften aus den Jahren 1524 (An die Ratsherren aller Städte deutschen Landes, daß sie christliche Schulen aufrichten und halten sollen) und 1530 (Eine Predigt, daß man Kinder zur Schule halten solle). Sie sind Programmschriften und verbinden die theologische Sache der Reformation aufs nachdrücklichste, modern formuliert, mit dem Ausbau des öffentlichen Bildungssystems. In seinem Mittelpunkt stehen die Schulen. Wer heute im Gemeindeaufbau die Bildungsseite abwertet und den Dienst der Kirche an den gesellschaftlichen Bildungsfragen gering veranschlagt, gibt das Erbe der Reformatoren preis.

In beiden Schriften wird das Thema zunächst im geistlichen, dann im weltlichen Regiment Gottes erörtert. Die Zwei-Regimenten-Lehre liefert mit diesem Aufbau zugleich die innere theologische Logik der Aussagen. Von nichttheologischer Warte betrachtet, ist die Zwei-Regimenten-Lehre eine bestechende Lösung des Problems, wie mit hoher Flexibilität gleichzeitig zum einen das Außenverhältnis der Kirche zur Welt geregelt und zum anderen weltliche Erkenntnisse für das Innenverhältnis der Kirche zu ihrer eigenen Erneuerung genutzt werden können, in unserem Falle pädagogische Erkenntnisse. Theologisch betrachtet, ist diese Lehre ein überaus angemessenes Modell, um den doppelten Durchbruch, den die Reformation gebracht hat, sachgemäß auszudrücken. Der erste Durchbruch ist die Freilegung der christlichen Glaubenswahrheit, wie sie die Reformatoren verstehen, durch die ausschließliche Bindung des Heilserwerbs und der Heilsgewißheit an den Glauben an das Evangelium, das in der Heiligen Schrift verbürgt und in der Predigt gehört wird. Der zweite Durchbruch ist - komplementär - die Freigabe der Welt an ihre eigenständige Wahrheitsfindung hinsichtlich der rechten Lebensführung, indem die weltlichen Geschäfte aus jeder denkbaren Relation zum geistlichen Heil entlassen werden, um ihnen im selben Atemzug nur um so eindringlicher die Sorge um das weltliche Wohl zu belassen. Auch das pädagogische Denken und Handeln wird damit freigesetzt und der pädagogischen Vernunft überantwortet. Der evangelische Erzieher wird auf die Sichtung, Prüfung, Übernahme oder Ablehnung der jeweils geschichtlich überkommenen weltlichen pädagogischen Aufgaben und Einsichten verwiesen.

Die Bereiche scheinen auseinanderzufallen; aber der Anschein trügt. Zwischen ihnen wird nur unterschieden, sie werden nicht getrennt; Gott hält sie zusammen: Er sitzt in beiden Bereichen im »Regiment«. Ihm ist man in beiden Dimensionen Gehorsam schuldig. Die innere Dialektik darf nach keiner der beiden Seiten hin zerbrechen und sich auflösen. Der Glaube an das Evangelium macht den Christen nicht weltlos; das Gegenteil ist der Fall: Die Verantwortung des Christen in seinem weltlichen Beruf wird in einer im Vergleich zum Mittelalter beispiellosen Weise verstärkt, ja, auf eine ganz neue Grundlage gestellt. Die Welt wiederum wird mit ihrer Freisetzung nicht gottlos; Gott hat sie geschaffen und will sie erhalten. Erziehung und Bildung in guten Schulen gehören zu den Instrumenten, die Gott den Menschen anvertraut hat.

Die angedeutete hohe Flexibilität erweist sich darin, daß sich die evangelische Kirche, analog zum Umgang der Reformatoren mit dem Humanismus als der Bildungsreformbewegung damals, bis heute unbefangen auf Pädagogik einlassen kann. Mit dieser Flexibilität ist eine ebenso bemerkenswerte neue Kommunikationsfähigkeit verbunden. Ohne ihre kirchliche und theologische Identität zu verlieren, kann die Kirche als Kirche in kritisch-konstruktiver Teilnahme am pädagogischen Diskurs die pädagogische Sprache der Zeit sprechen. Sie erfüllt damit eine wichtige Voraussetzung für die einleitend in diesem Kapitel geforderte möglichst allgemeine Plausibilität dessen, was sie als Kirche pädagogisch sagt und tut, wenn es um öffentliche Mitverantwortung geht.

Der immer wieder aus bestimmten kirchlichen Kreisen vorgebrachte Vorwurf, die Kirche verdoppele oder wiederhole nur weltliche pädagogische Argumente, verkennt darum den theologischen Sachverhalt, daß für die Reformatoren Erziehung ein »weltlich Ding« (M. Luther) ist und es in der Tat oft nur darauf ankommen kann, daß kirchliche Bildungsverantwortung jene Einsichten unterstreicht, die auch die Pädagogik vertritt, besonders wenn diese allein nicht genug öffentlich Gehör findet.

Zusammengefaßt: In der der Rechtfertigungslehre entsprechenden Zwei-Regimenten-Lehre ist erstens das Gesamtverhältnis von Kirche und Welt, Evangelium und Bildung *theologisch* begründet. Auf dieser Grundlage ist es zweitens *theologisch* gerechtfertigt, daß man in pädagogischen Weltdingen weltlich, sprich: *pädagogisch,* argumentiert. Erforderlich ist drittens, dies ist m.E. in den beiden vorstehenden Bedingungen eingeschlossen, daß möglichst auch die konkreten pädagogischen Optionen, die sich die Kirche zu eigen macht oder von sich aus entwickelt, unbeschadet ihrer *relativen pädagogischen Eigenständigkeit* mit dem Glauben vereinbar und damit *theologisch abbildbar* sein sollten. Sie dürfen jedenfalls dem reformatorischen Grundkriterium »was Christum treibet« nicht entgegenstehen. Luther selbst sichert dies an wichtigen Stellen dadurch, daß er allgemein einsichtige pädagogische und politische Zielsetzungen zusätzlich biblisch begründet. Er leitet pädagogische Maximen nicht direkt aus dem Evangelium ab; reformatorisch-lutherisches Denken entwickelt keine christliche Vorzeichenpädagogik oder verchristlichte Bildungslehre.

Frömmigkeit und Bildung - Zum pädagogischen Programm der Reformation für Haus, Gottesdienst und Schulen

Keine Vermischung, sondern *Verbindung* und zugleich *Unterscheidung* bestimmen die Auffassungen Luthers und Melanchthons. Verbunden werden »pietas« und »eruditio«, Frömmigkeit und Bildung (der deutsche Begriff »Bildung« selbst wird hierbei noch nicht zum Leitbegriff), weil sie sich wechselseitig brauchen und fördern. Ohne Bildung kann der rechte Glaube auf Dauer nicht bestehen. Dies ist die Leistung der Bildung im geistlichen Bereich. Der sichere Umgang mit der Heiligen Schrift als Grundlage für die Predigt des Evangeliums ist sonst nicht gewährleistet. Ohne *pietas* und *religio* verliert aber auch die Bildung ihre Orientierung. Bildung und Erziehung dienen im weltlichen Regiment der Sittlichkeit. Diese steht in theologischer Sicht unter Gottes Geboten, darf sich darum nicht verselbständigen.

Evangelium und Erziehung, Glaube und Bildung, *pietas* und *eruditio* dürfen umgekehrt um keinen Preis miteinander vermengt werden. Erziehung ist ein »weltlich Ding«; Bildung, *eruditio,* ist es ebenfalls. Wäre es anders, würde nur eine neue Werkgerechtigkeit entstehen.

Die Reformatoren erneuern Erziehung, Unterricht und Bildung an *mehreren Orten,* für *alle Menschen* und innerhalb des Schulwesens auf *allen Ebenen.* Grundsätzlich fassen sie die Aufgaben an drei Orten auf, im Haus, im Gottesdienst und in den Schulen. Für das *Haus* - für die »Hauskirche«, wie es später auch heißen kann - führen die Aufgaben zur Verpflichtung des Hausvaters, die Jugend und auch das Gesinde das Evangelium recht zu lehren und sie zum rechtschaffenen Leben vor Gott anzuhalten. Die Hausväter (Eltern) wie auch die Lehrer gehören zum Predigtamt im weiten Sinne[20]. Der Dienst am Wort als *mini-*

20. An die Stelle des »geistlichen Standes in Klöstern und Stiften« setzt *Luther* den Stand, der durch das »Predigtamt« definiert ist. Er faßt ihn sehr weit auf, zu ihm gehört nicht nur das »Pfarramt«. »Sondern den Stand meine ich, der das Predigtamt und Dienst des Wortes und der Sakramente hat, welches gibt den Geist und alle Seligkeit, die man mit keinem Gesänge noch Gepränge erlangen kann, als da ist das Pfarramt, Lehrer, Prediger, Leser, Priester (die man Kaplan nennt), Küster, Schulmeister und was zu solchen Ämtern und Personen mehr gehöret.« (BoA 4, 150, 29-34, = WA 30, II, 528, 9-14, in der Schreibweise geglättet). In der zweiten Vorrede zum Großen Katechismus und vielerorts sonst wird auch nachdrücklich auf die Bildungsverpflichtung der Eltern (besonders des Hausvaters) verwiesen. In der Auslegung zum vierten Gebot betont Luther die Verpflichtung der Eltern im Blick auf beide Regimente, »sich der Jugend, mit Ernst anzunehmen« (BoA 4, 27, 15), »damit sie Gott und der Welt dienen mögen« (BoA 4, 27, 18). Zum theologischen Wandel in der Auffassung der Eltern im Verhältnis zum Spätmittelalter vgl. *K. Petzold,* Die Grundlagen der Erziehungslehre im Spätmittelalter und bei Luther, Heidelberg 1969.

sterium verbi in der öffentlichen Predigt ist demgegenüber im Unterschied zur privaten denjenigen vorbehalten, die hierzu ordentlich berufen sind (»rite vocatus« nach CA VII).

Im Bereich des *Gottesdienstes* werden eigene lehrhafte Gottesdienste für Kinder und Gesinde am frühen Sonntagnachmittag der Katechismuspflege gewidmet, getragen von den Pfarrern, die sich manchmal vom Schulmeister oder Küster vertreten lassen. Mit den Katechismuspredigten, für die J. Bugenhagen in seinen Kirchenordnungen sogar spezielle Katechismuswochen viermal im Jahr zwei Wochen lang an je vier Nachmittagen vorsieht, entwickelt sich hierbei ein ganz besonderes, heute »abgegangenes evangelisches Bildungsinstrument« von breiter, jahrhundertelanger Wirksamkeit[21].

An der Reform der *Schulen* zeigt sich die durchgängige Absicht der Reformatoren, allen den Zugang zu Erziehung, Unterricht und Bildung zu ermöglichen, auch den Mädchen, wie Luther schon 1520 in der Adelsschrift ausdrücklich hervorhebt. Die gestuften Anstrengungen auf allen Ebenen, von den hohen Schulen bis zu den niederen, spiegeln ferner, daß unter den Gesichtspunkten beider Regimente Gottes, der Zurüstung zum Glauben wie zum Leben, keine elitäre Hierarchie mehr gelten darf. Es gibt im geistlichen Regiment keine Unterscheidung mehr zwischen Klerus und Laien, und auch das Leben im weltlichen Regiment ist Gottesdienst und duldet keine Abstufung nach von Gott unterschiedlich gewichteten Werken oder vor Gott unterschiedlich angesehenen Ständen.

Philipp Melanchthons überragendes Verdienst liegt primär bei der Reform der hohen Schulen, der *Universitätsreform,* darf aber auch für das *Lateinschulwesen* nicht gering veranschlagt werden. Er errichtet eine Lateinschule in Eisleben, wirkt an einer 1526 in Nürnberg errichteten Lateinschule mit und setzt sich als Visitator in Kursachsen in seinem »Unterricht der Visitatoren« (1528) gleichsinnig mit Luther für die Verbesserung der Bildung zum Zwecke der Ertüchtigung der Menschen in Kirche und Gemeinwesen ein. Um die *deutschsprachigen Schulen* haben sich im ganzen mehr andere gekümmert, vor allem Johannes Bugenhagen[22].

21. *W. Jetter:* »Der Erleuchtete Catechismus-Prediger«. Erinnerung an ein abgegangenes evangelisches Bildungsinstrument, in: *R. Preul u.a. (Hg.):* Bildung - Glaube - Aufklärung. Zur Wiedergewinnung des Bildungsbegriffs in Pädagogik und Theologie, Gütersloh 1989, S. 74-100; ferner *ders.* Art.: Katechismuspredigt, in: TRE, Bd. XVII/5, Berlin/New York 1988, S. 744-786.
22. Vgl. zur Einführung *G. Müller:* Philipp Melanchthon zwischen Pädagogik und Theologie, in: *ders.:* Zwischen Reformation und Gegenwart II. Vorträge und Aufsätze, Hannover 1988, S. 99-108. Zu den von J. Bugenhagen und anderen eingerichteten Schulen vgl. *E. Sehling:* Die evangelischen Kirchenordnungen des 16. Jahrhunderts, Bd. I-V, Leipzig 1902-1913; *G. Müller,* a.a.O., S. 104.

Für Luthers Auffassung der akademischen theologischen Ausbildung, wobei er zwischen dem einfältigen, ungebildeten Prediger, wie er ihn weithin vorfand, und dem anspruchsvoller auszubildenden unterschied, ist der erste Teil der Schrift an die Ratsherren die klassische Quelle. Zum überkommenen *Bildungskanon* gehören für ihn alle die Gegenstände, an denen grundlegende Fähigkeiten und Geistesorientierungen eingeübt werden sollen, die »sieben freien Künste« bzw. »septem artes liberales« der nach ihnen benannten Artistenfakultät. Sie muß man vor Eintritt in die Berufsstudien an den oberen Fakultäten der Theologie, Jurisprudenz und Medizin durchlaufen. Luther faßt den herkömmlichen Bildungskanon meist unter Voranstellung der theologisch so bedeutsam gewordenen Sprachstudien in den Formeln »Sprachen und Künste« oder auch »Sprachen und Wissenschaften« zusammen[23]. Der Schwerpunkt der zu erwerbenden Fähigkeiten liegt für den theologisch auszubildenden Prediger auf der selbständigen Auslegung der biblischen Texte und der Beurteilung der kirchlichen Lehre auf der Grundlage der Schrift; »heiliges Leben« und Kenntnis der kirchlichen »Lehre« sind für sich allein »nicht genug« (BoA 2, 453, 33 = WA 15, 40, 23).

Im ganzen führen die Reformatoren die Bildungstradition vorsichtig weiter; sie bilden sie für ihre Zwecke in besonnener Weise um. Bedeutungsvoll ist eben weniger der modifizierende Umgang im einzelnen[24] als die Verbindung von Humanismus und Reformation, Glaube und Bildung überhaupt. Mit großer Entschiedenheit wird diese Verbindung gegen jede unwissende, ungebildete alte Frömmigkeit und vor allem gegen die neue evangelische fromme »Schwärmerei« ausgespielt. Eine Frömmigkeit, die sich auf »Geistempfang« stützt und das »äußere Wort« verächtlich macht bzw. die auf eine subjektivistisch sich isolierende oder auch elitär überhebende religiöse »Erfahrung« setzt - auch in gemeinschaftlicher, konventikelhafter Form - und die damit die gleiche Angewiesenheit aller auf das Evangelium sowie die für das Heil ausreichende Vergewisserung durch das Hören des Wortes und den Glauben an die Verheißung aus den Augen verliert, kann vor den Maßstäben der Reformatoren nicht bestehen.

Von den Veränderungen gegenüber dem überkommenen Lehrplan und Bildungskanon sind zwei besonders bemerkenswert. Die erste Veränderung betrifft die systematische Einführung des muttersprachlichen *Religionsunterrichts*[25]. Die

23. BoA 2, 457, 37 (= WA 15, 46, 12). Die septem artes liberales setzen sich aus dem Trivium (Grammatik, Rhetorik, Dialektik) und dem Quadrivium zusammen (Arithmetik, Musik, Geometrie, Astronomie).
24. Vgl. *J. Dolch:* Lehrplan des Abendlandes, Ratingen 1965, S. 193-198; *F. Hofmann:* Philipp Melanchthon und die zentralen Bildungsprobleme des Reformationsjahrhunderts, in: *ders.:* Ph. Melanchthon. Humanist, Reformator, Praeceptor Germaniae, Berlin 1963; *H.-A. Stempel:* Melanchthons pädagogisches Wirken. Untersuchungen zur Kirchengeschichte, Bd. XI, Bielefeld 1979.
25. »Gewiß gab es immer und auch im Mittelalter eine religiöse Unterweisung, auch

zweite ist die Hervorhebung der *Geschichte* im Sinne uns nachdenklich machender »Geschichten« bzw. »Historien«.

1517 hatte schon Melanchthon in Tübingen zu den sieben freien Künsten im Vergleich mit den neun Musen die Geschichte als achte und die Poesie als neunte und wichtigste aller Künste zusätzlich aufgeführt[26]. Melanchthon sprach davon, daß die Geschichte Kenntnisse liefere, die bei der »Verwaltung der städtischen und häuslichen Angelegenheiten« nützlich seien, da sie »den Sinn der bürgerlichen Verrichtungen« darlegen[27].

Wenn Luther der Formel »Sprachen und Künste« bei der Beschreibung der weltlichen Bildung »und Historien« hinzufügt[28], denkt er, wie es scheint, noch an mehr, nämlich an die Geschichte als *Spiegel und exemplarische Verdichtung von Erfahrung:* Menschen machen Erfahrungen mit sich selbst und mit Gott »von Anbeginn«.

»Wenn man sie (die Jugend) lehrte und in Schulen oder sonstwo erzöge, wo gelehrte und züchtige Meister und Meisterinnen wären, welche die Sprachen und andere Künste und Historien lehrten, da würden sie die Geschichte und Sprüche aller Welt hören, wie es dieser Stadt, diesem Reich, diesem Fürsten, diesem Manne, diesem Weibe ergangen wäre, und sie könnten also in kurzer Zeit zugleich der ganzen Welt von Anbeginn Wesen, Leben, Rat und Pläne, Gelingen und Mißlingen für sich wie in einem Spiegel erfassen. Darüber könnten sie sich eine Meinung bilden und sich mit Gottesfurcht nach der Welt Lauf richten; dazu werden sie aus denselben Geschichten weise und klug, was im äußeren Leben zu suchen und zu meiden ist, danach auch anderen raten und andere anleiten. Die Zucht, die man daheim ohne solche Schulen vornimmt, die will uns durch eigene Erfahrung weise machen. Ehe das geschieht, sind wir hundertmal tot und haben unser ganzes Leben lang alles ohne Bedacht gehandelt, denn zu eigener Erfahrung gehört viel Zeit.«[29]

Anfänge einer besonderen Kinderlehre schon lange. Aber der eigentliche Religionsunterricht und seine Verankerung im Schullehrplan - ob nun in der Kirche, Schule oder an anderem Orte erteilt - ist doch hauptsächlich eine Neuerung der Reformationszeit« (*J. Dolch,* a.a.O., S. 195). Gründlich informiert über die christliche Unterweisung an den Schulen des Reformationszeitalters *F. Hahn:* Die Evangelische Unterweisung in den Schulen des 16. Jahrhunderts, Heidelberg 1957.

26. *Ph. Melanchthon:* De artibus liberalibus, Corp. Ref., 11, 5-14; *J. Dolch,* a.a.O., S. 194.
27. Vgl. *F. Hofmann:* Pädagogik und Reformation. Von Luther zu Paracelsus. Zeitgenössische Schriften und Dokumente eingeleitet, ausgewählt und erläutert, Berlin 1983, S. 35.
28. BoA 2, 457, 19 (= WA 15, 45, 16; An die Ratsherrn).
29. BoA 2, 457, 17-31 (= WA 15, 45, 14-28; in der Schreibweise hier und im folgenden (unserem Deutsch angeglichen).

Ist es möglich, aus einer Auslegung der jeweils zweiten Hälfte der beiden Schulschriften Luthers, die den Bildungsaufgaben im weltlichen Regiment gewidmet sind, auch inhaltliche Prioritäten zu identifizieren?

Erziehung und Unterricht in der Verantwortung für »Frieden, Recht und Leben«

Über die Reform der Lehrpläne der Schulen gibt es auch in unserer Zeit eine nicht enden wollende Diskussion. Ein besonders markantes Beispiel ist die Reform und die »Reform der Reform« der Sekundarstufe II seit den 60er Jahren, zumal seit 1972[30]. Einer der Haupteindrücke, den diese Diskussion hinterläßt, ist die Unverhältnismäßigkeit zwischen der Beschäftigung mit Stundentafeln und der entsprechenden Festlegung von »Belegungsverpflichtungen« und »Einbringungsverpflichtungen« auf der einen Seite (so daß ein »Regelwerk« entstanden ist, »über dessen ganze Kompliziertheit sich die Kultusministerkonferenz selber erst mit Hilfe einer mühevoll erstellten Bestandsaufnahme ein Bild verschaffen mußte«[31]) und der Schwäche, das übergreifend Gemeinsame und Allgemeine der Bildung substantiell zu benennen. Andreas Flitner sieht völlig zu Recht, daß hinter dem, was heute so lebhaft wieder »unter dem Begriff der Allgemeinbildung diskutiert wird ..., das Ringen einer Gesellschaft und Kultur- und Sprachgemeinschaft um Identität und Kontinuität« verborgen liegt[32].

»Traditionelle Integrationsmuster wie Nationalstaat oder Deutschkunde haben - ob man das nun bedauert oder als Befreiung empfindet - ihren Boden verloren. Doch wird die Frage 'Was soll unsere Jugend lernen?' immer auch die Frage nach den gemeinsamen Beständen unserer Kultur enthalten und sich mit der Auskunft, das 'Allgemeine' der Bildung gebe es nicht mehr, nicht mehr zufriedengeben« (ebd.).

Für die Reformatoren ist das *»Allgemeine« der Bildung* das, was zu den bleibend notwendigen und darum *elementaren Lebensgrundlagen* gehört. Sie bilden den

30. Zur Übersicht über die Entwicklung vgl. *I. Schindler:* Die gymnasiale Oberstufe - Wandel einer Reform. Von der 'Saarbrücker Rahmenvereinbarung' bis zur 'Bonner Vereinbarung', in: ZfPäd. 26 (1980), S. 161ff.; *W. Keim:* Das Kurssystem der gymnasialen Oberstufe im Spannungsfeld von technologischem Kalkül und pädagogischer Verantwortung (1983), in: *ders. (Hg.):* Kursunterricht - Begründungen, Modelle, Erfahrungen, Darmstadt 1987, S. 536ff.; zuletzt *A. Flitner:* Abitur - Oberstufe - Studierfähigkeit, in: *ders.:* Für das Leben - Oder für die Schule? Pädagogische und politische Essays, Weinheim/Basel 1987, S. 140ff.
31. *A. Flitner*, a.a.O., S. 157.
32. A.a.O., S. 160.

gemeinsamen Verantwortungshorizont für den Umgang mit jedem einzelnen Lehrplaninhalt. Ich sehe den Beitrag kirchlicher Bildungsverantwortung primär in der Diskussion solcher für das *gemeinsame* Denken und Handeln einer Gesellschaft notwendigen Aufgaben. Das Allgemeine der Bildung ist dann nicht ein bestimmtes, verdinglicht zu denkendes 'Bildungsgut', sondern das gemeinsam Notwendige, um menschlich zu leben. Es ist für Luther die Trias von »Frieden, Recht und Leben«.

Gewiß übertrifft das »ewige Leben« das »zeitliche Leben«, und so ist auch weltliche Herrschaft ein »Bild, Schatten, eine Figur« nur der »Herrschaft Christi«. »Denn das Predigtamt (wo es ist, wie es Gott geordnet hat) bringt und gibt ewige Gerechtigkeit, ewigen Frieden und ewiges Leben, wie St. Paulus solches hoch preiset, 2. Kor. 4. Aber das weltliche Regiment erhält zeitlichen und vergänglichen Frieden, Recht und Leben«[33], und dies ist nicht geringzuachten.

Gerechtigkeit und Frieden, *iustitia* und *pax,* sind schon in der älteren Geschichte des Christentums vor der Reformation der Inbegriff des den Menschen zuzuwendenden Wohls. Luther spitzt seine Aussagen über diese Lebensvoraussetzungen - Frieden und Recht (Gerechtigkeit) sind auf das Leben bezogen - vor allem im Blick auf den *Frieden* zu.

»Wer will aussprechen, was der liebe Friede für ein unaussprechliches Gut ist?«[34] An anderer Stelle nennt Luther »den zeitlichen Frieden ... das größte Gut auf Erden ..., darin auch alle anderen zeitlichen Güter begriffen sind ...«[35]. Dem Frieden hat bereits das Handeln der Kirche im geistlichen Regiment durch das Predigtamt zu dienen; er ist »eigentlich eine Frucht des rechten Predigtamtes«, so fährt Luther bei dem eben wiedergegebenen Zitat fort.

Friedenserziehung gehört aber vor allem in den Mittelpunkt der öffentlichen Bildungsverantwortung. Es geht darum, sich der menschlichen Aggression und der daraus folgenden gegenseitigen Zerstörung entgegenzustemmen. »Es müßte (sonst) einer den anderen fressen, wie die unvernünftigen Tiere untereinander tun« (S. 163). Vom Kultur- und Fortschrittsoptimismus des 19. Jahrhunderts und von der Uminterpretation des Bösen in »Erkrankungen«, die die Harmonie stören und die durch »spirituelle Disziplin, Meditation und Vertiefung« (Capra) zu überwinden sind, sind wir weit weg. Das 16. und, wie wir noch sehen werden, besonders das 17. Jahrhundert wußten, was Krieg bedeutet. Wir sollten es eigentlich in unserem Jahrhundert auch wissen, dem Jahrhundert der schlimm-

33. *M. Luther,* BoA 4, 162, 34ff. (= WA 30 II, 554, 13ff., Eine Predigt ...).
34. BoA 4, 165, 21f. (= WA 30, II, 560, 8f., Eine Predigt ...).
35. BoA 4, 155, 16f. (= WA 30 II, 538, 4ff.).

sten aller bisher bekannten Vernichtungskriege und Massentötungen. Aus diesem geschichtlichen Wissen sind Konsequenzen zu ziehen; aus ihm folgen Prioritäten auch für die pädagogische Arbeit, sonst nimmt Bildung die Realität der Geschichte und die wahre Verfaßtheit des Menschen nicht ernst. Wenn der »moderne Ansatz« und der »postmoderne« hierüber hinwegtäuschen, muß mit Hilfe der »Vormoderne« die erbärmliche Unvernunft und Selbstzerstörungsfähigkeit des Menschen in Erinnerung gerufen werden. Ausgangspunkt einer Erziehung zur Friedensfähigkeit kann dabei nicht allein der kriegerische Konflikt sein. »Es müssen alle Formen der Gewalt ins Auge gefaßt werden, die den massiven Sockel des Eisberges bilden.«[36]

Eine gefährliche Tendenz in der geistigen und pädagogischen Situation unserer Zeit ist der Rückzug auf eine Privatheit, dem theoretisch die Vorliebe für individualpsychologische Kategorien der Persönlichkeits- bzw. Ichpsychologie entspricht. Hierzu paßt in der gegenwärtigen Religionspädagogik die auffällige Betonung religiöser Identitätsbildung. Aber: »Eine so auf den individualpsychologischen Bereich reduzierte Erziehung zum Frieden greift zu kurz, weil sie den Menschen nur als isoliertes Individuum sieht, nicht aber das gesellschaftliche System, durch das die individuellen Strukturen vermittelt sind.«[37] Ein zukunftsfähiges Bildungsdenken muß mehr denn je darüber hinaus die »Lernfähigkeit ganzer Systeme« (ebd.) thematisieren, die der Gesellschaft wie der Kirche.

Luther verbindet seine pädagogischen Ermahnungen mit einem gesellschaftspolitischen Plädoyer für veränderte Prioritäten auf der politischen Ebene, an der sich eine solche *Lernfähigkeit von Systemen im Umdenken* beweisen kann.

An einer Stelle in der Schrift »An die Ratsherren« fordert er, daß man zumindest ebensoviel Geld für die Bildung ausgeben soll wie an Kosten für »Geschütze, Wege, Stege, Dämme und dergleichen unzählige Stücke mehr«[38]. An einer anderen Stelle wertet er die Rüstungsanstrengung grundsätzlich ab: »Nun liegt das Gedeihen einer Stadt nicht allein darin, daß man große Schätze sammle, feste Mauern, schöne Häuser, viele Geschütze und Harnische herstelle. Ja, wo das viele tolle Narren vollbringen, ist es desto ärger und desto größerer Schaden für diese Stadt. Sondern das bedeutet einer Stadt bestes und allerreichstes Gedeihen, Heil und Kraft, daß sie viele feine, gelehrte, ehrbare, wohlerzogene Bürger hat« (BoA 2, 448, 28-33).

Sind das nur bildungspolitische Werbesprüche, damit die staatliche Obrigkeit mehr in die Schulen investiert? Luther macht zwar auch nüchtern eine finanzielle

36. Ausführlicher hierzu *H. Nicklas:* Wie wird Frieden gelernt? Ideen und Realitäten politischer Sozialisation und Gewissensbildung, in: *E. Lohse/U. Wilckens (Hg.):* Gottes Friede den Völkern, Hannover 1984, S. 327.
37. *H. Nicklas,* a.a.O., S. 327.
38. BoA 2, 445, 7 (= WA 15, 30, 17, An die Ratsherrn ...).

Rechnung auf: Hast du darüber nachgedacht, fragt er, »wieviel der Friede in einem Jahr allein gibt und erspart«[39]? Aber seine tiefere Begründung stützt sich auf die Bibel. Was bereits allgemein von jedermann eingesehen werden müßte und mithin öffentlichkeitsfähig ist, wird im lutherisch-reformatorischen Denkstil zwar nicht deduktiv aus theologischen Obersätzen abgeleitet, aber kräftig biblisch unterstützt[40].

Wie wenig Luther individualistisch verengt dachte, zeigt auch die enge Verbindung, die er zwischen Friedenspolitik und Rechtspolitik bzw. Friedenserziehung und Rechtserziehung herstellt, wenn es einmal so in unserer heutigen Sprache gesagt werden darf. Seine Darlegungen zu Frieden und Gewalt gehen nämlich in der Schulpredigt unmittelbar in Sätze über, die das *Recht* als kollektive Ordnungsgröße betreffen: »Es muß gelernt und gewußt sein, was unseres weltlichen Reiches Recht und Weisheit ist.«[41] Erziehung zum Rechtsbewußtsein um der Rechtswahrung willen schließt auf dem Hintergrund der europäischen Rechtsgeschichte heute die Sensibilisierung für menschliche *Grundrechte* bzw. *Menschenrechte* ein. Wir wissen ferner aus jüngeren geschichtlichen Grunderfahrungen, daß beides, Friede und Recht, nicht gedeiht, wo es nicht auf *soziale Gerechtigkeit* bezogen ist. Neben dem Schlüsselthema Frieden gibt damit der Komplex Recht und soziale Gerechtigkeit ein zweites übergreifendes Schlüsselthema als Konzentrationspunkt allgemeiner kirchlicher Bildungsverantwortung ab. Mit beidem wird, zusammengefaßt, deutlich, was das »Allgemeine« der Bildung zumindest immer auch und zuvörderst um der Wahrung elementarer Lebenszusammenhänge willen zu sein hat. Wo Unterricht hieran vorbeigeht, zerfallen Lehren und Lernen in die unendliche fachwissenschaftliche Aufsplitterung von bloßen Informationen.

39. BoA 4, 165, 22f. (= WA 30, II, 560, 9f.; Eine Predigt ...)
40. In der Schulpredigt trägt Luther mehrere Aussagen der Bibel zusammen, die alle auf eins hinauslaufen: »Weisheit muß regieren und nicht Gewalt« (Spr 8, 14f.), »Weisheit ist besser denn Harnisch oder Waffen« (Pred 9, 16); und Luther fügt hinzu: »Das alles beweist alle Erfahrung in allen Historien, daß niemals Gewalt ohne Vernunft oder Weisheit etwas ausgerichtet habe« (BoA 4, 164, 1ff. = WA 30 II, 557, 1ff.). Hier haben wir anschaulich vor uns, was schon einleitend zum Charakter des pädagogisch-theologischen Begründungsmodells gesagt worden ist: Menschliche Erfahrung und Glaubenswissen sind nicht identisch, aber ergänzen sich komplementär, entsprechend der Zwei-Regimenten-Lehre, die unterscheidet, aber nicht trennt.
41. BoA 4, 164, 20ff. (= WA 30 II, 558, 1ff.; Eine Predigt ...).

4. Bildung als Weisheit für das Ganze im Umbruch der Zeit - Comenius

Die Rückbesinnung auf reformatorische Grundlagen reicht nicht aus, um die Dialektik von »Moderne« und »Postmoderne« zu diskutieren. Sie hat allerdings viel für den nüchternen Umgang mit beiden Ansätzen bereitstellen können. Ähnliches erhoffen wir von einem weiteren Rückblick. Für die Fortsetzung der Erörterung der postmodernen Herausforderungen als Frage an die Zukunftsfähigkeit öffentlicher Bildungsverantwortung und kirchlicher Mitverantwortung sei die Gegenwart nochmals exemplarisch in der Vergangenheit gespiegelt. Neben Luther und Schleiermacher kommt damit zugleich der dritte große Klassiker evangelischer Pädagogik zur Geltung, Johann Amos Comenius.

Pansophia und Pampaedia - Moderne und postmoderne Spiegelungen

Der Grund, warum Comenius in geschichtlicher Verfremdung besonders für das Thema dieses Kapitels etwas austragen könnte, ist die Tatsache, daß er einerseits bereits paradigmatisch das *moderne* Menschenbild unter der Perspektive der Verbesserung des Menschengeschlechts und der Vervollkommnung aller menschlichen Lebensverhältnisse kulturoptimistisch vorwegnimmt, andererseits im tiefen Erschrecken vor seiner Zeit *vormodernes* Denken christlicher und zum Teil christlich-neuplatonischer Prägung nach wie vor allem zugrunde legt[42]. Diese vormodernen Denkfiguren aber haben große Ähnlichkeit mit dem *postmodernen* Interesse, wieder das Ganze zu sehen, ganzheitlich-ökologisch zu denken und den Menschen in einen Zusammenhang kosmischen Ausmaßes hineinzunehmen. Bei seinem Streben, Weisheit für das Ganze zur übergreifenden Perspektive zu erheben, das heißt in seiner Sprache, *»pansophisch«* zu denken, bleibt Comenius allerdings ein evangelischer christlicher Theologe.

Die Rechtfertigung dafür, warum Comenius auch in eine theologische und pädagogische Rekonstruktion einer evangelischen *Bildungslehre* hineingehört,

42. Ein Beispiel für die moderne Auslegung von Comenius findet sich bei *A.K. Treml,* Einführung in die Allgemeine Pädagogik, a.a.O., S. 94ff., während der bekannte Comenius-Forscher *K. Schaller* stärker die vormoderne Seite herausarbeitet (Die Pädagogik des Johann Amos Comenius und die Anfänge des pädagogischen Realismus im 17. Jahrhundert, 2. Aufl., Heidelberg 1967 (PF 21); zur Einführung vgl. auch *H. Scheuerl/H. Schröer,* Art.: Comenius, in: TRE VIII, S. 162-169, ferner inzwischen *P. Biehl:* Johann Amos Comenius (1592-1670), in: *H. Schröer/D. Zilleßen (Hg.):* Klassiker der Pädagogik, Frankfurt/M. 1989, S. 47-73.

ist der Umstand, daß sein gigantisches, sieben Teile umfassendes Hauptwerk über die »Allgemeine Beratung über die Verbesserung der dem Menschen aufgetragenen Dinge« (De rerum humanarum emendatione consultatio catholica) in seinem vierten Teil, genau in der Mitte, von der Aufgabe der Bildung handelt, die er entsprechend dem *pan*sophischen Gesamtansatz als Bildung für alle und für das Ganze, als *Pampaedia* (1650) bezeichnet[43].

In der aktuellen gegenwärtigen Bildungsdiskussion spielt Comenius noch keine größere Rolle; von der kontinuierlich weitergehenden internationalen Comenius-Forschung sei hier abgesehen. Schon jetzt sei jedoch erwähnt, daß die evangelischen Schulbünde in der Bundesrepublik Deutschland ein Projekt zur Comenianischen Unterrichtserneuerung und internen Lehrerfortbildung unter Leitung von Hans-Christoph Berg initiiert haben, das von 1985 bis 1988 an fünf evangelischen Schulen entwickelt und erprobt worden ist. In das Projekt sind auch Hinweise des Vf.s auf Comenius eingegangen, die sich einmal im Rahmen von Überlegungen zum Bildungsverständnis finden[44], sodann in Überlegungen zur Konzeption evangelischer Schulen in freier Trägerschaft[45]. Ich knüpfe im folgenden an diese Überlegungen an (vgl. im übrigen noch unten im zweiten Teil, Kap. 11).

Wie im Falle Luthers und Schleiermachers sind auch die Auffassungen Jan Komenskys geschichtlich bedingt. Wir erfassen sie, wenn wir uns das 17. Jahrhundert als Zeit des Umbruchs vergegenwärtigen und das Lebensschicksal dieses letzten Bischofs der aus ihrer Heimat in Böhmen vertriebenen Brüder-Unität in das Bild der Erschütterungen der Zeit einzeichnen.

Vier Erschütterungen im 17. Jahrhundert

Comenius lebte von 1592-1670. Er sah sich in relativ kurzem zeitlichem Abstand zu Luther und Calvin gezwungen, in einem erweiterten Denkrahmen zu denken, weil die Geschichte der Neuzeit fortgeschritten und das Weltwissen angewachsen war, soziale Ordnung und Friede jedoch keineswegs mitwuchsen. Darüber hinaus veränderte sich in diesem Zeitalter der aufblühenden neuzeitlichen Naturwissenschaften, nicht zuletzt der Astronomie (T. Brahe, J. Kepler), das Weltbild im ganzen, so daß eine neue Art der Weltwahrnehmung aus christlicher Sicht notwendig wurde.

43. »Pampaedia« setzt sich aus griech. »pan« und griech. »paideia« zusammen; Paideia aber war der alte Begriff für unser Wort Bildung.
44. Vgl. Bildung - Glaube - Aufklärung. Zur Bedeutung von Luther und Comenius für die Bildungsaufgaben der Gegenwart, Konstanz 1986 (KThR 2), zuvor schon in Hess. Pfarrerblatt 1984, S. 63ff.
45. Vgl. hierzu meine Studie: Evangelisches Erziehungsverständnis und evangelische Schulen, Korrespondenzblatt Ev. Schulen und Heime, Bethel 1985, S. 38ff.

Plötzlich stand das Ganze als das ganze Universum zur Disposition. Die erste von Comenius wahrgenommene Erschütterung war eine *kosmische Ohnmachtserfahrung*. Kopernikus hatte sich schon geraume Zeit zuvor angeschickt, den Menschen mit seiner Erde aus dem Mittelpunkt zu rücken. Der Planet Erde erschien auf einmal nur noch als ein winziger Ball in einem immer noch winzigen Sonnensystem, einem unter Abertausenden von Systemen in einer Galaxie, die wiederum nur eine unter zahllosen anderen war. Man muß den Schwindel mitfühlen, der damals Menschen ergriffen hat und den besonders Blaise Pascal auf den Begriff bringen sollte. Der Horizont war »offen«, die Welt »nun erst wirklich unendlich geworden«, und zwar »nicht nur der Ausdehnung, sondern auch der Zahl der möglichen Standpunkte nach«[46].

Damit war neben die durch die Verlorenheit des einzelnen im räumlichen Universum ausgelöste existentielle Krise die geistige Krise getreten, die *intellektuelle Ohnmachtserfahrung* aufgrund der Relativität der Perspektiven und des aus den Fugen zu geraten drohenden Wissens. Die älteren und neueren Enzyklopädisten versuchten, das Wissen umfassend zusammenzustellen. Comenius erkennt die Schwäche dieser Unternehmungen. Sie ist die Grundschwäche unseres Schul- und Wissenschaftsbetriebes bis heute geblieben.

Wissenserwerb ohne »Einsicht in die Gründe« läßt bei den Menschen »wunderliche(n) Ansichten und das vielfältige Chaos ihrer Vermutungen und Irrtümer (entstehen), welche die Welt geradezu in einen schwindelnden Strudel reißen«[47]. Enzyklopädisch gehäuftes Wissen als Summe des Wissens getrennter wissenschaftlicher Fachdisziplinen und Schulfächer ist ohne Ordnung. »Dagegen ... aber protestieren wir; denn die Seele der Dinge, ihre Ordnung, ihr Band, die Wahrheit, kann nur aus der Gesamtharmonie der Dinge vollkommen erkannt werden. Wer nicht betrachtet, wie alles mit allem zusammenhängt, der kennt die Ordnung nicht.«[48]

In diesem Wissensdilemma, Wissenszuwachs ohne lebensführenden Erkenntniszuwachs, verliert das Wissen erstens jede *Transparenz* zu seinem Grund. Die Welt eröffnet sich »in ihrem bloßen 'Was'«, damit in ihrer »absoluten Scheinlosigkeit«[49]. Nichts scheint mehr durch das Wissen hindurch als das, worin es sich

46. *H. Scheuerl:* Pädagogische Anthropologie. Eine historische Einführung, Stuttgart 1982, S. 97. Heute tun Evolutionstheorien ein übriges, um die Spezies homo sapiens zu relativieren. Über 99 % der Arten, die auf dem Planeten gelebt haben, sind ausgestorben. Wegen nicht gelungener Anpassung kann auch die menschliche Gattung dies Schicksal ereilen.
47. Pampaedia. Lat. Text und dt. Übersetzung, hg. von *D. Tschizewskij* in Gemeinschaft mit *H. Geissler* und *K. Schaller*, 2. Aufl., Heidelberg 1965, S. 61 (PF 5).
48. *J.A. Comenius*, Dilucidatio II, S. 13, zitiert nach *K. Schaller*, Die Pädagogik ..., a.a.O. (Anm. 42), S. 34.
49. *K. Schaller*, Die Pädagogik ..., a.a.O., S. 62.

eigentlich gründet. Schon zur Zeit des Comenius, so Klaus Schaller, hatten die Inhalte des Wissens gleichsam »ihr 'Gesicht' verloren, sie hatten ihren Charakter als Signaturen, als 'Spuren Gottes' vergessen lassen. Das von seinem Ursprung gelöste Seiende war herausgefallen aus dem innehaltenden, umgreifenden Umgriff des Seins im Ganzen«[50].

Wissen, das lediglich als Information gespeichert wird - man denke an die obige Unterscheidung zwischen Wissen und Information -, verliert ferner seine *Transparenz für seine Bestimmung*, seine Zwecke, d.h. seine ethische, politische und menschliche Bedeutung, in christlicher Sicht: seine von Gott gesetzte Bestimmung. Es wird auf diese Weise beliebig verfügbar. Vom 17. Jahrhundert an bricht sich die instrumentelle Vernunft immer mehr Bahn.

Die dritte Erschütterung ist der *Krieg*, der Krieg als jahrzehntelanger Flächenbrand. Eine Frühschrift des Comenius handelt vom »Labyrinth der Welt«, geschrieben zu Anfang des Dreißigjährigen Krieges, als ihm eine Seuche im verwüsteten Land nach vierjähriger Ehe seine Frau und seine beiden kleinen Kinder raubte[51].

Wieder hat auch diese äußere Erschütterung eine innere Seite; denn an diesem verheerenden Konfessionskrieg wurde der *Zerfall der christlichen Wahrheit* sichtbar, die vierte grundlegende Erschütterung. In allen vier genannten Hinsichten, der terrestrisch-kosmischen Verunsicherung, der erkenntnistheoretischen, der weltpolitischen und der religiösen, zeigt die Zeit des Comenius mit unserem Jahrhundert Parallelen.

Der Sieg Christi und die Erneuerung der Welt - Theologische Grundlagen

In dieser Situation gab es zwei grundsätzliche Möglichkeiten. Die eine sollte Geschichte machen, bis heute. Es war nicht die des Comenius, sondern die des Zeitgenossen Descartes (beide kannten sich übrigens). Es blieb die Möglichkeit, Gewißheit und Sicherheit in jeder Hinsicht im *erkennenden Menschen selbst* zu suchen, der in allem Zweifel immerhin dessen gewiß ist, daß er es ist, der den Zweifel denkt: Cogito, ergo sum. »Ist er nicht mehr Herr der Welt, so bleibt er doch Herr seines Weltbildes, kann seiner Vernunft als einer weltüberlegenen Kraft vertrauen.«[52]

50. *K. Schaller*, a.a.O., S. 34.
51. *H. Scheuerl:* Johann Amos Comenius, in: *H. Scheuerl (Hg.):* Klassiker der Pädagogik I, München 1979, S. 69.
52. *H. Scheuerl*, Pädagogische Anthropologie, a.a.O. (Anm. 46), S. 97.

In diese subjekttheoretische Perspektive gerät übrigens auch das theologische Denken der Folgezeit. Es verlagert den Ort der religiösen Gewißheit zunehmend in die innere Erfahrung des Menschen selbst, in das Herz (Pietismus), in die Vernunft (Aufklärung), in das unmittelbare Selbstbewußtsein und die fromme Gemeinschaftserfahrung (Schleiermacher) oder in die existentielle Begegnung und Entscheidung (in neueren Theologien).

Demgegenüber nimmt Comenius zwar die neuzeitlichen Herausforderungen an, er stellt sich den Themen seiner Zeit, vorab dem Thema der Krise des geistigen Universums, ferner der Frage von Krieg und Frieden und in diesem Zusammenhang - hier weit seiner Zeit voraus - der Frage der ökumenischen Einheit der Kirchen; aber anders als die kommende neuzeitliche Entwicklung *denkt er Gott mit diesem allen zusammen.* Wie geschieht das theologisch?

Dem theologischen Denkweg liegt erstens eine bestimmte Fassung der *Rechtfertigungslehre* zugrunde mit dem Akzent weniger auf dem Kreuz als auf der Auferstehung Christi. Hatte Luther im Zeichen seiner *theologia crucis* das Sündersein des Menschen vor Gott und die täglich neu zu ergreifende Rechtfertigungsverheißung betont, so wird für Comenius die in Christus tatsächlich *wiederhergestellte Gottebenbildlichkeit des Menschen* zur grundlegenden Gewißheit. Er geht vom Sieg Christi aus und dem Beginn seines Reiches.

Mit diesem Ausgangspunkt verbindet sich zweitens eine kreisförmig gewendete Auslegung der *Schöpfungslehre,* bei der neuplatonisches Denken unterstützend wirkt. Comenius sieht die Bestimmung des Universums darin, daß es als geordnete Gotteswelt in einer großen Bewegung von Gott kommend, durch Gott gewirkt, zu Gott zurückkehren soll (a Deo, per Deum, ad Deum), während in der durch die Schuld des Menschen verkehrten Welt das Gesetz »von uns, durch uns, zu uns« herrscht (a nobis, per nos, ad nos).

»Gott sprach, er sei das A und O, der Anfang und das Ende aller Dinge, woraus, durch wen und in wem alles ist. Wer aber beginnt seine Weisheit mit ihm? Wer sucht durch ihn die Weisheit? Wer läßt seine Weisheit in ihn auslaufen zu seiner Verherrlichung? Bei uns fangen wir an, durch uns suchen wir Gewinn und Fortschritt, zu uns streben wir. Mit Vertrauen auf uns beginnen wir, auf unsere Kräfte und unseren Verstand stützen wir uns, nach unserem Behagen, nach unserem Ruhme streben wir. Deshalb fallen wir von uns auf uns zurück (eoque a nobis ad nos relabimur), deshalb zieht uns das Nichtige (vana) in den Geschöpfen dahin und dorthin, bis wir selbst auch zu nichts werden (evanescere).«[53]

»Sind das die Worte eines Utopisten, der über seinen Träumen die Wirklichkeit vergißt?« fragt Schaller. »Nein, das ist die Stimme des hellsichtigen Zeitkritikers. Hier wird der Mensch in seinem alltäglichen Selbstverständnis geschildert, der

53. Prodr. 33, zitiert nach *Schaller,* Die Pädagogik, a.a.O., S. 146.

'homo incurvatus in seipsum', wie ihn Luther nennt.«[54] Comenius geht nicht hinter die reformatorische Erkenntnis der Sünde des Menschen zurück. Aber er lebt und denkt zugleich aus der für ihn sehr starken, zuversichtlichen Erkenntnis, daß nicht nur der einzelne Mensch - das Hauptinteresse Luthers -, sondern das ganze All ein für allemal nicht mehr aus Gottes Händen fallen kann, sondern sich nun, nach dem Fall und Abstieg, auf Grund der Umkehr - daher ist Bildung, Paideia, auch *Buße*[55] - auf dem Rückweg und Aufstieg wieder hin zu Gott befindet[56]. Wer dies alles im Glauben erkennt, kann dem ihm entgegentretenden Anspruch nicht ausweichen. Er sieht sich aufgerufen, als *Mitarbeiter Gottes* an der *Erneuerung und Verbesserung (emendatio) des Ganzen mitzuwirken,* obwohl die endgültige Wiederherstellung allein Christi Werk bleibt.

Es ist ein bezeichnender Zug reformierter Theologie, den Christen als Bundespartner und Mitarbeiter Gottes zu sehen und auf eine sichtbare Verherrlichung Gottes in seinen Werken hinzuwirken. Neben dem lutherischen Erbe beziehen wir damit auch das Erbe des anderen großen Zweiges der Reformation ein. Das Interesse an umfassender sichtbarer christlicher Lebens- und Weltgestaltung wirkt sich in der Folgezeit auch auf den Pietismus aus. Auch August Hermann Francke strebt ein halbes Jahrhundert später auf der Schwelle zum 18. Jahrhundert nach christlicher Lebens- und Weltveränderung im großen. In der Aufklärungsepoche wird der Gedanke der Vervollkommnung des Menschengeschlechts säkularisiert, und es schlägt die »Geburtsstunde des modernen Fortschrittsmythos, der die Zukunft vor die Vergangenheit stellt«[57].

Wir haben damit den Punkt erreicht, an dem an Comenius in einer historisch frühen Problemspiegelung die ambivalente Dialektik der Moderne auch in pädagogischer Hinsicht erörtert werden kann, einschließlich der gegenwärtigen postmodernen Tendenzen, die hier als Vormoderne erscheinen. Vielleicht ist vieles an der Postmoderne im Grunde rückwärtsgewandte Sehnsucht nach einer verlorengegangenen heilen alten Welt.

54. A.a.O., S. 146f.
55. Vgl. bei *K. Schaller,* Die Pädagogik ..., a.a.O., S. 163ff., den Abschnitt: Paideia als Metanoia.
56. In dieser Denkfigur schimmert das neuplatonische Denkschema von Próodos und Epistrophé durch: »Von der urbildlichen Welt her erfolgt das Ausströmen über die intelligible Welt zur Welt der Natur; in der Kulturwelt vollzieht sich die Kehre; und nun folgt der Anstieg über die moralische und geistige Welt zur ewigen Welt« (*K. Schaller,* Die Pädagogik ..., a.a.O., S. 37).
57. *A.K. Treml,* Einführung ..., a.a.O., S. 94.

Pädagogik zwischen Allmachtsphantasien und neuer Sorge für das Ganze

Die Ambivalenz beginnt erstens bereits mit der für Comenius charakteristischen Zuwendung zum Ganzen. Die auf das Ganze zielende *Pampaedia* wird so ausgelegt, daß allen *(omnes)* das Ganze *(omnia)* von Grund auf, wohlbegründet, gründlich *(omnino)* zu lehren sei. Im Vergleich zu Luther klingt das Programm nach Hybris. Sobald man seine theologische Grundlage wegnimmt, ist es das auch: Pädagogische Allmachtsphantasien, genau das, was wir bei Luther und seinem Eintreten für das elementar Lebensnotwendige zu vermeiden lernten. Wenn man allerdings die Grenze und die Relativität allen menschlichen Tuns nicht vergißt, bleibt vieles nicht nur richtig, sondern gerade heute wegweisend.

Prinzipiell richtig bleibt der theologisch begründete Gedanke der *Gleichheit der Menschen;* alle sollen am Bildungsprozeß partizipieren und, modern formuliert, gleiche Chancen haben[58]. Bedeutsam ist auch die neue wache *ethische Sorge für das Ganze.* Unverlierbar bleibt das *Denken in Zusammenhängen* und die Verpflichtung für den Unterricht, nach den *Gründen* zu suchen (zum ethisch-philosophischen Unterrichtsmodus vgl. unten Kap. 11).

Zur Ambivalenz des Ideals gesellschaftlicher und individueller Perfektibilität

Comenius stellt zweitens die gesamte Kultur- und Bildungsarbeit zugleich in den großen geschichtlichen Zug der von Gott geplanten Verbesserung und Wiederherstellung der heillosen Welt. Sein pädagogisches Programm ist nicht nur umfassend in der Breite; alles Sinnen und Trachten richtet sich auch nach vorn. Die Pädagogik wird von einem unaufhaltsamen *Entwicklungsimpuls* und *Vervollkommnungsdrang* erfaßt; der Zukunftsrausch unserer Zeit kündigt sich an. Verbunden ist er mit einem wachsenden Gefühl stolzer menschlicher Freiheit und kraftvollen menschlichen Wollens[59]. Bei Comenius ist alles noch in das

58. »Zunächst wünschen wir, daß in dieser vollkommenen Weise nicht nur irgendein Mensch, wenige oder viele zum wahren Menschentume geformt werden, sondern alle Menschen, und zwar jeder einzelne, jung und alt, arm und reich, adelig und nichtadelig, Männer und Frauen, kurz jeder, der als Mensch geboren ist. So soll künftig die ganze Menschheit dieser vervollkommnenden Wartung zugeführt werden, alle Altersstufen, alle Stände, Geschlechter und Völker« (Pampaedia, a.a.O., S. 15f.).
59. »Es kommt in hohem Maße darauf an, daß die Menschen lernen und auch fähig werden, in eigenem Ermessen die recht erkannten Dinge frei auszuwählen und

Wissen um das von Gott gesetzte Maß eingebettet. Aber dieses Maß christlicher Bildung, die Gottebenbildlichkeit des Menschen, wird bezeichnenderweise bereits so modern ausgelegt, daß schon hier auf Erden das Ideal der Perfektibilität gelten soll. Die Vervollkommnungsfähigkeit und -bedürftigkeit des Menschengeschlechts wird religiös gerechtfertigt. »Durch eine derartige Wartung wollen wir dem Menschen als dem Ebenbild Gottes dazu verhelfen, die höchste Vollkommenheit (splendor), die auf Erden nur möglich ist, zu gewinnen.«[60]

Dem Ideal der Vervollkommnung entsprechend wird von Comenius auch das pädagogisch-didaktische System im einzelnen durchorganisiert. Das ganze Leben wird »von der Wiege bis zur Bahre« in pädagogische Kategorien gefaßt, alle Lebensalter sollen als aufeinanderfolgende »Schulen« angesehen werden. Damit setzt - wiederum typisch modern - eine pädagogische Lebensbemächtigung ein, die nahe an die uns so geläufige (Zwangs-)Vorstellung vom »lebenslangen Lernen« heranführt. Auch individuell gesehen, nicht gesellschaftlich, gerät das pädagogische Denken und Handeln unter das Fortschrittsgesetz, immer Besseres leisten zu müssen.

Und doch: Wenn die (religiöse) Ideologisierungsgefahr frühzeitig erkannt und abgewendet wird, bleiben auch jetzt wieder grundlegende Perspektiven gültig. Der Blick nach vorn behält seinen guten Sinn. *Zukunftsfähigkeit* wird geradezu zu einer pädagogischen Leitkategorie für unsere Zeit werden müssen. Nicht *weil* wir so *viel,* sondern *obwohl* wir so *wenig* »Freiheit des Wollens« haben - alles scheint ja in Wissenschaft, Technologie und Wirtschaft so weitergehen zu *müssen* -, kommt es auf die Reste von Freiheit und Vernunft an, um doch noch das Schlimmste verhüten oder das Tempo der Zerstörung unserer natürlichen Lebensgrundlagen wenigstens verlangsamen zu können. Im Rahmen der so verstandenen Zukunftssorge bleibt ferner auch vieles hinsichtlich unserer alltäglichen Lebensbedingungen zu verbessern. Die Kategorie der »Verbesserung« darf darum ebenfalls nicht von vornherein abgewertet werden. Etwas ganz anderes ist es, einem gesellschaftlichen Leistungsmythos zu verfallen.

Es ist ferner einfach eine Tatsache, daß auch in ontogenetischer Sicht der Mensch von seiner Kindheit an bis ins hohe Alter *lernt,* zumindest lernen kann, und sich durch seine Lebensphasen hindurch *entwickelt.* Comenius ist mit seinen ausführlichen Beschreibungen der Alters- und Lernstufen ein früher Vorläufer heute selbstverständlich gewordener pädagogisch-entwicklungspsychologischer

darüber zu verfügen, damit das Bild Gottes im Menschen nirgends getrübt werde, am wenigsten dort, wo er sich am meisten der Ebenbildlichkeit nähert, in der Freiheit des Wählens. Wird den Menschen diese Freiheit genommen, werden sie gezwungen, ihren Willen fremder Entscheidung unterzuordnen, dann wird aus dem Wollen das Nicht-Wollen, aus dem Menschen ein Nicht-Mensch« (Pamp., S. 61).

60. Pamp., a.a.O., S. 15.

Betrachtungsweisen, obwohl ihm die spezifisch modernen entwicklungspsychologischen Einsichten noch fremd waren. Pädagogische Lebensbemächtigung, Verschulung und lebenslanges Lernen müssen mithin keineswegs notwendige Folgen sein. Allerdings liegt im Zuge einer fortschrittsoptimistischen Entwicklungstheorie, daß sie die Negationen, Brüche, Diskontinuitäten - theologisch gesprochen Schuld, Sünde, Umkehr, Bekehrung - durch ein lineares Modell leicht überspielt[61]. Für Comenius trifft dies (noch) nicht zu, wie seine Bemerkungen zur »Schule des Todes« zeigen, der letzten »Schule« am Ende des Lebens. Sie beginnt schon früh, am Anfang bewußter Lebensreflexion. Comenius huldigt keinem oberflächlichen Optimismus; seine Lebenszuversicht verdankt sich angesichts der Schatten des Todes der Kraft des Glaubens[62].

Natur und Naturwissenschaften als Herausforderung des Glaubenswissens

Das Reformationszeitalter war kulturell auf Wort, Schrift und Buch gerichtet; die Bildungsreformbewegung der Epoche, der Humanismus, war philologisch-sprachlich orientiert. Im 17. Jahrhundert wird einem Comenius unausweichlich das Thema der Natur aufgedrängt, und zu den philologisch-sprachlichen Studien treten immer stärker die in den Realien. Das aber heißt: Auch der christliche Glaube, der für Luther zunächst eine persönliche Erfahrung war, die das verzweifelte, angefochtene Gewissen tröstete und befreite, aber noch kein weltanschauliches Wissen betraf, wird nun zusammen mit dem wachsenden Weltwissen ebenfalls immer mehr in Richtung eines zu entfaltenden Weltwissens aus Glauben gedrängt. Wird damit das Glaubenswissen als Pansophia zu einer christlichen *'Superwissenschaft'* ausgebaut? Das postmoderne Paradigma, wonach alle Wissensbereiche einschließlich der Religion sich aufeinander zu bewegen und damit konvergierende, vereinheitlichende Erkenntnis (Gnosis) ermöglichen[63], könnte

61. Vgl. die umfassende philosophisch-theologische Kritik des Entwicklungsbegriffs bei *G. Moran,* Religious Education Development, Minneapolis 1983, und *ders.:* Alternative Bilder der Entwicklung zur religiösen Lebensgeschichte des Individuums, in: *K.E. Nipkow u.a.,* Glaubensentwicklung und Erziehung, a.a.O., S. 165-180. Nach Moran kann, mit Recht, auch ein »spiralförmig« gefaßtes Entwicklungsverständnis im Sinne der Rückkehr zu einer »zweiten Naivität« (vgl. den Schluß unseres Kapitels 3) die gemachten Einwände nicht überwinden.
62. »Vom Beginn deines Lebens an denke an den Tod. Solange du lebst, lebe wie auf der Schwelle des Todes, damit du wie auf der Schwelle zum Leben stirbst, wenn es dir zu sterben bestimmt ist« (Pamp., a.a.O., S. 411).
63. *H.-J. Ruppert:* New Age. Endzeit oder Wendezeit? Wiesbaden 1985.

auch die christlichen Kirchen verführen - damit sie konkurrenzfähig bleiben -, mehr 'weltanschauliches' Wissen im wörtlichsten Sinne als sicheres Wissen zu behaupten, als dies möglich ist.

Comenius schöpfte sein Wissen betont aus drei Quellen bzw. »Büchern«, nicht mehr nur vorwiegend aus dem *Buch der Bibel*, den *»Offenbarungen der Heiligen Schrift«*, sondern daneben auch nachdrücklich aus dem *Buch der Natur*, d.h. »der *Welt* mit seinen (Gottes) Schöpfungen rings um uns«, und aus dem *Buch der Vernunft*, dem »*Geist* mit den Wahrheiten des Verstandes in uns«[64]. Alle drei Bücher sind »Bücher Gottes«, bilden zusammen als »Pambiblia« die »Bücher des Ganzen«[65]. In drei Stufen soll sich ferner das Wissen, das aus den drei Fragen nach dem »Was?« (Sachwissen), nach dem »Wodurch?« (Wissen von den Gründen der Dinge) und nach dem »Wozu?« (Wissen von der Bestimmung und den Zwecken aller Dinge) gewonnen wird, schrittweise entwickeln und vertiefen.

Nur durch diese dreifach gegliederte und dreifach gestufte Pansophia kann das labyrinthische Zeitalter überwunden und das neue Zeitalter herbeigeführt werden. Ein Jahrhundert vor der Aufklärung des 18. Jahrhunderts kündigt sich mit dieser überhöhten Einschätzung der Bedeutung des Wissens (als Merkmal der Frühaufklärung) auch der moderne *Rationalismus* an: »Das *All* - Gott, Mensch und Welt - *ist auf dieses Wissen angewiesen.*«[66] Schaller spricht von der *»Vollendung der Welt im Wissen«* (S. 50) und von der *»Versichtbarung Gottes«* im »Wissen« (56). In dieser Denkfigur gilt nicht mehr die Zwei-Regimenten-Lehre mit ihrer Unterscheidung, sondern christliches Weltwissen erhält, wenn auch nicht eine tragende (der tragende Grund bleibt Gott), so doch aus dem Glauben heraus die wesentliche mitwirkende Funktion, gemeinsam mit der Macht Gottes das neue Lebensganze herbeizuführen[67].

Ein weiteres Mal ist jedoch auch jetzt zurückzufragen, ob nicht im Bereich des »Weltwissens« gerade heute in der Tat eine weltbezogene Auslegung des Glaubens im Gespräch zwischen *Theologie* und *Naturwissenschaften* neu notwendig geworden ist und ob nicht grundsätzlich jede christliche Stellungnahme zu weltlichen Problemen unausweichlich weltanschauliche Wissensbestandteile mit enthält. Man kann zwar den christlichen Glauben so verinnerlicht auffassen und

64. Pamp., a.a.O., S. 139.
65. *K. Schaller*, Die Pädagogik ..., S. 292f. Mit dem Schulbuch als Kommentar zu den drei Büchern Gottes bleibt auch jetzt wie in der Reformation ein Schwergewicht bei Texten.
66. *K. Schaller*, Die Pädagogik ..., a.a.O., S. 55.
67. Zu beobachten ist, daß sich ähnlich, wie sich heute christliche und nichtchristliche Wissensquellen mit verschwimmenden Grenzen in dem »Wendezeit-Paradigma« verschmelzen (s.o.S. 199ff.), auch bei Comenius christliche und neuplatonische Traditionen verbinden.

zur Frage einer puren »Entscheidung« (R. Bultmann) oder eines unverfügbaren Glaubensaktes machen, daß die weltanschauliche Front der Auseinandersetzung von Kirche und Welt (Wissenschaften) nicht mehr zu existieren scheint. Die neuere Theologiegeschichte nach Kant belegt diese Entwicklung vielfältig. Als Gewinn gilt, daß der christliche Glaube anscheinend nicht mehr durch wissenschaftliche Erkenntnis, etwa naturwissenschaftliche Erkenntnis, angefochten werden kann[68]. Der Verlust ist als Kehrseite die drohende Gesprächsunfähigkeit eines weltlos gewordenen Glaubens im öffentlichen Wissenschafts- und Bildungsdiskurs. Bildungs- und unterrichtspraktisch hängt an dieser Problematik die Entscheidung der Frage, ob und wie es »Religion in Physik und Deutsch« geben kann und darf. Oder hat in diesen Schulfächern der christliche Glaube nichts zu suchen, weil nur 'reine' Sachgesetzlichkeiten gelten? Wir lernen nicht erst bei Comenius, bei ihm aber besonders eindringlich, daß es durchaus eine eigene christliche Wahrnehmungsweise der Welt gibt, da der Glaube die Welt im ganzen und im einzelnen mit neuen Augen sieht. Darum gehört zum Unterricht aus christlicher Sicht ein eigentümlicher christlicher Aufmerksamkeitshorizont (ausführlicher hierzu unten Kap. 11).

Vernehmende Vernunft und sinnliche Wahrnehmung

Was gemeint ist, sei am Vernunft- bzw. Rationalitätsbegriff bei Comenius verdeutlicht. Comenius gebraucht immer wieder das Bild des Spiegels. Damit ein Spiegel eine Sache unverzerrt wiedergibt, muß er richtig aufgestellt werden. So soll es auch mit der Vernunft und - was für das 17. Jahrhundert ebenso wichtig ist - mit den *Sinnen* des Menschen sein, d.h. seiner *Wahrnehmungsweise.* Der Spiegel hat, was er spiegelt, nicht aus sich selbst. Komenskys Begriff der Vernunft ist primär der der *vernehmenden* Vernunft, nicht der der *konstruktivistisch aus sich entwerfenden* Vernunft, auch wenn vieles andere in diese Richtung weist. Der Standpunkt, den Comenius einnimmt, ist sicherlich wiederum einseitig, aber er ist heute erkenntnistheoretisch von neuer Bedeutung, weil im Lichte evolutionstheoretischer Überlegungen »Naturordnung« und »Denkordnung«, die Strukturen der Welt und die des menschlichen Geistes, sich wechselseitig miteinander in der evolutiven Entwicklung gebildet zu haben scheinen, gleichsam spiegelbildlich[69].

68. In der Lebens- und Glaubensgeschichte vieler Menschen, besonders junger Menschen, hängt jedoch nach wie vor die persönliche Glaubensvergewisserung daran, daß die Rätsel des Lebens durch den Glauben erkenntnismäßig beantwortet werden, z.B. die Frage von Schöpfung/Evolution (vgl. schon oben Kap. 2 und unten Kap. 7).
69. Vgl. die zum Teil freilich spekulativen Annahmen *R.J. Riedls,* Denkordnung als

Pädagogisch leitet dieser Ansatz dazu an, gemeinsam mit den Kindern und Jugendlichen zu lernen, die natürliche Umwelt und die menschlichen Lebensformen »ihrer Ordnung gemäß« zu verantworten, sie als das sein zu lassen, was sich an ihnen selbst als das Maß zeigt. Jeder »gehe mit den Sachen, mit den Menschen und mit Gott nicht unbesonnen um, sondern mit allem verfahre er der Ordnung gemäß« (per omnia rationabiliter agere)[70]. K. Schaller übersetzt *rationabilis* stets mit »vernünftig« im Sinne »der Ordnung gemäß«. Der Rationalitätsbegriff richtet sich bei Comenius nicht nur auf die technische Beherrschung der Dinge; sondern er versteht *Vernunft als Sachwalterin der Maße der Schöpfung Gottes,* oder mit den Worten Jan Patočkas:

»Nicht also die a priori souveräne Vernunft ist das vernehmende Organ, sondern die Vernunft als eine Kraft unter den Kräften einer ganzen, ins Ganze des Universums - Gott inbegriffen - eingespannten und eingewobenen Seele, die sich erst ihrer rechten Stellung im Ganzen versichern und sich in diesem Gesicherten zu halten hat, ist für Comenius der Ausgangspunkt. Erst nachdem die Seele sich selbst in ihrem Wesen als angewiesen auf ganz anderes erfahren hat und sich gebunden weiß an dieses andere, kann sie auch hoffen, daß ihre Vernunft in ihrem Vernehmen die Sachen selbst zu spüren und zu schmecken (sapientia) bekommt in ihrem eigenen Bestand und Sinn.«[71]

Für die Unterrichtspraxis bedeutet dies, sich intensiv darum zu bemühen, Kinder immer wieder zunächst zur *Wahrnehmung* und *Beschreibung der Phänomene selbst* anzuleiten. Wir werden besonders in den Kapiteln über den Kindergarten und die Schule hierauf achten. Wie für Comenius, einen Zeitgenossen des Barock, Vernunft und Wahrnehmung, Sinnhaftigkeit und Sinnesempfindungen, Sinn und Sinne eng zusammengehören, müssen auch wir die Sinnlichkeit und Leiblichkeit in den Prozessen des Erkennens wiederentdecken[72].

Abbild der Naturordnung, in: *R.J. Riedl/F. Kreuzer (Hg.)*: Evolution und Menschenbild, a.a.O., S. 40ff.; zum Versuch einer biologischen Systemtheorie, das Werden der Strukturen des Begreifens mit dem Werden der Strukturen der Dinge zu vergleichen, s. auch *R.J. Riedl:* Begriff und Welt. Biologische Grundlagen des Erkennens und Begreifens, Berlin/Hamburg 1987.

70. Pamp., S. 17.
71. *J. Patočka:* Comenius und die offene Seele, in: *K. Schaller u.a.*, Jan Amos Komensky. Wirkung eines Werkes nach drei Jahrhunderten, Heidelberg 1970, S. 63 (PF 46).
72. Vgl. den Abschnitt: Von den Sinnen zum Sinn, in *G. Sauter:* Was heißt: Nach Sinn fragen? Eine theologisch-philosophische Orientierung, München 1982, S. 12ff. »Grundlegend bezeichnet 'Sinn' *das, worauf Wahrnehmung beruht und was sie erreicht*« (S. 12). Allmählich verändert sich mit der Verbindung von »menschlichen Sinnen« und »sprachlichem Sinn« das Bedeutungsfeld: »*Sinn bezeichnet* von nun an *die Welt dessen, was für den Menschen und von ihm her bedeutsam ist*« (S. 14). Die »Sinnfrage« als Frage nach dem letzten Sinn, dem »*umfassenden Zusammen-*

Den anvertrauten Dingen »nicht Gewalt antun« und der »Engel des Friedens«

Eine weitere Folgerung führt mit Comenius in die *Dialektik von Herrschaftsauftrag und Vernunftgebrauch.* Comenius denkt einerseits modern anthropozentrisch, wenn für ihn der Mensch in der Mitte steht und über alle Tiere und Pflanzen wie überhaupt alle Güter verfügen darf. Aber das wissend-handelnde Verfügen gründet seinerseits im *Anvertrautsein der Dinge,* und das bedeutet, daß man erkennen muß, was der natürlichen Ordnung gemäß ist und was nicht.

Wer es nicht versteht, mit einer Sache »ihrer natürlichen Bestimmung (natura) gemäß umzugehen, wird mit ihr nicht umgehen können: In diesem Falle wird der natürlichen Ordnung (natura) der Sachenwelt Gewalt angetan; sie wird unter dem Joch stöhnen und klagen, der Nichtigkeit preisgegeben zu sein. - Die Dinge sind zwar bereit zu dienen; sie können es aber nicht, wenn unwissend mit ihnen umgegangen wird.«[73]

Das Seufzen der Kreatur (Röm 8) ist nicht einfach ein Naturschicksal, sondern auch unsere Schuld. Die von Comenius gegebene Antwort ist zutiefst irenisch. Sie kommt aus dem christlichen Glauben, der die Welt neu wahrnimmt: Gott will endzeitlich den Frieden in aller Schöpfung und mit aller Kreatur. Aus dieser eschatologischen Verheißung sind schon jetzt Konsequenzen zu ziehen. Die Anwendung des Gedankens des Friedens, verstanden als Gewaltlosigkeit, auf den Umgang mit der Sach- und Umwelt ist eine kühne Folgerung, für die wir erst heute empfänglich werden.

Im Mai 1667 erscheint in Amsterdam eine der letzten Schriften des Comenius, »Der Engel des Friedens«, ein Sendschreiben an die in Breda versammelten Abgeordneten Englands und Hollands, die dem von 1664-1667 dauernden Seekrieg dieser beiden Mächte um die Herrschaft auf dem Meere ein Ende machen sollen. Wie die Engel bei der Geburt Jesu das »Friede auf Erden« sangen, so sollen auch die Abgeordneten, dazu ruft Comenius sie auf, in ihre Länder

hang« (»das tragende Ganze«), markiert eine noch spätere Begriffsbedeutung (S. 17). Im übrigen zielt die Studie Sauters mit Recht darauf, die »Sinnfrage« von ideologisierenden Überhöhungen zu entlasten. - Die »Leiblichkeit« der Bildungsprozesse wird unmittelbar behandelt in: *H. Dauber:* Leib-haftige Bildung, in: Integrative Therapie 12 (1986), 4, S. 284ff. Daubers Ausführungen sind ein durch die Erfahrungen mit der Gestalttherapie angeregtes Plädoyer für eine Verbindung von Mythologie und Aufklärung und für ein Lernen als Integration von Intellekt, Phantasie, Intuition und Körperempfindung; vgl. den Wiederabdruck, in: *H. Dauber (Hg.):* Bildung und Zukunft. Ist das Universum uns freundlich gesonnen?, Weinheim 1989, S. 185ff.

73. Pamp., a.a.O., S. 67.

heimkehren und den Frieden ausrufen: »Also saget auch Ihr, indem Ihr die Niederlande betretet: Friede sei mit diesem Lande!, und füget hinzu: Friede sei mit allen christlichen Völkern! Friede sei mit der ganzen Welt!«[74]

Im Vergleich zur Reformation hat nicht zuletzt auch das Friedensthema eine neue Dimension angenommen. Nicht nur der Krieg zwischen Christen und Türken belastet, sondern, schlimmer noch, der Krieg zwischen den »christlichen Völkern« selbst bedrückt das Gewissen. In dieser Situation erlernen jene die rechte Lektion, die wie Comenius als europäische Flüchtlinge mehrfach Grenzen überschreiten mußten. Seine Anschauungen zeigen, wie längst überfällig eine entschieden ökumenisch orientierte evangelische Bildungsverantwortung ist.

5. Zum Ringen um eine neue allgemeine Bildung - Verantwortungsfähigkeit für das gemeinsam Angehende

Am Ende eines Referats auf dem 11. Kongreß der Deutschen Gesellschaft für Erziehungswissenschaft im März 1987 in Saarbrücken über »Die Sekundarstufe II als Jugendschule« bemerkte einer der erziehungswissenschaftlichen Kollegen, er sei nicht getauft und frage darum, ob ich meine These auch ohne Bezug zur religiösen Dimension wiederholen könne. Diese Episode erinnert noch einmal an das, was zu Anfang dieses Kapitels über die Kommunizierbarkeit christlich motivierter pädagogischer Mitverantwortung gesagt worden ist. Rückblickend sei daher in diesem und im abschließenden Abschnitt versucht, die behandelten evangelischen Bildungstraditionen möglichst allgemein einsichtig auf den öffentlichen Bildungsdiskurs zu beziehen.

Aufklärerisch-idealistische Bildungstheorien und alteuropäische Bildungstraditionen als Korrektive technologisch-ökonomisch begründeter Bildungsforderungen

Bildung ist als Frage nach »Allgemeinbildung im Computerzeitalter« für die offizielle Bildungspolitik im Verein mit Wirtschaft und Berufsverbänden überwiegend unter dem Gesichtspunkt wieder interessant geworden, welche allgemeinen Qualifikationen angesichts der neuen Technologien erforderlich sind.

74. Zitiert nach *K. Schaller:* Die Bemühungen des Johann Amos Comenius um den Weltfrieden, in: Dienst für Kirche und Schule, FS E. Boué, hg. von *A. Bach,* Dortmund 1968, S. 21. Vgl. auch: *K. Schaller u.a.,* J.A. Komensky. Wirkung eines Werkes ..., a.a.O. (Anm. 71), S. 93ff.

Keiner sollte sich technologisch-ökonomisch begründbaren Erfordernissen verschließen, aber sie genügen nicht. Dies ist bereits im Einleitungskapitel mit der Beschreibung von fünf Grundmerkmalen europäischen Bildungsdenkens herausgestellt worden.

Schon jene Skizze der Grundmerkmale verknüpfte die jüngere mit der älteren Bildungsgeschichte. Mit jenen Erziehungswissenschaftlern, die die »Konturen eines neuen Allgemeinbildungskonzepts« (W. Klafki)[75] auf den Bildungsbegriff der Aufklärungsepoche und der Zeit des deutschen Idealismus abstützen, teilt unser Ansatz das gemeinsame Interesse an kritisch-reflexiven Bildungsprozessen; er vermeidet jedoch den einseitigen Rückbezug nur auf diese Zeit[76]. Mit den Erinnerungen an das Bildungsdenken in Antike und Christentum (Neues Testament, Mystik) im ersten Kapitel und im ausführlichen Rückgriff auf das 16. (Luther) und 17. Jahrhundert (Comenius) in diesem Kapitel ist bewußt darüber hinaus alteuropäisches Erbe einbezogen worden[77]. Für eine dem christlichen Bildungsdenken verpflichtete pädagogische Analyse sind jene früheren Epochen nicht nur Vorgeschichte.

Das Recht, sie zu berücksichtigen, beruht auf den drei Sachverhalten, die dieses Kapitel oben sichtbar zu machen versucht hat: auf der tatsächlichen wirkungsgeschichtlichen Bedeutung der alteuropäischen Traditionen für die Moderne, auf ihren noch unabgegoltenen vormodernen Einsichten und ihrer überraschenden Aktualität hinsichtlich der Postmoderne. Das damit angezielte Unterfangen erschiene allerdings heute »kaum aussichtsreich - wenn nicht das bürgerliche Zeitalter selbst die Geltung seiner Konstitutionsmomente wiederholt in Zweifel gezogen hätte, es heute vielen als überlebt erscheint und es

75. Vgl. unter diesem Titel den Aufsatz *W. Klafkis, in: ders.:* Neue Studien zur Bildungstheorie und Didaktik. Beiträge zur kritisch-konstruktiven Didaktik, Weinheim/Basel 1985; s. ferner die Beiträge in: Allgemeinbildung. Beiträge zum 10. Kongreß der Dt. Gesellschaft für Erziehungswissenschaft 1986, 21. Beiheft der ZfPäd, hg. von *H. Heid/H.-G. Herrlitz,* Weinheim/Basel 1987; ferner *H.-E. Tenorth (Hg.):* Allgemeine Bildung. Analysen zu ihrer Wirklichkeit, Versuche über ihre Zukunft, Weinheim/München 1986; inzwischen auch *ders.:* Das Allgemeine der Bildung. Überlegungen aus der Perspektive der Erziehungwissenschaft, in: *O. Hansmann/W. Marotzki (Hg.):* Diskurs Bildungstheorie I: Systematische Markierungen, Weinheim 1988, S. 241-267.
76. Vgl. den entsprechenden Schwerpunkt in *W. Klafkis* Einleitungsreferat auf dem Heidelberger Kongreß der DGfE 1986: Die Bedeutung der klassischen Bildungstheorien für ein zeitgemäßes Konzept allgemeiner Bildung, in: ZfPäd 32 (1986), H. 4. S. 455-476.
77. Nach *E. Wiersing* setzen im übrigen in der Vormoderne mehr Entwicklungen ein, als wir gewöhnlich annehmen (Kontinuität oder Traditionsbruch? Einige Thesen zum Übergang von der alteuropäischen zur modernen Erziehungstheorie und -praxis, in: Allgemeinbildung, 21. Beiheft der ZfPäd., a.a.O., S. 19ff.).

so, auch auf dem Felde der Erziehung, einer weitergreifenden historischen Relativierung bedürfte«[78].

Die hier umrissene Theorie kirchlicher Bildungsverantwortung hat in diesem Sinne schon durch den Aufbau des ersten Teils augenfällig zu machen versucht, daß wir aus dem kurzschlüssigen Diskutieren von einzelnen Problemen im kirchlichen wie öffentlichen Bildungsstreit nur dann herauskommen und Überblick gewinnen, wenn wir nach allgemeineren »Ansätzen« oder »Paradigmen« Ausschau halten und folglich weiter historisch-systematisch ausholen als üblich.

Wenn wir dies tun, erkennen wir, daß das »Allgemeine« der allgemeinen Bildung »schon problematisch (ist), bevor es explizit im ausgehenden 18. und frühen 19. Jahrhundert gefordert wird«[79]. Das Problem kann am Ringen um den *Lehrplan* abgelesen werden. In der Phase der Vorgeschichte der Allgemeinbildung, wie wir sie mit dem Reformationszeitalter gestreift haben, orientierte sich der Lehrplan des Abendlandes noch an den überkommenen, lediglich schrittweise modifizierten septem artes liberales. Schon bald aber können diese Traditionen »die erforderliche Strukturierungsleistung nicht mehr erbringen. Mit der Verwissenschaftlichung der Welterfahrung verändern sich Qualität und Quantität des verfügbaren Wissens, und seit der Renaissance - von Comenius schon klar gefordert - wandeln sich auch die Aufgaben öffentlicher Erziehung« (ebd.). Wir entfalten die Problematik in diesem Abschnitt (5.) nach zwei Richtungen: allgemeine Bildung als Bildung aller und als Problem der gemeinsam angehenden gesellschaftlichen Aufgaben und entsprechenden Bildungsinhalte. Der Schlußabschnitt (6.) behandelt eigens einen dritten Aspekt: Allgemeinbildung als Jugendbildung unter besonderer Berücksichtigung des beruflichen Bildungssystems.

Allgemeine Bildung als Bildung aller

Als eigens zu bedenkendes Problem erhebt sich *erstens* die Frage, wer an den Möglichkeiten von Bildung im Zuge der gesellschaftlichen Entwicklung teilhaben soll. Schon bevor das 18. Jahrhundert aus humanitätsphilosophischen Gründen und Gründen des sozialen Wandels den Anspruch aller Menschen auf wahres Menschsein im Begriff der »Menschenbildung« - der Bildung des »Menschen«, nicht nur des »Bürgers« - zum Programm erhob[80], vertrat Comenius von seinen

78. *E. Wiersing,* a.a.O., S. 20.
79. *H.-E. Tenorth:* Bildung, allgemeine Bildung, Allgemeinbildung, in: *ders. (Hg.),* Allgemeine Bildung, a.a.O., S. 20.
80. »In der natürlichen Ordnung, wo alle Menschen einander gleich sind, ist ihr gemeinsamer Beruf, echte Menschen zu sein, und wer für diesen gut erzogen ist, kann diejenigen, die sich damit vereinigen lassen, nicht schlecht ausfüllen« *(J.J. Rousseau,* Emile oder Über die Erziehung, 1762, 1. Buch).

theologischen Voraussetzungen her *allgemeine Bildung als Bildung aller* (omnes) (vgl. oben S. 221). Allgemeine Bildung behält hier ihren ersten Begriffssinn, und christliche Bildungsverantwortung erkennt hier ihre erste klare Option. Gegen den gegenwärtigen Trend, das Problem der sozialen Ungleichheit im Bildungssystem zu vergessen, ist »das Ziel der *Gleichheit der Bildungschancen* weiterzuverfolgen«[81]. Ungleichheiten im Bildungssystem bestehen in der Einschätzung von S. Müller-Rolli nach wie vor, »nur eben auf einem insgesamt höheren Niveau«[82].

» ... dem gewachsenen Konkurrenzdruck auf dem Bildungsmarkt der Mittelschichten darf weder mit einer Wiederbelebung der sozialen Trennung im Bildungssystem begegnet, noch dürfen im Bildungssystem niedere Qualifikationsniveaus eingeführt werden. Spätestens in den 90er Jahren werden vom Ausbildungs- und Beschäftigungssystem wieder höhere schulische Abschlüsse nachgefragt werden. Bis dahin stellt sich die Frage nach dem Verbleib der Absolventen als das, was sie wirklich ist: nicht als Frage, welche die Bildungs-, sondern die Gesellschaftspolitik und auch die Wirtschaftspolitik angeht.

Die Bildungspolitik hat folglich die Gesamtperspektive im Auge zu behalten. Es ist unzureichend, nur einzelne Probleme für sich lösen zu wollen: eine Qualifikationssteigerung durch eine Eliten- statt einer Breitenförderung zu erreichen, die Arbeitslosigkeit durch Weiterbildungsmaßnahmen statt einer vertieften Grundausbildung abzubauen oder aufgrund der informationstechnologischen Entwicklung im Beschäftigungssystem den schulischen Lehrplan durch die Einführung eines diesbezüglichen Unterrichtsfaches zu revidieren usw. Alle diese Versuche gleichen sich darin, daß die jeweiligen Folgeprobleme für das *gesamte* Bildungs- und Beschäftigungssystem unberücksichtigt bleiben« (ebd.).

Allgemeine Bildung auf der Suche nach dem verbindenden Ganzen - Geschichtlicher Rückblick

Sich an einer Gesamtperspektive zu orientieren ist vor allem erforderlich, wenn *zweitens* mit der Bezeichnung »allgemein« gemeint ist, »daß Bildung sich zentral *im Medium des Allgemeinen* vollzieht oder vollziehen sollte ...«[83]. Comenius fragte in diesem Sinne nach dem *Ganzen* (omnia). Es herrscht in der Pädagogik Übereinstimmung darüber, daß bestimmte Prinzipien bzw. Leitbilder früherer Epochen, die das Ganze zu sein beanspruchten und die sich auch pädagogisch alles andere unterordneten, heute nicht mehr gelten können. Die Lage ist schwie-

81. *S. Müller-Rolli*, Einleitung zu *ders. (Hg.):* Das Bildungswesen der Zukunft, Stuttgart 1987, S. 13.
82. A.a.O., S. 14.
83. *W. Klafki*, Konturen ..., a.a.O., S. 18.

rig geworden. Wie führt rückblickend der Weg von der Vergangenheit zur Gegenwart?

Als Antwort auf den durch die Aufklärung vollzogenen geistigen und gesellschaftlichen Umbruch, durch den auch der Kanon der Lehrgegenstände in die Krise geriet, wurde in der klassischen Bildungsepoche der Goethezeit die Problemlösung einerseits gleichsam nach innen »in den Menschen hineinverlegt, in seine *allgemeine Menschennatur*. Die individuelle Vervollkommnung, die dann Erziehung betreibt, ist Hervorbringung der allgemeinen Gestalt der Menschheit im Einzelnen.«[84] Für Wilhelm von Humboldt und den Neuhumanismus hatte diese allgemeine Menschennatur andererseits in der Kunst und Dichtung der griechischen Antike eine exemplarische ideale Gestalt angenommen. Darum fiel es Humboldt nicht schwer, sich den Lehrplan des Gymnasiums nur um wenige Fächer herum gruppiert zu denken (Griechisch, Latein, Deutsch, Mathematik). Neben dem allgemeingültigen Menschenbild wurde das Allgemeine der allgemeinen Bildung damit zugleich an einem als *klassisch geltenden Bildungsgut* festgemacht. Dieser Entwurf konnte sich jedoch selbst im altsprachlichen Gymnasium nur gebrochen durchsetzen. Schon im dritten und vierten Jahrzehnt des 19. Jahrhunderts bildete sich (u.a. unter dem Einfluß Hegels) ein enzyklopädisch ausgerichtetes Vielfächergymnasium ohne inneren Zusammenhang heraus, das noch dazu durch den Ausbau des Jahrgangsklassensystems, der Prüfungsbürokratie und des Berechtigungswesens der ganzen weiteren Geschichte bis heute das Gesicht geben sollte[85].

Für das, was die bloße Summe der Schulfächer zur Bildungseinheit nicht beitragen konnte, sorgten denn auch in der Folgezeit ganz andere Kräfte, nämlich die machtvollen allgemeinen gesellschaftlichen Ideen und staatlichen Programme. »Staat und Nation, Deutschtum und Kultur und - nach 1933 - Rasse, Volk und Führer«[86] lieferten das Allgemeine der allgemeinen Bildung in Form einer durch ein entsprechendes Menschenbild jeweils verbrämten *gesellschaftlichen Ideologie;* sie drang auch auf den konkreten Schulalltag durch.

Jüdische (M. Buber) und christliche Bildungskritik (O. Hammelsbeck) hat nicht nur diese wechselnde ideologische Besetzung von 'Bildung' gebrandmarkt, sondern grundsätzlich jede *»Menschenbildpädagogik«* (O. Hammelsbeck) abgewiesen. Für Martin Buber hatte in einem »sich entformenden« Äon, »im Zerfall der überlieferten Bindungen, im kreisenden Wirbel der Freiheit«, auf dem Hintergrund der Diagnose der geistigen Situation der zwanziger Jahre dieses Jahrhunderts nur »die personhafte Verantwortung, die zuletzt mit

84. *R. Künzli,* Die pädagogische Rede vom Allgemeinen, in: *H.-E. Tenorth,* Allgemeine Bildung, a.a.O. (Anm. 75), S. 56-75, hier S. 65 (Hervorhebung von mir).
85. Vgl. *C.-L. Furck:* Das pädagogische Problem der Leistung in der Schule, Weinheim 1961, 5. Aufl. 1975.
86. *H.-E. Tenorth,* Bildung ..., a.a.O. (Anm. 79), S. 7-30, hier S. 21.

ihrer Entscheidungslast keiner Kirche, keiner Gesellschaft, keiner Kultur mehr sich anlehnen kann«, noch Sinn und Bestand[87] - zugegeben eine personalistische Lösung, aber sie besaß und behält ihren ernsten Hintergrund.

Nach dem letzten Weltkrieg waren schon bald auch die Versuche zum Scheitern verurteilt, die geschichtlich unbekümmert, als sei nichts geschehen, die Einheit der Bildung *restaurativ zu synthetisieren* versuchten.

Die zur Wiedereröffnung der höheren Schulen in der Nord-Rheinprovinz gehaltenen Reden, Dokumente der sog. »Rheinischen Reform«, beschworen die höhere Einheit von *»Humanismus«, »Christentum«* und *»echtem Deutschtum«* und schlugen als Ziel der Bildungsarbeit den *»christlich-deutschen Menschen«* vor[88]. »Die christlich-deutsche Ritterlichkeit ist bestes geschichtliches Kulturgut« (S. 10). Dem Pathos der beharrlich wiederauflebenden Rede vom »Deutschen« entsprach das Maß der Verdrängung der »deutschen« Geschichte von 1933-1945.

Im höheren Schulwesen, wo die Diskussion hauptsächlich stellvertretend geführt wurde, blieb schließlich nur eine rein formale Fassung des »Allgemeinen« der Bildung übrig, die Hoffnung, daß sich »das allgemeine Bildungsziel durch die Summe der fachlichen Bildungsziele umschreiben« lasse, mithin die Addition der einzelnen Schulfächer mit Hilfe der hinter ihnen stehenden *Wissenschaften* ein Ganzes abgebe - eine unbegründete Hoffnung[89]. Was faktisch im Fachunterricht zur Geltung kam, waren die Inhalte und Methoden von *Einzel*wissenschaften, und diese konnten aus sich heraus einen sinngebenden Horizont übergreifender Zweckbestimmungen nicht mehr stiften, folgten sie doch längst, besonders in den Naturwissenschaften, dem Ideal werturteilsfreier wissenschaftlicher Einzelforschung.

Bemerkenswert bleibt Wilhelm Flitners Versuch, im geschichtlich entstandenen Kanon der gymnasialen Lehrfächer ein systematisch vollständiges inneres Gefüge verschiedener »Geistesbeschäftigungen« zu entdecken, »die größtenteils selbst noch nicht wissenschaftlich sind und doch Wahrheit in sich haben«; so z.B. die Wahrheit, die »der Sprache, dem Mythus, den Symbolen, also auch der

87. *M. Buber:* Rede über das Erzieherische, Berlin 1926, S. 45; *O. Hammelsbeck:* Evangelische Lehre von der Erziehung, München 1950.
88. *J. Schnippenkötter:* Rede zu der Wiedereröffnung der höheren Schulen in der Nord-Rheinprovinz, Bonn 1945 (Bildungsfragen der Gegenwart, H. 1), S. 9. Hierzu und zur Problemgeschichte in den ersten zwei Jahrzehnten nach Kriegsende s. ausführlicher meinen Aufsatz: Zum Begriff der Bildungseinheit. Sein Bedeutungswandel in der Gymnasialpädagogik seit 1945, in: Neue Sammlung 6 (1966), 1, S. 65-83.
89. Bildungsauftrag und Bildungspläne der Gymnasien, vorgelegt von der Arbeitsgemeinschaft Deutsche Höhere Schule, Berlin/Göttingen/Heidelberg 1958, S. 31.

Poesie, den Künsten, der religiösen Sprache« zukommt[90]. In diesem Sinne ging Flitner im Zeichen einer *»grundlegenden Geistesbildung«* hinter den Positivismus der einzelnen Fachwissenschaften und Unterrichtsfächer zurück.

Für die gymnasiale Oberstufe fand seine Beschreibung der *»vier Initiationen«* ein beachtliches Echo. Sein Entwurf ging in die Diskussion um die Hochschulreife in den Tutzinger Gesprächen von 1958-1960 ein. Er betraf vier Initiationen - die Einführung in die »christliche Glaubenswelt«, in ein »philosophisch-wissenschaftlich-literarisches Problembewußtsein«, in das Verständnis für »das Verfahren und die Grenzen der exakt-naturwissenschaftlichen Forschung und ihrer Bedeutung für die Technik« und in die politische Problemlage demokratischer Staaten seit der Französischen Revolution. Flitner verstand diese Initiationen als Einführung in die »vier Ursprungsfelder moderner Humanität«[91].

Flitners Weg ist bezeichnend als ein Versuch, weder positivistisch Sinnarmut noch personalistisch inhaltliche Unentschiedenheit zuzulassen, weder eine metaphysische Scheingeschlossenheit zu beschwören noch gar gesellschaftlichen Ideologien aufzusitzen - ein Weg der relativen Bewahrung in einer Übergangssituation. Aber auch er ist inzwischen weithin vergessen und wirkungslos geworden. Flitners »Initiationen« setzen unausgesprochen einen größeren geistigen Konsens voraus, als er in der gegenwärtigen Gesellschaft einschließlich der Pädagogik gegeben ist.

In dieser Lage hat sich seit Ende der 60er Jahre die vornehmlich ideologiekritisch orientierte und sozialwissenschaftlich vorgehende jüngere »Erziehungswissenschaft«, wie sie sich nun nannte, auf das Interesse an *»Emanzipation«* und *»Mündigkeit«* der Betroffenen konzentriert - und in gewisser Hinsicht zurückgezogen, indem sie sich aus inhaltlichen (weltanschaulichen) Sinn- und Lebensfragen immer mehr heraushielt. So ist auch das Gespräch zwischen Pädagogik und Theologie so gut wie ganz zum Erliegen gekommen. Ich selbst habe Ende der 70er, Anfang der 80er Jahre versucht, Erziehung und Unterricht als *»Erschließung von Sinn«* zum Thema zu machen und über die Sinnkategorie neue Gesprächsfäden zwischen theologischen und pädagogischen Perspektiven zu knüpfen[92].

90. *W. Flitner:* Grundlegende Geistesbildung, Heidelberg 1965, S. 38.
91. Vgl. *H. Scheuerl:* Probleme der Hochschulreife, Heidelberg 1962, S. 157.
92. Vgl. v. Vf. zur Gesprächslage Mitte der 70er Jahre: Erziehung und Unterricht als Erschließung von Sinn. Zum Gespräch zwischen Erziehungswissenschaft und Religionspädagogik in der Gegenwart, in: EvErz 29 (1977), S. 398ff., auch in: *K. Wegenast (Hg.):* Religionspädagogik, Bd. I: Der Evangelische Weg, Darmstadt 1981, S. 459ff. Einschlägig ferner meine konkretisierenden Versuche in den Aufsätzen: Sinnerschließendes, elementares Lernen, Handlungsperspektiven für die Schu-

Erst seit etwa Mitte der 80er Jahre zeichnet sich auch in der professionellen Erziehungswissenschaft eine gewisse Neubesinnung ab. Die Sinnkategorie ist inzwischen auch bei Schulpädagogen (K. Hurrelmann, F. Bohnsack) zu einer pädagogischen Schlüsselkategorie geworden. Veröffentlichungen machen auf die »Bedeutung gewandelter Lebens- und Sinnstrukturen für die Schulkrise« aufmerksam[93]. Das Reforminteresse richtet sich über die Strukturdebatte hinaus wieder verstärkt inhaltlichen Fragen zu. Die gesellschaftliche Lage wird nicht nur unter den Kategorien des vertikalen Herrschaftskonflikts gedeutet, sondern als horizontale *Sinn- und Wertkrise.* Ein allein um »Emanzipation« und »Identität« kreisendes Begriffsinstrumentarium scheint nicht mehr auszureichen[94].

Dieses Begriffsinstrumentarium ist auch aus einem anderen Grunde problematisch. Wenn es der »moderne« liberale bildungstheoretische Ansatz bei letztlich formal bleibenden Kategorien bewenden läßt, droht die Gefahr, daß die inhaltliche Auseinandersetzung um die gesamtgesellschaftlichen Optionen und ihre Bedeutung für das Bildungssystem anderen Mächten überlassen bleibt. Die klassische Theorie der »formalen Bildung« sprach von der Entfaltung der »Kräfte« des Menschen (W. von Humboldt). Die Gegenwartspädagogik spricht von »Identität«, »Ichstärke« und von der Förderung der »Selbstbestimmung«. Diese Ziele sind um keinen Preis zurückzunehmen (vgl. oben Kap. 3). Die Gefahr besteht jedoch, daß man den einzelnen Menschen überschätzt.

Die die pädagogische Praxis und Theorie immer wieder dominierenden Einflüsse sind erstens politischer Natur. »Interventionen der Gerichte, wie das Urteil des Hessischen Staatsgerichtshofes über den Minimal-Kanon studienbezogener Schulen, erinnern die Pädagogen schließlich daran, daß grundsätzlich die Verfassung und im Konkreten die politische Macht und historisch kontingente Interessenlagen definieren, was als allgemeine Bildung zu gelten hat.«[95] Zum anderen scheint mehr als in jeder anderen historischen Epoche zuvor eine allen Menschen gemeinsame Bildung ironischerweise über die »Omnipräsenz und Ubiquität der Massenmedien« in ihrer »inhaltlich wie strukturell bewußtseinsformierenden Wirkung« hergestellt zu werden[96]. Diese *herrschende gesell-*

le angesichts der Lage der Jugend, in: *F. Schweitzer/H. Thiersch (Hg.):* Jugendzeit - Schulzeit, Weinheim/Basel 1983, S. 154-176, und, sich überschneidend: Sinnerschließender Unterricht und Elementarisierung, in: *W. Breyvogel/H. Wenzel (Hg.):* Subjektivität und Schule. Pädagogisches Handeln zwischen subjektivem Sinn und instrumenteller Macht, Essen 1983, S. 137-164.

93. So der Untertitel von *F. Bohnsack (Hg.):* Sinnlosigkeit und Sinnperspektive, Frankfurt/M. u.a. 1984 (beachte auch den Obertitel).
94. Vgl. auch in diesem Zusammenhang noch einmal den schon erwähnten Aufsatz von *F. Schweitzer:* Identität statt Bildung?, in: *O. Hansmann/W. Marotzki (Hg.),* Diskurs Bildungstheorie I, a.a.O., S. 55-73.
95. *H.-E. Tenorth,* a.a.O., (Anm. 79), S. 22.
96. *R. Künzli,* a.a.O. (Anm. 84), S. 57f. - Vgl. hierzu *M. Welkers* schon oben (S. 118)

schaftliche 'Allgemeinheit' kümmert sich in der Regel sehr wenig um den Bildungsdiskurs professioneller Erziehungswissenschafler.

Ist nun einerseits keine Rückkehr zu einer geschlossenen Gesellschafts- und Bildungsideologie vorstellbar und kann andererseits auch das an sich zu Recht vorgebrachte Argument, Schule, Lehrern und Schülern Freiraum zu gewähren (wodurch die konkrete inhaltliche Orientierungssuche den einzelnen Pädagogen aufgelastet bleibt), nicht genügen, weil für Gegenwart und Zukunft längst viel zuviel auf dem Spiel steht, als daß eine rein personalistische Lösung ausreicht, muß die *politische und bildungstheoretische Auseinandersetzung um die gesamtgesellschaftlichen Prioritäten* für eine Theorie der öffentlichen Bildungsverantwortung (und kirchlichen Mitverantwortung) zur Kardinalfrage werden.

Sinndimensionen allgemeiner Bildung als gemeinsam angehender Bildung

Ein erster wichtiger Schritt in diese Richtung wird dort gemacht, wo man das »Allgemeine« der »allgemeinen Bildung« vom Begriff des Gemeinsamen her auslegt, nämlich als das die Menschen *»gemeinsam Angehende«*[97]. Konkreter wird dieser Ansatz in einem zweiten Schritt: Die Antworten werden von der Identifikation bedrängender *»allgemeiner Probleme«* (A. Flitner) bzw. *»Schlüsselprobleme«* und der aus ihnen erwachsenden *»Aufgaben«* (W. Klafki) erwartet[98].

Bildung als allgemeine Bildung meint dann mit W. Klafki »ein geschichtlich vermitteltes Bewußtsein von zentralen Problemen der gemeinsamen Gegenwart und der voraussehbaren Zukunft gewonnen zu haben, Einsicht in die Mitverantwortlichkeit *aller* angesichts solcher Probleme und Bereitschaft, sich ihnen zu stellen und am Bemühen um ihre Bewältigung teilzunehmen« (S. 20).

Während Klafki hierbei an ein sehr weites Spektrum von Problemen denkt (S.

herangezogene Analyse der »massenmedialen Realitätsunterstellung«, in: Kirche ohne Kurs?, a.a.O., S. 35ff.

97. *W. Klafki,* Konturen eines neuen Allgemeinbildungskonzepts, in: *ders.,* Neue Studien, a.a.O. (Anm. 75), S. 12-30, hier S. 18. Vgl. hierzu auch die Aussage *Künzlis:* »Ich betrachte die Pädagogik als eine institutionalisierte Antwort auf das Bedürfnis nach Gemeinsamkeit, das sich in ihrer Rede vom Allgemeinen und der Allgemeinbildung insonderheit implizite bekundet« (a.a.O., Anm. 84, S. 56).
98. *A. Flitner:* Abitur - Oberstufe - Studierfähigkeit, in: *ders.:* Für das Leben - Oder für die Schule?, a.a.O. (Anm. 30), S. 148; W. Klafki, Konturen ..., a.a.O., S. 20, 18.

21), haben das Comenius-Institut und die Arbeitsgemeinschaft Evangelischer Erzieher in Deutschland (AEED) in Zusammenarbeit mit einigen Erziehungswissenschaftlern fast zeitgleich seit 1982 in Werkstattgesprächen einen ähnlichen Weg beschritten und unter bewußter Verwendung der Sinnkategorie *»vier Sinndimensionen«* zum Bildungsverständnis für die Schule von morgen identifiziert und begründet, warum diese Dimensionen auch aus christlicher pädagogischer Mitverantwortung Priorität verdienen:

- das Leben in der Demokratie;
- das Leben im 'Haus' (Oikos) der einen Welt;
- das Leben im Frieden;
- das Leben im Wandel gesellschaftlicher Werte[99].

Zur Einordnung dieses Ansatzes läßt sich auf dem Hintergrund der jüngeren Problemgeschichte ein ähnliches Interesse wie das Interesse W. Flitners an wenigen zentralen Initiationen erkennen. Im Unterschied zu Flitners mehr rückwärts gewandter Schau nimmt der Ansatz jedoch deutlicher die Zukunftsaufgaben in den Blick. Die dadurch entstehende Spannung läßt sich auch auf dem Hintergrund der älteren Problemgeschichte reinterpretieren, wie sie in diesem Kapitel angeschnitten worden ist. Man erkennt einerseits das, was ich im Sinne Luthers das *Unerläßlich-Lebensnotwendige* der allgemeinen Bildung als gemeinsam angehender Bildung nennen möchte; es ist die herausgearbeitete Trias von Friede, Recht und Leben: die pädagogische Seite der Sicherung des Friedens im Erlernen von Friedensfähigkeit oberhalb parteipolitischer Polarisierungen als einer basalen Überlebensvoraussetzung (Leben im Frieden); die gemeinsame Verpflichtung gegenüber dem Staat als einer Rechtsordnung, heute einer freiheitlich-demokratischen, in Abwehr eines Rückfalls in irgendeine der früheren Ideologisierungen des Staates (Leben in der Demokratie) - mitgemeint mit dem Begriff des Rechts ist auch soziale Gerechtigkeit, wie die pointierte Rede vom Leben in der einen Welt zu erkennen gibt -; sowie schließlich die Bewahrung unserer natürlichen gemeinsamen Lebensgrundlagen, die ökologische Heraus-

99. *K. Goßmann (Hg.):* Reformziel Grundbildung. Ansätze zu einem neuen Bildungsverständnis der gymnasialen Oberstufe (2), Comenius-Institut, Münster 1986, S. 10. Zur Einführung vgl. *Goßmanns* Einleitungsbeitrag, S. 9-25; zur Entstehungsgeschichte und Hintergrund vgl. *G. Beckers* Verweise auf »Das Bewußtsein von vier Verantwortungen« (auf der ersten der durchgeführten einschlägigen Tagungen des Comenius-Instituts), in: *K. Goßmann (Hg.):* Bildungsziel: Studierfähigkeit? Zur Auseinandersetzung um die Reform der gymnasialen Oberstufe, Comenius-Institut/ AEED/Ev. Akademie Loccum, Münster 1983, S. 76 (in Anlehnung an *H. v. Hentig).* Zur Entfaltung der vier Sinndimensionen s. *K. Goßmann (Hg.):* Lernen für die Zukunft. Ansätze zu einem neuen Bildungsverständnis der gymnasialen Oberstufe, Comenius-Institut, Münster 1985.

forderung, theologisch gesprochen die Bewahrung der Schöpfung (Leben im Oikos der Einen Welt).

Drei dieser Dimensionen sprechen aber auch an, was als das *Zukunftsdringlich-Lebensnotwendige* bezeichnet werden kann. Im historischen Rückspiegel ist es zeichenhaft schon bei Comenius deutlich geworden. Die Formel vom *Leben im Oikos der Einen Welt* hat eine neue Qualität der Verantwortung für das Ganze im Blick, den Umstand des Lebens in einer *»Weltgesellschaft«*.

»Diese Weltgesellschaft läuft Gefahr, daß bei mißglückten evolutionären Lernprozessen die Evolution selbst, und nicht nur eine Kultur, irreversibel zerstört wird ...

Diese Weltgesellschaft hat keine soziale/gesellschaftliche Umwelt mehr, gegen die sie auftrumpfen, besser sein, besser werden (aber auch: von der sie lernen) kann. Ein weiterer Fortschritt nach Maßgabe darwinistischer Überlebensfitneß wird dadurch unsinnig. Aber sie hat zwei nur begrenzt belastbare Ressourcen: die Natur und den Menschen (anders gesagt: es gibt 3 große Lebenssysteme, die ihr Verhältnis zueinander regeln müssen: das *Ökosystem*, das *Gesellschaftssystem* und das *psychische System*).

Diese Weltgesellschaft kann deshalb ihre Wachstums- und Überlebensprobleme nicht mehr durch räumliche, zeitliche, soziale oder sachliche Expansion 'lösen' oder auch nur latent halten, sondern nur durch einen qualitativ anderen 'Fortschritt', der mit den vorhandenen Ressourcen *haushälterisch* umgeht (bzw. das Verhältnis der drei Lebenssysteme wieder in Ordnung bringt).«[100]

Entsprechend ist auch der zukunftsbezogene Problemüberschuß beim *Friedensthema* zu beachten; es geht auch hier um ein qualitativ neues Denken (Umdenken). Die übliche staatsbürgerliche Erziehung oder politische Weltkunde ist revisionsbedürftig.

Schließlich bezieht sich die vierte Sinndimension auf jene Veränderungen, die ein besonderes Kennzeichen des jüngsten Entwicklungsstadiums der modernen Industriegesellschaft sind, den historisch beispiellos beschleunigten *sozialen Wandel* in Verbindung mit einem sich anbahnenden *»Wertwandel«* oder, vorsichtiger formuliert, zumindest einer »Veränderung der Rangfolge von Werten«[101]. Die Alternativ- und Protestbewegungen (Frauen-, Ökologie-, Friedens-,

100. *A.K. Treml:* Leben im Oikos der einen Welt - Problementfaltung aus sozialwissenschaftlicher Sicht, in: *K. Goßmann,* Lernen für die Zukunft, a.a.O., S. 165. Zur Problementfaltung aus biologischer und theologischer Sicht vgl. die Beiträge von *U. Willerding* (S. 171ff.) und *K. Goßmann* (S. 183ff.).

101. So zurückhaltender *K. Hurrelmann/B. Rosewitz/H.K. Wolf:* Lebensphasen. Eine Einführung in die sozialwissenschaftliche Jugendforschung, Weinheim/München 1985, S. 114, die dabei auf die Shell-Studie Jugend '81 verweisen: »Gegenkulturell im Sinne einer konsequenten alternativen Lebenspraxis gelebt wird also selten, der konventionelle Lebensentwurf wird eher an jeweils einzelnen Stellen durchlöchert« *(Shell '81,* S. 20). Andererseits stellt die *Sinus-Untersuchung* fest, daß Wertwandel

Antikernkraftbewegung) versuchen besonders deutlich, Zeichen zu einem Umdenken zu setzen. Da die Veränderungen auch eine Ursache für sich vertiefende Generationskonflikte werden können, wird es notwendig, generationsübergreifende Lernprozesse zu fördern[102].

Die neue Verständigungslinie: Leben

Wenn man alle vier Dimensionen überblickt, haben sie denselben Konvergenzpunkt: das *Leben*. Wir kommen damit auf das bereits zu Anfang dieser Untersuchung im ersten Kapitel angeschlagene und oben näher begründete Thema zurück. L. Böhnisch und W. Schefold nennen das Lebensthema »die neue Verständigungslinie«[103]. Sie tritt nach ihnen an die Stelle des konventionellen, am Konvergenzpunkt »Arbeit« orientierten Lebensentwurfs, für den Arbeit »Fortschrittsträger« war. »Die neuen Horizonte des Lebens - Frieden, Umwelt, Zukunft - sind nicht mehr durch Arbeit einholbar« (S. 126).

Eine lebenspädagogische Fassung des Bildungsproblems ist geschichtlich nicht neu. Mit den genannten Horizonten unterscheidet sich jedoch die »neue Verständigungslinie« von früheren Formen. Mit einer irrationalen, lebensphilosophisch verstandenen Beschwörung des »schöpferischen Lebens«, die im ersten Drittel dieses Jahrhunderts in Pädagogik und Religionspädagogik zum Teil zu einer betont antiaufklärerischen und antiintellektualistischen »Erlebnis«- und »Gemeinschaftserziehung« führte[104], hat dieser Ansatz nichts mehr zu tun. Ein

und Wertverunsicherung (Anomie) keine jugendtypischen Phänomene sind, sondern sich bei einem »beträchtlichen Teil der Elterngeneration diagnostizieren« lassen (Die verunsicherte Generation. Jugend und Wertwandel. Ein Bericht des Sinus-Instituts, Opladen 1983, S. 28).

102. Auf beide Komplexe, den des Wertwandels und vor allem den des gemeinsamen Lernens zwischen den Generationen, bin ich bereits ausführlicher in Bd. III meiner Grundfragen von 1982 eingegangen. Plausibilität und Notwendigkeit, daß Jugendliche und Erwachsene »voneinander lernen« können und müssen, geht inzwischen daraus hervor, daß nach der neuen Generationenstudie des Jugendwerks der Dt. Shell »nicht nur 88 % der Jugendlichen, sondern auch 76 % der Erwachsenen der Meinung sind, daß 'Erwachsene von Jugendlichen etwas lernen' können« *(A. Fischer, W. Fuchs, J. Zinnecker:* Jugendliche und Erwachsene '85. Generationen im Vergleich, Bd. 1, Opladen 1985, S. 74).

103. *L. Böhnisch/W. Schefold:* Lebensbewältigung. Soziale und pädagogische Verständigungen an den Grenzen der Wohlfahrtsgesellschaft, Weinheim/München 1985, S. 127.

104. Vgl. beispielhaft *O. Eberhard:* Von der Arbeitsschule zur Lebensschule, Berlin 1925; *ders.:* Evangelische Lebenskunde auf wertpädagogischer Grundlage, Stuttgart 1928.

unpolitisch den »Lebensmächten« vertrauendes Bildungs- und Erziehungsdenken hat seinerzeit gegenüber der Ideologie der völkischen Lebenserneuerung in der nationalsozialistischen »Bewegung« wenig Widerstand gezeigt. Um dieser Gefahr vorzubeugen, sind die oben aufgeführten vier Sinndimensionen von allgemeiner Bildung durch eine fünfte zu ergänzen.

Obwohl ich an dem vorgestellten Konzept mitgearbeitet habe, erscheint es mir unter dem letzten Aspekt als unzureichend. Die vier Dimensionen betonen Gegenwart und Zukunft und vernachlässigen die Dimension der Geschichte. Sie ist als fünfte Perspektive eigens zu thematisieren:

- »Leben im geschichtlichen Bewußtsein«.

Luthers Betonung der Erfahrungen aus der Geschichte war oben ein erster Hinweis. Die Preisgabe geschichtlichen Denkens und geschichtlicher Verantwortung durch die postmoderne Hinwendung zu zyklisch gedachter, geschichtsloser Natur und Natürlichkeit gaben als nächstes zu denken. Es wäre genauer zu prüfen, inwieweit nicht heute die genannten ideologischen Anfälligkeiten eines lebensphilosophischen Irrationalismus wiederkehren. Die Gefahr ist groß, daß zwischen dem weiterhin fortschreitenden Modernisierungsoptimismus auf der einen Seite und dem ironisch alles in Beliebigkeit oder ewige Wiederkehr auflösenden Gestus auf der anderen Seite das »kritische Vermächtnis der in die Traditionen des alten Europa eingelagerten Erwartungen und Bewertungen« endgültig verlorengeht[105]. Zwischen »gesteigerter Modernität und verweigerter Modernität« wird aber nicht nur das »alte Europa« vergessen (ebd.) - eine zu nostalgisch klingende Formel -; versäumt wird vor allem die selbstkritische Auseinandersetzung mit der eigenen Geschichte als Geschichte der großen Verschuldungen, nicht zuletzt in der konservativen Revolution der Weimarer Republik und in der Zeit zwischen 1933 und 1945.

Wie verhalten sich unsere Ausführungen zum Lehrplan und Lehrgefüge im einzelnen? Was oben umrissen worden ist, zielt auf übergreifende bildungspolitische und pädagogische Verantwortungsdimensionen, die nicht mehr im früheren Sinn die Bildungsprozesse und die ihnen dienenden Vorgänge des Lehrens und Lernens auf ein einziges »Bildungsideal« hin konzentrieren können und wollen, aber wohl einen bildungstheoretischen *Orientierungsrahmen* abgeben sollen. Er setzt das Gefüge bestimmter Unterrichtsfächer (oder Kurse und Lehrgänge) voraus, kann und will sie nicht ersetzen, sondern die Auswahl von Unterrichtsinhalten im einzelnen und das Gefälle ihrer Auslegung und Behandlung im Sinne eines für »unerläßlich« und »dringlich« gehaltenen Aufmerksamkeitshorizonts ausrichten. Das heißt, daß zwar die Diskussion über die Sekundarstufe II hinsichtlich der Studierfähigkeit mit den Fragen nach den Fächern und ihrer Wahl

105. *E. Pankoke:* Gesellschaftlicher Wertwandel und kulturelles Erbe - Lebensperspektiven jenseits der Moderne? In: *K. Goßmann* (Red.), Bildungsziel: Studierfähigkeit? a.a.O. (Anm. 99), S. 31-52, hier S. 50.

fortgehen sollte, daß jedoch das Problem der allgemeinen Studierfähigkeit in den skizzierten erweiterten Denkrahmen einbezogen werden müßte[106]. Unterhalb dieser Ebene sollten sich die Kollegien einzelner Schulen veranlaßt sehen, unter sich eine thematische Prioritätendiskussion zu führen und *Schwerpunkte zu bilden,* die in fächerübergreifenden wie fachspezifischen Vorhaben, besonders in Projekten (Projekttagen, -wochen) angegangen werden können. Falls das staatliche Schulsystem zu unbeweglich ist, könnten vielleicht Schulen in freier Trägerschaft, bei aller Begrenztheit auch ihrer Möglichkeiten, eine gewisse experimentelle Vorreiterrolle übernehmen (vgl. unten Kap. 11).

6. Allgemeine Bildung als Jugendbildung am Beispiel des beruflichen Bildungs- und Ausbildungssystems

Allgemeine Bildung als Jugendbildung? Kann man das Ringen um Ziele, Inhalte und Wege der Allgemeinbildung von den Jugendlichen her bewältigen? Davon kann nicht die Rede sein; denn die Allgemeinbildungsproblematik ist eine eminent gesellschaftliche Frage, unabhängig davon, ob man mehr vom technologisch-ökonomischen Wandel oder von anderen gesellschaftlichen Zukunftsproblemen her denkt. Aber es wäre ebenso unverantwortlich, unser Problem ohne den Blick auf die Jugendlichen lösen zu wollen, denn die Bildungsfrage bleibt eben zugleich eine pädagogische Frage.

Es steht Lebenszeit auf dem Spiel. Jugendzeit ist in einem Maße Schulzeit geworden wie nie zuvor. Sie sollte aber gleichzeitig Jugendzeit bleiben mit der Schule als Stätte von Jugendbildung; das ist man den Jugendlichen besonders heute schuldig. Die obige Diskussion des Allgemeinen der Allgemeinbildung betraf *überindividuelle* bildungstheoretische Gesichtspunkte: allgemeine Bildung als Bildung aller (1. Grundaspekt) und als Verantwortungsfähigkeit für das gemeinsam Angehende (2. Grundaspekt). Man darf über diesen Einsichten den *individuellen* Jugendlichen (3. Grundaspekt) nicht aus den Augen verlieren.

Mit der Wendung zum individuellen Leben des einzelnen plädieren wir zugleich für das gegenwärtige Leben; denn kein »Lebensaugenblick« darf mit Schleiermacher »als bloßes Mittel« für einen anderen Lebensaugenblick diesem anderen »aufgeopfert« werden. Die Aufopferung der Gegenwart ist für die Planung der Zukunft ein zu hoher Preis.

Das Problem betrifft zwar alle Schulen; es sei jedoch unter besonderer Beachtung des beruflichen Bildungs- und Ausbildungssystems erörtert, weil nur so

106. Vgl. zu dieser Diskussion statt aller *A. Flitner,* Abitur - Oberstufe - Studierfähigkeit, a.a.O. (Anm. 30), S. 140ff., bes. 152-157.

abschließend einem weiteren wichtigen Sachverhalt Rechnung getragen wird: Das Leben wird nach wie vor in unserer Gesellschaft um die *Erwerbsarbeit* herum organisiert; gerade die *»Arbeitsgesellschaft«* aber befindet sich in einer tiefgreifenden Strukturkrise. Wir entfalten das Problem unter sozialpädagogischen, berufspädagogischen, allgemeinpädagogischen und religionspädagogischen Einzelaspekten.

Sozialpädagogischer Aspekt: Schule als sozialer Beziehungs- und Erfahrungsraum

Der erste Gesichtspunkt betrifft die biographische Bedeutung der Schullaufbahn im Jugendalter. Während in früheren Epochen die Heranwachsenden nach Abschluß der Kindheit in die Arbeitswelt der Erwachsenen aufgenommen wurden, verweilen sie jetzt in unterschiedlichem zeitlichem Ausmaß über die Kindheitsjahre hinaus in den verschiedenen Schulen, wobei im ganzen für immer mehr Jugendliche die Schulzeit immer länger wird. Statt Erwerbsarbeit wird »schulische Lernarbeit« zum charakteristischen Strukturmerkmal der unter zwanzigjährigen Jugendlichen[107]. Die Altersverschiebungen werden besonders eklatant deutlich, wenn man sich vergegenwärtigt, daß 1955 nur 12% im berufsbildenden Schulwesen 18 Jahre und älter waren, 1985 belief sich dieser Anteil auf 70%.

Aus der Verlängerung der Ausbildungszeiten ergibt sich eine *Ungleichzeitigkeit* in der *persönlichen Beanspruchung als Schon-Erwachsener und Noch-nicht-Erwachsener*. In der Schule steht der Jugendliche als Schüler unter schulbezogenen Erwartungen, die sich auf Grund der Arbeitsmarktlage verschärfen. Der einzelne gerät in einen harten Konkurrenzkampf um günstige Ausgangspositionen im Plazierungsprozeß[108]. Daneben wird ihm im Freizeit- und Konsumbereich, im Bereich der Beziehungen zu Gleichaltrigen beiderlei Geschlechts und auch im Bereich des politischen und religiösen Handelns immer mehr selbständiger Spielraum eröffnet und recht bald eine Erwachsenenrolle zugemutet. So ergibt sich ein Bild der »Unausgewogenheit von Selbständigkeit und Unselbständigkeit, von Eigen- und Fremdbestimmung«[109] mit zusätzlich großen Divergenzen zwischen den verschiedenen Rollenanforderungen im einzelnen (Betrieb, Kirche, Rechtswesen, Schule, Warenmarkt usw.).

107. *B. Rosewitz/K. Hurrelmann/H.K. Wolf:* Die biographische Bedeutung der Schullaufbahn im Jugendalter, in: *D. Baacke/W. Heitmeyer (Hg.):* Neue Widersprüche. Jugendliche in den 80er Jahren, Weinheim/München 1985, S. 108-130, S. 123.
108. *B. Rosewitz u.a.*, a.a.O., S. 125; s. ferner *K. Hurrelmann/B. Rosewitz/H.K. Wolf,* Lebensphase Jugend, a.a.O., S. 43ff.
109. *B. Rosewitz u.a.*, a.a.O., S. 126.

Den neuen altersmäßigen Uneindeutigkeiten des Jugendalters - 'Schüler' als verheiratete oder in eheähnlichen Gemeinschaften lebende 'Erwachsene', um nur ein Beispiel konkreter zu benennen - steht die Berufsschulpädagogik so lange theoretisch hilflos gegenüber, als sie nur in den üblichen schulpädagogischen Kategorien denkt und den Schüler als minderjährigen Jugendlichen voraussetzt. Es ist statt dessen erforderlich, *erwachsenenbildnerische* Kategorien in die Fort- und Weiterbildung der Berufsschullehrer und der im Betrieb pädagogisch Verantwortlichen aufzunehmen, damit der Berufsschüler und Lehrling als erwachsener Partner angesprochen wird. Angesichts der pädagogischen Bedeutung der Beziehungsstrukturen in Berufsschule und Betrieb wäre dies der unerläßliche Ausgangspunkt. Der nächste Aspekt betrifft besonders die Schule.

Unter allen genannten Einflüssen bildet die *Schule* den *dominanten Sozialisationsaspekt* im Jugendalter. Darum liegt auf ihr in unserer »historisch neuartigen Situation« die größte Verantwortung. »Die Schule wird aber von einem Selbstverständnis getragen, das sie daran hindert, in einer von den Jugendlichen nachvollziehbaren sinnstiftenden Weise die Jugendzeit definieren zu helfen.« Klaus Hurrelmann, der diesem Zusammenhang auch durch empirische Untersuchungen intensiv nachgegangen ist, fordert, daß dennoch genau dies versucht werde, nämlich Schule als einen *»subjektiv sinnstiftenden Erfahrungsraum«* zu gestalten[110].

Die beklemmende Bedeutung des Problems wird sichtbar, wenn man schulpädagogisch nicht nur nach den objektiven Funktionen der Schule für die Gesellschaft fragt, sondern auch nach dem Sinn der Schule aus der subjektiven Perspektive der Schüler. Die Antworten der Schüler laufen auf einer ersten Ebene der Auswertung auf die Bedeutung der Schule als einer »unvermeidlichen Durchgangsphase« für den Beruf hinaus, auf die Bedeutung von Zeugnissen und Abschlußzertifikaten, d.h. auf den *»formale(n)* Voraussetzungscharakter der Schule«[111] und auf Schule als einen *»instrumentalisierten Lebensbereich«*[112]. Auf einer zweiten Stufe der Auswertung sehen die Schüler den Sinn der Schule jedoch auch noch unter anderen, nämlich menschlich bedeutsamen Gesichtspunkten.

Für die Schüler aller Schultypen hängt zum einen sehr viel an den *sozialen Beziehungen in der Schule,* an der Balancierung des Verhältnisses zum Lehrer

110. *K. Hurrelmann:* Schule als alltägliche Lebenswelt im Jugendalter, in: *F. Schweitzer/ H. Thiersch (Hg.):* Jugendzeit - Schulzeit. Von den Schwierigkeiten, die Jugendliche und Schule miteinander haben, Weinheim/Basel 1983, S. 30-56, hier S. 30 (auch das Zitat zuvor im Original kursiv).

111. *F. Furtner-Kallmünzer/K. Hurrelmann:* Wie begründen Schüler den »Sinn« der Schule?, in: *F. Bohnsack (Hg.):* Sinnlosigkeit und Sinnperspektive, Frankfurt/M. 1984, S. 14-31, hier S. 16 u. 17.

112. *K. Hurrelmann u.a.,* Lebensphase Jugend, a.a.O., S. 79.

und zu den Mitschülern wie überhaupt daran, daß man Freunde hat, Erfahrungen und Erlebnisse austauschen, Solidarität erleben, kooperieren kann. »All das konstituiert die Sinnhaftigkeit 'der Schule', und es ist oftmals der einzige Sinn, den Schüler der Schule noch beimessen können.«[113]

Die pädagogische Antwort hierauf wird heute weithin in *sozialpädagogischer* Perspektive gesucht. Sie beginnt bei den einzelnen Pädagogen, die »zugleich als fachlich kompetente wie auch menschlich und persönlich zugängliche Erwachsene« gefragt sind. »Es geht nicht so sehr um eine intime persönliche Zuwendung des Lehrers zu seinen Schülern«, sondern um »eine person-, aber auch rollenbezogene Ansprache der Jugendlichen ..., ein Sich-Stellen, Sich-Anbieten für Gespräche und Auseinandersetzungen, wobei eine breite Marge von Toleranz gefordert ist« (a.a.O., S. 30f.). Die Überlegungen reichen sodann bis zu den Möglichkeiten von Schulsozialarbeit und die Unterstützung von Jugendlichen durch »soziale Netzwerke«[114].

Berufspädagogischer Aspekt: der Berufsbezug der Bildung zwischen Modernisierung und Entwertung der Arbeit

Im Vordergrund des beruflichen Bildungssystems stehen berufsbezogene Ausbildungsgänge. Aber auch die allgemeinbildenden Schulen werden von den Schülern hinsichtlich ihres Sinns unter dem Aspekt beurteilt, was sie für spätere berufliche Tätigkeit austragen (s. oben). Wie wir an früherer Stelle schon gestreift haben, ist die offizielle Schulpolitik daran interessiert, die Schule durch die zusätzliche Einführung informationstechnischer (Grund-)Bildung noch besser an die Veränderungen in der Industrie anzupassen. Den Modernisierungen im technologisch-ökonomischen Bereich sollen die Schulen durch einen entsprechenden *Modernisierungsschub* gerecht werden. Nicht wenige Schüler, so kann man beobachten, greifen zum Teil leidenschaftlich die neuen Lerngelegenheiten in der Informatik auf. Für sie ist der Berufsbezug der Bildungsprozesse einsichtig. Analoges ist in der gymnasialen Oberstufe hinsichtlich der Leistungskurse festzustellen, wenn diese unmittelbar das entsprechende Studienfach vorbereiten.

Nach wie vor sind auch die meisten Jugendlichen in ihrem Bewußtsein von dem *bildungsoptimistischen Grundmodell* bestimmt, daß Schulleistungen und

113. *M. Furtner-Kallmünzer/K. Hurrelmann*, a.a.O., S. 20.
114. *K. Hurrelmann u.a.*, Lebensphase Jugend, a.a.O., S. 129ff., bes. S. 159ff. Schon vor Jahren hat *H.v. Hentig* von »Schule als Erfahrungsraum« gesprochen und seitdem in seiner Bielefelder Laborschule auch zu zeigen versucht, was das bedeuten kann. In unserer Darstellung berührt sich der behandelte Aspekt mit dem, was in Kap. 2 über »Pädagogische Kultur« ausgeführt worden ist. Vgl. auch noch unten Kapitel 11.

-abschlüsse unabdingbare Voraussetzungen für die gesamte weitere Berufslaufbahn und damit Lebenschancen sind. Von einer allgemeinen »Abkehr von der Arbeitsgesellschaft« kann nicht die Rede sein[115]. Ferner stößt das berufliche Schulwesen insgesamt auf große Akzeptanz. Um so prekärer ist es, wenn diese durch die Gesellschaft selbst erzeugte Hoffnung, daß Erwerbsarbeit und die schulische Vorbereitung auf sie ein sinnstiftendes Moment für das ganze Leben sind, auf das »zynische Paradox« der gleichzeitigen Entwertung der Arbeit trifft, weil über viele Jahre hinweg ungebrochen eine strukturelle Arbeitslosigkeit fortbesteht.

»Der Staat bildet zwar in den öffentlichen Schulsystemen weiterhin *alle* Jugendlichen für ein Leben in der Erwerbsgesellschaft aus, kann aber die faktische Eingliederung der Arbeitssuchenden und Arbeitslosen auch auf mittlere Sicht nicht mehr gewährleisten.«[116] Nach L. Böhnisch und W. Schefold wird damit *»das sozialstaatliche Modell der erweiterten Integration grundlegend in Frage gestellt«* (S. 55), das wohlfahrtsstaatliche Programm, zu dem die soziale Selbstverständlichkeit von Bildungsanstrengungen, das Vertrauen auf Bildungsverheißungen und die soziale Sicherheit als tragende gesellschaftliche Grundbefindlichkeiten gehören. Jeder soll zumindest von der möglichen *»Erreichbarkeit«* einer durch Erwerbsarbeit im Beruf zu sichernden Existenz ausgehen (S. 39).

Was sind die Auswege? Die Aufforderung an die jungen Leute, die konventionellen Arbeitstugenden hochzuhalten (Fleiß, Disziplin, Ordnung, Flexibilität, Bedürfnisaufschub) - mit ihnen begannen wir die Analyse dieses ersten Teils -, setzten das überkommene Modell fort, obwohl es für viele gar nicht mehr aktuell sein kann. Eine inzwischen beachtliche Minderheit setzt ihre Hoffnung daher auf einen ganz anderen Weg, den der *»Lebensbewältigung«* im Sinne des Über-die-Runden-Kommens[117].

In dieser Situation gerät die Schule in eine große Verlegenheit. Die Lehrer stehen besonders in der Hauptschule laufend vor den Phänomenen der »Schulmüdigkeit« und »Schulverdrossenheit«[118]. Die Schüler zu »motivieren« wird zu einer oft zur Verzweiflung treibenden Hauptaufgabe[119]. Für die berufliche Aus-

115. *W.R. Heinz:* Jugend und Arbeit. Kontinuität und Diskontinuität, in: *D. Baacke/W. Heitmeyer (Hg.),* Neue Widersprüche, a.a.O., S. 131-153, S. 141.
116. *L. Böhnisch/W. Schefold,* Lebensbewältigung, a.a.O. (Anm. 103), S. 54; vgl. die ausführliche Analyse zur »Entwertung der Arbeit« im Kap.: Arbeit - Das bisher Selbstverständliche als offene Frage, S. 16ff.
117. A.a.O., S. 76ff.
118. *F. Bohnsack u.a.:* Schüleraktiver Unterricht. Möglichkeiten und Grenzen der Überwindung von »Schulmüdigkeit« im Alltagsunterricht, Weinheim 1984.
119. *Th. Ziehe:* »Ich bin heute wohl wieder unmotiviert ...« - Zum heutigen Selbstbild von Schülern und Lehrern, in: *F. Bohnsack (Hg.),* Sinnlosigkeit und Sinnperspektive ..., a.a.O., S. 116-133.

bildung im dualen System kann das Dilemma nicht dadurch zugedeckt werden, daß man *unterschiedslos* über Arbeit und Ausbildung redet und jede für besser hält als gar keine[120]. Für berufliche wie allgemeinbildende Schulen entsteht ferner das neue Problem, wie man generell Schulen nicht nur als Stätten zur Sicherung von »Gesellschaftsfähigkeit« auffaßt, sondern auch als Orte zur Förderung von »Lebensfähigkeit«[121] im Blick auf »Lebensbewältigung« unter veränderten Bedingungen. Zu ihnen gehören unter anderem andere Formen der Arbeit (Beschäftigungen, gebrauchswertorientierte Arbeit, Formen der Selbsthilfe), deren öffentliche Anerkennung jedoch noch ganz unsicher ist.

Allgemeinpädagogischer Aspekt: individuelle und politische Bildung

Selbst im beruflichen Schulsystem gibt es noch *»allgemeine Fächer«*. Ihre Stellung ist jedoch umstritten. Berufsverbände und selbst Bundesbildungspolitiker stellen hierbei auch den Sinn des zu diesen Fächern zählenden Religionsunterrichts in Frage. Wenn wir das vor uns liegende Problem nicht aus dem Gesichtspunkt ökonomischer Verwertbarkeit, sondern wiederum aus der Perspektive der Schüler als jungen Menschen in einer bestimmten Lebensphase betrachten, werden demgegenüber die allgemeinbildenden Prozesse immer wichtiger.

Es beginnt mit dem einfachen Bedürfnis von Lehrlingen und Berufsschülern, daß »Zwischenmenschliches und Menschliches« eine Rolle spielen möge, wie es eine arbeitslose Sozialpädagogin einmal formuliert hat[122]. Mit anderen Worten: »Arbeitslosigkeit läßt postmaterielle Einstellungen nicht obsolet werden« (ebd.). Weder junge noch erwachsene Menschen gehen in Arbeit und Beruf auf. Die Jugendzeit ist besonders dadurch ausgezeichnet, daß der Heranwachsende sich seiner selbst vergewissern und in eins damit einen lebbaren Bezug zu seiner Umwelt entwickeln möchte.

Unter dem Aspekt *individueller Selbstvergewisserung* als Orientierungspunkt einer die Individualität des Schülers ernst nehmenden individuellen Bildung kommt in den persönlichen Zukunftsplänen der Frage, was man sich »selbst zutrauen und zumuten will, ein überraschender Stellenwert zu«[123]. Zweierlei

120. *K. Stratmann:* Arbeitslosigkeit als Kritik der Berufspädagogik, in: ZfPäd 30 (1984), 5, S. 675-686, hier S. 681.
121. Zu dieser Unterscheidung *L. Böhnisch/W. Schefold,* Lebensbewältigung, a.a.O., S. 82.
122. Zit. n. *Sinus-Studie,* a.a.O., S. 143.
123. *G. Kühnlein:* Berufserwartungen und Zukunftsperspektiven von Auszubildenden in

zunächst widersprüchlich erscheinende Haltungen werden damit verständlich, die oft verbissenen Bemühungen um Schulleistungen, schulische Abschlüsse, Ausbildungs- und Arbeitsplatz einerseits und die tiefe Resignation andererseits, wenn man versagt, ausgegrenzt wird und keine Stelle im gesellschaftlichen Lebens- und Sinnzusammenhang findet.

Was bin ich wert? Diese Frage führt weiter zur Frage: *Was ist der Mensch überhaupt wert?* Die persönliche Problematik hat einen allgemeinen *anthropologischen* Resonanzboden, auch wenn ihn viele Haupt- und Berufsschüler nicht so sprachlich formulieren können. Sie hat ferner eine *gesellschaftliche Legitimationsproblematik* zur Folge und führt zur Bedeutung *politischer* Bildung. Jungakademiker und Arbeitslose mit Berufserfahrungen schreiben die Ursache der Arbeitslosigkeit nicht einfach wie die meisten Haupt- und Sonderschulabsolventen ihrer eigenen mangelnden Leistungsfähigkeit zu oder den Politikern als einzelnen Menschen; sie suchen auch nicht wie viele Ungelernte sog. Sündenböcke, etwa unter den ausländischen Arbeitnehmern als Konkurrenten, sondern erkennen eine allgemeine gesellschaftliche »Strukturkrise«[124]. Höchstwahrscheinlich werden jedoch die sich insgesamt verbessernden Bildungsangebote auch in der Breite der jungen Generation die Fähigkeit zu kritischen Rückfragen steigern, die sich dann ironischerweise gegen diese Bildungsangebote richten können, weil die verheißenen Bildungstitel entwertet werden. Dann stehen Schule und Gesellschaft vor der Frage: *Was gilt eigentlich in unserer Gesellschaft?* Welchen Weg steuert sie in die Zukunft? Sieht sie überhaupt die wahren Probleme? Wie steht sie zu den menschlichen Opfern? Mit dem Prioritätenproblem als Kardinalfrage der Bildungsproblematik (s. oben S. 236) sind Fragen wie diese gemeint.

Wenn man sich eine problembewußte gesellschaftliche Öffentlichkeit in unserer Demokratie wünscht, führt nicht die Verdrängung dieser unbequemen Fragen weiter, sondern nur ihre produktive Aufnahme. Genau an dieser Stelle ist darum an die Thematisierung gesellschaftlicher Schlüsselprobleme und an die Sinndimensionen zu erinnern, die oben als Orientierungsrahmen für den Unterricht begründet worden sind. Individuelle Bildungsbedürfnisse (Selbstvergewisserung) und politische Bildungsnotwendigkeiten (gesellschaftliche Legitimationsprobleme) verbinden sich.

Praktisch bedeutet es, daß die Unterrichtsinhalte so oft wie möglich auf ihren (möglichen) Sinn für das eigene individuelle und gemeinschaftliche Leben sowie auf ihren (möglichen) Sinn für das gesellschaftliche Ganze bezogen werden

Facharbeiterberufen, in: *G. Kärtner u.a. (Hg.):* Ausbildung und Arbeitsplatzrisiko Jugendlicher, München 1983, 79, zitiert nach *W.R. Heinz,* Jugend und Arbeit, a.a.O. (Anm. 115), S. 149.

124. *Sinus-Studie,* a.a.O., S. 140.

sollten. Wir können didaktisch vom *Erfahrungs- und Gesellschaftsbezug* des Lernens sprechen. Anders als dadurch, daß schulisches und gesellschaftliches Handeln *reflexiv* wird, kann sonst von *»Bildung«* gemäß dem Bildungsverständnis dieser Untersuchung legitimerweise gar nicht geredet werden.

'Was hat diese Tätigkeit (dieser Lehrgang, dieser Grund- oder Leistungskurs) mit meinen persönlichen Interessen und Erfahrungen zu tun? Was hat sie mit meinen Arbeitskollegen (Mitschülern) zu tun? Was mit dem Betrieb? Was mit der Wirtschaft? Was mit unserem Staat im ganzen? Was darüber hinaus mit anderen Menschen auf dem Erdball, mit denen ich über das alles verbunden bin?'

Wenn wir mit diesen Fragen andeuten, daß auch für das berufliche Schulsystem reflexive Bildungsprozesse möglich sein sollten, muß man sich zugleich nüchtern die Grenzen verdeutlichen (vom offenen Widerstand gegen diesen Standpunkt ganz abgesehen).

Erstens muß schon die Arbeitsmarktsituation kritische Rückfragen als schädlich erscheinen lassen. Ferner ist die Relevanz der weiter ausgreifenden Schlüsselthemen (Dritte Welt, Nord-Süd-Konflikt usw.) am Arbeitsplatz nicht ohne weiteres sinnlich erfahrbar. Drittens bleibt im Berufsschulunterricht für die allgemeinen Fächer sehr wenig Raum. Die gymnasiale Oberstufe hat bessere Möglichkeiten.

Religionspädagogischer Aspekt: Sinnsuche und Gottesfrage

Der Kirchensoziologe Andreas Feige hat überzeugend nachweisen können, daß besonders der *Religionsunterricht in der Sekundarstufe II* des Gymnasiums wie in der Berufsschule eine unersetzliche Rolle spielt[125]. Er fällt in eine Lebenszeit, in der der Jugendliche in die Lage kommt, umfassender über sich selbst und sein Verhältnis zum Leben - und eben potentiell auch zu Gott - nachzudenken. Der Religionssoziologe Rainer Döbert hat von der Verschiebung des Reflexionsniveaus von der Früh- zur Spätadoleszenz gesprochen. Er hat allerdings auch die »Sinnvermeidungsstrategien« Jugendlicher analysiert, z.B. Formen von »action«, die den Jugendlichen erfolgreich vor drohender gesellschaftlicher Sinnlosigkeit schützen, ferner die gesellschaftlichen Hemmnisse, die »Mechanismen«, die, ironisch genug, auch die Gesellschaft »vor zuviel Reflexivität schützen«, falls sie sich in der jungen Generation breitmacht[126]. Feige ist außerdem durch einen Vergleich von Daten aus zwei Jahrzehnten (1972 und 1982) auf die

125. *A. Feige:* Erfahrungen mit Kirche, Hannover 1982, S. 24ff.
126. *R. Döbert:* Sinnstiftung oder Sinnsystem? Die Verschiebung des Reflexionsniveaus im Übergang von der Früh- zur Spätadoleszenz und einige Mechanismen, die vor möglichen Folgen schützen, in: *W. Fischer/W. Marhold (Hg.):* Religionssoziologie als Wissenssoziologie, Stuttgart 1978, S. 52-72, hier S. 65ff.

besondere Radikalität der 18-20jährigen in ihrem Verhältnis zu Kirche und Religion aufmerksam geworden[127]. Auch meine eigenen Auswertungen von Äußerungen zahlreicher Jugendlicher aus den verschiedenen Zweigen des beruflichen Bildungssystems im Bereich der württembergischen Landeskirche legen nahe, daß nicht nur trotz, sondern gerade wegen der Problematik dieser Lebensphase eine religiöse Begleitung im beruflichen Schulwesen unerläßlich ist[128]. Wie angedeutet, ist allerdings die Stellung des Religionsunterrichts an Berufsschulen angefochten. Zwei Szenen können seine Gefährdung und zugleich seine Chance beleuchten.

»Ein Azubi (Auszubildender, der Vf.) kommt und erklärt dem Religionslehrer: 'Ich muß aus Religion austreten. Mein Meister verlangt es. Er hat gesagt, für den Sch... zahle ich dich nicht. Ich will, daß du ein ordentlicher Flaschner wirst. Das reicht.' Das zweite Beispiel: Ein Angestellter im Alter eines jungen Erwachsenen fällt nach zehn Jahren eine für seine Laufbahn wichtige Entscheidung, nämlich, abgekürzt gesagt, keine Karriere machen zu wollen, und auf eine zufällige Befragung sagt er: 'Das habe ich im Religionsunterricht gelernt. Karriere ist nicht alles.'«[129]

Was macht den Berufsschulreligionsunterricht so dringlich? Wer mit der Situation der Berufsschüler und Lehrlinge vertraut ist, berichtet von der »ständigen Spannung« zwischen »Selbstbehauptung ... (ich will kein Rädchen sein)« und »Selbstentfremdung ... (ich fühle mich wie im Labyrinth)«. Es besteht ferner »eine Spannung zwischen Zukunftshoffnung und Angst vor der Zukunft«. Den Hintergrund bilden einerseits die Technologieschübe, andererseits die klaffende Schere zwischen Bildungs- und Beschäftigungssystem. Daher das Schwanken »zwischen der Erwartung, alles sei machbar, spätestens durch die Computer, und einer Schicksalsergebenheit, einem Fatalismus«[130]. Das Schwanken kann aber auch zu innerer Zerrissenheit zwischen Versöhnungswillen, aufgestauter Wut und latenter Gewaltbereitschaft anwachsen.

Bei dieser »Grundspannung in der Berufsschule zwischen Effektivität und Humanität« (ebd.) ist der Berufsschulreligionsunterricht aufgefordert, hinsicht-

127. *A. Feige:* Kirche auf dem Prüfstand. Die Radikalität der 18-20jährigen. Biographische und epochale Elemente im Verhältnis der Jugend zur Kirche, in: *J. Matthes (Hg.):* Kirchenmitgliedschaft im Wandel. Untersuchungen zur Realität der Volkskirche, Gütersloh 1990 (i. Dr.).
128. Erwachsenwerden ohne Gott? Gotteserfahrung im Lebenslauf, 3. Aufl., München 1990.
129. Zitiert nach *G. Heinzmann:* Stellung und Auftrag des Religionsunterrichts an Berufsschulen, in: Allgemeine Bildung im beruflichen Schulwesen, hg. vom Comenius-Institut und von der Ev. Akademie Bad Boll, Münster 1987, S. 123.
130. *G. Heinzmann,* a.a.O., S. 124.

lich der äußeren Lage, nämlich der Technikschübe, »die Reflexion über die Technik« einzubeziehen, und hinsichtlich der inneren Lage, der Zerrissenheit unter dem Gesetz in neuer Gestalt (Paulus), »die Frage nach Macht und Ohnmacht des Menschen« aufzuwerfen (ebd.), um auf sie hin nach zwei Seiten die Rechtfertigungsbotschaft auszulegen. Wem ihr Sinn aufgeht, erhält zum einen die innere Kraft, sich von allem zu distanzieren, was äußerlich (Fortschrittszwänge) und innerlich (Selbstzwang mitzumachen) zum Gesetz wird. Wem ihr Sinn aufgeht, kann zum anderen nicht abseits stehen und zusehen, daß es einfach so weitergeht. Der (Berufsschul-)Religionsunterricht wird nicht absichtlich Konflikte provozieren, aber dort, wo äußere und innere Konflikte bereits existieren, folgt aus der Rechtfertigung vor Gott die ethische Verantwortung für ein humanes Leben.

Der Zuspruch und Anspruch Gottes wird nicht jenseits, sondern inmitten der äußeren und inneren Lage des Menschen akut und verstehbar. Dieselbe Verschränkung der Gottesfrage mit den Lebensfragen konnte bereits an dem exemplarischen Text jenes Berufsschülers abgelesen werden, dessen Gottesverhältnis unter dem Problemdruck jetzt weniger der Bedrängnisse im Nahbereich (Arbeitswelt, Beziehungsprobleme usw.) als der globalen Rätsel zu zerbrechen drohte (Woran ich beim Wort Gott denke? »An die Dritte Welt. Die Ungerechtigkeit.« »War Gott ein Rassist?« »Gottes seltsamer Weg zum Frieden ...«; vgl. oben S. 88). Von welcher Seite die Probleme auch belasten mögen, wenn es so ist, bleibt es religionsdidaktisch gesehen richtig, die Gottesfrage mit der individuellen gesellschaftlichen Lebensthematik in einem Kontextmodell zu verbinden. Lange bevor der »thematisch-problemorientierte Religionsunterricht« in enger Verschränkung mit dem biblischen Unterricht für die allgemeinbildenden Schulen entwickelt worden ist, hat sich bereits der Berufsschulreligionsunterricht auf dieses didaktische Interpretationsmuster zubewegt[131].

Der Religionsunterricht auf der Sekundarstufe II ist für viele lebenszeitlich die letzte intensive Gelegenheit, Lebenslage und Sinnfrage mit Religion und Glaube zusammenzubringen. Im besonderen kommt der Berufsschulreligionsunterricht in Bereiche hinein, »wo eine verbürgerlichte Kirche kaum noch Antennen hat, wo die Erfahrungen mit Jugendlichen, die sonst wohl kaum noch zur Kirche kommen, aber durchaus ihre religiösen Fragen, ihre ethischen Probleme haben, zurückvermittelt oder hin und her vermittelt werden können in übrige Arbeitsfelder der Kirche«[132]. »Der Religionslehrer ist oft die letzte Bibel der Jugendlichen«

131. Vgl. bereits *W. Nordmanns* Handbuch zum Religionsunterricht an beruflichen Schulen aus den 50er Jahren. Zum gegenwärtigen Stand der Diskussion s. *E. Gräßle/ R. Mayer (Hg.):* Berufspädagogik und Religionspädagogik im Dialog. Beiträge zu aktuellen Fragen der beruflichen Bildung, Düsseldorf/Stuttgart 1987.

132. *G. Heinzmann,* a.a.O., S. 126.

(S. 127). Mit dem Religionsunterricht dokumentiert die Berufsschule am unmißverständlichsten ihre Verpflichtung, zu menschlicher Bildung beizutragen, die jenseits jeden Verwertungsinteresses liegt. Der Berufsschulreligionsunterricht bezeugt besonders deutlich, daß berufliche Bildung und menschliche Bildung zusammengehören und daß das erste ohne das zweite die Bezeichnung »Bildung« nicht verdient. Im Religionsunterricht könnte die allgemeine Jugendbildung ihre existentielle Vertiefung und zugleich die das Ganze des Lebens umspannende Weite finden. In den Lehrplänen für den evangelischen und katholischen Religionsunterricht an Berufsschulen spiegeln sich diese Absichten sehr deutlich, und man kann nur darüber staunen, was sich dieses Fach, das noch dazu an unverantwortbarer chronischer Unterversorgung leidet, alles vornimmt. Darum steht der Religionsunterricht schnell isoliert da, wenn die Aufgabe allgemeiner Jugendbildung in dem hier skizzierten Verständnis auf ihn allein abgewälzt wird[133].

Wie lassen sich abschließend die Grundmerkmale zeitgemäßer und zukunftsfähiger Bildung zusammenfassen?

- Bildung ist erstens als Selbstbildung ein selbstreflexiver Erfahrungsprozeß, der auf wirkliches Wissen, nicht auf bloßes Informiertsein bezogen ist.
- Bildung meint zweitens als allgemeine Bildung die Fähigkeit, auf zentrale Probleme und Herausforderungen unserer Zeit verantwortungsvoll antworten zu können.
- Bildung reicht als Jugendbildung drittens in die existentielle Tiefe lebensgeschichtlich und gesellschaftlich bedingter persönlicher Lebensfragen.

Nach einem solchen Bildungsverständnis ist auch die Kirche gefragt. Dies war der Ausgangspunkt des Kapitels. Ihr Auftrag ist nicht auf innerkirchliche Aufgaben zu beschränken und in der Schule nicht auf den Religionsunterricht; ihre volle Mitverantwortung umschließt ohne Bevormundungsabsichten die ganze Schule. Kirchliche Bildungsverantwortung läßt sich die allgemeine Bildung mit Comenius als Bildung für jeden *(omnis)*, als Bildung im Horizont der allgemeinen Verantwortlichkeiten heute *(omnia)* und als gründliche Bildung *(omnino)* angelegen sein lassen. Bildung aber ist dann gründlich, wenn Einsichten und Fähigkeiten persönliches, individuelles Eigentum sind[133a].

133. *G. Adam:* Der vernachlässigte Religionsunterricht an Berufsschulen, in: Theol. Pract. 21 (1986), 4, S. 317-326.

133a. Zum obigen Problemfeld vgl. inzwischen auch: *F. Bohnsack / K.E. Nipkow:* Verfehlt die Schule die Jugendlichen und die allgemeine Bildung? (Comenius-Institut), Münster 1991.

7. Zusammenfassung

Mit Bildungsverantwortung in Kirche und Gesellschaft sind nicht zwei Perspektiven lediglich addiert worden. Sie verweisen auf zwei Seiten ein und derselben Sache.

Die Lehrtradition im evangelisch-lutherischen Sinne sieht zwar den Dienst am Wort, an der »Kommunikation des Evangeliums« (Ernst Lange), als die Aufgabe an, in der sich Gottes »eigentliches Werk« *(proprium opus)* in seinem »geistlichen Regiment« vollzieht. Dieses Werk Gottes bzw. Christi besteht darin, »lebendig zu machen und zu trösten«[134]. Es wird vom Handeln Gottes als seinem »fremden Werk« *(alienum opus)* im »weltlichen Regiment« abgehoben, durch das er »selbstsichere Herzen« »schreckt« und die Menschen, bevor er »lebendig macht«, »tötet« (»Der Herr tötet und macht lebendig, er führt in die Hölle und führt wieder heraus«; 1 Sam 2,6) (S. 278f.). In der Gesellschaft trifft der Mensch somit auf das »Gesetz«, das ihn in dieser Hinsicht durch die Erfahrungen der eigenen Grenzen und Verschuldungen seiner wahren Lage überführt (theologischer Sinn des Gesetzes; *usus theologicus legis).*

In anderer Hinsicht sind jedoch die uns ernüchternden Erfahrungen an Lebensordnungen und -vollzüge gebunden, die trotz ihrer Zweideutigkeit und Brüchigkeit menschliches Leben auf jene »lebendigmachende« Erfahrung hin erhalten wollen: »Gesetz« als Überleben und Leben sicherndes Handeln (politischer Sinn des Gesetzes; *usus politicus legis).* Darum wendeten die Reformatoren eine geradezu heilige Sorge auch dem »zeitlichen und vergänglichen Frieden, Recht und Leben« zu (M. Luther), und mit einer geschichtsmächtig gewordenen Entschlossenheit forderten Luther, Melanchthon, Bugenhagen und andere Schulen, die auch diesem Zweck, den elementaren Lebenssorgen, dienen sollten.

Für die Schweizer Reformation (Zwingli, Calvin) liefen die neuen Glaubenserfahrungen auf eine ähnliche Hochschätzung der weltlichen Lebensordnungen einschließlich der mit ihnen gegebenen Bildungsverantwortung hinaus, wenngleich theologisch eine andere Begründungsfigur zugrunde gelegt wurde, nicht die Zwei-Regimenten-Lehre, sondern der Gedanke der Königsherrschaft Christi. Calvin schließt seine Institutio von 1559 mit dem Bekenntnis:

»Der Herr ist mithin der König der Könige. Wo er seinen heiligen Mund geöffnet hat, ist er als einziger und zugleich statt aller und über alle zu hören; danach sind wir den Menschen, die über uns Gewalt haben, unterworfen, aber allein in Ihm. Was sie gegen Ihn befehlen sollten, das sei für nichts geachtet und gehalten.«[135]

134. Apologia Confessionis Augustanae (Apologie des Augsburger Bekenntnisses, 1531), Art. 12, 51, zitiert nach: Unser Glaube. Die Bekenntnisschriften der Ev.-Luth. Kirche, Ausgabe für die Gemeinde, Gütersloh 1986, S. 279.

135. Inst. IV, 20, 31, Corp. Ref. 30, 1117 (– Op. sel. 5, 501), zit. n. *E. Hirsch:* Hilfsbuch zum Studium der Dogmatik, Berlin 1964, S. 259.

Aus diesem Ansatz bei der universalen Souveränität Gottes in Christus folgte schon im Genf Calvins im Vergleich zu den lutherischen Landen eine stärkere inhaltliche Mitgestaltung des öffentlichen Lebens durch die Kirche. Bis heute ist für reformiertes Denken eine besondere Wachsamkeit gegenüber allen ideologischen Besitzergreifungen der Gewissen durch gesellschaftliche Mächte und staatliche Gewalten charakteristisch. Andererseits wäre es für Calvin »eine ungeheuerliche Barbarei« gewesen, an die »Austilgung« des »weltlichen Regiments« zu denken, ist doch sein »Nutz« »nicht geringer als der des Brots, des Wassers, der Sonne, der Luft ...«, kurz, einfach lebensnotwendig, damit »unter den Menschen die Menschlichkeit *(humanitas)* bleibe«[136]. Heute führt ein ähnlicher Vergleich mit Brot, Wasser, Sonne, Luft sofort die Gefährdungen des Lebens auf diesem Planeten im Zusammenhang mit ebendiesen Elementen vor Augen. Die Gleichnisfähigkeit klaren Wassers, reiner Luft, Leben fördernden, nicht zerstörerisch wirkenden Sonnenlichts ist fragwürdig geworden, die Verantwortlichkeit des Gemeinwesens für das Unerläßlich-Lebensnotwendige, wie wir es oben genannt haben, unermeßlich gestiegen. Die Sorge um »Frieden, Recht und Leben« in früheren Jahrhunderten kann heute mit anderen Ohren neu gehört werden.

Der Ansatz reformierter, calvinistischer Theologie bei der universalen Souveränität Gottes im Sieg Christi hat gegenüber dem Schwerpunkt in der kreuzestheologischen Dialektik von Gesetz und Evangelium bei Luther in der weiteren geschichtlichen Entwicklung bei Comenius über die (Bildungs-)Verantwortung für das Unerläßlich-Lebensnotwendige hinausgeführt. Das »Fortschreiten« (der *progressus*) des einzelnen zu voller Mündigkeit als Christ[137] sowie die »Verbesserung« und »Erneuerung« des »Ganzen« der christlichen Gemeinschaft drücken Grundüberzeugungen der reformierten Tradition aus, von denen auch Comenius zutiefst erfaßt war. Ein Erbe reformierten theologischen Denkens ist es, daß die irdischen Lebensverhältnisse möglichst immer angemessener das Reich Gottes abbildhaft in Frieden, Gerechtigkeit und menschenwürdigem Leben widerspiegeln bzw. zeichenhaft vorwegnehmen sollen. Eine Theorie evangelischer Bildungsverantwortung empfängt durch diese reformierte Tradition ihren Zug nach vorn in die Zukunft, die Blickeröffnung auf das Zukunftsdringlich-Lebensnotwendige. Diese Öffnung des Blicks nach vorn gründet in der Berufung des Christen zur Mitarbeit als Partner Gottes bei dem, was menschlich möglich und aufgetragen ist, unter der Perspektive der umfassenden eschatologischen Wiederherstellung der Schöpfung auf der Grundlage des Heilsgeschehens in Jesus Christus. In diesen Rahmen stellte Comenius seine das Ganze (und alle Menschen) betreffende Lehre von Bildung *(paideia)* als Pampaedia: Seine Synthese ist der geschichtlich erste geschlossene Entwurf einer evangelischen Bildungs-

136. Inst. IV, 20, 3, Corp. Ref. 30, 1094 (= Op. sel. 5, 473f.), nach *E. Hirsch,* S. 257f.
137. Hierzu *R. Hedtke:* Erziehung durch die Kirche bei Calvin, Heidelberg 1969, S. 45ff.

lehre. Mit Luther und Comenius haben wir damit die Theorie evangelischer Bildungsverantwortung in Kirche und Gesellschaft auf den Boden der beiden großen reformatorischen Traditionen gestellt; beide erweisen heute ihre Bedeutung.

Sodann ist diese für eine evangelische Bildungstheorie gebotene geschichtliche Grundlegung mit der gegenwärtigen Rekonstruktion des Bildungsbegriffs in der Pädagogik verbunden worden, und zwar besonders mit der Diskussion um »allgemeine Bildung«. Die gegenwärtigen Rekonstruktionsversuche orientieren sich, sofern sie ihrerseits geschichtlich zurückgreifen, an den als klassisch geltenden bildungsphilosophischen Entwürfen vom Ende des 18. und Anfang des 19. Jahrhunderts: allgemeine Bildung als »Menschenbildung« im Sinne der bürgerlichen Moderne. Die Sorge um das Menschliche und nicht zuletzt um den einzelnen individuellen Menschen im Sinne seiner persönlichen Selbstbildung - siehe die Aufnahme dieser Perspektive in unserer Darstellung in der Betonung von allgemeiner Bildung als Jugendbildung - erhellt die unverlierbare Bedeutung auch dieser großen pädagogischen Tradition. Sie war in unserer Untersuchung zudem bereits durch das vorausgehende Kapitel in Gestalt Schleiermachers vorgestellt worden; er vereinigte in seiner Person den theologischen und pädagogischen Geist jener Epoche. Damit ist neben Luther und Comenius der dritte und nach der Aufklärung bedeutendste Klassiker evangelischen Erziehungs- und Bildungsdenkens berücksichtigt worden.

Wie auf die »Individualität« des einzelnen, die »individuelle Seite« der Bildung, blickt Schleiermacher zugleich auf die »universelle« Seite, auf das, was für das »Gesamtleben im Staate, in der Kirche, im allgemeinen freien geselligen Verkehr (sprich: Gesellschaft, der Vf.) und im Erkennen oder Wissen« (sprich: Wissenschaft) notwendig ist[138]. Auch die neuen Überlegungen von Erziehungswissenschaftlern über ein für die Zukunft angemessenes Bildungsverständnis sind auf das »gemeinsam Angehende« gerichtet (W. Klafki), und zwar in Form der Suche nach nicht abweisbaren »Schlüsselproblemen« bzw. »Schlüsselthemen«.

Hinter diesem Bemühen, das in den auf Grund von Initiativen im kirchlichen Raum (Comenius-Institut, Arbeitsgemeinschaft Evangelischer Erzieher in Deutschland) entwickelten Vorstellungen eine Parallele hat, steht die Überzeugung, daß das gegenwärtige curricular kodifizierte und in isolierten Fächern vermittelte Schulwissen so nicht genügt; es ist nicht zukunftsfähig. Interdisziplinär aufschließende und problemorientierte Bildungsprozesse sind erforderlich, damit erstens Beziehungen gefunden werden, zweitens der Sitz des Schulwissens im Leben erkannt wird und drittens ethische Implikationen wahrgenommen werden - Forderungen schon bei Comenius, berechtigte Aspekte aber auch der »postmodernen« Kritik der Moderne, sofern es um beziehungsstiftend-ganzheit-

138. Pädagogische Schriften, hg. von *E. Weniger,* Bd. 1, S. 29.

liches Erkennen und Leben geht. Andere postmoderne Tendenzen mußten wir abweisen.

In der Rückschau auf die Aufforderungen zur Erneuerung der Kirche und zum Umdenken in der Gesellschaft ist zu fragen, ob nicht diese beiden für unsere Situation charakteristischen Bestrebungen zumindest teilweise miteinander zusammenhängen. Wo mit geradezu religiöser Intensität das neue Ganze gesucht wird, ist zwischen neuen kirchlichen und neuen gesellschaftlichen »Bewegungen« eine Parallele in der religiösen Dimension zu erkennen. Wo politische, wirtschaftliche und ökologische Konsequenzen angestrebt werden, die auch die persönliche Lebensweise betreffen, sind Parallelen in der ethischen Dimension zu beobachten.

Der Gedankengang der Untersuchung hat diese Gesamtentwicklung, in die die Kirchen einbezogen sind, ernst genommen. Eine zukunftsfähige Theorie evangelischer Bildungsverantwortung kann an ihr nicht zeitvergessen vorbeisehen. Es mußte jedoch ständig auch auf die gravierenden Probleme aufmerksam gemacht und der Standort klar beschrieben werden, der für eine evangelische Bildungslehre, und sei sie noch so offen für andere Positionen, verbindlich ist. Ihr Ausgangs- und Endpunkt bleibt die Frage nach dem pädagogischen Beitrag für die Lebenserneuerung aus Glauben, die ihrerseits davon abhängt, daß Menschen überhaupt zum christlichen Glauben finden. Hiermit begann die theologische Einführung des Themas im ersten Kapitel; hieran erinnerten noch einmal die ersten Sätze dieser Zusammenfassung über das *opus proprium* Gottes und der Kirche.

Der folgende Teil baut auf den in diesem Teil gelegten Grundlagen auf. Er entfaltet die Aufgaben von der Kindheit bis zum Erwachsenenalter bzw. von der Familie bis zur kirchlichen Erwachsenenbildung. Glauben und Leben, die inneren und äußeren Aspekte der Bildung, Bildungsverantwortung in der Kirche und Mitverantwortung für die Gesellschaft - diese jeweils zusammengehörenden Dimensionen bilden auch weiterhin die ineinander verschränkten Seiten des Gegenstandes, jetzt unter der Perspektive von Bildung und Lebensbegleitung in pädagogischen Institutionen.

Die Erörterung der Grundlagen hat in drei wachsenden Kreisen einerseits den Umfang des Verantwortungsfeldes vor Augen geführt: Gemeinde - Christentum / Religion - Gesellschaft. In diesen Horizonten lassen sich die Aufgaben nicht innerkirchlich beschränken und auf Gemeindeaufbau und Gemeindepädagogik einengen. Die ständige Prüfung an den reformatorischen Grundsätzen diente andererseits der nüchternen Begrenzung der Vorhaben. Die Sehnsucht nach dem »Ganzen« und nach »Ganzheitlichkeit« wie überhaupt der Ruf nach dem »Neuen« und »Alternativen« kann zu heilloser Überforderung und zu einer Verflüchtigung des Denkens führen, über die das Naheliegende, das geboten ist, versäumt wird. Auch der Begriff der »Erneuerung« selbst muß grundsätzlich unter den Vorbehalt gestellt werden, daß nur Gott seine Kirche erneuern kann, nicht sie sich selbst. Unter derselben Selbstbegrenzung stehen auch »Gemeindeaufbau« und »Gemeindepädagogik«, sonst entwickeln sie sich zu theologisch fragwürdigen Begriffen.

Unser Jahrhundert nimmt immer mehr die Züge eines geistlich überanstrengten Jahrhunderts an. In den Kirchen steigen die Ansprüche an die religionspädagogischen Einrichtungen. Die pädagogischen Institutionen sollen leisten, was die Gemeinden selbst nicht mehr gewährleisten können. Im besonderen ist dem schulischen Religionsunterricht eine 'Jahrhundertaufgabe' angedient worden. Im ersten Drittel des Jahrhunderts soll er religiöse »Erlebnisse« auslösen (R. Kabisch, O. Eberhard u.a.); im folgenden Drittel soll er durch eine »verkündigende« Unterweisung die Schüler in die »Entscheidung« stellen (G. Bohne); im gegenwärtigen Drittel wird ihm abverlangt, religiös bedeutsame »Erfahrungen« anzubahnen. Trotz aller inhaltlichen Unterschiede sind sich die religionspädagogischen Konzeptionen strukturell ähnlich geblieben. Von der reformpädagogisch bewegten Epoche des kirchlichen Liberalismus über die Verkündigungskatechetik der Evangelischen Unterweisung bis zur erfahrungshermeneutisch orientierten Religionspädagogik unserer Tage ist das Schulfach »Religionslehre« unter Postulate gestellt worden, die eine ständige Gratwanderung zwischen zulässigen Zumutungen und unzulässigen Überforderungen zur Folge haben. Die am Religionsunterricht entwickelten Leitvorstellungen haben zugleich jeweils auf alle anderen religions- bzw. gemeindepädagogischen Bereiche abgefärbt. Bei der anzuschließenden Behandlung dieser Bereiche im zweiten Teil muß man sich der Übererwartungen selbstkritisch bewußt bleiben.

In gewissem Sinn ist auch der Schule eine 'Jahrhundertaufgabe' zugemutet worden. Sie steht in der analogen Spannung zwischen notwendigen pädagogischen Herausforderungen, wie wir sie in diesem Kapitel meinten umreißen zu dürfen, und nicht weniger gefährlichen pädagogischen Überanstrengungen. In dieser Lage ist es entlastend, wenn man sich das Gesamtfeld pädagogischer Institutionen vergegenwärtigt, wie es in der zweiten Hälfte der Untersuchung geschehen soll. Jeder einzelne Handlungsbereich hat nur begrenzte Möglichkeiten; diese sollten jeweils genutzt und gestärkt werden. Zusammengenommen ergänzen sie sich, und zwar um so sinnvoller, je mehr Eltern und Erzieher, Kindergottesdiensthelfer und Mitarbeiter in der kirchlichen Jugendarbeit, Pfarrer und Religionslehrer, Lehrer an kirchlichen Schulen und Mitarbeiter in der kirchlichen Erwachsenenbildung durch ein gemeinsames Problem- und Aufgabenbewußtsein miteinander verbunden sind. Gemeinsam finden sie Ermutigung und das rechte Maß.

Einige der mit den letzten Sätzen vor Augen tretenden pädagogischen und religionspädagogischen Institutionen sind von ihren institutionellen Voraussetzungen her für erfahrungs- und handlungsnahe Bildungsprozesse weniger begünstigt als andere. Aber auch sie, die in dieser Zusammenfassung besonders hervorgehobene Institution der Schule und - in ihr - die des schulischen Religionsunterrichts, haben keine andere Wahl. Der eben abschließend genannte Gedanke der wechselseitigen Ergänzung der verschiedenen pädagogischen Handlungsbereiche kann nicht bedeuten, daß sich die durch das Grundmerkmal des Unterrichts bestimmten Institutionen von der Aufgabe dispensiert sehen dürfen, den Unterricht auf das Leben zu beziehen. Bildung verfehlt ihren Sinn, wenn sie nicht dem Leben dient. Sie erfüllt ihren Sinn, wenn sie dazu beiträgt, das Leben im ganzen zu erneuern und das Leben des einzelnen Menschen zu begleiten.

Teil II

Bildung und Lebensbegleitung

Der erste Teil unserer Darstellung diente der Grundlegung; der zweite dient der Entfaltung. Nacheinander sollen in acht Kapiteln die wichtigsten Praxisbereiche behandelt werden. Die Reihenfolge orientiert sich an der Abfolge von Kindheit, Jugendzeit und Erwachsenenalter. Diesen Lebensphasen sind in einer sie zum Teil übergreifenden Weise pädagogische Institutionen zugeordnet (einige, z.B. die Schule, schon seit längerer Zeit, andere aufgrund jüngerer geschichtlicher Entwicklungen), für die die Kirchen unmittelbare oder mittelbare Verantwortung tragen. Eine Vergegenwärtigung der konkreten Bedingungen dieser Institutionen wird uns ermöglichen, die jeweiligen Aufgaben praxisnah zu bestimmen.

Pädagogische Institutionen dürfen das Leben nicht unterdrücken; sie sollen es fördern. Sie dienen der Lebensbegleitung. Diese Maxime gilt für alle hier zu behandelnden Bereiche. Im eröffnenden Kapitel über die Familie und im abschließenden über die Erwachsenenbildung tritt am deutlichsten vor Augen, was dieser Grundsatz bedeutet. Die pädagogischen Rechte, Freiheiten und auch Pflichten der Eltern sind denen des Staates wie auch denen gesellschaftlicher Organisationen einschließlich der Kirchen nach unserer Verfassung (Art. 6 GG) strikt vorgeordnet. Staat, Kirche und andere gesellschaftliche Organisationen müssen sich darum einerseits besonders am Anfang des Lebensweges eines Menschen zurücknehmen. Weil die Heranwachsenden inzwischen erwachsen geworden sind, gilt eine analoge Selbstbegrenzung pädagogischer Interventionsabsichten andererseits auch in besonderem Maße für alle Einrichtungen der Erwachsenenbildung. Sie müssen sich als Angebot verstehen und sind auf freiwillige Teilnahme angewiesen. »Erwachsenenbildung« enthält den Begriff »Bildung«. Sie sollte es sich besonders angelegen sein lassen, daran zu erinnern, daß im Grunde bereits von Beginn des Lebenslaufs an alle erziehenden Hilfen auf Selbsthilfe (Pestalozzi), alle bildenden Maßnahmen auf Selbstbildung hin gerichtet sein sollten. Auch die eröffnenden Überlegungen zur Frage »Was ist christliche Erziehung?« werden schnell zeigen, daß die maßgeblichen Kriterien für den rechten pädagogischen Sinn von »Erziehung« Kategorien der »Bildung« sind (vgl. schon Kap. 1).

Das Eröffnungskapitel hat jedoch noch eine weitere Funktion als nur die mit dem »Anfang anzufangen«, eben mit der Familie. Eines unserer wichtigsten Anliegen ist ferner, daß in allen pädagogischen Aufgabenbereichen ein gemeinsames Problem- und Aufgabenbewußtsein entwickelt wird. Darum sollen am Beispiel der Familie übergreifende Perspektiven dargestellt werden, die für alle folgenden Handlungsfelder gelten und im ersten Teil so noch nicht zur Sprache gekommen sind.

Und noch ein letzter Vorbehalt: Die Rede von der Bildungsverantwortung in pädagogischen Institutionen behauptet nicht, daß sich alles Lernen in institutionalisierten Lehr- und Lern-Vorgängen vollzieht. Staat und Kirche tragen dafür Verantwortung, daß freie Räume für selbstorganisierte individuelle und gemeinsame Lern- und Bildungsprozesse vorhanden bleiben, ja, sogar zunehmen. Möglicherweise sind überhaupt die Erfahrungen, die wir im freien, nichtpädagogisierten Leben machen, die tiefsten und wirksamsten. Damit aber umschließt der Begriff der Bildungsverantwortung nicht nur die Verantwortung für das Bildungssystem, sondern auch für den bildungsfreundlichen oder bildungsfeindlichen Charakter des Gesellschaftssystems im ganzen.

Fünftes Kapitel:

Was ist christliche Erziehung? - Übergreifende pädagogische Aufgaben im Spiegel der Familie

1. Grundbestimmungen

Zum Glauben kommen - aus dem Glauben leben

In theologischer Sicht steht und fällt die Rede von Erziehung und Bildung mit dem Glauben. Das Verhältnis von Glaube und Erziehung - in unserer Darstellung pointiert von »Glaube und Bildung« - markiert darum den grundlegenden Sachverhalt. Er schließt eine zweidimensionale Verantwortung ein, Verantwortung dafür, daß Menschen zum Glauben kommen und aus dem Glauben leben können, wozu auch gehört, wie Christen aus dem Glauben erziehen.

Beide Seiten verweisen auf Aufgaben in Kirche und Gesellschaft. Schon bei dem Zum-Glauben-Kommen ist nicht nur an den Voraussetzungsraum der Gemeinde (Kap. 2), sondern auch an die geschichtlichen Wandlungen von Christentum und Religion allgemein (Kap. 3) zu denken. Erst recht sieht sich christliche Erziehung als Beitrag zur Lebensführung den gesellschaftlichen Lebensverhältnissen einschließlich der allgemeinen Erziehungs- und Bildungsproblematik gegenüber (Kap. 4 und bereits Kap. 1).

Innerhalb des Umrisses einer weitgefaßten »Theorie kirchlicher Bildungsverantwortung« betrifft christliche Erziehung deshalb das ganze ineinander verflochtene Verhältnis von Glaube *und* Leben in Kirche *und* Gesellschaft. Sie umschließt den uns Menschen möglichen pädagogischen Anteil daran. Unter diesem Vorbehalt gilt: Christliche Erziehung ist auf der Grundlage des Glaubens als Erziehung *aus* dem Glauben Erziehung *zum* Glauben und Leben.

Äußerliches und innerlich bildendes Lernen

Glaube muß schon im Lebenszusammenhang wirksam sein, anschaulich allen Sinnen gegenwärtig, wenn Glaube hervorgehen soll.

Eine Mutter oder ein Vater pflegen mit ihrem Kind beim Zubettgehen einen Gute-Nacht-Sage-Ritus in Form eines einfachen *Gebets,* wobei sie zunächst dem Kind ein Gebet vorsprechen, dann mit ihm gemeinsam beten. Hierdurch leiten sie es an, das Beten zu lernen, an ihm Freude zu gewinnen und schließlich selbständig zu beten. Sie suchen den christlichen Glauben als vertrauende Zuwendung zu Gott im Kind zu erwecken. Es geschieht aus dem Glauben heraus, den sie selbst haben. Die beiden genannten Seiten sind miteinander verbunden; das ist wichtig.

Eltern, die einen Gebetsritus einzuüben versuchen, aber nicht aus ihrem Glauben heraus zu spüren geben, was das Gebet auch ihnen selbst bedeutet, erziehen in einem *veräußerlichten* Sinn, ohne innerliches Beteiligtsein. Das Kind wird es über kurz oder lang empfinden und kann in diesem Widerspruch schnell zu dem Schluß kommen, daß das Beten offensichtlich doch gar nicht so wichtig ist. Wenn aber ein Kind innerlich angesprochen, sein Glaube sich wirklich *in ihm selbst »bilden«* soll, erhebt sich die Frage, wieweit ein inneres Beteiligtsein pädagogisch bewirkt werden kann.

Kann man Glauben lernen? - Das innere Leben des Glaubens und die Sprache des Glaubens

Kann man Glauben lernen? Ja und nein. Man muß den Glaubensbegriff differenzieren. Daß ein Kind innerlich überführt wird, steht nicht in unserer Hand. Das sagt bereits die pädagogische Erfahrung. Theologisch ist hinzuzufügen: Der Mensch kann durch sich selbst Christus als sein und der Welt Heil nicht erkennen und anerkennen. Wenn Glaube als Ergriffensein von dieser Wahrheit definiert wird, kann daher Glaube weder gelehrt noch gelernt werden. Wohl aber liegt es bei uns, unserem eigenen Glauben *Ausdruck* zu geben, um dadurch die Kinder wie überhaupt andere auf den Glauben aufmerksam zu machen. Wenn wir hier einsetzen, dann gibt es eine Hinführung zum Glauben, nähern wir uns seiner lehr- und lernbaren Seite.

Der biblische Glaube hat sich in einer großen Fülle von *Formen* ausgedrückt. Er ist zu allen Zeiten mit einer Wahrnehmung der menschlichen und nichtmenschlichen Wirklichkeit mit den Augen des Glaubens verbunden gewesen und wird es bleiben. Auch in den sinnlichen Wahrnehmungen von Himmel und Erde, Licht und Finsternis und vielen anderen findet der Glaube seine Sprache. Er ist nicht ohne ein *Weltbild.* »Eine Einschränkung auf Existentialien nimmt zwar Rücksicht auf Selbsterfahrungen des Menschen, aber vereinseitigt den Menschen, reduziert ihn auf den Selbstbezug, zerschneidet seine Verbindung mit der Welt, in der er erst Mensch ist. Glaube als eminent Menschliches bedarf des menschlichen Weltbildes.«[1] Die Sprache des Glaubens durchdringt das Weltbild.

1. *H. Gese:* Die Frage des Weltbildes, in: *ders.:* Zur biblischen Theologie. Alttestamentliche Vorträge, München 1977, S. 202-222, hier S. 215. An dieser Einsicht findet jede Entmythologisierung ihre Grenze.

Auch die sinnlichen Wahrnehmungen trägt der Glaube in seine Sprache ein, in die *Symbolsprache* der religiösen Erfahrung. Von den Schöpfungsberichten bis zur Apokalyptik ist die Bibel von dieser Symbolsprache erfüllt, vermöge derer die in den Raum der Welt eintretende, sich offenbarende und im Glauben erfahrene Transzendenz Gottes transparent und anschaulich wird, zugänglich auch für nachkommende Generationen, erschließbar, verstehbar, im weitesten Sinne des Wortes lehrbar.

Sinnfällig und zugleich transparent für Gottes geoffenbarte Wirklichkeit wird die geglaubte Wahrheit auch im *Kultus;* im Lebenslauf des Kindes beginnt dieser Weg unter anderem mit dem Gebet. »Der Anthropomorphismus des Gebetes ist nicht primitive, unaufgeklärte Beschränktheit, sondern die dem Menschen allein gemäße Transzendenz, die dem Sinnenhaft-Anschaulichen nicht ausweicht, sondern es durchdringt.«[2]

Eine eigene Form ist die Glaubenssprache von *Glaubensbekenntnissen* und *Glaubenslehren.* Wenn man zu Luthers Lebzeiten den Satz ausgesprochen hätte, die Kinder sollten »den Glauben lernen«, wäre jedem klar gewesen, daß mit »dem« Glauben das Glaubensbekenntnis, also das Erlernen des Wortlauts des Credos gemeint war. Der christliche Glaube hat von Anfang auch diese vergegenständlichte Form angenommen, die Form von Sätzen, die gelehrt und gelernt werden können. Theologische Lehrsätze und Bekenntnissätze unterscheiden sich hierbei. Ein Bekenntnis will - jenseits aller Vergegenständlichung - persönlich vollzogen sein, als lobende Antwort auf Gottes Anrede.

Christlicher Glaube ist als Vertrauen *auf* Gott stets zugleich Glaube *an* Gott mit Bezug auf die geschichtlich überlieferten biblisch-christlichen Glaubensinhalte[3].

2. *H. Gese,* ebd. - in Kap. 3 ist das Problem bereits bei Schleiermacher unter der Frage nach Recht und Grenze des Anthropomorphismus erörtert worden.
3. An den lutherischen Bekenntnisschriften ist allerdings abzulesen, daß Glaube mit Bezug auf diese Dimensionen gegenständlicher Glaubensaussagen im bloß *historischen Wissen* nicht aufgeht (CA XX, 23, BSLK, 79). Glaube ist keine bloße Kenntnis der »Historien (notitia historiae) von Christo« (Apol. des Augsb. Bek., Art. 4, 48, BSLK, 169) oder gar nur eine teilnahmslose Kenntnis (otiosa notitia) der Historien (Apol. 4,61,BSLK,172) bzw. der (kirchlichen) »Lehrsätze« (notitia historiae seu dogmatum) (Apol. 4,383,BSLK,232). Wahrer Glaube ist nicht notitia, sondern fiducia, d.h. *Vertrauen* auf die Verheißung Gottes (s.u.). Glaube als Vertrauen kann vom Bescheidwissen aber auch nicht getrennt werden.
Im Zusammenhang damit steht eine zweite Bewertung der in solchen objektivierten Aussagen ausgedrückten Heilstaten Gottes. Luthers Glaubensbegriff verträgt sich nicht mit einem *neutralen Fürwahrhalten* dieser Heilstatsachen; es geht vielmehr darum, was sie für jeden einzelnen bedeuten und wie sie persönlich betroffen machen. Man vergleiche, wie bei der Auslegung der drei Artikel des Glaubensbe-

In der Vorrede zur Deutschen Messe von 1526 hat Luther mit seinen Ausführungen zum »Catechismus« als einem »vnterricht« zunächst diese gegenständliche Seite vor Augen, das Erlernen der überkommenen »drey stuck«, als da sind »die zehen gebot, der glaube vnd das vater vnser«[4]. Ohne sich wegen des dem Heiligen Geist vorzubehaltenden Wirkens und der Unverfügbarkeit des Wortes Gottes theologische Skrupel machen zu müssen, weil es auf dieser Ebene um das Unverfügbare ja auch gar nicht geht, stellt Luther die Unterweisung von Kindern und Gesinde in den »heusern des abents vnd morgens« sogar unter das Motiv, »so man sie wil (zu) Christen *machen*«[5].

Erst am Schluß der Vorrede wechselt Luther die Ebene und deutet die Grenze der Erlernbarkeit des Glaubens an. Drei oder vier Jahre lang hört einer predigen »vnd lernt doch nicht«[6]! Welch ein Aufwand an geistlicher Literatur: »Es steht ynn buchern gnug geschrieben. Ja es ist aber noch nicht alles ynn die hertzen getrieben« (ebd.). »In die Herzen getrieben« sollte es sein; das war oben mit der Wendung vom inneren Überführtwerden gemeint. Das äußere Lernen hat dem inneren zu dienen. Der lehr- und lernbare Glaube, der von der Erschließung der biblischen Symbolsprache, der Deutung religiöser Rede und kultischer Vollzüge bis zur Verständigung über den Sinn von Glaubensbekenntnissen und -lehren reicht, zielt darauf, *wie* geglaubt wird. In reformatorischer Sicht ist unter dieser Perspektive Glaube vor allem *Vertrauen*[7], und zwar Glaube eines jeden einzelnen Menschen für sich[8]. Jetzt meint Glaube das persönliche innere Leben des Glaubens im Menschen. Von der äußeren Seite, der Sprache und den Vorstellungsin-

kenntnisses in Luthers Kleinem Katechismus immer wieder durch die Worte »ich«, »mich«, »mir«, »mein« die *persönliche Zueignung* ausgedrückt wird. Sie ist wichtiger als die gegenständliche Seite. - Vgl. im übrigen bereits die Ausführungen oben, S. 92ff.

4. BoA 3, 297, 32-35 (= WA 19, 76, 7-10).
5. BoA 3, 298, 2f. (= WA 19, 76, 15f.). Man darf Luther an dieser Stelle nicht mißverstehen. Das Lehren und Lernen steht unter dem eindeutigen Vorbehalt, daß »man niemanden zum Glauben zwingen kann noch soll ...« (Vorrede zum kleinen Katechismus, BSLK 504, sprachlich geglättet).
6. BoA 3, 299, 34f. (= WA 19, 78, 23f.).
7. »Denn so wird im 11. (Kapitel) an die Hebräer vom Glauben gelehrt, daß Glauben nicht allein sei ein die Historien wissen, sondern Zuversicht (fiducia) zu Gott haben, seine Zusage zu empfangen« (CA XX, 26, BSLK 80. Sprachlich geglättet, nach: Unser Glaube. Die Bekenntnisschriften der ev.-luth. Kirche, Ausgabe für die Gemeinde, Gütersloh 1986, S. 77).
8. Die Bekenntnisschriften unterscheiden zwischen dem »allgemeinen Glauben« (fides generalis) (Apol. 12,45,BSLK,260) und dem »speziellen Glauben« (fides specialis), »kraft dessen ein jeder einzelne für sich glaubt, daß die Sünden ihm um Christi willen vergeben werden ...« (Apol. 4,45,BSLK,168; Übersetzung nach: Unser Glaube, a.a.O., S. 153).

halten des Glaubens, kann sie nur unterschieden, darf sie aber nicht getrennt werden, sonst zerreißen wir den Menschen wie den Glauben, für die beide, das Äußere, Leibliche und das Innere, Seelische, als Ganzheit zusammengehören.

Den persönlichen Glauben in Freiheit erwecken

Lange vor der Entwicklung des modernen Subjektbewußtseins in der Aufklärung und auch lange Zeit vor der Reformation entsteht im Abendland aus antiken und biblisch-christlichen Wurzeln eine *personal* zu nennende Sicht des einzelnen Menschen. Alttestamentliche Propheten und griechische Denker distanzieren sich von der rituellen Überlieferung und entdecken dabei ein persönliches Gewissen. Der einzelne tritt aus dem kollektiven Bewußtsein heraus, sieht sich persönlich gerufen, zur Verantwortung seines Tuns aus eigener Sicht[9]. Diese Entwicklung ist durch das reformatorische Denken in Richtung auf einen persönlichen Glauben in geschichtsmächtiger Weise gefördert worden.

Ein ebenfalls alter christlicher Gedanke ist die Ablehnung von Zwang in zentralen Glaubensangelegenheiten, mag dieser Gedanke auch immer wieder in der Kirchengeschichte verraten worden sein. Die Reformation legt sich im Blick auf das Verhältnis des inneren Menschen zum Evangelium besonders fest. Nicht durch Gewalt, sondern durch das Wort sollen Menschen zum Glauben finden. Gewissensbindende Anordnungen, auferlegt als Mittel zum Erwerb von Gnade, widerstreiten dem Evangelium[10]. In der Aufklärungsepoche will Kant die *Freiheit des inneren Menschen* unbedingt respektiert wissen. Die Bildung des sittlichen Charakters ist darum alles andere als einfach anerziehbar; sie ist vielmehr so

9. Ausführlich und gründlich hierzu *W. Flitner:* Die Geschichte der abendländischen Lebensformen, München 1967. Flitner rekonstruiert die Geschichte des Abendlandes nicht primär unter ideengeschichtlichen Gesichtspunkten, sondern unter der Perspektive der Entstehung personaler Kultur und Bildung, wie sie an den konkreten Lebensformen abgelesen werden kann. Zu Flitners Ansatz und zu seinem Beitrag für unseren Gegenstand vgl. meinen Aufsatz in der Festschrift zu seinem 100. Geburtstag: Erziehung aus dem Glauben - Christentum als Wurzel personaler Kultur und Bildung, in: *H. Röhrs/H. Scheuerl* (Hg.), Richtungsstreit in der Erziehungswissenschaft und pädagogische Verständigung, Frankfurt/M. u.a. 1989, S. 273-285. Vgl. zum Systemansatz ferner: *R.P. Crimmann:* Wilhelm Flitner heute - Über die Schönheit und Wahrheit eines pädagogischen Systems, in: Viert.jschr. für wiss. Päd. 64 (1988), 2, S. 203-210.
10. Entsprechend erfolgt ein Ausschluß aus der christlichen Gemeinde, falls erforderlich, »ohne menschliche Gewalt, allein durch Gottes Wort« (»sine vi humana, sed verbo«) (CA XXVIII, 21, BSLK 124). Vgl. auch bereits Anm. 5.

rätselhaft wie eine »Wiedergeburt«[11]. Für Schleiermacher gilt dieselbe unbedingte Achtung der Freiheit auch im Blick auf die *»Bildung zur Religion«*[12].

»Was durch Kunst und fremde Tätigkeit in einem Menschen gewirkt werden kann, ist nur dieses, daß Ihr ihm Eure Vorstellungen mitteilt, und ihn zu einem Magazin Eurer Ideen macht, daß Ihr sie so weit in die seinigen verflechtet, bis er sich ihrer erinnert zu gelegener Zeit: aber nie könnt Ihr bewirken, daß er die, welche Ihr wollt, aus sich hervorbringe ... Kurz, auf den Mechanismus des Geistes könnt Ihr wirken, aber in die Organisation desselben, in diese geheiligte Werkstätte des Universums, könnt Ihr nach Eurer Willkür nicht eindringen ...« (S. 102f.).

Dem »Mechanismus des Geistes« wird dessen innere »Organisation« gegenübergestellt, entsprechend den von außen aufgenötigten Weisen des »Lehrens und Anbildens« (S. 103) die individuelle Bildung zur Religion in Freiheit:

Auf dem Weg zum »Endzweck« einer nicht durch Lehren und Anbilden (im Sinne von Anerziehen) zu bewerkstelligenden Bildung »kennt die Religion kein Mittel, als nur dieses, daß sie sich frei äußert und mitteilt« (S. 100). Nur die frei aus dem Inneren kommende Äußerung dringt entsprechend frei »ins Innerste« eines andern; er wird »von derselben Schwingung ergriffen« (ebd.). Dieser Weg »verschmäht ... jeden fremden Reiz, jedes gewalttätige Verfahren« (100f.), und zwar nicht nur den von außen ausgeübten Druck, sondern auch den selbst auferlegten, nämlich die ganz unangemessene Vorstellung einer künstlich-absichtlichen religiösen Selbstbildung: »Nicht also, als ob ich Euch oder andere bilden wollte zur Religion, oder Euch lehren, wie Ihr Euch selbst absichtlich oder kunstmäßig dazu bilden müßt« (105). Beides führt aus dem Gebiet der Religion hinaus. Das Umgekehrte gilt: »Das Universum bildet sich selbst seine Betrachter und Bewunderer« (ebd.) - eine Umschreibung dafür, daß der Mensch die Sprache der Transzendenz empfangend vernimmt.

11. Kant sieht den Menschen als ein »Wesen, das nicht anders als *unter der Idee der Freiheit* handeln kann« (Werke, hg. von *W. Weischedel,* Bd. IV, Darmstadt 1963, S. 83, Grundlegung zur Metaphysik der Sitten). Innere Freiheit schließt äußeren Zwang aus, andernfalls kann man von wahrer Sittlichkeit gar nicht sprechen. Damit aber »übersteigt« die Frage der Erziehung zur sittlichen Freiheit letztlich »alle unsere Begriffe« (IV, S. 695, Die Religion innerhalb der Grenzen der bloßen Vernunft). Kant findet den Ausweg im Gedanken einer plötzlichen Umkehr und verwendet wohl nicht ohne den Einfluß pietistischen Gedankenguts entsprechende Metaphern: Daß der Mensch moralisch gut werde, »das kann nicht durch allmähliche *Reform* ..., sondern muß durch eine *Revolution* in der Gesinnung im Menschen ... bewirkt werden; und er kann ein neuer Mensch, nur durch eine Art von Wiedergeburt, gleich als durch eine neue Schöpfung (Ev. Joh. III,5; verglichen mit 1. Mose I,2), und Änderung des Herzens werden« (IV, S. 698; vgl. auch VI, S. 636f.).
12. *F. Schleiermacher*, Über die Religion. Reden an die Gebildeten unter ihren Verächtern, hg. von *R. Otto,* 6. Aufl., Göttingen 1967, s. bes. die dritte Rede.

Man kann also Bibelsprüche, Glaubenssätze, Gesangbuchlieder lernen lassen, auch auswendig lernen lassen, so daß der Betreffende sich ihrer »zu gelegener Zeit« »erinnert«. Das ist nicht wenig. Ohne Grundkenntnisse bleibt die Provinz von Religion und Glaube im Leben eines Menschen leer. Aber ob sein Inneres erreicht, seine Seele angesprochen, sein »Herz« (Luther) auch nur leise berührt wird, ist noch ganz offen. Außerdem hat das auferlegte Lernen eine problematische Kehrseite. Wer Kinder oder gar noch junge Leute nur wie ein zu füllendes »Magazin« ansieht[13], hinterläßt empirisch nachweisbar Widerwillen gegen eine solche Behandlung, wie besonders die negative Beurteilung des Auswendiglernens im Konfirmandenunterricht in verschiedenen Untersuchungen belegt[14]. Worauf wir mit Schleiermacher zu setzen haben, ist etwas anderes. Der religiöse Glaube wird von Person zu Person in Freiheit *erweckt*[15].

Zum Glauben geführt werden und ihn doch selbständig entdecken

Man kann überrascht und beglückt erfahren, daß man zu etwas hingeführt worden ist und es dann findet, als habe man es selbst entdeckt. So sollte es auch beim Glauben zugehen. »Aus dem Innersten seiner Organisation aber muß alles hervorgehen, was zum wahren Leben des Menschen gehören und ein immer reger und wirksamer Trieb in ihm sein soll. Und von dieser Art ist die Religion ...«[16] Dem Geschenkcharakter des Glaubens wird dadurch keineswegs Abbruch

13. In unserer Zeit hat *P. Freire* ironisch vom »Bankiers-Konzept der Erziehung« gesprochen. »So wird Erziehung zu einem Akt der 'Spareinlage', wobei die Schüler das 'Anlage-Objekt' sind, der Lehrer aber der 'Anleger'. Statt zu kommunizieren, gibt der Lehrer Kommuniqués heraus, macht er Einlagen, die die Schüler geduldig entgegennehmen, auswendig lernen und wiederholen.« Demgegenüber gilt: »... ohne selbst zu forschen, ohne Praxis, können Menschen nicht wahrhaft menschlich sein« (Pädagogik der Unterdrückten. Mit einer Einführung von *Ernst Lange,* Stuttgart/Berlin 1971, S. 74).
14. *H. Hild (Hg.):* Wie stabil ist die Kirche? Bestand und Erneuerung. Ergebnisse einer Umfrage, Gelnhausen/Berlin 1974, S. 154; *J. Hanselmann u.a. (Hg.):* Was wird aus der Kirche? Ergebnisse der zweiten EKD-Umfrage über Kirchenmitgliedschaft, Gütersloh 1984, S. 105. Die negativen Auswirkungen von Lernschul-Methoden werden freilich, wie es scheint, durch die Erinnerung an den Pfarrer als Person und durch das Gruppenerlebnis ausgeglichen, so daß der Gesamteindruck »durchaus positiv getönt« ist (*J. Hanselmann,* ebd.).
15. In seiner »Allgemeinen Pädagogik« (1950, 14. Aufl., 1974) spricht auch *W. Flitner* im Zusammenhang der »vierten, personalen Betrachtungsweise« bewußt von der »Erweckung des Gewissens und Glaubens« (jetzt in Gesammelte Schriften, Bd. 2, Paderborn 1983, S. 164ff.).
16. *F. Schleiermacher,* Reden, a.a.O. (Anm. 12), S. 103.

getan: frei im Innern weiß man sich beschenkt. Den Sinn christlicher Erziehung als Weg zum *selbständigen Entdecken* hat besonders der niederländische Religionspädagoge Martinus J. Langeveld umschrieben:

»Das Kind, das erfahren hat, daß es selbst suchen *darf* und finden *kann* - bei aller Bereitschaft der Erwachsenen, ihm zu helfen, und aller unmittelbaren Hilfe und Führung, die eine religiöse Erziehung geben muß -, geht unendlich viel sicherer auf seinem Weg zu einem *eigenen* Glauben als das Kind, das seinen Kinderglauben nur noch krampfhaft festhalten kann und als Mensch inzwischen gänzlich verweltlicht ...«[17]

Kein Kind kann sich einfach aus sich heraus religiös entwickeln, durch bloßes *»Reifen«*. Religiöse Entwicklung gibt es nur auf Grund religiöser Erziehung als *»Geführtwerden«* und im Zusammenhang mit ihr. Den eigenen Glauben findet man allerdings nur durch selbständiges *»Entdecken«*. Darum fügt die betreffende Kapitelüberschrift bei Langeveld alles drei zusammen: »Reifen, Entdecken und Geführtwerden«.

Was also ist christliche Erziehung, wenn wir dies mit berücksichtigen? Christliche Erziehung erfüllt ihren 'erziehenden' Sinn in ihrer 'bildenden' Kraft als Entdeckung des Glaubens im Zusammenhang von Hinführung und Entwicklung. Nur so wird die Formel von der Erziehung zum Glauben vor theologischen und pädagogischen Mißverständnissen geschützt.

2. Die abhängige Familie - zwischen dem dominanten Lebenswissen der Gesellschaft und dem Glaubensanspruch der Kirche

Zur Bedeutung der Familie

Wenn ein Kind lernt, lernt es nicht nur die vermittelten Inhalte, sondern auch die Bedeutung, die diese für die vermittelnden Eltern, Erzieher, Lehrer haben oder eben nicht haben, wie es überhaupt ständig auch auf der Beziehungsebene kommuniziert und damit in einem sehr weiten Sinne des Begriffs 'lernt'[18]. 'Inhaltslernen' vollzieht sich zusammen mit personbezogenem 'Bedeutungslernen' und 'Beziehungslernen'. In den *mitgelernten Bedeutungen* und mitschwingenden *Beziehungserfahrungen* liegt somit ein erster, nämlich *lerntheoretischer* Schlüssel zur Erklärung der Rolle der Familie in der Erziehung

17. *M.J. Langeveld:* Das Kind und der Glaube, Braunschweig 1959, S. 29f.
18. Über »Inhalts- und Beziehungsaspekte der Kommunikation« vgl. die inzwischen bereits klassische Darstellung von *P. Watzlawick u.a.:* Menschliche Kommunikation. Formen, Störungen, Paradoxien, 4. Aufl., Bern u.a. 1974, S. 53ff.

überhaupt. Zunächst haben die Eltern die größte Bedeutung für das Kind; also übernimmt es auch das, was für die Eltern ihrerseits Bedeutung hat. Dasselbe wiederholt sich später gegenüber anderen Menschen, die den Heranwachsenden wichtig werden.

Schon in den 50er Jahren stellte eine empirische Untersuchung fest: Abgewiesen wird der, der »etwas fordert, ohne es in Hinsicht auf seine Person deutlich zu machen ... die Wahrheit kommt über die Person.«[19] Untersuchungen zum Beobachtungslernen (Nachahmungslernen, Imitationslernen, Lernen am Modell) bestätigen es. Kinder zeigen eine deutliche Bereitschaft, die Einstellungen *älterer* Personen zu übernehmen (Faktor Autorität). Diese Tendenz wird verstärkt, wenn zwischen der »Modellperson« und der »Beobachterperson« möglichst viele *Übereinstimmungen* bzw. *»Ähnlichkeits-Beziehungen«* bestehen oder im Experiment hergestellt werden[20]. Für die Übernahme von Verhaltensweisen, die nicht gerade in der Gesellschaft allgemein sozial abgelehnt werden, spielt nach anderen Untersuchungen auch die *»Wärme der Beziehung«* eine Rolle (beides zusammen bildet den Faktor der emotionalen Beziehung).

Die Bedeutung der Familienerziehung für die Kirche wird zweitens *sozialisationstheoretisch* daran sichtbar, daß der Gesamtprozeß der gesellschaftlichen Reproduktion ohne seine biologische Grundlage in der Zeugung und Aufzucht der Kinder nicht zu denken ist. Die Kirche ist auf die Familie angewiesen, denn wie das staatliche pflanzt sich auch das kirchliche Leben wesentlich durch die Geschichte des Familienverbandes fort. Schon der äußere Bestand der Kirche und die äußeren Bedingungen für die Überlieferung des Glaubens an die nächste Generation hängen an der Bereitschaft der Eltern, ihre Kinder taufen zu lassen, sie christlich zu erziehen und die Kirche durch Kindergottesdienst, Konfirmandenunterricht, Religionsunterricht und kirchliche Jugendarbeit mitwirken zu lassen. Es wird nicht behauptet, daß die Familie die ausschließliche Grundlage für diesen Prozeß ist, aber eine maßgebliche[21], und zwar kraft der gerade in ihr sich vollziehenden basalen »Gewöhnung«[22].

19. *H.-O. Wölber:* Religion ohne Entscheidung, 2. Aufl., Göttingen 1960, S. 71f.
20. Die grundlegenden Untersuchungen stammen von *Albert Bandura* aus den 60er Jahren. Zur Rolle von Sympathie/Antipathie-Einstellungen vgl. u.a. die Untersuchung von *K.A. Schneewind/V. Bogasch:* Zur Ähnlichkeitstheorie der Identifikation in der Personwahrnehmung, in: Zs.f.exp.angew.Psychol. 16 (1969), 3, S. 479-487.
21. Der niederländische Kirchensoziologe *O. Schreuder* bemerkt zusammenfassend: es »darf auf Grund bisheriger Forschungsergebnisse hypothetischerweise gesagt werden, daß der bei weitem stärkste eigenständige Einfluß auf das religiöse Verhalten der Jugendlichen von der Familie ausgeht«, in: *U. Nembach (Hg.):* Jugend und Rcligion in Europa, Frankfurt/M. 1987, S. 375.
22. Jede Erziehung einschließlich der religiösen Erziehung hat eine dauerhafte Wirksamkeit nur bei einem stetigen Überlieferungsprozeß, wie er als »Eingewöhnung« in

Daran ändert auch nichts, wenn an die Stelle der Familie nichteheliche Lebensgemeinschaften treten oder wenn Mütter oder Väter allein erziehen. Wir haben dann mit Veränderungen im Eheverständnis im einen und mit einer problematischen Unvollständigkeit der Familie im anderen Falle zu tun, aber nicht mit der Widerlegung der Bedeutung dieser Institution als solcher.

Faktoren äußerer und innerer Kirchenbindung

Dem *Problem* muß man sich auf einem anderen Wege nähern. In empirischen Untersuchungen zeichnet sich ab, daß gerade die für die zukünftige Lage der Kirche bedeutsamen speziellen Befragungsgruppen, die jüngeren Menschen, ferner die Befragten mit höheren formalen Bildungsabschlüssen und die in Großstädten Wohnenden, ihre innere und äußere Kirchenbindung lockern[23]. In den folgenden Sätzen faßt die zweite EKD-Mitgliedschaftsuntersuchung die Befunde zusammen:

»Auf eine Formel gebracht: Je niedriger das Lebensalter, je höher der formale Bildungsstand, je größer der Wohnort des jeweiligen Befragten, desto kritischer die Einstellung zur kirchlichen Sozialisation und desto geringer die Bereitschaft, sie auch aktiv zu fördern.«[24] »Je intensiver, je verbindlicher, je mehr Eigenbeteiligung gefordert wird - desto geringer ist die Zustimmung. Die Kindertaufe wird von 88 % bejaht. 76 % würden es begrüßen, wenn ihr Kind den Kindergottesdienst besucht. Einen kirchlichen Kindergarten vorziehen würden noch 55 %, ihr Kind zum Kindergottesdienst ausdrücklich 'hinschicken' dagegen nur 37 %« (S. 194).

eine »Sitte« geschichtlich geläufig ist. Man darf darum auch das »Gewohnheitschristentum« nicht vorschnell verächtlich machen. Man kann es aus pädagogischer Sicht aus dem notwendigen Sozialisationsprozeß erklären; man muß es aus reformatorisch-theologischer Sicht aus der dialektischen Spannung zwischen dem Ruf zur Freiheit und der Bewahrung der Freiheit verstehen: »Die Spannung zwischen beiden Zielsetzungen, dem kritischen Impuls zur Erneuerung und dem Ruf zur Freiheit eines Christenmenschen auf der einen, der Pflicht zur Einübung in das wahre Christentum und zur Erhaltung der christlichen Freiheit auf der anderen Seite, bestimmt die Geschichte des evangelischen Kirchen- und Erziehungswesens bis heute«, *H.M. Müller:* Gewohnheitschristentum. Eine Frage auch an die Religionspädagogik, in: *R. Preul u.a. (Hg.):* Bildung - Glaube - Aufklärung. Zur Wiedergewinnung des Bildungsbegriffs in Pädagogik und Theologie, Gütersloh 1989, S. 206-219, hier S. 213.

23. Vgl. hierzu die breit angelegte, gründliche Analyse durch *N. Mette:* Voraussetzungen christlicher Elementarerziehung. Vorbereitende Studien zu einer Religionspädagogik des Kleinkindalters, Düsseldorf 1983.
24. *J. Hanselmann,* Was wird aus der Kirche? a.a.O. (Anm. 14), S. 197.

Hinter diesen Daten steckt offensichtlich nicht einfach eine Erziehungsschwäche der Eltern als Eltern. Worauf wir treffen, ist nicht nur eine Krise der Familie als Familie. Diese Krise gibt es auch, und sie ist unter dem Gesichtspunkt *familienspezifischer Faktoren* wie der Unvollständigkeit der Familie, dem Schicksal von Kindern als Scheidungswaisen, der finanziellen Benachteiligung von Mehrkinderfamilien usw. bedrückend genug[25]. Abgesehen davon gibt es jedoch als Ergebnis einer übergreifenden Entwicklung auch *epochalspezifische Merkmale*.

Zu berücksichtigen ist erstens das *Alter*. Jüngere Erwachsene sind kritischer als ältere. Zweitens spielt der *Bildungsstand* eine Rolle, ein deutlicher Hinweis, daß sich über lebensphasenbezogene Umstände hinaus geschichtlich-gesellschaftliche eines allgemeinen Wandels auswirken. Vielleicht zeigen übrigens auch schon die Einstellungen der jüngeren Menschen einen epochalen Trend an und sind mehr als nur eine phasenspezifische »Jugend«-erscheinung, die jeweils vorübergeht. Auf jeden Fall macht sich im Bildungsfaktor ein Faktor des sozialen Wandels bemerkbar, der Charakter unserer Gesellschaft als Informationsgesellschaft mit den in ihr herrschenden Verkehrsformen des Wissens und der Wissensverarbeitung. Die moderne Mentalität, die das durch wissenschaftliche Aufklärung gewonnene Wissen mit dem kirchlichen Glaubensanspruch vergleicht, ist in *Großstädten* besonders verbreitet - das dritte Merkmal. Ein viertes berührt am unmittelbarsten unser Interesse daran, ob und wie Menschen heute innerlich von der Glaubensüberlieferung betroffen werden können. Je mehr Eigenbeteiligung gefordert wird, desto geringer ist die Zustimmung. Hinter diesem Faktor der persönlichen *Eigenbeteiligung* steckt wohl mehrererlei. Eltern haben nichts dagegen (76 %), wenn ihr Kind zum Kindergottesdienst geht; nur die Hälfte aber von ihnen (37 %) würde ihr Kind ausdrücklich 'hinschicken'. Wie sie selbst in religiöser Hinsicht nicht gezwungen werden wollen, so wollen sie auch ihr Kind

25. »Der Anteil der 'vollständigen' Familien an allen Haushalten hat in den letzten 20 Jahren ständig abgenommen. In vielen europäischen Ländern ist dieser Anteil inzwischen unter 40 Prozent gesunken ... Es erscheint sehr wahrscheinlich, daß dieser Trend sich fortsetzt« (*H.-J. Hoffmann-Nowotny:* Ehe und Familie in der modernen Gesellschaft, in: Aus Politik und Zeitgeschichte. Beilage zur Zs. Das Parlament, B 13/1988, S. 3-13, hier S. 3). In jeder Altersgruppe nimmt der Anteil der nichtverheirateten Männer zu (S. 4). »Diese Sachverhalte müssen geradezu als dramatisch bezeichnet werden, konnte man doch noch von den beiden Nachkriegsdekaden als einem 'goldenen Zeitalter' der Familie sprechen. Um die 90 Prozent jeder Alterskohorte heirateten, und mehr als 90 Prozent davon gründeten eine Familie. All dies hat sich grundlegend geändert ...« (S. 4f.). »Die Ehe verliert als Lebensform an Bedeutung; die Gründung von Familien nimmt ab, und die Anzahl neu gegründeter Familien verringert sich« (S. 5). Vgl. auch die Daten zur Gesamtscheidungshäufigkeit (ebd.).

nicht nötigen. Das für den Menschen in unserer Zeit bezeichnendste Bestreben ist sein vitales Interesse an freier Selbstbestimmung im Denken und Verhalten (vgl. ausführlich bereits Kap. 3).

Zumutungen an das Denken und an den Willen

Auf der Grundlage der Ausführungen im ersten Teil (neben Kap. 3 s. auch Kap. 4) seien zwei Verallgemeinerungen gewagt, die begründen sollen, warum es weder hinsichtlich der Erscheinungen noch ihrer Ursachen lediglich um die Familie geht, sondern letztlich um ein allgemeines und auch älteres Problem. Die krisenhaften *Erscheinungen,* die sich in den Daten zur äußeren und inneren Kirchenbindung lediglich symptomatisch spiegeln, betreffen die christliche Religion in ihrer *kirchlichen Verfaßtheit.* In den nachaufklärerischen freieren Formen des Christentums und erst recht in der gänzlich liberalisierten psychologisch-philosophisch-religiösen Szene postmodernen Zuschnitts ist es anders; hier hat man sich der Schwierigkeiten entledigt, wodurch jedoch die Existenz dieser Schwierigkeiten gerade bestätigt wird.

Es handelt sich erstens um das Problem, wie die *Denkformen des Alltags* mit den Glaubensformen einer Kirche zu vereinbaren sind, deren Verkündigung und Lehre sich auf *Offenbarung* bezieht. Man sieht zweitens eine Schwierigkeit darin, ausgerechnet in der Religion als einer höchstpersönlichen Angelegenheit die *Selbstbestimmung (Autonomie)* der eigenen Person einer die Religion regelnden Kirche als *Institution* unterordnen zu sollen. Das Gefühl, daß es vielleicht doch eine transzendente Macht als Inbegriff der wahren Wirklichkeit gibt, die einen unendlich übersteigt, wird durchaus nicht verdrängt; schwierig wird jedoch die Anerkennung einer bestimmten Fassung dieses noch vorhandenen Gottesverhältnisses, eben die Anerkennung eines definiten christlichen Deutungsanspruchs. Religion ja - Kirche nein! Gott ja - aber einen Absolutheitsanspruch der christlichen Religion nein! Wenn überhaupt, dann offenbart sich Gott auch in anderen Religionen. Jesus von Nazareth ja - aber ein Definitionsmonopol der Kirche hinsichtlich seiner Bedeutung nein! Wenn schon Kirche, dann in offenen Zugehörigkeitsformen, aber nicht als Heilsanstalt, gar im strengen katholischen Sinn.

Zu der ersten, der tiefreichenden kognitiven Dissonanz hat G. Schmidtchen einmal bemerkt, daß es vielen Zeitgenossen unmöglich sei, »in zwei Ontologien« zu leben[26], beispielsweise zugleich mit der Evolutionstheorie und den Schöpfungsberichten in Genesis 1 und 2. Die zweite Schwierigkeit spiegelt sich

26. *G. Schmidtchen (Hg.).* Gottesdienst in einer rationalen Welt, Stuttgart/Freiburg 1973, S. 50.

indirekt in dem Befund, daß junge Menschen, wenn man sie zunächst nach ihren eigenen Wertprioritäten fragt und dann danach, welche dieser Werte ihrer Meinung nach von der Kirche unterstützt werden und welche nicht, sie die auf Freiheit, Autonomie, Selbstverwirklichung und Lebensgenuß gerichteten Werte als ihre höchsten nennen, aber umgekehrt diese gerade von der Kirche am wenigsten unterstützt sehen. Christentum und Kirche werden mit Einschränkungen, Verzicht, Ordnungsinteressen assoziiert[27]. Die größten Schwierigkeiten, Vertrauen zur Kirche zu gewinnen, hätten demnach mit Zumutungen an das *Denken* und an den *Willen* zu tun.

Prinzipielle Aufklärbarkeit, Relativierbarkeit, Liberalisierbarkeit - Zum dominanten Lebenswissen der Gesellschaft

Wie die Erscheinungen nicht nur die Familie betreffen, so sind auch die *Ursachen* nicht nur bei ihr zu suchen. Wir müssen sie teils in der Gesellschaft, teils in der Kirche selbst annehmen. Die *Gesellschaft* formt die Menschen in einem unvorstellbar starken Ausmaß, und zwar auch über die Familie. Diese kann zwar als die Erziehungseinrichtung gelten, die am stärksten prägt, jedoch nur unter Berücksichtigung ihrer eigenen Abhängigkeit von der Gesellschaft.

Zum einen prägt die Gesellschaft durch popularisierte wissenschaftlich-aufklärende Information über alles und jedes. Es kommt hierbei weniger darauf an, ob jeder einzelne Bürger auch tatsächlich aufgeklärt ist, als vielmehr darauf, daß für ihn in der Gesellschaft in Zukunft *prinzipiell fast alles aufklärbar erscheint.*

Die gewaltige Wirkung dieser besonders durch die Sozialwissenschaften begünstigten Aufklärung führt ferner zur Verbreitung einer relativistischen und liberalistischen Werteinstellung. Wieder wird nicht damit behauptet, daß sich immer weniger Menschen an Recht und Ordnung halten oder daß sie nicht für sich bestimmte Werte für verbindlich erachten, sondern daß sie daran gewöhnt werden, *prinzipiell fast alles für relativierbar und liberalisierbar anzusehen.* Besonders rapide haben sich die Moralvorstellungen im Sexualverhalten geändert. Die einen sind dagegen, die anderen dafür. Selbst schließt man sich im einen Punkt mehr hier, im anderen mehr dort an. Man hat wohl eine Position, aber nur für sich privat. Dem anderen billigt man gern seine Position zu, falls er nur die eigene ebenfalls respektiert. Mit Paul M. Zulehner kann man diese Erscheinungen und Einstellungen zu dem *»dominanten Lebenswissen der Gesellschaft«*

27. Vgl. *A. Feige:* Erfahrungen mit Kirche. Daten und Analysen einer empirischen Untersuchung über Beziehungen und Einstellungen Junger Erwachsener zur Kirche, Hannover 1982, S. 113f.

rechnen[28]. Gegen die Macht dieses Wissens und gegen die aus ihr sich nährenden Verhaltensweisen Widerstandskräfte zu entwickeln ist seelisch äußerst aufwendig, vor allem dann, wenn man als Kind von früh auf in diese Bewußtseinsformen hinein sozialisiert worden ist.

Ihr strukturelles Substrat haben diese Bewußtseinsformen im gesellschaftlich erwünschten Habitus des Menschen als verläßlich produzierendem und verläßlich konsumierendem Gesellschaftsmitglied. Zu komsumieren lernen Kinder schon sehr früh.

Unklares Schwanken und alter Argwohn - Zur Wahrnehmung von Kirche

Aber auch auf seiten der *Kirche* finden sich Ursachen für die Schwierigkeiten. Beim Problem der kognitiven Plausibilität, der Frage nach Vereinbarkeit oder Unvereinbarkeit von Glaubenswissen und modernem Weltbild, ergibt sich für den Zeitgenossen ein undeutliches Bild. Im evangelischen Spektrum erwecken fundamentalistisch-konservative Kreise den Anschein, als hinge das Heil davon ab, daß biblische Aussagen etwa über die Schöpfung wörtlich verstanden und für wahr gehalten werden. Solche Auffassungen wirken ausgrenzend. Man darf es daher nicht nur bei der Beobachtung bewenden lassen, daß die Menschen sich von der Kirche entfernen. Mit solchen Zumutungen entfernen sich bestimmte Erscheinungen von »Kirche« auch von den Menschen.

Wenn man wie im Kreationismus versucht, biblische Aussagen auch noch »schöpfungswissenschaftlich« zu beweisen, sperrt sich erst recht das Wahrheits- und Geschichtsbewußtsein gegen solche Zumutungen. Gleichzeitig dringen in der kirchlichen Verkündigung entmythologisierende Vorstellungen ans Ohr. Was gilt? Der Weg, auf dem man lernt, das wörtliche Verstehen zu einem tieferen Erfassen zu überführen und die sinnlich-transzendente Symbolsprache der Glaubensüberlieferung als notwendig zu begreifen (ohne daß sich hierbei die Offenbarungswahrheit als bloßes Symbol auflöst), ist weit. Hier hat sich bereits im dritten Kapitel eine der zentralen religionspädagogischen Aufgaben ergeben. Zunächst aber erscheinen manche Interpretationsversuche der Theologen wie Ausflüchte; sie wirken eher verschleiernd als klärend. Man argwöhnt, letztlich doch ein ganz uneinsichtiges Opfer des Verstandes bringen zu müssen. Im katholischen Raum empfindet man den Druck weniger von seiten der Theologie als von seiten der Amtskirche. Auch hier kommt es nicht darauf an, ob die Kirchen und ihre Theologien tatsächlich so sind; es zählt der subjektive Ein-

28. *P.M. Zulehner* in einer Stellungnahme, abgedruckt in: *U. Nembach (Hg.)*, Jugend und Religion in Europa, a.a.O. (Anm. 21), S. 378.

druck, daß *prinzipiell beliebige Glaubensvorstellungen möglich* sind und/oder daß *prinzipiell der Dogmatismus noch nicht überwunden* ist. Beides ist theologisch gesehen verheerend.

Im Bereich des Verhaltens ist es strukturell ähnlich. Die Kirchen geraten so oder so in eine mißliche Verlegenheit. Besonders die evangelische Kirche erscheint manchen moralisch viel zu lasch. Wenn sie die Zügel anziehen sollte, würde sie aber sofort die Menschen verprellen, die dem Trend der gesellschaftlichen Verhaltensstandards folgen. Der katholischen Amtskirche wird umgekehrt massiv ihre moralische Unbeweglichkeit, ihre unnachgiebige konservative Einstellung vorgeworfen. Auch hier zählt der subjektive Eindruck. Die Trends in den beiden Kirchen mischen sich in zwar verschiedener Zusammensetzung, aber mit dem gleichen Ergebnis.

Man nimmt bei beiden Kirchen entweder eine *prinzipielle moralische Anpassung an den gesellschaftlichen Liberalisierungsprozeß* wahr oder unterstellt aufgrund überliberalisierter eigener Erwartungen ein *prinzipielles Liberalisierungsdefizit*. Was sollen die Kirchen tun? Sollen sie den Rückweg in die dogmatische und moralische Eindeutigkeit antreten? Wenn sie diesen Weg gehen, wird die Kluft zwischen dem dominanten Lebenswissen der Gesellschaft und dem kirchlichen Anspruch wahrscheinlich immer größer werden. Sollen sie sich statt dessen immer weiter an die »Moderne« anpassen? Dieser Weg läßt es aus einem anderen Grund fraglich erscheinen, ob die Kirchenbindung wieder erstarken wird und Menschen den Weg zum Glauben finden: Die Kirche könnte für sie wegen ihrer Profillosigkeit schlicht uninteressant werden.

Zusammengefaßt: Die Bedeutung der *Familie* - der Ausgangspunkt des zweiten Abschnitts - kann lernpsychologisch und sozialisationstheoretisch begründet werden, so daß die Schwächung der religiösen Erziehungskraft der Familie schon auf Grund familienspezifischer Faktoren ein Problem darstellt. Befunde über die Lockerung der äußeren und inneren Kirchenbindung verweisen jedoch auf übergreifende epochalspezifische Trends, abzulesen an den Indikatoren Alter, Bildungsstand, Wohnortgröße und an dem Maß beanspruchter kirchlicher Eigenbeteiligung. Die sich hinter diesen Daten verbergenden Schwierigkeiten des Zugangs zur Kirche und ihrer Glaubensüberlieferung betreffen vermutlich zwei Bereiche, auf denen das dominante Lebenswissen der Gesellschaft mit dem Glaubensanspruch der Kirche schwer zu vereinbaren scheint, die Denkformen und die Verhaltensnormierung. Ob die Annahmen objektiv berechtigt sind, steht nicht zur Diskussion; es zählt die Wahrnehmung, daß es so sei.

In diesen Schwierigkeiten wirkt sich eine *Gesellschaft* aus, in der erstens tatsächlich sehr vieles im Leben aufklärbar ist, so daß die Suggestion aufkommen muß, es sei vielleicht prinzipiell fast alles aufklärbar. Die Gesellschaft prägt den Menschen zweitens durch den allumfassenden Konsumismus, der seinerseits mit gesellschaftspolitischen Faktoren wie Prosperität, ökonomischen Zwängen und dem internationalen Wettbewerb zusammenhängt, mit Gesetzen, nach denen sich die moderne Gesellschaft, wie es heißt, ausrichten müsse. Beides, Information und Konsum, soll zwar der freien menschenwürdigen Entfaltung des einzelnen und dem Gemeinwohl dienen, aber die Freiheit hat ihren Preis. Im ersten Falle zahlt der Mensch den Preis mit einer wachsenden Abhängigkeit von den ihn lenkenden meinungsbildenden Informationsmonopolen. In der zweiten Hinsicht liegt die Abhängigkeit im ständigen Wechsel des konsumierbaren Angebots beschlossen. Mit diesem Wechsel ändern sich zugleich die Wertpräferenzen (alles Neue ist besser), wobei insgesamt der Wechsel die Meinung suggeriert, es dürfe sich irgendwie prinzipiell alles ändern.

Die *Kirchen* stellen dem wenig entgegen, weil sie ebenfalls große Schwierigkeiten haben, mit der Ambivalenz der Freiheit überzeugend fertigzuwerden (s. schon Kap. 3). Sie erwecken den Eindruck schwankender Uneindeutigkeit und nähren zugleich immer noch den Argwohn, kirchliche Bevormundungsinteressen würden von ihnen lediglich verdeckt. Wenn die Kirchen insgesamt beklagen, daß sie auf die Familie nicht mehr zählen können, müssen sie sich selbstkritisch fragen, ob die Gemeinden ihrerseits besonders auf junge Familien einladend zugehen.

3. Christliche Erziehung zu gesellschaftlicher Verantwortung für eine humane Kultur

Fragt man jetzt nochmals: »Was ist christliche Erziehung?«, steht nicht mehr nur der im ersten Abschnitt beschriebene Grundsinn christlicher Erziehung vor Augen, der den *Glauben* betrifft, sondern analog zum Aufbau des Gedankenganges im Grundlagenteil ist wieder der weitere Kreis sichtbar geworden: der Beitrag für das *Leben* in der Gesellschaft im ganzen. Von den gesellschaftlichen Lebensbedingungen und dem dominanten gesellschaftlichen Lebenswissen sind Kirche und einzelne Christen voll betroffen. Sie erkennen sich in einer schicksalhaften Verflochtenheit mit der inneren Problematik der Gesellschaft, und ihr Glaube weist sie in die Solidarität mit allen Menschen in dieser Lage. Die aus dem Glauben gewonnene Liebe und Hoffnung dürfen diese Welt nicht loslassen. Neben der Aufgabe, zum Glauben zu verhelfen - damit begannen und schließen (4.) wir dieses Kapitel -, steht darum im Sinne des hier zugrundegelegten Verständnisses evangelischer Bildungsverantwortung, die über Religionspädagogik und Gemeindepädagogik hinausreicht, der Beitrag zu einer humanen Kultur, getragen von kritisch gebildeten Menschen. Dieser Beitrag wiederum hat eine doppelte Funktion: Er dient dem Gelingen des individuellen und gemeinsamen humanen Lebens *um seiner selbst willen* und zugleich den *Voraussetzungen* für die Weitergabe der Glaubensbotschaft.

Familie zwischen Gesellschaftstherapie und Gesellschaftspolitik

Wenn es um das Wohl der Gesellschaft um ihrer selbst willen geht, wäre es an sich an dieser Stelle erforderlich, das Thema Familie ebenfalls zunächst unter allgemeinen familienpädagogischen Gesichtspunkten zu behandeln. Hierfür müßten auch Ergebnisse der Familienforschung berücksichtigt werden. Die Anlage des Ganzen läßt dies jedoch nicht zu. Wir müssen uns auf Andeutungen beschränken und heben nur zwei Aspekte hervor.

Die Situation der Familie wird zum einen durch Veränderungen ihrer *sozialen Gestalt* berührt. Bestimmte Daten sind oben schon gestreift worden; sie betreffen Faktoren, die die Erziehungskraft der Familie mitbestimmen und insbesondere zur Belastung der Kinder führen können[29]. Ein weiterer wichtiger Faktor betrifft den Einfluß gesellschaftlicher Kommunikationsmedien auf das *Medienverhalten der Eltern und Kinder*. Weiter unten sowie im Kapitel über den Elementarbereich (Kindergarten) wird hierauf noch etwas näher einzugehen sein. An dieser Stelle handeln wir von prinzipiellen Sachverhalten. In diesem Sinne zeigt sich am Fernsehkonsum besonders deutlich, daß die Familien-'Kultur' von der gesellschaftlichen 'Kultur' abhängig ist. Wo Breitbandverkabelung gesamtgesellschaftlich geliefert wird, erhöht sich generell auch der Fernsehkonsum in den Familien. Untersuchungen belegen hierbei ferner, daß das Medienverhalten der Eltern das ihrer Kinder prägt.

Wenn diese Verkettung der Ursachen sichtbar wird, darf man bei der Ursachenerkundung nicht zu kurz greifen. Man darf nicht über die Familie klagen und familienpolitische Schäden wieder auffangen wollen, wenn man über die Medienpolitik als Ausdruck der ihr vorgeordneten Wirtschaftspolitik klagen sollte, weil sie diese Folgen heraufbeschworen hat - und zwar wissentlich; denn die Daten der Entwicklung in den USA sind bekannt, und hier erstreckt sich der tägliche Fernsehkonsum der Kinder durchschnittlich bereits auf Stunden. Wissentlich familienschädliche Nachteile in Kauf zu nehmen und gleichzeitig sich familienpolitisch und familienpädagogisch an die Brust zu schlagen wirkt zynisch und zutiefst selbstwidersprüchlich, wenn ein und dieselbe Gesamtpolitik es zu verantworten hat. Eine menschlich förderliche Familienerziehung braucht darum zu ihrer Unterstützung eine *veränderte Familien- und Gesellschaftspolitik*. Die christliche Position ist hierbei mit einer vernünftigen kinderfreundlichen Familien- und Gesellschaftspolitik überhaupt identisch. Bedenkt man das Gewicht wirtschaftlicher Interessen, wird zu einer Grundbedingung wirksamer Familienpolitik die Wiederherstellung aktiver Politik selbst, eine von gesellschaftskritischen Stimmen von Hartmut von Hentig bis Siegfried Lenz immer wieder vorgebrachte Forderung.

29. Vgl. oben S. 273, besonders Anm. 25.

Leider muß man zu dem Schluß kommen, daß in dieser Lage christliche Erziehung im Bündnis mit einer vernünftigen kinderfreundlichen Erziehung überhaupt - denn das pädagogisch Vernünftige erkennen auch andere - zunächst weithin *pädagogische Therapie sozialer und individueller Schäden* zu sein hat. Sie wird vorbeugend, abwehrend, hinauszögernd, abschwächend einen mühsamen Weg gegen mächtige Einflüsse gehen müssen. Sie wird versuchen, gegen den Strom zu schwimmen und wird trotzdem immer wieder mitgerissen werden. Sie wird ein Alibi abgeben, das die Gewissen derer beruhigt, die wegen der Widersprüche Skrupel bekommen. In dieser Verlegenheit kann christliche Erziehung wie jede Erziehung leicht ihr eigenes Ethos verraten, es sei denn, sie versucht, in einer zweiten Aufgabenrichtung *kritisch die Vernunftfähigkeit der Gesellschaft zu stärken.* Zwischen Gesellschaftstherapie und Gesellschaftspolitik hindurch, selbst weder das eine noch das andere, wird die Pädagogik in eigenständiger Verantwortung auf Bewahrung und Veränderung zugleich zu richten sein.

Erste Aufgabenrichtung: Stiftung und Bewahrung von Lebenszusammenhängen

Wir bleiben zur Veranschaulichung der ersten Aufgabenrichtung beim Medienverhalten der Kinder als Ausgangspunkt. Besonders durch einen gänzlich unterschiedslosen und unverarbeiteten Medienkonsum kann die innere Bilderwelt eines Kindes überschwemmt und zum Teil verwüstet werden. Es ist notwendig, daß sorgfältig ausgesucht wird, was die Kinder sehen dürfen, und daß die Eindrücke durch eine gestalterische Wiedergabe (Malen, Spielen, Bauen) und durch das Gespräch mit den Kindern verarbeitet wird. Gegenüber der einseitigen Beschlagnahme durch die optischen Reize des Fernsehens kann man hierdurch zugleich ganzheitlich *alle Sinne ansprechen.*

Eine schnell vorbeifließende Bilderfolge betäubt; beim Vorlesen und Erzählen und beim eigenen Lesen formen sich die Bilder in langsamen Schritten. Dort übt der optische Eindruck eine starke kollektiv-nivellierende Wirkung aus; hier kann sich die eigene Einbildungskraft individuell entfalten. Vor dem Fernsehen verstummt das Gespräch, durch die Sprache der Comics verflacht es; ganz anders, wenn Kinder miteinander sprechen, in der ruhigen gemeinsamen Beschäftigung oder auch im lebhaften Spiel, wenn sie lernen, sich in der Achtung vor den Worten auszudrücken, auf dem Weg zu einer reichen Sprache.

Vieles löst heute bei Kindern eine nervöse Hektik aus; nicht nur im Fernsehen geschaute Gewaltszenen oder aufregende Abenteuer drängen dazu, Szenen im Spiel nachzustellen, Verhaltensabläufe selbst durchzuspielen, emotionale Aktionen und Reaktionen nachzumachen. Der Verlust der Stille hat den Bischof

Helder Camara veranlaßt, für unsere Zeit zu *»Erfindungen der Stille«* aufzufordern[30]:

»Wo bleiben die Erfinder?
Wir brauchen dringend Erfindungen,
die zur Stille verhelfen,
sie schützen,
sie retten.«

Und so ist verständlich, daß Christen und Nichtchristen sich immer mehr auch der *Meditation* zuwenden. Man möchte wieder in der Stille zu sich selbst kommen[31].

Unter die hier zur Rede stehende Perspektive fällt auch das, was gegenwärtig in der Gemeindepädagogik zum »Zusammenhang von Leben, Glauben und Lernen« empfohlen und erprobt wird[32]. Zu betonen ist das Wort »Zusammenhang«; gemeint ist ein *ganzheitlich erlebter Lebenszusammenhang*. In ihm soll gemeinsam mit anderen die innere Einheit des Lebens gespürt, in ihm soll auch der Glaube lebensnah erfahren werden. Eine Schlüsselstellung nimmt hierbei in der Religionspädagogik beider großen Kirchen der Begriff der *»Erfahrung«* ein[33]. Beides zusammengenommen, das Denken in Zusammenhängen und der Blick auf Erfahrung, hofft darauf, daß es trotz großer Widerstände gelingen könnte, Glaubensleben als gelebtes Leben in der früheren Selbstverständlichkeit einer *Lebensform* oder christlichen *Sitte* wiederzugewinnen[34].

Zum Traum vom Lebenszusammenhang gehört auch der vom *gemeinsamen Lernen zwischen den Generationen,* gehört alles das, was gegenwärtig zur Wie-

30. *H. Camara:* Mach aus mir einen Regenbogen. Mitternächtliche Meditationen, Zürich 1981, S. 7.
31. Zur Anwendung der Meditation auf die Theorie und Praxis des Religionsunterrichts vgl. *A. Biesinger (Hg.):* Meditation im Religionsunterricht. Theoretische und schulpraktische Perspektiven, Düsseldorf 1981. Im Rahmen einer übergreifenden »sinnorientierten Konzeption religiöser Erziehung« ist *W. Kurz* auf die Bedeutung »meditativer ethischer Erziehung« eingegangen (Ethische Erziehung als religionspädagogische Aufgabe, Göttingen 1987, S. 245ff.).
32. *Kirchenkanzlei der EKD (Hg.):* Zusammenhang von Leben, Glauben und Lernen. Empfehlungen zur Gemeindepädagogik, vorgelegt von der Kammer der EKD für Bildung und Erziehung, Gütersloh 1982, 2. Aufl., 1983.
33. Vgl. als jüngste Veröffentlichung hierzu die umfassende Behandlung bei *W.H. Ritter:* Glaube und Erfahrung im religionspädagogischen Kontext. Die Bedeutung von Erfahrung für den christlichen Glauben im religionspädagogischen Verwendungszusammenhang, Göttingen 1989.
34. Zur bildungstheoretischen Einführung der Kategorie der »Lebensform« vgl. bereits Kap. 1. Zur bleibenden Bedeutung von »Sitte« vgl. oben Anm. 22.

derbelebung einer (christlichen) *Kultur des gemeinsamen Feierns, Spielens und Gestaltens* beitragen soll - typische Elemente von Lebensform bzw. Sitte. In einem zusammenfassenden Aufsatz zur christlichen Familienerziehung von W.-E. Failing finden wir alles beisammen, die Rede von der Feier- und »Festkultur«, der »Kultur des Erzählens«, der gemeinsamen »Bildkultur« bis zum generationsübergreifenden Lernen und zur Förderung einer »familienoffenen Gemeindekultur« als dem übergreifenden Rahmen[35].

Was im ersten Teil zur pädagogischen Kultur des Vertrauens zu sagen gewesen ist, fügt sich ebenfalls ins Bild (Kap. 2). Ich zähle hierzu ferner die Aufarbeitung der Rolle von *Symbolen* in den einzelnen Richtungen der Symboldidaktik[36] und die Wiederentdeckung der menschlichen Bedeutung von *Ritualen*[37]. Man will herausfinden, was das Leben in sinnlich-geistiger Anschaulichkeit und Erfahrbarkeit trägt; Symbole und Rituale leben von ihrer sinnlichen und zugleich durchscheinenden geistigen Sprache.

Insgesamt zielt der Begriff der *Kultur,* der so auffällig oft ins Spiel gebracht wird, auf ein *Gestaltganzes.* Er berührt sich mit dem von uns maßgeblich verwendeten Begriff der *Bildung,* allerdings nur nach der einen Seite: Bildung durch Lebensform und als Lebensform[38].

Jede Förderung nun, die der humanen Kultur *allgemein* dient, kommt auch der

35. *W.-E. Failing:* Religiöse Erziehung in der Familie, in: *G. Adam/R. Lachmann (Hg.):* Gemeindepädagogisches Kompendium, Göttingen 1987, S. 199-232, bes. S. 222, 226ff., 219f. Für die katholische Seite vgl. ein ähnliches Ensemble in dem großen Übersichtsaufsatz von *E. Feifel:* Tradierung und Vermittlung des Glaubens als katechetisches Problem, in: *E. Feifel/W. Kasper (Hg.):* Tradierungskrise des Glaubens, München 1987, S. 53-100.
36. *W.-E. Failing,* a.a.O., S. 223ff.; *E. Feifel,* a.a.O., S. 66f. Maßgeblich hat P. Biehl zur neueren Symboldidaktik beigetragen, vgl. zuletzt: *P. Biehl unter Mitarbeit von U. Hinze und R. Tammeus:* Symbole geben zu lernen. Einführung in die Symboldidaktik anhand der Symbole Hand, Haus und Weg, Neukirchen-Vluyn 1989; vgl. ferner *B. Herrmann:* Im Gleichnis leben. Sprachbilder der Bibel für die Meditation in Schule und Gemeinde, Göttingen 1982; *V. Hertle u.a. (Hg.):* Spuren entdecken. Zum Umgang mit Symbolen, München 1987; einflußreich auch *H. Halbfas;* Das dritte Auge, Düsseldorf 1982; auf katholischer Seite s. ferner *W. Simon,* Inhaltsstrukturen des Religionsunterrichts, Zürich u.a. 1983, S. 338ff.
37. Vgl. die grundlegende und ausführliche Untersuchung von *W. Jetter:* Symbol und Ritual. Anthropologische Elemente im Gottesdienst, Göttingen 1978; zur religionspädagogischen Bedeutung s. *E. Feifel,* a.a.O., S. 71ff.; ferner die theoretisch anspruchsvollen Überlegungen von *H.-G. Heimbrock,* Religiöse Entwicklung und die rituelle Dimension, in: *K.E. Nipkow/F. Schweitzer/J.W. Fowler (Hg.):* Glaubensentwicklung und Erziehung, 2. Aufl., Gütersloh 1989, S. 193-207.
38. In Kap. 1 fügten wir zwei Seiten zusammen, Bildung als Lebensform und Bildung als Reflexion; zu letzterer siehe noch unten.

besonderen Aufgabe der Weitergabe der Glaubensüberlieferung zugute, als mittelbare Voraussetzung. Das Evangelium will mündlich weitergesagt und gehört werden. Sein Medium sind von alters her die biblischen Geschichten. Eine Kultur des Erzählens stützt die hier wartende Aufgabe der christlichen Erziehung im engeren Sinn. Jede allgemeine Bemühung, die Aufmerksamkeit der Kinder zu stärken, die Fähigkeit zu innerer Sammlung zu fördern, kommt ebenfalls den Wegen zum Glauben zugute, besonders der Einübung in die Voraussetzungen des Betens. Jede Sensibilisierung für ein tieferes Verständnis symbolischer Sprache in anderen Fächern wie im Deutschunterricht oder Kunstunterricht dient dem Verständnis religiöser symbolischer und metaphorischer Sprache. Christliche Erziehung würde sich jedoch völlig falsch verstehen und ihren Sinn im weltlichen Regiment Gottes verfehlen (vgl. Kap. 4), wenn sie dies alles nur um dieser 'Zubringerfunktion' willen als Aufgabe verfolgen wollte (siehe hierzu bereits auch die Einleitung).

Zweite Aufgabenrichtung: soziale Wahrnehmung, kritische Beurteilung, vernünftiges Handeln

Mit den Teilaufgaben in der ersten Aufgabenrichtung reagiert christliche Erziehung vorbeugend, bewahrend und gegenwirkend auf einen Verlust, den Verlust eines inneren Lebenszusammenhangs. Religionspädagogik und Gemeindepädagogik stellen sich in den Dienst gesellschaftlicher Selbstheilungsversuche, als Form des pädagogischen Ausgleichs. Darf es hierbei sein Bewenden haben? Die identifizierten Aufgaben sind wichtig; aber wenn sie isoliert verfolgt werden, gerät christliche Erziehung zur Variante einer angepaßten Sozialpädagogik. Wie es jedoch eine kritische Theorie und Praxis der Sozialpädagogik gibt, so muß es auch eine kritische christliche Erziehung geben. Wenn Christen meinen, was sie sagen, wenn sie von der Sorge um die Kinder und die Jugendlichen sprechen (was in christlichen pädagogischen Feiertagsreden so leicht von den Lippen geht), haben sie dazu beizutragen, daß Staatsbürger mit kritischer Vernunft und sensiblem Gewissen heranwachsen. Nicht nur in Schule und Gemeinde, sondern auch hinsichtlich der Familie reicht dann eine *binnenorientierte Familienerziehung* zur Erhaltung oder Wiedergewinnung bloß innerer familialer Stabilität und Harmonie nicht mehr aus. Erforderlich ist eine *öffentlich orientierte Familienerziehung* (und entsprechend Familienbildungsarbeit): Familie als Raum des freimütigen Bedenkens von Lebensfragen und Gesellschaftsproblemen, die über das 'liebe Ich' und die 'liebe Familie' hinausreichen[39].

39. In diese Richtung bewegen sich neuere Praxishilfen, vgl. z.B. *Diakonisches Werk der Ev.-Luth. Kirche in Bayern/Ev. Aktionsgemeinschaft f. Familienfragen in Bay-*

Die neuen Ideale der Lebensunmittelbarkeit, Ganzheitlichkeit und Gemeinschaftlichkeit haben eine hohe Suggestivkraft. Sie verdecken jedoch, pädagogisch gesehen, mit ihren irrationalen lebensphilosophischen Tendenzen[40] die Aufgabe der *kritischen Aufklärung über die Ursachen* der lebenszerstörerischen Entwicklungen. Sie vergessen ferner, theologisch gesehen, die Berufung des Menschen unter das Wort Gottes, das ihn aus der Enge und Wärme christlicher Gemeinschaftserfahrung zu *Nachfolge und Zeugnis in einem weiter zu fassenden Horizont* herausruft. Wir deklinieren hier im übrigen unter »christlicher Erziehung« nur, was schon der Grundlagenteil in seinen sich erweiternden Verantwortungskreisen begründet hat.

Wie sieht die praktische Seite dieser Aufgabenrichtung aus? Die Ausbildung von Fähigkeiten, die instand setzen, Lebensverhältnisse aufzuhellen, Widersprüche zu erkennen, problematische Entscheidungen zu kritisieren, setzt erstens voraus, daß man *Sachverhalte wirklichkeitsgerecht wahrzunehmen* gelernt hat, damit man weiß, wovon man spricht. Die ethische Urteilskraft und Reichweite hängt sodann im besonderen davon ab, ob es gelingt, die *»Grenzen der sozialen Wahrnehmung« zu erweitern.* Zu dieser Erweiterung von Wahrnehmung und Verantwortung zwingt die Interdependenz der Lebensverhältnisse auf unserem Globus; sie verlangt ein gemeinsames Problem- und Aufgabenbewußtsein. Es entwickelt sich jedoch nur schrittweise, wie im Spiegel der Theorie der Stufenentwicklung des moralischen Urteils nach Lawrence Kohlberg deutlich wird[41].

ern (Hg.): Zum Thema: Familie. Eine Arbeitshilfe, Nürnberg o.J., mit Themen wie Arbeitslosigkeit und Armut, Familien ausländischer Arbeitnehmer, ausländische Flüchtlinge und deutsche Aussiedler.

40. In überschwänglicher Weise und in völliger Absehung von geschichtsbewußten gesellschaftskritischen Analysen sind die Momente der »Lebensnähe«, »Lebenswirksamkeit« sowie des »Gliedschafts- und Gemeinschaftsbewußtsein(s)« und des »ganzen Menschen« in der idealistisch-organologisch orientierten Religionspädagogik im ersten Drittel des Jahrhunderts anzutreffen, als u.E. sehr einseitige Antwort auf die Krise nach dem ersten Weltkrieg, exemplarisch *O. Eberhard:* Wie lassen sich die modernen pädagogischen Bestrebungen für die evangelische Erziehungsschule fruchtbar machen?, Langensalza 1923, S. 35, 52 passim. Zur kritischen Würdigung der Stärken und Schwächen dieses Ansatzes vgl. vom Vf.: Otto Eberhard (1875-1966), in: *H. Schröer/D. Zilleßen (Hg.):* Klassiker der Religionspädagogik, Frankfurt/M. u.a. 1989, S. 210-222.

41. Zur Einführung in die Entwicklung des moralischen Urteils nach Kohlberg vgl. die Darstellung bei *F. Schweitzer:* Lebensgeschichte und Religion. Religiöse Entwicklung und Erziehung im Kindes- und Jugendalter, München 1987, S. 112ff. Schweitzer übernimmt die Stufenbeschreibungen aus *A. Colby/L. Kohlberg:* Das moralische Urteil: Der kognitionszentrierte entwicklungspsychologische Ansatz, in: *G. Steiner (Hg.):* Die Psychologie des 20. Jahrhunderts, Bd. VII. Piaget und die Folgen, Zürich 1978, S. 348-366. Ich lehne mich an die abgedruckten Beschreibungen an (Schweit-

In der Gemeinschaft mit Eltern, Geschwistern, Spielgefährten wird langsam eine soziale Perspektive *konventioneller* moralischer Verpflichtung ausgebildet (Stufe 3 nach Kohlberg). Die Heranwachsenden werden sich der gemeinsamen Gefühle, Übereinkünfte und Erwartungen bewußt, die den Vorrang vor individuellen Interessen gewinnen. Sie versetzen sich auch in die Lage des jeweils anderen, lassen aber die verallgemeinerte 'System'-Perspektive noch außer Betracht. - Als nächstes kann und sollte eine soziale Perspektive mit einem entsprechenden ethischen Bewußtsein entwickelt werden, das den Standpunkt des sozialen Systems einzunehmen und so auch die Verpflichtungen in diesem größeren Rahmen ernst zu nehmen imstande ist (Stufe 4, noch zum konventionellen Niveau gehörig).

Erst auf den nächsten beiden Stufen des *postkonventionellen* moralischen Urteils geht der Blick über die soziale Institution, somit schließlich auch über den eigenen Staat und die eigene Nation, hinaus; es werden absolute Werte und Rechte wie Leben und Freiheit wahrgenommen, die unabhängig von der Meinung der Mehrheit respektiert werden müssen. Die Einsicht in Widersprüche zwischen Verfassungsnorm und Verfassungswirklichkeit wird möglich. Mit der Verinnerlichung von Menschenrechten wächst das 'Gewissen für andere' und transzendiert nationale, rassische, ideologische und andere Egoismen.

Wie jede zukunftsfähige ethische Erziehung kann sich auch christliche Erziehung nur in diesem letzten Sinn verstehen. Sie wird *ökologisch* und *ökumenisch* sein müssen, bezogen auf den ganzen bewohnten Erdkreis, orientiert an den Menschenrechten, im Bündnis mit allen Formen humanistischer Pädagogik, die ähnlich denkt, und im Einverständnis mit den Christen aller anderen christlichen Kirchen.

Es ist für unsere Tage charakteristisch, daß schon ziemlich junge Kinder eine ziemlich alte Erfahrung haben, als hätten sie Jahrzehnte des Lebens bereits hinter sich und wären aus Schaden klug geworden. Eine dreizehnjährige Schülerin, Alexandra Duringer aus Österreich, schreibt als Antwort auf die Fragen: »Wie stelle ich mir die Zukunft vor? Wie sieht die Welt aus, wenn ich 30 Jahre alt bin«:

»Wenn ich einmal dreißig Jahre alt bin, wird sich sicher nicht viel ändern, aber einmal in der Geschichte wird es einen Wendepunkt geben, doch diesen Wendepunkt haben wir uns selbst erschaffen. Die Erde und die Natur werden sich einmal, und dieses 'einmal' wird bald kommen, für alles rächen, was wir ihnen in unserem Ehrgeiz genommen haben. Niemanden kann man nur quälen und ausbeuten, ohne daß man die Konsequenzen ziehen muß. Jeder wird verantwortlich sein, und keiner kann die Verantwortung auf einen anderen abschieben, denn wir alle haben die Güter der Erde mißbraucht und ohne Ehrfurcht behandelt.«[42]

zer, S. 116ff.). Der Aspekt der »Grenzen der sozialen Wahrnehmung« (»boundaries of social awareness«) ist auch einer der sieben Aspekte, die nach *J.W. Fowler* zur Struktur von (Lebens)»Glauben« (Faith) gehören (Stages of Faith, San Francisco 1981) (vgl. *F. Schweitzer*, a.a.O., S. 142f.).

42. Entnommen aus *M. Meinerzhagen (Hg.):* Bäume und Vögel gibt es auch nicht mehr. Kinder schreiben über ihre Zukunft, Hamburg 1988, S. 29.

Kinder sind zeitlich früher 'erwachsene' Gesprächspartner; manche Erwachsene bleiben lebenslang eine Verkörperung 'unerwachsener' Harmlosigkeit. Kinder für die Zukunft zu erziehen heißt deshalb auch, sie zu geschichtlichem Denken anzuleiten, damit sie lernen, in der Kategorie der Zeit zu denken. Alexandra unterscheidet bereits zwischen einer nahen und fernen Zukunft, um sich gleichzeitig letztere als bedrückend nah vorzustellen. Wenn so nicht nur durch *räumliche* Ausweitung der sozialen Wahrnehmung, sondern auch *zeitlich* das Verantwortungsbewußtsein gewachsen ist, kann freilich bei Kindern auch die Ratlosigkeit besonders groß werden. Darum muß man der jungen Generation zeigen, daß es weder vernünftig noch christlich ist, einfalls- und tatenlos zuzusehen.

Voraussetzung für ein vernünftiges Handeln ist kritische *Urteilsfähigkeit.* Sie wiederum gründet in der Fähigkeit, unterscheiden zu können. Im Sinne der beabsichtigten Mehrdeutigkeit der Formel von der »Ethik des Sein-Lassens«[43] ist zu fragen: Was ist an neuen Entwicklungen ethisch *zuzulassen?* Was ist zu *belassen,* das heißt so zu bewahren, wie es ist? Was ist trotz schon in Gang befindlicher Prozesse zu stoppen, unter Umständen sofort, mithin fortan strikt zu *unterlassen?* Diese Unterscheidungsfähigkeit kann schon vom Grundschulalter an elementar gefördert werden. Eine solche Aufgabe gehört aber auch in die Familie. Eltern haben als erste ein Recht, ihre Kinder zum ethischen Urteil anzuhalten. Kritische Erziehung gewinnt mit dem Begriff des Unterscheidens ihre ursprüngliche Wortbedeutung zurück; griech. *krinein* meint unterscheiden. Wo immer es möglich ist, sollte sodann das ethische Urteil *praktisch* werden, damit Kinder und Jugendliche erkennen, daß gemeinsame Einsichten und Entschlüsse Früchte tragen können; daß man handeln *kann,* klärt sich bestärkend nur, wenn man zu handeln *wagt,* wie schon J.F. Herbart mit seiner Formel »Handeln ist das Prinzip des Charakters« nachdrücklich hervorgehoben hat[44].

Zusammengefaßt: Wenn christliche Erziehung im Rahmen einer umfassenden Theorie kirchlicher Bildungsverantwortung ausgelegt wird, lassen sich zwei große Aufgabenbereiche unterscheiden, der des Lebens in einer humanen Kultur und der des Glaubens als der Mitte dieses Lebens für den Christen (siehe dazu unten 4.). Das erste Aufgabenfeld ist nach zwei Richtungen ausdifferenziert worden; man könnte auch von einem zweifachen Aufgabensinn sprechen, einem

43. Zu dieser ethischen Position vgl. die verschiedenen Arbeiten *A.K. Tremls,* u.a.: Überlebensethik - Plädoyer für eine Steinzeitmoral, in: Zs.f.Entw.Pädagogik 8 (1985), 4, S. 3-9; *U. Baumann/A.K. Treml:* Schöpfung oder Evolution? Ethische Konsequenzen eines Paradigmawechsels, in: *R. Preul u.a. (Hg.),* Bildung - Glaube - Aufklärung, a.a.O. (Anm. 22), S. 141-155, bes. S. 152.

44. *J.F. Herbart:* Allgemeine Pädagogik, aus dem Zweck der Erziehung abgeleitet (1806), in J.F. Herbart, Pädagogische Schriften, hg. von *W. Asmus,* Bd. 2: Pädagogische Grundschriften, Düsseldorf/München 1965, S. 112.

vorbeugend-bewahrenden und einem kritisch-problematisierenden. Christliche Erziehung sollte es sich verbieten, nur eine Variante angepaßter Sozialpädagogik zu sein. Sie ist aber auch nicht direkt Gesellschaftstherapie oder Gesellschaftspolitik, sondern hat, um beide wissend, einen eigenständigen pädagogischen Weg zu gehen. Auf ihm ist die Anwaltschaft für die Kinder das spezifisch pädagogische Proprium, das auch für die christliche Erziehung gilt, hier allerdings konstitutiv verbunden mit der Verantwortung vor dem Gott der Bibel.

4. Christliche Erziehung und Glaube zwischen Verheißung und Anfechtung

Christliche Erziehung ist mit anderer auf das Humanum gerichteter Pädagogik verwechselbar. Sie wird dadurch unverwechselbar christlich, daß sie vor Gott aus dem Glauben geschieht. Grundlage christlicher Erziehung als Lebenshilfe ist daher die Hilfe zum Glauben (vgl. schon oben 1.).

Lebenswissen und Glaubensanfechtung

Es sollen an dieser Stelle weder die Ausgangspunkte des ersten Teils zu dieser Frage wiederholt (Kap. 2) noch die Einzelanalysen der folgenden Kapitel vorweggenommen werden. Wir konzentrieren uns wieder lediglich auf weiterführende übergreifende Perspektiven, die sichtbar machen können, wie die folgenden Handlungsfelder vor gemeinsamen Problemen und Aufgaben stehen.

Das dominante Lebenswissen der Gesellschaft (s. oben 2.) spielt wie für die Lebensorientierung (s. oben 3.) so auch jetzt für die Orientierungssuche im Glauben eine gravierende Rolle; hier aber wird es zur *Anfechtung,* und zwar auf doppelte Weise. Der Glaube wird angefochten, weil das *Leben* und das *Denken* ihn zu widerlegen scheinen und weil in beiden der Zweifel aufbricht, daß *Gott sich selbst* widerlegt und dem Glauben entgegensteht.

Erste Aufgabenrichtung: zum Glauben helfen in der Anfechtung durch das Leben

Viele Menschen einschließlich vieler Christen leiden am Leben und möchten die Lebensverhältnisse ändern. Biblisch gesprochen drängen sie auf Umkehr und meinen hierbei nicht nur die individuelle Buße und Bekehrung. Analog zu den behandelten Spannungen im Feld zwischen Gesellschaftstherapie und Gesellschaftspolitik geraten wir in der Kirche vor die Auseinandersetzung zwischen dem *individuell* und dem *gesellschaftspolitisch* ausgerichteten Zeugnis. Im weiteren Umkreis stehen das prophetische Amt der Kirche und die politische Predigt an. Religionspädagogisch gesehen sind besonders der Religionsunterricht und eine kritische kirchliche Erwachsenenarbeit berührt, etwa an den Evangelischen Akademien. Im Religionsunterricht spitzt sich die Problematik besonders dann zu, wenn thematisch-problemorientiert sozialethische Themen mit zwangsläufig gesellschaftspolitischen Folgerungen angepackt oder biblische Texte mit stark sozial- und herrschaftskritischem Gehalt vergegenwärtigt werden (alttestamentliche Prophetie).

Die Kontroverse hat theologisches Gewicht; der Sinn des Evangeliums steht auf dem Spiel. Im Sinne der Rechtfertigungslehre ist zwischen Evangelium und Erziehung, Evangelium und Politik zu unterscheiden; nur aus dem Evangelium kommt das Heil, und zwar durch den Glauben, nicht aus menschlichen Werken. In der existentiellen Lebenserfahrung lassen sich die Aspekte jedoch nicht so trennen, wie sie theologisch unterschieden werden müssen. An früherer Stelle (S. 88) ist das Lebensbekenntnis eines Berufsschülers herangezogen worden, der verzweifelt um seinen Glauben bangt, weil ihm Gott angesichts bedrückender gesellschaftlicher Probleme immer ferner rückt und unverständlich wird. »Ist Gott ein Rassist?«, »Sein seltsamer Weg zum Frieden«, wie kann man an Gott noch glauben angesichts der »Ungerechtigkeit« in der »Dritten Welt«? Das Evangelium spricht zum Menschen, wenn es ihn in seiner konkreten Not anspricht; sie aber ist durch geschichtlich-gesellschaftlich bestimmte Erfahrungen verursacht. Die »Welt« und ihre »Werke« sind damit zwar nicht der Grund des Glaubens, aber der Ort seiner Anfechtung und Bewährung.

Wenn dies stimmt, können die in der religionspädagogischen Entwicklung der letzten 25 Jahre erarbeiteten kontextualen bzw. korrelationsdidaktischen Verschränkungen von Glaube und Leben, Tradition und Situation, Evangelium und Gesellschaft nicht preisgegeben werden. Diese Verschränkungen darf man allerdings nicht oberflächlich verstehen. In den 60er Jahren ist der Situationsbegriff auch für die Predigtvorbereitung wieder wichtig geworden. Ernst Lange hat den situativen Kontext unter dem Begriff der »homiletischen Situation« neu in den Brennpunkt der Aufmerksamkeit gerückt und in bemerkenswerter Weise hierbei die »homiletische Situation« im Kern als die *»Situation der Anfechtung«* verstanden[45].

»Der Glaube wird unfrei durch den Druck der Realität seines Daseins, durch den Zwang des Sachverhalts, er wird mundtot gemacht durch die Sprache der Tatsachen« (S. 26). »...

45. Zur Theorie und Praxis der Predigtarbeit (1967), in: *E. Lange:* Predigen als Beruf: Aufsätze, hg. von *R. Schloz*, Stuttgart/Berlin 1976, S. 9-51, hier S. 25.

die gegenwärtige Wirklichkeit Gottes wird strittig angesichts der wirklichen Gegenwart« (26f.). In dieser Lage hat die Predigt und hat auf seine Weise auch der Unterricht »Verheißung und Wirklichkeit miteinander zu versprechen, so daß verständlich wird, wie die Christusverheißung auch und gerade diese den Glauben bedrängende Wirklichkeit betrifft, aufbricht, in ihrer Bedeutung für den Glaubenden verändert und wie umgekehrt auch und gerade diese ihn umgebende Wirklichkeit im Licht der Verheißung auf eine eigentümliche Weise *für* Gott, *für* den Glauben und seinen Gehorsam in Liebe und Hoffnung zu sprechen beginnt« (27).

Zu demselben Zeitpunkt, als Lange diese Sichtweise entwickelte, das »Versprechen« von Verheißung und Wirklichkeit, haben die Begründer des Konzepts des thematisch-problemorientierten Religionsunterrichts Glaube und Wirklichkeit hermeneutisch und didaktisch aufeinander bezogen. Es ist jedoch hierbei nicht immer die Tiefe des Problems im Blick geblieben. Woraus erwachsen letztlich die Kontroversen? Was treibt die Christen an den Flügeln unserer Kirche auseinander? Was macht die einen zu Verfechtern einer gesellschaftspolitisch ausgreifenden Auslegung? Zu ihnen gehörte auch Ernst Lange. Was hindert die anderen daran, diesen Weg mitzugehen? Die Wahrnehmungen derselben erdrückenden Situation werden unterschiedlich theologisch gedeutet. Die eine Seite deutet die Situation im ganzen als Gottes Gericht; die andere entnimmt ihr Gottes Ruf zum Handeln. Zunächst die erste Seite:

Für sie ist in aller menschlichen Unvernunft, Selbstzerstörung und Barbarei Gott selbst am Werk. Er will der Menschheit ihre Todesverfallenheit vor Augen führen und sie damit ihrer Erbsünde überführen. Das Vertrauen auf Gottes Liebe wird an die theologische Deutung der Geschichte als einer auf Weltgericht und Apokalypse zulaufenden Geschichte gebunden. Dies kann u.U. so weit getrieben werden, daß der Sieg über Tod und Sünde in Jesus Christus in seiner Bedeutung für heute darüber geradezu verblaßt oder nur noch für den auserwählten einzelnen tröstende Rettung bedeutet. Wenn aber auf diese Weise die neue Herrlichkeit strikt jenseitig, als eine Wirklichkeit jenseits aller Zeiten nach dem Gericht, angesehen wird, muß das Leben auf Erden an Gewicht verlieren. Dann besteht die alles andere relativierende Aufgabe darin, Kirche als Gemeinde der Bekehrten und Wiedergeborenen zu sammeln. Kirchenmitglieder, die nicht so denken können, werden durch diese Sicht irritiert, für sie verliert bei dieser Vorstellung Gott die Züge eines schon jetzt tröstenden Gottes der allumfassenden Liebe; er wird ihnen bei der Vorstellung, daß er selbst alles möglicherweise planmäßig herbeigeführt haben könnte, geradezu schrecklich. Die evangelischen Christen, die das Gericht betonen, sehen demgegenüber just in diesem Erschrecken das Erschrecken des Sünders, und sie beharren darauf, den heiligen Gott als Gott auch des Gerichts ganz ernst zu nehmen.

Die Christen der anderen Seite setzen gegenläufige Akzente, ebenfalls aus ihrem christlichen Glauben heraus. Sie leugnen nicht die Todesverfallenheit der

Welt, sehen die Sünde, heften aber den Blick an die täglich vor Augen liegenden konkreten Sünden als Erscheinungsformen der einen umfassenden Schuld vor Gott, nennen die Formen menschlicher Selbstzerstörung und Zerstörung der Natur beim Namen, das Sterben in der Dritten Welt, die Verletzung der Menschenrechte in Diktaturen, die Formen ökonomischer Ausbeutung auf Grund von wirtschaftlichen Expansions- und Gewinninteressen, die Weisen der Bewußtseinsmanipulation in der westlichen Welt. Die Rede vom Evangelium ist mithin auch hier mit der Deutung der menschlichen Situation unter Sünde und Gesetz verbunden. Der Unterschied liegt darin, daß andere Konsequenzen gezogen werden.

Wenn Gott in Jesus Christus ein neues Sein menschliche Gestalt hat annehmen lassen, wird es als Gottes Wille angesehen, daß schon hier das Handeln der Christen diesem neuen Sein entsprechen möge. Der bereits in der Verkündigung Jesu angesagten Herrschaft Gottes, die im Sieg Jesu Christi über den Tod beglaubigt worden ist, soll schon hier und heute abbild- und zeichenhaft ein uns Menschen möglicher und im Glauben gebotener Ausdruck gegeben werden. Darum betonen diese Glieder der Kirche auch das ethisch-politische Zeugnis.

In der Regel unterscheiden sich die beiden kirchlichen Strömungen ziemlich genau auch in ihren jeweiligen politischen Präferenzen; das ist aufschlußreich und zeigt, wie wenig 'rein' theologisch gedacht werden kann. Im Kern enthält die Konfliktsituation aber ein theologisches Auslegungsproblem erster Ordnung, eine Herausforderung, dem, was theologisch als wahr zu gelten hat, auf den Grund zu gehen. Zu dieser *theologischen Konzentration* ist darum auch die christliche Erziehung in allen ihren Formen aufgerufen, besonders dort, wo sie thematisch-problemorientiert und gesellschaftsbezogen arbeitet. Das theologische Sachkriterium zur Bildung theologischen Urteilsvermögens kann hierbei u.E. nur die immer wieder zu suchende Bestimmung des rechten Verhältnisses von Gesetz und Evangelium sein. In beiden oben beschriebenen Positionen droht die Gefahr der Gesetzlichkeit. Im ersten Fall kann durch die Fixierung auf Gottes Gericht das Evangelium verdrängt werden, durch die einseitige Betonung des überführenden Sinns des Gesetzes *(usus theologicus* bzw. *elenchticus).* Im zweiten Fall kann das Evangelium zu sehr in ein neues Gesetz als »Gesetz Christi« im Sinne eines dritten Gebrauchs des Gesetzes aufgehen *(tertius usus legis).*

Schon Luther hat den Hausvater, sprich heute: die Familie, beauftragt, zu rechenschaftsfähigem mündigem Christsein beizutragen. Familienbildungsarbeit, Elternarbeit, im weiteren Sinne kirchliche Erwachsenenbildung neigen dazu, vornehmlich die erste Aufgabe, die Hilfe zur Lebensorientierung zu betonen. Stärker, als wir erwarten, wird jedoch in den folgenden Kapiteln deutlich werden, daß Eltern und Erzieherinnen, Lehrer und kirchliche Mitarbeiter Glaubensfragen haben. Eine theologische Konzentration ist daher auch von dieser

Seite her geboten. Nach wie vor gehören folgende Fragen in den Mittelpunkt: Was ist Gottes Gebot und was der Menschen Sünde heute (Gesetz)? Was aber ist zugleich unsere Hoffnung schon heute, und zwar nicht nur für uns persönlich, sondern für die Welt im ganzen (Evangelium)?

Zweite Aufgabenrichtung: zum Glauben helfen in den Anfechtungen des Denkens

In Anfechtung gerät der Glaube nicht nur durch das Leben, sondern auch durch das Denken; und meist ist beides miteinander verbunden. Die Frage der Vereinbarkeit der offenbarungsbezogenen Denkformen des Glaubens mit den Denkformen des wissenschaftlichen Verstandes ist alles andere als ausgestanden. Das wird sich auch nicht ändern, da im Leben jedes einzelnen, der geboren wird, sich unter bestimmten Voraussetzungen das Problem jeweils neu stellt. Jedes Kind wächst in das dominante Lebenswissen unserer Zeit hinein. Wenn es dann zugleich - hoffentlich - schrittweise die christliche Glaubensüberlieferung kennenlernen sollte, wird der Konflikt im Verhältnis von *Glaube und Wissen* in der Regel unausweichlich sein. 'Fortschritte' in der wissenschaftlichen Theologie, eine überzeugendere theologische Sprache in Verkündigung und Unterricht, oder was immer wir uns vorstellen können, werden allemal das Ergebnis der Bemühungen von Erwachsenen sein, auf das sich jedes Kind aufs neue stets erst von einer Grundlinie aus zubewegen muß. Die Tatsache, daß sich Kinder und Jugendliche *entwickeln,* ist nicht zu überspringen. Hieran hat die entwicklungspsychologisch informierte Religionspädagogik deutlich zu erinnern. Mit der Inangriffnahme der systematisch-theologischen Aufgabe der Vermittlung von Glaube und Wissen ist es mithin nicht getan. Diese Vermittlungsleistung nochmals auch mit dem sich entwickelnden Leben jedes einzelnen in seinem Lebenslauf zu vermitteln - das ist die pädagogische Aufgabe.

Um ein Beispiel zu wählen: In jeder Generation wird die christliche Erziehung und Unterweisung aufs neue den Unterschied zu verdeutlichen haben zwischen einer historischen Tatsachenwahrheit, die, gemessen an den Gütekriterien wissenschaftlicher Forschung, empirisch nachprüfbar ist und darum *bedingte Allgemeingültigkeit* beanspruchen kann, und einer lebensführenden persönlichen Glaubenswahrheit, die auf ihre Weise wahr ist, weil sie Erfahrung und Gewißheit einschließt, die aber gleichwohl keineswegs so nachgeprüft werden kann, daß sie zwingend logisch allgemein einzusehen ist - sie ist *unbedingt für mich gültig,* nicht allgemeingültig.

Das Erlernen der Fähigkeit, zwischen verschiedenen Denkebenen und Wahrheitsbegriffen unterscheiden zu können, ist dabei nur ein Aspekt eines allgemeineren Problems. Es besteht in dem konfliktreichen Verhältnis von vorwissenschaftlich-vorkritischem Glaubensverständnis einerseits und fachwissenschaftlich-kritischem Umgang mit der Glaubensüberlieferung anderseits mit dem ungewissen Ausgang, ob sich vielleicht ein nachwissenschaftlich-nachkritisches Verständnis einfinden wird, das die kognitiven Widersprüche auflösen kann. Was mit diesem Dreischritt gemeint ist, mit der Herausforderung unmittelbarer Glaubensgewißheit (1.) durch Reflexion (2.) und der Überwindung dieser Anfechtung in einer 'zweiten' Unmittelbarkeit (3.), ist im ersten Teil bereits grundsätzlich erörtert worden (Kap. 3). Das Problem ist jetzt praktisch weiterzuverfolgen.

Mehr denn je sorgen sich Religionspädagogen und Gemeindepädagogen heute zu Recht zunächst um den ersten Schritt, um die breite emotional-soziale religiöse Vergewisserung *vor* einer problematisierenden Reflexion. Die Elemente sind bereits genannt worden: der Zusammenhang von Leben, Glauben und Lernen; der Versuch, Glauben durch ganzheitliche Erfahrung anzubahnen; der neue Nachdruck auf Meditation und Andacht, Gebet und Gottesdienst, Fest und Feier, aber auch Aktion und Demonstration. Eine christliche Erziehung, die sich primär hierauf richtet, will die Wahrheit des Glaubens gefühlsmäßig zu spüren geben, will die Herzen berühren, will Menschen möglichst unmittelbar gewiß machen. Alles zusammengenommen, »Zusammenhang«, »Ganzheitlichkeit«, »Erfahrungs- und Lebensnähe«, »Gemeinschaft«, »unmittelbare« Vergewisserung, zielt auf den Glaubensakt in einer vorwissenschaftlich-vorkritischen Weise. In der Geschichte der Religionspädagogik war bereits in der reformpädagogischen Bewegung diese auf unmittelbares Erleben gerichtete Methode einer der charakteristischen Zugänge. Die verwendeten Kategorien sind lebensphilosophisch und reformpädagogisch eingefärbt; sie sind *ganzheitlich-synthetischer* Natur.

Ich kann mir auch in Zukunft keine Erziehung denken, die diesen Weg nicht gehen sollte; nicht zuletzt ist er kindgemäß. Schon erwähnte frühere Verirrungen wie die Funktionalisierung des Evangeliums zu einer bloß als sittliche Größe beanspruchten Kraft zur »Lebenssteigerung« (R. Kabisch) und zur Bildung einer »sittlich-religiösen Persönlichkeit« im Sinne eines »Vollmenschentums« (O. Eberhard) können vermieden werden. Das bleibende Wahrheitsmoment ist davon nicht berührt. Den klassischen Ansatz finden wir wieder bei Schleiermacher.

Nach Schleiermacher soll ein Kind in einer Weise mit der christlichen Religion vertraut werden, die erstens »alles Absichtliche, rein Technische« vermeidet, bei der »jede Einwirkung absolut das Produkt der Wahrheit ist«, will sagen, wahrer Ausdruck der Glaubensweise der Erziehenden. Diejenigen Einwirkungen werden zweitens dabei »die kräftigsten sein, die sich ganz an das anschließen, was der Augenblick mit sich führt«, also die, die mehr die günstige, sich natürlich anbietende Gelegenheit ergreifen, anstatt künstlich-planmäßig vorzugehen. Drittens bildet die Frömmigkeit der Eltern selbst eine wichtige

Voraussetzung, die Art und Weise, wie sie diese darstellen. Viertens ist es schließlich nicht unwichtig, wieweit Kinder religiös empfänglich sind. »Der Erfolg der Einwirkungen hängt also ab von dem Eindruck der Wahrheit und der Unmittelbarkeit der Sache, von der Kräftigkeit der Darstellung und der Empfänglichkeit des Individuums.«[46]

Schleiermacher beschreibt mit diesen Sätzen die religiöse Erziehung in und durch die *Familie*. An anderen Stellen verallgemeinert er das Prinzip. »Alles soll doch bei den Kindern von dem gemeinsamen Leben und aus dem Gesamtbewußtsein derer, unter denen sie leben, hervorgehen.«[47] Oder wie es in Schleiermachers Praktischer Theologie heißt: »Den Glauben kann der Geistliche nicht mittheilen, sein Entstehen ist das Werk des göttlichen Geistes, und dieser wirkt aus der *Gesammtheit des Lebens*.«[48] Durch Schleiermacher ist die lebensphilosophisch-lebenspädagogische Linie in der Religionspädagogik wesentlich vorgeprägt worden.

Bereits Schleiermacher stieß jedoch schon für die erste Periode der Erziehung auf die andere Seite.

»Was aber ist zu tun, wenn die *Kinder* selbst *Fragen* an die Eltern richten, deren Beantwortung notwendig voraussetzt, daß man eingehe in die Vorstellungen, wie sie sich im Lauf der Geschichte ausgebildet haben? Die Kinder sind oft in solchen Fragen unerschöpflich, besonders in abenteuerlichen, die von einer anthropopathischen Voraussetzung ausgehen.«[49]

Der christliche Glaube überliefert sich eben notwendig auch durch Glaubensinhalte und Glaubensvorstellungen von Gott als Schöpfer und Vater, von Jesus als dem Gekreuzigten und Auferstandenen, Erhöhten und Wiederkommenden, vom Heiligen Geist u.a.m. (vgl. die einleitenden Unterscheidungen zu Anfang des Kapitels). Darum muß die Religionspädagogik um der Sache des Glaubens selbst willen und um der dem Kinde angemessenen Entwicklung der Glaubensvorstellungen willen auch hierauf antworten. Das Kind, das anfängt zu fragen und zu zweifeln, möchte auch mit dieser Seite des Glaubens gedanklich ins reine kommen. Die Hilfen, die jetzt gegeben werden müssen, können jedoch nun nicht

46. *F. Schleiermacher:* Pädagogische Schriften. Bd. 1: Die Vorlesungen aus dem Jahre 1826, unter Mitwirkung von *Th. Schulze* hg. von *E. Weniger*, Düsseldorf/München 1957, S. 338.
47. A.a.O., S. 224.
48. Praktische Theologie, SW, 1. Abt., 13. Bd., Berlin 1850, hg. von *J. Frerichs*, S. 349 (Hervorhebung durch mich).
49. Pädagogische Schriften, Bd. 1, a.a.O., S. 227. Der Ausdruck »anthropopathisch« umschreibt wie der Begriff »anthropomorph« die Vorstellung Gottes als eines Wesens mit menschlichen Eigenschaften.

dieselbe Ganzheitlichkeit und Lebensunmittelbarkeit aufweisen; im Prinzip sind sie gerade gegenläufiger, d.h. *analytisch-aufklärender*, Natur.

Das Kind soll zwischen dem wörtlichen und übertragenen Sinn biblischer Aussagen unterscheiden lernen, soll vergleichen und geschichtlich verstehen, daß ein und dieselbe Geschichte in den Evangelien abgewandelt überliefert sein kann, daß ein und derselbe Glaube in verschiedener Weise aufgefaßt werden darf, ohne seine Eindeutigkeit zu verlieren. Dieser Lernweg führt schließlich auch vor den Umstand, wie unterschiedlich die theologischen Auslegungen in bezug auf den Geschichtsverlauf und das gesellschaftliche Glaubenszeugnis aussehen können. Alle genannten Prozesse haben das Gefälle zu Trennungen, zu einer zumindest temporären Auflösung des synthetischen Ganzen. Zu diesen Prozessen gehört in der wissenschaftlichen theologischen Arbeit die historisch-kritische Methode; sie ist das bekannteste Beispiel.

Der Konflikt zwischen Glauben und Wissen nimmt nun die Gestalt einer Spannung an zwischen Glaube als Lebensform (Glaube im Lebenszusammenhang) und Glaube als Reflexion (Glaube im Durchgang durch gedankliche Prüfung). Erneut stehen wir vor einer unserer grundlegenden bildungstheoretischen Ausgangsbestimmungen, jetzt vor der Definition von Bildung als Reflexion und durch Reflexion (vgl. Kap. 1).

In diesem Konflikt wird die schwierigste, aber zugleich fruchtbarste Aufgabe christlicher Erziehung und christlichen Unterrichts darin liegen, einen Weg zu eröffnen und - weit ins Erwachsenenalter hinein - mitzugehen, auf dem die synthetischen und analytischen Momente (Zusammenhänge und Unterscheidungen) nicht auseinanderfallen, sondern sich gegenseitig bedingen und in einem tieferen Sinne stützen können. In wissenschaftstheoretischer Hinsicht habe ich diese Denkweise »dialektisch-konvergenztheoretisch« genannt. Im Grundlagenteil mußte sie an der Stelle bereits näher thematisiert werden, als der Durchgang durch die aufklärerisch-kritische Form des Protestantismus anstand und bei Schleiermacher der Dreischritt von der »ersten Kindheit« als dem ersten Stadium über die kritische Prüfung als dem zweiten Stadium in die »zweite Kindheit« als dem dritten, dem Stadium einer zweiten nachkritischen Naivität, am Horizont aufleuchtete.

Womit wir es konkret zu tun haben, ist zunächst von diesem Ziel noch weit entfernt und sei abschließend an Beispielen veranschaulicht. Ich habe zwei Bilder vor Augen, eine Gruppe von 10- bis 11jährigen, die mit einem Religionslehrer über Lk 24, die Geschichte der Emmaus-Jünger, sprechen, daneben Berufsschüler, die einzeln in einer Abschlußprüfung von demselben Religionslehrer über ein vergleichbares Thema, über »Sterben, Tod und Auferstehung« befragt werden. Dort noch die zuversichtliche Gewißheit, daß alles so ist, wie es die Lehrenden gesagt haben:

»Ja, Jesus ist auferstanden; er ist ja den Jüngern leibhaftig erschienen.« Warum er plötzlich wieder fort war? »Nun, er kann als Auferstandener ohnehin durch Wände und Türen gehen, also mal hier, mal dort sein.« Wieso er heute noch lebt? »Gewiß, hier in der Luft, die ich einatme«; »hier im Uhrwerk meiner Uhr«; »hier in meinem Herzen«. Aus unbekümmert gewissen, vom Eifer errötenden Gesichtern kommen die Antworten, der Lehrer kann sie gar nicht so schnell einsammeln.

Dann die Prüfung der Schulabgänger: Ob Jesus auferstanden ist? »Kann sein, kann auch nicht sein; ich weiß es nicht.« Ein anderer: »In mir sind zwei Hälften. In der einen weiß ich das, was die Religionslehrer gesagt haben, in der anderen Hälfte glaube ich nicht daran.« Ein Plakat wird mit einem Kreuz darauf vorgelegt, aus dessen oberem Ende grünende Zweige hervorbrechen. Was das bedeutet? Zögern. »Das Kreuz hat mit dem Tod zu tun.« Die grünenden Zweige? »Daß der Tote ein Baum wird.« Unverständnis für die Symbolik. In mehreren Anläufen erst dämmert, hingeführt durch den prüfenden Lehrer, die symbolische Darstellung von Tod und Auferstehung Jesu, von Tod und Leben auf. Statt »auferstanden« sagt der Schüler, daß Jesus »aufsteigt«[50].

Wenige Jahre sind vergangen, und die Gewißheit der Kinderjahre ist Ratlosigkeit und Zweifeln gewichen. Wie soll man insbesondere mit den alten konkretistischen Vorstellungen umgehen? Auf der einen Seite ist in der Denkentwicklung die Phase des »Konkretismus« zu Ende. Auf der anderen Seite können noch Siebzehnjährige und ältere dieselben konkretistischen Vorstellungen wie Grundschüler haben. Eine Entwicklung der Glaubensvorstellungen hat nicht stattgefunden. Bei den jüngeren Schülern haben jene Vorstellungen einst kindlich-originell gewirkt, kindgemäß, jetzt wirken sie infantil. Manche bleiben in halb materialisierten, halb vergeistigten Vorstellungen stecken:

»Gott ist für mich ein höheres Wesen, das weiterentwickelt ist als wir Menschen, der einmal schon auf der Erde war. Vielleicht sind das auch mehrere Wesen, die auf einem weit entfernten Planeten leben.«[51]

Früchte des Religionsunterrichts und der Science-fiction-Welt gehen durcheinander, Comics und Fernsehen machen's möglich: Gott ein »weiterentwickeltes« Wesen, von Superheroen ist das Hirn sowieso voll. Er war schon einmal auf der Erde; Jesus und Gott werden unklar miteinander vermengt: Ergebnis eines Unterrichts mit der Rede von der »Menschwerdung« Gottes? »Vielleicht sind das aber auch mehrere Wesen« - spielt jetzt die heilige Dreifaltigkeit eine das Ganze noch weiter verwirrende Rolle, in schrecklicher Verzerrung? Aber dann geht es

50. Die Szenen sind in einer Videoaufzeichnung durch Schuldekan Dr. *H. Hanisch*, Heidenheim, festgehalten worden.
51. Zitiert nach *R. Schuster (Hg.):* Was sie glauben. Texte von Jugendlichen, Stuttgart 1984, S. 108.

weiter: »Wesen, die auf einem weit entfernten Planeten leben.« Nicht einmal eine vage Erinnerung an die Trinität; die Science-fiction-Welt hat gesiegt.

Die analytisch-aufklärende Aufgabenseite liegt auf der Hand. Sie hat der *Klärung der religiösen Vorstellungswelt* zu dienen und schließt zentral das *Verständnis symbolischer und metaphorischer Sprache* ein, damit Auferstehen nicht wörtlich als »aufsteigen« verstanden, der Himmel im Sinne von engl. *heaven* und von engl. *sky* nicht miteinander verwechselt werden, der Verstand nicht wörtlich für wahr halten muß, daß Gott die Welt an sieben Tagen geschaffen hat. Wir können uns die Elementarität dieser Aufgabe nicht nüchtern genug bewußtmachen.

Damit aber die analytische Klärung nicht zur Auflösung führt und der neue Durchblick nicht buchstäblich ein Blick ins Leere wird, ist gleichzeitig dieser aufklärende Bildungsprozeß über sich selbst aufzuklären, Aufklärung über die Aufklärung, Aufklärung über ihre Grenze. Für manchen Schüler nämlich, der plötzlich nicht mehr objektiv-historisch, sondern kerygmatisch-existential verstehen soll, was ein Satz der Bibel meint, kann sich der Realitätsbezug der biblischen Aussagen auflösen. Die Wahrscheinlichkeit, daß dies nicht der Fall sein wird, ist größer, wenn mit dem Symbolverständnis eine eigene unwiderlegbare *Erfahrungsgewißheit* von der Realität Gottes und der Wahrheit des Evangeliums mitwächst. Hierfür sind mehrere Voraussetzungen zu bedenken.

Erstens bleibt nicht nur für die Kindheit, sondern für alle Lebensphasen bedeutsam, was über den Lebenszusammenhang gesagt worden ist. Es ist wichtig, ob in einer Vertrauen stiftenden Weise mit der Bibel umgegangen wird. Die analytisch-aufklärenden Prozesse können die synthetisch-ganzheitlichen nicht einfach ablösen wollen - eine abstrakte und pädagogisch unverantwortliche Vorstellung.

Es ist zweitens von kaum zu überschätzender Bedeutung, ob die erziehenden Eltern oder unterrichtenden Lehrer *eigene religiöse Gewißheit* durchscheinen lassen. Ob die veränderten Glaubensvorstellungen noch tragfähig sind, will man im Übergang zu ihnen möglichst an anderen Menschen ablesen können. Wie bereits einleitend berührt, werden die Inhalte zusammen mit dem gelernt, was sie für den, der sie vermittelt, bedeuten.

Drittens schließlich wird es darauf ankommen, daß jeder Umgang mit der Bibel darauf angelegt ist, das *Geheimnis ihrer Sprache* und damit das *Geheimnis des Glaubens* erahnend zu bewahren. Was gemeint ist, sei am Schöpfungsglauben und am Auferstehungsglauben angedeutet; beides hängt miteinander zusammen.

Gott ist mit einer tiefsinnigen Wendung Eberhard Jüngels das »Geheimnis der Welt«[52]. Die Bibel kann dieses Geheimnis nicht anders als in geheimnisvoll

52. Vgl. den gleichnamigen Titel seines Buches: Gott als Geheimnis der Welt. Zur

bildhafter Weise umschreiben. »Im biblischen Schöpfungsbericht Gen 1 wird die Erschaffung des Lichtes vor der der Gestirne berichtet, ja die Schöpfung beginnt mit dem Licht. Es ist unsinnig, die Alten für so einfältig zu halten, daß sie nicht gemerkt und gewußt hätten, daß das Licht von der Sonne, den Gestirnen herstrahlt«, schreibt der Alttestamentler Hartmut Gese[53]. »Töricht wäre es, dieses Nacheinander von Licht und Gestirnen mit einer Nebelhypothese 'naturwissenschaftlich' erklären zu wollen; der Schöpfungsbericht ist nicht Naturwissenschaft in unserem Sinn« (ebd.). Die Autoren wollten etwas ganz anderes aussagen. »Licht« ist ein Wort von tiefer symbolischer Bedeutung. »Selbstverständlich ist in Gen 1 das reale Licht gemeint sinnlicher Wahrnehmung, dem physikalisch eine bestimmte elektromagnetische Strahlung entspricht, aber in diesem Urphänomen der Wahrnehmung schlechthin ist auch jenes Licht eingeschlossen, das ein Blinder sehen kann und das Erleuchtung ist. Das Symbol transzendiert die Physis. Es ist das Licht, das dann auch das Kleid der Gottheit ist, wie es Ps 104,1b.2a genannt wird, d.i. die Außenseite, die Erscheinungsform Gottes. Es ist das Licht der Doxa, des göttlichen Herrlichkeitsglanzes, das am Ende und Ziel des Seins leuchten wird, wenn Sonne und Mond nicht mehr sind. Der biblische Text bringt die geistige Bedeutung dieses Lichtes geheimnisvoll zum Ausdruck« (ebd.).

Wir verbinden diese Deutung mit der oben skizzierten Unterrichtsszene, in welcher zehn- bis elfjährige Schüler mit ihrem Lehrer über die Emmaus-Geschichte sprechen. Warum Jesus auf einmal fort war? Er konnte doch auch durch verschlossene Türen gehen, sagt ein Schüler, und keiner widerspricht; also konnte er einmal hier, einmal dort sein. Die »Erscheinung« des Auferstandenen, der Aufschein seiner göttlichen Herrlichkeit als Offenbarung Gottes, wird in diesem Alter wörtlich genommen und konkret verstanden. Wenn die Kinder älter werden, sollte ihnen jedoch so geholfen werden, daß sie die Erscheinungen weder als etwas Gespensterhaftes noch als bloße Projektion mißverstehen; das gelingt, wenn sie begreifen, was es heißt, daß die Erscheinung des Auferstandenen im Leben des Paulus so beschrieben wird:

»Als er aber auf dem Wege war und in die Nähe von Damaskus kam, umleuchtete ihn plötzlich ein Licht vom Himmel ...« (Apg 9,3).

Auferstehung ist Neuschöpfung, darum leuchtet das Licht vom Himmel, wie es bei Beginn der ersten Schöpfung leuchtete, erfahrbar als Erleuchtung, auch wenn

Begründung der Theologie des Gekreuzigten im Streit zwischen Theismus und Atheismus, 5. Aufl., Tübingen 1986.

53. *H. Gese*, Die Frage des Weltbildes, a.a.O. (Anm. 1), S. 213.

wir blind sein sollten. Darum auch umschreibt das Johannesevangelium die Menschwerdung Gottes in Jesus Christus als »das wahre Licht, das alle Menschen erleuchtet« (Joh 1,9).

Zusammenfassung

Was ist also, vorläufig abschließend, christliche Erziehung? Sie ist im Kern pädagogische Hilfe zum Glauben, aber nicht in religiöser Isolation. Ganz abgesehen von der allgemeinen pädagogischen Mitverantwortung der Kirche in der Gesellschaft (s. oben 3.), sind nämlich auch die pädagogischen Hilfen zum Glauben angewiesen auf die Wahrnehmung christlicher Bildungsverantwortung in den zwischenmenschlichen und gesellschaftlichen Lebensbereichen, denn die Gottesfrage wie überhaupt die Glaubensfragen stellen sich im Zusammenhang mit der Betroffenheit angesichts der Rätsel des Lebens.

Kinder wachsen immer noch mehr oder weniger mit der Rede vom »lieben Gott« auf, in wie verblaßter Form hierbei auch das Evangelium aufscheinen mag. »Gott ist Liebe«, und durch den von ihm gesandten Sohn als Ausdruck seiner die »Welt« umspannenden Liebe »sollen wir leben« (1 Joh 4,8.9). Aber das Leben scheint den »lieben Gott« zu widerlegen, es spricht in so vielem *gegen* die Liebe. Daher geht die Aufgabe zum einen in die Richtung, Verheißung und Wirklichkeit so miteinander zu »versprechen« (E. Lange), daß die Tiefe des Geheimnisses der Liebe Gottes wirklich verstanden wird und die Wirklichkeit dieses wirklichen Verstehens anfängt, *für* den Glauben und *für* die Liebe und die Hoffnung aus Glauben zu sprechen. An diesem Maßstab sind besonders gegenwarts-, problem- und ethisch orientierte Weisen von Verkündigung und Unterricht zu messen.

Der Glaube scheint zugleich durch das Denken widerlegt zu werden, in der Spannung zwischen Glauben und Wissen. Unvermeidlich stoßen Glaubensinhalte und -vorstellungen auf die Vorstellungsformen der jeweiligen Zeit; und in der Regel stellt sich jedem Kind in seiner Entwicklung der Glaubensanspruch als Problem des Verstehens, des rechten Glaubensverständnisses von neuem - die zweite Aufgabenrichtung. Wenn man überlegt, was pädagogisch geboten ist, enthüllt dieses Problem eine tiefe Aporie.

Auf der einen Seite gilt nach wie vor die pädagogische Wahrheit, daß bei den Kindern alles möglichst »von dem gemeinsamen Leben und aus dem Gesamtbewußtsein derer, unter denen sie leben, hervorgehen« soll (F. Schleiermacher). Darum treffen wir heute in breiter Weise besonders im gemeindepädagogischen Praxisfeld der Religionspädagogik auf ein pädagogisches Denken in ganzheitlich-synthetisierenden Kategorien. Auf der anderen Seite fangen die Kinder früh an, nach genaueren Erklärungen zu fragen; und längst hat auch die Religionspädagogik in beiden Kirchen diesen Weg beschritten, indem sie sich an die wissenschaftlichen Formen eines aufklärend-analytischen Suchens und Fragens in der Theologie angelehnt hat. Wird nun dieser Weg, der dem Glauben durch Klärung des Glaubensverständnisses aufhelfen soll, tatsächlich immer zu einer Hilfe, oder verschärft er das Problem? Wie soll sich die Kirche auf den Faktor Bildung, zumal kritische Bildung, einlassen?

Einerseits, so heißt es, sollen ganzheitliche Erfahrungen angebahnt werden, sollen Jüngere und Ältere gleichsam vorreflexiv möglichst unmittelbar angesprochen und überzeugt werden. Andererseits, so heißt es ebenfalls, sollen Eltern, Kinder, Jugendliche und auch möglichst viele erwachsene Gemeindeglieder zu einem Weg reflektierter Rechenschaftsabgabe über den Glauben eingeladen werden. In der laufenden, oft nur in der Reihung und lockeren Bündelung von Vorschlägen dieser Art sich erschöpfenden Diskussion wird die vorhandene Spannung kaum thematisiert. Auf dem Hintergrund einer den Wandel der Paradigmen geschichtlich ableitenden Untersuchung, bei der oben die herkömmlichen Formen kirchlich-gemeindlichen Denkens (Kap. 2) in die Dialektik von Moderne (Kap. 3) und Postmoderne (Kap. 4) gestellt worden sind, wird die historisch bedingte innere Paradoxie unserer religiösen Situation klarer erkennbar. Die Paradoxie liegt, nochmals zusammengefaßt, darin, zu religiöser Vergewisserung auf ganzheitlich erfahrungsbezogenen Wegen und daneben auch auf solchen verhelfen zu müssen, die diese Gewißheit zugleich problematisieren können - die Paradoxie »problematisierender Erschließung« als unvermeidliches Signum einer späten reflexiven Kultur.

Unsere Untersuchung will zeigen, daß evangelisches Bildungsdenken nicht an dem neuzeitlichen Wahrheitsbewußtsein vorbei entwickelt werden kann, zu dem die reformatorischen Kirchen selbst beigetragen haben. Das Medium der Reflexivität ist gesellschaftlich allgegenwärtig, was durch die neuere irrationale Flucht aus der Reflexion nur bestätigt wird. Die religiösen Vorstellungen zu klären ist daher unabdinglich. Hierbei ist dazu anzuhalten, den symbolisch-metaphorischen Charakter vieler biblischer Aussagen zu verstehen. Notwendig ist ferner, einerseits die relative historische Zuverlässigkeit der biblischen Texte zu verdeutlichen, anderseits die heranwachsenden Jugendlichen zum geschichtlich-hermeneutischen Verstehen der biblischen Überlieferung hinzuführen. Für jeden einzelnen, der heranwächst und die Spannung zwischen unmittelbarer Gewißheit als Kind und den distanzierenden Bewußtseinsschüben durchläuft, kann freilich dieser Weg der Freiheit des Denkens in der Frage der Religion ganz unterschiedlich ausgehen. Risiko und Chance liegen dicht beieinander. Gerade hier aber, mitten dazwischen, ist die pädagogische Aufgabe angesiedelt; sie verlangt darum eine mehrfache Besonnenheit.

Theologisch ist zu prüfen, wo der Glaube an Gott mit Recht das Opfer des Verstandes als Demut des menschlichen Geistes einschließt und wo erzwungene Opfer des Verstandes im Blick auf einzelne religiöse Vorstellungen dem Sinn der

Rechtfertigung allein durch den Glauben geradezu entgegenstehen können. *Entwicklungspsychologisch* und *lebensgeschichtlich* ist zu beachten, inwiefern jemand sich an einem Punkt befindet, wo ein weiterer Schritt der gedanklichen Aufhellung auf dem Boden eines geschichtlich-hermeneutischen Bibelverständnisses für ihn ausgesprochen hilfreich sein wird. *Pädagogisch* gilt grundsätzlich, daß der Unterricht die Spannung zwischen der ganzheitlich-synthetischen und der aufklärerisch-analytischen Seite auszuhalten und fruchtbar zu machen hat.

In dieser Spannung gilt unverrückbar ein Maßstab: Gelingt es, die Liebe Gottes, den Inhalt des Evangeliums, auf pädagogischen Wegen so zu verdeutlichen, daß dieser Sinn in befreiender Klarheit als wahr erfaßt wird, wobei letztlich allein Gott selbst seine Verheißung wahrmachen kann? Dieser letzte Vorbehalt, der in der Unterscheidung zwischen Gottes Möglichkeiten und unseren liegt, ist unerläßlich, gerade weil im folgenden immer wieder von der relativen menschlichen Kraft zum Guten pädagogisch ausgegangen werden muß, ja, im Licht der Bibel selbst auch ausgegangen werden darf.

Sechstes Kapitel:

Anfänge gemeinsamen Lebens und Glaubens - zum Beitrag des Kindergartens

1. Kraft zum Guten - Theologisch-anthropologischer Prolog

»Wenn nun ihr, die ihr doch böse seid, dennoch euren Kindern gute Gaben geben könnt ...«

»Wenn nun ihr, die ihr doch böse seid, dennoch euren Kindern gute Gaben geben könnt, wieviel mehr wird euer Vater im Himmel Gutes geben denen, die ihn bitten« (Mt 7,11). Bei Lukas ist statt vom Guten vom »Heiligen Geist« die Rede: »... wieviel mehr wird der Vater im Himmel den Heiligen Geist geben denen, die ihn bitten« (Lk 11,13). Welche Fassung ist älter? Welche ursprünglicher? Sei es, wie es will. Verheißen wird mit dem Geistempfang auch das ganz konkrete Gute. Das wird gerade bei Lukas unmißverständlich deutlich.

Denn da ist zuvor, bevor unser Spruch den Abschluß bildet, von dem Sohn die Rede, der seinen Vater um einen Fisch und um ein Ei bittet (V. 11 und 12). Vorher überliefert Lukas die Szene des bei einem Freund anklopfenden Nachbarn, der, vom Besuch eines in der Nacht eintreffenden Gastes überrascht, diesem nichts vorzusetzen hat (V. 5-8). Auch jetzt geht es um Nahrung, um drei Brotfladen, die übliche Mahlzeit für einen Hungrigen; es geht um das, was wir oft abschätzig menschliche Bedürfnisse nennen. Schließlich das Vaterunser; es eröffnet unmittelbar vor dieser Geschichte vom bittenden Freund das Kapitel 11 (V. 1-4), und hier ist die Bitte um das tägliche Brot wörtlich zu nehmen. Sie ist aus der Situation der Gefährten Jesu heraus gesprochen, aus der Situation derer, die von Ort zu Ort umherzogen und buchstäblich von der Hand in den Mund leben mußten, folglich auf die tägliche Brotgabe von Menschen in den Dörfern an den Türen angewiesen waren. Zugleich stehen sie in einer eschatologischen Situation: »Sie stehen im Tag ohne Pläne für die Zukunft, weil sie das Kommen der Gottesherrschaft erwarten.«[1]

Hinsichtlich dieser klar erkennbaren Gesamtaussage verwundert die Selbstverständlichkeit, mit der Jesus darauf setzt, daß Menschen einander das Lebensnotwendige nicht vorenthalten: undenkbar, daß der Vater nicht seinem Sohn, der eine Nachbar nicht dem anderen, die Menschen in Galiläa nicht seinen Gefährten das unerläßlich Lebensnotwendige als das Gute erweisen!

1. *W. Grundmann:* Das Evangelium nach Lukas, 10. Aufl., Berlin 1984, S. 233.

»Bittet, so wird euch gegeben; suchet, so werdet ihr finden; klopfet an, so wird euch aufgetan.« Das Ganze nochmals bekräftigend, wiederholt er es: »Denn wer da bittet, der empfängt; und wer da sucht, der findet; und wer da anklopft, dem wird aufgetan« (V. 9 und 10).

Jesu Haltung ermutigt; seine Worte verströmen Zuversicht. Die zuletzt zitierten drei Aufforderungen weisen zwar über jedes konkrete Gute, das wir brauchen und einander gewähren, hinaus. Das Bitten, Suchen, Anklopfen gilt dem Reich Gottes; und der, der dies Heilsgut schlechthin in der eschatologischen Stunde gewährt, die Gemeinschaft mit Gott im Reich Gottes, ist Gott selbst. Gleichwohl ist das konkrete menschliche Gute in der Lage, dies Heilsgut abzubilden; es ist für das Heil gleichnisfähig.

Kann man daraus ableiten, daß Jesus in naturrechtlicher Weise an das Gute im Menschen, an den guten Menschen glaubte? Diese Vermutung würde auf Abwege führen. Er macht durch die Geschichte von dem in der Nacht bei seinem Freund anklopfenden Gastgeber deutlich, daß die Menschen sich das Tun des Guten gegen ihre Lieblosigkeit abringen müssen, die damit beginnt, daß man in Ruhe gelassen werden möchte: »Mach mir keine Unruhe!« (V. 7). Man liegt schon zu Bett, ist müde, die Tür ist verriegelt. Wie unbequem, sich jetzt aufraffen zu sollen! Nein, so einfach ist die Kraft zum Guten nicht vorauszusetzen: »Ihr, die ihr böse seid ...« (vgl. Gen 8,21).

Aber damit tritt nun um so schöner hervor, was Jesus auf diesem Hintergrund in den verschiedensten Bildworten vor Augen führt, daß die Menschen trotz allem eben doch gut zueinander sein können. Die böse Natur des Menschen wird nicht geleugnet und ist trotzdem außer Kraft gesetzt. Wodurch? Wenn Jesu Motiv nicht eine antike philosophische Auffassung von der Güte des Menschen ist, dann liegt als Erklärung nur eine einzige bereit: Jesu überströmende Zuversicht ist Ausdruck der durch ihn und mit ihm selbst einströmenden guten Herrschaft Gottes.

Zwischen Theologen und Pädagogen gibt es einen alten Streit. Er hat sich immer wieder an der Deutung des Kindes entzündet und besonders hierbei an J.J. Rousseau, der als der pädagogische Entdecker der Eigenart und Würde des Kindes gilt, aber dabei eben seinen Erziehungsroman »Emile« (1762) mit dem Satz anhebt, »daß alles gut ist, wie es aus den Händen des Urhebers der Dinge hervorgeht«. Die Theologen haben demgegenüber zusätzlich mit Recht auf den sündigen Menschen verweisen müssen. Viele Theologen haben freilich das zu sagen vergessen, was unser Bibeltext auch enthält: Nicht zwar kraft einer der Realität nicht entsprechenden guten Natur des Menschen, aber kraft der damals in den Tagen Jesu und bis heute in unser Leben einströmenden guten Herrschaft Gottes können wir zuversichtlich sein, daß aus unserer Hände Werk, aus unseren Gedanken und aus unseren Herzen Gutes hervorgeht.

Anfänge des Lebens und Glaubens biblisch gesehen

Anfänge des Lebens und Glaubens - hierzu gibt es viel zu fragen. Wo machen unsere Kinder ihre christlichen Ersterfahrungen? Wo findet die erste religiöse Information statt? Wie sollte die elementare Anfangsverkündigung aussehen? Worin besteht die Grundkatechisation, das, was nach dem Hebräerbrief »am Anfang über Christus zu lehren« ist, was mit dem »Grund legen« zu tun hat (6,1)? Natürlich verbindet die Frage nach den Anfängen den Kindergarten besonders mit den Eltern.

In der Überlieferung der Evangelien tritt uns der »Glaube an Gott«, der für den Hebräerbrief mit zum Anfang gehört, in einer den tragenden Grund legenden Weise als die Gottesgewißheit Jesu entgegen, als seine Zuversicht auf Gottes gegenwärtige Nähe. Den Anfang jeder pädagogischen Hilfe zum Glauben bildet darum, daß Eltern und Erzieher sich von Jesus selbst als dem »Anfänger und Vollender des Glaubens« (Hebr 12,2) mit dieser Zuversicht erfüllen lassen. Am Anfang des Glaubens steht die Grundbewegung des Vertrauens.

In dieser Zuversicht kann sodann gegen allen Augenschein auch die eigene Lebens- und Berufswelt mit neuer Hoffnung angegangen werden, als Raum, in dem Menschen einander Gutes tun. Die Kraft zum Guten wird nicht nur Christen geschenkt; Gott ist und bleibt mit seiner ganzen Schöpfung verbunden. In einem Kindergarten ist er auch dann am Werk, wenn die Erzieherinnen große Zweifel an ihrer »Christlichkeit« haben, wenn ihr Glaube klein ist, ihre Kraft zum christlichen Lebenszeugnis schwach, ihr Geschick zu religionspädagogischer Arbeit schlecht ausgebildet.

Am Anfang des Weges steht drittens die Verbindung der Anfänge des Glaubens mit den Anfängen des Lebens. Das bedeutet eine Entkrampfung der Propriumsfrage als der Frage, was das Christliche eines christlichen Kindergartens (bzw. christlichen Elternhauses) ausmacht. Wenn Eltern, Erzieherinnen und Erzieher Kindern Gutes tun, um deren Bedürfnisse im Alltag zu befriedigen, geben sie ihnen bereits an Gottes umfassenderen Gaben Anteil. Matthäus spricht vom »Guten«, Lukas vom »Heiligen Geist«; der eine Begriff kann mit dem anderen abwechseln. Der »Heilige Geist« ist *die* himmlische Gabe, aber er ist nicht jenseitig zu denken als der, der über dem irdischen Leben nur schwebt, sondern er ist die Kraft Gottes, die als Kraft *über* uns zugleich *im* Leben wirkt. Daß das faktisch so ist, muß allerdings bezeugt werden, damit es *erkannt* wird[2]. Auch Mut und Geschick, die es dazu braucht, will Gott selbst geben, wenn man ihn bittet.

2. Vgl. o. die im Anschluß an *E. Jüngel* getroffenen Unterscheidungen, S. 86f.

Kinder in Umgebungen »spiritueller Leere«

Die Vergewisserung über die inneren Voraussetzungen des pädagogischen Handelns ist der Auftakt dieses Kapitels, und sie wird auch den Abschluß bilden (5.). Dazwischen geht es um die Kinder und um die Beschreibung der Aufgaben des Kindergartens. Wir werden sozialpädagogische Aufgaben (2.), allgemeinpädagogische (3.) und religionspädagogische (4.) behandeln. Dieses Ensemble entspricht der Bedrohung der Lebenslage der Kinder, die von der Gefährdung ihres ersten Lebensraumes in der Familie und von der sozialen Umweltzerstörung im weiteren Sinne über die Schwäche menschlicher Bildungs- und Lebenskräfte überhaupt bis in die Tiefe einer spirituellen Krise reicht.

Auf katholischer Seite hat man auf einem Kongreß im Jahre 1983 in Analysen der westeuropäischen Situation von der *»spirituellen Leere«* (»spiritual void«) gesprochen, in der die Kinder heute aufwachsen[3]. Sie ist nach François Coudreau (S. 26ff.) nicht dasselbe wie die Auflösung der Bindung an die Kirche. Sie ist auch noch etwas anderes als der Verlust der christlichen Gottesbeziehung. Nach meinem Eindruck wird mit »spiritual void« etwas bezeichnet, was dem allen vorausgeht: der *Mangel an einer elementaren Empfänglichkeit für die Sprache der Transzendenz überhaupt.* Wir Protestanten sperren uns in der Regel gegen das, was hier gemeint ist, weil wir befürchten, menschliche »Anknüpfungspunkte« könnten religiös überhöht werden. Wir stellen Gott im Wort der Predigt und die Menschen, die entweder auf Gottes Wort hören oder es ablehnen, einander gegenüber. Dabei verlieren wir leicht den ganzen Menschen in seiner leib-seelischen Verfaßtheit aus den Augen. Zu einer Korrektur dieser Sicht leiten uns auch die Kinder selbst an. Kinder kann man sich nicht nur als hörende Personen vorstellen; ihre hörende Empfänglichkeit ist von vielen anderen Faktoren mit abhängig.

Auf dem erwähnten Kongreß hat Jan Kerkhofs ähnliche gesellschaftliche Phänomene identifiziert, wie sie im vorausgegangenen Einleitungskapitel des zweiten Teils besprochen und unter der Formel vom »dominanten Lebenswissen der Gesellschaft« mit P.M. Zulehner zusammengefaßt worden sind. Die Heranwachsenden werden, um nur zwei Sachverhalte (nochmals) hervorzuheben, erstens ständig mit dem *»relativen« Charakter der Dinge in der Zeit* konfrontiert (S. 5f.). Für das Kind von heute ist die Welt von gestern, die ohne Fernsehen, ohne elektronisches Spielzeug, ohne Autos und Flugzeuge ausgekommen ist, eine altmodische Welt, in der es nicht leben möchte. Das Morgen aber wird wieder anders als das Heute sein; Traditionen sind nur mögliche Ausgangspunkte; schon das Kind eilt von einer Zerstreuung zur anderen: Ihm wird »unser tägliches (TV-) Bild« so

3. The Child and the Spiritual Void of Today, Report of the General Congress of the International Catholic Child Bureau (ICCB), Geneva 23-25 November 1983, Geneva 1984 (General Secretariat 65, Rue de Lausanne, CH 1202, Geneva).

wichtig wie »unser tägliches Brot«[4]. Das Maß aller Dinge ist im Grunde der einzelne in seinem gegenwärtigen flüchtigen, letztlich unbestimmten Haschen nach etwas, was sich ständig verändert.

Zur Lage der Kinder gehören ferner *das »Wunder« der Welt der Technik und Technologie* (6) und das damit verbundene ambivalente Gefühl menschlicher Leistungsstärke und Macht einerseits wie Hilflosigkeit und Angst andererseits, weil die Entwicklungen im ganzen zu kompliziert sind und in ihren Folgen nicht überschaut werden können.

Wir präsentieren den Kindern eine Welt, die schnell und laut, technifiziert und geschichtslos, anscheinend selbstsicher und doch unterschwellig angstbesetzt ist. Wir tauchen die Kinder von früh an so in diese Umgebung ein, daß sie von den herrschenden oberflächlichen Überzeugungen ganz 'durchtränkt' werden, denen zufolge prinzipiell fast alles relativierbar und im Fluß ist sowie aufklärbar und machbar. In dieser Umgebung fällt es den Kindern schwer, zu innerer Ruhe zu kommen und Stille zu finden, Ehrfurcht zu lernen und das Staunen einzuüben, die Symbole der Religion zu verstehen und aufzuhorchen, wenn von Gott die Rede ist. Jede besondere religiöse Erziehungs- und Bildungshilfe ist darum in eine allgemeinere pädagogische Hilfe einzubetten, die dem leiblichen, seelischen und geistigen Wohl des Kindes insgesamt dient und die schon in den sozial- und allgemeinpädagogischen Aufgaben den Aspekt einer spirituellen Sensibilisierung einschließt.

2. Sozialpädagogische Aufgaben zwischen Reformanspruch und Wirklichkeit

Das Gute ist konkret - Randgruppenbezogene und allgemeine soziale Herausforderungen

Griechisches Erbe verführt christliches Denken bis heute dazu, das Gute, das Gott will und gibt, vorrangig vergeistigt, spiritualisiert vorzustellen. Das ist unbiblisch und steht besonders im Widerspruch zum Alten Testament. Das Reich Gottes wird nur recht buchstabiert, wenn wir den Frieden, die Gerechtigkeit und die Liebe, die höher sind als alle Vernunft, im konkreten Frieden, in der konkreten Gerechtigkeit und der konkreten Liebe gespiegelt sehen. Daher ist man schon bei der Sache eines evangelischen Kindergartens, wenn man sich elementar

4. *W.J. Koole:* Kan televisie troosten? (Can television console), Vrije Universiteit, Amsterdam 1984, zitiert nach *H. Hoekstra:* Children and Media, in: Children Worldwide, Vol. 13, No. 2-3/1986, p.12.

darum kümmert, daß es friedfertig, sozial gerecht und liebevoll zugeht. Unscheinbare Anfänge? Keineswegs.

Im Alltag eines Kindergartens scheint es immer wieder so, als ob alle Zeit und oft auch alle Kraft und Geduld in konkreten kleinen Hilfestellungen und Ermutigungen für die Kinder nutzlos verbraucht wird. Aber das ist notwendig. Die Kinder wollen umfassend versorgt werden. Die Erzieherin wird so die erste »intimste Außenstehende« für das Kind, um eine Formel Martinus Langevelds abzuwandeln, der dies vom Lehrer gesagt hat[5]. Johann Heinrich Pestalozzi, der über seinen Einfluß auf Friedrich Fröbel das pädagogische Ethos gerade auch des Kindergartens klassisch begründet hat, bemerkt von seinen verwahrlosten Kindern in Stans in seinem Stanser Brief, daß er ihnen immer wieder »alles in allem zu sein« hatte, und hierzu gehörte auch die materielle Versorgung. Pestalozzi ist der Vater der Sozialpädagogik geworden. Der moderne Kindergarten hat ebenfalls eine *sozialpädagogische* Aufgabe. Sie wird von vielen als der Schwerpunkt der Arbeit angesehen.

Natürlich bestehen in den Kindergärten unserer westdeutschen Wohlstandsgesellschaft in der Regel andere Verhältnisse als 1790 in Stans. Aber es gibt auch heute Kindergärten in sozialen Brennpunkten, in industriellen und großstädtischen Ballungsgebieten, an Orten mit bedrückender sozialer Not, sozialer Ungleichheit, Vernachlässigung der Kinder, Gewalt gegen Kinder[6]. Sie haben es ferner häufig mit Kindern alleinerziehender Mütter und Väter zu tun (aus Ein-Eltern-Familien), die noch dazu großenteils berufstätig sind[7]. Außerdem besuchen immer mehr ausländische, durch ihre Migration belastete Kinder die Kindergärten[8]. Die sozialpädagogische Aufgabe darf jedoch nicht nur *rand-*

5. Anthropologie und Psychologie des Erziehers, in: Päd. Rdsch. 19 (1965), S. 748.
6. Vgl. *J. Krämer:* Risiken und Chancen von Kindern in sozialen Brennpunkten - Erfahrungen aus der Sozialarbeit, in: *F. Specht/M. Weber (Hg.):* Kinder in unserer Gesellschaft. Chancen und Risiken, Göttingen 1981, S. 130ff. Vgl. grundsätzlich bereits Grundlagenteil Kap. 2. S. 119ff.
7. Die Zahl der Ein-Eltern-Familien ist ständig gestiegen, von 9 % im Jahr 1976 auf 12,8 % im Jahr 1985. Die Lebenssituation der meisten Alleinerziehenden ist durch materielle Benachteiligung und psychosoziale Belastungen gekennzeichnet (Isolation, negative Selbstwerteinschätzung, Schuldgefühle gegenüber den Kindern, negative Lebensgrundstimmung). Vgl. *Ch. Swientek:* Alleinerziehende - Familien wie andere auch? Zur Lebenssituation von Ein-Eltern-Familien, Bielefeld 1984; Alleinerziehende Mütter und Väter - Eine Analyse der Gesamtsituation, hg. vom *Bundesminister für Jugend, Familie, Frauen und Gesundheit,* Stuttgart 1988; *J. Wallerstein/S. Blakeslee:* Gewinner und Verlierer. Frauen, Männer, Kinder nach der Scheidung, München 1989.
8. Vgl. *G. Ambühl-Caesar:* Förderung ausländischer Kinder im Kindergarten unter besonderer Berücksichtigung des Elternhauses, in: *H. Nickel (Hg.):* Sozialisation im

gruppenbezogen begriffen werden; sie ist eine *allgemeine soziale* Herausforderung.

Es ist noch gar nicht abzusehen, was es psychisch für die Kinder bedeutet, daß sie alle ausnahmslos vom Vorschulalter an »unvermittelt von gesellschaftlichen Veränderungen erreicht werden«[9]. Der Abstand zwischen den Generationen verändert sich; die Medien-, Konsum- und Erfahrungswelten von Erwachsenen und Kindern rücken einander näher. Wieweit können sich die Kinder noch als Kinder entfalten, kann sich die Kindheit als eigenständige Lebensphase ausbilden? Diagnosen sprechen von Tendenzen zur »Liquidierung von Kindheit«[10] oder vom »Verschwinden der Kindheit«[11].

Ob sich junge Eltern für die Kirche interessieren werden, hängt in dieser Situation vermutlich weithin davon ab, wie die Kirche sich in den Einrichtungen darstellt, die nicht zum innerkirchlichen Innenbezirk, sondern zum gesellschaftlichen Außenbezirk gehören.

Kind und Oikos - Sich ausweitende Forschungs- und Handlungsperspektiven

Zur Schlußfolgerung vom Verschwinden der Kindheit kommt man, wenn man von den gesellschaftlichen Einflüssen her denkt, d.h. *sozialisationstheoretisch* ansetzt. Trotz der Gewalt dieser Einflüsse verarbeiten die Kinder die mit den

Vorschulalter. Trends und Ergebnisse institutioneller Erziehung, Weinheim/Deerfield Beach 1985, S. 85ff.; *M.-E. Karsten:* Migrationskindheit in der Bundesrepublik Deutschland. Kein Beitrag zur Ausländerpädagogik, in: *H. Hengst (Hg.):* Kindheit in Europa. Zwischen Spielplatz und Computer, Frankfurt/M. 1985, S. 201ff. M.-E. Karsten diskutiert u.a. folgende Strukturmerkmale von Migrationskindheit: Sie ist erstens *»prinzipiell jederzeit 'kündbar'«* wegen der prinzipiellen und faktischen Unsicherheit der Lebensmöglichkeiten der Eltern (S. 204); sie steht zweitens unter *»historische(r) Ungleichzeitigkeit«* der ökonomischen Entwicklung (unterschiedlicher »Modernisierungsgrad«) der Herkunfts- und Einwanderungsländer mit den daraus folgenden Abbruch- und Umbruchaufforderungen (S. 205); sie leidet drittens unter *»gesellschaftliche(r) Geringschätzung«* und »gerät so der Tendenz nach zu grundsätzlich *'minderwertiger Kindheit'«* (S. 206). Die Probleme bündeln sich in der unsicheren Perspektive: »Kinderleben aus der Vergangenheit mit geteilter Zukunft - oder ohne?« (S. 207ff.).

9. *H. Hengst:* Kinderalltag im internationalen Vergleich. Zur Einführung, in: ders. (Hg.), Kindheit in Europa, a.a.O., S. 9.
10. *H. Hengst: Tendenzen der Liquidierung von Kindheit,* in: *H. Hengst, u.a.:* Kindheit als Fiktion, Frankfurt/M. 1981, S. 11ff.
11. *N. Postman:* Das Verschwinden der Kindheit, Frankfurt/M. 1983.

Erwachsenen geteilten gesellschaftlichen Umwelten nach wie vor eigenständig auf ihre Weise. Dies erkennt man zum einen aus *entwicklungspsychologischer* Perspektive (vgl. die Stufen- oder Stadientheorien zur kognitiven, sozialen, moralischen oder religiösen Entwicklung).

Die Eigenständigkeit und Eigenart der Kinder wird zum anderen durch *phänomenologische* Untersuchungen unterstrichen, die sich an M.J. Langeveld anschließen. Sie zeigen, wie Kinder beispielsweise ihre Wohnumwelt erleben, und decken insgesamt auf, wie ungenau wir Erwachsenen die Lebenswelt und die Entwicklungsschritte der Kinder wahrnehmen[12]. Falsch ist auch der Eindruck, die Förderung der kindlichen Selbständigkeit erfolge im wesentlichen von außen; das Kind will vielmehr selbst jemand sein, es will aus eigenem Antrieb groß und selbständig werden[13]. Kinder können ferner mehr soziale Fähigkeiten entwickeln und haben überhaupt insgesamt mehr Verhaltensweisen zur Verfügung, als wir früher auf Grund der einseitigen Konzentrierung der Forschung auf das aggressive Verhalten vermutet haben[14]. Es ist gut, wenn die Forschung das Kind selbst in den Mittelpunkt rückt. Ebenso wichtig ist jedoch auch der Blick auf die Lebenswelt des Kindes, auf das Wohnhaus (»Oikos«) des Lebens.

Für die wissenschaftliche Erforschung des Erziehungsgeschehens in Kindergärten und Eltern-Initiativ-Gruppen hat sich ein psychologischer Forschungsansatz ausgebildet, der diese allgemeineren Umweltfaktoren berücksichtigt: den familiären Sozialisationshintergrund, materiell-institutionelle Kontextvariablen und gesamtgesellschaftliche Einflußgrößen. Es handelt sich um ein *»ökopsychologisches Forschungskonzept«* bzw. eine *»Ökologische Psychologie«*[15]. Die päd-

12. Vgl. *T. Beekman/H. Bleeker/K. Mulderij:* Kinder wohnen auch. Eine Orientierung in der niederländischen Kinderlandschaft, in: *H. Hengst,* Kindheit in Europa, a.a.O. (Anm. 9), S. 247ff. Die Autoren zeigen anschaulich, wie kleine Kinder in einem überwiegend aus Etagenwohnungen bestehenden Stadtteil mit Häusern, die über zehn Etagen verfügen, den »Raum«, das heißt ihre Wohnumwelt erleben (Fahrstuhl, Balkon, Galerie, Treppenhaus, Halle, das Gebiet um die Wohnhäuser wie Sandkasten, Spielplätze, Grünanlagen).
13. *T. Beekman et al.,* a.a.O., S. 256 im Anschluß an *Langeveld.*
14. *U. Schmidt-Denter:* Kontaktinitiativen von Vorschulkindern und ihre soziale Bedeutung, in: *H. Nickel,* Sozialisation im Vorschulalter, a.a.O., S. 47ff., bes. S. 55. Vgl. auch die Ergebnisse der Untersuchung von *E. Bay:* Vorschulische Kommunikation: Eine mehrdimensionale Untersuchung, in: *H. Nickel,* a.a.O., S. 69ff. Bay resümiert: »Die vorliegenden Ergebnisse wie auch die weiter oben erwähnten Beobachtungen zur frühen Eltern-Kind-Interaktion sprechen für einen pädagogischen Ansatz, der viel größeres Vertrauen in die bei den Kindern *vorhandenen* sozialen und kommunikativen Fähigkeiten setzt und eine wichtige Aufgabe darin sieht, durch entsprechende äußere Bedingungen diese Fähigkeiten möglichst gut zu fördern« (S. 84).
15. Vgl. bes. das Düsseldorfer Forschungsprojekt zur Vorschulerziehung unter der

agogische Aufmerksamkeit darf sich daher nicht auf die Zweierbeziehung von »Erzieher(in) - Kind« beschränken. Auch der Blick auf das »Klima« oder die »Atmosphäre« in der Gruppe genügt noch nicht. Es geht um den kinderfreundlichen Charakter des ganzen Lebensraums des Kindes in wachsenden Kreisen (und damit auch um bildungs- und gesellschaftspolitische Fragen): Die »ökologischen« Lebenskreise reichen von der Ausstattung des Kindergartens selbst als einem einladenden Lebensraum und einer anregenden Lernumwelt über die Wohn- und Lebenssituation im Stadtteil bis zu den Fragen der Umweltzerstörung und -bewahrung, die die Gesellschaft im ganzen angehen. Der spezifische Ansatz der »ökologischen Psychologie« hängt stärker mit der allgemeinen ökologischen Problematik unserer Zeit zusammen (vgl. bereits Kap. 4), als die Vertreter dieser Richtung zu erkennen geben. Was zeigt sich, wenn man von hier aus die sozialpädagogische Aufgabe des Kindergartens auf den genannten drei Ebenen im Lichte empirischer Untersuchungen und theoretischer pädagogischer Erwägungen nacheinander betrachtet, auf der Ebene der Zweierbeziehung (a), der des Kindergartens als Institution (Oikos i.e. Sinne - b) und auf der der Umwelt des Kindergartens (Oikos i.w. Sinne - c)?

a) Was erwarten die Kinder von der Erzieherin als Person?

Die Kontakte der Kinder zur *Erzieherin* liegen quantitativ gesehen keineswegs an der Spitze. Am häufigsten werden die fünfjährigen Kinder, die ältesten, als Interaktionspartner gewählt. Am zweithäufigsten werden Kontakte zu einer (Teil-)Gruppe von Kindern gesucht. Erst an dritter Stelle steht die Erzieherin[16]. Aber die Kontakte zu ihr besitzen *»eine recht eigenständige Qualität«*. Nachweislich ist sie der »sicherste Adressat, und sie enttäuscht somit die Kontaktwünsche der Kinder am seltensten« (a.a.O., S. 68). Zu ihr kommt man mit Bitten um instrumentelle Hilfe, um Ansprüche zu stellen, Wünsche und Fragen zu äußern und um Trost zu suchen. Beim nonverbalen Blick- und Körperkontakt ist sie ebenfalls mit Abstand die häufigste Adressatin. »Die Kinder wenden sich somit oft an die Erzieherinnen, um emotionale Bedürfnisse zu befriedigen« (60).

Das Stichwort der *emotionalen* Bedürfnisse ist ein sehr wichtiger Fingerzeig. »Nähewünsche« haben allgemein in unserer Gesellschaft zugenommen[17]. Ihre elementare Bedeutung für das Aufwachsen des Kindes steht gänzlich außer

Leitung von *Horst Nickel (Ders.:* Vorschulisches Erzieherverhalten im Spiegel empirischer Untersuchungen - Einführung und Überblick, in: *ders.*, Sozialisation im Vorschulalter, a.a.O., S. 101), ferner *U. Schmidt-Denter,* Kontaktinitiativen ..., a.a.O. (Anm. 14), S. 48.

16. *U. Schmidt-Denter,* Kontaktinitiativen, a.a.O., S. 55 und 60.
17. Zu den Gründen vgl. *Th. Ziehe:* Über die Zunahme von Nähewünschen - Gesellschaftliche Tendenzen und psychische Bedeutung, in: *F. Specht/M. Weber,* a.a.O. (Anm. 6), S. 31ff.

Frage. Aber was sucht und braucht das Kind genau? Die in unserem Jahrhundert wie nie zuvor erfolgte flächendeckende Institutionalisierung pädagogischer Hilfen (Pädagogisierung) ist mit einer berufsbezogenen und fachlich orientierten Kompetenzanhebung und Rollenprofilierung des Pädagogen einhergegangen (Professionalisierung) mit der Folge, daß die institutionell stattfindende Erziehung in Kindergärten, Schulen und anderswo den Typus eines pädagogischen Spezialisten hervorgebracht hat, »den die Kinder nicht mehr als Erwachsenen, sondern als Berufspädagogen erleben«[18]. Aber suchen und brauchen Kinder und Jugendliche nicht vorrangig den nichtprofessionell reagierenden *erwachsenen Menschen?* Für M. Köhler scheint es gewiß, »daß ein beträchtlicher Teil des den institutionellen Rahmen gefährdenden ('Stör-')Verhaltens von Kindern auch durch die Suche nach der Persönlichkeit des Lehrers oder Erziehers motiviert ist« (ebd.). Die Zukunft des Kindergartens kann darum nicht in einer undialektischen Fortschreibung »moderner« Imperative liegen. Der Kindergarten kann den Folgeproblemen der Moderne nicht Widerstand leisten, wenn er selbst ebenfalls nur noch moderner wird, nur noch mehr durchrationalisiert und professionalisiert. Es wäre gut, wenn die Erzieherinnen im Durchgang durch die berufsfeld- und fachbezogene Ausbildung die ihnen gemäße individuelle Spontaneität und Natürlichkeit erhalten oder wieder zurückgewinnen könnten. Wenn sie sich 'nur' menschlich geben, geben sie den Kindern oft mehr, als wenn sie sich pädagogisch geben.

Indikatoren, um dem Gemeinten auch empirisch nachgehen zu können, waren in einer Untersuchung Situationen, bei denen sich die Erzieherinnen zwanglos mit einzelnen Kindern über deren Situation zu Hause unterhielten oder mit ihnen auf dem Boden im Sandkasten bzw. in der Bau- oder Puppenecke spielten. »Wo Vater und Mutter gespielt, Türme und Brücken zu Straßenszenen zusammengefügt und Sandhaufen zu Burgen gestaltet werden, ist man eben nicht als 'Lehrerin', sondern als Freund und Freundin gefragt. Man bekommt 'infantile' Rollen zugewiesen und ist durch das Spielen auf dem Boden zusätzlich des Größenvorteils und damit der Übersicht beraubt ...«[19] Die Mehrheit der beobachteten Erzieherinnen ließen sich jedoch hierauf nicht ein bzw. hierzu nicht 'herab' (S. 114f).

b) Der Kindergarten als Institution: Raum der Zuwendung und Anregung. Die emotionale Hilfe ist von der *sozial*-emotionalen Förderung nicht zu trennen. Beides wiederum muß mit der *kognitiven* Förderung zusammen als eine untrenn-

18. *M. Köhler:* Betreute Kinder und die Sehnsucht nach Kindheit. Eine bundesdeutsche Topographie, in: *H. Hengst,* Kindheit in Europa, a.a.O. (Anm. 8), S. 189.
19. *M. Röchner:* Erziehungseinstellungen, Erziehungsverhalten und curriculare Konzepte von Erzieherinnen in Kindergärten, in: *H. Nickel,* Sozialisation im Vorschulalter, a.a.O., S. 109ff., hier S. 112.

bare Einheit betrachtet werden, zu der auch die Förderung der Phantasie, des Sprachvermögens, des Verstehens und anderes mehr gehört (s. noch unten 3.). Neben der *Zuwendung* ist hierfür die *Anregung* des Kindes wichtig; neben der Komponente »Emotionale Beziehung der Erzieherin zum Kind« zählen die »Kindorientierte(n) Anregungen« in »realisierten Interaktionen«[20]. Bei den Anregungen sind ferner außer den direkten die indirekten zu berücksichtigen, d.h. der Anregungsreichtum der Räume drinnen und Orte draußen. Zusammengefaßt: Der Kindergarten als Institution wirkt pädagogisch gesehen mit seiner »emotionalen Atmosphäre«, d.h. seinem »Klima« des *Vertrauens* bzw. der *Zuwendung* und daneben in seiner Eigenschaft als *anregender Erfahrungsraum*[21].

Über die pädagogische Zweierbeziehung hinaus kommen damit das größere soziale Beziehungsgeflecht, Aspekte der Raum- und Sachausstattung sowie die hierbei verfolgten curricularen Themen und Ziele in den Blick. Die Bedeutung der einzelnen Erzieherin tritt jedoch damit nicht zurück. Im Gegenteil: Auch dic komplexe »Gestalt« bzw. »pädagogische Kultur« des Kindergartens im ganzen bleibt von der Einstellung und vom Verhalten der einzelnen Erzieher(innen) abhängig.

Die Forschung ist sich aufgrund von Untersuchungsergebnissen einig, daß für den Kindergarten ein ermutigendes, anregendes, sozial-emotional zugewandtes Verhalten zu wünschen ist, das aber noch nicht überall verwirklicht wird[22]; man muß hinzufügen: verwirklicht werden kann. Nicht wenige äußere Faktoren erschweren die individualisierte pädagogische Zuwendung und Förderung für jedes einzelne Kind in der Kindergruppe. Die öffentliche Unterstützung des Kindergartens, so daß er eine wirklich gute Arbeit leisten kann, darf darum nicht nachlassen: »Anerkannte, ja sogar als zwingend notwendig bezeichnete Erziehungsaufgaben und -inhalte« konnten »bei weitem nicht im Umfang des proklamierten Anspruchs realisiert« werden (Brandt/Wolf, ebd.). Wer den pädagogischen Zielsetzungen zustimmt, muß darum für *unverändert weitergehende Reformen* plädieren.

Zu den weiteren Faktoren, die den *Ausbau von Kindertagesstätten* erforderlich machen, gehören die jetzt andrängenden geburtenstarken Jahrgänge auf seiten der Kinder, der

20. *W. Brandt/B. Wolf:* Erzieherverhalten und Lernumwelt des Kindergartens, in: *H. Nickel,* Sozialisation ..., a.a.O. (Anm. 8), S. 122ff., hier S. 139; vgl. auch *H. Nickel:* Vorschulisches Erzieherverhalten ..., in: *ders.,* Sozialisation ..., a.a.O. (Anm. 8), S. 98 u. passim.
21. Die obigen Ausführungen zur pädagogischen Kultur des Vertrauens (Kap. 2) und zum Lernen in Lebenszusammenhängen (Kap. 5) sind hierdurch für den Kindergarten in spezifischer Weise präzisierbar.
22. Vgl. *M. Röchner,* a.a.O. (Anm. 19), S. 116f., 119; ähnlich *W. Brandt/B. Wolf,* a.a.O. (Anm. 20), S. 138; zuvor schon *H. Nickel* in anderen Erhebungen.

Mangel an Zeit für Elternarbeit, Weiterbildung und individuelle Zuwendung zu einzelnen Kindern auf seiten der Mitarbeiter(innen) und insgesamt die Tatsache, daß die Bundesrepublik vom Anspruch jedes Kindes auf einen Kindergartenplatz weit entfernt ist. Die »strukturelle Rücksichtslosigkeit« der Gesellschaft gegenüber Kindern, von der Bischof Karlheinz Stoll in einer Ansprache am 29.5.1989 in Lübeck zur Woche des evangelischen Kindergartens in Schleswig-Holstein gesprochen hat, zeigt sich auch darin, daß in unserer Republik Kinderreichtum der sicherste Weg in die Armut bedeutet. Die öffentliche Rede von einer Vereinbarkeit von Familienarbeit und Erwerbsarbeit überfordert die Eltern und geht zu Lasten der Kinder. Der Elementarbereich braucht eine sozialpolitische Neuordnung. Zu fordern sind insbesondere mehr Kinderkrippen, Kinderhorte und Kindertagespflegestätten. Ein spezielles Erfordernis ist es, für behinderte und nichtbehinderte Kinder »Integrationsgruppen« einzurichten und hierbei nicht vorschnell Kriterien über Integrierbarkeit und Nichtintegrierbarkeit aufzustellen.

c) Der Kindergarten und seine Umwelt: Bewohnbarer Lebensraum und ökologische Sensibilisierung. Die dritte Ebene sozialpädagogisch wahrzunehmender Verantwortung betrifft die weiter ausgreifenden ökologischen Lebensbedingungen der Kinder. Aus ihnen ergeben sich Folgerungen für die Verknüpfung der Kindergartenarbeit mit der Gemeinwesenarbeit, bei kirchlich getragenen Kindergärten auch mit sozialdiakonisch orientierten Initiativen und Projekten der Ortsgemeinde, d.h. der Gemeindearbeit und -entwicklung[23]. Ein- oder zweimal im Jahr könnte der Kindergarten projektorientiert über seine eigene Schwelle hinausgehen, von kleinen Erkundungen dazwischen abgesehen. Größere Projekte können nicht zur Regel werden, weil sie den Kindergartenalltag und die einzelnen Mitarbeiter(innen) überfordern.

Etwas anderes aber ist die nicht überfordernde kontinuierliche Anleitung der Kinder, ihre Lebensumwelt und sich selbst in ihr mit wachen Sinnen wahrnehmen zu lernen und für das sensibel zu werden, was groß und auch schon klein bewegen sollte, ohne sie als Kinder im Vorschulalter zu überanstrengen. Aus der im ersten Teil begründeten Verantwortung für das Ganze unseres Lebens folgt eine Erziehung, die früh damit beginnen muß, zum schonenden und haushälterischen Umgang mit Natur und Sachwelt (Comenius) anzuleiten. Die sozialpädagogische Aufgabe geht daher in eine ethisch-ökologische Bildungsaufgabe über. Ebenso wichtig wie das soziale Verhalten, das heute besonders im Umgang mit ausländischen Kindern und Kindern von Aussiedlern auf seine akute Bewäh-

23. Vgl. hierzu bereits den in Bd. III meiner Grundfragen (S. 253ff.) angeführten Praxisbericht über die Arbeit in Kindertagesstätten in Berlin, bei dem deutlich wird, wie in der »diakonisch offenen Form« dieser Arbeit diese sich in immer weiter gezogenen Kreisen ausweitet, wobei schließlich die gemeinschaftsbildende Kraft der von den Kindertagesstätten ausgehenden Initiativen auch Wege zur Gemeinde öffnet und Querverbindungen zur Gemeinwesenarbeit schafft.

rungsprobe trifft, ist die Freude an Pflanzen und Blumen, die Liebe zu Tieren und die Bereitschaft, für die Bewahrung ihrer Lebensräume einzutreten. Schon Fünfjährige nehmen die Schäden der Luft- und Wasserverschmutzung wahr, machen sich Gedanken über das, was Leben erhält und zerstört, und wollen wissen, warum »das Schlimme« passieren muß.

Nach den empirischen Befunden der Untersuchung von M. Röchner sind es wiederum nur die Erzieher(innen) der zuerst genannten Gruppe (ermutigender, anregender, sozial-emotional zugewandter Erziehertyp), die gleichzeitig eher auf situative Anlässe im Lebensalltag der Kinder eingehen, dafür eher auf ein jahreszeitlich orientiertes Thema verzichten und überdurchschnittlich häufig Themen mit sozialpolitischem Bezug ansprechen[24].

Dieselbe Untersuchung entdeckt im übrigen auch signifikante Unterschiede zwischen den Trägerschaften. In der ersten Gruppe sind »meist kommunale und evangelische«, in der zweiten »meist katholische« Erzieherinnen zu finden (S. 120). Man bedenke allerdings, daß insgesamt die Forschungslage schmal ist. Sie zu berücksichtigen schien uns dennoch notwendig zu sein, um Anspruch und Wirklichkeit realistischer gegeneinanderhalten zu können. Die meisten einschlägigen pädagogischen und gemeindepädagogischen Darstellungen sehen von empirischen Überprüfungen ab.

3. Allgemeinpädagogische Aufgaben und das übergreifende Begründungsproblem

Der Eintritt in den Kindergarten als kritischer sozialer Übergang

Die emotionale Einführung ins Leben ist für das Kind von größter Bedeutung. Der emotional heikelste Moment im Verhältnis zum Kindergarten ist der erste Tag. Es handelt sich um einen »abrupten Übergang« zwischen zwei verschiedenen sozialen Lebenswelten, »nicht um eine gleitende Erweiterung der sozialen Umwelt«. Gefordert ist »die Adaption an ein völlig unbekanntes Setting«. Darum kann man den Eintritt als einen »sozialen Umbruch«, als ein »kritisches Lebensereignis« bezeichnen[25].

Von den Erzieherinnen wird eine pädagogische Balance verlangt, die sich abgewandelt immer wieder in allen pädagogischen Institutionen stellen wird:

24. A.a.O. (Anm. 19), S. 119.
25. *U. Schmidt-Denter:* Kurz- und langfristige Anpassungsprozesse in vorschulischen Einrichtungen und ihre Konsequenzen für die erzieherische Praxis, in: *H. Nickel,* Sozialisation im Vorschulalter, a.a.O., S. 151ff., hier S. 151.

sich dem Kind emotional zuzuwenden und es doch nicht emotional zu überwältigen, es zu unterstützen und doch nicht zu bedrängen und einzuengen, um einen Schonbereich zu gewähren, in dem es die vielfältigen neuen Eindrücke ordnen kann, und es doch schrittweise in die Gruppe einzubeziehen und vor Anforderungen zu stellen. Hilflosigkeit und Angewiesenheit einerseits, bereits vorhandene Selbständigkeit und soziale Kompetenz andererseits müssen gleichzeitig abgewogen berücksichtigt werden. Die Kinder sind gleichermaßen der Fürsorge wie der Herrschaft der erwachsenen Erzieher(innen) ausgesetzt, ihrer Schonung wie ihrer Macht: »Die Scheidewand zwischen Anvertrautsein und Preisgegebensein ist hauchdünn.«[26] Worum es geht, wird am Umgang mit behinderten Kindern am klarsten deutlich.

Zur gemeinsamen Begründung kommunaler und kirchlicher Kindergärten

Die Ambivalenz des Kindergartens als Institution wird selten gesehen. Sie wirft die *Begründungsfrage* auf, ob denn dieser »ökologische« Übergang in eine öffentliche Erziehungsinstitution für Dreijährige schon notwendig ist. In einer Situation, in der wie zur Zeit eine noch frühere Öffnung schon für Zweijährige diskutiert wird, könnte insgesamt die Familie verstärkt gegen den Kindergarten ausgespielt werden. Wenn für die kirchlichen Träger die finanziellen Mittel knapp werden, kann sich auch aus diesem Grunde der Legitimationsdruck verschärfen. Als weiteres Argument könnte vorgebracht werden, daß ja ohnehin die Zeit der bildungsreformerischen Euphorie vorüber sei und sich die Zielvorstellungen einer kognitiven Frühförderung im Elementarbereich im Sinne einer »Vorschulerziehung« als falsch erwiesen hätten. Inzwischen sei denn ja auch eine Schwerpunktverlagerung auf die sozialpädagogische Aufgabe erfolgt; hier aber gehe es eher um kompensatorische Hilfen für wenige, für Kinder aus Randgruppen oder in sozial exponierten Lebenssituationen, ferner für Kinder alleinerziehender oder besonders intensiv beruflich eingespannter Mütter. Müssen außerdem die Kirchen wirklich flächendeckend mit 69 % der Kindergärten in freier Trägerschaft (ca. 34 % kath., ca. 30 % ev., Stand 1975) dabeisein[27]? Und

26. *J. Klevinghaus:* Evangelische Schwachsinnigenfürsorge als Beitrag zur gegenwärtigen Frage nach dem Menschen, in: EvTheol 10 (1950/51), S. 235-240, S. 238.
27. Vgl. zu diesen Zahlen, zu den rechtlichen und institutionellen Voraussetzungen und zu den Argumentationsfiguren die informative Darstellung bei *R. Lachmann:* Evangelische Erziehung im Kindergarten, in: *G. Adam/R. Lachmann (Hg.),* Gemeindepädagogisches Kompendium, a.a.O., S. 237-247. Die Zahlenverhältnisse haben sich seitdem nicht wesentlich verändert.

wenn ja, so könnte man kirchlicherseits zuspitzen, sollten sie es dann nicht nur unter der Bedingung, daß die kirchlichen Kindergärten konsequenter zur Weitergabe der Glaubensbotschaft und zum Gemeindeaufbau beitragen, also religionspädagogische Aufgaben wahrnehmen?

Wir können solchen Überlegungen nicht folgen, denn erstens ist grundsätzlich die öffentliche Verantwortung für den Kindergarten als Angebot für alle Kinder eine sozial- und bildungspolitische Notwendigkeit erster Ordnung und zweitens ist die Mitverantwortung der Kirche im Elementarbereich eine Mitarbeit im allgemeinen öffentlichen Bildungssystem und als solche unteilbar; sie darf nicht unter kirchlichen Eigeninteressen verkürzt werden! Darum sind hier die Kirchen primär gefragt, ob und wie sie ihre Bildungsverantwortung für diesen weitesten Handlungsraum ernst nehmen wollen. Er liegt dem Denk- und Handlungsrahmen von Gemeinde und Gemeindeaufbau, der in Kapitel 2 dargestellt worden ist, voraus. Folglich rückt auch ein auf einer »gemeindepädagogischen Linie« verfolgtes Konzept, das an sich gegenüber einer gemeindefernen isolierten Behandlung kirchlicher Kindergärten ein Gewinn ist, in das zweite Glied[28]. Die Kirchengemeinden sind vielmehr zusammen mit den kommunalen Trägern an alle Eltern verwiesen, die überhaupt Interesse an einem Kindergarten haben. Oft genug ist ein kirchlich getragener Kindergarten der einzig vorhandene oder der nächstgelegene. Darum müssen hinsichtlich der Begründungsfrage - ähnlich wie beim Religionsunterricht im öffentlichen Schulsystem (vgl. Kap. 10) sowie bei der kirchlichen Erwachsenenbildung im Rahmen des öffentlichen vierten Bildungsbereichs (vgl. Kap. 12) - zunächst *gesamtgesellschaftlich einsichtige pädagogische Begründungen* im öffentlichen Bildungsdiskurs vorgebracht werden. Der kirchlich getragene Kindergarten ist der erste Testfall für das in Kapitel 4 bereits grundsätzlich behandelte Begründungsproblem auf dem Hintergrund der *beiden* Regimente Gottes.

28. So der Ansatz *R. Lachmanns* (a.a.O., S. 233ff.), der sich die »Integration verschiedener kirchlicher Handlungsdimensionen im gemeindepädagogischen Arbeitsfeld Kindergarten« zur Aufgabe stellt (S. 247) - eine richtige Integration (dazu noch unten). Zuvor wäre allerdings der konstitutive Sachverhalt der Teilhabe evangelischer Kindergärten am allgemeinen öffentlichen Bildungssystem entsprechend zu gewichten; vgl. *W. Grossmann:* Kindergarten. Eine historisch-systematische Einführung in seine Entwicklung und Pädagogik, Weinheim/Basel 1987. Die Konsequenzen Lachmanns (S. 242) laufen im übrigen auf ein ähnliches Modell hinaus (S. u. 4.).

Das Proprium ganzheitlicher Grundbildung und die Achtung vor dem gegenwärtigen eigentümlichen Leben des Kindes

Der erziehungswissenschaftliche Stand der Diskussion zur Begründungsfrage läßt sich knapp zusammenfassen. Die Begründungen hängen logischerweise an den Aufgaben. Der erste Aufgabenkomplex ist bereits ausgeführt, der sozialpädagogische. Wer die dort ausgesprochene Auffassung teilen kann, daß nicht nur besondere soziale Situationen, sondern daß unsere gesellschaftlichen Lebensbedingungen und -veränderungen mit ihren die Kindheit insgesamt bedrohenden Folgen Kindergärten für alle notwendig machen, wird schon aus der so gefaßten sozialpädagogischen Begründung eine völlig ausreichende Grundlage gewinnen können. Entsprechend hat sich denn auch im allgemeinen die Auffassung durchgesetzt, daß die institutionalisierte vorschulische Erziehung eine mehr als nur familienergänzende Sozialisationsfunktion hat, die grundsätzlich nur von Fall zu Fall je nach der Erziehungskraft der Familie gilt. Kindergärten haben einen *»eigenständigen Sozialisationsauftrag«*, hinter dem »die Notwendigkeit einer systematischen pädagogischen Förderung« für alle Kinder steht[29]. Anfang der 70er Jahre wurde die kognitive Förderung des Kindes betont. Seit Ende der 70er Jahre erkennt man, »daß dies auch - wenn nicht noch verstärkt - für den sozial-emotionalen Bereich zu gelten hat«[30], also für das auch von uns an erster Stelle behandelte sozialpädagogische Aufgabenfeld im weitesten Sinne.

Ein überzogenes vorschulisch orientiertes Konzept kognitiver Frühförderung mit seiner Gefahr der Verschulung des Kindergartens hat sich nicht bewährt. Auch heute kann nur wiederholt werden, was Andreas Flitner schon 1974 nachdrücklich den evangelischen Trägerinstitutionen und Kommissionen vorgeschlagen hat: Die »zentrale Aufgabe« muß auf *»generelle* Hilfen« hinausgehen, auf die »grundlegenden Prozesse« der Entfaltung und Förderung des Kindes. Sie bestehen in sozial- und allgemeinpädagogischen Zielsetzungen, nämlich

- »in der Bestätigung des kindlichen Selbst,
- in der Lösung aus ungemäßer Abhängigkeit,
- in der Gewöhnung an neue Bezugspersonen,
- in der Unterstützung jeglicher Art von expressiver und symbolischer Aktivität,
- in der Ausbildung der Sprache,
- in der Förderung der Spielfähigkeit als eines Schlüssels zu weiteren Fähigkeiten und sozialen Möglichkeiten,
- in der Selbstdarstellung, den Formen und Sprachen expressiver Kraft,

29. *H. Nickel:* Vorschulische Sozialisation im Wandel, in: *ders.*, Sozialisation im Vorschulalter, a.a.O., S. 1.
30. *H. Nickel*, a.a.O., S. 1f., mit Belegen für die Entwicklung.

- in der Förderung und Erfüllung kindlicher Neugier,
- in der Gewährung neuer Sozialbeziehungen, der Bearbeitung kindlicher Egozentrik,
- im Ausdrucksvermögen und in der sozialen Kommunikation«[31].

In der obigen Zusammenstellung werden Aufgaben aufgeführt, die dem Kindergarten die Aufgabe der *Bildung* zuweisen, und zwar im Sinne einer *Grundbildung*. Sie ist darum im wörtlichen Sinne *grundlegend* (basal), weil »Sprache« und »Ausdruck«, intellektuelle »Neugier« und »Spiel« die allgemeinen Voraussetzungen jeder besonderen persönlichen Bildung und kulturellen Leistung sind, das gestaltermöglichende Medium menschlicher Entwicklung überhaupt. Der Kindergarten gründet in der Integration sozialpädagogischer und allgemeinpädagogischer Aufgaben im Zeichen einer ganzheitlichen und kindgemäßen grundlegenden Bildung.

Mit dieser von unmittelbaren Zwecken freien Perspektive ist der Kindergarten zugleich Anwalt des *gegenwärtigen Lebensaugenblicks;* er dient der dem Kind in der Kindheit *eigentümlichen Lebensform.* Er hat in einer auf Grund rasanter gesellschaftlicher Entwicklungen vom Zukunftsdruck beherrschten Welt Raum und Zeit für das gegenwärtige Leben des Kindes zu gewähren. Die Erzieherinnen schauen das Kind an, wie es jetzt ist, und nicht unter dem Gesichtspunkt, was man aus ihm alles machen könnte, was es noch sein sollte und werden müßte. In den Kindergarten darf weder gesellschaftliches Leistungs- noch kirchliches Anspruchsdenken eindringen. Janusz Korczak hat drei Grundrechte des Kindes formuliert: »1. Das Recht auf seinen Tod, 2. das Recht des Kindes auf den heutigen Tag, 3. das Recht des Kindes zu sein, wie es ist«[32].

Der Bildungsbegriff der Arbeit des Kindergartens gewinnt durch die soeben umschriebenen Merkmale ein unverwechselbares pädagogisches Proprium. An den im Grundlagenteil entfalteten Merkmalen von Bildung hat er Anteil, um sich zugleich spezifisch darzustellen. In dieser Fassung gilt der Bildungsbegriff für kommunale *und* kirchliche Kindergärten, was umgekehrt heißt, daß die kirchliche pädagogische Mitverantwortung für den Elementarbereich ein solches Bildungsverständnis uneingeschränkt mittragen sollte, weil es pädagogisch vernünftig ist (vgl. zu dieser grundlegenden Argumentationsfigur bereits oben Einleitung S. 16).

31. *A. Flitner:* Aspekte der Curriculumdiskussion für die Vorschulerziehung, in: *Comenius-Institut (Hg.):* Bildungsplanung und Erziehungsauftrag im Elementarbereich. Der Beitrag der evangelischen Kirche, Münster 1974, S. 3-25, hier S. 20f. (Institutsveröffentlichung).
32. Wie man ein Kind lieben soll, Göttingen 1967, S. 40.

4. Religionspädagogische Aufgaben im Lebenszusammenhang zwischen den Generationen

Erzieherinnen finden sich in kommunalen und kirchlichen Kindergärten unter denselben pädagogischen Aufgaben zusammen. Haben sie auch dieselben religionspädagogischen Aufgaben? Von den Kindern und ihren Eltern her gesehen, ist die Lage nicht eindeutig. In den kommunalen Einrichtungen treffen sie auch auf Kinder aus kirchlich verbundenen Elternhäusern, in den anderen umgekehrt auf Kinder aus nichtchristlichen Familien. Es gibt in den Kirchen vereinzelt Tendenzen, die eigenen Kindergärten energischer kirchlich zu prägen und in die Gemeinde einzubinden, mit der möglichen Folge, statt dessen Mitverantwortung für die übergreifenden gemeinsamen Aufgaben aus den Augen zu verlieren. Im Extremfall ließe sich für die Zukunft eine Entwicklung vorstellen, in der kirchlich verengt arbeitende Kindergärten auf der einen Seite noch mehr dem Christentum entfremdeten Kindergärten auf der anderen Seite gegenüberstehen. Diese Entwicklung ist aus mehreren Gründen nicht zu wünschen[33].

Aufgabenspektrum und Kirchenverständnis des kirchlichen Kindergartens

Das gesellschaftspolitische Modell der weltanschaulich-religiösen 'Versäulung' der Gesellschaft und des Erziehungssystems (extrem in den USA), wonach jede Denomination ihre scharf profilierten pädagogischen Einrichtungen neben die der anderen stellt, liegt nicht im Zuge der geschichtlichen Entwicklung in unserem Land, das von weiträumigen Volkskirchen bestimmt ist. Zusätzlich ist besonders dem deutschen Protestantismus historisch verwehrt, in geschlossenen Systemen zu denken (vgl. Kap. 3). Man hat lernen müssen, was auch heute wieder hier und da in der Kirche nur schwer eingesehen wird: das Gewissen durch Freigabe innerhalb der Kirche zu respektieren, statt es durch Ausgrenzung auf die Freigabe außerhalb der Kirche zu verweisen. »Offene Repräsentanz« des Evangeliums ist geboten, nicht dogmatisch bedrängende Eingliederung; nur dies Modell ist angemessen, wo ein Kindergarten in kirchlicher Trägerschaft faktisch ein Kindergarten für alle ist.

Zwar ist wie beim konfessionellen Religionsunterricht theoretisch niemand gezwungen, sein Kind in einen kirchlichen, noch dazu konfessionellen Kinder-

33. Zur folgenden Argumentation vgl. die bereits in einem früheren Aufsatz gemachten Ausführungen (*K.E. Nipkow:* Kind - Kindergarten - Gemeinde, in: ZfPäd. 26, 1980, S. 1-12, 4ff.), ferner ähnlich auch *R. Lachmann*, a.a.O. (Anm. 27), S. 242f.

garten zu schicken. Aber wenn der Staat die Kirchen zur Teilnahme an einer allgemeinen öffentlichen Bildungsaufgabe einlädt, sollten es sich diese innerlich versagen, die eröffnete Mitwirkung missionarisch auszunutzen. Die Kirche lebt als Kirche Jesu Christi in vielerlei Gestalt. Im Kindergarten ist sie *primär* und darum erstens dienende Kirche für alle, *Kirche als Dienstgemeinschaft,* als Diakonie. Die Bedingungslosigkeit dieses Dienstes ist in Jesu Verhältnis zu den Kindern seiner Zeit vorgezeichnet. Jesus spricht konkreten Kindern, die zufällig zu ihm gebracht werden, das Gottesreich vollgültig zu, ohne Abstriche und ohne nach zuvor erfüllten Bedingungen zu fragen (Mk 10, 13-16), auf uns übertragen heißt das: getauften und nichtgetauften, zur Gemeinde gehörenden und nicht zu ihr gehörenden, einheimischen und Ausländerkindern, allen Kindern dieser Welt.

Freilich ist eben auch zu sehen, daß Jesus nicht irgend etwas, sondern das *Evangelium* von der hereingebrochenen Herrschaft Gottes zuspricht; und dieses Evangelium ist nicht etwas Vieldeutiges, sondern Eindeutiges. Die offene Repräsentanz hat daher auch der Sache selbst zu dienen. Offenheit ist kein Freibrief, in der Sache sprachlos zu werden. Das heißt konkret und bedeutet zugleich ekklesiologisch:

Wo Erzieher(innen) in kirchlichen Kindergärten den Kindern das Evangelium zu spüren geben und von ihm sprechen, zum Beispiel dadurch, daß sie eine biblische Geschichte erzählen oder unter Berufung auf Jesus anleiten, einander beim Schlichten eines Streits die Schuld zu vergeben, hat der Kindergarten auch an der Aufgabe der Kommunikation des Evangeliums Anteil, der Aufgabe der Verkündigung. Er partizipiert damit zweitens an Elementen von *Kirche als Zeugnisgemeinschaft.*

Wenn Erzieher(innen) Kindern auf religiöse oder religiös relevante Fragen zu antworten versuchen (und hierbei ebenso suchen müssen wie die Kinder; s. noch unten), übernimmt der Kindergarten, der sich sonst nicht primär einem mit der Schule vergleichbaren Lernen verschreiben will und darf, wie von selbst auch eine Informations- und Verständigungsfunktion bzw. eine katechetische Aufgabe, um einen alten Begriff zu verwenden. Diese Aufgabe soll das Verständnis des christlichen Glaubens elementar erschließen helfen. Der Kindergarten hat damit drittens auch teil an der Kirche als lehrender Kirche, nach unserem heutigen ökumenischen Verständnis: *Kirche als Lerngemeinschaft.*

Schließlich unterläßt es keine neuere Darstellung, die große Bedeutung der *Feste* und *Feiern* zu beschreiben[34]. Sie vereinen sozial-, allgemein- und religionspädagogische Absichten: »Feste und Feiern ermöglichen auf wirksamste Weise ganzheitliche Beteiligung der Kinder; denn über, mit und durch sie und ihre

34. Vgl. *R. Lachmann,* a.a.O. (Anm. 27), S. 262-266; zur Einordnung dieses Aspekts vgl. auch bereits Kap. 5, S. 280ff.

Symbolik lassen sich Handlungsvollzüge, emotionales Betroffensein und kognitive Deutungselemente zu eindrucksvollen Erfahrungseinheiten verbinden und verdichten.«[35] Sie sind ein exemplarischer Weg zur ganzheitlichen Bildung der Kinder (s. oben 3.), zu der nun das Aufscheinen christlichen Glaubens und Lebens hinzutritt. Christliche Feste und Feiern lassen erahnen, was - viertens - *Kirche als Lebens- und Glaubensgemeinschaft* bedeutet.

Wir haben in spezifizierender Weise auf den Kindergarten vier Aufgabendimensionen und ihre ekklesiologischen Entsprechungen angewandt, die als kirchentheoretisches Gefüge der Aufgaben der Gemeindepädagogik überhaupt dargestellt wurden[36]. Dieser integrativ gemeinte Ansatz kann auch die Arbeit des Kindergartens unter ein *»integratives Konzept«* stellen, das in der Lage ist, die Arbeit klarer und intensiver als bisher theoretisch und praktisch mit anderen gemeindepädagogischen Aufgabenfeldern zu verbinden[37].

Die Reihenfolge der vier Dimensionen von Kirche bzw. Gemeinde deutet *Prioritäten* an. Wir haben mit dem diakonisch begründeten Leitgedanken der offenen Repräsentanz angesetzt; das heißt, daß die zweite, kerygmatische Seite nicht »auf massiv missionarische, an Mitgliedergewinn orientierte Kindergartenarbeit« hinauslaufen darf[38]. Es bedeutet ferner hinsichtlich der dritten, der unterrichtlich-katechetischen Dimension, daß die Erstinformation über den Glauben nicht zu einer ebenso verfrühten wie grundsätzlich bedenklichen Verschulung auf *einem* Gebiet, noch dazu just dem religionspädagogischen, führen darf, während sich die Kindergartenarbeit auf allen anderen Gebieten davon gerade freigemacht hat. Die Struktur des Kindergartenalltags verhindert schließlich vor allem, daß Kirche als Gemeinschaft im gottesdienstlichen Sinne methodisiert, geplant und einfach methodisch hergestellt werden kann. Zu dieser Dimension hat der Kindergottesdienst eine größere Nähe; hier findet er sein Proprium (im übrigen sind auch im Kindergottesdienst alle gerade behandelten Dimensionen anzutreffen, aber in einer anderen Gesamtakzentuierung, s. unten Kap. 7). Wenn man die Vorstellun-

35. A.a.O., S. 262.
36. Grundfragen der Religionspädagogik, Bd. III (1982) 2. Aufl., Gütersloh 1988, S. 246ff.
37. Dies ist das Hauptanliegen der Darstellung *R. Lachmanns,* der dieselben Dimensionen zusammenfügt (S. 247f.). Er verweist hierbei (S. 248) auf das von *J. Hanselmann* hervorgehobene »Zusammenspiel von diakonischer, katechetischer, missionarischer und gemeinschaftlicher Dimension« *(J. Hanselmann:* Gemeinsam glauben, leben, lernen, in: Vom erzieherischen Auftrag der Kirche, München 1986, S. 3-28, bes. S. 16). Vgl. insgesamt meine Ausführungen in den: Grundfragen der Religionspädagogik, Bd. III: Gemeinsam leben und glauben lernen, bes. die gemeindepädagogischen Folgerungen in den genannten vier ekklesiologischen Dimensionen in Kapitel 5.
38. *R. Lachmann,* a.a.O., S. 248.

gen von einer »gottesdienstlich« feiernden Gemeinschaft nicht zu hoch spannt, sondern vor allem an die festlich-feiernde *Gemeinschaft* mit Kindern denkt - und hierzu gibt es manche Gelegenheit -, steht der Kindergarten in nichts nach, ja, er könnte sich eine *Kultur des Feierns* geradezu zur besonderen Aufgabe machen.

Das Beziehungsgefüge zwischen Kindergarten und Gemeinde will nicht zuletzt *Spielräume* für die individuelle Gestaltung jeder einzelnen Einrichtung unter ihren spezifisch örtlichen und persönlichen Bedingungen offenhalten. Was möglich ist, ist an Ort und Stelle zu erkunden, z.B. Tage der offenen Tür, Mitwirkung bei Kinder- oder Familiengottesdiensten, Kinderbibelwochen o.ä.[39].

Religiöse Dimensionen im Bildungsverständnis des kommunalen Kindergartens

Während einerseits der *kirchliche* Kindergarten seine religionspädagogischen Aufgaben in der beschriebenen Weise vorfindet, ist es andererseits keineswegs so, daß der *kommunale* es mit ihnen gar nicht zu tun zu haben brauchte. »Eine völlige Ausklammerung der religiösen Dimension aus der staatlich getragenen Kindergartenarbeit dürfte dabei kaum möglich und vertretbar sein.«[40] Sie ist

39. Das Erfordernis, an Ort und Stelle zu erkunden, welche Wege gegangen werden können, gilt besonders dann, wenn muslimische Kinder einen kirchlichen Kindergarten besuchen. Die Theorie kann der Praxis hier nur Leitgedanken als Anregung mitgeben. Die Mitarbeiter stehen vor einer schwierigen Balance: »Wie kann man es miteinander verbinden, auf der einen Seite die muslimischen Kinder in die Gruppe zu integrieren, auf der anderen Seite keine Distanz zwischen muslimischen Kindern und ihren Eltern entstehen zu lassen, und auf der dritten, an der religionspädagogischen Arbeit im Kindergarten keine Abstriche zu machen?« (*H. Lang und Mitarbeiter:* Muslimische Kinder in evangelischen Kindergärten. Leitfaden und Arbeitshilfe für die religionspädagogische Arbeit, Stuttgart 1982, S. 14, hrsg. vom Ev. Landesverband für Kindertagesstätten in Württemberg e.V.). Lang weist auf, daß es zum Beispiel auf Grund des gemeinsamen Rückbezuges des Christentums und des Islams auf das Alte Testament möglich ist, über alttestamentliche Stoffe relativ leicht Brücken zu Muslimen zu schlagen (Abraham=Ibrahim; Mose=Musa). In anderen Bereichen ist es schwieriger, aber es gibt auch hier Ansätze eines interreligiösen Lernens, ohne daß es zu einer synkretistischen Vermischung der Religionen kommen muß. Vgl. hierzu - mit dem ähnlichen Interesse an einer »ausgewogenen Balance zwischen der Begründung und Vertiefung der eigenen Identität einerseits und der notwendigen Einübung von Gemeinschaft mit Andersgläubigen andererseits«: *Diakonisches Werk der EKD (Hg.):* Ausländische Kinder in evangelischen Kindergärten. Eine Arbeitshilfe, Stuttgart o.J., S. 79ff., Zitat S. 81 (Redaktion: *E. Pflug/R. Pfriem).*
40. *R. Lachmann,* a.a.O., S. 243.

kaum *möglich,* weil Kinder mit folgenden Elementen ihrer Umwelt in den meisten Fällen selbst dann in Berührung kommen, wenn die eigene Familie an ihnen nicht aktiv teilnimmt: christliche Feste, besonders das Weihnachts- und Erntedankfest; Amtshandlungen wie Taufen, kirchliche Trauungen und Beerdigungen, Firmungen und Konfirmationen. Ferner treffen die Kinder auf das Wort »Gott« als Bestandteil der ihnen vermittelten Sprachwelt und sei es auch nur in entleerten Redewendungen der Alltagssprache. Hinzu kommen religiös-christliche Fragen. Wir sprechen absichtlich etwas undeutlich von »religiös-christlichen«, weil die Fragen einerseits aus dem allgemeinen rätselvollen Charakter des Lebens für das Kind hervorgehen, andererseits in unserem Kulturkreis trotz einer zunehmend nachchristlichen Situation im ganzen noch auf die Auswirkungen der christlichen Glaubensüberlieferung bezogen sind. Längst bevor die Gelegenheit besteht, den gleichsam offiziellen »Kirchengott« (Edward Robinson) zu vermitteln, hat sich das kleine Kind einen »privaten Gott« (Ana-Maria Rizzuto) gebildet, wenn auch in noch so rudimentärer und in der Regel verschwiegener Weise[41].

Kaum *vertretbar* ist die Ausklammerung religionspädagogischer Hilfestellung in kommunalen Kindergärten, wenn der Gedanke ganzheitlicher Bildung, die auch religiöse Orientierung umfaßt, ernst genommen werden soll. Sind mithin kirchlicher und kommunaler Kindergarten in dieser bildungstheoretischen Hinsicht nicht voneinander zu trennen, so ist ihre religionspädagogische Arbeit dennoch zu unterscheiden.

Gemeinsamkeiten und Unterschiede

Auf Grund der ihm staatlich gewährten Freiheit darf der kirchliche Träger *theologisch* begründete religionspädagogische Erwartungen als Auftrag formulieren. Hierbei geht es nicht nur darum, eine erste allgemeine religiöse Aufgeschlossenheit anzubahnen - Staunen, Wundern, transzendierendes Fragen und Ahnen als Elemente »spiritueller« Sensibilisierung (s. oben 1.). Es handelt sich auch schon um die besonderen Anfänge des christlichen Glaubens und Lebens; allerdings sollten sie nicht aus dem übrigen Lebenszusammenhang der Kinder herausgelöst werden. Beim kommunalen Kindergarten entfällt der zusätzliche Auftrag einer bestimmten Religionsgemeinschaft. Die Notwendigkeit religions-

41. *A.-M. Rizzuto:* The Birth of the Living God, Chicago 1979. Sie bemerkt: »Kein Kind nähert sich dem 'Hause Gottes' ohne seinen Lieblingsgott unter dem Arm« (S. 8). - Analog zum kirchlichen Kindergarten gilt auch für den kommunalen, daß die Mitarbeiter(innen) mit Grundelementen des Islam vertraut sein müssen. Für die muslimischen Kinder bildet er die religiös-kulturelle Dimension.

pädagogischer Begleitung kann sich nur *pädagogisch-bildungstheoretisch* begründen, während die Arbeit im kirchlichen Kindergarten einer *doppelseitigen pädagogisch-theologischen* Begründung bedarf: Sie drückt zunächst volle Konvergenz mit dem aus, was hinsichtlich der sozial- und allgemeinpädagogischen Aufgaben jedes Kindergartens als pädagogisch vernünftig entwickelt werden kann. Sie verfolgt zusätzlich in, mit und unter diesen Aufgaben christliche Erziehungsziele, die aus dem übergreifenden pädagogischen Konzept für den Elementarbereich nicht abgeleitet werden können (dialektisch-konvergenztheoretisches Modell).

Dies heißt konkret: Im kommunalen Kindergarten ist von den Erziehenden eine gewisse allgemeine religiöse Informiertheit zu erwarten; denn sie müssen den Kindern insoweit religiöse Auskünfte geben können, als die christliche Religion noch ein enkulturierter Bestandteil der allgemeinen Lebenswelt ist. In kirchlichen Kindergärten hat der Träger dagegen theoretisch das Recht, eine erste Einführung in Elemente christlichen Glaubens und Lebens anzustreben. Die persönlichen Folgen für die Erzieherinnen unterscheiden sich entsprechend. Aber sie liegen, aus dem Blickwinkel der tatsächlichen religiösen Voraussetzungen her gesehen, auch wieder dicht beieinander. Nicht nur haben hier wie dort die Kinder meist dieselben Fragen, sondern hier wie dort sind auch die Mitarbeiter(innen) in der Regel meist noch in ganz unterschiedlicher Weise in Sachen der Religion auf dem Weg.

Wie sind die wichtigsten religionspädagogischen Aufgaben näher zu beschreiben? Im einleitenden Kapitel des zweiten Teils (Kap. 5) sind zwei religionspädagogische Aufgabenrichtungen vorweg erörtert worden, von denen sich besonders die erste im Schrifttum zur christlichen Erziehung im Kindergarten wiederfindet. Es ist die allgemeine Überzeugung vom Vorrang erfahrungsbezogenen religiösen Lernens, das in Lebenszusammenhänge eingebettet ist (vgl. oben S. 280ff.). Diese Auffassung verbindet sich mit dem verständlichen Interesse, gleichzeitig christliche Lebensformen (Sitte) zu erhalten und zu erneuern.

Religion im Lebenszusammenhang: Die erfahrungshermeneutische Spur

Unter dem erfahrungsbezogenen Aspekt hat der sog. *Situationsansatz* aus dem Religionspädagogischen Förderprogramm des Comenius-Instituts (1975-1980) maßgeblich zur religionspädagogischen Reform der Kindergartenarbeit beigetragen[42]. Dieser Ansatz gründet im hermeneutischen Zirkel von *Alltagserfahrun-*

42. *H.B. Kaufmann (Red.):* Situationsansatz und Religionspädagogik, Münster 1976 (RPF, H. 3).

gen, menschlichen Grunderfahrungen und Gotteserfahrungen[43]. Die geforderte didaktische Aufgabe kann in Anlehnung an das in der katholischen Religionspädagogik geläufige »korrelationsdidaktische« Modell auch als »Korrelation von kindlicher Situation und biblischer Tradition« beschrieben werden: Die biblischen Geschichten stehen in der Mitte eines Zirkels wechselseitiger Erschließung[44]. Der maßgebliche Inhalt, um den alles kreist, ist hierbei das *Evangelium* als Botschaft der *Liebe Gottes,* die in, mit und unter den vom Kind im Kindergarten und in seiner Lebenswelt gemachten Erfahrungen des Angenommen- und Anerkanntseins, des Vertrauens, der Dankbarkeit, der Vergebung nahegebracht und in ihrem Sinn aufleuchten soll. Das Evangelium findet an diesen Erfahrungen einen Anhalt, auch wenn es in ihnen nicht aufgeht[45].

Das bekanntgewordene Beispiel, an dem seinerzeit der Situationsansatz einführend religionspädagogisch entfaltet worden ist, betraf die didaktische Einheit »Verlaufen in der Stadt«[46]. Während sich die vom Deutschen Jugendinstitut entworfene Situationsanalyse auf drei typische Situationen des Alltagslebens des Kindes bezog (»Verlaufen in fremder Umgebung«, »den Weg zu einem vorgegebenen Ziel finden«, »weglaufen«, S. 19), ging die Arbeitsgruppe des Comenius-Instituts von der »These« aus, »daß der Mensch, besonders aber das kleine Kind, *in* diesen Situationen mehr erlebt und mehr braucht als die in dieser Einheit formulierten und angestrebten Fähigkeiten« (25f.). Unter einem verkürzten Verständnis von »Lebensbewältigung« erschien den Autoren des Deutschen Jugendinstituts das Ganze nur als Problem des *»Verhaltens«.* Von der Arbeitsgruppe wurde darüber hinaus eine zweite Dimension erschlossen: »Verlaufen« als »Grundsituation« des menschlichen Lebens, die in die *Tiefe menschlichen Erlebens* führt. Wenn man darüber nachdenkt, was verlaufen, verirren, den Weg verfehlen, aber auch finden, gesucht und gefunden werden bedeuten, treten seelische Erlebnisdimensionen ans Licht (26). Schon vor Beginn der symboldidaktischen Diskussion ist seinerzeit ferner die übertragene Bedeutung von Worten hervorgehoben worden. Was steht nicht alles an, wenn wir sagen:

43. Vgl. *K.E. Nipkow,* Kind - Kindergarten - Gemeinde, a.a.O. (Anm. 33), S. 9ff., sodann in: Grundfragen der Religionspädagogik Bd. III, a.a.O., S. 79ff., S. 92-98. Vgl. ferner *R. Lachmann,* a.a.O., S. 255ff., der unter der Überschrift »Kindererfahrungen in ihrer didaktischen Bedeutung« sein instruktives religionsdidaktisches Kapitel eröffnet, das die folgenden Ausführungen nach dieser Seite hin darum entlastet.
44. *R. Lachmann,* a.a.O., S. 256; auf katholischer Seite siehe besonders die Arbeiten von *G. Baudler, W. Simon, J. Werbick.*
45. *R. Lachmann,* a.a.O., S. 250 und 256; *K.E. Nipkow,* Kind - Kindergarten - Gemeinde, a.a.O., S. 10f. Zu den Grenzen des Ansatzes bei menschlichen Erfahrungen, *ders.,* in: Grundfragen, Bd. III, a.a.O., S. 215f.; mit Bezug zur Bibeldidaktik vgl. vom *Vf.:* Erfahrung und die Bibel, in: *H. Schultze (Hg.):* Erkundungen mit der Bibel, Münster 1987, S. 54-82.
46. *H.B. Kaufmann,* a.a.O. (Anm. 42), S. 15ff.

»Wir finden den Weg nicht zueinander« (ebd.)! Damit rückt drittens die *»Ebene symbolischer Formen und Erfahrungen«* in den Blick (28). »Umgangssprache und Spruchweisheit, Mythos, Religion und Dichtung belegen das Ineinandergreifen der drei Dimensionen: Verhalten, Erleben und symbolische Verallgemeinerung auf vielfältige Weise« (29). Diese Betrachtung führt schließlich über »das Bild des Lebens-Laufes, des Lebens-Weges, des Lebens-Zieles« (ebd.) zum Lebensweg »in christlicher Deutung« (34ff.): »Der Mensch verfehlt seinen Weg, aber er kann immer wieder umkehren« (35). »Weg-Geschichten des NT deuten und erschließen eigene Erfahrungen« (36). Psychologisch gesehen wird angenommen, daß Kinder »offen« sind »für die Mehrdimensionalität des Lebens« (42).

Heute wird man aus entwicklungspsychologischer Sicht fragen müssen, wie sich das Symbolverständnis des Kindes langsam entwickelt und was Offenheit für die »Mehrdimensionalität des Lebens« genauer meint[47]. Den seinerzeit für den Kindergarten vorgeschlagenen Ansatz selbst kann man auch jetzt noch fortsetzen. Mehr denn je ist es wichtig, in Umgebungen »spiritueller Leere« die *elementare Wahrnehmungs- und Erlebnisfähigkeit* der Kinder zu entwickeln und zu bewahren. »Der Gottesglaube beruht auf Erfahrung. Aber in der heutigen Welt ist man oft nicht mehr sensibel genug, zu abgestumpft, um solche Erfahrungen wahrnehmen zu können.«[48] Der Verlust, den hier ein Wirtschaftsgymnasiast der 12. Klasse beschreibt, hat frühe Ursachen.

Die religiöse Entwicklung des Kindes ist - wenn sie denn überhaupt Chancen hat - tief in sein Leben eingewoben. Man kann zwar von der Fähigkeit zur Wahrnehmung von Phänomenen, dem Gefühl der Achtung vor dem Leben, dem aufdämmernden Verstehen für die metaphorische und symbolische »Mehrdimensionalität« von Sprache und Erfahrung nicht sagen, daß dies alles die christliche Glaubenserfahrung fördern *muß,* aber es *kann* so sein. Zu diesen möglichen, wenn auch nicht zwingend notwendigen Voraussetzungen gehört in der Kindheit im besonderen auch die *Entfaltung der Einbildungskraft.* Glücklicherweise kommen uns die Kinder trotz der Faszination durch die elektronische Medienwelt, der wir ja fast alle erliegen, entgegen. Sie hören nach wie vor dem gesprochenen Wort gern zu, wenn vorgelesen oder erzählt wird. Jetzt sammeln sich die Sinne. Nun entstehen innere Bilder. Sie gehen aus ihnen selbst hervor; sie sind ihr Eigentum. Nur diese »Einbildungs«-kraft hat im Sinne Goethes wirklich »bildende« Wirkung.

»Pädagogische Aufgabe wäre es also, die Phantasie des Kindes im Vorschulalter nicht übermäßig zu lenken, zu trainieren und damit zu korrumpieren, sondern ihr einen Raum

47. Vgl. *F. Schweitzer:* Lebensgeschichte und Religion. Religiöse Entwicklung und Erziehung im Kindes- und Jugendalter, München 1987, 2. Aufl. 1991, S. 185ff.
48. Zitiert nach *R. Schuster:* Was sie glauben. Texte von Jugendlichen, Stuttgart 1984, S. 333.

zu geben, in dem sie sich entfalten kann: durch Spielmaterial, das wenig strukturiert und damit für kreative Sinngebung offen ist, durch sprachliches Material, das der Phantasietätigkeit Nahrung gibt - und nicht zuletzt durch Märchen und biblische Geschichten.«[49]

Der moderne Kindergarten folgt mit der Förderung der »Selbsttätigkeit« der Kinder einem seiner großen pädagogischen Axiome. Es stammt aus der reformpädagogischen Bewegung des ersten Drittels unseres Jahrhunderts (mit älteren Wurzeln, z.B. bei Fichte). Man hat darüber völlig vergessen, daß ausgerechnet für den evangelischen Religionspädagogen jener Zeit, der den Arbeitsschulgedanken und mit ihm das Prinzip der Selbsttätigkeit in die Religionspädagogik eingetragen hat, Selbsttätigkeit nicht nur aus dem *»schaffenden Lernen«* bestand, sondern auch ein *»empfangendes Lernen«* einschloß. Für Otto Eberhard war auch die »Empfänglichkeit« des Menschen als inneres Lebendigsein ein Moment der Selbsttätigkeit. Es äußert sich im Zuhören und Lauschen, im Zusehen und Betrachten, im Nachdenken und Sichbesinnen, im »Stillesein« - wir erinnern an den Ruf Helder Camaras nach »Erfindungen der Stille« (s. oben Kap. 5, S. 281) - und in einer *»Kultur des Schweigens«*[50].

Im Atemholen liegen mit Goethe gesprochen »zweierlei Gnaden«, das Einatmen und das Ausatmen. Genauso sollten »Rezeptivität« und »Spontaneität« (Schleiermacher), »Eindruck« und »Ausdruck« miteinander wechseln. Der gemeinte Rhythmus hat eine vielfältige Tradition[51].

49. *G. Bittner:* Was bedeutet 'kindgemäß'? Entwicklungs- und tiefenpsychologische Gesichtspunkte zur Erziehung im Kindergarten, in: ZfPäd 27 (1981), 6, S. 827-838, hier S. 835.
50. Vgl. am ausführlichsten hierzu *O. Eberhard:* Von der Arbeitsschule zur Lebensschule, Berlin 1925, S. 37-66, s. auch *ders.:* Evangelische Lebenskunde auf wertpädagogischer Grundlage, Stuttgart 1928, S. 71. Aus der reformpädagogischen Epoche Anfang unseres Jahrhunderts vgl. ferner die wichtigen Einsichten *Maria Montessoris.* Über die Rolle von »Stille« und die Erziehung zur Stille in der abendländischen Pädagogik vgl. auch die materialreiche Darstellung von *H. Oblinger:* Schweigen und Stille in der Erziehung, München 1968, ferner *Kh. Burk (Hg.):* Kinder finden zu sich selbst. Disziplin, Stille und Erfahrung im Unterricht, Frankfurt/M. 1984, bes. S. 55ff.; siehe zuletzt auch: *G. Faust-Siehl et al.:* Mit Kindern Stille entdecken, Frankfurt/M. 1990.
51. Eine besondere Aufgabe ist es, Kinder mit dem *Rhythmus der Zeit* vertraut zu machen, von den kleinsten Bruchteilen der Zeit bis zu den längsten. Es geht darum, Zeit zu erfahren, Zeit zu haben, sich Zeit zu nehmen, jedes zu seiner Zeit zu tun, in der Erinnerung (memoria) Zeit zu bewahren. Vgl. hierzu *Augustinus,* Confessiones; dazu *W. Simon:* Zeit und Zeitbewußtsein nach den 'Confessiones' des Augustinus, in: Relpäd. Beiträge 16 (1985), S. 75-89. In der Grundschule kann bereits in den ersten Klassen in den Umgang mit den "Einheiten der Zeit" durch ein "Lernen an

Fragende Kinder - suchende Erwachsene: Die Spur gemeinsamen Nachdenkens

Religion im Lebenszusammenhang ist die eine Seite. Wieweit muß im Vorschulbereich auch schon die zweite Linie beachtet werden, die damit zusammenhängt, daß man mit den Aussagen und Ausdrucksformen des christlichen Glaubens in Bibel und Bekenntnis gedanklich ins reine kommen möchte (vgl. oben S. 291ff.)? Diese Linie tritt in der Literatur zur Kindergartenarbeit zurück. Früher aber, als wir annehmen, erwachen im Kind Zweifel, und eher, als wir es für möglich halten, suchen Kinder einen ganz eigenen Weg in der Beantwortung ihrer Fragen. An anderer Stelle ist die Vermutung begründet worden, daß die für das Jugendalter nachweisbaren schwerwiegenden kritischen Fragenkomplexe schon früh ihre Schatten vorauswerfen: als Zweifel an Gottes Liebe und als Unverständnis gegenüber unverschuldetem Leiden (Ist Gott lieb? Warum muß Schlimmes passieren?), als Frage nach dem Anfang und dem Ende des Lebens, nach dem Rätsel des Todes (Wie hat Gott die Welt gemacht? Was ist, wenn man tot ist?), ja auch schon als der Zweifel, ob Gott überhaupt existiert. Was ist zu tun, damit das Kind in seinen eigenen Bemühungen nicht überfordert und verängstigt wird und dennoch seine Vorstellungen geklärt und seine Erkenntnisse vertieft werden können? Wie sind Kinder zu begleiten, damit ihr religiöser Weg nicht in ganz abstrusen Bildern hängenbleibt, sondern bei aller zuzugestehenden kindlichen Eigenwilligkeit und Eigenart dem Wesen des christlichen Glaubens entspricht?

Hans Rauschenberger hat darauf aufmerksam gemacht, daß Kinder nicht auf eine in jeder Hinsicht nach unseren Maßstäben korrekte (theologische) Antwort hinauswollen. Es komme vielmehr für das Kind darauf an, wie es den teilnehmenden Erwachsenen als Partner im Such- und Verstehensprozeß erfahre. Es wünsche ihn sich so, daß es in den eigenen Bemühungen bestätigt und zu weiterem Fragen ermutigt werde. Wenn das der Fall sei, freue es sich, daß es so gut mit den Erwachsenen über alles sprechen könne. Die eigenen sprachlichen Entdeckungen des Kindes sind nämlich zweideutig. Es braucht Hilfe.

Zunächst braucht das Kind jemanden, »der ihm die Namen nennt, von dem es neue Dinge erfragen kann und natürlich seine besondere Stellung zu ihnen. Dies ist besonders bedeutungsvoll für das Alter, in dem das Kind das Laufen und Sprechen so weit gelernt hat, daß es nun seine Selbständigkeit erproben kann. Dadurch, daß es gehen kann, konstituiert es aktiv sein Erfahrungsfeld; dadurch, daß es sprechen kann, vermag es die neugewonnenen Erfahrungen auszudrücken und einzuordnen. Gleichzeitig erlebt es die Gefahren

Stationen" eingeführt werden. Vgl. *G. Faust-Siehl:* Lernen an Stationen: Kinder und die Einheiten der Zeit, in: Grundschule 21 (1989), 3, S. 22-25. Der Kindergarten kann diese Erfahrungen vorbereiten.

seiner neuen Möglichkeiten: Es kann zu weit fortlaufen, und auch die sprachlichen Herausforderungen können es überwältigen. Beides macht Angst. Deshalb ist gerade in dieser Zeit das Schutz- und Trostbedürfnis besonders ausgeprägt.«[52]

Indem Erwachsene auf die Fragen des Kindes eingehen, vermitteln sie ihm »das Selbstvertrauen des gesicherten Erkenntniszuwachses« (ebd.). Hierbei zählt, daß zwischen dem Kind und dem Erwachsenen ein *gemeinsamer Verständigungs- und Orientierungsrahmen* geschaffen wird, auch wenn innerhalb dieses Rahmens im einzelnen vieles für das Kind offen und unverständlich bleibt:

»... es geht dem Kind zunächst darum, seine individuelle Orientierung zu ergänzen und sie jeweils in den Orientierungsrahmen der Erwachsenen einbezogen zu wissen. Hier liegt der Grund dafür, weshalb viele Kinder mit Antworten zufrieden sind, die sie nicht verstehen. Wenn das kleine Kind eine Antwort nicht versteht, schweigt es meist, es insistiert nicht. Es scheint, als begnüge es sich vorerst mit der Tatsache, daß da jemand ist, der die Sache überblickt« (ebd.).

Rauschenberger erkennt ferner, warum Kinder mehr Fragen als Erwachsene haben und auch ursprünglichere und weiterreichende Fragen als die Erwachsenen (S. 765). Ihr Bedürfnis nach Orientierung und nach einer verläßlichen Welt zwingt sie immer wieder dazu, durch Fragen die Eindrücke zu ordnen. Hierbei haben die Kinder das Fragen noch nicht aufgegeben. Sie fragen hartnäckig. Erwachsene versuchen, die Kinder zufriedenzustellen. »Wenn sie sagen: Das verstehst du jetzt noch nicht, meinen sie im Grunde, daß sie selber es nicht verstehen. Sagen sie: Das erkläre ich dir später, so bedeutet dies, daß sie selber das Problem vor sich herschieben« (ebd.). Darum gilt: Durch fragende Kinder bleiben wir suchende Erwachsene.

5. Erzieherinnen und Eltern im dritten und vierten Lebensjahrzehnt

Wie weit sind in der Regel Erzieher(innen) in ihrer Entwicklung gekommen, wenn sie im dritten Lebensjahrzehnt in ihren Beruf eintreten (um exemplarisch diese Altersphase herauszugreifen)? Ihre Situation ist unter anderem durch dreierlei gekennzeichnet: durch paradoxe Erwartungen von außen, durch den unabgeschlossenen Charakter der eigenen Lebensgeschichte und durch den möglicherweise krisenhaften Übergang zu einer neuen Glaubensstruktur.

Aus der Sicht phänomenologisch arbeitender Lebenslaufforschung werden wir hinsichtlich der *allgemeinen Persönlichkeitsentwicklung* darauf aufmerksam

52. *H. Rauschenberger:* Kinderfragen - Entwicklung, Bedeutung und pädagogische Hermeneutik, in: ZfPäd 31 (1985), 6, S. 759-771, hier S. 763.

gemacht, daß die Gesellschaft den jungen Erwachsenen in diesem Lebensjahrzehnt einerseits noch viel Freiheit zugesteht, andererseits sie aber zunehmend drängt, eine erste feste Lebensstruktur auszubilden. In tiefenpsychologischer Perspektive korrespondieren diesen paradoxen Erwartungen innere Unsicherheiten. Nach außen will man unabhängig sein, nach innen ist man oft in verborgener Weise gerade von jenen Menschen immer noch abhängig, von denen man sich befreien möchte. In diese Spannung geraten mit der allgemeinen Autoritätskritik auch religiöse Autoritäten und Institutionen[53]. Wenn die Widersprüche in der eigenen Person aufgedeckt werden, sind empfindliche Reaktionen verständlich.

Auf eigene subtile Weise ist der *moralisch-ethischen Entwicklung* von Jugendlichen und jungen Erwachsenen empirisch nachgegangen worden. Sie haben zwar gewöhnlich eine autoritätsgebundene Moralauffassung hinter sich gelassen, aber eine neue, verantwortungsethische noch nicht entwickelt.

Sharon Parks hat im amerikanischen Kontext festgestellt, daß sich in der Adoleszenz zunächst oft ein *»unqualifizierter Relativismus«* (»unqualified relativism«) breitmacht: »Ich habe meine Wahrheit, du hast deine Wahrheit, die haben ihre Wahrheit. Es spielt keine Rolle, was du denkst: Hauptsache, du bist ehrlich.«[54] Jeder denkt und lebt gleichsam für sich; alles übrige ist relativistisch eingeebnet. Diese Position ist jedoch auf die Dauer schwer durchzuhalten und wird schrittweise verlassen. Es ergibt sich ein *»probeweises Engagement«* (»probing commitment«, S. 82), das heißt eine genauere, vergleichende Prüfung, welcher Wahrheitsanspruch wertvoller, angemessener ist, so daß die eine Wahrheit doch als 'wahrer' erscheint als die andere und den Einsatz lohnt. Der Übergang zum Erwachsenensein erfolgt, wenn ein *»erprobtes Engagement«* (»tested commitment«) an die Stelle des »erprobenden« tritt (84). Das letzte Stadium als Zeichen reifen Erwachsenenseins betrifft nach Parks das *»überzeugungsbezogene Engagement«* (»convictional commitment«, S. 50ff.).

Offensichtlich zieht sich die Suche nach neuen Strukturen ethischen Urteilens ziemlich in die Länge. Es entsteht insgesamt eine lange sensible Periode, ausgespannt zwischen »Verheißung« (»promise«) als Inbegriff dessen, was die Zukunft einem zu »versprechen« scheint, und »Verwundbarkeit« (»vulnerability«).

Hypothesen zu den Stufen der *»Glaubensentwicklung«* (»faith development« im Sinne J.W. Fowlers) und des *»religiösen Urteils«* (im Sinne F. Osers)[55] legen

53. Vgl. vom *Vf.:* Grundfragen, Bd. III, S. 110ff., ferner den Abschnitt über die »Krise um 30«, S. 113f.
54. *Sh. Parks:* The Critical Years. The Young Adult Search for a Faith to Live By, New York etc. Harper & Row 1986, S. 48.
55. Vgl. zur Einführung in diese Theorien *F. Schweitzer,* Lebensgeschichte und Religion, a.a.O. (Anm. 47). Zum Forschungstand und zur kritischen Diskussion vgl. auch *K.E. Nipkow/F. Schweitzer/J.W. Fowler (Hg.):* Glaubensentwicklung und Erziehung, 2. Aufl., Gütersloh 1989.

schließlich nahe, unter den Erzieher(inne)n verschiedene strukturelle Ausprägungen ihres religiösen Selbst- und Weltverständnisses anzunehmen. Für das zur Rede stehende Lebensalter wird bei nicht wenigen mit einem Übergang von einem unkritisch-konventionellen zu einem kritisch-reflektierenden Glauben zu rechnen sein.

Der unkritische, konventionelle Glaube spiegelt eine Lage, in der die überlieferten Glaubensüberzeugungen zwar persönlich angeeignet worden, aber noch selten oder nie einer Prüfung mit der Folge struktureller Veränderungen ausgesetzt gewesen sind. Andere Mitarbeiter(innen) haben solche Auseinandersetzungen durchgemacht. Sie sind voller Skepsis gegenüber biblischen Vorstellungen. Ihnen fällt es schwer, beispielsweise die biblischen Wundergeschichten wörtlich für wahr zu halten. Während die einen noch in ihnen ungebrochen 'zu Hause' sind, bewegen sich die anderen auf eine symbolisch zu verstehende Deutung zu - oder aber sie geraten in eine Entwicklungssackgasse: Die weitere Entwicklung der Glaubensvorstellungen wird abgebrochen; die Glaubensgewißheit zerbricht. Eine durchgeklärte »zweite Naivität« ist in diesem Alter meist noch nicht zu erwarten[56].

Welche Folgerungen sind zu ziehen? In die Mitte der Aus- und Fortbildung von Erzieher(innen) gehört das Zugeständnis, daß die Arbeit in religionspädagogischer Hinsicht wohl kaum gelingen kann, wenn nicht die jungen Erwachsenen auch persönlich in ihren Fragen zu Religion und Glauben weiterkommen. Hierbei darf das elementare Kriterium, daß der junge Mensch die Sache »persönlich vertreten« können muß, nicht übersprungen werden.

»Ich kann doch nur das weitergeben, was ich wirklich vertrete, was ich voll bejahe«[57], stellt eine Erzieherin mit Recht fest. Eine andere bemerkt: »Wir waren total verunsichert gerade im Blick auf eine religiöse Erziehung. Früher da war das ganz anders ... da kamen die Kinder auch aus anderen Elternhäusern, und ich wurde nicht mit so unterschiedlichen Einstellungen konfrontiert« (S. 62). Eine dritte Erzieherin ergänzt: »Das Schlimme war auch, daß ich mich auf dem Gebiet gar nicht ausdrücken konnte - und wenn dann so ein Pastor anfing zu reden, dann war für mich Schluß ... ehe ich etwas Verkehrtes sage, da schweige ich eben« (ebd.). Eine vierte blickt auf eine gelungene theologische Begleitung zurück: »Ich bin jetzt viel eher bereit, daran weiterzuarbeiten. Ohne die Zeit der Klärung wäre ich nicht dazu gekommen, denn die Frage: wie stehe ich dazu, hätte ich niemals allein für mich klären können« (63).

56. Schon in diesem ersten Praxiskapitel des zweiten Teils taucht damit die im ersten Teil unter dem »modernen Ansatz« weiträumiger behandelte geistes- und theologiegeschichtliche Problematik auf (s.o., S. 185).
57. Äußerung einer Erzieherin, zitiert nach *E. Goßmann/U. Schreuer:* Soziales Lernen und religiöse Erfahrung im evangelischen Kindergarten. Vom Modellversuch zur neuen Praxis, hg. vom Comenius-Institut, Münster 1979, S. 63.

Die Äußerungen sprechen für sich: Einerseits wird von den Elternhäusern der Kinder kein Rückhalt erfahren, und die Pluralität religiöser Einstellungen verwirrt; eigene Unsicherheit und ängstigende theologische Experten tun ein übriges. Andererseits faßt man neuen Mut zur Sache, wenn man gemeinsam angstfrei klärende Gespräche führen kann. Wenn letzteres gelingt, ist ein Stück weit das verwirklicht, was wir oben eine christliche Gemeinde als Kultur des Vertrauens genannt haben (s. oben Kap. 2). Die Erzieherinnen sollen Kinder begleiten, wer begleitet die Erzieherinnen? Die Antwort darf nicht bevormundend ausfallen. Pfarrer(innen) und Kirchengemeinderäte(innen) dürfen nicht nur fordern, sondern müssen zu sich selbst ehrlich sein. Vielfach sind sie in ihrer eigenen Glaubensvergewisserung gar nicht viel weiter.

Der Kreis derer, die in ein gemeinsames, generationenübergreifendes Lernen einzubeziehen sind, weitet sich noch einmal, wenn wir auf die *jungen Eltern* blicken. Sie werden möglicherweise zum erstenmal wieder in ihrem Leben durch die Fragen ihrer Kinder mit der Religion befaßt, auch wenn man die Hoffnung hierauf keineswegs überschätzen darf.

Eine junge, aus der katholischen Kirche ausgetretene Frau steht vor der Frage: »Soll ich mein Kind ohne, gegen oder mit Hilfe der Kirche erziehen? Und was werde ich ihm sagen, wenn es mich nach dem Kind in der Krippe fragt, nach dem Tod oder der Auferstehung? Oder wenn es wissen will, was ist das eigentlich, Gott? Irgendwann einmal habe ich aufgehört, darüber nachzudenken, weil ich zu keiner Lösung kam. Ich habe die Religion zu den Akten gelegt, auf später verschoben. Mit der Kirche, der ich mit 20 zürnte und die ich mit 30 gleichgültig verließ, habe ich mich schon lange nicht mehr auseinandergesetzt. Ich glaube, es ist Zeit, das Unerledigte nachzuholen, mich noch einmal auf das Thema einzulassen. Vielleicht mit weniger Emotionen und Illusionen als früher. Was auch dabei herauskommt, ich kann mich nicht länger davor drücken, denn das Kind wird Fragen stellen.«[58]

Diese Frau hat das 30. Lebensjahr hinter sich, ist wahrscheinlich zwischen 30 und 35. Sie steht vor der Chance eines Neuanfangs, einer neuen Verknüpfung ihres Lebens mit dem abgerissenen Faden ihrer religiösen Lebensgeschichte mehr als zehn Jahre zuvor. Das eigene Kind wird zur Einladung, um des Kindes willen - und dann vielleicht auch gemeinsam mit ihm um der eigenen Person willen - über die Antworten nachzudenken.

Kinder und Erwachsene haben hinsichtlich der elementaren Glaubensfragen heute weithin dieselben Probleme. Eltern und Erzieherinnen sind in einer ähnlichen Lage wie ihre Kinder, wenn es um Fragen wie die nach dem Weiterleben nach dem Tod, der Auferstehung, dem Kind in der Krippe, Jesus am Kreuz und

58. Zitiert nach: *K.E. Nipkow:* Religion und Erziehung, in: *P. Fiedler u.a. (Hg.):* Funk-Kolleg Religion, Bd. 2, Gütersloh 1985, S. 154-179, hier S. 155.

andere Kernfragen des christlichen Glaubens geht. Wie kann ich selbst es so begreifen, daß ich mit eigenen Worten persönlich überzeugt davon reden kann? Keine Kindergartenarbeit sollte darum ohne begleitende *Elternarbeit* sein. Auch für diese Aufgabe trägt jedoch die ganze Gemeinde Verantwortung. Für Elternarbeit braucht man nämlich Zeit, Kraft und Kompetenz. Wenn die Erzieher(innen) allein gelassen werden, sind sie schnell überfordert. Kirchengemeinden, Kommunen und Verbände müssen dringend das Netz von Fachberatern ausbauen.

Kirchliche Kindergärten sind keine Nebensache. Berufsständisch gesehen bilden ihre Mitarbeiter(innen) die größte Gruppe in einem zentralen Arbeitsbereich unserer Kirche. Inhaltlich dienen sie auf ihre Weise den Anfängen des Lebens und Glaubens mit einer Kultur des Vertrauens, des Spielens, des Erzählens, des Schweigens und des Feierns. Kindergärten sind Gärten des Menschlichen.

Siebtes Kapitel:

Mit Kindern auf dem Wege zu einer Kirche von morgen - Kindergottesdienst

1. Kindergottesdienst als Gottesdienst - Grundbestimmungen

Die Überschrift des Kapitels lenkt die Aufmerksamkeit auf zwei Perspektiven: erstens auf die Aufgabe, *mit den Kindern* den Weg zu einer Gemeinde der generationenübergreifenden Lebens- und Lerngemeinschaft zu gehen, einen Weg, der zweitens ein Weg zu einer *Kirche von morgen* sein soll. Über das erste wird zur Zeit immer mehr nachgedacht, über das zweite ist nur wenig in der Literatur zum Kindergottesdienst nachzulesen.

Die übergreifende gemeindepädagogische Perspektive: Gemeinsam mit Kindern auf dem Wege

Unter der ersten Perspektive fragt man, was es heißt, »zusammen mit Kindern und von Kindern Glauben zu lernen«[1]. Unter dem Einfluß ökumenischer Impulse ist im letzten Jahrzehnt versucht worden, »nicht mehr nur über Kinder zu reden, sondern mit Kindern gemeinsam zu leben, zu lernen, zu feiern, Glauben zu entwickeln« (S. 307). Nachdrücklich wird in einem der jüngsten größeren Beiträge zur Gemeindepädagogik unter der Überschrift »Mit Kindern Glauben erfahren« die »Grundthese« vertreten, »daß Kinder endlich als Partner und Teilhaber der christlichen Gemeinde ernst genommen und die gegenseitigen Beziehungen zwischen Kindergottesdienst und Familie und zwischen Kindergottesdienst und anderen Einrichtungen und Arbeitsfeldern im Kindesalter entschiedener entwickelt werden müssen«[2].

Wie die in diesen programmatischen Sätzen gleichzeitig sich ausdrückende

1. *P.M. Clotz:* Zur Theorie und Praxis des Kindergottesdienstes, in: Theol. Pract. 21 (1986), 4, S. 295-307, hier S. 306.
2. Mit Kindern Glauben erfahren. Kindergottesdienst - wohin? (Gemeindepädagogik, Bd. 3), hg. von *M. Fries/H.B. Kaufmann unter Mitarbeit von C. Berg u.a.,* Gütersloh 1988, S. 7. Diese Arbeitshilfe stellt die Ergebnisse einer Projektgruppe des Gesamtverbandes Kindergottesdienst in der EKD und des Comenius-Instituts, Münster, vor. - Zur Skizzierung der Entwicklung dieser Gedanken auf ökumenischer Ebene vgl. S. 8 und S. 21ff.

Absicht einer *gemeindepädagogischen Vernetzung* zeigt, rücken unter der ersten, der *generationsübergreifenden Perspektive* sofort auch Kindergottesdienst und Kindergarten (Kap. 6) zusammen, beidemal unter Einbeziehung der Familie (Kap. 5). Dies gilt nicht in demselben Maße für die zweite Perspektive.

Die besondere Perspektive: Identität des Kindergottesdienstes als Gottesdienst

Anders als Kindergärten, Kindertagesstätten und ähnliche Einrichtungen, die Teile des öffentlichen Bildungssystems sind, ist der Kindergottesdienst ausschließlich ein Teilbereich innerkirchlicher Verantwortung. Kindergottesdienst ist Gottesdienst; in seinem *»Gottesdienstcharakter«* liegt seine *»unverwechselbare und unaufgebbare Identität«*[3]. Er will als Gottesdienst pointiert Kirche sein und Kirche erfahren lassen, wie das auch der Begriff »Kinderkirche« aussagt. Wenn von Kindergottesdienst die Rede ist, ist es daher angemessen und notwendig, ausdrücklich die Kirche in den Blick zu nehmen. Kindergottesdienst als geschichtlich gewordener Tatbestand *in* der Kirche ist eine ständige Frage *an* die Kirche. Er ist eine Herausforderung an ihr Selbstverständnis aus dem Blickwinkel der Kinder. An keiner anderen Stelle muß sie es sich sonst gefallen lassen, ausgerechnet aus dieser Sicht theologisch geprüft zu werden. In aller Regel wird die Kirche seit alters von erwachsenen Theologen aus dem Blickwinkel der Erwachsenen ins Auge gefaßt.

Einheit des Gottesdienstverständnisses und Gleichrangigkeit der Gottesdienstformen

Die Betrachtung aus dem Blickwinkel der Kinder hat eine *doppelte Pointe. »Mit Kindern* auf dem Wege zu einer Kirche von morgen« heißt zunächst bereits, die Kinder im Kindergottesdienst schon heute ohne Einschränkung als teilnehmende Glieder der einen feiernden Gemeinde anzusehen. »Sie sind nicht nur Gemeinde von morgen, sondern schon heute Gemeinde.«[4]

»Der Kindergottesdienst erfüllt letztlich seine Aufgabe nur dann, wenn er nicht eine Vorübung für den Erwachsenen-Gottesdienst darstellt, sondern Gottesdienst für und zugleich *Gottesdienst der Kinder* ist, der ganz auf die Lebenswirklichkeit und die Erfah-

3. *M. Fries/H.-B. Kaufmann,* a.a.O., S. 36.
4. *P.M. Clotz,* a.a.O., S. 306.

rungs- und Erlebnismöglichkeiten der Kinder zugeschnitten ist.«[5] Die Verschränkung der Wendungen »Gottesdienst *für*« und »Gottesdienst *der* Kinder« sieht die Kinder als Mitsubjekte und Mitgestalter an. Ähnliches will auch die Formel *»Gottesdienst mit Kindern«;* betont wird die Gemeinschaft mit ihnen[6].

Diese Sicht bestimmt auch das Verhältnis von Kinder- und Erwachsenengottesdienst neu. Kindergottesdienst kann nicht nach dem Modell seiner »Unterordnung« unter den Erwachsenengottesdienst verstanden werden, allerdings auch nicht so, daß an die Stelle der Unterordnung »ein beziehungsloses Nebeneinander« tritt, verursacht durch eine Überbetonung seines besonderen eigenständigen Charakters[7]. Den Kindern - *und* dem Gottesdienst (!) - wird man nur gerecht, wenn man den Erwachsenen- wie den Kindergottesdienst aus einer gemeinsamen Wurzel bestimmt. In dieser sind mit Christian Grethlein beide grundsätzlich als Einheit verstanden, wobei der Kindergottesdienst die »vor allem von Kindern vollzogene Form« desselben »Kommunikationsgeschehens«[8] ist, das jeden Gottesdienst nach evangelischem Verständnis grundlegend ausmacht: das Geschehen, in dem Gott öffentlich zu uns spricht und wir ihm mit Lob, Dank und Feier antworten.

Mit einer modifizierten Begründung, die nicht nur von der Einheit des »Kommunikationsgeschehens« zwischen Gott und Mensch, sondern darüber hinaus auch von der Zusammengehörigkeit der Generationen in dieser Kommunikation ausging, war dieser selbe Ansatz schon zuvor als Ergebnis aus der Zusammenarbeit des Gesamtverbandes Kindergottesdienst in der EKD mit dem Comenius-Institut hervorgegangen. Wohl in Anlehnung an CA VII, wo sie in einem Atemzug mit der »Versammlung der Heiligen« genannt sind, wurden hier die klassischen Merkmale der Kirche, Wortverkündigung und Sakramentsverwaltung, aufs engste mit der »Gemeinschaft des Volkes Gottes« verbunden und in besonderer Weise auf das Generationenverhältnis hin ausgelegt:

»Gottesdienst hat die Verheißung der Gegenwart Gottes in seinem Wort und Sakrament und in der Gemeinschaft des Volkes Gottes. Das Volk Gottes übergreift die Generationen. Der Reichtum der Gemeinde besteht deshalb gerade darin, daß die Altersstufen einander brauchen und einander ergänzen ...«[9]

5. *G. Adam:* Kindergottesdienst, in: *G. Adam/R. Lachmann (Hg.):* Gemeindepädagogisches Kompendium, Göttingen 1987, S. 279-313, hier S. 293.
6. *C. Berg:* Gottesdienst mit Kindern. Von der Sonntagsschule zum Kindergottesdienst, Gütersloh 1987.
7. *Ch. Grethlein:* Kindergottesdienst heute. Praktisch-theologische Überlegungen zu seiner Konzeption, in: Pastoraltheologie 77 (1988), 7, S. 346-357, hier S. 352.
8. So theologisch zutreffend *Grethlein,* a.a.O., S. 354.
9. *M. Fries/H.-B. Kaufmann,* a.a.O. (Anm. 2), S. 36.

Damit wird der »gemeinsame Gottesdienst der Generationen« zum »Grundmodell« von Gottesdienst. *»Wir gehen deshalb vom Grundmodell 'Gottesdienst mit Kindern' aus, halten aber zugleich ein Angebot unterschiedlicher Formen des Kinder- und Familiengottesdienstes* (mit Jugendlichen und Erwachsenen) *für notwendig«* (ebd.).

Wie hält es die Kirche *heute* mit den Kindern und dem Gottesdienst? So läßt sich unsere erste Perspektive pointiert formulieren. Sind ihr die Zugehörigkeit der Kinder zum Volk Gottes und die Gleichrangigkeit der Gottesdienstformen bis in die einzelne Ortsgemeinde hinein in ihrer Tragweite bewußt?

Kindergottesdienst als Frage nach der Kirche in der Zukunft

Die zweite Perspektive zielt auf die Zukunft. »Mit Kindern auf dem Wege zu einer *Kirche von morgen«* bedeutet, für die Kinder und mit ihnen zusammen die gegenwärtige Gestalt der Kirche als die (mögliche) Kirche ihres eigenen zukünftigen Erwachsenenlebens in den Blick zu nehmen. Wie hält es die Kirche mit sich selbst um ihres Auftrags und um der Kinder willen als ihren erwachsenen Gliedern von *morgen?* Dies ist die komplementäre Pointe. Sieht die Kirche nur die *Kinder* auf dem Wege, nämlich zur Kirche, wie sie jetzt ist, um die Kinder an diese Kirche anzupassen? Oder sieht die Kirche auch *sich selbst* auf einem Wege zu einer Kirche, wie sie sein könnte, und was kann der Kindergottesdienst zu ihrer zukünftigen Gestalt beitragen? Sollten nicht die Kinder später als Erwachsene in ihrer Kirche die gern erinnerte Kirche ihrer Kindheit in einer doppelten Weise wiedererkennen, einmal, weil der Erwachsenengottesdienst das Grundmuster für ihren Kindergottesdienst abgab, zum anderen, weil zugleich inzwischen auch ihr Kindergottesdienst durch seine Gestaltung den Erwachsenengottesdienst anregen und verändern konnte[10]?

Man sollte nicht vermessen sein, Sicheres über die Zukunft der Kirche wissen zu wollen. Wir wollen auch nicht einem schnellen modischen Wechsel von Gottesdienstreformen das Wort reden oder gar alles auf den Kopf stellen. Dennoch hat der Kindergottesdienst dem Gemeindegottesdienst etwas zu sagen, weil

10. *Wolfgang Grünberg* hat den Gedanken einer von beiden Seiten aus erfolgenden vorsichtigen Erneuerung - eben auch einmal von den Kindern zu den Erwachsenen - besonders auf die Liturgie bezogen. *»Der Kindergottesdienst muß die reiche Vielfalt der Liturgie entdecken und sich einige Teile, langsam wachsend, aneignen.* Der Erwachsenengottesdienst muß die Kreativität und Phantasie des Kindergottesdienstes langsam wachsend entdecken und sich aneignen«, aus: Die Kinder und die Gottesdienste in der Gemeinde, in: *E. Dieterich/K. Stolzmann (Hg.):* Wachsen wie ein Baum. Neues vom Arbeitsfeld Kinderkirche, Stuttgart 1982, S. 126ff., hier S. 139.

er gezwungen ist, sich immer wieder auf eine neue Situation einzustellen. Der Kindergottesdienst sieht sich schonungsloser der Situation fehlender Anknüpfungspunkte in der jungen Generation ausgesetzt als der Erwachsenengottesdienst, der sich auf die wohlwollend-treue Konventionalität zumeist einiger weniger älterer Kirchenmitglieder stützt. Der Kindergottesdienst kann fast nichts mehr voraussetzen. Es ist eine Illusion, anzunehmen, daß die Kinder heute im Elternhaus in Elemente gottesdienstlichen Lebens, wie gemeinsames Beten, Singen und Hören auf Gottes Wort, eingeübt worden sind. Daß sie zum Gottesdienstbesuch in der Breite motiviert sind, ist ebenfalls eine abwegige Annahme. Nur bei den Kindern, die tatsächlich kommen, darf man zumindest eine gewisse kirchliche Verbundenheit der Eltern und eine hierdurch begründete Motivation und Bereitschaft der Kinder annehmen. Im ganzen ist die Kirche im Kindergottesdienst auf eine Situation des Anfangs zurückgeworfen; hier muß sie elementar werden und nach neuen angemessenen gottesdienstlichen Ausdrucksformen suchen. Es käme u.E. nicht darauf an, was der Gemeindegottesdienst im einzelnen vom Kindergottesdienst lernen könnte, sondern darauf, daß er mit Hilfe des Kindergottesdienstes die sich verändernde Ausgangslage als solche ernst nimmt. Im Kindergottesdienst kann die Kirche der Dimensionen ihrer selbst in neuer Ursprünglichkeit wieder ansichtig werden (s. unten 2.).

Engagierte und suchende Mitarbeiter - Kindergottesdienst als implizite kirchliche Jugendarbeit

Die Kindergottesdienstmitarbeiter sollten sich weder durch die schwierige Lage noch durch sinkende Zahlen entmutigen lassen, schon gar nicht durch schiefe Statistiken: Unter Berücksichtigung der Bevölkerungsentwicklung (Rückgang des Kinderanteils an der Gesamtbevölkerung) stellt sich der Gottesdienstbesuch bei Kindern wesentlich besser dar als bei Erwachsenen. Wer einen »Rundgang durch diese Landschaft 'Kindergottesdienst'« macht, entdeckt nach wie vor »eine starke Vitalität, die lernend feiert, ohne lange zu fragen, ob das gemeinsame Erlebnis dem allgemeinen Trend oder dem richtigen Konzept entspricht«[11]. Die Folge ist eine große Vielfalt der Formen, die darauf zurückzuführen ist, »daß da vielerorts Menschen sich für Menschen interessieren und engagieren, daß sich da Menschen um eine persönliche Auseinandersetzung mit Bibel und Glaube bemühen«[12]. Gemeint sind die auf 45000 bis 60000 geschätzten, Sonntag für Sonntag in der Bundesrepublik am evangelischen Kindergottesdienst beteiligten

11. *P.M. Clotz,* a.a.O. (Anm. 1), S. 295.
12. A.a.O., S. 295f.

jungen Mitarbeiter(innen)[13], der weitaus größte Teil im Alter von 13 bis 16 Jahren. Kindergottesdienst ist somit stets auch ein lebendiges Feld *impliziter kirchlicher Jugendarbeit.* In diesem Feld übernehmen Jugendliche eigene Verantwortung für Jüngere und suchen dadurch gleichzeitig für sich selbst religiöse Klärung, und zwar in relativ enger Bindung an die Kirche. Sie können Orientierung finden, wenn man sie nicht im Stich läßt. Die ehrenamtlichen Mitarbeiter möchten die Vorbereitungs- und Nachbereitungsgespräche als Gelegenheit für ihre eigene Vergewisserung verstehen. Unter diesem Gesichtspunkt ist der Kindergottesdienst ebenfalls ein Stück 'Kirche am Anfang', 'Kirche als Erwartung', jetzt für einige Jahre älter gewordene junge Menschen.

Kinder verschiedener Entwicklungsstufen als pädagogische Herausforderung

Kindergottesdienst scheint gegenwärtig in zunehmendem Maße von immer jüngeren Kindern gefeiert zu werden. »So stellen in manchen Gemeinden die 3-5jährigen bereits einen Anteil von 20-30 %.«[14] Die Großen über 10 bleiben dagegen häufiger fort. Dennoch ist der Kindergottesdienst zur Zeit grundsätzlich noch einer ziemlich langen Lebensspanne zugeordnet; sie reicht vom Vorschulalter über die Grundschulkindheit bis an die Schwelle zur Frühadoleszenz. Im nächsten Kapitel wird eine analoge Situation zu beschreiben sein: Kirchliche Jugendarbeit erstreckt sich von der Arbeit mit Kindern im Übergang zum Jugendalter bis zu jungen Erwachsenen in der Postadoleszenz.

Ist man sich überall bewußt, daß beidemal wegen der in diesen langen Zeitspannen stattfindenden erheblichen entwicklungsbedingten Veränderungen ziemlich gravierende *unterschiedliche Voraussetzungen* gegeben sind? »Die normalen Kindergottesdienste sind nicht kleinkindgemäß.«[15] Hier machen die jüngsten Teilnehmer Änderungen erforderlich. Bei der Jugendarbeit ist es umgekehrt: Man hat es mit den jüngeren Jugendlichen leichter und steht ziemlich ratlos vor den Herausforderungen durch die älteren. Es wird Zeit brauchen, bis die in der Bundesrepublik gerade erst angelaufene wissenschaftliche Diskussion über die Bedeutung von Forschungsergebnissen zur Glaubensentwicklung bzw. religiösen Entwicklung in Theorie und Praxis Eingang gefunden hat.

Institutionell gesehen führt die angedeutete Lage zu Überschneidungen des Kindergottesdienstes mit dem Kindergarten, dem Grundschulreligionsunterricht und selbst mit der kirchlichen Jugendarbeit, dort nämlich, wo diese gegenwärtig

13. Nach *P.M. Clotz* (S. 297): 45 000, nach *G. Adam* (S. 295): 60 000.
14. *P.M. Clotz,* a.a.O., S. 296.
15. *P.M. Clotz,* a.a.O., S. 296f.

daran interessiert ist, bei einem noch früheren Alter als üblich einzusetzen. Die Überschneidungen verlangen nach einer besseren Abstimmung. Die Zusammenarbeit nimmt denn auch auf Grund der Intensivierung des gemeindepädagogischen Bewußtseins langsam zu. Im ganzen aber fehlt es an der erforderlichen Kooperation zwischen den gemeindepädagogischen Arbeitsfeldern untereinander und zwischen ihnen und der Schule. Die gemeinsame intensive Beschäftigung mit dem Leben der Kinder und besonders mit ihrer religiösen Entwicklung könnte eines der interessantesten und wichtigsten Kristallisationszentren für die Zusammenarbeit werden.

Eindeutiges Proprium und vieldimensionales Profil

Da die Religionsdidaktiken der verschiedenen Institutionen bei der Aufarbeitung der vielen gemeinsamen Einsichten auf die gleichen pädagogischen Grundmodelle zurückgreifen, sind ihre jeweiligen Konzepte kaum gegeneinander abzugrenzen. Es gibt keine Darstellung des Kindergottesdienstes, die nicht jene übergreifenden Gesichtspunkte konkretisierend anführt, die schon im Eingangskapitel dieses Teils erwähnt worden sind: so die Bedeutung von Festen und Feiern, von Ritualen und Symbolen und insgesamt von Wegen »neuen Lernens«. Dieses Lernen ist durch Erfahrungsnähe und Ganzheitlichkeit einschließlich der Körperlichkeit (wie etwa beim Spiel) geprägt, mit hermeneutischen Folgen auch für die Erschließung der biblischen Überlieferung im »Kontext« von »Texten« und »Themen«, von »Tradition« und »Situation«. Hinzu kommt die bewährte Form »verkündigenden Erzählens« (D. Steinwede) und das Singen »neuer geistlicher Lieder«[16].

Durch einen Vergleich läßt sich das religionsdidaktische Profil des Kindergottesdienstes etwas genauer bestimmen. Der *Grundschulreligionsunterricht* kann immer noch die meisten Kinder erreichen und ansprechen, aber er setzt nicht so früh ein wie Kindergarten und Kindergottesdienst. Die Teilnahme ist zwar konstanter, die Unterweisung systematischer möglich; sie wird außerdem von relativ gut ausgebildeten Religionspädagogen verantwortet. Doch trotz der aufgenommenen reformpädagogischen Methoden, die der Grundschulreligionsunterricht mit der Kinderarbeit gemeinsam hat (Spielen, Gestalten), herrschen in ihm *Unterrichtsprozesse* vor. Sie sind sein Proprium und können bei entwicklungsgemäßer Gestaltung seine Stärke ausmachen; sie markieren aber auch seine Grenze.

16. Vgl. *G. Adam,* a.a.O., S. 300ff. (Kapitel: Zur Didaktik des Kindergottesdienstes); *P.M. Clotz,* a.a.O., S. 300ff., S. 305f.; *M. Fries/H.-B. Kaufmann,* a.a.O., S. 68ff. (Zum Erzählen).

Der *kirchliche Kindergarten* erreicht mehr Kinder als der Kindergottesdienst. Aber wegen der weniger homogenen religiös-weltanschaulichen Zusammensetzung und des allgemeinen Bildungsauftrags für alle Kinder müssen die Erzieherinnen in der religiösen Unterweisung behutsam sein. Außerdem ist die religionspädagogische Aufgabe grundsätzlich nur eine neben anderen (s. oben Kap. 6).

Der *Kindergottesdienst* setzt wie der kirchlich getragene Kindergarten früh ein. Er hat eifrig Elemente der Kindergartenpädagogik aufgenommen, in seiner wechselvollen Geschichte aber auch mehr oder weniger stark an unterrichtlichen Aufgaben festgehalten. Das entspricht ganz seiner Herkunft aus der Tradition der Sonntagsschule. Von Kindergarten und Religionsunterricht unterscheidet ihn jedoch zum einen seine *Verankerung im Gemeindeleben,* die ihn zum ersten Ort der Erfahrung von Gemeinde und Gottesdienst prädestiniert, zumal er stets die Chance hat, im Wechsel mit Familiengottesdiensten Gemeinde für die Kinder erfahrungsdurchlässiger zu machen.

Zum anderen hat er, wie gesagt, sein klares Proprium in der *Feier des Gottesdienstes.* Man könnte seine Identität auch so bestimmen: Er verbindet Unterweisungselemente (die dem Religionsunterricht nahestehen) und Elemente des Spielens, Gestaltens, aber auch Stillewerdens und Betens im Rahmen der Gemeinschaftserfahrung der Gruppe (die dem Kindergarten nahestehen) mit der Gottesdienstfeier als seinem Zentrum.

Vor 25 Jahren gab es Konzeptionen des Kindergottesdienstes, die sich sehr voneinander unterschieden und zu Einseitigkeiten neigten[17]. Inzwischen hat sich

17. *Walter Herrenbrück* konzipierte »in reformierter Sicht« den Kindergottesdienst einseitig als *»Unterweisungsgottesdienst«*, den er im Vergleich zum Gemeindegottesdienst nicht als gleichwertig ansah. Unterweisung stand für ihn unter dem »Gesetz«: die unmittelbare »Verkündigung« des »Evangeliums« sollte ausdrücklich nicht zum Auftrag des Kindergottesdienstes gehören; sie wurde den Kindern vorenthalten, aus: Der Gottesdienst der Kinder, in: *Walter Wiese (Hg.):* Der Kindergottesdienst. Begründung und Gestaltung, Stuttgart 1961, S. 38ff. - *Gert Otto* vertrat ein *ausschließlich liturgisch-gottesdienstliches Verständnis* und wollte alle katechetisch-unterrichtlichen Elemente ausgeschieden wissen, vgl.: Zur Theologie des Kindergottesdienstes, in: *W. Wiese,* a.a.O., S. 119ff. Zur Weiterentwicklung des Konzepts vgl. auch *Otto:* Art. Kindergottesdienst, in: *ders. (Hg.):* Praktisch-theologisches Handbuch, 2. Aufl., Hamburg 1975, S. 330-339; zur differierenden Einschätzung Ottos s. *Ch. Grethlein,* a.a.O., S. 351f., S. 353, Anm. 37; dazu auch den Hinweis von *Clotz,* a.a.O., S. 295. - *Kurt Frör* begründete »in lutherischer Sicht« ein *gottesdienstlich-erziehliches* Konzept und betonte, daß Kindergottesdienst ein Stück »kirchliche Erziehung« sei: »Das Kind soll in und mit der gottesdienstlichen Gemeinde leben lernen«, aus: Der Gottesdienst der Kinder, in: *W. Wiese,* a.a.O., S. 11ff., Zitat S. 24. Alle drei Konzeptionen nahmen übrigens auf die Eigenart des Kindes gar nicht oder nur wenig Rücksicht, am ehesten noch K. Frör. - Ebenso einseitig blieben umgekehrt die Vorschläge *Ingrid Adams,* für die im »Mittelpunkt«

eher eine eklektische, d.h. durch Auswahl und Verbindung entstandene, *gottesdienstliche-liturgische-katechetische-erziehliche Mischform* entwickelt. Sie kann teilweise nicht befriedigen. Vielleicht ist aber auch in dieser Verbindung gerade die Stärke des Kindergottesdienstes zu sehen und die Suche nach einer einzigen Hauptfunktion ein Fehlweg. Eindeutiges Proprium und vieldimensionales Profil schließen sich nicht aus[18].

Inzwischen hat die gründliche geschichtliche Untersuchung von Carsten Berg[19] aufgezeigt, was grundsätzlich schon ältere geschichtliche Arbeiten vergegenwärtigt haben[20], daß auch aus historischer Perspektive nicht eine eindimensionale Theorie, sondern nur eine die *»Vieldimensionalität«*[21] des Kindergottesdienstes berücksichtigende »integrative Konzeption«[22] den geschichtlichen Wurzeln und der systematischen Aufgabe gerecht wird.

aller Überlegungen »die Kinder und deren Bedürfnisse bzw. Interessen« stehen sollten und der Kindergottesdienst, »wie alle Kinderarbeit«, eine »sozialtherapeutische Funktion« haben sollte, aus: Aufgaben und Ziele des Kindergottesdienstes, in: *Comenius-Institut (Hg.):* Aufgaben und Ziele des Kindergottesdienstes, Münster 1972, S. 68ff., Zitat S. 68 (Kindergottesdienst heute, H. 1).

18. Vgl. zu diesem Urteil schon meinen Aufsatz unter dem gleichnamigen Titel wie diese Kapitelüberschrift in: *E. Dieterich/V. Horstmeier (Hg.):* Arbeitsfeld Kinderkirche heute und morgen, Stuttgart 1986, S. 16f. Zu derselben Einschätzung im Anschluß daran bzw. aus ähnlichen Überlegungen kommen auch *P.M. Clotz,* a.a.O. (Anm. 1), S. 296; *G. Adam,* a.a.O. (Anm. 5) S. 292, 300.
19. Sie setzt allerdings, wie Grethlein bemerkt, historisch gesehen erst mit der englischen Sonntagsschulbewegung ein, im Unterschied zu dem »sehr viel grundsätzlicheren Ausgangspunkt bei *M.-R. Bottermann:* Die Beteiligung des Kindes an der Liturgie von den Anfängen der Kirche bis heute, Frankfurt/M. u.a. 1982 ...« (*Grethlein,* a.a.O. [Anm. 7] S. 350).
20. S.u.a. *E. Griese:* Kindergottesdienst und Helferamt, Heidelberg 1973 (PF 53). Motivgeschichtlich, so Griese, zeigt sich der Kindergottesdienst vor allem als soziale Mission, religiöse Mission, Unterricht, Erziehung zu christlicher Persönlichkeit und Anleitung zum Gottesdienst oder Einübung in den Gottesdienst der Gemeinde (S. 33ff.).
21. *C. Berg,* a.a.O. (Anm. 6), S. 174 (Hervorhebung von mir). Als geschichtliche Wurzeln und Dimensionen legt Berg das *diakonisch-elementar-pädagogische* Konzept der englischen Sonntagsschule, das *gemeindemissionarische* Konzept der amerikanischen Sonntagsschule, die *kirchliche Adoption der Laieninitiative* und die *Entwicklung von der Sonntagsschule zum Kindergottesdienst* frei. Vgl. auch die kurze Zusammenfassung der entsprechenden Dimensionen bei *M. Fries/H.B. Kaufmann,* a.a.O. (Anm. 2), S. 30ff., und bei *G. Adam,* a.a.O. (Anm. 5), S. 281-292, beidemal in Anlehnung an Berg.
22. *C. Berg* legt ein solches Modell vor, indem er den Kindergottesdienst im Überschneidungsfeld »individuelle(r) Dimensionen« mit »teilnehmerorientierten Elemente(n)« (Diakonie, Seelsorge, Entwicklungspsychologie/Pädagogik, Reli-

2. Kindergottesdienst und Kirche - Zukünftige Akzente

»Mit Kindern auf dem Wege zu einer *Kirche von morgen«* - was steht unter diesem zweiten Brennpunkt im einzelnen an? Wie ist das allgemeine Proprium und Profil des Kindergottesdienstes so zu akzentuieren, daß er seinen Auftrag noch zukunftsgerechter erfüllt? Wir werden nichts prinzipiell Neues ansprechen. Die historisch gewonnenen und systematisch nach wie vor gültigen Dimensionen des mehrdimensionalen Gefüges, das dem Kindergottesdienst seinen Sinn gibt, kehren alle wieder: die diakonische Dimension (aus der englischen Sonntagsschulbewegung); die gemeindemissionarische Dimension (aus der amerikanischen Sonntagsschul- und deutschen Erweckungsbewegung); die pädagogisch-katechetische Dimension (aus beiden Wurzeln) und die liturgische Dimension (aus der Entwicklung des Gottesdienstcharakters). In ihr spiegelt sich zugleich die Mehrdimensionalität der ganzen Kirche: Kirche als Diakonie, Kirche als erziehende und lehrende Kirche, Kirche als verkündigende und missionarische Kirche, Kirche als Lern-, Lebens- und Glaubensgemeinschaft[23]. Die Kirche ist in diesen Dimensionen auch im vorigen Kapitel über den Kindergarten thematisiert worden (s. oben S. 319ff.). In dasselbe Grundgefüge ist ferner schon im ersten Teil eingeführt worden[24]. Wir haben immer wieder seit dem Ursprung der Kirche mit ein und demselben Sinn- und Aufgabengefüge zu tun. An ihm haben allerdings die einzelnen pädagogischen Institutionen je nach ihren Möglichkeiten in unterschiedlicher Weise Anteil. Zu ihm leisten sie zugleich einen für sie jeweils charakteristischen Beitrag. In diesem wiederum spiegelt sich die Kirche als Ganzes in eigentümlicher Weise und legen sich auch die in der Kirchengeschichte wiederkehrenden Impulse zur Erneuerung in besonderer Akzentuierung aus. In fünf knapp entfalteten Thesen sei beschrieben, was gemeint ist[25].

gionspädagogik) und »gemeinschaftliche(n) Dimensionen« mit »*traditionsorientierte(n) Elemente(n)*« (Liturgik, Homiletik, Gemeindemission, Kybernetik) beschreibt (S. 178). Der Forderung nach einem »integrativen Gesamtkonzept« schließt sich auch *Adam* an (S. 300).

23. Vgl. vom *Vf.:* Grundfragen der Religionspädagogik, Bd. III, Kap. 5.
24. Vgl. die um die seelsorgerliche Dimension erweiterte Abfolge der Abschnitte 1-8 des zweiten Kapitels: 1. und 2.: missionarische Herausforderung (verkündigende und missionarische Grundfunktion), 3.: seelsorgerliche, 4.: gemeinschaftsstiftende Dimension, 5. und 6.: Bedeutung des Glaubensverständnisses hinsichtlich der Glaubenslehre (Lehr- und Lernfunktion), 7.: Bedeutung des christlichen Lebens und Handelns (diakonische Funktion), 8.: Gottesdienst und Liturgie.
25. Die folgenden Ausführungen lehnen sich in modifizierter Form an meinen Vortrag auf der Dortmunder Tagung des Gesamtverbandes am 10.5.1986 an, vgl. in: *E. Dieterich/V. Horstmeier (Hg.):* Arbeitsfeld Kinderkirche heute und morgen, Stuttgart 1986, S. 14-32, hier S. 17ff.

Kirche in Verkündigung, Mission und Gottesdienst

These 1: Der schleichende, in großstädtischen Regionen dramatische kirchliche Traditionsabbruch verweist die Kirche auf ihren ältesten Grundauftrag. Sie ist aufgerufen, als einladend hinausgehende und einladend wartende Kirche missionarische Kirche zu sein. Der Kindergottesdienst ist ein wichtiges Moment einer »einladenden Gemeinde«.

Die Kirche wird an ihren ersten und ältesten Auftrag erinnert, an ihre Sendung in die Welt, »damit die Welt glaube« (Joh 17,21). Zwar gilt: »Nichts von dem, was wir als einzelne, als Kirchen oder als Gesellschaft vollbringen, wird als solches in der Lage sein, das messianische Zeitalter heraufzuführen«; Christen dürfen aber auch sagen: »Wir bekennen Christus in der Perspektive des kommenden Reiches Gottes. Sein Geist ist der Geist des neuen Zeitalters. Diese Vision macht uns nüchtern und hoffnungsvoll zugleich.«[26] Mission ist von der Verheißung getragen.

Mit der missionarischen Herausforderung der Volkskirche begann der erste Teil. Nicht in jedem Praxisbereich kann man ebenfalls so beginnen. In jenen pädagogischen Institutionen, die ein Bestandteil des allgemeinen öffentlichen Bildungssystems sind, mußte wie oben beim Kindergarten die diakonische Seite des Motiv- und Aufgabengefüges der Kirche eindeutig vorangestellt werden. Im Kindergottesdienst darf als einer Form von Gottesdienst stärker auf das Element der Verkündigung abgehoben werden. Sollte man auch von einem ausgesprochen missionarischen Auftrag reden? Wir tun dies nicht. Unsere erste These spricht in ihrer Anwendung auf den Kindergottesdienst vorsichtig von ihm als einem Moment einer »einladenden Gemeinde«; der Begriff der Mission selbst wird vermieden. Zwischen einem *pädagogischen* Verständnis, das die Angebote der Kirche an die Kinder als Hilfe zur Lebensbegleitung versteht, und der Mission bestehen kategoriale Unterschiede (s. unten auch noch einmal Kap. 12, S. 562). Zugleich gibt es im Kindergottesdienst aus *theologischer* Sicht unter dem Verkündigungsaspekt Überschneidungen. Es kommt außerdem vor allem darauf an, wie man Mission versteht. Wir müssen ein verändertes Missionsverständnis entwickeln und uns bemühen, die belastenden Hypotheken aus der Missionsgeschichte abzubauen. Das gemeinte Verständnis sei in fünf Merkmalen umrissen. Auf diesem Hintergrund wird sich zeigen, wie allein wohl von einer Teilhabe des Kindergottesdienstes am Auftrag der Sendung der Kirche gesprochen werden kann.

26. Beide Zitate aus dem Bericht der Sektion I (»Bekenntnis zu Christus heute«) der 5. Vollversammlung des ÖRK 1975 in Nairobi, in: *H. Krüger/W. Müller-Römheld (Hg.):* Bericht aus Nairobi 1975, Frankfurt/M. 1976, S. 16.

Beobachtungen zur Entwicklung der volkskirchlichen Situation in der Bundesrepublik kommen zu dem Schluß, daß neben »die indirekte Missionsaufgabe« seit vielen Jahrhunderten in unserem Land »erstmalig wieder die der offenen, echten Mission an etwa einem Viertel bis einem Drittel der Bevölkerung (trete). Diese neue Lage wird aller Voraussicht nach zu Phänomenen führen, wie sie etwa gegenwärtig in der DDR beobachtet werden können.«[27] Es handelt sich um eine missionarische Aufgabe, die anders ist als die in der klassischen Mission. »Denn das Missionsfeld ist nicht eine vorchristliche, sondern eine spät- und nachchristliche Kultur, in der Christentum und Kirche seit langem 'einheimisch', in wie immer abgeblaßter Form in die allgemeinen Traditionsbestände 'eingewandert' sind. Christliche Mission begegnet in unseren Breiten sozusagen immer schon ihren eigenen, im 'Langzeitgedächtnis' der Gesellschaft gespeicherten Folgen und muß sich mit ihnen auseinandersetzen« (ebd.). Jene geschichtlichen Folgen und Wirkungen sind keineswegs immer rühmlich, vielfach ist das Gegenteil der Fall.

Mission heißt darum, zusammen mit dem auszurichtenden Evangelium zu ehrlicher Rechenschaftsabgabe über die am Evangelium schuldig gewordene Kirche bereit zu sein. Selten ist das Evangelium als eine uneingeschränkt froh machende, befreiende, versöhnende Botschaft weitergesagt worden. Positiv gewendet: Mission hat als *erstes evangeliumsgemäß* und *selbstkritisch* zu sein.

Die Dringlichkeit einer neu gefaßten missionarischen Aufgabe - sie selbst ist nichts Neues - ist auf dem Hintergrund der Erosion volkskirchlicher Selbstverständlichkeiten formuliert worden. Diese Perspektive darf nicht zur Herabwürdigung volkskirchlicher Kirchenmitgliedschaft und Christlichkeit führen, zu Abgrenzungen gegen eine »Kirche ohne Entscheidung«, ein »Gewohnheitschristentum«, gegen »Traditions- und Taufscheinchristen«, gegen »Abständige« und »Randständige«. Es ist nach Kräften den Tendenzen zu wehren, die den Begriff der »Mission« zum Werkzeug eines Ausgrenzungsdenkens machen. Nach den Ausführungen im Grundlagenteil wird unter den hierzulande kirchengeschichtlich gewachsenen Bedingungen nach wie vor grundsätzlich von einem vollen Ja zu allen Mitgliedern der Volkskirche auszugehen sein. Das *zweite* Merkmal von Mission ist daher die *Offenheit für jeden.* Nur dies verträgt sich mit dem Rechtfertigungsglauben[28]. Hier liegt die Stärke der Volkskirche. Sie will das freimachende Evangelium nicht gegen seinen Sinn in unfreier Form weitergeben. Sie kann Menschen freigeben und nötigt nicht Verbindlichkeit gesetzlich auf[29]. Viele

27. *EKD-Kirchenamt:* Studien- und Planungsgruppe, Strukturbedingungen der Kirche auf längere Sicht, Hannover 1985, S. 7.
28. »Es geht entscheidend darum, der Sendung der Kirche den weitest möglichen Horizont offenzuhalten, die Freiheit des Rechtfertigungsglaubens zur Darstellung zu bringen und die Einheit der Kirche als lebendiges Geschehen in Vielfalt zu bewahren«, aus: *J. Hanselmann:* Gelebte Religion als Frage an kirchenleitendes Handeln, in: *J. Hanselmann/D. Rössler:* Gelebte Religion, München 1978, S. 47.
29. *T. Rendtorff:* Theologische Probleme der Volkskirche, in: *W. Lohff/L. Mohaupt*

Eltern begrüßen grundsätzlich den Kindergottesdienst, wollen aber ihre Kinder nicht gegen deren Willen drängen; sie sollen möglichst von selbst Freude an ihm finden (s. oben S. 272). An dieser Respektierung persönlicher Entscheidungsfreiheit, die mit Recht im Ansatz schon dem Kind zu spüren gegeben werden soll (was im übrigen Einladung und Aufforderung einschließt, auf die Form kommt es an), kann die Kirche von morgen nicht vorbeigehen.

Dieser Standpunkt schließt auch die Einsicht ein, daß lebendiger persönlicher Glaube, wenn er denn entsteht, individuell geprägt ist. Die Entdeckung und Achtung menschlicher Individualität ist seit Schleiermacher eine christliche Grundüberzeugung, hinter die ebenfalls nicht mehr zurückgegangen werden kann. Mission respektiere darum *drittens* die *individuelle Lebens- und Glaubensgeschichte* jedes einzelnen.

In der Zukunft werden die christlichen Kirchen auf Grund der einander näherrückenden Weltbevölkerung und der wachsenden ökumenischen Bewegung immer mehr mit unterschiedlichen Ausprägungen des Christentums konfrontiert werden. Hierbei wird uns westlichen Christen wohl noch deutlicher aufgehen, daß Mission mindestens *zwei Grundformen* kennt, die schon biblisch bezeugt sind: Mission als werbend einladendes *Hinausgehen* zu den Menschen und Mission als christliche Gottesdienst-, Glaubens- und Lebenspraxis, die für andere Menschen so anziehend und darum unaufdringlich einladend ist, daß sie von sich aus *herkommen.*

Wir denken bei Mission meist nur an das erste Modell, an vielleicht sogar sehr aktivistische Evangelisations- und Missionsmethoden mit viel Einsatz von audiovisuellen Medien und anderen. Der Mißbrauch der Begriffe »Evangelisation« und »Mission« auf Massenveranstaltungen, die dazu neigen, den einzelnen emotional-suggestiv zu überwältigen, hat bei vielen Mitgliedern der Kirche nicht ohne Grund starke innere Widerstände erzeugt. Mission dieser Grundform kann auch anders aussehen. Außerdem aber ist diese Form gar nicht die einzige. Im *Johannes*evangelium geht es darum, daß an der Art und Weise, wie die Christen eine liebende Gemeinschaft sind - ein Abbild der Einheit von Vater und Sohn -, die Welt erkennen soll, daß Gott in dieser Gemeinschaft gegenwärtig ist (Joh 17,21-23). *Matthäus* versteht Mission als Lehre, die von dem neuen Gottesvolk weitergesagt wird; sie ist die Lehre, daß das Gesetz der Juden erfüllt und der wahre Berg Zion Wirklichkeit geworden ist[30]. Jesaja hatte davon gesprochen, daß

(Hg.): Volkskirche - Kirche der Zukunft? Leitlinien der Augsburgischen Konfession für das Kirchenverständnis heute, Eine Studie des Theologischen Ausschusses der VELKD, Hamburg 1977, bes. die Abschnitte: Freiheit als Thema reformatorischer Ekklesiologie, S. 118-123, und: Die Folgen der Freiheit für die Kirche als Institution, S. 123-126.

30. Vgl. hierzu und zum folgenden *H.-R. Weber:* ... was ich euch ins Ohr sage, das

die Völker zum Berge Zion wallfahrten werden, angezogen von Israel und seinem Lobpreis (Jes 2,2-3; Jes 60,1-3). Für Matthäus ist Jesus Christus der neue Berg Zion, der personalisierte Zion. Zu ihm kommen nun, nachdem alle, die zunächst eingeladen worden waren, nicht gekommen sind, schlimmer noch, die einladenden Boten getötet haben (s. das Gleichnis vom Hochzeitsmahl, Mt 22,1-14), als erste einige der für die Juden verabscheuungswürdigsten Gestalten aus der heidnischen Umwelt, drei Magier aus dem Osten. Sie verkörpern für jüdisches Denken aufgrund ihres Sternenglaubens Gotteslästerung und Ungehorsam gegen Gott schlechthin (Mt 2,1-12). Gerade sie finden ohne menschliches Werben den Weg zu dem Ort, an dem das Licht der Welt aufgegangen ist. Halten wir darum *viertens* fest: Mission ereignet sich *aktiv werbend* und *einladend wartend.* Bis heute vertrauen die Ostkirchen ganz auf die einladende Ausstrahlungskraft ihres Gottesdienstes, der Feier der »göttlichen Liturgie«.

Der *Kindergottesdienst* darf sich bei der zweiten Form angesprochen fühlen. Wenn er mit Phantasie und Hingabe so lebendig gestaltet wird, daß sich dies herumspricht und er Kinder und über sie deren Eltern anzieht, hat er an der Mission der Kirche auf seine bescheidene Weise Anteil. In den beiden genannten Formen von Mission verkörpert sich zusammengenommen Mission als Strukturprinzip der Gemeinde (vgl. Kap. 2, S. 67). Die ganze Gemeinde soll sich gesandt wissen; das ist sie am angemessensten, wenn sie insgesamt eine einladende Gemeinde ist. Mit dieser Formel ist Mission als (etwa gar aggressives) Bedrängen abgewiesen - ein altes Mißverständnis. Ohnehin meinen wir hier nicht die Kinder, die bereits zum Kindergottesdienst kommen. Die Einladung gilt jenen Eltern und Kindern, die noch nicht den Weg zum Kindergottesdienst gefunden haben.

Da das Proprium des Kindergottesdienstes in seinem gottesdienstlichen Charakter liegt, wird das missionarische Element im übrigen ganz in den Grundcharakter von Gottesdienst einbezogen sein. Bei *Lukas* läßt sich ablesen, daß so wie einerseits Mission und Diakonie, andererseits auch *Mission* und *Liturgie* zusammengehören. Lukas betont das Kommen Jesu zu den Armen, Ausgestoßenen und Unterdrückten (dazu noch These 4). Aber er verweist ebenso auf die Bedeutung des Gottesdienstes. Das Lukasevangelium beginnt mit einem Gottesdienst, der nicht zu Ende geführt wird. Zacharias, der Mann Elisabeths, der die ihm verheißene Geburt eines Sohnes, des späteren Täufers Johannes, nicht fassen und glauben kann, verliert die Sprache. Die Leute warten im Vorhof des Tempels darauf, daß er sie segnet; er kommt heraus, kann aber nicht sprechen (Lk 1,22). Am Schluß des Lukasevangeliums führt Jesus den Gottesdienst mit seinem

predigt von den Dächern. Mission im Matthäus-Evangelium, Kassel 1975, S. 31ff., bes. S. 33. Auch für Matthäus bedeutet Mission darum »nicht nur, hinauszugehen, sondern auch, so anziehend zu sein, daß die Menschen kommen« (S. 95).

Segen zu Ende. Das Evangelium schließt mit einem Gottesdienst, und der Segen Jesu ist nun der universale Segen (Lk 24,50-53). Während Jesus aufgehoben wird, fällt der Segen nicht nur auf den Vorhof des Tempels, sondern auf den ganzen Kosmos.

»Und es geschah, als er sie segnete, schied er von ihnen und fuhr auf gen Himmel. Sie aber beteten ihn an und kehrten zurück nach Jerusalem mit großer Freude und waren allezeit im Tempel und priesen Gott« (Lk 24,51-53).

Aus diesen und anderen Stellen erkennen wir, daß nicht zuletzt, *fünftens, Mission im Gottesdienst verwurzelt* ist. Das erste Wort ist nicht »geht«, sondern »wartet«, »bleibet« - so die Weisung Jesu an seine Jünger nach den Erscheinungen vor ihnen:

»Ihr aber sollt in der Stadt bleiben, bis ihr ausgerüstet werdet mit Kraft aus der Höhe« (Lk 24,49).

Die *missionierende Gemeinde* ist zunächst immer die *Gott preisende Gemeinde.* Mission wird in diesem Sinne Ausdruck des Überflusses der Freude im Gottesdienst. Wenn es nur um aktivistische Verwirklichung von Programmen geht, sind wir weit weg von Lukas.

Nochmals darf sich der *Kindergottesdienst* angesprochen fühlen. Er hat in den letzten Jahren begriffen, daß Gottesdienst den Charakter von *Fest und Feier* als Ausdruck des Gotteslobes und der geschenkten Gemeinschaft haben sollte[31]. Dies ist festzuhalten; dies sollte sich weiter herumsprechen und ansteckend neugierig machen. Danach erst wäre darüber nachzudenken - um Kindergottesdiensthelfer nicht in völlig unangemessener Weise geistlich zu überanstrengen -, wie vielleicht die missionarische Seite im Sinne des ersten Modells der einladend hinausgehenden Kirche aussehen könnte.

Dazu gehört dann der Mut, zur Aufgabe als Mitarbeiter im Kindergottesdienst und damit zu seinem Christsein zu stehen. Dazu gehört auch die Fähigkeit, sich als Christ sprachlich zu artikulieren. Dazu gehört schließlich, nicht zu resignie-

31. *W. Longardt:* Aufgaben und Ziele des Kindergottesdienstes, in: *Comenius-Institut:* Aufgaben und Ziele des Kindergottesdienstes (Kindergottesdienst heute, H. 1), Münster 1972, S. 10-25; *ders.:* Neue Kindergottesdienstformen, Bd. 1 und 2, 2. Aufl., Gütersloh 1974; *ders.:* Kinder haben nicht nur Ohren, in: *E. Dieterich/G. Schenk (Hg.):* Arbeitsfeld Kinderkirche. Berichte, Beispiele, Anregungen, Stuttgart 1979, S. 86-94; *ders.:* Gottesdienst feiern »mit Herzen, Mund und Händen«, in: *E. Dieterich/K. Stolzmann (Hg.):* Wachsen wie ein Baum. Neues vom Arbeitsfeld Kinderkirche, Stuttgart 1982, S. 142-150; s. ferner die Beiträge von *E. Griese* und *E. Wichmann* zur Liturgie als Fest und Feier, in: *Comenius-Institut (Hg.):* Liturgie mit Lied, Spiel, Tanz, Trommel, Münster 1975 (Kindergottesdienst heute, H. 8).

ren, sondern immer wieder neu einzuladen. Anregungen, wie dies gegenüber Eltern und Kindern konkret und auf neue Weise geschehen könnte, sind im Gespräch und gehen auf gute Erfahrungen in der Praxis zurück[32].

Kirche in Bewegung, Vielfalt und Erneuerung

These 2: Die Kirche von morgen sollte eine Kirche in Bewegung sein, die einzelnen Menschen, Gruppen, Kreisen und christlichen Initiativen Spielraum gibt und Mut zuspricht zum Wagnis christlicher Glaubens- und Lebenspraxis einschließlich neuer Wege im Kinder- und Erwachsenengottesdienst.

Angesichts des kirchlichen Lebens, wie es heute ist, hat man zwischen *»Kirche als Institution«* und *»Kirche als Bewegung«* unterschieden[33]. Mit dem zweiten sind die Christen gemeint, die in Gruppen, Kreisen und Initiativen neue oder auch an alte Traditionen und Impulse anknüpfende erneuernde Wege gehen. Es sind viele jüngere und ältere Christen in der evangelikalen Bewegung unserer Tage, in der charismatischen Gemeindeerneuerung, in der Friedensbewegung, Christen auf der Suche nach neuen Formen kommunitären Lebens, Jugendliche in der Taizé-Bewegung, Kirche als Kirchentag.

Christliche Bewegungen gab es immer wieder in der Kirchengeschichte: Die Reformation wurde zu einer Bewegung, der Pietismus war eine Bewegung. Zuvor sind im Mittelalter beispielsweise die Bewegung des Franz von Assisi zu nennen und die mystischen Bewegungen. Im Grunde steht auch am Anfang des Christentums eine Bewegung: die Jesusbewegung. Bewegungen verdankt die

32. *K. Stolzmann:* Aufgaben des Kindergottesdienstes in den 80er Jahren, in: *E. Dieterich/K. Stolzmann (Hg.),* Wachsen wie ein Baum ..., a.a.O. (Anm. 31), S. 47. - Man bedenke, daß auch das Kind selbst zum »Missionar« werden kann: »Jedes kann ein 'Türgriff' sein in einer Familie« (Äußerung einer Diskussionsteilnehmerin während der Gesamttagung 1986). Man verachte hierbei nicht den »Anknüpfungspunkt«, der darin liegt, daß die Eltern ihr Kind in einer Rolle erleben, in der es am Kindergottesdienst in irgendeiner Weise mitwirkt.
33. Vgl. *J. Hanselmann u.a. (Hg.),* Was wird aus der Kirche, Gütersloh 1984, S. 23. - In Überschrift, These und Ausführungen dieses Abschnittes verwende ich jetzt nicht mehr den Begriff der »experimentierenden« Kirche wie in meinem Aufsatz von 1986. *E. Rosenstock-Huessy:* Der Atem des Geistes, Frankfurt/M. 1951, warnt vor Mißbrauch. Der ursprünglich christliche Ausdruck »experimentum« ist durch seine modernen Verwendungen problematisch geworden: »Denn wenn wir mit jedem Ding herumtändeln, klingt es unglaublich, daß der Menschen Erlösung in der täglichen Entdeckung der 'einzigen Notwendigkeit' bestehen sollte. Wer experimentiert, leugnet das Einzige!« (S. 254).

Kirche ihre Anstöße zum einen zur Erneuerung, zumindest zu kritischer Selbstbesinnung, allerdings zum anderen auch zu Entwicklungen, die zum Abgleiten in gesetzlich-sektiererische Abgrenzungen geführt haben.

Warum wird es gerade in der Zukunft auf die lebendigen Gruppen und Kreise ankommen? Hierzu nur aus pädagogischer Sicht dies:

In einer spät- und nachchristlichen Gesellschaft der schwächer werdenden Traditionen, in der Kinder nicht mehr so wie früher von klein auf in die Kirche und ihre Glaubensüberlieferung hineinwachsen, werden Chancen der Berührung und Erstbegegnung mit christlichen Lebensvollzügen im späteren Lebensalter noch wichtiger werden, als sie es jetzt schon sind. Grundvoraussetzung hierfür ist eine *Vielfalt von Begegnungsmöglichkeiten.*

Ferner ist damit zu rechnen, daß der missionarisch überzeugende »Funke« eher durch *Erfahrungen innerhalb informeller Gruppierungen und Kreise* als in Institutionen wie dem Religionsunterricht oder Konfirmandenunterricht überspringen wird.

Die *Kinderkirche* kommt unter dieser Perspektive zweifach in den Blick. Erstens hat Klaus Stolzmann die *Kindergottesdiensthelferschaft* eine *»Laienbewegung«* genannt[34]. Die Zahl engagierter Mitarbeiter und Mitarbeiterinnen wächst. Viele wollen nicht nur »mit Kindern etwas machen« und sich hierbei selbst religiös orientieren, sondern haben auch Interesse und Lust, einfallsreich zur Gemeindeentwicklung beizutragen, wenn sie als Partner respektiert werden. In diesem Sinne werden die Helfer heute »Mitarbeiter« genannt. Freilich, so richtig als »Bewegung« erleben sie sich vielleicht nur auf einer Gesamttagung, wo Tausende zusammenkommen. Im Gemeindealltag sind sie plötzlich wieder allein und können nicht viel »bewegen«. In der Tat wird schwerlich ein einzelner etwas wirkungsvoll anstoßen können. Nichts ist darum in unseren Gemeinden einerseits so notwendig, wie ein regelmäßig zusammentreffender, gemeinsam planender und sich zurüstender *Gesamtmitarbeiterkreis.* Andererseits muß wiederum sofort und nachdrücklich davor gewarnt werden, den gesamten Mitarbeiterkreis unter eine kollektive Gemeindeaufbau-Zwangsvorstellung zu stellen. Auch der ganz normale Kindergottesdienst- wie überhaupt der Gemeindealltag hat sein eigenes Recht und seine eigene Verläßlichkeit.

Zweitens ist der Kindergottesdienst heute oft der Ort[35], an dem Glieder der

34. Aufgaben des Kindergottesdienstes in den 80er Jahren, a.a.O. (Anm. 32), S. 48. Wie sich von den Anfängen an der Charakter als Laienbewegung durchgehalten hat, wird historisch eindrucksvoll bei *C. Berg,* Gottesdienst mit Kindern, a.a.O., herausgearbeitet.
35. Dies gilt nicht generell, worauf mich mit Recht *P.L. Clotz,* a.a.O. (Anm. 1), S. 299, aufmerksam gemacht hat. Es gibt auch noch viele »traditionelle Kindergottesdienste«. Ihre äußeren Merkmale sind: »Verkürzte Liturgie des 'Hauptgottesdienstes', Erzählung einer biblischen Geschichte mit angehängter Nutzanwendung (in Grup-

Kirche Kraft und Mut entwickeln, neue Schritte zu erproben. Viele Gemeindeglieder haben wahrscheinlich durch einen Kindergottesdienst oder durch einen von Kindern mitgestalteten Familiengottesdienst zum erstenmal konkret sehen dürfen, daß es zu den liturgischen Formen des Gemeindegottesdienstes auch Alternativen gibt. Auf ihre Weise hat sich die Kinderkirche die *Freiheit zu Alternativen* genommen, zu einer »Liturgie mit Lied, Spiel, Tanz, Trommel«, wie es ein Buchtitel vor einigen Jahren zusammenfassend formuliert hat[36].

Machen wir uns aber auch die *Gefahren* von These 2 bewußt: die Gefahr, daß das Plädoyer für eine »Kirche in Bewegung« zum »Gesetz« erhoben wird und zur lieblosen Verachtung der »Kerngemeinde« führt, der Veränderungen vielleicht schwerfallen; die Gefahr, daß die Unterscheidung der Geister unterbleibt und die eigene Begeisterung vorschnell mit dem Heiligen Geist verwechselt wird; schließlich die Gefahr, daß die verschiedenen christlichen Gruppen und Strömungen es untereinander an Toleranz mangeln lassen und so gerade diese »in Bewegung« befindlichen Christen für Außenstehende alles andere als ein anziehendes Vorbild abgeben.

Umgekehrt kann es aber auch sein, daß die erwachsenen Kirchenmitglieder oder Kirchengemeinderäte alle Reformversuche, auch die Veränderungen des Kindergottesdienstes, nur an ihren alten Gewohnheiten messen und ihrerseits nicht unterscheiden können, ob sie damit noch das Wesentliche des christlichen Glaubens und der christlichen Gottesdienstpraxis verteidigen oder sekundäre Merkmale und Formen, über die man theologisch mit Fug und Recht anderer Meinung sein kann. Dann sind es die konservativen Traditionalisten, die ein »Gesetz« aufrichten.

Theologisch denk- und sprachfähige Kirche

These 3: Die Kirche von morgen wird in erhöhtem Maße eine theologisch wache Kirche sein müssen, weil die Kommunikation des Glaubens nur noch unter den Bedingungen des modernen Wahrheitsbewußtseins erfolgen kann. Darum reichen bloße Gemeinschaftserfahrungen nicht aus und sind die Fragen und Zweifel der Menschen, auch schon der Kinder, ernst zu nehmen.

Eben war von der »Unterscheidung der Geister« die Rede. Schon angesichts der von uns grundsätzlich befürworteten Vielfalt christlicher Strömungen mit ihren

pen), Zusammenfassung durch den Pfarrer (oder Helfer). Inhaltlich, methodisch und didaktisch wird meist verfahren wie in der Sonntagsschule des vorigen Jahrhunderts« (ebd.).

36. Vgl. oben Anm. 31.

unterschiedlichen Auffassungen und oft stark voneinander sich unterscheidenden Verhaltensweisen, besonders hinsichtlich politischer und ethischer Konsequenzen, ist theologische Gedankenarbeit notwendig, zunächst nach *innen* mit dem Ziel der innerchristlichen, innerkirchlichen und innertheologischen Klärung.

Mit Sicherheit werden aber auch die von *außen*, von den rationalen, aufgeklärten Denkformen der Zeitgenossen ausgehenden Anfragen an die »Vernunft der Religion«[37] oder die »Vernunft des Glaubens«[38] nicht nachlassen, sondern sich eher noch verstärken. Die Flucht in den Irrationalismus mancher »neuer religiöser Bewegungen« - hier zeigt sich einmal mehr die Ambivalenz des Phänomens der »Bewegungen« - bedeutet nicht, daß die Rationalitätsproblematik überholt und die Wahrheitsfrage nur eine akademische Angelegenheit ist.

Im Gegenteil ist es ebenso aufschlußreich wie bedenklich, wie niedrig manche nichtchristlichen und christlichen neuen Bewegungen die dogmatischen Eintrittsschwellen ansetzen, um möglichst viele Mitglieder zu gewinnen. Meist genügt ein gefühlvolles religiöses Engagement mit der Hingabe an die Gemeinschaft: die Einschwörung auf die verbleibenden dogmatischen Inhalte gelingt dann um so leichter (vgl. oben Teil I, S. 145). Dieser Weg führt jedoch zu sektiererischen Gruppenbildungen und nicht zu einer Religion, die sich universal verständlich machen kann.

Bloße religiöse Gemeinschaftserfahrungen wie auch Prozesse des Glaubenlernens, die nur auf der Einladung zum Mitmachen als solchem beruhen, können außerdem die *eigenen Zweifel* nicht ausräumen. Diese werden in der Gruppe eher zugedeckt; wer ehrlich sagt, daß er Schwierigkeiten hat, läuft leicht Gefahr, als abweichender Klein- oder gar Ungläubiger etikettiert zu werden. Ehrliches Nachdenken kann angst machen, gewiß. Dogmatische Überzeugungen geraten plötzlich ins Wanken. In dieser Lage werden soziale Abstützungen notwendig; man möchte von anderen getragen werden. Aber niemand kann einem letztlich die persönlichen Glaubensprobleme abnehmen, und vor allem: Niemand darf sie dem anderen von vornherein als unerlaubt streitig machen.

Glaube in der Kirche von morgen wird als *persönlich durchdachter* Glaube immer wieder auch *persönlich durchlittene* Anfechtung sein. Die begleitende Hilfe hierbei sieht anders aus als in manchen Zirkeln, in denen es gilt, ein kompaktes Paket von Satzwahrheiten für wahr halten zu müssen.

Im *Kindergottesdienst* geht diese Seite einer Kirche von morgen beide an, die Mitarbeiter(innen) und die Kinder. Schon die Kinder haben dieselben schwierigen elementaren Fragen wie wir. In ihrem Alter werden sie teils unverfroren, teils

37. Von evangelischer Seite vgl. *D. Rössler:* Die Vernunft der Religion, München 1976.
38. Von katholischer Seite vgl. *R. Englert:* Glaubensgeschichte und Bildungsprozeß. Versuch einer religionspädagogischen Kairologie, München 1985, S. 500ff.

verzweifelt-traurig vorgebracht, um in den meisten Fällen zu den typischen Einbruchstellen des Gottesglaubens in der Jugendzeit zu führen[39].

Es ist erstens die Frage nach Gott in bezug auf das Leiden in der Welt (»Warum mußte dieses Kind von 10 Jahren sterben?« - so fragen schon Acht- bis Zehnjährige).

Es ist zweitens die Frage nach dem Anfang von allem Leben und dem Ende des Lebens, dem Tode und was danach kommt.

Es ist drittens die Frage nach der Existenz Gottes selbst (»Woher wissen wir wirklich, wenn wir beten, daß wir zu Gott sprechen?« - so die Frage eines Siebenjährigen).

Es ist viertens der Zweifel an der Glaubwürdigkeit der Menschen, die von Gott und Jesus reden (»Woher weiß der Pfarrer, daß Jesus wiederkommt?«). Diese Fragen bilden ein Gefüge mit notwendiger innerer Logik (vgl. zu diesem »Gefüge« noch ausführlicher im nächsten Kapitel S. 379f.).

Auch in der Diskussion zum Kindergottesdienst wird immer wieder mit Recht das Thema der religiösen Fragen von Kindern aufgeworfen. Wir mußten hierauf schon im Kapitel über den Kindergarten eingehen und haben uns dort in die Hintergründigkeit und die Eigenart der Fragen von Kindern vertieft. Oft allerdings behandelt man den Sachverhalt zu leichtfertig.

Ich unterscheide deshalb zwischen der anekdotenhaften Sammlung von *»Kinderfragen«*, die diese nur als wunderliche und exotische Phänomene betrachtet, und der notwendigen Aufmerksamkeit auf *»das elementare Fragen von Kindern«*, das äußerst ernst zu nehmen ist. Neue Veröffentlichungen nehmen sich langsam auch der schwierigsten christologischen Fragen an, wenn sie beispielsweise erarbeiten, wie mit Kindern über Tod und Auferstehung geredet werden sollte[40]. Dies ist dringend erforderlich, denn Überlegungen nur über die mehr formalen methodischen Gesichtspunkte der Gesprächsführung, der Kunst des Erzählens, der Formen spielerischen Gestaltens usw. reichen an dieser Stelle nicht aus. Sie bewirken wohl, daß das älter gewordene Kind den Kindergottesdienst in freundlicher Erinnerung behält; es könnte jedoch zugleich rückblickend feststellen, daß seinen aufkeimenden Glaubenszweifeln ausgewichen wurde.

Folglich braucht der Kindergottesdienst erstens Mut zu einem Klima, in dem die Kinder ihre *Fragen stellen dürfen.* Vor 25 Jahren konnte es sein, daß in Veröffentlichungen nur von »Rückfragen« die Rede war, die offensichtlich der

39. Zu diesen Einbruchstellen vgl. noch ausführlicher das folgende Kapitel 8. Siehe ferner *Ch. Reents:* Was wird aus dem Kinderglauben? Gottesbilder im Wandel, Anregungen und Materialien für die Sekundarstufe I (GTB Religionspädagogik 759), Gütersloh 1987.
40. *Th. Hofer/E. Langbein/R. v. Orlikowski/G. Urbach:* Wenn das Weizenkorn in die Erde fällt. Mit Kindern über Tod und Auferstehung reden (GTB Kindergottesdienst 647), Gütersloh 1985.

Helfer oder der Pfarrer stellen sollte. Daß die Kinder selbst fragen dürfen und fragen werden, kam nicht in den Blick[41].

Zweitens braucht der Kindergottesdienst die ständige theologische und seelsorgerliche *Hilfe für die Helfer,* damit sie nicht »hilflose Helfer« sind. Im Felde der elementaren dogmatisch-theologischen Probleme liegt die wichtigste Aufgabe des Pfarrers; dafür ist er ausgebildet. Vieles andere sollte er delegieren können. Verständlicherweise werden nicht wenige Jungen und Mädchen Kindergottesdienstmitarbeiter, um selber noch mehr Klarheit in ihren persönlichen Glaubensfragen zu gewinnen. Darum dürfen sie nicht über ihre Kraft und Einsicht hinaus beansprucht werden. Wenn wir ehrlich sind, sind auch für uns Ältere, theologische Fachleute eingeschlossen, die obengenannten elementaren Anfragen schwierige Fragen. Elementare Fragen bergen im Grunde eine Bitte in sich, die Bitte, daß man sie wenigstens ein Stück weit mit aushalten möge. Mit definitiven Ja- oder Nein-Antworten ist meistens nicht gedient.

Kindergottesdienst in der Kirche von morgen wird folglich zur *Weggenossenschaft gemeinsamen Fragens und Suchens.* Er wird so ein Weg zu einer ehrlichen, kompetenten, denk-, artikulations- und sprachfähigen Kirche.

Wichtig ist eine Einschränkung: Der Kindergottesdienst hat seinen spezifischen Schwerpunkt nicht auf dieser gedanklichen Ebene. Primär ist für die in diesem Abschnitt behandelte Seite des Ganzen der Religionsunterricht zuständig. Wohl aber muß der Kindergottesdienst auf seine Weise um diese Seite wissen. Zweifellos kommt auch ihm ein Beitrag zur kognitiven Klärung der Fragen der Kinder zu, die gleichzeitig Fragen der Mitarbeiter sind.

Kirche bei den Menschen »unten«

These 4: Als Kinderkirche erinnert der Kindergottesdienst die Kirche von morgen daran, daß ihr vornehmster Ort im Sinne des biblischen Zeugnisses bei den Menschen »unten« ist.

Kirche als Mission, als Sendung - an welche Menschen ist die Kirche gewiesen? Kirche in Bewegung, in der Kraft des Geistes, als sich erneuernde Kirche - welche christliche Lebenspraxis soll ihren Weg prägen?

Grundsätzlich gilt das Evangelium allen Menschen. Aber die Bibel hat gleichwohl ein spezifisches Gefälle, da im Alten wie im Neuen Testament Gott seinen Ort bei den Menschen unten sucht. Hiermit ist theologisch mehrerlei gemeint. Wahrhaft unten sind die Menschen, die wissen, daß sie vor Gott ganz und gar

41. Vgl. *W. Herrenbrück:* Der Gottesdienst der Kinder (in reformierter Sicht), in: *W. Wiese,* a.a.O. (Anm. 17), S. 57.

nicht bestehen können, und die sich trotzdem ganz und gar auf ihn verlassen. Unten sind ferner die, die in die Verzweiflung der Gottverlassenheit geraten und sich nach Gott ausstrecken. Unten sind auch die, die von anderen nach unten gestoßen worden und unterdrückt sind. Unten sind die, die an der Grenze des Existenzminimums leben.

Gottes Wille geht auf ein Reich der Gerechtigkeit und des Friedens. Seine Propheten protestieren gegen gottlosen Unfrieden und menschenverachtende soziale Ungerechtigkeit. Deutlich wird im Alten Testament betont, daß Jahwe oft gerade auf seiten derer ist, die »wenig« haben oder vermögen (z.B. Ps 37,16f.)[42].

Unter den Evangelisten ist besonders Lukas daran gelegen, daß die Herrschaft Gottes nicht nur ein innerliches Herzensereignis im individuellen Glauben und eine persönliche Umkehr bedeutet (wie schon die von Lukas in der Apostelgeschichte in den Vordergrund gerückten Bekehrungsgeschichten zeigen), sondern auch Folgen für die sozialen und politischen Herrschaftsstrukturen hat:

»Machthaber stürzt er von ihrem Thron,
und Niedrige hebt er hoch hinauf,
Hungrige sättigt er mit Gütern,
und Reiche läßt er leer ausgehen« (Lk 1,52f.).

Im Alten wie im Neuen Testament führt die Herrschaft Gottes eine neue Wahrnehmung und Wertung herauf. Bei Matthäus wird dies in seiner Gemeindeordnung (Mt 18) unterstrichen [43]. In diesem Zusammenhang rechnet die Gemeinde auch die Kinder zu den »Geringen« (Mt 18,1-5.6). Dabei beruft sie sich offensichtlich auf Jesus selbst und sein Verhältnis zu den Kindern.

In der *Kinderkirche* wird die Kirche gefragt, ob sie Anwalt für die Kinder sein will. Im Blick auf die Kinder und gerade auch die Kleinsten unter ihnen wird sie zugleich gefragt, wie sie es überhaupt mit den Schwachen, Hilflosen und noch Leistungsunfähigen hält, die auf andere angewiesen sind und die sich alles schenken lassen müssen.

Mit den Kindern lernt die Kirche nicht nur, wie eine *kindergerechte Gemeinde*, sondern auch, wie eine *menschengerechte Gesellschaft* aussehen sollte; *von* den Kindern lernt die Kirche Demut; *um* der Kinder *willen* Protest.

42. *F. Thiele:* Art. Groß/Klein: Theol. Begriffslexikon zum NT, 3. Aufl., Wuppertal 1983, Bd. 1, S. 619.
43. Vgl. auch prägnant Mt 20,25-28: »Ihr wißt, daß die Herrscher ihre Völker niederhalten und die Mächtigen ihnen Gewalt antun. So soll es nicht sein unter euch; sondern wer unter euch groß sein will, der sei euer Diener; und wer unter euch der Erste sein will, der sei euer Knecht, so wie der Menschensohn nicht gekommen ist, daß er sich dienen lasse, sondern daß er diene und gebe sein Leben zu einer Erlösung für viele.«

Diese Sichtweise ist von einer romantischen Verklärung des Kindes ebenso weit entfernt, wie sich schon in der Antike Jesu Verhalten zu den Kindern von der antiken Schwärmerei für die Unschuld des Kindes abhob[44] und darum auch von kindertümelnden Haltungen heute unterschieden werden muß.

Anwaltschaft für die »Kleinen« (Mt 18,6.10.14) wie überhaupt für die Menschen »unten« ist mit sozialer Gerechtigkeit zusammen zu buchstabieren und hat so eine wichtige soziale Dimension.

Anwaltschaft für die Kleinen und Geringen umschließt ferner die Achtung der Würde des Menschen. So reicht sie bis in die Dimension der Menschenrechte hinein und beteiligt sich am Kampf gegen ihre Verletzung[45]. Wenn man der Kirche diese Anwaltschaft verwehrt, muß sie um der Wahrheit des Evangeliums willen zur Widerstandsgemeinschaft werden.

Im Blick auf die Kinder als die Kleinen und Geringen erkennen wir vor allem aber, was es heißt, vor Gott im Grunde nichts aufzuweisen zu haben und vor ihm zu stehen, mit leeren Händen, die sich nur füllen zu lassen brauchen.

Kirche als Lern- und Trostgemeinschaft

These 5: Eine Kirche mit einer Pluralität christlicher Bewegungen und Gruppen (These 2), die sich noch dazu der missionarischen Herausforderung (These 1) und der geistigen Auseinandersetzung und selbstkritischen Rechenschaftsabgabe stellt (These 3) sowie entschieden Position bezieht (These 4), ist darauf angewiesen, daß alle Glieder zum gemeinsamen Leben- und Glaubenlernen bereit sind. Die Kirche von morgen braucht die Kirche als Lerngemeinschaft, aber auch als Trostgemeinschaft.

Bei dem gezeichneten Bild der zukünftigen Situation der Kirche werden die Spannungen im Außenverhältnis zur Welt wie im Innenverhältnis der verschie-

44. *H.-R. Weber:* Jesus und die Kinder, Hamburg 1980, S. 121. Insgesamt zeigen die griechisch-römischen und jüdischen Texte, daß in der antiken Welt das Kind nicht als solches geachtet wurde. Es ging darum, aus den Kindern nützliche Erwachsene und Bürger zu machen. Die Juden sahen in der Geburt eines Kindes, besonders eines Jungen, Gottes Segen; die Kinder waren als Schulkinder wichtig, die die Thora zu lernen hatten, damit dadurch die Überlieferung der Gebote Gottes gesichert wurde. (*H.-R. Weber,* S. 108-120).
45. Diese Zusammenhänge sind eindringlich auf einer Tagung in Bad Boll anläßlich des Internationalen Jahres des Kindes 1979 behandelt worden (Plädoyer für eine kindgerechte Gesellschaft. Zum Internationalen Jahr des Kindes 1979. Ev. Akademie Bad Boll 1978). Vgl. bes. den Abdruck der »Erklärung der Rechte des Kindes« vom 20.11.1959 durch die Vollversammlung der Vereinten Nationen, S. 12f.

denen Bewegungen und Gruppen untereinander nicht geringer, sondern eher größer. Aber nur eine vollständig angepaßte Kirche ist spannungslos. Eine Kirche dagegen, die um der Verstehbarkeit ihrer ursprünglichen Glaubensüberlieferung willen in Interpretation und Sprachgebung mit der Zeit geht, muß Spannungen hervorrufen und lernen, Gegensätze auszuhalten (s. bereits im Neuen Testament die Konflikte in Korinth und die Art und Weise, wie der Apostel Paulus die »Starken« und »Schwachen« zum gemeinsamen Lernen um der »oikodome«, der »Erbauung« untereinander willen anhält (1 Kor 10,23f., s. auch Röm 14 und 15,1f.).

Der Ruf nach einer lernenden Kirche geht auf die 70er Jahre zurück und hat verschiedene Quellen [46]. Zum einen ist gemeinsames Leben- und Glaubenlernen *theologisch* notwendig, weil das Streben nach *Einheit der Kirche* geboten ist. Alle sollen sich einem Haupt zugehörig wissen und in Jesus Christus eins sein, um so eine geschwisterliche Kirche zu bilden. Diese Einheit schließt jedoch die oben umrissene Vielfalt nicht aus, sondern gerade ein: Das Denkmodell ist das der *konziliaren Gemeinschaft,* die immer wieder so Konsens zu suchen anstrebt, wie dies früher die Kirche auf ihren großen Konzilien versucht hat; es ist nicht das Modell einer erzwungenen Homogenität.

Als Aufgabe von besonderer Brisanz zeigt sich dieser abschließende Aspekt zum anderen in sozialwissenschaftlicher Perspektive, wenn man sich den beschleunigten *gesellschaftlichen Wandel* vor Augen führt, der besonders auffällig als *Wertwandel* in Erscheinung tritt.

In dieser Situation hat auch die Kirche einen Anlaß, über ein Lernen nachzudenken, das die Generationen übergreift. Der *Kindergottesdienst* hat eine besondere Chance, hierzu beizutragen; denn in ihm wirken Kinder, Jugendliche, jüngere und ältere Erwachsene zusammen - drei und mehr Generationen. Bisher galt in der geschichtlichen Entwicklung, daß die Kinder von den Erwachsenen zu lernen haben. Heute erkennt man auch, daß Erwachsene von Kindern lernen können und sollten. Mit dem generationsübergreifenden Denkansatz beginnt der Kreis sich zu schließen; wir kehren zu der Perspektive zurück, mit der wir begonnen haben. Für die praktische Arbeit lassen sich aus ihr viele Folgerungen ziehen, vor allem in Richtung einer »familienintegrierenden Arbeit«[47]. Sie kennt viele Formen.

46. In der DDR stand schon 1974 die Synode des Bundes der Ev. Kirche unter dem Motto: »Die Kirche als Gemeinschaft von Lernenden«. 10 Jahre später markiert das Eröffnungsreferat des Generalsekretärs des ÖRK *Philipp Potter* auf der 6. Vollversammlung des ÖRK 1983 in Vancouver den vollzogenen Bewußtseinsprozeß, als er u.a. die Kirche auch als »Gemeinschaft von Lernenden« beschrieb, s. *W. Müller-Römheld (Hg.):* Bericht aus Vancouver 1983, Frankfurt/M. 1983, S. 218f.
47. *M. Fries/H.-B. Kaufmann,* Mit Kindern Glauben erfahren, a.a.O. (Anm. 2), S. 54ff.

Man kann relativ bescheiden anfangen und *Familiennachmittage* oder *Familientage* veranstalten (S. 60ff.). Bewährt haben sich auch Kinderbibeltage und -bibelwochen; letztere sind freilich gemeindliche Großereignisse (58ff.):

»Alle, die Kindern Angebote machen oder Kinder beteiligen: Kindergarten, Kindergottesdienst, Kinderspielkreis, Eltern-Kinder- Gruppen können hier zusammenarbeiten. Für eine begrenzte Zeit beteiligen sich meist auch Familien am Gemeindeleben, die sonst nicht auftauchen« (58f.).

Ermutigende Berichte liegen auch darüber vor, wie speziell Anfragen und Wünsche *junger Eltern* aufgenommen werden können, die schließlich zu Gottesdiensten »mit über 100 Menschen, großen und kleinen« führen (46).

Vor allem aber zeigt sich wieder, wie die Generationen über *gemeinsame Fragen und Themen* ins Gespräch kommen. Eine junge Mutter erzählt:

»... wir waren nicht darauf vorbereitet, daß unsere Kinder aus dem Kindergottesdienst nicht nur neue Gedanken und Geschichten mitbrachten, sondern auch eine Menge Fragen, die sie uns stellten. Wir aber wußten kaum oder gar nicht, wie wir antworten sollten.

So sind wir drei Mütter in den Gemeindegottesdienst gegangen, weil wir hofften, dort Antworten auf unsere Fragen und die unserer Kinder zu finden. Schon bald aber mußten wir feststellen, daß in Liturgie und Predigt eine ganze Menge an Wissen über den christlichen Glauben vorausgesetzt wurde, das wir nicht mitbrachten. Viele der Geschichten, auf die die Pastoren sich bezogen, waren uns schlicht unbekannt. So sind wir zur Gemeindepastorin gegangen und haben ihr von unseren Problemen erzählt. Wir haben ihr gesagt: 'Im Gottesdienst fühlen wir uns überfordert; das ist ja wie für Fortgeschrittene.' Die Pastorin hat uns dann vorgeschlagen, wir sollten doch mit in den Kindergottesdienst kommen, denn dort würden die Geschichten aus der Bibel, die wir nicht kannten, erzählt. Das haben wir dann auch gemacht - aber so ganz das Wahre war es nicht. Unsere Fragen zu den Geschichten konnten wir nirgends loswerden. Wir lernten zwar eine Menge Geschichten kennen, aber mit unseren Fragen hingen wir in der Luft.

Wir haben die Pastorin erneut angesprochen, und sie hat uns zur Kindergottesdienstmitarbeiter-Vorbereitung eingeladen. Das war genau das Richtige für uns: Wir lernten viele uns bis dahin unbekannte biblische Geschichten kennen, lernten, unsere eigenen Fragen an die Texte zu äußern, und wir konnten gemeinsam mit anderen nach Antworten suchen. So ganz nebenbei haben wir aber auch eine gewisse Sicherheit gefunden, die uns die Fragen unserer Kinder zu beantworten erlaubt.

Ich bin heute Mitarbeiterin im Kindergottesdienst. Aber auch meine beiden Freundinnen haben die Geschichten nicht wieder losgelassen. Immer noch, und mit großer und wachsender Begeisterung, lesen wir mit unseren Kindern biblische Bilderbücher, und wir beschäftigen uns auch mit dem Kinderkatechismus. Was das Ganze für uns aber noch spannender macht, ist, daß inzwischen zwei von unseren Ehemännern begonnen haben, unsere Reise in den Glauben und die Bibel mitzumachen.«[48]

48. Zitiert nach *M. Fries/H.-B. Kaufmann*, a.a.O., S. 54f.

Es gibt noch sehr viel mehr Beispiele dieser Art. Vom gemeinsamen »Lernen« kann in alledem allerdings auch zuviel die Rede sein. Besonders darf »lebenslanges Lernen« nicht zu einem bedrückenden neuen Gesetz werden, als müßte man immerfort lernen. In unserem letzten Beispiel ist es ganz anders; die jungen Frauen drängen spontan darauf weiterzulernen. Der Begriff »Lernen« darf nicht mit schlechtem, verschultem Lernen verwechselt werden. Dies alles ist nicht gemeint. Darüber hinaus müssen wir eine grundsätzliche Grenze ziehen. Unser Leben darf nicht vollständig pädagogisiert werden.

Menschlicher Umgang miteinander geschieht in noch ganz anderer Weise: im gemeinsamen Stillwerden, im gemeinsamen Gebet, in gemeinsamer Meditation, im unaufdringlich-wechselseitigen Sichtrösten. Hier liegen die Quellen der Kraft für den Weg mit Kindern zu einer Kirche von morgen - und wir brauchen viel Kraft und Trost in einer Welt nach Tschernobyl -, um trotz allem mit Bonhoeffer beten zu können:

Von guten Mächten wunderbar geborgen,
erwarten wir getrost, was kommen mag:
Gott ist mit uns am Abend und am Morgen
und ganz gewiß an jedem neuen Tag.

Achtes Kapitel:

Jugendliche in Gesellschaft und Kirche - Grundformen und neue Schwerpunkte kirchlicher Jugendarbeit

Die drei folgenden Kapitel gehen über die Kindheit hinaus. Wenn wir vom Grundschulreligionsunterricht absehen, sind Religionsunterricht, Konfirmandenunterricht und Jugendarbeit dem Jugendalter zugeordnet. Sie haben es mit Jugendlichen zu tun, mit jungen Menschen; als solche sollten wir sie uns vor Augen führen, bevor wir von ihnen als Schülern und Konfirmanden sprechen. Darum thematisieren wir die kirchliche Jugendarbeit nicht als letztes, sondern als erstes. Diese programmatische Reihenfolge berücksichtigt den subjektiven Aspekt von Bildung, Bildung als Jugendbildung, die den jungen Menschen persönlich angeht (Kap. 4.6.). Wird kirchliche Jugendarbeit diesem Aspekt gerecht?

Indem wir uns den Jugendlichen allgemein zuwenden, gewinnen wir ferner den breitesten und angemessensten Zugang zur jungen Generation im ganzen. Die Begriffe »Jugendliche« und »Jugendalter« verweisen auf eine heute vielfältig verlängerte Lebensphase, die die kurze Zeitspanne des Konfirmandenunterrichts bei weitem übertrifft und selbst dort keineswegs aufhört, wo unsere Vorstellungen von den Schülern enden. Jugendarbeit konfrontiert Erwachsene vor allem aber mit Situationen, in denen sie gewahr werden können, wie eigenwillig Jugendliche sich zu orientieren versuchen und wie schwer es für viele ist, eine Lebensperspektive zu finden. In ihren offenen Formen trifft Jugendarbeit am unmittelbarsten auf die soziale und seelische Not von vielen Jugendlichen und auf die für den Erwachsenen oft fremden bis anstößigen Ausprägungen jugendkultureller »Szenen«.

'Die' Jugendlichen gibt es nicht. Für welche Jugendlichen sind welche Formen der Jugendarbeit geeignet? Man trifft auf religiös motivierte und kirchlich völlig distanzierte Jugendliche. Es gibt junge Leute in ständiger Flucht vor der Langeweile (so kommen sie probeweise auch in offene kirchliche Jugendräume, 'hängen' aber nur herum, sind gesprächs- und gruppenunfähig) und andere, deren - auch religiös motivierte - Erwartungen in ihrer Dynamik überraschen. Sie suchen nicht einfach nur Ablenkung oder »action«, sondern mehr. Ihre kritischen Suchbewegungen sind Teil dessen, was in gewisser Hinsicht die »neue Jugendbewegung der achtziger Jahre« genannt werden kann. Wird es kirchlicher Jugendarbeit gelingen, auch mit diesen auf ganz unterschiedliche Weise 'schwierigen' Jugendlichen stärker als bisher in Kontakt zu kommen?

Im Vergleich mit den Zahlen, die Konfirmanden- und Religionsunterricht als wohletablierte volkskirchlich-gesellschaftliche Institutionen 'erreichen', ist kirchliche Jugendarbeit eine Randerscheinung. Es ist jedoch an der Zeit, von Randinstitutionen zu lernen, weil sie die Lage an den sozialen Rändern der Gesellschaft vergegenwärtigen helfen und weil Jugendliche an den zukunftsoffenen Rändern auf ihre Weise in die Zukunft aufbrechen möchten.

1. Jugendalter - Lebensphase mit wachsenden Uneindeutigkeiten und neuen Herausforderungen an ihrem Anfang und Ende

Vorverlagerung und Verlängerung der Jugendzeit

Die Überlegungen zu der Frage, mit wem wir es zu tun haben, müssen beim Jugendalter selbst einsetzen. Wann beginnt es, wann endet es? Früher war Jugend durch klare Statusübergänge charakterisiert: für die große Mehrheit Schulabschluß mit 14 Jahren, anschließend Beginn der beruflichen Ausbildung und ihr Abschluß zwei Jahre später, Verselbständgung gegenüber dem Elternhaus und erste sexuelle Erfahrungen, das alles etwa zwischen dem 14. und 16. Lebensjahr, so bei der sog. Arbeiterjugend, insgesamt das Modell einer »verkürzten Jugend«. Eine bürgerliche Minderheit genoß wegen der verlängerten Schul- und zum Teil noch Studienzeit eine »verlängerte Jugend«[1].

Heute haben wir es nach vorn und hinten mit *»veränderten Zeittafeln«* und *unklaren Statusübergängen* zu tun (ebd., S. 202ff.). Die ersten sexuellen Erfahrungen mit dem anderen Geschlecht werden nicht nach Schulabschluß, sondern weithin vor ihm gemacht (204ff., 241). Außerdem beginnen selbst Kinder früher, »sich zumindest teilweise aus der Familie zu entfernen, in Szenen aufzutauchen oder neue Szenen zu bilden, die ihnen soziale Orte außerhalb von Familie und Schule ... bieten. Gerade die Jugendarbeit kann ein Lied davon singen: sie hat es inzwischen immer mehr mit diesen 10- bis 14jährigen zu tun, für die bisher kaum Räume außerhalb von Schule und Familie da sind und die, wenn sich die Jugendhäuser nicht etwas einfallen lassen, auf der Straße stehen.«[2] Die *Vorverlagerung* der klassischen Adoleszenz ins Schulalter der 9- bis 14jährigen ist jedoch nur die eine Seite.

Auf der anderen Seite steht die *Verlängerung der Jugendzeit.* Immer mehr

1. *W. Fuchs:* Jugend als Lebenslaufphase, in: *A. Fischer u.a.:* Jugendliche und Erwachsene '85: Generationen im Vergleich, hg. vom Jugendwerk der Dt. Shell, Bd. 1, Opladen 1985, S. 195-263, hier S. 242.
2. *L. Böhnisch/W. Schefold:* Lebensbewältigung. Soziale und pädagogische Verständigungen an den Grenzen der Wohlfahrtsgesellschaft, Weinheim/München 1985, S. 120.

Jugendliche verlassen immer später die Schule[3]. Entsprechend hat sich auch der Abschluß der (ersten) Berufsausbildung um etwa zwei Jahre hinausgeschoben[4]. Die Altersverschiebungen werden besonders eklatant deutlich, wenn man sich vergegenwärtigt, daß 1955 nur 12% der Schüler im berufsbildenden Schulwesen 18 Jahre und älter waren, während sich 1985 dieser Anteil auf 70% erhöht hat[5].

Wie soll man diese jungen Leute ansehen? Sie werden in unserer Gesellschaft ganz unterschiedlich beansprucht oder freigegeben. Sie sind einerseits noch unselbständige, ökonomisch abhängige Schüler und Auszubildende. Andererseits dürfen sie selbständige Erwachsenenrollen übernehmen: Rechte und Pflichten in politischer, kirchlicher, rechtlicher Hinsicht, Verselbständigung in der Lebensführung, Heirat oder eheähnliche Gemeinschaft, vor allem vollständige Freiheit als erwachsene Konsumenten. Bei diesen älteren Jugendlichen verschwimmen der Status des *Noch-Jugendlichen* und der des *Schon-Erwachsenen.*

Unsichere Altersnormen und erschütterte Autoritätsverhältnisse

Die Jugendphase wird auch wegen der »zunehmenden Irrelevanz von Alter« eine Lebensphase mit wachsenden Uneindeutigkeiten. Dies wirkt sich unter anderem im ethischen Feld aus, hinsichtlich der für die Generationen jeweils geltenden Werte und Normen. »Manche Altersnormen (wann man heiraten sollte, in welchem Alter man welche Kleidung tragen sollte usw.) haben an Geltung verloren, der Zugang zu zentralen (massen-)kulturellen Angeboten ist kaum mehr ans Lebensalter gebunden; Jugendliche beanspruchen Rechte der Erwachsenen, 'Senioren' geben sich jugendlich.«[6] Der beschriebene Sachverhalt erschwert es, zu sagen, was jeweils für ein Kind, einen Jugendlichen, einen Erwachsenen gemäß ist und gelten sollte. *Was ist in welchem Alter gut, was nicht*? Woran sollen sich Mitarbeiter in der Jugendarbeit, Pfarrer in der Konfirmandenarbeit, Lehrer im Religionsunterricht orientieren? Konflikte zwischen Eltern und Heranwachsenden sowie Ratlosigkeit der pädagogisch Verantwortlichen können daher rühren, daß etwa ein Fall wie der folgende gegeben ist.

Anke, 13 Jahre alt, lebt hin und her gerissen zwischen Vater und Mutter, die geschieden sind und beide neue Partner haben, ohne mit ihnen verheiratet zu sein. Für Anke haben

3. *K. Hurrelmann/B. Rosewitz/H.K. Wolf:* Lebensphase Jugend. Eine Einführung in die sozialwissenschaftliche Jugendforschung, Weinheim/München 1985, S. 39f.
4. *W. Fuchs,* a.a.O. (Anm. 1), S. 219.
5. So laut Ltd. Min. Rat Prof. F. Püttmann, Vorsitzender der Unterkommission »Berufliche Bildung« der KMK, vor der Mitgliederversammlung des Comenius-Instituts am 11.3.1988.
6. *W. Fuchs,* a.a.O. (Anm. 1), S. 261.

beide Eltern ausgespielt. Ihr ist aufgegangen, daß sie und ihre jüngere Schwester von Anfang an für die Mutter in der verfrüht vollzogenen Ehe eine Last waren. Anke hat für eine Dreizehnjährige einen Durchblick, wie ihn meist erst ältere Jugendliche gewinnen, ein Beispiel für die erwähnte vorverlagerte Frühadoleszenz. Dem entspricht auch ihr neuer Umgang. Sie ist mit 16- bis 18jährigen Jugendlichen zusammen, hat einen Freund, wenn auch noch nicht im Sinne geschlechtlicher Beziehungen. Jedenfalls hängt ihr Leben ganz an den sozialen Orten (Diskothek, Clique, Treffpunkte mit Stefan), die nach den Maßstäben ihrer Eltern sich unmöglich für eine Dreizehnjährige schicken. Darum muß Anke zwei Rollen spielen, eine vorgetäuschte als das »liebe, kleine Mädchen«, so wie die Eltern sie noch sehen möchten, und ihre wahre Rolle, in der sie sich bei sich selbst weiß.

»Ich glaube wenn ich sagen würde, was ich so den ganzen Tag mache, der würde nen Horror kriegen (gemeint ist ihr Vater). der denkt ja noch ich wäre sein kleines liebes Mädchen, und ich würde nur machen, was er sagt, und 'nen besseres Mädchen gibt es nicht und, all son Mist.«[7]

Die soziale Größe »Jugend« wird schließlich unter dem Gesichtspunkt der *Autoritätsverhältnisse* undeutlich. Bisher galt nur die Jugendzeit als Lernzeit. Wer ein Erwachsener geworden war, hatte das Lernenmüssen hinter sich. Jetzt sollen auch Erwachsene lebenslang lernen. In mancher Hinsicht zerbricht hierbei der vom Wissensvorsprung abgeleitete Autoritätsanspruch der Erwachsenen, »da Jugendliche nun in einigen Bereichen mehr als ihre Eltern wissen«[8], besonders im Bereich der neuen Computer- und Medienkultur.

Das *Ergebnis* dieses ersten Überblicks: Jugend ist keine klar abgrenzbare Phase mehr, sondern eine Lebensphase mit wachsenden Uneindeutigkeiten, und zwar 1. auf Grund des zeitlichen Ausfransens von Beginn und Ende, 2. wegen der Gleichzeitigkeit der ungleichen Rollen als Noch-Jugendlicher und Schon-Erwachsener, 3. wegen der unsicher gewordenen altersbezogenen Werte und Normen und 4. wegen der Nivellierung des früher selbstverständlichen Autoritätsverhältnisses. Alle diese Veränderungen beruhen auf objektiven gesellschaftlichen Faktoren, auf Phänomenen des gesellschaftlichen Wandels. Man würde sie mißverstehen, wollte man sie für Ausnahmephänomene bei nur einzelnen Jugendlichen aus besonders gestörten Familien halten.

7. *U. Sander/R. Vollbrecht:* Zwischen Kindheit und Jugend. Träume, Hoffnungen und Alltag 13- bis 15jähriger, Weinheim/München 1985, S. 45.
8. *H.-U. Kohr/H.-G. Räder:* Jugend und gesellschaftliche Rationalität, in: *A. Fischer*, a.a.O. (Anm. 1), S. 305-331, hier S. 318.

Neue Aufmerksamkeit auf Früh- und Spätadoleszenz

Wie sind die Befunde zu beurteilen, und welche pädagogischen Folgerungen ergeben sich? Unsere Ausgangsfrage nach den Jugendlichen wird gewöhnlich als Frage nach der Situation der »Adressaten« abgehandelt - eine verräterische Bezeichnung und als solche bereits wegen der fehlenden, jedenfalls sprachlich nicht kenntlich gemachten Respektierung der Jugendlichen als Partner problematisch. Außerdem aber geht ihr eine Vorfrage voraus. In welchem Alter sollen überhaupt die Adressaten der Jugendarbeit sein? Es gibt in kirchlichen Jugendwerken wie dem Evangelischen Jugendwerk in Württemberg Überlegungen, mit der Jugendarbeit noch früher zu beginnen und bereits tief in der Kindheit anzusetzen; zum Teil treffen wir jetzt schon auf Gruppen mit einem Durchschnittsalter zwischen sieben und neun. Das ist einerseits angesichts der Vorverlegung der Jugendzeit und der so früh 'alt' werdenden Kinder, wie das obige Beispiel zeigt, konsequent. Andererseits kommt man der kirchlichen Kinderarbeit in die Quere. In jedem Fall machen die Überschneidungen die gemeinsame Erarbeitung eines Konzepts erforderlich, das Kindergottesdienst, Jugendarbeit und noch dazu die Konfirmandenarbeit sinnvoll aufeinander bezieht. In diesem Zusammenhang stellt die *Vorverlagerung der Orientierungsschwierigkeiten in der Frühadoleszenz* die erste Herausforderung dar.

Für die Zukunft wohl noch wichtiger aber ist es, jene Aufgaben energisch anzufassen, die sich auf Grund der Herausforderungen am anderen Ende ergeben, bei den 18- bis 24jährigen und darüber. Manche Jugendforscher möchten diese jungen Leute noch als Jugendliche ansehen, um unter anderem ihre spezifischen jugendkulturellen Lebensstile zu würdigen. Sie sprechen daher von *»Postadoleszenten«*[9]. Dies gibt durchaus Sinn. Andere Forscher schlagen jedoch vor, bereits von *»jungen Erwachsenen«* zu reden[10]. Hierdurch wird auch bei weiterbestehender äußerer ökonomischer Abhängigkeit der durch das Alter gegebene Erwachsenenstatus der jungen Leute ernst genommen. Jugendarbeit folgt in der Regel immer noch dem überholten Jugendmodell, das am Jugendlichen als minderjährigem Schüler orientiert ist statt (auch) am volljährigen jungen Erwachsenen. Mit anderen Worten: Statt nur in kinder- und schulpädagogischen

9. *J. Zinnecker:* Jugend 1981: Portrait einer Generation, in: Jugend '81. Lebensentwürfe - Alltagskulturen - Zukunftsbilder, Studie im Auftrag der Dt. Shell, Opladen 1982, S. 80-122, hier S. 100ff.
10. *L. Rosenmayr:* Schwerpunkte der Jugendsoziologie, 2. Aufl., Stuttgart 1976, S. 5ff., 87ff. (Handbuch der empirischen Sozialforschung, Bd. 6, hg. von *R. König*); *A. Feige:* Erfahrungen mit Kirche, Hannover 1982, vgl. Untertitel.

Kategorien zu denken, müßte Jugendarbeit mit jungen Leuten in diesem Alter stärker erwachsenenbildnerischen Kategorien folgen, und zwar sowohl auf der strukturellen wie inhaltlichen Ebene.

2. Kirchliche Jugendarbeit und die zunehmende Bedeutung erwachsenenbildnerischer Kategorien

Jugendarbeit als Raum freier Geselligkeit, wechselseitiger Kommunikation und Bildung

Eine 'erwachsenenbildnerische' Korrektur oder Profilierung der Jugendarbeit will nicht die Eigenständigkeit des Jugendalters preisgeben. Sie will nicht Jugendliche mit Erwachsenen verwechseln, aber schon im Jugendlichen den künftigen Erwachsenen ernst nehmen. Von einem mehr erwachsenenbildnerischen Zuschnitt zu reden zielt daher gerade auf das Gegenteil der empirisch nachzuweisenden »hierarchischen Struktur« mancher Praxis[11]. In erwachsenenbildnerischen Kategorien denkt und handelt, wer sich erstens grundsätzlich am Bild des Heranwachsenden als einer Person orientiert, die auf ihre vorhandene und mögliche Mündigkeit angesprochen wird. Bei älteren Jugendlichen und »jungen Erwachsenen« - zumal bei den Mitarbeitern selbst - müßte es sich von selbst verstehen, sie als Partner anzusehen, d.h., sie nicht lediglich in »taktischer« oder gar nur »passiver«, sondern nach dem Typ »strategischer Beteiligung« in die

11. Nach *P. Kliemann:* Ehrenamtliche Mitarbeiter. Zur Identität von Gruppenleitern in der kirchlichen Jugendarbeit, Eine empirische Studie, Stuttgart 1983, ist dies Urteil besonders bei der »pietistisch geprägten« Jugendarbeit berechtigt (S. 126); es betrifft hier beide Ebenen, auch die der Mitarbeiter selbst: »Ihre Verkündigungspraxis gestattet eine Partizipation der Kinder und Jugendlichen nur so lange, wie der Sinn von Andachten, Bibelarbeit u.ä. nicht in Zweifel gezogen wird. Der jugendliche Gruppenleiter steht seinerseits in unübersehbarer Abhängigkeit von Erwachsenen, die darauf achten, daß die in pietistischer Frömmigkeitsgeschichte gewachsenen Verkündigungsmuster allenfalls behutsam modifiziert, nicht aber grundsätzlich zur Diskussion gestellt werden« (S. 147). Bei anderen ehrenamtlichen Mitarbeitern im breiten Feld der Gemeindejugendarbeit sind analoge Abhängigkeitsverhältnisse weniger offensichtlich, aber auch vorhanden, nämlich als stillschweigende, geheime Abhängigkeit von erwachsenen Gemeindegliedern, die selbst nicht recht wissen, was man in der Kirche machen soll und schon froh sind, daß in Gruppenstunden die Kinder von der Straße geholt werden. Während die einen »ihre rigiden Frömmigkeitsmuster an die jugendlichen Gruppenleiter weitergeben«, reichen die anderen »ihre eigene Ratlosigkeit in Sachen Religion und Kirche« weiter (S. 133).

Planung und Durchführung der Arbeit einzubeziehen[12]. Prinzipiell sollte aber auch für den Umgang mit Jüngeren das Modell von Jugendarbeit als *»wechselseitige Begleitung«* gelten, das »umkehrbare Lehr/Lernprozesse« einschließt[13]. Mit diesem Modell begründet und unterstreicht Christof Bäumler auf seine Weise eine der (religions-)pädagogischen Leitlinien meiner eigenen früheren Veröffentlichungen: die Reformulierung christlicher »Erziehung« als »Begleitung«, und zwar verstanden als Weg *»gemeinsamen Lernens«*, das die Generationen übergreift[14].

Einen solchen Weg drängt in bestimmten Situationen, wo es anders gar nicht geht, bereits die Praxis selbst auf (daß die Gesamtpraxis insgesamt davon oft weit entfernt ist, ist schon erwähnt worden): »Praktiker der offenen Jugendarbeit, die ihre Praxis reflektieren, äußern, sie wären längst gescheitert, wenn sie nicht gelernt hätten, von den Jugendlichen zu lernen, d.h. aber sich auch von ihnen auf dem gemeinsamen Weg begleiten zu lassen.«[15]

Wichtiger ist die prinzipielle Bedeutung des gemeinsamen Weges, wobei zu beachten ist, daß die Wechselseitigkeit des Lernens in beiden Richtungen gilt: Wechselseitige Begleitung ist darin begründet, »daß Jugendliche niemals zum Material der Reproduktion des Trägerverbandes reduziert werden dürfen und auch nicht als Objekte der Indoktrination und Manipulation durch Ideologen dienen dürfen. Umgekehrt lassen sich auch die Erwachsenen auf diesem Felde nicht zu ausgebeuteten Dienstleistungskräften degradieren, die den Jugendlichen alle schwierigen Entscheidungen abnehmen« (S. 122).

Bäumler wendet sodann auf die Jugendarbeit und die Perspektive wechselseitiger Begleitung Schleiermachers Begriff der *»freien Geselligkeit«* an. Schon Klaus Mollenhauer hatte vor Jahren diesen Begriff von Schleiermacher übernommen und in die Theorie der Jugendarbeit eingeführt[16]. Worum es geht, läßt sich mit Schleiermacher jetzt zugleich unter dem Gesichtspunkt eines der Grundmerkmale von *»Bildung«* zeigen, der Leitkategorie unserer Darstellung, des Schlüsselbegriffs einer Theorie kirchlicher Bildungsverantwortung: Bildung lebt von der freien Wechselwirkung zwischen Personen.

Schleiermachers knapper »Versuch einer Theorie des geselligen Betragens« gehört zu den Schriften, die in den Mittelpunkt seiner gesamten Lebensansicht einführen. Sie spiegelt

12. Vgl. zu diesen Formen *K. Mollenhauer u.a.:* Evangelische Jugendarbeit in Deutschland. Materialien und Analysen, München 1969, S. 199ff., 218ff., 189ff.
13. *Ch. Bäumler:* Aspekte einer zukunftsorientierten Konzeption der Jugendarbeit, in: Theol. Pract. 21 (1986), 2, S. 119-130, hier S. 121.
14. S. meine Grundfragen, Bd. III, S. 46 passim.
15. *Ch. Bäumler,* a.a.O. (Anm. 13), S. 121.
16. *K. Mollenhauer:* Versuch 3, in: *C.W. Müller/H. Kentler/K. Mollenhauer/H. Giesecke:* Was ist Jugendarbeit? Vier Versuche zu einer Theorie, München 1964, S. 104; *Ch. Bäumler,* a.a.O. (Anm. 13), S. 122.

die reale Erfahrung und zugleich Utopie einer 'Gesellschaft', wie er sie selbst in kleinen Kreisen aufgeklärter, gebildeter, vorzüglich jüngerer Menschen in der bürgerlichen Emanzipationsbewegung um die Wende vom 18. zum 19. Jahrhundert in Berlin erlebt hat. Kennzeichen dieser Gesellschaft im kleinen, die für ihn Vorschein der Gesellschaft im großen sein sollte, ist die Respektierung der individuellen Freiheit des jeweils anderen, so jedoch, daß sich jeder gleichzeitig als an den anderen verwiesen erfährt, indem er an seine »eigenen Grenzpunkte« geführt wird, wo er dann die »Aussicht in eine andere und fremde Welt« gewinnt: »Diese Aufgabe wird durch den freien Umgang vernünftiger sich untereinander bildender Menschen gelöst.«[17]

Die Anwendung eines Grundmusters von Umgang, das an gebildeten Erwachsenen abgelesen worden ist, auf den Umgang mit Jugendlichen ist zwar kühn, aber nicht abwegig, denn erstens gründet die Jugendarbeit auf demselben Prinzip der *Freiwilligkeit* - sie ist also ein besonderer Prüfstein dafür, wie kirchliche und gesellschaftliche Trägerverbände es mit der individuellen Freiheit halten. Zweitens schärfen heute die Herausforderungen durch die jungen Erwachsenen die Wechselseitigkeit als ein Prinzip ein, das rückwirkend wenigstens tendenziell schon für die jüngeren Jugendlichen gelten und in Zukunft den Umgang grundsätzlich bestimmen sollte.

Derselbe Schleiermacher war realistisch genug, in Theologie und Pädagogik von dem zweifellos vorhandenen empirischen Unterschied zwischen Mündigen und Unmündigen auszugehen[18], um aber eben dann konsequent seine pädagogischen und praktisch-theologischen Intentionen auf die Förderung von *»Selbständigkeit«* auszurichten (s. oben Kap. 3, S. 162). In diesem Sinne ist evangelische Jugendarbeit als Feld nicht der Rekrutierung, sondern der freiwilligen Begegnung anzusehen, als Raum für Bildungsprozesse »sich untereinander bildender« jüngerer Menschen.

17. *F. Schleiermacher:* Ausgewählte Werke, Bd. II, hg. von *O. Braun*, Leipzig, S. 3f., zitiert bei Bäumler, ebd., mit Verweis auf *K. Mollenhauer:* Zur pädagogischen Theorie der Geselligkeit, in: *ders.:* Erziehung und Emanzipation, München 1968, S. 121f.
18. *F. Schleiermacher:* Kurze Darstellung des theologischen Studiums zum Behuf einleitender Vorlesungen (1810), Kritische Ausgabe hg. von *H. Scholz* (1910), Darmstadt 1977, § 267; Praktische Theologie, SW, 1. Abt., Bd. 13, Berlin 1850, hg. von *J. Frerichs,* S. 13ff. Auch heute sehen selbst entschiedene Verfechter einer offenen Jugendarbeit das ähnlich: Sie »warnen ... vor der pädagogisch verbrämten Verschleierung der realen Machtverhältnisse: pädagogische oder organisatorische Eingriffe der Hauptamtlichen sind und bleiben notwendig. Sie sollten geduldig begründet, im Konfliktfall aber offen durchgesetzt werden. Alles andere nimmt den Jugendlichen heimlich wieder ein Stück von der Realität weg, die wir ihnen doch erschließen wollen«, aus: *H. Hoffmann:* Nicht mehr im Abseits. Angebote einer offenen Jugendarbeit, München 1980, S. 32.

»Dieser Prozeß der Bildung betrifft keineswegs nur die kognitive Ebene, sondern ebenso die emotionale und die pragmatische«, wie Bäumler mit dem Hinweis auf Versuche bemerkt, etwa »mit arbeitslosen Jugendlichen einen selbstorganisierten Betrieb zu begründen und zu betreiben«. Er gilt ferner nicht nur für bürgerliche Eliten, sondern auch für »die Lebenswelt von Haupt- und Sonderschülern ..., sofern auch diese gemäß ihrem eigenen Grundbedürfnis freie Subjekte sind und auch ein Menschenrecht auf Bildung haben«[19].

Zusammengenommen aber heißt dies nichts anderes, als daß evangelische Jugendarbeit mit den Kategorien der »freien Gesellschaft«, der »wechselseitigen Begleitung«, des »gemeinsamen Lernens« und, bildungstheoretisch formuliert, des Verständnisses von »Bildung« als Umgang sich untereinander bildender Menschen - auch wo Jugendliche zunächst nur auf ihre noch zunehmende Vernünftigkeit und Mündigkeit hin angesprochen werden können - in jener reformatorisch-aufklärerischen Tradition steht, die im dritten Kapitel des Grundlagenteils als »moderner Ansatz« des Protestantismus wie des neueren Christentums überhaupt neben dem »gemeindlich-kirchlichen Ansatz« historisch-systematisch zurückverfolgt worden ist. Jene Tradition orientiert sich am Bild des freien, selbstverantwortlichen Menschen und Christen.

Auch in ihren historisch gewachsenen und bis heute vorhandenen Organisations- und Arbeitsformen geht evangelische Jugendarbeit über den kirchlich-gemeindlichen Ansatz hinaus:

»Die evangelische Jugendarbeit ist nicht als Kind der Kirche, sondern der freien evangelischen Initiativen entstanden und hat erst später den Weg in den Schoß der Kirche gefunden. Gemeindliche Jugendarbeit ist deshalb heute *eine* Form der Jugendarbeit unter anderen Angeboten und Arbeitsbereichen. Der Begriff 'Gemeinde' bietet sich deshalb nicht unmittelbar als integrierender Begriff für evangelische Jugendarbeit in ihrer Gesamtheit an.«[20]

Die Jugendarbeit kann darum auch »nicht ohne weiteres als integrierter Bestandteil einer Gemeindepädagogik verstanden werden«[21], wohl aber, so darf ich

19. *Ch. Bäumler,* a.a.O. (Anm. 13), S. 123.
20. *M. Affolderbach:* Kirchliche Jugendarbeit, in: *G. Adam/R. Lachmann (Hg.):* Gemeindepädagogisches Kompendium, Göttingen 1987, S. 355-378, hier S. 356.
21. A.a.O., S. 375. - Man beachte freilich, daß die Entstehung als freie Initiative bzw. selbständiger Verband oder Verein (wie der CVJM) nicht bedeuten muß, daß diese Freigabe auch nach innen gilt. Den eigenen freien Weg nach außen, aus der Volkskirche heraus sind jene Vereine gerade gegangen, um für sich nach innen in größerer »Verbindlichkeit« zu leben und andere in diese Verbindlichkeit zu rufen. Darum gibt von dieser Seite gesehen die volkskirchlich-gemeindepädagogische Einbettung gerade umgekehrt der Gemeindejugendarbeit in der Regel heute mehr Spielraum.

hinzufügen, als Teil einer die Religionspädagogik einschließlich der Gemeindepädagogik und die Bildungsmitverantwortung in der Gesellschaft umfassenden »Theorie kirchlicher Bildungsverantwortung«. So betrachtet ist und bleibt evangelische Jugendarbeit zwar durchaus *kirchliche Jugendarbeit*; es geht allerdings um Kirche und Gemeinde nicht nur in Form der Ortsgemeinde, sondern auch um Gemeinde als *Gemeinde am gegebenen Ort,* wo immer sie in Worten, in der Kraft und im Geist (1 Thess 1,5) lebendig wird, z.B. in einem kirchlichen Jugendzentrum oder einer christlichen Initiativgruppe[22].

Jugendarbeit als Gespräch mit den inhaltlichen Erwartungen in Jugendkultur und »neuer Jugendbewegung«

Stärker erwachsenenbildnerisch zu denken heißt zweitens, neben dem eben erörterten mehr strukturellen Gesichtspunkt freier und der Grundtendenz nach symmetrischer Kommunikation die inhaltlichen Erwartungen (Wünsche, Träume, Utopien) der Jugendlichen zu berücksichtigen, und zwar besonders die Erwartungen der älteren unter ihnen und der jungen Erwachsenen, nicht zuletzt derjenigen, die sich bewußt als Christen verstehen.

Wie erwähnt bilden junge Leute zum einen vielfältige eigene *jugendkulturelle Lebensstile* aus, »Alterskulturen«, wie die Shell-Studie Jugend '81 sie genannt hat. Man spricht auch von »subkulturellen Gruppenstilen«. Die Elemente reichen von den sprachlichen Ausdrucksformen und der Schreibpraxis (Tagebücher, Wandsprüche, Graffiti) über Traumorte und den Stil der Kleidung sowie die jeweils bevorzugten Treffpunkte, Räume und Orte bis zu den spezifischen Konsumgewohnheiten (Musik, Motorrad) und den Kultgegenständen von Fans sowie den je besonderen Aktionsarten (u.a. sog. »Alltagsflips« bzw. »Fluchtpraktiken«)[23]. Das alles kann man schon sehr früh bei 13- bis 14jährigen Jugendlichen antreffen. Mitarbeiter sollten mit diesen Elementen etwas vertraut sein, besonders wenn Jugendliche auf dem Wege über diese Gruppenstile versuchen, ihre eigene Identität zu gewinnen. Experimente und Suchbewegungen dieser Art sind freilich zweideutig. In manchen drücken sich tiefere Lebens- und Sinnbedürfnisse aus; anderes bleibt oberflächlich und abhängig von Moden, die kommerziell ausgenutzt und reproduziert werden.

Wie die empirischen Untersuchungen zu den Kirchentagen in Hannover und Düsseldorf zeigen[24], geht allerdings die Stilsuche einer wachsenden Minderheit

22. Vgl. vom Vf., Grundfragen, Bd. III, S. 234.
23. Ausführlich Jugend '81, a.a.O. (Anm. 9), S. 422ff.
24. *A. Feige/I. Lukatis/W. Lukatis:* Jugend auf dem Kirchentag, in: *T. Schmieder/K. Schuhmacher (Hg.):* Jugend auf dem Kirchentag, Stuttgart 1984, S. 11-151; *A.*

von jungen Christen und nichtchristlichen Jugendlichen in die ernsthafte Entscheidung für eine *neue Lebensauffassung und Lebensweise* im ganzen über: anders leben - christlich anders leben[25]. Statt eines »subkulturellen Gruppenstils«, der schnellem modischem Wechsel unterworfen ist, treffen wir jetzt Erwartungen an, die über den Augenblick hinausgehen. Man faßt mehr oder weniger das ganze eigene Leben und das Lebensganze ins Auge. Zwischen der Frühadoleszenz der 12- bis 14jährigen und der reifen sowie Spätadoleszenz der 18- bis 21jährigen liegen erhebliche entwicklungsbedingte Veränderungen, in denen diese Stilsuche sich fördernd auf die Identität auswirken kann, nicht muß. Sie betreffen potentiell die Fähigkeit zu umfassenderer Reflexion, die mögliche Ausweitung der sozialen Wahrnehmung und des ethischen Verantwortungsgefühls sowie die Ausbildung eines zusammenhängenderen Zeitbewußtseins hinsichtlich des eigenen Lebenslaufs und der geschichtlich-gesellschaftlichen Entwicklung. Junge Christen suchen hierbei neue Antworten auf die persönlichen und allgemeinen gesellschaftlichen Lebensprobleme auch im Umkreis der biblisch-christlichen Überlieferung.

Kirchliche Jugendarbeit meint jetzt nicht einfach formal partnerschaftlichen Umgang in einem inhaltlich beliebigen Sinn. Jugendliche im Konzept »kommunikativer Gemeindepraxis« zu berücksichtigen bedeutet jetzt auch mehr, »als nur attraktive Geselligkeitsformen im Raum der Kirche zu bieten, in denen gleichaltrige Jugendliche unter sich sind; im Sinne der Kirche als Kommunikations- und Lerngemeinschaft kommt es darüber hinaus darauf an, die Jugendlichen als eigenständige Partner eines intergenerationellen Gesprächs zu akzeptieren«, bei dem es um die *Inhalte von Leben und Glauben* zu gehen hätte, wie auch Henning Luther andeutet, wenn er fortfährt: »Jugendliche könnten dabei den älteren Christen helfen, sich ihrer - vergessenen und verdrängten - Hoffnungen und Lebenssehnsüchte zu erinnern.«[26] Jugendliche werfen heute stellvertretend für Erwachsene Fragen auf. Sie fragen noch, wo wir zum Teil nicht mehr fragen; sie nämlich werden die Folgen von dem spüren und abzuarbeiten haben, was heute entschieden oder versäumt wird. In der Auseinandersetzung aber um die *Lebensziele*, wie sie in Kirche und Gesellschaft vertreten werden, entscheidet sich für viele junge Leute auch ihr persönliches Verhältnis zu dem, was die Kirche über

Feige/I. Lukatis/W. Lukatis: Kirchentag zwischen Kirche und Welt. Auf der Suche nach Antworten. Eine empirische Untersuchung auf dem 21. Dt. Ev. Kirchentag in Düsseldorf, Berlin 1987.

25. Formuliert in Anlehnung an den Buchtitel von *H.A. Gornik (Hg.):* Anders leben. Christliche Gruppen in Selbstdarstellungen, Gütersloh 1979.
26. *H. Luther:* Jugend/Jugendliche, in: *Ch. Bäumler/N. Mette (Hg.):* Gemeindepraxis in Grundbegriffen. Ökumenische Orientierungen und Perspektiven, München/Düsseldorf 1987, S. 218-227, hier S. 226.

den christlichen *Glauben* sagt. Dieser kritisch fragende und zugleich erwartungsvoll hoffende Teil der Jugendlichen ist das vielversprechendste Segment der »neuen Jugendbewegung der achtziger Jahre«, wie sie für die Kirchen auf den Kirchen- und Katholikentagen unmißverständlich Gestalt angenommen hat[27].

Jugendarbeit mit älteren Jugendlichen und jungen Erwachsenen als Brücke zur kirchlichen Erwachsenenbildung

Wird und kann die kirchliche Jugendarbeit auf die Anforderungen eingehen, die sich aus der strukturellen Veränderung des Jugendalters formal und generell für den Kommunikationsteil überhaupt und inhaltlich aus der Dynamik des neuen gesellschaftspolitischen, ethischen und religiösen Fragens ergeben? Ist sie bereit, einen neuen Schwerpunkt bei älteren Jugendlichen und jungen Erwachsenen zu setzen, indem sie sich selbst hierbei die beschriebene kritisch-suchende Haltung zu eigen macht? Diese jungen Leute stellen die kirchliche Jugendarbeit vor eine viel schwierigere Aufgabe als die Jungschar- und Mädchenkreise der 13- bis 14jährigen. M.E. ist der neue Schwerpunkt jedoch erforderlich, auch aus weiteren Gründen, die die spezielle religiöse Entwicklung und Lage der Jugendlichen betreffen (dazu noch ausführlicher unten).

Nach vergleichenden Untersuchungen Andreas Feiges[28] ist erst das Alter von ungefähr 18-20 das Alter der besonders radikalen religiösen Rückfragen an die Kirche und ihre

27. Mitarbeiter mit diesen Erfahrungen und Interessen hat *P. Kliemann* als Typ des »suchenden Gruppenleiters« identifiziert; er hat ein »kritisch-reflektiertes und dennoch positives Verhältnis zu Religion und Kirche« (a.a.O., Anm. 11, S. 186). Die konkreten Beispiele (S. 186ff.) zeigen, daß man hierbei eine Realität sucht, »die lebendiger ist als die im traditionellen Gemeindegottesdienst zu Tage tretende« (S. 188). Kirchentage, Bibelwochenenden, Meditationsfreizeiten, Taizé haben neue Wege der lebensbezogenen Glaubensvergewisserung eröffnet (ebd.). Hiervon will man noch etwas in die Jugendarbeit der Ortsgemeinde eintragen. Darum möchte man »außerhalb des traditionellen Gruppenbetriebs zusätzliche Angebote in Form von Jugendgottesdiensten, Kinderbibelwochen, Meditationsgruppen, speziellen Bibelclubs, religiösen Wochenenden u.ä.« unterstützen (S. 142). Vgl. zur Fülle der konkreten Möglichkeiten auch *H. Hoffmann:* Vom verschmähten Schatz: Verkündigung in der Jugendarbeit, in: Informationen der Offenen Kirche, Ev. Vereinigung in Württemberg, 2/1988, S. 10-12. Das Problem dieser Art Jugendarbeit ist, ob auch die Gemeinde für sie offen ist.
28. *A. Feige:* Kirche auf dem Prüfstand. Die Radikalität der 18- bis 20jährigen. Biographische und epochale Elemente im Verhältnis der Jugend zur Kirche, in: *J. Matthes (Hg.):* Kirchenmitgliedschaft im Wandel. Untersuchungen zur Realität der Volkskirche, Beiträge zur 2. EKD-Umfrage, Gütersloh 1990 (i. Dr.).

Glaubensüberlieferung. Wir werden ferner noch sehen, wie virulent gerade in diesem Lebensabschnitt über das 16. Lebensjahr hinaus die Gottesfrage bleibt. Schließlich ist der Übergang in das dritte Lebensjahrzehnt der Übergang in eine Lebensphase, für die die Kirche sonst keine anderen pädagogisch-seelsorgerlich begleitenden Institutionen zur Verfügung hat.

Man könnte natürlich auch die Auffassung vertreten, in der Zukunft das Schwergewicht noch mehr auf die Arbeit mit Jüngeren zu verlagern, um hier die notwendigen christlichen Glaubensgrundlagen gleichsam ein für allemal zu legen. In dieser Auffassung steckt jedoch ein Trugschluß, weil ein wichtiger Faktor übersehen wird. Bei 12- bis 14jährigen Jugendlichen kann die Erschließung der Glaubensbotschaft noch nicht im Zusammenhang mit den Fragen und Zweifeln erfolgen, die sich in ihrer Brisanz erst nach dem Übergang zur Spätadoleszenz biographisch zeigen. Jetzt sind die Jugendlichen ein paar Jahre älter geworden; sie haben ganz andere Lebens- und Glaubensprobleme und stellen Fragen, für deren Beantwortung sie aus dem Konfirmandenunterricht und der Jugendarbeit in den jüngeren Jahren keine Hilfen mitbringen und in Erinnerung haben. Was sie jetzt umtreibt, war in dieser Form damals noch nicht für sie so brennend.

Konfrontiert mit dieser Prioritätenfrage, sollte evangelische Jugendarbeit nicht in ein falsches Entweder-Oder verfallen. Beide, die jüngeren und die älteren Jugendlichen, fordern heraus, aber offensichtlich in einer jeweils besonderen Weise, die der je besonderen Lebenslage im Prozeß des Erwachsenwerdens entspricht und die vor allem dem sich verändernden gesellschaftlich-kirchlichen Problembewußtsein gerade der christlich motivierten älteren Jugendlichen gerecht werden sollte.

Wenn einerseits ein falsches Entweder-Oder abgewehrt, andererseits dafür plädiert wird, den älteren Jugendlichen besondere Aufmerksamkeit zuzuwenden, dann schließlich auch im Kontext dessen, daß die Religionspädagogik auf evangelischer wie katholischer Seite überhaupt die Bedeutung der Erwachsenenarbeit neu einzuschätzen lernt. Der katholische Theologe Gottfried Bitter fordert, sie im Sinne einer biographisch neu notwendigen »Erst-Evangelisation« anzulegen[29]. Eine bloße Re-Evangelisierung sei »unzureichend« (ebd.), da die Voraussetzungen für sie weithin schon wieder biographisch verschüttet worden seien oder noch nie recht bestanden hätten. Man zögert, sich umstandslos dem Begriff der »Evangelisation« von Erwachsenen anzuschließen. Wir werden im Kapitel über die kirchliche Erwachsenenbildung andere Leitbegriffe verwenden, gemäß dem

29. *G. Bitter:* Die zweite Bekehrung - Notwendige Erneuerung der Erwachsenenkatechese, in: *E. Feifel/W. Kasper (Hg.):* Tradierungskrise des Glaubens, München 1987, S. 212-221, S. 215.

Charakter des Bildungsbegriffs und dem im ersten Teil erörterten Verhältnis von Glaube und Bildung. Die neue Problemlage wird jedoch durch Bitters Forderung richtig beleuchtet. Das alte Modell des »Gesamtkatechumenats« war am Gedanken des kontinuierlichen Glaubensaufbaus durch christliche Erziehung und Unterweisung von unten nach oben orientiert, verstanden als ein 'Aufeinander-Aufbauen'. Für die Zukunft ist viel stärker auch vom Modell eines diskontinuierlichen Glaubensweges auszugehen, ein Weg mit immer neuen möglichen Anfängen. Zu Gott steht in jeder Lebensphase der Weg offen. Das heißt nicht, daß nicht auf Zusammenhang und Verbindungen geachtet werden sollte. Im Gegenteil: Jugendarbeit sollte mit dem Schwerpunkt bei älteren Jugendlichen und ansatzweise auch jungen Erwachsenen eine Brücke zur kirchlichen Erwachsenenbildung ausbauen.

3. Jugendliche und Religion - Zwischen Distanz und Erwartungen

Über die allgemeine Lage (s. oben 1.) und die aus ihr zu ziehenden Folgerungen (2.) hinaus muß sich kirchliche Jugendarbeit besonders der religiösen Situation Jugendlicher zuwenden (3.). Hauptamtliche und ehrenamtliche Mitarbeiter stehen immer wieder vor dem Problem, warum die meisten Jugendlichen in der Bundesrepublik heute nicht erreicht werden. Die Frage, was in diesem Sinne die Arbeit erschwert, kann freilich in unterschiedlicher Weise gestellt werden, in nur einer oder in zwei Richtungen. Manche interessiert lediglich, welche Sachverhalte auf seiten der Jugendlichen eine Rolle spielen könnten. Man sollte auch prüfen, welche Arbeitsformen der Jugendarbeit selbst erschwerend wirken, vielleicht ohne daß man sich dies klarmacht, so daß es zu einer ungewollten *strukturellen Selbstverhinderung* der Erfüllung der Ziele kommt.

Wir treten folglich für eine situationsangemessene Pluralität von Profilen ein, die wir auf dem Hintergrund von zwei Grundsituationen auf die Begründung zweier Grundformen konzentrieren wollen (4.). Das Plädoyer für Pluralität provoziert allerdings sofort auch die Frage nach der inneren Einheit. »Polarisierungsdiskussionen« haben in der Vergangenheit zu heftigen Zerreißproben geführt und sind auch jetzt keineswegs ausgestanden[30].

Den folgenden Befunden liegen repräsentative Studien für die ganze Bundesrepublik zugrunde, und zwar aus allgemeinen Bevölkerungsumfragen[31], aus der allgemeinen Ju-

30. Die sog. Polarisierungsdebatte Anfang der 70er Jahre in der AGEJD ist dokumentiert in: *M. Affolderbach (Hg.):* Grundsatztexte zur evangelischen Jugendarbeit, 2. erw. Aufl., Gelnhausen und Stuttgart 1982, S. 121ff.
31. Zentralarchiv für empirische Sozialforschung der Universität zu Köln, maschinen-

gendforschung[32] und aus Umfragen im Auftrag der EKD[33] oder einzelner Landeskirchen, allerdings hier nur annähernd repräsentativ für den norddeutschen Raum[34]. Ergänzend werden ein Vergleich der EKD-Daten von 1972 und 1982[35], flankierende Analysen aus anderen europäischen Ländern[36] und zusammenfassende Übersichten über die Situation in der Bundesrepublik berücksichtigt[37]. Für den Gesichtspunkt der Gottesbeziehung von Jugendlichen stehen unter anderem Auswertungen einer speziellen württembergischen Erhebung zur Verfügung[38].

Religiöse Praxis und Freiheitsbedürfnis

Was die *religiöse Praxis* im Jugendalter betrifft, so zeigt sich beim Gottesdienst ein »deutlicher Beteiligungsrückgang«[39]. Eine regelmäßige Teilnahme am Sonntagsgottesdienst ist bei evangelischen Jugendlichen fast gar nicht anzutreffen. Eine Ausnahme sind »bewußt altersgemäß - und häufig von Jugendlichen selbst - gestaltete Gottesdienste«[40]. Diese Befunde sind nicht neu. Sie werden seit langem mit dem allgemeinen Prozeß der *Verselbständigung* der Jugendlichen in Verbindung gebracht.

lesbares Codebuch - ZA Studie 1160, Allgemeine Bevölkerungsumfrage der Soz. Wiss. (ALLBUS), Köln 1982.

32. Siehe neben den schon erwähnten Shell-Studien: Jugend '81 (Anm. 9) sowie: Jugendliche und Erwachsene '85 (Anm. 1) auch die *Sinus-Studie:* Die verunsicherte Generation. Jugend und Wertwandel. Ein Bericht des Sinus-Instituts im Auftrag des Bundesministers für Jugend, Familie und Gesundheit, Opladen 1983.
33. *H. Hild (Hg.):* Wie stabil ist die Kirche. Ergebnisse einer Umfrage, Gelnhausen/Berlin 1974; *J. Hanselmann u.a. (Hg.):* Was wird aus der Kirche? Ergebnisse der zweiten EKD-Umfrage über Kirchenmitgliedschaft, Gütersloh 1984.
34. *A. Feige,* Erfahrungen mit Kirche, a.a.O. (Anm. 10).
35. *A. Feige,* Kirche auf dem Prüfstand, a.a.O. (Anm. 28).
36. In: *U. Nembach (Hg.):* Jugend und Religion in Europa, Frankfurt/M. u.a. 1987.
37. *I. Lukatis/W. Lukatis:* Jugend und Religion in der Bundesrepublik Deutschland, in: *U. Nembach,* a.a.O. (Anm. 36), S. 107-144; *A. Feige:* Autonomie, Engagement, Distanz. Problemdimensionen im Verhältnis der Jugend zur Kirche, in: *F.X. Kaufmann/B. Schäfers (Hg.):* Religion, Kirchen und Gesellschaft in Deutschland, Sonderheft 5 der Zs. Gegenwartskunde, Opladen 1988, S. 161-181.
38. *R. Schuster (Hg.):* Was sie glauben. Texte von Jugendlichen, Stuttgart 1984; *K.E. Nipkow:* Die Gottesfrage bei Jugendlichen. Auswertung einer empirischen Umfrage, in: *U. Nembach,* Jugend in Europa, a.a.O. (Anm. 36), S. 233-259; vgl. auch meinen Traktat: Erwachsenwerden ohne Gott? 3. Aufl., München 1990.
39. *I. Lukatis/W. Lukatis,* Jugend und Religion in der Bundesrepublik Deutschland, a.a.O. (Anm. 37), S. 110.
40. *I. Lukatis/W. Lukatis,* a.a.O., S. 110.

Beim *Gebet* sieht es etwas anders aus. Zwar zeigen auch hier die Jugendlichen ein deutlich geringeres Maß an religiöser Praxis als die Erwachsenen. »Jeder zweite Jugendliche erklärt, selbst nicht zu beten, verglichen mit nur jedem dritten Erwachsenen.«[41] Aber insgesamt beten mehr junge Leute als zum Gottesdienst gehen. Das Beten ist eine *'private'* Form von Religion, und als solche wird sie von Jugendlichen zum Teil ausdrücklich gegen die Kirche als Institution und den institutionalisierten Gottesdienst ausgespielt.

»Es gibt Zeiten, an denen ich stärker an Gott denke, und an den Tod, oder was danach kommt. Dann bete ich auch. Das ist für mich wichtiger als jeden Sonntag die Zeit in der langweiligen Kirche abzusitzen, wo man nur vorgedichtete 'Reime' aus dem Buch abliest und nicht das, was man wirklich denkt oder sagen will.«[42]

»Was man wirklich denkt oder sagen will« - wenn schon christliche Religion, dann will dieser Jugendliche eine Verhältnis zu ihr, das er als eine persönlich hilfreiche Beziehung erfahren kann anstelle einer Sprache, die ihn nicht erreicht.

Wie bei Gottesdienst und Gebet zeigen auch die Daten zur Häufigkeit der Teilnahme an *Abendmahl* oder *Kommunion* die deutlichere Distanz der Jugendlichen im Vergleich zu den Erwachsenen[43]. Schließlich ist auch die Neigung zum *Kirchenaustritt* höher[44]. Zwar hat die Bereitschaft der jungen Eltern zur Taufe des Kindes zwischen 1963 und 1985 nicht abgenommen (ebd., 164), aber eine »rigorose Ablehnung eines Kirchenaustritts wird ... von Jugendlichen und jungen Erwachsenen in weit geringerem Maß geäußert als von evangelischen Kirchenmitgliedern insgesamt«[45]. Gleichwohl möchte man irgendwie doch Christ sein und bleiben. Eine ganze Reihe anderer Einzeldaten bestätigen, daß einerseits die prägende Kraft und Verbindlichkeit von Kirche und christlichem Glauben sehr zurückgegangen sind, andererseits nach wie vor an Christentum und Kirche *Erwartungen* herangetragen werden: Jugendliche und junge Erwachsene zwischen 16 und 22 sind über die Hälfte (51,4%) der Meinung, daß das Christentum trotz mancher Unzeitgemäßheit »in dem, was es eigentlich will und aussagt, ... auch heute für uns Menschen hilfreich sein« kann; zusätzlich 20% wollen »im Prinzip« auf es nicht verzichten (das sind zusammen über 70%)[46]. Wie sind die anscheinend sich widersprechenden Befunde zu erklären?

Die Befragten reagieren mehrheitlich dort zurückhaltend bis ablehnend, wo es »um die Befolgung kirchlich normierter und abgeforderter Verhaltensakte und

41. *I. Lukatis/W. Lukatis,* Jugend und Religion, a.a.O., S. 113.
42. *R. Schuster,* a.a.O. (Anm. 38), S. 88 (Text Nr. 289).
43. *I. Lukatis/W. Lukatis,* Jugend und Religion, a.a.O., S. 111.
44. *A. Feige,* Autonomie, Engagement, Distanz, a.a.O. (Anm. 37), S. 162.
45. *I. Lukatis/W. Lukatis,* Jugend und Religion, a.a.O. (Anm. 37), S. 125.
46. *A. Feige,* Autonomie ..., a.a.O. (Anm. 37), S. 170.

um Bekenntnisse zu Dogma-Elementen geht« (S. 166). Man kann sich zwar die Kirche durchaus als *»Ratgeber«* vorstellen, besonders bei so kritischen Problemen wie Drogen, Generationenproblemen, Freizeit, Alkohol; aber man lehnt »*gleichzeitig* einen *Anspruch* auf Normierung« ab (169). Andreas Feige spricht zusammenfassend von »der Signatur des *Autonomie*-Bedürfnisses« (ebd.). Viele Forscher und Forschergruppen kommen zu demselben Ergebnis. Die Sinus-Studie faßt so zusammen: »Autonomie, Selbstverwirklichung und Individuation ..., Kommunikation und menschliche Nähe, Freisein von Zwängen und tun können, was man will«, das sind die zentralen Lebensansprüche von Jugendlichen heute, besonders in der Freizeit[47].

Wie steht nach Ansicht der Jugendlichen die *Kirche* zu diesem zentralen Interesse? Wenn die Jugendlichen gefragt werden, ob die Kirche für sie persönlich wichtige Werte fördere, schneidet sie bei den folgenden Wertprioritäten sehr schlecht ab: »frei und unabhängig sein«, »etwas vom Leben haben, es genießen«, »genug Selbstvertrauen haben«. Dagegen fördert die Kirche in den Augen der Befragten die folgenden Werte in überdurchschnittlicher Weise, verglichen mit der geringeren Bedeutung, die die Jugendlichen ihnen zumessen: »für die Gemeinschaft tätig sein«, »für Sitte und Ordnung eintreten«, »daß man etwas glauben kann, einen Halt hat«[48]. Schon jetzt ist zu folgern, daß vermutlich kirchliche Jugendarbeit Jugendliche um so weniger erreicht, als für diese persönliche Freiheits- und Entscheidungsspielräume wichtig sind und - komplementär - die kirchliche Jugendarbeit ihrerseits just dies Freiheitsbedürfnis nicht respektiert.

Soziale Orientierungsmuster und Sinnsuche

Bei den Jugendlichen in der Bundesrepublik finden sich zur Zeit auch andere grundlegende »soziale Orientierungsmuster«, nicht nur das - allerdings breite - Interesse an freier Selbstbestimmung.

Die Shell-Studie »Jugendliche und Erwachsene '85« hat folgende Orientierungsmuster identifiziert: *»Privatisierung«* (besonders deutlich bei Jugendlichen wie bei Erwachsenen des unteren Schulniveaus[49]), *»Anpassungsbereitschaft«* (wobei eher die Jüngeren anpassungsbereit sind, eher die Mädchen und eher die Jugendlichen mit Hauptschulniveau, S. 150), *»Eigenverantwortung«* (in dieser Dimension haben die Jugendlichen und Erwach-

47. Zitiert nach *W. Fuchs:* Soziale Orientierungsmuster: Bilder vom Ich in der sozialen Welt, in: *A. Fischer u.a.*, Jugendliche und Erwachsene '85, a.a.O. (Anm. 1), S. 133-194, hier S. 191, dort viele weitere Belege.
48. *A. Feige,* Autonomie ... a.a.O. (Anm. 37), S. 11.
49. *W. Fuchs,* Soziale Orientierungsmuster, a.a.O. (Anm. 47), S. 148.

senen ein »unproblematisches Verhältnis« zur sozialen Umwelt, S. 177), *»Selbstbehauptung«* (in dem sich das erwähnte allgemeine Interesse an freien Entscheidungsspielräumen besonders zuspitzt und das als das historisch neu aufgetauchte »leitende« soziale Orientierungsmuster angesehen wird) sowie ferner neben *»Träume«* auch *»Selbstentfremdung«*. Letzteres drückt sich etwa in folgenden Aussagen aus:

»Da ist nichts, was mich richtig ausfüllt, nicht einmal ich selber. Ich frage mich, warum eigentlich alles so kompliziert sein muß« (Jugendaufruf 1983). Oder:

»Unter Jugend verstehe ich, daß man vom Kind bis zum Jugendlichen heranreift und sich in dieser Zeit unbeschwert entwickeln kann. Ich konnte und kann es nicht. Wenn ich morgens aufstehe und mich für die Schule fertig mache, habe ich schon Angst ...« (15jähriger Gymnasiast, Jugendaufruf 1983)[50].

Hier werden wir nicht primär mit dem Bedürfnis nach Freiheit konfrontiert, sondern mit der zum Teil angstbesetzten Suche nach *Sinn*. In der Zusammenfassung der Sinus-Studie sind ebenfalls neben »Autonomie, Selbstverwirklichung und Individuation« auch »Kommunikation und menschliche Nähe« als Wunschziele genannt worden. Ihre Erfüllung scheint bei den meisten Jugendlichen das auszumachen, was man unter Sinnsuche versteht, neben Sinnsuche als aktiver Auseinandersetzung mit gesellschaftlichen Zuständen und dem Entwurf eigener Wertprioritäten, wie sie oben für eine Minderheit festgestellt worden ist[51].

Führt nun im Unterschied zu den Freiheitsinteressen das Bedürfnis nach menschlicher Wärme und Kommunikation in einer Gruppe, nach Sinnerfüllung in einer Gemeinschaft, häufiger zur Religion? Offensichtlich ist auch das nur sehr bedingt der Fall. Nach der Allbus-Umfrage '82 kann zwar ein sinnloses Leben offensichtlich nicht ertragen werden, denn man weist mehrheitlich von sich, daß das Leben an sich für einen selbst keinen Sinn haben könnte. Die Befragten betonen auch: »Das Leben hat immer einen Sinn, sonst würde es kein Leben geben.« Die Zustimmung fällt jedoch sehr stark ab, wenn die Befragten bejahen sollen, daß das Leben für einen nur darum eine Bedeutung habe, »weil es einen Gott gibt« oder »weil es nach dem Tode noch etwas gibt«. Vielmehr wird weit an der Spitze der Satz bejaht: »Das Leben hat nur dann einen Sinn, *wenn man ihm selber einen Sinn gibt*«, und hier sind sich jüngere und ältere Befragte weitgehend einig[52]. Aus der zweiten EKD-Mitgliedschaftsuntersuchung ergibt sich flankierend, daß 14- bis 24jährige über Fragen des Lebenssinns häufiger Gespräche führen als über »Religion, Glaube, Kirche«[53]. Das heißt: Die Sinnfragen lösen

50. Beide Zitate nach *W. Fuchs*, a.a.O., S. 166.
51. Zum doppelseitigen Grundbedürfnis nach »Bewegungsfreiheit« und »sozialer Verankerung« vgl. schon unsere Ausführungen im ersten Teil, Kap. 3.1.
52. *I. Lukatis/W. Lukatis*, Jugend und Religion, a.a.O. (Anm. 37), S. 117, 139 (Hervorhebung von mir).
53. A.a.O., S. 116.

sich aus dem christlichen und kirchlichen Vorstellungsrahmen und verselbständigen sich. Das eingangs festgestellte massive Selbständigkeits- und Selbstbehauptungsbedürfnis ist längst auch in den innersten Raum der Sinnfrage eingedrungen; selbst sogenannte letzte Fragen werden immer mehr vom christlichen Antwortraum abgekoppelt.

Gottesfrage in Ablösung vom kirchlich-christlichen Erfahrungs- und Interpretationsraum (Abkoppelungshypothese)

Die Abkoppelungshypothese wird auch durch die spezielle württembergische Befragung von Jugendlichen im Alter von 16-24 Jahren aus den verschiedenen Bereichen des Berufsschulsystems einschließlich der Wirtschaftsgymnasien bestätigt. Hier haben sich 1982/83 über 1200 junge Leute anonym zu ihrem Bild von Gott und ihrer Beziehung zu ihm geäußert. Neben Entfremdung und Abkoppelung zeigte sich jedoch auch, wie ernsthaft und oft verzweifelt manche Jugendlichen noch mit der Frage nach Gott ringen. Außerdem konnten in der Gottesbeziehung als dem Kern der religiösen Situation der Jugendlichen die vermutlich ausschlaggebenden inhaltlichen Probleme identifiziert werden[54].

Es gibt nicht viele beliebige, sondern einige wenige elementare Fragen, an deren Beantwortung alles zu hängen scheint. Vier Krisen- und zugleich Bewährungsfelder des Gottesglaubens heben sich besonders ab. Fast alle Jugendlichen bringen gewisse kindliche Vorstellungen über Gott mit, manche einen zuversichtlichen Kinderglauben, und da seit alters im christlichen Überlieferungsraum der biblische Gott als der »liebe Gott« vermittelt worden ist, richtet sich natürlicherweise die erste Grunderwartung an *Gott als Helfer* in Not und Bedrängnis sowie allgemein als Garant einer *guten* Schöpfung. Wie schon im Grundlagenteil in anderem Zusammenhang hervorgehoben, bildet die beim Zusammenbruch dieser Erwartung entstehende Theodizeeproblematik wahrscheinlich die größte Schwierigkeit in der Gottesbeziehung überhaupt.

Die folgende Erfahrung ist epidemisch verbreitet: »In Situationen in denen er helfen soll ist er meist nicht da.«[55] Der 'gelernte' allmächtige, liebe Gott, Gott als »Herr im Himmel«, beglaubigt sich nicht: »... Gott ist der Herr im Himmel, das steht ganz fest, das glaub ich sehr ernst, nur ich möchte ihm einmal begegnen! Bitte helf mir!!!«[56]

54. Vgl. zum folgenden ausführlicher die in Anm. 38 zitierte Textsammlung und die dort erwähnten Veröffentlichungen des Verfassers.
55. In: *R. Schuster*, a.a.O. (Anm. 38), S. 318 (Text Nr. 1186, Berufsschüler, Metallklasse, ca. 16 J.).
56. A.a.O., S. 123 (Text Nr. 414, ausländischer Malerlehrling, ca. 16 J.).

Die zweite Einbruchstelle hängt damit zusammen, daß im Bereich des Christentums der biblische Gott als Schöpfer verkündigt wird. Das Kind hat sich das kindgemäß, nämlich handwerklich vorgestellt: Gott hat alles einzelne gemacht. Als Jugendlicher kann man diese Vorstellung in der Regel nicht mehr festhalten. Jetzt wird in den Texten der jungen Leute besonders unter dem Einfluß des Evolutionsmodells immer wieder bezweifelt, ob wirklich Gott der Schlüssel zur Erklärung der Welt im ganzen ist. Stand oben die elementare Frage auf dem Spiel, wie die Schöpfung ist, so jetzt, ob sie überhaupt *Schöpfung* ist und nicht ein sinnloser Prozeß. Wie ist alles entstanden? Wie wird alles enden? Was hat die Theologie zur *Weltentstehung* zu sagen? Was zum persönlichen *Weiterleben nach dem Tod*? Verglichen mit allen sonst denkbaren religiösen Fragen und trotz des obenzitierten Befundes, daß die Frage nach dem sog. Sinn des Lebens mehrheitlich nicht deswegen zuversichtlich beantwortet wird, »weil es nach dem Tode noch etwas gibt« (s. oben), ist das *Todesproblem* von allergrößter existentieller Bedeutung, aber eben weithin in Form einer gänzlich offenen Frage:

»... es muß doch nachher irgendwie weitergehen, es kann damit nicht zu Ende sein es muß einfach nach dem Tode weitergehen, vielleicht mit einem neuen Leben oder dem ewigen Leben.«[57]

Der dritte Grundzweifel betrifft die *Existenz Gottes überhaupt*. Im Durchgang durch die emotionalen, praktischen und gedanklichen Enttäuschungen, die mit Gottes Liebe und Allmacht sowie mit dem Rätsel um den Anfang der Welt und das Ende des Lebens zusammenhängen, erreicht der Zweifel die semantisch-sprachliche Ebene: Ist Gott vielleicht nur ein Wort, ein bloßes Symbol für menschliche Projektionen?

»'Gott' das ist ein Wort nichts anderes, doch für viele Menschen ist dieses Wort eine Stütze dieses Wort füllt das Leben aus.« Es ist etwas, was man »Gott nennt« und »als Symbolfigur benützt, als die Figur nach der jeder Mensch streben sollte«[58].

Am Ende dieses Reflexionsganges kann die endgültige Verabschiedung des Gottesglaubens stehen. Es deutet sich aber auch eine andere Lösung an. »Gott« kann auch eine psychisch-funktional wichtige Vorstellung bleiben, ob er nun existiert oder nicht, wobei »funktional« meint, daß diese Vorstellung etwas für das innere seelische Gleichgewicht des Menschen »leistet«, nämlich als »Halt«.

»Ob Gott wirklich existiert, weiß ich selbst nicht; aber auch ich brauche manchmal eine Vorstellung, die mir über manches hinweghilft (vielleicht ist Gott eine Traumvorstellung und Wunsch; dies ist wohl immer eine Frage, unbeantwortete Frage)«[59].

57. A.a.O., S. 111 (Text Nr. 370, Berufsfachschüler, Metallklasse, ca. 17 J.).
58. A.a.O., S. 325 Text Nr. 1210, Berufsschüler, Metallklasse, ca. 16 J.).
59. A.a.O., S. 99 (Text Nr. 330, Malerlehrling, ca. 18 J.).

Oder von einem Wirtschaftsgymnasiasten noch verallgemeinerter gesagt: »... gerade weil Gott oft die letzte Hoffnung eines Menschen ist, kann man nie sagen, 'er' sei sinnlos. Die Frage nach der Existenz Gottes sei hier dahingestellt - seine große Bedeutung in dieser Welt ist aber unbestreitbar.«[60]

Wenn nicht alles trügt, ist die Frage des Stellenwerts der *Kirche* - das vierte kritische Feld - letztlich der Gottesproblematik nachgeordnet. Selbstverständlich ist es sehr bedeutungsvoll, ob Gott in der Kirche glaubhaft verbürgt wird. *Wer* besonders von den nächsten Freunden und Freundinnen glaubt, *wie viele* Menschen es sind und *wie* sie ihren Glauben leben, alles ist im Sinne des »personalen Angebots« von großem Gewicht. Es kann zur Kirchenmitgliedschaft beitragen. Die hintergründige Erwartung reicht jedoch tiefer. Helfen die Menschen, die sich Christen nennen oder gar Amtsträger sind, in der Frage des Glaubens an Gott weiter? Nicht Kirchenmitgliedschaft, sondern Glaube steht auf dem Spiel. Oder anders gewendet: Man kann sich in großer Distanz zur Kirche sehen und doch von sich sagen, daß man an Gott glaubt, und beschreiben, was einem Gott bedeutet. Wieder stoßen wir auf die Abkoppelungshypothese.

Die vier Fragenkomplexe lassen sich als *Gefüge menschlicher Grunderwartungen* interpretieren. Ihr innerer Zusammenhang leuchtet ein, wenn man bedenkt, worin für den Menschen die Welt- und Lebensrätsel geradezu denknotwendig bestehen müssen (anthropologisch-transzendentallogisches Gefüge). Es geht - in anderer Reihenfolge als oben - um:

(1) die Grunderwartung einer erfahrbaren *Offenbarung Gottes* als solcher (daß Gott sich überhaupt als real erweist);
(2) die Grunderwartung der Lösung des Rätsels von Anfang und Ende allen Seins und damit des *Sinns von Sein überhaupt* (daß nicht alles aus dem Nichts kommt und im Nichts endet);
(3) die Grunderwartung der Auflösung des Rätsels des Lebens als leid- und todverfallenes Leben zwischen Anfang und Ende und damit des *Sinns von Leben* (daß das Widersinnige im Leben doch Sinn erhält);
(4) die Grunderwartung der Glaubwürdigkeit der *Rede von Gott* (daß man sich auf die 'mittelbare' Offenbarung verlassen kann).

Neben ihrer anthropologischen Einsichtigkeit sind die genannten Grunderwartungen auch als *Ergebnisse der christlichen Wirkungsgeschichte* zu verstehen; sie gehen zurück auf:

(1) die Proklamation Gottes als eines sich *geschichtlich* offenbarenden Gottes (das Christentum als geschichtliche Offenbarungsreligion);

60. A.a.O., S. 43 (Text Nr. 114, Wirtschaftsgymnasiast, Kl. 12/13).

(2)die Aussagen über Gott als *Schöpfergott* (biblisch-christliche Schöpfungslehre);
(3)die Verkündigung von Gott als *liebendem Vater*, der in Jesus Christus die Menschen rettet (Christentum als Heilslehre);
(4)das Selbstverständnis der *Kirche als zuverlässige Vermittlungsinstanz* (das Christentum als in einer heiligen Urkunde, der Bibel, gegründete Religion und - in katholischer Sicht - als eine Religion, die an eine mehr oder weniger heilsrelevante Institution gebunden ist).

Um so mehr muß auf diesem Hintergrund der Umstand zu denken geben, daß die befragten Jugendlichen den genannten christlichen Erfahrungs- und Interpretationsraum für ihre Probleme mit der Gottesfrage so gut wie gar nicht in den Blick genommen haben. Zwar war in der Befragung bis auf wenige Klassen nicht direkt nach Jesus von Nazareth gefragt worden; als Beglaubigung für Gottes Existenz und Wesen (1.) rückte ihnen Jesus jedoch ebensowenig von selbst vor Augen, wie ihnen für die Deutung von Schöpfung und Neuschöpfung und damit für die Überwindung des Todes (2.) die Auferstehungshoffnung gegenwärtig war sowie als Antwort auf die Frage nach dem Sinn des unverständlichen Leidens und Sterbens (3.) die Botschaft vom Kreuz. In diesem Sinn kann die Abkoppelungshypothese auch durch diese Untersuchung gestützt werden[61].

Zusammenfassung

Wie lassen sich die Befunde zusammenfassend deuten? Nicht zu übersehen ist erstens der dominierende Wunsch, ein möglichst freies und unabhängiges Leben zu führen. Er richtet sich besonders auf den Freizeitbereich; denn im Kampf um den Arbeitsplatz ist für diesen Wunsch kein Raum. Er äußert sich aber auch in der sich verselbständigenden, von Kirche und Religion ablösenden privaten Suche

61. Eine spezielle qualitative Untersuchung im Rahmen der Shell-Studie »Jugendliche und Erwachsene '85« (*W. Sziegaud-Roos:* Religiöse Vorstellungen von Jugendlichen, in: *A. Fischer u.a.:* Jugendliche und Erwachsene '85, Bd. 4, Opladen 1985, S. 334-386) kommt zu demselben Ergebnis, wenn es heißt: »Nur ein Bruchteil der Jugendlichen, die über ihre Einstellung zu Gott schreiben, äußern sich auch über Jesus Christus« (S. 345). »Sterben und Tod beschäftigen viele Jugendliche, die am Aufruf teilgenommen haben. Der Glaube an ein Leben nach dem Tod wird dabei manchmal völlig aus dem christlichen Glaubenszusammenhang herausgelöst« (S. 346). »Die christliche Vorstellung vom ewigen Leben ist etwas, was die Jugendlichen stark beschäftigt. Manchmal spielt der christliche Kontext keine Rolle mehr. Für die Religiosität der Jugendlichen, die sich am Aufruf beteiligt haben, scheint typisch zu sein, daß sie Vorstellungen oft isoliert betrachten und unabhängig von dem Traditionszusammenhang, in dem sie stehen« (S. 347).

nach Sinn. Dieses *Grundmuster freier Selbstbestimmung* ist einmal *entwicklungspsychologisch* zu verstehen. Es hängt mit dem Prozeß der Verselbständigung zusammen, der sich bei jeder jungen Generation wiederholt. Es ist ferner *gesellschaftlich* zu erklären, sofern die Erfahrung von Selbstentfremdung gesellschaftlich bedingt ist und der Wunsch nach Selbstbehauptung sich gegen die gesellschaftlichen Zwänge richtet (erinnert sei jedoch daran, daß sich viele Jugendliche auch anpassungsbereit und unpolitisch-privatisiert verhalten). Schließlich ist dieser Gesamtprozeß *geschichtlich* bedingt, nämlich vom nachaufklärerischen Freiheitsverständnis einer bürgerlichen Kultur im Emanzipationsprozeß der Moderne.

Die dreifache biographische, gesellschaftliche und geschichtliche Bedingtheit macht verständlich, daß das Grundmuster ebenso in anderen europäischen Ländern zu beobachten ist, und zwar auch bei der Erwachsenengeneration. Man darf nicht als bloßes Jugendproblem behandeln, was im Grunde ein gesamtgesellschaftliches Problem ist. Hierbei werden wir allerdings wiederum auch auf die in Unfreiheit umschlagende Ausbeutbarkeit dieses individualistischen Freiheitsbedürfnisses aufmerksam, auf das, was im Grundlagenteil theologisch als Lage unter dem »Gesetz« gedeutet worden ist.

»In ganz Europa und mit Sicherheit in Großbritannien«, so faßt Bernice Martin zusammen, »scheint sich eine Bewegung hin zu antitraditionalistischen Positionen in bestimmten, klar definierten Wertbereichen abzuzeichnen«, wobei die »zentrale Stoßrichtung« auf eine »Liberalisierung der persönlichen Moral« zielt, besonders »im Bereich des sexuellen Verhaltens«[62]. Martin fällt nicht allein ein Urteil über die junge Generation, sondern über die kulturelle Lage im ganzen: »Was diese Kultur jedoch *wirklich* feiert, ist Konsumkultur, Mode und sexuelle Freiheit« (S. 186).

Am Ende des Bandes »Jugend und Religion in Europa« deutet der österreichische Religionssoziologe Paul M. Zulehner an, daß besonders junge Bürger an das »dominante Lebenswissen der Gesellschaft« angepaßt werden. Dafür spreche, »daß in unserer Kultur (gilt dies nur für den Westen?) junge Menchen mit einer hochgradigen kulturellen Immunschwäche aufwachsen, das heißt: die Widerstandsressourcen gegen dominante (Un-)Kultur sind unentwickelt ... erwünscht ist der verläßliche Verbraucher«[63]. Was zunächst wie freie Selbstbestimmung aussieht, ist tiefer besehen das Gegenteil.

62. *B. Martin:* Jugend und Religion in Großbritannien, in: *U. Nembach,* Jugend und Religion, a.a.O. (Anm. 36), S. 177-203, S. 185.
63. *P.M. Zulehner:* Aufgaben zukünftiger sozialwissenschaftlicher Erforschung der Religion Jugendlicher - Thesen, in: *U. Nembach,* a.a.O., S. 377-380, hier S. 378. - Oder, noch anders zusammengefaßt »Es hat ein Wechsel der sozialen Kontrollinstanzen stattgefunden. Auf der Verliererseite stehen Kirche, Großorganisationen, Nachbarschaft und soziales Milieu, die Familie hält eine Mittelposition, und Gewinner sind die pädagogischen Experten, die Medien und die Freizeit- und Kulturindu-

In dieser Gesamtlage - dies ist der zweite zusammenzufassende Eindruck -, in der das Christentum seine lebensprägende Kraft weithin verloren hat, braucht es nicht zu verwundern, daß auch der christliche Glaube selbst, der mögliche tragende Grund für die eigene Lebensführung und -planung, schwach und unbestimmt wird. Man ist zwar keineswegs in der Bundesrepublik und anderswo feindselig gegen das Christentum eingestellt; es behält vor allem wegen seiner Kasualpraxis eine persönliche, lebensbegleitende und wegen seiner diakonischen Einrichtungen eine gesellschaftliche Bedeutung. Man möchte es nicht missen. Anders gesagt, »der Glaube wird in unserer Gesellschaft kaum bekämpft; er ist eher ständig 'am Verdunsten' (Exeler). Es ist die erste und zugleich problematischste Herausforderung an die Kirche gegenwärtig, als Kirche eigentlich gar nicht herausgefordert zu sein. Man fühlt sich eher vernachlässigt, nicht eigentlich gebraucht.«[64]

Von der schleichenden Abkoppelung der existentiellen Lebensfragen von ihrer religiösen Rückgebundenheit an den christlich-kirchlichen Überlieferungsraum ist nicht nur die allgemeine Sinnsuche, sondern auch das Ringen mit der Gottesfrage betroffen - wo es denn sich noch zeigt. Die Gottesfrage selbst kann man nicht so einfach hinter sich lassen, auch das ist sehr deutlich festzustellen, wenngleich man hier ebenfalls immer mehr eigene Wege geht. Alles zusammengenommen kann man auch in religiöser Hinsicht von wachsenden Uneindeutigkeiten sprechen, von Merkmalen einer zunehmend »nachchristlichen« Situation.

4. Kirchliche Jugendarbeit in zwei Grundformen unter einem gemeinsamen Auftrag

Wie immer einzelne Forschungsbefunde beurteilt werden mögen, das allgemeine Ergebnis unseres zweiten analytischen Durchganges ist eindeutig: Kirchliche Jugendarbeit kann nur bei einer Minderheit noch von kirchlich verbundenen, glaubensoffenen und hörbereiten Jugendlichen ausgehen, bei Jüngeren im ganzen mehr als bei Älteren. Der größte Teil der Jugendlichen lebt in zunehmender Distanz zur Kirche. Gleichzeitig aber gibt es noch gewisse Erwartungen, nicht nur bei den ohnehin Verbundenen, sondern auch bei den Distanzierten. Man hält sich noch zum Christentum als Hintergrundserfüllung des eigenen Lebens, selbst wenn man nicht genau weiß, ob man sich Christ nennen darf, ein unbestimmter

strie«, aus: *K. Waldmann:* Lebensorientierungen Jugendlicher heute. Veränderungen zwischen den Generationen, unveröffentlichtes Manuskript 1980.

64. *E. Feifel:* Tradierung und Vermittlung des Glaubens als katechetisches Problem, in: *E. Feifel/W. Kasper,* a.a.O. (Anm. 29), S. 53.

Zustand im »definitorischen Niemandsland der Volkskirche«[65]; und vor allem treibt das Thema »Gott« noch um.

Faktisch hat sich evangelische Jugendarbeit längst auf die ungleichen Situationen eingestellt. In der Vielfalt der Einzelprofile spiegelt sich die Bandbreite der volkskirchlichen Gesamtlage. Über dieser Vielfalt droht freilich das gemeinsame Aufgabenbewußtsein verlorenzugehen. Noch dazu werfen sich die »Flügel« gefährliche Einseitigkeiten vor: Preisgabe des Verkündigungsauftrags, so sagen die einen gegen die offene Jugendarbeit; Realitätsblindheit gegenüber der Situation der Jugendlichen, so geben es die anderen gegen die evangelistisch-missionarische Jugendarbeit zurück. Es sei versucht, die Vielzahl der einzelnen Profile auf zwei Grundprofile (Grundmuster, Grundformen) zurückzuführen und mit der Unterscheidung zwischen dem gemeinsamen Verkündigungsauftrag und verschiedenen Formen des Glaubenszeugnisses die zum Teil auch durch begriffliche Verwirrung verursachten Belastungen der Arbeit zu überwinden.

Hermeneutik des schon gegebenen und des erst zu suchenden Einverständnisses

Ausgangspunkt sind zwei typisierbare unterschiedliche Grundsituationen. Ich darf sie an persönlichen Erinnerungen verdeutlichen.

Als 17- bis 18jähriger Schüler war ich Mitglied eines Bibelkreises, den ein evangelischer Theologiestudent ins Leben gerufen hatte. Wir übersetzten aufgrund der katholisierenden Neigungen unseres Leiters (er wurde später katholischer Geistlicher) den 1. Johannesbrief aus der Vulgata, meditierten über den Text und beteten zusammen. Nicht nur traf alles, was unser Mentor vorschlug, auf unser volles Einverständnis; auch unsere Bibelarbeit beruhte auf einem Grundkonsens im Glauben.

Jeder wird diese Situation nachvollziehen können. Ihr entspricht im Umgang mit der Bibel eine bestimmte Art der Auslegung (Hermeneutik). Ich möchte die hier praktizierte die *Hermeneutik des schon gegebenen Einverständnisses im Glauben* nennen. Die biblischen Texte werden von Menschen ausgelegt, die sich bereits als Christen verstehen und den Charakter der biblischen Aussagen als »Gottes Wort« voraussetzen. Die Auslegung lebt von einem Zirkel, von einem von Gott her bereits gestifteten Hörenkönnen, weil man bereits angesprochen worden ist und schon gehört hat.

65. Zu dieser umfassenden Formel auf der Grundlage seiner breiten empirischen Befunde *A. Feige*, Erfahrungen mit Kirche, a.a.O. (Anm. 10), S. 119ff.

Für den Religionsunterricht hat Helmuth Kittel dies 1947 so formuliert: »'Vor dem Angesicht Gottes' stehend, müssen auch wir das Zeugnis der Propheten, Evangelisten und Apostel hören, dann hören wir es recht, d.h., dann hören wir Gottes in Christus an uns ergehendes Wort.«[66] »Aber wie macht man das: 'vor Gottes Angesicht' hören?« fragt Kittel weiter, und er gibt eine Antwort, die letztlich zeigt, daß das, was die Unterweisung erreichen möchte, eigentlich schon erfolgt sein muß. Kittel verweist auf den Hauptmann Kornelius in der Apostelgeschichte: »Kornelius 'betete ohne Unterlaß zu Gott' (Apg. 10,2) und hatte zu Petrus geschickt auf Grund einer an ihn ergangenen Offenbarung Gottes (Apg. 10,3ff.). Um von Gott angeredet zu *werden*, muß man von ihm angeredet *sein*« (S. 11f.)[67].

Das Grundprofil des ersten Typus evangelischer Jugendarbeit setzt genauso einen bereits vorhandenen Zirkel voraus, ein gegebenes Einverständnis: Jugendarbeit unter den Bedingungen schon vorhandenen Glaubens, zumindest unter der Annahme einer schon gegebenen gewissen Hör- und Glaubensbereitschaft.

Zur selben Zeit, als ich an jenem Bibelkreis teilnahm, war ich täglich mit meinem besten Freund zusammen. Er war wie die meisten anderen Klassenkameraden ein ausgeprägter Skeptiker bis hin zu einem im Ton zwar freundschaftlich vorgetragenen, in der Sache aber oft unerbittlichen Zynismus. Mein Standort war ihm geläufig, mein Interesse ebenso; aber es war eine andere Grundsituation gegeben, eine andere Hermeneutik der Verschmelzung von christlicher Tradition und gegebener Situation notwendig, eben die, die für eine Situation des Nichtglaubens angemessen ist.

Folglich gestalteten sich auch die Gesprächsabläufe anders: abwartender, allgemeiner, offener, dafür aber auch elementarer. Während im Bibelkreis von »Jesus Christus« oder vom »Herrn Jesus« die Sprache war, hieß es jetzt »Jesus von Nazareth«; mehr noch aber war von »Gott« die Rede. Mein Freund hatte seine Zweifel mit Gott überhaupt. Daher waren wir beide immer wieder gemeinsam auf diesen Punkt zurückgeworfen. In unseren Gesprächen kam auch die Bibel vor, aber in der Regel im Diskussionskontext mit unseren Lebensproblemen und unter der selbstverständlich gemeinsam geteilten Voraussetzung, daß man sich mit ihren Aussagen vorbehaltlos und kritisch auseinandersetzen dürfe.

In der Jugendarbeit ist auch diese Situation bis heute dort gegeben, wo die »Bedingungen der Möglichkeit einer Vermittlung genuin-christlicher Inhalte«

66. *H. Kittel:* Vom Religionsunterricht zur Evangelischen Unterweisung, Hannover u.a. 1947, 3. Aufl., 1957, S. 11.
67. Zu der pneumatisch gestifteten hermeneutischen Zirkelstruktur vgl. in einem Vortrag von 1965 auch den katholischen Religionspädagogen *G. Stachel:* »Ein pneumatischer Bibelunterricht läßt das pneumatische Wort der Schrift in der christlichen, das heißt: pneumatischen Existenz von Lehrer und Kindern resonieren«. Was erwartet wird, das Kommen des Geistes, wird auch hier bereits vorausgesetzt, als »pneumatische Existenz«, in: *ders.:* Erfahrung interpretieren. Beiträge zu einer konkreten Religionspädagogik, Zürich/Köln 1982, S. 93.

nicht vorausgesetzt werden können, sondern immer wieder allererst »herzustellen« sind[68]. Die hier angemessene Hermeneutik sei die *Hermeneutik des nicht vorhandenen bzw. erst zu erwerbenden Einverständnisses* genannt, bestenfalls der Suche nach dem Glauben, weithin schlicht unter den »Bedingungen des Nicht-Glaubens«. Ein Jahrzehnt nach Kittel hat Hans Stock 1959 diese Situation für den Religionsunterricht identifiziert und in der Formel vom »Lehrer als Interpret unter den Bedingungen des Nicht-Glaubens« auf den Begriff gebracht[69].

Anhand der schon herangezogenen Fallstudien[70] lassen sich die *Merkmale* der beiden Grundsituationen und der hierauf bezogenen unterschiedlichen hermeneutisch-didaktischen Ansätze gut charakterisieren und veranschaulichen.

Merkmale der unterschiedlichen hermeneutisch-didaktischen Ansätze

Hinsichtlich der *Teilnehmer* rechnet die Jugendarbeit des ersten Grundprofils zumindest bei den Mitgliedern des Evangelischen Jugendwerkes - hier Württembergs - mit einer »christliche(n) Grundhaltung«[71]. Man weiß sich ferner besonders dem stärker verbundenen, christlich entschiedenen Jugendlichen verpflichtet, »der sich für das *Evangelische Jugendwerk* entscheidet, weil er weiß, daß dort die Verkündigung in Form von Andachten, Gebeten, christlichen Liedern und Bibelarbeit eine zentrale Rolle in den meisten Gruppen spielt, und (d)er auch selbst die Praxis der Gruppenarbeit an diesen Maßstäben mißt«[72]. In einem Fall verläßt ein Jugendlicher eine Jungschargruppe mit der Begründung: »Aber gerade bei Andachten, Gebeten oder so, also daß man miteinander betet, das hat es auch nie gegeben« (ebd.). Umgekehrt veranlaßt die zu vermutende Konfrontation mit Bibel, Gebet und Andacht andere Jugendliche, einer entsprechend gestalteten Gruppe gar nicht erst beizutreten oder wegzubleiben, wenn die Arbeit nach einer (oft ärgerlich) durchschauten geselligen Anknüpfungsphase hierzu übergeht. Die qualitative Differenz drückt sich am prägnantesten darin aus, daß

68. *K.W. Linke:* Jugendarbeit in der Volkskirche. Vier Fallstudien zum Alltag in der Gemeinde, Bd. I, Stuttgart 1985, S. 187, mit vielen ähnlichen Belegen (aej Studienband 9).
69. *H. Stock:* Studien zur Auslegung der synoptischen Evangelien im Unterricht, Gütersloh 1959, S. 57.
70. S. Anm. 68.
71. *K.W. Linke,* a.a.O. (Anm. 68), I, S. 59 (im Text kursiv).
72. A.a.O., I, S. 161.

die Jugendarbeit nach dem ersten Grundprofil, sofern sie verbandsmäßig organisiert ist, eine verbindliche Mitgliedschaft kennt[73].

In der anderen Grundsituation wird demgegenüber schon als erfolgreich verbucht, wenn Jugendliche überhaupt kommen und bleiben und wenn »irgendwann« einmal in dem von den Jugendlichen akzeptierten »losen institutionellen Rahmen«, in welchem zusammen gesessen, gespielt, Musik gehört wird, die Jugendlichen anfangen, »dann auch mal nach Gesprächskreisen und nach irgendwelchen Hilfestellungen« zu fragen. »Und in diesen Einzel- und Gruppengesprächen kommen dann immer wieder christliche Themen und Fragen vor. Und dann kann man natürlich darauf eingehen. Dann ergibt sich das sehr gut. Und dann kann man auch mal weitergehen.Wir sind z.B. mit einer Gruppe zum Kirchentag gefahren. Da war die Resonanz recht gut ...«[74]

Im Blick auf die *Inhalte* können bei der ersten Grundform von vornherein ausdrücklich christliche Inhalte in den Mittelpunkt gerückt werden: Bibelarbeit, Gesprächsabende über Themen mit christlich-theologischer Perspektive, Besuch von Zeltmission, ökumenische Bibelwochen, evangelistische Jugendtage, Spiel- und Quizabende mit der Bibel, Planung und Durchführung von Jugendgottesdiensten u.a.m.[75]. Ebenso charakteristisch ist die Regelmäßigkeit des Umgangs mit diesen Inhalten und ihre gottesdienstlich-liturgische Einbettung (Singen, gemeinsames Beten). »In der Gemeinschaft der Gleichgesinnten und Gleichgestimmten wird der Glaube nicht diskutiert, sondern praktiziert, die Bibel nicht kritisiert, sondern meditiert, und in diesem allen Kirche als Familie Gottes erlebt.«[76] Der Hermeneutik des schon gegebenen Einverständnisses entspricht eine *Didaktik des Einstimmens, Einübens und Mitvollzugs.*

Bei der zweiten Grundform spielt im Extremfall die Bibelarbeit überhaupt keine Rolle. Wollte man sie systematisch einführen, um sich damit über die gegebenen Voraussetzungen hinwegzusetzen, so »nur um den Preis des sofortigen Scheiterns«[77]. Neben den Formen der Geselligkeit (in beiden Typen) werden eher Gespräche über persönliche Lebensprobleme geführt, besonders über die Situationen in Schule, Ausbildung, Beruf, Elternhaus. Hinzu kommen gelegentlich gesellschaftspolitische Themen. In den Formen der Jugendsozialarbeit nimmt Jugendarbeit den Charakter von Einzelfallhilfe und Beratung an. Wenn Bibelarbeit geschieht, weicht sie meist von traditionellen Formen ab. Jugendliche

73. A.a.O., I, S. 133.
74. A.a.O., II, S. 150.
75. A.a.O., I, S. 167, 172ff.
76. So aus einer Beschreibung christlicher Jugendgruppen heute bei *E. Eltzner/C.J. Wizisla:* Frömmigkeitsentwicklungen in der Evangelischen Jugendarbeit, in: *M. Affolderbach (Hg.):* Praxisfeld: Kirchliche Jugendarbeit, Gütersloh 1978, S. 103-119, hier S. 105.
77. *K.W. Linke,* a.a.O. (Anm. 68), II, S. 150.

bringen »kritisch-reflektierend ihre Gedanken und Vorstellungen zu Gott, Bibel und Kirche« ein[78]. Der Hermeneutik des noch nicht vorhandenen Einverständnisses entspricht eine *Didaktik der offenen Suche und kritischen Auseinandersetzung*. Ihre Grundlage ist bei der offenen Jugendarbeit, z.B. wie sie aus Stuttgart-Gaisburg dokumentiert vorliegt, eine mühsame »Gesprächsarbeit« (mit Hilfe gruppendynamischer Spiele und verschiedenster Materialien), durch die die zum Teil völlige Unfähigkeit zu thematischen Gesprächen überhaupt erst einmal Schritt für Schritt überwunden werden muß[79].

Große Unterschiede zeigen sich auch hinsichtlich der *Zielsetzungen und Frömmigkeitsleitbilder*. Im ersten Fall versammeln sich Jugendliche in der Bereitschaft, sich mehr oder weniger auf dem Wege zu einem engagierten Gemeindeglied zu verstehen. Viele suchen auch eine Festigung und Stärkung ihres Glaubens. Leitbild der Mitarbeiter ist bei pietistischem Hintergrund vor allem eine betont auf Jesus bezogene Frömmigkeit. Man möchte, daß die Jugendlichen eine ähnliche »persönliche Beziehung« zu Jesus gewinnen, wie man sie selbst hat[80].

Im zweiten Fall schwebt den Verantwortlichen in der Regel eine ethische oder auch ethisch-politisch orientierte diakonische Existenz als Christ heute vor, ein am Handeln Jesu orientierter Dienst der »Nächstenliebe«. In Arbeitervierteln und Ausländerquartieren von Großstädten können jedoch selbst diese Leitbilder nicht einfach in christliche Zielbilder für die Jugendlichen umgesetzt werden. Man hilft Jugendlichen, die von sich sagen: »Ich bin nicht getauft und auch nicht gläubig. Ich glaube nur das, was ich sehe.«[81] An kirchliche Eingliederung denken zu wollen, und ziele sie auf eine noch so lockere volkskirchliche Mitgliedschaft, ist sinnlos. Die Erwartungen der Jugendlichen richten sich nur »auf die Leute hier, jedoch nicht an die Kirche« (ebd.). Die Mitarbeiter werden als Menschen wahrgenommen und angenommen. Daß sie auch kirchliche Amtsträger sind, ist bedeutungslos. Dennoch geben die Mitarbeiter ihre Arbeit nicht auf. Das verbleibende Leitbild ist für sie, daß durch ihre Hilfe das Leben der Jugendlichen menschenwürdig wird und diese etwas mehr das sein können, was einen Menschen ausmacht.

78. A.a.O., I, S. 184f.
79. *H. Hoffmann*, Nicht mehr im Abseits, a.a.O. (Anm. 18), S. 50: »Die Ausgangslage war der absolute Nullpunkt. Ich erlebe beim Aufschreiben meine damalige Fassungslosigkeit nach angesichts der erdrückenden Kommunikationsunfähigkeit der Jugendetagenbesucher. Sie kamen herein, überwiegend grußlos, suchten sich einen Platz, murmelten 'ein Bier' über die Theke ... und dann saßen sie, eingehüllt in die Musik, stumm herum. Allenfalls Tabakschnorren oder Geldwechseln boten Gelegenheit zu Drei-Wort-Sätzen«.
80. *P. Kliemann*, Ehrenamtliche Mitarbeiter, a.a.O. (Anm. 11), S. 100ff.
81. *K.W. Linke*, a.a.O., II, S. 211.

Weil sie überall auflaufen, an Wände stoßen, ihre Aggressionen nicht abreagieren dürfen, machen manche »Sachen, die sie selbst nicht gut finden«, stellt ein Hauptamtlicher fest. »Z.B. schlagen sie ihre Freundin, obwohl sie sie liebhaben, weil es die einzige Person ist, wo sie das ungestraft tun können.«[82]

Bei der obigen Beschreibung ist von *Mitarbeitern* ausgegangen, die sich so oder so selbst als christlich und daher auch ihre Arbeit als christliche Jugendarbeit verstehen. Wie empirische Untersuchungen bestätigen, kann sich Jugendarbeit im Raum der Kirche allerdings auch jenseits dieses Selbstverständnisses und überhaupt gänzlich konzeptionslos vollziehen. Die ehrenamtlichen Mitarbeiter gehören dann selbst zu den Jugendlichen, die von einem »Einverständnis« im Glauben weit entfernt sind. Man hält es nicht für nötig, sich mit theologischen Inhalten zu befassen. »Christlich« wird mit dem gleichgesetzt, »was ich gut und richtig finde«[83]. Religiöse Neugier meldet sich nur gelegentlich, in sporadischen Gottesdienstbesuchen, die »stark stimmungs- und situationsgebunden« aufgesucht werden (ebd.). Der Anspruch, christliche Jugendarbeit zu betreiben, wird von diesen Mitarbeitern praktisch aufgegeben bzw. gar nicht erst erhoben. Hier grenzt sich Jugendarbeit selbst als Raum aus, in welchem sie als christliche identifizierbar ist, und die Aufgaben stellen sich zunächst gegenüber den Mitarbeitern selbst.

Schließlich spiegeln sich die Unterschiede in logischer Konsequenz auch in der bevorzugten *Organisationsform* der Arbeit. Sie ist beim ersten Grundprofil die geschlossene Gruppenarbeit, die Jungschar, der Mädchenkreis, der Jugendbibelkreis, die Jugendstunde. In der Form der Gruppenarbeit lasse sich am besten der Auftrag der Verkündigung des Evangeliums verwirklichen, so heißt es begründend. Zugleich biete sie ein hohes Maß an Möglichkeiten, um auf den einzelnen einzugehen[84]. Unabdingbar ist die Form der geschlossenen Zusammenkunft außerdem unter dem Gesichtspunkt, die Verkündigung in einen gottesdienstlichen Rahmen einzubetten.

Das zweite Grundprofil bewegt sich in halboffenen und offenen Organisationsformen (Jugendräume in einem Gemeindehaus, Clubs, Treffs, Streetwork). Zum Teil gehen die Formen aber auch ineinander über.

82. A.a.O., II, S. 209.
83. *P. Kliemann*, a.a.O. (Anm. 11), S. 111.
84. *K.W. Linke*, a.a.O., I, S. 142, 52.

Die Dilemmata der beiden Grundformen

Wie sollen die bis jetzt lediglich beschriebenen Grundformen der Arbeit beurteilt werden? Gesetzt den Fall, es ist allen Arbeitsformen durch eine vorgegebene Satzung ein gemeinsamer *Verkündigungsauftrag* vorgegeben, so entstehen sehr bezeichnende und schwierige Probleme, sofern evangelische Jugendarbeit gleichzeitig die konkreten Lebens- und Glaubenssituationen der Jugendlichen ernst nehmen soll.

Das *Dilemma der zweiten Grundform* ist, um mit ihr zu beginnen, daß sie als völlig unzureichend erscheinen muß, wenn sie an einem Verkündigungsauftrag gemessen wird, den man ausschließlich als Verpflichtung zu ständigem verbalem Zeugnis versteht. Wenn trotz eines kirchlichen Legitimationsdrucks und im Extremfall der Bestreitung des Existenzrechts dennoch weitergemacht wird, so darum, weil man so wenigstens mit den Jugendlichen in Kontakt bleibt, ihnen menschlich helfen kann und sie im Raum der Kirche Erfahrungen mit einer menschenfreundlichen Kirche machen lassen möchte. Der entscheidende Grund aber ist: Die Existenz dieser Jugendlichen ist theologisch zu begreifen. Gott hat auch in ihr Fleisch seinen Sohn gesandt[85]. Im Dilemma, das für diesen zweiten Grundtypus charakteristisch ist, entscheiden sich seine Befürworter in der Spannung zwischen der Erfüllung des Verkündigungsauftrags oder dem Verzicht auf Jugendarbeit überhaupt gegen den Verzicht. Entsprechend bleibt das belastende Gefühl, dem Auftrag nicht gerecht zu werden.

Das *Dilemma des ersten Grundtypus* ist komplementär. Wenn man Jugendarbeit nur auf der Grundlage einer schon mitgebrachten oder zugemuteten Glaubensbereitschaft treibt, erst recht, wenn man verpflichtende Glaubensentscheidungen als Voraussetzung erwartet, grenzt man viele Jugendliche von vornherein aus. Sie werden entweder gar nicht kommen oder bald wieder gehen. Jetzt dürfen sich zwar die Mitarbeiter einerseits ihrer theologischen Treue zum Verkündigungsauftrag gewiß sein; aber sie dienen andererseits diesem Auftrag nicht in der Universalität, wie er gemeint ist. Er ist an alle gerichtet, auch an Hauptschüler und Lehrlinge, Jungarbeiter und arbeitslose Jugendliche, Skinheads und Punks.

85. Die Antwortmöglichkeiten auf die Frage, was Jugendarbeit solchen Jugendlichen konkret »bringen« sollte, so schreibt *H. Hoffmann*, Nicht mehr im Abseits, a.a.O., Anm. 18, S. 16, »zwangen mich dazu, die Existenz der Jugendlichen als theologische Dimension zu begreifen, wenn ihnen selbst auch durchweg nichts ferner lag als ausdrückliche Theologie. Traditionell gesprochen: ich versuchte, Gott bei seiner Verantwortung zu behaften für diese Menschen, die er auch zu seinem Bild geschaffen, in deren Fleisch auch er seinen Sohn gesandt hatte. Sollten nicht Elemente und Grundbedingungen ihres Lebens als Konkretionen von Heil und Unheil, Sünde, Freude, Vergebung, Verlorenheit, Annahme und Gemeinschaft, Nachfolge und Warten begriffen werden können?«

Da nützt es dann wenig, daß man den missionarisch verstandenen Verkündigungsauftrag im Kopf hat und im Herzen trägt und alle Jugendlichen erreichen möchte, aber durch die Wahl nur eines Grundprofils den Zugang strukturell erschwert. Die Selbsterschwerung ist als *strukturelle Selbstverhinderung* der Zielerfüllung nicht dem persönlichen Versagen des Mitarbeiters zuzuschreiben. Sie ist auf die grundsätzlichen strukturellen Wirkungen der gewählten Arbeitsformen und der ihnen zugrundegelegten Annahmen zurückzuführen. Im Dilemma zwischen Erfüllung des Auftrags und Verzicht entscheiden sich jetzt die Mitarbeiter für den Verzicht auf die Arbeitsformen, die der 'reinen' Verwirklichung des Verkündigungsauftrags widersprechen. Sie entscheiden sich damit freilich zugleich für bestimmte Jugendliche gegen andere Jugendliche. Vor allem aber: Sie entscheiden sich für ein bestimmtes Bild von Kirche, das in demselben Maß ausgrenzt, wie es eingrenzt.

Ein Verkündigungsauftrag und verschiedene Formen des Glaubenszeugnisses

Sind wir nun gezwungen, in einem Entweder-Oder hängenzubleiben? Könnte es sein, daß wir in Denkfallen hineingeraten? Die Auflösung falscher Alternativen muß und kann theologisch gefunden werden, und zwar am einleuchtendsten immer wieder durch den Rückbezug auf die biblischen Berichte über Jesus selbst. Jesus hat die Herrschaft Gottes durch sein predigendes Wort und durch sein Handeln und Verhalten bezeugt. Die zusammenhängende Doppelgestalt dieses Zeugnisses rechtfertigt auch die *doppelte* Grundform des *einen* Verkündigungsauftrags. Wenn man den Begriff der »Verkündigung« zur Bezeichnung des übergreifenden Auftrags verwenden will, wie wir es hier zunächst tun, sollte man nicht daraus ableiten, daß das verbale Zeugnis auch die einzige konkretisierende Form für die Kommunikation des Evangeliums ist, wie es allerdings der sprachbezogene Sinn des Begriffs Verkündigung nahelegt[86]. Der eine Verkündigungsauftrag umschließt bzw. entbindet einen Plural verschiedener Formen des Glaubenszeugnisses: das Wort- und das Lebenszeugnis. Das eine wie das andere kann jeweils den Schwerpunkt bilden, aber nie gänzlich ohne das andere sein. Die Predigt Jesu ist durch sein Lebenszeugnis geschichtsmächtig beglaubigt worden. Leben, Tod und Auferstehung Jesu wurden zum nacherzählbaren und nacherzählten Kern der Evangelien. Allein das verbale Zeugnis aber macht unmißverständlich den Sinn des Lebenszeugnisses deutlich, im Medium der Klarheit und Differenziertheit der Sprache.

86. Die Formel »Kommunikation des Evangeliums« ist demgegenüber für die verbalen und non-verbalen Formen offen.

Die evangelistisch-missionarische und die sozialdiakonische Richtung kirchlicher Jugendarbeit müssen sich wechselseitig an dieses Verhältnis kritisch-selbstkritisch erinnern, um in dem unauflösbaren Zusammenhang beider Seiten Gemeinsamkeit und Identität der einen evangelischen Jugendarbeit zu finden. Zerbricht dieser Zusammenhang, drohen komplementäre Gefahren: hier Jugendarbeit evangelistisch-missionarischen Gepräges - zwar mit *klarer Glaubenssprache*, aber *ohne Ansprechbarkeit für alle Jugendlichen;* dort diakonisch begleitende Jugendarbeit mit den Voraussetzungen für eine *breite Ansprechbarkeit*, aber mit *schwacher Glaubenssprache*.

Kirchliche und nichtkirchliche Jugendarbeit in gemeinsamer Verantwortung

Der Gedankengang will den Zusammenhang, aber auch die relative Eigenständigkeit der verschiedenen Formen evangelischer Jugendarbeit unterstützen. Schon dann, wenn man vom Begriff der »Verkündigung« ausgehen will, haben die Überlegungen, wie wir soeben gesehen haben, Folgen für die Propriumsfrage. Sie wird zu eng gefaßt, wenn sie in die Forderung eines unentwegten Wortzeugnisses gepreßt wird.

Wenn man das Ganze der Jugendarbeit in evangelischer Trägerschaft überblickt, wird deutlich, daß man ebenso stark von der mit allen anderen Formen von Jugendarbeit in unserer Gesellschaft geteilten Verantwortung auszugehen hat, von einer *gemeinsamen Verpflichtung für das Wohl der Jugendlichen* in unserer Zeit. Im Sinne unserer schon in der Einleitung eingeführten, reformatorisch begründeten Grund-Sätze, die besonders im vierten Kapitel ihren Ausdruck fanden, besteht der Sinn evangelischer Bildungsverantwortung auch in einem vorbehaltlosen Mitwirken an der Humanisierung unseres Lebens überhaupt, unter *Maßstäben, die der gemeinsamen vernünftigen Prüfung unterliegen*. Wenn, dann ergeben sich von ihnen her Vorbehalte. Dieses Verständnis muß überall dort besonders ausdrücklich werden, wo »Bildung als Lebensbegleitung« in die allgemeinen pädagogischen Aufgaben in der Gesellschaft einbezogen ist (vgl. bereits das Kapitel 5 über die Familie, Familienerziehung und Familienpolitik sowie das Kapitel 6 über den Elementarbereich mit den dort absichtlich zuerst behandelten sozial- und allgemeinpädagogischen Aufgaben, s. sodann unten bes. die Kapitel 10-12). Kirchliche Jugendarbeit partizipiert an den Problemen und Perspektiven der allgemeinen Jugendpolitik, Jugendhilfe, Jugendpflege und Jugendförderung. Die theologische Kategorie für die Mitwirkung ist die des *»Dienstes«;* daher hat sich die gesamte evangelische Jugendarbeit auch als »sozialdiakonische« zu verstehen, nicht nur in besonderen ausgeprägten Formen.

Es ist zwar theologisch sachgemäß, evangelische Jugendarbeit vom Auftrag der »Verkündigung« her zu bestimmen, vom »Predigtamt« im »geistlichen Regiment« Gottes her, um in der Sprache der Reformation zu sprechen. Wir sind dem gefolgt, um bereits von diesem Ansatz aus zu zeigen, wie im Durchdenken der theologischen Sachverhalte einerseits Zusammenhänge bewahrt, andererseits Engführungen vermieden werden können und müssen. In reformatorischer Sicht steht auch das Handeln im »weltlichen Regiment«, sprich: in der Gesellschaft, ihren Institutionen und Lebenskreisen, unter dem Willen Gottes. Die Reformatoren haben jedoch ebenso eindeutig die Aufgaben des Christen in den politisch-beruflichen und pädagogischen Lebensverhältnissen an die politische, fachlich-berufliche und pädagogische Vernunft freigegeben.

Daraus folgt, daß evangelische Jugendarbeit auch dort schon ganz bei ihren Aufgaben ist, wo sie sich verantwortungsbewußt an den allgemeinen Bildungsaufgaben für die Jugend beteiligt und als erstes dafür Sorge trägt, daß in der *politischen Bildung* die Kriterien der politischen Vernunft sowie pädagogische Maßstäbe für die Förderung der freien Urteilsbildung und selbständigen Handlungsbefähigung jedes einzelnen Jugendlichen - als Grundmerkmale des Bildungsbegriffs - zur Geltung kommen. Analog zur politischen Bildung arbeitet kirchliche Jugendarbeit längst auch im *sozialen Feld* unter sozialpädagogischen Perspektiven. Evangelische (und katholische) Jugendarbeit hat sich ferner heute die Aufgaben einer *ökologischen Bildung* angelegen sein zu lassen, und zwar wiederum ohne sofort unter den Rechtfertigungszwang geraten zu müssen, ob das Proprium gewahrt sei. Kirchliche Jugendarbeit dient dem »Guten«, das Gott immer schon, von Anbeginn und weiterhin, seiner gefallenen Schöpfung trotz ihrer Gottferne als seine Menschennähe zukommen läßt.

Mit dem letzten Satz ist freilich auch ausgesprochen, daß dieser »weltliche« Charakter der eigenen Aufgaben letztlich vom christlichen Glaubensstandpunkt aus erkannt wird. Der Begriff der »Weltlichkeit« meint die Befreiung von verchristlichender Ideologisierung, ist aber gerade damit eine theologische Kategorie. Die Situation des Menschen vor Gott ist nämlich die Klammer, die das Handeln im Sinne der Verkündigung (im geistlichen Regiment) und im Sinne des Dienstes (im weltlichen Regiment) zusammenhält. Dies verweist uns auf die Mitte evangelischer Jugendarbeit.

Zur theologischen Mitte evangelischer Jugendarbeit

Die oben getroffenen Unterscheidungen werden nicht nur durch dieselbe *Grundsituation vor Gott* relativiert, sondern auch dadurch, daß unbeschadet unserer hermeneutischen Typisierung jeder *Jugendliche eine »offene Größe«* ist. Damit ist gemeint, daß aus einem distanziert-gleichgültigen Verhältnis zur Kirche nie endgültige Schlüsse gezogen werden dürfen: Aus einem nicht vorhandenen

Einverständnis kann unversehens die Situation des sich ereignenden Einverständnisses hervorgehen. Umgekehrt darf aus der Bereitschaft von Jugendlichen, an Andachten und Bibelarbeiten teilzunehmen, nicht geschlossen werden, daß sie nicht auch von tiefen Zweifeln belastet sind oder bereits im Grunde in der anderen hermeneutischen Situation stehen[87].

Die ausschlaggebende Gemeinsamkeit der Lage aber liegt in dem Verhältnis des Menschen zu Gott begründet. Darum finden wir hier die theologische Mitte aller Formen evangelischer Jugendarbeit. Trifft nicht für alle - für uns alle - zu, was jener Hauptamtliche bemerkt: »Sie machen Sachen, die sie selbst nicht gut finden«, und das trotz, ja gerade wegen unserer vielgerühmten Freiheiten? Paulus beschreibt so sich selbst und dann den Menschen überhaupt unter dem »Gesetz«: »Ich weiß nicht, was ich tue. Denn ich tue nicht, was ich will; sondern was ich hasse, das tue ich« (Röm 7,15). Darum schuldet evangelische Jugendarbeit in allen ihren besonderen Richtungen und in allen besonderen Situationen den Jugendlichen letztlich nichts so sehr wie die *Rechtfertigungsbotschaft,* die ihnen ihre Lage unter dem Gesetz von äußerem Zwang und Selbstzwang einsichtig macht und ihnen durch den befreienden, vergebenden, versöhnenden Gott ein neues Leben zuspricht und sie dies auch erfahren läßt.

Auf die Freiheitsbedürfnisse der Moderne - der erste Schwerpunkt des dritten Abschnittes - kann und sollte darum evangelische Jugendarbeit eine doppelte Antwort geben: Einerseits muß sie für die Freiheit und Selbstverantwortlichkeit der Person eintreten und sich darum als ein Freiraum für »freie, wechselseitige Kommunikation und Bildung« verstehen (s. oben 2. Abschnitt); denn sie weiß, daß das Evangelium von der befreienden Vergebung des Sünders nicht unfrei vermittelt werden darf, ohne daß die Jugendarbeit in einen fatalen Selbstwiderspruch gerät. Andererseits wird sie gegen die Zweideutigkeit verabsolutierter Freiheit, gegen ihre gesetzliche Kehrseite, das Verständnis von Freiheit auf der Grundlage des christlichen Glaubens bezeugen und zu spüren geben.

Die Gottesproblematik - der zweite Schwerpunkt des voraufgegangenen Abschnitts - verlangt der evangelischen Jugendarbeit eine im wörtlichen Sinne theologische, auf die Gottes-Frage bezogene Konzentration ab, wobei wiederum einerseits jedes auch noch so undeutliche oder eigenwillige Gottesverhältnis und -verständnis junger Menschen ernst zu nehmen, andererseits aber das Unterscheiden neu zu lernen ist. In der Gottesfrage führen nicht eigene Spekulationen weiter, sondern für Christen gibt es nur einen klaren Zugang zur Gotteserkennt-

87. An dieser Stelle öffnet sich der Blick auf eine Situation, in der - drittens - eine Hermeneutik des verlorengegangenen Einverständnisses angemessen ist. Die betreffenden Jugendlichen kommen aus einer Phase intensiver frommer Sozialisation, der sie jetzt enttäuscht und verwundet den Rücken kehren.

nis: Jesus von Nazareth, den die christliche Kirche als »den Weg, die Wahrheit und das Leben« bekennt (Joh 14,6).

5. Die Mitarbeiter - Bildungsprinzipien in Ausbildung, Fort- und Weiterbildung

Mitarbeiter in der evangelistisch-missionarischen und in der sozialdiakonischen Jugendarbeit sollten ihre theologischen Profile nicht als sich ausschließende Alternative sehen. Mitarbeiter im diffusen Zwischenfeld sollten sich überhaupt um ein theologisch-pädagogisch begründetes Konzept und Profil kümmern. Hierauf laufen die Ausführungen oben hinaus und damit abschließend auf die jungen Leute selbst, die die Arbeit tun. Jede Seite hat hierbei zu lernen.

Peter Kliemann hat auf Grund der Befunde aus seiner Untersuchung im süddeutschen Raum erhebliche Zweifel, ob die vielerorts praktizierte Jugendarbeit bereits für die ehrenamtlichen Mitarbeiter selbst förderlich ist (geschweige denn für die anderen Jugendlichen). Er mißt am Maßstab einer »flexiblen, prinzipiengeleiteten Ich-Identität« und damit vermutlich an einem für jüngere Mitarbeiter zu anspruchsvollen Maßstab[88]. Folgende Sachverhalte geben jedoch auf jeden Fall zu denken.

Evangelikal geprägte Mitarbeiter betonen, daß sie in einer »persönlichen Beziehung« zu Jesus stehen und dieses Ziel auch für die Mitglieder ihrer Gruppe anstreben. Diese Beziehung scheint jedoch bei manchen ziemlich angstbesetzt zu sein. Herausforderungen, ihren Glauben genauer zu durchdenken, weichen sie aus, indem sie ihre persönliche Jesusbeziehung zu einer unhinterfragbaren Instanz machen. »Die 'persönliche Beziehung' zu Jesus Christus wird zum Argumentationsjoker, der dem, der von sich behauptet, diese Beziehung zu haben, eigentlich immer recht gibt.«[89]

Ihr gegenüber ist selbst die Bibel untergeordnet. »Etwaige Spannungen und Unvereinbarkeiten zwischen den biblischen Schriften lösen sich im persönlichen Kontakt zu Jesus« (106). Wenn strittige Fragen christlicher Lebensführung, unterschiedliche moralische Problemlösungen unter Christen selbst, etwa in den Partnerbeziehungen, in Verlegenheit führen, sucht man ebenfalls absolut gültige Weisung, meist wieder im Rückbezug auf die persönliche Beziehung, statt den Weg einer situationsangemessenen und verantwortungsethischen christlichen Urteilsbildung zu wagen, die keineswegs prinzipienlos zu sein braucht. Eine ähnliche Unbeweglichkeit charakterisiert das Festhalten an den Zielsetzungen und Arbeitsformen der eigenen Arbeit. Statt die Praxis und sich selbst grundsätzlich

88. *P. Kliemann*, a.a.O. (Anm. 11), S. 36ff., S. 146ff., S. 169ff.
89. A.a.O., S. 105.

kritisch zu überprüfen, werden Problematisierungen als »Verletzung eines Tabus empfunden« (107). Dieselbe Abschirmung gegenüber gedanklichen Herausforderungen ist im Grundlagenteil bei bestimmten Konzepten missionarischen Gemeindeaufbaus beobachtet worden, ebenfalls die entsprechende Funktion, die »Andachten, Bibelarbeit und Gebetsgemeinschaft« erhalten, »in denen man sich der Zusammengehörigkeit vergewissert und strittige Fragen durch spirituelle Überhöhung in ihrer interaktionellen Brisanz entschärft« (ebd.).

Was ist die mögliche Folge? Die beschworene Homogenität der Gesinnung untereinander, die nichts anderes zulassen kann, hemmt den persönlichen Bildungsprozeß, den einer reflektierten Identitätsbildung allgemein und einer zu differenzierter Rechenschaft fähigen Glaubensbildung im besonderen. Dies wiederum hat Auswirkungen auf das Verhältnis nach außen. »Der gleichgestimmten Geschlossenheit nach innen entspricht eine z.T. aggressive Abgrenzung gegenüber Außenstehenden. Die 'heutige Jugend' wird als zügellos und undiszipliniert beschrieben« (S. 107). Die meisten Schwierigkeiten haben Mitarbeiter dieser Art Jugendarbeit denn auch mit Disziplinproblemen, die zum Teil aber eben deshalb entstehen, weil man die Bibelarbeit um jeden Preis 'durchsetzen' will (137). Gelingt es nicht, wird bei aktiven Störungen »eine breite Palette von Druckmitteln« angewendet (139). Im ersten Teil ist eine rigide ordnungstheologische und -pädagogische Konzeption als Weg evangelischer Bildungsverantwortung zurückgewiesen worden. Das vom Gesetz befreiende Evangelium kann schwerlich in seiner Gestalt als biblisches Wort gesetzlich durchgesetzt werden. Es besteht aber nun nicht nur die Gefahr, daß die Mitarbeiter selbst innerlich fixiert bleiben und nicht mehr in ihrem Christsein »wachsen« (obwohl gerade sie es wollen), sondern daß sie auch auf die Jugendlichen ausgrenzend wirken und so den theologisch vertretenen universalen Anspruch des missionarischen Auftrags faktisch verfehlen. Was bei gegebenem »Einverständnis« Ausdruck innerer, im Glauben geschenkter Freiheit ist - Andacht, Gebetsgemeinschaft, verbindliches Leben -, verkehrt sich jetzt ins Gegenteil. Für die Mission unter Jugendlichen in der Zugluft der pluralistischen Gesellschaft brauchen aber gerade die Mitarbeiter der evangelistisch-missionarisch profilierten Jugendarbeit mehr als bloß Kompaktheit im Glauben, nämlich eine Glaubensgewißheit, die mit Offenheit für Andersdenkende und mit selbstkritisch-kritischer Argumentationsfähigkeit verbunden ist. Dies aber sind Merkmale von *Bildungs*prozessen; durch Mitarbeiter*schulung* allein können sie nicht erreicht werden.

Die komplementäre Problematik gegenwärtiger kirchlicher Jugendarbeit zeigt sich dort, wo, wie erwähnt, insgesamt »von einer kritisch - liberalen Grundhaltung« der Ehrenamtlichen gesprochen werden kann[90], die sich allerdings bei genauerem Hinsehen als undifferenzierte Kritik und leere Freiheit enthüllt, als

90. A.a.O., S. 114.

Emanzipation ohne Gehalt, d.h. als jene individualistisch-liberalistische Haltung, die im ersten Teil ebensowenig als Grundlage für evangelische Bildungsverantwortung akzeptiert werden konnte. Die Mitarbeiter, um die es jetzt geht, sehen in der kirchlichen Jugendarbeit einen Freiraum, den sie ziemlich beliebig ausfüllen, ohne klares theologisches und pädagogisches Konzept. Und so wie eben die persönliche Beziehung zu Jesus Unterschiedliches fast beliebig zu begründen erlaubte, droht jetzt »die Persönlichkeit des einzelnen Gruppenleiters zum Konzeptionsersatz zu werden« (S. 113).

»Ich glaub nämlich auch, daß man bis zu einem gewissen Grad einfach die Kirche und seinen Glauben so einrichten kann, wie es einem selber sympathisch ist.«

»... wir hier in der Gemeinde können uns im Prinzip ... verwirklichen in der Jugendarbeit, also ungefähr das machen, was wir wollen ... wenn du es selber kannst. Du hast hier die Möglichkeit zu sagen: 'Ich mache emanzipatorische Jugendarbeit.' Und wenn ich sag 'Ich möchte aufrufen, um nach Gorleben zu fahren', dann kann ich das auch« (ebd.).

Die sozialdiakonische Jugendarbeit, die sich mit Recht auf jene Grundsituation berufen darf, der wir oben die Hermeneutik des erst noch zu erwerbenden Einverständnisses und die Didaktik der offenen Suche und kritischen Auseinandersetzung zugeordnet haben, verfehlt sich selbst, und zwar theologisch wie pädagogisch, wenn ihre Mitarbeiter weder wirklich suchen noch sich wirklich auseinandersetzen und obendrein noch andere manipulieren. Sie suchen weder Gott (und sehen darum auch nicht Probleme mit Gott, die ihre Jugendlichen tatsächlich noch haben, s. oben), noch setzen sie sich wirklich mit der einseitigen Mittelschichtorientierung ihrer eigenen Arbeit auseinander; das Wegbleiben von Hauptschülern wissen sie weder recht zu deuten noch zu beantworten. Dennoch 'verbrauchen' sie den Begriff Emanzipation. Insgesamt kann man auch jetzt weder von einer reflektierten Identitätsbildung noch von durchdachten religiösen Bildungsprozessen sprechen.

Die letzten Ausführungen verdienten das Gewicht eines eigenen Schlußabschnitts, weil es gerade auf die Person und das personale Angebot in der Jugendarbeit so sehr ankommt. Auf sie hält sich denn auch die kirchliche Jugendarbeit etwas zugute, im Unterschied etwa zum Religionsunterricht. Wann aber wirken junge Menschen auf noch jüngere als Personen überzeugend? Anhaltspunkte aus Studien zu Religionslehrern lassen den Schluß zu: weder dann, wenn sie keinen eigenen persönlichen Standort einnehmen, noch auch dann, wenn sie diesen unbeweglich-doktrinär einnehmen[91]. Zu fördern sind darum hier wie dort Bildungsprozesse, durch die es gelingt, Entschiedenheit und Offenheit, persönliche

91. *N. Havers:* Der Religionsunterricht - Analyse eines unbeliebten Fachs. Eine empirische Untersuchung, München 1972, S. 149ff.

Frömmigkeit und Fähigkeit zu selbstkritischer Überprüfung miteinander zu verbinden. Erforderlich ist Bildung im einen Fall anstelle enger konzeptioneller Schulung, im anderen Fall anstelle konzeptionsloser Freiraumideologie.

Wenn die Befunde und Erwägungen aller Abschnitte *zusammengefaßt* werden, scheint kirchliche Jugendarbeit dann auf einem zukunftsfähigen Weg zu sein, der der Sache wie den Menschen gerecht wird,

- wenn sie den besonderen Herausforderungen in der Frühadoleszenz, mehr aber noch denen durch ältere Jugendliche und junge Erwachsene nicht ausweicht (s. oben 1.), sondern sich vielmehr der kritischen Radikalität des Fragens, der Ablehnung einer bevormundenden Kirche (und Jugendarbeit) und den zugleich vorhandenen Erwartungen an eine glaubwürdige und hilfreiche Kirche stellt, eine Kirche, die auf die persönlichen und gesellschaftlichen *Lebensprobleme* eingehen soll (2.);
- wenn sie die Erfüllung ihrer Aufgaben nicht strukturell selbst verhindert, sondern an der Pluralität der Formen festhält und so arbeitet, daß sie möglichst viele Jugendliche auch tatsächlich anspricht (4.) und gleichzeitig über den Lebensproblemen nicht die *Glaubensprobleme* der Jugendlichen versäumt, von denen entsprechend den bereits im ersten Teil hervorgehobenen Schwerpunkten die Bedeutung des Evangeliums für ein Leben zwischen Freiheit und Gesetz sowie die Gottesfrage besonders akzentuiert worden sind (3.);
- wenn sie schließlich, anders als die Institutionen, die das so nicht können (Religionsunterricht, Konfirmandenunterricht), für die Ränder und Begrenzungen der Lebensverhältnisse »grenzüberschreitend« (R. Hanusch) sensibel ist, den einzelnen Jugendlichen zu begleiten versucht und das kostbare Kapital des persönlichen Engagements der Mitarbeiter nutzt, um aus guten Gründen auf die persönliche Begegnung zwischen frei »sich untereinander bildenden« jungen Menschen zu bauen. Das allerdings setzt voraus, daß auf jeden Fall die Mitarbeiter selbst für ihre Arbeit und durch sie in ihrer Identitäts- und Glaubensbildung herausgefordert und dadurch gefördert werden.

Neuntes Kapitel:

Taufendes und konfirmierendes Handeln der Gemeinde - Konfirmandenunterricht im Zusammenhang von Lebenslauf und Gottesdienst

1. Der Unterricht der Kirche und seine Sache - Drei Annäherungen

Konfirmandenunterricht im Zusammenhang von Taufe, Gottesdienst und Konfirmation

Die Kirche hat Familienerziehung immer schon vorgefunden. Kindergottesdienst, Kindergärten und Jugendarbeit trifft sie als jüngere geschichtliche Institutionen an. Ihre Mitverantwortung für den schulischen Religionsunterricht verdankt sie ebenfalls einer bestimmten geschichtlichen Entwicklung. Religionsunterricht an den öffentlichen Schulen ist jedoch nicht grundsätzlich für die Kirche notwendig; dies zeigt die Lage der Kirche in vielen anderen Ländern. Selbstverständlich schuldet die Kirche allen genannten Institutionen eine gleich große Aufmerksamkeit. Von einem kirchlichen Mandat kann man jedoch jeweils nur in abgeleiteter Weise reden. Nur für den *Unterricht der Kirche in der Kirche selbst* gibt es einen in ihrem eigenen Ursprung mitgesetzten Auftrag. Kirchlicher Unterricht ist eine konstitutive Lebensäußerung der Kirche.

Das Neue Testament drückt den gemeinten Sachverhalt allgemeiner im Begriff der *Lehre* aus. Jesus wird von Anfang an auch als prophetischer und messianischer Lehrer beschrieben, der mit Vollmacht lehrte und über dessen Lehre sich seine Zuhörer entsetzten (Mk 1,22; vgl. auch Mt 7,28.29). Er beginnt seine Lehrtätigkeit in der Synagoge (Mk 1,21), die ein Bet- und Lehrhaus zugleich ist (Apg 17,10f.). Das Lehren der Kirche ist über das Lehren Jesu im Lehren der Synagoge traditionsgeschichtlich verwurzelt[1].

1. Vgl. *R. Riesner:* Jesus als Lehrer. Eine Untersuchung zum Ursprung der Evangelienüberlieferung, 3. Aufl., Tübingen 1987, mit ausführlicher Darstellung des zeitgenössischen jüdischen Hintergrundes - Rolle des Elternhauses, der Synagoge, des Schulbetriebs einschließlich von Jesu Bildung (!) -, ferner der Lehrautorität und der Eigenart der öffentlichen Lehre Jesu mit der Bildung des Zwölferkreises als Träger einer früh beginnenden genauen, bewußt gepflegten Lehrtradition.
Zu »Lehren und Lernen« als einer »Lebensdimension des kirchlichen Handelns in allen Bereichen« s. auch *H. Schröer* in seinem Referat vor der Landessynode der Ev. Kirche im Rheinland 1986 (Sonderdruck); s. ferner sein eindrucksvoll entfaltetes Plädoyer zur Wiedergewinnung elementarisierter, die Grundlagen sichtbar machen-

Seit Ostern ist die *»Lehre der Apostel«* (Apg 2,42) mit dem *taufenden Handeln* der Gemeinde verbunden. Der Aufforderung des Petrus, sich taufen zu lassen, geht seine bezeugend-belehrende Pfingstpredigt voraus (Apg 2,14ff.,38). Am prägnantesten bindet der Schluß des Matthäusevangeliums Taufe und Lehre zusammen (Mt 28,19.20). Lehre und Unterricht sollen die *Kontinuität* der Überlieferung in der Zeit und das *Verständnis* des Inhalts der Evangeliumspredigt und des Sinns des Sakraments sichern.

»Für die Alte Kirche war der vorangehende Taufunterricht so grundlegend, daß sich ein besonderer Katechumenenstand bildete ... Da ein solcher Taufunterricht auch 2 Clem 17,1 und Did 7,1 vorausgesetzt ist, muß man annehmen, daß auch die neutestamentliche Zeit zumindest Ansätze des Taufunterrichts bereits kannte. In der Tat bezeugt Hebr 6,1-3 eine solche das Christsein begründende Grundunterweisung ...«[2] Wenn ein als Katechumene unterwiesener Ortsfremder an einem Gottesdienst teilnehmen wollte, konnte er auf die ihm an der Kirchentür gestellte Frage, ob er Christ oder Heide sei, antworten: »Christ«. Erst die folgende Frage erkundigte sich, ob er Katechumene oder Gläubiger, d.h. Getaufter, sei, ein Zeichen dafür, daß der Status als »Christ« nicht an die Bedingung der Taufe geknüpft war[3]. Es gab abgestufte Grade der Kirchenmitgliedschaft, und die Taufe war ein besonderer Schritt auf einem gegliederten Weg (Katechumenat, Photizumenat, Taufe)[4]. Heute wird die Frage nach Differenzierungen im Begriff der Kirchenmitgliedschaft dann aktuell, wenn nicht nur ungetaufte Kinder evangelischer Eltern, sondern auch solche nichtevangelischer Eltern am kirchlichen Leben teilnehmen und etwa den Konfirmandenunterricht besuchen wollen. Aus dieser Perspektive sollte in einer *»Kirche der offenen Grenzen«* in der Taufpraxis

der »Lehre« in seiner Abhandlung: Grundlagen evangelischer Erziehungslehre, in: Jahrbuch der Religionspädagogik (JRP), Bd. 2: 1985, Neukirchen-Vluyn 1986, S. 3-40, zu den alt- und neutestamentlichen Wurzeln biblischer »Lehre« und »Didaktik« s. bes. S. 8f., 17ff.

2. *G. Barth:* Taufe auf den Namen Jesu. Kurzbericht über den Stand neutestamentlicher Arbeiten zum Verständnis der Taufe im Urchristentum, in: EvErz 40 (1988), 2, S. 124-136, hier S. 133; ausführlicher *ders.:* Die Taufe in frühchristlicher Zeit, Neukirchen-Vluyn 1981.
3. *K. Koschorke:* Taufe und Kirchenzugehörigkeit im 4. und frühen 5. Jahrhundert, in: *Ch. Lienemann-Perrin (Hg.):* Taufe und Kirchenzugehörigkeit. Studien zur Bedeutung der Taufe für Verkündigung, Gestalt und Ordnung der Kirche, München 1983, S. 129-146, hier S. 129f.
4. Von den oft lebenslangen Katechumenen sind die eigentlichen Taufbewerber (competentes, photizomenoi) zu unterscheiden, die sich - meist zu Beginn der Fastenzeit - zur Taufe anmeldeten, um dann nach einer besonders intensiven Taufunterweisung in der Quadragesimalzeit in der Regel in der Osternacht die Taufe zu empfangen, *K. Koschorke,* S. 130f.

die Mündigentaufe gleichberechtigt neben die Säuglingstaufe treten[5], und es hätte weitreichende Folgen, wenn sich auch der Unterricht auf eine *größere Vielfalt der Taufpraxis* stützen könnte.

Der Unterricht als Grundvollzug der Kirche ist auf die Taufe als Grundvollzug der Kirche bezogen; die Taufe darf jedoch ebensowenig isoliert werden. Im Leben der ersten Gemeinden ist der Ort der Taufe »nur in Relation zu anderen Wirkungsweisen des heiligen Geistes (in diesem Sinn also relativierend) zu beschreiben: in Relation zum Glauben, zum Wandeln im neuen Leben, in der Verkündigung und den gottesdienstlichen Versammlungen«[6]. Sie darf darum aus dem »Lebenszentrum der christlichen Gemeinde« nicht herausgelöst und zu einem punktuellen Ritus werden (ebd.). Die Formel von der *'taufenden Gemeinde'* will dieses Mißverständnis vermeiden und den Zusammenhang der genannten Lebensäußerungen der Gemeinde gegenwärtig halten. Für den kirchlichen Unterricht heißt dies, daß es nicht etwa genügt, in ihm die Unterrichtseinheit über die »Taufe« besonders hervorzuheben. Bevor eine Gemeinde an den kirchlichen Unterricht und seine Inhalte denkt, muß sie den Zusammenhang der Taufe mit dem Leben der Gemeinde stärken und ihr ihren flüchtigen Charakter im Lebenslauf nehmen.

Wir sollten somit hinsichtlich des Konfirmandenunterrichts lebenszeitlich gesehen weit vor ihm beginnen. Wenn wir dies angesichts der herrschenden Praxis der Säuglingstaufe tun, knüpfen wir historisch gesehen zugleich bei einem der ältesten Gründe für den kirchlichen Unterricht an. Die Taufe ist überdies systematisch gesehen ein Sakrament von besonderer ökumenischer Bedeutung[7]. Ein entschlossener Ansatz bei der Taufe könnte sich nicht nur auf den kirchlichen Unterricht, sondern auch auf das Gesamtfeld auswirken, auf den Gemeindeaufbau und die Gemeindepädagogik im ganzen[8]. Was immer in Kinder- und Eltern-

5. *W. Huber:* Auf dem Weg zu einer Kirche der offenen Grenzen, in: *Ch. Lienemann-Perrin,* a.a.O. (Anm. 3), S. 488-514, hier S. 513.
6. *Ch. Lienemann-Perrin:* Das Problem von Taufe und Kirchenzugehörigkeit im Lichte des Neuen Testaments, in: *dies.,* a.a.O. (Anm. 3), S. 126.
7. Darauf hat jüngst eindrücklich *G.R. Schmidt* verwiesen: Christliche Erziehung im ökumenischen Zeitalter, in: EvErz 40 (1988), 2, S. 155-166: »Die Taufe ist die kirchliche Handlung mit ökumenischem Aspekt par excellence ... Sie ist mit dem größten liturgischen Aufwand und unter der weitestgehenden Öffentlichkeit zu feiern, die einer Kirche möglich sind« (S. 159).
8. Für die Gemeindepädagogik sehen dies ähnlich *K. Hahn/R. Starck:* Die Gemeinde »hat die Möglichkeit, ein Kinder- und Jugendkatechumenat anzubieten, in dem die verschiedenen gemeindepädagogischen Arbeitszweige der Gemeinde sich vom Sakrament der Taufe her aufeinander beziehen lassen. Ein solches Angebot ist auch unter dem Gesichtspunkt des Gemeindeaufbaus/Gemeindewachstums bedeutend« (»Taufendes Handeln der Gemeinde«, in: ku-praxis 24, Gütersloh 1988, S. 4-6, hier

arbeit, in Kindergottesdiensten und Kindergärten geschieht - wir haben es dargestellt -, wird dadurch, daß die Taufe in ihrem Sinn in einem entsprechenden Handeln der Gemeinde entfaltet wird, *auf seine Mitte hin transparent.* Dies ist selbst dann der Fall, wenn die Taufe nur je und dann, aber im ganzen doch regelmäßig und öffentlich, in ihrem Vollzug und in der Erinnerung an sie vor die Augen aller Beteiligten und Mitzubeteiligenden tritt: als Zeichen der freien Gnade Gottes. Konkret ist an vorbereitende Taufgespräche mit Eltern und Paten zu denken, an Taufgottesdienste, an deren Gestaltung Kinder aus Kindergärten und Kindergottesdienst mitwirken, und an Tauferinnerungsfeste; wir kommen hierauf zurück.

Im Bewußtsein der Konfirmanden und ihrer Eltern selbst steht freilich nicht die rückwärts gewandte Erinnerung an die Taufe im Mittelpunkt und damit der Konfirmandenunterricht als Folge der Taufe, sondern der Vorblick auf die Feier der *Konfirmation,* folglich der Konfirmandenunterricht als Voraussetzung der Konfirmation und diese als Abschluß des Unterrichts. Wenn nichts sonst attraktiv sein sollte, die in Aussicht stehende Konfirmation ist es. Für viele Konfirmanden trägt allein sie das Ganze. Auch die Konfirmation hat ihre nachzulesende Geschichte und wie die Taufe ihre analoge Problematik. Sie ist historisch aus dem Sakrament der Firmung hervorgegangen. Für die Reformatoren - und seitdem für uns - ist sie zwar kein Sakrament mehr, aber die Reformatoren haben sie eben auch nicht verworfen[9]. Wichtiger freilich war ihnen der Unterricht, die gleichsam 'katechetische Konfirmation'; diese Sicht hat man auch zur Zeit der Bekennenden Kirche wieder zu erneuern versucht[10]. Im Erlebniszusammenhang volkskirchlicher Sitte behält jedoch das feierlich begangene religiöse (Familien-)Fest seine viel stärkere Leuchtkraft. Für die theologische Beurteilung ist dies in der Regel eine falsche Gewichtung. Mehr noch: Auch ihre Popularität hat die Konfirmation nicht davor bewahrt, ebenso wie die Taufe nur als punktuelles Ereignis

S. 6). In der württembergischen Kirche versucht *G. Martin* die Taufpraxis zum neuen Ausgangspunkt zu machen (Taufe - und was dann? Studienbrief Gemeindeaufbau, H. 24, hg. von der AG Missionarische Dienste, Stuttgart 1987). - In einem engeren als dem hier gemeinten Sinne, nämlich didaktisch, hebt *H. Schröer* in einem perspektivenreichen Artikel die Bedeutung der Taufe hervor (Die Taufe als religionsdidaktischer Fundus, in: EvErz 40 [1988], 2, S. 167-184).

9. Für eine kurze Zusammenfassung der geschichtlichen Entwicklung vgl. den auch sonst unentbehrlichen Aufsatz von *K. Wegenast:* Konfirmandenunterricht und Konfirmation, in: *G. Adam/R. Lachmann Hg.:* Gemeindepädagogisches Kompendium, Göttingen 1987, S. 314-354, hier bes. S. 318ff. (mit Verweis auf die älteren Arbeiten von *K. Frör, B. Hareide, L. Vischer u.a.).*

10. *G. Adam:* Der Unterricht der Kirche. Studien zur Konfirmandenarbeit, 3. Aufl., Göttingen 1984, S. 28ff., bes. S. 35f., sowie zur Formel »confirmatio est catechesis« S. 43.

verstanden zu werden, ja, als ein seit Jahrzehnten vielbeklagtes definitives Ende einer kurzen, auch so schon flüchtigen Konfirmandenzeit: Konfirmation als Entlassung aus der Kirche; man wird 'hinauskonfirmiert'. So kommt gleich mehreres problematisch zusammen: Die Konfirmation kann die Taufe entwerten; sie kann auch den Unterricht degradieren; sie kann schließlich nur noch zum bürgerlichen Fest werden, mit dem abschließend ein christliches Soll auf dem Weg zur Kirchenmitgliedschaft absolviert worden ist[11].

Muß aber dies alles zwangsläufig so sein? Die Klagen sind sattsam bekannt. Sie haben auch Anhalt an der Realität, die nicht leicht zu verändern ist. Aber man kann auch den Klagen permanent dadurch neue, die eigene Einschätzung bestätigende Nahrung geben, daß man nichts tut, obwohl man etwas tun könnte. Wie hinsichtlich der Taufpraxis gibt es in einigen Gemeinden heute auch einen *neuen Umgang mit der Konfirmation,* der dazu verhelfen kann, auch von dem liturgischen Datum der Konfirmation her den Konfirmandenunterricht in fruchtbarer Weise zu bestimmen. Wegen der Bedeutung der Konfirmation im Bewußtsein der Konfirmanden kann von ihr her der Unterricht vielleicht noch leichter als von der Taufe her gestaltet werden.

Ein Aspekt ist die gemeinsame Arbeit am *Glaubensbekenntnis* und an seiner Reformulierung, so daß vom Glauben mit eigenen Worten gesprochen werden kann. Sodann ist zu versuchen, sich während der Konfirmandenzeit klarzumachen, was es heißt, nicht nur als einzelner »Christ in unserer Zeit zu leben«[12], sondern auch Erwartungen an Kirche und Gemeinde im ganzen zu formulieren, auf dem Hintergrund des in den *Geboten* (Dekalog, Doppelgebot der Liebe) bezeugten Willens Gottes. Schließlich ist zu bedenken, was Gebet *(Vaterunser)* und *Gottesdienst* bedeuten, einschließlich des *Abendmahls.* Die Erschließung der klassischen Stücke des Katechismus kommt in den Blick. Mit der Ausrichtung auf die Konfirmation ist gemeint, die genannten Teilaufgaben zu einem Projekt auszugestalten, zu dem facettenreichen *Projekt: »Wir Konfirmanden gestalten die Gottesdienste mit«,* mit dem Vorstellungsgottesdienst und der Konfirmationsfeier als Höhepunkt. Eine solche Ausrichtung könnte zu einem kirchlichen

11. Vgl. zuletzt noch einmal die nüchtern-harsche Einschätzung durch *F. Krotz:* Was Konfirmanden lernen. Beobachtungen aus einer ländlichen Region, in: PTh 77 (1988), 7, S. 335-345, bes. S. 337ff.
12. Die von *W. Flemmig* 1973 begründete Zielperspektive »Lernen, was es heißt, als Christ in unserer Zeit zu leben« (vgl. ku-praxis 1, Gütersloh 1973, S. 26ff.) hat weite Resonanz gefunden. Flemmig identifiziert sie 10 Jahre später als »Konsensformel«, *ders.:* Zur Aufgabe des Konfirmandenunterrichts - Ziele und Inhalte, in: *Comenius-Institut (Hg.):* Handbuch für die Konfirmandenarbeit, Gütersloh 1984, 2. Aufl. 1985, S. 270-286, hier S. 279. Die Formel ist zwar nicht individualistisch gemeint; sie zielt nicht nur auf ein privates Christentum ab (vgl. ku-praxis 1, S. 29f.), ist aber vor einem solchen Mißverständnis nicht ganz geschützt.

Unterricht führen, der wenigstens in Teilen um die Mitwirkung im Gottesdienst kreist. Der Unterricht bezieht auf den Gottesdienst die eigenen Erfahrungen und Gestaltungsideen der Konfirmanden. Der Unterricht wird ein Stück weit ein gemeinsames Unternehmen, eine gemeinsame Anstrengung. Die Konfirmanden werden pädagogisch als *Subjekte* ernst genommen und theologisch als *Katechumenen,* die schon Christen sind, um es konvergenztheoretisch pädagogisch und theologisch zu begründen.

Fassen wir diesen ersten von drei einleitenden Teilgedankengängen *zusammen,* so sind Ort und Sache des Konfirmandenunterrichts aus historischen und systematischen Gründen klar zu erkennen. In dieser ersten Perspektive steht der Unterricht der Kirche im Zusammenhang von Taufe und Konfirmation. Er ist in den Prozeß der taufenden und konfirmierenden Gemeinde eingefügt, theoretisch gesprochen: Theorie des Konfirmandenunterrichts im Kontext liturgischen Handelns, wobei »Liturgie« im weiten und ursprünglichen Sinn des Wortes verstanden wird, als »Gottesdienst« (nicht als Ablauf einer bestimmten gottesdienstlichen Feier), kurz: Theorie des Konfirmandenunterrichts im Zusammenhang von *Gottesdienst* in Wort und Sakrament[13]. Wo Taufe und Konfirmation hierbei ihren

13. Es ist daran zu erinnern, daß *M. Luther* 1526 den in deutscher Sprache zu haltenden Gottesdienst, neben dem lateinischen, »allermeist ... um der Einfältigen und des jungen Volks willen« einrichtet (WA 19, 73, 17f.) und daß seine klassische Beschreibung des Unterrichts in der Vorrede zur »Deutschen Messe« steht (WA 19,76ff.)! Anders gesagt: Durch die reformatorische Gottesdienstreform erhält einerseits der Gottesdienst neben der Predigt einen starken katechetischen Schwerpunkt (es ist »aufs erste im deutschen Gottesdienst ein grober, schlichter, einfältiger guter Katechismus vonnöten«, ebd.). Andererseits bleibt aber der hiermit gemeinte Unterricht (»Katechismus aber heißt ein Unterrricht, ...« - gemeint ist noch nicht ein Katechismusbuch) in von den Schulkindern liturgisch mitgestaltete Schulandachten, Wochen- und Sonntagsgottesdienste eingebunden, vgl. *F. Hahn:* Die Evangelische Unterweisung in den Schulen des 16. Jahrhunderts, Heidelberg 1957, S. 17-24.
Der Ansatz berührt sich ferner in der gegenwärtigen Diskussion mit dem Versuch *W. Gräbs,* den kirchlichen Unterricht »aus seinem liturgischen Kontext heraus zu begreifen«; G. hebt allerdings nur auf die Konfirmation ab, nicht auf die Taufe, *ders.:* Liturgie des Lebens. Überlegungen zur Darstellung von Religion im Konfirmandenunterricht, in: PTh 77 (1988), 7, S. 319-334, hier S. 321. - Auch *Ch. Bizer* lenkt schon seit einiger Zeit das Augenmerk darauf, vom Gottesdienst her anzusetzen. Im Hinblick auf die Befragungsergebnisse von *A. Feige:* Erfahrungen mit Kirche, Hannover 1982, meint Bizer, »muß die Kirche da unterrichtlich zur Gestaltungsaufgabe werden, wo ihr innerer Nerv liegt, wo sie den Stadtteilbewohnern das Evangelium von der Befreiung von der Last des Gesetzes und der Sünde zum Glauben anbietet. Und das ist ... der Gemeindegottesdienst ... Nur ein einziges Mal kommen die Konfirmanden mit einem Gottesdienst zum Zug: im Vorstellungsgot-

Wegcharakter, der über das punktuelle Ereignis hinausgeht, noch nicht haben praktisch entfalten können, ist dazu das Menschenmögliche zu tun. Es gibt Beispiele, wie man es machen kann (s. noch unten 2.).

Während sich die Rede vom *»konfirmierenden Handeln der Gemeinde«* an den Sprachgebrauch in den Kirchen der DDR anlehnt, ist die Formel vom *»taufenden Handeln«* ungewohnt (vgl. jedoch *Hahn/Starck,* Anm. 8). Wir fassen unter ihr zusammen: das Taufen in der Gemeinde und alles das, was der Taufe im Handeln der Gemeinde unter Bezugnahme auf die Taufe entspricht.

Kirchlicher Unterricht als Unterricht - eine eigenständige Herausforderung im Zusammenhang der Glaubensprobleme Jugendlicher und der Verständigung über die kirchliche Lehre

Der Unterricht der Kirche und sein oben angegebener Ort bestanden, bevor sich eine neuzeitliche Religionspädagogik für die Theorie und Praxis des schulischen Religionsunterrichts entwickelte. Wegen dieser historischen und systematischen Priorität behandeln wir den Unterricht in der Kirche vor dem Religionsunterricht in der Schule. Diese Reihenfolge will keineswegs den Religionsunterricht abwerten, wohl aber die *Eigenständigkeit* des Konfirmandenunterrichts besser sichtbar machen.

Der Konfirmandenunterricht ist in den zurückliegenden Jahrzehnten religionspädagogischer Reform zum einen den Reformkonzepten zum Religionsunterricht gefolgt[14]; er hat zum anderen Einflüsse aus der kirchlichen Jugendarbeit aufgenommen[15]. Er hat dadurch gewonnen, aber auch Seiten seiner selbst aus den Augen verloren.

tesdienst, und der ist natürlich ein Sondergottesdienst. Mit ihm ist die Konfirmandenzeit dann auch zu Ende. Warum gestalten die Konfirmanden nicht den normalen Gemeindegottesdienst, oder Teile davon, in Abständen vielleicht von sechs Wochen? In freier Gruppenarbeit, also mit dem Recht auf liturgische Selbständigkeit, soweit die Gruppen davon Gebrauch machen wollen ... Dann wird am Gestaltungsprozeß von Bibeltexten darüber diskutiert, worin das Evangelium des Tages besteht. Hier kriegen die Konfirmanden das Funktionieren von Kirche tatsächlich mit ...« (Der Konfirmandenunterricht der Zwanzigjährigen, in: *A. Feige,* a.a.O., S. 200-218, hier S. 216f.). Vgl. auch *Ch. Bizer:* Facetten der Diskussion zum Konfirmandenunterricht, in: *P. Biehl u.a. (Hg.):* JRP, Bd. 1. 1984, Neukirchen-Vluyn 1985, S. 137-147, S. 146f. Vgl. auch ku-praxis, H. 16, Gütersloh 1982.

14. Für die Entwicklung bis Anfang der 70er Jahre vgl. *K. Dienst:* Moderne Formen des Konfirmandenunterrichts, Gütersloh 1973.
15. Vgl. *K. Onnasch/J. Sontag:* Konfirmanden- und Jugendarbeit, in: *Comenius-Institut (Hg.),* Handbuch für die Konfirmandenarbeit, a.a.O (Anm. 12), S. 200-211.

In der ersten Hinsicht war es ein Gewinn, daß auch er wieder den Anschluß an die didaktischen Prinzipien der Lebensnähe und des Erfahrungsbezugs fand, Prinzipien, die im ersten Drittel dieses Jahrhunderts längst schon für den Katechismusunterricht entwikkelt worden waren. Dem Einfluß der Jugendarbeit verdankt der Konfirmandenunterricht die Entdeckung der Bedeutung der Konfirmanden-»gruppe« mit der Betonung der Gemeinschaft sowie der persönlichen Beziehung zum »Gruppenleiter«, zum Pfarrer als Person. Schließlich haben selbstverständlich auch die neueren gemeindepädagogischen Einsichten (weites, ganzheitliches und generationsübergreifendes Lernverständnis, gemeinsam leben und glauben lernen) auf ihn übergegriffen[16]. Die im Einleitungskapitel dieses zweiten Teils dargestellten übergreifenden religionspädagogischen Grundüberzeugungen sind auch in nahezu allen neueren Veröffentlichungen zum Konfirmandenunterricht wiederzufinden. Die Kehrseiten sind jedoch ebenfalls bei genauerem Hinschauen nicht zu übersehen.

Die Einflüsse des *Religionsunterrichts* mußten verständlicherweise didaktischer und methodischer Natur sein, beschränkt auf die Unterrichtsseite, die thematisch-problemorientiert, curricular, sozialisationsbegleitend, symboldidaktisch oder ähnlich verändert werden sollte[17]. Die Reform hat dem Konfirmandenunterricht gutgetan. Der Vergleich der empirischen Daten der beiden EKD-Mitgliedschaftsstudien läßt vorsichtige positive Schlüsse zu[18]. Zumal vom sozialisationsbegleitenden Aspekt ist nichts zurückzunehmen[19]. Der Konfirmandenunterricht fällt in einen wichtigen Lebensabschnitt, und die im vorigen Kapitel festgestellten vorverlagerten Ablösungssituationen und Entwicklungskrisen verschärfen nur die Lage. Es ist sehr verständlich, daß viele Pfarrer (und auch Religionslehrer) die Grundaufgabe der »lebensbegleitenden erfahrungsnahen Identitätshilfe« auf dem kirchentheoretischen Hintergrund der »Volkskirche«[20] als die schlecht-

16. Vgl. exemplarisch *H.B. Kaufmann,* Konfirmandenarbeit in gemeindepädagogischer Verantwortung, im genannten Handbuch S. 407-424.
17. Vgl. auch *W. Gräb,* a.a.O. (Anm. 13), S. 323: »Die dominante Frage war und ist weitgehend die nach der pädagogisch-didaktischen Effektivierung des kirchlichen Unterrichts«.
18. *J. Hanselmann u.a. (Hg.):* Was wird aus der Kirche? Ergebnisse der zweiten EKD-Umfrage über Kirchenmitgliedschaft, Gütersloh 1984, S. 177, s. jedoch den Vorbehalt: »Eine hohe existenzielle Relevanz hat er aber für die Mehrheit ... nicht« (S. 179); vgl. noch differenzierter und ebenfalls mit Vorbehalten ferner *A. Feige,* Erfahrungen mit Kirche, a.a.O., S. 13-24, bes. S. 15, dessen Daten auf jeden Fall erweisen, daß der Konfirmandenunterricht so oder so eine »Basiserfahrung« für die Formulierung der persönlichen Bedeutung der Kirche ist.
19. *D. Stoodt:* Kirchliche Begleitung Jugendlicher in der puberalen Ablösungsphase durch den Konfirmandenunterricht, in: WPKG 62 (1973), S. 375-389, auch in: *Ch. Bäumler/H. Luther (Hg.):* Konfirmandenunterricht und Konfirmation. Texte zu einer Praxistheorie im 20. Jahrhundert, München 1982, S. 297-309.
20. Grundfragen der Religionspädagogik, Bd. II, Das pädagogische Handeln der Kirche, Gütersloh 1975, 3. Aufl. 1984, S. 101ff.

hin wichtigste ansehen. Aber unversehens und unterschiedslos gerät nun leicht alles - Religionsunterricht, Konfirmandenunterricht, Jugendarbeit - unter diese Perspektive, und jeweils andere, für diese Institutionen spezifische Faktoren werden ausgeblendet. Eine solche Entwicklung macht aus dem Konfirmandenunterricht didaktisch lediglich eine Variante des Religionsunterrichts mit leicht entschulender Tendenz; andere Merkmale werden marginal.

Der Einfluß der *Jugendarbeit* drückt sich am auffälligsten in der Umbenennung des »Konfirmandenunterrichts« in »Konfirmandenarbeit« aus[21]. Wohl noch stärker als schulpädagogische Elemente sind gruppenpädagogische integriert und ist an die »Erlebnisdimension kirchlicher Jugendarbeit« angeknüpft worden[22]. Der Konfirmandenunterricht soll »Lehre und Gemeinschaft« ernst nehmen, »hat aber seinen eigentlichen Schwerpunkt im Emotionalen«, so faßt Klaus Wegenast pointiert die Entwicklung zusammen[23]. Folglich gehen Lernbereich und Freizeitbereich besonders in den Konfirmandenfreizeiten ineinander über, und in der Tat erinnern sich die Konfirmanden an Unternehmungen in der Gruppe (Freizeiten, Fahrten, Wochenenden) am liebsten, weil sie Gemeinschaft untereinander erfahren haben - und vielleicht hierbei auch noch mehr[24]. In der Diskussion ist man sich einig, daß Freizeiten unverzichtbar sind und die Anlehnung an die Formen der Jugendarbeit insgesamt notwendig bleibt. Was hierdurch zu einer »pädagogischen Kultur des Vertrauens« beigetragen wird, ist kaum zu überschätzen. Es fügt sich nahtlos in unseren eigenen Theorieaufriß (vgl. Teil I, Kap. 2).

Christoph Bizer fragt jedoch mit Recht, ob das Persönliche und Gemeinschaftliche auch die *Inhalte* erreichen und tragen kann.

»Das Problem liegt darin, daß diese Gemeinschaft nicht nur freie Gesellungsform sein darf, sondern inhaltlich das Christliche tragen muß: Gemeinschaft *und* christliche Lebensform, gemeinsames Leben *und* Glauben. Die Lehrenden haben ihr Christentum in dieser Gemeinschaft persönlich zu repräsentieren. Die 'persönliche' Gemeinschaft aber steht unter Vorbehalt; sie wird von den Unterrichtenden für zwei Stunden oder vier Tage angeboten, jedenfalls als Ausnahmesituation ... Der Ansatz ist nicht mehr als ein Notbehelf ...«[25]

Wir können etwas positiver sagen: Die persönliche Gemeinschaft ist der immer

21. *J. Schildmann/B. Wolf:* Konfirmandenarbeit, Stuttgart 1979; *Comenius-Institut (Hg.),* Handbuch für die Konfirmandenarbeit, a.a.O. (Anm. 12).
22. *W. Gräb.* a.a.O. (Anm. 13), S. 322.
23. *K. Wegenast,* a.a.O. (Anm. 9), S. 349.
24. So die Befunde nach *J. Hanselmann u.a.,* Was wird aus der Kirche? a.a.O. (Anm. 18), S. 179.
25. *Ch. Bizer,* Facetten ..., a.a.O. (Anm. 13), S. 145.

wieder zu suchende Ausgangsort, die Grundlage, die für die »Inhaltsebene« wichtige »Beziehungsebene« (P. Watzlawick), eben der Raum der Vertrauensbildung und des hierdurch möglich werdenden persönlichen Wortes und Gesprächs (zu dessen tragender Bedeutung s. auch noch unten 3.). Dagegen rückt auf diese Weise eine andere Problematik und Aufgabe noch nicht klar genug vor Augen, das Problem des Glaubenkönnens heute als die Problematik des *Glaubensverständnisses*. Dies Problem betrifft die kirchliche *Lehre*. Das Ringen um das Glaubensverständnis gab in der Analyse unseres ersten Teils das schwergewichtige Fortsetzungsthema ab, nachdem zuvor von Gemeinschaft und Vertrauen die Rede war (vgl. die Abfolge der Abschnitte in Kap. 2). Mit der Frage nach dem Verständnis der Glaubenslehre aber wird der Unterricht der Kirche auf sich selbst als *Unterricht* verwiesen. Wir betonen Unterricht und Lehre nicht auf Grund eines lehrgesetzlichen Standpunkts von oben herab, um dem Konfirmandenunterricht diese Aufgabe gleichsam aus kirchenamtlichen Interessen zu verschreiben. Vielmehr stoßen wir auf sie von unten, weil die Jugendlichen nicht zurechtkommen.

Wir haben die andernorts bereits veröffentlichten Sachverhalte zum Verhältnis der Jugendlichen zur Kirche, zur Rechtfertigungsbotschaft und vor allem zur Gottesfrage, dem Kern und weithin Rest ihres religiösen Interesses, im vorigen Kapitel für die kirchliche Jugendarbeit zum Teil noch einmal vergegenwärtigt. Die jungen ehrenamtlichen Mitarbeiter in der Jugendarbeit sind jedoch an dieser Stelle überfordert. Gewiß hat auch der Konfirmandenunterricht seine deutliche Grenze; er ist kurz und liegt lebenszeitlich gesehen einerseits zu früh; die Radikalität des Fragens bricht später auf, wie wir ebenfalls festgestellt haben (andererseits könnten die Einübung in gottesdienstliches Leben und die Teilnahme am Abendmahl früher erfolgen). Die Hauptaufgabe hinsichtlich dessen, was Unterricht in der Breite systematisch leisten könnte, kommt daher auf den Religionsunterricht zu (s. noch unten Kap. 10). Auf jeden Fall aber steht auch für den Konfirmandenunterricht eine wohlverstandene Unterrichtsaufgabe an: die Einführung in grundlegende Sachverhalte der Kirche, ihrer Lehre und ihres Lebens, und des Zusammenhangs von beidem. Dabei ist selbst hier im innerkirchlichen Unterricht weithin die Hermeneutik und Didaktik des noch nicht vorhandenen Einverständnisses im Glauben vorauszusetzen (s. oben Kap. 8). Es geht um ein gemeinsames elementares Fragen und Antworten. Gebraucht werden Lehrende als erwachsene Partner, die theologisch kompetent sind, die die Frage, was in der Kirche gilt, ernst nehmen und gleichwohl den Glauben nicht mit fertigen Satzwahrheiten verwechseln.

Zum klassischen Kanon des Konfirmandenunterrichts gehört das *Glaubensbekenntnis*. Besonders einige seiner zentralen Aussagen bilden das Problem. Selbst Theologen machen manche Aussagen so zu schaffen, daß sie nicht imstande sind, das Apostolische Glaubensbekenntnis als Ganzes im Gottesdienst zu bekennen.

Die Konfirmanden sollen es, mit 14! Vor der hier liegenden Aufgabe darf der Konfirmandenunterricht nicht ausweichen; er muß sie allerdings nüchtern angehen. Es hilft nicht, den Katechismus nur als dogmatischen Lernstoff zu verordnen und damit einem dogmatistischen Mißverständnis zu verfallen, das bereits vor Jahrzehnten überwunden worden ist[26]. Es hilft aber auch nicht, seine Behandlung als veraltete Forderung beiseite zu schieben. Wir haben in der Diskussion der Konzepte zum Gemeindeaufbau die beunruhigende Beobachtung gemacht, daß der Gemeindeaufbau an den Verstehens- und Verständigungsaufgaben vorbei zu entwickeln versucht wird. Entweder werden die Glaubensfragen unzulässig vereinfacht oder zugunsten von christlichem Handeln und christlicher Gemeinschaft an den Rand gedrängt. Dies kann sich eine Theorie kirchlicher Bildungsverantwortung nicht leisten. Sie hat stellvertretend die ganze Kirche an jene Aufgaben zu erinnern. Der Konfirmandenunterricht soll zwar den Glauben in das *Leben* der Konfirmanden hineinziehen, aber in der Weise, daß hierbei auch ihre Probleme, die sie mit dem *Glauben* haben, behandelt werden: die Gottesfrage, die Christusfrage und die Frage des Sinns der Rede vom Heiligen Geist. Christen sind keine Muslime; manche gehen aber mit der Restgröße »Gott« in Loslösung von Jesu Kreuz und Auferstehung so um, als wären sie es. Was hat Jesus von Nazareth mit Gott zu tun? Was heißt »Gott - heiliger Geist«?

Christen glauben, wenn sie Gott, Jesus Christus und den Heiligen Geist bekennen, nicht an dogmatische Sätze als Sätze. Die Sätze des Bekenntnisses und Luthers Erklärungen zu den Hauptstücken im Kleinen Katechismus drücken den christlichen Glauben als eine Wahrheit aus, die mich persönlich angeht: »Ich glaube, daß *mich* Gott geschaffen hat samt allen Kreaturen ...«; »Ich glaube, daß Jesus Christus ... sei *mein* Herr ...« Luther geht auf das zurück, was in jedem Artikel des Credos letztlich allein zählt. Das Nachdenken über die Aussagen des Credos bleibt aber auch an ihrem Vorstellungsgehalt hängen: »auferstanden von den Toten, aufgefahren in den Himmel ...« - Umschreibungen des unergründlichen Geheimnisses des Glaubensgrundes. Mancher Konfirmandenunterricht leitet bereits dazu an, diese schweren Formeln vorsichtig in andere, eigene Worte zu fassen. Wenn das gelingt, kann man sie auch weiter selbst verwenden; der alte Wortlaut umschließt einen Sinn, den man für sich selbst entdeckt hat (zur hermeneutischen Problematik, die auch im Konfirmandenunterricht wie im Religionsunterricht nicht ausgeklammert werden kann, vgl. bereits ausführlich Kap. 3).

Fassen wir den zweiten Teilgedankengang *zusammen,* zeigt sich inmitten des 'Kontextes' der Liturgie, d.h. des Gottesdienstes, die Unterrichtsaufgabe als der 'Text' des Konfirmandenunterrichts. Wie an keiner Stelle sonst muß die Kirche

26. Vgl. *O. Eberhard:* Der Katechismus als pädagogisches Problem, Berlin 1912, *ders.:* Der Katechismus als pädagogisches Problem im Lichte des Arbeitsschulgedankens, Osterwieck 1923.

im Konfirmandenunterricht zeigen, wie sie theologisch und pädagogisch Unterricht und damit Lehren und Lernen versteht. Der Konfirmandenunterricht ist bisher vorwiegend von anderen religionspädagogischen Handlungsfeldern her bestimmt worden. Es ist an der Zeit, daß er sich aus seinen eigenen Voraussetzungen und seinem eigenen Gegenstand her bestimmt, nicht zuletzt aus seiner eigenen weit zurückreichenden Geschichte. Aus diesem Grund werden wir das Kapitel mit Grundbestimmungen zum Unterricht beschließen, die nicht allein aus modernen Unterrichtslehren gewonnen sind, sondern anhand von Augustinus primär aus dem Denkerbe der Kirche selbst (s. unten 3.).

Konfirmandenarbeit in der Volkskirche zwischen »kirchlich-gemeindlichem« und »modernem« Problemansatz

Der bisherige Gedankengang provoziert die Frage, ob zugunsten des Beziehungsgefüges von Sakrament (Taufe), Kasualie (Konfirmation) und Gottesdienst, mit dem Nachdruck auf der unterrichtlichen Herausforderung durch Glaubensaussagen und kirchliche Lehre, die volkskirchlich-gesellschaftliche Realität aus dem Blickfeld gerät[27]. Dies ist nicht der Fall. Lage und Einstellungen der Jugendlichen in Gesellschaft und Kirche (Kap. 8) sind nicht vergessen - warum wohl haben wir mit ihnen begonnen? Obwohl wir bis jetzt - vom Hintergrund der Problemansätze des Grundlagenteils her beurteilt - den Konfirmandenunterricht vom *»kirchlich-gemeindlichen«* Ansatz her in den Blick genommen haben, weil seine Sache es so erforderte, hat sich das Gewicht der Bedingungen der *»Moderne«*, unser zweiter Problemansatz, damit keineswegs in unerheblich gewordene Randphänomene aufgelöst.

Oder konkreter: Wir haben zwar in der Tat zunächst den Konfirmandenunterricht durch alle Abschnitte des zweiten Kapitels des ersten Teils durchdekliniert *(»Bildungsverantwortung und Gemeinde«)* und sind hierbei erstens auf die Liturgie im weiten Sinne als Grundlage und Rahmen gestoßen, auf die Klärung der theologischen Grundlagen des Konfirmandenunterrichts und die Erneuerung seiner Praxis vom Gottesdienst, besonders vom Sakrament der Taufe her, in dem sich das Christusgeschehen für uns sinnfällig ausdrückt (vgl. Kap. 2.8). Zweitens entdeckten und bejahten wir mit der Nähe des Konfirmandenunterrichts zur Jugendarbeit, daß es auch für ihn notwendig ist, die pädagogischen Hilfen zum Glauben als Vertrauensbildung zu verstehen (vgl. Kap. 2.4). Mit seinem Erfah-

27. Es ist das Verdienst *W. Neidharts*, schon vor Jahren auf sie besonders nachdrücklich aufmerksam gemacht zu haben (Konfirmandenunterricht in der Volkskirche, Zürich 1964).

rungs- und Lebensbezug trägt der Konfirmandenunterricht drittens in Anlehnung an die Reformphase im schulischen Religionsunterricht der Einsicht Rechnung, daß schwerlich überzeugend vom Glauben die Rede sein kann, wenn ihn nicht das christliche Lebenszeugnis stützt (vgl. Kap. 2.7). Die Formel »zu lernen, was es heißt, als Christ in unserer Zeit zu *leben«* ist eine der einleuchtendsten Leitperspektiven der Konfirmandenarbeit geworden. Zuletzt mußten wir jedoch eindringlich die Unterrichtsaufgabe in das Gesamtbild eintragen. Sie ist nicht nur um der Sache der Kirche, sondern bereits um der Jugendlichen selbst willen notwendig: »Lernen, was es heißt, als Christ in unserer Zeit zu *glauben«* (Kap. 2.5 und 2.6).

Die hiermit gemeinte Aufgabe ist sperrig. Konfirmandenunterricht, Religionsunterricht (s. Kap. 10) und kirchliche Erwachsenenbildung (s. Kap. 12) haben je auf ihre Weise an dieser schwierigen Aufgabe Anteil, an dem Grundsinn von Unterricht als *Verstehen* und *Verständigung.* Wer aber diese Seite wegen der Schwierigkeiten vernachlässigt, unterbietet schließlich das Fragepotential der noch an Religion interessierten wachen Zeitgenossen überhaupt. Sie erwarten eine rechenschaftsfähige Kirche. Mit dem Verhältnis von Kirche und Zeitgenossenschaft aber kommt das Voraussetzungs- und Problemgefüge des dritten Kapitels aus dem Grundlagenteil ins Blickfeld: *»Bildungsverantwortung im religiösen Wandel«* - unser zweiter analytischer Ansatz. Es wäre ein großer Irrtum, anzunehmen, weil vom Unterricht der Kirche *in* der Kirche die Rede ist, sei *innerhalb* der Mauern der Kirche die »moderne« Welt mit ihren neuzeitlichen Lebensbedingungen und -auffassungen außer Kraft gesetzt. Die Konfirmanden sind dieselben Jugendlichen wie die Schüler im Religionsunterricht. Sie haben ein deutliches Interesse an *Selbstbestimmung* und lehnen bevormundende Institutionen im Prinzip unnachsichtig ab. Angepaßte politische Haltungen sprechen nicht dagegen; um so empfindlicher achten sie darauf, daß der Privatbereich frei bleibt; hiermit setzte die Analyse des dritten Kapitels ein. Auf die Kirche angewandt: Sie hat es im Konfirmandenunterricht selbstverständlich auch mit allen Abschattungen volkskirchlich-gesellschaftlichen und privaten Christentums zu tun. Die Theorie des Konfirmandenunterrichts würde ihre Voraussetzungen völlig verkennen, wenn sie nur von einem »kirchlich-gemeindlichen Ansatz« her denken und gar nur von kerngemeindlichen Erwartungsnormen aus urteilen würde. In der jüngeren Diskussion betonen besonders Christof Bäumler, Henning Luther und, ihnen sich anschließend, auch Gert Otto den *»Konfirmand(en) als Subjekt«.*

Diese Position ist mit der Absage an eine »einseitig objektivistische, vorrangig vom 'Wesen der Kirche' her argumentierende Erörterung der Konfirmationsproblematik (verbunden), die die betroffenen Konfirmanden als Objekte der Integration behandelte, nicht aber als Subjekte ernstnahm«[28].

28. *Ch. Bäumler/H. Luther (Hg.),* Konfirmandenunterricht und Konfirmation, a.a.O.

Wenn freilich Otto meint, mit dieser Formel (»der Konfirmand als Subjekt«) sei »der entscheidende theologische Ansatz der Konfirmandenarbeit für die Zukunft umschrieben«[29], wäre statt dessen richtiger zu sagen, daß mit der Perspektive subjektiver Selbstverantwortlichkeit ein für die Konfirmandenarbeit wie für die Theorie kirchlicher Bildungsverantwortung überhaupt maßgebliches Kriterium neben anderen erfaßt ist. Wegen seiner Allgemeinheit trägt es für die besondere Aufgabenbestimmung des Konfirmandenunterrichts sowenig aus, wie ein genus proximum die differentia specifica noch nicht zwingend enthält. Dasselbe Kriterium könnte man für die Jugendarbeit[30], den Religionsunterricht und die kirchliche Erwachsenenbildung als maßgeblich erklären; man wäre aber in der Spezifizierung damit ebenfalls noch nicht weit genug vorgedrungen.

Der »moderne« Ansatz, der bei der Lage der heranwachsenden Jugendlichen in der modernen Gesellschaft anhebt, muß daher neben dem Interesse an freiem Spielraum noch in einer weiteren Grundbestimmung zum Zuge kommen. Erst mit ihr rundet sich der Kreis der Bestimmungen, wird der theoretische Interpretations- und praktische Handlungsrahmen voll sichtbar. Mit dem Grundbedürfnis des modernen Menschen nach »Bewegungs- und Entscheidungsfreiheit«, wenigstens in der Privatsphäre, verbindet sich das ebenso starke Bedürfnis nach *»sozialer Verankerung«* (Kap. 2.1, S. 143). Es spiegelt die Bedrohung durch Isolation, Anonymität und »Heimatlosigkeit« als Signatur unserer Lebenslage[31]. Der Lebenslauf braucht soziale Abstützung und hilfreiche Begleitung.

Aus dieser Perspektive erklärt sich wahrscheinlich am ehesten der Sachverhalt, warum seit langem *Taufe und Konfirmation als Passageriten* beurteilt werden, die jene schützende Einbettung an zwei Übergängen im Lebenslauf

(Anm. 19), S. 31. - *F. Schmitthenner* mußte für den Stand der Entwicklung bis zur zweiten Hälfte der 70er Jahre feststellen, daß in den Rahmenordnungen der Trend anders verläuft, er geht auf eine »Dominanz« des »theologisch-kirchlichen Ansatzes« zu, in: *ders.:* Neue Rahmenordnungen, Leitlinien und Rahmenpläne zum Konfirmandenunterricht. Kommentarband (Comenius-Institut Dokumentation Nr. 2), Münster 1978, S. 67ff. Schmitthenners eigenes Interesse richtet sich gegen »Binnenkirche« oder »Volkskirche« als falsche »Alternative« (S. 155) und betont den Vorrang der »seelsorgerlichen Aufgabe« an den Jugendlichen selbst »vor dem Ordnungsdenken« (S. 159). Zum Stand der Entwicklung zu jenem Zeitpunkt vgl. auch den Dokumentationsband selbst (CID 1, Münster 1977).

29. *G. Otto:* Zur Konfirmationsproblematik, in: ThPr 23 (1988), 2, S. 123-129, hier S. 126f.
30. Vgl. zu diesem Kriterium oben Kap. 8, bes. S. 364ff., das aber dort ebenfalls eine entsprechende spezifische Konkretisierung verlangte.
31. *P.L. Berger/B. Berger/H. Kellner:* Das Unbehagen in der Modernität, Frankfurt/M./ New York 1973, S. 168: Die »Befreiungen« der Modernität haben »einen hohen Preis. Er läßt sich vielleicht am leichtesten wieder mit dem Begriff der 'Heimatlosigkeit' bezeichnen.«

gewähren. Wie wir noch sehen werden, leisten sie dies auch für die Eltern. Entsprechend der christentumstheoretischen Aufgliederung D. Rösslers kommt jetzt nach dem kirchlich verfaßten und dem von uns soeben berührten privatpersönlichen Christentum das gesellschaftliche Christentum in seiner subjektiven Funktion zum Vorschein[32]. Diese Seite ist für die Betroffenen und Beteiligten in der Regel sogar die nächstliegende. Folglich wird der Kontext, den wir schrittweise ausgemessen haben, jetzt erst *abschließend* vollständig deutlich: Konfirmandenunterricht und Konfirmation sind in den Zusammenhang von Taufe und gottesdienstlichem Leben der Gemeinde (Predigt, Abendmahl) eingebettet, in die persönliche (religiöse) Lebenslinie und in den Zusammenhang des immer auch vergesellschafteten[33] Lebenslaufs: er ist aus der Sicht der Konfirmanden und ihrer Eltern sogar zuerst zu nennen. Darum lautet der Untertitel dieses Kapitels: »Konfirmandenunterricht im Zusammenhang von *Lebenslauf und Gottesdienst«,* in dieser Reihenfolge.

Konfirmandenzeit - Gottes Zeit - Lebenszeit

Es ist nun unser Interesse[34] - um Anfang und Ende des ersten Teils dieses Kapitels zusammenzufassen -, die beiden Seiten nicht gegeneinander auszuspielen, sondern zusammenzufügen. Wie Jugendarbeit und Religionsunterricht steht auch der Unterricht der Kirche in der Spannung theologischer und pädagogisch-anthropologischer Perspektiven. Schon aus funktionaler Sicht sind Taufe und Konfirmation jeweils beides: Die Taufe ist das Sakrament der Eingliederung in den Leib Jesu Christi, als Zeichen der Teilhabe am Christusgeschehen, *und* sie ist als Familienfeier ein Ereignis im Lebenslauf und in der Familiengeschichte; die Konfirmation ist Taufgedächtnis und Gelegenheit zu antwortendem und einstimmendem Bekenntnis mit der Gemeinde als Leib Christi, *und* sie ist eine Kasualie

32. *D. Rössler:* Grundriß der Praktischen Theologie, Berlin/New York 1986, § 6.1: Die dreifache Gestalt des Christentums in der Neuzeit, S. 79ff.
33. Vgl. auch *J. Matthes:* Volkskirchliche Amtshandlungen, Lebenszyklus und Lebensgeschichte, in: *ders. (Hg.):* Erneuerung der Kirche. Stabilität als Chance? Gelnhausen/Berlin 1975, S. 83-112. Matthes versteht im Unterschied zur »Lebensgeschichte« unter »Lebenszyklus« »die gesamtgesellschaftlich geregelte und geltende Bestimmung des 'normalen' Lebenslaufes mit seinen 'typischen' Einschnitten, Höhepunkten und Krisen« (S. 88f.). Vgl. auch *P. Cornehl:* Frömmigkeit - Alltagswelt - Lebenszyklus, in: WPKG 64 (1975), S. 388-401.
34. Ein ähnliches Interesse wie hier für die Konfirmation in Verbindung mit der Taufe verfolgt *Ch. Grethlein* für die Kindertaufe als solche: Kindertaufe - Kasualie und/oder Sakrament? Soziale Geburt und/oder Eingliederung in den Leib Christi?, in: ThPr 23 (1988), 2, S. 108-115.

in einer lebensgeschichtlichen Übergangssituation. Die jeweils aus der zweiten Perspektive sich ergebende Respektierung des Jugendlichen als Person gehört konstitutiv mit zur Sache des Konfirmandenunterrichts.

Bevor wir die Verschränkungen beider Perspektiven näher beleuchten, sei zusätzlich zu der mehr äußerlichen funktionalen eine anthropologische und theologische Verbindung in den Kategorien des *Prozesses*, der *Zeit* und des *Weges* vollzogen. Der Lebenslauf eines Menschen ist *anthropologisch* gesehen ein Prozeß in der Zeit. Jeder von uns braucht Zeit, um sich zu orientieren, um Angebote zu prüfen, um Identifikationen selbständig zu erproben, im Falle der Säuglingstaufe: um sie nachträglich zu verstehen. Gott handelt *theologisch* gesprochen auf seine Weise in der Zeit, ist in Jesus Christus in unsere Zeit eingegangen, geht in sie immer wieder neu ein als Heiliger Geist, nimmt sich Zeit und läßt Zeit; er kann warten. Der Zeitpunkt der Taufe - ob Säuglingstaufe, Taufe in der späteren Kindheit, Taufe als mündig gewordener Jugendlicher oder noch später als Erwachsener - ist, von Gott her gesehen, zweitrangig.

Taufe und Glauben gehören zwar neutestamentlich unauflöslich zusammen. Wer aber diesen Zusammenhang theologisch überbetont und die Gläubigentaufe als Maßstab verabsolutiert, verkennt, was soeben in der zweiten Hinsicht über die Zeit gesagt worden ist: Nicht unser Glaube schafft uns unser Heil in der Taufe, sondern er empfängt in ihr das Heil, das Gott in seiner souveränen Gnade gibt[35]. Das heißt zweierlei: Unter dem Aspekt der Heilsgeschichte Gottes mit uns hat erstens die Erwachsenentaufe der Säuglingstaufe nichts voraus. Zweitens ist unsere Antwort - damit Taufe nicht magisch-sakramentalistisch mißverstanden wird - ebenfalls in *beiden* Fällen, zu *jedem* Zeitpunkt, unvollkommen[36]. Die

35. »Mein Glaube machet nicht die Taufe, sondern empfähet die Taufe«, so Luther im Großen Katechismus (BSLK S. 701, 41f.), dazu *W. Lienemann:* Taufe - Mitte und Grenze der Kirche, in: *Ch. Lienemann-Perrin,* a.a.O. (Anm. 3), S. 186.
36. »Welchen Zeitpunkt man auch wählt, in jedem Fall muß man sich vor der Illusion hüten, daß der Akt der Taufe und das Ja des Getauften zeitlich und sachlich je zur vollen Deckung kommen können«, *Ch. Lienemann-Perrin*, a.a.O., (Anm. 3), S. 24. Auf Grund dieser Perspektive kann ich *W. Neidhart:* Die Behandlung der Taufe im Konfirmandenunterricht. Anfragen an die traditionelle Tauflehre, in: ku-praxis 24, Gütersloh 1988, S. 16ff., mit seiner schroffen Gegenüberstellung von »Gläubigentaufe« und »Kindertaufe« nicht folgen. Gemessen an der Gläubigentaufe erscheint ihm die Kindertaufe bei Jugendlichen, die trotz unterrichtlicher Bemühungen kirchlich distanzierte Erwachsene werden, als »*Regelwidrigkeit* im volkskirchlichen Betrieb, und man sucht nach Möglichkeiten, einen solchen *Betriebsunfall* in Zukunft durch bessere Ausbildung der Eltern für ihre Erziehungsaufgabe und durch strengere Bedingungen für die Gewährung der Kindertaufe *auszumerzen*« (S. 19, Hervorhebungen durch mich). Eine solche Charakterisierung mag einerseits zu Recht ein geistlich völlig überanstrengtes kirchliches Erziehungspathos brandmar-

Säuglingstaufe ist sicherlich unter dem Blickwinkel unserer Glaubensgeschichte nur ein Beginn; aber jede spätere Taufe ist umgekehrt alles andere als ein Ende. Somit ist, von Gottes Heilsgeschichte mit uns und von unserer Glaubensgeschichte mit ihm her betrachtet, nur ein Denken in Wegkategorien konkreter lebensgeschichtlicher Zeit angemessen. Dem entsprach bereits oben die zeitliche Dynamisierung von Taufe und Konfirmation in den Formeln vom taufenden und konfirmierenden Handeln der taufenden und konfirmierenden Gemeinde. Die Taufe ist zwar unwiderruflich und unwiederholbar, aber das Heil, das sie bezeichnet und für uns zum Anlaß der Erinnerung macht, können wir nur mit Gottes Hilfe in der Zeit unseres ganzen Lebenslaufs erkennen und erfassen. Aus dieser Perspektive ist die Firmung, ist die Konfirmation eine vergegenwärtigende Bekräftigung (»confirmatio«) auf einem Weg in der Zeit, auf dem einerseits die Erwachsenen den Heranwachsenden helfen, andererseits die erwachsenen Christen mit den Kindern und Jugendlichen gemeinsam glauben und leben lernen[37].

2. Erneuerung der Praxis des Konfirmandenunterrichts von Taufe und Konfirmation her als Aufgabe der Gemeinde

Taufendes Handeln der Gemeinde und die Gemeinde als Kommunikationsfeld

Was bisher ausgeführt worden ist, hat bereits Anhalt an Erneuerungsversuchen in der Praxis selbst. Wir wollen ihnen exemplarisch in derselben Reihenfolge nachgehen wie im ersten Abschnitt, wiederum also mit der Taufe beginnen, im Umfeld »Gemeinde«, weit im Vorfeld des späteren Konfirmandenunterrichts.

Wir beziehen uns auf zwei Berichte, die beide betonen, wie wichtig eine »allmähliche und vorsichtige Vorbereitung der Gemeindeglieder« ist, wenn man neue Wege gehen will[38]. Sie zeigen ferner in ermutigender Weise, daß Eltern erstaunlich eigenständig mitmachen. Man gewinnt den Eindruck, daß die Strukturen unseres traditionellen »Gemeindelebens« die eigenständige Mitwirkung leider oft verhindern.

Der Bericht von Gerda Minx (Pfarrerin) und Rosemarie Korinth aus der Kirchengemeinde Köln-Neue Stadt ist zunächst die Geschichte eines *Taufaus-*

ken wollen; sie ist andererseits nur möglich, weil die soeben formulierte doppelte Relativierung - von Gottes Handeln und von unseren Antwortmöglichkeiten her - nicht genug gesehen wird.

37. S. *Luthers* Ausführungen im Großen Katechismus, wonach ein jeder Christ »sein Leben lang genug zu lernen und zu üben (habe) an der Taufe,« (BSLK, S. 699, 28f.).

38. *Ch. Lienemann-Perrin*, a.a.O. (Anm. 3), S. 444.

schusses, der sich mit Fragen der Erwachsenentaufe und gleichzeitig der anstehenden Säuglingstaufen befaßte. Anschließend wurden Eltern und Paten zu einer *Taufrunde* eingeladen; sie ermöglichte *Taufgespräche.* Sodann wurde ein *Taufbesucherkreis* gegründet, dessen Mitglieder drei Jahre lang die Tauffamilien am Tauftag aufsuchten. Nachdem die getauften Kinder älter geworden waren, fand die Überlegung breiten Anklang, Tauffamilien mehrerer Jahrgänge zu einer gemeinsamen *Feier der Tauferinnerung* während der Adventszeit einzuladen, an der etwa 140 Personen teilnahmen. Hier wie schon bei den Taufbesuchen spielte die Taufkerze eine Rolle.

»Die große brennende Taufkerze wurde vom Altar genommen und in der Mitte des Raumes auf den Boden gestellt. Die Familien fanden sich wieder zusammen, und wir versammelten uns alle um die brennende Taufkerze. Nachdem jede Familie ihre Kerze an der Taufkerze entzündet hatte, erzählten wir den Kindern: 'Diese Kerze hat in dieser Kirche gebrannt, als euch eure Eltern zur Taufe brachten, um zu zeigen, daß Gott auch euer Vater ist und ihr zur großen Familie der Kinder Gottes dazugehört.' Das sogenannte Kinderevangelium wurde aus der Bibel vorgelesen und der aronitische Segen gesprochen. Beim Abschied wurde der Wunsch nach Wiederholung solcher Feiern laut. Wir stießen auf ein von uns bisher zuwenig beachtetes Bedürfnis.«[39]

In der zusammenfassenden Deutung hebt der Bericht vier Punkte besonders hervor. Erstens wurde die Taufe ein *»Sakrament der Gemeinde«* (taufende Gemeinde) (S. 452). Zweitens verwandelte sich das *»Taufbekenntnis«,* das zunächst in der *»stellvertretende(n) Antwort von Eltern und Paten«* bestand (ebd.), aus einem entleerten in einen verstandenen Ritus; denn in der Taufrunde, »einer Art Eltern- und Patenkatechumenat« (S. 453), wurde auf Grund der gemeinsamen Arbeit an vorgelegten Bekenntnisformulierungen ein »neues Verstehen des Glaubensbekenntnisses« geweckt (ebd.). Drittens übernahm der Taufbesucherkreis die Aufgabe der *»Tauferinnerung«,* das *»Patenamt der Gemeinde«.* Viertens kamen die »getauften Kinder« als »Glieder am Leib Christi« zu *gemeinsamen Feiern* mit den Erwachsenen zusammen. Sie bildeten »mit den Erwachsenen zusammen die eine Kirche, die weder generationsbedingte noch andere Spaltungen kennt (Gal 3,27f.)« (ebd.). Gänzlich verbannt wurde eine Haltung, die auch nur von ferne daran erinnern könnte, als sitze man »zu Gericht über die angeblich verantwortungslosen kirchenfernen Gemeindeglieder« (S. 454). Das Fazit lautet: »Die Erneuerung der Taufpraxis in Köln-Neue Stadt mündet in den Aufbau lebendiger Gemeinde«, und sie »setzt sich fort in Familienbesuchen, Kindersegnungsfeiern und später im Konfirmandenunterricht« (ebd.).

Der zweite Bericht stammt von Christoph Müller aus einer größeren Stadtgemeinde in der Schweiz. Die Gemeinde ist ziemlich gemischt zusammengesetzt.

39. *Ch. Lienemann-Perrin,* a.a.O., S. 452.

Der Berichterstatter ist ebenfalls grundsätzlich davon überzeugt, »daß es unumgänglich ist, neue Wege zu gehen«; Beobachtungen, Reflexionen und Erfahrungsberichte aus verschiedenen Kirchen lassen daran »keinen Zweifel«[40]. Der Bericht stellt den Schwierigkeiten und Fallen des unvorbereiteten Taufgesprächs die *»Chancen und Möglichkeiten des vorbereiteten Taufgesprächs«* gegenüber. Es fand jeweils mit einem Elternpaar (und den Paten) statt. Die entscheidende Entdeckung: Indem die Eltern zuvor über ihnen ausgehändigte Unterlagen nachdenken konnten, erwarben sie eine *»eigene Frage- und Antwortkompetenz«*[41].

Bei den Vorgaben handelte es sich um Listen mit Taufsprüchen, im späteren Verlauf um von Eltern selbst verfaßte Taufversprechen bzw. Tauffragen und -gebete, die anderen Taufeltern vorgelegt wurden, ferner um zur Erörterung gestellte »Meditationen« des Pfarrers, die »unterschiedliche Taufinterpretationen« anklingen ließen, außerdem um ein während eines weiteren Taufgesprächs eingebrachtes Blatt mit verschieden gefaßten trinitarischen Glaubensbekenntnissen, schließlich um aufgelistete mögliche Themen für Gesprächs- und Informationsabende (»Mit Kindern Gott erfahren«, »Eigene Fragen zum Glauben«). Statt daß wie beim unvorbereiteten Taufgespräch nach den üblichen Höflichkeiten und formalen Aspekten *»unvermittelt* noch irgendwo« eine »Belehrung« eingebracht wird (S. 120), wodurch das Taufgespräch ein »Musterbeispiel *gestörter Kommunikation«* wird (121), begann jetzt ein »gemeinsamer Weg« (120), mit einem »erstaunlich« großen Interesse an seiner Weiterführung (119). Er schloß auch eine Beteiligung bei der Taufliturgie ein: »immer ist ein Elternteil bereit, im Gottesdienst die Kerze des Täuflings an der Osterkerze (beim Taufbecken) zu entzünden. Die Symbolhandlung wird zur Auslegung des Taufgeschehens« (ebd.).

Mehreres fällt an diesem Bericht auf. Zunächst stößt man wieder auf größere unterschwellige Interessen als vermutet. Nicht wenige Eltern haben Fragen; sie sind mit der Praxis und Lehre der Kirche in einem inneren Gespräch, und sei es noch so bruchstückhaft. Nach den Befunden des vorangegangenen Kapitels strecken auch manche Jugendliche noch Fühler aus. Eltern wie Jugendliche werden allerdings irritiert, wenn sie sich die Kirche als eine Instanz vorstellen müssen, die nur eine einzige richtige Antwort zuläßt. Umgekehrt sind sie ermutigt, wenn sie wie im Falle der Taufeltern im Bericht von Ch. Müller sehen, »daß es *die* Taufdeutung nicht gibt« (S. 118). Es ist ferner »beeindruckend« zu beobachten, so fährt der Bericht fort, »wie präzise und differenziert immer wieder das angegangen wird, was die Eltern bewegt. Sie sind nicht von der Meinung oder den Fragestellungen des Pfarrers abhängig; sie sind imstande, ihre eigene Überzeugung zu formulieren« (ebd.). An biblischen Tauftexten nehmen

40. *Ch. Müller:* Beteiligung von Eltern und Taufpaten bei der Vorbereitung und der Durchführung der Taufe, in: ThPr 23 (1988), 2, S. 115-123, hier S. 116.
41. A.a.O., S. 120.

sie neue Aspekte wahr, die mit ihren Erfahrungen zusammenhängen. Auf Grund dieser »Eigenständigkeit« kann über der Arbeit an Bekenntnisformulierungen ein Credo gewonnen werden, »das zu den Eltern zu sprechen beginnt« (ebd.). Zusammengefaßt: »Das Taufgespräch stellt einen Anfang des viel weiterreichenden Prozesses der Übernahme von Verantwortung als Mit-Subjekte der Gemeinde dar« (123).

Alle zentralen Gesichtspunkte aus dem ersten Abschnitt dieses Kapitels kehren praxisbezogen wieder. Noch wichtiger ist aber, daß sie nicht auseinanderstreben, sondern sich gemäß unserem im Grundlagenteil begründeten doppelten Ansatz zusammenfügen. Zunächst erkennen wir Aspekte des *Gemeindeaufbaus* und der *Gemeindepädagogik,* die um das Sakrament der Taufe versammelt sind. Alles kreist um die Mitte der Kirche, die sich in diesem Sakrament zusammen mit dem Abendmahl verkörpert (vgl. Röm 6,1ff.). Zugleich verbindet sich dieser »kirchlich-gemeindliche« Ansatz (Kap. 2) mit der *Freigabe und Selbständigkeit des einzelnen,* was wir als ein unverlierbar gültiges Merkmal des neuzeitlich-»modernen« Ansatzes ansehen (Kap. 3).

Man kann hinsichtlich der Verschränkung der kirchlichen und neuzeitlichen Perspektive theologisch noch einen Schritt weitergehen. Gerade von *Karl Barths Tauflehre* her kann die innere *Entsprechung,* nicht Identität, zwischen der *libertas moderna* und der *libertas christiana* besonders beleuchtet werden. In den sonst so umfangreichen Studien bei Ch. Lienemann-Perrin bleibt diese Frage leider als offene Aporie unerörtert. Karl Barth bringt auf der Grundlage des Christusgeschehens, das in der Taufe zum Ausdruck kommt, ein Bild des Menschen vor Gott auf den Begriff, das jenen anthropologischen Begriff von Freiheit und Mündigkeit der Person in sich schließt, ja, allererst begründet, dessen eigenständige Bedeutung wir mit der Behandlung des neuzeitlich-nachaufklärerischen Christentums in dieser Untersuchung zu berücksichtigen versuchen[42].

»Das Gnadenhandeln Gottes« ist nach Barth, so Joachim Track, »ein Handeln, das den Menschen in seinem Subjektsein, in seiner Freiheit anspricht und auf seine Freiheit zielt. Der Mensch kann im Glauben in neuer Weise Herr seiner selbst werden und frei werden von den ihn versklavenden Mächten seines Lebens.« Glaube befähigt »zur freien Antwort«[43]. Barths Vorbehalte gegenüber der Säuglingstaufe dürfen daher nicht kurzschlüssig betrachtet, sondern müssen auf dem Hintergrund seines theologischen Interesses an einer frei verantworteten

42. Wir greifen aus der Sekundärliteratur besonders auf: *J. Track:* Kinder- oder Erwachsenentaufe? Zur Auseinandersetzung mit Karl Barths Taufverständnis, in: EvErz 40 (1988), 2, S. 136-155; *W. Lienemann:* Taufe und Kirchenzugehörigkeit in der »Kirchlichen Dogmatik« Karl Barths, in: *Ch. Lienemann-Perrin,* a.a.O. (Anm. 3), S. 246-279; vgl. ferner: *E. Jüngel:* Karl Barths Lehre von der Taufe. Ein Hinweis auf ihre Probleme, in: *ders.:* Barth-Studien, Zürich u.a. 1982, S. 246-290.

43. *J. Track,* a.a.O., S. 138.

Antwort des Menschen verstanden werden[44]. Sein Widerspruch gegen eine magisch-sakramentalistische Deutung der Taufe richtet sich gegen die »Eskamotierung des freien - des von Gott zu eigenem, verantwortlichem, freiem Tun befreiten und aufgerufenen Menschen ...«[45]. In der Taufe, die einerseits, weil sie ganz die souveräne Gnade Gottes ausdrückt, den Menschen ganz als von Gott abhängig faßt, wird andererseits der Mensch »als von Gott verschiedenes, als in aller Abhängigkeit vor ihm selbständiges, als mündiges Geschöpf ernst genommen, zu seiner eigensten Tat ermächtigt, eingeladen, befohlen und ermutigt.«[46]

Praktisch-theologisch und besonders religionspädagogisch gesehen, bedeutet dies, daß eine Taufpraxis, die dem zu freier Antwort einladenden Handeln Gottes entspricht, in einer »Kirche der offenen Grenzen« ein *Kommunikationsfeld* fördert, das vom Geist der *Freiheit* und *Offenheit* bestimmt ist. Bäumler hat dieses Kommunikationsfeld vor Augen, wenn er pointiert die Gemeinde eine »Gemeinde der Befreiten« nennt[47]. In diesem Kommunikationsfeld kann auch die Konfirmandenzeit einen entsprechenden theologischen *und* pädagogischen Grundcharakter erhalten. Isolierte unterrichtsmethodische Neuerungen genügen hierfür noch nicht.

Es fehlt der Raum, aus der Kirchengemeinde Köln-Neue Stadt zu berichten, wie die neue Taufpraxis »ihre *natürliche Fortsetzung in der Erneuerung von Konfirmandenunterricht und Konfirmation«* gefunden hat[48]. Mit Bezug auf diesen Bericht sei nur folgendes noch angemerkt:

Es handelt sich auch jetzt, bei der Erneuerung der Konfirmationspraxis, nicht um einen abstrakten Alternativvorschlag, der dogmatisch überzeugen will, aber die volkskirchliche Realität nicht beachtet (S. 460). Verständlicherweise ist ferner in der von der Taufe her gewonnenen Perspektive die Konfirmation nicht in erster Linie als Zulassung zum Abendmahl verstanden worden, sondern als »Taufbestätigung« oder »Festmachen der Taufe« (461). Die Diskussion um das Abendmahl für Kinder und die zu erwartende weitere Entwicklung wird die Verknüpfung von Konfirmation und Abendmahl wohl ohnehin in Zukunft zumindest lockern[49]. Schließlich wird von einem »Taufgottesdienst für Konfirmanden« berichtet, in dem mehrere Monate vor der Konfirmation sieben Konfirmanden getauft worden sind (468).

Im Gegensatz zu der Skepsis W. Neidharts (»Das Zuschauen bei der Taufe von

44. A.a.O., S. 142.
45. *K. Barth,* KD IV, 4, S. 116, 36ff., zitiert nach *W. Lienemann,* a.a.O. (Anm. 42), S. 264.
46. KD IV/4, S. 39, 17ff., zitiert nach *W. Lienemann,* a.a.O. (Anm. 42), S. 260.
47. In: *Ch. Bäumler:* Kommunikative Gemeindepraxis, München 1984.
48. *Ch. Lienemann-Perrin,* a.a.O. (Anm. 3), S. 454 (Hervorhebung durch mich).
49. Vgl. *R. Hempelmann u.a. (Red.):* Abendmahl mit Kindern. Entwicklung in den Evangelischen Kirchen in der Bundesrepublik Deutschland und in der Deutschen Demokratischen Republik, Dokumentation 1977-1982, Münster 1983 (CID 4).

Kindern ersetzt nicht, was ein Täufling bei seiner eigenen Taufe erlebt oder erleben könnte, wenn er nicht ein Säugling wäre«[50]) war dieser Gottesdienst in der Kölner Gemeinde eindrücklich: »Freude auf die Konfirmation kam auf. Mehr als alle Erklärungen schien die gemeinsame Feier der Taufe einen existentiellen Stellenwert gegeben zu haben« (470).

Die weitere Entwicklung der Konfirmationspraxis wird in unseren Landeskirchen zum einen von den *Veränderungen in der Abendmahlspraxis gegenüber Kindern* beeinflußt werden. Mehr aber noch wird wohl zum anderen der Umstand ins Gewicht fallen, daß bereits 1984 »EKD-weit 7 % aller Taufen als Konfirmandentaufen vollzogen« worden sind, »in den Großstädten erheblich mehr«[51]. Die beobachtete neue Orientierung von Konfirmandenarbeit und Konfirmation an der Taufe wird zusätzlich durch diese *Veränderungen in der Taufpraxis* gestützt.

Bemerkt man ferner, daß Taufpraxis und Konfirmandenarbeit neben der Bestattung die beiden Orte sind, »an denen es am häufigsten zu einem direkten Kontakt zwischen den meisten Kirchenmitgliedern und dem jeweiligen Pfarrer als Gemeindeleiter kommt«, ist es einsichtig, »daß ein Wandel auf diesen Handlungsfeldern und der Versuch, hier theologisch und pädagogisch verantwortlich zu reagieren, Konsequenzen für den gesamten Gemeindeaufbau hat«[52]. Dieser Gesichtspunkt ist in der Diskussion zum missionarischen Gemeindeaufbau infolge der generellen Vernachlässigung volkskirchlicher Sachverhalte (vgl. Kap. 2) bisher nicht beachtet, geschweige denn pädagogisch fruchtbar gemacht worden.

Konfirmierendes Handeln der Gemeinde und die Konfirmation als elementare Vergewisserung

Wir haben die Veränderungen in der Praxis aus der Sicht der Gemeinde als der taufenden Gemeinde betrachtet und dabei den Zeitpunkt der Konfirmation erreicht. Was zeigt sich unter dem Gesichtspunkt der Gemeinde als konfirmierender Gemeinde? Wieder sei mit den Eltern begonnen, indem jetzt die *Konfirmandeneltern* in den Blick genommen werden, allgemeiner: die Erwachsenen. Seit der Betheler Bildungssynode der EKD im Jahre 1978 sind die Erwachsenen als ein maßgeblicher Schlüssel der Erziehungsprobleme vor Augen gerückt. Man hat anschließend von einem »Perspektivenwechsel« (Hans Bernhard Kaufmann) gesprochen. Wir Erwachsenen sowie die von uns geschaffenen Lebensverhält-

50. A.a.O. (Anm. 36), S. 17.
51. Nach *Ch. Grethlein:* Taufe von Konfirmanden. Praktisch-theologische Perspektiven zu einem wichtiger werdenden Problem, in: ku-praxis 24, Gütersloh 1988, S. 20-26, hier S. 20. Vgl. auch ausführlich *ders.:* Taufpraxis heute, Gütersloh 1988.
52. *Ch. Grethlein,* Taufe von Konfirmanden, a.a.O. (Anm. 51), S. 26.

nisse und die von uns vertretenen Einstellungen sind das eigentliche Problem der Erziehung. Wie die Eltern die Taufe und jetzt die Konfirmation - damit zusammenhängend auch den Konfirmandenunterricht - ansehen, färbt auf die Kinder ab. Warum lassen Eltern ihr Kind konfirmieren? Wir greifen eine typische Stellungnahme auf[53].

Barbara Köhrmanns Begründungen zeigen deutlich, was oben zum *volkskirchlich-gesellschaftlichen* und darin zugleich *privat-persönlichen Erwartungshorizont* der Konfirmation als Kasualie im Lebenslauf der Eltern wie in der Lebensgeschichte ihrer Kinder angedeutet worden ist.

Der bezeichnende Vorbehalt vor allen weiteren Ausführungen B. Köhrmanns ist wieder das *Freiheitsinteresse*. Man will der Tochter wie überhaupt den eigenen Kindern zwar dies und jenes nahelegen, aber sie nicht zwingen (darum darf und soll das auch die Kirche nicht). Somit gehört zum Ganzen »natürlich (!) die Freiheit, selbst zu entscheiden, ob sie sich am Ende konfirmieren lassen wollen oder nicht« (S. 94).

Als nächstes ist die Konfirmation ein *»gutes Fest zum Loslassen-Lernen«;* die *Eltern* müssen dies lernen: »Im Konfirmationsgottesdienst hat es mich sehr berührt, unsere Tochter mit den anderen Konfirmanden und Konfirmandinnen, der Pfarrerin und den Ältesten in einiger Entfernung an uns vorbei zu ihren Plätzen in der Kirche einziehen zu sehen ... Dieses Kind ist groß geworden. Es war so augenfällig, daß diese jungen Erwachsenen nicht mehr nur zu den Eltern gehören« (95).

Die Mutter findet es drittens gut, daß die Konfirmation eine *Gelegenheit des Lebensdankes* ist. Mit der Konfirmation gibt es einen Ort, an dem in diesem Zusammenhang »gedankt werden kann für alles Gelungene in der zurückliegenden Zeit, vielleicht auch geklagt über das, was mißglückt ist, obwohl doch bestimmt alle nur das Beste für dieses Kind wollten« (ebd.).

Schließlich wird die Konfirmation wegen der *Segnung* bejaht. Die Konfirmation ist eine Gelegenheit, bei der »Gottes Segen für den weiteren Weg zugesprochen wird. Gerade die Handauflegung durch die Pfarrerin machte mir deutlich: Segen kommt auch durch andere Menschen zu unserem Kind. Angefangen hatte das ja schon in der Taufe, als ich das Kind auch 'aus der Hand' geben mußte, um es anderen Händen und Armen anzuvertrauen und es taufen zu lassen« (ebd.).

Diesen Äußerungen fehlt jede theologische Überhöhung; man könnte natürlich auch sagen: Substanz. Aber wäre das nicht ein Fehlschluß? Große dogmatische Formeln werden nicht gebraucht; aber stünden sie nicht in Gefahr, nur nachgesprochen zu werden? Müssen nicht das »Geheimnis des Glaubens« (1 Tim 3,16) und die Bedeutung der Sakramente aus der Perspektive solcher Erfahrungen wie die dieser Mutter gesehen und in derselben einfachen Sprache erschlossen werden? Verweisen nicht Gottes Gnadenhandeln in der Taufe und sein gnädiger Segen in der Konfirmation theologisch aufeinander?

53. *B. Köhrmann:* Warum wir unser Kind konfirmieren lassen, in: ThPr 23 (1988), 2, S. 94-96.

Wilhelm Gräb könnte die zitierte Stellungnahme vor Augen gehabt haben, wenn er als »keineswegs abwegig« zu behaupten wagt - mit Recht meine ich -, »daß es nach wie vor die Kraft des Segens und der Verheißung ist, auf denen auch die geheime Stärke der Konfirmation ruht. 'Schutz und Schirm vor allem Argen, Stärke und Hilfe zu allem Guten, von der gnädigen Hand Gottes': Im Konfirmationsgottesdienst teilt es sich mit, wie wichtig vor allem den Eltern dieser Zuspruch ist. Die Segensverheißung trifft sich mit ihrem starken Wunsch nach Begleitung und Bewahrung ihres Kindes über die eigenen, beschränkten Möglichkeiten hinaus.«[54]

Wie wirkt der Konfirmationsgottesdienst auf die *Konfirmanden* selbst? Wir wissen im Grunde darüber viel zuwenig. Darum trifft man in der Literatur auch nur auf Behauptungen, die strenggenommen Vermutungen sind. Sie können in ein und demselben Zeitschriftenheft versammelt sein.

Da sieht Fritz Krotz, wie die Konfirmanden leiden, sie müssen »das Christentum absitzen«, »weil die 'gute Sitte' nun mal vor die Belohnung durch Geschenke, Rechte und Anerkennungen die harte Pflicht gesetzt hat«[55]. Und zur Konfirmation selbst heißt es: »Wenn die Erwachsenen wenigstens ehrlich zugeben würden, daß diese Einsegnung samt dem Schutz vor allem Argen nur sie in ihren Ängsten tröstet, keinen Konfirmanden. Der hat im Blick auf die kommenden Jahre weniger Angst als Neugierde. Aber den Kopf muß er hinhalten für den Segen, ausbaden muß er es. Für ihn ist die Konfirmation eine Erlösung. Deshalb will er nur alles so schnell wie möglich hinter sich bringen« (S. 338).

Vorsichtig zwar, aber doch deutlich anders sieht es Gräb: »Ebenso scheinen aber auch die zugleich ernst wie verlegen wirkenden Konfirmanden von der Ahnung der Unverfügbarkeit ihres Lebens in diesem Moment nicht ganz frei zu sein. Auch ihnen liegt es nicht fern, die Handauflegung, das Niederknien, den gemeinsamen Empfang des Sakraments, Akte der Vergewisserung, der 'Konfirmation' in der Verheißung des Glaubens sein zu lassen.«[56]

Was tatsächlich der Fall ist, müssen wir offenlassen, muß grundsätzlich offenbleiben. Verantworten können wir nur den Vollzug unseres konfirmierenden Handelns; unverfügbar sind die Auswirkungen. Wenn wir aber unser konfirmierendes Handeln als »Segen und Sendung« unter der Fürbitte der Gemeinde verstehen (wir fügen den Gesichtspunkt der »Sendung« hinzu), haben wir eine tragfähige theologische Grundlage. Sie ist weit mehr als nur ein Reflex menschlicher Bedürfnisse. Der Kontext der eigenen Bedürftigkeit im *Lebenszyklus* und der Kontext der *Liturgie*, des *Gottesdienstes*, als Ausdruck von Gottes voraufgehendem Handeln *verschränken sich*, ohne daß dadurch Gottes Tun in die Niede-

54. *W. Gräb*, a.a.O. (Anm. 13), S. 329.
55. *F. Krotz*, a.a.O. (Anm. 11), S. 337.
56. *W. Gräb*, a.a.O. (Anm. 13), S. 329.

rungen religiöser Instrumentalisierung herabgezogen wird. Wer dies meint, verkennt, daß das Evangelium allemal nur in menschlichen Formen sinnfällig und zugänglich ist. Dies gilt auch für das menschliche Wort als Medium des Wortes Gottes. Wenn bei der Konfirmation das begleitende deutende Wort unmißverständlich ausspricht, daß wir Leben, Heil und Zukunft nicht durch uns selbst haben können, leuchtet die Mitte von allem auf: die *Rechtfertigung sola gratia.*

3. Der Unterricht auf dem Weg zu gemeinsamer Sprache und Zeit zwischen den Generationen

Zu Taufe, Konfirmation und Abendmahl gehört der *Glaube.* Ohne ihn stehen alle drei in Gefahr, magisch-sakramentalistisch mißverstanden zu werden. Zumal die Konfirmation soll nachholen, was bei der Säuglingstaufe und auch noch der Taufe kleiner Kinder nicht erwartet werden kann: das eigene Ja zu Gottes Gnade, die dem Menschen als Sünder in Jesus Christus geschenkt wird. Gottes vergebendes (rettendes) Handeln geht über sein segnendes Handeln hinaus. Die Konfirmanden sollen es für sich persönlich annehmen. Darum legte der Pietismus bei der Konfirmation auf das Gelübde Wert, auf ein persönliches Bekenntnis. Von diesem Element war bis jetzt noch nicht die Rede. Aber es ist bereits grundsätzlich begründet worden, wie wichtig die Verständigungsaufgabe ist, die auf den Konfirmandenunterricht als Unterricht zukommt und welche Rolle hierbei das Glaubensverständnis und der Umgang mit dem Glaubensbekenntnis spielen.

Jede *persönliche Antwort* - so sagen wir es etwas vorsichtiger statt »Bekenntnis« - steht jedoch unter dem *Vorbehalt der Zeit,* die das Christwerden braucht, schon um den Sinn der überlieferten Bekenntnisaussagen immer angemessener zu verstehen. Von dieser Zeit haben wir ebenfalls bereits oben gesprochen (s. S. 412ff.). Wir kehren jetzt zu ihr zurück. Eine Gemeinde wollte den Konfirmandenunterricht unter der Frage: »Was erwarten wir von unseren Konfirmanden?«, besprechen. Im Laufe des Abends erkannte man, daß die Frage umgewendet werden muß: »Was erwarten die Konfirmanden von uns?« Sie brauchen eine begleitende Hilfe, die freigibt und einander Zeit gewährt, weil beide Fragen durch eine dritte relativiert werden: »Was erwartet und gibt Gott?«

Der Unterricht der Kirche soll die *Wahrheit* lehren, die der Kirche anvertraut ist. Das ist nichts Geringes. Was heißt es ferner, diese Wahrheit zu *lehren?* Lehre in Form von Unterricht bleibt der Kernauftrag der Konfirmandenarbeit. Eingangs stießen wir auf den Prozeß- und Zeitcharakter des taufenden und konfirmierenden Handelns als eines gemeinsamen Weges; jetzt berühren wir die analoge Zeitstruktur des Unterrichts.

Die Schrift Augustins »Über den Lehrer«

Der Dialog »Über den Lehrer« (»De magistro«), das Zwiegespräch Augustins mit seinem Sohn Adeodatus, ist ein so gut wie gar nicht beachtetes klassisches Dokument, das unsere Frage beantworten hilft[57]. Mit Eugen Rosenstock-Huessys Auslegung dieser Schrift liegt ein Beitrag zum Wesen christlichen Lehrens und Lernens und damit christlichen Unterrichts vor, der mehr ist als eine Auslegung Augustins und der als eigenständiger Entwurf zum christlichen Verständnis der Lehr-Lern-Beziehung erst recht nicht bekannt ist[58].

Im Jahre 387 hatte sich Augustin zusammen mit seinem zu diesem Zeitpunkt 16jährigen unehelichen Sohn Adeodatus in Mailand taufen lassen. »De magistro« ist zwei Jahre später in Thagaste vollendet worden. Bald darauf ist übrigens Adeodatus verstorben. In den Retractationen, dem Gesamtüberblick über sein Werk, führt Augustin die Schrift mit der knappen Angabe auf, er habe in ihr »erörtert, erforscht und gefunden, daß es außer Gott keinen Lehrer gibt, der den Menschen das Wissen lehrt, gemäß dem Wort, das auch im Evangelium geschrieben steht: 'Einer nur ist euer Lehrer, der Christus.'«[59]

Augustin hatte vorgehabt, seinen Sohn umfassend zu erziehen und zu bilden; ganze Bibliotheken wollte er - wohl hauptsächlich für ihn - über die »freien Künste« zusammenschreiben. Hier der geistige Riese, dort der unmündige, unwissende junge Mann; hier der natürliche Vater, dort der natürliche Sohn, Spiegel der eigenen Sünde. Durfte und konnte er sein Lehrer sein? Wie sollte er die Verantwortung für seine Taufe einlösen? Der Dialog behandelt diese Frage als allgemeine: *Wie kann man überhaupt christlicher Lehrer sein?* Und: *Was ist christliche Lehre?* Das Zwiegespräch gliedert sich in zwei Teile. Im ersten spielt Augustin als der überlegene Gebildete mit seinem Sohn im Raum geistreich-intellektueller Beweisführungen. Im wuchtigen kürzeren zweiten Teil nimmt sich Augustin, nun im Lebensraum seiner eigenen existentiellen Not angesichts der Wahrheit, die allein letztlich zählt, völlig als Lehrer zurück. Der Dialog endet:

Augustin: »Du siehst also, von wem du das gelernt hast: auf keinen Fall von mir ...«

57. *Aurelius Augustinus:* Der Lehrer. De Magistro Liber Unus, besorgt und ins Deutsche übertragen von *C.J. Perl* (Schöninghs Sammlung pädagogischer Schriften), Paderborn 1958.
58. *E. Rosenstock-Huessy:* Der Atem des Geistes, Frankfurt/M. 1951, S. 93ff. Zuletzt hat meines Wissens *A. Flitner* in seinem Vortrag vor der EKD-Synode 1958 in Berlin-Weißensee auf »De Magistro« Bezug genommen, *ders.:* Die Kirche vor den Aufgaben der Erziehung, Heidelberg 1958, S. 3-5.
59. *C.J. Perl* in seiner »Einordnung des 'Lehrers' in das Leben und Werk Augustins«, a.a.O. (Anm. 57), S. 103.

Adeodatus: »Ich habe jedenfalls durch das, was mir deine Worte zu verstehen gaben, gelernt, daß der Mensch durch Worte allein nur die Anleitung empfängt, wie er sich belehren soll, und daß es nur ein kleiner Teil ist, den die Sprache zu enthüllen vermag von dem, was sich ein Sprechender denkt. Klar geworden ist mir aber, daß, wenn ein Lehrer etwas Wahres sagt, DER allein uns lehrt, der uns durch die äußeren Worte von Seinem Wohnen in unserm Inneren benachrichtigt.«[60]

Lehren und Lernen als Bildung einer gemeinsamen Zeit und Wahrheit durch das Gespräch

Ich greife aus Rosenstock-Huessys Auslegung die wichtigsten Züge heraus. Ausgangspunkt ist der Sachverhalt, daß Augustin und Adeodat ganz und gar ungleich sind: Vater und Sohn, Erwachsener und Heranwachsender, Lehrer und Lehrling (Schüler), Gebildeter und Ungebildeter. Über diese Unterschiede darf keine naive Emanzipationspädagogik hinwegtäuschen.

Außerdem sind Vater und Sohn, Lehrer und Lehrling nur äußerlich Zeitgenossen. »Soweit wir also von 'unserer Zeit' sprechen, wäre es unwahr, davon auszugehn, daß Eltern und Kinder mit 'unserer Zeit' dasselbe meinen.«[61] Alte und Junge, die gleichzeitig lebenden ungleichzeitigen Generationen, müssen sich vielmehr allererst »zu einer gemeinsamen Zeit durchkämpfen« (ebd.). Diese liegt beiden voraus und ist nicht verfügbar; darum ist das Lehr-Lern-Verhältnis nur oberflächlich betrachtet ein hierarchisches Herrschaftsverhältnis, bei dem es primär um den Abbau von Herrschaft geht. Es geht positiv um die *Bildung einer gemeinsamen Zeit.*

Wie gelingt dies? Es gelingt nur, wenn beide, Lehrende und Lernende, sich an einem *Dritten* orientieren. Dies ist erst ganz am Schluß von »De magistro« Gott. Auch in einer Konfirmandenstunde kann Gott nicht bereits als »vorgegebenes Einverständnis« bei allen zu Anfang vorausgesetzt werden (vgl. Kap. 8). Vorausgesetzt ist in »De magistro« zunächst nur der gemeinsame Wille, die Bereitschaft auf beiden Seiten, den Sachverhalten vereint nahezukommen. Rosenstock-Huessy spricht vom *»Geheimnis jedes Geistes«.* Gemeint ist ähnliches wie in der Formel von der »pädagogischen Kultur des Vertrauens«. Der Geist weht nur, »wo Menschen aus *einem* Geist *entgegengesetzte* Aufgaben übernehmen. Kein Einzelner *'hat'* Geist. Sondern der Geist ist die Kraft, Menschen zur Arbeitsteilung zu bewegen« (S. 122): der Geist der Familie die Glieder dieser Familie zu

60. *A. Augustinus,* Der Lehrer, a.a.O. (Anm. 57), S. 77.
61. *E. Rosenstock-Huessy,* Der Atem des Geistes, a.a.O. (Anm. 58), S. 115. Soweit im folgenden nicht anders vermerkt, verweisen die den Zitaten beigefügten Seitenangaben im Text auf diese Schrift.

ihren verschiedenen Rollen, der Geist in einer »Revolution« die einen dazu, »Barrikaden« zu bauen, die anderen dazu, »Proklamationen« zu drucken usw., der Geist einer Konfirmandengruppe zur Rollenverteilung in ihr, zur Unterscheidung von Lehren und Lernen. Diese Unterscheidung soll allerdings nicht als Oben und Unten festgeschrieben werden. Vom »Geist« gilt vielmehr: »seine vornehmlichste Aufgabe ist die Verbindung von Menschen verschiedener Zeit« (123).

Griechisches Denken geht nach Rosenstock-Huessy davon aus, »daß die zeitliche Ausdehnung dem Denken nicht anhafte« (118). Biblisch inspiriertes »Sprachdenken« bindet dagegen das *Denken* an das *gemeinsame Sprechen*, an das Gespräch, die Unterredung; und diese Unterredung ist ein Vorgang in der Zeit[62]. Folglich gilt: Wenn man sich Zeit nimmt und seine eigene Zeit hergibt, spielt sich in jeder einzelnen kurzen Unterrichtsstunde die Entstehung einer längeren gemeinsamen Zeit ab; jetzt wird die Selbstrelativierung des Lehrers mitsamt seiner Lehre noch deutlicher. »Alle Lehrer sagen ja ihren Schülern die letzten Gedanken ihrer eigenen Zeit. Für die Schüler aber bilden diese selben Gedanken die ersten Gedanken ihrer eigenen Zeit« (119f.). Damit wird nochmals mit der »Illusion vom zeitlosen Denken« aufgeräumt (120).

»Denn nun können der Lehrer und der Schüler sich ausdrücklich Zeit zum gegenseitigen Mißverstehen einräumen. Ja, der Zeitraum des Studiums wird dann geradezu der Spielraum für das unentbehrliche Noch-nicht-in-einer-und-derselben-Zeit-leben. Während die pädagogische Methode sagt: Mißverständnisse zwischen Lehrer und Schüler sind ver-

62. Zum Begriff »Sprachdenken« als »Gegenbegriff« zu einem »denkenden Denken« s. den programmatischen Aufsatz »Das neue Denken« von *Franz Rosenzweig:* Kleinere Schriften, Berlin 1937, S. 387; hierauf verweist das für die Deutung des Werkes Rosenstock-Huessys grundlegende Buch von *W. Rohrbach:* Das Sprachdenken Eugen Rosenstock-Huessys, Stuttgart u.a. 1973, S. 58. - »*Sprach*-Denken heißt das neue Denken darum, weil in ihm die sekundäre Methode des Denkens durch die primäre des Sprechens abgelöst wird, denn 'das Sprechen kommt nicht aus dem Denken', 'das Denken ist nicht vor dem Sprechen', sondern es ist 'Nachbereitung der Lagen, in denen ... gesprochen werden muß« *(W. Rohrbach,* a.a.O. S. 72f., Zitat im Zitat: *E. Rosenstock-Huessy:* Soziologie in zwei Bänden. Bd. I. Die Übermacht der Räume, Stuttgart 1956, S. 162). Rosenstock-Huessy verdankt den entscheidenden Anstoß schon früh, wie er in seiner Schrift »Ja und Nein« bemerkt (Heidelberg 1968, S. 60 u. 61), J.G. Hamanns Wort aus einem Brief an Herder vom 10.8.1784: »Vernunft ist Sprache, λόγος. An diesem Markknochen nage ich und werde mich zu Tode darüber nagen« (s. hierzu Rohrbach, S. 76). Die »älteste Urkunde« des neuen Sprachdenkens ist nach Rosenstock-Huessys eigenen Worten seine »Angewandte Seelenkunde« (1924), die er 1916 als »Sprachbrief« an Franz Rosenzweig ins Feld schickte, abgedruckt in: *E. Rosenstock-Huessy:* Die Sprache des Menschengeschlechts, Bd. 1, Heidelberg 1963, S. 739ff.

meidbar, sagen wir mit Augustins 'De magistro': Je wichtiger eine Frage, desto mehr Mißverständnis muß in Kauf genommen werden ... Die Güte eines Unterrichts bemißt sich nach dem Ausmaß der Irrtümer, die in ihm überwunden werden« (ebd.)!

Der letzte Satz ist ein unerhört kühner, bleibend wichtiger Maßstab eines christlichen Unterrichtsverständnisses. Die Fragen des Glaubens sind sehr gewichtige Fragen. Der Unterricht der Kirche muß für ihre gemeinsame Erschließung das ganze Ausmaß menschlichen Nichtverstehens und Mißverstehens einräumen, so daß »jeder etwas anderes sagen und Entgegengesetztes denken können« darf (128f.).

Die befreiende, offene Zeitstruktur von Unterricht als Weg aus der Ungleichzeitigkeit zur Gleichzeitigkeit wird auch in folgendem deutlich. Am Ende von »De magistro« kommt etwas ganz anderes heraus, als man anfangs erwarten könnte. Wenn Lehre als Bildung von Zeit verstanden wird, bedeutet dies für eine Schulstunde von 45 Minuten oder eine Konfirmandenstunde von etwas mehr Minuten, daß ihre Teilnehmer es in der Hand haben, während die Stunde vor sich geht, »den Inhalt der Lehre zu berichtigen« (118).

In diesem an Zeit gebundenen, Zeit brauchenden und Zeit bildenden Lehr-Lern-Vorgang wird die *Wahrheit der Lehre* zwischen Vergangenheit, Gegenwart und Zukunft *der Zeit ausgesetzt.* Sie wird dem Tod des alten Trägers und dem Leben des neuen Trägers der Wahrheit, damit ihrer Erneuerung entgegengehalten. In jeder einzelnen Konfirmandenlehrstunde verkörpert der Unterrichtende gleichsam die ganze vergangene christliche Geschichte bis auf diesen Tag und setzt sie in ihrer Wahrheit aufs Spiel. Umgekehrt verkörpert der Schüler für den Lehrer die gesamte Nachwelt bis zum Jüngsten Tag. Was heute »Weitergabe des Glaubens an die nächste Generation« genannt wird, kristallisiert sich in jeder Unterrichtsstunde aus. Wie bruchstückhaft es auch immer bleiben mag: Die Wahrheit der Lehre des Lehrenden soll im Lernenden gleichsam ihre Zukunft empfangen. Durch die Worte des Lehrers erhält der Lernende »nur die Anleitung«. Als wahr geht einem die gezeigte Wahrheit nur auf, wenn man »sich« belehrt, sich in seinem eigenen »Inneren« überführt findet (s. oben den zitierten Schluß von »De magistro«).

Was das dritte Kapitel des Grundlagenteils als »modernen« Verweisungszusammenhang von Offenbarung (von Wahrheit) und (Selbst-)Erfahrung entfaltet hat, kann mithin einerseits weit in die »Vormoderne« zurückverfolgt werden. Andererseits schützt die altkirchliche Sicht Augustins ein für allemal vor dem modernen Mißverständnis der Selbstmächtigkeit des »Selbst« (»kein Einzelner '*hat*' Geist«). Bildung ist nicht einfach Selbstbildung, obwohl an der unvertretbar eigenen Erkenntnis und Antwort des einzelnen kein Weg vorbeiführt. *Bildung*

63. Der Atem des Geistes, S. 123.

als Frucht von Lehren und Lernen heißt in christlicher Sicht, sich von Gott den Glauben gemeinsam geben zu lassen, als Bildung einer gemeinsamen Zeit untereinander. Welche innere Gelassenheit könnte in die Praxis des Unterrichts der Kirche einfließen, wenn christliche Lehrer sich an Augustin orientieren würden!

Wirkendes Wort - Zur Grammatik des Sprechens im Unterricht

Mit einem letzten Gedanken sei eine Einsicht aufgenommen, die ich bereits seit dem Anfang meiner religionspädagogischen und allgemeinpädagogischen Arbeit Eugen Rosenstock-Huessy verdanke[64]. Die Schrift »De magistro« ist ein Dialog, eine Unterredung. Die Unterredung aber »macht uns zu Menschen. Wir sind mehr Menschen, wenn wir mit unsern Mitmenschen in der höchsten Potenz sprechen, als wenn wir 'denken' oder 'arbeiten'« (Atem des Geistes, S. 100). Die »innere« Erfahrung, auf die uns Augustins Schrift verweist, gäbe es nicht, wenn nicht Adeodatus persönlich 'angesprochen' worden wäre, von seinem Vater und mit dessen Hilfe von Gott, so wie Augustin selbst von seiner Mutter: »Nimm und lies!« (»Tolle, lege!«). Das *»du,* Adeodat« bringt diesen zu seinem *»ich* habe gelernt«, schafft das *»wir* verstehen jetzt unsere *gemeinsame* Taufe«, bevor die wissenschaftliche Theologie darüber befindet, *»es«* habe sich dabei um dies und jenes gehandelt[65]. Wir kommen zu uns selbst und zueinander durch das Sprechen in der zweiten und ersten Person, durch Vokativ und Imperativ sowie durch Frage und Antwort, durch persönliches, elementares Sprechen mit- und untereinander; das objektivierende Reden in der dritten Person ist eine schwächere, abgeleitete Weise der Sprache. Diese Redeweise hat nicht dieselbe verändernde Kraft wie Vokativ und Imperativ, Zuspruch und Anspruch. Das Wissen der Wissenschaft verdankt sich dem Redenmüssen und Sprechenkönnen in existentiellen Lebenslagen und der daraus folgenden Nötigung, das Lebens-Notwendige lehrend weiterzusagen. Der umgekehrte Gedanke wäre falsch. Es wird nicht deswegen gelehrt, weil es selbstzweckhaft Wissenschaft gibt. Jeder Pfarrer, Lehrer, Mitarbeiter in der Jugendarbeit, auch Hochschullehrer weiß (ich selbst denke an eigene Arbeitswochenenden mit Studierenden seit zwei Jahrzehnten): Unter der persönlichen Anrede hellen die Gesichter auf, werden Schüler und

64. Vgl. die Bezüge in meinen: Grundfragen des Religionsunterrichts in der Gegenwart, 2. Aufl., Heidelberg 1969, ferner in: Grundfragen der Religionspädagogik, Bd. II, bes. S. 97ff.
65. Vgl. zu dieser Grammatik des Sprechens im Unterschied zur Schulgrammatik Kap. 4 aus »Der Atem des Geistes«, ferner zuerst die »Angewandte Seelenkunde«; dazu ausführlich *W. Rohrbach,* a.a.O. (Anm. 62), S. 84ff.

Studenten lebendige Gegenüber, nachdem sie zuvor oft unangesprochen-unansprechbar in den Bänken gesessen haben.

Wo kirchliches »Lehren« glückt, liege es daran, so meint man, daß »Erfahrungen« gemacht werden können; dies ist eine verbreitete religionspädagogische Überzeugung. *»Erfahrung von Gemeinschaft«* lasse »verstehen, was Gemeinde Jesu sein kann«, und nur die »Erfahrung von Gemeinde« erschließe den »Sinn von Bibel und Katechismus für heute«. »Christlicher Elementarunterricht« soll den Menschen in seinen *»elementaren Erfahrungen* von Schuld und Leid, Freude und Hoffnung« ansprechen; ohne sie bleibe der Unterricht über die »Kernstücke christlichen Glaubens im Katechismus« abstrakt[66]. Diese Einsicht ist richtig. Aber sie läßt sich durch das hier herangezogene »Sprachdenken« präzisieren und vor dem Mißverständnis schützen, als ginge es bei »Erfahrung« nur um den Vorrang der 'emotionalen Dimension' gegenüber der 'kognitiven'. Die dominierende Vulgäranthropologie, die den Menschen in Denken, Fühlen, Wollen und Handeln einteilt und sich dann modern-progressiv für die Bedeutung 'affektiver' und 'pragmatischer' Lernziele verkämpft, ist eine schlechte, weil abstrakte Anthropologie, als wenn Glauben, Lieben, Hoffen für sich kultivierbare Vermögen oder Seiten der Seele wären, einer Seele, die dann ebenfalls als isolierte Wesenheit eines abstrakten Individuums vorgestellt wird.

Wenn man biblischer Anthropologie und biblisch angeleitetem Sprachdenken folgt, erscheint der Mensch als angesprochenes und sprechendes Glied in Beziehungen, und die hilfreiche 'emotionale Erfahrung' verdankt sich der die Wirklichkeit umschaffenden, die Beziehungen verwandelnden, der lösenden oder bindenden, befreienden und neu zusammenführenden Kraft des Sprechens, dem *wirkenden Wort.* Man kann darum Praxisberichte über sogenannte Erfahrungen von Konfirmanden auch im Lichte des biblisch angeleiteten Sprachdenkens deuten.

Klaus Meyer zu Uptrup berichtet unter der Überschrift *»Gehe hin und vertrage dich wieder!«* von einer Konfirmandenfreizeit[67], bei der eine einführende Lehre über den Sinn des *Abendmahls* (und dann die gemeinsame Abendmahlsfeier selbst) in den Kontext kleiner Verfehlungen von einzelnen Konfirmanden geraten sollte: Zwei kommen in einer Spielrunde zu kurz, gehen leer aus, weil sich bei herumgereichten Plätzchen zwei andere mehr genommen haben. Als es entdeckt wird, »betroffene Verlegenheit. Ich sagte ihnen, das sei ja nur ein Spiel unter uns gewesen, ohne schlimme Folgen. Aber Menschen spielen ein solches Spiel schon seit Jahrhunderten, und dabei wird es für die zu kurz Gekommenen härter. Das gilt innerhalb einzelner Gesellschaften und im Weltmaßstab für das

66. So die Überschriften wichtiger Abschnitte in *K. Meyer zu Uptrup:* Konfirmandenunterricht - aber wie? Grundriß einer Methodik mit praktischen Beispielen, Gütersloh 1978.

67. A.a.O., S. 41ff.

Verhältnis zwischen den Industriegesellschaften und den Entwicklungsländern. Im apostolischen Glaubensbekenntnis wird die Kirche 'Gemeinschaft der Heiligen' genannt. Das ist eine Gemeinschaft von Menschen, die wissen, daß sie alle Gott gehören (das meint 'heilig'), und die darum darauf achten, daß unter ihnen niemand zu kurz kommt« (S. 43f.).

Als er dann bemerkt habe, so Meyer zu Uptrup, daß der eine Junge, Leo, der einen besonders schwierigen Stand hatte (war er derjenige aus der Plätzchenrunde?), mit seiner Gruppe auch noch Streit bekam, habe er ihn beiseite genommen, ihn offen auf seinen Schuldanteil angesprochen, eine Vermittlerrolle angeboten, die akzeptiert worden sei: ohne Versöhnung könne man schlecht miteinander Abendmahl feiern; mit Jesu eigenen Worten gelte: »Gehe hin und vertrage dich wieder!« (44). Darauf habe auch die Gruppe Leo wieder aufgenommen. Wolf sagte zu ihm: »Ich habe dich wohl auch etwas zu hart kritisiert ...« (45). Später, beim Verteilen des Brotes beim Abendmahl, wurde »der Unterschied zu unserer mißglückten ersten Plätzchenrunde am Vormittag ... für alle erlebbar« (46).

Wilhelm Gräb berichtet von mißlungenen, weil unangemessenen Rollenspielen[68], bei denen Szenen aus *Jesu Passion* nachempfindend inszeniert werden sollten, »bis Yvonne sagte: 'Wir machen das, was da vorgegeben ist, doch nur nach. Das bringt doch nichts'« (S. 333). Bei Jesu Passion bloß erzählend etwas wiederholen, nachzuspielen oder nochmals abzubilden »wird *dieser* Vorgabe gar nicht gerecht. Sie verlangt danach, daß wir uns selber im Verhältnis zu ihr entdecken« (334). Die Konfirmandengruppe schlug darum eine ganz neue eigene Szene vor, in der ein Konfirmand in der Mitte eines Kreises stand, die im Kreis Stehenden sich wie Wellen auf ihn zu und wieder zurück bewegten und hierbei »mit eigenen Worten« »ihre Fragen, ihre Erwartung an den, der schweigend in der Mitte verharrte«, äußerten. Nichts war abgesprochen, bis auf dies, »daß der in der Mitte zuletzt nur das eine sagt: Du, du sagst es« (ebd.). Dies alles war zwar zunächst nur ein Spiel, aber es ging in den Ernst des Redens in der ersten und zweiten Person über.

Das neue Wahrwerden des Katechismus

»Katechismusfähige Sätze« müssen heute neu entstehen[69]. Auch die Katechismussätze Martin Luthers, die im Munde der Lehrenden jeweils »die letzten Gedanken ihrer eigenen Zeit« sind, müssen für die Schüler zu den »ersten Gedanken ihrer eigenen Zeit« werden (s.o.). Dies neue Wahrwerden des Katechismus aber geschieht, wenn wir »durch viele Arten von Wortschwall« hindurch »uns aufs endgültige Sprechen« einüben[70], wenn wir »ernsthaft«, »verantwortlich«, »wirklich« und »wirksam« sprechen (ebd.). Das ist etwa der Fall, wenn wir einander *»Namen«* geben (»Du bist mein Freund«). Jetzt entsteht Freundschaft im Augenblick des Sprechakts selbst: Eine bestimmte Freundschaft

68. *W. Gräb*, a.a.O. (Anm. 13), S. 332ff.
69. *F. Krotz*, a.a.O. (Anm. 11), S. 343.
70. *E. Rosenstock-Huessy*, Der Atem des Geistes, a.a.O., S. 40.

wird wirksam erklärt (S. 39ff., 259). In pädagogischen Bezügen schafft ein Lehrer eine neue Situation, wenn er aus seiner üblichen Schulrolle heraustritt und plötzlich sagt, womit es ihm persönlich ernst ist und so *»mit Vollmacht spricht«* (42, Hervorhebung von mir). Durch diese 'Stellungnahme' *»ver-setzt«* (41) er eine ganze Klasse oder Konfirmandengruppe in eine neue Stellung zu ihm und zur Sache. »Du, du sagst es!«, »Gehe hin und vertrage dich wieder!« Der Vokativ als bekräftigender Zuruf und der Imperativ als herausfordernder Anspruch rufen in neue Beziehungen und schaffen sie. Ein solches Sprechen ist nichts »Natürliches«, wie Rosenstock-Huessy im Anschluß an Hamann betont (39). Es wird als etwas Geschichtliches in der Zeit gewagt und geschenkt und stiftet seinerseits selbst gemeinsame Zeit - wer kennt nicht als Lehrer den geschichtlichen Charakter solchen Sprechens! Dies Sprechen in der ersten und das korrespondierende Angesprochenwerden in der zweiten Person ist der grundlegende Charakter der Lehre. Er macht jene Potenz des Lehrens aus, die dann auch die Lehre in der dritten Person trägt, das Reden *über* Gott und den Glauben. Man darf es nicht andersherum sehen. »Ins Gesicht hinein und verschämt spricht die vollmächtige Sprache« (52), wenn wir namentlich sprechen, und nur »wer mit seinem Namen 'voll einsteht', der spricht« (53).

»Diese beiden Umstände: das Ins-Gesichtsagen und das Sich-schämen, fehlen dem Schuldenken und Schulwissen vollständig. Ich habe Studenten über die Eigenschaften Gottes reden hören, so daß ich mich schämte. Sie wußten alles 'über' Gott, nur nicht, daß er ihnen zuhörte. Und sie schämten sich nicht. Es waren Theologiestudenten« (S. 51).

Struktur und Kraft des Sprechens in der ersten und zweiten Person haben überall ihren Ort: im privaten Lebensalltag (in der Freundschaft oder in der Liebe, wenn einander namengebend »das Herz zum Herzen spricht«[71]), in der Rechtsprechung (wenn verurteilt und freigesprochen wird und auch dadurch jeweils neue Wirklichkeit entsteht), in der Politik (wenn Waffenstillstand oder Frieden erklärt wird und dann die Waffen wirklich schweigen) und eben auch im Bereich der Religion: in der *Liturgie*. In ihr steht allem anderen Reden als die erste liturgische Figur das »'Du' Kreatur!« voran[72]. Wie bei der Schöpfung spricht Gott auch im erlösenden Sprechen den Menschen als sein Geschöpf an, denn es ist eine neu erschaffende Sprache wie am ersten Tag: »Und Gott sprach: Es werde Licht! Und es ward Licht!« Ob der Mensch Gott angemessen mit »ich« antworten kann, ist

71. »'Cor ad cor loquitur', lautet Newmans Motto« (*E. Rosenstock-Huessy,* Der Atem des Geistes, S. 267), das er sich für sein Kardinalswappen gewählt hatte. Vgl. *G. Biemer:* John Henry Newman 1801-1890: Leben und Werk, Mainz 1989, S. 178.
72. Atem des Geistes, a.a.O., S. 266. Rosenstock-Huessy führt in dem Abschnitt »Liturgisches Denken« aus, daß er in der Liturgie das Muster für das Sprachdenken vor sich hat.

ein Zweites und offen; nur Gott selbst kann wirklich »ICH« sagen. Dennoch versuchen Menschen, in der Liturgie als »ich« und »wir« dankend zu korrespondieren. Gottes Anrede ist der cantus firmus, der fest bleibt und alles trägt. Seine Anrede gilt auch der nichtmenschlichen Kreatur, die selbst nicht als »ich« antworten kann, für die wir aber eintreten und einstimmen müssen[73]. In der Anrede Gottes sind wir mit allen Kreaturen vereint. Dies können schon junge Menschen miterleben und einsehen.

Was in diesem dritten Abschnitt über den Unterricht und im ersten und zweiten über Taufe, Konfirmation, Gottesdienst - den verschränkten doppelseitigen lebenslauf- und liturgiebezogenen Zusammenhang des Unterrichts - gesagt worden ist, hat folglich auch unter der zuletzt verfolgten Blickrichtung aufs engste miteinander zu tun. Der Gedankenkreis hat sich geschlossen. Wir beleuchten ihn noch einmal von den zwei Seiten her, die zusammengehören. Auf der einen Seite führt ein an den *Erfahrungen in Gottesdienst und Leben* orientiertes Sprachdenken, für das das Sprechen im Alltag gleichnisfähig ist für das Sprechen in der Liturgie, den Unterricht in seine wahre Nach-Denklichkeit ein. Jetzt wird nicht distanzierend-intellektualisierend nur über Glauben und Leben geredet. Jetzt wurzelt der Unterricht in angebahnter lebendiger Erfahrung. Auf der anderen Seite rückt ein so verwurzelter Unterricht jene Erfahrungen schrittweise in das Licht verstehenden *Erkennens*[74].

73. Vgl. oben Kap. 4, S. 227 zu Comenius.
74. Abschließend sei nochmals an die Reformation erinnert (vgl. schon Anm. 13). Auf Grund der von Luther geplanten und zum Teil auch verwirklichten extensiven Einbettung von Unterricht und Lehre in die täglichen Metten und Vespern lasen, sangen und beteten, hörten und respondierten die Kinder als vollgültige Sprecher im Gottesdienst in der ersten und zweiten Person dasjenige, worüber sie (dann auch) in der dritten Person nachzudenken und zu sprechen lernten: Gottes Gabe und unsere Antwort. Für *F. Hahn,* Die Evangelische Unterweisung ..., a.a.O. (Anm. 13), S. 17, wirkt hier »ein gutes *vorreformatorisches Erbe* nach«, liturgisches Erbe.

Zehntes Kapitel:

Beitrag zur Schule, Chance für die Kirche, Institution für den Schüler - Religionsunterricht

1. Drei grundlegende Perspektiven

Drei Grundbestimmungen, dreierlei Gefahren - unter drei systematischen Perspektiven seien die Bildungsaufgaben des Religionsunterrichts entfaltet (2.-4.), um sie abschließend auf den geschichtlichen Paradigmenwandel in diesem Jahrhundert zu beziehen (5.).

Schule und Staat

Im Jahre 1530 schreibt Luther in seiner »Predigt, daß man Kinder zur Schule halten solle«:

»Wenn ich vom Predigtamt und anderen Sachen ablassen könnte oder müßte, so wollte ich kein Amt lieber haben als Schulmeister oder Knabenlehrer sein. Denn ich weiß, daß dies Werk nächst dem Predigtamt das allernützlichste, größte und beste ist ...«[1]

Diese Sätze fallen in der zweiten Hälfte der genannten Schrift; sie beziehen sich auf die allgemeine Erziehung im weltlichen Regiment Gottes, modern formuliert, auf die Bedeutung der Schule für Staat und Gesellschaft. Da auch der Religionsunterricht an der öffentlichen staatlichen *Schule* seinen Ort hat, kann sein Stellenwert ebenfalls nicht binnenkirchlich begrenzt beschrieben werden. Wie die evangelischen Schulen im 16. Jahrhundert häufig als *seminaria ecclesiae et rei publicae* bezeichnet worden sind[2], so lebt auch der Religionsunterricht aus einem doppelten Bezug, dem Bezug auf Kirche und Gemeinwesen. Was er 'kirchlich' bedeutet, zeigt sich bereits in dem, was er 'weltlich' leistet, was der Schule und dadurch vermittelt der Gesellschaft durch die in ihm zur Sprache kommende Sache an Gutem widerfährt. »Suchet der Schule Bestes!« - »Suchet der Stadt Bestes!« (Jer 29,7): Diese Aufforderungen müssen die Fluchtlinie eines ersten Abschnittes bilden. An Gott glauben und vor Gott leben - beides zusammen macht

1. BoA 4, 174, 18ff. (= WA 30, II, 579f., Eine Predigt, daß man Kinder zur Schule halten solle, sprachlich geglättet).
2. Vgl. *F. Hahn:* Die Evangelische Unterweisung in den Schulen des 16. Jahrhunderts, Heidelberg 1957, S. 10.

den vollen Umfang evangelischer Bildungsverantwortung aus. Luther hat nicht Schriften zur Evangelischen Unterweisung, sondern Schulschriften verfaßt (vgl. Teil I, Kap. 4.3).

Die verfassungsrechtliche Lage unterstützt diesen Ausgangspunkt. Nach Art. 7,1 GG ist der Staat auf Grund seiner Aufsicht über das »gesamte Schulwesen« auch Träger des Religionsunterrichts[3]. Er darf ein lebendiges Interesse an ihm haben. Bis heute gesteht reformatorische Theologie dem Staat sein weltliches Interesse aus theologischen Gründen zu. Diese Dialektik ist nicht ungefährlich, wie überhaupt die Zwei-Regimenten-Lehre schnell mißverstanden werden kann, wir werden es sehen. Aber das bleibt zunächst der Sachverhalt: Der Religionsunterricht ist über die Schule auf *Staat* und *Gesellschaft* bezogen. Selbst wer den Religionsunterricht (wieder) ganz von der Kirche her verstehen will, kommt an dieser Tatsache nicht vorbei. Auch ein 'geistlich' gestalteter Religionsunterricht hätte 'weltliche' schulische Wirkungen, müßte darum schultheoretisch durchdacht und gerechtfertigt werden. Wir sehen in ihm unter diesem ersten Aspekt einen unmittelbaren Beitrag zur allgemeinen Bildung an der Schule und einen mittelbaren Beitrag zu einer vernunft- und zukunftsfähigen Gesellschaft.

Kirche

Erst der zweite Abschnitt wird nach der Bedeutung des Religionsunterrichts für die *Kirche* fragen. Die Religionsgemeinschaften sind für die inhaltliche Ausgestaltung mitverantwortlich, denn »unbeschadet des staatlichen Aufsichtsrechtes wird der Religionsunterricht in Übereinstimmung mit den Grundsätzen der Religionsgemeinschaften erteilt« (Art. 7,3 GG). Staat und Kirche müssen miteinander kooperieren; der Religionsunterricht gehört zu den gemeinsamen Angelegenheiten, den *res mixtae*.

Im Religionsunterricht sind nun die Kirchen wie kaum anderswo der gesellschaftlichen Lebenswirklichkeit ausgesetzt. Sie sind in diesem Fach nach sich selbst gefragt, danach, wie sie mit sich selbst als *Volkskirchen* angesichts einer breiten volkskirchlichen Mitgliedschaft umgehen wollen, einer in Gestalt der Schüler schonungslosen, ungefilterten Mitgliedschaft, nicht einer kleinen Gruppe von kirchlich verbundenen und meist älteren Mitgliedern der Kerngemeinde wie unter der sonntäglichen Predigt.

Wenn der Religionsunterricht mit dem Selbstverständnis der Kirche übereinstimmen soll, kann ferner in jeder Religionsstunde jeder der so unterschiedlich

3. Vgl. *Ch. Link:* Art. Religionsunterricht, in: *E. Friesenhahn/U. Scheuner/J. Listl (Hg.):* Handbuch des Staatskirchenrechts der Bundesrepublik Deutschland, Bd. II, Berlin 1975, S. 503-546.

zur Kirche stehenden Schüler erfahren, ob und wie die Kirche mit sich selbst übereinstimmt, kraft welcher eigenen *Identität* sie die Identität des evangelischen Religionsunterrichts bestimmt. Auch im Religionsunterricht der Schule, nicht nur im kirchlichen Unterricht, stellt sich Kirche dar, wird Kirche erfahren. Religionslehrer repräsentieren Kirche, ob sie es wollen oder nicht.

Neben seiner Bedeutung für Schule und Staat ist folglich das Fach zweitens Prüfstein und Chance für die Kirche, ein Prüfstein ihrer Sache und eine ungewöhnliche Chance ihrer Dialogfähigkeit. In Schulen mit einem hohen Anteil von nichtchristlichen und ausländischen Schülern tritt neben den breiten Querschnitt durch die eigene junge Kirchenmitgliedschaft die Herausforderung durch eine multikulturelle und multireligiöse Situation; zum Teil nehmen solche Schülerinnen und Schüler auch direkt am Religionsunterricht freiwillig teil.

Schüler

Viele Jahrhunderte lang haben, historisch bedingt, nur staatliche und kirchliche Interessen den Religionsunterricht bestimmt; Rechte der *Schüler* konnten noch nicht im Blickfeld liegen. Das ist heute anders; es muß schon aus verfassungsrechtlichen Gründen anders sein.

Die Bestimmungen des Grundgesetzes nach Art. 7,2, die die Mitbestimmungsrechte der Eltern betreffen, nach Art. 7,3, Satz 3 GG, die das Verbot der Verpflichtung von Lehrern gegen deren Willen aussprechen, die weiterbestehende Geltung des Gesetzes über die religiöse Kindererziehung von 1921, das die Abmeldemöglichkeit durch die Schüler selbst vorsieht[4], sowie nicht zuletzt die Plazierung von Art. 7 GG im Grundrechtsteil und so der rechtssystematische Zusammenhang mit Art. 2 GG (Freiheitsrechte) und Art. 4 GG (Glaubens- und Bekenntnisfreiheit) lassen erkennen, daß beim Religionsunterricht auch *Individualrechte* eine wesentliche Rolle spielen.

Dieser juristischen Sicht korrespondiert eine anthropologisch-pädagogische. Durch den Religionsunterricht wird ein junger Mensch am längsten kontinuierlich mit der christlichen Religion in konfessioneller Gestalt bekannt gemacht. Der Religionsunterricht ist bereits durch seine schiere zeitliche Ausdehnung

4. § 5,1 des Gesetzes über die religiöse Kindererziehung vom 15.7.1921, mit Einleitung und Erläuterungen hg. von *Th. von der Pfordten,* München/Berlin/Leipzig 1922, regelt die Religionsmündigkeit des Kindes: »Nach der Vollendung des vierzehnten Lebensjahres steht dem Kinde die Entscheidung darüber zu, zu welchem religiösen Bekenntnis es sich halten will«. Hieraus ist auch das Recht zur Abmeldung vom Religionsunterricht mit 14 abgeleitet worden (in Bayern, Rheinland-Pfalz gilt diese Regelung vom vollendeten 18. Lebensjahr an).

bedeutsam, und zwar jetzt auch für den einzelnen Schüler, nicht nur für die Kirche. Der einzelne Schüler wird erst mehrere Jahre als Kind begleitet, dann als Jugendlicher, dann an den beruflichen Schulen, in denen 70 % der Schüler über 18 Jahre alt sind, bis in das junge Erwachsenenalter hinein: Damit ist der Religionsunterricht drittens eine *»Institution für den Schüler«*[5] als jungem Menschen in unterschiedlichen und noch dazu z.T. besonders sensiblen Phasen seines Lebenslaufs. Religionsunterricht als ein Stück *Lebensbegleitung* verpflichtet nun auch, sich wirklich der Lebenslaufprobleme der Kinder und Jugendlichen anzunehmen.

Der Religionsunterricht ist schultheoretisch in drei Faktoren begründet, denen drei gewichtige pädagogische Aufgaben zugeordnet sind. Er ist, zusammengefaßt,

- ein Beitrag zu einer Schule als Stätte allgemeiner menschlicher Bildung und hierdurch mittelbar ein Beitrag zu einer vernunftfähigen und zukunftsfähigen Gesellschaft;
- eine ungewöhnliche Chance für die Kirche als Prüfstein ihrer Sache und Erweis ihrer Dialogfähigkeit und
- eine einmalige Institution für die Schüler in der Begleitung ihres Lebenslaufs.

Wie die Praxis zeigt, sehen viele Schüler das ähnlich. »Schülerinnen und Schüler haben - bewußt oder unbewußt - andere Erwartungen an den Religionsunterricht als an andere Fächer«[6], Erwartungen, die mit ihrem eigenen Leben zu tun haben. Diese Erwartungen entsprechen jedoch nicht immer denen von Gesellschaft, Staat und Kirche. Auch können sich die drei beteiligten Größen gleichsam selbst im Wege stehen. Ob der Religionsunterricht den eben angeführten drei Aufgaben gerecht wird, hängt demnach von einigen Voraussetzungen ab. Er verfehlt sie,

- wenn der Staat den Religionsunterricht nicht institutionell stützt oder gar inhaltlich ablehnt;
- wenn die Kirche ihn klerikal für enge Bestandssorgen instrumentalisiert oder die Religionslehrerschaft geistlich überfordert und
- wenn die Schüler den Religionsunterricht zum nützlichen Idioten und Spielball degradieren.

5. So die treffende Wendung von *K. Wegenast:* Ist mit dem Religionsunterricht Staat zu machen?, in: EvErz 40 (1988), 3, S. 275-287, hier S. 287.
6. *I. Borns-Scharf:* »Wir konnten Fragen besprechen, die uns persönlich betrafen«, in: Religionsunterricht als Aufgabe, Sonderdruck aus: Weg und Wahrheit 1988, hg. vom Ev. Presseverband Hessen und Nassau, Frankfurt/M. 1988, S. 37-42, hier S. 41.

2. Der Religionsunterricht als Beitrag zur allgemeinen menschlichen Bildung und zur Vernunftfähigkeit der Gesellschaft

Staatliche Interessen am ethisch-erzieherischen und am allgemeinen metaphysischen Gehalt von Religion

Jeder Staat muß an einem Religionsunterricht, der ein Bestandteil des staatlichen Schulwesens ist, ein *gesellschaftspolitisches* Interesse haben. Seine Erwartungen richten sich geschichtlich nachweislich durchweg weniger auf die religiöse Wissensvermittlung als auf den *Beitrag der Religion zur Erziehung,* besonders sofern gesellschaftlich relevante *Werte* und *Normen* betroffen sind. An der Einrichtung eines Ersatzfaches mit den Bezeichnungen »Ethik« oder »Werte und Normen« ist der staatliche Funktionszugang gut zu erkennen. Den Staat bewegen für ihn vitale Fragen: Wird die religiöse Erziehung den gesellschaftlichen Zusammenhalt fördern oder schwächen? Werden die künftigen Bürger zu konstruktivem Handeln, das der Allgemeinheit nützt, motiviert werden, oder wird der Religionsunterricht Staat und Gesellschaft zu stark kritisch problematisieren? Wird Religion das gesamte Ethos des Staatswesens metaphysisch vertiefen können oder nicht? Die staatlicherseits erwünschten Teilfunktionen betreffen mithin die religiöse Stützung der Integrationsbereitschaft und Handlungsmotivation der jungen Bürger und den Legitimationsbedarf hinsichtlich der staatlichen Gesamtziele.

Neben dem ethischen Gehalt der Religion bzw. des Religionsunterrichts ist dem Staat an einem allgemeinen *metaphysisch-religiösen* Bezugspunkt von Bildung und Erziehung gelegen, und zwar in der Bundesrepublik nicht nur aus den genannten Legitimationsgründen. Der Grundgesetzkommentar von Th. Maunz/G. Dürig/R. Herzog macht das bei der Kommentierung der Präambel des Grundgesetzes gut deutlich. Auf dem Hintergrund der Pervertierung des Staatsgedankens durch die nationalsozialistische Diktatur sollen die Worte »vor Gott und den Menschen« auf die Bedeutung eines unbedingten religiösen Bewußtseins hinweisen, das den Sinn hat, eine letzte *Selbstbegrenzung des Staates* wachzuhalten. Dem Staat wird mitsamt seiner Verfassung und ihrem Gehalt verwehrt, sich absolut zu setzen. »Die Anrufung Gottes in der Staatsverfassung kann *verhindern,* daß ein endlicher Moralismus zur *Staatsmoral verabsolutiert* wird, und das kommt auch jenen zugute, die nicht an Gott glauben.«[7]

Es ist kein Vorwurf, wenn hinzugefügt wird, daß der moderne, weltanschau-

7. *Reumann:* Gott im Grundgesetz, in: FAZ vom 13.11.1975, zitiert nach *Th. Maunz,* in: *Th. Maunz/G. Dürig/R. Herzog:* Grundgesetz. Kommentar, München 1983, Präambel, Rd. Nr. 13.

lich neutrale Staat an den spezifischen Inhalten der christlichen Botschaft nicht interessiert sein muß, etwa an Kreuz und Auferstehung Jesu Christi. Im Normalfall genügt den staatlichen Zwecken der ethische und der allgemeine metaphysisch-religiöse Gehalt einer Religion. Darum wird in Landesverfassungen oder Schulgesetzen in der Regel auf eher blasse Art auf die sog. *»christlichen Werte«* abgehoben. Strenggenommen darf der Staat auch gar nicht weitergehen. Nur solange er auf das in der Kultur allgemein gewordene enkulturierte Christentum, das gesellschaftliche Christentum, abhebt, das Christentum der allgemein akzeptierten (christlichen) Nächstenliebe etwa, verletzt er nicht die Selbstverpflichtung zu weltanschaulicher Neutralität. Darum formuliert der Grundgesetzkommentar auch vorsichtig und offen:

»Da die Bundesrepublik Heimstätte aller Deutschen ist, gleichgültig welcher Weltanschauung, muß die Auslegung der Worte 'vor Gott und den Menschen', damit sie verfassungskonform ist, allen Auffassungen gerecht werden können, die unter Deutschen über Gott bestehen.«[8] - Wenn die Bundesrepublik Heimstätte von Muslimen ist, gilt m.E. ähnliches.

Trennung zwischen »rein innerweltlichen Themen« und dem »eigentlich Religiösen«? - eine bedenkliche staatliche Zumutung

Das Verhältnis zwischen der ethischen und der allgemeinen metaphysisch-religiösen Inanspruchnahme kann sich nun eigentümlich *verschieben,* wenn der Religionsunterricht bei der Behandlung sozialethischer Themen von einer staatlicherseits für notwendig erachteten Interpretationslinie zu sehr abweicht. Derselbe Staat, dem grundsätzlich gerade an den ethischen Funktionen des Christentums gelegen ist, wird jetzt die Religionslehrerschaft daran erinnern, sich auf die sog. *»eigentlich religiöse«* Aufgabe des Fachs zu konzentrieren. Er gerät in die Versuchung, als Staat zu definieren, was christlich ist.

So hält etwa der ehemalige niedersächsische Kultusminister Georg-B. Oschatz die »Methode« (!) des *thematisch-problemorientierten Religionsunterrichts* zwar für »im Ansatz richtig«; aber sie dürfe nur als »Aufhänger und Einstieg« im Unterricht angesehen werden. Mehr noch: Lebensprobleme und Themen aus den Bereichen »zum Beispiel der Politik, der Ethik und der Anthropologie« werden als »rein innerweltliche(n) Themen« bezeichnet[9]. Dem Religionsunterricht wird nahegelegt, sich vor allem der Frage nach Gott als der Frage nach dem letzten Sinn des Lebens und damit dem »Eigentlichen des Religionsunterrichts« zuzuwenden (ebd.).

8. *Th. Maunz,* a.a.O., Präambel, Rd. Nr. 14.
9. *G.-B. Oschatz:* Auf der Suche nach dem Religionsunterricht, in: EvErz 40 (1988), 3, S. 242-252, hier S. 249.

Wenn Politiker auf letzte Fragen und besonders auf die Gottesfrage Wert legen, können Kirche, Theologie und Religionspädagogik das nur begrüßen. Wie schon mit Bezug auf die kirchliche Jugendarbeit werden wir das Gewicht der Gottesfrage auch für den Religionsunterricht noch einmal nachdrücklich aufnehmen. Aber jetzt wird von einem Politiker diese Frage im Kontext der Sorge artikuliert, der Religionsunterricht könnte zu stark - zu unbequem - in angeblich rein innerweltliche Themen hineinsprechen. Der Religionsunterricht wird vom Staat begrüßt, er wird gebraucht, er wird garantiert und gestützt; aber er soll nicht die Linie überschreiten, die durch die von ihm erwarteten zweckdienlichen Leistungen gezogen ist. Der Staat scheint sich mit der Rede von den »rein innerweltlichen Themen« in Übereinstimmung mit der Zwei-Regimenten-Lehre Luthers zu befinden, ist es aber eben doch nur scheinbar. Die Reformation hatte in der Tat das Stichwort von der »Weltlichkeit« der Welt geliefert, aber nicht die Formel vom »rein Innerweltlichen« oder von der »reinen« Weltlichkeit. Folglich steht schon in dieser ersten Perspektive auch das kirchliche Selbstverständnis des Fachs auf dem Spiel - die unten noch zu verfolgende zweite Perspektive. Ferner sind auch bereits die Interessen der Schüler berührt, die dritte Perspektive; denn die Schüler schätzen den Religionsunterricht gerade dann, wenn er lebensnah ist und auf Fragen der Zeit eingeht.

Was aber wären dann die theologisch vertretbaren Bildungsaufgaben des Religionsunterrichts im »weltlichen Regiment«, die zugleich im wohlverstandenen Interesse von Staat, Gesellschaft und Schule liegen sollten? Wir bestimmen hierbei zugleich den grundsätzlichen Bezug von Religion und Welt, und zwar am Maßstab der zwei wichtigsten evangelischen theologischen Denkmodelle.

Glauben und Leben verbinden in einem zeitnahen Religionsunterricht

Mit dieser Formel umschreiben wir eine *erste* grundlegende Bestimmung. Unseren Glauben thematisieren und unser Leben thematisieren sind zwei Seiten ein und derselben Sache. Glauben an Gott und Leben vor Gott gehören zusammen. Daher kann die Erschließung der Lebenslage der Schüler und darin unserer Grundsituation vor Gott auf dem Wege über Themen »der Politik, der Ethik und der Anthropologie« - ob diese nun besonders im thematisch-problemorientierten Unterricht oder auch im Zusammenhang des biblischen Unterrichts erscheinen - nicht so verstanden werden, als handle es sich nur um »rein innerweltliche Themen«. Auch im weltlichen Regiment gilt die Verantwortung vor Gott, und sie kann von der Kirche nicht mit geschlossenen Augen nur der Obrigkeit überlassen bleiben. Diese Begründung ergibt sich von Luthers Zwei-Regimenten-Lehre her.

Von der Theologie Karl Barths und der Barmer Theologischen Erklärung her gelangt man zu einem ähnlichen Ergebnis. Wie für Luther Gott auch im weltlichen Regiment sitzt, ist Jesus Christus der Herr in allen unseren Lebensbereichen. Der Religionsunterricht wird folglich mit Fug und Recht prinzipiell das ganze Leben thematisieren dürfen, nicht allerdings in Verdoppelung der Gegenstände anderer Fächer, sondern vor Gott, gedeutet unter der Dialektik von Evangelium und Gesetz, und zwar so, daß die Lebenswirklichkeit gleichnisfähig wird für Gottes liebende Erwählung und Herrschaft, für seinen Zuspruch und seinen Anspruch. So ist es weder vom lutherischen noch vom reformierten Ansatz her theologisch erlaubt, aus der freisetzenden Unterscheidung zwischen Gott und Welt ein Trennungsdenken abzuleiten.

Gott und Welt unterscheiden in einem ideologiekritischen Religionsunterricht

Gott und Welt können im evangelischen Religionsunterricht nur recht verbunden werden, wenn *zweitens* ständig auch zwischen ihnen freisetzend unterschieden wird. Unsere menschlichen Leistungen und politischen Verantwortlichkeiten sind nicht unser Heil. Reformatorisch orientierter Religionsunterricht lebt von dem Unterschied zwischen dem, was nur Gott geben kann, und dem, was wir geben können. Vom ersten Gebot im Sinne des Alten Testaments und vom Glauben an den einen Christus im Sinne des Neuen Testaments her wirkt der Religionsunterricht folglich *ideologiekritisch* gegen Absolutsetzungen in anderen Unterrichtsfächern und trägt so auf seine Weise zu einer *»ideologisch toleranten Schule«* bei, auf die die Schüler ein Recht haben[10]. Er geht einen dritten Weg zwischen einem schulpolitischen Konflikt- und Harmoniemodell (s. dazu auch noch Kap. 11). Er tritt oberhalb der unseligen parteipolitischen Polarisierungen, wenn sie schulisch 'durchschlagen' sollten, für eine Schule ein, an der der Unterricht im Zeichen der allgemeinen Bildung an übergeordneten Maßstäben für das menschliche Wohl im ganzen ausgerichtet ist.

Der *Staat* kommt folglich in der Schule und so auch im Religionsunterricht gleichsam *doppelt* vor, einerseits als übergeordnete Rechtsinstanz und als Vertreter des politischen Willens im Sinne des den Parteien übergeordneten Gemeinwohls, andererseits auch in eigener politischer Sache, sofern das betreffende Bundesland vom politischen Willen einer bestimmten Partei und Regierung mitgeprägt wird. Gemeinsam sollten die, die für

10. *Th. Oppermann:* Nach welchen rechtlichen Gesichtspunkten sind das öffentliche Schulwesen und die Stellung der an ihm Beteiligten zu ordnen? Gutachten C zum 51. Deutschen Juristentag, München 1976, S. 92.

den Religionsunterricht theologisch oder staatlich verantwortlich sind, dafür sorgen, daß sich der Staat nach diesen beiden Seiten hin unterscheidet *(Selbstunterscheidung des Staates aus staatspolitischen Gründen).*

Pädagogisch mit dem Leistungsproblem umgehen in einer schülergerechten Schule

Einem Schulsystem drohen nie nur politische Ideologisierungen von außen, sondern auch Verabsolutierungen systemimmanenter Teilzwecke. Wie soll sich der Religionsunterricht *drittens* zur Schule als Leistungsschule stellen? Soll auch er sich schulischer Leistungsmessung und -beurteilung unterwerfen? Wie kann er in dieser Frage eine *schülergerechte Schule* unterstützen?

Es gibt an sich keine zwingenden schultheoretischen Gründe dafür, daß *alle* an einer Schule unterrichteten Fächer durch Leistungsmessungen mit versetzungserheblichen Folgen zur notwendigen Auslesefunktion und zur sozialen Zuteilungsfunktion (Selektions- bzw. Allokationsfunktion) besonders von weiterführenden Schulen beitragen müssen. Der Religionsunterricht könnte ausscheren. Er sollte es jedoch darum nicht tun, weil er einem sinnvollen »bildenden« Lernen besser dienen kann, wenn er sich selbst unter dieselben Bedingungen stellt wie alle anderen Unterrichtsfächer, anstatt eine Sonderrolle zu erstreben, die ihn isoliert[11]. Was ihm in dieser Sonderrolle pädagogisch gelingen könnte, würden sonst Kollegen anderer Fächer schnell mit dem Hinweis kommentieren, der Religionsunterricht sei mit ihren Fächern nicht vergleichbar.

Wenn sich der Religionsunterricht in der Alternative zwischen Sonderstatus und solidarischer Einbindung für letzteres entscheidet, sollte er es allerdings nicht ohne grundsätzliche Vorbehalte tun. Diese Vorbehalte möchten der Schule nicht etwas wegnehmen, sondern der menschlichen Bildung in ihr etwas zugute kommen lassen. Am Umgang mit dem Notenproblem im Religionsunterricht könnte die Schule im ganzen lernen. Was heißt das im einzelnen?

Pädagogisch gut ausgebildete Religionslehrer verteidigen die *pädagogischen Ziele* der Schule gegen die einseitige Vorherrschaft bürokratischer Zwecke. Die allgemeinen Bildungsziele (Wahrhaftigkeit, Toleranz, soziales Engagement, demokratisches Bewußtsein u.a.) sind wichtiger als verfrüht verfolgte spezielle

11. Zur ausführlichen Begründung dieser Auffassung und zur detaillierten Behandlung der folgenden Einzelfragen für die Praxis vgl. mein im Auftrag des Evang. Oberkirchenrats Stuttgart erstelltes Gutachten: Leistungsproblematik und Religionsunterricht. Zur versetzungserheblichen Benotung im Fach Ev. Religionslehre, in: *K.E. Nipkow:* Religionsunterricht in der Leistungsschule. Gutachten - Dokumente, Gütersloh 1979, S. 23-105.

Ausbildungsziele im Blick auf besondere Berufslaufbahnen. »Die Schule erfüllt mit der Vergabe von Berechtigungsnachweisen nur einen Teil ihrer Aufgaben; sie sind landesverfassungsrechtlich oder schulgesetzlich viel umfassender ...«[12]

Sofern es unter diesem generellen Vorbehalt dann doch um Noten gehen muß, sollten Religionslehrer den *Primat der pädagogischen Funktionen* der Noten gegenüber den nichtpädagogischen Funktionen erkennen, verteidigen und praktizieren. Zu den pädagogischen Funktionen gehören die Rückmeldefunktion der Noten für den Lehrer selbst sowie die Rückmelde- und die Anreiz- bzw. Motivierungsfunktion für den Schüler.

Wer als Religionslehrer das Problem pädagogisch und theologisch durchdacht hat, wird auch nicht so schnell dem Irrtum erliegen, menschliche Leistungen pauschal theologisch oder pädagogisch verächtlich machen zu müssen. Inhuman ist nur, wenn man einen Menschen ausschließlich nach seiner Leistung beurteilt und seine *Anerkennung als Person* davon abhängig macht. Nur dies allein ist auch mit der Rechtfertigungslehre unvereinbar. Anders ist es, wenn Schüler an sich erfahren, daß sie auf Grund ihrer wachsenden Fähigkeiten etwas zustande bringen. Unter diesem Gesichtspunkt ist eine Beurteilung nach Leistung zu bejahen, pädagogisch als Beitrag zur Förderung von Kompetenz und damit der eigenen *Identität*, theologisch als Anreiz zu Entfaltung und Gebrauch von Gottes *Gaben*.

»Nicht, weil die Gesellschaft *Leistung* fordert, nicht weil Leistung als Prinzip schon etwas Gutes wäre. Sondern weil Glück und Leistung etwas miteinander zu tun haben können - nicht müssen, dann nämlich, wenn am Ende von Arbeit und Anstrengung (von 'durchhalten') die beglückende Erfahrung steht: 'Das kann ich jetzt' (ob Handstandüberschlag oder mich mit einem Engländer in seiner Sprache verständigen), 'Das habe ich verstanden', 'Das ist mein Werk, ich habe diesen Text geschrieben, dies Tor geschmiedet, diese Hockeygruppe organisiert, diese Kasperlepuppe angemalt - und ich bin stolz darauf'.«[13]

Das Zensurengeben ist für die Schüler außerdem ein neuralgischer Punkt, an dem sie kontinuierlich mit der Frage der *Gerechtigkeit* konfrontiert werden.

Einem Schüler ist es recht, daß Religionsunterricht ausfällt: »'Ist doch bloß Religion', und er schiebt nach 'als wir Reli hatten, da war's bloß laut. Und außerdem alle bekamen eine 2

12. *L. Dietze:* Verfassungsrechtliche Randbemerkungen zum Wettbewerbs- und Leistungsprinzip in der Schule und beim Hochschulzugang, in: *A. Flitner (Hg.):* Der Numerus clausus und seine Folgen, Stuttgart 1976, S. 70-78, hier S. 72.
13. *G. Becker:* Jenseits des Leistungsprinzips? - Überlegungen aus der Odenwaldschule, in: *H.-K. Beckmann (Hg.):* Leistung in der Schule, Braunschweig 1978, S. 100-115, hier S. 109.

- auch Rainer, der den größten Blödsinn macht. So ungerecht war das in Religion. Jetzt aber haben wir wenigstens zwei freie Unterrichtsstunden!'«[14]

Die Verpflichtung für den Religionsunterricht, das Leistungsproblem versachlicht zu behandeln, ist zugleich sein Recht, an das Leistungsdenken in unserer Gesellschaft grundsätzliche Anfragen zu stellen, von der Höchstleistungsideologie ganz zu schweigen. Im Lichte des klassischen Textes von den Arbeitern im Weinberg (Mt 20,1ff.) lernen Schüler im Religionsunterricht den Unterschied zwischen unserer Gerechtigkeit und Gottes gütiger Gerechtigkeit kennen. Die Schlußfolgerungen für das eigene gesellschaftliche Erfahrungsumfeld liegen auf der Hand.

Schließlich gehören zum pädagogischen Umgang mit den Noten die sorgfältige Beachtung der Verfahren zur Leistungsmessung (jene sind vorzuziehen, die die Konkurrenzsituation mildern), ferner die Selbstbeschränkung der Prüfungsgegenstände und der dadurch ermöglichte periodische Verzicht auf Zensuren (denn nicht jeder Stoff muß Tests unterworfen werden, das kann man jeweils vorher klar absprechen) sowie die Relativierung schriftlicher Leistungsnachweise zugunsten mündlicher Mitarbeit, schließlich die Ansätze zu gemeinsamer Leistungsbewertung. Was mit alledem dem Religionsunterricht zugute kommt, kommt auch der Schule im ganzen zugute.

Das gemeinsam und persönlich Angehende bedenken in einem verständigungsoffenen Religionsunterricht

Die *Bildungsziele* der Schule haben auch darum Rückschläge erlitten, weil in unserem Schulsystem das Bewußtsein für das *Allgemeine der allgemeinen Bildung* als das Gemeinsame immer schwächer geworden ist. Man kann leider nicht sagen, daß statt dessen der Sinn für das *Individuelle einer individuellen Bildung* des einzelnen Schülers gestärkt worden ist. Das Problem der schulischen Bildung ist im vierten Kapitel des ersten Teils historisch skizziert und systematisch erörtert worden. Hier braucht darum nur noch einmal an die Sachverhalte erinnert zu werden, die den Religionsunterricht besonders berühren (vgl. jedoch auch bereits zum Religionsunterricht am Beispiel des Berufsschulreligionsunterrichts Kap. 4.6).

Die Schule erfüllt dann ihre Bildungsaufgabe, wenn ihre Arbeit in Erziehung und Unterricht einerseits von gemeinsamen kulturellen Grundüberzeugungen

14. *M. Braner:* Religionsunterricht - zwischen den Stühlen?, in: Religionsunterricht als Aufgabe, a.a.O. (Anm. 6), S. 15-18, hier S. 16.

getragen wird und wenn sie andererseits mit der größtmöglichen Aufmerksamkeit jeden einzelnen Schüler fördert, und zwar nicht nur an überindividuellen Maßstäben gemessen, sondern auch an individuellen. Hinsichtlich der Verwirklichung dieser Ziele enthüllt die deutsche Schulgeschichte ein wechselvolles Bild.

Nach dem letzten Weltkrieg hat man sich mit der Bestimmung dessen, was alle Fächer verbindet, immer schwerer getan, zum Teil aus guten Gründen; politische Ideologisierungen waren noch frisch im Gedächtnis. In gymnasialpädagogischen Dokumenten wurde seit Ende der 50er Jahre ein Ausweg darin gesucht, daß man das Allgemeine der allgemeinen Bildung am formalen Ideal des Gleichgewichts der Fächerbereiche (Natur- und Geisteswissenschaften) orientierte und im übrigen einfach als 'Addition' der Unterrichtsziele der Einzelfächer zu umschreiben versuchte[15] - ein schon im Ansatz untauglicher Versuch. Im ganzen gehorchte man dabei einem »materialen« Bildungsverständnis; auf die individuelle Gestalt der Bildung des einzelnen Schülers wurde wenig Rücksicht genommen.

In den 60er Jahren orientierten Theodor Wilhelm und andere die Schule und ihren Lehrplan an den »Wissenschaften« und an dem durch sie repräsentierten Vorstellungsgelände, um dessen Klärung und Ordnung es gehen sollte. Neben die Einführung in die wissenschaftlichen Inhalte trat die Bekanntmachung mit wissenschaftlichen Fragestellungen. Im ganzen wurde auch die »Hauptschule« vom neuen »Zeitalter der Wissenschaften« her gedeutet.[16] Der Preis für die »Wissenschaftsorientierung« war die Schwäche hinsichtlich der Behandlung normativer gesellschaftlicher Probleme. Auf den Bildungsbegriff wird in der Schultheorie Wilhelms bezeichnenderweise ganz verzichtet.

Die Gegenbewegung ließ nicht lange auf sich warten. Ende der 60er Jahre wurde das Schulsystem in der Bundesrepublik durch die in die Schulpädagogik eindringende »Kritische Theorie« der Frankfurter Schule gesellschaftspolitisch herausgefordert; emanzipatorische Bildungsziele schoben sich in den Vordergrund. Bereits seit 1972 wurde jedoch eine neue Gegenbewegung eingeleitet, die neokonservative Bildungspolitik der »Tendenzwende«. Sie setzt bis heute auf die »erziehende« Rückbindung des Unterrichts an feste »Werte«, übersieht aber dabei, daß jede konkretisierende Interpretation zu Kontroversen führen kann. Ironisch genug bleiben auch jetzt die Schüler selbst immer noch zu wenig berücksichtigt. Selbst die emanzipatorische Pädagogik richtete die Lernziele oft über die subjektiven Bedürfnisse der Schüler hinweg an ihren 'wahren' objektiven Bedürfnissen aus - ohne die Betroffenen zu fragen.

Da die Alternative zwischen Ideologisierung und Positivismus, zwischen einer verdeckt dogmatischen, einseitigen Beantwortung normativer Probleme und der Verweigerung einer Antwort überhaupt eine sehr schlechte, pädagogisch unver-

15. Das »allgemeine Bildungsziel« wird als »die Summe der fachlichen Bildungsziele« umschrieben (Bildungsauftrag und Bildungspläne der Gymnasien, vorgelegt von der Arbeitsgemeinschaft Deutsche Höhere Schule, Berlin u.a. 1958, S. 31).
16. *Th. Wilhelm:* Theorie der Schule. Hauptschule und Gymnasium im Zeitalter der Wissenschaften, Stuttgart 1967, 2. neubearb. und erw. Aufl. 1969.

tretbare Alternative ist, führt nur ein dritter Weg weiter. Zu ihm kann der Religionsunterricht wie kaum ein anderes Fach sonst beitragen. Kein Gedanke hat denn auch in der religionspädagogischen Diskussion der letzten 20 Jahre eine so breite Zustimmung gefunden wie der, daß - *viertens* - zur Sache des Religionsunterricht die *verständigungsoffene Erschließung der menschlichen Grundlagen unseres Lebens* gehört, die das gemeinsame Leben und das individuelle Leben betreffen. Oft ist der Religionsunterricht das einzige Fach an der Schule, an dem Sinn- und Wertfragen radikal gestellt werden. Mit einem positivistischen Unterrichtsbetrieb kann und darf der Religionsunterricht nichts gemein haben; vor Ideologisierungen muß ihn das erste Gebot schützen.

Gleichzeitig ist der Religionsunterricht durch die religionspädagogische Diskussion der letzten Jahrzehnte immer wieder aufgerufen worden, die erörterten Fragen und Probleme von den Schülern her wahrzunehmen, anstatt jene Fragen für die Schüler über ihre Köpfe hinweg zu definieren. »Wir können Fragen besprechen, die uns persönlich betreffen«[17] - Schüleräußerungen wie diese spiegeln, was bereits erreicht worden ist und nicht zurückgenommen werden darf (s. hierzu noch ausführlich unten den 4. Abschnitt).

Zusammengefaßt: Der Religionsunterricht kann und sollte in einer Nachdenklichkeit erfordernden Welt für eine nachdenkliche Schule eintreten. Er vermag dies dadurch, daß er mithilft, unsere Vernunft über sich selbst aufzuklären und unser Handeln im Lichte des Evangeliums an die Liebe zurückzubinden. Dies ist der Sinn der Formel vom Beitrag des Religionsunterrichts zur Vernunft- und Zukunftsfähigkeit der Gesellschaft. Mit dem Religionsunterricht erhält sich die Schule ihren Mut zum Fragen und ihre Hoffnung auf ungewöhnliche Antworten in einer ängstlichen und angepaßten Welt.

3. Der Religionsunterricht als Chance für die Kirche und Prüfstein ihrer Sache

Selbstunterscheidung der Kirche und relative Eigenständigkeit der Religionspädagogik

Nicht nur der Staat, sondern auch die *Kirche* kommt im Religionsunterricht gleichsam *doppelt* vor. In relativer Eigenständigkeit hat sich eine Pädagogik entwickelt, die den Staat mahnt, nicht durch parteipolitische Absichten seiner übergeordneten Bildungsverantwortung im Wege zu stehen *(staatliches Selbstmißverständnis).* Analog hat sich bereits seit dem 19. Jahrhundert (F. Diester-

17. Zitiert nach *I. Borns-Scharf,* a.a.O. (Anm. 6), S. 41.

weg) und in programmatischer Wiederaufnahme am Anfang dieses Jahrhunderts (F. Niebergall u.a.) eine Religionspädagogik entwickelt, die die Kirche mahnt, nicht durch enggeführte kirchenpolitische Zumutungen und Interessen ihrer Sache im Wege zu stehen *(klerikales Selbstmißverständnis)*[18]. Diese Sache ist nicht sie selbst, sondern Gott, bezeugt in der Bibel und erfahren im Glauben *(Selbstunterscheidung der Kirche aus theologischen Gründen).*

Wie ist der Begriff der »relativen Eigenständigkeit« (Erich Weniger) zu verstehen? Wie kommt es, daß die Schule mit ihrer Pädagogik, der Religionsunterricht mit seiner Religionspädagogik trotz der vielberufenen Zwänge doch einen gewissen Spielraum haben? In pädagogischen Institutionen wirken sich immer auch Einflußgrößen aus, die es nicht zulassen, diese Institutionen einseitig deterministisch abhängig zu sehen. In Schule und Religionsunterricht sind es folgende Momente:

- Im Vergleich zu anderen kirchlich relevanten pädagogischen Bereichen ist die Religionslehrerschaft zum einen am stärksten systematisch der *Generationsdynamik* ausgesetzt. Die Schüler-Schüler- und die Schüler-Lehrer-*Interaktionen* sind hierbei Prozesse, die nur zu einem Teil einigermaßen vorweg abgeschätzt und 'von oben' kontrolliert werden können. Gesellschaftliche Institutionen (Staat, Kirche) müßten enorme Anstrengungen unternehmen und auf rigideste Sanktionsmechanismen zurückgreifen, wenn sie einen größeren Grad an Determination erreichen wollten.
- Lehrer orientieren sich heute ferner an ihren *Fachwissenschaften*. Die negative Seite ist die eben berührte Neigung zum Positivismus, wenn einseitig der Maxime der Werturteilsfreiheit der Wissenschaft gefolgt wird. Als Stärke ist ein gewisser Rückhalt gegenüber sachfremden Übergriffen anzusehen. Die Religionslehrerschaft beider Konfessionen ist entsprechend mehr oder weniger durch die *wissenschaftliche Theologie* geprägt[19]. Diese Theologie muß sich nicht nur in der Konfrontation mit einer sperrigen

18. Selbst Vertreter der »Evangelischen Unterweisung« haben sich hiergegen gewehrt. Vgl. die, m.E. allerdings merkwürdig verspätete, Auseinandersetzung *H. Kittels* mit der Schulpolitik einiger Landeskirchen nach dem letzten Krieg in seiner Spätschrift: Freiheit zur Sache. Eine Streitschrift zum Religionsunterricht, Göttingen 1970. Kittel benennt nicht nur die beim Neuaufbau des öffentlichen Schulwesens erfolgte »weitgehende Wiederaufnahme eines Programms der Konfessionalisierung der Volksschulen einschließlich ihrer Lehrerbildung, harte konfessionelle Einflußnahmen auf die Personalpolitik der Schulverwaltungen ..., kirchlich-gouvernementale Steuerung der Religionslehrerfortbildung« u.a.m. (S. 16f.). Er ist auch der Meinung, daß die »Evangelische Unterweisung« selbst kirchenamtlich verfälscht worden sei: »Der Religionsunterricht selbst aber wurde in nicht wenigen Landeskirchen unter das harte Gesetz einer Bindung an Bekenntnisformulierungen gestellt, die - für hauptamtliche Theologen längst problematisch - auf die Religionslehrerschaft einfach als Symptome einer kirchlichen 'Machtübernahme' wirken mußten« (S. 17).
19. Vgl. den empirischen Nachweis für die katholische Religionslehrerschaft durch *B.*

Jugend - Jugend als Spiegel der Zeit -, sondern auch im Verhältnis zu Staat und Kirche bewähren. Auf dem Spiel steht täglich das Verhältnis von Glaube und Wissen sowie von Glaube und Handeln. Im Religionsunterricht wird die Kirche in Gestalt ihrer Theologie einer fortwährenden elementaren Prüfung unterzogen.

- Die Religionslehrerschaft wird nicht zuletzt angeleitet, sich als Anwalt der Schüler zu verstehen. Der (Religions-)Lehrerstand hat über Generationen hinweg seit Beginn des 19. Jahrhunderts (Diesterweg u.a.) ein eigenes *pädagogisches Ethos* entwickelt, das im ganzen gegen die Kirchen durchgesetzt werden mußte. Die Kirchen können dieses Rad der Geschichte nicht zwanghaft zurückdrehen wollen.

Zusammengenommen macht das Gesagte den Religionsunterricht im Verhältnis zur Kirche zu einem *'verbundenen Gegenüber'*[20]. Die Religionslehrer sind selbständige, mündig gewordene Partner. Sie haben eine durch und durch *eigenständige* Aufgabe; die relative Eigenständigkeit der pädagogischen Aufgaben schließt auch die relative Eigenständigkeit der religionspädagogischen Aufgaben ein.Diese Eigenständigkeit im Religionsunterricht bringt der Kirche Erfahrungen eigener Art, die sie sonst so nicht machen könnte. Nehmen die Gemeinden das wahr und ernst? Wird dies besonders von den unterrichtenden Pfarrern gesehen? *Was hat die Kirche am Religionsunterricht?*

Religionsunterricht als Prüfstein einer dialogfähigen Kirche in einem ökumenischen und multireligiösen Kontext

Die Kirche stellt sich im Religionsunterricht *erstens* in ihrer *Dialogfähigkeit* dar - oder eben auch nicht. Die Entwicklung der Religionspädagogik in den letzten 30 Jahren läßt sich mit der Überschrift der Festgabe für Hans Bernhard Kaufmann zusammenfassend als »Glaube im Dialog« kennzeichnen[21]. Diese Entwicklung ist auch von der Amtskirche (der EKD, den landeskirchlichen Schulreferaten und den religionspädagogischen Ausbildungs- und Fortbildungsinstituten der Landeskirchen) in voller Breite unterstützt worden[22].

Schach: Der Religionslehrer im Rollenkonflikt. Eine religionssoziologische Untersuchung, München 1980.

20. *A. Feige* formuliert auf Grund seiner Befragung niedersächsischer evangelischer Religionslehrer das gemeinte Verhältnis von Kirche und Religionsunterricht bei der »Mehrheit der Religionslehrer« als »symbiotische Distanz«. Vgl. *A. Feige/K.E. Nipkow:* Religionslehrer sein heute. Empirische und theoretische Überlegungen zur Religionslehrerschaft zwischen Kirche und Staat, Münster 1988, S. 41.
21. *K. Goßmann (Hg.):* Glaube im Dialog. 30 Jahre religionspädagogische Reform, Gütersloh 1987.
22. Dies ist zusammenfassend für die EKD an der inzwischen vorliegenden Dokumenta-

1971 hat sich der Rat der EKD die Auffassung zu eigen gemacht, daß für den Religionsunterricht, der einerseits klar »durch das biblische Zeugnis von Jesus Christus« bestimmt sein müsse, andererseits die Forderung gelte, sich »in der gegenwärtigen Situation ... mit den verschiedenen geschichtlichen Formen des christlichen Glaubens (Kirchen, Denominationen, Bekenntnisse) zu befassen, um den eigenen Standpunkt und die eigene Auffassung zu überprüfen, um Andersdenkende zu verstehen und um zu größerer Gemeinsamkeit zu gelangen. Entsprechendes gilt für die Auseinandersetzung mit nichtchristlichen Religionen und nichtreligiösen Überzeugungen. Das theologische Verständnis der 'Grundsätze der Religionsgemeinschaften' korrespondiert mit einer pädagogischen Gestaltung des Unterrichts, der zugleich die Fähigkeit zur Interpretation vermittelt und den Dialog und die Zusammenarbeit einübt.«[23]

Heute ist dieser Weg mehr denn je notwendig, innerchristlich gesprochen ein Weg *ökumenischen Lernens,* im Blick auf nichtchristliche Lebensweisen und Religionen ein Weg *interkulturellen* und *interreligiösen Lernens.* Da hierbei die Eigenständigkeit jeder Religion und jeder Kultur ernst zu nehmen ist, kann der Weg nicht zu einem übergreifenden religiösen Superfach führen. Dies ist auch nicht in der Diskussion. Wir brauchen den Dialog der Schüler untereinander.

Dialogfähigkeit setzt zweierlei voraus: Einen Dialog wird nur führen können, wer die Quellen der eigenen Tradition kennt und fähig ist, über seinen eigenen religiösen Standpunkt verantwortlich zu reden. Er sollte sich andererseits für die anderen Religionen interessieren und für ihre Verletzlichkeiten sensibel sein. Mitschülerinnen und Mitschüler aus anderen Religionsgemeinschaften wie auch Konfessionslose sind vorurteilsfrei zu achten; ihnen ist taktvoll zu begegnen. Es gibt Schulen in den großstädtischen Ballungsgebieten der Bundesrepublik, die im Extremfall bereits bis zu 80 und 90 % ausländische Schüler haben. 1986 waren an Frankfurter Schulen umgekehrt insgesamt nur noch 32 % der Schüler evangelisch (gegenüber 65 % im Jahre 1965 in den Grenzen der alten Stadt Frankfurt und 50 % in den eingemeindeten Vororten im Westen und Osten)[24]. Das Denken in religiös geschlossenen Räumen gehört der Vergangenheit an.

tion aller einschlägigen offiziellen Äußerungen seit 1945 abzulesen: *Evangelische Kirche in Deutschland:* Die Denkschriften der Evangelischen Kirche in Deutschland, hg. vom Kirchenamt der EKD, Bd. IV/1: Bildung und Erziehung. Mit e. Einf. von *G. Bromm,* Gütersloh 1987. Für die Landeskirchen vgl. besonders die Synodalerklärungen der letzten Jahre.

23. Zu verfassungsrechtlichen Fragen des Religionsunterrichts. Stellungnahme der Kommission I der EKD, in: EKD, Denkschriften ..., Bd. IV/1, a.a.O. (Anm. 22), S. 60f.
24. »Der Anteil der ausländischen Schüler stieg in Hessen von 1970 bis 1984 um ca. 400 %; in Frankfurt am Main stieg er darüber hinaus zahlenmäßig noch weiter an.« Ich verdanke alle hier genannten Daten dem Schulreferat der Ev. Kirche in Hessen-Nassau.

Soll man nicht mehr wie früher vom sog. »Ausschließlichkeitsanspruch« der christlichen Glaubenswahrheit ausgehen? Sind christlicher Glaube und Dialogfähigkeit Gegensätze? Es ist eine der vornehmsten Lernaufgaben des Religionsunterrichts wie der Kirche überhaupt, zu erkennen, daß dies nicht der Fall zu sein braucht. Glaube schließt eine neue innere Freiheit ein, die es erlaubt, gleichzeitig des eigenen Standorts gewiß und für den anderen offen zu sein. Ein solches Glaubensverständnis kann zwar nicht Merkmal des Anfangs der religiösen Lebenslinie eines Menschen sein, sondern braucht Zeit. Der Weg zu einem »verbindenden Glauben« (J.W. Fowler), der nicht relativistisch ist, kann jedoch schon in der Grundschule beginnen. Bevor das Verstehen nachfolgt, kann das Miteinander der Unterschiede im menschlichen Umgang der Kinder erlebt werden.

Für Schüler höherer Klassen wird es wohl kaum spannendere Lerngelegenheiten geben als fächerübergreifende Veranstaltungen, in die nicht nur der Unterricht der benachbarten Konfession, sondern auch der Ethikunterricht, und, wenn es ihn in Zukunft geben sollte, ein *islamischer Religionsunterricht* einzubeziehen wären. Ein islamischer Religionsunterricht ist m.E. grundsätzlich verfassungsrechtlich geboten. Die gegenwärtige unentschiedene Lage hat sehr viele komplizierte Gründe[25]. Ein solcher Unterricht kann auch schulpolitisch und pädagogisch bejaht werden, wenn er seinerseits die religionsdidaktische Aufgabe so sieht, wie sie hier angedeutet worden ist: Jeder Religionsunterricht hätte danach einerseits die eigene theologische Position klar darzustellen, damit Schüler sehen, womit sie es bei einer Religion zu tun haben. Gleichzeitig wären die Schüler schrittweise zu freier, argumentativer Gesprächsfähigkeit anzuleiten. Nur ein dialogischer Religionsunterricht, gleich welcher Art, entspricht dem Geist unserer freiheitlichen Demokratie als gesellschaftlicher Lebensform; nur ein solcher liegt auch im Gefälle evangelischer Freiheit.

Das letzte Postulat ist freilich typisch westlich und christlich-liberal. Selbstkritisch ist daher einzuwenden, daß die Religionsfreiheit als Grundlage für einen spezifisch an die Grundsätze der Religionsgemeinschaften gebundenen Religionsunterricht an den Schulen der Bundesrepublik auch einen von islamischer Seite konservativ gestalteten Religionsunterricht zulassen muß. Ein solcher Unterricht dürfte nur nicht zugleich das Grundrecht der Freiheit mißachten, dem er selbst seine Existenz verdankt.

25. Vgl. hierzu zuletzt *K. Gebauer:* Islamische Unterweisung in deutschen Klassenzimmern, in: Recht der Jugend und des Bildungswesens, 3/1989, S. 263-276.

Religionsunterricht als Bewährung der Kirche gegenüber ihrer eigenen Geschichte

Die Kirche stellt sich im Religionsunterricht *zweitens* in ihrer Kraft oder in ihrer Schwäche dar, ehrlich mit ihrer eigenen Geschichte umzugehen, wobei wiederum der Religionsunterricht zugleich der allgemeinen Bildung an der Schule dient. Ein Haupthindernis besonders für gebildete Zeitgenossen, zur Glaubensbotschaft der Kirche Vertrauen zu fassen, ist das im Langzeitgedächtnis eingefressene, tradierte *Versagen der Kirche,* selbst wenn es weit zurückliegt. Erhebungen unter Schülern bringen es immer wieder an den Tag: Anstoß erregen Kreuzzüge und Hexenverbrennungen, kirchliche Unduldsamkeit gegenüber Ketzern, theologische Denkverbote gegen Intellektuelle, Leibfeindlichkeit und dumpfer Konservativismus, die beide mit dem Evangelium nichts zu tun haben, in unserem Jahrhundert besonders das Segnen der Waffen, der fehlende Widerstand gegen den Krieg, das Paktieren mit den jeweiligen Machthabern; die Linie ließe sich fortsetzen.

Vor allem ist es für so manchen Zeitgenossen immer noch ganz unerträglich, sich vorstellen zu müssen, wie schwach und feige sich die Kirchen gegenüber der *Judenpolitik* im NS-Staat verhalten haben, von anderen verfolgten Minderheiten wie Sinti und Roma ganz zu schweigen. Nationalprotestantisch denkende Kirchenführer haben am Anfang mit der braunen Bewegung sympathisiert, weil man eine große geschichtliche Stunde für die Wiederbelebung der Kirche als Volkskirche heraufziehen sah. Bei einsetzender Judenverfolgung hat man an die Judenchristen gedacht, nicht aber an die Juden selbst. Antijudaistische und antikommunistische Einstellungen haben zusammengenommen einen Widerstand der Kirchen verhindert.

Das unterscheidet vielleicht gerade den *Religionsunterricht* vom *Ethikunterricht,* daß es ihm nicht nur um Weckung von Wertbewußtsein geht, sondern auch um Aufdeckung von Schuld als Ausdruck individueller und korporativer Sünde, beginnend bei uns selbst[26]. Das geschieht nicht als Erfüllung einer gesetzlichen Verpflichtung; sondern dank der unaussprechlichen Wahrheit, die sich im Evangelium als Wahrheit über den Menschen erschließt, haben Christen die Kraft, die Sünde beim Namen zu nennen. Auf diese Weise tragen sie im Religionsunterricht nicht nur zu einer nachdenklichen, sondern auch zu einer ehrlichen Schule bei, zu *kritischer geschichtlicher Bildung* als dem Kern allgemeiner Bildung. Die Folgerungen für den *Kirchengeschichtsunterricht* liegen auf der Hand.

26. Vgl. vom Vf. zu den Horizonten von »Sünde« und »Versöhnung« ausführlicher: Religionsunterricht und Ethikunterricht vor den Aufgaben ethischer Erziehung, in: *ders.:* Moralerziehung. Pädagogische und theologische Antworten, Gütersloh 1981, S. 173ff. besonders S. 179f.

Zunächst schwankend, dann aber im ganzen eindeutig hat sich *drittens* in diesem Jahrhundert eine unerschrockene Bindung des evangelischen Religionsunterrichts an eine *wissenschaftlich-theologisch angeleitete Schriftauslegung und Wahrheitsprüfung* durchgesetzt. Im Religionsunterricht erprobt daher die Kirche die Belastbarkeit durch das Denken unserer Zeit. Trotz seiner Schwächen und Grenzen ist der Religionsunterricht in unseren Tagen ein Beweis für eine argumentationsfähige Kirche geworden. Von ihm sind daher nicht primär kirchliche Zubringerdienste für einen einseitig verstandenen Gemeindeaufbau zu erwarten, schon gar nicht für einen Gemeindeaufbau, der das dialogische, geschichtsbewußte, argumentative Niveau dieses Unterrichts unterbietet. Der Religionsunterricht dient der Kirche am besten - und so auch dem recht verstandenen Gemeindeaufbau (vgl. Kap. 2.4) -, wenn er nicht als religiöses Sozialisationsinstrument verstanden wird. Die Kirche sollte statt dessen den Religionsunterricht als breitestes Angebot an die Menschen in dieser Zeit ansehen, das sie hat und mitverantworten darf. Dies ist ein Hauptsinn der Formel vom Religionsunterricht als Chance für die Kirche.

»Pfarrer und Kirche müssen bei der Religionslehrerin in die Schule gehen« - überschreibt H.-N. Caspary einen Aufsatz zum Religionsunterricht[27], und Bettina Kratz schildert, welche Unbefangenheit des Fragens und Kommentierens, des eigenen freigegebenen Suchens in der Bibel sowie der offenen, fruchtbaren, gewinnbringenden Auseinandersetzung in nicht wenigen Religionsunterrichtsstunden herrscht[28], so daß man ähnliches der Gemeindearbeit nur wünschen kann - ein einladendes Feld wechselseitiger Kooperation zwischen Religionslehrerschaft, Pfarrerschaft und Ortsgemeinde überhaupt, wobei den im Religionsunterricht mit unterrichtenden Pfarrern eine Schlüsselrolle beim Ergreifen von Initiativen zukommt. Worum geht es nämlich in einem tieferen Sinne? Warum ist auch die Pfarrer- und Theologenschaft herausgefordert?

Standen wir eben vor der Frage einer zukunftsfähigen Gesellschaft, so jetzt vor der einer *zukunftsfähigen Kirche*, die an ihrem *Bildungsdilemma* nicht scheitert. Der Religionsunterricht wird zum Prüfstein für die Art und Weise, *wie die Kirche überhaupt mit Bildung umgeht.* Soll es die Kirche mit dem *vormodernen*, vorkritisch-traditionalen Lernen halten? Sie verliert vermutlich dann auf die Dauer immer mehr die Menschen, die in einer Informations- und Bildungsgesellschaft in modernen, analytischen Denkformen aufwachsen. Soll sie es statt

27. In: EvErz 40 (1988), 4, S. 332-341.
28. Die Gemeinde als Erfahrungsraum für den Religionsunterricht - der Religionsunterricht als Aufgabe für die Gemeinde, in: EvErz 40 (1988), 4, S. 322-332.

dessen mit der *modernen* kritischen Reflexion halten? Sie könnte jetzt jene eben genannten Menschen anziehen, aber die vormodern denkenden und an konventionelles kirchliches Verhalten gewohnten verlieren. Oder sollte die Kirche ein *postmodernes,* meditativ-spekulierendes Denken über den Glauben kultivieren, das das irrationale Dunkel und das Licht der Gnosis zugleich liebt? Was sich im Zeichen von New Age abspielt, ist nicht nur eine von vornherein abzuwehrende Versuchung, sondern zunächst eine beachtenswerte Herausforderung.

Unsere Lage kennzeichnet nun, daß wir es in Gesellschaft und Kirche mit vormodernen, modernen und postmodernen Denkformen gleichzeitig zu tun haben, mit einer *Gleichzeitigkeit des Ungleichzeitigen.* Hier liegt die besondere Zuspitzung des Verhältnisses von Glaube und Bildung heute, über die in der Religionspädagogik das historisch- systematische Nachdenken kaum begonnen hat[29]. Der Religionslehrer ist jedoch längst in dieses Problem verwickelt, mag sich auch jene Gleichzeitigkeit des Ungleichzeitigen bei seinen Schülern erst im Laufe ihrer Schulzeit ansatzweise ausbilden. Wer als Pfarrer oder Erwachsenenbildner mit Erwachsenen zu tun hat, gerät bereits stärker in die gemeinte Problematik hinein, besonders wenn Gemeinden oder Gesprächskreise unterschiedlich zusammengesetzt sind. Das Bildungsdilemma ist zusätzlich dadurch charakterisiert, daß sich die verschiedenen Einstellungen nicht nur inhaltlich, sondern auch strukturell unterscheiden. Normalerweise sehen wir in der kirchlichen Arbeit nur inhaltlich bedingte Symptome; tatsächlich spielen aber ständig auch solche eine Rolle, die mit den Denk- und Glaubensstrukturen zusammenhängen (vgl. bereits Teil I, Kap. 2, S. 104ff.).

Wegen seiner Bedeutung wird das Problem noch eigens im Schlußkapitel behandelt werden. Die naheliegende Folgerung ist zunächst lediglich wieder die Zusammenarbeit der Verantwortlichen in den Gemeinden und in den Schulen, damit Schule und Gemeinde gemeinsam das Problem als solches überhaupt genauer erkennen. Während die Religionspädagogen hierbei über den Horizont ihres Schulalltags hinausblicken müssen und beachten sollten, daß es um *Glaube und Kirche* geht, sollten die Gemeinden den Religionspädagogen für den schwierigen Dienst an den Schulen dankbar sein, der ihnen ständig das Problem von *Glaube und Bildung* bzw. *Kirche und Bildung* zuspielt.

29. Die Wahrnehmung dieser Zuspitzung unterscheidet sich auch von der Art und Weise, wie das »Bildungsdilemma« der Kirche in den 70er Jahren gefaßt worden ist. Vgl. *H. Hild (Hg.):* Wie stabil ist die Kirche? Gelnhausen/Berlin 1974, und Bd. II meiner: Grundfragen der Religionspädagogik, Gütersloh 1975, S. 81ff.

Religionsunterricht und Religionslehrerschaft - Kirche in persönlicher Verantwortung

Der Religionsunterricht verfolgt verschiedene Ziele, und keineswegs jedes setzt in gleicher Weise ein persönliches Engagement des Lehrers voraus. Sofern glaubensbezogene Sachverhalte zur Sprache kommen, gilt jedoch als *vierte* kirchlich relevante Perspektive: die Wahrheit des Glaubens kommt über die *Person*[30], und sie leidet Schaden, wenn man für sie nicht persönlich einsteht. Lebensführende Wahrheit ist gemeint, Wahrheit im Sinne religiösen Glaubens, philosophischen Glaubens, Lebensglaubens. Die These gilt nicht für eine Wahrheit, die durch sich selbst Bestand hat. Karl Jaspers hat den Unterschied einmal sehr einleuchtend historisch verdeutlicht, an Giordano Bruno und Galileo Galilei:

»Äußerlich waren beide in der gleichen Lage. Ein Inquisitionsgericht verlangte unter Drohung des Todes den Widerruf. Bruno war zum Widerruf mancher, aber nicht der für ihn entscheidenden Sätze bereit; er starb den Märtyrertod. Galilei widerrief die Lehre von der Drehung der Erde um die Sonne, und man erfand die treffende Anekdote von seinem nachher gesprochenen Wort: und sie bewegt sich doch. Das ist der Unterschied: Wahrheit, die durch Widerruf leidet, und Wahrheit, deren Widerruf sie nicht antastet. Beide taten etwas dem Sinne der von ihnen vertretenen Wahrheit Angemessenes. Wahrheit, aus der ich lebe, ist nur dadurch, daß ich mit ihr identisch werde; sie ist in ihrer Erscheinung geschichtlich, in ihrer objektiven Aussagbarkeit nicht allgemeingültig, aber sie ist unbedingt. Wahrheit, deren Richtigkeit ich beweisen kann, besteht ohne mich selber; sie ist allgemeingültig, ungeschichtlich, zeitlos, aber nicht unbedingt, vielmehr bezogen auf Voraussetzungen und Methoden der Erkenntnis im Zusammenhang des Endlichen. Es wäre ungemäß, für eine Richtigkeit, die beweisbar ist, sterben zu wollen.«[31]

Wahrheit, die Schaden leidet, wenn wir ihr nicht entsprechen oder gar widersprechen, wird umgekehrt kräftig in den Herzen und Augen anderer, wenn wir »mit ihr identisch werden« (ebd.). Was eine Religionslehrerin oder ein Religionslehrer persönlich glauben und wofür sie vor ihren Schülern einzustehen bereit sind, kann allerdings kein Gegenstand der Theorie und darf noch weniger Gegenstand kirchlicher Reglementierung sein. Hier ist vielmehr innere Freiheit zu respektieren. Das ist der Kirche in ihrer Geschichte schwergefallen. Sie hat dies daher bis heute auch im Religionsunterricht zu lernen, und sie wird es besonders zu würdigen wissen, wenn ein Religionslehrer das tut und kann, was hier gemeint ist. Solche Augenblicke sind für Schüler Sternstunden. Der Lehrer zeigt sich als Person, als Mensch; er tritt aus seiner Rolle als Lehrer heraus; gerade dort, wo

30. *H.-O. Wölber:* Religion ohne Entscheidung, 2. Aufl. Göttingen 1960, S. 72.
31. *K. Jaspers:* Der philosophische Glaube, München 1948, S. 11f.

er nicht nur Pädagoge ist, erfüllt er sein pädagogisches Amt (vgl. bereits Kap. 9.3).

Der Religionslehrer wird nicht zu ständigem »Zeugnis« aufgefordert; das hat selbst die Konzeption der »Evangelischen Unterweisung« nicht gewollt. Wohl aber kann er bei bestimmten Gelegenheiten seine Person in Form einer eigenen Stellungnahme - so muß man es pädagogisch versachlicht umschreiben - nicht ausklammern. Ebensowenig kann das, worum es geht, in der Unterrichtsvorbereitung vorweg methodisch eingeplant werden. Wir haben es mit einer der »unstetigen Formen« in der Erziehung zu tun[32]. Die große Mehrheit der Religionslehrerschaft weiß, was in dieser Dimension pädagogisch und theologisch auf dem Spiel steht, weil ein Stück Glaubwürdigkeit des Religionsunterrichts daran hängt[33]. Befragungsergebnisse zeigen, daß die Kirche Grund hat, der Religionslehrerschaft zu *vertrauen,* auch wenn die Religionslehrer, wenn sie gefragt werden, ob sie sich als »Vertreter der Institution Kirche« verstehen, zum Teil diese Rolle so nicht übernehmen wollen[34]. Kirche heißt heute für die meisten evangelischen Religionslehrer *Kirche in persönlicher Verantwortung.* Sie wollen außerdem nicht geistlich überfordert werden; ihnen sollte nicht zugeschoben werden, was Familie und Gemeinde nicht mehr leisten.

In der Religionslehrerschaft tritt der Amtskirche exemplarisch das Christentum gegenüber, das man das *»individuelle oder private Christentum«* genannt hat, das individualisierte, pluralisierte Christentum[35]. Es tritt neben das »gesellschaftliche Christentum«, wie es staatliche Erwartungen und gesellschaftlich enkulturierte Merkmale des Christentums verkörpern (s. oben 2.), und es reibt sich am »kirchlichen Christentum«, sofern dies mit Recht auf Glaubenskonsens und Verbindlichkeit aus ist. Das individuelle Christentum hat mit persönlicher

32. *O.F. Bollnow:* Existenzphilosophie und Pädagogik. Versuch über unstetige Formen der Erziehung, Stuttgart 1959.
33. Diesen Eindruck vermitteln übereinstimmend zwei neuere empirische Untersuchungen zur Religionslehrerschaft in Niedersachsen: *K. Kürten:* Der evangelische Religionslehrer im Spannungsfeld von Schule und Religion. Eine empirische Untersuchung, Neukirchen-Vluyn 1987; *A. Feige:* Christliche Tradition auf der Schulbank. Über Arbeitsbedingungen und Funktionsvorstellungen evangelischer Religionslehrer im Kontext ihrer Eingebundenheit in volkskirchliche Strukturen, in: *A. Feige/K.E. Nipkow,* Religionslehrer sein heute, a.a.O. (Anm. 20), S. 5-61. Vgl. zu beiden Erhebungen meine Interpretation: Der Religionslehrerschaft vertrauen. Ein religionspädagogischer Kommentar auf dem Hintergrund empirischer Untersuchungen, in: *A. Feige/K.E. Nipkow,* a.a.O., S. 91-126, bes. S. 115ff.
34. *A. Feige,* Christliche Tradition auf der Schulbank, a.a.O., S. 53; *K.E. Nipkow,* a.a.O., S. 119.
35. *D. Rössler,* Grundriß der Praktischen Theologie, Berlin/New York, 1986, S. 82, s. auch S. 58.

Orientierungssuche zu tun, diese wiederum mit *Zweifeln,* die auch Religionslehrer haben. Wenn nicht jeder von ihnen so mit der Bibel im Unterricht umgehen kann, wie andere es wünschen mögen, kann das mit tiefreichenden Glaubenszweifeln zusammenhängen.

Bei den von Andreas Feige befragten niedersächsischen Religionslehrern stimmen 22,2 % eher (nur) »im Prinzipiellen« mit dem Christentum überein und sagen, daß sie »stark bezweifeln«, ob sie sich gläubig im Sinne der Kirche einschätzen dürfen[36]. 63,8 % halten sich trotz Schwierigkeiten »mit manchen kirchlichen Glaubensformulierungen und biblischen Inhalten« für einen Christen, »der an das Wesentliche, nämlich Gott und Jesus Christus, glaubt« (ebd.). In der Untersuchung von Karin Kürten, ebenfalls zu niedersächsischen Religionslehrern, verneinen 8,4 % es, und 21,6 % sind unschlüssig, ob sie sagen können »Bestimmte Inhalte/Motive/Symbole (z.B. Rechtfertigung) der biblisch-christlichen Überlieferung ermöglichen mir meine Identifikation mit der Rolle als Religionslehrer.«[37]

Darum gilt es, der Religionslehrerschaft zu vertrauen *und* sie zugleich zu *begleiten,* in angemessenen, offenen, theologisch sensiblen Gesprächsrunden, im Rahmen der fachlichen theologischen Fortbildung und bei den Gelegenheiten, bei denen sich das *mutuum colloquium* und die *mutua consolatio fratrum* zwischen den einzelnen und den Gruppen in informeller Weise ergeben. An diesen Gelegenheiten fehlt es noch, sie kosten Überwindung, weil das offene Gespräch für manche Beteiligten angstbesetzt ist. Von einer schon vorhandenen »Kultur des Vertrauens« kann in der Regel noch nicht die Rede sein.

4. Der Religionsunterricht als Institution für den Schüler in Begleitung seines Lebenslaufs

Schon das bisher Gesagte betraf immer auch den Schüler. Die benannten Sachverhalte sind immer auch etwas, woran sich die einzelnen Schüler orientieren und bilden *können* - oder aber auch nicht, und dann droht ein kontraproduktives Gegenlernen. Unterrichtsinhalte, die wie tote Stoffe 'vermittelt' werden, töten die Neugier und untergraben das Interesse am Fach. Kommen nun im Laufe dieses Gedankenganges die Schüler darum erst an dritter Stelle zur Sprache, weil die Perspektive auf sie die weniger wichtige ist? Im Gegenteil: die Schlußdimension, das 'Achtergewicht', ist von besonderer Bedeutung. Der Entfaltung dieser

36. *A. Feige,* a.a.O. (Anm. 33), S. 59.
37. *K. Kürten,* Der evangelische Religionslehrer ..., a.a.O. (Anm. 33), S. 84, dazu *K.E. Nipkow,* a.a.O., S. 121ff.

Dimension sei wiederum ihre prinzipielle Erörterung vorausgeschickt. Wir behandeln zunächst das *erste*, grundlegende Bestimmungsmoment, die Berücksichtigung des Schülers selbst.

»Berücksichtigung des Schülers« - ein zweideutiger Grundsatz

Die sog. Berücksichtigung des Schülers kann ziemlich unterschiedlich verstanden werden. Das Problem ist schon bei der kirchlichen Jugendarbeit mit der Unterscheidung zwischen »passiver«, »taktischer« und »strategischer« Beteiligung angesprochen worden. Was gemeint ist, sei an zwei Beispielen verdeutlicht, die zugleich bereits einen Vorblick auf den geschichtlichen Paradigmenwandel in diesem Jahrhundert gewähren (s. unten 5.).

Schüler als Adressaten eines autoritativ vermittelten Wortes Gottes (Eduard Thurneysen). Im Mai 1925 hielt E. Thurneysen, der enge Freund Karl Barths, in Bern einen Vortrag über den Konfirmandenunterricht. Das umrissene Konzept ist als ein klassischer Auftakt der Verkündigungskatechetik der kommenden Jahre anzusehen. Sie führte im Religionsunterricht zur Konzeption der »Evangelischen Unterweisung«. »Unterricht ist grundsätzlich nichts anderes als *Predigt«*[38], Konfirmandenunterricht ein *»Spezialfall der Predigtaufgabe«* (S. 74). Ähnlich hat Thurneysen auch die Seelsorge als Spezialfall der Predigt, »als Ausrichtung des Wortes Gottes an den Einzelnen« verstanden[39]. Das gesamte Handeln des Pfarrers wurde dem Auftrag zur Verkündigung untergeordnet und damit unter eine überindividuelle Autorität gestellt, die Autorität der Kirche, die ihrerseits der Autorität Gottes, seiner Offenbarung in seinem göttlichen Wort unterstellt ist. Der Unterrichtende unterrichtet als *»Diener der Kirche«*, und

> »'Kirche' heißt hier: *nicht* Psychologie, *nicht* Pädagogik, jedenfalls nicht primär das alles, sondern ... Selbstmitteilung Gottes, unaufhebbare Subjektivität Gottes, ... mit einem Wort: *Offenbarung* und Offenbarungserkenntnis.«[40]

Inhaltlich nimmt die Bibel die Mitte ein; »es gilt nicht weltanschauungsmäßig, sondern es gilt *biblisch* von Gott zu reden« (S. 77). Wie nun praktisch? Nicht

38. *E. Thurneysen:* Konfirmandenunterricht. Ein Kapitel aus der praktischen Theologie (1925), zitiert nach *Ch. Bäumler/H. Luther (Hg.):* Konfirmandenunterricht und Konfirmation. Texte zu einer Praxistheorie im 20. Jahrhundert, München 1982, S. 67-84, hier S. 75.
39. *E. Thurneysen:* Die Lehre von der Seelsorge (1946), 5. Aufl., Zürich 1980, S. 9 (im Original kursiv).
40. Konfirmandenunterricht, a.a.O. (Anm. 38), S. 73.

anders können wir den biblischen Gott ernst nehmen, »als indem wir ihn heute *verkündigen«* (79). Was heißt das?

»Gott ist dann 'vermittelt', wenn er als der ganz und gar Wunderbare, königliche Freie, als der nie und auf keinem Wege zu vermittelnde *Herr,* der er ist, vor die Kinder hingestellt wird. Das wird immer wieder dazu führen, daß gerade die letzten, die entscheidenden Mitteilungen im Unterricht nicht anders geschehen können als in der Form nicht weiter begründbarer, sondern sich exklusiv selber begründender autoritärer Lehraussagen: so und so ist es!« (S. 80). Mit Bezug auf vorliegende katechetische und (religions-)pädagogische Traditionen heißt das: *»Darum* ist 'das Dogmatisieren der alten Schule' weniger zu fürchten als das Psychologisieren der neuen. Es ist einfach sachgemäßer« (81).

Die reformpädagogische Richtung der Religionspädagogik des ersten Drittels des 20. Jahrhunderts kommt für Thurneysen dem Kind und seiner seelischen Befindlichkeit sowie seinem menschlichen Streben zu sehr entgegen. Darum hält er die Lernschule des 19. Jahrhunderts für theologisch angemessener. Sie war in der schulischen (Religions-)Pädagogik durch die Formalstufenmethodik der Herbart-Schule, in der Katechetik u.a. durch die »Kunstkatechese« nach G. von Zezschwitz bestimmt gewesen; beide Male Verfahren eines allein vom Lehrer gelenkten Unterrichts. Die Herbartianer bemühten sich in ihrer »wissenschaftlich« instrumentierten Pädagogik bereits relativ intensiv um psychologische Faktoren, verbanden aber das psychologische Wissen über den Schüler und die Gesetze des Denkens noch nicht mit einer klaren Hinwendung zum Kind. In der »Kunstkatechese« war die »Berücksichtigung des Schülers« erst recht »taktischer« Natur. Auch Thurneysen kommt an dem Tatbestand nicht vorbei, daß Kinder anders sind als Erwachsene - das pädagogische Urdatum. Darum sind ihm die gerade zuvor so radikal in ihre Schranken verwiesenen Disziplinen der Psychologie und Pädagogik plötzlich doch wieder überaus wichtig:

»Aber hat dann *Psychologie* und *Pädagogik* gar keine Stelle in unsern Überlegungen? Doch! eine sehr wichtige sogar.« Denn »das Wort von Gott« muß »als verbum alienum nun *hineingestellt* werden, *hineingearbeitet* werden in das Leben des Kindes. *Gott* soll es begreifen als Gott, als den Freien, Ewigen, Majestätischen, aber als diesen soll es ihn nun wirklich *begreifen.* Und das heißt: seine Seele, sein Herz soll angesprochen werden vom ewigen Wort ... Das kann nur dadurch sich vollziehen, daß wir wahrhaftig von Gott reden, aber von Gott *zu ihm* reden, dem Kinde. Auf *seiner* Ebene, in *seiner* Sphäre, in *seinem* kindlichen Leben soll das Wort von der Versöhnung ertönen, soll der Herrschaftsanspruch Gottes geltend gemacht werden, so daß es, das Kind, als das, was es ist, mit seinem kindlichen Fassungsvermögen, seinem kindlichen Anschauungskreis, seinem kindlichen Wollen und Nichtwollen, Können und Nichtkönnen, seinen jugendlichen Schmerzen und Freuden, Schwachheiten und Torheiten *dabei* ist ... *Da* ist nun alle und jede Psychologie, alle und jede wirkliche Kenntnis der Jugendseele, alle und jede pädagogische und didaktische Kunst hundertmal am Platze.«[41]

41. A.a.O., S. 82.

Die Rede vom Kind darf nicht täuschen; trotz des jetzt wieder beschworenen Aufwandes an erforderlicher Psychologie und Pädagogik bleibt das Kind nur *'Adressat'*, um nicht zu sagen 'Objekt', einer unterrichtlichen 'Behandlung'. Der Unterrichtende sieht das Kind wie eine seelische Stoffmasse vor sich, eine Art Teig, in die eine Wahrheit »hineingearbeitet« werden muß - eine entlarvende Metaphorik. Eine Katechetik nach dem Paradigma Thurneysens, die ihrer Theorie nach die Unverfügbarkeit Gottes ernst nehmen will, geht in der Praxis unversehens mit dem Wort Gottes in einer Art und Weise um, die sehr viel pädagogische Macht und psychologische Verfügbarkeit ausdrückt - ein ihr selbst nicht bewußter Widerspruch. Ihr selbst verborgen bleibt auch der Widerspruch zwischen der Aussage, daß »alle und jede pädagogische und didaktische Kunst« am Platze sei, und der tatsächlichen Bevorzugung einer bestimmten pädagogischen Methode, nämlich des »Dogmatisierens« der alten Schule. Der Begriff der »Subjektivität« gebührt jetzt nur noch Gott selbst; der heranwachsende junge Mench wird nicht in seiner eigenen Subjektivität ernsthaft berücksichtigt. Pädagogik und Psychologie sind in bezug auf die Theologie nur instrumentalisierte »Hilfswissenschaften«[42]. Die Pädagogik wird nicht als Disziplin wahrgenommen, die im Namen der Person des Kindes ein eigenständiges pädagogisches Ethos vertritt.

Schüler entdecken die Bibel als selbständige Personen (Bettina Kratz). Bettina Kratz, Studiendirektorin und Religionslehrerin in Bad Homburg, berichtet im Jahre 1988 darüber[43], wie in einer Lerngruppe von 22 Schülern der 11. Jahrgangsstufe des Gymnasiums, die neu zusammengesetzt und ihr als unterrichtender Lehrerin unbekannt war, das nach dem schulinternen Lehrplan für ein ganzes Jahr vorgesehene Thema »Bibel« auf einem originellen Wege zu einem »ganz unerwarteten Erfolg« führte. In einer Kurzfassung des Berichts gibt B. Kratz dem »Experiment« die Überschrift »Schüler entdecken die Bibel«[44]. Wie verlief der Versuch?

»Der Lehrer versprach, während dieses Jahres keine andere Hausaufgabe aufzugeben als diese: Jeder Schüler führt ein Bibeltagebuch. Er liest in jeder Woche eine halbe Stunde in der Bibel, einen Text seiner Wahl, und notiert zu diesem Text mindestens eine Frage und eine Bemerkung. In dieser soll er festhalten, was er erstaunlich oder behaltenswert findet, wo er Bezüge zu seinem oder unserem Leben entdeckt, was ihn stört oder freut. Alle acht Wochen sammelt der Lehrer die Hefte ein und - korrigiert sie nicht. Keinen roten Strich in ein Bibeltagebuch! Statt dessen schreibt der Lehrer jedem Schüler einen Brief, in dem er die Fragen beantwortet, so er kann, und in dem er auf die Bemerkungen ein-

42. Vgl. *E. Thurneysen,* Die Lehre von der Seelsorge, a.a.O. (Anm. 39), S. 174.
43. *B. Kratz,* Die Gemeinde als Erfahrungsraum für den Religionsunterricht ..., a.a.O., (Anm. 28).
44. In: Religionsunterricht als Aufgabe, a.a.O., (Anm. 6), S. 20-23.

geht. Ein Dialog zwischen dem einzelnen Schüler und dem Lehrer soll sich entwikkeln.«[45]

B. Kratz schreibt, daß sich nach anfänglicher Skepsis alle eingelassen haben. »Sie haben die Bibel für sich entdeckt, manche, indem sie Bücher hintereinander lasen, andere hin- und herspringend zwischen Perikopen, die in keinem erkennbaren Zusammenhang zueinander standen; noch andere suchten sich jeweils nur einen Vers und meditierten ihn für ihr Leben. Etwas aufzuschreiben fiel den allermeisten nicht schwer, sind sie doch gerade im 'Tagebuchalter'. Bei einer Frage und einer Bemerkung blieb es bei keinem, fünfzehn DIN-A4-Seiten in acht Wochen waren keine Ausnahme« (ebd.).

»Die Bibellektüre brachte Fragen empor, die öffentlich im Unterricht nur von wenigen gestellt werden. Neben dem, was Schüler heute besonders bewegt, wie Sorge um Tiere, Angst vor Naturkatastrophen, Ablehnung von Kampf, Auflehnung gegen Diskriminierung, wurden auch viele im engeren Sinne religiöse Fragen angesprochen: Gebetserhörung, Erwählung, Gericht, Sünde, Glauben, Auferstehung, Gottesbild. Alles kam vor - und alles war hervorgelockt durch Bibeltexte! Als Lehrer, der an der Auswahl der Texte nicht beteiligt ist, kann man nur staunen, mit welcher Sicherheit Schüler diejenigen Texte aufspüren, in denen ihre Lebensprobleme angesprochen sind ... Zunehmend wurden die Fragen sachgerechter und damit schwerer zu beantworten ...« (ebd.).

Was hat hier stattgefunden? Die Schüler durften selber suchen, und sie konnten selber finden und »entdecken«[46]. Man kann auch sagen: Auf diesem Wege einer Annäherung von beiden Seiten spielt sich zugleich die Bibel selber den Schülern zu[47]. Im Suchen und Entdecken von der einen Seite und im Locken und Zuspielen von der anderen Seite berührt nun auch das Wort der Bibel den Schüler, aber nicht in Form von »autoritären Lehraussagen«, sondern in einer einladend-freigebenden Sprache, die gleichwohl ebenfalls - sich aus sich »selber begründend« (Thurneysen) - bezwingend sein kann.

Der Irrtum Thurneysens wie tendenziell auch anderer Vertreter der verkündigungskatechetischen Konzeption der Evangelischen Unterweisung beruht auf mehrfachen Verwechslungen. Wir teilen erstens durchaus mit Thurneysen die Überzeugung, daß das Wort Gottes von einer »sich exklusiv selber begründenden« Kraft ist. Gerade *darum* aber braucht es nicht einen verstärkenden Tonfall durch uns, wie immer er beschaffen sein mag. Zu dieser *grundsätzlichen Selbstverwechslung* kommt ein Zweites.

Unbeschadet des Vorbehalts der »Selbstmitteilung« des Wortes Gottes bleibt

45. Die Gemeinde ..., a.a.O., S. 326f.
46. Vgl. zu dieser religionspädagogischen Kategorie bereits grundsätzlich oben Kapitel 5.1.
47. »Glaube ist etwas, das mir zugespielt werden muß, so wie das Lachen mir durch den Witz zugespielt wird, oder der Tanz durch die Musik.« *H. Weder:* Die Entdeckung des Glaubens im Neuen Testament, in: *Kirchenamt der EKD (Hg.):* Glauben heute. Christ werden - Christ bleiben, Gütersloh 1988, S. 52-64, hier S. 58.

es eine Tatsache, daß die Art und Weise menschlichen Sprechens in Predigt und Unterricht, Vortrag und persönlichem Gespräch die 'Vermittlung' des Wortes Gottes beeinflußt. Wir haben daher durchaus nach einer geeigneten Weise menschlichen Sprechens zu suchen. Wenn dies zutrifft, folgt jedoch aus dem theologischen Obersatz von der Souveränität und Autorität Gottes in seinem Wort nicht, daß sich auch der Religionspädagoge vornehmlich autoritärer Methoden bedienen muß - eine *pädagogische Verwechslung.* Es steht vielmehr zu befürchten, daß solche Methoden bis heute das Gegenteil bewirken.

Drittens ist nach dem Gottesverständnis zu fragen. Es gibt in unserem Jahrhundert ein verbreitetes Gefälle, zunächst zwar vom »Zuspruch« und erst dann vom »Anspruch« Gottes zu reden, um jedoch sofort auch den *Zuspruch als Anspruch* vorzutragen. Der Grund liegt in dem besonders in der reformierten Theologie vertretenen Gedanken, daß Jesus Christus der »Herr« ist und das Hören des Evangeliums zu einem befreienden »Herrschaftswechsel« führt. Wieder ist dies als Aussage der theologischen »Theorie« richtig; in der Praxis aber kann die »frohe Botschaft« im Tonfall so militärisch vorgetragen (»Beschlagnahme des Menschen durch das rettende Wort«[48]) und inhaltlich so in der Gestalt eines neuen Gesetzes vorgestellt werden (»Der gnädige Zuspruch des Evangeliums muß zum Anspruch werden, der den Menschen in Beschlag nimmt für seinen Herrn«. Das Evangelium ergeht »in der Form des Gebotes ...« ebd.), daß die Freude am Evangelium nicht aufkommen kann *(theologische Verwechslung).*

Das Beispiel des biblischen Unterrichts nach Bettina Kratz zeigt, daß man diese Verwechslungen vermeiden kann. Jetzt sprechen Bibel und Schüler so zueinander, wie Gott selbst zum Menschen sprechen will, in einem *Gespräch.* Dieses Gespräch hat durchaus viele Weisen, wie wir sie in der Bibel als »Buch des Lernens« lernen können[49]. »Adam, wo bist du?« (Gen. 3,9): Gott ruft fragend in die Verantwortung. »Folge mir nach!« (Mk 2,14): Jesus ruft bezwingend-appellierend in die Nachfolge. Aber zugleich erklingt immer auch dies: »Entsetzt euch nicht und fürchtet euch nicht!« (Dtn 1,29). Gott kann über alle Maßen trösten, indem er alle Angst wegnimmt. »Als nun Jesus ihren Glauben sah, sprach er zu dem Gelähmten: Mein Sohn, deine Sünden sind dir vergeben« (Mk 2,5): Jesus sieht den Glauben in uns hinein, wie schwach und zweideutig er auch tatsächlich beschaffen sein mag[50]. Als »Gespräch« in einem tieferen Sinne dürfen alle diese Weisen zusammengefaßt werden, weil es überall um ein Sprechen von

48. *E. Thurneysen,* Die Lehre von der Seelsorge, a.a.O. (Anm. 39), S. 225.
49. *I. Baldermann:* Die Bibel - Buch des Lernens. Grundzüge biblischer Didaktik, Göttingen 1980; 3. neubearb. Aufl. unter dem Titel: Einführung in die Bibel, 1988.
50. Nach *H. Weder* ist das Verhalten der vier Träger, die den Gelähmten zu Jesus bringen, mehrdeutig; aber »Jesus sah den Glauben in ihr gewiß mehrdeutiges Verhalten hinein«, a.a.O. (Anm. 47), S. 58.

Person zu Person geht, um Gottes 'zwischenmenschliche' Art, mit uns reden zu wollen. Das neuere religionspädagogische Paradigma buchstabiert die »Berücksichtigung des Schülers« in dieser Weise: Es wird versucht, Gottes Wort in einer Vielzahl *persönlich ansprechender* Methoden pädagogisch und theologisch zugleich zu verantworten. Hierbei sind die Schüler per definitionem nicht mehr Adressaten oder gar Objekte, sondern Personen und eigene Subjekte.

Ein Schüler der 11. Gymnasialklasse von B. Kratz mit dem Leistungsfach Biologie schreibt, nachdem er über den von ihm ausgewählten Text Lk 7,11-17 lange selbständig nachgedacht hat, in eigener Sprache als eigene Person: »Jesus erweckt einen toten Menschen zum Leben. Meine Frage an die Medizin: Realistisch oder Utopie? Wenn ich diese Frage an meinen Tutor stelle, sehe ich jetzt schon sein Lächeln! Wenn dieser Muskel, der so wichtig für den Blutkreislauf ist, seine Pumpkraft aufgegeben hat, dann gibt es wohl biologisch wie medizinisch keine Möglichkeit, dieses kleine Organ wieder zum Pumpen zu bringen. Sollte die Theologie eine Sonderstellung bezüglich dieses Problems haben? Aber ich denke, Jesus kann mit Sicherheit Menschen zum Leben erwecken oder eher zum Leben führen, ihnen das Leben zeigen, ohne daß dabei die Theologie eine Ausnahme zu machen braucht.«[51]

Lebens- und Erfahrungsbezug - Zur didaktischen Jahrhundertaufgabe von Schule und Religionsunterricht

Wie sind Schüler heute anzusprechen? Trotz der erwähnten neueren Methoden wird keine Frage weiter so häufig gestellt, besonders im Religionsunterricht an Haupt- und Berufsschulen.

Sind nun »Hauptschüler als solche ein 'dürres Feld'? ... Das müßte dann doch auch heißen: Realschüler sind ein fruchtbareres Feld, Gymnasiasten ein satter, fetter, ergiebiger Boden.«[52] Ernten aber die Gymnasiallehrer entsprechend hundertfach? »Traurig, wer so die Ländereien unseres guten Gottes einteilt, er geht an der Wirklichkeit vorbei« (ebd.).

Die »Berücksichtigung des Schülers« in einem Religionsunterricht als Institution für den Schüler verlangt vielmehr genauere Überlegungen. Wir müssen einen längeren *zweiten* Interpretationsweg einschlagen. Mit den einander gegenübergestellten religionspädagogischen Kategorien von Schülern als empfangenden »Adressaten« oder selbständig entdeckenden »Personen« kommen wir noch

51. *B. Kratz:* Schüler entdecken die Bibel, in: Religionsunterricht als Aufgabe, a.a.O. (Anm. 6), S. 20.
52. *J. Loesch:* Religionsunterricht an der Hauptschule. Arbeit auf dürrem Feld?, in: Religionsunterricht als Aufgabe, a.a.O. (Anm. 6), S. 29-33, hier S. 29.

nicht weit genug. Auch der Versuch, die Verwechslungen zu klären, die mit der Rede von der Selbstmitteilung Gottes einhergehen können, reicht noch nicht aus. Ein bedeutsamer Sachverhalt ist noch nicht berührt worden: das Problem der Erfahrbarkeit der Glaubenswahrheit. Religionspädagogisch gewendet geht es um den Lebens- und Erfahrungsbezug religiösen Lernens. Er bildet in dieser dritten Dimension das zweite Bestimmungsmoment.

Um dem epochalen Charakter des Problems gerecht zu werden, ist zwischen einer engeren und einer weiteren Problemfassung zu unterscheiden. Die engere und spezielle betrifft die theologisch-religionspädagogische Frage des Verhältnisses von *Erfahrung und Religion.* Diese religionspädagogische Problemfassung hat aber auch an der weiteren und allgemeineren Problemfassung Anteil, an der philosophisch-pädagogischen Frage des Verhältnisses von *Erfahrung und Welt.* Selbst die neuesten religionspädagogischen Veröffentlichungen zum Erfahrungsbegriff lassen diese Seite außer acht. Um was es geht, sei hier nur angedeutet. Die inneren Verbindungen zwischen der engeren *religionspädagogischen* und der weiteren *allgemeinpädagogischen* und *schulpädagogischen* Problemexposition werden schnell deutlich werden.

Die Sachverhalte können exemplarisch anhand der Philosophie und Pädagogik des großen amerikanischen Pädagogen *John Dewey* eingeführt werden. In seinem Werk steht der Begriff der *»experience«* im Mittelpunkt. Fritz Bohnsack warnt in seiner umfassenden Würdigung Deweys davor, »experience« vorschnell mit »Leben«, »Erlebnis« oder »Erfahrung« gleichzusetzen, obwohl diese Nähe zu Grundbegriffen der Lebensphilosophie verschiedentlich betont worden sei (so von O.F. Bollnow, H.G. Richey, W. Correll)[53]. Bohnsack läßt daher den Begriff »unübersetzt« (S. 33).

»Experience« bezeichnet bei Dewey die »umgreifende Einheit von Mensch und Welt«, in der die in »Polarität und Rhythmus« sich äußernde Wechselwirkung der natürlichen Ereignisse (»events«) dem Menschen gegeben und unmittelbar zugänglich ist (32f.). Herausforderungen zu einem dem Menschen entsprechenden vernünftigen, rationalen, »intelligenten« Tätigwerden angesichts dieses Sachverhalts ergeben sich immer dann, wenn die unmittelbar erfahrene »Ganzheit der *Situation«* krisenhaft zerfällt und Probleme entstehen (S. 47). Deweys Erkenntnistheorie ist eine »Theorie der Situationsbeantwortung« (46ff.). Erkennen dient der »Problemlösung« in Lebenssituationen und schließt *»inquiry«* ein, einen »Prozeß der Untersuchung, Aufklärung und Lösung solcher Situationen, die unklar ('indeterminate') sind, d.h., die Überraschungs-, Problem- oder Krisencharakter aufweisen« (47). Die situations- und problembezogenen Überlegungen münden in *»Entscheidungen«* für ein *»Handeln«*.

Pädagogisch gesehen bedeutet dies alles, daß dem Kind Einsichten nicht losgelöst von

53. Vgl. u.a. *J. Dewey:* Experience and Nature, Chicago/London 1925, 2. Aufl. 1929; *ders.:* Experience and Education (1938), zahllose Nachdrucke; *F. Bohnsack:* Erziehung zur Demokratie. John Deweys Pädagogik und ihre Bedeutung für die Reform unserer Schule, Ravensburg 1976.

den in der »experience« erfahrenen lebensweltlichen Bedeutungen (»meaning«) und ihren Problematisierungen vermittelt werden kann und darf; »Reflexion« und »experience« verweisen aufeinander (53). Erziehung und Bildung dienen der Erweiterung und Vertiefung der Möglichkeiten des individuellen und gesellschaftlichen Lebens im Zeichen eines Höchstmaßes an *»Autonomie bzw. verantwortlicher Mit- und Selbstbestimmung des Einzelnen«* sowie der Entwicklung von *»Demokratie«* als Lebensform für alle (62, Hervorhebungen von mir).

J. Dewey hat in Deutschland besonders die Vertreter des »arbeitsunterrichtlichen Prinzips« bzw. der »Arbeitsschule« wie Georg Kerschensteiner und Hugo Gaudig beeinflußt. H. Gaudig wiederum prägte maßgeblich Otto Eberhard, der die arbeitsunterrichtlichen Prinzipien in die Religionspädagogik übertragen hat. Eberhard vollzieht ziemlich ähnlich den Bogen nach, der an Dewey als Weg des Lernens abgelesen werden kann. Im Zeichen der situations- und problembezogenen selbständigen Untersuchung (»inquiry«) verstehen sich bei Eberhard die »selbständige Ziel- oder Problemstellung«, die »selbsttätige Veranschaulichung und Vertiefung«, die »geistige Durchdringung« und die »freie Aussprache des Schülers«, zusammengefaßt als »freie geistige Tätigkeit«. Neben diesem ersten übergreifenden methodischen Prinzip und dem »Erlebnis« als der zweiten wichtigen Perspektive mündet der Weg bei Eberhard sodann durchgehend in den Handlungsbezug des Lernens ein, in die »Taterziehung« (zu Eberhard s. auch noch unten, S. 467f.). G. Kerschensteiner, H. Gaudig und auch O. Eberhard sind wie oben J. Dewey nur exemplarische Beispiele für einen Gesamtansatz, der in der deutschen Pädagogik zwar nicht genau dieselben Formen wie in der amerikanischen Pädagogik dieses Jahrhunderts annehmen sollte, aber die bezeichnenden Grundelemente mit dieser teilt, eben jenen *»grundsätzlichen Lebens- und Erfahrungsbezug«*, ohne den in unserer Zeit das Bild von Schule und Unterricht nicht zu denken ist.

Der ausdrücklich *»religionspädagogisch gewendete Lebens- und Erfahrungsbezug«*, den wir von dem »grundsätzlichen« unterscheiden wollen, partizipiert an der skizzierten Gesamtentwicklung, auch wenn es einzelnen Vertretern nicht bewußt ist. Er hat aber auch eigene Wurzeln und verfolgt spezielle Motive. Diese sind zum Teil nicht unbedenklich. Zwar führt sicherlich auch für die Zukunft an der »Jahrhundertaufgabe«, die Schule insgesamt als »Erfahrungsraum« wie auch den Religionsunterricht im besonderen erfahrungsnah zu gestalten, kein Weg vorbei. Es macht aber einen Unterschied, wenn man »religiöse Erfahrung« und alle übrigen Weisen von Erfahrung umstandslos in eine Ebene bringt.

Das religionspädagogische Problem hat zwei spezielle Brennpunkte. Man muß einmal die Unverfügbarkeit von persönlicher Religion (Religiosität) bzw. persönlichem »Glauben« in prinzipieller theologischer Hinsicht beachten. Als zweites ist zu berücksichtigen, daß jene größere Allgemeinheit, mit der religiöse Erfahrung als gelebte Einheit von Mensch und Welt früher in Form christlicher

Sitte und Frömmigkeit vorhanden war, dem Kind heute so nicht mehr gegeben und zugänglich ist, wenn man die religiöse Erfahrung mit anderen Erfahrungswelten vergleicht. Für die religionspädagogische Problemfassung und -lösung ist darum ein geschärfteres Bewußtsein von den Grenzen der pädagogischen Anbahnbarkeit religiöser Erfahrung erforderlich. Der Kritik an einer überzogenen Programmatik, religiöse Erfahrungen methodisch anbahnen zu wollen, darf jedoch nicht die unstreitige Bedeutung des grundsätzlichen Lebens- und Erfahrungsbezuges zum Opfer fallen.

Die prinzipiellen Aspekte der religionspädagogischen Problemfassung sind bereits im Grundlagenteil erörtert worden (Kap. 3). Bereits zu Beginn des ersten (Kap. 1) wie dieses zweiten Teils (Kap. 5) mußte ferner darauf aufmerksam gemacht werden, daß die religionspädagogischen Konzeptionen heute vor einer neuen Dimension dieses an sich schon älteren Problems stehen. Solange Glaube im »Gesamtleben« des gelebten Lebens (Schleiermacher) gleichsam existentiell abgelesen werden konnte, um ihn dann selber zu erproben, abgespürt am Glaubensalltag der eigenen Eltern, Verwandten und Nachbarn, konnte der Religionsunterricht in der Schule auf eine begleitende und nachträgliche Kunde über das Christentum beschränkt werden. Der Glaube 'ergab sich' unbeschadet des theologischen Vorbehalts vom Wirken des Heiligen Geistes aus dem gesellschaftlich gestützten Lebenshorizont im ganzen. Der Religionsunterricht brauchte nur noch systematisch genauer die lernbaren Glaubensinhalte zu vermitteln, über die man als Christ Bescheid wissen mußte. In diesem Sinne war Luther im 16. Jahrhundert daran gelegen, daß der Katechismus so gelernt werde, wie ein »Handwerker« auf seine Weise kundig werden oder ein Stadtbewohner das »Stadtrecht« kennenlernen mußte, wie er zum einen in der kürzeren Vorrede zum Großen Katechismus und zum anderen in der Vorrede zum Kleinen Katechismus anmerkt. 300 Jahre später sieht das Schleiermacher im Prinzip immer noch ähnlich[54]. Der schulische Religionsunterricht war jedenfalls nicht der primäre Ort, an dem auch noch überhaupt zur christlichen Religion persönlich motiviert werden mußte. Heute kann von den genannten Lebensvoraussetzungen des Glaubens nicht mehr ausgegangen werden. Darum mußte in der neueren Religionspädagogik unseres Jahrhunderts der Lebens- und Erfahrungsbezug der Religion - zusammen mit der Frage der persönlichen Freigabe des Zugangs zur Religion - zum schlechthin charakteristischen *religionsdidaktischen Grundproblem* werden.

Man darf behaupten, daß spätestens seit 1900 alle religionspädagogischen Konzeptionen auf das Problem reagieren, ohne es allerdings immer als solches zu

54. Der Religionsunterricht ist für ihn nur eine Ergänzung, ein »Supplement« zur religiösen Erziehung in der Familie, der in bestimmter Hinsicht »ganz erspart werden kann«, so seine Meinung 1826, Pädagogische Schriften, hg. von *E. Weniger unter Mitwirkung von Th. Schulze,* Bd. 1: Die Vorlesungen aus dem Jahre 1826, Düsseldorf/München 1957, S. 339.

erkennen. Vorläufer sind schon über hundert Jahre früher anzutreffen. Einen besonderen Sprung in der Entwicklung stellen die methodischen Neuerungen der Religionspädagogen der Aufklärung dar. Im »sokratischen Gespräch« wird von Alltagsbegebenheiten und Einsichten des gesunden Menschenverstandes ausgegangen[55]. Der Philanthrop Ch.G. Salzmann deutet den Grund an für die Anknüpfung an das, was der »Natur« des Kindes gemäß ist: »Wir leben in bedenklichen Zeiten. Die Glaubwürdigkeit der biblischen Geschichte, die Richtigkeit unseres dogmatischen Systems wird von allen Seiten bestritten.«[56] Nach dem »rationalistischen« Modell der Aufklärung und dem »romantischen« erstarrt die Religionspädagogik unter dem Banne der Herbartschule im 19. Jahrhundert zu einem »scholastischen« Modell[57]. Aber auch in seinem Rahmen bleibt das Problem bewußt; es hat mehrere Aspekte.

Zunächst wird in dem angedeuteten Zeitraum in neuer Weise entdeckt, daß Kinder anders sind als Erwachsene und daß es so etwas wie eine *»Religion des Kindes«* gibt. »Die Denkungsart eines dreißig- bis vierzigjährigen Mannes ist von der Denkungsart eines zehn- bis zwölfjährigen Kindes himmelweit unterschieden.«[58] Schon von hier aus gesehen, genügt nicht ein lebensgeschichtlich abstrakt bleibendes Postulat der Achtung von Freiheit und Subjektivität im Verhältnis von Religion und einzelnem; der einzelne *entwickelt* sich (dazu noch unten).

Zweitens geht unter dem Eindruck des fundamentalen Mißverhältnisses von Kirche und Arbeiterschaft in der zweiten Hälfte des 19. Jahrhunderts bestimmten religionspädagogischen Theoretikern auf, daß die religiöse Entfremdung tiefreichende *soziale* Ursachen haben kann. 1903 fragt der sozial engagierte praktische Theologe Otto Baumgarten nicht ohne Bitterkeit:

»Wie kann es Proletarierkinder als wahr berühren, wenn sie lernen, daß Gott ihre Eltern 'reichlich und täglich' versorgt und 'wider alle Fährlichkeit beschirmt und vor allem Übel behütet und bewahrt' oder (im biblischen Unterricht) seinen Gläubigen durch wunderbare Durchbrüche seiner Allmacht hilft - und zu Hause welken die Geschwister hin ohne Aufhalten an der Proletarierkrankheit.«[59]

55. Vgl. etwa *G.Fr. Dinters* Unterredungen über den Katechismus (1806), im ganzen hierzu: *M. Schian:* Sokratik im Zeitalter der Aufklärung. Ein Beitrag zur Geschichte des Religionsunterrichts, Breslau 1900.
56. *Ch.G. Salzmann:* Über die wirksamsten Mittel, Kindern Religion beizubringen (1780), in: *Ch.G. Salzmann:* Ausgewählte Schriften, hg. von *E. Ackermann,* Bd. I, 2. Aufl., 1897, S. 153.
57. Vgl. zu diesen Modellen *F. Schweitzer:* Die Religion des Kindes. Perspektiven aus der Geschichte der Religionspädagogik, in: *K.E. Nipkow/F. Schweitzer/J.W. Fowler (Hg.):* Glaubensentwicklung und Erziehung, 2. Aufl. Gütersloh 1989, S. 253-269.
58. *Ch.G. Salzmann,* a.a.O. (Anm. 56), S. 172.
59. *O. Baumgarten:* Neue Bahnen. Der Unterricht in der christlichen Religion im Geist der modernen Theologie, Tübingen/Leipzig 1903, S. 24.

Andere Ursachen für die Schwierigkeiten des Religionsunterrichts bei Haupt- und Berufsschülern sind eher *kultureller* Natur. Es gibt wohl immer noch einen Gegensatz zwischen dem kulturellen und sozialen Habitus des durch die bürgerliche Religionslehrerschaft tradierten Christentums einerseits und dem davon abweichenden Erfahrungsraum, Lebensstil und kulturellen Zuschnitt unserer Hauptschuljugendlichen andererseits. Das Problem ist demnach nicht etwa, daß die Kirche mit ihrer akademischen Theologie Kultur hat und viele Menschen sie nicht haben. Das Problem ist in einer kulturellen Spannung, wenn nicht gar in einem kulturellen Gegensatz zu suchen, bei dem die andere Seite eine eigene Kultur ausbildet (jugendliche »Alters-« bzw. »Alltagskulturen«, »Arbeiterkultur»; vgl. schon Kap. 8).

Wie seine Herkunft zeigt, kann dieses Problem nur teilweise unterrichtsdidaktisch bewältigt werden. Zu sehr hängt es an dem über den Religionsunterricht weit hinausreichenden kulturellen Charakter der Kirche als eines bestimmten kulturellen Gebildes im ganzen. Wie dennoch religionsdidaktisch mit verschiedenen Varianten einer erfahrungshermeneutischen Religionsdidaktik geantwortet worden ist, wird noch zu umreißen sein. Zuvor muß man einen dritten Aspekt vergegenwärtigen, den gewichtigsten. Selbst wenn ein schülerorientierter Religionsunterricht, der nun zugleich ein erfahrungs- und lebensorientierter Unterricht sein sollte, die Praxis bestimmt, ist er überfordert, falls allein er die primäre Grundmotivation für Religion und Glauben erwecken sollte. Es ist daher verständlich, daß in diesem Jahrhundert auch ein weiterer Gedanke immer wieder neu vorgetragen worden ist: die notwendige *Einbettung des Religionsunterrichts in das Leben der Gemeinde.*

Wir treffen auf dies Interessse fast ausnahmslos in allen Epochen. Besonders deutlich haben sich bestimmte Vertreter der Evangelischen Unterweisung wie Kurt Frör für den Gemeindebezug des Religionsunterrichts eingesetzt[60]. Heute wird ebenfalls wieder verstärkt eine engere Verbindung zwischen dem Religionsunterricht und der Gemeinde gewünscht. Weil 1918 der Religionsunterricht zum erstenmal seinen Rückhalt an einer christlichen Staatsschule verlor, gehört auch das damals von evangelischen Schulpolitikern wie Otto Dibelius und Religionspädagogen wie Otto Eberhard vertretene Schulideal einer »evangelischen Erziehungsschule« in unseren Zusammenhang[61]. An einer solchen

60. »Der Religionsunterricht wird nur fruchtbar innerhalb der Einlagerung in das gemeinsame Leben der christlichen Gemeinde und ihre Lebensformen. Seine Isolierung von der Gemeinde als Lebensgemeinschaft und Bruderschaft in der volkskirchlichen Situation ist heute seine größte Bedrohung.« *K. Frör:* Thesen zum Religionsunterricht, in: *H. Gloy (Hg.):* Evangelischer Religionsunterricht in einer säkularisierten Gesellschaft, Göttingen 1969, S. 122.
61. *O. Dibelius:* Die evangelische Erziehungsschule. Ideal und Praxis, Hamburg o.J. (1920/21). - *O. Eberhard:* Neuzeitlicher Religionsunterricht. Handreichung evange-

Bekenntnisschule, an der auch das Schulleben und die anderen Unterrichtsfächer vom christlichen Geist bestimmt sind, scheint die kirchliche Sozialisationsaufgabe des Religionsunterrichts besser verwirklicht werden zu können.

Entwicklungslinien in diesem Jahrhundert

Wie hat sich diese Linie der Religionspädagogik, die wir *erfahrungshermeneutisch* und *erfahrungsdidaktisch* nennen wollen, im einzelnen ausgeformt?

Im *ersten Drittel* dieses Jahrhunderts steht der Religionsunterricht nur bedingt unter dem Einfluß des extremen modern-liberalen Flügels der zeitgenössischen Theologie. Historisch-kritische Fragestellungen werden im ganzen vergleichsweise vorsichtig eingeführt und im übrigen mit der Perspektive einer »Pädagogik vom Kinde aus« verbunden, wie etwa bei Otto Baumgarten[62]. Beherrschender tritt bei Richard Kabisch, Otto Eberhard und anderen eine im *»religiösen Erlebnis«* wurzelnde Religionspädagogik in den Vordergrund.

Richard Kabisch widmet sich in höchst bezeichnender Weise dem Problem der »Lehrbarkeit« der Religion. Mit Vehemenz versucht er nachzuweisen, daß nicht nur die geschichtlich überlieferten, objektivierten Formen des Christentums lehrbar sind, die *»objektive Religion«,* sondern auch die Erscheinungsweisen der *»subjektiven Religion«,* das religiöse Erlebnis selbst bzw. die religiöse Erfahrung[63]. Der Grundgedanke ist einfach: Wie jedes Überlieferungsgut, das eine objektive Form angenommen hat, ist auch die religiöse Überlieferung Ausdruck von subjektivem Leben und subjektiver Erfahrung. In die Lebendigkeit dieses Lebens sind die Kulturgüter zurückzuübersetzen, damit sie das ihnen einwohnende Leben entbinden. Dies dient dem Kinde wie der Sache selbst. Individualpädagogische und kulturpädagogische Aspekte können sich verschränken[64]. Zunächst gilt jedoch besonders die Forderung der »Erlebnispädagogik, ... das Kind hinter allen Verfestigungen der Bildung, ihren Dogmen und Formen wieder die *Unmittelbarkeit zum Leben* gewinnen zu lassen ...«[65].

lischer Jugenderziehung, Mannheim u.a. 1924, S. 44ff.; *ders.:* Kirche und Schule in ihrem Lebenszusammenhang, Gütersloh 1927.

62. Vgl. sein Buch: Neue Bahnen ..., a.a.O. (Anm. 59).
63. *R. Kabisch:* Über die Lehrbarkeit der Religion, in: ZThK 12 (1902) S. 316-344, hier S. 316f.; *ders.:* Wie lehren wir Religion? Versuch einer Methodik des evangelischen Religionsunterrichts für alle Schulen auf psychologischer Grundlage, Göttingen 1910.
64. Auf der genannten hermeneutischen Voraussetzung einer verstehenden Psychologie *(W. Dilthey)* fußen im Prinzip alle namhaften Konzeptionen der geisteswissenschaftlichen Pädagogik jener Zeit *(G. Kerschensteiner, E. Spranger, H. Nohl).*
65. *H. Nohl:* Die pädagogische Bewegung in Deutschland und ihre Theorie, 5. Aufl., Frankfurt/M. 1961, S. 95.

R. Kabisch unterscheidet in diesem Sinne bereits beim Kinde eine *»Religion der Phantasie* und eine *Religion der Erfahrung«*[66]. Es liegt für ihn auf der Hand, daß »die größere Kraft, Gewißheit und Dauerhaftigkeit« auf seiten der Erfahrungsreligion liegen muß (S. 92). Die natürlichen Grundlagen dieser »Erfahrungsreligion« - hier kommt ein Stück »natürliche Theologie« ins Spiel - sind in der Naturerfahrung und in der Erfahrung im Gewissen zu finden (95). Hieran hat der frühe Religionsunterricht anzuknüpfen. Er bleibt aber nicht dabei stehen. In den Mittelpunkt rückt die vergegenwärtigende Erzählung der biblischen Geschichten. Mit ihnen betritt man zugleich den Raum der religiösen Einbildungskraft, der Phantasie. Jede religiöse Erfahrung sucht nach einem bildhaften Ausdruck. Auch das Kind sucht »die ihm überlieferten Vorstellungen so lebhaft nachzugestalten, daß es sie nahezu wie eigene Erfahrungen erlebt, oder aber es sucht die eigenen religiösen Gefühle in Vorstellungen zu formen, die diesen Gefühlen ästhetisch gleichwertig sind und darum als Wahrheit empfunden werden. In der Religion der Erfahrung herrscht die Wirklichkeit und das Erlebnis; in der Religion der Phantasie herrscht die Dichtung und das Symbol« (92).

Die sich ergebende Methodik des Religionsunterrichts will beides beachten, den Vorrang der Erfahrung (Erlebnis) und die Bedeutung der Einbildungskraft (Phantasie), wobei Kabisch allerdings weithin im Psychologisieren steckenbleibt. Weder wird zwischen »Erlebnis« und »Erfahrung« genauer unterschieden, noch zeichnet sich ein Durchbruch zu einer Erörterung der theologischen Bedeutung symbolischer religiöser Sprache ab.

In zahlreichen Veröffentlichungen hat besonders zwischen 1920 und 1930 auch *Otto Eberhard* versucht, den schon erwähnten, von Hugo Gaudig übernommenen Gedanken des Arbeitsunterrichts, der diesen als »freie geistige Tätigkeit« verstand, seelisch zu vertiefen[67]. In derselben Epoche findet man bei Otto Eberhard und anderen Religionspädagogen auch schon Ansätze eines »problem«-orientierten Religionsunterrichts, wobei die Probleme aus der Alltagswelt der Schüler und der Lebenswelt der Erwachsenen gewonnen werden[68]. Der Zusammenhang mit dem allgemeinen neuen pädagogischen Ansatz bei »Situationen«, »Problemen« und Aufgaben der »Problemlösung« ist oben angedeutet worden.

66. *R. Kabisch,* Wie lehren wir Religion?, a.a.O. (Anm. 63), S. 91 (Hervorhebungen durch mich).
67. *O. Eberhard:* Arbeitsschule, Religionsunterricht und Gemeinschaftserziehung. Ein Beitrag zur Tat- und Lebenserziehung, Berlin 1920, 3. Aufl. 1924; *ders. (Hg.):* Lebendiger Religionsunterricht. Neue Folge des arbeitsschulmäßigen Religionsunterrichts, In gesammelten Stundenbildern, Stuttgart 1925. - Für Eberhard umschließt der Begriff des Arbeitsunterichts drei Dimensionen: »Freie geistige Tätigkeit«, »Erlebnismöglichkeiten« und »Taterziehung«.
68. *M.-L. Kling-de Lazzer,* Thematisch-problemorientierter Religionsunterricht. Eine historisch-systematische Untersuchung zur Religionsdidaktik, Gütersloh 1982.

»Die geistige Arbeit im Sinne des Mittuns setzt erst da ein, wo Stoff und Behandlung des Stoffes den Schüler vor Probleme stellen, wie sie die Wissenschaft oder das Leben uns aufgeben.«[69] »... erst die Klasse wird als eine wirklich frei tätig arbeitende in Anspruch genommen werden können, die in der Lage ist, nicht nur gestellte Ziele zu formulieren, sondern selbst aus ihrer Mitte Ziele zu stellen und Probleme zu sehen und zu fassen« (ebd., S. 47).

Erst ein Gesamtüberblick über Eberhards Werk enthüllt jedoch den wahren Mittelpunkt aller seiner Bestrebungen[70]. Es geht ihm um weit mehr als um bloß eine Methodenreform im Zeichen der »Selbsttätigkeit«. Sein Weg führt ihn vielmehr *»Von der Arbeitsschule zur Lebensschule«*[71] im Sinne einer »wertpädagogisch« und »religionsphilosophisch« gefaßten »Philosophie des Lebens«. Der Religionsunterricht wird in eine *»Lebenserziehung«* eingebettet. Der Begriff des Lebens wird hierbei metaphysisch gefaßt, sonst könnte auch die christliche religiöse Sicht nicht eingefügt werden. Leben erfüllt sich nur in der Religion, und zwar für Eberhard in der christlichen Religion; denn »Religion ist die Kraft, die den Menschen im Innersten bewegt«[72] und durch die sich die höhere *»Lebenseinigung«* (F. Fröbel) vollzieht[73]. Alle wahre Bildung ist Bildung der menschlichen »Kraft« (»Kräftebildung«). Die christliche Religion ist aber ebenfalls ihrerseits »Leben« und »Kraft«: Gottes Offenbarung ist eine »geschichtliche Offenbarung« im »Christusereignis«[74], wodurch ein kraftvolles »neues Sein« Wirklichkeit geworden ist. Das Evangelium ist das »Kraftzentrum«. Pädagogisch gewendet: Religion ist Leben, sittliches Leben und neues höheres schöpferisches Leben, und kann nur durch Leben erweckt werden. Die Aufgaben des Religions-

69. *O. Eberhard,* Arbeitsschule, Religionsunterricht und Gemeinschaftserziehung. Ein Beitrag zur Tat- und Lebenserziehung, Berlin 1920, 3. Aufl. 1924, S. 47 u.ö.
70. Vgl. meinen Artikel: Otto Eberhard (1875-1966), in: *H. Schröer/D. Zilleßen (Hg.),* Klassiker der Religionspädagogik (Festschrift für K. Wegenast), Frankfurt/M. 1989, S. 210-222.
71. *O. Eberhard:* Von der Arbeitsschule zur Lebensschule, Berlin 1925.
72. *O. Eberhard,* Neuzeitlicher Religionsunterricht, a.a.O. (Anm. 61), S. 10.
73. *O. Eberhard:* Evangelische Lebenskunde auf wertpädagogischer Grundlage, Stuttgart 1928, S. 71. Die Berufung auf Fröbel und die Metaphorik des Wachstums (»Anlage«, »Keim«, »Entfaltung«, »Kraft«, »Wiedergeburt« usw.) zeigen, daß O. Eberhard in der Tradition eines idealistisch-organologischen Bildungsdenkens steht.
74. Gegenüber einer idealistisch-humanistischen »Bildungsreligion« im Sinne Eduard Sprangers betont Eberhard, der sich nicht zu den liberalen, sondern zu den »modernpositiven« Religionspädagogen seiner Zeit zählt, daß die christliche Religion auf einer die Wirklichkeit verwandelnden Offenbarung beruht. Vgl. u.a. seine Auseinandersetzung mit Spranger in dem Einleitungsaufsatz des von ihm herausgegebenen Sammelbandes: Schule, Religion und Leben. Religionspädagogische Studien, Stuttgart 1926, S. 1ff., hier S. 6.

unterrichts werden im seelischen Zentrum des vom Religionsverlust bedrohten modernen Menschen angesiedelt.

Auch die Religionspädagogik im *zweiten Drittel* dieses Jahrhunderts kommt trotz aller Kritik an der vorausgegangenen Phase an dem grundsätzlichen Problem des Lebens- und Erfahrungsbezugs nicht vorbei (vgl. bereits oben E. Thurneysen). Das klassisch gewordene Standardwerk für den biblischen Unterricht aus jener Epoche, *Martin Rangs* »Handbuch für den biblischen Unterricht«, behandelt die hermeneutisch-didaktische Frage im Kapitel »Religionsunterricht und Leben«[75]. Mit Recht wird jetzt jede Synthese zwischen einer metaphysischen Lebensphilosophie und der christlichen Religion vermieden. Das Problem selbst aber ist um der Menschen und der Schüler willen nicht zu umgehen. Bis heute bleibt es aufschlußreich, wie Rang das Verhältnis von »Alltag« (und damit Alltagssituationen), »Grenzsituationen« und der »Grundsituation« des Menschen vor Gott bestimmt (I, 62ff.). Bemerkenswert ist überhaupt bereits der Gebrauch des Begriffs der *»Situation«*. Dies alles zeigt, daß die Weitergabe der Glaubensbotschaft nicht an den situativen menschlichen Lebensbedingungen der einzelnen vorbei vollzogen werden kann.

Auch nach dem letzten Weltkrieg blieb dies den Vertretern der Evangelischen Unterweisung bewußt. Bemerkenswert ist, daß *Helmuth Kittel* eigens eine Schrift über das Verhältnis der Evangelischen Unterweisung zur Reformpädagogik verfaßt hat[76]. Auch im Zeichen eines »verkündigenden Unterrichts« konnte man das Problem nicht verabschieden; nach wie vor wurde im Grunde sogar dasselbe erwartet: Der Religionsunterricht sollte zur »subjektiven Religion« (R. Kabisch) selbst beitragen; jetzt hieß es: zum »Glauben«.

Als *»hermeneutischen Religionsunterricht«* pflegt man bestimmte Entwürfe zu bezeichnen, die zu Beginn des *dritten Drittels* dieses Jahrhunderts seit Ende der 50er, Anfang der 60er Jahre entwickelt worden sind. Sie verdanken sich dem Einfluß der neueren hermeneutischen theologischen Diskussion. Während Martin Rang noch meinte, »daß alle diese Erörterungen über das Verhältnis des Religionsunterrichts zum 'Leben' unterrichtsmethodischen und nicht theologischen Charakter tragen«[77], wird dies jetzt anders gesehen: Zwar werden zunächst noch nicht systematisch breit und differenziert die Erfahrungs- und Lebensbezüge des Schülers berücksichtigt, aber grundsätzlich gilt: Die Aussagen der biblischen Texte sind auf ihren kerygmatischen Kern zurückzuführen, der in der Glaubenserfahrung begründet liegt. Dieses Kerygma ist durch eine *»existentiale«*

75. *M. Rang:* Handbuch für den biblischen Unterricht. Theoretische Grundlegung und praktische Handreichung für die christliche Unterweisung der evangelischen Jugend, 2 Bde. (1939), 3. Aufl., Tübingen 1948.
76. *H. Kittel:* Evangelische Unterweisung und Reformpädagogik, Lüneburg 1947.
77. Handbuch ..., Bd. I, S. 59f. (im Original gesperrt).

Auslegung, die die Grundsituation des Menschen in der Welt und vor Gott freilegt, so in unsere Sprache und unsere Wirklichkeit zu übersetzen, daß jeder *»existentiell«* angesprochen wird, und zwar möglichst so unmittelbar, wie die Menschen zur Zeit Jesu angesprochen worden sind[78].

Der *»thematisch-problemorientierte Religionsunterricht«* hat diese Entwicklung unter hermeneutischen Gesichtspunkten nicht radikal verändert, sondern eher fortgesetzt. Jetzt wird versucht, die Auslegung der Bibel (erster didaktischer Grundtypus) konsequent mit der Auslegung des Lebens in der gegenwärtigen Wirklichkeit (zweiter didaktischer Grundtypus) zu verbinden. Die Auslegungsaufgaben werden in möglichst konkreter Weise auf die *Vielfalt der individuellen und gesellschaftlichen Lebensprobleme* bezogen. Neben den neuen Einflüssen der »Theologie der Hoffnung« (J. Moltmann) und der »Theologie der Welt« (J.B. Metz) wirken nach wie vor auch die hermeneutischen Entwürfe von E. Fuchs und G. Ebeling weiter. Ebeling sollte denn auch bald darauf ausdrücklich den Begriff der *»Erfahrung« als theologische Grundkategorie* hervorheben[79]. In einer etwas späteren Äußerung hat Ebeling den Zusammenhang so formuliert:

> Die Bibel enthält eine eigene innere Bewegung, die sich immer wieder erneuern muß, die Bewegung »vom Wort zum Text und vom Text zum Wort«[80]. Man kann diese Bewegung auch beschreiben als Bewegung von der Erfahrung zum Text und vom Text zur Erfahrung. Diese »Geschehensbewegung« der Schrift selbst ist jedenfalls nur dann erfaßt, »wenn das Wort nicht am Leben vorbeigeht, sondern in das Leben eingeht, wenn es also mit Erfahrung zu tun hat in der Weite menschlicher Lebenserfahrung« (ebd.).

In der weiteren religionspädagogischen Entwicklung ist das Modell von »Text« und »Lebenskontext« (*»Kontexttypus«*[81]) bzw. das Denken in »Korrelationen« (»Korrelationsdidaktik«[82]) *explizit erfahrungshermeneutisch* erst seit den 70er Jahren weiterentwickelt worden, nicht zuletzt durch bedeutende Versuche zu einer Symboldidaktik[83]. Die religiösen Symbole der biblischen Sprache sollen so

78. Vgl. die religionspädagogischen Entwürfe unter dem Einfluß *R. Bultmanns* und seiner Schule *(M. Stallmann, H. Stock, G. Otto, W. Dignath* u.a.).
79. Die Klage über das Erfahrungsdefizit in der Theologie als Frage nach ihrer Sache, in: *ders.:* Wort und Glaube, Bd. III, Tübingen 1975, S. 3-28.
80. *G. Ebeling:* Dogmatik des christlichen Glaubens, Bd. I, Tübingen 1979, S. 42.
81. Vgl. v. Vf.: Problemorientierter Religionsunterricht nach dem »Kontexttypus«, in: *ders.:* Schule und Religionsunterricht im Wandel. Ausgewählte Studien zur Pädagogik und Religionspädagogik, Heidelberg/Düsseldorf 1971, S. 264-279.
82. Vgl. exemplarisch: *G. Baudler:* Korrelationsdidaktik: Leben durch Glauben erschließen, Paderborn u.a. 1984.
83. Vgl. besonders die Veröffentlichungen von *Peter Biehl* und *Hubertus Halbfas*. - Nachdem zuvor P. Biehl den Erfahrungsbegriff am gründlichsten theoretisch be-

erschlossen werden, daß an ihnen deutlich wird, wie der Glaube Erfahrung macht mit der Erfahrung[84]: Der Glaube sucht den symbolischen Ausdruck seiner eigenen Erfahrung in der sinnlich-geistigen Bildhaftigkeit eines symbolfähigen Sachverhalts des Lebens (Licht, Leben, Wasser, Lebensbaum, Haus, Weg u.a.)[85].

Auch in den Ansätzen zur *Elementarisierung* findet sich die erfahrungshermeneutische Spur, wenn unter vier Aspekten der Elementarisierung, von denen her Texte und Themen erschlossen werden sollen, auch die Frage nach den »elementaren Erfahrungen« eine Rolle spielt, allerdings nur in Verbindung mit den Fragen nach den »elementaren Strukturen«, den »elementaren Anfängen« und der »elementaren Wahrheit«[86].

Die Plädoyers für einen *»schülerorientierten«*, *»sozialisationsbegleitenden«* und tendenziell *»therapeutischen«* Religionsunterricht wollen das Mißverständnis verhindern, »Probleme«, die wir Erwachsenen identifizieren, von vornherein bereits als Probleme anzunehmen, die auch für die Schüler bedeutsam sind. Auch Dieter Stoodt teilt damit das hier verfolgte übergreifende Interesse, lenkt es nur noch entschiedener auf die Sozialisations- und Lebenssituationen der Schüler selbst. Er hat hierbei besonders auf emotionale Konflikte aufmerksam gemacht, auf das, was in einem »Unterricht als Interaktion« aus der verborgenen Sozialisationsgeschichte des Kindes an Kommunikationshindernissen und angstbesetzten Hemmungen mitspielt.

leuchtet hat, liegt jetzt mit der Studie von *W.H. Ritter:* Glaube und Erfahrung im religionspädagogischen Kontext. Die Bedeutung von Erfahrung für den christlichen Glauben im religionspädagogischen Verwendungszusammenhang, Göttingen 1989, eine erste umsichtige historisch-systematische Sekundärdarstellung vor, die weitere Ausführungen an dieser Stelle erübrigt. Da wir hier nur ein bestimmtes religionspädagogisches Grundmotiv verfolgen, können wir auch die von Ritter herausgearbeiteten Unterschiede zwischen den einzelnen Entwürfen sowie Ritters eigenen Integrationsversuch unberücksichtigt lassen.

84. Für *Eberhard Jüngel* geht es beim Glauben »um so etwas wie eine neue Erfahrung mit der Erfahrung. Denn der Glaube ist ja auf jeden Fall eine Erfahrung, die wir mit der Erfahrung machen und machen müssen«, in: *ders.:* Unterwegs zur Sache. Theologische Bemerkungen, München 1972, S. 8. Ähnlich hat *G. Ebeling* formuliert. An beide haben sich *P. Biehl* und der Verfasser angeschlossen. *W.H. Ritter* (vgl. Anm. 83) versteht den Ansatz als »integriertes Modell« und folgt ihm ebenfalls (S. 238ff., 285ff.).
85. Zur Theorie und Praxis der Symboldidaktik vgl. zuletzt die vorzügliche Einführung von *P. Biehl u.a.:* Symbole geben zu lernen. Einführung in die Symboldidaktik anhand der Symbole Hand, Haus und Weg, Neukirchen-Vluyn 1989.
86. Vgl. die Versuche des Vf. zur Elementarisierung aus den letzten Jahren, u.a.: Das Problem der Elementarisierung der Inhalte des Religionsunterrichts, in: *G. Biemer/ D. Knab (Hg.):* Lehrplanarbeit im Prozeß, Freiburg 1982, S. 73-95.

Man wird nicht erwarten dürfen, daß in der Unterrichtspraxis die zuletzt genannten »Konzeptionen« rein zu identifizieren sind. Die Theorien schleifen sich in der Praxis ab und gehören ohnehin zu derselben neuzeitlichen religionspädagogischen Gesamtbewegung. Sie hat heute die problematischen Merkmale der ersten Epoche dieses Jahrhunderts abgestreift. Einige Religionspädagogen der gegenwärtigen Generation sind noch nach wie vor von der dialektischen Theologie mit geprägt[87]. Dennoch sieht sich der Gesamtansatz heute selbst ihnen gegenüber neuen Mißverständnissen ausgesetzt. Vereinzelt meinen systematische Theologen und Religionspädagogen, gegen den Lebens-, Erfahrungs- und Problembezug des Religionsunterrichts als Ausdruck der Berücksichtigung des Schülers wieder die theologische Sache ausspielen zu müssen[88]. Auf den Bezug zum Leben drängt jedoch stets auch die *Sache selbst*. Der Religionspädagogik droht von seiten ihrer neueren Kritiker der Rückfall in ein additives Modell mit einer theologischen Abwertung des Lebens- und Erfahrungsbezugs. Mit Gerhard Ebeling ist dieser Abwertung, die auch die Religionspädagogik letztlich wieder zu einer reinen Anwendungsdisziplin zurückstufen würde, aus theologischen Gründen (nicht nur aus erziehungswissenschaftlichen) zu widersprechen. Denn:

»Es wäre widersinnig, von Schrift und Erfahrung als zwei einander addierbaren oder einander einschränkenden, jedenfalls als zwei voneinander unabhängigen Quellen zu reden ... Ohne daß sich dabei sozusagen alle Schleusen Himmels und der Erde öffnen und in weitesten Dimensionen ein Ringen um das Wort des Lebens und damit der Streit um das wahre Leben entbrennt, hat die Dogmatik offenbar das sola scriptura nicht ernst genommen. Es ruft geradezu nach dem sola experientia.«[89]

87. Mit Recht erkennt *W.H. Ritter* diesen Hintergrund bei meiner Position (Glaube und Erfahrung, a.a.O., S. 244). Er beargwöhnt kritisch, daß in einem theologischen »Verständnis von Erfahrung qua 'Widerspruch' das Grundsatzprogramm dialektisch-theologisch bestimmter Positionen durchschimmert«. In der Tat versuche ich, den neuzeitlichen hermeneutischen Ansatz (vgl. bes. oben Kapitel 3) und das Grundanliegen der dialektischen Theologie miteinander zu *verbinden* (s. noch unten Abschnitt 5 über das »verbindende Paradigma«), nämlich zugleich - »*dialektisch*-konvergenztheoretisch« - die *Einheit der Erfahrung* und die *Differenz der Glaubenserfahrung mit aller Erfahrung* festzuhalten.
88. *G. Sauter:* Zur theologischen Revision religionspädagogischer Theorien, in: EvTheol 46 (1986), S. 127-148; inzwischen auch z.T. in: *J. Ohlemacher/H. Schmidt (Hg.):* Grundlagen der evangelischen Religionspädagogik, Göttingen 1987; zu Sauter vgl. meine Stellungnahme in dem Aufsatz: Religionspädagogik und Religionsdidaktik im Spannungsfeld theologischer und erziehungswissenschaftlicher Entwicklungslinien, in: *K. Goßmann (Hg.),* Glaube im Dialog, a.a.O. (Anm. 21), hier S. 51-62, bes. S. 55ff.
89. *G. Ebeling,* Dogmatik des christlichen Glaubens, a.a.O., (Anm. 80), I, S. 42.

Als Einwand gegen die skizzierte religionspädagogische Gesamtentwicklung wird ferner auf eine mangelnde theologische Orientierung der Religionslehrer verwiesen. Wie empirische Befragungen zeigen, wollen jedoch die *Religionslehrer* zumindest ihrem Selbstverständnis nach durchaus *»Schüler« und »Sache« gleichzeitig berücksichtigen*[90]. Ob es in der Praxis gelingt, ist eine berechtigte offene Frage. Abwegig wären jedoch persönliche Schuldzuweisungen. Über die persönliche religiöse Situation der Religionslehrer läßt sich nicht verfügen.

Die gestellte Aufgabe selbst führt jedenfalls nicht in eine falsche Alternative von »Schüler« oder »Sache«. »Die Frage nach der Sünde und dem befreienden Evangelium läßt sich nämlich auch in der Sprache der Hauptschüler stellen.«[91] Wenn mit diesem Satz die Religionspädagogin Jutta Loesch ihre ermutigenden Berichte über Erfahrungen mit Hauptschülern einleitet, will sie genau beides ansprechen, die Schüler und »die Sache Jesu Christi« (ebd.). Um beider miteinander verschränkten Perspektiven willen gilt es, sich in die Welt des Schülers hineinzuversetzen, was, wie angedeutet, bei Hauptschülern wegen der sozialen und kulturellen Unterschiede besonders wichtig ist.

Wir beschließen damit den Gedankengang mit dem Praxisfeld, mit dem wir begonnen haben.

Der Religionslehrer muß sich in der Hauptschule und Berufsschule besonders intensiv »mit der Freizeit und dem Umfeld der Schüler auseinandersetzen, weil beides am weitesten von seinem eigenen Milieu entfernt ist. Und er tut gut daran, die Plätze, an denen sich seine Schüler außerhalb des Unterrichts aufhalten, selbst aufzusuchen, auch wenn er nicht vor Ort wohnt. Er tut gut daran, die Sendungen im Fernsehen zu kennen, die gerade 'in' sind und auch jene Videos und Telespiele sich 'hineinzuziehen', besser 'reinziehen' (dies ist der von den Jugendlichen selbst benutzte Ausdruck, der nicht nur den technischen Vorgang meint; er beschreibt den Video-Konsum besser als 'anschauen' oder 'ansehen'), die bei seiner Lerngruppe gerade gefragt sind und ständig deren Wirklichkeit erheblich mitprägen und verändern. Und er muß ihre besonderen Ängste kennen, weil gerade die Hauptschüler am wenigsten die Chance bekommen, Zusammenhänge jedweder Art zu durchschauen« (S. 30).

Wenn dann ein Stück weit »Kultur des Vertrauens« geschaffen ist (vgl. Teil I, Kap. 2), die Kommunikation nicht nur menschlich, sondern auch sachlich glückt, kann im Bericht von J. Loesch so fortgefahren werden, daß nun deutlich auch die »Sache« gleichzeitig zu ihrem Recht kommt.

90. Vgl. *A. Feige/K.E. Nipkow*, Religionslehrer sein heute, a.a.O. (Anm. 20), S. 111f., *K. Kürten*, S. 88ff.
91. *J. Loesch*, Religionsunterricht an der Hauptschule. Arbeit auf dürrem Feld?, a.a.O. (Anm. 52), S. 30.

»Welche Freude macht der Unterricht aber, wenn man die Ebene der Schüler trifft, wenn sie spüren, der versteht mich, der meint es gut mit mir. Und 'es gut meinen', diesen von Gott geschenkten Auftrag pädagogisch geschickt umsetzen, das heißt Religionsunterricht in der Hauptschule. Dann ereignet es sich, daß für Momente das Himmelreich aufblitzt, daß es wahr wird, was Jesus verheißt, wenn zwei oder drei zusammen sind - in seinem Namen, das muß das ganze Gebot bleiben, und nicht in anderer Götzen Namen. Dann lassen sie sich willig auch auf Texte ein, die ihnen auf den ersten Blick veraltet erscheinen mögen; dann erkennen sie ihre eigene Not in der des Beters der Psalmen 22 und 23. Dann spüren sie die Aufwertung, die die Ehebrecherin durch das Verhalten Jesu erfährt, genau wie die Zuwendung jenen gegenüber, die an den Hecken und Zäunen herumlungern. Dann lernen sie etwas von der ewigen Aktualität unserer frohen Botschaft.«[92]

Entwicklungsgemäßer Unterricht

Auch ein Religionsunterricht, der die Schüler selbst suchen und finden läßt (unser erstes Bestimmungsmoment unter der Perspektive des Religionsunterrichts als Institution des Schülers) und der erfahrungs- und lebensnah sein will (unser zweites Merkmal), kann, gemessen an den verfolgten Lernzielen, 'mißlingen', dann nämlich, wenn er nicht entwicklungsgemäß ist. Man muß genauer sagen: Er kann die vorbereiteten Lernziele verfehlen, weil die Kinder auf ihre Weise etwas ganz anderes lernen als das, was beabsichtigt war; denn Kinder sind anders und assimilieren die Unterrichtsinhalte auf ihre 'gelingende' Weise. Entwicklungsgemäßheit ist darum das *dritte* Merkmal eines schülergerechten Religionsunterrichts.

Erst seit etwa einem Jahrzehnt wird die Religionspädagogik in der Bundesrepublik wieder stärker auf die *entwicklungspsychologischen Voraussetzungen* aufmerksam. Die älteren Phasenlehren sind hierbei von kognitiv-strukturellen Stufentheorien abgelöst worden. Sie betreffen die Entwicklung des Denkens (J. Piaget), des moralischen Urteils (L. Kohlberg), des religiösen Urteils (F. Oser) und die Entwicklung des Glaubens, verstanden als Lebensglaube eines Menschen überhaupt (J.W. Fowler). Die Theorie Fowlers ist hierbei besonders in ihrer jüngsten Form nicht mehr als eng kognitivistisch zu verdächtigen[93]. Sie verfolgt einen

92. A.a.O., S. 31. Es ist wichtig, sich zu vergegenwärtigen, daß in dem obigen Abschnitt nicht nur ermutigende Praxisberichte aus dem Gymnasium, sondern auch aus der Hauptschule herangezogen werden konnten.
93. Vgl. *J.W. Fowler:* Glaubensentwicklung. Perspektiven für Seelsorge und kirchliche Bildungsarbeit, eingeführt und hg. von *F. Schweitzer,* München 1989 (am.: Faith Development and Pastoral Care, Philadelphia/Fortress Press 1987); ferner *ders.:* Die Berufung der Theorie der Glaubensentwicklung: Richtungen und Modifikationen seit 1981, in: *K.E. Nipkow/F. Schweitzer/J.W. Fowler (Hg.),* Glaubensentwicklung und Erziehung, a.a.O. (Anm. 57), S. 29-47.

Komplex von einzelnen Entwicklungsfaktoren in ihrem Zusammenhang und wird eher gerade dadurch wissenschaftlich problematisch. Unter den einbezogenen Faktoren sind besonders zwei wichtig: die Entwicklung der Fähigkeit, soziale Perspektiven einzunehmen, und die Entwicklung des Symbolverständnisses. Im übrigen sind die entwicklungspsychologischen Fragestellungen ebenso wie der oben behandelte religionsdidaktische Gesichtspunkt der Lebensnähe nicht neu.

»Christus, da er Menschen ziehen wollte, mußte er Mensch werden. Sollen wir Kinder ziehen, so müssen wir auch Kinder mit ihnen werden.«[94] *Luther* scheut sich nicht, in unmittelbarer Ableitung vom größten Geheimnis des christlichen Glaubens seine Vorschläge zur kindgemäßen Veranschaulichung inkarnationstheologisch zu begründen, um dadurch zu verhindern, daß man sie als »Kinderspiel« abtut.

Was bei Luther erst ansatzweise gesehen wird, und zwar vorwiegend aus theologischen Gründen, ist im *18. Jahrhundert* eingehend berücksichtigt worden, nun aus explizit anthropologischen Einsichten in die »Natur« des Kindes. »Kinder haben ihre eigene Sprache« und noch vieles mehr[95]. Der Grundsatz, Menschen »auf eine ihrer Natur gemäße Art« zu behandeln (S. 174), wird jetzt zu dem Grundsatz abgewandelt, Kinder entsprechend ihrer eigenen Natur, d.h. *kindgemäß,* zu behandeln. Wo lernt man die für die Kinder angemessenste Methode? »Von niemandem sicherer als von den Kindern« selbst (172).

Seit der Wende zum *20. Jahrhundert* greift die Religionspädagogik verstärkt auf die Ergebnisse der Kinderpsychologie zurück. Jetzt erst beginnt die genauere *wissenschaftliche* Untersuchung der Entwicklungsfaktoren. Wichtiger aber noch als Einzelbefunde ist die veränderte Einstellung, die etwa *Otto Baumgarten* gewinnt: Religion braucht im Leben eines Menschen *Zeit.* Auf die Kategorie der »Zeit« im Sinne von Gottes Zeit mit den Menschen, auf unsere eigene Lebenszeit und auf die unterrichtlichen Wege zu einer gemeinsamen Zeit ist bereits in Kapitel 9 eingegangen worden.

Aus dem Wissen um die Zeit erwächst Baumgartens »ceterum censeo«: »nicht verfrühen, nicht erzwingen, nicht abschließen wollen, vielmehr die Reife abwarten! So bleibt aller Unterricht notwendig halb, bewußt halb; die Überführung der Kenntnisse in eigene Überzeugung, die religiöse Erziehung und Erweckung bleibt zumeist dem Geiste Gottes und dem Unterricht des Lebens überlassen.«[96]

Um 1930 hält auch der entwicklungspsychologisch geschulte *Gerhard Bohne* als

94. So in der Vorrede zur Deutschen Messe (1526), BoA 3, 299, 25ff. (= WA 19,78, 14ff.), sprachlich geglättet.
95. *Ch.G. Salzmann,* Über die wirksamsten Mittel ..., a.a.O. (Anm. 56), S. 172.
96. *O. Baumgarten,* Neue Bahnen, a.a.O. (Anm. 59), S. 95.

Vertreter der neuen Richtung trotz seiner Definition des Religionsunterrichts als der »großen Störung« der schulischen Bildungsarbeit, durch die der Jugendliche in die »Entscheidung vor Gott« gestellt werde, daran fest, daß *»Entscheidung«* und *»Entwicklung«* gemeinsam bedacht werden müssen.

Mag der Religionsunterricht »noch so scharf gegen den gesamten Bildungsvorgang protestieren und ihn in Frage stellen, so ist und bleibt er doch selbst ein Teil jener Bildung. Wollte er versuchen, seine Aufgabe wirklich zu erfüllen, so könnte er das auch nicht anders, als daß er hineintritt in den Kulturvorgang der Bildung und in psychologischer Anknüpfung, in systematischer Folge, in allmählicher Anleitung zu Urteil und Wertung den jungen Menschen vor die entscheidenden Tatsachen stellt; mit einem Worte, *daß er mit werdenden Menschen einen menschlichen Weg geht.«*[97]

Den Ansatz Bohnes charakterisieren noch ausführliche Darlegungen der entwicklungspsychologischen Voraussetzungen in Kindheit und Jugendzeit. Bei den anderen späteren Vertretern der Evangelischen Unterweisung vermißt man sie bis auf Ausnahmen. Dies ändert sich auch nicht in der Epoche des »hermeneutischen« und des »thematisch-problemorientierten« Religionsunterrichts. Selbst die pointiert »schülerorientiert« argumentierenden Religionspädagogen lassen in der Folgezeit die Entwicklungspsychologie beiseite; zu sehr dominieren seit Ende der 60er Jahre, wenn es um den Schüler geht, sozialisationstheoretische Fragestellungen: Man ist mehr an der sozialen Lage interessiert.

Für die gegenwärtige Diskussion ist kennzeichnend, daß sie die entwicklungspsychologische Perspektive nicht absolut setzt, sondern als Teilperspektive in eine *umfassendere religionspädagogische Theoriebildung* hineinnimmt[98]. Mir selbst ist daran gelegen, daß nach wie vor auch die soziale und kirchliche Lage der Kinder und Jugendlichen so sorgfältig wie möglich in Theorie und Praxis beachtet wird. In Kapitel 8 stand sie beherrschend im Vordergrund. Die einbezogene Lebenslaufforschung hat außerdem grundsätzlich den Blick auf den ganzen

97. *G. Bohne:* Das Wort Gottes und der Unterricht. Zur Grundlegung einer evangelischen Pädagogik, Berlin 1929, 2. Aufl. 1932 (Hervorhebung durch mich), S. 69, vgl. auch S. 117.
98. Vgl. meinen Grundsatzartikel: Lebenslauf und religiöse Lebenslinie. Zur Bedeutung der Dimension des Lebenslaufs in der Praktischen Theologie und Religionspädagogik, in: JRP 3, 1986, Neukirchen-Vluyn 1987, S. 3-35, bes. S. 4-9, und zuvor schon die drei Zugänge zum Gegenstandsfeld der Religionspädagogik von der Gesellschaft, von der Kirche und von den Betroffenen her in der Reihenfolge der drei Bände meiner »Grundfragen«. Zum gegenwärtigen Diskussionsstand zum Problem der »Glaubensentwicklung» vgl.: *K.E. Nipkow/F. Schweitzer/J.W. Fowler (Hg.):* Glaubensentwicklung und Erziehung, a.a.O. (Anm. 57), ferner: *A.A. Bucher/K.H. Reich (Hg.):* Entwicklung von Religiosität, Freiburg/Schweiz 1989.

Lebenslauf gelenkt; Entwicklung ereignet sich auch noch im *Erwachsenenalter*. Dies hat weitreichende, noch keineswegs ausgeschöpfte Konsequenzen. Die neueren Forschungen erlauben uns, von pauschalen Urteilen über Kinder und Jugendliche wegzukommen. Ziel ist ein Religionsunterricht, der *entwicklungsmäßig »pünktlich«* (R. Englert) ist[99], weil er Entwicklungsphänomene *differenziert* berücksichtigt.

Wenn dies etwas besser gelingt, erklärt sich leichter, warum Schüler einer 5./6. Klasse einen Unterricht über »Elia auf dem Berge Karmel«, bei dem es nach Absicht der Lehrerin um die Lage der Menschen vor Gott gehen sollte, unter vorwiegend moralischen Kategorien »assimilieren«, indem sie nicht das Volk Israel (oder gar sich selbst), sondern umgekehrt Elia (und indirekt Gott) wegen der Massentötung der Baalspriester in Frage stellen[100]. Wenn man die Entwicklungstatsachen besser einschätzen lernt, wird es einen Lehrer auch nicht verwundern, daß es ihm bei Schülern im selben Alter so schwer fällt, ihnen anhand der Perikope von den Arbeitern im Weinberg (Mt 20,1ff.) ein Verständnis von Gottes Gerechtigkeit zu erschließen, das nicht strikt am Gleichbehandlungsgrundsatz festgemacht ist[101]. Kinder sind anders - nur wenn man dies genau berücksichtigt, darf sich der Religionsunterricht eine Institution für den Schüler nennen.

Der Religionsunterricht vor der Konzentration auf die Gottesfrage

»Gott ist für mich wie der gestrige Tag - einfach vergessen«; »Gott ist für mich wie unvorhanden«. »Gott ist für mich wie ein ferner Verwandter, den man zwar kennt, aber selten Kontakt hat«. Gott? »... Atlantis - untergegangen in einem Meer und nur in Sagen erwähnt. Es ist schwer, an etwas zu glauben, das man nicht sieht oder an etwas, für das man keine Beweise hat«[102].

Solche Aussagen von Berufsschülern sehen Gott in einer großen *Ferne*. Die Äußerungen finden sich mit mehreren ähnlichen in einer einzigen Klasse. Die

99. *R. Englert:* Glaubensgeschichte und Bildungsprozeß. Versuch einer religionspädagogischen Kairologie, München 1985.
100. Vgl. vom *Vf.:* Entwicklungspsychologie und Religionsdidaktik. Zur Problem- und Rezeptionslage und zur Bedeutung entwicklungspsychologischer Fragen in einer elementarisierenden didaktischen Analyse als Kern der Unterrichtsvorbereitung, in: ZfPäd 33 (1987), 2, S. 149-165, bes. S. 159ff.
101. *A. Bucher/F. Oser:* »Wenn zwei das gleiche Gleichnis hören ...« Theoretische und empirische Aspekte einer strukturgenetischen Religionsdidaktik, in: ZfPäd 33 (1987), 2, S. 167-183.
102. Entnommen aus *R. Schuster:* Was sie glauben. Texte von Jugendlichen, Stuttgart 1984, S. 298.

Religionspädagogik ist in beiden Kirchen in den letzten Jahren gezwungen worden, dem Religionsunterricht *realistische Ziele* zu setzen. Auf katholischer Seite hat selbst die Gemeinsame Synode der Bistümer in der Bundesrepublik darum 1974 in Würzburg als Minimalerwartung formuliert, daß es schon ein »Gewinn« sei, »wenn die Schüler beim Verlassen der Schule Religion und Glauben zumindest nicht für überflüssig oder gar unsinnig halten«[103]. Als Maximalziel wird von der Synode zwar noch mehr vorgegeben, aber selbst diese größeren Erwartungen klingen verhalten. Der Religionsunterricht kann jedenfalls nicht ein einziges Ziel verfolgen, sondern nur ein Zielspektrum, und jeder Religionslehrer sollte das Recht haben, im Blick auf seine besondere Lerngruppe einen eigenen Schwerpunkt in der Zielsetzung zu verantworten.

Zum Gesamtbild gehören aber auch Befunde und Beobachtungen, die einem zeigen, daß Schüler im Religionsunterricht noch etwas hinsichtlich der Gottesfrage erwarten. Ein Berufsschulreligionslehrer, der wöchentlich 23 Unterrichtsstunden gibt, bemerkt: »Es gibt keine Klasse, in der nicht wenigstens einige ernsthaft dabei sind und denen ich abspüre, daß sie noch mehr suchen, als sie meist zu erkennen geben.«

Gott? »... ein UFO. Ich weiß nicht, ob es ihn gibt, denn ich habe keine Beweise. Aber dennoch behaupte ich nicht, daß es ihn nicht gibt. Und ich sage auch nicht, es gibt ihn.«[104]

Hier ist Gott eine große *Vermutung, nur* noch eine Vermutung - immerhin *noch* eine Vermutung; beides gilt. Und dann dieser Schüler:

»Es gibt so viele Ungerechtigkeiten auf der Erde, warum kann Gott nicht eingreifen? Wer an Gott glaubt, macht überall mit ihm Erfahrungen. Wer nicht an Gott glaubt, macht keine Erfahrungen mit ihm« (S. 320).

Glaube an Gott in der Spannung zwischen Anfechtung und Erfahrung, zwischen tiefem Zweifel und dem Vertrauen auf den *Zirkel von Glaube und Erfahrung*. Die zwei letzten kurzen Sätze könnte kein Theologe präziser formulieren. Auf diesen Zirkel wollen sich allerdings viele junge und ältere Menschen nicht mehr einlassen; sie fragen nach Beweisen, die ihnen einen Zugang zu Gott ermöglichen sollen, ohne daß sie selbst zu glauben wagen. Der Religionsunterricht hat bei seinem Zielspektrum *alle* diese genannten Situationen wahrzunehmen.

Die Gottesfrage ist zwischen dem *Wagnis* von Glaube als (subjektivem) *Vertrauen* und den *Schwierigkeiten* mit dem Glauben an bestimmte (objektive)

103. Der Religionsunterricht in der Schule. Ein Beschluß der Gemeinsamen Synode der Bistümer in der Bundesrepublik Deutschland, mit einer Einleitung von *L. Volz* (Synodenbeschlüsse Nr. 4, Sekretariat der Dt. Bischofskonferenz), Bonn o.J., S. 32.
104. Aus *R. Schuster*, a.a.O. (Anm. 102), S. 306.

Glaubensinhalte eingespannt. Die schon im ersten Teil berührten und im Kapitel über die kirchliche Jugendarbeit ausführlicher erwähnten Befunde zeigen, daß diese beiden Seiten des christlichen Glaubens auf keinen Fall theologisch auseinandergerissen werden dürfen. Die wenigen zentralen Glaubenszweifel von Jugendlichen (und wohl nicht nur von ihnen) betreffen mit der Frage nach dem Leiden und der Theodizee, nach Schöpfung und Evolution, nach dem Weiterleben nach dem Tode und nach der Realität oder Fiktivität Gottes 'Sachverhalte', die Herz *und* Verstand umtreiben. Es ist daher problematisch, wenn beim Glauben einseitig an Gruppen- und Gemeinschaftserfahrung, an Fest und Feier, Gefühl und Erlebnis gedacht wird - ein bevorzugter Weg gemeindepädagogischer Entwürfe.

»Die subjektive und die objektive Seite des Glaubens sind ein Ganzes. Nehme ich nur die subjektive Seite, so bleibt ein Glaube als Gläubigkeit, ein Glaube ohne Gegenstand, der sozusagen nur sich selber glaubt, der Glaube ohne Wesentlichkeit des Glaubensinhaltes. Nehme ich die objektive Seite allein, so bleibt ein Glaubensinhalt als Gegenstand, als Satz, Dogma, Bestand, ein gleichsam totes Etwas.«[105]

Die evangelische Theologie ist in ihrer jüngeren Entwicklung immer stärker *existentialtheologisch* geprägt und in *anthropologischen* Kategorien ausformuliert worden. Die Entwicklung datiert spätestens seit Kant und scheint unumkehrbar zu sein.

Kant hatte den Weg der spekulativen Gottesbeweise widerlegt; theoretische Vernunft und praktischer Gottesglaube hatten nun nichts mehr miteinander zu tun; für Gott blieb nur noch im Bereich der »praktischen Vernunft« ein Ort - als Postulat, nicht mehr. Dieser Vorgang schloß eine weitere Verlagerung der Glaubensvergewisserung nach innen ein; im Innern des Menschen, im Zirkel von Glaube und innerer Erfahrung, schien nun die Glaubenswahrheit unanfechtbar aufgehoben zu sein (vgl. die Ausführungen zu Schleiermacher, Kap. 3).

Über verschiedene Stationen, bei denen Wilhelm Herrmann mit seiner bezeichnenden Hinwendung zum »Verkehr der Seele mit Gott« analog zum »inneren Leben Jesu« eine Schlüsselrolle einnimmt[106], führt der Weg zu Rudolf Bultmann und seinen Schülern weiter. Sie alle sind sich darin einig, daß der biblische Glaube keine »Weltanschauung« ist und darum seine Wahrheit unabhängig vom Fürwahrhalten bestimmter angeblich objektivierbarer Aussagen über Weltentstehung, Weltbild und Weltende behaupten muß. Dies ist einerseits richtig, hat aber andererseits zur Folge, daß es der evangelischen Theologie schwerfällt, weltanschauliche Implikationen der zentralen Glaubensinhalte zu klären (vgl. dazu ausführlicher noch Kap. 11).

105. *K. Jaspers:* Der philosophische Glaube, München 1948, S. 13f.
106. *W. Herrmann:* Der Verkehr des Christen mit Gott, Stuttgart 1886.

Die gemeinte theologische Entwicklung hat in diesem Jahrhundert voll auch die Religionspädagogik erfaßt. Schon der Ansatz der erlebnispädagogisch orientierten Religionspädagogen des ersten Drittels des Jahrhunderts (s. oben) will hinter die objektivierten religiösen Vorstellungen auf das religiöse Leben selbst zurück. Die kulturellen religiösen Objektivationen sollen resubjektiviert werden; es zählt das seelische religiöse Leben, nichts sonst. Die hermeneutische Religionspädagogik der 50er und 60er Jahre setzt den Ansatz zwar nicht in dieser psychologisierenden Weise fort und schon gar nicht in einer irrationalen lebensphilosophischen Überhöhung. Die hermeneutischen Grundfiguren der theologischen Hermeneutik und der auf »Verstehen« gerichteten geisteswissenschaftlichen Pädagogik (s. den Einfluß Wilhelm Diltheys) sind sich jedoch ähnlich. »Anthropomorphe« oder »mythische« Redeweisen der Bibel sollen so durch verstehbare »existentiale« ausgetauscht werden (»Interpretamentenaustausch«), daß sie die »Existenz« des Menschen bzw. Schülers treffen. Was zuvor lebensphilosophisch formuliert worden war, wird jetzt in eine existenzphilosophische Sprache gefaßt[107]. Auch die neue Wertschätzung von Mythos und Symbol seit den 70er Jahren macht die einmal gefaßte Unterscheidung nicht wieder rückgängig. Was erst einmal *als* Symbol und *als* Mythos beschrieben wird, sei es nun auch in einer tief bejahenden Weise innerhalb einer postkritischen Hermeneutik jenseits der Entmythologisierung, macht die Unterscheidung zwischen außen und innen nicht rückgängig. Die Gläubigen des Alten und Neuen Testaments *glaubten* dagegen an Gott und *erkannten* Gott in einer Einheit von (innerer) Wahrheit und (äußerer) Wirklichkeit; so war für sie die Schöpfung zugleich ein Inhalt des Glaubens und ein Gegenstand des Wissens.

Die antike Einheit des Bewußtseins ist heute zerbrochen. Aus entwicklungspsychologischer Sicht muß jedoch daran erinnert werden, daß Kinder ebenfalls zunächst in jener Einheit glauben und wissen. Es sei ferner behauptet, daß jeder Mensch immer dann, wenn im Laufe der eigenen Entwicklung diese Einheit erschüttert wird, nach wie vor nicht blind, sondern sehend glauben möchte, im Lichte eines dem Glauben angemessenen Erkennens. Gegenwärtig wandert diese Erkenntnissuche immer deutlicher aus der Kirche aus. Gebildete Erwachsene suchen Antworten in der New-Age-Spekulation, Schüler suchen gefährliche Einblicke und problematischen Halt über okkultisch-spiritistische Experimente. Die Auswertung der württembergischen Erhebung über die Gottesbeziehung Jugendlicher hat gezeigt, daß sich die Fragen um das Geheimnis Gottes von den

107. So schon *G. Bohne,* Das Wort Gottes und der Unterricht, a.a.O. (Anm. 97); zum Einfluß von Existenzphilosophie und Existentialtheologie (R. Bultmann) auf Bohne vgl. *R. Heidemann:* Religionspädagogik, Pädagogik und Entscheidung. Eine historisch-systematische Untersuchung zur Kategorie 'Entscheidung' im Werk G. Bohnes, Aachen 1988 (Rph 14).

christlich-kirchlichen Antworten abkoppeln. Bei der Frage nach dem »Weiterleben nach dem Tode« fällt den jungen Leuten die Auferstehung von den Toten von selbst nicht ein; dagegen haben Reinkarnationsvorstellungen Aufwind. Glauben möchte man in Form von Vertrauen *und* Erkennen, als *fiducia und* als *cognitio,* ja, als Einweihung in letzte Erkenntnis, als *Gnosis.*

Die Kirche muß seit ihren Anfängen einer Gnosis entgegenwirken, die menschliche Hybris ausdrückt; sie darf aber darüber nicht das zugrundeliegende Problem vernachlässigen. Predigt und Unterricht sollten die biblischen Grundlagen des Glaubens so erschließen, daß der Glaube *etwas zu vertrauen und zu verstehen gibt* (vgl. bereits grundsätzlich Kap. 2, S. 92ff.). Das Programm von »Glauben und Verstehen« hat daher trotz der Einwände oben gegen R. Bultmann an Bedeutung nicht verloren. Es umschreibt für eine theologische Erwachsenen- und Laienbildung, beginnend mit dem Religionsunterricht, eine Aufgabe, die so dringend ist wie nie zuvor, nicht weil die Kirche dies begrüßt - das auch -, sondern weil die theologische Konzentration auf das Fragen nach Gott und auf Gottes Frage nach uns die offene und mehr noch die geheime Erwartung vieler Schüler selbst geblieben ist. Das ist der tiefste und letzte Sinn der Formel vom Religionsunterricht als Institution für den Schüler.

5. Religionsunterricht im Paradigmenwandel

Läßt sich das gewonnene Bild vom Religionsunterricht auf die geschichtliche Entwicklung der Religionspädagogik in diesem Jahrhundert beziehen? Wir haben im ersten Teil dieser Untersuchung von drei Ansätzen her gedacht, von einem »kirchlich-gemeindlichen«, einem »modernen« und versuchsweise in Form der Frage auch von einem »postmodernen«. Lassen sich Elemente dieser allgemeinen Ansätze in der besonderen Geschichte des schulischen Religionsunterrichts wiederfinden? Dies ist möglich, allerdings nicht ohne Ironie.

Religionspädagogische Epochen im 20. Jahrhundert

Die religionspädagogische Entwicklung kann in der Tat ebenfalls durch drei aufeinanderfolgende und jeweils etwa durch ein Drittel dieses Jahrhunderts sich erstreckende Epochen charakterisiert werden. Reformbewußt fühlten sich alle drei. Jede betonte den Gegensatz gegenüber der vorausgegangenen. Jede redete auf ihre Weise von einer »Krise«, um die Dringlichkeit des Neuen zu unterstreichen. Schwach war jedoch das Bewußtsein von der inneren Kontinuität der Probleme. Ungeschichtliches Denken und ironische Wiederholungen mußten die Folge sein. Zur Charakterisierung greifen wir jeweils auf die systematischen

Dimensionen der vorausgegangenen Ausführungen zurück: die Rolle von Staat und Schule, die Rolle der Kirche und die des Schülers. Entsprechend den Akzentuierungen in diesen Dimensionen gestaltete sich das Verhältnis von Theologie und Pädagogik. Begonnen sei mit einer Kurzcharakteristik unter dem Gesichtspunkt des *Krisenbewußtseins*.

Die erste Reformepoche von ungefähr der Jahrhundertwende bis 1930 setzte sich pädagogisch unter dem Einfluß der reformpädagogischen Bewegung vom Herbartianismus ab und bettete den Religionsunterricht in die kulturellen und nationalen Bemühungen um ein ganzheitliches Kultur- und Bildungsideal ein. Schon damals handelte man aus einem Bewußtsein der Krise heraus, einer *»Kulturkrise«*. Als Mitte der Kultur galt die »Religion«. Sie sah man von den Auflösungstendenzen einer um sich greifenden materialistischen Weltanschauung und positivistischen Wissenschaftsentwicklung mit erfaßt. In diesem Sinne erlebte man die Kulturkrise zugleich als eine *»religiöse Krise«*. Um sie zu bewältigen und den modernen Zeitgenossen ausräumbar erscheinende intellektuelle Vorwände zu nehmen, beschritt man programmatisch »neue Bahnen im Geist der modernen Theologie« (O. Baumgarten), der Theologie des kirchlichen Liberalismus. Parallel zum theologischen Liberalismus erhob sich schon zu Anfang des Jahrhunderts eine konservativ-moderne Variante, die des »modern-positiven« Christentums, in der Religionspädagogik unter anderem repräsentiert durch Otto Eberhard. Sie sucht den Ausweg in einer neuen religiösen Gemeinschafts- und Lebenserziehung, in ganzheitlichen religiösen Erlebnissen und prägenden religiösen Lebensformen und hält theologisch entschiedener an »Evangelium« und »Bekenntnis« fest.

Der Beginn der zweiten Epoche pflegt theologisch mit dem Römerbriefkommentar von Karl Barth datiert zu werden. Sie setzt in der Religionspädagogik zwischen 1925 und 1930 ein. In der Theorie sollte sie relativ ungebrochen bis gegen 1960 vorherrschen. Die Vertreter dieser Periode lehnen in jeder Hinsicht das Gedankengut der voraufgegangenen ab. Als das epochal Neue wird allen Formen der christlichen Unterweisung und Erziehung eine radikale theologische Erneuerung unter dem Auftrag der Verkündigung des Wortes Gottes abverlangt. Die »Kulturkrise« wird in der »dialektischen Theologie« bzw. der »Theologie der Krise« unter Gottes Gericht gestellt und durch die Rede von einer *»ewigen Krise«* jeder Kultur und Bildung eschatologisch überholt.

In pädagogischer Hinsicht bleibt in dieser Zeit vieles unklar. Pädagogische Verantwortlichkeiten werden theologisch relativiert. In der Praxis und selbst ansatzweise in der Theorie kommt man aber nicht umhin, die überkommenen didaktischen und methodischen Einsichten weiter gelten zu lassen. Hierbei kommt unter der Hand meist wieder das alte herbartianische Erbe zum Zuge, in Verbindung mit gewissen reformpädagogischen Elementen. Als nach dem Ende des Zweiten Weltkrieges das Programm dieser Epoche unter dem jetzt gebräuchlich werdenden Begriff der »Evangelischen Unterweisung« fortgeführt wird, hat es seine Radikalität weithin verloren.

Schon in den 50er Jahren setzt langsam die dritte Epoche religionspädagogischer Reform ein. Der Krisenbegriff spielt zunächst keine Rolle und betrifft Ende der 60er Jahre - vergleichsweise begrenzt - weder die Kulturkrise noch die ewige Krise des Menschen vor Gott, sondern die *Krise der Praxis des Religionsunterrichts,* die Krise seiner *schulpolitischen Stellung* und die seiner *konfessionellen Gestalt.* Tatsächlich verbarg sich jedoch hinter diesen Krisenphänomenen mehr. Die theologische und religionspädagogische Erneuerung im Gefolge der dialektischen Theologie hatte die kritische religiöse Gesamtsituation eben keineswegs grundlegend verändern können. Die schon Anfang des Jahrhunderts vorhandene Problemlage der 'Moderne' meldete ihr Recht wieder an. Darum werden in der dritten Epoche Zug um Zug Motive der ersten Reformperiode mittelbar wiederholt. Eine unmittelbare Anknüpfung erfolgt nicht. Dafür war die liberale Religionspädagogik viel zu sehr in Vergessenheit geraten und in der theologischen Ausbildung geradezu systematisch aus der Erinnerung verdrängt worden.

Die ironischen Wiederholungen tauchen zweimal in diesem Jahrhundert auf, nämlich auch schon zur Zeit der Evangelischen Unterweisung. Beide wurzeln in einer geschichtlichen Entwicklung, die sich nicht einfach rückgängig machen läßt.

Auf der einen Seite wird mit Begriffen wie Wort Gottes, Bibel, Verkündigung, kirchliche Lehre, christliches Leben in Kirche und Gemeinde ein gültig bleibender übergreifender theologischer Auftrag umschrieben. Die evangelische Kirche ist sich dieses Auftrags in diesem Jahrhundert neu bewußt geworden. Er muß jedoch auf der anderen Seite inmitten unserer geschichtlichen Lage wahrgenommen werden, unter den modernen nachaufklärerischen Bedingungen des Lebens und Denkens, die längst auch das moderne Christentum und darüber hinaus die religiöse Gesamtsituation bestimmen. Der *Grund* des christlichen Glaubens ist 'nicht von dieser Welt', aber der *Ort* des Glaubens ist 'in dieser Welt'. Die Sachverhalte des »kirchlichen Ansatzes« sind mit denen des »modernen Ansatzes« geschichtlich unauflöslich verbunden. Die theologisch notwendigen *Unterscheidungen* zwischen Gott und (moderner) Welt müssen folglich *inmitten* dieser Verflechtungen getroffen werden. Der moderne Bedingungszusammenhang hat sich in diesem Jahrhundert selbst dann Geltung verschafft, wenn die theologische Theorie ihn verleugnete. Die erste ironische Feststellung betrifft darum bereits die Vertreter der Evangelischen Unterweisung. Sie konnten die modernen Bedingungen mit der darin beschlossenen Zumutung, das Vermittlungsproblem nicht nur theologisch, sondern unter den veränderten Voraussetzungen intensiver pädagogisch zu bedenken, nur um den Preis von Selbstwidersprüchen und Aporien abweisen. E. Thurneysen ist bereits als ein Beispiel dafür genannt worden, wie gleichsam durch die Hintertür die am Hauseingang schroff zurückgewiesenen Disziplinen der Pädagogik und Psychologie wiedereingeführt und geradezu massiv erneut um Hilfe angegangen werden mußten. Ironisch ist zweitens gegenüber der dritten Phase festzuhalten, daß wir Jüngeren so manches meinten als Neuentdeckung ausgeben zu können, was ein verdecktes Erbe der Zeit der liberalen Religionspädagogik war.

Historisch distanzierte Ironie kann und soll jedoch nicht das letzte Wort dieses abschließenden Abschnitts sein. Das Verhältnis der Grundeinsichten aus den beiden ersten Epochen ist auch noch anders zu charakterisieren: als *bleibende konstruktive Spannung*. Erst recht verstehe ich die dritte Epoche als eine *komplexe dialektische Verschränkung und kritische Anverwandlung beider vorausgegangenen Epochen* zugleich.

Wollte man abkürzende Formeln wagen, könnte man sagen: Im ersten Drittel des Jahrhunderts kommt der geschichtlich von uns auf die Aufklärung und auf Schleiermacher (Kap. 3) zurückgeführte »moderne Ansatz« zu breiterer Auswirkung. Das zweite Drittel bringt demgegenüber den älteren Grundauftrag der Kirche und damit den »kirchlich-gemeindlichen« Ansatz wieder zur Geltung (Kap. 2). Die dialektische Verschränkung und kritische Anverwandlung von beiden Ansätzen haben wir in unserer eigenen Untersuchung dadurch berücksichtigt, daß *beide* Ansätze im Grundlagenteil durchdekliniert worden sind, unter Einschluß von »postmodernen« Herausforderungen, die ebenfalls beide betreffen. Ferner sind im zweiten Teil ebenfalls durchgehend beide Ansätze aufeinander bezogen worden.

Könnte man statt von »Ansätzen« auch von *»Paradigmen«* und entsprechend von einem »Paradigmenwechsel« sprechen? Bei einem Paradigma muß es sich um ein umfassendes Grundmuster von wirklich epochaler Bedeutung handeln. Grundzüge des nachaufklärerischen modernen Grundmusters lassen sich relativ gut ausmachen; Grundzüge des kirchlichen Ansatzes ebenfalls; aber die gegenwärtige Lage ist unübersichtlich. Darum seien nur wenige besonders hervorstechende Entwicklungslinien bis heute angedeutet.

Das moderne Paradigma

Bei einem Grundmuster (Paradigma) müssen sich die Teile zu einem Ganzen zusammenfügen, und dieses Gefüge sollte möglichst aus einem Grundprinzip her verständlich werden. Dies ist beim »modernen Paradigma« das Interesse von Theologie und Religionspädagogik, sich auf den *»modernen Menschen«* einzustellen. Es ist nicht so, daß es nicht auch zugleich um das Evangelium gehen soll. Aber in den Vordergrund rückt die brennende Frage, wie denn überhaupt der Mensch heute erreicht wird; daher die um den Menschen werbenden und zugleich das Christentum pädagogisch und kulturphilosophisch (kulturprotestantisch) rechtfertigenden Bestrebungen, daher der apologetische Grundzug der Theologie, daher der verstärkte Aufwand an Pädagogik wie an Humanwissenschaften überhaupt. Man sollte nicht zu schnell von oberflächlicher Anpassung an die Zeit sprechen; das kann allerdings herauskommen. Für die besten Vertreter des modernen Paradigmas geht es beim Blick auf den Menschen um den *»Wahrheitssinn«*, und wo Wahrheit auf dem Spiele steht, sind die Freiheit und die Menschenwürde jedes einzelnen zu respektieren. Mit innerer Notwendigkeit muß sich diese Forderung der Religionspädagogik zugleich an die Theologie und an die Pädagogik richten; so nur ergibt sich ein in sich stimmiges Muster, eben ein Paradigma. *Otto Baumgarten* klagt 1903 in seinem Buch über die »neuen Bahnen« des »Unterrichts in der christlichen Religion« die überkommene, kirchlich gestützte katechetische Praxis in bezeichnender, den »Wahrheitssinn« dreifach betreffender Weise an:

»Die *Anklagen des Wahrheitssinnes* sind dreifacher Art: der Unterricht verletzt die Wahrheit als objektives Resultat der Forschung, er verletzt die Wahrheit als Wahrhaftigkeit des Subjekts und er verletzt die Wahrheit im Sinne der Wirklichkeit des inneren Lebens.«[108]

Der paradigmatische Charakter seines Programms scheint Baumgarten selbst bewußt gewesen zu sein. Er entwirft nämlich keine enge katechetische Konzeption allein für die Arbeit mit Kindern und Jugendlichen. In Anspielung seines Buchtitels an Calvins Institutio Religionis Christianae sowie A. Ritschls »Unterricht in der christlichen Religion« (1875, 2. Aufl. 1881[109]) entwickelt er das Grundmuster für eine umfassende christliche Unterrichtsaufgabe, der auch die Predigt zu dienen habe[110]. Im Rahmen dieser Aufgabe soll sich die *Schriftauslegung* in die Auseinandersetzung mit den modernen geschichts- und naturwissenschaftlichen Einsichten hineinbegeben, da sonst die Kirche für die »Gebildeten« wie für die »Arbeiter« nicht mehr glaubwürdig bleiben könne (S. 18). Das erste, gegenstandsbezogene Anwendungsfeld des wissenschaftlichen Wahrheitssinns betrifft damit die theologische Arbeit an der Bibel. Der zweite Punkt, die Verlet-

108. *O. Baumgarten,* a.a.O. (Anm. 59), S. 16.
109. Ich entnehme diese aufschlußreiche Parallele dem Aufsatz von *P.C. Bloth:* Baumgartens Weg zu den »Neuen Bahnen« als religionsdidaktischem Emanzipationsprogramm, in: *W. Steck (Hg.):* Otto Baumgarten. Studien zu Leben und Werk, Neumünster 1986, S. 121-128, hier S. 123.
110. Der Schlußparagraph (§ 12) über den »Unterricht der Erwachsenen« beginnt mit Ausführungen über die Predigt im »Dienst des Unterrichts« (Baumgarten, a.a.O., S. 96ff.). Es entspricht der reformatorischen Tradition, die Predigt auch als Bildungsmittel der erwachsenen Christen anzusehen.

zung bzw. Respektierung des subjektiven Wahrheitssinns, bezieht sich nicht nur auf die Schüler, sondern zunächst bereits auf die *»Gewissensnot« der Religionslehrer* (S. 19). Die Religionslehrer spiegeln freilich ihrerseits nur exemplarisch die Gewissensnot unzähliger modern denkender Menschen, die zugleich Christen sein und bleiben möchten und darum nach der Vereinbarkeit der christlichen Wahrheit mit ihrem eigenen Wahrheitsbewußtsein fragen. Die dritte theologische Anklage, die Verletzung der Wahrheit im Sinne »der *Wirklichkeit des inneren Lebens«*, fragt nach den Bedingungen, unter denen die Glaubensüberlieferung innerlich überzeugt.

Aus der grundlegenden Aufmerksamkeit auf den einzelnen Menschen als Subjekt und Person folgt für *Richard Kabisch* einige Jahre später, daß der Religionsunterricht an der Schule primär im *»Recht des Kindes auf Religion«* zu begründen ist[111]. Schon hier treffen wir damit auf die Explikation des Religionsunterrichts als »Institution für den Schüler« auf der Basis von *Individualrechten,* wie sie heute im Grundrechtsteil unseres Grundgesetzes zum Religionsunterricht kodifiziert worden sind. Es ist darum auch konsequent, daß Kabisch im Verhältnis von Religion (Glaube) und Bildung auf die Bedeutung der Religion für die persönliche Bildung des einzelnen abhebt und den Religionsunterricht folglich zugleich *bildungstheoretisch* begründet: Im Lichte eines »Humanitätsideals«, das für alle gilt (S. 3), dient der Religionsunterricht der allgemeinen menschlichen Bildung.

Für diese Allgemeinheit des Bildungsinteresses hat die staatliche *Schule* einzustehen; darum muß sich der Religionsunterricht an ihr auch *schultheoretisch* rechtfertigen, während »der Religionsunterricht, den die religiöse Gemeinschaft als solche erhält, das Recht hat, in gewisser Einseitigkeit und Rücksichtslosigkeit einherzugehn«, ggfs. bis zur Bekämpfung »unserer heutigen Geisteskultur« durch »Geistliche« (6). Wächter und Garant des ganzen Unternehmens ist der *Staat;* er ist der Wahrer des Gesamtinteresses und wird von Kabisch idealistisch als Kulturstaat verstanden (12f.).

Im »modernen Paradigma«, wie es sich in dieser ersten Epoche ausbildet, muß mit der Trennung zwischen dem schulischen Religionsunterricht und dem kirchlichen Unterricht zugleich eine *Ausgrenzung der Kirche* als Institution erfolgen. Ihr korrespondiert die *Ausgrenzung* des freien Christentums mit seiner »modernen« Theologie und Religionspädagogik *durch die Kirche,* wie sie verstärkt in der folgenden Phase stattfand, theologiegeschichtlich aber schon viel früher als Reaktion auf die Aufklärung eingesetzt hatte. In dieser doppelten Ausgrenzung spiegelt sich der geschichtliche Gesamtprozeß der zunehmenden Unterscheidung zwischen einem »kirchlichen Christentum« und einem sich diesem gegenüber verselbständigenden »persönlichen Christentum«. Und so ist es denn auch über-

111. *R. Kabisch,* Wie lehren wir Religion?, a.a.O. (Anm. 63), S. 1.

aus bezeichnend, daß Kabisch den Religionsunterricht der Schule, der ein konfessionell geprägter evangelischer Religionsunterricht bleiben soll, in seiner kirchenspezifischen Konfessionalität, gleichsam seiner 'Kirchlichkeit', nur durch das *persönliche Christentum der Religionslehrerschaft* garantiert sieht.

»Es müssen die staatlichen Religionslehrer zugleich wirkliche und willige Mitglieder der Religionsgesellschaft sein, zu deren Teilnahme die betreffenden Kinder erzogen werden sollen, und durch diese Personalunion der staatlichen Lehrer mit den Konfessionsangehörigen muß die lebendige Konfessionalität des Unterrichts gewahrt sein« (S. 16). Kabisch setzt auf die »in ihnen (den Religionslehrern) lebendige Religion, so wie sie mit der Kultur der Zeit in ihnen selbst zu einer lebendigen Einheit verwachsen ist« (ebd.).

Die drei systematischen Faktoren der in diesem Kapitel entfalteten Theorie des Religionsunterrichts - Schule und Staat, Kirche, Schüler - bilden somit in einer in sich schlüssigen Weise ein Gefüge, das die Anpassung der christlichen Religion an die Zeit und den Menschen sowie in eins damit die Emanzipation der Religion von der Kirche in einer freigesetzten allgemeinen Kultur- und Bildungsszene spiegelt, eine Szene, in der Religion und Bildung eigene individuelle Gestalt annehmen dürfen und die konfessionelle Identität an den Personen der Religionslehrer hängt. In diesem modernen Paradigma wird davon ausgegangen, daß die jungen und erwachsenen Zeitgenossen noch nicht im Einverständnis mit dem christlichen Glauben stehen, daß zumindest ihr kritischer Wahrheitssinn berücksichtigt werden muß. Die Religionspädagogik begibt sich auf einen Weg - zunächst nicht mehr als das -, den wir im Kapitel über die Jugendarbeit hermeneutisch als *Hermeneutik des noch nicht vorhandenen Einverständnisses* und didaktisch als *Didaktik der offenen Suche und kritischen Reflexion* vorgestellt haben.

Das kirchlich-gemeindliche Paradigma

Das »kirchliche Paradigma« des zweiten Drittels unseres Jahrhunderts will sich nicht auf den »modernen Menschen«, sondern auf den *»souveränen Gott«* einstellen. Es ist nicht so, daß es im Unterricht nicht auch zugleich um die Schüler gehen soll. Aber die Frage, wie sie erreicht werden können, wird grundsätzlich durch die viel wichtiger erscheinende relativiert, daß bei allem Gott Gott bleiben muß; er darf nicht davon abhängig werden, ob überhaupt und wie der einzelne ihn begreift und 'sich selbst' aneignet. Im Grunde vermitteln gar nicht die Religionspädagogen, sondern Gott vermittelt 'sich selbst'. Die oben angeführten Sätze Thurneysens waren bereits deutlich genug. Die *Umkehrung* der gesamten Denkrichtung stemmt sich gegen ein inzwischen weit mehr als ein Jahrhundert umfassendes Gefälle in der Entwicklung des Protestantismus. Darum hat diese Unterbrechung des Geschichtsgefälles in der Tat ihrerseits ebenfalls epochalen Charakter; und da sich aus dem genannten theologischen Grundprinzip alle weiteren Teile zu einem Ganzen fügen, mag wiederum die Rede von einem Grundmuster (Paradigma) gerechtfertigt sein. Wieder achten wir auf unsere drei systematischen Faktoren.

Was eben tonangebend war, tritt jetzt zurück. Nachdem G. Bohne, wie gewürdigt, zunächst noch relativ stark die *Schüler* als sich entwickelnde junge Menschen vor Augen hatte, verliert diese Seite an Interesse und mit ihr der Rückgriff auf die Pädagogik. Die geschichtliche Situation während der 30er Jahre und in der sich anschließenden Zeit des Zweiten Weltkriegs lenkte außerdem die Aufmerksamkeit immer mehr auf die *Kirche* und ihren inneren Zusammenschluß unter dem Wort Gottes. Schwierig wurde es, wie man in der jetzt entworfenen Theorie des schulischen Religionsunterrichts mit dem *Staat* als Träger der Schule umgehen sollte.

Stärken wie Aporien des neuen Denkmodells können für die Situation in den 30er Jahren an *Martin Rang* verdeutlicht werden. Nachdem sich bereits seit dem 19. Jahrhundert neben der kirchlichen Katechetik eine schulische Religionspädagogik entwickelt hatte, mit dem kirchlichen Unterricht als Gegenstand dort, dem schulischen Religionsunterricht hier, soll es für Rang fortan nur noch eine einheitliche Gesamtkonzeption geben: »Es gibt nur *einen* Religionsunterricht, der seine Begründung in der Taufe hat.«[112] Nach den von uns verwendeten Deutungskategorien versucht Rang, das zeitlos gültige dogmatisch-theologische Verhältnis von Taufe und Unterricht zur einzigen Grundlage zu machen. Ihn interessiert nicht mehr, auch nicht in einem Modell der »Spannung« wie noch bei G. Bohne, der christentums- und bildungsgeschichtliche Prozeß, der die zeitbedingten Wandlungen des Verständnisses evangelischen Christseins zum Gegenstand hat.

Rang meint, daß es der Religionsunterricht »im Regelfall« mit Kindern zu tun habe, »die durch die Taufe zur christlichen Gemeinde gehören und durch die Eltern und Hausgemeinde, möglichst auch durch Kindergarten und Kindergottesdienst, in der Kirche als ihrer 'geistigen Heimat' aufgewachsen sind« (I,97). Daher ist der Unterricht eine *»Fortsetzung«;* er ist ein »entwickelnder«, nicht ein »missionierender Religionsunterricht« (97). Er kommt, wie es Helmuth Kittel später bündig formuliert, »von der Kirche her« und geht »auf die Kirche zu«[113]. Seinen kirchlichen Charakter gewinnt er für Rang vor allem durch den Religionslehrer, der als »Zeuge« des Gotteswortes in Anspruch genommen wird (I, 20). Analog wird von den Schülern erwartet, daß sie »den ernsthaften Willen

112. *M. Rang,* Handbuch, a.a.O. (Anm. 75), I, S. 100.
113. *H. Kittel,* Vom Religionsunterricht zur Evangelischen Unterweisung (1947), 3. Aufl., Hannover u.a. 1951, S. 31.

haben, das Wort als ein Wort göttlicher Autorität anzunehmen« (I, 23). Wenn dies nicht der Fall ist, hat der Lehrer »Recht und Pflicht«, »Schüler, die offensichtlich gegen diese Voraussetzung verstoßen, auszuschließen« (I, 26). Die Geschlossenheit des Konzepts und des ihr entsprechenden Unterrichtsgeschehens selbst wird am sinnfälligsten durch »kirchliche (liturgische) Formen« (Gebet, Gesang) deutlich, in die der gesamte Unterrichtsvollzug in jeder Stunde eingebettet werden soll (I, 110ff.).

Mit dem prinzipiell anderen Ausgangspunkt im Handeln Gottes ist auch alles andere umgewendet. Überall wird davon ausgegangen, daß Gott schon gehandelt *hat,* die Glaubensbotschaft schon die Beteiligten erreichen *konnte,* Kirche als lebendige Gemeinde schon gegeben *ist:* Die Religionslehrer werden als Zeugen, die Schüler als aufgeschlossen Hörende vorausgesetzt, als junge Christen, die bereits grundsätzlich in ihrer Existenz von der Bereitschaft zum Glauben bestimmt sind. Eine moderne Situation des Unglaubens oder der Schwierigkeit, glauben zu können, ist zwar faktisch in Kirche und Gesellschaft gegeben, wird aber nicht als Faktor in die Theorie des Religionsunterrichts aufgenommen. Der Religionsunterricht entwickelt nur weiter, was längst, wie man annimmt, existiert. Rang sieht Schüler vor sich, die aus einer Kirche kommen, in der sie bereits als in ihrer »geistigen Heimat« aufgewachsen sind. Dies wird als »Regelfall« der Theoriebildung zugrunde gelegt.

Unterricht wird gehalten, als seien alle als Christen unter sich. Die implizite Hermeneutik der Bibeldidaktik dieser Epoche (von einer explizit entfalteten kann man nur im Ansatz sprechen) kann daher als eine *Hermeneutik des schon gegebenen Einverständnisses* im Glauben bezeichnet werden. Das »gegeben« folgt aus dem, daß Gott schon gehandelt »hat«. »Um von Gott angeredet *zu werden,* muß man von ihm angeredet *sein*«, so H. Kittel später bei der Fortführung des Ansatzes nach 1945[114]. Analog hierzu ist die Didaktik der »Evangelischen Unterweisung« eine *Didaktik des Einübens, Einstimmens und Mitvollzugs.* Sie zeigt sich einmal im Stil des verkündigenden Erzählens, das auf das zustimmende Hören der Schüler gerichtet ist. Sie äußert sich indirekt darin, daß historisch-*kritische* Rückfragen an den Text möglichst vermieden werden und die *historischen* Ergebnisse in der Regel in den Dienst der geschichtlichen Stützung der biblischen Aussagen gestellt werden[115]. Der Grundzug der Didaktik des Einübens zeigt sich am prägnantesten in der gottesdienstlich-liturgischen Rahmung des Unterrichts; denn im gemeinsamen Singen und Beten ist das didaktische Paradigma des fragenden Suchens, des kritischen Vergleichs und der prüfenden Reflexion am stärksten beiseite geschoben.

114. A.a.O., S. 12
115. Vgl. die ausführlichen Nachweise in Auseinandersetzung mit der Literatur zur Unterrichtsvorbereitung aus der Zeit der Evangelischen Unterweisung bei *W. Dignath:* Weihnachtstexte im Unterricht, Gütersloh 1965.

Der dritte Faktor, der *Staat* mitsamt dem Umstand, daß der schulische Religionsunterricht an der staatlichen *Schule* stattfindet, wird bei Rang nur marginal thematisiert. Die knappen Ausführungen zeigen jedoch, daß man auch in dieser Epoche das mit der staatlichen Schule gegebene Problem des Religionsunterrichts als solches nicht ausklammern konnte. Zumal wenn man Konfirmandenunterricht und Religionsunterricht ausdrücklich theologisch als Einheit verstehen will, abgeleitet aus der Taufe, muß dies geradezu die Frage provozieren, was ein nur von der Taufe her begründeter Religionsunterricht in der Schule zu suchen hat. Die christliche Taufe kann für die staatliche Schule und die für sie ausgebildete Schultheorie kein allgemein einsichtiges Argument sein. Die Religionspädagogik kann sich nicht theoretisch aus der Schule ausklinken und zugleich praktisch die Schule in Anspruch nehmen. Wenn seine Theorie des Religionsunterrichts nicht an dieser Stelle völlig unbefriedigend bleiben sollte, mußte auch Rang Stellung beziehen. Logischerweise kann er jetzt nicht (mehr) »Argumente innerkirchlicher Art« anführen, die in der Tat »für den Staat ohne Belang« sind, sondern er muß »politische« nennen; denn der Staat hat am Religionsunterricht primär ein gesellschaftspolitisches Interesse (s. oben 2.).

Rang wendet sich in dieser sehr schwierigen Lage im NS-Staat *kulturprotestantischen Motiven* zu, die der ansonsten so befehdeten vorausgegangenen Epoche angehören: *»die geistige Macht der Kirchen«,* ihr »traditionelles Ansehen«, ihre Kraft, ein »religiöse(s) Vakuum« zu verhindern, das sich ohne die Kirchen unkontrolliert auffüllen könnte, schließlich die Bedeutung der christlichen Unterweisung »für die moralische Gesundheit und den Gewissensernst des Volkes«. Hierfür sei der Religionsunterricht »nützlich ..., mittelbar damit auch für die Nationalerziehung«[116].

Damit kommen, zusammengefaßt, auch beim »kirchlichen Paradigma« *alle drei* systematischen Faktoren ins Spiel; keiner kann abgeschüttelt werden. In einer damals wohl notwendigen, heute so nicht mehr zureichenden und im Verhältnis zum Kulturprotestantismus widersprüchlichen Weise hat auch die Evangelische Unterweisung sich vor *Staat* und *Gesellschaft* schultheoretisch ausweisen und den Religionsunterricht schultheoretisch begründen müssen. Sie mußte auch hier Farbe bekennen, und so mancher evangelische Pädagoge, der sich auf seine wiederentdeckte reformatorische Theologie etwas zugute hielt, hat sich trotzdem deutlich zur Farbe der herrschenden »Bewegung« bekannt; Rang gehörte nicht zu ihnen.

Hinsichtlich der Repräsentanz der *Kirche* kam theologisch nur eine eindeutig konfessionell-kirchliche Identität des Religionsunterrichts in Frage. Der Reli-

116. A.a.O., I, S. 104f. Zu *M. Rang* vgl. ausführlicher meinen Aufsatz: Zum biblischen Unterricht bei Martin Rang. Aporien in der Zeit der Evangelischen Unterweisung, in: *R. Lachmann (Hg.):* Religionsunterricht als religionspädagogische Herausforderung (Festschrift für H. Angermeyer), Aachen 1982, S. 67-79, hier S. 70ff. (Rph 9).

gionslehrer wurde ständig an sein Selbstverständnis als Amtsträger erinnert. Gegen klerikalen Machtmißbrauch hat sich freilich Helmuth Kittel besonders in seiner Spätzeit heftig gewehrt; und schon sein berühmtes Buch »Der Erzieher als Christ«[117] zeigt eine personalistische Lösung, die ohne den in der Neuzeit erstarkten personalistischen Zug des Protestantismus nicht zu denken gewesen wäre.

Dem neuen Gesamtansatz entsprechend *entfällt* in dem kirchlichen Paradigma so gut wie ganz das Motiv, daß der Religionsunterricht, bildungstheoretisch gesprochen, zur allgemeinen *Bildung des Schülers* beizutragen habe oder, schultheoretisch gesprochen, zu den *Bildungsaufgaben der Schule.* Rang relativiert alles, was er an sich im einzelnen überzeugend über »Religionsunterricht und Leben« ausführt, wenn er betont, »daß alle diese Erörterungen über das Verhältnis des Religionsunterrichtes zum 'Leben' unterrichtsmethodischen und nicht theologischen Charakter tragen« (I, S. 59f., im Original gesperrt)[118]. *Theologisch* soll nicht sein, was *religionspädagogisch* sein Recht nach wie vor geltend macht. Nur theologische Kriterien sollen gelten - genau dies ist aber weder praktisch noch theoretisch möglich.

Das verbindende Paradigma

Die dritte Epoche, in der wir noch heute stehen, konnte die grundlegenden Ausgangspunkte der zweiten Epoche nicht einfach aufgeben. Sie konnte es aber auch nicht bei den *Aporien* dieser Epoche bewenden lassen. Sie betrafen alle drei Faktoren, erstens die *Lage und den Auftrag der Kirche.* Mochte noch Rang 1939 daran gedacht haben, daß sich die evangelische Kirche zu einer bekennenden Freiwilligkeitskirche verwandeln würde, für die sich dann in ihrer neuen geistlichen Geschlossenheit die Hermeneutik des schon gegebenen Einverständnisses im Glauben als angemessen hätte erweisen können, so wurden solche Vorstellungen nach dem Krieg bei weiter bestehenden volkskirchlichen Verhältnissen schnell widerlegt. Die vorausgesetzte und 1945 neu beschworene Verbindung von Religionsunterricht und Gemeinde erwies sich immer mehr als fiktiv. Man mußte sich schon bald ernüchtert wie in der ersten Epoche des Jahrhunderts der Tatsache einer *säkularisierten Gesellschaft* stellen. An die Menschen in ihr war man als Kirche entweder missionarisch gewiesen oder diakonisch oder in beiden

117. Göttingen 1951, 3. Aufl. 1961.

118. Selbst »der Erweis, daß der christliche Glaube eine große Bedeutung für unser Leben hat, daß er den Menschen frei, froh und tüchtig macht, daß er einen Trost fürs Leben und fürs Sterben bietet, wie ihn kein anderer Glaube zu bieten vermag, dieser Erweis steht, streng genommen, diesseits der Glaubensanschauung und gehört deshalb nicht zur Glaubenslehre« (I, 60).

Hinsichten zugleich; das Konzept der Evangelischen Unterweisung als Teil eines lediglich entwickelnd-aufbauenden Gesamtkatechumenats verfehlte demgegenüber das eine wie das andere. Hieran müssen heute die erinnert werden, die an sich mit Recht die sog. »katechetische Aufgabe« der Kirche wieder ernst nehmen möchten[119].

Die Aporie berührte zweitens das *Verhältnis zu Schule und Staat.* Richard Kabisch hatte den Staat in Anlehnung an den Hegelianer Lorenz von Stein in einer heute endgültig unerträglich gewordenen idealistischen Überhöhung als den gegenüber dem einzelnen Menschen »relativ vollkommenen Menschen« verstanden[120]. Rang hatte nichts Besseres zu sagen gewußt, als dem Staat den Religionsunterricht wegen der moralischen Gesundung, der gesellschaftspolitischen Nützlichkeit und der nationalerzieherischen Bedeutung anzubieten, verständlich vielleicht, weil man das Fach auch im NS-Staat zu erhalten suchte, aber pädagogisch wie theologisch gesehen heute unbefriedigend. Mehr denn je zeigte sich die mangelnde Sprachfähigkeit evangelischer Theologie und Religionspädagogik gegenüber Staat und Schule.

Was Helmuth Kittel 1947 nach dieser Seite hin nachgetragen hat, war eine gewisse *ideologiekritische Funktion* der Evangelischen Unterweisung gegenüber den weltanschaulichen Überhöhungen in anderen Fächern (etwa dem »Darwinismus und Biologismus« im Biologieunterricht). Im folgenden Kapitel wird auf diese wichtige Perspektive zurückzukommen sein. Mit ähnlichen Absichten setzte sich Oskar Hammelsbeck für eine Schule ein, die von jeder weltanschaulichen Bevormundung einschließlich jeder klerikalen befreit sein sollte. Hieran konnten wir anknüpfen (s. Kap. 1), aber mehr auch nicht. Das Problem weltanschaulicher Erziehung wurde im Grunde nicht gelöst; es blieb in diastatischen Abgrenzungen hängen. Diese sind immer wieder notwendig, stellen aber nicht die ganze Aufgabe dar; denn auch das Evangelium wird in dieser Welt zu christlicher Religion und Weltanschauung. Wie hiermit umzugehen ist, steht für eine Theorie kirchlicher Bildungsverantwortung vor allem im Bereich der Schulen in kirchlicher Trägerschaft an, wenn es nicht nur um Religionsunterricht geht, sondern auch um alle anderen Unterrichtsfächer (s. unten Kap. 11).

119. In grundsätzlicher Hinsicht kann ich die Überlegungen *Ch. Bizers* und *H. Schröers* nur teilen. Das Defizit theologischer »Lehre« hat sich uns im Zusammenhang der Schwierigkeiten mit den »Glaubensinhalten« mehrfach aufgedrängt. Zu der hier vertretenen Konzeption von »Lehre« vgl. im übrigen bereits Kap. 9 über den Konfirmandenunterricht.

120. Wie lehren wir Religion?, a.a.O. (Anm. 63), S. 13.: »Nichts ist in ihm verkümmert und verkrüppelt, was als ein lebendiges Gut zur Menschennatur gehört; er ist in der Lage, durch seine Verwaltungstätigkeit jedes Einzelne als ein wundervoller Organismus an dem Platz zu verwenden, wo es gedeihen und seiner Eigenart entsprechend zum Wohl des Ganzen wirken kann« (ebd.).

Eine letzte Aporie kreist um die *»Berücksichtigung des Schülers«*. Natürlich hat man auch in der Evangelischen Unterweisung den Schüler berücksichtigt; aber man verlor aus dem Blick, in welchem größeren geschichtlichen Zusammenhang die Kategorie des Schülers als *Kategorie des Subjekts* - die in ihr gemeint ist und gemeint sein muß - allein historisch angemessen verstanden werden kann. Man verkannte damit zugleich das Ausmaß des sich längst vollziehenden *Wandels der Religion*. Beidem galten im Grundlagenteil die Ausführungen in Kapitel 3 und zu Beginn von Kapitel 4. Die Fragen des Verhältnisses von »Religion und Schüler« sowie »Religionsunterricht und Leben« tragen damit keineswegs nur »unterrichtsmethodischen« Charakter; sie sind nicht als »nichttheologische« Fragen einzustufen oder zurückzustufen, wie es, wie angedeutet, heute wieder versucht wird. Das dialektisch verbindende Paradigma hat im Gegenteil den zentralen theologischen Charakter dieser Fragen wiederentdeckt.

Das »verbindende Paradigma« unserer Tage kennzeichnet, wenn es denn überhaupt als Paradigma bezeichnet zu werden verdient, daß aus der ersten Epoche hinsichtlich der Voraussetzungen der Religionspädagogik die *Bedingungen unserer Zeit* und hinsichtlich der religionspädagogischen Antworten die Bedeutung *pädagogischer Kriterien* wiederaufgenommen worden sind. Aus der zweiten Epoche sind zugleich unveräußerliche *theologische Kriterien* sowohl für die Deutung der Lage der Menschen als auch für die Antwort auf diese Lage festgehalten worden. In meiner eigenen Arbeit habe ich seit 1975 ferner versucht, die religionspädagogische Theoriebildung auf »das pädagogische Handeln der Kirche« zurückzubeziehen und damit auch für den Religionsunterricht den *Raum von Kirche und Gemeinde* wieder vor Augen zu rücken, freilich nicht unter wirklichkeitsfremden fiktiven Annahmen. Der kirchlich-gemeindliche Ansatz behält mit seinem theologischen Ausgangspunkt beim Wort und Handeln Gottes und mit seiner daraus folgenden theologischen Kritik an allen menschlichen und nicht zuletzt pädagogischen Absolutsetzungen sein bleibendes Recht. Aber zur positiven Entfaltung der in der Praxis wartenden religionspädagogischen Aufgaben mußten alle Fragestellungen wiedergefunden werden, von denen man - zum Teil nur um den Preis des Selbstwiderspruchs - gemeint hatte, man könnte sie vernachlässigen.

- Darum mußte sich die Religionspädagogik dieser Epoche erstens im Blick auf den Religionsunterricht an der staatlichen Schule neu der *schultheoretischen Begründung* zuwenden. Als erster tat dies Ende der 50er Jahre Martin Stallmann im Namen eines vertieften, nicht mehr kulturprotestantisch gefaßten Verständnisses des Bildungsauftrages der Schule, in dem nun theologische und bildungstheoretische Argumentationen langsam wieder zusammenfanden[121].

121. Das Interesse an einer 'stimmigen' wissenschaftlichen *Theoriebildung* meint keines-

- Die Vertreter der Religionspädagogik dieser und der folgenden Generation mußten sich zweitens dem Sinn des Religionsunterrichts als *Institution für den Schüler* und dem Sinn dieses Faches für seine persönliche Bildung (Identität) stellen. Ende der 60er Jahre ist darum von Hans Bernhard Kaufmann und anderen, nicht zuletzt im Rahmen der Arbeit der vom Rat der EKD eingesetzen Kommission I zu Fragen des Religionsunterrichts (Vorsitz: Jürgen Uhlhorn), betont worden, daß der Religionsunterricht als Einlösung eines Grundrechts der Schüler zu verstehen sei[122]. Für die innere Ausgestaltung des Religionsunterrichts bedeutete dies, vorrangig zwar die Hermeneutik des noch nicht vorhandenen, erst zu erwerbenden Einverständnisses im Glauben zur Grundlage zu machen[123], ohne jedoch dabei den anderen hermeneutischen Ansatz aus dem Auge zu verlieren; denn wir haben es bei den Schülern immer wieder mit beiden Grundeinstellungen zu tun, die noch dazu ständig ineinander übergehen können (vgl. bereits Kap. 8).
- Drittens haben sich Vertreter der Religionspädagogik der jüngsten Epoche wieder dem *»pädagogischen Handeln der Kirche«* im ganzen zugewendet, auch um des Religionsunterrichts willen. Kirchliche Pädagogik und schulische Religionspädagogik sind weder so zu trennen, wie es Kabisch getan hat, noch so zu identifizieren, wie es Rang versucht hat. Die Lösung in dieser Untersuchung zielt vielmehr darauf ab, eine übergreifende »Theorie kirchli-

wegs ein Harmonisierungsinteresse auf der *Gegenstandsebene.* Vielmehr sind gegenüber dem Schulsystem und dem Staat als seinem Träger neben hermeneutischen und empirisch-analytischen immer auch ideologiekritische Betrachtungsweisen erforderlich; vgl. v. *Vf.:* Gegenwärtige Schultheorien in ihrer Bedeutung für den Religionsunterricht, in: *E. Feifel u.a. (Hg.):* Handbuch der Religionspädagogik, Bd. I, Gütersloh u.a. 1973, S. 280ff. Zur Anwendung (ideologie) kritischer Perspektiven vgl. in dieser Untersuchung Teil I, Kap. 1 u. 4, zur Schule insgesamt s. ferner noch Kap. 11, vgl. außerdem in diesem Kapitel oben S. 436-440.

122. Im Lichte von Art 4 GG gilt, »daß die Regelung des Artikel 7 Abs. 3 GG nicht im Sinne eines Privilegs der Kirchen aufgefaßt wird. Sie eröffnet den weltanschaulichen Gemeinschaften die Möglichkeit, an der Planung und Ausrichtung des Religionsunterrichts kooperativ beteiligt zu sein ... Eine solche Berücksichtigung der weltanschaulichen Gemeinschaften dient daher der Sicherung der Grundrechtsausübung durch den einzelnen« *(Kirchenamt der EKD,* Bildung und Erziehung, Bd. IV/1, a.a.O., Anm. 22, S. 57f.).
123. *O. Eberhard* sprach von der Herausforderung durch den Menschen als dem fragenden Menschen (homo quaerens), »wie er als Kind seiner Zeit und homo quaerens unter uns lebt und mit uns handelt« (Evangelischer Religionsunterricht an der Zeitenwende, Tübingen 1932, S. 33). *H. Stock* faßte die Aufgabe des Religionsunterrichts knapp 30 Jahre später als die des »Interpreten unter den Bedingungen des Nicht-Glaubens« (Studien zur Auslegung der synoptischen Evangelien im Unterricht, Gütersloh 1959, S. 57).

cher Bildungsverantwortung« so weit zu spannen, daß sie den »kirchlich-gemeindlichen Ansatz« und den »modernen Ansatz« in sich selbst theoretisch miteinander verschränken kann, und zwar nicht zuletzt aus theologischen Gründen. Das Interesse an einer klaren theologischen Linie ist das Interesse, das diese Untersuchung mit der voraufgegangenen Epoche verbindet[124].

124. Der letzte Abschnitt (5.) dieses Kapitels ist nur eine historische Skizze, die nicht überbewertet werden darf. Sie dient der Hypothesenbildung für eine genauere geschichtliche Darstellung der Entwicklung des Religionsunterrichts, die immer noch aussteht. - Das »verbindende Paradigma« könnte wegen des Versuchs, den Spannungen zwischen dem kirchlichen Auftrag und den neuzeitlichen Bedingungen gerecht zu werden, auch anders bezeichnet werden (»Paradigma der gespannten Verschränkung« o.ä.). Es brauchte zum Schluß nur kurz angedeutet zu werden, weil es sich hinsichtlich meines eigenen Standorts in Anlage und Durchführung dieser ganzen Untersuchung spiegelt.

Elftes Kapitel:

Schule in der pluralen Gesellschaft - kirchliche Schulen

1. Schulen in evangelischer Trägerschaft - ein vergessenes Kapitel

Wohin gehören kirchliche Schulen? In der Religionspädagogik wie in der Gemeindepädagogik schweigen sich Handbücher, Kompendien und Grundrisse über sie aus. Nur wo das Stichwort »Schule« behandelt wird, werden sie gelegentlich erwähnt, bei der Einteilung der Schulen in staatliche und private oder der Gegenüberstellung des katholischen und evangelischen Schulideals[1].

Sind kirchliche Schulen eine quantité négligeable? Quantitativ wohl kaum: die Dokumentation von Schulen in evangelischer Trägerschaft, von allgemeinbildenden Schulen und Schülerheimen, von Sonderschulen und Heimen für Behinderte sowie von berufsbezogenen Schulen, füllt drei Bände[2]. Finden sie keine öffentliche Resonanz, weil sie qualitativ enttäuschen oder weil sie so profillos sind, daß man sie mit staatlichen Schulen verwechselt? Diese Erklärung ist so zugespitzt ebenfalls falsch, auch wenn die in ihr angesprochenen zwei Gefahren allerdings bestehen. Wer hinsieht, trifft jedoch bundesweit auch auf Neugründungen mit überaus scharfer Profilierung, nämlich auf entschieden pietistisch-evangelikal geprägte Schulen nach dem Muster der August-Hermann-Francke-Schulen. »Wenn in einem einzigen Bundesland in kurzer Zeit an drei Orten - in

1. Vgl. *K. Wegenast:* Kirche und Schule, in: *W. Böcker u.a. (Hg.):* Handbuch religiöser Erziehung, Bd. 1, Düsseldorf 1987, S. 22-34, hier S. 26; *ders.:* Schule, ebenfalls in: *W. Böcker,* Bd. II, S. 322-334, hier S. 328. Eine selbständige Behandlung kirchlicher Schulen ist weder in diesem zweibändigen Handbuch vorgesehen noch im zweibändigen »Handbuch religionspädagogischer Grundbegriffe«, hg. von *G. Bitter/G. Miller,* München 1986, oder in den von *G. Adam/R. Lachmann* herausgegebenen religionspädagogischen und gemeindepädagogischen Kompendien (1984 bzw. 1987). Nur Bd. III des (älteren) »Handbuchs der Religionspädagogik«, hg. von *E. Feifel* u.a., Gütersloh 1975, thematisiert unseren Gegenstand, *W. Molinski,* Freie Schulen in kirchlicher Trägerschaft, S. 251-267.
2. Alle herausgegeben in der sog. »Comenius-Institut EKD-Reihe« vom Kirchenamt der EKD in Zusammenarbeit mit der Kammer der EKD für Bildung und Erziehung und dem Comenius-Institut, Redaktion: *G. Bromm* in Verbindung mit *H. Nemetz* bzw. *M. Otte:* Bd. VII, 2. Aufl., Hannover 1985; Bd. VIII, 2. Aufl. 1987; Bd. IX, 2. Aufl. 1988. - Vgl. ferner das umfangreiche Kapitel über evangelische Schulen von *K.H. Potthast* unter Mitarbeit von *G. Gerth/H. Ochel/H.-J. Schwager* im: Handbuch Freie Schulen, hg. von der Arbeitsgemeinschaft Freie Schulen, Hamburg 1984, S. 115-182 (Neuausgabe 1988).

Bochum, Lüdenscheid und im Kreis Lippe - neue christliche Schulen eröffnet werden, dann reiben sich andere Christen die Augen und fragen: Wie sollen wir diese Vorgänge einschätzen?«[3]

Das Phänomen steht im größeren Zusammenhang des wachsenden Interesses an Freien Schulen überhaupt. Dieses Interesse wiederum ist ein erhobener Zeigefinger gegenüber dem staatlichen Schulsystem, mit dem trotz versuchter oder wegen mißratener Schulreform - das Urteil schwankt - etwas nicht stimmt. An der Bedeutunglosigkeit des Gegenstandes kann mithin das Desinteresse der Religionspädagogik nicht liegen. Wir müssen umgekehrt fragen.

Spiegelt sich vielleicht in der Vernachlässigung unserer Thematik statt eines Bedeutungsverlusts evangelischer Schulen ein Horizontverlust der Religionspädagogik, der auch durch den Ausbau einer Gemeindepädagogik innerhalb oder neben der Religionspädagogik in dieser Hinsicht nicht überwunden worden ist? Wir vermuten es. Der Fehler liegt freilich nicht bei einer zeitbedingten Verschiebung des Interesses von einem religionspädagogischen Gegenstand zu einem anderen, sondern in einem grundsätzlichen Konstitutionsproblem der Disziplin. Selbst als eine weitgefaßte »Theorie religiöser Erziehung« hätte sie eben doch nur die religiöse Erziehung zum Gegenstand (daher *»Religions*pädagogik«), nicht das öffentliche Bildungs- und Ausbildungssystem einer Gesellschaft im ganzen; zu ihm aber gehören kirchliche Schulen. Dem Umfang aller aufgeführten Gegenstandsfelder kann demgegenüber eine »Theorie evangelischer Bildungsverantwortung« gerecht werden, die neben den herkömmlichen religions- und gemeindepädagogischen Aufgaben auch die Teilhabe der Kirche am öffentlichen Schulsystem und allgemeinen Bildungsdiskurs einschließt. Die Schulen in kirchlicher Trägerschaft sind darum von Anfang an ein wesentlicher Anlaß für die hier versuchte übergreifende Theoriebildung gewesen. Und so mündet denn auch die Bewegung durch die Institutionen in diesem zweiten Teil in die Erörterung von Schule im ganzen und damit in eine breitere kirchliche pädagogische Mitverantwortung. Zusammengefaßt: Ausgerechnet das vergessene Kapitel evangelischer Schulen hat für den Grundsinn evangelischer Bildungsverantwortung in beiden Regimenten Gottes paradigmatischen Charakter. Er läßt sich unter zwei Gesichtspunkten präzisieren:

a) Evangelische Schulen haben einen viel *größeren Anteil an den allgemeinen Schulproblemen* eines Landes als nur der Religionsunterricht an einer im übrigen staatlich getragenen Schule. Für sie gelten alle Fragen der allgemeinen Schulverfassung, Schulentwicklung und Schulgestaltung. Wenn wir diese Fragen disku-

3. So fragt *K.H. Potthast*, ein führender Repräsentant der evangelischen Schulbünde selbst: Ist die Zeit für die Neugründung evangelischer Schulen gekommen?, in: Korrespondenzblatt Ev. Schulen und Heime, 29, 1988, 5, S. 143-145, hier S. 143.

tieren, fällt nachträglich auch noch Licht auf das gerade abgeschlossene Kapitel über den Religionsunterricht; denn einige seiner Stichworte, wie Schülerorientierung, Lebensnähe, Erfahrungsbezug, kehren zusammen mit dem hierbei angesprochenen, heute wieder zum Zuge kommenden Erbe der Reformpädagogik ziemlich genau als ein Hauptpunkt der Diskussion um die Schule im ganzen wieder: Schule und Leben, Bildung und Leben sollen nicht auseinanderfallen. Erfahrungsarmut und Zerstörung von ganzheitlichem Leben bilden nicht nur die Folie für die Religionspädagogik, sondern auch für die Schulpädagogik. Die Krise der religiösen Erziehung und die Krise der allgemeinen Erziehung haben strukturelle Parallelen.

b) Evangelische Schulen müssen sich gleichzeitig einer *komplexen Bestimmung des Verhältnisses von Pädagogik und Theologie* stellen, die ihnen zudem noch eine schwierige *praktische Integrationsleistung* abverlangt. Sie müssen sich nicht nur mit den allgemeinen pädagogischen Schulproblemen befassen, sondern auch mit einem umfassenden theologischen Anspruch. Die ganze Schule soll als »Schule unter dem Evangelium« (Helmuth Kittel) bzw. als Schule »in evangelischer Verantwortung« (Oskar Hammelsbeck) verstanden werden. So steht es meist in den Schulpräambeln. Was aber heißt »evangelisch«? Von dieser Frage kann kein Aspekt des Schulehaltens und kein Unterrichtsfach von vornherein ausgenommen werden. Außerdem kann man sich vom Religionsunterricht an kirchlichen Schulen nicht abmelden; auch deswegen sollte er dort besonders überzeugen. An evangelischen Schulen häufen sich somit die Probleme: In die Probleme, die Freie Schulen mit staatlichen Schulen teilen, sind die besonderen religionspädagogischen Probleme, die den Religionsunterricht, die Schulandacht und ähnliches betreffen, zusätzlich mit eingeschlossen. - Den Merkmalen und Ausmaßen des Gegenstandes muß auch der Weg seiner Behandlung entsprechen.

Zu a: Weil Freie Schulen an den allgemeinen Aufgaben staatlicher Schulen partizipieren, geht es nicht an, das Thema nur auf der Grundlage von Selbstdarstellungen evangelischer Schulen zu behandeln oder die Geschichte evangelischer Schulen aus der allgemeinen Schulgeschichte herauszulösen. Nun kann zwar eine an sich erforderliche umfängliche geschichtliche Darstellung auch hier nicht in Angriff genommen werden[4], wohl aber ist wenigstens exemplarisch auf das gegenwärtige Gespräch um Schule und Schulentwicklung in der Bundesrepublik einzugehen. Es sei die Doppelthese vertreten, daß über Freie Schulen nur

4. Auch meine längere Abhandlung: Evangelisches Erziehungsverständnis und evangelische Schulen (Beiheft des Korrespondenzblatts Ev. Schulen und Heime), Bethel 1985, ist nur als Vorstufe zu betrachten.

unter Beachtung der *allgemeinen Lage des Schulwesens* gehandelt werden darf, wie umgekehrt die allgemeine Schulforschung und Schulpädagogik es sich nicht leisten sollte, an den *Freien Schulen* vorbeizugehen[5].

Zu b: Im Rahmen der erforderlichen komplexen theologisch-pädagogischen Verhältnisbestimmung ist zu erwarten, daß sich das schon beim Religionsunterricht behandelte Problem, ob ein 'eigentlich religiöser' Bereich von 'rein innerweltlichen' Lebensbereichen getrennt werden darf, noch einmal stellen wird, und zwar nun in einer ganz anderen Breite und Schärfe, stehen wir doch vor der Frage, ob und wie neben dem Religionsunterricht auch die anderen Unterrichtsfächer etwas mit dem Evangelium zu tun haben. Schließt der christliche Glaube eine neue Anschauung der Welt ein oder nicht? Wenn, wie wir meinen, die Frage nach dem Proprium evangelischer Schulen nicht nur mit dem Hinweis auf den Religionsunterricht, die Schulgottesdienste und das Schulleben beantwortet werden kann, sondern auch die anderen Unterrichtsfächer berührt, muß sich der Gedankengang dem *Verhältnis von Glaube und Weltanschauung* zuwenden, eine in der evangelischen Theologie nur scheinbar gelöste Frage. Im übrigen stoßen wir hier nochmals auf eine nachdenklich stimmende strukturelle Parallele zur allgemeinen schulpädagogischen Diskussion: Pädagogische Reformen scheinen hinsichtlich des Schullebens und damit unter dem Aspekt der *sozialen Beziehungen* leichter verwirklicht werden zu können als hinsichtlich des Unterrichts und damit unter dem Aspekt der *Inhalte*. Der Unterricht und die Unterrichtsroutine bilden die zäheste, widerständigste Materie. Die Stoffe und Kategorien der Fachwissenschaften beherrschen in von pädagogischen und theologischen Rückfragen schwer anfechtbaren Stellungen das Feld. Im Unterricht aber wird täglich mit entschieden, welche *bildende* Wirkung Schule in der Breite hat oder nicht[6].

Zusammengefaßt hat sich demnach eine Theorie evangelischer Schulen als Teil einer Theorie evangelischer Bildungsverantwortung auf drei Fragen zu konzentrieren. Was spricht erstens überhaupt für Schulen in evangelischer Trägerschaft, und wie bezieht die Kirche in ihnen Stellung zu dem Problem der Gesamtgestalt des bundesrepublikanischen Schulsystems? In welchem Sinne sind evangelische

5. *K.H. Potthast* kritisiert letzteres an Beispielen in seinem Aufsatz: Was ist eine 'gute Schule'?, in: *R. Preul/Ch. Th. Scheilke/F. Schweitzer/A.K. Treml (Hg.):* Bildung - Glaube - Aufklärung. Zur Wiedergewinnung des Bildungsbegriffs in Pädagogik und Theologie, Gütersloh 1989, S. 352-362.
6. In Rückerinnerung an die Einführung der Merkmale von Bildung im ersten Kapitel sei schon jetzt ebenfalls bemerkt, daß die bildende Gesamtwirkung der Schule im Unterricht freilich nicht aufgeht. Vgl. auch *Ch. Th. Scheilke/F. Schweitzer:* Bildung und Autonomie der Schule, in: *R. Preul u.a. (Hg.),* a.a.O. (Anm. 5), S. 333-351, bes. die Abschnitte: »Bildung als Gespräch« und »Bildung als Lebensform«.

Schulen *»Freie«* Schulen (Ebene der »Schulwesensverfassung«, s. unten 2.)? Wie stellen sich zweitens evangelische Schulen auf ihre Weise der allgemeinen schulpädagogischen Diskussion um die »gute Schule« bzw. die »Schule in guter Verfassung«? In welchem Sinne sind evangelische Schulen *»gute* Schulen« (Ebene der pädagogischen Schulentwicklung und - gestaltung, 3.)? Wie gestalten evangelische Schulen drittens Erziehung und Bildung in evangelischer Verantwortung? In welchem Sinne sind evangelische Schulen *»weltanschaulich profilierte«* Schulen (Ebene der theologischen Schulbestimmung, 4.)?

2. Evangelische Schulen als Freie Schulen

Wie begründen evangelische Schulen ihre Existenz? Sie sind in der Bundesrepublik rechtlich in Art. 7,4 und 5 GG verankert: »Das Recht zur Errichtung von privaten Schulen wird gewährleistet« (Art. 7,4, Satz 1). Landeskirchen, christliche Schulvereine oder andere kirchliche Träger brauchen dieses Recht jedoch nicht in Anspruch zu nehmen. Eine rein formale, *verfassungsrechtliche* Begründung reicht darum nicht aus. In ihren Schulen manifestieren kirchliche oder evangelische Träger vielmehr einen *gesellschafts- und schulpolitischen* Willen, der seinerseits theologisch gerechtfertigt werden muß. In den schulpolitischen und theologischen Vorstellungen spielen darüber hinaus in der Regel *kultur- und gesellschaftstheoretische* Perspektiven eine Rolle, die sich zu normativen Bildern vom wünschbaren Gesamtleben in einer pluralen Welt verdichten. Das Begründungsproblem muß folglich mehrdimensional angegangen werden, und schon bei der verfassungsrechtlichen Grundlage treffen wir anhand der Frage nach der Schulvielfalt auf das gesellschaftliche und kirchliche Problem des Pluralismus überhaupt.

Verfassungsrechtliche und gesellschaftspolitische Begründung

Evangelische Schulen in freier Trägerschaft spiegeln in besonderer Weise den Geist eines freiheitlichen demokratischen Gemeinwesens. Mit eigenen Schulen unterstreichen die Kirchen die gesellschaftspolitische Bedeutung eines *»pädagogischen Trägerpluralismus«*[7]. Sie bejahen damit grundsätzlich einen gesellschaftlichen Pluralismus, hier in Form pluraler Schulvielfalt, als *Ausdruck von Freiheit.* In der Bundesrepublik einschließlich West-Berlin dürfen nach der Verfassung Staat und Gesellschaft nicht zusammenfallen; zwischen

7. Vgl. *P. Häberle:* Erziehungsziele und Orientierungswerte im Verfassungsstaat, Freiburg/München 1981, S. 48ff.

beidem muß analytisch und normativ unterschieden werden. Wir leben in einer freiheitlich-demokratischen Kultur, in der die Gesellschaft nicht ein bloßes Instrument des Staates ist und der Staat nicht ein bloßes Instrument der Gesellschaft.

Der daraus für das Bildungssystem folgende erzieherische Trägerpluralismus bedeutet: Die Erziehung ist Trägern anvertraut, die voneinander unabhängig sind. Neben dem Staat sind auf der Grundlage des Elternrechts (Art. 6 GG) zunächst die Eltern zu nennen. Aber auch »gesellschaftliche Gruppierungen werden nicht global in die staatlichen Erziehungsziele 'eingespannt'« (Häberle, S. 49). »Nur dieser erzieherische Trägerpluralismus wehrt den Anfängen jeder Art von Erziehungsdiktatur« (50). Anders als in totalitären Staaten kennt die Bundesrepublik keine Staatspädagogik. Für das kulturelle Leben bedeutet dies, daß ebenfalls im krassen Unterschied zu totalitären Regimen verschiedene Weltanschauungen miteinander konkurrieren dürfen, vorausgesetzt, sie mißbrauchen und verletzen nicht den freien Geist der Verfassung, dem sie ihren eigenen Spielraum verdanken.

Aus Verfassungsgründen darf und aus gesellschaftspolitischen Gründen sollte daher der Beitrag der Kirchen zur Verfassung des Schulwesens im ganzen (Ebene der »Schulwesensverfassung«[8]) zweifache Gestalt haben. Es hat einen tiefen, auf die Reformation zurückweisenden theologischen Sinn, wenn evangelischerseits dieser Beitrag zunächst im Rahmen des staatlichen Bildungssystems geleistet wird, durch die verantwortliche Mitarbeit christlicher Pädagogen, Bildungspolitiker und Beamter in der Bildungsverwaltung im allgemeinen und durch die Einrichtung des Religionsunterrichts im besonderen (s. Kap. 10 und grundsätzlich bereits Kap. 4). Daneben hat er seinen Ort in Schulen, Ausbildungs- und Fortbildungsstätten in evangelischer Trägerschaft. Die Kirche bejaht damit freie Trägerschaften überhaupt, wohl wissend, daß sie damit grundsätzlich auch das Lebensrecht konkurrierender Schulen unterstützt. Sie bedient sich der verfassungs*rechtlichen* Möglichkeiten auf Grund eines bestimmten gesellschafts- und bildungs*politischen* Willens. Schulen in evangelischer Verantwortung müssen über diesen Willen auch theologisch Rechenschaft abgeben können. Was soll sonst das Etikett »evangelisch«!

Theologisch-pädagogische Begründungsmodelle

Es gibt theologische Begründungen evangelischer Schulen, die die schulpolitische und pädagogische Bedeutung schon der Existenz dieser Schulen, erst recht ihrer inhaltlichen Ausgestaltung, merkwürdig ausblenden. Obwohl solche Schu-

8. Vgl. zu diesem Begriff *O. Herz:* Schulvielfalt und Bildungsverfassung (Bericht der Arbeitsgruppe 3), auf der Tagung »Schule und Recht: Schulverfassung«, Ev. Akademie Bad Boll, Protokolldienst 24/87, S. 57.

len schulpolitisch und pädagogisch wirkende Größen sind, werden sie so definiert, als gehe es in ihnen um eine rein theologische Aufgabe. Weltliches pädagogisches Tun und theologisches Selbstverständnis, die in der Realität des Schulehaltens durchaus miteinander verbunden sind, werden in der theoretischen Bestimmung der Aufgaben und Ziele voneinander getrennt. In der Theorie bleibt nur die theologische Seite übrig. Damit aber fördert die Theorie ein falsches Bewußtsein, das nur einen Teil der Realität wahrnimmt. Ausschließlich auf diese Diskrepanz bezogen, muß von einer ideologischen Begründung gesprochen werden, nicht etwa, als sei die verwendete Theologie selbst falsch! Da für das Bewußtsein - hier das Selbstverständnis dieser kirchlichen Schulen - überwiegend die theologische Seite im Vordergrund steht, die Trennung der Momente mithin von ihr bewirkt wird, bezeichnen wir diese Begründungsfigur als Modell einer *»theologisch bewirkten Trennung«.* Als Beispiel diene die Neufassung der Ordnung des Evangelischen Schulwerks in der württembergischen Landeskirche. § 1 lautet - er trägt die Überschrift »Grundbestimmung«:

»Die evangelischen Schulen in Württemberg haben teil am Auftrag der Landeskirche in Zeugnis und Dienst. Sie wissen sich in ihrer Arbeit gebunden an das Evangelium von Jesus Christus, wie es in der Heiligen Schrift gegeben ist und in den Bekenntnissen der Reformation bezeugt ist (§ 1 der Kirchenverfassung). Ihr besonderer Dienst gilt der jungen Generation. Als Orte evangelischer Erziehung wollen sie die ihnen anvertrauten jungen Menschen auf ein Leben in der Nachfolge Jesu vorbereiten. Ihre ganze Arbeit soll sich nach Inhalt und Form an diesem Ziel orientieren. Sie sehen darin ihren besonderen Beitrag zum Schulwesen des Landes ...«

In dieser »Grundbestimmung« überwiegt ganz und gar eine Sinngebung der Schulen im Zeichen des geistlichen Regiments Gottes, wenn wir die lutherische Zwei-Regimenten-Lehre zur Interpretation verwenden dürfen; alle Bestimmungsmomente sind rein theologischer Art: die Bindung an das »Evangelium von Jesus Christus«, das in der »Heiligen Schrift« gegeben und in den »Bekenntnissen« bezeugt ist, besonders aber die für die ganze Arbeit nach »Inhalt und Form« gültige Grundorientierung an dem Ziel, die Schüler auf ein »Leben in der Nachfolge Jesu« vorzubereiten. Die pädagogischen Aufgaben werden diesen Bestimmungsmomenten untergeordnet, zumindest streng auf sie bezogen. Ja, die evangelischen Schulen sollen mit dem Leben in der Nachfolge Jesu zumindest mittelbar die Nachfolge selbst vorbereitend mitbewirken. Wird die Nachfolge zum Erziehungsziel? Wird folglich auch der Glaube, der doch die Voraussetzung von Nachfolge ist, zum Erziehungsziel? Wir lassen diese Fragen ebenso offen wie die andere Frage, inwieweit bei dieser württembergischen Ordnung ein pietistischer Einfluß Pate gestanden haben mag. Nicht der theologische Inhalt, sondern die theologische Form der Begründung interessiert jetzt: Obwohl die täglichen Erziehungs- und Unterrichtsaufgaben doch pädagogischer Natur sind, werden sie als »besonderer Dienst« lediglich *theologisch abgeleitet* und mit der

Formel vom »Leben in der Nachfolge Jesu« ebenfalls lediglich *theologisch charakterisiert.* Im Unterschied zum theoretischen Selbstverständnis sieht die Praxis anders aus. Selbstverständlich wird auch in den württembergischen evangelischen Schulen in schulpolitisch und pädagogisch bedeutsamer Weise gehandelt. Dieser Sachverhalt wird aber nicht ausdrücklich reflektiert.

Das genau entgegengesetzt strukturierte theoretische Begründungsmodell bezeichnen wir als das einer *»pädagogisch bewirkten Trennung«.* Man wird es nicht gerade in offiziellen Dokumenten wie den Schulgesetzen oder Schulordnungen evangelischer Schulen antreffen, aber vermutlich bei einigen Lehrern und Erziehern. Der Umstand, daß sie an Schulen oder Ausbildungs- oder Fortbildungsinstitutionen (einschließlich Heimen) in evangelischer Trägerschaft angestellt sind, bedeutet für sie im Extremfall nur einen formalen Rahmen, den sie überwiegend mit rein pädagogischen Zielvorstellungen ausfüllen. In diesem Fall könnten Eltern meinen, das Kennzeichen einer »evangelischen« Schule sei christliche Farblosigkeit. Auf dem Hintergrund der Zwei-Regimenten-Lehre formuliert: Man arbeitet im weltlichen Regiment, ohne ernst zu nehmen, daß auch hier letztlich Gott im Regiment ist und dies konkret etwas bedeuten könnte. Woran eben zu erinnern war, gilt mithin auch umgekehrt: Wie rein theologisch argumentierende Pädagogen immer auch pädagogisch handeln und wirken, handeln und wirken rein pädagogisch argumentierende in evangelischen Schulen immer auch in kirchlich und theologisch relevanter Weise. Wenn man letzteres nicht ins Bewußtsein aufnimmt und reflektiert verantwortet, wird auch jetzt das Bewußtsein insofern falsch, als es sich über seinen eigenen Gegenstand täuscht.

Das von mir vertretene dritte Begründungsmodell zwingt bereits formal dazu - wie immer es dann im einzelnen inhaltlich gefüllt werden mag -, pädagogisch *und* theologisch bzw. theologisch *und* pädagogisch Farbe zu bekennen: Grundsätzlich sollten sich die an einer evangelischen Schule Tätigen darum bemühen, sich im theoretischen Begriff ihrer Schule möglichst der vollen Wirklichkeit ihrer Praxis bewußt zu werden. Für diese Schulen gilt nämlich beides: erstens die schulpolitische und pädagogische Realität, weil sie *Schulen* sind. Zweitens werden in ihnen Erfahrungen gemacht, die man mit Christentum und Kirche in einer bestimmten konfessionellen Fassung assoziiert, weil sie *evangelische* oder *katholische* Schulen sind. Das Kriterium theoretischer Klarheit fordert mithin ein Modell *»theologisch-pädagogischer Verbindung«,* wobei inhaltlich zunächst noch ganz unentschieden ist, ob und wie hierbei Theologie und Pädagogik in Spannung zueinander geraten oder nicht: Es kann sein, daß bestimmte Aufgaben zugleich theologisch und pädagogisch zu fordern sind. Es ist aber auch denkbar, daß aus theologischen Gründen Einwände gegen pädagogische Postulate bzw. aus pädagogischen Gründen Einwände gegen theologische Postulate erhoben werden müssen. Mehreres ist möglich: gemeinsame Aussagen, gegensätzliche Aussagen, Teilgemeinsamkeiten, komplementäre Aussagen u.a. Hier wie in anderen vergleichbaren Problemlagen folge ich einem »dialektisch-konvergenz-theoretischen« Denkansatz. Als Formel läßt sich die verfolgte Absicht sehr einfach zusammenfassen: Kirchliche Schulen müssen in Theorie und Praxis pädagogisch und theologisch ausgewiesen sein.

Pluralismustheoretische Implikationen - Drei Ansätze

Mit den folgenden abschließenden Ausführungen dieses Abschnitts kommt im Sinne der geforderten Transparenz der pädagogischen wie theologischen Kriterien eine eigene Position ins Spiel.

Das Ja zur rechtlich möglichen und politisch in Anspruch genommenen Schulvielfalt kann sehr unterschiedlichen Motiven folgen. Unter dem Mantel der Bejahung des pädagogischen Trägerpluralismus und der aus ihm folgenden Schulvielfalt können sich, idealtypisch gefaßt, drei Auffassungen darüber verbergen, wie man grundsätzlich mit Pluralismus umgehen kann. In der Regel werden diese Vorentscheidungen nicht bewußtgemacht; darum sprechen wir von verborgenen »Implikationen«. Sie berühren jedoch das Gesamtverständnis der Kultur, in der wir leben, gehören zu einer Art Theorie der Kultur; darum sprechen wir von kulturtheoretischen, oder genauer, pluralismustheoretischen Implikationen. Man kann sie bereits logisch folgern; sie spielen aber auch realgeschichtlich eine große Rolle.

Im ersten Fall wird der die Pluralität ermöglichende gesetzliche Spielraum ausgenutzt, um sich selbst mit seiner eigenen pädagogischen Schulwelt, etwa einer Pädagogik selbstbestimmten Lernens, zu etablieren, ohne daß man darüber hinaus an anderen freien Schulen anderer weltanschaulicher Träger oder am staatlichen Schulwesen ernsthaft noch Interesse hat. Diesem *»in sich offenen, selbstbezogenen«* Ansatz korrespondiert die Einschätzung des Pluralismus als eines bloßen Rahmens, der vom Staat zur Verfügung gestellt ist, den man aber nicht als substantielle Aufgabe begreift - eine *»relativistisch-pluralistische«* Einstellung. Das staatliche Schulsystem überläßt man ohnehin sich selbst; denn es erscheint nicht mehr reformierbar. Man zieht sich auf eine eigene pädagogische Insel zurück. Die anderen pädagogischen Inseln in freier Trägerschaft werden mehr oder weniger interesselos betrachtet, solange man von ihnen in Ruhe gelassen wird.

Über die Bedeutung der verfolgten pädagogischen und/oder weltanschaulichen Ziele ist mit dieser Charakteristik noch keineswegs geurteilt. Die in der Bundesrepublik gegründeten und noch zu gründenden *Alternativschulen* sollen ein »selbstbestimmtes, angstfreies und soziales Lernen« ermöglichen; das sind pädagogisch bedeutsame Ziele[9]. Man beachte

9. Wie es beim 22. Bundestreffen der Freien Alternativen Schulen in Bremen 1988

auch, daß Selbstbestimmung soziale Verantwortung einschließen soll. Trotzdem könnten gerade diese Schulen zu der eben umrissenen relativistisch-pluralistischen Haltung nach außen und einer gewissen Selbstgenügsamkeit und Selbstzufriedenheit nach innen neigen. Es gibt in den gegenwärtigen Alternativbewegungen neben gesamtgesellschaftlich orientierter Verantwortung auch eine starke Rückzugs- und Inselmentalität.

Bei einer zweiten Form des Umgangs mit dem Problem wird der vom Gesetzgeber gewährte Spielraum für Pluralität gerade umgekehrt ausgenutzt, um einen den Relativismus fördernden Pluralismus zu bekämpfen. Neue plurale Strukturen (»Parallelstrukturen«) werden begrüßt und geschaffen, um gleichzeitig den (kirchlichen) Pluralismus zu verurteilen. Dieser Widerspruch löst sich logisch nur auf, wenn man, anders als bei der zuvor beschriebenen Position, voraussetzt, daß die jetzt vertretene Position von ihren Protagonisten nicht nur als überlegen angesehen wird (das nimmt der vorausgehende Ansatz für sich selbst auch an), sondern daß mit ihr zusätzlich auch die Verpflichtung gegeben ist - geradezu als konstitutives Moment ihrer selbst -, sie als in sich geschlossene Auffassung missionarisch-offensiv gegenüber anderen Auffassungen zu vertreten und zu verbreiten. Damit können wir zusammengefaßt von einem *»in sich geschlossenen, außenbezogenen«* Ansatz sprechen. Da gegenüber dem gesellschaftlichen wie dem kirchlichen Pluralismus eine kritisch-abgrenzende Haltung eingenommen wird, können wir sie außerdem *»abgrenzend pluralismusbezogen«* nennen.

Der Informationsdienst der Evangelischen Allianz (idea) meldet regelmäßig und werbend die Zahl der ständig wachsenden, schon oben erwähnten August-Hermann-Francke-Schulen. Der Leser muß denken, daß allein diese evangelischen Schulen »christliche Pädagogik« ausmachen. Neigen Schulen dieser Art dazu, sich insgeheim absolut zu setzen?

Eine August-Hermann-Francke-Schule ist ihrer eigenen Selbstbeschreibung nach eine »Schule nach pietistisch-evangelikalem Gemeinde-Verständnis«[10]. In diesem Verständnis sind bestimmt Absolutsetzungen deutlich zu erkennen, zum einen der Rückblick auf eine Zeit in sich *homogener Theologie* und der Wunsch, diese wiederherzustellen.

hieß, soll es im Bundesgebiet rund 60 Initiativ-Gruppen geben, die dies Ziel anstreben. Konkrete Planungen sollen für 38 freie Schulen vorliegen. Von 18 Schulen, meist im Grundschulbereich, seien acht staatlich anerkannt, teilte eine Sprecherin mit. Einen Dachverband gibt es bisher nicht (vgl. zu diesen Informationen: Korrespondenzblatt Ev. Schulen und Heime 29, 1988, 5, S. 142.).

10. Pädagogisches Konzept der August-Hermann-Francke-Schulen (Christlicher Schulverein Lippe, Auszug), zitiert nach dem Abdruck im Korrespondenzblatt Ev. Schulen und Heime 29 (1988), 5, 145-150, hier S. 146.

»Die evangelische Theologie war bis zum Beginn der Aufklärung eine Einheit im Sinne des evangelikalen Verständnisses, denn die Basis war seit Luther eine völlige Glaubwürdigkeit der Bibel« (S. 146). In der »liberalen Theologie« und in der »heutigen historisch-kritischen Weltauffassung« ist diese Einheit verlorengegangen (ebd.); sie soll jetzt wiederhergestellt werden und die theologische Grundlage der gegründeten Schule bilden, eine Grundlage, in der das Bibelwort keiner relativierenden geschichtlichen Betrachtung mehr unterworfen ist und »in der das Erfülltsein mit dem Heiligen Geist und intuitiv pädagogisch richtiges Handeln« zusammenfinden[11].

Eine zweite definitive Festlegung ist die *entscheidungsbezogene Definition von Christsein:*

»Unsere evangelikal ausgerichtete Schule wird von der Voraussetzung ausgehen, daß Christ im Sinne der Bibel nur jener ist, der eine persönliche Entscheidung für die Nachfolge Christi getroffen hat.« Schüler sollen nicht in einer »unzulässigen Weise mit Zwang beeinflußt werden«; als Lehrer können jedoch nur die eingestellt werden, »die von sich aus bezeugen können, in diesem Glauben zu leben« (S. 146). Faktisch wird aber auch der Schüler vor eine Ja-Nein-Entscheidung gestellt; denn nicht schon die Taufe zählt, sondern die August-Hermann-Francke-Schule ist der Auffassung, »daß die Bibel von jedem Menschen eine persönliche Entscheidung zum Christsein oder Nicht-Christsein erwartet« (148).

Ein drittes Prinzip dieser Schulen ist, daß sie eine *»Schule 'aus einem Guß'«* sein wollen; auch bei Lehrerwechsel werden den Schülern gegenüber »stets die gleichen Erziehungs-Grundsätze angewendet« (S. 149). Hand in Hand mit dem Willen zu theologischer Homogenität geht das Interesse an *pädagogischer Geschlossenheit.*

Mit dieser doppelten Geschlossenheit tritt das Modell dem Pluralismusproblem gegenüber und entgegen. Die Kinder werden zwar mit den »Denkvorstellungen anderer Menschen (z.B. Ausländer) sowie anderen Weltanschauungen vertraut« gemacht. »Allerdings werden wir dann von biblisch-christlicher Position her Stellung beziehen, dem Kind aber eine eigene Entscheidung überlassen« (S. 149). Die zuletzt gemachte Einschränkung ist mit dem Satz zusammenzusehen, daß nur Kinder aus Elternhäusern aufgenommen werden, »die bereit sind, die Grundkonzeption der August-Hermann-Francke-Schule zu bejahen« (146). Wieviel Spielraum bleibt dann für einen individuellen Weg in eigener Entscheidung?

Der von uns vertretene dritte Ansatz geht davon aus, daß sich hinter dem Problem des Trägerpluralismus und der Frage nach der Schulvielfalt ein viel allgemeineres kulturelles Problem verbirgt. Von der Art und Weise, wie mit dem kulturel-

11. Pädagogisches Konzept der A.H. Francke-Schulen, a.a.O., S. 146.

len, besonders dem weltanschaulichen und religiösen Pluralismus umgegangen wird, hängt darum sehr viel ab. Weder ein vergleichgültigender Relativismus noch ein abgrenzender (oder gar tendenziell ausgrenzender) Dogmatismus ist dieser Herausforderung gegenüber angemessen; anders eine Position, die *»dialogisch-pluralismusbezogen«* ist. Sie nimmt Wahrheitsmomente der beiden vorausgehenden Ansätze in sich auf. Sie erkennt im relativistischen Ansatz die Bedeutung von Subjektivität und Offenheit an, nicht aber die Momente des Rückzugs aus der allgemeinen Mitverantwortung für das staatliche Bildungssystem und der Gleichgültigkeit gegenüber anderen Freien Schulen. Sie erkennt im geschlossenen Ansatz den theologischen und pädagogischen Ernst an, mit dem es um die Wahrheitsfrage sowie um die Konsequenzen ihrer Folgen für das Leben (pietistisch: Heiligung) gehen soll; aber sie ist außerstande, hierbei von den geschichtlichen Bedingungen der Wahrheitssuche und Wahrheitsfindung abzusehen. Damit aber ergeben sich ganz andere pluralismustheoretische Implikationen.

Die der einzelnen Schule eingeräumte Freiheit und die plurale Gestaltung des Schulwesens im ganzen werden jetzt als ein *Ausdruck dieser Geschichtlichkeit* verstanden; d.h., der schulpolitische und pädagogische Pluralismus (Trägerpluralismus) ist mehr als nur ein Rahmen (gegen die erste Position); er führt vor den schwerwiegenden Sachverhalt des weltanschaulich-kulturellen Pluralismus. Dieser wiederum ist anders zu beurteilen als ein historisches Unglück (gegen die zweite Position); er führt vielmehr vor die politische und pädagogische Aufgabe, unsere Verantwortung im Bewußtsein der Geschichtlichkeit der Bedingungen wahrzunehmen. Eine solche Wahrnehmung von Verantwortung - auch von Bildungsverantwortung - begreift positionelle (Schul-)Vielfalt weder als bloßes Nebeneinander noch als ein Gegeneinander, sondern als Aufforderung zu einem Miteinander, wobei die positionelle Entschiedenheit und Authentizität jedes Dialogpartners keineswegs preisgegeben werden soll.

Wichtig ist nun, daß die im *Außenverhältnis* beanspruchte Freiheit auch im *Innenverhältnis* der Schule selbst wiederkehrt. Darum darf weder ein theologisch begründetes Profil vernachlässigt noch eine bestimmte homogene theologische und pädagogische Sicht um jeden Preis eingefordert werden. Im Sinne des dritten Modells versuchen Lehrende und Lernende gemeinsam, die eigenen Positionen dialogisch zu bewähren und die eigene Freiheit kommunikativ zu buchstabieren. Als *Wahrheit* des Evangeliums enthüllt uns Gott selbst seine *Liebe*, gewiß als rettende und richtende, richtende und rettende, nicht als billig versöhnende, aber eben doch zutiefst als Liebe, die versöhnen will und kann. Wahrheit und Liebe gehören zusammen. Daher sollten Erziehung und Bildung an evangelischen Schulen zum Gleichnis für diesen Grundsinn des Evangeliums werden, zum Abbild für die unverdiente Gabe der Liebe Gottes in unserem Leben - das meint »evangelisch« im Begriff evangelischer Schulen.

Erst nach der Gabe ist von der Aufgabe, ist vom Handeln im Zeichen einer heute weltweit notwendigen *Verantwortungsgemeinschaft* als einem weiteren Motiv für den »dialogisch-pluralismusbezogenen« Ansatz zu sprechen. Diese Verantwortungsgemeinschaft rechtfertigt weder einen sich vom anderen abschottenden Individualismus noch einen sich dem anderen mit Absolutsetzungen nähernden Dogmatismus.

Wir können die Kinder und Jugendlichen nur so *erziehen,* daß sie die gemeinsamen Probleme *gemeinsam* lösen wollen; und nur so können wir sie *unterrichten,* daß sie das auch *selbständig* einsehen. Beides zusammen *bildet* sie, beansprucht ihre Vernunftfähigkeit, dient gesellschaftlicher Zukunftsfähigkeit.

Das folgende letzte Motiv könnte man als *evolutionstheoretisches* bezeichnen. Einerseits können Gegensätze eine Gesellschaft als Kollektiv belasten. Pluralität kann auch den einzelnen verwirren und verunsichern. Wahlalternativen fordern zu eigenen Überlegungen und Entscheidungen heraus; Komplexität wird erhöht statt reduziert. Im Schulwesen hat der Staat zu Recht für einigermaßen vergleichbare Zugänge und Abschlüsse sowie ein vergleichbares Niveau zwischen den unterschiedlichen Einrichtungen zu sorgen. Unter anderem wegen der Leistungsstandards und wegen der Chancengleichheit vertritt der Staat die Dominanz des staatlichen Schulwesens. Private Schulen können leicht einseitig elitären Charakter annehmen. Sie müssen es aber nicht. Im ganzen darf das Interesse an Vergleichbarkeit nicht zum Vorwand für unnötige Vereinheitlichung werden.

Auf der anderen Seite nämlich gibt es sehr gute Gründe, die für die Zukunft eine noch größere Schulvielfalt wünschenswert erscheinen lassen. Wir leben in einer Zeit beschleunigten sozialen Wandels, in der die neuen Lernprobleme mit den Lebens- und Zukunftsproblemen kaum Schritt halten können. So lernen denn viele Menschen zu spät, das Unglück überholt ihr Lernen; auch ganze Gesellschaften können zu spät lernen: »Lernprozesse mit tödlichem Ausgang«[12]. Wenn wir uns in dieser Situation einerseits ein ganz einheitlich durchorganisiertes und auch ideell einheitlich geformtes Bildungssystem vorstellen, andererseits ein Bildungssystem mit größerer innerer Vielgestaltigkeit und Freiräumen für Experimente, mögen es auch kleine, überschaubare sein, so jedoch, daß laufend gewisse Abweichungen, Alternativen, Neuerungen erprobt werden können - welches System wird zukunftsfähiger sein?

Der Begriff der *Zukunftsfähigkeit* meint zunächst bereits die Sensibilität für zukunftsrelevante Änderungen überhaupt, ferner die Fähigkeit, sich umzustellen und neue Wege auch erproben zu können. Bildungsverantwortung muß sich als Zukunftsfähigkeit erweisen. Vermutlich wird in dieser Hinsicht ein System mit größerer *innerer* Flexibilität auch produktiver sein *Außenverhältnis* zu seiner Umwelt neu regulieren, auf beiden Ebenen, auf der Ebene der Verfassung des

12. So der Titel eines Buches von *A. Kluge,* Frankfurt/M. 1973.

Schulwesens einer Gesellschaft im ganzen wie auf der Ebene der einzelnen Schule. Es überrascht nicht, daß in dieser Richtung auch einige wichtige Merkmale der sog. »guten Schule« identifiziert worden sind.

Ohne Freiheit zum pädagogischen Experiment, zum Schulversuch, zu Versuchsschulen, zum Projekt jenseits der üblichen Schulroutine, kurz, ohne Variationsimpulse ist die Gefahr, daß wir uns durch mangelnde Innovationsfähigkeit unsere Zukunft verstellen, größer. Schulen in freier Trägerschaft sind insgesamt ein solcher Schritt zu gesellschaftlicher Offenheit und Flexibilität. Jede einzelne dieser Schulen könnte es ebenfalls sein, besonders diesem dritten Ansatz gemäß, insofern nicht nur der äußere Spielraum genutzt, sondern auch in der Schule selbst Spielraum gewährt wird.

Evangelische Schulen als Freie Schulen, das heißt *zusammengefaßt:* Die Freiheit nach innen und außen verdanken sie in theologischer Sicht dem Evangelium. Die verfassungsrechtlich eingeräumte Freiheit verbinden sie mit dem politischen Willen, Freiheit nicht nur negativ abgrenzend als individuelles Abwehrrecht zu verstehen, sondern positiv als Einladung, in Freiheit zusammen mit anderen »das gemeinsam Angehende« zu verantworten (vgl. zu dieser Formel bereits Kap. 4 und Kap. 10). Dies bedeutet schließlich pädagogisch, daß evangelische Lehrer und Lehrerinnen unabhängig davon, ob sie an staatlichen Schulen, kirchlichen Schulen oder »christlichen Gemeinschaftsschulen« unterrichten (letztere sind ausdrücklich dem Christentum in seiner gesellschaftlich enkulturierten Form verpflichtet), auch dann schon den Sinn christlicher Erziehung und Bildung erfüllen, wenn sie gemeinsam mit allen anderen Pädagogen das für alle Schüler gemeinsam Gute anstreben. Dieser Aspekt ist im folgenden eigens zu entfalten.

3. Evangelische Schulen als »gute Schulen«

Gute Schulen - christliche Schulen

Evangelische Schulen sollten auf erziehungswissenschaftliche Bestimmungen der Merkmale einer »guten Schule« hören; sie können ihrerseits zu dieser Diskussion beitragen, wenn man auf sie hört. Das Gespräch um die gute Schule wird zur Zeit im Blick auf staatliche Schulen geführt. Das muß Freien Schulen recht sein; nach dem hier vertretenen Ansatz möchten evangelische Schulen ebenfalls zur *allgemeinen Qualität des Schulwesens* beisteuern. Sie sind gegen staatsmonopolistische Vereinheitlichung, aber für das größtmögliche Maß an gemeinsamer vernünftiger pädagogischer Erkenntnis. Darum steht dieser Abschnitt, der darstellt, was evangelische Schulen mit anderen guten Schulen gemeinsam haben könnten, vor dem Abschnitt über das besondere weltanschauliche Profil. Darin spricht sich zugleich der Wunsch aus, daß evangelische Lehrer und Lehrerinnen, Erzieher und Erzieherinnen auf der Grundlage des hier bekräftigten Begründungsmodells pädagogische Merkmale nicht als spezifisch evangelische oder gar ausschließlich für sie geltende ausgeben möchten, die sie der allgemeinen Geschichte der Pädagogik, etwa der reformpädagogischen Bewegung, verdanken.

Mit diesem Ansatz wird die Dauerdiskussion über die Propriumsfrage entkrampft. Die Energien werden nicht einseitig darauf gerichtet, nur das Besondere hervorzuheben, schließlich gar nur noch das vermeintlich rein und exklusiv theologische Profil, während doch die Schulwirklichkeit stets ziemlich stark von weltlichen pädagogischen Faktoren 'durchwachsen' bleibt; das zeigt schon der flüchtige Blick auf die Geschichte der christlichen, auch der pietistischen Schulen[13]. Anders gewendet: Evangelische Schulen wahren nach unseren Vorstellungen das evangelische Proprium auch dort, wo das eigene Schulehalten mit der Praxis staatlicher Schulen oder mit der von Schulen in anderer freier Trägerschaft verwechselt werden kann; ausschlaggebend ist, daß es sich wirklich um eine gute Schule handelt; denn es ist Gottes Wille, daß Kindern geholfen wird und Menschen menschlich heranwachsen. In diesem Sinne ist eine gute Schule auch eine christliche Schule. Umgekehrt mögen manche Schulen sich christlich nennen und geben, ohne gute Schulen zu sein. Ich bezweifle, daß sie dann in Gottes Sicht wirklich eine christliche Schule sind.

Absage an den Zwangscharakter pädagogischer Normen als erste Option

Wie will man ermitteln, was eine »gute Schule« ausmacht? Es gibt empirische und normative Wege. Im ersten Falle kann man Lehrer, Schüler und Eltern befragen, wie sie jeweils gute und schlechte Schulen *wahrnehmen*. Man muß dabei einerseits mit unterschiedlichen Wahrnehmungs- und Beurteilungskriterien rechnen, andererseits gibt es auch Übereinstimmungen. Helmut Fends Erkenntnisse aus umfänglichen empirischen Erhebungen werden von ihm insofern als »sehr erfreulich« angesehen, als »positive Verhältnisse in der Sicht der Lehrer« sich »in entsprechenden positiven Wahrnehmungen in der Sicht der Schüler« spiegeln[14]. Fend geht noch einen Schritt weiter; den »eigentlichen Test«

13. Zu den »geschichtlich-gesellschaftlichen Verflechtungen« s. meine in Anm. 4 genannte Studie, S. 18ff.
14. *H. Fend:* Gute Schulen - schlechte Schulen, in: »Gute Schule« - Was ist das? Aufgaben und Möglichkeiten der Lehrerfortbildung, Loccumer Protokolle 17/1986, hg. von *K. Ermert,* Ev. Akademie Loccum 1987, S. 17-50, hier S. 39; *ders.:* »Gute

für das, was als »gute Schule« definiert werden dürfe, habe man »in den tatsächlichen *Wirkungen«* zu sehen, »die sich im Verhalten und der Persönlichkeit der Schüler niederschlagen« (S. 44; Hervorhebung von mir). Das Problem bleibt jedoch bestehen. Wenn man Wirkungen beurteilen will, braucht man ebenfalls Beurteilungskriterien; daher kommt keine Schulpädagogik um die normative Seite des Problems herum.

Erstens schließt nämlich pädagogisches Handeln ohnehin eine Vielzahl mehr oder weniger bewußt getroffener normativer Entscheidungen ein; es kommt also darauf an, welchen man folgen soll, nicht, ob überhaupt. Zweitens macht Fritz Bohnsack mit Recht darauf aufmerksam, daß die »verständliche Gegenreaktion« eines Lehrers oder Schulleiters gegenüber Vorschlägen für eine gute Schule, nämlich der Einwand, sie seien »nicht realisierbar«, das Wesen der normativen Aussage »wenigstens prinzipiell« gar nicht trifft: »gefragt ist seine *Entscheidung,* ob er in diese Richtung gehen *will,* weil er sie als not-wendig akzeptiert.«[15] Im übrigen sollten wir uns überhaupt von der irrigen Vorstellung lösen, als ob normative Überlegungen (Was sind die Normen einer »guten Schule«? Was sind im besonderen christliche Normen? Was ist ein rechter christlicher Lehrer? usw.) mit einer um jeden Preis durchzusetzenden Realisierung stehen oder fallen. Im Sinne der theologischen Dialektik von Gesetz und Evangelium werden evangelische Schulen mit Normen anders umgehen. Für sie dürfen weder pädagogische noch erst recht theologische normative Aussagen zum »Gesetz« werden. Ich halte die Absage an den Zwangscharakter einer normativen Pädagogik, nehme sie eine christliche oder nichtchristliche Form an, für die allererste Option einer »guten Schule«, für die evangelische Schulen besonders einzutreten haben[16]. Wie schon die Gebote des Alten Testaments sind Normen als einladende Wegweisung zu verstehen, um das Gute auszulegen; sie sind lebensförderliche Hilfen zur Orientierung.

Schulen - schlechte Schulen«. Die einzelne Schule als pädagogische Handlungseinheit, in: Die Deutsche Schule 78 (1986), 3, S. 275-293; *ders.:* Schulqualität. Die Wiederentdeckung der Schule als pädagogische Gestaltungsebene, in: Neue Sammlung 28 (1988), 4, S. 537-547.

15. *F. Bohnsack:* Strukturen einer »guten« Schule heute; in: »Gute Schule« - Was ist das? ..., Loccumer Protokolle, a.a.O. (Anm. 14), S. 51-113, hier S. 53. - Zur Fortsetzung der Diskussion über die »gute Schule« vgl. die Hefte 1-4: Beiträge aus dem Arbeitskreis 'Qualität von Schule', hg. vom Hessischen Institut für Bildungsplanung und Schulentwicklung, Wiesbaden/Konstanz 1987/1988.
16. Diese Absage entspricht dem bereits im Grundlagenteil (Kapitel 2) geäußerten grundsätzlichen Vorbehalt gegenüber einer 'gesetzlichen' Verwendung des Begriffs »Bildungsverantwortung« (ebd., S. 77). Auf diesem theologischen Hintergrund sind auch noch einmal die rigiden normativen Züge im Konzept der A.-H.-Francke-Schulen zu überprüfen.

Zusammengefaßt: Die Normen einer »guten Schule« hängen in ihrer »Gültigkeit«, philosophisch gesehen, nicht von ihrer »Realisierbarkeit« ab, so das Argument Bohnsacks. Sie dürfen, theologisch gesehen, nicht vom Evangelium gelöst werden oder gar an dessen Stelle treten. Sie sind nämlich in ihrem Charakter, pädagogisch betrachtet, in Analogie zur theologischen Sichtweise Einladung und Wegweisung.

Plädoyer für individuelle Schulgestalten als zweite Option

Nachdem in den 60er und 70er Jahren Pläne zur Umgestaltung des ganzen Schulsystems im Vordergrund standen, fällt seit einigen Jahren der Blick aus verschiedenen Gründen immer stärker auf die einzelne Schule. Zum einen sind die Unterschiede zwischen den einzelnen Schulen selbst bei gleichen Rahmenbedingungen einfach ein Tatbestand, der nicht als Ärgernis, sondern als Fingerzeig für die *Geschichtlichkeit pädagogischen Lebens* angesehen werden sollte. Wir werden heute wieder sensibel für das Individuelle, für die Individualität des Schülers, die Individualität der Lehrenden und eben auch die *individuelle Schulgestalt*[17]. Es bestehen vermutlich Zusammenhänge mit dem neuen theologisch-pädagogischen Interesse an der Lebensgeschichte. Auch Schulen haben eine Geschichte, sollten so etwas wie geschichtliche Tradition ausbilden.

Evangelische Schulen, Ausbildungsstätten und Heime sind fast durchweg besonders geprägte Individualitäten. Sie sind jeweils in einer besonderen geschichtlichen Situation entstanden; wie Neugründungen zeigen, ist dieser Vorgang bis heute nicht abgeschlossen. Unterschiedliche evangelische Traditionsströme haben die Gründungen bestimmt: reformatorisch-humanistisches Erbe des 16. Jahrhunderts in manchen Gymnasien, pietistisches Erbe aus dem 17. und 18. Jahrhundert, diakonisches unter dem Einfluß Johann Hinrich Wicherns oder Wilhelm Löhes, reformpädagogische Impulse aus der Landerziehungsheimbewegung aus dem ersten Drittel dieses Jahrhunderts, Gründungen nach dem letzten Weltkrieg unter dem Eindruck geschichtlicher Herausforderungen, besonders unter den Nachwirkungen der Erfahrungen der Bekennenden Kirche, des Kirchenkampfes und der Judenverfolgung[18].

Die Wertschätzung des Individuellen ist nicht selbstverständlich. Der geistes- und pädagogikgeschichtliche Durchbruch erfolgte in der Zeit der Romantik. Die Aufklärung dachte vom Individuum her, das abstrakt dem Staat gegenüber-

17. Zur Notwendigkeit von »Schulvielfalt« vgl. seit Jahren die verdienstvollen Bemühungen von H.Ch. Berg.
18. Vgl. *Vf.*, Evangelisches Erziehungsverständnis und evangelische Schulen, a.a.O. (Anm. 4), S. 5ff.

steht[19]. Wer dagegen wie Schleiermacher von persönlicher »Individualität« oder »Eigentümlichkeit« spricht, meint nicht nur das Individuum in seinem Subjektsein, besonders in seiner sittlichen *Freiheit* im Sinne Kants - in ihr sind sich alle Individuen *gleich* -, sondern er meint freie Subjekte, die sich auf Grund der Wahrnehmung ihrer Freiheit *unterscheiden* dürfen. Diese Unterschiede ergeben sich durch die lebensgeschichtliche Entfaltung der Person im Sinne persönlicher *Bildung*[20]. Nur wer auch die individuelle Vielfalt begrüßt, bejaht wirklich das Subjekt- und Personsein des einzelnen. Ein analoger Vorgang wie der Schritt vom abstrakten Individuum zur konkreten Individualität vollzog sich sodann auch im großen. Die romantische Kulturtheorie trug zum geschichtlichen Denken überhaupt bei. Auch soziale Gebilde und Gemeinschaftsformen wurden fortan als Individualitäten verstanden und traten an die Stelle einer mechanisch-abstrakten Vorstellung vom Staat. Mit Individualismus hat das Ganze darum nichts zu tun.

Gute Schulen sind Schulen, in denen Respekt vor der Individualität als der lebensgeschichtlich gewordenen Gestalt der einzelnen Person wie vor der geschichtlich gewordenen Gestalt der einzelnen sozialen Institution herrscht. Die Kategorie der individuellen Gestaltwerdung vereinigt ein konservatives und ein progressives Moment; sie verweist einerseits auf Traditionsbildung - Schulen mit lebendig gebliebener geschichtlicher Tradition werden wahrscheinlich in sich sicherer ihren Weg gehen -, andererseits auf das moderne, herausfordernde Problem des Pluralismus: Individuelle Unterschiede muß man auf allen Ebenen auch auszuhalten lernen. Für Schleiermacher war es selbstverständlich, daß sich auch der christliche Glaube individuell ausprägen darf, weil die eigene religiöse Erfahrung in einer »eigentümlichen« persönlichen Weise gemacht wird (vgl. Kap. 3). Für ein ungeschichtliches Denken über (religiöse) Wahrheit ist dieser Ansatz freilich schwer nachzuvollziehen. Wenn evangelische Schulen für die individuelle evangelische Schulgestalt optieren, müssen sie daher wissen, was sie tun und wie ernst sie es damit auf allen Ebenen tatsächlich meinen (s. schon oben Abschnitt 2). Die staatliche Schulverwaltung hat daneben noch aus dem folgenden Grunde Anlaß, der einzelnen Schule mehr Autonomie zu gewähren.

19. Vgl. zum einen *Rousseaus* »Emile«, zum anderen seinen »Contrat social«.
20. Den anthropologischen Durchbruch zu dieser Erkenntnis schildert der junge Schleiermacher in seiner Schrift »Monologen« aus dem Jahre 1800.

Pädagogische Kultur und gemeinsames Handeln im Sog konkreter Aufgaben als dritte Option

In der neueren schulpädagogischen Diskussion wird der Akzent m.E. mehr noch als auf die *individuelle* Schulgestalt auf das Moment der individuellen Schul*gestalt* gelegt. H. Fend stellt fest, daß seit seinen ersten großen Schuluntersuchungen im Jahre 1973 »der Sachverhalt, daß der *einzelnen Schule als pädagogischer Handlungseinheit* eine große Bedeutung zukommt, weite Anerkennung gefunden« habe[21]. In diesem Zusammenhang spricht er auch von der *»Kultur«* einer Schule (S. 18) und verweist auf internationale Erhebungen sowie nationale Untersuchungen, die gemeinsam zeigen, so nach M. Rutter, »daß im pädagogischen Ethos, im kollektiven Verantwortungsgefühl eines Lehrerkollegiums am prägnantesten die Qualität einer Schule zum Ausdruck kommt« (ebd.)[22].

Die »Kultur« einer Schule ist nicht von außen zu steuern und zu kontrollieren, wie überhaupt eben nicht zu machen. Auf die Bedeutung der *»pädagogischen Kultur«* bin ich Mitte der 80er Jahre bei einer Studie zum Einfluß westlich-christlicher Werte auf ein Schulsystem wie das der Bundesrepublik Deutschland im Vergleich zu einem islamisch geprägten gestoßen, angeregt durch die Rolle des Kulturbegriffs in der ökumenischen Diskussion[23]. Zum selben Zeitpunkt hat sich auf eigene Weise besonders Peter Fauser des Sachverhalts angenommen. Kultur versteht er hierbei mit einer Definition Hermann Bausingers als ein »bis ins Alltägliche hineinreichendes Zusammenspiel von Formen und Normen«[24]. Andere wie Thomas Ziehe sprechen von der *»symbolischen Ordnung«*[25], die sich in einer individuellen Schule aus dem Zusammenspiel der persönlichen Stile der Lehrenden und aus dem Geist des Zusammenlebens entwickelt. Sie äußert sich im spezifischen Charakter des *»Schullebens«* sowie im »Klima«[26] bzw. der »Atmosphäre«

21. Gute Schulen - schlechte Schulen, in: Loccumer Protokolle, a.a.O. (Anm. 14), S. 17.
22. Vgl. *M. Rutter u.a.:* Fünfzehntausend Stunden - Schulen und ihre Wirkung auf die Kinder, Weinheim/Basel 1980.
23. Educational Goals, Institutions, Practices in a Christian Context, in: *H. Dobers u.a. (Hg.):* Education and Value systems, Mainz 1987, S. 38-62. - Zur Einführung der Kategorie der »pädagogischen Kultur« in die hier entfaltete Theorie und zu ihrer grundsätzlichen theologischen, anthropologischen und pädagogischen Bedeutung s. bereits Kap. 2.
24. *H. Bausinger:* Bürgerlichkeit und Kultur, Göttingen 1986, zitiert nach *P. Fauser:* Welche pädagogische Verfassung braucht die Schule?, in: Schule in guter Verfassung, Protokolldienst der Ev. Akademie Bad Boll 23/1988, Bad Boll 1988, S. 79-112, hier S. 99.
25. *Th. Ziehe:* Gegen die Gemütlichkeit der Szene, in: *M. Behr (Hg.):* Schulen ohne Zwang, München 1984, S. 39-47, hier S. 41.
26. *H. Fend:* Schulklima, Weinheim/Basel 1977.

einer Schule[27]. Im Blick auf die Vergangenheit kann man auch von der »Aura« mancher früherer Schulen sprechen[28].

Was bedeutet die pädagogische Kultur der Schule für ihre Qualifizierung als gute Schule? Welche Elemente lassen sich genauer angeben. Eine »gute Schule« gibt hinsichtlich des *»Schullebens«* den Schülern eine Menge Möglichkeiten, sich auch außerplanmäßig in Spontan-, Hobby- oder Arbeitsgruppen zu betätigen. In ihr werden Theatergruppen gebildet und Klassenfahrten sowie Klassenfeste von Lehrern nicht als notwendiges Übel betrachtet. An diesen Schulen arbeiten auch Eltern aktiv an den Belangen und Problemen der Schule mit[29]. Hinsichtlich der *Kooperation und Interaktion im Lehrerkollegium* kommt es offensichtlich darauf an, daß, wie F. Bohnsack formuliert, der Weg »vom Lehrer-Konglomerat zum Kollegium« gelingt[30]. Ein besonders scharf trennender Bereich betrifft ferner den *Umgang mit Problemüberlastungen.* »Als primäre Problemlast« werden in der Regel heute die Schüler angesehen. Die dahinter sich verbergenden Sachverhalte »werden aber in schlechten Schulen nicht als pädagogische Herausforderung und als bewältigbares Problem empfunden, sondern in einer defensiven Abwehrhaltung als Berufsbelastung definiert«[31]. Zu dieser defensiven Abwehrhaltung paßt, daß als schlechte Schule die beurteilt wird, in denen die Lehrerschaft eine abschätzige Einstellung zu den Schülern ausbildet (»Lächerlichmachen«) (S. 34).

Der wichtigste Faktor, der gute und schlechte Schulen voneinander unterscheidet, ist neben dem »Stil des Umgangs mit den Schülern« die »Wahrnehmung gemeinsamer Verantwortlichkeit« (ebd.). Breitet sich in einer Schule ein *»kollektiver Verantwortungsverlust«* aus, verbunden mit einem *»Kontrollverlust«,* weil sich die meisten Lehrer damit abgefunden haben, eine Ordnung unter den Schülern doch nicht herstellen zu können (ebd.), oder ist das Kollegium noch fähig und bereit, pädagogische Herausforderungen anzunehmen, und zwar *gemeinsam?* Zusammenbruch der Kommunikationsstruktur (Vereinzelung der Lehrer, Rückzug, Distanzierung von den Schülern) und Verantwortungsverlust hängen miteinander zusammen und entscheiden wesentlich mit darüber, wie es

27. Vgl. insgesamt hierzu auch *F. Bohnsack,* Strukturen ..., a.a.O. (Anm. 15) S. 70, 76, 81.
28. So *Th. Ziehe:* »Ich bin heute wohl wieder unmotiviert ...« - Zum heutigen Selbstbild von Schülern und Lehrern, in: *F. Bohnsack (Hg.):* Sinnlosigkeit und Sinnperspektive. Die Bedeutung gewandelter Lebens- und Sinnstrukturen für die Schulkrise, Frankfurt/M. 1984, S. 116-133, hier S. 124.
29. *H. Fend:* Gute Schulen - schlechte Schulen, in: Gute Schule - Was ist das?, a.a.O. (Anm. 14), S. 29.
30. A.a.O. (Anm. 15), S. 97; vgl. auch *Fend,* S. 28.
31. *H. Fend,* a.a.O., S. 33.

um dic pädagogische Kultur einer Schule im Sinne einer guten Schule bestellt ist. In guten Schulen, so zeigen Wirkungsanalysen, sind die Unterschiede im abweichenden Verhalten geringer (Aggression gegen Lehrer, besonders aber gegen Mitschüler und Sachen, S. 44), und die Schüler fühlen sich »stärker angenommen« (ebd.).

Evangelische Schulen haben wie alle Freien Schulen bessere Voraussetzungen für die Schaffung einer »pädagogischen Kultur« als staatliche Schulen, denn bestimmte schulpädagogische Voraussetzungen sind hier leichter zu erfüllen (Bildung eines Wahlkollegiums, größere Gemeinsamkeit in pädagogischen Grundüberzeugungen, regelmäßige pädagogische Konferenzen). Man verkenne nicht die Zwänge, unter denen auch diese Schulen stehen. Vieles kann jedoch überwunden werden, wenn Lehrer und Schüler gemeinsam motiviert sind. Dies ist dann der Fall, wenn sie in *die Kraft des »Sogs konkreter Aufgaben«* geraten[32] und sie sich hierbei gleichzeitig auch von der *Elternschaft* und im Idealfall von einer breiteren *Öffentlichkeit* unterstützt sehen.

Jetzt stellt sich nach Ansicht von Doris Knab übrigens auch die Frage der *Mitbestimmung* in den Gremien gemäß der Schulverfassung anders: »Schulen sind dann in einer guten Verfassung, wenn sie Bedürfnisse und Impulse der an ihnen Beteiligten (und das heißt auch aus ihrem Umfeld) aufnehmen und in eine für sie lösbare pädagogische Aufgabe transformieren können ... Der informelle Informations- und Kommunikationsfluß, freie Arbeitskreise, Lehrer-Eltern-Workshops usw. scheinen dafür viel wichtiger als die offiziellen 'Verfassungsorgane'.«[33]

Eine unabdingbare äußere Voraussetzung ist freilich in allem, daß staatliche wie private Schulträger die Schaffung jener »Gestalt«-Qualitäten einer Schule als ebenso wichtig wie den geregelten Unterricht selbst begreifen lernen und dafür Zeit einräumen (Deputatsnachlaß). Man muß das pädagogisch Kostbare sich etwas kosten lassen. Beteuerungen des guten Willens werden sonst auf die Dauer zynisch, und man verursacht unter den Lehrern genau jene Resignation, die man anschließend beklagt und die sich sofort auch auf die Schüler überträgt und diese dazu veranlaßt, den Schulbetrieb nur noch unter einem ökonomischen Kosten-Nutzen-Kalkül zu durchlaufen. Jedes eigene Engagement verlöscht, kein Schüler wird von irgendeinem »Sog konkreter Aufgaben« mitgerissen.

32. *D. Knab:* Schritte auf dem Weg zu einer demokratischen Schulverfassung, in: Schule und Recht: Schulverfassung, Protokolldienst Ev. Akademie Bad Boll, 24/87, S. 60-74, hier S. 70.
33. A.a.O., S. 71. »Die Veränderungen der Lebenslage verändern die Schule, nicht der Kampf um die Mitbestimmung« (S. 69 unter Berufung auf *Ch.Th. Scheilke).*

Bildendes Lernen mit subjektivem und allgemeinem Sinn als vierte Option

Auch in der gegenwärtigen Schulpädagogik versammelt sich seit einigen Jahren das Problem- und Aufgabenbewußtsein um den *Begriff des Lebens,* geht es doch wie in der Religionspädagogik dieses Jahrhunderts darum, daß sich das trockene, 'tote' Lernen in 'lebendiges', persönlich bedeutsames Lernen verwandle. Das Bedürfnis ist allgemein, denn wie der Religionsunterricht leidet offensichtlich die ganze Schule unter der ähnlichen strukturellen Aporie, Schülern in Institutionen lebensnahe Erfahrungen ermöglichen zu wollen, ja, zu müssen, für die diese Institutionen zunächst gerade nicht eingerichtet worden sind: religiös bedeutsame Erfahrungen in religionspädagogischer Hinsicht, allgemein lebensbedeutsame Erfahrungen in schulpädagogischer Hinsicht überhaupt. In der modernen Schule ist ein *struktureller Widerspruch institutionalisiert.* Was in unserer Untersuchung zunächst nur als religionspädagogisches Sonderproblem erschien (s. oben bes. Kap. 5 und 10), ist ein allgemeines Problem.

Der Lebensbegriff samt dem Umfeld jener Begriffe, die zur Zeit in der Religionspädagogik und Schulpädagogik mit ihm verbunden werden (ihm nah verwandte oder mit ihm zusammengesetzte Begriffe wie »Lebendigkeit«, »Lebenswelt«, »Lebensbezug«, »Lebensnähe«, ihm benachbarte wie »Erfahrung«, »ganzheitlich«, »Sinn«), ist ein höchst schillernder Begriff und kann entsprechend in unterschiedlichsten Kontexten verwendet werden. »Ganzheitlichkeit« wird einmal - um Extreme einander gegenüberzustellen - im Umkreis der philosophisch-meditativen Lebenspraxis des New Age gebraucht. Ebenso streben ausdrücklich pietistisch-evangelikale Neugründungen »eine ganzheitliche Bildung« an[34]. Bei näherem Hinsehen entpuppen sich ziemlich gegensätzliche Auffassungen. Wie am Ende des ersten Teils geraten wir nochmals gegen Ende dieses zweiten in die Anziehungskraft von Begriffen, die offensichtlich für immer mehr Menschen eine immer größere Verheißung enthalten, weil sie auf ebenso starke grundlegende Bedürfnisse antworten. Wie wird diese Diskussion auf das Ringen um die »gute Schule« bezogen?

Fritz Bohnsacks großer Überblick sucht »insgesamt« »nach Möglichkeiten, *sinnerfüllte Lebendigkeit der Subjekte* innerhalb der öffentlichen Lerneinrichtung Schule zu erhalten und zu fördern ...«[35] Ein erster Problemaspekt ergibt sich aus der fragenden Gegenüberstellung von *»Institutionalisierung oder Leben«* Bohnsack will die Spannung zwischen beidem aushalten, die scheinbare »Antinomie« überwinden (ebd.). Er ist nüchtern genug, um die Schule als Institution

34. Pädagogisches Konzept der A.-H.-Francke-Schulen, a.a.O. (Anm. 10), S. 148.
35. *F. Bohnsack,* a.a.O. (Anm. 15), S. 61 (Hervorhebung von mir).

mit ihrem Recht auf institutionalisierte Regelungen anzuerkennen. Wir können hier nicht im einzelnen aufführen, was alles getan werden sollte und auch getan werden kann, um trotzdem »sinnerfüllte Lebendigkeit der Subjekte« zu erhalten. Was grundsätzlich als Problem ansteht, ist jedenfalls auf dem Hintergrund unserer Analysen verständlich: die *Subjektivitätsthematik* ist die *Thematik der Moderne*. Der einzelne sieht sich mit seinem Wunsch nach einem selbständigen, persönlichen, sinnerfüllten Leben durch Prozesse bedroht, die über ihn hinweggehen. Sie sind schwer zu durchschauen und noch weniger wirklich zu beeinflussen. Da beides ein Produkt der Moderne ist, die Herrschaft bürokratisierter und durchorganisierter Großorganisationen und das auf Unabhängigkeit gerichtete Lebensgefühl des einzelnen, kann auch von der inneren Dialektik der Moderne gesprochen werden.

In der Kirche ist das Problem als das der Spannung zwischen den Ansprüchen und Normen der institutionalisierten Kirche und dem religiösen Selbständigkeitsbedürfnis im Sinne persönlicher Religiosität vertraut geworden, wie es sich in gewisser Weise schon in der Kapitelabfolge des ersten Teils gespiegelt hat: Vom kirchlich-gemeindlichen Ansatz ausgehend (Kap. 2), mußten immer stärker die zentrifugal wirkenden geschichtlichen Kräfte modernen (Kap. 3) und postmodernen Zuschnitts (Kap. 4) ins Spiel gebracht werden.

Die dialektische Spannung in unseren modernen Gesellschaften, die mit ihren Einrichtungen das Subjekt 'befreit' haben, um es gleichzeitig von sich selbst zu entfremden, ist eine der Ursachen für die erwähnte *Aporie der Schule*. Auch die moderne Schule ist einerseits durchrationalisiert und längst ein höchst ergiebiger Gegenstand der Organisations- und Bürokratieforschung geworden. Die Schule soll der modernen Gesellschaft als einem System immer feinerer Arbeitsteilung dienen, das auf Effektivität im Sinne von Leistungssteigerung, Mobilität und Flexibilität gerichtet ist. Die mit der Einführung des Schulzwangs einhergehende Institutionalisierung des schulischen Lernens[36] in Form des Ausbaus der Schule als Institution von Leistung und Auslese[37] mochte nun im 19. Jahrhundert so lange gerade angehen, als die Alltagswelt außerhalb der Schule noch zusammenhängende Erfahrungen ermöglichte. Man erlernte und erlebte noch manches zusammen mit den Erwachsenen in deren integrierter Lebens- und Arbeitswelt, so jedenfalls weithin in einer von ländlichen und kleinstädtischen Strukturen bestimmten Gesellschaft. Die Schule hatte eine das *Leben ergänzende* Funktion, für Kinder der sozialen Unterschicht sogar eine zum Teil förderliche, weil sie

36. Vgl. *W. Sachs:* Schulzwang und soziale Kontrolle. Argumente für eine Entschulung des Lernens, Frankfurt/M. u.a. 1976.
37. *C.-L. Furck:* Das pädagogische Problem der Leistung in der Schule, Weinheim 1961, 5. Aufl., 1975.

ihnen die einzige Möglichkeit bot, den Horizont zu erweitern. Das gehobene Bürgertum kannte und nutzte noch lange Zeit andere Wege neben der Schule, um die eigenen Söhne und Töchter zu »bilden«.

Seit spätestens Ende des vorigen Jahrhunderts haben Pädagogen, angeleitet durch die Kultur- und Schulkritik Friedrich Nietzsches, Paul de Lagardes und anderer, erkennen müssen, daß sich die Lage umgekehrt hat. Ausgerechnet die Schule soll jene »sinnerfüllte Lebendigkeit der Subjekte« erhalten und fördern, die die Umwelt der heranwachsenden Generation versagt. Die Gesellschaft wird auf der Produktionsseite von einem harten Konkurrenzkampf und auf der Reproduktionsseite von einem kommerzialisierten, oft nur ganz oberflächlichen Freizeitkonsum geprägt. Im übrigen wird das »Leben« auf dem Wege über die ununterbrochen auf den einzelnen einströmenden Angebote der »Bewußtseinsindustrien« hauptsächlich aus zweiter Hand vermittelt. Jetzt wird der Schule aus der Not der Gesamtsituation heraus neben ihrer traditionellen Rolle gleichzeitig eine *Leben ermöglichende* Funktion angedient. In der deutschen Schulgeschichte beginnt um die Jahrhundertwende die Zeit der emphatischen pädagogischen Reform im Zeichen des Ideals erfüllten, kreativen Lebens. In der letzten Phase dieses Jahrhunderts ist der Widerspruch besonders deutlich geworden: Seit den 60er Jahren wird die Schule immer stärker curricular organisiert; gleichzeitig erneuert sich immer heftiger der Ruf nach einer pädagogischen Erneuerung. Kann sich die Schule dieser Notwendigkeit entziehen? Die Berufsdisziplin, die Pädagogik, hat längst die Antwort gegeben und muß sie immer wieder erneut geben. Die erste Antwort war die »pädagogische Bewegung«, die nach Herman Nohl bereits in der Goethezeit begonnen hat und die in der »Reformpädagogik« im ersten Drittel dieses Jahrhunderts ihren breiten Durchbruch versuchte[38]. Eine der Antworten besteht heute in der ausdrücklichen Erneuerung der Einsichten dieser Epoche, und zwar theoretisch und praktisch, unter anderem in der Gründung von Alternativschulen[39].

Eine »gute Schule« weiß sich im Sinne dieser geschichtlichen pädagogischen Entwicklung verpflichtet, Anwalt des Schülers zu sein, um im »Schüler« den *Menschen als ganze Person* ernst zu nehmen. Sie will menschliche *Bildung*

38. Vgl. die klassische Zusammenfassung durch *H. Nohl:* Die pädagogische Bewegung in Deutschland und ihre Theorie (1935), 5. Aufl., Frankfurt/M. 1961.

39. Vgl. die beispielhaften Bemühungen der Akademie für Bildungsreform, hierzu zuletzt *F.-M. Konrad:* Reformpädagogik und Schulentwicklung, in: *P. Fauser/H. Muszyński (Hg.):* Lebensbezug als Schulkonzept? Ein deutsch-polnisches Gespräch über praktisches Lernen und Schulreform, Weinheim/München 1988, S. 111-128; s. ferner: *A. Flitner,* Für das Leben lernen - oder für die Schule?, ebd., S. 173-194. - Bei der schon mehrfach erwähnten Abhandlung von *F. Bohnsack* ist bezeichnend, daß fast jeder Abschnitt von diesem führenden Dewey-Experten mit Hinweisen auf *J. Dewey* eingeleitet wird.

fördern. Der Einspruch im Namen der Pädagogik ist alt. Er stammt im Prinzip bereits, wie erwähnt, aus der ersten pädagogischen Gegenbewegung gegen die Industrialisierung unserer Lebensverhältnisse.

Im 6. Brief seiner Briefe über die ästhetische Erziehung des Menschen hat bereits Friedrich Schiller kritische Klage über die aufklärerisch-analytische Zertrennung der Lebenszusammenhänge geführt, durch die der Mensch ein bloßes Rädchen im Getriebe werde. Die Entwürfe aller großen Pädagogen jener Zeit weisen in dieselbe Richtung: Pestalozzis Plädoyer für eine ganzheitliche Bildung von »Kopf, Herz und Hand«, Fichtes Ideal des »selbsttätigen« Menschen, W. von Humboldts Idee der »gleichmäßigen« Entfaltung der Kräfte, Herbarts Eintreten für die »Vielseitigkeit des Interesses«.

Ich kenne keine evangelische Schule, der nicht längst die hier umrissene pädagogische Grundoption aus der mit allen anderen Schulen geteilten gemeinsamen Geschichte der Pädagogik mehr oder weniger zugewachsen ist. Diese Option muß allerdings immer wieder neu vor Mißverständnissen geschützt werden. »Sinnerfüllte Lebendigkeit der Subjekte« ist erstens heute durch eine *einseitige lebensphilosophische Deutung* von »Lebendigkeit« gefährdet. In der reformpädagogischen Bewegung »waren überall Grundbegriffe der *Lebensphilosophie* maßgebend«, wie A. Flitner mit Bezug auf die diese Einflüsse nachweisenden Forschungen O.F. Bollnows und seiner Schüler jüngst noch einmal festgestellt hat[40].

Die lebensphilosophischen Ideen aber »konvergierten im Glauben an die ursprüngliche gute Natur und schöpferische Kraft im Menschen, den guten Kern, den man nur wieder freilegen müsse. Daher begründet sich auch der fabelhafte Optimismus dieser Erziehergeneration. Nicht daß sie meinte, mit Erziehung alles 'machen' zu können. Erziehungsgläubig ist sie gerade deshalb, weil Erziehung nicht das Gute zu schaffen, sondern es nur zum Vorschein zu bringen habe. Bewahren gegen die gesellschaftliche Verformung und Freilegen eines ursprünglichen Wesens, der eigentümlichen Lebenskräfte des Kindes - das ist die Aufgabe der Erziehung, und das macht ihr unerschöpfliches Potential aus« (S. 177f.).

Evangelische Schulen können nicht nur aus pädagogischen, sondern auch aus theologischen Gründen diese optimistischen anthropologischen Absolutsetzungen nicht mitvollziehen. Die pädagogische Verantwortung gegenüber dem Kind und dem Jugendlichen und seinem Leben wird jedoch dadurch nicht im mindesten eingeschränkt.

40. *A. Flitner*, Für das Leben lernen - oder für die Schule?, a.a.O. (Anm. 39), S. 177. - Für die religionspädagogische Diskussion vgl. den Einfluß der Lebensphilosophie auf O. Eberhard (s.o. Kap. 10).

Die benachbarte zweite Gefahr droht von einer *Überhöhung des Subjekts,* die paradoxerweise auch mit einer möglichen sublimen *Abwertung des Subjekts,* vor allem seiner selbständigen kritischen Urteilsfunktionen, einhergehen kann.

In der Anthroposophie, der Grundlage der Waldorfpädagogik, gilt das »Ich« als das »eigentliche Wesen« des Menschen. Es gehört zum Bereich des Geistigen; die Selbständigkeit des Geistes aber kann und soll der entwicklungsdeterministischen Schau Rudolf Steiners gemäß erst spät zum Zuge kommen:

Nach der anthroposophischen Anthropologie macht das Ich eine Entwicklung durch (zuerst Geburt des physischen Leibes, im 7. Lebensjahr Geburt des Ätherleibes als Träger des Lebendigen im Sinne von Wachstum, Funktion und Reproduktion; zu Beginn der Pubertät im 14. Lebensjahr Geburt des Astralleibes mit der gesteigerten Fähigkeit seelischen Erlebens, aber noch nicht des Denkens (!). Erst im 21. Lebensjahr tritt das »Ich« als geistige Mitte hervor, und der junge Mensch ist »in der Lage ..., die *Selbst*erziehung in eigener Regie in die Hand zu nehmen«[41].

Die dritte Gefahr ist die *Entleerung des Sinns von Leben.* Im Extremfall wird »Lebendigkeit« als solche zum allein verbleibenden Ideal. Vielerorts heben methodische pädagogische Arrangements einseitig auf Selbstwahrnehmung, Selbsterfahrung und Selbstausdruck ab. Hinsichtlich der pädagogischen Ziele kreisen die Bemühungen einseitig um den Gedanken der »Ich-Identität«. Die Orientierung an der »Gruppe« sieht ihre Erfüllung bereits in der bloßen »Gruppenlebendigkeit« als solcher erfüllt.

Es ist demgegenüber wichtig, an die pädagogische und gesellschaftliche Bedeutung konkreter *Aufgaben* zu erinnern, die ihrerseits auf gesellschaftliche Schlüsselprobleme und Zukunftsherausforderungen bezogen sind (s. bereits die ausführliche bildungstheoretische Begründung in Teil I, Kap. 4)[42]. 'Bildung' muß 'bildendes Lernen mit subjektivem *und* allgemeinem Sinn' meinen. Für die Praxis des Schulehaltens wird diese Perspektive seit einigen Jahren durch die Projektgruppe *»praktisches Lernen«* der Akademie für Bildungsreform zu verwirklichen und zu fördern versucht, wobei Andreas Flitner auf die Verschränkung mit *»politischem Lernen«* in der Schule verwiesen hat[43] und Friedrich Schweitzer auf die Verbindungen zum *ethischen Lernen* (»Moralerziehung«)[44].

41. *G. Wehr:* Der pädagogische Impuls Rudolf Steiners. Theorie und Praxis der Waldorfpädagogik, München 1977, S. 36.
42. Wir gebrauchen den Begriff des »Lebens« in diesem Zusammenhang. Damit unterscheidet sich seine Verwendung von einer sich verselbständigenden irrationalen Verliebtheit in diese Kategorie.
43. *A. Flitner,* a.a.O. (Anm. 39), S. 191ff.
44. *F. Schweitzer:* Moralerziehung und Praktisches Lernen in der Schule, in: *P. Fauser/ H.Muszyński,* a.a.O. (Anm. 39), S. 129-148, s. ferner *ders.:* Moralisches Lernen und Ökologie, in: Jahresheft »Lernen« des Friedrich Verlags, Velber 1986, S. 72ff.

»Praktisches Lernen« findet der genannten Projektgruppe gemäß überall dort statt, »wo das schulische Lehren und Lernen um Erfahrungen erweitert und bereichert wird, die auf einem praktischen Tun beruhen«, das selbst sehr weit gefaßt wird[45]. Von den überraschend zahlreichen und vielfältigen Rückmeldungen aus der Schulpraxis, u.a. im Rahmen eines Förderwettbewerbs, spiegeln ökologische Projekte (»Der Wald stirbt auch in Albershausen«) die *ökologische Krise*, zeigt die Restaurierung eines jüdischen Friedhofs in Heilbronn-Breitenloch die *geschichtliche Verantwortungslast*, tragen Erkundungsprojekte und Berufspraktika der Bildungssituation im *Wandel der Arbeitswelt* Rechnung, bahnen Vorhaben zum *sozialen Helfen* (Dritte-Welt-Projekte, Zusammenarbeit zwischen Schule und Altersheimen, gemeinsame Aktivitäten zwischen Deutschen und Ausländern) die Verantwortungsübernahme im *Raum solidarischen Handelns* an, eröffnen schießlich *medienbezogene* Schulprojekte ein kritisches Verhältnis zum eigenen Medienkonsum (vgl. S. 95ff.)[46].

Die evangelischen Schulen sind wie überhaupt die Freien Schulen bei dem Projekt der Akademie für Bildungsreform einbezogen. Wichtiger aber als diese pädagogischen Innovationen im einzelnen ist in diesem Zusammenhang die grundsätzliche Funktion von Schulen in evangelischer Trägerschaft. Evangelische Schulen fühlen sich bei aller Verwechselbarkeit in der pädagogischen Durchführung der Unterrichtsprojekte immer auch ihren *unverwechselbaren christlichen Motiven* verpflichtet. Das Grundmotiv des sozialen Helfens ist das gewichtigste traditionelle Motiv; Karl Heinz Potthast hat den Bildungsbegriff der evangelischen Schulen geradezu als *»diakonischen Bildungsbegriff«* bezeichnet[47]. In dieser Fassung des Bildungsbegriffs spiegelt sich Jesu Option für die Geringen und Schwachen. Das Wagnis der Liebe, die sich entäußert, ist für die christliche Erziehung ein unverwechselbares Moment, weil sie Gottes eigener sich entäußernder Liebe in Jesus Christus entspricht; indem sie sich aber an jeden wendet, macht sie sich dabei so gemein, daß sie bis heute in ihren Ausdrucksformen verwechselt werden kann.

Im einzelnen können aus dem Handeln Jesu in der Regel keine zwingend

45. *Projektgruppe Praktisches Lernen:* Praktisches Lernen in der Schule - Erfahrungen und Perspektiven. Ein Werkstattbericht, in: *P. Fauser/H. Muszynski*, a.a.O. (Anm. 39), S. 89-110, hier S. 91. Mit diesem auf Handeln und Tun, kurz, *auf Lebenspraxis bezogenen Begriff von* »Erfahrung« ergänzen wir die in der Religionspädagogik geläufige Fassung des Begriffs »Erfahrung«, die meist seelische Befindlichkeiten und Betroffenheiten (religiöse Erfahrung) meint und den hier zur Rede stehenden reformpädagogischen Traditionszusammenhang ausblendet.
46. Mehrere der genannten Projekte sind im Jahresheft IV »Lernen - Ereignis und Routine« des Friedrich Verlags beschrieben. Dies Jahresheft und das Jahresheft VI »Bildung. Die Menschen stärken, die Sachen klären«, vermitteln einen starken Eindruck vom Ringen um eine weitergehende pädagogische Schulreform.
47. Vgl. bereits Kapitel 2, S. 126.

vorzuschreibenden christlichen Handlungsanweisungen abgeleitet werden. Urteilsbildung und Entscheidungsfindung sind angesichts der Probleme in Politik und Wirtschaft, Ökologie und Arbeitswelt, Gentechnologie und Medienentwicklung komplizierte Vorgänge. Wenn evangelische Theologen und Pädagogen dennoch ins einzelne gehende theologische Motive vortragen, handelt es sich meistens um mittelbare Ableitungen, bei denen theologische Interpretationen ständig mit nichttheologischen verflochten sind, etwa bei gegenwärtig aus den Schöpfungsberichten gezogenen Konsequenzen. Die Welt sieht heute nach 2000 Jahren anders aus als zur Zeit Jesu und der frühen urchristlichen Gemeinden. Darum sind neue ethische Folgerungen aus der biblischen Botschaft im Bereich der christlichen Lebenspraxis notwendig. Unterschiedliche Interpretationen aber verursachen innerkirchlichen Streit.

Evangelische Schulen spüren die Spannungen zuerst an den unterschiedlichen Erwartungen oder Reaktionen der *Elternschaft.* Eltern scheinen heute in kirchlichen Schulen vornehmlich aus dem Grunde Alternativen zum Regelschulsystem zu erblicken, weil an ihnen Leistungsforderungen und freundlicher Umgang besser zusammenfinden. Problematisch wird es, wenn Eltern evangelische Schulen bevorzugen, weil sie von ihnen besonders hohe Leistungen und rigide Disziplin erhoffen; evangelische Schulen sollen dann als Erziehungsinstanzen dort eintreten, wo die Eltern versagen[48]. Ebenfalls können unterschiedliche Erwartungen aufeinanderprallen, wenn Eltern kirchliche Schulen wählen, weil sie an ihnen weniger ausländische Schüler vermuten oder wünschen (»türkenfrei«), während von seiten der Lehrer gerade im Miteinander mit ausländischen Schülern ein schulisches Gebot im Sinne der genannten Grundoption gesehen wird (»interkulturelles Lernen«). Ferner stoßen die Gegensätze aufeinander, wenn es darum geht, ob evangelische Schulen in brennende Gegenwartsfragen einführen und den Mut zum gesellschaftlichen Umdenken pädagogisch fördern sollen oder gerade dies alles unbedingt zu vermeiden haben.

In dieser Lage kann kein Theoretiker der einzelnen Schule abnehmen, ihren konkreten Weg auf eigene Weise zu finden. Jedes Kollegium muß selbst darum ringen, wie die eigene Schule eine gute Schule und zugleich eine evangelische Schule wird. Der Streit um das, was pädagogisch gut und was evangelisch ist, ist

48. »An den eigentlichen und nur selten und dann etwas schamhaft vorgetragenen Gründen von Eltern bzw. Schülern, einen Antrag auf Aufnahme in eine Evangelische Schule und ein Alumnat zu stellen, hat sich bis heute kaum etwas geändert«, beobachtet *O. Gröbel,* »sie liegen weniger in der Bejahung der Erziehungsziele und des ... 'Auftrags', sondern in den meisten Fällen in schulischen wie häuslichen Schwierigkeiten und Nöten. Eine Schule der Kirche gilt nun einmal als ein 'Garant der Ordnung'«, aus: *ders.:* Der Auftrag Ev. Schulen und Alumnate, in: *G. Buttler/K. Dienst (Hg.):* Pädagogisches Handeln in der Kirche. Beiträge aus dem Bereich der EKHN, Gelnhausen u.a. 1979, S. 102-121, hier S. 105.

nicht ein für allemal zeitlos-normativ zu entscheiden. Die Kollegien dürfen allerdings nicht allein gelassen werden. Dies haben die evangelischen Schulbünde in der Bundesrepublik erkannt; sie haben zwischen 1986 und 1989 ein Projekt zur Unterrichtserneuerung und internen Lehrerfortbildung durchgeführt und hierbei auch die Zusammenarbeit zwischen den Lehrern in einer einzelnen Schule wie zwischen Lehrern verschiedener evangelischer Schulen in ermutigender Weise erprobt[49].

4. Evangelische Schulen als Schulen einer Welt-Anschauung aus dem Glauben

Das Besondere einer Schule in freier Trägerschaft ist es, daß sie eine eigene Tendenz haben darf. Verlangt wird von ihr Gleichwertigkeit, nicht Gleichartigkeit mit dem staatlichen Schulsystem. Was aber ist das evangelische Profil evangelischer Schulen? Mit dieser Frage erreichen wir die berühmte Propriumsdiskussion, die bisher nur gestreift worden ist. »In aller Regel wird die Propriumsdiskussion so geführt, daß - echt protestantisch - der einzelne Lehrer und Erzieher als Christ gefordert ist. Überforderungssymptome lassen sich dann nicht leicht verhindern.«[50] Wir setzen darum anders an, nicht personalistisch verengt, sondern bei der Gestaltung der Schule im ganzen. Wir können hierbei an verschiedene bereits dargestellte Bestimmungsmomente anknüpfen.

Das allgemeine Proprium: die Sache des Evangeliums im Lebens- und Lernzusammenhang

Als erstes sei grundsätzlich zwischen einem allgemeinen und einem besonderen Proprium unterschieden. Das allgemeine Proprium sollte ein gemeinsames mit allen anderen evangelischen Schulen sein; ein besonderes mag für jede individuelle Schule gelten. Die gemeinsame Identität sehe ich in der *Sache des Evangeliums* und in dem dadurch gestifteten *Gesamtzusammenhang des Lebens* einer evangelischen Schule, nicht in einem isolierten Einzelelement oder der Summe mehrerer Elemente.

49. Die Leitung des Projekts hatte *Hans Christoph Berg,* zu den Projektberatern gehörten *C.H. Ratschow, Ch.Th. Scheilke* und der Vf. Vgl. hierzu noch unten S. 549.
50. *K.H. Potthast:* Einführung in die Dokumentation, in: Allgemeinbildende Schulen und Schülerheime in evangelischer Trägerschaft (Comenius-Institut EKD-Reihe 7), 2., völlig neu überarb. Aufl., Hannover 1985, hg. vom Kirchenamt der EKD, S. VI-XI, hier S. IXf.

Die Sache des Evangeliums sollte im Ganzen zu spüren sein. Damit berühren wir, was schon oben hervorgehoben worden ist: die Gesamtgestalt der Schule, die Ausstrahlung der »Schulkultur« oder »pädagogischen Kultur«, die »Atmosphäre« oder das »Klima« einer Schule, ihr charakteristischer »Stil«, ihre »Aura«, im älteren Sprachgebrauch: ihren »Geist« (s. oben 3. Abschnitt, dritte Option). Wir gehen von der Annahme aus, daß es für die stärksten bildenden Wirkungen auf diesen ganzheitlichen Eindruck ankommt, wie auch rückblickende Erinnerungen von Erwachsenen an die eigene Schulzeit immer wieder bestätigen.

In diesem Sinne hatte schon 1799 *Johann Heinrich Pestalozzi* in Stans sein ganzes Tun auf den »Geist« einer Lebensordnung, den Geist des gemeinsamen Lebens als Geist der Liebe gegründet. Vor allem »Unterricht«, allem »Lernen« und aller äußeren Organisation »mußte für die Ordnung des Ganges im Ganzen selbst noch ein höheres Fundament« gefunden werden, ein »Fundament«, das in menschlichen Beziehungen wurzelt, die Liebe spenden und Vertrauen erwekken[51].

Für Pestalozzi erwuchs dieses Fundament zum einen in seinem eigenen »Verhältnisse mit den Kindern«. Zum anderen sollte es »das Erzeugnis des höhern Geistes der Anstalt und der harmonischen Aufmerksamkeit und Tätigkeit der Kinder selbst werden, und aus ihrem Dasein, ihren Bedürfnissen, und ihrem gemeinschaftlichen Zusammenhange unmittelbar hervorgehen« (ebd.), aus dem »einfachen Geist einer großen Haushaltung« (S. 121).

Pestalozzi orientiert sich einerseits an der Familie, andererseits ist Jesus sein Vorbild. Seine philanthropisch-pädagogische Liebe zum Kind und zum Menschen verbindet sich mit einer Jesusfrömmigkeit, die in Jesus den helfenden, liebenden Heiland und das Urbild eines wahrhaft evangelischen Lehrers sieht, ohne hierbei Jesu Kreuzestod und Sühneopfer (»der der Welt Sünde trägt«) außer acht zu lassen:

»Dem Verderben der bösen Gemütsstimmung vorzubeugen, hat der Heiland, wie nie ein Lehrer, seine Lehre von Gott durch seine Glaubenforderung mit den reinsten Gefühlen der Liebe, des Dankes und des Vertrauens innigst (v)erwoben ... Er zeigt ihnen, die keinen guten Vater auf Erden kannten, einen guten Vater im Himmel, ihnen, die keinen guten Herrn auf Erden kannten, einen guten Herrn im Himmel, und ihnen, die keinen guten Priester auf Erden kannten, einen Hohenpriester, der das Verderben, das die Welt auf sich geladen, anstatt es als eine Weltlast auf die Menschheit fortzupflanzen, ihr ab und auf sich nimmt, der der Welt Sünde trägt ...«[52]

51. *Pestalozzi:* Ausgewählte Schriften, hg. von *W. Flitner,* Godesberg 1949, S. 120.
52. *Pestalozzi,* Ausgewählte Schriften, a.a.O. S. 251 (aus: Blick auf Christus und seine Lehre, 1804).

Ähnlich hebt auch *Johann Hinrich Wichern* auf das Evangelium ab, das sich im menschlichen Umgang ausdrückt, im Geist einer pädagogischen Lebensgemeinschaft.

Weithin bekanntgeworden ist die Art und Weise, wie im Rauhen Haus in Hamburg verwahrloste Jugendliche von Wichern aufgenommen worden sind: Ohne Vorbedingung wurde ihnen als Voraussetzung eines neuen Anfangs die Vergebung zugesprochen[53]. »Der christliche Geist« soll »alle Lebensverhältnisse etc. durchdringen« (S. 130); auf den »*Geist* der Leitung« kommt es an (444), und zwar als Spiegel des »Geiste(s) Gottes« (273), dieser aber, »der Geist Gottes in Christo ist nicht der Geist des *Gesetzes* und darum *der Geist der Freiheit und somit des Lebens«* (274).

Die evangelische Grundhaltung drückt sich in dieser Tradition als Respekt sowohl vor der »Persönlichkeit« des Kindes aus, d.h. seiner persönlichen Würde überhaupt, als auch vor seiner »Individualität«, seiner eigentümlichen, individuellen Natur (S. 65ff., 141ff.). Beide Aspekte sind ebenfalls bereits oben zur Sprache gekommen (3. Abschnitt, zweite Option). Mit der gesonderten Hervorhebung der »Individualität« folgt Wichern dem Ansatz Schleiermachers. Schließlich lehnt Wichern jede erzwungene Übernahme des Evangeliums strikt ab: »Das Christenleben ist und bleibt Sache der freiesten Aneignung, die persönlichste, eigenste Tat jedes Menschen, zu der es keinen Zwang, keinerlei äußere Nötigung gibt, geben kann, geben darf.«[54]

Schleiermacher hat am gemeinsamen Leben in der Familie noch andere wichtige Merkmale einer ganzheitlichen pädagogischen Kultur abgelesen, *Absichtslosigkeit* und *Wahrhaftigkeit*. Nur dann ist nach seiner Meinung eine Erfahrung, die das Kind macht, überzeugend, wenn »alles Absichtliche, rein Technische« vermieden wird und »jede Einwirkung absolut das Produkt der Wahrheit« ist, authentischer Ausdruck gelebten (religiösen) Lebens. »Wo aber in der Familie ein religiöser Geist ist, da wird er auch seinen Ausdruck finden; und je ruhiger und wahrer dieser Geist dann waltet, desto gewisser wird auch der Eindruck sein.«[55] Der Gesichtspunkt der Absichtslosigkeit kehrt bei Wichern wieder.

53. *J.H. Wichern:* Sämtl. Werke, hg. von *P. Meinhold,* Bd. VII: Die Schriften zur Pädagogik, Hamburg 1975, S. 430. Zur Kurzinformation vgl. die von mir wiederabgedruckten Auszüge aus Wicherns Schriften im Quellenanhang zu meiner Studie: Evangelisches Erziehungsverständnis und evangelische Schulen, Beiheft des Korrespondenzblatts Ev. Schulen und Heime, 1985, S. 45-48.
54. SW, VII, S. 339 (in einem Artikel über die erfolglosen Bemühungen in der Kindererziehung aus dem Jahre 1863).
55. *F. Schleiermacher:* Pädagogische Schriften, hg. von *E. Weniger* unter Mitwirkung von *Th. Schulze,* Bd. 1: Die Vorlesungen aus dem Jahre 1826, Düsseldorf/München 1957, S. 338.

»Absichtslos einhauchen« möchte er den Kindern Liebe und Leben[56]. Dies ist ein schwieriger Balanceakt angesichts von Schul- und Heimordnungen, die auch in evangelischen Schulen notwendig sind. Ein an der Familie gewonnenes Modell kann darum nicht ohne Modifikation auf die Schule übertragen werden, schon gar nicht heute. Richtig ist aber gesehen, daß an einem gemeinsamen Geist alle gemeinsam mitwirken müssen, Schul- und Heimordnungen mithin mit den Schülern gemeinsam auszuhandeln sind, wozu das Modell der »just community« nach Lawrence Kohlberg viele vorbildliche Anstöße liefern kann.

Die pädagogische Kultur einer Schule, die sich an evangelischen Schulen an der Sache des Evangeliums orientiert, bleibt als Bestimmung des gemeinsamen Propriums unvollständig, solange undeutlich ist, wo und wie das Evangelium laut wird. Mit der Sprache der Reformation gesprochen, ist es unabdingbar, daß in evangelischen Schulen und Heimen Raum für die *Kommunikation des Evangeliums* ist. In welcher Form dies geschieht, ist zweitrangig; das Evangelium hat nach den berühmten Aussagen in Luthers Schmalkaldischen Artikeln mehrere Gestalten; neben dem öffentlichen (Schul-)Gottesdienst wird es auch kräftig als *mutuum colloquium et consolatio fratrum.*

Die Kommunikation des Evangeliums als der frohen Botschaft von der Zuwendung der Liebe Gottes zu allen Menchen drückt sich in evangelischen Schulen vielfach in der Einbindung von Unterricht und Erziehung in einen diakonischen Gesamtzusammenhang aus (vgl. oben 3. Abschnitt, vierte Option). Als wir oben hierauf stießen, im Zusammenhang der Dimension des sozialen Helfens im Rahmen »praktischen Lernens«, konnte von Predigt und *Gottesdienst* noch nicht näher die Rede sein, da es um gemeinsame Möglichkeiten staatlicher und kirchlicher Schulen als »gute Schulen« ging. Erst jetzt kann man die unvergleichliche Möglichkeit evangelischer Schulen erkennen, die darin besteht, das pädagogische und diakonische Handeln auf den Gottesdienst zu beziehen, Diakonie und Liturgie zusammenzusehen, um so die Verkündigung des Evangeliums in Wort und Sakrament in ihrer Bedeutung für Glaube und Leben erfahrbar zu machen. Den hier gemeinten Gedanken, das Proprium evangelischer Schulen in einem bestimmten unverwechselbaren *»Gesamtzusammenhang«* mehrerer Elemente zu erkennen, der sonst so im Bildungssystem nicht gegeben ist, hat sich 1978 die EKD-Synode in Bethel zu eigen gemacht:

»In den evangelischen Schulen und Ausbildungsstätten stehen Erziehung und Bildung in einem jeweils wechselnd akzentuierten Zusammenhang von Lehre, Erziehung, pädagogischer Einzel- und Gruppenhilfe, Seelsorge, Diakonie, Verkündigung und christlicher Gemeinschaft, der im pädagogischen Feld so sonst nicht gegeben ist. Auf diese Weise

56. Zitiert nach *R. Wernicke:* Grundlinien der Pädagogik Wicherns, in: Korrespondenzblatt 23 (1982), 1, S. 1-15, hier S. 9.

erhalten Erziehung und Bildung eine eigene Qualität: Die Kraft des Evangeliums und die Bedeutung christlichen Glaubens- und Lebensverständnisses für den pädagogischen Umgang miteinander werden in gemeinsamen Lebensvollzügen erfahrbar. Das spezifisch christliche und evangelische Profil ist in dem durch das Evangelium gelegten Grund und dem daraus erwachsenden Gesamtzusammenhang zu suchen, nicht aber in einem für sich isolierbaren Element.«[57]

Das besondere Proprium: geschichtliche Konkretionen in evangelischer Freiheit

Unbeschadet des gemeinsamen Propriums haben seit eh und je evangelische Schulen ihre besondere Identität in individuellen Schulgestalten gewonnen, die sie bis heute konkreten geschichtlichen Herausforderungen und Glaubenserfahrungen verdanken[58]. Bei dem Zitat aus der Synodalentschließung ist zu beachten, daß eben auch davon gesprochen wird, daß der eigentümliche Gesamtzusammenhang *»jeweils wechselnd akzentuiert«* worden ist.

Es gibt einmal Gymnasien, die noch aus der Reformationszeit selbst stammen und die *Verbindung von reformatorischer Glaubensfreiheit und humanistischer Bildungstradition* als ihr Erbe weiter pflegen[59]. Aus der Zeit des *Pietismus* haben bis heute die Anstalten aus dem Geist Zinzendorfs die besondere Zuwendung zum *»einzelnen Schüler«* und die Bedeutung von *Gemeinschaftserfahrungen in Gruppen* in ihr schulisches Leitbild eingetragen[60]. Das 19. Jahrhundert brachte für Christen wie J.H. Wichern die schon erwähnte Erfahrung, daß der Geist des Evangeliums *diakonische Verpflichtung* einschließt. Unter dem Einfluß der Impulse der *reformpädagogischen Bewegung* im ersten Drittel dieses Jahrhunderts konnte der Geist des Evangeliums mit wechselnden *pädagogischen Akzenten* ausgelegt werden, als Aufforderung, sich von den Einengungen einer Schule als Dressuranstalt zu befreien, aber auch als Ansporn zu einem sittlich verbindlichen Leben in

57. Leben und Erziehen - wozu? Am Beispiel evangelischer Schulen und Ausbildungsstätten; dieser Synodalbeschluß ist wiederabgedruckt in: Bildung und Erziehung, Bd. IV/1 der Denkschriften der EKD, hg. vom *Kirchenamt der EKD*, Gütersloh 1987, S. 207f. - Wir haben das gemeinte Konzept seinerzeit ausführlicher in der »Begründung« zu dieser Entschließung entfaltet, abgedruckt in: *Kirchenkanzlei der EKD (Hg.):* Leben und Erziehen - wozu?, Gütersloh 1979, S. 117-128.
58. So auch *H. Frickel:* Sinn und Aufgabe evangelischer Schulen heute. Ein Gesprächsbeitrag, Berlin 1984, S. 1ff. (Ms.druck).
59. Z.B. die Ev. Landesschule zur Pforte in Meinerzhagen und das Paul Schneider-Gymnasium in Meisenheim.
60. Vgl. die Einrichtungen in Königsfeld und Tossens. Zu den jeweiligen Selbstdarstellungen s. die Abrisse in: Allgemeinbildende Schulen und Heime in evangelischer Trägerschaft, a.a.O. (Anm. 50), S. 15ff., S. 155ff.

Gemeinschaft und Dienst[61]. Nachhaltig ist sodann im *Kirchenkampf* erkannt worden, was das Evangelium für den Weg der Kirche in einer Zeit besonderer politischer Bedrängnis bedeutet. Nach dem Ende des letzten Weltkriegs haben nicht wenige Schulgründungen schon durch ihre Namengebung auf Christen aus dem Widerstand Bezug genommen. Das Hans-Ehrenberg-Gymnasium in Bielefeld-Sennestadt hat sich bewußt unter die *geschichtliche Erinnerung* an das Verhältnis von Christen und Juden zueinander gestellt, als es sich nach einem Pfarrer und Theologen benannte, der wegen seiner jüdischen Abstammung verfolgt worden war.

Die Beispiele belegen, daß auch in Zukunft nur eine Linie fortgesetzt werden kann: *In evangelischer Freiheit dürfen evangelische Schulen aus verschiedenen evangelischen Traditionen leben;* das besondere Proprium ist damit immer geschichtlich konkret. Wird nun mit dem »besonderen Proprium« ein Spielraum legitimiert, der die unter dem »allgemeinen Proprium« sichtbar gewordene Eindeutigkeit wieder ins Diffuse entschwinden lassen könnte? Auch diese Frage sei nicht abstrakt, sondern konkret geschichtlich erörtert. Bei der Synode der EKD 1971 in Frankfurt/M. habe ich die folgende Auffassung vertreten:

»Unser Schulwesen braucht alternative pädagogische Wege ...; aber nicht nur 'Ausnahmen von der Regel' (H. Becker). Vereinzelte schulische Sonderlösungen mit Narrenfreiheiten, während das ganze übrige Schulsystem systematisch vereinheitlicht ist, salvieren nur die Gewissen der offiziellen Bildungsplaner; sie wirken nicht oder nur sehr selten auf das allgemeine Bildungswesen zurück (vgl. etwa die Landerziehungsheime).
Was künftig not tun wird, sind Muster des Normalen: die fruchtbare Konkurrenz der einzelnen Schulen untereinander und die beispielhafte Wirkung besonders gelungener Versuche zur Verwirklichung des allgemein Geforderten. Für völlig abweichende eigenwillige Sonderwege wird ohnehin im Rahmen der Bildungsgesamtplanung kaum noch Raum sein. In erster Linie muß von den Kirchen das mitverantwortet werden, was für die Masse der Schüler die neue Form werden soll.«[62]

Die »in Zukunft noch erhöhte Bedeutung« von »Schulen in kirchlicher Trägerschaft« (ebd., S. 60) ist seinerzeit mit der Formel vom *»Muster des Normalen«* verbunden worden. Wie der Kontext zeigt, war diese Devise gegen »völlig abweichende« Sonderwege gerichtet, die mit dem, was in den Schulen heute gemeinsam ansteht, nicht mehr zu vermitteln sind. Ich vertrete dies auch jetzt noch, wie bereits die Abfolge der Abschnitte in diesem Kapitel, die Erörterung

61. Diakonischen und reformpädagogischen Einflüssen in Verbindung mit der Idee der Sammlung begabter Schüler aus ländlichen Regionen verdankt sich z.B. die Friedrich von Bodelschwingh-Schule in Bethel bei Bielefeld.
62. Die Kirche vor den Antagonismen der Bildungsplanung, in: *Kirchenamt der EKD (Hg.):* Die evangelische Kirche und die Bildungsplanung. Eine Dokumentation, Gütersloh/Heidelberg 1972, S. 59f.

von evangelischen Schulen als »gute Schulen« vor ihrem Charakter als »weltanschaulich profilierte« Schulen, zeigen sollte. Es war jedoch damals und ist auch heute nicht gemeint, daß evangelische Schulen so »normal« funktionieren, daß ihr 'Geist' nur pädagogische Blässe und christliche Profillosigkeit 'ausstrahlt'. Bereits das Wort vom »Muster« sprach eigentlich dagegen, erst recht die Rede von einer »beispielhaften Wirkung«. Schon sieben Jahre später hat darum die Synode der EKD 1978 in Bethel dazu ermutigt, *»zeichenhaft (zu) wirken«* [63].

In den Jahren zwischen Nairobi (1975) und Vancouver (1983) ist diese Linie auch im Ökumenischen Rat der Kirchen unterstrichen worden, weil der finanzielle Aufwand sonst nicht zu rechtfertigen sei. Ökumenische Studien haben die Gefahr des »Elitismus« besonders an kirchlichen Schulen in Afrika und Lateinamerika belegt. Diese Gefahr besteht jedoch latent auch bei uns. Zu einer maßgeblichen Leitlinie wurde in den ökumenischen Gesprächen die Unterscheidung zwischen »domestizierender« und »befreiender« Erziehung, unter anderem auf Grund des Einflusses von Paolo Freire. Einmütig wurde außerdem die große Bedeutung des »Lernens in (christlicher) Gemeinschaft« hervorgehoben[64]. An der Frage eines näher zu bestimmenden christlichen Profils kommt daher eine evangelische Schule nicht vorbei.

In welcher Richtung aber soll Eindeutigkeit gesucht werden? Stichworte wie die des »Elitismus«, der »Domestizierung« und der »Befreiung« sind gesellschaftlich und kirchlich umstritten. Das Votum für ein entschiedenes »zeichenhaftes« Wirken schließt sofort die Frage in sich, wie dies geschehen soll. An den genannten Kategorien müssen sich auch heute noch sofort Kontroversen entzünden. Wir stehen damit vor der Frage nach dem *inhaltlichen Charakter* des christlichen Profils. Ich habe oben bewußt eine bestimmte evangelische Traditionslinie in den Vordergrund gerückt, die vom Evangelium als Geist der Liebe und Freiheit bestimmte Denktradition Pestalozzis, Schleiermachers und in gewisser Weise auch Wicherns. Sie ist auch die hier vertretene Position. In unserer Untersuchung mußte jedoch von Anfang an längst auch eine sehr zählebige andere Tradition berücksichtigt werden, die einer Ordnungstheologie, Ordnungspädagogik und Ordnungspolitik (s. bereits Kap. 1). Sie beginnt ebenfalls in der Reformation und wirkt bis heute nach.

63. Leben und Erziehen - wozu? Am Beispiel evangelischer Schulen und Ausbildungsstätten, a.a.O. (Anm. 57), S. 209.

64. Church-Related Educational Institutions I-III, Genf Juli 1982. Zum Gesichtspunkt des Lernens in Gemeinschaft als konstitutivem Moment eines ökumenischen Lern- und Bildungsverständnisses vgl. inzwischen auch *U. Becker/K. Goßmann:* Lernen in der Gemeinschaft. Konkretionen des ökumenischen Lernverständnisses, in: *R. Preul u.a. (Hg.),* Bildung - Glaube - Aufklärung, a.a.O. (Anm. 5), S. 230-249.

Die Schulordnung der berühmten Goldberger Schule unter Valentin Trotzendorf von 1546 beginnt mit den bezeichnenden Sätzen: »Wie nichts in der Welt, so kann auch eine Schule ohne Gesetze und Disziplin nicht regiert werden. Staat und Kirche haben ein Interesse daran, daß die Knaben erzogen werden und gehorchen lernen; denn nur der kann später lehren und befehlen, der in der Jugend selbst gelernt und gehorcht hat.«[65]

Ich erspare mir die lange Liste der Einzelvorschriften, die ein lückenloses Netz darstellen, dem in keiner Minute ausgewichen werden konnte. Ich räume ein, daß wir um der historischen Gerechtigkeit willen mit aus dem freizügigen Mittelalter herüberwirkenden Gepflogenheiten bei den jungen Leuten rechnen müssen, die uns vielleicht zu ähnlichen Vorschriften veranlaßt haben würden wie die gegen das »Waffentragen«, gegen die »Unmäßigkeit im Essen und Trinken« und nicht zuletzt gegen den »Weinrausch«. Wir befinden uns nach Philipp Ariès und Norbert Elias mit dem Zeitalter von Reformation und Gegenreformation zivilisationsgeschichtlich in jener Epoche, in der es viel Zeit und Mühe kostete, den mittelalterlichen Menschen in einem mehrere Generationen beanspruchenden Prozeß zu zivilisieren, vom Gebrauch eines Taschentuchs über den Gebrauch eines Löffels bis zum Abstellen des Fluchens und zur Bändigung von Gewalttätigkeiten. Das Problem ist trotz des Zeitabstands jedoch geblieben.

Es ist die Versuchung, nicht nur im weltlichen Regiment das »Gesetz« vorherrschen zu lassen, sondern auch im geistlichen Regiment: »Die Schüler müssen vor allen Dingen fromm werden« - so die Goldberger Schulordnung damals, so auch Absichten heute. Die erwähnten August-Hermann-Francke-Schulen sind von diesem Zug zumindest nicht frei. Leicht gerät aber so selbst die Gabe des Evangeliums noch zur Forderung. Nach allen Seiten werden dann Begriffe wie »christlich« und »evangelisch« offen oder unterschwellig als Gehorsamsforderung definiert. Selbstverständlich darf jede einzelne evangelische Schule ihr christliches Profil bestimmen, wie sie es will. Sie muß nur wissen, was sie tut, und ist allen Beteiligten Rechenschaft schuldig. Evangelische Schulen, die die Bezeichnung »evangelisch« verdienen wollen, haben das genaue *Verhältnis von Gesetz und Evangelium* theologisch offenzulegen; sie müssen zeigen, ob sie dem Evangelium gerecht werden[66]. Dies hat auch schulpolitische Folgen. Ein ord-

65. Zitiert nach *L. Cordier (Hg.):* Evangelische Pädagogik Bd. I, Schwerin 1932, S. 144.
66. Die Aufgabe klarer »konzeptioneller Selbstdarstellung« beginnt bei der Formulierung der Satzungen. Zur Satzung des Württ. Schulwerks hat *Gerhard Martin* in einem unveröffentlichten Vortrag vorgeschlagen, den Satz: »Als Orte evangelischer Erziehung sollen sie (die evangelischen Schulen) die ihnen anvertrauten jungen Menschen auf ein Leben in der Nachfolge Jesu vorbereiten«, zu verändern in: »*zum* Leben in der Nachfolge Jesu *einladen*«. Auf der auch von uns vertretenen Linie fordert Martin sodann, zwischen Gesetz und Gesetzlichkeit zu unterscheiden und den Zusammenhang von Gesetz und Evangelium »nicht antithetisch zu bestimmen«.

nungstheologisches und ordnungspädagogisches Denken fördert in ähnlicher Weise Polarisierungen wie ein überzogen liberalistisches Konzept.

In den evangelischen Schulbünden in der Bundesrepublik ist man im ganzen heute gewillt, sich nicht auf die »unselige Polarisierung« zwischen einseitig emanzipatorisch oder einseitig restaurativ denkenden Lagern einzulassen, sondern die »Sackgassen linker oder rechter Schlagwörter« zu vermeiden[67]. Evangelische Schulen sollten in der Tat den *Polarisierungen entgegenwirken.* Von hier nahmen unsere Gedanken eines »dritten pädagogischen Weges« ihren Ausgangspunkt. Für diesen Weg ist ohnehin nicht mehr der vertikale Autoritäts- und Herrschaftskonflikt zwischen »oben und unten« maßgeblich, sondern der horizontale Konflikt miteinander ringender Wertprioritäten und Lebensentwürfe, die unverbunden »nebeneinander«-stehen und die, wo es möglich ist, zusammengeführt werden sollten, zwischen denen aber auf jeden Fall die Kontroverse verständigungsoffen ausgetragen werden muß[68].

Unterrichtserneuerung und Welt-Anschauung aus dem Glauben als theologisches Problem

Der letzte Schritt zur Wahrnehmung evangelischer Bildungsverantwortung an evangelischen Schulen ist der schwierigste und wird der umstrittenste bleiben. Religion auch in Physik und Deutsch? Evangelische Theologen und Pädagogen tun sich mit dieser Frage schwer: der christliche Glaube sei keine Weltanschauung; das Evangelium dürfe nicht zum Gesetz werden, indem von ihm etwas abgeleitet werde, was Sache der weltlichen Vernunft zu bleiben habe, evangelische Schulen unterlägen sonst einem katholischen Mißverständnis - so und ähnlich lauten seit langem die bekannten Argumente. Sie sind zum Teil sehr berechtigt, aber einseitig: Sie überlassen den normalen Fachunterricht einer Sach- und Eigengesetzlichkeit, die in anderer Weise Bedenken aufwirft: Glaubenswissen und Weltwissen drohen heillos auseinanderzufallen. Gott und Welt werden auseinandergerissen.

Der Geist einer evangelischen Schule hat in der Tat stets auch ein Geist der Ordnung und des wohl verstandenen Gesetzes zu sein, primär ist er allerdings als Geist des Vertrauens, der Liebe und des Lebens zu verstehen. Vgl. im übrigen *M. Welker:* Erwartungssicherheit und Freiheit. Zur Neuformulierung der Lehre von Gesetz und Evangelium, in: EvKomm 18/1985, S. 680ff. und 19/1986, 39ff.

67. *K.H. Potthast:* Das Miteinander in der Schule. Vorschläge für eine christliche Erziehung, Gütersloh 1981, S. 55.
68. Vgl. bereits Kapitel 1, S. 46ff.; zur Kategorie der »Verständigung« ausführlich Kapitel 12.

Die neuere Theologiegeschichte kennt zwei Wege der Lösung des Problems, wie an der Glaubenswahrheit in der Bedrängnis durch neuzeitliche Anzweiflungen gedanklich festgehalten werden kann. Diese Wege sind zwar geschichtlich und logisch verständlich, aber darum nicht bereits wirklich angemessen. Gott wird mit seinem Wirken entweder ganz an die Ränder des Seins verlagert oder in das Innere des Menschen hineingenommen. Im ersten Fall hat er irgendwann einmal am Anfang die Welt geschaffen, sie aber dann ihren eigenen Entwicklungsgesetzen überlassen. Am Ende wird er die Welt richten; zwischen Anfang und Ende sind derweilen Wirtschaft und Politik, Wissenschaft und Technik dem freien Spiel der Kräfte anheimgegeben. Gott als »Herr der Welt« wird zu einer Art Rahmenhypothese, mit der sich relativ unbehelligt in schiedlich-friedlicher Trennung der Zuständigkeitsebenen leben läßt. Die *Trennung* erfolgt in *räumlicher* und *zeitlicher Hinsicht.* Historisch ist diese Trennung in der Epoche der europäischen Aufklärung im Deismus vollzogen worden. Sie hat es ermöglicht, übernatürliche und natürliche Erkenntnis miteinander zu vereinbaren, auf Kosten allerdings der Religion als einer Macht, die umfassend das ganze gegenwärtige Leben bestimmt.

Die zweite *Trennung* ist die zwischen *innen* und *außen;* Gott erhält seinen bestimmenden Sitz im Innern des Menschen; er wird zu einer Macht des Herzens und der Seele. In der Pädagogik wird die Religion in diesem Sinne der Gemüts- und Gesinnungsbildung zugeordnet. Im 19. Jahrhundert wird die Bildung der »sittlich-religiösen Persönlichkeit« zur leitenden Perspektive. Besonders prägnant kommt die Wendung zur sittlich-religiösen Innerlichkeit am Ende des Jahrhunderts bei Wilhelm Herrmann und seiner Orientierung am »inneren Leben Jesu« zum Ausdruck[69]. Entsprechend konzentriert sich die Religionspädagogik Anfang unseres Jahrhunderts auf das »religiöse Erlebnis«. Inneres Leben soll durch inneres Leben erweckt werden.

Im weiteren Verlauf der Geschichte des theologischen Denkens wird das zweite Trennungsmodell von führenden Theologen fortgesetzt, so bei allen Unterschieden zu W. Herrmann auch von Rudolf Bultmann und Karl Barth - beide waren Schüler Herrmanns. *Bultmann* konzentriert alle Aufmerksamkeit auf die »existentielle« »Begegnung« und persönliche »Entscheidung« des einzelnen. Christlicher Glaube ist eine Veränderung des »Selbstverständnisses«; es geht auch hier um die »innere« Person. Das Weltverhältnis des Menschen tritt zurück. »Religion« und »Wissenschaft« werden streng voneinander getrennt[70].

69. Vgl. *W. Herrmann:* Der Verkehr des Christen mit Gott, Stuttgart 1886.
70. Für *R. Bultmann* ist einer seiner frühen Aufsätze über: Religion und Kultur, in: *J. Moltmann (Hg.):* Anfänge der dialektischen Theologie, II, 3. Aufl., München 1977, S. 11-29, aus dem Jahre 1920 aufschlußreich, weil die Trennung von Wissenschaft und Religion ausdrücklich unter Berufung auf Schleiermacher erfolgt, von dem

Bei *K. Barth* soll der Mensch als »Hörer« des Wortes vom »Wort Gottes« getroffen werden. Dieses Wort ist »Jesus Christus«. Mit einer neuen Anschauung der »Welt« hat dieser Ansatz ebenfalls wenig zu tun. Die der Welt zuzuordnende »Wissenschaft« richtet sich nach ihren eigenen Gesetzen; die christliche Religion verhält sich dieser Wissenschaft gegenüber neutral; auf sie darf kein Einfluß ausgeübt werden[71].

F. Gogarten formuliert: »Wissenschaft ist glaubenslos, oder sie ist eben nicht Wissenschaft.«[72] Der christliche Glaube als Glaube an den ganz anderen Gott jenseits von Leben und Welt überläßt die Anschauung und Beherrschung der Welt einer glaubenslosen Wissenschaft. Ja, der Wissenschaft wird ihr gott- und glaubensloser Weg als »Freigabe« ausdrücklich zugestanden. Unvermittelt stehen nun die Glaubenswahrheit und die wissenschaftliche Wahrheit nebeneinander.

Schleiermacher hat besonders gegen das erste Modell protestiert, während er das zweite Modell, die Wendung nach innen, selbst mit eingeleitet hat. Indem er jedoch die Religion als »Anschauung« der Welt bestimmte, hat er auch darauf aufmerksam gemacht, daß Glaube und Weltanschauung zusammengehören. Die Religion soll weder von der Spekulation (Metaphysik) an den Rand gedrängt werden, noch bloß als moralisch verzwecktes Postulat (Moral) übrigbleiben. Religion ist weder Metaphysik noch Moral. »Ihr Wesen ist weder Denken noch Handeln, sondern Anschauung und Gefühl.«[73] Sie bezieht sich als Ausdruck der Erfahrung des Göttlichen nicht auf etwas, was in einer räumlichen und zeitlichen Ferne existiert (erstes Modell); sie ist eine Erfahrung mitten im Leben, und zwar so, daß der Mensch vom Göttlichen unmittelbar ergriffen wird. Damit bewegt sich Schleiermacher zunächst auf das zweite Modell zu.

Kant hatte diese Wendung dadurch philosophisch eröffnet, daß er Gott zu einem Postulat der »praktischen Vernunft« erklärte; mit der Erkenntnis der Welt und ihrer Gesetze als Gegenstand der »reinen Vernunft« hatte Gott nichts zu tun. Mit der Verlagerung nach innen, hier in den Zusammenhang des Sittengesetzes, das in der Brust des Menschen schlägt, war der Platz gefunden, wo die Religion noch eine gewisse Gültigkeit beanspruchen konnte. Schleiermacher folgt diesem Weg, wandelt ihn jedoch ab. Erstens ist Religion noch etwas anderes als Moral (s. oben). Zweitens ist Religion als Gefühl nicht eine Kategorie reiner Innerlichkeit.

damit die unterscheidende, nicht die verbindende Seite seines Modells fortgeführt wird (dazu sofort unten).

71. *K. Barth:* KD, Bd. III: Die Lehre von der Schöpfung, 3. Auflage, Zollikon/ Zürich 1957.
72. Der Mensch zwischen Gott und Welt, Stuttgart 1956, S. 307.
73. *F. Schleiermacher:* Über die Religion, hg. von *R. Otto*, 6. Aufl., Göttingen 1967, S. 49.

Zwar ebnet Schleiermacher die Bahn für die erwähnten späteren »erlebnis«-bezogenen und »existentialtheologischen« Auslegungen. Religion bleibt für ihn andererseits grundsätzlich eine Sache der *»Anschauung«*, nämlich Anschauung des »Universums«.

Sie ist Anschauung des »Universums« als des Inbegriffs der »Gesamtheit des Seins und Geschehens: Welt, Natur, Menschheit, Geschichte«[74]. Schleiermacher will vermeiden, daß Gott und Religion weltlos werden. Raum und Zeit, die durch das räumliche und zeitliche Trennungsmodell leer und letztlich sinnlos geworden sind, sollen von religiösen Erfahrungen durchdrungen bleiben, in jedem Augenblick und überall: »Das Universum ist in einer ununterbrochenen Tätigkeit und offenbart sich uns jeden Augenblick« (S. 53) - so die weltbezogene Interpretation von Religion in der zeitlichen Dimension; »... alles Einzelne als einen Teil des Ganzen, alles Beschränkte als eine Darstellung des Unendlichen hinnehmen, das ist Religion« (ebd.) - so die weltbezogene Interpretation von Religion in der räumlichen Dimension.

Die Fatalität der zweiten Trennung, wonach Gott und Religion nur noch ein Reservat im Innern des einzelnen erhalten, kann mithin durch ein drittes theologisches Modell aufgefangen werden, wonach Religion Anschauung von *Gott in der Welt* bleibt, religiöse *Welt-Anschauung*. Für Schleiermacher bedeutet dies nicht, daß sich der Mensch aus eigener Kraft seiner selbst und der Welt bemächtigt. Vielmehr übt umgekehrt das ihn anschauende Universum in einer vom Menschen unabhängigen Weise eine unbedingt bezwingende Macht aus:

»Alles Anschauen gehet aus von einem Einfluß des Angeschaueten auf den Anschauenden, von einem ursprünglichen und unabhängigen Handeln des ersteren, welches dann von dem letzteren seiner Natur gemäß aufgenommen, zusammengefaßt und begriffen wird« (S. 52).

Diese Sichtweise ist nicht frei von panentheistischen Zügen und daher nicht ohne weiteres mit dem christozentrischen Ansatz der neueren dialektischen Theologie zu vereinbaren. Eine theologische Lösung ergibt sich, wenn christliche Religion Anschauung Gottes in der Welt und Anschauung der Welt in Gott »in Christus« wird.

74. So der Kommentar des Herausgebers zur Stelle, in: Über die Religion, hg. von *R. Otto*, S. 49.

Das Recht der Kritik an einer »christlichen Weltanschauung« und an anderen »Spezialweltanschauungen«

Im evangelischen Erziehungsdenken war unter dem Einfluß der dialektischen Theologie vor und nach dem letzten Weltkrieg für die zuletzt angedeutete Lösung kein Raum. Das Modell der Trennung von innen und außen hatte vielmehr zum Verbot jeden Versuchs geführt, »Glaube« und »Weltanschauung« irgendwie miteinander zu verbinden, ja, den Begriff der »Weltanschauung« überhaupt zu gebrauchen. Die theologische Situation wirkte sich auch auf die Diskussion über den Charakter evangelischer Schulen und auf das Verhältnis der Evangelischen Unterweisung zu den anderen Unterrichtsfächern aus.

Ein klassischer Text ist das Kapitel über »Evangelische Unterweisung und andere Fächer« in *Helmuth Kittels* einflußreich gewordener Programmschrift »Vom Religionsunterricht zur Evangelischen Unterweisung« aus dem Jahre 1947[75]. Kittel fordert zweierlei: *die Kritik an einer »christlichen Pädagogik«*, sofern sich eine solche christliche Pädagogik auf eine »christliche Weltanschauung« gründet, und die Notwendigkeit von *Weltanschauungskritik überhaupt*. Beides fällt der »Evangelischen Unterweisung« zu. Das Verhältnis zwischen ihr und den anderen Unterrichtsfächern wird darum - einseitig - als das einer *kritischen Abgrenzung* beschrieben. Auch wenn durch theologische Ideologiekritik allein die Aufgaben evangelischer Verantwortung nicht ausreichend wahrgenommen werden können, ist sie doch an staatlichen wie kirchlich getragenen Schulen zunächst unverzichtbar:

Kittel lehnt erstens eine *»christliche Pädagogik«* (S. 27) ab, durch die evangelische Pädagogen in Ablösung einer bürgerlich-idealistischen Pädagogik »nur zu einem christlich gefärbten Idealismus, einer christlichen Weltanschauung, in der Breite zu einer christlichen Ideologie kommen, die vor dem reinen Evangelium genauso fragwürdig wäre, wie der alte Idealismus, seine Weltanschauung und Ideologien« (ebd.). Die Orientierung am »reinen« Evangelium will - mit Recht - das Evangelium nicht zu einem christlichen »Gesetz« verkommen lassen. »Pädagogischer Idealismus« und »christlicher Idealismus« sind beide darauf aus, »'Menschen bilden' zu wollen und zu können«, wobei im christlichen Idealismus noch mehr »religiöse Leidenschaft« steckt und daher dieser christliche Erziehungswille eine noch größere »Härte« gewinnen kann (ebd.).

Nach Kittel wird auf diese Weise zum einen dem »Kind« »gerade da Gewalt angetan, wo, jedenfalls nach dem Evangelium, Gewalt Frevel ist: an Seele und Geist. Auch hier muß man sagen, daß der christliche Idealismus vielleicht noch gefährlicher ist als jeder andere, weil er feinere, tiefer wirkende Mittel der Vergewaltigung kennt« (ebd.). Zum anderen »müßte sich eine solche 'christliche Pädagogik' verhängnisvoll auf das gesamte

75. Hannover u.a. 1947, 3. Aufl. 1957, vgl. auch *ders.:* Schule unter dem Evangelium, Braunschweig 1949, ferner die Schriften *O. Hammelsbecks.*

geistige und religiöse Leben unseres Volkes auswirken«, weil das »'christliche Denken' und das 'christliche Weltbild'« in Schulen, die dies fordern und vertreten, »zwei Dinge antasten, die nicht angetastet werden dürfen: Wahrheit und Freiheit« (ebd.). »Auch eine christliche Geisteswelt kann eine geistige Zwangsjacke sein« (28).

Da die modernen Wissenschaften dazu neigen, die »Eigengesetzlichkeit« in ihrer Disziplin »zu 'Eigenwelten' zu steigern«, muß die Evangelische Unterweisung zweitens nicht nur gegen die eigenen christlichen Ideologisierungen, sondern auch gegen die entsprechenden *»Spezialweltanschauungen«* kämpfen, beispielsweise gegen den möglichen »Darwinismus und Biologismus« im Naturkundeunterricht, gegen die »Weltanschauungen der jeweiligen Lieblingsdichter« der Lehrer im Deutschunterricht, gegen die »politischen Weltanschauungen moderner Parteien« im Geschichtsunterricht (ebd.). Die theologische Grundlage ist für den Lutheraner Kittel der Anspruch des ersten Gebotes: »Ich bin der Herr, dein Gott. Du sollst nicht andere Götter haben neben mir.« »Wo Schöpfungsglauben ist, wird der Mensch frei, der Wirklichkeit zu begegnen» (ebd.). »Echte Evangelische Unterweisung macht die weltlichen Fächer erst wirklich weltlich, während sie ohne Evangelische Unterweisung nur eine 'weltanschaulich geprägte' Wirklichkeit zeigen. Die einzig echte weltliche Schule ist deshalb die Schule, in der es echte Evangelische Unterweisung gibt« (28f.). »Eine echte Evangelische Unterweisung leistet den anderen Volksschulfächern den Dienst einer ständigen Reinigung ihrer Gehalte von allen Religiosierungen« (28).

In wünschenswerter Klarheit tritt ein theologisches Modell »freisetzender Unterscheidung« vor Augen, das in seiner Wahrheit und Stärke nicht preisgegeben werden darf, denn ideologisierenden Denkzwang gibt es nach wie vor, genauso wie leider auch die viel schlimmere christlich verbrämte pädagogische Indoktrination. Aber auch der Preis ist groß. Muß er notwendig sein?

Für den evangelischen Religionslehrer bzw. Fachlehrer verbleiben nur zwei Betrachtungsweisen und ihnen entsprechende Sprachformen. In der »Evangelischen Unterweisung« hat er *positiv* allein das *»reine« Evangelium* zu bezeugen; damit es »rein« bleibt, ist es von allen *weltanschaulichen Implikationen freizuhalten*. Dies geschieht dann, wenn den Schülern als Sündern das Evangelium von der Vergebung zugesprochen wird. Hinsichtlich aller anderen Wirklichkeitsbereiche kann der evangelische Lehrer nur *negative* Aussagen machen; er hat zu verdeutlichen, was angesichts der Gefahr ideologischer Grenzüberschreitungen nicht sein soll. Die »weltlichen« Fächer sollen ihrerseits ebenfalls von *religiösen Implikationen freigehalten* werden und *»rein« wissenschaftlich* bei ihrer Sache bleiben. Mit diesem Ansatz verträgt sich gut eine als Trennungsmodell ausgelegte Zwei-Regimenten-Lehre, auf die sich gern auch Schulpolitiker berufen, die einen christlichen Einspruch in weltliche Geschäfte verhindern wollen (s. oben Kap. 10; S. 437f.). Warum kann man sich mit diesem Modell weder pädagogisch noch theologisch zufriedengeben?

Die offene Frage nach der Einheit der Wirklichkeit und ihre pädagogische Bedeutung

Unbefriedigend ist erstens, daß schon der christliche *Lehrer* veranlaßt wird, in zwei Ontologien zu leben, in zwei Welten, in der des Glaubens und in der des Weltwissens. Der Glaube hat mit dem einzelnen Menschen als Sünder und Gerechtfertigtem zu tun. Es bleibt offen und unklar, was der Glaube zum *Universum im ganzen* zu sagen hat, zur Hoffnung für den Kosmos in seiner Gesamtgeschichte; diese Fragen werden den Naturwissenschaften zur Antwort auf dem Wege über Weltentstehungs- und Evolutionstheorien überlassen.

Zweitens wird ein entsprechender Unterricht auch den Erwartungen der Schüler nicht gerecht. Nach unseren Befunden bietet ihnen das unvermittelte Nebeneinander von Weltentstehungs- und Evolutionstheorien einerseits und personalistisch-existential verengt ausgelegtem Glauben andererseits keine ausreichende Hilfe; sie erwarten auch zu den Gegenständen der wissenschaftlichen Theorien selbst eine christliche Stellungnahme. Die auftretenden Unklarheiten und Widersprüche sind eine der zentralen Einbruchstellen für den aus der Kindheit mitgebrachten Glauben (vgl. Kap. 8, S. 377ff.).

Der einzige Ort, wo die auseinanderfallenden Bereiche noch zusammengehalten werden könnten, wird in den *einzelnen* Lehrer bzw. Schüler verlagert; er soll sich irgendwie auf die divergierenden Größen persönlich einen Reim machen, ohne viel offizielle Hilfe erwarten zu können, und wird in Ungewißheit darüber gelassen, ob sich beides wirklich zusammenreimen läßt. Die Folge für die Propriumsdiskussion in evangelischen Schulen ist, wie wir bereits mit Potthast feststellten, daß sie »in aller Regel ..., echt protestantisch«, dem »einzelnen Lehrer und Erzieher« aufgebürdet wird[76]. Wichtiger aber noch als die sich hieraus ergebenden »Überforderungssymptome« mehr äußerlicher Art ist etwas anderes: Das elementare Bedürfnis der Lehrenden und Lernenden, auf der *Suche nach der Einheit der Wirklichkeit* weiterzukommen, wird auf der Denkebene enttäuscht, ja, theologisch geradezu blockiert.

Für einen Physiker wie Carl Friedrich von Weizsäcker ist die Suche nach der »Einheit der Natur« zur Signatur seines Lebens und Wirkens geworden[77]. In diesem Jahrhundert haben bezeichnenderweise Naturwissenschaftler begonnen, die Frage nach der Ganzheit und Einheit der Wirklichkeit neu zu stellen, eine metaphysische Frage, bei der einige von ihnen von der neueren Theologie eine Antwort erhofften[78]. Nur wenige Theologen haben sich jedoch wie vor Jahren

76. *K.H. Potthast,* Einführung, a.a.O. (Anm. 50), S. IX.
77. *C.F.v. Weizsäcker:* Die Einheit der Natur, 5. Aufl., München 1979; dazu *M. Wein:* Die Weizsäckers. Geschichte einer deutschen Familie, Stuttgart 1988.
78. Vgl. den Textband: Physik und Transzendenz, hg. von *H.-P. Dürr,* Bern u.a. 1986.

Karl Heim und neuerdings Günter Howe, Günter Altner, Wolfhart Pannenberg und Jürgen Moltmann auf ein Gespräch eingelassen. Im ganzen hat die evangelische Theologie die Naturwissenschaften eher in den methodischen Atheismus hineingedrängt. Bis heute hat dies auch unterrichtliche Folgen. Es ist unklar, wie »in allen Fächern aus einem am christlichen Glauben orientierten Lebensverständnis heraus« nicht nur zu »erziehen«, sondern auch zu »unterrichten« ist, so lautete eine der Folgerungen der Betheler EKD-Synode 1978[79]. Das hier aufgeworfene Problem ist seinerzeit im synodalen Vorbereitungsausschuß weder von uns angegangen noch gelöst worden. Evangelische Physik-, Chemie- und Biologielehrer sind schlecht gerüstet.

Man sollte sich daher nicht darüber wundern, daß sich in dieser Situation Naturwissenschaftler für das Gespräch zwischen Naturwissenschaft und Religion *nichtchristlichen Religionen* zuwenden und daß auch christliche Lehrer eher zu F. Capras »Wendezeit« greifen als zu theologischer Literatur, sofern es hierzu einschlägige Schriften gibt.

Das entstandene Antwortvakuum wird zum Teil auch durch alle möglichen skurrilen Formen des *Mystizismus* ausgefüllt. »Amerikanische Naturwissenschaftler waren kürzlich über die Entdeckung schockiert, daß ein erheblicher Teil ihrer Universitätsstudenten weiter an pseudowissenschaftlichen und anderen mystischen Glaubenssystemen festhalten. Diese Studenten, die eine formale und relativ anspruchsvolle naturwissenschaftliche Ausbildung auf Grade- und Highschool-Niveau durchlaufen haben und sich auch in ihren naturwissenschaftlichen Universitätskursen ganz gut halten, glauben (um nur einige wenige Beispiele zu nennen) an Geister, an die Möglichkeit, mit Verstorbenen zu kommunizieren, an das Zurückspulen der Zeit bei Reisen in die Vergangenheit und an die Astrologie als präzises Instrument zur Prognose der Persönlichkeitsentwicklung des Menschen.«[80]

Für die theoretische wie praktische Klärung der anstehenden bildungstheoretischen und curricularen Aufgaben liegt jetzt eine noch unveröffentlichte umfangreiche Untersuchung vor. Veit Dieterich, ein auch naturwissenschaftlich und erziehungswissenschaftlich ausgebildeter Theologe, hat 228 katholische und evangelische Religionslehrbücher aus der Zeit zwischen 1918 und 1985 daraufhin analysiert, wie in ihnen die drei Sachverhalte »Naturwissenschaft«, »technischer Fortschritt« und »Natur« aus theologischer und pädagogischer Sicht dargestellt worden sind[81]. Im theoretischen Teil werden hierfür fünf *Modelle der*

79. Leben und Erziehen - wozu? Am Beispiel evangelischer Schulen und Ausbildungsstätten, a.a.O. (Anm. 57), S. 209.
80. *St. Vaitkus:* Aspekte einer phänomenologischen Konstitution des Wissens in ihrer Bedeutung für den Wissenschaftstranfer, in: *Kh. Rebel (Hg.):* Wissenschaftstransfer in der Weiterbildung. Der Beitrag der Wissenssoziologie, (Tübinger Beiträge zum Fernstudium, Bd. 20), Weinheim/Basel 1989, S. 72-87, hier S. 85.
81. *V.-J. Dieterich:* Naturwissenschaftlich-technische Welt und Natur im Religionsun-

Verhältnisbestimmung von Theologie und Naturwissenschaften aus der geschichtlichen Entwicklung erhoben, die dann im empirischen Teil das kategoriale Gefüge für die Analyse der Religionslehrbücher selbst bilden.

Dieterich identifiziert und beschreibt erstens ein *»antagonistisches (alternativistisches) Modell«*, das zwei Varianten haben kann. Entweder glaubt allein die Theologie im Besitz der Wahrheit zu sein (»konservativ-biblizistische« Variante) oder umgekehrt die Naturwissenschaft (»progressiv-scientistische« Variante).

Der Autor trifft in der Geschichte des Christentums zweitens auf ein *»topologisches Modell«*, wonach Theologie und Naturwissenschaften getrennte Wissenschaftsgebiete sind, die jedoch erkenntnistheoretisch auf derselben Ebene liegen (direkt räumlich benachbart, darum: topologisch). Dies Modell kann sich zum einen darin äußern, daß die Theologie aus dem Raum der Naturwissenschaft Beweise rationaler Art zu gewinnen sucht (Gottesbeweise) oder eben überhaupt die »übernatürliche« theologische Wahrheit durch eine »natürliche Theologie« unterbaut. Diese Ausdrucksform des topologischen Modells ist besonders auf katholischer Seite anzutreffen. Auf evangelischer Seite zeigt sich das Muster in der sogenannten »Schöpfungswissenschaft« bzw. im »Kreationismus«. Zu diesem Modell zählt auch der Versuch, die theologischen Aussagen genau dort anzusetzen, wo die Naturwissenschaften noch »Lücken« lassen müssen (»Lückentheologie«).

Beim *»monistischen Modell«* werden Voraussetzungen und Ergebnisse von Naturwissenschaft und Theologie in eine umfassend integrierende naturphilosophisch-naturtheologische Deutung eingebettet bzw. eingepaßt, die meist von einem einheitlichen idealistischen Weltbild (Vorrang des Geistes) geprägt ist. Der berühmteste Versuch stammt von Teilhard de Chardin mit der Verbindung von Theologie und Natur in einer »Theorie von der Unio Creatrix«. Dieser Versuch ist sehr einflußreich geworden.

Das *»diastatische Modell«* ist von uns oben skizziert worden, weil es in erster Linie auf protestantischer Seite zu Hause ist und das pädagogische Denken evangelischer Religionspädagogen noch heute nachhaltig bestimmt.

Erst allmählich dringen in die Religionslehrbücher Einflüsse einer »kommunikationstheoretischen Verhältnisbestimmung« ein, Spielarten *»dialogischer Modelle«*. Sie sind »formal« zunächst durch die Tatsache bestimmt, daß überhaupt ein Gespräch zwischen Naturwissenschaft und Theologie aufgenommen wird.

Nach meiner Meinung kann eine Unterrichtserneuerung in christlicher Verantwortung an evangelischen Schulen nur von »dialogischen Modellen« ihren Ausgang nehmen. Wenn auch staatliche Schulen davon einen Gewinn haben sollen, müssen sich drei Parteien aufeinander zubewegen, zunächst bereits die naturwissenschaftlichen und die geisteswissenschaftlichen Fächer, sodann diese beiden zusammen und der Religionsunterricht. Die entscheidende theologische

terricht. Eine Untersuchung von Materialien zum Religionsunterricht in der Weimarer Republik und in der Bundesrepublik Deutschland (1918-1985), 2 Bde., Frankfurt/M. u.a. 1990.

Grundlage ist hierbei die Einsicht, daß ein Christ seine *Glaubenswahrheit* nicht etwa nur aus dem Hören hat, während derselbe Christ als Mensch sein *Weltwissen* nur der Wahrnehmung der Dinge unabhängig vom Glauben verdankt, sondern daß der Glaube *in eins* mit dem gehörten Wort Gottes auch eine *neue Wahrnehmung der Welt* einschließt, die veränderte eigentümliche Anschauung der Welt aus Glauben, christliche Welt-Anschauung.

Zur Zusammenführung von Naturwissenschaften, Humanwissenschaften und Theologie als Bildungsaufgabe

Das Grundproblem unserer Kultur, das sich schon in der Schule stellt, ist, wie wir mit der Pluralität kultureller Sehweisen und Beurteilungsformen zurechtkommen. Von einer anderen Seite stoßen wir damit noch einmal auf das eingangs behandelte Problem der »Pluralität«. Es ist verständlich, daß staatliche Bildungspolitiker, wenn überhaupt, nur »zwei Kulturen« (C. P. Snow[82]) vor Augen haben, die naturwissenschaftlich-technologische und die geisteswissenschaftlich-humanwissenschaftliche Kultur, während sie die religiöse dagegen nur eingeschränkt wahrnehmen, in isolierter Betrachtung des Religionsunterrichts.

Auf Wunsch des Präsidenten der Französischen Republik haben Mitglieder des Collège de France Vorschläge für das Bildungswesen erarbeitet, die in einer ersten These die *»Einheit der Wissenschaft und Pluralität der Kulturen«* betreffen. Die These lautet:

»Ein ausgeglichenes Bildungswesen muß in der Lage sein, den dem (natur)wissenschaftlichen Denken eigenen Universalismus mit dem Relativismus der Humanwissenschaften, denen es um die Pluralität der kulturgebundenen Lebensweisen, Erkenntnisformen und Arten des Empfindens geht, in Einklang zu bringen (im Original kursiv).

Sowenig sich das Bildungswesen durch den Bezug auf eine bestimmte Richtung der Moral definieren darf, sowenig kann es sich der ethischen Verantwortung entziehen, die ihm unvermeidlich zufällt. Ein Hauptziel könnte deshalb die Vermittlung jener Art von Kritikfähigkeit darstellen, wie sie die Natur- und Humanwissenschaften lehren.«[83]

In der These geht es zunächst nur um den durch das wissenschaftliche Gespräch zu gewinnenden *»Einklang« zwischen Natur- und Humanwissenschaften;* das

82. *C.P. Snow:* Die zwei Kulturen, Stuttgart 1967 (engl.: The Two Cultures, London 1959); zur Diskussion vgl. zuletzt die Beiträge im Themaheft der Zs Universitas 42 (1987), H. 1.
83. *Collège de France,* Vorschläge für das Bildungswesen der Zukunft, in: *S. Müller-Rolli (Hg.):* Das Bildungswesen der Zukunft, Stuttgart 1987, S. 253-282, hier S. 255f.

einheitsstiftende Moment ist die *»ethische Verantwortung«*. Zur ethischen Diskussion gehört aber auch sachgemäß die Religion, denn sie hat ihrerseits eine ethische Seite. Bei der Suche nach den Bildungsgemeinsamkeiten einer Schule - um nicht vorschnell von Bildungseinheit zu sprechen - sollte dies berücksichtigt werden. Bereits an staatlichen Schulen sollten die Lehrerkollegien sich aufgefordert sehen, durchgehend in allen Fächern ethische Fragen aufzugreifen und hierbei mit den Religionslehrern zusammenzuarbeiten. Dieser Weg setzt freilich die Bereitschaft der Fachlehrer voraus, sich auf ein religiöses Gespräch einzulassen. An staatlichen Schulen ist dies nicht selbstverständlich. An Schulen in kirchlicher Trägerschaft sollte demgegenüber die systematische philosophisch-ethische Rechenschaftsabgabe mit der Förderung des ethischen Urteils der Schüler im *Zusammenspiel aller drei Bereiche* in Erinnerung an Comenius (Teil I, Kap. 4) die Regel sein. Im Sinne des mit V. Dieterich herausgestellten »dialogisch-kommmunikativen Modells« sind bei diesem Zusammenspiel naturwissenschaftliche, humanwissenschaftliche und theologische Betrachtungsweisen in gleicher Weise ernst zu nehmen. Sie sollen einen freien diskursiven Raum eröffnen, der einerseits zu klarer Orientierung verhilft, andererseits nichts aufzwingt, sondern die selbständige Urteilsbildung fördert.

Dem Collège de France ist hierbei an der *»Kritikfähigkeit«* gelegen, wie sie bereits auf je eigene Art »Natur- und Humanwissenschaften lehren« (S. 256). Schon die im Bereich der Naturwissenschaften geschulte Kritikfähigkeit, die Ausbildung der Fähigkeit zu exakter Beobachtung, genauer Überprüfung und logisch folgerichtiger Deduktion, ist als »ein wirksames Mittel gegen alte und neue Formen des Irrationalismus« unverzichtbar (ebd.). Die naturwissenschaftliche Rationalität muß aber zusätzlich auch über sich selbst rational aufgeklärt werden. Wir brauchen Mittel gegen alte und neue Formen sowohl des *Irrationalismus* als auch »einer zum Fanatismus übersteigerten *Rationalität«*, fügt das Memorandum hinzu (ebd.; Hervorhebung von mir). Dieses Ergebnis kann dadurch angebahnt werden, »daß auf allen Stufen des Bildungswesens in jeweils angemessenen Formen die Geschichte der Wissenschaften und der Kulturschöpfungen im Unterricht eine Rolle spielt« (ebd.). »Die einzig universelle Grundlage, auf die eine Kultur (Bildung) gestellt werden kann, besteht in der Einsicht, daß ihr selber, bedingt durch ihre Geschichtlichkeit, stets etwas Willkürliches anhaftet« (ebd.). V. Dieterich macht darauf aufmerksam, daß mit der Neuen Wissenschaftstheorie der Naturwissenschaften (The New Philosophy of Science, Th. S. Kuhn, P. Feyerabend) die geschichtlich-gesellschaftliche Betrachtungsweise auch auf die Naturwissenschaften angewendet worden ist. Danach ist der Prozeß der Erkenntnis nicht »ein abstraktes Produkt ..., das durch formal-logische Analyse hinreichend beschrieben« wird, sondern er stellt einen *»geschichtlich-gesellschaftlichen Prozeß«* dar, »der nur mittels einer historisch-hermeneutischen Analyse bisheriger Wissenschaftsentwicklung und mittels einer psychologischen und soziologischen Untersuchung der an dieser Entwicklung beteiligten Gruppen angemessen verstanden werden« kann[84].

Diese Erschließung der Geschichtlichkeit des Menschen auch für den wissenschaftlichen Bereich muß nicht unbedingt die auflösenden Tendenzen des Wertpluralismus begünstigen, wie man befürchten könnte. Im Gegenteil: Die Verdeutlichung des Arbiträren, des geschichtlich Willkürlichen in unseren Entscheidungen, kann die menschliche Verantwortung aufs höchste schärfen, weil wir vor das *Problem der Kontingenz* gestellt werden. Die schon von Comenius gespürte Macht des Menschen, seine Umwelt und Lebenswelt völlig umzugestalten, *so oder so* - das meint »kontingent« -, zwingt zu einer Steigerung der Verantwortung und entsprechend zu einer allgemeinen Ausbildung kritischer Verantwortungsfähigkeit. Damit kommt eine analoge *ideologiekritische Aufgabe* in den Blick, wie sie oben theologisch begründet worden ist: »Eine der vornehmsten Aufgaben der Bildung besteht zweifellos darin, eine Technik der Verteidigung gegen jede Art ideologischen, politischen oder religiösen Drucks darzustellen«, einschließlich der »wachen Fähigkeit, sich gegen gewisse Indienstnahmen der Wissenschaft und ihrer Ergebnisse zur Wehr zu setzen«[85].

Zur geschichtlichen Bedingtheit des Menschen haben jedoch zeitgenössische Theologen noch aus anderer Warte etwas zu sagen. Man darf nicht nur das Wort *Bedingtheit* unterstreichen, sondern muß bei dem Gedanken mit der geschichtlichen Wandelbarkeit auch die *Offenheit des Menschen zur Zukunft* mitbedenken, ja, die *Zukunftsoffenheit des Weltganzen*. Während es die Vorstellung von »offenen (Sub-)Systemen« auch in der neueren Naturwissenschaft und Naturphilosophie gibt (I. Prigogine), hierbei aber fraglich bleibt, ob nicht im übrigen von einem *»geschlossenen Weltall«* auszugehen ist (»Für das Weltall im Ganzen bleibt das Entropiegesetz gültig, auch wenn es im einzelnen offenen System nicht gilt«), wendet Jürgen Moltmann das Verhältnis um. Er versucht, gerade das Weltall selbst, den *»Evolutionskosmos* selbst als ein *irreversibles, kommunizierendes* und *zukunftsoffenes System* zu begreifen« (ebd.)[86].

84. *V.-J. Dieterich,* a.a.O. (Anm. 81), S. 118.
85. *Collège de France,* Vorschläge, a.a.O. (Anm. 83), S. 256.
86. *J. Moltmann:* Gott in der Schöpfung. Ökologische Schöpfungslehre, München 1985, S. 212. »Entropie« ist die physikalische Bezeichnung für gebundene bzw. unverfügbare Energie im Unterschied zur verfügbaren (irdische Energiereserven und Sonnenenergie). Unter dem Gesetz der Entropie versteht man die Tendenz, daß in der Welt die Entropie nach einem Maximum strebt, damit nach einem Gleichgewichtszustand, in welchem keine Differenz zwischen Energieebenen mehr existiert, darum auch kein Lebensprozeß mehr stattfindet, sondern ein zur Ruhe gekommenes, 'totes' Gleichgewicht herrscht. Auf der Erde als einem geschlossenen System nimmt die Entropie ständig zu. Zu den Folgen auf Grund der Verschwendung der irdischen Energieressourcen vgl. *J. Rifkin/T. Howard:* Entropy. A New World View, New

Wenn der Kosmos zukunftsoffen verstanden werden soll, »mag in einzelnen Systemen und Vorgängen eine Entropie nachweisbar sein, für das Ganze jedoch gilt sie nicht. Wir müssen dann aber für das Weltall selbst eine transzendente *Umgebung* annehmen, mit der es in Kommunikation steht, und eine transzendente *Zukunft,* in die hinein es sich entwikkelt« (ebd.). Nennt man diese Transzendenz Gott, kann man mit Moltmann »versuchsweise sagen«: »Die *Welt* ist in ihren Einzelheiten und im ganzen ein *gottoffenes System* ... Gott ist Ursprung der neuen Möglichkeiten, aus denen sie ihre Wirklichkeiten gewinnt. *Gott* seinerseits ist dann als ein *weltoffenes Wesen* zu verstehen ... Es ist daher keine *Welttranszendenz Gottes* denkbar, ohne diese *Weltimmanenz Gottes,* wie umgekehrt auch keine evolutive Weltimmanenz Gottes ohne seine Welttranszendenz« (S. 213).

In der pansophischen Sicht von Comenius ist auch diese Sichtweise bereits vorgebildet; denn er sieht das Ganze der Welt in einem umfassenden Prozeß begriffen, der auf der Grundlage des Sieges Christi Gottes Weg der Erneuerung des ganzen Seins ist, hin zu einem unaussprechlichen und unausdenkbaren neuen Sein als einem neuen Himmel und einer neuen Erde im Sinne der Wiederherstellung des Ursprungs (s. oben Kap. 4, Abschnitt: Der Sieg Christi und die Erneuerung der Welt).

Neben der ethischen und der geschichtlichen Dimension, auf der Dialog, Verständigung, gemeinsame Bildung angebahnt werden können, kommt somit die *erkenntnistheoretische* Dimension ins Spiel. Das in der Theologie bislang vorherrschende diastatische Denkmodell wird dialektisch in einem verbindenden Denkmodell 'aufgehoben', d.h. in seiner Wahrheit bewahrt und zugleich verändert. Gott steht zum einen der Welt als seiner Schöpfung *gegenüber,* wie überhaupt nur auf der Grundlage des biblischen Schöpfungsglaubens die Welt als Schöpfung qualifiziert werden kann. Was der Glaube weiß, ist *ein anderes Wissen* als das, was Natur- und Humanwissenschaften wissen. Der von der Welt im Glauben *unterschieden* gewußte Gott wird jedoch zum anderen als Gott *in* der Welt, als »Gott *in* der Schöpfung« (J. Moltmann) glaubend gewußt. Beide oben beschriebenen Trennungen, die einer zeitlich-räumlichen Trennung und die einer Trennung von außen und innen, werden in ein drittes umfassendes Denkmodell aufgenommen. Es erlaubt, die mit naturwissenschaftlichen Denkmitteln umkreiste metaphysische Frage nach der *Einheit* der Wirklichkeit und die theologische Frage nach der Einheit der Wirklichkeit in *Gott* zumindest in gewisser Weise in ein *analoges* Verhältnis zu bringen (»offene Systeme« - »gottoffene Welt«), in die Nähe zu einer christlich-theologischen Antwort, um so die eine Sicht durch die andere *komplementär* zu ergänzen. Man beachte, daß die Welttranszendenz

York 1980. Geschlossene Systeme haben letztlich keine Zukunft. Die theologische Rückfrage entsteht an dieser Stelle; sie wird von Moltmann auf das Universum im ganzen bezogen.

Gottes nicht durch die Weltimmanenz Gottes abgelöst wird, sondern daß - paradox - die zweite gedacht wird, ohne die erste preiszugeben.

Es gibt für die christliche Theologie drei miteinander zusammenhängende Ausgangspunkte, um diesen dialektisch-paradoxen Weg der spannungsvollen Einheit von Identität und Nichtidentität zu denken: Danach ist Gott erstens schöpfungstheologisch nicht nur Schöpfer am Anfang, sondern er bleibt auch Schöpfer vom Anfang bis zum Ende der Welt. Diese Sicht hat ihre Grundlage zweitens christologisch in der angehobenen Neuschöpfung in Jesus Christus und darf drittens pneumatologisch geglaubt und gehofft werden in der gewißmachenden Kraft des schöpferischen Geistes Gottes, der uns erfüllt. Im *trinitarischen* Gottesverständnis könnte der christliche Glaube die Einheit Gottes in der Welt mit der Einheit der Wirklichkeit in Raum und Zeit gedanklich verbinden.

Die Theologie ist gefragt, ob sie diese Sicht in die Suche der Naturwissenschaftler nach der Einheit der Wirklichkeit im Sinne eines »Denkens in Komplementarität« einbringen darf[87]. Der Weg ist nicht ungefährlich; evangelische Theologie läßt sich auf metaphysische Fragen ein und kann dem Irrtum erliegen, der christliche Glaube sei mit der vermeintlich gegebenen Einsicht in ein letztes Prinzip identisch, das die »Einheit« der Welt 'sicherstellt' (siehe oben). Wenn man hier weitergeht, wird Gott dem eigenen Begreifen unterworfen. Was können und dürfen wir als Christen von Gott wissen?

Christliche Theologie wird den Zugang vom 2. Artikel, von der Christologie her nehmen müssen und auch finden, von Jesus von Nazareth als dem Christus des Glaubens (Peter Stuhlmacher); denn die Phänomene der Welt, etwa die der *Natur*, auf die sich der 1. Artikel bezieht, bleiben für sich genommen zweideutig. Wie schon die Figur des jungen Werther in Goethes berühmtem Roman exemplarisch zeigt, überträgt sich, wenn wir glücklich sind, unsere glückliche Stimmung auch auf unsere Wahrnehmung der nun harmonisch erscheinenden Natur; sind wir verzweifelt, vermögen wir auch in der Natur nur Verfall und Vergehen als ihre letzte Signatur zu erkennen. Ebenso sind die Wahrnehmungen des *Geistes* zweideutig: Ist es vielleicht nur unser eigener Geist, den wir für den Heiligen Geist halten (3. Artikel)? Anders wird beides, wenn wir *die Welt mit den Augen Jesu anschauen.*

87. Hilfreich hierfür die Untersuchungen des Physikers und Religionspsychologen *K.H. Reich,* Fribourg. Vgl. u.a. *F.K. Oser/K.H. Reich:* The challenge of competing explanations. The developement of thinking in terms of complementarity, in: Human Developement 30 (1987), S. 178-186.

Unterrichtliche Prinzipien und Konkretionen

Unterrichtserneuerung als christliche Welt-Anschauung heißt die Schüler anzuleiten, die *Phänomene selbst* zu beobachten und hierbei die Wirklichkeit auf Gott hin transparent werden zu lassen. Ökumenische theologische Stimmen von lutherischer, reformierter und katholischer Seite sowie entsprechende didaktische Versuche zeigen hierbei den Weg und können verdeutlichen, was *christlicher Glaube als neue Wahrnehmung und Interpretation von Wirklichkeit* meint.

Schon für *Luther* schließt Glaube eine neue Wahrnehmung ein, die die alltäglichen Dinge um uns herum berührt; denn der Glaube sieht die Dinge in einem neuen Licht.

> Wir »sind jetzt in der Morgenröte des künftigen Lebens, denn wir fangen an, wiederum zu erlangen die Erkenntnis der Kreaturen, die wir verloren haben durch Adams Fall«. Nach Luther sehen wir die Kreaturen »gar recht an« - mit den Augen der sehenden, nicht der blinden Vernunft -, wenn wir an ihnen »die Macht seines Wortes (erkennen), wie gewaltig das ist. Da er sprach, stand es da (Ps. 33,9) - auch in einem Pfirsichkern. Obwohl seine Schale sehr hart ist, muß sie sich doch zu seiner Zeit auftun durch den sehr weichen Kern, der drinnen ist.«[88]

Was bei Luther bereits aufleuchtet, die Sprache Gottes in der aus eschatologischer Perspektive in einem neuen Licht gesehenen Schöpfung, in der »Morgenröte des künftigen Lebens«, wird von *Comenius* noch ausgeprägter in die Metaphorik des *»Lichts«* gestellt: Der Umgang mit den res humanae, der uns aufgetragenen ganzen Schöpfung, wird systematisch in das pansophisch-pädagogische Denken einbezogen. Daraus folgt mehrerlei.

Die Schule ist *erstens* für ein *sinnentdeckendes Lernen* verantwortlich. Sie muß dafür Sorge tragen, daß die Dinge ihren Sinn behalten und nicht »der *Nichtigkeit preisgegeben* sind«, der »vanitas«[89]. Für Comenius wird dieser Sinn nicht nur durch die vernünftige Sinn*gebung* des Menschen geschaffen. Es ist zunächst der allem und jedem einzelnen *eingestiftete* Sinn, der aufleuchten und durchsichtig werden soll. Einerseits hat unsere vernehmende und verarbeitende Vernunft ihr eigenes »Licht«. Andererseits haben die Dinge ihre eigene Leucht-

88. Alle Zitate WA. TR 1, 574 (Nr. 1160), zitiert nach *O. Bayer:* Zugesagte Welt in der Verschränkung der Zeiten. Luthers Verständnis der Schöpfung, in: Zeitwende 54 (1983) S. 193-206. Vgl. ebd. auch O. Bayers theologische Deutung des Verhältnisses von »blinder Vernunft« und »sehender Vernunft« in Luthers Sermon »Vom ehelichen Leben«, zitiert nach dem Wiederabdruck in: *O. Bayer:* Schöpfung als Anrede, Tübigen 1986, S. 46-61, hier S. 57.
89. *J.A. Comenius,* Pampaedia, hg. v. *D. Tschizewskij* in Gemeinschaft mit *H. Geißler u. K. Schaller,* Heidelberg ^{2}1965, S. 67 (Hervorhebung von mir) (PF 5).

kraft, ihr »Licht«. Der »Vater des Lichtes« ist jedoch Gott. Wir sollen uns als Spiegel so aufstellen, so unser Erkennen ausrichten, daß letztlich alles in Gottes Licht steht: »... nur dann, wenn das Wissen in der Lichtbrücke Gottes steht, ist es überhaupt als wirkliches Wissen möglich.«[90]

Pädagogisch gewendet und aus der Sprache der Lichtmetaphysik übertragen: Zu achten wäre im Unterricht jedes Faches auf dreierlei, auf das, was als Bedeutungsgehalt in den Sachverhalten selbst sichtbar wird, auf die Sinngebung durch unsere menschlichen Bewertungen und Beurteilungen, Abwertungen und Verurteilungen, und auf das, was sich zu beidem kritisch ergibt, wenn wir den größtmöglichen Verantwortungshorizont denken, um in ihm zu fragen, was wohl die Bestimmung von allem und jedem im Angesichte Gottes ist.

Wenn man die letzten drei Gesichtspunkte näher entfaltet, ergibt sich *zweitens,* daß eine Unterrichtserneuerung im Comenianischen Geist *bildendes Wissen als Frage nach den Gründen und nach der ethischen Bedeutung* zu fördern hat. Schon im 17. Jahrhundert explodierte das Wissen in die Vielwisserei und expandierte der menschliche Intellekt ins Unbegrenzte und Maßlose, in die Monstrosität (monstrositas). Was gibt diesem Wissen Orientierung? Was hält den Intellekt in den rechten Maßen? Bestimmte Unterrichtsfächer sind seit alters besonders stoffanfällig; sie stehen ständig unter dem Druck schnell sich ausweitender wissenschaftlicher Wissensbestände. Die Folge ist die Tendenz zu hastiger Durchnahme von Pensen ohne »Vertiefung und Besinnung« (J.F. Herbart). Schüler lernen selten, was man macht, wenn man etwas macht, und wofür man es macht, wozu es dient. Comenius hat demgegenüber schon vor über 300 Jahren verlangt, über das »Was« des Wissens hinaus die Einsicht in das »Woher«, in die Gründe des Wissens, und in das »Wozu«, in die ethische Bedeutung des Wissens, zu erschließen. Der Lehrer soll mit seinen Schülern stets drei Fragen verfolgen: Was ist (quod oder quid?); durch was ist es? (per quid?), und wozu ist es gedacht, bestimmt, soll es gebraucht werden? (ad quid adhibendum?). Weit systematischer als bei den Reformatoren werden wir durch Comenius an die Frage nach der Konstitution und nach dem Gebrauch von Wissen herangeführt. Es ist die essentielle Frage jeder Didaktik, jeder Unterrichtsarbeit. Das 16. Jahrhundert entwickelte noch kein didaktisches System; Comenius wird durch seins weltberühmt. Manches können wir heute nicht übernehmen, wohl aber die grundsätzliche Verpflichtung zu einem philosophisch-ethischen Unterrichtsmodus. Von der Grundschule an kann dieser philosophierend-fragende und ethisch-prüfende Zug elementar zur Geltung kommen.

Mit der Wahrnehmung in Erziehung und Bildung zu beginnen und nicht mit den gesellschaftlichen Werten zielt *drittens* auf die *kritische Prüfung der Wahr-*

90. *K. Schaller:* Die Pädagogik des Johann Amos Comenius und die Anfänge des pädagogischen Realismus im 17. Jahrhundert, Heidelberg ²1967, S. 46 (PF 21).

nehmungstraditionen, aus denen sich Werte ihrerseits erst bilden, mit dem Ziel, *Wahrnehmungsgewohnheiten zu ändern.* Wahrnehmungsgewohnheiten leisten dem Umlernen Widerstand; bei ihnen ist daher anzufangen, nicht bei der verbalen Beschwörung von »Werten«, wozu die gegenwärtige, auf »Werterziehung« gerichtete Schulpolitik neigt. Nur so wird auch der philosophierend-fragende und ethisch-prüfende Unterrichtsmodus geschichtlich konkret. Besonders schwierig ist die Bewußtmachung von Sachverhalten, die wir im Blick auf unsere eigene Geschichte verdrängt haben. Wahrnehmungsgewohnheiten prägen auch den Umgang im sozialen Umfeld. Wie man Ausländer, Aussiedler und Asylanten »sieht«, begründet, wie man über sie »urteilt«. Bildendes Lehren und Lernen muß daher gezielt darauf aus sein, Fremdes, Ungewohntes, Verdrängtes zu erschließen und verfestigte Vorurteile aufzubrechen.

Dem Denkansatz von Comenius als eines ökumenisch denkenden Christen, der gleichsam in ganz Europa als Fremder heimisch werden mußte, entspricht ferner *viertens* die Bildungsaufgabe, *ökumenisch sehen zu lehren und zu lernen.* Wer so wie Comenius bei der Schöpfung Gottes ansetzt, die alle Menschen umfaßt, wird den Gedanken der Ökumene zunächst bereits auf alle Bewohner der Erde beziehen, bevor er ihn auf die Glieder der verschiedenen christlichen Kirchen bezieht. In der Geschichte des Christentums haben besonders nationale Wahrnehmungs- und Denkgewohnheiten zu einem jeweils 'nationalisierten' Christentum mit einem oft sogar nationalistischen kirchlichen Bewußtsein geführt; beides spottet der Universalität der Sendung der Kirche als Abbild der Sendung Gottes. Neben den nationalen haben sodann klassenspezifische, imperialistische oder auf ein politisch-ideologisches Blockdenken bezogene Wahrnehmungs- und Urteilstraditionen die Menschen gefangengehalten; ihre Überwindung hat lange gedauert und steht zum Teil noch aus.

Die *fünfte* Konsequenz erwächst aus dem schon in Kapitel 4 in den Ausführungen über Comenius herausgearbeiteten Stellenwert der Natur. Als Unterrichtsaufgabe folgern wir, *natürliche Lebenszusammenhänge wahrnehmen und ökologisch sehen zu lernen.* Der Mensch ist in natürliche Lebensbeziehungen eingebettet. Der Begriff der *»ökologischen Bildung«* ist hierauf zu beziehen, nicht auf zu kurz greifende Überlegungen zur »Umwelterziehung« im Sinne eines Umweltschutzes, der nur auf kosmetische Korrekturen aus ist. Für den 'vormodern' denkenden Comenius gab der Begriff der »Natur« in metaphysisch-spekulativer und theologischer Weise den Verantwortungsrahmen ab. Selbst wenn man diesem Ansatz nicht in derselben Weise folgen kann, verweist er deutlich auf die unterrichtliche Aufgabe: die Schüler anzuleiten, die natürlichen Lebenszusammenhänge zwischen dem Leben der Menschen, Tiere und Pflanzen sowie die ökologischen Gleichgewichtsbeziehungen auf dem Planeten Erde im ganzen wahrnehmen und wertschätzen zu lernen mit dem Ziel, die

Voraussetzungen für das terrestrische Leben durch entsprechende Bereitschaft zum Handeln zu bewahren.

In unserer Zeit hat uns im Raum der Didaktik sodann *Martin Wagenschein* gelehrt, Naturphänomene mit wachen, gesammelten Sinnen zu sehen. Besonders im Anschluß an ihn, aber auch an Comenius, Schleiermacher und Willmann, hat *Hans Christoph Berg* an ausgewählten evangelischen Schulen ein Projekt zur Wiedergewinnung einer Kunst des Lehrens (Lehrkunst) angeregt und geleitet, die auf ein Unterrichten *»mit spirituellem Spürsinn«* aus ist[91].

Wagenscheins Didaktik des genetischen, sokratischen, exemplarischen und phänomennahen Lehrens und Lernens ist für die didaktische Diskussion ein einzigartiges Geschenk, weil sie zu einem mehrperspektivischen Sehen und einem wahrhaft bildenden Lernen anleitet[92]. Sie bleibt allerdings auf die naturwissenschaftlichen Fächer beschränkt. Außerdem ist zu bedenken, daß die biblisch begründete Sicht der Wirklichkeit nicht bloß eine Verlängerung staunend ehrfürchtiger und überraschter Naturbetrachtung ist. An dem brasilianischen katholischen Bischof *Helder Camara* und seinen »mitternächtlichen Meditationen« kann man ablesen und einüben, wie neben der Natur auch die *zwischenmenschliche Lebenswelt* und die *gesellschaftlichen Strukturen* im nahen alltäglichen wie im weiten ökumenisch-interkulturellen *Wahrnehmungshorizont* für die Augen des Glaubens transparent werden. Camaras kurze, meditativ bedachte Beobachtungen[93] betreffen zunächst den Menschen in seiner natürlichen Umgebung:

»Der Beduine,
der sich in der Wüste auskennt,
tauchte mich in tiefe Nachdenklichkeit
mit seiner geheimnisvollen Bemerkung:
es genügt das Fehlen eines Sternes,
damit eine Karawane
die Richtung verliert.«

Sie können aber auch von Autos und Autobussen handeln und in überraschenden Wendungen die Welt der Seele in der Welt der Technik spiegeln:

91. *H.Ch. Berg:* Lehrkunst mit spirituellem Spürsinn. Comenianische Unterrichtserneuerung Evangelischer Schulen, Religion auch in Physik und Deutsch wahren, Protokolldienst der Ev. Akademie Bad Boll 24/86, S. 32-51. Die Projektergebnisse erscheinen demnächst in *H.Ch. Berg/G. Gerth/K.H. Potthast (Hg.):* Unterrichtserneuerung mit Wagenschein und Comenius, (Comenius-Institut), Münster 1990.
92. *M. Wagenschein:* Naturphänomene sehen und verstehen. Genetische Lehrgänge, hg. von *H.Ch. Berg,* Stuttgart 1980.
93. Vgl. zum folgenden *H. Camara:* mach aus mir einen Regenbogen, mitternächtliche Meditationen, Zürich 1981, Nr. 6, 20, 56, 17.

»Bei einem steckengebliebenen Auto
reichte ein kleiner Stoß
von einem befreundeten Auto.
Bei müden und mutlosen Seelen
reicht manchmal sogar
noch weniger.«

Andere Beobachtungen fassen in einem einzigen alltäglichen Bild symbolisch die Situation des Schicksals einer ganzen Region auf unserer Erde zusammen.

»Als ich die Ziegen sah,
die Kette um den Hals,
damit sie ihren Bereich nicht verlassen
und in die Pflanzungen eindringen,
da hatte ich das lang gesuchte Symbol
für eine ganze Welt gefunden, die abseits
gehalten wird:
für die unterentwickelte Welt.«

Den tiefsten Punkt der Meditation des Alltags erreicht Camara in seiner Meditation des Gekreuzigten - wiederum inmitten des Alltags.

»An der nackten Wand
ist nur ein einziger Nagel übrig
zu einem Bild, das verschwunden ist.
Braucht es mehr,
um zum Beten anzuregen,
wo doch drei Nägel
den Heiland der Welt trugen?«

Der Weg über die Phänomene, wie wir ihn besonders von Comenius aus eröffnet haben, kann bereits bei jüngeren Kindern und Schülern eingeschlagen werden. Er bereitet einen anderen Weg vor bzw. geht in einen Weg über, den ich als Unterricht im *problemorientierten christlichen Aufmerksamkeitshorizont im Zusammenspiel der Unterrichtsfächer* bezeichnen möchte; er ist damit stärker disziplinbezogen, führt aber die Disziplinen unter Problemstellungen zusammen.

Dieser Unterricht überläßt die Sachverhalte nicht ihren im Grunde einseitigen fachwissenschaftlichen Betrachtungsweisen. Er will die Gegenstände ebensowenig unter eine nicht sachgemäße christliche Perspektive bringen. Sie muß sich vielmehr von der Sache selbst her anbieten. Voraussetzung ist insgesamt *mehrperspektivisches Sehen,* wie es älteren Kindern und Jugendlichen schrittweise möglich wird. In anspruchsvolleren Gedankengängen können dann auf der

Sekundarstufe II naturwissenschaftliche, humanwissenschaftliche und theologische Sehweisen und Erkenntnisse miteinander verbunden werden.

Literaturwissenschaftlicher Unterricht kann beispielsweise die Behandlung von *Georg Büchners* Erzählung *»Lenz«* erstens »werkimmament« anlegen, die Interpretation der Erzählung als eines sprachlichen Kunstwerks. Zweitens bietet sich eine psychoanalytische Vertiefung an. Möglich ist aber statt dessen oder zusätzlich ein dritter Zugang, eine besondere Beleuchtung des Atheismusproblems mit einem Exkurs über die Gottesfrage und den Atheismus im 19. Jahrhundert. Schon staatliche Schulen *können* und *dürfen* dies tun, vorausgesetzt, ein christlich sensibler und gebildeter Deutschlehrer möchte es verantworten und auf diese Weise seinen Unterricht vertiefen. Evangelische Schulen *sollten* es tun, ohne daß im ersten wie auch im zweiten Falle einseitig indoktriniert werden darf. Das oben von uns kritisierte Trennungsdenken veranlaßt Kittel zu einer ängstlichen Abwehr solcher Versuche. Er wehrt sich gegen einen Deutschunterricht, der zu dem »Ziel des christlichen Menschen« dadurch beitragen soll, daß »er die christlichen Stoffe der deutschen Literatur betont«[94]. Von einem solchen Zweck oder von solchen Mitteln kann hier nicht die Rede sein, sondern nur davon, daß den kritischen theologischen Grenzziehungen, wo sie nötig sind, eine von der Sache selbst her sich anbietende orientierende und bildende Vertiefung nicht zum Opfer fällt.

Die Gottesfrage und das Problem des Atheismus können im Jugendalter besonders virulent werden und den Schülern zu schaffen machen. Hierbei betrifft der subtilste Zweifel die semantische Ebene, die Ebene des menschlichen Sprechens und das Verhältnis von Sprache und Wirklichkeit. Ist das Wort »Gott« vielleicht »nur« ein Wort? Ist »Gott« »bloß« ein »Symbol«, ein Produkt menschlicher Symbolisierungsfähigkeit und -leistung[95]? Wer im Deutschunterricht *Umberto Ecos* Roman *»Der Name der Rose«* behandeln sollte, stößt möglicherweise unter der angedeuteten Perspektive auf beides zugleich, das Geheimnis des Buches und die Bedrängnisse von Jugendlichen. Der Roman betrifft eine erschütternde Erfahrung, in der sich das typisch neuzeitliche Wahrheitsverständnis überhaupt spiegelt: Es könnte sein, daß wir bei der Suche nach Wahrheit nur unsere eigenen Zeichen in Händen halten.

»Ich habe nie an der Wahrheit der Zeichen gezweifelt, Adson, sie sind das einzige, was der Mensch hat, um sich in der Welt zurechtzufinden«, so der Franziskaner William von Baskerville. Anhand dieser Zeichen glaubt er eine Ordnung hinter allem annehmen zu dürfen. Im speziellen Falle der Fabel des Romans glaubte er eine Ordnung hinter den

94. *H. Kittel,* Vom Religionsunterricht zur Evangelischen Unterweisung, a.a.O. (Anm. 75), S. 26.
95. Ausführlicher hierzu *K.E. Nipkow:* Erwachsenwerden ohne Gott? Gotteserfahrung im Lebenslauf, 3. Aufl., München 1990, S. 70.

unerklärlichen Verbrechen finden zu können, »während ich doch hätte wissen müssen, daß es in der Welt keine Ordnung gibt«[96]. Die einzige Ordnung, die vorhanden ist, ist die, »die unser Geist sich vorstellt«, eine »nützlich(e)« Ordnung, um sich zurechtzufinden, aber letztlich »unsinnig« (ebd.). Vom mittelalterlichen Nominalismus und seiner radikalen Sprachkritik bei William von Ockham[97] reicht der Bogen über Kants Verlagerung der Erkenntnisbedingungen in die Bewußtseinsstrukturen des Menschen selbst bis zu den heute aufblitzenden Zweifeln, die die »natürliche Einstellung« (Alfred Schütz), daß die Wirklichkeit so »gegeben« ist, wie sie alltagssprachlich erscheint, erschüttern - dies alles in einer vormodernen mittelalterlichen Geschichte gespiegelt.

Wer oder was ist die »Rose«? Der Buchtitel spricht nur vom »Namen« der Rose. Der Schlußsatz des Buches lautet übersetzt: »Die Rose von einst steht nur noch als Name, uns bleiben nur nackte Namen« (S. 635). Unmittelbar zuvor ist von Gott die Rede - ein aufschlußreicher Abschluß des Ganzen:

Der altgewordene Adson schreibt im Epilog, daß ihm nur noch das Schweigen bleibe und das Versinken »in der göttlichen Finsternis«. ».. ausgelöscht sein werden alle Unterschiede, ich werde eingehen in den einfältigen Grund, in die stille Wüste, in jenes Innerste, da niemand heimisch ist. Ich werde eintauchen in die wüste und öde Gottheit, darinnen ist weder Werk noch Bild ...« (S. 634f.).

Ist Gott mit der Rose gemeint? Bleibt von ihm nur der Name, «weder Werk noch Bild« sonst, nur noch die »öde« Welt der Zeichen, der »nackte Name«, »nomina nuda«? Was erfassen unsere sprachlichen Aussagen? Was ist die Rolle der Symbole? Oben haben wir ihre Bedeutung hervorgehoben. Aber sie bleiben zweideutig, trotz der verdienstvollen Bemühungen der gegenwärtigen Symboldidaktik. Sind sie von lebendiger Erfahrung und Wahrheit erfüllte Zeichen, oder können auch sie leere, nackte Namen werden? Wie lautet die Antwort? Christliche »Welt-Anschauung aus Glauben« kann Gott in seiner Wirklichkeit und Wahrheit - einschließlich der Transparenz der Welt auf Gott hin - nur dadurch klar erkennen, daß wir Gott und Welt, nochmals muß es gesagt werden, mit den Augen Jesu anschauen, denn nur Jesus ist *»das* Gleichnis Gottes« (E. Jüngel).

Fächerübergreifende Kooperation ist schon an staatlichen Schulen möglich, an evangelischen Schulen sollte sie mehr als bloß zufällig sein. Für den *Geschichts-*

96. *U. Eco:* Der Name der Rose, 4. Aufl., München/Wien 1982, S. 625. Vgl. zum folgenden *A.K. Treml:* Selbstverständnis und Verhängnis der modernen Wissenschaft in Umberto Ecos Roman, in: Universitas 41 (1986), 12, S. 1306-1319.
97. Nach *William v. Ockham* (1285- ca. 1349), ebenfalls wie Baskerville Franziskaner, handelt die Wissenschaft nicht von Dingen, sondern nur von Begriffen als den Zeichen (Namen) der Dinge (Name = nomen, daher Nominalismus). Damit wird ein erkenntnistheoretischer »Realismus« erschüttert einschließlich der Annahme, daß die Seinsordnung eine göttliche Vernunftordnung spiegele.

unterricht gilt ähnliches. An staatlichen Schulen kann man christliche Perspektiven weithin ausklammern, ohne daß die Schüler es merken. Ein evangelischer Geschichtslehrer sollte sich demgegenüber veranlaßt sehen, eine christlich orientierte Deutung der europäischen Revolutionen, wie sie etwa Eugen Rosenstock-Huessy vorgelegt hat, wenigstens zu prüfen[98]. Ein Geschichtslehrer an staatlichen Schulen könnte bei der Behandlung des Dritten Reichs den Aspekt »Kirche und Judenfrage« beiseite lassen; ein Geschichtslehrer an evangelischen Schulen kann dies nicht. Er hätte mit dem entsprechenden Kirchengeschichtsunterricht im Rahmen des Religionsunterrichts Hand in Hand zu arbeiten. Heute wird in der Bundesrepublik ernsthaft erörtert, ob man nicht aus dem »Schatten« der Epoche des NS-Staates heraustreten solle, um wieder ein ungebrochenes Nationalgefühl zu gewinnen. Die Frage wird sicherlich schon Geschichtslehrer an Regelschulen beschäftigen. Historiker an evangelischen Schulen werden selbständig oder in Zusammenarbeit mit dem Religionslehrer theologische Gesichtspunkte aufwerfen müssen. Kittel will nicht, daß der Geschichtsunterricht »Beweismaterial für eine christliche Geschichtsdeutung« liefert[99]. Was genau will Kittel damit abweisen? Heißt er damit nicht eine einseitig als Trennungsmodell ausgelegte Zwei-Reiche-Lehre gut? Die christlichen Kirchen in ihrer kollektiven und mit ihnen die einzelnen Christen in ihrer individuellen Geschichte sind immer ein Teil der allgemeinen Geschichte gewesen, im Guten und im Bösen in sie verstrickt. Wer dies aufdeckt, um daraus Lehren zu ziehen, betrachtet Geschichte als Christ.

Wir haben, um *zusammenzufassen,* evangelische Schulen als Freie Schulen, als gute Schulen und zuletzt als weltanschaulich profilierte erörtert. Die Welt-Anschauung dieser Schulen ist die Anschauung der Welt in Gott aus Glauben mit den Augen Jesu; denn Jesus ist der Weg Gottes zum Menschen, und in ihm führt der Weg des Menschen zu Gott zurück. Hierbei spielen das Hören *und* das Sehen eine Rolle, ja, im Grunde alle Sinne. Schon im Alten Testament ist das gelingende Leben an alle Sinne gebunden und auf eine ganzheitlich erfaßte Welt bezogen gewesen. Das Hören wird besonders hervorgehoben, aber das Sehen keineswegs vergessen[100]. »Ein hörendes Ohr und ein sehendes Auge, die macht beide der Herr« (Spr 20,12). Das eine wie das andere ist nicht selbstverständlich. Man kann hören und doch nicht hören, sehen und doch nicht sehen (Mk 8,18; Mt 13,13). Für den christlichen Glauben gilt: Nur wer Jesus wirklich sieht, sieht Gott, und nur wer mit Jesus die Welt sieht, sieht sie als Gottes Schöpfung und als Ausdruck seiner liebenden Erschlossenheit und Entschlossenheit zu ihr von Anbeginn. Der

98. *E. Rosenstock-Huessy:* Die europäischen Revolutionen und der Charakter der Nationen, Stuttgart 1951.
99. *H. Kittel,* Vom Religionsunterricht zur Evangelischen Unterweisung, a.a.O., S. 26.
100. Vgl. *H.W. Wolff:* Anthropologie des Alten Testaments, 3. Aufl. München 1977, bes. S. 116ff.

Glaube lehrt nicht nur, Gott und Welt voneinander zu unterscheiden, sondern auch miteinander zu verbinden. In diesem Sinne sind theologische Aussagen auch welt-anschauliche Aussagen, freilich nach allem oben Ausgeführten keine 'geschlossene christliche Weltanschauung'!

Die alltäglichen Wahrnehmungsgewohnheiten und »Deutungsmuster« leisten einem neuen Wahrnehmen Widerstand (vgl. noch unten Kap. 12). »Der Gottesglaube beruht auf Erfahrung. Aber in der heutigen Welt ist man oft nicht mehr sensibel genug, zu abgestumpft, um solche Erfahrungen wahrnehmen zu können«, diese Sätze eines Wirtschaftsgymnasiasten fassen das Problem gut zusammen[101]. Auf sich allein gestellt, kann der Religionsunterricht nur wenig zu Wahrnehmungsveränderungen sowie zur Veränderung unserer Sehweisen und Deutungsmuster beitragen. Im Verein mit anderen Unterrichtsfächern eröffnen sich mehr Möglichkeiten. Dies ist die große Chance von Schulen in evangelischer Trägerschaft, vorausgesetzt, sie buchstabieren ihr Proprium nicht nur im Schulleben oder in besonderen Vorhaben an den Rändern, sondern im täglichen Unterricht selbst.

»Ist der Protestantismus im Kern schulpädagogisch erschöpft? Haben wir nur in der Religionspädagogik noch Übungsfelder für Neues?«[102] Die bewußt ausgreifenden Ausführungen dieses Kapitels sollten das Gegenteil aufzeigen. Im Felde ihrer eigenen Schulen tritt den Kirchen erstens viel stärker der ganze Umfang der Bildungs- und Schulprobleme heute gegenüber als nur im Religionsunterricht. Im Blick auf das allgemeine Ringen um die Schule sind Schulen in kirchlicher Trägerschaft zweitens nicht Zuschauer, sondern solidarisch Mitbeteiligte. Das ist jedenfalls die hier vertretene Konzeption, darum wurden oben in der Diskussion um die gute Schule die evangelischen Schulen zusammen mit den anderen Schulen verhandelt; schon hier wird ihr Proprium erkenntlich. Nicht zuletzt aber ist es drittens möglich, am Thema der weltanschaulichen Profilierung zusammen mit der jetzt erst ganz aufbrechenden Propriumsfrage wiederum ein Bildungsproblem von allgemeiner Bedeutung zu erörtern, die Pluralität der Kulturen, die Zusammenhanglosigkeit des Wissens, die philosophische, ethische und politische Bedeutung einer gemeinsamen Suche nach Zusammenhängen. Auf genau dies aber hebt der Begriff der *Bildung* ab. Bildung muß das Ganze der Wirklichkeit zum Thema machen; durch Bildung, in bildenden Lernprozessen, wird die Wirklichkeit reflexiv, wird unser Wahrnehmen und Sprechen, Wissen und Handeln zurückbezogen auf die Frage nach dem Woher von allem und nach vorn gezogen zu der Frage nach dem Wohin von allem.

101. Zitiert nach *R. Schuster:* Was sie glauben. Texte von Jugendlichen, Stuttgart 1984, S. 333.

102. *K.H. Potthast:* Freiheit der Erziehung. Sind freie Schulen Alternativen?, in: Ev.Komm. 17 (1984), 9, S. 491-493, hier S. 493.

Zwölftes Kapitel:

Prüfstein der Bildungsfrage in Gesellschaft, Kirche und Biographie - Erwachsenenbildung

1. Evangelische Erwachsenenbildung in Kirche und Gesellschaft und die Bedeutung der Bildungsidee

Der allgemeine Grundansatz

Kirchliche Bildungsverantwortung reicht weit; sie macht sich mit der Welt und ihren Sorgen solidarisch. Sie hört nicht dort auf, wo die Möglichkeit einer unmittelbaren Verkündigung oder der Einfluß kirchlicher Tradition endet. Sie gilt nicht nur in sog. »christlichen Gesellschaften« oder für »christliche Schulen« im Sinne besonders gekennzeichneter »christlicher Gemeinschaftsschulen«. Sie ist unbeschadet vom gesellschaftlichen Status und öffentlich eingeräumten Wirkungsbereich der Kirche zusammen mit nichtchristlichen Verantwortungsträgern grundsätzlich auf das uns alle gemeinsam angehende Wohl der Menschen zu richten. Kirchliche Bildungsverantwortung ist darum nie nur als kirchlich-institutionalisierte zu verstehen; sie ist in evangelischer Sicht auch überall dort kräftig, wo sie von einzelnen Christen wahrgenommen wird.

Diese Linie ist schon in der Einleitung herausgestellt worden und hat sich in der Anlage des ersten Teils gespiegelt; dieser Teil mündete in die Behandlung der kirchlichen Bildungsmitverantwortung im Rahmen des allgemeinen öffentlichen Bildungsdiskurses (Kap. 4). Entsprechend war der Gedankengang in den Kapiteln des zweiten Teils ausgerichtet. Ausgehend von der Familie (Kap. 5) und dem Elementarbereich (Kap. 6), wurde über den Primar- und Sekundarbereich in Jugendarbeit (Kap. 8) und Religionsunterricht (Kap. 10) bis zu den Schulen im ganzen (Kap. 11) betont, daß Christen im pädagogischen Feld mitwirken, damit überhaupt eine gute Familienpolitik und -erziehung, eine gute Arbeit im Kindergarten, eine gute Jugendarbeit und eine allgemein menschlich förderliche Arbeit in »guten Schulen« gelingt. Dasselbe gilt für den tertiären Bildungsbereich, wo selbstverständlich theologische Fakultäten und Fachbereiche zur allgemeinen wissenschaftlichen Qualität der Universitäten und Hochschulen beizutragen haben. Es trifft schließlich auch für den quartären Bildungsbereich der Erwachsenenbildung und Weiterbildung zu. Wo Christen als Erwachsenenbildner die Möglichkeit haben, sorgen sie als Sprachlehrer für guten Sprachunterricht, als Kunsterzieher für eine gute Kunsterziehung, als Fachleute in der politischen Bildung für eine vernünftige politische Bildungsarbeit.

In der Bundesrepublik dürfen Christen in Einrichtungen der Erwachsenenbildung »in kirchlicher Trägerschaft« im Rahmen des allgemeinen Systems der Erwachsenenbildung und Weiterbildung mitarbeiten. Diese Mitwirkungsmöglichkeit darf nicht mit ängstlichem Bedacht auf religiöse und kirchliche Ziele ausgenutzt werden. Darum ist es nicht angemessen, alles, was getan wird, dem Begriff der »Verkündigung« unterzuordnen oder von ihm abzuleiten. Wir haben diesem Ansatz, der sein Teilrecht behält, schon im Kapitel über die kirchliche Jugendarbeit einen Ansatz von der Perspektive des Dienstes aus zur Seite gestellt. Wo noch eindeutiger die kirchliche pädagogische Arbeit im gesellschaftlichen Rahmen geschieht, haben wir ihn ohnehin gemieden.

Insgesamt verfolgen wir in dieser Theorie kirchlicher Bildungsverantwortung, verstanden als »evangelische« Bildungsverantwortung im weiten Sinne (nicht nur im amtskirchlichen), nicht den Ansatz eines Verkündigungsdeduktionismus, sondern orientieren uns an der reformatorischen Zwei-Regimenten-Lehre mit ihren Unterscheidungen. Diesem Grundmodell gemäß gehören die Bereiche gleichzeitig aber auch zusammen. Der Sinn der Unterscheidung zwischen dem »geistlichen« und dem »weltlichen« Bereich hat eine theologische Grundlage: Hier wie dort geht es um Gottesdienst, um Bildungsverantwortung coram deo, vor Gott. Darum werden wir auch die Teiltheorie unseres Gesamtentwurfs, die die evangelische Erwachsenenbildung betrifft, so anlegen, daß die pädagogische Arbeit mit Erwachsenen in den Ortsgemeinden und die im sog. vierten Bildungsbereich nicht theoretisch auseinanderfallen. Bildungstheoretische Kriterien gelten auch in den Gemeinden, theologische auch außerhalb von ihnen.

Christliche Erwachsenenbildung in Kirche und Gemeinde

»Christliche Erwachsenenbildung ... ist so alt wie die Kirche selbst«, so beginnt Klaus Wegenast seinen informativen Übersichtsartikel aus dem Jahr 1987[1]; denn schon im Neuen Testament gehe der Taufe Erwachsener eine Lehre voraus, die dem rechten Verstehen der Schrift diene (Apg 8,26-40); besonders anschaulich werde sodann die frühkirchliche Erwachsenenbildung in Augustins Schrift »De catechizandis rudibus« vom Beginn des 5. Jahrhunderts mit ihrer »differenzierten Reflexion auf den Bildungsstand, die Sprache und die Motivation der Taufwilligen«; einzureihen seien auch die Beichterziehung des Mittelalters, die Katechismen der Reformation und Orthodoxie, die sich zuerst an Erwachsene richteten, und nicht zuletzt die sich um die Bibel versammelnden Collegia pietatis im Zeitalter des Pietismus des 17. und 19. Jahrhunderts (ebd.). Die geschichtliche

1. Evangelische Erwachsenenbildung, in: *G. Adam/R. Lachmann (Hg.):* Gemeindepädagogisches Kompendium, Göttingen 1987, S. 379-413, hier S. 379.

Linie läßt sich fortsetzen zu den pädagogischen Veranstaltungen jeder Art von Gemeindearbeit, in denen sich Erwachsene versammeln, sei es, um sich in verbindlicheren Formen über ihre christliche Glaubens- und Lebenspraxis aufzuklären, oder sei es, um sich als mehr Außenstehende in offeneren Formen über theologische Auffassungen und kirchliche Standpunkte zu religiösen wie nichtreligiösen Sachverhalten zu informieren. Auch die Aus- und Weiterbildung von kirchlichen Mitarbeitern einschließlich der besonders in den jungen Kirchen der ökumenischen Christenheit intensiv verfolgten Zurüstung von Laien (»leadership training«) gehört in diese Perspektive. In allem, was wir hier antreffen, haben wir es mit pädagogischen Aufgaben zu tun, die seit alters aus der Kirche und den einzelnen Gemeinden selbst hervorgehen. Sie sind unmittelbare, notwendige und legitime *Lebensäußerungen der Kirche.*

Man kann den Begriff der »Erwachsenenbildung« schon auf diese Lehr- und Lernprozesse anwenden. Dies ist in der Bundesrepublik der Fall gewesen, als zu Beginn der 60er Jahre der verstärkte öffentliche Ausbau der Erwachsenenbildung erfolgte und die Kirchen sich veranlaßt sahen, »als traditionell einflußreiche Mitgestalter des Bildungswesens auch auf dem neuen Feld aktiv zu werden«[2], in der Weise allerdings, daß vielfach der Begriff der »Erwachsenenbildung« lediglich als »neuer Name für traditionelle kirchliche Arbeitsformen« angesetzt wurde. Damit war »die gesamte Gemeindearbeit für den neuen Auftrag der Erwachsenenbildung reklamiert« (ebd.). Mit Recht hat dies Befremden ausgelöst. Man muß den eigenständigen Ursprung der Erwachsenenbildung ernst nehmen: Die säkularen Institutionen zur Erwachsenenbildung sind hierzulande zwar einerseits von der allgemeinen christlichen Tradition mitgeprägt worden, wobei für die neuere Geschichte besonders an die protestantischen Wurzeln der Arbeit mit Erwachsenen zu denken ist. Sie haben andererseits aber auch eigene Ausgangspunkte[3].

Erwachsenenbildung in evangelischer Trägerschaft als öffentliche Aufgabe im »vierten Bildungsbereich«

Die Ursprünge der modernen Erwachsenenbildung sind in Bildungsbestrebungen des liberalen Besitz- und Bildungsbürgertums anzutreffen, in den Selbstaufklärungs- und Emanzipationsinteressen der Arbeiterbewegung (»Arbeiterbildungsvereine«) und in den Versuchen aus der Weimarer Zeit, in einer »neuen Richtung« (vgl. den Hohenrodter Bund mit R. von Erdberg, W. Flitner, Th.

2. *Ch. Meier:* Kirchliche Erwachsenenbildung. Ein Beitrag zu ihrer Begründung, Stuttgart u.a. 1979, S. 21.
3. Vgl. *K. Wegenast,* a.a.O., S. 379, der mit Recht besonders die kirchenkritischen Motive in der geschichtlichen Entwicklung betont.

Bäuerle, E. Rosenstock, E. Michel u.a.) erstens die wissenschaftlich Gebildeten und die Laien *(»Laienbildung«)* gemeinsam über den Krisenproblemen der Zeit zusammenzuführen[4] sowie zweitens in einer *»Volksbildungsarbeit«* die sozialen Klassengegensätze ansatzweise zu überbrücken[5]. Nach dem Zweiten Weltkrieg liegen die neuen Anfänge unter anderem im großen Nachholbedarf an *»politischer Bildung«* in der neu gegründeten Bundesrepublik und heute mehr denn je in den Wandlungen der Arbeitsgesellschaft mit der permanenten Notwendigkeit *beruflicher »Weiterbildung«*.

In seinem Gutachten »Zur Situation und Aufgabe der deutschen Erwachsenenbildung« erklärt der Deutsche Ausschuß für das Erziehungs- und Bildungswesen 1960 die Erwachsenenbildung »zur Angelegenheit der ganzen Gesellschaft«[6]. Zehn Jahre später geht der Deutsche Bildungsrat 1970 in seinem »Strukturplan für das Bildungswesen« darüber hinaus: »Es ist notwendig, die institutionalisierte Weiterbildung als einen ergänzenden nachschulischen, umfassenden Bildungsbereich einzurichten. Weiterbildung als Fortsetzung oder Wiederaufnahme früheren organisierten Lernens bildet mit vorschulischen und schulischen Lernprozessen ein zusammenhängendes Ganzes. Weiterbildung umfaßt Fortbildung, Umschulung und Erwachsenenbildung.«[7] Unter dem bezeichnenderweise zum neuen Leitbegriff avancierten Begriff der »Weiterbildung« wird ein vierter (»quartärer«) Bildungsbereich als Teil des öffentlichen Gesamtbildungssystems begründet. Zwischen 1969 und 1975 verabschieden die meisten Bundesländer Landesgesetze, die die Erwachsenenbildung und Weiterbildung regeln. »Neben politisch-programmatischen Aussagen zu den Aufgaben und Zielen der Weiterbildung werden hier auch die Bedingungen umrissen, nach denen Weiterbildungsinstitutionen staatlich anerkannt und finanziell gefördert werden können.«[8] Dies hat Folgen für die Kirchen.

»Zu den wichtigsten Trägern von Einrichtungen der Erwachsenenbildung und Weiterbildung zählen der Bund, die Länder, Kommunen, Kirchen, Arbeitgeber-

4. Die ersten Anstöße gehen auf *R. v. Erdberg* schon vor dem Ersten Weltkrieg zurück. Zu Beginn der Weimarer Zeit hat dann besonders *W. Flitner* mit seinem Büchlein über »Laienbildung« (1921) die Diskussion angeregt. Zum Hohenrodter Bund, seiner Geschichte und Zusammensetzung vgl. *W. Flitner:* Erinnerungen, 1889-1945 (Gesammelte Schriften, Bd. 11) Paderborn u.a. 1986, S. 295ff.
5. Vgl. *P. Röhrig:* Zu Geschichte und Verlust des Bildungsbegriffs in der Erwachsenenbildung, in: *E. Schlutz/H. Siebert (Hg.):* Zur Entwicklung der Erwachsenenbildung aus wissenschaftlicher Sicht. Allgemeinbildung, Weiterbildungspolitik, Qualifizierungsoffensive, politische Bildung, Universität Bremen (Tagungsberichte Nr. 16), Bremen 1987, S. 29-50, hier bes. S. 42ff.
6. *Deutscher Ausschuß für das Erziehungs- und Bildungswesen:* Zur Situation und Aufgabe der deutschen Erwachsenenbildung, Stuttgart 1960, S. 13.
7. *Deutscher Bildungsrat:* Empfehlungen der Bildungskommission. Strukturplan für das Bildungswesen, Stuttgart 1970, S. 51.
8. *Ch. Führ:* Schulen und Hochschulen in der Bundesrepublik Deutschland, Köln/Wien 1989, S. 188.

und Unternehmerverbände, Gewerkschaften, Berufsverbände, Betriebe, Hochschulen, kommerzielle Weiterbildungsunternehmen, wissenschaftliche Gesellschaften, Vereine, schließlich Rundfunk- und Fernsehanstalten« (ebd.). Die Kirchen sind eingeordnet; damit unterliegt die Erwachsenenbildung in evangelischer Trägerschaft den staatlichen Vorgaben und Bedingungen. Nur in angemessener Beachtung der Gesichtspunkte der öffentlichen Mitfinanzierung dürfen die Träger ihre je eigenen Interessen verfolgen: *Erwachsenenbildung ist öffentliche Aufgabe in evangelischer bzw. katholischer Trägerschaft.*

In der Entwicklung seit 1980 ist das Recht der Träger zu eigener Interessendurchsetzung und weltanschaulicher Profilierung verstärkt betont worden, wie überhaupt in den vom Bundesministerium für Bildung und Wissenschaft 1985 veröffentlichten »Thesen zur Weiterbildung« den Marktprinzipien des Wettbewerbs und des Zusammenspiels von Bildungsnachfrage und -angebot die Steuerungsfunktion überlassen wird. »Dies ist eine deutliche Kursänderung gegenüber der Anfang der siebziger Jahre vertretenen Vorstellung des Bundes, man könne durch Systematisierung und voll flächendeckende Angebote die Weiterbildung staatlicherseits organisieren.«[9] Man kann die Kursänderung unterschiedlich beurteilen. G. Strunk beklagt die mit den beiden Marktprinzipien zum Ausdruck kommende »Reprivatisierung«, da sie »die Autonomie und die pädagogische Verantwortung der Einrichtungen« gefährde[10]. Seine Erwartung ist, daß der Staat die Erwachsenenbildung konsequent als »öffentliche Aufgabe« ausgestalte, indem gesamtstaatliche Interessen des Gemeinwesens den Organisationszwecken der einzelnen gesellschaftlichen Gruppen übergeordnet werden, um damit auch den Einrichtungen vor Ort mehr Unabhängigkeit und Spielraum gegenüber ihren Trägern zu eröffnen.

Wie immer man hierzu stehen mag - wir kommen auf die Gefahr einer einseitigen Ausrichtung der Erwachsenenbildung an den Zwecken beruflicher Weiterbildung noch zurück -, eins ist überdeutlich: So oder so haben wir längst einen anderen Raum betreten als den eingangs beschriebenen in Kirche und Gemeinden. Vor Augen rücken jetzt mit dem gesamtgesellschaftlichen Feld der Erwachsenenbildung engverflochtene und zum Teil gesellschaftlich exponierte Einrichtungen wie die Evangelischen und Katholischen Akademien. Es geht ferner um die Mitwirkung in örtlichen Volkshochschulen, um Heimvolkshochschulen in kirchlicher Trägerschaft, um Familienbildungsstätten, Altenarbeit und ähnliche Institutionen. Man muß die ganz anderen Rahmenbedingungen deutlich wahrnehmen. Aber welche Schlüsse darf man daraus ziehen?

9. *Ch. Führ*, a.a.O., S. 189.
10. *G. Strunk:* Bildung zwischen Qualifizierung und Aufklärung. Zur Rolle der Erwachsenenbildung im Prozeß gesellschaftlichen Umbaus, Bad Heilbrunn/Obb. 1988, S. 175.

Theoretische Unvereinbarkeit von kirchlicher Bildungsarbeit mit Erwachsenen in den Gemeinden und kirchlicher Erwachsenenbildung unter öffentlichen Rahmenbedingungen?

Ein erste Folge mehr äußerer Art ist, daß sich Veröffentlichungen zur evangelischen Erwachsenenbildung fast nur noch der zweiten Seite des Ganzen als Gegenstandsfeld widmen; denn nur auf diese Seite scheint der Begriff der Erwachsenenbildung angewendet werden zu können. Bei der Aufzählung aller Veranstaltungsorte evangelischer Erwachsenenbildung werden die »Gemeinden« zwar noch mit aufgeführt, aber nicht mehr eigens behandelt, oder die Verhältnisbestimmung bleibt offen[11]. Gemeindepädagogik und Erwachsenenbildung stehen in wechselseitiger Sprödigkeit nebeneinander. Das kann Gründe in der Praxis selbst haben; in vielen Gemeinden ist eine kirchliche Bildungsarbeit 'tot'. Aber eine schlechte Praxis sollte nicht dadurch begünstigt werden, daß man eine Verhältnisbestimmung theoretisch vernachlässigt.

Gewichtiger als dieses äußere Erscheinungsbild sind innere Gründe, die, weiterverfolgt, auf eine angenommene Unvereinbarkeit zweier Welten hinauslaufen, die in einer gemeinsamen Theorie nicht unterzubringen seien. Für Gerhard Strunk ist es nur in bezug auf die innergemeindlichen und innerkirchlichen Formen der Bildungsarbeit mit Erwachsenen erlaubt, von einem *Auftrag der Kirche* zu sprechen, während entsprechend für evangelische Erwachsenenbildung als Teil des vierten Bildungsbereichs zu gelten habe: »Erwachsenenbildung in evangelischer Trägerschaft hat keinen anderen Auftrag und kein anderes Thema als die Erwachsenenbildung überhaupt.«[12] Strunk möchte Erwachsenenbildung in evangelischer Trägerschaft nur aus den *gesellschaftlichen Rahmenbedingungen* des allgemeinen öffentlichen Bildungssystems begründet sehen; daher auch seine harsche Kritik an der Stellungnahme der Kammer der EKD für Bildung und Erziehung von 1983[13]. Was ist das Grundproblem?

11. *K. Wegenast,* a.a.O. (Anm. 3), S. 395 sowie 395ff.
12. *G. Strunk,* zitiert nach *G. Orth:* Erwachsenenbildung zwischen Parteilichkeit und Verständigung. Zur Theorie theologischer Erwachsenenbildung, Göttingen 1990, S. 152, ohne Angabe der Quelle.
13. *Kirchenamt der EKD (Hg.):* Erwachsenenbildung als Aufgabe der evangelischen Kirche. Grundsätze, Gütersloh 1983, 2. Aufl. 1984; vgl. *G. Strunk:* Zum Auftrag der Erwachsenenbildung in evangelischer Trägerschaft. Analyse und Kritik von zwei Programmschriften, in: Beiträge aus dem Fachbereich Pädagogik der Hochschule der Bundeswehr Hamburg, 2/1984; *ders.:* Evangelische Erwachsenenbildung oder Erwachsenenbildung in evangelischer Trägerschaft, in: Informationspapier der Deutschen Ev. Arbeitsgemeinschaft für Erwachsenenbildung (DEAE) 52-53/1985, S. 51ff.; *ders.,* Bildung zwischen Qualifizierung und Aufklärung, a.a.O. (Anm. 10), S. 175.

Die Unteilbarkeit der Idee der Bildung und der Wahrheit der Glaubenserfahrung

Es ist kein geringeres als das Problem, das unserem Versuch einer übergreifenden Theorie kirchlicher Bildungsverantwortung überhaupt und von Anfang an zugrunde liegt. Dieses Problem besteht in seiner allgemeinsten Fassung in der Frage, ob der christliche *Glaube* und der Begriff der *Bildung* als eine Kategorie des Subjekts im Sinne der freien und selbstverantwortlichen Person sich ausschließen oder nicht. Wir gehen vom Gegenteil aus und können denen nicht folgen, die das pädagogische Handeln gegenüber Erwachsenen und von Erwachsenen untereinander unter den Bedingungen von *Kirche* und *Gemeinde* (vgl. hierzu den kirchlich-gemeindlichen Ansatz in Kap. 2) nur als fremdbestimmt beurteilen, so daß dieses Handeln allenfalls die Bezeichnung »Erwachsenenkatechese« verdiene, aber nicht den Namen »Erwachsenenbildung«. Hier wird die Idee der Bildung ausgeschlossen. Richtig ist allerdings, daß die Erziehungsgeschichte der christlichen Kirche zu einer solchen zählebigen Vermutung beigetragen hat. Wir können uns ebensowenig der komplementären Auffassung anschließen, Erwachsenenbildung in evangelischer Trägerschaft, für die unter den Bedingungen des nachaufklärerischen modernen Bewußtseins ein kritischer Bildungsbegriff zu gelten habe (vgl. hierzu den »modernen Ansatz« in Kap. 3), werde beeinträchtigt, wenn die in der biblisch-christlichen Überlieferung beschlossenen Erfahrungen in die *gesellschaftlichen* Formen der Erwachsenenbildung eingetragen und im Prozeß des Verstehens, der Verständigung und des Handelns mitgehört werden. Hier wird die Bedeutung des Glaubens ausgeschlossen. Positiv gewendet: Die Idee der Bildung und die Wahrheit der Glaubenserfahrung sind *beide unteilbar* und zugleich *wechselseitig vermittelbar*.

Es ist den Kirchen *erstens* geschichtlich geboten, die Würde und Unvertretbarkeit des einzelnen als den unveräußerlichen anthropologisch-normativen Kern der neuzeitlichen Bildungsidee ernst zu nehmen. Sie dürfen dieses Prinzip nicht aufteilen, um es nur im Rahmen ihrer öffentlichen Bildungsmitverantwortung in der Erwachsenenbildung gelten zu lassen; sie müssen es auch für die *innerkirchliche* pädagogische Arbeit mit Erwachsenen ernst nehmen wollen - und die evangelische Kirche kann und darf dies auch aus theologischen Gründen (s. schon Teil I, Kap. 3). *Der Bildungsbegriff ist unteilbar.* »In dieser Achtung vor der Freiheit des erwachsenen Menschen und vor der Sache grenzt sich die Erwachsenenbildung gegen jede zweckbestimmte Schulung und Propaganda ab.«[14] Dieser Satz des Deutschen Ausschusses war seinerzeit - historisch nicht ohne Grund - auch gegen die Kirchen gerichtet. G. Strunk präzisiert ihn für die

14. *Deutscher Ausschuß für das Erziehungs- und Bildungswesen:* Zur Situation und Aufgabe der deutschen Erwachsenenbildung, Stuttgart 1960, S. 48.

gegenwärtige Situation: »Mission, Propaganda und Schulung, die sonst zum Auftrag der betreffenden Träger gehören mögen, sind 'eindeutig' keine Bildung, die als öffentliche Aufgabe der Erwachsenenbildung unter öffentlicher Verantwortung zu rechtfertigen wäre.«[15] Dieser Präzisierung ist zuzustimmen, aber sie taugt nicht als ein grundsätzlicher Trennungsstrich zwischen zwei anscheinend nicht mehr miteinander vermittelbaren Bereichen. Von der Mission ohnehin abgesehen, die zwar in anderer Hinsicht für die Kirchen unaufgebbar ist, aber begrifflich und sachlich nicht mit Bildung vermengt werden darf (s. noch unten S. 596), können es sich die Kirchen für die Zukunft nicht leisten, in den Gemeinden etwa nur Gesinnungsschulung zu betreiben (vgl. hierzu schon Teil I, Kap. 2.6), um lediglich in den gesellschaftsbezogenen öffentlichen Institutionen (Elementarbereich, schulischer Religionsunterricht, Erwachsenenbildung, Ausbildung an staatlichen Hochschulen) selbständige Bildung zuzulassen - noch dazu vielleicht nur halbherzig. Wenn die Kirchen die Idee der Bildung so aufteilen sollten, würden sie nach innen zu ihrer eigenen Bildungszerrissenheit beitragen und nach außen pädagogisch unglaubwürdig werden.

Falls es den kirchlichen Instanzen, Gruppen und einzelnen Christen nicht gelingt, für den freiheitlichen Sinn von Bildung innerlich frei zu werden und ihn sich wirklich zu eigen zu machen, mißrät aber vor allem auch die *zweite* Seite der Gesamtaufgabe. Es ist selbstverständlich legitim, wenn die Kirchen beabsichtigen, auch unter den allgemeinen gesellschaftlichen Rahmenbedingungen des öffentlichen vierten Bildungsbereichs Erwachsenenbildung aus den Wurzeln des eigenen Glaubens zu gestalten. *Die Wahrheit der Glaubenserfahrung ist ebenfalls unteilbar.* Sie wird oft ausgerechnet schon von den kirchlichen Trägern selbst erschwert, wenn diese unbillige Forderungen stellen, das Christsein an 'Einheitsnormen' dogmatisch messen und die Mitarbeiter mit der Propriumsfrage an Stellen unter Legitimationszwänge versetzen, wo jene Frage nicht hingehört. Sie wird von den Theoretikern der allgemeinen Erwachsenenbildung erschwert, wenn diese hierauf entsprechend einseitig reagieren.

Evangelische kirchliche Träger dürfen zwar mit Recht von ihren Einrichtungen erwarten, daß diese den Begriff »evangelisch« oder die Formel »in evangelischer Verantwortung« (in Satzungen oder Institutionsbezeichnungen) nicht nur zum Schein gebrauchen. Aber sie dürfen zugleich nicht übersehen - worauf wir durchgehend gestoßen sind -, daß die Form, in der sich Glaubenserfahrungen und christliche Urteile ausdrücken, mehr noch als schon bisher in Zukunft individuell geprägt sein wird und nicht aufgenötigt sein darf. Ohnehin ist nur persönlich vertretenes Christsein glaubwürdig. Individuell ausgeprägte Haltungen und Urteile können den innerchristlichen Pluralismus begünstigen, den manche schwer

15. *G. Strunk,* Bildung zwischen Qualifizierung und Aufklärung, a.a.O. (Anm. 10), S. 95.

ertragen. Die *Kirche* ist folglich gefragt, ob sie in ihrer Erwachsenenbildung Ausdifferenzierung und Pluralität christlicher Positionen anerkennen kann. Staat, Gesellschaft und pädagogische Öffentlichkeit sind gefragt, ob sie überhaupt christliche Positionen akzeptieren können, auch wenn sie unbequem sind. Jetzt ist der zweiten falschen Alternative zu widersprechen, und zwar wiederum nach zwei Seiten hin, hinsichtlich einer sich pädagogisch mißverstehenden und verfehlenden Kirche und hinsichtlich der aus einer gelegentlich richtigen Kritik an ihr falsch gezogenen pädagogisch-bildungspolitischen Folgerungen.

Wenn Gerhard Strunk bedauert, daß die freien Träger der Erwachsenenbildung »'unverkürzt' ihre Wertvorstellungen in die Veranstaltungen einbringen dürfen«, und er hierbei, wie aus dem Kontext hervorgeht, auch gerade die evangelische Kirche vor Augen hat[16], wird ein sich ausschließender Gegensatz von entweder rücksichtslos-ungebrochener Interessendurchsetzung einerseits oder (völliger?) Zurückhaltung andererseits als einzige Alternative angenommen. Die in den Einrichtungen Tätigen sollten dieser Alternative nicht folgen. Sie sollten sich durch Kritiker, die jedes kirchliche Auftragsbewußtsein ablehnen, nicht genötigt fühlen, ihre christlichen Überzeugungen nur aus dem Grunde an der Garderobe abzulegen, weil sie sich in einem öffentlich mitfinanzierten Bildungsbereich bewegen. Man sollte vielmehr alles daran setzen, um beidem, der Annahme eines unvermeidlichen Gegensatzes und seinen möglichen kirchlichen Ursachen, nicht Nahrung zu geben.

Eine Entwicklung, in der einerseits die gesellschaftlichen Großorganisationen einschließlich der Kirchen in der Erwachsenenbildung nur ihre überindividuellen Organisationszwecke durchsetzen wollen und in der andererseits in Reaktion hierauf der christliche Glaube mehr oder weniger ganz vom Platz verwiesen wird, ist für beide Seiten verhängnisvoll. In dieser 'unheiligen Allianz' werden *Glaubenserfahrung und Bildungsprozeß gleichermaßen verfehlt.* Die ideologisch vereinnahmende Haltung als Versuchung der Kirche läßt es nicht zu *selbständiger, persönlicher* Glaubenserfahrung kommen; die säkularistisch ausgrenzende Haltung als Versuchung bestimmter Vertreter der allgemeinen Erwachsenenbildung verhindert möglicherweise *sachbezogene, substantielle* Bildungsprozesse, die für die Teilnehmer ihrer Veranstaltungen wichtig sind. »Formale Bildung« und »materiale Bildung«, um ältere bildungstheoretische Bezeichnungen zu verwenden, fallen auseinander, während sie doch längst im Begriff der »kategorialen Bildung« (W. Klafki) miteinander verbunden worden sind. Von den Theoretikern der Erwachsenenbildung wird in der gegenwärtigen Diskussion schrittweise der »Gegenstandsbezug« bzw. besser »Aufgabenbezug« der Bildung wiederentdeckt. Bildung ist eben eine Kategorie des Subjekts und zugleich eine Kategorie des Welt- und Wirklichkeitsbezuges. 'Selbstbestim-

16. A.a.O., S. 175.

mung' und 'Fremdbestimmung' (im Sinne des Anspruchs durch das Fremde) dürfen nicht abstrakt gegeneinander ausgespielt werden. Das kann man bereits lerntheoretisch verdeutlichen:

»Menschen können zwar über die Form, in der sie lernen, selbst bestimmen, sie können auch darüber entscheiden, was sie lernen wollen, aber von diesem gehen dann Anforderungen aus, über die der Lernende nicht bestimmen kann. Zum *Lernen* gehört der *Umgang mit etwas,* das außerhalb des Lernenden liegt, also mit etwas *Fremdem,* was er an sich herankommen lassen muß, soll wirklich gelernt werden.«[17] In bildungstheoretischer Sicht heißt dies: »... Bildung erfordert eine bestimmte Qualität des Lernens, nämlich ein reflexives Lernen, das sich der Möglichkeiten und Grenzen des Lernens vergewissert. Dazu gehört, daß die Inhalte des Lernens wesentlich sind, während sie für die Lernpsychologie gleichgültig sind. Die Lerninhalte müssen relevant sein, d.h. individuell und gesellschaftlich bedeutsam, sinnvoll, wichtig.«[18]

Bildung im Lebenszusammenhang gemeinsam angehender Probleme und Aufgaben - Zum Begriff der Verantwortung

Mit dem letzten Satz aus dem Zitat von Tietgens wird der nichtverdinglichte Sinn von (Bildungs-)»Inhalten« sichtbar, *Bildung im Lebenszusammenhang gemeinsam angehender Probleme und Aufgaben.* Wir werden im folgenden mit diesen Begriffen die »objektive« Seite des Bildungsprozesses charakterisieren (vgl. zur grundsätzlichen Erörterung bereits Teil I, Kap. 4). Gemeinsame Probleme und Aufgaben bezeichnen einen Verantwortungshorizont. Bildung als *persönliche* Verantwortung ist unabdingbar, bleibt aber leer, wenn sie davon absieht, daß *Verantwortung,* wie schon das Wort sagt, nur als Verantwortung *für* andere und *für* etwas sowie als Verantwortung *vor* anderen und *vor* einer Instanz eine sinnvolle Rede ist[19].

Gottfried Orth erinnert daran, daß das Wort »verantworten« - ursprünglich ein Begriff im Zusammenhang christlicher Eschatologie - in unserem Sprachgebrauch zum erstenmal als

17. *H. Tietgens:* Erwachsenenbildung als Suchbewegung. Annäherungen an eine Wissenschaft von der Erwachsenenbildung, Bad Heilbrunn/Obb. 1986, S. 113, wobei Tietgens mit diesen Sätzen auf eigene Formulierungen von 1983 zurückgreift. Tietgens Bildungsbegriff erinnert an das klassische Verständnis von Bildung als 'im anderen zu sich selbst kommen' bei *Hegel.*
18. *H. Siebert:* Erwachsenenbildung als Bildungshilfe, Bad Heilbrunn/Obb. 1983, S. 61f., S. 81ff., hier S. 87.
19. Vgl. *G. Picht:* Wahrheit, Vernunft, Verantwortung, Stuttgart 1969, S. 318ff., nach *G. Orth,* a.a.O. (Anm. 12), S. 197.

mittelhochdeutscher Rechtsausdruck begegnet: »Vor Gericht hatte sich einer auf Grund einer Anklage zu verantworten« (S. 196). Von hier aus ergeben sich mit Orth vier Gesichtspunkte:

- »Wer sich verantwortet, hat zu antworten; wer zu antworten hat, wurde vorher gefragt; ein Verantwortungszusammenhang ist also immer auch ein Kommunikationszusammenhang;
- der in Frage Gestellte ist nicht Herr seiner selbst; ihm widerfährt eine Anfrage, die Antwort notwendig macht; ein Verantwortungszusammenhang ist immer auch ein sozialer Zusammenhang, dessen Ausgang für den, der Verantwortung wahrnimmt oder wahrgenommen hat, offen ist;
- wer sich verantwortet, ist intensiv betroffen; dies zeigt die Vorsilbe 'ver' an; wer sich zu verantworten hat, ist ganz in Frage gestellt und hat sich ganz in seine Antwort einzubringen; ein Verantwortungszusammenhang verträgt keine sich einschließende Partikularität;
- und doch hat, wer sich verantwortet, es mit einem konkreten Sachbezug zu tun; Verantwortung bezieht sich auf konkrete Anfragen; Verantwortung ist keine allgemein gehaltene Gesinnung; wer sich verantwortet, nimmt einer konkreten Sache im universalen Horizont sich an« (S. 197).

Christliche Theologen haben sich von einer Betrachtung des Wesens von Verantwortung schon immer angezogen gefühlt, wußten sie doch von der Verantwortung vor Gott; meist hat allerdings die evangelische Theologie in der deutschen Geschichte mit der Verantwortung vor Gott in fataler Weise eine unkritische Verantwortung vor staatlichen »Ordnungen« verbunden[20]. Die Theologie und die aus ihr abgeleitete kirchliche Pädagogik übersahen die Bedeutung von Bildung als Kategorie des Subjekts, weil sie sich in einem abgrundtiefen Gegensatz zum »Individualismus« als Ausdruck der »Selbstmächtigkeit« des Menschen (Gogarten) sahen. Zur Zeit besinnen sich Theoretiker der Erwachsenenbildung auf den kritisch-subjektiven Sinn von Bildung; aber umgekehrt fällt es ihnen zum Teil schwer, über den Formalismus von Bildung als bloß einer Kategorie des Subjekts hinauszukommen. Ein Bildungsverständnis, das beide »Denkfallen« vermeidet, könnte demgegenüber geeignet sein, zwischen Christen und Nichtchristen in der Gesellschaft zu vermitteln und einen gemeinsamen Gesprächsraum zu eröffnen.

Ein solches Bildungsverständnis kann erstens *pädagogisch* formuliert werden, weil es hier wie dort im Kern um *persönliche Bildungsprozesse* geht. Da diese sich auf Erwachsenenbildung als *Verstehen* und *Verständigung* richten, kann

20. Vgl. exemplarisch *Friedrich Gogartens* Schriften aus den 20er und frühen 30er Jahren dieses Jahrhundert, bes. die Bedeutung der Kategorien der »Forderung« und der »Hörigkeit« des Menschen (Politische Ethik, Jena 1932, S. 59 u.a.).

man sie zweitens, wie wir noch sehen werden, in einer allgemein zugänglichen *hermeneutischen* Weise umschreiben. Da es sich in allem um ein anzustrebendes gemeinsames *Ethos* in der Erwachsenenbildung handelt, kann man das, worum es geht, auch in einer ebenfalls allgemein zugänglichen *ethisch-philosophischen* Sprache formulieren. Kurz: Der hier gestellte Anspruch an eine in sich stimmige, einheitliche Theoriebildung für die evangelische Erwachsenenbildung in Kirche und Gesellschaft, in Gemeinde und viertem Bildungsbereich, muß und kann einlösen, was die Kritiker sonst mit Recht abverlangen werden: eine solche Theorie muß eine allgemein zugängliche Sprache sprechen. Auf der ausschließlichen Grundlage einer noch dazu gar nicht 'übersetzten' kirchlich oder frömmigkeitsgeschichtlich entstandenen Sondersprache kann eine Theorie und Praxis evangelischer Erwachsenenbildung, die zugleich innerkirchlich und öffentlich verstanden sein möchte, nicht gelingen. Sondertheorien und Sondersprachen führen zu christlich-religiösen Sonderwelten.

Erwachsenenbildung als Hilfe zur Verständigung zwischen der eingelebten Praxis unterschiedlicher Sprachspiele

Ist aber nicht alles Sprechen an begrenzte »Sprachspiele« gebunden, an die eingelebte Praxis eines bestimmten Sprachspiels als bestimmter Lebensform? Sind nicht in diese Sprachspiele mit L. Wittgenstein auch die persönlichen Lebensgewißheiten eingebunden?[21] Das ist richtig und bleibt im folgenden mitbedacht. Darum ist auch der Unterschied zwischen einer Sondersprache und einer allgemein zugänglichen Sprache immer ein relativer. Mehr noch: Besonders die ökumenische Theologie und die ökumenisch angeleitete christliche Pädagogik haben die Augen dafür geöffnet, daß das Evangelium in unterschiedlichen Kulturen auch in unterschiedlicher Form einheimisch wird. Folglich ist auch die jeweilige theologische Sprache aus ihrem »kontextualen« Zusammenhang heraus zu begreifen. Alle Vorstellungen von einer vereinheitlichten Sprache, Kultur oder Religion sind ungeschichtlich und Produkt einer Aufklärungsmentalität, die verkennt, daß das von ihr zum erstrebenswerten Ziel erhobene kulturelle Ideal einheitlicher Rationalität seinerseits im interkulturellen Vergleich ein begrenztes, nämlich westliches, modernes, bürgerliches »Sprachspiel« als Lebensform darstellt, das nun allgemeinverbindlich gemacht werden soll, einschließlich einer entsprechenden Form bürgerlich-christlicher Religion. In dieser Hinsicht ist das Aufklärungserbe fragwürdig und kann nicht maßgebend sein (vgl. noch unten S. 585f.).

21. *L. Wittgenstein:* Philosophische Untersuchungen, in: Schriften Bd. 1, Frankfurt/M. 1969, S. 279-544.

Im Gegenteil ist gerade in der christlich orientierten Erwachsenenbildung wie in der auf ihre Weise »kontextuell«, nämlich »lebensweltlich«, ansetzenden allgemeinen Erwachsenenbildung vom *lebensgeschichtlich bestimmten* und *gesellschaftlich-kulturell bestimmten* Lebens- und Erfahrungszusammenhang der einzelnen her zu denken und auszugehen, ein Zusammenhang, in dem auch die Religion eine wie immer abgeblaßte oder prägnante, jedenfalls individuell und/ oder typisch bestimmte Form angenommen hat. Erwachsene sind noch weniger als Kinder und Jugendliche unbeschriebene Blätter, wenn wir ihnen im pädagogischen Feld begegnen. Sie bringen ihre Erfahrungen und Überzeugungen aus einem bereits gelebten Leben mit. Was aber ist dann Erwachsenenbildung?

Sie knüpft an das gelebte Leben im Privatbereich, in Beruf und Freizeit, Wissenschaft und Politik, Kultur und Religion an, wurzelt damit in den besonderen »Sprachspielen«, so aber, daß sie überall dort, wo sie nicht bewußt - auch nach dem Wunsch der Teilnehmer - in den engeren Sprachspielen etwa einer berufsspezifischen Weiterbildung bleiben soll, *zwischen* den Sprachspielen *Verständigung* anstrebt, Verständigung durch Hilfen zur Selbstaufklärung und Verständigung im Blick auf das, was gemeinsam angeht. Bildung hat es mit Relationen zu tun und äußert sich selbst wesentlich als »Relationsbewußtsein«[22]. Dies führt Erwachsenenbildung zu ihren unveräußerlichen *allgemeinbildenden Dimensionen:*

- Erwachsenenbildung stiftet weniger selbst unmittelbare Erfahrung oder gar Gewißheit, als daß sie angesichts fragwürdig gewordener Selbstverständlichkeiten und erschütterter Gewißheiten dem Menschen hilft, mit anderen zusammen die bisherigen Überzeugungen zu differenzieren oder zu erweitern.
- Sie findet ferner besonders dort ihre Aufgaben vor, wo Sprachspiele in Form von Überzeugungskontrollen die Meinungsbildung monopolisierend beherrschen wollen. Erwachsenenbildung in evangelischer oder katholischer Trägerschaft kann darum ebensowenig für ein kirchenamtliches Sprachspiel instrumentalisiert werden wie für ein staatlich verordnetes, das über den verfassungsmäßigen Grundkonsens hinaus die Arbeit politisch festlegen will.
- Erwachsenenbildung ist im Sinne ihres allgemeinen Bildungsauftrags besonders dort zuständig, wo kulturelle Barrieren zwischen sich gegenseitig abschottenden Subkulturen aufgebaut werden, zwischen Deutschen und Ausländern, zwischen Einheimischen und Flüchtlingen, zwischen jungen und alten Menschen, zwischen unverständlich werdenden wissenschaftlichen Expertenkulturen und Laien, zwischen politisch bornierten Funktionären hier und dort - und eben auch zwischen religiösen Sonderwelten und Sondersprachen von

22. Ähnlich *H. Tietgens,* Erwachsenenbildung als Suchbewegung, a.a.O. (Anm. 17), S. 43, mit Bezug auf die Vermittlung zwischen verschiedenen »Abstraktionsformen«.

religiösen Sondergruppen, die sich bis hin zur Unversöhnlichkeit gegeneinanderstellen können.

Wo nur die berufliche Weiterbildung das Feld beherrscht, können die genannten Aufgaben nicht bewältigt werden. Erwachsenenbildung darf darum nicht in Weiterbildung aufgehen. Evangelische Erwachsenenbildung darf sich für die genannten Herausforderungen sowohl im innergemeindlichen als auch im öffentlichen Bereich besonders herausgefordert fühlen. Sie ist für solche Fragen auch in besonderer Weise gerüstet, weil sie in der grundlegenden Veranstaltungsform des »offenen Gesprächs« einen angemessenen pädagogischen Weg entwickelt hat. Einmal mehr wird damit deutlich, daß der übergreifende Charakter der anstehenden Probleme und Aufgaben eine übergreifende Theorie evangelischer Erwachsenenbildung verlangt, zumal sich dann, wenn wir den oben angerissenen Aufgabenhorizont weiterverfolgen, das bisher betrachtete Gegenstandsfeld überraschend ausweiten wird.

Verständigung und Parteilichkeit - Vor der Herausforderung durch neue christliche Laienbewegungen

Wir sind zunächst von der alten Tradition christlicher Erwachsenenbildung in der Gemeinde ausgegangen. Es war aber angesichts der historischen Entstehung gesellschaftlich organisierter Erwachsenenbildung, in die die Kirchen einbezogen sind, nicht möglich, für eine Theorie evangelischer Erwachsenenbildung (wie schon für unsere Theorie kirchlicher Bildungsverantwortung überhaupt) nur von einem *Kreis mit der Gemeinde als Mittelpunkt* her zu denken. Es besteht heute die weitverbreitete Neigung, statt dessen von einem *Kreis mit der Gesellschaft als Mittelpunkt* aus die Arbeit zu konzipieren. Wir haben auch diesem Modell nicht folgen können. Der beschrittene Weg führte statt dessen, im Bilde gesprochen, zu einer *Ellipse mit zwei Brennpunkten:* Bildungsarbeit mit Erwachsenen in *Gemeinde und Gesellschaft.* Dieses Modell setzten wir an die Stelle der Dominanzansprüche der beiden zu gegenseitiger theoretischer und praktischer Abgrenzung neigenden geschlossenen Kreismodelle. »Bildung« als Relationsbewußtsein will solche Abgrenzungen gerade überwinden. An der so verstandenen, auf freie, wechselseitige Aufklärung und Verständigung ausgelegten Idee der Bildung orientierten wir darum gemeinsam beide großen Arbeitsbereiche. Aber auch dieses Bild ist noch nicht vollständig.

F.E. Anhelm hat jüngst beschrieben, wie die Evangelischen Akademien aus einer kirchlichen Laienbewegung hervorgegangen sind, in deren Mittelpunkt »der Versuch der Aufhebung des Dualismus zwischen Kirche und Welt oder mindestens die Bearbeitung dieses Dualismus« stand[23]. »Getragen wurde diese Bewegung nach dem II. Weltkrieg von engagierten Christen, die ihre Erfahrungen im beruflichen und politischen Leben auch für ihre Kirche fruchtbar und diskussionswürdig machen wollten« (ebd.). Inzwischen gibt es eine *»neue Laienbewegung«,* auch wenn »sie sich selbst als solche noch kaum entdeckt hat« (S. 52). Anhelm versteht unter ihr all die Christen, die im »konziliare(n) Prozeß«, »oder besser« im »Bedürfnis nach einem konziliaren Prozeß« um »Gerechtigkeit, Frieden und Integrität der Schöpfung« ringen (ebd.).

»Wenn sich die Volkskirche dem chancen- und risikoreichen Anspruch des konziliaren Prozesses stellt, wird eine der wichtigsten Aufgaben darin bestehen, die 'alte' und die 'neue' Laienbewegung in ein produktives Verhältnis zu bringen« (S. 53). Dies heißt für die Evangelischen Akademien: »Wenn die Akademien heute ihrem Ursprung als Laieninstitute treu bleiben wollen, müssen sie sich der neuen Laienbewegung der Initiativen und Gruppen öffnen. Ihnen erwächst hieraus eine innerkirchliche Aufgabe, in der sich diskursives und konziliares Lernen aufeinander beziehen« (ebd.).

Wo treffen wir auf die »Initiativen und Gruppen«? (Sie haben gesamtgesellschaftlich ihr Gegenstück in den sog. »neuen sozialen Bewegungen«.) Sie bilden sich bereits auf lokaler Ebene, in Kirchengemeinden und Kommunen, drängen aber darüber hinaus, um sich überregional zusammenzufinden und gemeinsam zu handeln. Hierbei werden nicht nur die konfessionellen, sondern auch die nationalen Grenzen überschritten. Was sich vollzieht, entfaltet sich *quer durch die gewohnten Aufteilungen* hindurch. Man ist nicht fest organisiert, bestenfalls in Form von »Netzwerken« lose aneinander orientiert[24]. Worauf es an dieser Stelle ankommt: In diesen Initiativen und Gruppen leben, handeln, denken und lernen Erwachsene mit hoher Motivation in Prozessen, die sofort zeigen, daß Bildung, oben definiert als reflexives Lernen im Lebenszusammenhang gemeinsam angehender Probleme und Aufgaben, auch und gerade in dieser weniger institutionalisierten Weise geschieht (vgl. Teil I, Kap. 2.7). In Umbruchsituationen, in denen neue Gefahren gespürt, bisher unbekannte Herausforderungen ernst genommen werden, wanderte wohl immer schon ein neues Lernen aus den vorhandenen pädagogischen Institutionen aus.

Das aber heißt heute: Nicht allein die Evangelischen (und Katholischen) Akademien stehen vor der Frage, wie sie sich zu diesen neuen Suchbewegungen

23. Diskursives und konziliares Lernen. Politische Grenzerfahrungen, Volkskirche und Evangelische Akademien, Frankfurt/M. 1988, S. 39.
24. Zu Begriff und Sachverhalt vgl. unter Bezugnahme besonders auf Shripad Dabohlkar (Indien): *H. Dauber/W. Simpfendörfer (Hg.):* Eigener Haushalt und bewohnter Erdkreis. Ökologisches und ökumenisches Lernen in der »Einen Welt«, Wuppertal 1981, S. 113ff., ferner *F.E. Anhelm,* a.a.O., S. 49.

verhalten[25], sondern alle Orte und Institutionen, von denen wir ausgegangen sind, jede einzelne Kirchengemeinde und jedes nur relativ gemeindenahe Bildungswerk auf Kirchenkreisebene wie auch alle Einrichtungen der Erwachsenenbildung in evangelischer oder katholischer Trägerschaft im sog. öffentlichen vierten Bildungsbereich. Jene Bewegungen sind nicht nur hier oder dort; denn sie halten einerseits die alten Lernmöglichkeiten in der Parochie für ebenso revisionsbedürftig wie die der etablierten Erwachsenenbildung in kirchlicher Trägerschaft, wünschen sich aber andererseits hier wie dort Unterstützung. Beide, die Ortsgemeinden wie die Akademien und die anderen Institutionen, müssen für das Engagement jener Gruppen offen sein. Auch deren Zielvorstellungen lassen sich nicht auf Gemeinde einerseits oder Gesellschaft andererseits verteilen, weil die erkannten Lebens- und Überlebensprobleme ihrer Überzeugung nach Kirche und Gesellschaft zusammen angehen. Man erhofft eine Umkehr im kirchlichen wie gesamtgesellschaftlichen Bewußtsein, und die christlichen Kirchen sollen hierbei vorangehen.

Für das Bild von der Ellipse mit den zwei Brennpunkten heißt dies, daß wir in dieses Bild dynamische Wellenlinien einzeichnen müssen, die einmal am Pol der Gemeinde, ein anderes Mal an kirchlich-gesellschaftlichen Orten wie den Kirchentagen ihren Ausgang nehmen können oder eben drittens von außen, aus der ökumenischen 'Umwelt' des 'Systems', Impulse erhalten, wodurch insgesamt die immer noch bisher geschlossen gezeichnete Ellipse der kirchlichen und gesellschaftlichen Bildungssituation in der Bundesrepublik zu dieser Umwelt hin durchlässig wird. Was heißt das bildungstheoretisch für eine Theorie kirchlicher Bildungsverantwortung in Anwendung auf die Erwachsenenbildung? In welchem Verhältnis stehen die engagierten christlichen Laienbewegungen zu einer allgemeinverbindlichen Theorie?

Die entschiedene *»Parteilichkeit«* der Menschen, die den von Anhelm thematisierten »konziliaren Prozeß« tragen, ist zwar auch auf *»Verständigung«* gerichtet, wie der jüngste Entwurf zur evangelischen Erwachsenenbildung aus dem Geist des ökumenischen Lernens und des konziliaren Prozesses von Gottfried Orth schon in der programmatischen Überschrift zu erkennen gibt[26]. Aber der Schwerpunkt ruht zunächst auf der »Parteilichkeit«, für Orth der »Option für die Armen« (S. 148). Entsprechend profiliert - und begrenzt - ist daher eine solche Konzeption ausdrücklich auch hinsichtlich ihrer Adressaten angelegt: »Adressaten theologischer Erwachsenenbildung im von mir vorgeschlagenen und konzeptionell vertretenen Sinne sind in unserem Kontext zuerst die christlichen Nachfolgegruppen als eine der vier (fünf) Sozialgestalten der Kirche« (175). Daraus zieht Orth eine korrekte Folgerung: »Für theologische Erwachsenenbildung insgesamt, die Teil des bundesrepublikanischen Weiterbildungssystems und der Volkskirche zu sein

25. *F.E. Anhelm,* a.a.O. (Anm. 23), S. 50.
26. Vgl. Anm. 12.

beanspruchtm, kann eine solche Perspektive, wie ich sie vertrete, freilich nicht verbindlich sein - sie sprengt notwendig ihren institutionellen und organisatorischen Rahmen« (148f.).

Ein solcher Entwurf kennzeichnet sich damit selbst als eine »positionelle« Konzeption, wie man in Anlehnung an D. Rösslers Begriff der »positionellen Theologie« (im Unterschied zur »kritischen Theologie«) formulieren könnte. Der in sich spannungsvolle Charakter solcher positioneller Konzeptionen ist, daß sie zwar universal gemeinte Absichten verfolgen, wie das bei den Zielen des konziliaren Prozesses deutlich der Fall ist, um deren universale Durchsetzung und Geltung aber erst noch ringen müssen. Sie repräsentieren zunächst ein ganz bestimmtes »Sprachspiel«, das in einer eingelebten christlichen Praxis verwurzelt ist bzw. diese verbindlich anstrebt. Ohne den Ernst der Wahrheitssuche und das Gewicht des parteilich vertretenen christlichen Wahrheitsanspruchs solcher Initiativen, Gruppen, Gemeinschaften, Netzwerke wäre die Kirche mitsamt ihrer Erwachsenenbildung nicht bei dem geschichtlichen Kontext ihrer Sache heute. Die Christen in diesen Initiativen und Gruppen sind gleichsam die offenen Augen der Kirche für unsere Epoche. Mit dem entschiedenen Rückgriff auf die Verheißungsgeschichte Gottes, die in Jesus Christus begonnen hat, wird die Kirche (und indirekt über sie die Gesellschaft), wenn auch oft notwendig einseitig, darin zugleich immer wieder gezwungen, sich mit den Aussagen der Bibel auseinanderzusetzen.

Mit formal vergleichbaren »positionellen« Herausforderungen warten freilich ebenso weltweit christliche Bewegungen auf dem anderen Flügel auf, pfingstlerisch-charismatische und evangelikale Bewegungen. Sie artikulieren sich ebenfalls in bestimmten Sprachspielen und sind ebenfalls in entsprechend bestimmter eingelebter Frömmigkeitspraxis verwurzelt. Sie erreichen zunächst ebenfalls nur ihre bereits ihnen zuneigenden oder zugehörigen Adressaten, verfolgen ebenso universal gemeinte, aber noch nicht allgemein durchgesetzte Zielvorstellungen.

Eine bildungstheoretisch begründete Theorie kirchlicher Erwachsenenbildung hat sich auf alle diese Positionen zu beziehen, auf die neuen christlichen Laienbewegungen im ökumenischen wie im evangelistisch-missionarischen Horizont, ohne eine von ihnen zur allgemeinverbindlichen Grundlage machen zu können. Sie sind beide grundsätzlich für den Weg der Kirche ernst zu nehmen und beide bildungsrelevant, gleichwohl nicht mit Bildung identisch. Weil die Themen jener Bewegungen einerseits so wichtig sind, hat sich die kirchliche Bildungsarbeit andererseits ihnen gegenüber mit dem Bildungsbegriff als einer Kategorie des *Subjekts* und einer Kategorie der *Verständigung* in der Auseinandersetzung um die Sachverhalte besonders zu bewähren. Wir geraten nochmals vor die Ambivalenz - die notwendige parteiliche Verbindlichkeit *und* Einseitigkeit - jeder besonderen Gestalt des christlichen Glaubens- und Lebenszeugnisses heute.

Für die Christen, die sich in diesem Glaubens- und Lebenszeugnis zusammenfinden, gilt in der Regel, hermeneutisch gesehen, eine *Hermeneutik des schon gegebenen Einverständnisses im Glauben.* Es ist verständlich, daß in diesem relativ geschlossenen hermeneutischen Zusammenhang auch das pädagogische Handeln leicht einen zu stark geschlossenen und damit andere ausschließenden Charakter annehmen kann. Falls das Bewußtsein von der Freiheit und Selbständigkeit des einzelnen schwach ausgebildet ist, ist der Schritt zu einer bloßen christlichen Gesinnungsschulung nicht weit. Bildung wäre eine solche an Gruppenkonformität ausgerichtete Schulung jedenfalls nicht (vgl. Teil I, S. 108ff.).

Es hängt von einer ganzen Reihe von Faktoren ab, ob der einzelne als Person ernst genommen und ebenso ernsthaft eine auf Verständigung gerichtete offene Auseinandersetzung in der Sache zugelassen wird. Ein Verdacht, daß dies nicht der Fall ist, legt sich besonders bei den Methoden von evangelikalen Bibelschulen nahe. Ob die auf politische Befreiung drängenden Initiativen untereinander und gegenüber dritten Andersdenkenden Meinungs- und Entfaltungsfreiheit akzeptieren, wäre freilich ebenfalls zu prüfen. Ausgrenzende Tendenzen sind auch hier nicht ausgeschlossen. Sie werden allerdings in dem Maße abnehmen, wie postkonventionelle ethische Auffassungen und religiöse Urteilsformen bestimmend werden.

Erwachsenenbildung der Kirche, wie sie hier für den Raum der Gemeinden wie für den »vierten Bildungsbereich« gefordert wird, hätte demgegenüber zwar der Dynamik jener Gruppen und Bewegungen in sich Raum zu geben, müßte ihnen aber auch mit dem eigenen Ethos einer Bildungsverantwortung, die diesen Namen verdient, kritisch fragend gegenübertreten. Sie geht ihrerseits grundsätzlich von einer *Hermeneutik des noch nicht vorhandenen Einverständnisses* aus, darum auch von einer Didaktik der offenen Suche und des kritischen Diskurses, nicht von einer Didaktik des bloßen Einstimmens, Einübens und Mitvollzugs. Dieser Standpunkt nimmt die verschiedenen positionellen Lebens- und Glaubenspraxen in die Substanz der Arbeit auf, um zugleich die Frage nach einer größeren Gemeinsamkeit wachzuhalten und einer breiteren, die Kontroversen umspannenden Verständigung zu dienen.

2. Evangelische Erwachsenenbildung als Lebensbegleitung auf der Suche nach Verständigung

Die Überschrift des zweiten Teils »Bildung und Lebensbegleitung« erhält jetzt am Schluß ein besonderes Gewicht. Erwachsenenbildung hat es mit dem gelebten und bis ins Alter zu lebenden Leben zu tun. Das Wort »Begleitung« paßt ferner zum Wort »Bildung«. Es bewahrt vor einem Verfügenwollen und achtet die Person in ihrer Freiheit, ohne zu übersehen, wie schwer das Leben und wie eingeengt jene Freiheit sein können. Erwachsenenbildung wird zum Prüfstein für die Bildungsfrage angesichts der unverwechselbaren individuellen Biographie.

Wir wissen seit dem ersten Kapitel, daß Bildung und Subjektivität bzw. Bildung und Individualität nur ein Grundmerkmal ausmachen, allerdings ein wichtiges. Wir setzten es in die Mitte zwischen »Politik« und »Utopie« sowie »Überlieferung« und »Verständigung«. Politische Interessen und utopische Hoffnungen dürfen nicht über den einzelnen Menschen hinweggehen. Ohne persönliche Entdeckungen werden Überlieferungen museal; persönliches Einverständnis ist die Grundbedingung von Verständigung. Nachdem im ersten Abschnitt dieses Kapitels mit Kirche und Gesellschaft die überindividuellen Instanzen der kirchlich getragenen Erwachsenenbildung in den Vordergrund gerückt worden sind, kritisch aufgefangen durch die Idee der Bildung, wird jetzt der einzelne Mensch im Vordergrund stehen, nun komplementär flankiert durch den Blick auf Kirche und Gesellschaft. Unsere Teiltheorie kirchlicher Erwachsenenbildung ist wie unser Entwurf einer Theorie kirchlicher Bildungsverantwortung überhaupt dreidimensional (vgl. bereits die drei Ansätze in der Abfolge der Kap. 2-4 im ersten Teil).

Wechselseitige Verständigung und Verständigung mit sich selbst - Theorien zur Glaubensentwicklung in hermeneutischer und bildungstheoretischer Lesart

Wenn es um den Lebenslauf als Bezug für lebensbegleitende Erwachsenenbildung geht, darf man sich etwas von der Lebenslaufforschung versprechen. Sie hat sich in zwei Richtungen entfaltet, einmal als *»Soziologie des Lebenslaufs«*[27] und als *»Psychologie der Lebensspanne«*[28]. Von besonderem Interesse sind Untersuchungen zur religiösen Entwicklung.

Im Unterschied zur früheren Entwicklungspsychologie, die sich in der Regel nur auf Kindheit und Jugendzeit bezog, sind die schon verschiedentlich gestreiften kognitiv-strukturellen Strukturstufentheorien, wie sie von James W. Fowler zur Glaubensentwicklung und von Fritz Oser zur Entwicklung des religiösen Urteils vorgelegt worden sind, ebenfalls auf die ganze Lebensspanne ausgerichtet[29]. Mit der hypothetisch angenommenen und vor allem für die unteren Stufen

27. *M. Kohli (Hg.):* Soziologie des Lebenslaufs, Darmstadt 1978; *ders./G. Robert (Hg.):* Biographie und soziale Wirklichkeit, Stuttgart 1984.
28. *P.B. Baltes (Hg.):* Entwicklungspsychologie der Lebensspanne, Stuttgart 1979.
29. Wegen der vorliegenden vorzüglichen Einführung in diese und andere entwick-

empirisch relativ gut nachgewiesenen Stufenentwicklung gehen sie hierbei von der allgemeinen Prämisse aus, daß auch noch Erwachsene lernen und sich entwickeln können. Stufentheorien sind freilich insofern gerade keine Altersstufentheorien, als die Stufenentwicklung und die Altersentwicklung nur bei den unteren Stufen im großen und ganzen parallel laufen; die Entwicklung kann stagnieren, so daß dann ältere Erwachsene dieselben Merkmale in der strukturellen Verarbeitung von Erfahrungen und in der Beurteilung von Sachverhalten zeigen, wie sie für eine bestimmte Phase bei Kindern oder Jugendlichen erwartbar sind. Wie soll man zu strukturellen Merkmalen stehen, wenn sie (noch) Erwachsenen eigen sind? Wie immer man Stufentheorien im einzelnen kritisch kommentieren mag, sie konfrontieren uns in besonderer Weise mit der Frage, was denn »Erwachsensein« bzw. »Erwachsenheit« ausmacht. Im gleichen Atemzug stellen sie auch eine große Versuchung dar, nämlich andere so fördern zu wollen, daß sie erwachsen werden und nicht »infantil« bleiben (so begründen wir es dann), obwohl es sich schon um erwachsene Menschen handelt. Hinsichtlich vieler gesellschaftlich geltender Merkmale gibt es in der Frage, was Erwachsene auszeichnen sollte, keinen Streit. In religiöser Hinsicht ist das anders. Darf man sagen, daß sich auch der Glaube entwickeln soll, wenn er es denn könnte und wir etwas dazu vermöchten?

Wir müssen schon in der Wahl der Begriffe vorsichtig sein. Als übergeordneten Begriff gebrauche ich daher nicht den der Entwicklung, sondern bevorzuge den der Geschichte, der *Lebens-* und *Glaubensgeschichte*[30]. Damit sei von Anfang an erstens darauf aufmerksam gemacht, daß selbst soziologische und psychologische Aspekte zusammengenommen nicht an die konkrete geschichtliche Bestimmtheit des Menschen heranreichen. Die Person ist mehr als das, was einzelne Humanwissenschaften von ihr erkennen. Jede persönliche Lebensgeschichte ist zweitens in das geschichtliche Schicksal einer Zeit eingebunden. Stufentheorien, die die Strukturen der Wirklichkeitsverarbeitung untersuchen und Strukturen und Inhalte trennen, müssen hieran besonders erinnert werden. Sie neigen dazu, strukturalistisch und damit ungeschichtlich zu denken. Mit dem Begriff des geschichtlichen Charakters der Biographie sträuben wir uns drittens

lungspsychologischen Ansätze durch *F. Schweitzer:* Lebensgeschichte und Religion. Zur religiösen Entwicklung und Erziehung im Kindes- und Jugendalter, München 1987, darf ich mir wie auch aus Raumgründen ein Referat ersparen. Vgl. im übrigen zu Fowler bereits auch in unserer Darstellung Kap. 2, S. 106 u.ö., zu Oser Kap. 3, S. 169ff.

30. Vgl. meinen Grundsatzartikel: Lebensgeschichte und religiöse Lebenslinie. Zur Bedeutung der Dimension des Lebenslaufs in der praktischen Theologie und Religionspädagogik, in: Jahrbuch der Religionspädagogik (JRP), Bd. 3, hg. von *P. Biehl u.a.*, Neukirchen-Vluyn 1987, S. 3ff., bes. S. 15f.; ähnlich *F. Schweitzer,* Lebensgeschichte und Religion, a.a.O. (s. schon Titel).

auch gegen eine Überfremdung, durch die der einzelne zum »Fall« wird. Alle zur Rede stehenden Forschungsansätze sind auf Gesetzmäßigkeiten gerichtet. Zweifellos gibt es zwischen Menschen Gemeinsames, das Verallgemeinerungen oder zumindest Typisierungen erlaubt. Aber wieder ist der individuelle einzelne mehr als das, was man von ihm auf diese Weise ausmachen kann.

Wie könnte ein nichtobjektivierender Umgang mit objektivierenden wissenschaftlichen Theorien aussehen? Ich verbinde den Ansatz der Strukturstufentheorien mit dem sog. »Deutungsmusteransatz«, der vom »interpretativen Paradigma« einer verstehenden Sozialpsychologie getragen und zur Zeit in der Erwachsenenbildung angewendet wird[31]. In dieser Blickrichtung kann man die Entwicklungstheorien gleichsam *hermeneutisch* lesen. Entwicklungspsychologische Hypothesen und Befunde sind dann als heuristische Hilfen (Suchhilfen) aufzufassen. Psychologisches Wissen hat dem Verstehen zu dienen, nicht dem Verfügen. Ich weiß, daß dies Fowlers und Osers Absichten entspricht, obwohl sie selbst ihre Theorien noch nicht ausdrücklich hermeneutisch rekonstruiert haben[32].

Der Mitarbeiter in der (kirchlichen) Erwachsenenbildung sollte sich vor eine hermeneutische Aufgabe gestellt sehen. Dem objektivierenden Mißbrauch wird allerdings erst dann die Spitze abgebrochen, wenn die Zweiseitigkeit der Verstehenssituation erkannt und ernst genommen wird: Die Aufgabe des Verstehens betrifft auch den Mitarbeiter mit Bezug auf sein eigenes Leben, seinen eigenen Glauben. Teilnehmendes Verstehen des anderen und autobiographische Reflexion sind folglich zwei notwendig aufeinander angewiesene Kompetenzen.

Die Hilfe für den anderen ist eine Hilfe bei der oft verwirrend schwierigen Aufgabe, mit den »Deutungen« von Wirklichkeit zurechtzukommen. Der Ansatz bei den »Deutungsmustern« geht davon aus, daß uns die Lebenswirklichkeit nicht 'an sich', sondern nur im Medium von Deutungen vermittelt wird, ein Prozeß, an dem jeder selbst auf seine Weise teilnimmt. Damit gerät die 'feststehende' Wirklichkeit 'in die Schwebe'; sie bricht sich in vielerlei möglichen Deutungen. Die Pluralität religiöser Deutungsmuster ist ebenfalls sprichwörtlich.

31. Vgl. zu diesem besonders von *U. Oevermann* inspirierten Ansatz *R. Arnold:* Deutungsmuster und pädagogisches Handeln in der Erwachsenenbildung. Aspekte einer Sozialpsychologie der Erwachsenenbildung und einer erwachsenenpädagogischen Handlungstheorie, Bad Heilbrunn/Obb. 1985; *H. Tietgens,* Erwachsenenbildung als Suchbewegung, a.a.O. (Anm. 17).
32. Den Versuch, die Theorie Fowlers hermeneutisch zu rekonstruieren, hat jüngst *H. Streib* mit Hilfe Paul Ricoeurs unternommen (Hermeneutics of Metaphor, Symbol and Narrative in Faith Development Theory, Frankfurt/M. u.a. 1991). Mit der Einbettung der Strukturstufentheorien in einen hermeneutischen Zusammenhang gewinnen diese im übrigen den Anschluß an die klassischen Wege einer hermeneutisch orientierten Pädagogik und Theologie.

Der Erwachsenenbildner sollte ein »praktischer Hermeneutiker« sein, der dem Erwachsenen in einer »maieutischen Erwachsenenbildung« (B. Dewe) mit Hilfen zur Prüfung und Differenzierung unzulänglich gewordener Deutungen und mit »stellvertretenden Deutungen« (U. Oevermann) beispringt[33].

Wenn das Verstehen Fremdverstehen und Selbstverstehen meint[34], müssen die miteinander verschränkten Verstehens- bzw. »Suchbewegungen« (H. Tietgens) auf die *Verständigung* zwischen dem Erwachsenenbildner und dem Erwachsenen gerichtet sein. Ohne den Willen zur Verständigung mißrät das anwaltschaftliche Verhältnis zu einem vormundschaftlichen. Es ist daher zu fragen, inwieweit nicht lebenslaufrelevante Erkenntnisse der Entwicklungspsychologie bei der gemeinsamen Arbeit mit Erwachsenen offengelegt werden müßten. Im Grunde ist erst dann jemand nicht mehr einer objektivierenden 'Behandlung' ausgesetzt, wenn er sich eine Entwicklungsabsicht und -richtung selbst zu eigen macht.

Bei einer Einführung in die Theorie Fowlers während eines Seminars in einer Ausbildungsstätte für Gemeindepädagogik in der DDR antwortete ein kirchlicher Mitarbeiter, nachdem auf das Problem aufmerksam gemacht worden war: »Die Informationen über die Stufen der Glaubensentwicklung helfen mir, und ich will in ihrem Spiegel für mich erkennbare Begrenzungen meines Glaubensverständnisses zu überwinden versuchen.«

Damit mündet die hermeneutische Perspektive in eine *bildungstheoretische*; Glaubensentwicklung wird zu einer Sache der Selbstbildung in Form der Selbstverständigung, der *Verständigung mit sich selbst*. Über die hermeneutische Einbettung hinaus sichert die normative Rückbindung des pädagogischen Handelns an die Idee der Bildung (s. oben 1.) nicht nur den freiheitlichen Sinn kirchlicher pädagogischer Arbeit; sondern sie ist eine Grundvoraussetzung jeder pädagogischen Handlungstheorie. Auch die Erwachsenenbildung muß sich an eine *»berufsethische Verpflichtung«* genuin *pädagogischer Natur* gebunden fühlen[35].

Im Zuge der »Versozialwissenschaftlichung« der Erziehungswissenschaft hat auch die Erwachsenenbildung an Kriterienschwäche gelitten. Wenn man nur von »Sozialisation« spricht, ist es nicht verwunderlich, die Erwachsenenbildung als »Nachsozialisation« aufzufassen - ein unglücklicher Begriff. Das Prinzip der selbsttätigen Bildung ist mit solchen fremdbestimmten Maßnahmen besonders im Blick auf die Klärung persönlicher Überzeugungen nicht verträglich. »Pädagogisches Handeln muß demnach zu Selbsttätigkeit auffordern und kann überhaupt auch nur dann Gestalt gewinnen, wenn der Angespro-

33. *R. Arnold,* a.a.O. (Anm. 31), S. 124f.
34. S. auch *Th. Wegner:* Probleme des Verstehens, in: *R. Dieterich u.a.:* Psychologische Perspektiven der Erwachsenenbildung, Bad Heilbrunn/Obb. 1987, S. 61-78, hier S. 63.
35. Vgl. auch *R. Arnold,* a.a.O. (Anm. 31), S. 107.

chene selbsttätig mitwirkt.«[36] Die Theologie ist gefragt, wieweit sie diese *ethisch-anthropologische* Verbindlichkeit im Begriff des mündigen Christen auf ihre Weise auch *theologisch* begründen kann (vgl. Kap. 3).

Kommen die kognitiv-strukturellen Entwicklungstheorien durch bestimmte Merkmale dem hier vertretenen normativen ethischen Standpunkt in Pädagogik und Theologie entgegen? Die der Lebenslaufforschung überhaupt zugrundeliegende allgemeine Erkenntnis, daß Menschen lebenslang lernfähig sind, sowie die spezielle Voraussetzung der Entwicklungspsychologie, daß sie auch entwicklungsfähig sind, bleiben als solche zunächst noch normativ unentschiedene Voraussetzungen. Man kann mit ihnen so oder so umgehen. Die Lern- und Entwicklungsfähigkeit von Erwachsenen kann von Staat, Wirtschaft, Parteien, Gewerkschaften und eben auch den Kirchen in der Erwachsenenbildung ebensogut einseitig zur Durchsetzung ihrer überindividuellen Organisationszwecke ausgenutzt werden anstatt zur Förderung der individuellen Person. Die Entwicklungssequenzen bei Oser wie bei Fowler zeigen jedoch, daß die Richtung der Entwicklung auf eine *wachsende Autonomie* des einzelnen hinausläuft, die auch dann erhalten bleibt, wenn sie auf den höheren Stufen wieder religiös rückgebunden wird. Die Entwicklungsabfolge spiegelt damit den neuzeitlichen Prozeß des Durchgangs durch die Epoche der europäischen Aufklärung[37].

Hüten wir uns jedoch vor einem sog. »naturalistischen Fehlschluß«, der etwas, was der Fall *ist*, ohne Umschweife als etwas ansieht, was der Fall sein *sollte*. Für Oser und Fowler selbst ist die Sache klar: Was sie als Psychologen feststellen, ist für den Pädagogen Oser bzw. für den Theologen Fowler auch zu wünschen: Die Sequenz der *Entwicklung* wird für Oser zur Zielrichtung der religiösen *Erziehung*, ähnlich wie es L. Kohlberg für die moralische Erziehung gesehen hat[38].

36. *R. Arnold*, a.a.O., S. 117 (im Original kursiv) im Anschluß an *D. Benner:* Grundstrukturen pädagogischen Denkens und Handelns, in: *D. Lenzen/K. Mollenhauer (Hg.):* Theorien und Grundbegriffe der Erziehung und Bildung, in: Enzyklopädie Erziehungswissenschaft, Bd. 1, Stuttgart 1983, S. 283-300, hier S. 294.
37. Hierzu v. Vf.: Stufentheorien der Glaubensentwicklung als eine Herausforderung für Religionspädagogik und Praktische Theologie, in: *K.E. Nipkow/F. Schweitzer/J.W. Fowler (Hg.):* Glaubensentwicklung und Erziehung, Gütersloh 1988, S. 270-289, hier S. 272f.; in seinem Aufsatz: The Enlightenment and Faith Development Theory, in: Journal of Empirical Theology (JET) 1 (1988), 1, S. 29-42, vertritt auch *Fowler* selbst die These, daß zwischen den Merkmalen von Stufe 4 des Glaubens (»individuative-reflective stage«) und der europäischen Aufklärung strukturell-funktionale Analogien bestehen. Es gibt seiner Meinung nach ferner Parallelen zwischen dem Übergang zu Stufe 5 (»conjunctive« stage of faith) und dem Ringen um nachaufklärerische Bewußtseinsformen. Entsprechend korrelieren die vorausliegenden Stufen (»synthetic-conventional faith«) mit voraufklärerischen Formen.
38. Bei *F. Oser*, Wieviel Religion braucht der Mensch? Erziehung und Entwicklung zur

Grundsätzlich aber ist die normative Frage, für welches Ziel der religiösen Erziehung man sich entscheiden soll, mit empirisch nachzuweisenden Befunden noch nicht beantwortet. Die Kirchen könnten es auch als ausgesprochene Gefahr ansehen, daß Heranwachsende in die Deismus-Stufe 3 nach Oser oder in die Stufe 4 des »individuierend-reflektierenden Glaubens« nach Fowler hineingeraten, weil sich dann alles auflöse. In der Tat: Wenn sich erst einmal das Subjekt auf einem Weg zu selbstbestimmtem Lernen als dem subjektiven Sinn von Bildung befindet, ist der nächste Schritt zu freieren Formen persönlicher Ausdifferenzierung des überkommenen religiösen Erbes nicht weit. Dann können auch tolerante Interpretationen verschiedener religiöser Überlieferungen für die eigene Person und für andere akzeptiert werden[39]. Unter strukturgenetischen Gesichtspunkten kommt damit auf uns zurück, was bereits im ersten Teil zum nachaufklärerischen Christentum und zum religiösen Wandel dargelegt worden ist.

Mit anderen Worten: In den genannten Entwicklungstheorien sind mit dem Begriff der Entwicklung bereits normierende Vorgaben für das pädagogische Handeln enthalten. Sie werden von diesen Theorien selbst allerdings nur bedingt thematisiert. Eine pädagogische Theorie *muß* sie zum Thema machen. Strukturstufentheorien in hermeneutischer und bildungstheoretischer Perspektive zu lesen heißt darum, daß Befunde empirischer Humanwissenschaften bei ihrer Rezeption in die Pädagogik oder Theologie in eine immer auch normativ klar ausgewiesene Handlungstheorie transformiert werden müssen, in eine Ethik des praktisch-theologischen bzw. praktisch-pädagogischen Handelns.

religiösen Autonomie, Gütersloh 1988, besagt dies schon der Untertitel, während Fowler das Strukturniveau der Stufe 5 für das erstrebenswerte Ziel in der kirchlichen Bildungsarbeit hält: Auf der einen Seite soll nach Fowler die »öffentliche Kirche ... den unterschiedlichen Stufen von Glaube und Selbst, von der frühen Kindheit bis zur Reife, in ihren Gemeinden Raum geben ... Sie sollte bewußt und gezielt darauf hinarbeiten, zu einem fördernden und anregenden Ökosystem der Berufung und Fürsorge zu werden, das Menschen am jeweiligen Punkt ihrer Entwicklung erreichen und einbeziehen kann. Um dazu in der Lage zu sein, muß sie jedoch ein bestimmtes Stufenniveau anstreben, das ihre Seelsorge, ihre pastorale und ihre von Laien getragene Leitung wie auch ihre pädagogische Arbeit prägt und anleitet. Dieses anzustrebende Niveau kann für die öffentliche Kirche wohl nur die verbindende Glaubensstufe sein«, aus: *J.W. Fowler:* Glaubensentwicklung. Perspektiven für Seelsorge und kirchliche Bildungsarbeit, eingeführt und hg. von *F. Schweitzer,* München 1989, S. 138 (am.: Faith Development and Pastoral Care, Philadelphia/ Fortress Press 1987).

39. Vgl. die Beschreibung der Stufe 5 bei *Fowler,* Glaubensentwicklung, a.a.O. (Anm. 38), S. 102ff. u. 131ff.

Gesellschaft, Kirche, Subjekt - Ein dreidimensionaler Bezugsrahmen

Nicht die empirischen Sozial- und Verhaltenswissenschaften haben, hart formuliert, in Theologie und Pädagogik zu diktieren, was gelten sollte, sondern Theologie und Pädagogik müssen an diese Wissenschaften *ihre eigenen Fragen stellen.* Das aber setzt voraus, daß Praktische Theologie und Pädagogik - auf beide ist die kirchliche Erwachsenenbildung verwiesen - über ein differenziertes theoretisches Bewußtsein ihrer selbst verfügen müssen. Sie müssen eine eigenständige Identität besitzen und einen begründeten theoretischen Bezugsrahmen ausgearbeitet haben. Wenn wir im Sinne unseres dreidimensionalen Referenzrahmens drei Grundfaktoren eingeführt haben, neben dem einzelnen Subjekt längst auch schon im ersten Abschnitt Kirche und Gemeinde sowie Staat und Gesellschaft (weil besonders evangelische Erwachsenenbildung als Teil des öffentlichen Bildungssystems, prinzipiell aber jede Erwachsenenbildung, auch in der Gemeinde, gesellschaftliche Auswirkungen hat), wäre es einseitig, in der Bildungsarbeit mit Erwachsenen nur der Perspektive des Lebenslaufs zu folgen. Wir haben bewußt die Lebenslaufperspektive zur leitenden Schlußperspektive des Kapitels erhoben, können sie jedoch nur dann angemessen gebrauchen, wenn wir sie nicht isolieren.

Um es gleich zuzuspitzen: Die Wendung zur Psychologie des Lebenslaufs kann *allen* drei Dimensionen schaden. Sie kann erstens einseitig religiöse Privatisierung begünstigen und dadurch eine unnötige Distanz zur Kirche als Institution verstärken wie umgekehrt andererseits kirchliche Durchsetzungsinteressen verkennen und damit eine nötige Distanz zur Kirche verhindern, weil man das Problem gar nicht erkennt. Zweitens kann ein Psychologismus unpolitisch werden, wenn er blind macht für staatlich-gesellschaftliche Strategien zur Indienstnahme der Erwachsenenbildung. Eine verkürzte, nämlich individualistisch verengte, bildungstheoretische Fundierung kann drittens auch den guten Sinn der Orientierung am einzelnen Subjekt selbst verfehlen, wenn die weltanschauliche und gesellschaftliche Einbindung des Subjekts außer acht bleibt (darum muß dieser zweite Abschnitt auf den ersten folgen). Umgekehrt stellt eine bildungstheoretisch gefaßte, lebenslauforientierte kirchliche Erwachsenenbildung unerläßliche Rückfragen an staatliche wie kirchliche Bildungsarbeit. Sie macht für die Gefahr sensibel, daß gesellschaftliche Großorganisationen die Erwachsenenbildung vorwiegend für ihre Ziele einspannen. Nur *zusammengenommen* finden in der evangelischen und, wie wir meinen, auch in der katholischen Erwachsenenbildung die drei Dimensionen zu ihrer vollen, der Sache dienlichen Funktion. Wir konkretisieren nach drei Richtungen.

a) Öffentliche Verständigung als Ernstfall für Staat und Gesellschaft. Das gegenwärtige Interesse an der persönlichen Lebensgeschichte ist auffällig und kann mit gewissem Recht als Rückzug in eine *neue Innerlichkeit* bei gleichzeitigem *Verfall von öffentlichem Problem- und Verantwortungsbewußtsein* interpretiert werden. Erosion und Pluralisierung stützender Wertordnungen, die für das eigene Leben Halt und Orientierung geben könnten, haben zugenommen. In weltanschaulichen Fragen ist der einzelne in unserer Zeit immer mehr auf sich selbst zurückgeworfen und zu individueller Sinnsuche genötigt. In politischer Perspektive reduzieren Komplexität, Undurchschaubarkeit und geringe Beeinflußbarkeit der gesellschaftlichen Prozesse das politische Engagement bei der Mehrheit der Bevölkerung; gleichzeitig wird die intime Privatsphäre aufgewertet und überfordert[40]. »High tech« und »high touch« sind komplementäre Phänomene[41]. Hochgradig komplizierte neue Technologieschübe einerseits erzeugen hochgradige Nähebedürfnisse andererseits.

Wie Untersuchungen der *'neuen' Erwachsenen- und Weiterbildungskonzeptionen in der Bundesrepublik* zeigen[42], ist dieser Psychologismus und Subjektivismus systemfunktional. Die Veränderungen in der Arbeitsgesellschaft verunsichern die Menschen; sie suchen daher seelischen Halt. Wie erwähnt wird in der Bundesrepublik die Erwachsenenbildung zur Zeit von Staat und Wirtschaft in groß angelegter Weise in Richtung beruflicher »Weiterbildung« ausgebaut, begleitet von Maßnahmen, die die erforderliche »Technikakzeptanz« sichern sollen. Ähnlich wie die hierfür erforderliche »Wertorientierung« in zweckdienlicher Weise unter anderem auch von den Kirchen erwartet wird, kann eine psychologische Begleitung und Beratung das seelische Wohlbefinden stützen.

Erwachsenenbildung in evangelischer und katholischer Trägerschaft muß sich prüfen, wieweit in ihr die beiden Faktoren »Kirche« und »der einzelne Erwachsene« dem dritten Faktor »staatliche Wirtschafts- und Gesellschaftspolitik« untergeordnet werden. Erwachsenenbildung in kirchlicher Trägerschaft hat hierbei nicht nur an sich selbst zu denken, sondern sie hat eine stellvertretende Mitverantwortung für das Ganze der Erwachsenenbildung in unserer Republik wahrzunehmen; es gilt hier dasselbe wie für die Aufgaben des Religionsunterrichts an der öffentlichen Schule und die Schulen in kirchlicher Trägerschaft (Kap. 10 und 11). Den Kirchen muß um aller Bürger willen daran gelegen sein, daß als Korrektur zum Schwerpunkt »berufliche Weiterbildung« das Erwachsenenbildungssystem ein Ort *allgemeiner Bildung und politischer Bildung* bleibt, und

40. *H. Siebert:* Das Interesse der Erwachsenenbildung an der Psychologie, in: *R. Dieterich u.a.,* a.a.O. (Anm. 34), S. 150-168, hier S. 153.
41. *J. Naisbitt:* Megatrends, New York 1984, zitiert nach *H. Siebert,* a.a.O. (Anm. 40), S. 153.
42. *G. Strunk,* Bildung zwischen Qualifizierung und Aufklärung, a.a.O. (Anm. 10).

zwar in kritischer Absicht, das heißt nicht so, daß »kulturelle« Angebote nur dem »Ausgleich« dienen. In das Angebot gehört der sperrige Charakter der Kultur, gehören auch die widerständigen Seiten der Kunst, der Literatur, der Philosophie, der politischen Reflexion - und eben auch der christlichen Religion.

Hinzu kommt leider, daß nicht wenige Pädagogen, Erwachsenenbildner und kirchliche Mitarbeiter ihrerseits in Konzepte der Selbsterfahrung und Selbstgestaltung verliebt sind und die postmodernen Strömungen das Ihre dazu tun, um Meditation und Mystik, Körpererfahrung und Gruppendynamik zu einer neuen Blüte zu führen. Dies alles ist wichtig, schwächt aber, wenn es sich verselbständigt, das kritische Potential der Erwachsenenbildung. Das in der allgemeinen wie kirchlichen Erwachsenenbildung verbreitete Prinzip der *»Teilnehmerorientierung«* kann hierdurch zweifach verkommen, zum einen dann, wenn staatliche und gesellschaftliche Träger zwar die Kategorie der Teilnehmer- und Adressatenorientierung im Munde führen, aber vornehmlich daran denken, wie durch diese Orientierung die überindividuellen Organisationsinteressen wirkungsvoll realisiert werden können: Die Adressaten kommen funktional in den Blick, nicht personal. Zum anderen kann paradoxerweise gerade auch eine Arbeit mit Erwachsenen, die zu beteuern pflegt, alles diene dem Subjekt, den vollen Sinn des Begriffs persönlicher »Bildung« verfehlen, dann nämlich, wenn sie persönliche Bildung mit individualistischer »Lebensstilisierung« (life-styling) verwechselt. Der Schwund des öffentlichen Problem- und Aufgabenbewußtseins und das Mißverständnis subjektiver Bildung sind zwei Seiten eines Vorgangs.

»Bildung« ist zwar, wie wiederholt gesagt, eine Kategorie des Subjekts, läuft aber nicht auf eine isolierte Beschäftigung mit den eigenen Befindlichkeiten im Privatleben hinaus, der dann unvermittelt ein entfremdender Berufsalltag und ein gleichgültig lassender Gesellschaftsprozeß gegenüberstehen, die ihren eigenen Gesetzen überlassen werden. So wird gerade das menschliche Leben zerrissen und gegen Ausbeutung jeder Art wehrlos. Die Aufgaben des Verstehens und der Verständigung kommen »auf den Hund. Es zählt nur die Unmittelbarkeit des Ich und Du im Augenblick, die Anstrengung der Aufarbeitung biographischer und gesellschaftlicher Geschichte wird vermieden«[43].

Die strukturgenetischen Entwicklungstheorien müssen vor einer individualpsychologischen Engführung und damit Selbstdiskreditierung bewahrt werden. Regulierend wirkt wieder die zentrale normative Orientierungskraft der Idee der Bildung, die ohne den Gegenstands- und Aufgabenbezug subjektiv entleert wird. Jede Erwachsenenbildung hat es mit Verstehen und Verständigung zu tun, aber eben über die zwischenmenschlich-sachliche *Verständigung zwischen dem Mitarbeiter und dem Erwachsenen* und über die *persönliche Selbstverständigung* hinaus auch mit dem breiten Feld der *öffentlichen Verständigung,* und

43. *Th. Wegner,* a.a.O. (Anm. 34), S. 75.

zwar in einem immer weiteren weltpolitischen, für Christen ökumenischen Ausmaß.

b) Ökumenische Verständigung und »verbindender Glaube« in einer »öffentlichen Kirche«. J.W. Fowler sieht die Gefahren und Notwendigkeiten nach dieser Seite hin deutlicher als F. Oser. Dies zeigt sein vitales Interesse, seine Theorie der Glaubensentwicklung in ein Gesamtkonzept der Praktischen Theologie einzuordnen, innerhalb dessen die psychologischen Forschungen allererst ihren angemessen proportionierten Platz erhalten können. Hiermit kommt die Kirche in den Blick, neben Staat/Gemeinwesen und einzelnem unser dritter Faktor. Für Fowler sollten sich einzelne Ortsgemeinden wie die größeren Kirchengebilde in Anlehnung an eine Formulierung von M.E. Marty als »public church«[44], als *»öffentliche Kirche«* verstehen[45]. Für Erwachsenenbildung in evangelischer Trägerschaft ist zwar die Kirche nur ein Hauptfaktor neben zwei anderen, aber an der Perspektive der Kirche und ihrer Sache hängt gleichwohl die konstitutive praktisch-theologische Identität kirchlicher Bildungsarbeit, auch dort, wo sie in ein öffentliches Bildungssystem einbezogen ist[46]. Was bedeutet das konkret?

Wie schon dargestellt, werden die evangelische und katholische Erwachsenenbildung in der Bundesrepublik durch neue christliche Laienbewegungen mit ökumenischen und missionarischen Absichten herausgefordert. Mit diesen Absichten verbinden sich unterschiedlich gerichtete politische Zielsetzungen, konservativere auf dem »evangelikalen« bzw. traditionalistischen Flügel, radikalere bei den Christen im »konziliaren Prozeß«. Die innerkirchlichen Strömungen spiegeln ziemlich genau auch die entsprechenden gesamtgesellschaftlichen Strömungen wider, dies zeigt besonders die Nähe zwischen dem auf Frieden, Gerechtigkeit und Bewahrung der Schöpfung gerichteten »konziliaren Prozeß« und den Themen der »neuen sozialen Bewegungen« (Friedensbewegung, ökologische Bewegung usw.). Das aber heißt: Ob sie wollen oder nicht, müssen die Kirchen die öffentlichen Probleme und Aufgaben als ihre eigenen kirchlichen austragen. Es gibt keinen Rückzug, es sei denn auf Grund einer tiefen Selbsttäuschung,

44. *M.E. Marty:* The Public Church. Mainline - Evangelical - Catholic, New York/Crossroad 1981.
45. *J.W. Fowler,* Glaubensentwicklung, a.a.O. (Anm. 38), S. 159ff.
46. Um diese Seite ihrer theologischen Identität und damit um die Bedeutung der evangelischen Erwachsenenbildung als Lebensäußerung der Kirche - gegen die Tendenzen, sie innerkirchlich geringzuschätzen -, geht es in der Schrift der Kammer der EKD für Bildung und Erziehung zur Erwachsenenbildung von 1983 (Erwachsenenbildung als Aufgabe der evangelischen Kirche. Grundsätze, Gütersloh 1983). Kritiker (G. Strunk, G. Hefft u.a.) sollten diese Zielrichtung und Funktion des Papiers nicht übersehen.

eines »falschen Bewußtseins« - in Umschreibung für ein »ideologisches« Bewußtsein.

Wie man schnell erkennt, laufen damit die beiden letzten Gedankengänge auf dasselbe hinaus. Aus staatlich-gesellschaftlicher wie aus kirchlicher Perspektive stoßen wir auf große, wesentliche gemeinsame Aufgaben und auf die Notwendigkeit öffentlicher Verständigung inmitten von Kontroversen. Auf diesem Hintergrund kann man an die Strukturtheorien Fragen stellen, die für die kirchliche wie die allgemeine Erwachsenenbildung unumgänglich sind, die aber in ihrer geschichtlich bestimmten Fassung von entwicklungspsychologischen Theorien wie überhaupt von seiten der Lebenslaufforschung noch nicht ohne weiteres in den Blick kommen, es sei denn, man erweitert systematisch den theoretischen Bezugsrahmen, wie es auch Fowler inzwischen versucht[47].

Jetzt erst läßt sich auch der begrenzte, in seiner Begrenztheit allerdings wichtige Beitrag genauer erkennen, den die Strukturstufentheorien zur religiösen Entwicklung leisten können.

Im Handbuch für die Hand des Interviewers, der Aussagen von Interviewten unter Stufenaspekten kodieren und dann Stufenzuordnungen vornehmen soll, werden zwar keine inhaltlich bestimmten geschichtlich-gesellschaftlichen Themen unserer Zeit angeschnitten, sondern allgemeine strukturelle Phänomene. Selbst diese 'nur' strukturellen Merkmale haben jedoch bereits eine mittelbare inhaltliche Bedeutung. In diesem Sinne ist besonders die Stufe 5 des *»verbindenden Glaubens«* nach J.W. Fowler zu diskutieren. Sie spiegelt jene Struktur, die die Tatsache der weltanschaulichen Gegensätze und religiösen Pluralität in unserer Zeit zur Voraussetzung hat und bereits zu beantworten sucht.

»Im Übergang zum verbindenden Glauben schließt der Mensch allmählich mit der spannungsvollen Einsicht Frieden, daß man an die Wahrheit aus verschiedenen Richtungen und Blickwinkeln herangehen muß. Um der Wahrheit die Ehre zu geben, muß der Glaube die Spannungen zwischen diesen vielfältigen Perspektiven aufrechterhalten und darf sie nicht in die eine oder andere Richtung auflösen. Damit beginnt er, sich allmählich mit den dialektischen Dimensionen der Erfahrung und mit offensichtlichen Paradoxa auseinanderzusetzen: Gott ist immanent und transzendent; Gott ist ein allmächtiger und ein sich selbst begrenzender Gott; Gott ist der Herr der Geschichte und zugleich der Fleischgewordene und Gekreuzigte.«[48]

»Ein weiteres Hauptmerkmal des verbindenden Glaubens ist seine Orientierung auf den 'Fremden' hin. Von ihrem Wissen um den Fremden in sich und um die Relativität von Ort, Sprache und Kultur der eigenen Glaubensbegriffe her gelangt die verbindende Stufe dazu, den fremden Wahrheiten anderer Religionen und kultureller Traditionen eine prinzipienorientierte Offenheit entgegenzubringen. Ich spreche hier allerdings nicht von

47. Zu den hierbei auftretenden innertheoretischen Schwierigkeiten vgl. v. Vf. die in Anm. 37 angegebene Abhandlung aus: *K.E. Nipkow u.a.*, Glaubensentwicklung und Erziehung, S. 271ff.
48. *J.W. Fowler*, Glaubensentwicklung, a.a.O. (Anm. 38), S. 103.

einer Art Wischi-Waschi-Offenheit, der keine feste Überzeugung zugrundeliegt. Es geht mir vielmehr genau um deren Gegenteil. Der verbindende Glaube, der auf das Paradox und die spannungsvolle Dialektik zwischen religiösen Symbolen und allgemeiner menschlicher Erfahrungen eingestellt ist, macht bereit zu einem ernsthaften und wechselseitigen Dialog mit Traditionen, die sich von der eigenen unterscheiden. Er vertraut darauf, in diesem Dialog eine vertiefte und korrigierte Wahrnehmung der Wahrheiten seiner eigenen Überlieferung gewinnen zu können« (S. 104f.).

Wir lassen die Frage zunächst noch offen, wieweit diese Beschreibung der Gottesbeziehung des Menschen in der eigenen Lebens- und Glaubensgeschichte genügt. Ihre Bedeutung für die *humane Vernunft* als Fähigkeit, Kontroversen, welcher Art auch immer, human auszutragen, scheint mir unzweifelhaft zu sein. Persönliche Entschiedenheit und selbständige Reflexion als Merkmale des »individuierend-reflektierenden Glaubens« der Stufe 4 - wir sprachen oben auch von »Selbstbestimmung« - haben sich nun zu einer *weiträumigen dialogischen Verständigungsfähigkeit* weiterentwickelt. Wenn die Kirchen den Status von Sekten vermeiden und in der Erwachsenenbildung der Verständigung zwischen der eingelebten Praxis unterschiedlicher Sprachspiele dienen wollen - christliche Erwachsenenbildung vor allem auch der *ökumenischen Verständigung* zwischen christlichen Glaubensauslegungen mit ihren oft tiefgreifenden gegensätzlichen ethisch-politischen Folgerungen (s. oben Abschnitt 1) -, ergibt sich mit Fowler im »verbindenden Glauben« ein orientierender Entwicklungshorizont.

c) Interreligiöse, interkulturelle und geschichtliche Verständigung - Erwachsenenbildung und Wissensformen. »Kein Friede unter den Nationen ohne Frieden unter den Religionen«, so prognostiziert und fordert Hans Küng. Er will in diesem Sinne »Ökumene« nicht mehr nur auf »die Gemeinschaft der christlichen Kirchen« beschränken. »Sie muß mehr und mehr die Gemeinschaft *der großen Religionen* einbeziehen«; »eine Einheit, ein Einerlei« ist dabei nicht anzustreben[49]. Ich teile die Intention, bezeichne jedoch das, was Küng will, um Mißverständnisse zu vermeiden, als *interreligiösen Dialog*.

Selbst mit ihm haben wir jedoch noch nicht den ganzen Horizont der Verständigungsaufgaben abgeschritten. Die Religion *aller* Weltreligionen sieht sich einem »Epochenumbruch« gegenüber, dem »Übergang vom neuzeitlich-aufgeklärt-modernen Paradigma zu einem (wie immer zu bezeichnenden und zu umschreibenden) *postmodernen Paradigma*« (S. 29). In diesem Übergang haben

49. *H. Küng:* Religion im Epochenumbruch. Skizze einer theologischen Zeitanalyse, Vortrag am 19.6.1988 in Bad Windsheim, veröffentlicht zusammen mit einem Vortrag von P. Stuhlmacher durch die Vereinigung Ev. Buchhändler, Stuttgart 1988, S. 38 (Privatdruck); vgl. *ders.:* Theologie im Aufbruch. Eine ökumenische Grundlegung, München 1987.

uns nach Küng »die sogenannten *alternativen* (»anders-geborenen«) *Bewegungen* in unserem post-industriellen Zeitalter« für »eine *'neue Sicht der Dinge'* die Augen geöffnet« (31). Sie stellen heute die stärksten Rückfragen an die Geltung unserer bisherigen modernen Kultur. Das Problem der Religion ist mit dem Problem der Kultur verknüpft.

Unsere Kultur ist eine westlich-aufklärerische Kultur, die in andere Erdregionen übertragen worden ist. Sie hat ihre unaufgebbaren Stärken (Achtung vor dem mündigen einzelnen, Bewußtsein der Menschenrechte), und ohne sie ist auch unser Versuch einer »Theorie kirchlicher Bildungsverantwortung« mit seiner bildungstheoretischen Orientierung und Grundlegung in dem Dreischritt von Kirche/Gemeinde - Moderne - Postmoderne (Teil I) nicht zu denken. Pauschale antimodernistische Einstellungen aus restaurativ-vormodernen oder radikal-postmodernen Motiven sind gefährlich. Dennoch ist die »Moderne« nicht mehr selbstverständlich gültig, und die *interkulturelle* Problematik - die Auseinandersetzung mit der Frage, was die westliche Zivilisation für andere Kulturen eingebracht hat und noch einbringt - ist für uns zugleich eine Frage an uns selbst, an unsere eigene abendländisch-europäische Geschichte, mithin ein Problem *geschichtlicher Verständigung.*

Christliche Denker verschiedener Konfessionen sehen dies ähnlich. Der »äußerst kritische Dialog« (»supremely critical dialogue«), der nach Meinung des englischen ökumenischen Theologen Lesslie Newbigin heute geführt werden muß, ist nicht der mit anderen Religionen, so notwendig auch er sicherlich ist, sondern der Dialog mit der durch die Aufklärung geprägten westlichen Kultur[50]. Newbigin fordert eine »*missionarische* Begegnung mit der nachaufklärerischen Kultur« (»missionary encounter with post-Enlightenment culture«, ebd.), wobei sich die Begriffe »Mission« und »Dialog« wechselseitig interpretieren. In einem echten Dialog muß man die eigene letztgültige Vertrauensbasis aufs Spiel zu setzen bereit sein, mit der Möglichkeit der eigenen Bekehrung:

> »In genuine dialogue it is the ultimate 'fiduciary framework' which is put at risk, and there is therefore always the possibility of that radical 'paradigm shift' which is called 'conversion'« (S. 31).

In Übertragung des Dialoggedankens auf die selbstkritische Auseinandersetzung mit der eigenen Geschichte brandmarkt Newbigin als Hauptübel des kulturellen »Synkretismus«, den die christlichen Kirchen hierzulande eingegangen sind, die bürgerliche »Privatisierung von Religion« (35):

50. *L. Newbigin:* The Other Side of 1984. Questions for the Churches, Geneva 1983, 4. Aufl. 1985, S. 31 (Hervorhebung durch mich).

»Churches become exactly what the early Church refused to be. They become privileged societies for the spiritual development of their members with a view to their ultimate blessedness in another world« (ebd.).

Auf die Frage, ob es Gründe dafür gebe, von der »Herrschaft Christi« die öffentlichen Aspekte des menschlichen Zusammenlebens auszunehmen, gibt Newbigin die lapidare Antwort: »None« (»keine«, S. 39).

Was sind die Konsequenzen für die christliche Erwachsenenbildung? Zunächst wird nochmals verständlich, warum sich Bildung (Gebildetsein) *strukturgenetisch* gesehen an *postkonventionellen* Wahrnehmungs- und Urteilsstrukturen in ethischer (L. Kohlberg) wie religiöser Hinsicht (F. Oser, J.W. Fowler) zu orientieren hat (s. oben). Unter *wissenssoziologischen* Gesichtspunkten brauchen die Kirchen ferner außer dem Mut zu geistiger Anstrengung überhaupt einen *differenzierten Umgang mit verschiedenen Wissensformen*[51].

Mit Alfred Schütz kann man drei Typen von Wissenden voneinander unterscheiden, den »Mann auf der Straße« (der praktischem »Rezeptwissen« folgt und dem Wissenstyp des »Laien« entspricht), den »gut informierten Bürger« (»the well informed citizen«) und den »Experten«[52]. In irgendeiner Weise ist im Alltagsleben jeder in jedem Zeitpunkt nach Schütz zugleich Experte, gut informierter Bürger und Mann auf der Straße (ebd.).

Das Interessante an dieser Typisierung ist ihre Dreiteilung; es stehen sich nicht nur der Wissenschaftler und der Laie gegenüber. Daher wird erstens die Annahme problematisch, die entscheidenden Hilfen könnten nur von Wissenschaftlern, im Blick auf die Kirche von Theologen als *wissenschaftlichen* Experten kommen. Vielleicht sind sie viel zu sehr Experten, als daß sie die größeren Problem- und Aufgabenkontexte sehen. Fragwürdig wird aber zweitens auch das oft noch dazu wissenschaftsängstliche oder gar wissenschaftsfeindliche Verharren bei einer unaufgeklärten religiösen *Laien*meinung. Zwischen ihnen steht analog zum gut informierten Bürger der *»gut informierte Christ«*, den wir auch den *»gebildeten Christen«* nennen dürfen. Er sollte und kann zwischen beiden vermitteln. Seine Bildung bestünde darin, daß er den Stellenwert wissenschaftlicher Theologie wie überhaupt wissenschaftlicher Expertise schätzt, sie sich zunutze machen

51. Zum wissenssoziologischen Ansatz in der Erwachsenenbildung vgl. *Kh. Rebel (Hg.):* Wissenschaftstransfer in der Weiterbildung. Der Beitrag der Wissenssoziologie, Weinheim/Basel 1989; *ders.:* Die Bedeutung andragogischer Fragestellungen für ein modernes Fernstudium, in: *A. Benning (Hg.):* Erwachsenenbildung - Bilanz und Zukunftsperspektiven (Festschrift für F. Pöggeler), Paderborn u.a. 1986, S. 366-389, bes. S. 371ff.
52. *A. Schütz:* The Well Informed Citizen, Den Haag 1964, S. 121-134, zitiert nach *Kh. Rebel,* Die Bedeutung andragogischer Fragestellungen, a.a.O. (Anm. 51), S. 374f.

kann, sie aber auch nicht überschätzt, sondern statt dessen zugleich auch auf seine eigene Urteilskraft vertraut. Seine allgemeine religiöse Bildung bestünde ferner darin, daß er bewußter weiß, was er erfährt, wenn er etwas erfährt, um es sodann christlich zu deuten und zu beurteilen. Er kennt folglich die bestimmende Kraft und die persönliche Bedeutung alltäglicher religiöser Erfahrungen des »Laien« am eigenen Leib, ohne solchen Erfahrungen, Erlebnissen und Meinungen distanzlos 'ausgeliefert' zu sein. Gebildet ist er nicht zuletzt darum, weil er grundsätzlich weiß, daß es unterschiedliche Wissenszugänge zu einer Sache gibt, und sie nicht töricht gegeneinander ausspielt.

Das Zeugnis der Kirche wird in Zukunft immer mehr von einzelnen Christen abhängen, von ihrem Mut zum Zeugnis und von ihrer Bildung für dieses Zeugnis. Wenn die Kirchen sie nicht schon besäßen, müßte für diesen zweiten Zweck die christliche Erwachsenenbildung erfunden werden.

Gott verstehen in Anfechtungen - Zum Problem der theologischen Vereinbarkeit von Glaubenserfahrung und -entwicklung im Spiegel Luthers

»Erwachsenenbildung als *Begleitung von Suchbewegungen*«[53] hat auf der Suche nach Verständigung in die Weite und Breite geführt, noch nicht in die Tiefe. Wir begannen mit der zwischenmenschlich-sachbezogenen Verständigung zwischen dem Erwachsenenbildner und dem Erwachsenen und der Verständigung des Erwachsenen mit sich selbst. Anschließend berührten wir bedrängende politische, ethische, ökumenische und kulturelle Verständigungsaufgaben. Bis jetzt blieb aber der Mittelpunkt der Religion ausgeklammert, die Beziehung des einzelnen zu Gott.

Zwei weitere Fragen sind ebenfalls noch offen, eine theologische und eine pädagogische. Erstens: Kann man überhaupt sagen, daß sich der christliche Glaube entwickelt? Zweitens: Darf man, wenn ja, einen anderen durch bildende Interventionen überhaupt entwickeln wollen? Mit der für ein pädagogisches Buch elementaren Frage: »Kann man Glauben lernen?«, begann der zweite Teil. Mit der ebenso elementaren, aber für die gegenwärtige Diskussion weniger geläufigen Frage: »Kann sich der Glaube entwickeln?« bzw. »Darf man den Glauben entwickeln wollen?«, sei er abgeschlossen.

Manche mögen durchaus zugeben, daß sich Verständigungsfähigkeiten inhaltlich und strukturell entwickeln, sofern sie nicht religiöse, etwa ethische Kompetenzen (Urteilsvermögen o.ä.) betreffen. Ebenfalls mag jemand noch zugestehen, daß die hier einschlägigen Wahrnehmungs-, Verstehens- und Ur-

53. *H. Tietgens*, a.a.O. (Anm. 17), S. 97.

teilsstrukturen (auf postkonventionellem Niveau in Form differenzierterer Perspektivenübernahme, dialektischer und komplementärer Denkformen, postkonventionellen moralischen Urteils usw.) mit »Glauben« *zusammenhängen*. Aber wie steht es mit dem christlichen Glauben *»selbst«*? Die Rückfragen sind berechtigt; wir werden daher auf der einen Seite zwischen einer angemessenen und einer unangemessenen Verwendung der Kategorie »Entwicklung« differenzieren müssen. Auf der anderen Seite ist es ebenso fragwürdig, den christlichen Glauben aus dem (natürlichen) leib-seelischen Gesamtzusammenhang im Lebenslauf herauszulösen, wie immer man den Ursprung des Glaubens (übernatürlich) deutet.

Die Wahrnehmung von Unterschieden zwischen Kindern und Erwachsenen ist alt und auch *Paulus* geläufig.

Im 1. Korintherbrief ist der »Leitfaden« der paulinischen Aussagen im berühmten 13. Kapitel »die Gegenüberstellung von jetziger geschichtlicher Existenz in der Kirche und zukünftiger eschatologischer Existenz im Reich Gottes«[54]. Der Zusammenhang ist damit ein ganz anderer als der der Lebensgeschichte. Gleichwohl kann Paulus den Unterschied zwischen dem vollkommenen Zustand der eschatologischen Zeit und dem unvollkommenen Zustand der geschichtlichen Zeit in Analogie zum Lebenslauf sehen. »Das vorläufige, bruchstückhafte Erkennen und das bleibende, vollkommene Erkennen veranschaulicht Paulus in V. 11 mit einem Bild aus dem Leben, das im Griechentum und im hellenistischen Judentum für die Entwicklung vom Kind zum erwachsenen Mann gebraucht wurde« (S. 187): »Als ich ein Kind war, da redete ich wie ein Kind und dachte wie ein Kind und war klug wie ein Kind; als ich aber ein Mann wurde, tat ich ab, was kindlich war« (vgl. auch Eph 4,13).

Wir müssen uns einerseits unbedingt versagen, aus dieser Analogiebildung zu folgern, daß Paulus das von Gott her kommende eschatologische Heil und den darin eingeschlossenen Unterschied zwischen dem unvollkommenen und dem vollkommenen Erkennen an menschliches Wachstum oder gar an Entwicklungsstufen bindet. Auf der anderen Seite scheint es für ihn selbstverständlich zu sein, daß hier auf Erden, in der geschichtlichen (Lebens-)Zeit, ein Weg zum Erwachsensein notwendig ist.

In der weiteren Kirchengeschichte ist der Unterschied zwischen dem Unvollkommenen und dem Vollkommenen aus der eschatologischen Spannung immer mehr bereits auch auf die irdische Lebensspanne übertragen worden. Dies zeigt sich nicht nur allgemein am herausgehobenen Stand der geistlichen Vollkommenheit (Mönchsstand), sondern auch im einzelnen in der Regulierung des christlichen Lebensweges etwa im Sinne der sieben Stufen der mystischen Vereinigung bei Gregor von Nyssa, der drei Stufen des mystischen Weges bei

54. *F. Lang:* Die Briefe an die Korinther (NTD 7), Göttingen/Zürich 1986, S. 186.

Ambrosius; es zeigt sich ferner als Aufstieg zu Gott auf den Stufen (gradus) der Demut in der Benediktusregel (Benediktus von Nursia) bzw. den Stufen der Demut und der Liebe bei Bernhard von Clairvaux.

Mit dem Gedanken eines Fortschreitens im christlichen Leben, eines *progressus* oder *profectus,* haben auch die Reformatoren nicht vollständig gebrochen, selbst Luther nicht. Die Vorstellungen der Schweizer Reformatoren kommen ähnlich wie später die des Pietismus ohnehin einem modernen Entwicklungsdenken entgegen. Für Calvin wächst im Wiedergeborenen die Gnade in »Stufen« und durch »Wachstum«[55]. Da Luthers theologische Sicht die widerständigste ist, wählen wir ihn als Beispiel zur Prüfung unserer Grundfrage[56].

Für *Martin Luther* ist auf der einen Seite der Sünder in Jesus Christus ganz gerecht; es gibt kein Weniger oder Mehr; mit dinglich-räumlichen Vorstellungen wie einer Art Ansammlung von Gnade, die die Kirche aus ihrem Schatz der Gnade verteilt, ist ebenso gebrochen wie mit einem Verdienstdenken in der zeitlichen Dimension, wonach geistliche Vollkommenheit erst am Ende eines Weges der Buße und Askese zu erhoffen ist.

Mögliche Unterscheidungen in der zeitlichen Dimension fallen buchstäblich in sich zusammen. Die Situation des Menschen vor Gott ist das ganze Leben hindurch dieselbe. Daher bedeutet »Tut Buße« (Mt 4,17), »daß das ganze Leben der Gläubigen Buße sei« (vgl. die erste der 95 Thesen über den Ablaß von 1517). Dasselbe gilt für räumlich-quantitative Unterscheidungen (läßliche Sünde, Todsünden; vollständiges oder unvollständiges Glaubenswissen); auch sie fallen buchstäblich in die eine Gnade und den einen Glauben zusammen. »Der Glaube hat ... die *ganze* Gnade, den *ganzen* Christus einschließlich seiner *ganzen* iustitia. Gnade, Christus bzw. die iustitia Christi sind total und kommen somit für ein Wachstum *nicht* in Betracht.«[57] So wie Christus und die Gnade ganz sind, ist auch der sie empfangende Glaube eine ganzheitliche existentielle Erfahrung, und zwar Vertrauen auf die Verheißung. Nicht Glaube als fides historica, als »Kenntnis der Historie oder der Lehrsätze« (notitia historiae seu dogmatum) zählt, sondern Glaube als fides apprehensiva, als die »Kraft ..., die die Verheißung der Gnade und der Gerechtigkeit ergreift«[58].

55. Vgl. *A. Göhler:* Calvins Lehre von der Heiligung, München 1934.
56. Die folgenden Ausführungen lehnen sich zu Luther an meinen früheren Aufsatz in der Festschrift für W. Jetter an: Wachstum des Glaubens - Stufen des Glaubens. Zu James W. Fowlers Konzept der Strukturstufen des Glaubens auf reformatorischem Hintergrund, in: *H.M. Müller/D. Rössler (Hg.):* Reformation und Praktische Theologie, Göttingen 1983, S. 161-189, hier S. 165.
57. *M. Schloenbach:* Heiligung als Fortschreiten und Wachstum des Glaubens in Luthers Theologie, Helsinki 1963, S. 35.
58. Apologie des Augsburgischen Bekenntnisses (1531), in: Unser Glaube. Die Bekenntnisschriften der ev.-lutherischen Kirche, Ausgabe für die Gemeinde (BSLK Apol. 4,383), Gütersloh 1986, S. 241.

Die *Vergebung* der Sünde besagt jedoch nicht, daß die Sünde nicht mehr *existiert.* Sie muß im Leben des Christen in einem immerwährenden *Kampf gegen die Sünde* durch die Gabe des Geistes »ausgefegt« bzw. »ausgetrieben« werden. In dieser Hinsicht ist erst ein Anfang gesetzt. Hier ist ein *Fortschreiten* notwendig und möglich, denn Gott ist ein Feind der Sünde; er will, daß sie auch konkret in ihren Erscheinungsformen und Auswirkungen im Leben des Christen vernichtet wird. Das umfassende richtende *Urteil* Gottes über die Sünde und sein ebenso umfassend totaler Vergebungs*spruch* als Rechtfertigung um Christi willen sind das eine; das faktische *Ringen des Menschen* im Glauben gegen die Sünde ist ein anderes. In der ersten Hinsicht fällt der Blick auf das *von außen* von *Gott* her sich ereignende *Geschenk.* In der zweiten Hinsicht sehen wir auf den *Menschen* in seinem *Inneren* als *Schauplatz.* In diesem Sinne ist in die Rechtfertigung des Sünders als eines Handelns Gottes *am* Menschen, das nicht in Kategorien menschlichen Prozeßdenkens zu fassen ist, die Heiligung *des* Sünders als durchaus prozeßhaft zu denkendes menschliches Geschehen eingeschlossen[59]. Oder auf den Begriff des *Glaubens* bezogen: In der ersten, *soteriologischen* (das Heil betreffenden) Betrachtungsweise weiß sich der Glaube als von allem befreit und daher auch allem Menschlichen enthoben. Dies steht uns vor Augen, wenn wir sagen, daß sich der Glaube *nicht* entwickele. In der zweiten, *anthropologischen* (die wahrnehmbare Situation des Menschen betreffenden) Betrachtungsweise erfährt sich dagegen der Glaube durch und durch noch dem Auf und Ab des eigenen Lebenslaufs und der Welt verhaftet, den Anfechtungen ausgeliefert. Hier ist der innere Grund dafür gegeben, unter *dieser* Perspektive auch vom »Wachsen« des Glaubens zu reden. Die Existenz des Christen ist gleichsam eine doppelte: im Geist (spiritus) und im Fleisch (caro), in der Hoffnung (in spe) und in der Wirklichkeit (in re), »vollkommen heil in Hoffnung, in Wirklichkeit aber ein Sünder; doch besitzt er die Erstlingsgabe der Gerechtigkeit«[60].

»Initium« heißt wörtlich »Anfang«. Trotz seiner Aussagen »unter dem Blickpunkt des 'Alles oder Nichts'« kann Luther mithin gleichzeitig von einem »Mehr oder Weniger« sprechen, von Fortschreiten und Wachsen[61]. Man kann das Ganze nur streng *dialektisch* in

59. *R. Prenter:* Luthers Lehre von der Heiligung, in: *V. Vajta (Hg.):* Lutherforschung heute, Berlin 1958, S. 65.
60. »sanus perfecte est in spe, In re autem peccator, Sed Initium habens Iustitie« (WA 56, 272, 19f.), zitiert nach *A. Gyllenkrok:* Rechtfertigung und Heiligung in der frühen evangelischen Theologie Luthers, Uppsala/Wiesbaden 1952, S. 123, in der Übersetzung durch E. Ellwein.
61. Wobei es nach *W. Joest* nicht möglich ist, diese zwei Aspekte von Aussagen »zeitlich« voneinander zu »isolieren«. Die Mehr- oder Weniger-Sicht »ist weder ein aus der vorreformatorischen Zeit nachgebliebener Rückstand noch eine an Erfahrungen und Enttäuschungen gereifte Spätlehre«, aus: *ders.:* Gesetz und Freiheit. Das

Worte fassen, entsprechend der Existenzdialektik des Glaubens. Fortschreiten im Glauben ist *immer beides*, tägliche Buße als ständig neuer Anfang, auf Gottes Verheißung zu vertrauen (»semper a novo incipere«, d.h. »immer von neuem anfangen«[62]), mithin ein Fortschreiten gleichsam 'auf der Stelle', und zugleich ein Fortschreiten »von Tag zu Tag im Sinne eines Mehr und Mehr, je nachdem, wie der Glaube und die Erkenntnis Christi wachsen« (»de die in diem *magis et magis*, secundum quod crescit illa fides et cognitio Christi«)[63].

In seinem »Sermon von den guten Werken« (1520) spricht Luther über die allgemeine Vorstellung eines Wachsens im Glauben (crescere) hinaus auch von einem Fortschreiten in *»Graden«* des Glaubens. Sie machen sichtbar, daß der Kampf gegen die Sünde ein *Kampf unter der Anfechtung* ist, in dem präzisen Sinn, daß das die Sünde schlechthin ist, daß man nicht mehr auf Gott vertraut. Folglich unterscheiden sich die Grade des Glaubens danach, ob man trotz immer größer werdender Anfechtungen dennoch sein Vertrauen auf Gott setzt: Die Grade des Glaubens sind Stufen der *Tiefe* der Anfechtung und der *Stärke* des Glaubens, wiederum nicht Zeitstufen in der Dimension lebensgeschichtlicher Erstreckung, sondern gleichsam Intensitätsstufen der Gottesbeziehung, Lebens- und Glaubenslagen, in die Gott selbst einen hineinführt und aus denen nur er selbst uns wieder herausführen kann[64].

Zwischen Luthers *Glaubenserfahrung* samt ihrer begrifflichen Beschreibung und dem Konstrukt der *»Glaubensentwicklung«* in den Strukturstufentheorien, mit denen wir uns auseinandersetzen, liegen Welten. Erstens kommen letztere nicht an den *inhaltlichen Sinn* der durchlittenen Frage heran, warum Gott so fern und so wenig zu verstehen ist. Sie wollen denn ja auch als kognitiv-strukturelle Theorien, die zwischen Inhalt und Struktur bewußt unterscheiden und vornehmlich die Struktur untersuchen, die *Themen der einzelnen Lebens- und Glaubensgeschichte* gar nicht zum Gegenstand machen. Was heute jungen und älteren Menschen inhaltlich zu schaffen macht, wenn es in den Anfechtungen durch das Leben und durch das Denken um das Verhältnis zu Gott geht (um den Widerspruch von Gottes Liebe und dem Leiden in der Welt, um die

Problem des Tertius usus legis bei Luther und die neutestamentliche Parainese, Göttingen 1951, S. 65.

62. Zitiert nach *R. Prenter*, a.a.O. (Anm. 59), S. 71.
63. WA 2, 146, 32ff., zitiert nach *M. Schloenbach*, a.a.O. (Anm. 57), S. 34f.
64. *Luther* unterscheidet drei Grade (vgl. WA 6, 208, 7ff.). Der noch unangefochtene Glaube ist »gering und schwach«. Ein zweiter, höherer Grad des Glaubens ergibt sich in der Anfechtungssituation des *Leidens*. »Des Glaubens höchster Grad« steht auf der Probe, wenn man meint, Gott wolle »ewiglich verdammen und zürnen«. Jetzt droht die Anfechtung durch das *Gericht Gottes* mit dem Verlust des Vertrauens in das *Evangelium*.

Frage nach dem Anfang und Ende von allem, besonders um die Frage nach dem »Weiterleben nach dem Tod«, schließlich um die Frage von Realität oder Fiktivität Gottes selbst), muß folglich noch auf ganz andere Weise identifiziert werden[65].

In das Gesamtbild einer am Lebenslauf orientierten Problem- und Aufgabenbeschreibung gehören zweitens die oben berührten politisch-ethischen Themen, die oft genug die dunkle Folie für die Krise des Gottesglaubens bilden. Auch diese *Themen der 'großen' Geschichte* bleiben in Strukturstufentheorien zwangsläufig abgeblendet. *Geschichte* geht in keiner ihrer Hinsichten in strukturelle *Entwicklung* auf.

Drittens besteht die Gefahr, daß einseitig nur auf die strukturellen Voraussetzungen der Auffassung und Verarbeitung von Erfahrung auf seiten des Menschen geachtet und pädagogisch Rücksicht genommen, aber nicht gesehen wird, daß Glaubenserfahrung als *neue Erfahrung* eine unvorhersehbare Kraft in unserem Leben sein kann, die ihrerseits die *Strukturen verändert*[66].

Man muß sich diese Unterschiede immer wieder vor Augen führen und im Gedächtnis bewahren, wenn nun trotzdem - allerdings auch erst jetzt - der Versuch gewagt wird, jene für unser evangelisches Glaubensverständnis exemplarische Glaubenserfahrung Luthers den Entwicklungstheorien Fowlers und Osers gemäß auch strukturgenetisch zu rekonstruieren. Hierzu berechtigt jene zweite, anthropologische Betrachtungsweise, die schon bei Luther selbst zu finden ist, die Rede vom Christsein im Werden, vom Wachsen und Fortschreiten, kurz: der Blick auf den inneren Menschen als Schauplatz und Ort des Glaubens, nicht als Grund des Glaubens. Luthers Glaubenserfahrung markiert, durch dieses »Fenster« betrachtet, sowohl biographiegeschichtlich, von der Lebens- und Glaubensgeschichte des Reformators her gesehen, als auch theologiegeschichtlich klare *strukturelle Übergänge*.

Es wird zum einen die besonders von Oser herausgearbeitete und von ihm als Stufe 2 verortete *Denkstruktur des »Do ut des« überwunden,* die uns theologisch als Struktur der frommen *Werkgerechtigkeit* geläufig ist. Luther kann die Frage nach der Nähe Gottes in der Anfechtung durch die Ferne Gottes im Leiden und die Frage nach der Gnade Gottes in der Anfechtung durch Gottes Zorn nicht mehr so deuten, daß Gott durch ein »Mehr« an

65. Vgl. meine thematischen Interpretationen von Lebenszeugnissen Jugendlicher und junger Erwachsener, in: Erwachsenwerden ohne Gott? Gotteserfahrung im Lebenslauf, 3. Aufl. München 1990, ferner den Stellenwert des Ringens um die »Glaubensinhalte« in den verschiedensten Zusammenhängen dieser Untersuchung, vor allem in Kap. 2.5 und 2.6; Kap. 5.4; Kap. 8.3.
66. J.W. Fowler ist sich der »strukturierenden Kraft der Inhalte« (»the structuring power of content«) bewußt; im ganzen tritt jedoch diese Seite zurück; vgl. *H. Streib-Weickum,* a.a.O. Anm. 32.

frommer Leistung versöhnt werden könnte[67]. Ein solches Handeln mit Gott oder Leistenwollen vor Gott führt nur in immer neue Verzweiflung.

Luther macht sich zugleich damit *von der Autorität der Kirche frei*, die jene unzureichend gewordene Deutung vorgab und vorschrieb[68]. Luther kann sein Glaubensverständnis nicht mehr im Sinne der herrschenden Konvention konstruieren, sondern muß eine neue Deutung aus eigener Autorität selbständig entwerfen und vertreten. Unter Berufung auf Luther ist es ein Gemeinplatz protestantischer Grundüberzeugung geworden, daß jeder Christ für sich selbst zu glauben habe, anstatt den Glauben der Kirche nur implizit zu übernehmen. Die Strukturform ist damit nicht mehr die eines »unausdrücklich für wahr gehaltenen« (»tacitly held«[69]) Glaubenswissens einer Institution (»synthetisch-konventioneller Glaube« der Stufe 3), sondern die eines *»individuierend-reflektierenden Glaubens«* im Sinne von Fowlers Stufe 4.

Selbst damit aber ist Luthers neues Deutungsmuster strukturell noch nicht voll erfaßt. Sein Glaube lebt ja nicht nur von der Negation einer abgelegten Glaubensverfassung, sondern von der Verbindlichkeit einer neuen. Diese ist strukturell gesehen *paradoxer* und *dialektischer* Natur (s. oben): Der Mensch ist vor Gott zugleich gerechtfertigt und Sünder; ein Christenmensch ist »ein freier Herr über alle Dinge und niemandem untertan« und zugleich »ein dienstbarer Knecht aller Dinge und jedermann untertan«. Oder mit Paulus: »als die Sterbenden und siehe, wir leben« (2 Kor 6,9f.). Dieses Denken ist ein Merkmal von Stufe 5 (»verbindender Glaube«) im Sinne Fowlers, der diese Stufe in den 70er Jahren zeitweise auch als »paradoxal-dialektisch« bezeichnet hat[70].

67. *F. Oser* charakterisiert die Struktur des religiösen Urteils (Denkens) auf Stufe 2 wie folgt: »Der Wille des letztgültigen Seins (Gott) kann durch Gebete, Opfergaben, das Befolgen religiöser Regeln usw. beeinflußt werden. Wenn man sich um das Letztgültige bemüht und die Prüfungen, die es schickt, besteht, dann handelt es wie ein vertrauender und liebender Vater, und der Mensch wird glücklich, gesund, erfolgreich usw. sein. Der Mensch kann das Ultimate beeinflussen oder nicht, je nach Bedürfnis und freiem Willen«, aus: Genese und Logik der Entwicklung des religiösen Bewußtseins: Eine Entgegnung auf Kritiken, in: *K.E. Nipkow u.a. (Hg.)*, Glaubensentwicklung, a.a.O. (Anm. 37), S. 52. Gottes Handlungen und unsere Handlungen werden im Sinne gegenseitiger Abhängigkeit aufeinander bezogen gedacht (S. 53).
68. Der »Ort der Autorität« (»locus of authority«), eines der sieben Strukturmerkmale von »faith« bei Fowler, wechselt von außen nach innen: »Das heißt nicht, daß die Beziehungen abgebrochen oder daß die Rollen aufgegeben werden müssen. Vielmehr muß nun bei der Festlegung und Bestätigung von Zielen und Werten ein großer Teil der Autorität, die früher in andere verlegt wurde, von der Person selbst übernommen werden«, aus: *J.W. Fowler*, Glaubensentwicklung, a.a.O., Anm. 38, S. 98.
69. *J.W. Fowler:* Stages of Faith. The Psychology of Human Development and the Quest for Meaning, San Francisco u.a./Harper & Row 1981, S. 173.
70. Vgl. Belege und Diskussion bei *K.E. Nipkow:* Stufentheorien, in: *K.E. Nipkow u.a. (Hg.)*, Glaubensentwicklung und Erziehung, a.a.O. (Anm. 37), S. 288f. Zur jüngsten Beschreibung durch Fowler selbst s. *J.W. Fowler*, Glaubensentwicklung, a.a.O. (Anm. 38), S. 102-107.

Was ist unser Ergebnis? Der Gedanke einer Entwicklung von Strukturen ist von der inhaltlichen Glaubensdynamik zu *unterscheiden,* aber nicht zu *trennen.* Die beiden Betrachtungsweisen verhalten sich zueinander *komplementär,* wie zwei verschiedene »Fenster«, durch die wir auf den Glauben blicken. »Komplementär« meint: Sie beziehen sich auf denselben Sachverhalt, bleiben aber je in sich eigenständig, voneinander unterschieden, ohne sich auszuschließen; sie treffen vielmehr beide auf je ihre Weise zu[71]. Die Sache selbst erlaubt aus sich heraus beide Zugänge. Darum ist das Verhältnis von Theologie und Entwicklungspsychologie (bzw. Humanwissenschaften überhaupt) weder ein hierarchisches noch ein antagonistisches, noch auch ein gleichgültiges, sondern ein dialogisches.

Ein Schlüssel zum Verständnis der angedeuteten strukturellen Entwicklung ist auch der schon oben eingeführte Begriff der *»Deutung«* bzw. des *»Deutungsmusters«.* »Deutung« meint den sprachlich-begrifflichen Ausdruck reflektierter Erfahrung, hier reflektierter Glaubenserfahrung. Luthers altes »Deutungsmuster« wird brüchig und durch ein neues ersetzt. Mit Hilfe dieses Begriffs kann auch das noch einmal präzisiert werden, was mit Komplementarität gemeint ist. Luther kann die Gnade Gottes, wie er sie ohne sein Verdienst als Geschenk erfährt, nicht seinem eigenen Vermögen *zuschreiben.* Aber im selben Augenblick, wo er eben dies eigene Unvermögen in eins mit dem Vermögen Gottes sprachlich *beschreibt,* formt er seine neue Erfahrung als neues Deutungsmuster aus; ja, er wird ihr im Medium des neuen Sprachgewinns, der mit der neuen Deutung verbunden ist, *erst in ganzer Klarheit inne.* Darum legten die Reformatoren Wert darauf, den Glauben nicht nur als Vertrauensakt, sondern auch als rechte Lehre präzis zu formulieren und zu tradieren.

Die strukturgenetischen Theorien zur Glaubensentwicklung sind als im Kern kognitiv-strukturelle m.E. ebenfalls vor allem auf diese *konstruierend-deutende Selbstverständigung des Glaubens* bezogen, und wir dürfen nicht den logischen Fehler begehen, die deutende Aktivität des menschlichen Bewußtseins mit dem passiven Charakter von Glauben (Erfahrung als Widerfahrnis, Glaube als Geschenk) zu verwechseln, denn auch die Deutung von etwas als Gottes Gabe bleibt eine Deutung.

Mit diesen Unterscheidungen und Zuordnungen lassen sich jetzt auch Predigt, Seelsorge und kirchliche Bildungsarbeit unterscheiden und einander zuordnen. Schon jede *Predigt* deutet die Lage des Menschen neu; dies ist in der deutenden »Auslegung« eingeschlossen, die das zugesprochene Heilswort in seiner »Bedeutung« verständlich machen will. Es geht nie nur um reine Verkündigung als zusprechendes und ansprechendes Reden in der zweiten Person, sondern immer auch um Deuten, Verstehen, Sichverständigen über Sachverhalte in der dritten Person.

71. Einblick in die Merkmale von »Denken in Komplementarität« verdanke ich besonders dem Physiker und Religionspsychologen *K.H. Reich,* Fribourg.

Die *Seelsorge* wendet sich dem einzelnen Menschen zu. Sie will ebenfalls wie die Predigt zusprechen, trösten (heute auch mehr und mehr »beraten«); selbstverständlich geht aber auch sie mit Deutungen um. Sie tut dies in besonderer Nähe zur persönlichen Lebens- und Glaubensgeschichte des einzelnen; sie verkörpert damit besonders deutlich den Sinn von »Lebensbegleitung«.

Kirchliche *Bildungsarbeit,* hier noch einmal abschließend verdeutlicht am Beispiel der Erwachsenenbildung, überschneidet sich mit beidem, ist aber ihrer Natur nach ein eigenständiges Drittes. Sie kann zum einen immer wieder bei Gelegenheit eines persönlichen Gesprächs in die seelsorgerliche Situation übergehen; sie berührt sich aber auch mit der Predigt - Homiletik und Katechetik gelten ohnehin seit alters als Zwillingsdisziplinen -; denn sie hat es wesentlich mit der Seite der *Auslegung,* des *Verstehens* und der *Verständigung,* kurz: mit einer hermeneutischen Aufgabe zu tun, die auf gegenwärtiges *Einverständnis* zielt. Der Unterschied zur Predigt liegt darin, daß sich dieser Prozeß in *Interaktion* und *Gespräch* vollzieht, in Vortrag und Diskussion, Gruppen- und Plenumsgesprächen, damit in einer *gemeinsamen Auseinandersetzung über Sachverhalte.*

Wenn man wie in der Seelsorgeauffassung Schleiermachers die Selbständigkeit des einzelnen als Kriterium für das Recht wie für die Wege der Intervention vor Augen hat, zeigt sich in der Seelsorge wie in der Bildungsarbeit eine bildungstheoretisch formulierbare Selbstverpflichtung des Seelsorgers wie des Erwachsenenbildners; diese Selbstverpflichtung respektiert die persönlichen Bildungsprozesse im Lebenslauf als Elemente der Selbstbildung. Damit schließt sich der Kreis zu den Ausführungen zu Beginn dieser zweiten Hälfte unseres Kapitels über die Erwachsenenbildung. Wir sind zugleich darauf vorbereitet, die jetzt noch offene zentrale pädagogische Frage klar zu erkennen.

Erschüttertes Verstehen - Verstehen erschüttern? - Das Problem der Legitimation pädagogischer Einwirkungen

Was heißt und wann darf man jemanden pädagogisch beeinflussen? Was heißt gar und wann darf man den Glauben eines anderen entwickeln wollen? Für die evangelische Seelsorge hat Schleiermacher darüber Rechenschaft abgelegt, wann das Recht zur Seelsorge an einem anderen Menschen gegeben ist und wann nicht[72]. Die theologische Antwort auf unser *pädagogisches Legitimations- bzw. Normativitätsproblem* könnte relativ schnell mit dem Hinweis auf den Auftrag der Kirche erfolgen. Ist aber damit jede Form der Einflußnahme gerechtfertigt?

72. *F. Wintzer (Hg.):* Seelsorge. Texte zum gewandelten Verständnis und zur Praxis der Seelsorge in der Neuzeit, München 1978, S. 3ff.

»Ohne die nach wie vor ganz entscheidende Rolle der Familie im Prozeß der Glaubensvermittlung damit zu bestreiten, kann man doch sagen: Glaubensvermittlung wird in Zukunft nicht mehr wie bisher fast ausschließlich durch Filiation, sondern stärker durch 'Mission', durch offensive Überzeugungsarbeit zu geschehen haben.« Unter diesem Gesichtspunkt begrüßt der katholische Religionspädagoge Rudolf Englert die von uns als Diskussionshintergrund herangezogenen Stufentheorien[73].

Es ist zunächst darin zuzustimmen, daß mehr als bisher Erstbegegnungen mit der christlichen Botschaft im Erwachsenenalter eine Rolle spielen werden. Wir haben längst hierauf aufmerksam machen müssen. Der Anfang des Weges wird wohl immer seltener in der Kindheit liegen, um sich dann *kontinuierlich* fortzusetzen, sondern häufiger irgendwann im Erwachsenenleben in Form *diskontinuierlicher* zufälliger Begegnungen stattfinden, im Gespräch mit überzeugten christlichen Arbeitskollegen, im Urlaub, bei ungeplanten Bekanntschaften, die man mit Christen macht.

Die Aufgabe der Glaubensvermittlung ist folglich auszudifferenzieren; sie kann nicht nur institutionsgebunden in den Händen professionell theologisch ausgebildeter Amtsträger und kirchlicher Mitarbeiter liegen, sondern verlangt auch den gut informierten, sprach- und argumentationsfähigen, gebildeten christlichen Zeitgenossen und Zeugen (s. oben). Auch das Legitimationsproblem unterscheidet sich entsprechend den verschiedenen Ebenen. Am unproblematischsten stellt sich die Frage nach dem Recht theologisch-pädagogischer Beeinflussung anscheinend bei jenen, die bewußt eine theologische bzw. religions- oder gemeindepädagogische Ausbildung anstreben. Auch interessierte Gemeindeglieder, die weiterkommen wollen, legitimieren die Bildungsangebote für sie; sie wünschen sie ja ausdrücklich. Die Teilnahme an (kirchlicher) Erwachsenenbildung ist in der Regel freiwillig. Das Problem scheint sich generell zu entschärfen. Doch der Schein trügt. Unter pädagogischen Perspektiven darf man im Grunde auf keiner Ebene unbesehen von »offener Überzeugungsarbeit« sprechen, mag es auch theologisch völlig legitim sein. *Bildung* und *Mission* sind zwar aufeinander zu beziehen (s. oben Kap. 2), aber ebenso kategorial voneinander zu unterscheiden.

Wir dringen in die pädagogische Problematik tiefer ein, wenn wir uns ihre anthropologische Seite vergegenwärtigen. Wieder ist es *theologisch* angemessen, zu sagen, daß das alltägliche Selbstverständnis der Menschen durch die Konfrontation mit der christlichen Botschaft herausgefordert und erschüttert werden soll, durch den »Ruf in die Nachfolge« bzw. »in die Entscheidung vor Gott«. Für Gerhard Bohne galt diese Zielsetzung auch schon bei der Lebensbegleitung von jungen Menschen als Schülern (der Religionsunterricht als »die *große Störung*

73. *R. Englert:* Vom Nutzen der Stufentheorien bei der religiösen Bildung Erwachsener, in: Religionspädagogische Beiträge 21/1988 (Themaheft: Wachsen im Glauben), S. 115-138, hier S. 115.

der Entwicklung«)[74]. Wieder aber zeigt sich das Problem erst, wenn wir es *psychologisch-pädagogisch* betrachten. Eine der anthropologischen Grundannahmen der kognitiv-strukturellen Stufentheorien ist die, daß der Mensch einen Gleichgewichtszustand (»Äquilibration«, J. Piaget) anstrebt. Veränderungen dieses Gleichgewichts sind nun keineswegs nur Entwicklungs*chancen*, sondern zugleich persönliche *Risiken*.

- Als erstes stimmt eine grundsätzliche Überlegung nachdenklich. Wieweit darf eine Glaubenserfahrung, die einem *widerfahren* ist und nun rückblickend als Umbruch im *eigenen* Leben theologisch gedeutet wird ('in die Entscheidung *gestellt worden sein*', 'Bekehrung', 'Umkehr'), in eine *pädagogische Methode* gewendet werden ('einen *anderen* in die Entscheidung *stellen*')[75]?
- Schon G. Bohne warnt sich gleichsam selbst, wenn er betont, daß der Ruf in die Entscheidung in »steter psychologischer Anknüpfung an seine (des jungen Menschen, Vf.) Entwicklung« zu geschehen habe[76]. Religionspädagogen übernehmen gegenüber noch werdenden Menschen eine hohe stellvertretende Verantwortung. Bei Erwachsenen haben diese selbst voll mitzusprechen. Was aber kennzeichnet ihre Situation in der Erwachsenenbildung?
- Bei einem erwachsenen Menschen müssen wir davon ausgehen, daß er bereits eine (religiöse) Sozialisationsgeschichte hinter sich hat und in bestimmter Weise geprägt ist. Es handelt sich um *dauerhafte inhaltliche Einstellungen* und um tiefsitzende strukturelle Verarbeitungsformen, um kognitive *»Tiefenstrukturen«*[77].

74. Das Wort Gottes und der Unterricht. Zur Grundlegung einer evangelischen Pädagogik (1929), 2. Aufl., Berlin 1932, S. 118.
75. Vgl. die Auseinandersetzung mit *G. Bohne* bei *F. Krotz:* Die religionspädagogische Neubesinnung. Zur Rezeption der Theologie Karl Barths in den Jahren 1924-1933, Göttingen 1982, S. 145ff.
76. A.a.O., S. 117 (im Original kursiv). Trotz seiner Formel von der »offensiven Überzeugungsarbeit« ist sich selbstverständlich auch *R. Englert* dieses Problems voll bewußt. Mehr noch: Seine umfangreiche und gewichtige Veröffentlichung zum Thema (Glaubensgeschichte und Bildungsprozeß. Versuch einer religionspädagogischen Kairologie, München 1985) ist eine großangelegte Entfaltung der These, das unter *pädagogischen* Gesichtspunkten, eben denen des »Bildungsprozesses«, die Vermittlungsvorgänge »pünktlich« sein müssen, indem sie möglichst genau die Entwicklungsvoraussetzungen beachten.
77. *F. Oser/P. Gmünder:* Der Mensch. Stufen seiner Entwicklung. Ein strukturgenetischer Ansatz, Zürich/Köln 1984, 2. überarb. Aufl., Gütersloh 1988, unterscheiden »religiöse Wissensstrukturen« die leichter beeinflußbar sind, und »religiöse Tiefenstrukturen«, die viel weniger von außen beeinflußt werden können, aber gerade das eigentlich religiöse Urteil 'hintergründig' prägen (s. die aufschlußreiche Geschichte ebd., S. 43f. zitiert nach Ausgabe 1984).

- Wir müssen ferner davon ausgehen, daß sich die Teilnehmer in Erwachsenenbildungsveranstaltungen in der Regel *nicht in dramatischen Situationen* des Stufenübergangs oder einer bewußt erlebten existentiellen Krise befinden, aus der sie herauskommen wollen. Anders verhält es sich mit bestimmten seelsorgerlichen Situationen; entsprechend unterscheidet sich auch das Verständnis der Seelsorge. Sie hat sich, sofern sie sich auf den Lebenszyklus gewiesen sah, hauptsächlich an solchen krisenhaften Übergängen oder Ereignissen orientiert und hierauf besonders die kirchlichen Amtshandlungen bezogen[78]. Für das pädagogische Handeln ist das nicht die Normalsituation. Man darf mit Recht bezweifeln, ob sich die kirchliche Erwachsenenbildung zu schnell und einseitig von solchen kritischen Lebenssituationen her ihre Aufgaben vorgeben lassen sollte. »Dies wäre ein Mißverständnis lebensbegleitender Bildung. Zu ihr gehört es vielmehr, den unaufgeregten Alltag ernst zu nehmen und zu versuchen, überzeugend zu machen, daß dieser auch eine anregungsreiche Basis für Weiterbildung sein kann.«[79]
- Jenen angenommenen »Strukturen« ist es außerdem eigen, daß sie *latent* sind und ihre strukturierenden Leistungen daher auf eine dem Bewußtsein entzogene Weise erbringen. Dasselbe wird in der dem »interpretativen Paradigma« folgenden Sozialpsychologie von den sog. »Deutungsmustern« festgestellt, wobei die Erforschung von Deutungen und Urteilen, die zu Vorurteilen und Stereotypen geronnen sind, besonders ergiebig ist. Auch ihre seelisch stabilisierende Wirkung hängt gerade daran, daß jene Deutungsmuster dem Subjekt nicht als problematische Größen bewußt werden. *»Es gehört zum Erlernen der Lebenstechniken, das System der Deutungen in seiner Struktur zu internalisieren* und nicht zu problematisieren.«[80]
- Gerät nun jemand absichtlich oder unabsichtlich in eine Situation, *weiterlernen* oder *umlernen* zu sollen oder zu müssen, ist dies menschlich gesehen für ihn zumindest *ambivalent*. Einerseits kann man zu den menschlichen Grundbedürfnissen den Wunsch nach *»Horizonterweiterung«* zählen[81]. Andererseits

78. *J. Matthes:* Volkskirchliche Amtshandlungen, Lebenszyklus und Lebensgeschichte, in: *ders. (Hg.):* Erneuerung der Kirche. Stabilität als Chance? Konsequenzen aus einer Umfrage, Gelnhausen/Berlin 1975, S. 83-112. *E. Lange,* Bildung als Problem und als Funktion der Kirche, ebd., S. 189-222, hat von den Existenzkrisen im Lebenszyklus aus auch eine katechetische bzw. eine Bildungsaufgabe abgeleitet: »Aber wenn man ausgeht vom Lebenszyklus als von einer ernstzunehmenden, tatsächlich von einer todernsten, religiösen Aufgabe, dann ergibt sich ein Katechumenatszyklus, der seine Gliederung von den Existenzkrisen her gewinnt, durch die ein Mensch zu gehen hat ...« (S. 215f.).
79. *H. Tietgens,* Erwachsenenbildung als Suchbewegung, a.a.O. (Anm. 17), S. 20f.
80. *H. Tietgens,* a.a.O., S. 139.
81. *H. Tietgens,* a.a.O., S. 20.

gehört zu ihnen auch, *»im Überschaubaren, in gewohnten Strukturen zu leben«* (ebd., Hervorhebung von mir). Selbst wenn ein Gemeindeglied freiwillig eine kirchliche Bildungsveranstaltung aufsucht, etwa ein Bibelseminar, geht es möglicherweise mit recht gemischten Gefühlen dorthin. Neben den positiven Erwartungen wird halbbewußt befürchtet, daß Gewohntes in Frage gestellt wird. Es könnte sein, daß man ziemlich schmerzhaft der eigenen Grenze des Verstehens, des Folgenkönnens, des Urteilsvermögens, ja, schließlich der 'Rechtgläubigkeit' überführt werden könnte. *»Erwachsene sind die Ausprägungen ihrer Vergangenheit[s]bewältigung.«*[82] Unter diesem Gesichtspunkt unterscheiden sie sich von Kindern und Jugendlichen; damit unterscheiden sie sich aber auch in der Beharrungskraft der fest gewordenen Inhalte und Strukturen ihres Bewußtseins, besonders sofern diese zu Sedimenten anscheinend gelungener Lebens-»bewältigung« geworden sind[83].

- Es gibt schließlich Anzeichen dafür, daß sich Stereotype vor allem in den *mittleren Lebensjahren* verfestigen. »Das würde neben anderen Faktoren verständlich machen, warum die Altersgruppe der 40- bis 50jährigen deutlich seltener in Weiterbildungsveranstaltungen zu finden ist.«[84] Andere lebenslaufbezogene Beobachtungen zeigen, daß nach dem 50. Lebensjahr verstärkt Unsicherheiten auftreten (gesundheitliche Anfälligkeit, Tod der eigenen Eltern, Situation des »leeren Nestes«, damit verbunden der Verlust von Aufgaben, die oft die Ehe zusammengehalten haben). Am schwersten wiegt das Gefühl, das eigene Leben noch nicht recht gelebt zu haben. Dennoch ist auch jetzt damit zu rechnen, daß man das eigene Lebenskonzept bzw. den eigenen Lebensplan festzuhalten versucht.

Welche generelle *Folgerung* ist hieraus zu ziehen? In der Erwachsenenbildung nur von einem umstandslos umzusetzenden kirchlichen Auftrag her zu denken und zu handeln ist Ausdruck mangelnder Sensibilität für die tatsächlichen Situationen von Erwachsenen und ihrer Lebensgeschichte. Der gordische Knoten des Legitimationsproblems läßt sich so nicht durchhauen. Wir müssen daran festhalten, daß Bildung verfehlt wird, wenn sie nur »Auftragsbildung« (H. Siebert) ist und nicht auf »Selbstbildung« zielt.

Erst wenn für das pädagogische Handeln dieses Grundkriterium gilt, kann der nächste Schritt getan werden; aber dann muß er auch gewagt werden. Es gibt nämlich nicht nur legitimerweise ein theologisches Auftragsbewußtsein, sondern

82. A.a.O., S. 76.
83. Bei der heute mit Recht leitend gewordenen »erfahrungshermeneutischen Spur« (vgl. bereits Kap. 6 sowie ausführlich Kap. 10) darf man über der Hoffnung auf Möglichkeiten der Anknüpfung an eigene Erfahrungen die widerständigen Beharrungstendenzen dieser Erfahrungen nicht übersehen.
84. *H. Tietgens*, a.a.O., S. 115.

es existieren auch Lebenslagen, in denen Deutungsmuster und Strukturen fragwürdig werden, weil sie verwittern oder gar zusammenbrechen. In diesen Lagen kann der Betroffene für eine produktive Weiterentwicklung offen sein. Jetzt werden Bildungshilfen selbst für tieferreichende Umorientierungen und strukturelle Wandlungen berechtigt sein, denn sie ergeben sich zugleich vom theologischen Auftrag und von der konkreten Lage des einzelnen her. Aber in welche Richtung sollen die pädagogischen Interventionen gehen?

Der Pädagoge steht stets vor einer doppelten Frage: *Woher* kommt mein Gegenüber? Und *wohin* soll ich mein Gegenüber führen? Hier ist zum einen ausschlaggebend, in welcher Weise *der Erwachsene selbst die Richtung andeutet.* Dies wiederum setzt voraus, daß er ausgiebig Gelegenheit erhält, ohne Angst seine Erfahrungen und Deutungen mit ihren kritisch gewordenen Zügen darzustellen, in der Erwachsenenbildung auch in der für kirchennahe und kirchenfremde Erwachsene hilfreichen Form nonverbaler Darstellungsweisen, z.B. im Rollenspiel oder Bibliodrama. Wenn jemand selbst bereits reflektiert mit dem Umlernen begonnen hat, wird das Legitimationsproblem entschärft, und Erwachsenenbildung findet ihre innere Berechtigung. Sie wird zur lebensbegleitenden Hilfe im Modus der *Unterstützung* und *Differenzierung* von Deutungen, nicht im Modus einer vom Erwachsenenbildner definierten Veränderung oder gar 'Umkrempelung' des anderen.

Die Frage: »Wohin soll ich mein Gegenüber führen?«, muß zum anderen auf die Frage bezogen werden: *»Wohin wird die Sache selbst mein Gegenüber führen?«* Der Umgang mit der Sache muß zwar pädagogisch verantwortet, sie selbst darf aber nicht pädagogisch domestiziert werden. Man darf und kann insbesondere der biblischen Überlieferung, wo immer sie in der kirchlichen Erwachsenenbildung zur Sprache kommt und kommen muß, nicht ihre Brisanz nehmen. Wie in unübertroffener Prägnanz an den Gleichnissen Jesu abgelesen werden kann, bricht die Gottesherrschaft in einer die alltäglichen Deutungsmuster erschütternden Weise in das Leben ein. Vergleichbares gilt für Jesu Rede in schroffen paradoxen Antithesen (Bergpredigt) oder Übertreibungen (Hyperbole). Wir brauchen uns nicht erst von einem Auftrag der Kirche her dem Wahrheitsanspruch der Bibel zu nähern. Die Bibel macht sich mit ihrer Wahrheit immer wieder von selbst überwältigend spürbar.

»Wer sein Leben gewinnen will, wird es verlieren, wer aber sein Leben verliert, der wird es bewahren« (Lk 17,33). »Liebet eure Feinde, tut wohl denen, die euch hassen« (Lk 6,27): Das erste ist ein Paradox, das zweite eine Übertreibung (Hyperbole). Beide bringen »die Voraussetzungen durcheinander, auf denen der Gebrauch von Weisheitssprüchen beruht, vor allem den Plan, eine mit der eigenen Existenz kontinuierlich einhergehende Ganzheit zu bilden. Denn wer kann einen stimmigen Plan entwerfen, sein Leben zu 'verlieren', um es zu gewinnen? Diese Redeweisen scheinen die Absicht zu haben, den Zuhörer von dem Plan abzubringen, aus seinem Leben etwas Kontinuierliches zu machen.

Die Funktion des Grenzausdrucks besteht hier in einer merkwürdigen Strategie, die darauf abzielt, das Leben neu zu orientieren, indem sie es desorientiert. Das Gleichnis tut dasselbe durch das Mittel der Fiktion ...«[85]

Wie es der recht verstandene Begriff der Bildung selbst besagt (s. oben S. 563f.), hat es christliche Erwachsenenbildung wie überhaupt jeder Bildungsprozeß immer mit beiden Seiten zu tun, mit der neuen und unvorhergesehenen inneren Macht einer *Sache,* die das Leben desorientiert, um es neu zu orientieren, und der Belastbarkeit der *Person,* die zu begleiten ist. Ein Erwachsenenbildner ist nicht selbst befugt, Selbstverständliches zu erschüttern (dieser Schritt nähert sich zumindest ständig der Gefahr der Manipulation und Indoktrination); aber er trifft erschüttertes Verstehen an und wagt sich selbst und andere in Räume vor, in denen Verstehen erschüttert werden kann. Nicht nur Mission konfrontiert; auf eigene Weise wird auch in Bildungsprozessen der Lebenslauf riskiert, wird man in Situationen geführt, die von dem Plan abbringen können, aus dem eigenen Leben »etwas Kontinuierliches zu machen« (P. Ricoeur). Doch nochmals sei es betont: Nicht das »Unstetige« - die erschütternde »Begegnung« selbst, die »Krise«, das »Scheitern« (O.F. Bollnow) - ist Sache der Bildung; das alles kann eine Begleiterscheinung werden, ist aber primär Sache des Lebens selbst. Bildung ist Lebens*begleitung*,ist »stetige« lebensbegleitende Hilfe, um mit dem, was passieren kann und passiert ist, vorausblickend oder zurückblickend selbständig zu Rande zu kommen. Am gelebten Leben findet Bildung ihre Grenze und ihre Aufgabe (vgl. bereits den Schluß des ersten Kapitels, S. 57, zu dem wir hier den Bogen zurückschlagen).

Der Zirkel des Verstehens im Lebenslauf

Tiefreichende Erschütterungen des Verstehens, die die Inhalte wie die Strukturen betreffen, werden nun nicht nur durch gezielt herbeigeführte oder zugelassene Konfrontationen verursacht, sondern sie werden wahrscheinlich zunächst und zumeist bereits durch einen *Wechsel des Sozialisationsraumes* ausgelöst, besonders wenn religiöse und nichtreligiöse schroff miteinander wechseln. Eine ähnliche Auswirkung kann der Wechsel von einem *homogenen* zu einem *heterogenen* Sozialisationsraum haben. Die Religion eines Menschen gerät hierbei vor allem vor zwei Herausforderungen. Die eine liegt im Wechsel von einem *vorwissenschaftlichen* zu einem *wissenschaftlichen* Sozialisationsraum beschlossen und

85. *P. Ricoeur:* Stellung und Funktion der Metapher in der biblischen Sprache, in: *P. Ricoeur/E. Jüngel:* Metapher. Zur Hermeneutik religiöser Sprache (Sonderheft Ev. Theologie), München 1974, S. 45-70, hier S. 67.

gilt vornehmlich für die, die sich mit ihrem Glauben umfassend der wissenschaftlichen Kultur aussetzen. Die andere ist im Lebenslauf allgemein begründet, im Wechsel der Lebensphasen; am gravierendsten ist der Wechsel vom Sozialisationsraum der *Kindheit* zu dem der *Erwachsenen*. Beide hängen in einer vom wissenschaftlichen Denken stark mitgeprägten Gesellschaft miteinander zusammen.

Der erste Fall kann an der *wissenschaftlichen theologischen Ausbildung* verdeutlicht werden. Wenn etwa pietistisch geprägte junge Menschen Theologie studieren wollen und in den Sozialisations- und Bildungsraum einer theologischen Fakultät überwechseln, treffen sie erstens auf *neue* Betrachtungsweisen, zweitens auf eine *Vielfalt* unterschiedlicher Auffassungen. Wenn sie hören, daß es sich bei einem Wunderbericht um eine durch eine spätere Gemeindetheologie überformte und nicht um eine ohne weiteres als historischen Tatsachenbericht anzunehmende Größe handelt, die unmittelbar Gottes Offenbarung abbildet, findet nicht nur eine Konfrontation mit einem bisher für wahr gehaltenen Glaubens*inhalt* statt, sondern auch eine viel tiefer reichende Konfrontation mit einer neuen Auffassungs- und Denk*struktur*. Der strukturelle Paradigmenwechsel ist für die eigene Biographie einschneidender, weil er die erkenntnistheoretischen Prämissen verändert. Was »Wirklichkeit« ausmacht, wird jetzt als eine Größe betrachtet, die an menschliche Deutungen gebunden ist, ja, die durch sie wesentlich mit konstituiert wird. Damit wird ein erkenntnistheoretischer Realismus grundsätzlich in die Schwebe gebracht. »Wahrheit« muß jetzt als im Medium menschlicher Sprache und Auffassungsformen symbolisch vermittelte Wahrheit verstanden werden, ohne daß darüber ihr fordernder Anspruch leidet. Dieser erkenntnistheoretische Konstruktivismus liegt sowohl allen Entwicklungstheorien der Piagetschule zugrunde als auch dem »interpretativen Paradigma« des »Deutungsmusteransatzes«, und er ist eben auch an einer geschichtlich denkenden wissenschaftlichen Theologie nicht vorbeigegangen[86].

Der Verlust der Naivität hinsichtlich der Frage, wie Erkenntnis zustande kommt, ist, allgemeiner gefaßt, der Verlust der Naivität des *Laien* - und der des *Kindes*. Strukturtheoretisch läßt sich der strukturelle Unterschied besonders gut am Aspekt des *Symbolverständnisses* festmachen, bei Fowler das siebte Strukturmerkmal von »faith«; es ist theologisch von besonderer Bedeutung, was schon

86. Logischerweise richtet sich denn auch darum die ständige Kritik auf evangelikaler Seite nicht gegen *einzelne* Ergebnisse der historisch-kritisch fragenden Exegese, sondern gegen die historisch-kritische Methode *als solche*. Ebenso ist es sehr verständlich, daß man verunsicherte Studenten durch Studienhäuser zu begleiten sucht, die im Sinne des früheren Sozialisationsraums geprägt sind und so eine 'Halt gebende Umgebung' darstellen; sie sollen Erschütterungen möglichst verhindern oder abfangen. Wenn dies gelingt, lassen die Studierenden bestenfalls neue akademische Inhalte an sich heran, nicht aber die zugrundeliegenden neuen strukturrelevanten Betrachtungsweisen selbst.

mehrfach in unserer Darstellung hervorgehoben werden mußte, zuletzt soeben hinsichtlich der das Alltagsverständnis erschütternden Gewalt religiöser Sprache (Gleichnisse, Antithesen usw.).

Jede als Negation des selbstverständlichen, *naiven Alltagsverständnisses* wirkende *»entmythologisierende«* Aussage (nach Fowler Stufe 4) hat erkenntnistheoretisch das Wissen zur Voraussetzung, daß wir es bei der Glaubensüberlieferung mit überlieferten Deutungen religiöser Erfahrung zu tun haben, nicht mit einem Offenbarungsvorgang als einem uns zugänglichen 'Ding an sich'. Aber auch jede folgende positive Rehabilitierung des religiösen Mythos als religiös angemessene Ausdrucksweise, der man im Sinne einer *»zweiten (nachkritischen) Naivität«* (P. Ricoeur) inne wird (nach Fowler Stufe 5), hat ebenfalls immer noch dieselbe, die erste Naivität erschütternde Einsicht zur Voraussetzung; sie geht nicht hinter sie zurück, sondern dialektisch über sie hinaus als ein strukturelles Drittes, bei dem der einzelne *im Hinausgehen* gleichzeitig in die »tiefe Geistigkeit«[87] der ursprünglichen naiven Anschauungen *zurückgeht.*

Die wissenschaftliche theologische Exegese wie die gegenwärtige Symboldidaktik haben die »bildende« Absicht, zu diesem *Zirkel* anzuleiten. Unsere »Unfähigkeit« soll überwunden werden, die etwa in den antiken Firmamentvorstellungen einschließlich der Vorstellung einer Himmelfahrt Jesu (Apg 1,9ff.) nur »primitive« Anschauungen zu erkennen meint, anstatt zu verstehen, was sich unter der Rede vom »Himmel« und von der »Wolke« tatsächlich als »Transzendenzwahrnehmung« vollzieht[88]. Die »Wolke«, die Jesus »vor ihren Augen weg« aufnahm, bildet, »schon der Tradition von der Sinai-Offenbarung entstammend, die Umhüllung göttlicher Doxa« (S. 212). Während eine solche verborgene Bedeutung fachkundiger deutender Hilfe bedarf, ist dies bei vielen grundlegenden menschlichen Wahrnehmungen anders, etwa beim »Himmel« als dem Ort der Transzendenz »oben«. Darum gilt es, nicht von der urtümlichen biblischen Wahrnehmung der Welt und unserer eigenen strukturverwandten naiven menschlichen Wahrnehmung weg-, sondern nur tief genug in sie hineinzukommen.

»Das Weltbild des Altertums, von dem wir getrost als dem Weltbild der menschlichen Wahrnehmung sprechen können, das auch unser Weltbild ist, wenn wir unverbildet sind, gestattet allein das vollmenschliche Verhältnis zur Welt, die geistige Erfassung der Welt« (S. 212). Es geht um die »Offenheit der sinnlichen Wahrnehmung für geistige Wahrnehmung« (ebd.). Dies aber ist der Weg zum metaphorischen und symbolischen Verstehen, das gerade darum das leistet, was es leistet, weil es in der »grundlegende(n) Funktion der

87. Vgl. nochmals wie schon am Anfang des ersten Kapitels des zweiten Teils (Kap. 5) *H. Gese:* Die Frage des Weltbildes, in: *ders.:* Zur biblischen Theologie, München 1977, S. 212.
88. A.a.O., S. 211.

Anschaulichkeit bei aller Erkenntnis« wurzelt (ebd.). »Die biblischen Texte sind weithin poetisch, weil sich nur in dieser Form hier die Wahrheit sagen ließ. Die poetische Sprache aber rückt die Aussage noch näher an die sinnliche Anschaulichkeit heran, sie jedoch gleichzeitig ins Metaphorische steigernd. Der Weg zur Vertiefung der Erkenntnis führt nicht vom Sinnenhaften fort, vielmehr steigert sich der Sinneseindruck zum Ursprünglichen, Unableitbaren, Allgemeinen, zum zeichenhaften Symbol« (213).

Unser Beispiel hat weitreichende grundsätzliche Folgen. Die *erste* Naivität mit der ahnenden »Geistigkeit«, die »unverbildet« in der sinnlichen Wahrnehmung das Transzendente erahnt (H. Gese), ist die des *Kindes*. Das stürzt den möglichen Hochmut einer falschen Anwendung der Glaubensentwicklungstheorien von ihrem Thron; jetzt werden die *ersten* Stufen (Stufe 1 und 2 bei Fowler) gerechtfertigt. Diese Wendung verhindert auch jeden Elitismus im Bildungsdenken. Es gibt nämlich nicht nur den Gegensatz zwischen »gebildet« und »ungebildet«, sondern auch den zwischen »unverbildet« und »verbildet«. Wir müssen nicht nur wie oben mit Luther unter inhaltlicher Perspektive die rechtfertigende, annehmende Gnade Gottes als jedem Menschen unabhängig von seinem Lebensalter und seinem Entwicklungsstand zugedacht verstehen, sondern wir müssen auch unter struktureller Perspektive die Blickrichtung förmlich umkehren: Erwachsene können von Kindern den Glauben lernen.

Dies ist keine »Regression« mit einer Verteidigung von »Infantilismus«. Denn die letzte Perspektive hat sich in einem kreisförmigen Denken ergeben, in einem Vorangehen zu einem Verständnis, das zugleich ein Zurückgehen einschloß. Daher gilt die andere Seite weiterhin ebenfalls: Wer heranwächst, kann von erwachsenen Christen lernen, indem er im »erwachsenen Glauben« sein Erwachsenwerden vor Gott und mit Gott als notwendige lebensgeschichtliche Wandlung begreift, in der weder der Anfang dem Ende, noch das Ende dem Anfang unterzuordnen ist. »Die Menschen gehen daran zugrunde, daß sie Ende und Anfang nicht zu verknüpfen verstehen.«[89]

89. *E. Lange*, Bildung als Problem und als Funktion der Kirche, a.a.O. (Anm. 78), S. 222.

Namenregister

Sachregister